Schüler und Meister

Miscellanea Mediaevalia
Veröffentlichungen des Thomas-Instituts
der Universität zu Köln

Herausgegeben
von Andreas Speer

Band 39
Schüler und Meister

De Gruyter

Schüler und Meister

Herausgegeben
von Andreas Speer und Thomas Jeschke

De Gruyter

MIX
Papier aus verantwortungsvollen Quellen
FSC® C016439

ISBN 978-3-11-046146-6
e-ISBN (PDF): 978-3-11-046177-0
e-ISBN (EPUB): 978-3-11-046170-1
ISSN 0544-4128

Bibliografische Information der Deutschen Nationalbibliothek

Die Deutsche Nationalbibliothek verzeichnet diese Publikation in der Deutschen Nationalbibliografie; detaillierte bibliografische Daten sind im Internet über http://dnb.dnb.de abrufbar.

Einbandentwurf: Christopher Schneider, Berlin
Satz: Meta Systems Publishing & Printservices GmbH, Wustermark
Druck und buchbinderische Verarbeitung: Hubert & Co. GmbH & Co. KG, Göttingen
♾ Gedruckt auf säurefreiem Papier

Printed in Germany

www.degruyter.com

Vorwort

Im Mittelpunkt des vorliegenden 39. Bandes der ‚Miscellanea Mediaevalia', der auf die 39. Kölner Mediaevistentagung vom 9.–12. September 2014 zurückgeht, stehen das Verhältnis von Schüler und Meister und daran anknüpfend die verschiedenen Formen der Weitergabe von Erfahrung und Wissen sowie dessen Rezeption und Transformation in den unterschiedlichen Sprach- und Kulturräumen in jenem Jahrtausend, das wir – allein aus abendländischer Sicht – gewöhnlich Mittelalter nennen, wie wenig zutreffend diese Epochenkategorie mit Blick auf die kulturelle Vielfalt und Weite des betreffenden Zeitraumes auch sein mag. Das verdeutlicht auch dieser Band, der in elf Sektionen zentrale Aspekte der Vermittlungs- und Transferprozesse und der diese tragenden Praktiken und Techniken der Kompetenz- und Wissensvermittlung aus der spezifischen Sicht des Schüler-Meister-Verhältnisses über Sprach- und Kulturkreise hinweg behandelt.

Damit folgt der Band der Idee der Kölner Mediaevistentagungen, die seit dem Jahr 1950 zunächst jährlich, seit 1968 im Zweijahresrhythmus Mediävistinnen und Mediävisten aus allen Disziplinen und aus allen Regionen der Welt zusammenbringen, um eine zentrale Themenstellung aus verschiedensten systematischen, historischen und methodischen Gesichtspunkten zu beleuchten und gemeinsam zu diskutieren. Hierbei galt bereits frühzeitig die besondere Aufmerksamkeit den interkulturellen Beziehungen eines in Wahrheit vielsprachigen, multikulturellen und auch religiös pluralen ‚Mittelalters', das nicht nur Lateinisch, sondern auch Griechisch, Arabisch und Hebräisch spricht und eine mannigfaltige volkssprachliche Kultur hervorbringt. Wie fruchtbar und notwendig eine solche erweiterte Perspektive auf das ‚Mittelalter' genannte Millennium ist, zeigt auch der vorliegende Band, der die Diskussionen der 39. Kölner Mediaevistentagung dokumentiert und fortschreibt. Zusammen mit den Beiträgen des vorgelagerten internationalen Kolloquiums, das inzwischen ebenso wie der öffentliche Abendvortrag eine gute Tradition der Mediaevistentagung ist, ergibt sich ein breites Spektrum an Themen und Fragestellungen; hiervon zeugen die in elf Sektionen zusammengefassten insgesamt 38 Beiträge dieses Bandes. Den Autorinnen und Autoren sei an dieser Stelle herzlich für Ihre Mitarbeit in allen Phasen der Redaktion und der Drucklegung gedankt.

Offensichtlich hat das Thema einen Nerv getroffen, denn so viele Vorschläge für Beiträge haben wir schon lange nicht mehr erhalten. Somit hat sich auch im September 2014 die Kölner Mediaevistentagung wiederum als Ideenlabor erwiesen. Hierzu trägt nicht zuletzt der weitgespannte Freundeskreis bei, aus dem alle zwei Jahre mehr als zweihundert Wissenschaftlerinnen und Wissenschaftler aus allen Teilen Europas und der Welt nach Köln kommen. So wird unsere Tagung selbst zur Plattform für zahllose Forschungsaktivitäten. Tradition hat seit 2006 das Treffen der European Graduate School for Ancient and Medieval Philosophy (EGSAMP) im Anschluss an das Internationale Kolloquium am Vorabend der Tagung. Diese Idee eines offenen europäischen Forschungsraums gilt es gerade auch mit Blick auf die Nachwuchswissenschaftler angesichts der gegenwärtigen politischen Irritationen offensiv zu verteidigen und fortzuentwickeln.

Sehr froh waren wir ferner über die Fortführung einer langjährigen Tradition: der Kooperation mit einem der Kölner Museen. Anlässlich der 39. Kölner Mediaevistentagung fand die den „Künsten" gewidmete Nachmittagssektion erstmals im MAKK statt, dem Museum für angewandte Kunst. Wer es nicht kennt, dürfte überrascht sein: über die Architektur, die zu dem Ensemble an hervorragender Architektur aus den 1960er Jahren in Köln gehört, das zum Glück vor dem Abriss bewahrt worden ist, vor allem aber über die Sammlung, die auch mittelalterliche Handwerkskunst umfasst. Mein Dank gilt an dieser Stelle nochmals der Direktorin Frau Dr. Petra Hesse und Frau Monika Pfeil für die hervorragende Zusammenarbeit.

Zu den unerlässlichen Voraussetzungen der Kölner Mediaevistentagung und somit auch für das Zustandekommen dieses Bandes der ‚Miscellanea Mediaevalia' zählt die großzügige Unterstützung der Tagung durch die Deutsche Forschungsgemeinschaft und durch die Otto Wolff-Stiftung. Hierfür danken wir auch im Namen aller Teilnehmerinnen und Teilnehmer von Herzen.

Die Vorbereitung und die Durchführung unserer mediävistischen Biennale lagen auch bei der 39. Kölner Mediaevistentagung wiederum in den ebenso engagierten wie bewährten Händen der Mitarbeiterinnen und Mitarbeiter des Thomas-Instituts. In diesem Zusammenhang gilt unser Dank vor allem Jochen Baumbach für den großen Einsatz bei der Tagungsorganisation sowie Frau Petra Abendt, die seit vielen Jahren das Tagungssekretariat leitet, und Herrn Dipl.-Bibliothekar Wolfram Klatt, der während der Tagung nicht nur die Bücherausstellung organisiert. Auch bei den redaktionellen Arbeiten für diesen Band konnten wir uns auf die Expertise und auf den Einsatz der Mitarbeiterinnen und Mitarbeiter des Thomas-Instituts verlassen. Namentlich genannt seien Lee Klein, Dr. Maxime Mauriège, Dr. Diana Di Segni und Dr. Carsten Schliwski. Herzlich danken wir an dieser Stelle zudem David Metternich und Richard Knorr für die Registerarbeit, die bekanntlich immer unter Zeitdruck stattfindet.

Auch dieses Mal gilt der abschließende Dank der Herausgeber dem Verlag Walter de Gruyter, namentlich Frau Dr. Getrud Grünkorn sowie Frau Katja Brockmann, für die stets gute Zusammenarbeit und für die hervorragende Ausstattung des Bandes.

Köln, im Juni 2016

Andreas Speer
Thomas Jeschke

Inhaltsverzeichnis

I. Lernen – Erkenntnis – Bildung

II. Schüler-Meister-Verhältnisse

III. Dominikanische Schüler und Meister

VII. Lehren und Lernen im arabischen Kontext

VIII. Autodidaktik

IX. Literarische Konstruktion von Meisterschaften

Schüler und Meister

Andreas Speer (Köln)

Im Mittelpunkt aller Vermittlungs- und Transferprozesse stehen Praktiken und Techniken der Kompetenz- und Wissensvermittlung. Ausgangspunkt und Grundlage der daraus erwachsenden kulturformierenden Dynamik ist jedoch keine kulturspezifische, sondern eine allgemeine Eigenschaft menschlichen Tätigseins, das im Unterschied zu dem rein naturhaften Tätigsein als „*techné*" oder „*ars*" bezeichnet wird – ein Begriff, der seiner ursprünglichen Bedeutung nach den gesamten Bereich menschlichen Tätigseins bezeichnet. Der betroffene Akteur verdankt sein Können und Wissen einer spezifischen Kunstfertigkeit, die einerseits mit der Erfahrung anhebt, andererseits aber immer schon etwas vorauszusetzen scheint, das die Generierung von Erfahrung selbst erst ermöglicht. Bereits Aristoteles hat diesen Zusammenhang zwischen Erfahrung und einem bestimmten Vorauswissen auf vielfache Weise methodisch und sachlich zu explizieren versucht. So bindet er gleich zu Beginn seiner ‚Analytica Posteriora' alles auf Vernunft beruhende Lehren und Lernen an eine vorangehende Erkenntnis (Anal. Post., A 71a1–2). Dieser Eröffnungssatz der ‚Zweiten Analytiken' markiert die ganze Komplexität des in der Folgezeit immer wieder diskutierten Zusammenhangs zwischen Lernen und Lehren einerseits und dem hierfür erforderlichen Vorauswissen. Jeder Begriff – wenn man der lateinischen Begriffskette folgt, sind dies *doctrina*, *disciplina*, *intellectiva*, *praeexistens*, *cognitio* – eröffnet je für sich und erst recht in der Kombination mit den anderen Begriffen sogleich ein ganzes Cluster an zentralen epistemischen Fragen, die in einer ersten Sektion an den Anfang des vorliegenden Bandes gestellt werden, die sich jedoch auch in den übrigen Beiträgen in den unterschiedlichsten Artikulationen finden.

Der durch Aristoteles exemplarisch skizzierte Zusammenhang besteht vor allem dann, wenn Erfahrung dem kontingenten und bloß situativen Lernen entwächst und zu einer auf Regeln und Gesetzmäßigkeiten basierenden Expertise wird oder gar die Form des Wissens annimmt. Das geschieht nur selten spontan, und solche spontanen Lerneffekte bleiben – das zeigt unsere Lebenserfahrung – in Zahl, Umfang und Reichweite notwendig beschränkt. Daher bedarf es eines anderen Erfahrungszusammenhangs, den wir gewöhnlich als Lernen bezeichnen. Lernen ist eine Form vermittelter und verdichteter Erfahrung – oftmals über viele Generationen, ja über Jahrzehnte und Jahrhunderte hinweg, basierend auf Erfahrungen vieler. Diese verdichtete und vermittelte Erfahrung prägt unsere Lebenswelt, die sich – nicht zuletzt aufgrund dieser in aller Knappheit skizzierten Dynamik – stetig verändert, angetrieben durch einen Aufwuchs an Expertise und an Wissen, der alle Lebensbereiche durchzieht und nachhaltig transformiert. Hierbei scheint die Zunahme an Expertise und Wissen die damit einhergehenden Verluste in der Summe mehr als nur zu kompensieren.

Diese Art von Expertise und von Wissen – gleich ob sie auf ein äußeres Objekt, auf einen durch Kunstfertigkeit hervorgebrachten Gegenstand bezogen ist oder in einer bestimmten praktischen oder theoretischen Fähigkeit selbst besteht – kann jedoch nicht mehr (oder nur in Teilen) unmittelbar erfahren, sie muss vielmehr erlernt werden. Das gilt unabhängig von Lebensalter und Lebenserfahrung. Insofern ist Lernen ein Existential des Menschen. Folgerichtig ist auch das Schülersein weit mehr als eine bestimmte Entwicklungsstufe in einem Bildungsgang.

Dem Lernen korrespondiert das Lehren: die Weitergabe von Erfahrung und Wissen, und dem Schüler korrespondiert der Lehrer oder der Meister. Im lateinischen Wort „*magister*" kommen beide Aspekte zusammen. Ein Meister ist derjenige, der nicht nur über Erfahrung, Expertise und Wissen verfügt, sondern dieses auch vermitteln kann. Er kennt nicht nur den betreffenden Sachverhalt, sondern verfügt über ein methodisches Wissen, das die Voraussetzung für die Vermittlung der eigenen Expertise bildet, ohne dass es zu einem einseitigen Abhängigkeitsverhältnis des Schülers vom Meister käme. Vielmehr wirken Schüler und Meister als gemeinsame Teilhaber an *einer* Wissenschaft oder Kunst. Nicht selten antworten Meister auf die Fragen ihrer Schüler und entwickeln ihre Antworten und Theorien im disputativen Wechselspiel mit diesen. Die „*universitas magistrorum et scholarium*" hat hier ihren Ursprung. Gerade im universitären Kontext sind es zudem oftmals die Schüler, die als Reportatoren einen wesentlichen Beitrag zur Verbreitung der Lehrmeinung eines Magisters leisten und nicht selten als Bearbeiter dieser Werke Fragen hinsichtlich der Autorschaft aufwerfen. Das gilt im Übrigen nicht nur für den akademischen Raum, sondern auch für Werkstätten aller Art.

Auf diese Weise wird das Schüler-Lehrer-Verhältnis zu einem elementaren Bestandteil jeder höheren Kultur und zu einem Schlüssel für das Verständnis kulturell vermittelter Fertigkeiten und kulturell codierten Wissens. Es bildet somit für den vorliegenden Band den privilegierten Ausgangspunkt, um über die Sprach- und Kulturkreise hinweg nach den individuellen Lebensformen und sozialen Kontexten, nach den diskursiven Praktiken und epistemologischen Implikationen sowie nach den institutionellen Voraussetzungen und dem gesellschaftlichen Rollenverständnis zu fragen.

Hierbei jedoch lässt uns die abstrakte Analyse unbefriedigt. Sosehr sie die allgemeine Struktur des Zusammenhangs von Lernen und Lehren im Spannungsfeld von Erfahrung und Expertise zeigt, so wenig folgt daraus, warum zu einem bestimmten Zeitpunkt in einem bestimmten Kontext ein ganz bestimmtes Interesse entsteht oder warum dieses abbricht, warum es zu Prozessen der Dynamisierung oder der Beharrung kommt, welche Wege der Vermittlung erfolgreich sind und welchen der Erfolg versagt bleibt. Hier spielen Kontextbedingungen eine Rolle, seien sie persönlicher oder institutioneller, diskursiver oder gesellschaftlicher Natur.

Vor allem sind die unterschiedlichen Formen von Erfahrung und Wissen zu beachten, die unterschiedliche Weisen und Methoden der Aneignung und Vermittlung nach sich ziehen. Dies gilt für den Bereich der Wissenschaften, aber noch mehr für den Bereich der erfahrungsgestützten Kunstfertigkeiten, die nicht abstrakt, d. h. ohne beständigen Rekurs auf die Materialität ihres Gegenstandes erfolgen können. Hier ist größte Vorsicht bei vorschnellen Parallelisierungen oder Ableitungen geboten. Genannt sei ein immer wieder gern gebrauchtes Beispiel: die Parallelisierung von gotischer Architektur, scholastischer Summe und gotischer Schrift[1]. Bei aller Faszination für „outillages mentales" oder „mental habits" scheint mir hier die Warum-Frage überzogen zu sein: historische Entwicklungen lassen sich nur selten aus der *propter quid*-Perspektive behandeln; die adäquate Antwort auf die Frage, warum sich eine bestimmte Entwicklung so und nicht anders vollzogen hat, ist gemeinhin eine sorgfältige *demonstratio quia*, die in der präzisen Rekonstruktion historischer Positivitäten besteht, die beschreibt, was wie geschehen ist, nicht aber warum dies der Fall ist.

Wie kompliziert der skizzierte Sachverhalt in Wahrheit ist, möge ein Beispiel illustrieren. Die Rede ist von der ‚Schedula diversarum artium' – einer teils enzyklopädischen teils praxisbezogenen Sammlung von Rezepten und Beschreibungen, von Arbeitsabläufen, Herstellungsprozessen und deren Objekten im breiten Strom der Überlieferung vergleichbarer Quellen seit der Antike, die im 12. Jahrhundert in drei Büchern zusammengefasst und durch drei kunstvolle Prologe eingeleitet wurden, die im Kern eine theologische Interpretation menschlicher Kunstfertigkeit darstellen. Doch diese mit einem Autornamen, nämlich Theophilus Presbyter, verbundene punktuelle Kanonisierung eines komplexen und von äußerst verschiedenen Interessen geleiteten Überlieferungsprozesses hat letztlich keinen Bestand; vielmehr finden sich hinsichtlich Umfang, Geschlossenheit und Aufbau unterschiedliche Modelle der Fortschreibung dieses Textcorpus in stärker praxisbezogene oder enzyklopädisch motivierte Überlieferungszusammenhänge menschlicher Kunstfertigkeit, wobei mit den Prologen auch der Name des fiktiven Autors verschwindet, dem das Buch im 12. Jahrhundert zugeschrieben wurde. An die Stelle eines Handbuchs mittelalterlicher Kunst aus der Feder eines zugleich literarisch begabten genialen Handwerkermönches tritt somit das neue Bild einer offenen Überlieferung, das auf unterschiedlichen theoretischen Niveaus und mit Blick auf unterschiedliche Praxisfelder vermittelte und verdichtete Erfahrung und Expertise und deren Weitergabe mit Blick

---

[1] Exemplarisch hierzu: E. Panofsky, Gothic Architecture and Scholasticism, Latrobe 1951 (dt.: T. Frangenberg [ed.], Gotische Architektur und Scholastik. Ins Deutsche übersetzt von H. Willinghöfer, Köln 1989); P. W. Roseman, Understanding Scholastic Thought with Foucault (The New Middle Ages), New York 1999. Siehe hierzu auch das Postface von P. Bourdieu zur französischen Ausgabe von E. Panofsky, Architecture gothique et pensée scolastique, Paris 1967, das auf Deutsch erschien in P. Bourdieu, Zur Soziologie der symbolischen Formen, Frankfurt 1970, ^{2}1974, 125–158.

auf Materialien und Wissenstatbestände integriert. Aus dieser Spannung zwischen Empirie und Modell, zwischen der Ordnung des Einzelnen und der Gesamtstruktur entspringt sodann die Möglichkeit der Vermittlung des einen mit dem anderen: der technischen Ebene mit dem Werkprozess, der Herstellung mit der Bedeutung des jeweiligen Kunstgegenstandes, der handwerklichen Tätigkeit mit dem liturgischen Geschehen, der künstlerischen Kreativität mit der heilsgeschichtlichen Perspektive[2].

Das Schüler-Meister-Verhältnis betrifft mithin die verschiedenen Formen von erfahrungsbezogener, kunsthandwerklicher und wissenschaftlicher Meisterschaft gleichermaßen und ihre mögliche Verbindung untereinander. Daraus ergeben sich interessante epistemologische Fragen, die den Zusammenhang von *experientia*, *ars* und *scientia* ebenso betreffen wie das Verhältnis von Praxis und Poiesis, von theoretischem und praktischem Wissen, ferner das Verhältnis von *ordo addiscendi* einerseits und *ordo artium et scientiarum* andererseits. Den Fokus bildet die persönlichen Erfahrung der beteiligten Träger: d. h. primär der Schüler und Meister selbst. Diese Erste-Substanz-Perspektive stellt die Grundlage zur konkreten Erforschung dieser zentralen Relation kultureller Kompetenz- und Wissensvermittlung sowie ihrer unterschiedlichen institutionellen Ausprägungen dar. Hierbei geht es um die Schüler-Meister-Beziehungen und ihre Typologie ebenso wie um die verschiedenen Schul- und Diskursformen und um die unterschiedlichen Milieus: Neben akademischen Milieus sind dies unzählige Institutionen organisierter Wissensweitergabe: Gilden und Zünfte, Monasterien, Klostergemeinschaften und Werkstätten, aber auch organisierte Formen von Herrschaftsdidaktik.

Eine besondere Aufmerksamkeit soll dem akademischen Milieu gelten: etwa an Kathedralschulen, Universitäten und Medressen, und den verschiedenen, oftmals korrespondierenden Unterrichtsformen wie *lectio*, *disputatio*, *pilpul*. Nicht selten dient das Wissen des Meisters – und noch mehr die fast notwendigen Wissens- oder besser Erklärungsdefizite – dem Schüler als Ausgangspunkt für seine eigenen Lösungen und für die eigenständige Fortschreibung eines Problemzusammenhangs. Das zeigt sich insbesondere dort, wo eine enge Schüler-Meister-Beziehung vorliegt und umfassend studiert werden kann – etwa im dominikanischen Milieu in der zweiten Hälfte des 13. bis zur Mitte des 14. Jahrhunderts. Das dieser Frage gewidmete Kolloquium, das dominikanische Schüler-Meister-Beziehungen von Albertus Magnus bis hin zu Heinrich Seuse untersuchte, bildet demnach eine eigene thematische Sektion.

Hierbei handelt es sich auf den ersten Blick um durchweg affirmative Bezugnahmen – im Unterschied zu den ordensinternen Auseinandersetzungen etwa um die Rolle und Bedeutung des Thomas von Aquin: Man denke an die Kapitelbeschlüsse von Saragossa (1309) und Metz (1313) zur Verbindlichkeit der Lehre

---

[2] Siehe hierzu ausführlich A. Speer (ed.), Zwischen Kunsthandwerk und Kunst: Die ‚Schedula diversarum artium' (Miscellanea Mediaevalia 37), Berlin–Boston 2014; ferner das Schedula-Portal, URL: 〈http://schedula.uni-koeln.de〉 (Stand: 27.06.2016).

des Thomas von Aquin und an die Affäre um Durandus von St. Pourçain mit den beiden umfangreichen Irrtumslisten von 1314 und 1316/17 – nach Michèle Mulchahey der „langandauerndste theologische Disput des Ordens“[3]. Die *dramatis personae* dieser Sektion: Albertus Magnus, Ulrich von Straßburg, Thomas von Aquin, Meister Eckhart und Heinrich Seuse, stehen demgegenüber auf den ersten Blick in einer affirmativen Schüler-Lehrer-Beziehung. Zumindest finden sich nirgendwo – anders als bei Durandus – explizite kritische Distanznahmen: weder bei Thomas im Verhältnis zu Albert, selbst wenn er in der Sache oftmals völlig andere Positionen vertritt, noch bei Eckhart, der die ‚Summa theologiae‘ als Modell für sein Quästionenwerk rühmt, obgleich der doch in seiner ersten öffentlichen Universitätspredigt das von Thomas vertretene Theologieverständnis verwirft[4]. Das ist nicht ungewöhnlich. Denn unter dem Dach vermeintlicher Harmonie ist das Verhältnis vor allem bedeutender Schüler zu ihren Meistern nicht selten spannungsvoll, auch wenn jene sich respektvoll auf diese beziehen. Für Schulbildungen sind derartige affirmative oder abweisende Bezugnahmen auf einen Meister konstitutiv.

Unter den Genannten ist Meister Eckhart der Einzige, der den Meistertitel im Namen trägt – und das schon früh. Doch worauf bezieht sich dieser Titel? Die naheliegende Erklärung: auf die universitäre Magisterwürde, ist aus zwei Gründen nicht vollständig plausibel: Zum einen hat die Meisterformel „Lese- und Lebemeister“ keine akademische Entsprechung, zum anderen ist der Meistertitel im Dominikanerorden durchaus nicht unumstritten[5]. Denn die Dominikaner übernehmen den universitären Magister-Titel ordensintern für gewöhnlich nicht, nur im Außenverhältnis zu Universität; überhaupt werden ordensintern unter den Brüdern (*fratres*) keine akademischen Titel verwendet. Ordensintern wird „*magister*“ allein für den Novizenmagister und den Studentenmagister, ferner für den Konversenmagister und schließlich für den Generalmagister gebraucht. Insbesondere die Aufgaben des „*magister novitiorum*“ und des „*magister studentium*“ gelten als besonders wichtige ordensinterne Aufgaben, die jeder wahrgenommen haben muss, der für den Orden eine akademische Karriere machen und zum Universitäts-Magister promoviert werden möchte. Hierzu zählt die Einführung in das geistliche Leben ebenso wie der Elementarunterricht ein-

---

3 M. M. Mulchahey, "First the Bow is Bent in Study ..." Dominicain Education before 1350 (Studies and Texts 132), Toronto 1998, 159; zum Hintergrund siehe A. Speer/F. Retucci/T. Jeschke/G. Guldentops (eds.), Durandus and His Sentences Commentary: Historical, Philosophical and Theological Issues (Recherches de Théologie et Philosophie Médiévales. Bibliotheca 9) Leuven–Paris–Walpole, MA 2014.

4 Meister Eckhart, Prologus generalis in opus tripartitum, n. 5, ed. K. Weiß (Lateinische Werke I, 1), Stuttgart 1964, 151, 2–6; A. Speer, Zwischen Erfurt und Paris: Eckharts Projekt im Kontext. Mit einer Bibelauslegung zu Sap. 7, 7–10 und Joh. 1, 11–13, in: A. Speer/L. Wegener (eds.), Meister Eckhart in Erfurt (Miscellanea Mediaevalia 32), Berlin–New York 2005, 3–33, bes. 9–15.

5 Hierzu exemplarisch am Beispiel Meister Eckharts G. Steer, Eckhart der *meister*, in: M. Meyer/ H.-J. Schiewer (eds.), Literarische Leben. Rollenentwürfe in der Literatur des Hoch- und Spätmittelalters, Tübingen 2002, 713–753.

schließlich Logikkurse oder die Predigtausbildung[6]. Der Studentenmagister ist letztlich für den Erfolg des akademischen Studiums verantwortlich. Daraus ergibt sich die starke Stellung der *studia* an den Universitätsorten, die sicher auch manche Spannung zu den jeweiligen Fakultäten mit sich bringt. Im Allgemeinen also bezeichnet der Titel „*magister*" weit eher eine geistliche Beziehung als einen professionellen Status. Wenn Remigio dei Girolami daher Thomas von Aquin „meinen Meister" nennt: „*magistrum meum*"[7], so referiert er damit nicht auf die Tatsache, dass Thomas lizensierter Universitätsmagister war, sondern dass er, Remigio, als junger Novize unter Thomas studiert hat und dankbar für seine persönliche Führung als geistlicher Mentor und Bruder war.

Doch auf welche Weise kann der Lehrer überhaupt Wissen vermitteln? Das Lehrer-Schüler-Verhältnis wirft, wie bereits eingangs bemerkt, epistemologische Fragen auf, die seit den platonischen Dialogen in der Philosophie diskutiert werden. Hat der Lehrer eher eine Anregungs- und Erinnerungsfunktion oder übt er Techniken der Wissenserzeugung ein? Was wird beim Lehren überhaupt vermittelt und was ist der Status von Gelerntem im Gegensatz zu selbst erschlossenem Wissen – etwa auf dem Weg der Autodidaktik? Welche Eigenschaften müssen Schüler und Lehrer haben? – dies ist eine klassische Frage in allen Einleitungsschriften seit der Antike.

Die Weitergabe antiken und spätantiken Wissens in den verschiedenen Sprachkreisen und Kulturräumen wie auch dessen Rezeption und Transformation während eines Millenniums, das erst rückblickend und dann nur aus abendländischer Perspektive als Mittelalter qualifiziert wird, bilden den umfassenden Rahmen für die Thematik dieses Bandes. Fasst man vor diesem Hintergrund Lehren und Lernen als einen Überlieferungsvorgang, so markieren Schüler-Meister-Beziehungen darin eine besonders vielschichtige Form der *translatio* von Erfahrung, Expertise und Wissen über Zeit- und Kulturräume hinweg. Auch wenn wir in diesem Band die Schüler-Meister-Verhältnisse und das damit verbundene Verständnis von Lehren und Lernen nach Sprachkreisen getrennt behandeln, so steht doch die Frage nach der Vermittlung von Kompetenzen und von Wissen über kulturelle Grenzen hinweg stets im Raum. Denn ohne Zweifel gibt es – gerade mit Bezug auf den Wissenschaftsdiskurs – Schüler-Lehrerbeziehungen über Sprach-, Kultur- und Religionsgrenzen hinweg. Zu fragen ist nach den Voraussetzungen für das Gelingen interkultureller Lehr- und Lernbeziehungen, nach dem, was vermittelt wird, und schließlich auch nach den Grenzen der Vermittlung.

Die unverzichtbare Grundlage dieser zentralen Relation kultureller Kompetenz- und Wissensvermittlung bildet – so lautet die These unseres Bandes –

---

[6] Siehe hierzu ausführlich und mit vielfältigen Belegen aus der dominikanischen Instruktionsliteratur Mulchahey, "First the Bow is Bent in Study …", bes. 36–47 und 97–129.

[7] Siehe Remigio dei Girolami, Quolibet II, 1, ed. E. Panella, I quodlibeti di Remigio dei Girolami, in: E. Marino (ed.), Insegnamento e riforma nell'ordine domenicano (Memorie domenicane. N.S. 14), Pistoia 1983, 1–149, hier 112, 91.

die persönliche Erfahrung der beteiligten Träger: d. h. primär der Schüler und Meister selbst, sodann auch der jeweiligen Institutionen. Hier zeigen sich mitunter deutliche Unterschiede. Der Niederschlag dieser Erfahrung in ihren verschiedenen Facetten in der lateinischen und griechisch-byzantinischen, in der arabischen und hebräischen Tradition – zumeist in ihrer jeweiligen Prägung durch eine der drei abrahamitischen Religionen, aber ebenso im Rekurs auf ihr gemeinsames paganes hellenistisches Erbe –, in der Laien- und der Gelehrtenwelt (zu der auch Frauen gehören), aber auch in der Alltagskultur verweist auf die vielfältigen kulturellen und historischen Bedingungen des Lehrens und Lernens; zugleich rückt ein Thema in den Mittelpunkt, das oftmals nur beiläufig behandelt wird, etwa im Zusammenhang biografischer oder doktrinärer Fragen, oder als Geschichte von Lehrinstitutionen. Wo aber gibt es in dieser komplexen Geschichte Kontinuitäten, wo gemeinsame Bezugspunkte – beispielsweise im Ausgang von spätantiken Modellen und Traditionen? Wo bestehen diese fort, wo entstehen in der Folge des Zusammentreffens antiker Traditionen mit den fortan die Kultur bestimmenden Offenbarungsreligionen Judentum, Christentum und Islam neue Formen und Verständnisweisen im Verhältnis von Lehrer und Schüler?

In den elf Sektionen dieses Bandes werden verschiedene Schwerpunkte gewählt: bezüglich der Sprachkreise und der Traditionen, der systematischen Ausgangspunkte in Philosophie und Theologie, Literatur, Kunst(fertigkeit) und Wissenschaft, von Erfahrung und Didaktik, hinsichtlich der Kontroversen, Medien und Diskurse, in Gesellschaft und Politik. Hierbei sollen die vier großen Sprach- und Kulturräume ebenso erschlossen werden wie die volkssprachlichen Kontexte. Ziel ist ein Tableau sich durchkreuzender und einander wechselseitig befruchtender Sichtweisen auf der Grundlage eines interdisziplinären Zugangs, der sich auf die ganze Breite mediävistischer Disziplinen erstreckt. Auch dies ist ein kontinuierlicher Lernvorgang, der die Bereitschaft zu wechselseitigem Lehren und Lernen voraussetzt.

I. Lernen – Erkenntnis – Bildung

The Empirical and the Transcendental – Stoic, Arabic, and Latin Medieval Accounts of 'Our' Common Knowledge

Wouter Goris (Amsterdam)

(1) In a famous passage in the first 'Critique', Kant refers to Epicurus to connect his principle of anticipations of perception with the latter's notion of 'preconception' (πρόληψις)[1]. This preconception, comfortably embedded in the opposition between the empirical and the transcendental, is defined in contradistinction to one of its main features in Epicureanism and the Early Stoa: its material or empirical character. Between Epicurus and Kant the history of the a priori is enacted, of which the following paper presents some stages. Instead of analyzing a continuity, however, we set out to describe the way different epistemic constellations put into operation indistinguishable formal structures. In the early Stoa, in Arabic philosophy, and in medieval Latin philosophy, we encounter the idea of natural conceptions common to all mankind. In each of these traditions, this idea is put forward to provide an answer to the Meno paradox. And in each of these traditions, finally, we can observe a specific tension between the empirical and the transcendental dimensions of these natural conceptions. Judged from the history of philosophy, we are confronted here with the question of reason – the inalienable associate of human nature – and the need to allow for anthropological constants[2]. However, judged from the variety of epistemic constellations, the question is rather how discourses create the illusion of continuity.

---

[1] I. Kant, Kritik der reinen Vernunft, in: Gesammelte Schriften. Herausgegeben von der Königlich Preußischen Akademie der Wissenschaften, Berlin 1902 sqq., vol. 4, A 166–167: "Man kann alle Erkenntniß, wodurch ich dasjenige, was zur empirischen Erkenntniß gehört, a priori erkennen und bestimmen kann, eine Anticipation nennen, und ohne Zweifel ist das die Bedeutung, in welcher Epikur seinen Ausdruck πρόληψις brauchte". For the anticipations of perception in Kant, see M. Giovanelli, Reality and Negation – Kant's Principle of Anticipations of Perception. An Investigation of its Impact on the Post-Kantian Debate (Studies in German Idealism 11), Dordrecht e.a. 2011, 1–40.

[2] See S. Pinker, The Blank Slate: The Modern Denial of Modern Nature, London 2002. For a remarkable attempt at testing anthropological constants (and a priori knowledge) the empirical way, see V. Izard e.a., "Flexible Intuitions of Euclidean Geometry in an Amazonian Indigene Group", in: Proceedings of the National Academy of Sciences of the United States of America 108/24 (2011), 9782–9787.

I. Series A: 'Our' Common Knowledge

(2) We provide evidence for these claims by building three series. The first series distributes the conception of a 'knowledge no man is ever devoid of' over the traditions of Stoic, Arabic, and Latin medieval philosophy.

The first element: In the later Stoa, for example in Seneca and Epictetus, προλήψεις are explicitly presented as common to all people.

> "Preconceptions are common to all men; and one preconception does not contradict another. [...] Whence, then, arises the conflict? In applying these preconceptions to particular cases. [...] What, then, is it to be properly educated? To learn how to apply natural preconceptions to particular cases, in accordance with nature."[3]

> "We are accustomed to give much weight to a preconception that belongs to all men, and with us it is an indication of truth that something seems to all men to be true."[4]

Since natural preconceptions are common to all people, as Epictetus says, one has to explain how people can disagree on matters indicated by these preconceptions – the application to the specific case builds the answer. Epictetus connects the commonness of the preconceptions to their inborn character and bases this commonness on that of nature and the logos. The correct use of reason leads to an agreement with nature, which – like reason itself – is tightly connected to the all-pervading logos.[5]

Second element: Arabic philosophy develops a doctrine of the first conceptions, impressed in our mind by the separate Agent Intellect. The formulation of this doctrine in al-Fārābī and Ibn Sīnā differs from the one in Ibn Rušd, who also separates the material intellect and considers it one for all people. Two places, one in al-Fārābī, the other in Ibn Rušd, show the dissemination of the idea that knowledge of the first conceptions is common to all people.

> "When that thing which corresponds to light in the case of sight arises in the rational faculty from the Active Intellect, intelligibles arise at the same time in the rational faculty from the sensibles which are preserved in the faculty of representation. Those are the first intelligibles which are common to all men."[6]

> "Since as a result of this discussion we are of the opinion that the material intellect is a single one for all human beings and since we are also of the opinion that the

---

[3] Epictetus, Dissertationes, I, 22, ed. H. Schenkl, Leipzig 1916, 77–78: "Προλήψεις κοιναὶ πᾶσιν ἀνθρώποις εἰσίν· καὶ πρόληψις προλήψει οὐ μάχεται. [...] πότ' οὖν ἡ μάχη γίνεται; περὶ τὴν ἐφαρμογὴν τῶν προλήψεων ταῖς ἐπὶ μέρους οὐσίαις [...] Τί οὖν ἐστι τὸ παιδεύεσθαι; μανθάνειν τὰς φυσικὰς προλήψεις ἐφαρμόζειν ταῖς ἐπὶ μέρους οὐσίαις καταλλήλως τῇ φύσει [...]."

[4] Seneca, Epistulae Morales Ad Lucilium, 117, 6, ed. O. Hense (Opera omnia 3), Leipzig 1898, 550: "*multum dare solemus praesumptioni omnium hominum, et apud nos veritatis argumentum est aliquid omnibus videri*".

[5] For the *topos* of knowledge common to all people in the Greek tradition, see D. Obbink, 'What All Men Believe – Must be True'. Common Conceptions and *Consensio Omnium* in Aristotle and Hellenistic Philosophy, in: Oxford Studies in Ancient Philosophy 10 (1992), 192–232.

[6] Al-Fārābī, On the Perfect State, IV, 13, 2–3. A revised text with Introduction, Translation and Commentary by R. Walzer, Oxford 1985, 203.

human species is eternal, as has been shown in other places, it follows that the material intellect is never devoid of the natural principles which are common to the whole human species, namely, the first propositions and individual concepts which are common to all."[7]

The first passage identifies the common basis of all human reasoning, which allows al-Fārābī to define a political order in agreement with human nature. The first notions are known by nature; such universal knowledge is not innate, however, but acquired by means of abstraction. As the first member of the opposition of nature and will, such knowledge gives rise to investigation and learning, and eventually to the fulfillment of the intellect in happiness. The second passage employs the doctrine of first conceptions in the formulation of the doctrine of the unicity of the material intellect. Knowledge of the first principles is one and eternal in relation to the material intellect, but a plurality, subject to generation and corruption, in relation to the phantasms. Such knowledge is only perishable in relation to individual man. Of this natural knowledge, which is not inborn, but acquired by nature, Averroes says in the famous chapter 36 of the commentary on the third book of 'De anima' that their "time of appearance and origin and manner of appearance are unknown to us".

Third element: A double line of influence connects the Latin thinkers of the 13th century with the Stoa and its doctrine of the κοιναὶ ἔννοιαι. On the one hand, this doctrine is handed down by Cicero and the Christian Neoplatonism of Augustine and Boethius in an independent Latin tradition[8]. On the other hand, the reception and transformation of the Stoic heritage in the Arabic doctrine of the first conceptions was a major stimulus for the elaboration of the doctrine of the transcendentals in the Latin West. A quotation in Aquinas will suffice to illustrate the connection between the natural character of the first conceptions and the view that they are common to all men.

> "All things which are of one species enjoy in common the action which accompanies the nature of the species, and consequently the power which is the principle of such action; but not so as that power be identical in all. Now to know the first intelligible principles is the action belonging to the human species. Wherefore all men enjoy in common the power which is the principle of this action: and this power is the active intellect."[9]

---

[7] Averroes, Commentarium magnum in Aristotelis de anima libros, III, comm. 5, ed. F. S. Crawford, Cambridge, MA 1953, 406–407: "*Quoniam, quia opinati sumus ex hoc sermone quod intellectus materialis est unicus omnibus hominibus, et etiam ex hoc sumus opinati quod species humana est eterna, ut declaratum est in aliis locis, necesse est ut intellectus materialis non sit denudatus a principiis naturalibus communibus toti speciei humane, scilicet primis propositionibus et formationibus singularibus communibus omnibus.*"

[8] See G. Verbeke, The Presence of Stoicism in Medieval Thought, Washington 1983; M. Colish, The Stoic Tradition from Antiquity to the Early Middle Ages, 2 vols., Leiden 1985; S. Strange/J. Zupko (eds.), Stoicism. Traditions and Transformations, Cambridge 2004.

[9] Thomas Aquinas, Summa theologiae, I, 79, 5, ad 3: "[*O*]*mnia quae sunt unius speciei, communicant in actione consequente naturam speciei, et per consequens in virtute, quae est actionis principium, non quod sit eadem numero in omnibus. Cognoscere autem prima intelligibilia est actio consequens speciem humanam. Unde*

> "If a person ignorant of the sciences is questioned about matters pertaining to the sciences, his answers will not be true, except with regard to the universal principles of which no one is ignorant, but which are known by all in the same way and naturally."[10]

Since, according to Aquinas, the agent intellect belongs to the individual soul as one of its powers, he refuses in the first passage to accept the view that all men agree in the first conceptions of the intellect as proof for the unicity of the agent intellect. Rather, Aquinas says, such agreement relates to the specific nature of man as an intellectual creature. In the second passage, he argues for the natural union of soul and body against the Platonic theory of learning as remembering. The union with the body is no obstacle to the soul's understanding. Men do not share the same judgment with regard to conclusions as with regard to the principles of reasoning, which they conceive by nature.

(3) What to make of series A? At first sight, its elements are in accordance: they all present the cognition of first conceptions as common to human nature. Now, as series B will show, the appeal to such knowledge common to all men provides, in all three traditions, an answer to the Meno paradox – which allows us to compare these answers and to trace their differences. Just one example: Al-Fārābī refers to the distinction between conceptualization and assent, which would come to play such an important role in Ibn Sīnā and in the Latin medieval doctrine of the transcendentals as the solution of the Meno paradox: "Meno's-paradox did not distinguish between conceptualization and assent". This is neither the answer in the Stoa, nor the one in the Latin tradition. The answer in these different eras to the Meno paradox is therefore already specific to the epistemic constellation in which it is formulated. Moreover, these traditions do not only identify first conceptions as knowledge presupposed in all knowledge acquisition, but they are to such an extent empiristic that the acquisition of these first conceptions themselves emerges as a problem, as series C shall demonstrate.

II. Series B: Answering Meno's Paradox

(4) The second series deals with the answer provided to the paradox of learning in Stoic, Arabic, and Latin medieval philosophy.

The first element: Plutarch's famous fragment 215 f. presents the Stoic doctrine of the κοιναὶ ἔννοιαι in the context of Meno's paradox: How is investigation and discovery possible if we can neither learn what we know already, nor learn what we do not know, since we do not know what to look for?

---

oportet quod omnes homines communicent in virtute quae est principium huius actionis, et haec est virtus intellectus agentis".

[10] Thomas Aquinas, Summa contra gentiles, II, 83, 1676, edd. C. Pera/P. Marc/P. Caramello, Taurini-Romae 1961, 244: "*Si aliquis scientiarum ignarus de his quae ad scientias pertinent interrogetur, non respondebit veritatem nisi de universalibus principiis, quae nullus ignorat, sed sunt ab omnibus eodem modo et naturaliter cognita.*"

"The Stoics make the natural conceptions (τάς φυσικάς ἐννοίας) responsible. If these are potential, we shall use the same argument as against the Peripatetics; and if they are actual, why do we search for what we know? And if we use them as a starting-point for the search for other things that we do not know, how do we search for what we do not know? The Epicureans introduce prolepses; if they mean these to be articulated, search is unnecessary; if unarticulated, how do we extend our search beyond our prolepses, to look for something of which we do not possess even a prolepsis?"[11]

In this fragment, Plutarch distinguishes the Stoic and Epicurean positions in function of their different solutions to Meno's paradox. The implication is that the natural conceptions of the Stoa are not identical to Epicurean prolepses. Both natural conceptions and prolepses, Plutarch holds, serve as a starting point to acquire knowledge of something else that is not cognized in and by them. They differ insofar as the epistemic status of this starting point is criticized by means of other pairs of oppositions: potential-actual in the case of the Stoics, unarticulated-articulated in the case of the Epicureans. According to Plutarch, the potentiality of the natural conceptions leads the Stoic solution back to the position of the Peripatetics, and their actuality reinstates Meno's paradox: for how does one know by these conceptions what one is looking for? The Epicurean position faces a different challenge: How can knowledge ever be more than the mere articulation of our prolepses?

Plutarch's fragment 215 marks the exact place where the idea of first concepts is introduced in the history of philosophy, and the goal they serve: these concepts constitute the starting point for the investigation of other things which we do not know and, in order to enable this search as such, they must always be known already and cannot be the object of search themselves.

Second element: The discussion of Meno's paradox in Arabic philosophy is part of the history of the reception of the 'Posterior Analytics'[12]. Al-Fārābī introduces, within the broader distinction between natural and acquired knowledge, a distinction between conceptualization and assent. Instruction, by which knowledge comes about, does not bring to memory something already known, but what comes about in the mind of the listener was not there before. In order to elucidate this process, al-Fārābī introduces the distinction between concept and judgment as an answer to Meno's paradox.

---

11 Plutarchus, Moralia, Fragm. 215 f. Translated by F. H. Sandbach (Loeb Classical Library 15), Cambridge, MA 1969, 392: "οἱ δὲ ἀπὸ τῆς Στοᾶς τὰς φυσικὰς ἐννοίας αἰτιῶνται· εἰ μὲν δὴ δυνάμει, ταὐτὸ ἐροῦμεν· εἰ δὲ ἐνεργείᾳ, διὰ τί ζητοῦμεν ἃ ἴσμεν; εἰ δὲ ἀπὸ τούτων ἄλλα ἀγνοούμενα, πῶς ἅπερ οὐκ ἴσμεν".

12 See T.-A. Druart, Al-Fārābī, Ethics, and First Intelligibles, in: Documenti e studi sulla tradizione filosofica medievale 8 (1997), 403–423; D. L. Black, Al-Fārābī on Meno's Paradox, in: P. Adamson (ed.), In the Age of al-Fārābī: Arabic Philosophy in the Fourth/Tenth Century, London 2008, 15–34; M. E. Marmura, Avicenna on Meno's Paradox: On 'Apprehending' Unknown Things through Known Things, in: Mediaeval Studies 71 (2009), 47–62. Aristotle refers to the Meno paradox in Analytica Posteriora, I, 1, 71a29–30 (and elsewhere, of course).

"And knowledge includes conceptualization and assent. So if the conceptualization of something is intended by instruction, then it is necessary for this thing to have been conceptualized in some way before, whereas another representation was unknown. It is also necessary that one will in some way have assented before to that which is intended to produce assent. But Meno's paradox did not distinguish between conceptualization and assent. For what is necessarily required in the case of what intends to cause assent to occur is that it have been conceptualized [before]."[13]

Black concludes: "The paradox of inquiry will therefore require distinct resolutions corresponding to the different types of knowledge which instruction seeks to produce."[14] The solution to Meno's paradox springs from three observations that together structure the relation between concept and judgment. (i) If a concept is to be generated by instruction, a concept must in one way exist before, in another way not. (ii) If assent is to be generated by instruction, there must already be a judgment in a certain way before, in another way not. (iii) If assent is to be generated by instruction, a concept must be formed beforehand. Just like a general notion precedes each specific conceptualization – by which we know that the name refers to something meaningful and intelligible –, distinct judgments presuppose indistinct judgment.

Both the distinction of natural and acquired knowledge and the distinction of concept and assent return in Avicenna's discussion of Meno's paradox. Avicenna adheres to al-Fārābī in his negative evaluation of Meno's argument and likewise discards Plato's solution that all learning is remembrance. Avicenna's solution states that learning combines actual concept and potential judgment. He relates concept and judgment to first principles, the knowledge of which is not acquired, but immediate[15].

Third element: Aquinas reduces divine illumination to the natural equipment of the human soul with the light of the agent intellect, "*participata similitudo lucis increatae*"[16]. The consequence is that his explanation of the process of learning cannot fall back on Augustine's substitution of Plato's doctrine of anamnesis with a doctrine of illumination, and he thus has to relate the entire natural knowledge to sensible experience.

While the 'Summa theologiae' contrasts Aquinas's proper position with those of Plato and Averroes, he construes his position in the treatise 'De magistro' of the disputed questions 'De veritate' as a middle ground between externalism and internalism with regard to three issues: the generation of forms, the attainment of moral perfection, and the acquisition of scientific knowledge. Neither externalism nor internalism does justice to the activity of proper things, the

---

13 Al-Fārābī, On Demonstration, in: Al-manṭiq ʿinda al-Fārābī, ed. M. Fakhry, vol. 4, Beirut 1987, 79; Translation Black, Al-Fārābī on Meno's Paradox (nt. 12), 25.

14 See Black, Al-Fārābī on Meno's Paradox (nt. 12), 24–25.

15 For the discussion of the Meno paradox in Avicenna, see Marmura, Avicenna on Meno's Paradox (nt. 12).

16 Thomas Aquinas, Summa theologiae, I, 84, 5. See also id., Super Boetium De Trinitate, 1, 1, ed. Commissio Leonina (Opera omnia 50), Roma–Paris 1992, 80–83.

former because it attributes all activity to first causes, the latter because it does not take causality serious at all. With regard to the issue of knowledge acquisition, this middle ground reads as follows:

> "We must give a similar explanation of the acquisition of knowledge. For certain seeds of knowledge pre-exist in us, namely, the first concepts of understanding, which by the light of the agent intellect are immediately known through the species abstracted from sensible things. These are either complex, as axioms, or simple, as the notions of being, of the one, and so on, which the understanding grasps immediately. In these general principles, however, all the consequences are included as in certain seminal principles. When, therefore, the mind is led from these general notions to actual knowledge of the particular things, which it knew previously in general and, as it were, potentially, then one is said to acquire knowledge."[17]

Knowledge exists only potentially in the soul, and not already actually, as the internalists claim, and is subsequently actualized by the proximate cause, and not by the first cause alone, as the externalists hold. Knowledge is either acquired by nature alone – namely when natural reason by itself advances to knowledge of something unknown – or with the aid of an external cause; in this way, a teacher imparts knowledge to someone in the same way that someone teaches himself, i.e., by applying self-evident general principles to specific questions[18]. Aquinas's solution to the Meno paradox is formative for, although not identical with, those formulated by Henry of Ghent and John Duns Scotus[19].

(5) The cognition a priori addressed by Kant refuses the character of inborn knowledge to transcendental knowledge[20], while denying its empirical character: "Wenn aber gleich alle unsere Erkenntniß mit der Erfahrung anhebt, so entspringt sie darum doch nicht eben alle aus der Erfahrung."[21] In ancient and medieval philosophy, such a middle structure is attributed to so-called 'natural conceptions'[22]. Natural conceptions are distinguished from innate concepts as forms of acquired knowledge, and they are distinguished from empirical con-

---

[17] Thomas Aquinas, Quaestiones disputatae de veritate, q. 11, a. 1, ed. Commissio Leonina (Opera omnia 22/2), Romae 1972, 350, 264–351, 279: "*similiter etiam dicendum est de scientiae acquisitione quod praeexistunt in nobis quaedam scientiarum semina, scilicet primae conceptiones intellectus quae statim lumine intellectus agentis cognoscuntur per species a sensibilibus abstractas, sive sint complexa sicut dignitates, sive incomplexa sicut ratio entis et unius et huiusmodi quae statim intellectus apprehendit; in istis autem principiis universalibus omnia sequentia includuntur sicut in quibusdam rationibus seminalibus: quando ergo ex istis universalibus cognitionibus mens educitur ut actu cognoscat particularia quae prius in universali et quasi in potentia cognoscebantur, tunc aliquis dicitur scientiam acquirere*".

[18] See J. A. Aertsen, Medieval Philosophy and the Transcendentals. The Case of Thomas Aquinas (Studien und Texte zur Geistesgeschichte des Mittelalters 52), Leiden–New York–Köln 1996, 177 sqq.

[19] See my essay *De magistro* – Thomas Aquinas, Henry of Ghent, and John Duns Scotus on Natural Conceptions, in: The Review of Metaphysics 66 (2013), 435–468.

[20] See Kritik der praktischen Vernunft, in: Akademieausgabe (nt. 1), vol. 5, 254.

[21] Kritik der reinen Vernunft, in: Akademieausgabe (nt. 1), vol. 4, B1.

[22] See W. Goris, The Starting Points of Human Understanding – Πρῶτον νοητόν and φυσικὴ ἔννοια in Alkinoos' Didaskalikos, in: Mnemosyne 67 (2014), 214–246; id., *De magistro* (nt. 19).

cepts as forms of natural cognition. This middle structure typical of natural conceptions received a unique expression with the conjunction "naturally acquired" in Henry of Ghent. The doctrine of natural conceptions is a common feature in the Stoa, in Arabic philosophy, and in medieval Latin philosophy. In each of these traditions, its articulation is bound to attempts to answer the Meno paradox. Nevertheless, there are substantial differences between these traditions. Arabic philosophy builds its doctrine of natural conceptions and its solution of the Meno paradox on a fundamental distinction between the orders of concepts and demonstration, which transforms the doctrine of natural conceptions into a doctrine of primary concepts, a doctrine which is itself embedded in the Arabic version of a doctrine of emanation and illumination. Medieval Latin philosophy, which integrated the doctrine of natural conceptions in a doctrine of the transcendentals, advanced to a critique of the doctrine of illumination. As a result, the tension between the empirical and the transcendental aspects of the natural conceptions returned in full force, as the origin of these conceptions was to be explained by sense experience alone.

III. Series C: Natural Conceptions

(6) The identical claim of knowledge common to all men has been connected to solutions of the Meno paradox, in which a characteristic structure of natural conceptions was grasped: the common space for diverging philosophical projects in Stoic, Arabic, and Latin medieval philosophy. The third series addresses the tension between the empirical and the transcendental in these diverse accounts of the natural conceptions.

The first element: Due to both the originality of ideas and the scarcity of sources, the Stoic account of concept formation, and especially their doctrine of κοιναὶ ἔννοιαι, is much debated upon. One of the key testimonies, Ps.-Plutarch's 'Placita' 4, 11, is hampered by a serious lacuna. It is principally concerned with the formation of προλήψεις, a species of ἔννοιαι that is constitutive of the λόγος. As conceptions generated φυσικῶς and ἀνεπιτεχνήτως, these προλήψεις are distinguished from the ἔννοιαι tout court, which come about through διδασκαλία and ἐπιμέλεια. The formation of προλήψεις is related to an inscription upon the soul in a process marked by the Aristotelian sequence αἴσθησις – μνήμη – ἐμπειρία. Scholarly literature has detected a lacuna between πλῆθος and τῶν δ' ἐννοιῶν. It is argued that the phrase κατὰ τοὺς εἰρημένους τρόπους refers back to a more elaborate exposition of concept formation than the text actually gives, which lists only the πρῶτος τρόπος τῆς ἀναγραφῆς, namely the τρόπος διὰ τῶν αἰσθήσεων[23].

[23] See A. Bonhöffer, Epictet und die Stoa. Untersuchungen zur stoischen Philosophie, Stuttgart 1890; F. H. Sandbach, Ennoia and Prolēpsis in the Stoic Theory of Knowledge, in: The Classical Quarterly 24 (1930), 44–51; R. B. Todd, The Stoic Common Notions: A Re-Examination and Reinterpretation, in: Symbolae Osloenses 48 (1973), 47–75; H. Dyson, Prolepsis and Ennoia in the Early Stoa (Sozomena 5), Berlin 2009.

"The Stoics say: when a man is born he has the regent part of his soul like a sheet of papyrus well prepared for making a copy (transcript). On this he transcribes for himself each single one of his concepts. The first way of listing is by means of the senses. Suppose it is of a white something; when it has gone away they have a memory of it. When many memories of the same sort have occurred, then, we say, that they have an experience. For an experience is nothing but the set of impressions of the same sort. [...] Some of these conceptions arise naturally in the aforesaid ways, and without technical elaboration; others are in the end produced by our instruction and attention. The latter are called conceptions only, the former also preconceptions."[24]

A recent article by Mansfeld presents a solution to this lacuna: He argues that the original Aëtian chapter, abridged by Ps.-Plutarch, dealt not only with the perception of external objects, but also with inner perception or self-awareness. This other kind of experience, i.e., self-experience, is the necessary condition for *oikeiosis*, which begins with being aware of proto-ethical notions, i.e., what needs to be accepted or rejected in order to survive. In contrast to concepts which are the products of teaching and effort, the preconceptions are concepts that are produced by means of an autonomous and involuntary copying process which starts at birth. When in a later chapter Ps.-Plutarch says that the "conception (*ennoia*) of the good and the bad and of the teaching of them occurs in the second period of seven years", Mansfeld claims that the fact that teaching plays its part in the genesis of these ethical concepts leaves room for a previous genesis of ethical preconceptions without teaching. As regards the discussion in scholarly literature, whether Stoic preconceptions are innate or acquired, Mansfeld states that Ps.-Plutarch's 'Placita' 4, 11 offers no support for the assumption that they be innate[25].

The description of Stoic concept formation in Diogenes Laërtius confirms such a genesis of ethical preconceptions without teaching, by acknowledging the existence of a class of natural conceptions.

"Of the things that are conceived, some are conceived by direct experience, some by similarity, some by analogy, (some by transposition,) some by composition, and some by opposition. Sensibles are conceived by direct experience. By similarity things from something present, e.g. Socrates from his likeness. By analogy some by expansion, e.g. Tityos and the Cyclops, others are by diminution, e.g. a Pygmy; and the center of the earth is conceived by analogy from smaller spheres. By transposition, e.g. eyes in the chest; the Hippocentaur by composition; and death by opposition.

---

24 Ps.-Plutarch/Aëtius, Placita, 4, 11, 1–4a, ed. J. Mansfeld, Ps.Plutarch/Aëtius Plac. 4.11. Some comments on sensation and concept formation in Stoic Thought, in: Mnemosyne 67 (2014), 613–630, at 621, nt. 33; 615 nt. 8; 616, nt. 16: "οἱ Στωικοί φασιν· ὅταν γεννηθῇ ὁ ἄνθρωπος, ἔχει τὸ ἡγεμονικὸν μέρος τῆς ψυχῆς ὥσπερ χαρτήν [or: χαρτίον] εὔεργὸν εἰς ἀπογραφήν· εἰς τοῦτο μίαν ἑκάστην τῶν ἐννοιῶν ἐναπογράφεται. πρῶτος δὲ ὁ τῆς ἀναγραφῆς τρόπος ὁ διὰ τῶν αἰσθήσεων· αἰσθανόμενοι γάρ τινος οἷον λευκοῦ ἀπελθόντος αὐτοῦ μνήμην ἔχουσιν· τῶν δ' ἐννοιῶν αἱ μὲν φυσικῶς γίνονται κατὰ τοὺς εἰρημένους τρόπους καὶ ἀνεπιτεχνήτως, αἱ δ' ἤδη δι' ἡμετέρας διδασκαλίας καὶ ἐπιμελείας· αὗται μὲν οὖν ἔννοιαι καλοῦνται μόνον, ἐκεῖναι δὲ καὶ προλήψεις ὁ δὲ λόγος, καθ' ὃν προσαγορευόμεθα λογικοί, ἐκ τῶν προλήψεων συμπληροῦσθαι λέγεται κατὰ τὴν πρώτην ἑβδομάδα".

25 See Mansfeld, Ps.Plutarch/Aëtius Plac. 4.11, 613 sq.

Some things too are conceived by transition, e. g. the lekta and place. And something just and good is conceived naturally; and by privation, e. g. a person without hands."[26]

Evidently, the text is constituted by two series of conceptual modes. The first series starts with τὰ κατὰ περίπτωσιν and ends with τὰ κατ' ἐναντίωσιν; this series is listed first at the end of VII, 52 and consequently illustrated with examples. The second series starts with the conceptual mode κατὰ μετάβασίν and ends with κατὰ στέρησιν; it is important to observe that no element of the second series is part of the opening list in VII, 52. Whereas the first series starts with direct experience and plots its various derivations, the second series starts with two species of incorporeals, conceived κατὰ μετάβασίν. Where the first series corresponds to Diogenes's description of the Epicurean analysis of concept formation, in the second series, the Stoic analysis of concept formation additionally recognizes the formation of concepts of incorporeals. Part of this second series is the natural conception of 'something' just and good. This description of what is conceived φυσικῶς poses quite a few problems: first, to explain its presence in the second series; second, the restriction of natural conceptions to the moral realm; third, the interpretation of the phrase δίκαιόν τι. Nevertheless, its assertion is clear: natural conceptions result from an origin other than the objects of external sensation. Hence, we should not only conclude that Stoic preconceptions are not innate, but also distinguish these natural conceptions from mere empirical conceptions.

Finally, we may acknowledge φαντασία as the ultimate basis of the Stoic theory of concept formation, although texts vary greatly regarding its demarcation of real impressions from mere figments. The continuation of 'Placita' 4, 11 identifies the ἐννόημα as a φάντασμα; the next chapter gives a presentation of Chrysippus's distinction between φαντασία, φανταστὸν, φανταστικὸν, and φάντασμα, a distinction that is at odds with the former interpretation of the ἐννόημα as a φάντασμα. Also, the description of Stoic concept formation in Diogenes Laërtius's 'Vitae' VII, 52 naturally relates to its broader context in the Diocles fragment, in which we find various distributions of φαντασίαι; furthermore, the specification of different sources of φαντασίαι: αἴσθησις for the corporeal ones, διάνοια or λόγος for the 'anesthetic' φαντασίαι, such as the incorporeal ones; and a disagreement with regard to the exact definition of the κανών or κριτήριον, ascribing to Chrysippus, among others, αἴσθησις and πρόληψις as κριτήρια (Di-

[26] Diogenes Laërtius, Vitae philosophorum, VII, 52–53, ed. H. S. Long, 2 vols., Oxford 1964, vol. 2, 319–320: "τῶν γὰρ νοουμένων τὰ μὲν κατὰ περίπτωσιν ἐνοήθη, τὰ δὲ καθ' ὁμοιότητα, τὰ δὲ κατ' ἀναλογίαν, ⟨τὰ δὲ κατὰ μετάθεσιν,⟩ τὰ δὲ κατὰ σύνθεσιν, τὰ δὲ κατ' ἐναντίωσιν. Κατὰ περίπτωσιν μὲν οὖν ἐνοήθη τὰ αἰσθητά· καθ' ὁμοιότητα δὲ τὰ ἀπό τινος παρακειμένου, ὡς Σωκράτης ἀπὸ τῆς εἰκόνος· κατ' ἀναλογίαν δὲ αὐξητικῶς μέν, ⟨ὡς⟩ ὁ Τιτυὸς καὶ Κύκλωψ· μειωτικῶς δέ, ὡς ὁ Πυγμαῖος, Καὶ τὸ κέντρον δὲ τῆς γῆς κατ' ἀναλογίαν ἐνοήθη ἀπὸ τῶν μικροτέρων σφαιρῶν. Κατὰ μετάθεσιν δέ, οἷον ὀφθαλμοὶ ἐπὶ τοῦ στήθους· κατὰ σύνθεσιν δὲ ἐνοήθη Ἱπποκένταυρος· καὶ κατ' ἐναντίωσιν θάνατος Νοεῖται δὲ καὶ κατὰ μετάβασίν τινα, ὡς τὰ λεκτὰ καὶ ὁ τόπος Φυσικῶς δὲ νοεῖται δίκαιόν τι καὶ ἀγαθόν· καὶ κατὰ στέρησιν, οἷον ἄχειρ."

ogenes Laërtius, Vitae, VII, 54), πρόληψις here being defined as ἔννοια φυσικὴ τῶν καθόλου.

Second element: Other starting points are assigned to human knowledge in the Arabic tradition. 'First intelligibles' are here said to arise by an impression on the intellect, which requires both the presence of sensibles in the faculty of imagination and the influence of the Active Intellect. On account of this dual origin, first intelligibles are at the basis of conceptual and propositional knowledge, and establish the legitimate claim of scientific knowledge to universality.

Al-Fārābī formulates a doctrine of first intelligibles which are neither innate nor merely empirical, but a middle way guaranteed by the doctrine of emanation. As such, the first impressions give rise to the differentiation of the conceptualization of things and its verification by propositional knowledge and to the differentiation of domains of first intelligibles corresponding to the division of theoretical, practical, and productive sciences. And they are (although somewhat ambiguously)[27] said to realize man's humanity, which affirms the claim that they are common to all men.

> "The common first intelligibles are of three kinds, (a) the principles of the productive skills, (b) the principles by which one becomes aware of good and evil in man's actions, (c) the principles which are used for knowing the existents which are not the objects of man's actions, and their primary principles and ranks [...]. When these intelligibles become present in man, careful examination, deliberation, practical thought and a desire to find out things arise in him by nature, and an inclination towards some of his thoughts in the first instance and a desire for them and [an inclination] towards some of what he finds out, or alternatively a dislike for it."[28]

The origin of the first intelligibles is alternatively described by al-Fārābī as resulting from an emanation by the Agent Intellect or as involving the Agent Intellect's cooperation with experience. Knowledge of the first intelligibles is acquired, yet imperceptibly. Al-Fārābī distinguishes this primary knowledge, as knowledge "possessed by man from the outset without his being aware of it and without perceiving how he acquired it or where it comes from", from knowledge by investigation and instruction[29]. Known by nature, yet acquired, these intelligibles hide their true origin: "without our knowing wherefrom it

---

[27] See al-Fārābī, The Political Regime. Translated by F. M. Najjar, in: R. Lerner/M. Mahdi (eds.), Medieval Political Philosophy: A Sourcebook, Toronto 1963, 31–57, at 35: "Man can reach happiness only when the Active Intellect first gives the first intelligibles, which constitute the primary knowledge. However, not every man is equipped by natural disposition to receive the first intelligibles, because individual human beings are made by nature with unequal powers and different preparations. Some of them are not prepared by nature to receive any of the first intelligibles; others – for instance, the insane – receive them, but not as they really are; and still others receive them as they really are. The last are the ones with sound human natural dispositions; only these, and not the others, are capable of attaining happiness."

[28] Al-Fārābī, On the Perfect State, 13, 3–4, ed. Walzer (nt. 6), 203–205.

[29] Al-Fārābī, The Attainment of Happiness, 1, 2, in: Alfarabi's Philosophy of Plato and Aristotle. Translated with an Introduction by M. Mahdi, Ithaca, NY 1962, revised edition 1969, 13.

came nor how it came and without our being aware at any time that we were ignorant of it and that we were already keen for such knowledge. We did not at all consider it as an object for research at any moment, but we find ourselves as if we were naturally endowed with it since the very beginning of our existence and as if it were instinctive for us not to disengage ourselves from it"[30]. An echo of such professed unawareness is found in Averroes's famous assertion in his major commentary on the third book of 'De anima': "thought contents come to be in us in two ways: either naturally (and these are first propositions, whose time of appearance and origin and manner of appearance are unknown to us) or voluntarily (and these are thought contents acquired from first propositions)"[31].

Features of this doctrine of natural conceptions, like the differentiation between autonomous and involuntary first conceptions and concepts which are the products of teaching and effort, as well as the assignment of a special status to ethical first intelligibles, allow us to compare them to the Stoic κοιναὶ ἔννοιαι[32]. The true originality of this doctrine, however, resides in the explanation of the actualization of 'second intelligibles' by these first impressions, which is a far cry from the Stoic differentiation between φαντασία and φάντασμα as the basis for a kataleptic impression. In consequence, the distribution of the predicates 'being' and 'non-being' is quite different. Whereas the Stoics reserve the term 'being' for bodily impressions, the Arabic thinkers introduce real intentions of objects the actual existence of which is subsequently certified – the very basis for their solution to the Meno paradox.

This is the core of Avicenna's doctrine of first impressions made by the separate Agent Intellect, which thus equips the human intellect with indubitable starting points of knowledge that cannot be made known by recourse to things better known but make other things known themselves.

> "The ideas of 'the existent', 'the thing', and 'the necessary' are impressed in the soul in a primary way. This impression does not require better known things to bring it about. [This is similar] to what obtains in the category of assent, where there are primary principles, found to be true in themselves, causing [in turn] assent to the truths of other [propositions]. [...] Similarly, in conceptual matters, there are things which are principles for conception that are conceived in themselves."[33]

---

[30] Al-Fārābī, On Demonstration, ed. Fakhry (nt. 13), 23; translation from: Druart, Al-Fārābī (nt. 12), 416.

[31] Averroes, Commentarium magnum in Aristotelis de anima libros, III, comm. 36, ed. Crawford (nt. 7), 496: "*intellecta autem duobus modis fiunt in nobis: aut naturaliter (et sunt prime propositiones, quas nescimus quando extiterunt et unde et quomodo) aut voluntarie (et sunt intellecta acquisita ex primis propositionibus)*". See Black, Al-Fārābī on Meno's Paradox (nt. 12).

[32] See P. Vallat, Farabi et l'École d'Alexandrie. Des prémises de la connaissance à la philosophie politique (Études musulmanes 38), Paris 2004, 207–238.

[33] Avicenna, The Metaphysics of The Healing, I, 5. A parallel English-Arabic Text Translated, Introduced, and Annotated by M. E. Marmura (Islamic Translation Series), Provo, UT 2005, 22–23.

Avicenna explicitly identifies these first impressions as the principles that make it possible to answer the Meno paradox: "If every instruction and learning was through previous knowledge, and every existing knowledge is through instruction and learning, the state of affairs would regress *ad infinitum*, and there would be neither instruction nor learning. It is hence necessary that we have matters believed to be true without mediation, and matters that are conceptualized without mediation, and that these would be the first principles for both assent and conceptualization."[34] The differentiation between 'being' and 'thing' as primary principles of conceptualization establishes the reality of an intention which is not yet certified as existent. Both in the 'Logic' and in the 'Metaphysics' of his 'al-Shifā'', Avicenna relates the discussion of these first principles to the issue of non-existent things[35]. As far as things have thingness, they are not necessarily related to actual existence.

Third element: One of the most important aspects of the Latin medieval doctrine of the transcendentals is their claim to cognitive primacy[36], exerted within the domain of empirical knowledge. Distinctive for the epistemic constellation to which Thomas Aquinas, Henry of Ghent, and John Duns Scotus adhere, is the idea of 'being' as a first known object, indicative of the horizon of knowledge, and to which all concepts have to be resolved. This first object of the intellect is identified with the subject of First Philosophy, thus establishing a new foundation for the science of metaphysics, and transforming it into a transcendental science[37].

In Aquinas, the knowledge of being is characterized as belonging to man by nature, a kind of knowledge no man is ever devoid of, and which is always already there, since, on the one hand, it accompanies the activity of the agent intellect. On the other hand, this knowledge is acquired and mediated by the senses. As such, the bounds of sense define the horizon of knowledge, in the sense that the horizon of knowledge indicated by being as the first object of the intellect is truly bound to the sensual origin of this cognition.

> "So inquiry in all the speculative sciences works back to something first given, which one does not have to learn or discover (otherwise he would have to go on to infinity), but which he knows naturally. Such are the indemonstrable principles of demonstration (for example, Every whole is greater than its part, and the like), to which all demonstrations in the sciences are reducible. Such, too, are the first conceptions of

34 Avicenna, Demonstration, ed. A. 'Affifi, Cairo 1956, 77; translation from Marmura, Avicenna on Meno's Paradox (nt. 12), 61.

35 See Black, Al-Fārābī on Meno's Paradox (nt. 12).

36 See J. A. Aertsen, Medieval Philosophy as Transcendental Thought. From Philip the Chancellor (ca. 1225) to Francisco Suárez, Leiden – Boston 2012, 10 – 11; and my critical study: Mittelalterliche Philosophie als Transzendentales Denken, in: Philosophische Rundschau 60 (2013), 61 – 72.

37 See Aertsen, Medieval Philosophy as Transcendental Thought (nt. 36); and my essay The Foundation of the Principle of Non-Contradiction – Some Remarks on the Medieval Transformation of Metaphysics, in: Documenti e studi sulla tradizione filosofica medievale 22 (2011), 527 – 557.

the intellect (for example, being, one, and the like), to which all definitions in the sciences must be reduced. From this it is clear that the only things we can know in the speculative sciences, either through demonstration or definition, are those that lie within the range of these naturally known principles. Now these principles are revealed to man by the light of the agent intellect, which is something natural to him; and this light makes things known to us only to the extent that it renders phantasms actually intelligible; for in this consists the operation of the agent intellect, as the De Anima says. Now phantasms are taken from the senses. So our knowledge of the above-mentioned principles begins in the senses and memory, as is evident from the Philosopher. Consequently, these principles do not carry us beyond that which we can know from the objects grasped by the senses."[38]

Consistent with this 'empiricist' program, Aquinas's determination of the *primum cognitum* of the human intellect entails a double movement. From the early 'De trinitate' commentary until the 'Summa theologiae', he first demarcates the *quiditas rei materialis* as first known, in order to refute the doctrine of God as first known, and consequently acknowledges, within this class of essences abstracted from matter, the most universal concept of being as first known. Indicative of the tension between the empirical and the transcendental, Aquinas's doctrine of the first known involves two conflicting strategies in justifying the cognitive primacy: an abstraction account, according to which the process of abstraction, which characterizes human understanding, decides upon its proper object, and an actuality account, according to which the actuality, expressed by the concept of being, indicates the formal aspect according to which everything falls under the scope of the intellect[39].

Aquinas's doctrine of being as first known enables him to differentiate between the orders of theoretical knowledge proper and practical knowledge, in which the concept of the good is first known, and to introduce an indirect intellectual cognition of the singular, which would soon after advance to the proper object of intuitive cognition, in contradistinction to the abstract knowledge of essences irrespective of actual existence.

---

[38] Thomas Aquinas, Super Boetium De Trinitate, 6, 4, ed. Leonina (nt. 16), 170, 107–135: "*unde omnis consideratio scientiarum speculatiuarum reducitur in aliqua prima, que quidem homo non habet necesse addiscere aut inuenire, ne oporteat in infinitum procedere, set eorum notitiam naturaliter habet. Et huiusmodi sunt principia demonstrationum indemonstrabilia, ut 'omne totum est maius sua parte', et similia, in que omnes demonstrationes scientiarum reducuntur, et etiam prime conceptiones intellectus, ut entis, et unius, et huiusmodi, in que oportet reducere omnes diffinitiones scientiarum predictarum. Ex quo patet quod nichil potest sciri in scientiis speculatiuis neque per uiam demonstrationis, neque per uiam diffinitionis, nisi ea tantummodo ad que predicta naturaliter cognita se extendunt. Huiusmodi autem naturaliter cognita homini manifestantur ex ipso lumine intellectus agentis, quod est homini naturale; quo quidem lumine nichil manifestatur nobis nisi in quantum per ipsum phantasmata fiunt intelligibilia in actu: hic enim est actus intellectus agentis, ut dicitur in III De anima. Phantasmata autem a sensu accipiuntur, unde principium cognitionis predictorum principiorum est ex sensu et memoria, ut patet per Philosophum in fine Posteriorum; et sic huiusmodi principia non ducunt nos ulterius nisi ad ea quorum cognitionem accipere possumus ex his que sensu compreenduntur.*"

[39] See my study Transzendentale Einheit (Studien und Texte zur Geistesgeschichte des Mittelalters 119), Leiden – Boston 2015, 323 sqq.

As an important exponent of this latter development, Henry of Ghent reproduces the intermediate status of the first conception of being as a natural conception, neither innate nor discursively acquired, but naturally acquired.

> "But when informed in that way by the intelligible species, immediately in the light of the agent intellect without any actual or habitual, general or specific preceding knowledge, but only with potential knowledge [...] the possible intellect naturally conceives the first intentions of non-complex intelligibles, by first knowing the terms and quiddities of things. And in that way the intelligence of the mind is first informed by the first concepts of things, as by the most express likenesses of the truth of things inscribed in the actual consideration of the mind. Such are the intentions of being and the one, number and magnitude, and the other non-complex concepts that are the first naturally understood, non-complex concepts. And the understanding of them is called 'the intelligence of indivisibles', by which the mind first naturally knows the terms. And from their union with one another by the intellect that composes and divides, it likewise naturally conceives without any discursive reasoning the first conceptions of complex intelligibles. [...] In that way all intellectual knowledge both of principles and of conclusions is acquired and is not innate. But knowledge of principles is naturally acquired because it is acquired neither by study nor by deliberation, and in this respect the knowledge of them is said to be natural. But knowledge of conclusions is acquired by voluntary study and investigation by the mind, and for this reason it is in no sense said to be natural."[40]

This first intention of being, naturally acquired, gives rise to an alternative distribution of 'being' and 'non-being', which deviates both from the Stoic identification of 'being' with bodily existence and from the Arabic identification of 'being' with extra-mental existence. The concept of 'being' to which man advances by nature is the reality of an object, opposed to the mere impossible, which is 'non-being' on account of its lack of intelligibility[41]. The realm of 'being' now matches the intellect's constitution of an object (*esse obiectivum*),

---

[40] Henry of Ghent, Summa quaestionum ordinariarum, a. 1, q. 5, ed. G. A. Wilson (Opera omnia 21), Leuven 2005, 125–127; translation from Henry of Ghent's Summa of Ordinary Questions: Article One: On the Possibility of Knowledge. Translated from the Latin with an Introduction and Notes by R. J. Teske, South Bend, IN 2008, 69–70: "*Intellectus autem possibilis sic informatus specie intelligibilium statim in lumine intellectus agentis sine omni notitia actuali vel habituali generali vel speciali praecedente, sed potentiali solum* [...] *naturaliter concipit primas intentiones intelligibilium incomplexorum primo cognoscendo terminos et quidditates rerum. Et sic primo informatur mentis intelligentia primis rerum conceptibus, ut expressissimis similitudinibus veritatis rerum in actuali consideratione mentis descriptis, ut sunt intentiones entis et unius numeri et magnitudinis et ceterorum incomplexorum quae sunt prima naturaliter intellecta et incomplexa. Et appellatur eorum intellectus 'indivisibilium intelligentia', qua mens primo naturaliter cognoscit terminos ex quorum collectione ad invicem per intellectum componentem et dividentem consimiliter concipit naturaliter sine omni discursu primas conceptiones intelligibilium complexorum* [...] *cognitio omnis intellectualis, tam principiorum quam conclusionum, sit acquisita et nulla innata; sed cognitio principiorum naturaliter acquiritur quia nec studio nec deliberatione, et quoad hoc dicitur ipsorum cognitio naturalis; cognitio vero conclusionum voluntario studio et mentis indagatione acquiritur, et ideo nullo modo dicitur naturalis.*"

[41] See M. Pickavé, Henry of Ghent on Metaphysics, in: G. A. Wilson (ed.), A Companion to Henry of Ghent (Brill's Companions to the Christian Tradition 23), Leiden 2010, 153–179.

which was to gradually develop into – but remains itself radically different from – the central role of representation in the epistemic constellation of early modern philosophy.

IV. Conclusion

(7) The immanent tension between empirical and transcendental aspects, which was shown to accompany these doctrines of natural conceptions, is the subject of controversies in scholarly literature on each of the constituting traditions. (i) The debate between Bonhöffer, Sandbach, and their followers on the relation between προλήψεις and κοιναὶ ἔννοιαι is actually concerned with the balance of explaining the empirical origin of the natural conceptions without compromising their privileged status as conceptions common to all men[42]. (ii) Scholarly literature on Arabic philosophy witnesses a debate on the role and scope of abstraction with regard to the cognition of first principles, in which Gutas and Hasse challenge the traditional explanation of their exclusive origin in an illumination by superior intelligences[43]. (iii) Finally, there is a continuing debate on the origin of the knowledge of being in Aquinas, originally occasioned by the Maréchal school, which detected a transcendental dimension in the knowledge of being and was met with incomprehension by those who pointed to the explicit affirmations of Aquinas with regard to the sensory origin of all our cognition[44].

We have shown that the different configurations of the relation between the empirical and the transcendental in the epistemic formations of Stoic, Arabic, and Latin medieval philosophy entail different distributions of 'being' and 'non-being'. Each of these respective traditions of the doctrine of natural conceptions proposes a doctrine of non-existent objects that results in the privileged status of the concepts of *ti*, *šay'*, and *res*. – The early Stoa not only attaches great importance to the difference between φαντασίαι that do or do not convey a

---

42 See Bonhöffer, Epictet und die Stoa (nt. 23), 187–222; Sandbach, Ennoia and Prolēpsis (nt. 23).

43 See D. Gutas, Intuition and Thinking: The Evolving Structure of Avicenna's Epistemology, in: R. Wisnovsky (ed.), Aspects of Avicenna (Princeton Papers 9), Princeton 2001, 1–38; D. N. Hasse, Avicenna on Abstraction, ibid., 39–72. See further R. C. Taylor, Abstraction in Al-Fārābī, in: American Catholic Philosophical Quarterly 80 (2006), 151–168; J. McGinnis, Making Abstraction Less Abstract. The Logical, Psychological, and Metaphysical Dimensions of Avicenna's Theory of Abstraction, ibid., 169–184; C. D'Ancona Costa, Degrees of Abstraction in Avicenna. How To Combine Aristotle's *De anima* and the *Enneads*, in: S. Knuuttila/P. Kärkkäinen (eds.), Theories of Perception in Medieval and Early Modern Philosophy, Dordrecht 2008, 47–71.

44 See J. Maréchal, Le point de départ de la métaphysique, vol. 5: Le Thomisme devant la Philosophie critique, Bruxelles–Paris 1949; D. M. De Petter, De oorsprong van de zijnskennis volgens Thomas van Aquino, in: id., Begrip en werkelijkheid. Aan de overzijde van het conceptualisme, Hilversum–Antwerpen 1964, 94–135; Aertsen, Medieval Philosophy and the Transcendentals (nt. 18), 170 sqq.

cognition of real existent objects, but also reserves a systematic place for a doctrine of non-existent objects such as place, time, the void, and τὰ λεκτὰ, which necessitates the introduction of a highest concept τι that encompasses all objects, being or not-being[45]. – Arabic philosophy, notably in the context of discussions of the Meno paradox, but also in the context of the formulation of doctrines of primary conceptions, deals extensively with non-existent objects, and presents the concept *šayʿ* to account for quidditative content indifferent to actual existence or non-existence[46]. – Medieval Latin philosophy, finally, advances from a conception of being as actuality to a conception of being as essentiality at the end of the 13th century, inducing fundamental speculations in Henry of Ghent and Matthew of Aquasparta on the intelligibility of non-being, which posed a problem on the doctrine of the transcendentals as a set of primary conceptions of the mind convertible with being[47].

45 See É. Bréhier, La théorie des incorporels dans l'Ancien Stoïcisme, Paris1908; J. Brunschwig, La théorie stoïcienne du genre supreme et l'ontologie platonicienne, in: J. Barnes/M. Mingucci (eds.), Matter and Metaphysics, Naples 1988, 19–127; V. Caston, Something and Nothing: The Stoics on Concepts and Universals, in: Oxford Studies in Ancient Philosophy 17 (1999), 145–213.

46 See R. Wisnovsky, Notes on Avicenna's concept of thingness (*šayʿiyya*), in: Arabic Sciences and Philosophy 10 (2000), 181–221; D. L. Black, Avicenna on the Ontological and Epistemic Status of Fictional Beings, in: Documenti e studi sulla tradizione filosofica medievale 8 (1997), 425–453; T.-A. Druart, 'Shay' or 'res' as Concomitant of 'Being' in Avicenna, in: Documenti e studi sulla tradizione filosofica medievale 12 (2001), 125–142.

47 See L. Oeing-Hanhoff, Res comme terme transcendental et sur-transcendental, in: M. Fattori/M. Bianchi, Res. III Colloquio Internazionale del Lessico intellettuale Europeo, Roma 1982, 285–296; T. Kobusch, Sein und Sprache. Historische Grundlegung einer Ontologie der Sprache, Leiden 1987; J.-F. Courtine, Suarez et le Système de la Métaphysique, Paris 1990; J. A. Aertsen, 'Res' as Transcendental: Its Introduction and Significance, in: G. Federici Vescovini (ed.), Le problème des transcendantaux du XIVe au XVIIe siècles, Paris 2002, 139–157; id., Tino-logia: An Alternative for Ontology?, in: I. Atucha e. a. (eds.), Mots médiévaux offerts à Ruedi Imbach, Turnhout 2011, 729–737.

Some Later Medieval Responses to the Paradox of Learning

Martin Pickavé (Toronto)

That teaching and learning are subjects of philosophical inquiry cannot come as a surprise. Philosophers of all ages considered themselves as teachers; thinking about teaching and learning thus amounts to engaging in a self-reflective process, which should not be unnatural to the philosophical profession. However, philosophers have also been interested in teaching and learning because these practices pose wider philosophical problems, including problems regarding the nature of the mind and language. It is this wider set of issues that shall be the focus of my contribution on later medieval philosophical discussions of learning.

Usually, when philosophers, and especially historians of philosophy, hear the expression "paradox of learning" they immediately think of the famous paradox in Plato's 'Meno'. And the title of my contribution may give the impression that I am interested in this paradox alone. But as I aim to show, the phenomenon of learning seems to lead to many different puzzles that draw us towards the conclusion that learning in the proper sense is something utterly impossible. In the first two parts of my contribution, I will describe five different puzzles that were of particular interest to medieval philosophers and how they emerged. In the remainder, I will then look at three paradigmatic responses to this set of puzzles. One thing that will hopefully become clear from my exposition is how learning (and by extension, teaching) is a philosophical problem that serves as a doorway to many central issues in medieval philosophy.

I. Plato's 'Meno' and Augustine's 'On the Teacher'

Given its notoriety it is probably best to start with Meno's paradox. The paradox appears in the middle of the eponymous dialogue after Socrates has refuted all of Meno's attempts to define virtue. This leads Meno to question the viability of Socrates's inquiry into the nature of virtue. Here is how the crucial bit of the dialogue unfolds (80de; translation by G. M. A. Grube):

> "MENO: How will you look for it [i.e., virtue], Socrates, when you do not know at all what it is? How will you aim to search for something you do not know at all? If you should meet with it, how will you know that this is the thing that you did not know?

> SOCRATES: I know what you want to say, Meno. Do you realize what a debater's argument (*eristikon logon*) you are bringing up, that a man cannot search either for what he knows or for what he does not know? He cannot search for what he knows – since he knows it, there is no need to search – nor for what he does not know, for he does not know what to look for."[1]

Searches are goal-directed and temporal endeavors and as such they presuppose two things: a target and the ability to identify the search's object. Without a target there would be nothing to be searched for, and without being able to recognize that which is searched for, no search would come to an end. But as Meno points out, both the target and the recognition requirement have consequences. For in order to target our search, we have to know what we are targeting; and the recognition bringing the search to a conclusion similarly requires previous knowledge of the search's object. It is thus impossible to search for something we do not know. All this seems to turn Socrates's search for virtue into a hopeless enterprise. For if Socrates really does not know what virtue is, then he cannot look for it. But if he already knows what virtue is, how could he search so as to know it? The force and scope of the argument presented in the quotation can best be grasped if we present it in its most basic structure:

(1) For any object x, one either knows or does not know x.
(2) If one knows x, one cannot search for knowledge of x.
(3) If one does not know x, one cannot search for knowledge of x.
(4) Therefore, for any object x, one cannot search for knowledge of x[2].

Notice that this is a puzzle about searching or inquiry. It is not, at least not on the face of it, a puzzle about learning. However, when Aristotle alludes to Meno's paradox in the opening chapter of his 'Posterior Analytics' he seems to indicate that learning is at issue here. For he writes (I, 2, 71a27–30; translation by J. Barnes):

> "But it is clear that you did not understand in this sense – that you understand it universally – but you did not understand it simpliciter (*haplōs*). Otherwise the puzzle (*aporēma*) in the Meno will result; for you will learn either nothing or what you know."[3]

The context of this passage is a discussion of how we come to know something new if the acquisition of new knowledge is always based on some previously possessed knowledge, as Aristotle claims in the opening lines of his work. Aristotle responds by arguing that precognition and newly acquired cognition are not of the same kind: one has to distinguish between knowing something universally from knowing it without qualification. Aristotle thinks that this

---

1 Plato, Complete Works, ed. J. M. Cooper/D. S. Hutchinson, Indianapolis 1997, 880.

2 This schematization follows (with minor modifications) the one given by G. Fine in The Possibility of Inquiry: Meno's Paradox from Socrates to Sextus, Oxford 2014, 8.

3 Revised Oxford Translation. Edited by J. Barnes, Princeton 1984.

distinction is important for exactly the reason that ignoring it would lead to the paradox in Plato's 'Meno', which he then goes on to characterize as a problem concerning learning.

The shift from searching to learning in Aristotle's presentation of Meno's paradox has puzzled some modern interpreters of Aristotle[4]; it also seems to have puzzled some of Aristotle's ancient readers. Themistius, for example, in his 'Paraphrase of the Posterior Analytics', sees the need to explain why Meno's paradox also causes trouble for learning. The idea is that at least one form of learning, namely self-learning, consists of searches. When I decide that I want to learn about something, say, penguins and then go off to study them in a zoo or a zoological library, what I am doing is engaging in learning by inquiry. In Themistius's words, which I here render from the Latin translation of Gerard of Cremona, a translation that was available to later medieval readers, the argument in the 'Meno' is about learning because

> "if every search has the purpose that the one searching gets to know the thing that he searches and about which he makes investigations, and it is not possible that he searches what he knows, then it will be impossible that one gets to know what one didn't know. For then one of two things applies: either that we do not learn or get to know anything or that we learn and get to know only what we already knew"[5].

From this it follows that Aristotle's version of Meno's puzzle reads something like this:

(A1) One either knows or does not know that which one is learning.
(A2) If one knows that which one is learning, one cannot learn it.
(A3) If one does not know that which one is learning, one cannot learn it.
(A4) Therefore, whether one knows or does not know that which one is learning, one can't learn it[6].

A2 apparently follows from our common understanding of learning; and A3 is true because learning by inquiry is a type of inquiry or search, and searches are governed by the target and the recognition requirements. Still, if this is how

[4] See, for instance, M. Achard, Themistius' Paraphrase of *Posterior Analytics* 71a17–b8: An Example of Rearrangement of an Aristotelian Text, in: Laval théologique et philosophique 64 (2008), 19–34, at 29–30; and Fine, The Possibility of Inquiry (nt. 2), 204.

[5] Unless otherwise indicated, translations from the Latin are mine. Themistius' Paraphrasis of the Posterior Analytics in Gerard of Cremona's, 1, ed. J. R. O'Donnell, in: Mediaeval Studies 20 (1958), 239–315, at 246: "*Nam si omnis quaestio non est nisi ut sciat quaerens rem quam quaerit et de qua perscrutatur, et non est possibile ut quaerat quod novit, tunc non est possibile ut sciat quod non scivit. Jam ergo remanet una duarum rerum, aut ut non addiscamus neque sciamus aliquid, aut ut non discamus et sciamus nisi quod jam scivimus.*" For the Greek text see Themistius, Analyticorum Posteriorum paraphrasis, ed. M. Wallies (Commentaria in Aristotelem Graeca 5/1), Berlin 1900, 4, 15–21. The Greek text is even clearer than the Latin translation in emphasizing the link between searching and learning.

[6] Again, this schematization follows (with minor modifications) Fine, The Possibility of Inquiry (nt. 2), 205.

Aristotle read Meno's argument, then there is an obvious problem. For A2 is about all forms of learning, whereas A3 seems to operate with a much narrower conception of learning, namely learning by inquiry.

However this may be, many later medieval readers are familiar with Meno's paradox. They know it from different sources, among which Themistius's 'Paraphrase' and Averroes's 'Long Commentary on Aristotle's Metaphysics' are the most important[7]. For despite having been translated into Latin in the 12th century by Henricus Aristippus there are no clear signs that later medieval philosophers made direct use of Plato's dialogue[8]. Moreover, medieval readers were able to learn about the content of Plato's 'Meno' and especially the Platonic theory of learning as recollection, which is Plato's response to Meno's paradox, in such works as Cicero's 'Tusculan Disputations' (I, 57) and Augustine's 'On the Trinity' (XII, 15, 24), even if these indirect witnesses do not give an account of the paradox itself. Augustine is an interesting case. While there is no scholarly consensus as to whether he had first-hand knowledge of Plato's 'Meno', the paradox plays a prominent role in his works. Augustine presents his own version of the paradox right at the beginning of the 'Confessions' when he wonders how he can invoke God without knowing him[9]. Nevertheless, rather than playing a truly central role in later medieval discussions about the possibility of learning, Meno's paradox more often appears as a skeptical argument in debates about the possibility of knowledge. For if knowledge is something we acquire through learning and learning turns out to be impossible, how are we ever able to know anything[10]?

Plato's 'Meno' is by no means the only ancient philosophical text raising the question of whether learning is possible. A good example of the vibrancy of philosophical discussion of the possibility of learning and teaching in Antiquity can be found in book 3 of Sextus Empiricus's 'Outlines of Scepticism', where Sextus offers a whole battery of arguments for the impossibility of learning by instruction. Sextus divides his arguments into three groups: arguments showing that there is nothing to be taught (III, 253–258), arguments denying that there are actually teachers (and by extension, learners) (III, 259–265), and arguments

---

7 For Averroes's rendering of the paradox, see his Commentarium magnum in Aristotelis Metaphysicam, IX, comm. 14, Venetiis 1562 [Reprint Frankfurt a. M. 1962], 240^{v}; Das 9. Buch des lateinischen großen Metaphysik-Kommentares von Averroes, ed. B. Bürke, Bern 1969, 57.

8 For more information about the transmission of Plato's 'Meno' and Meno's paradox, see C. Grellard, Peut-on connaître quelque chose de nouveau? Variations médiévales sur l'argument du *Ménon*, in: Revue philosophique de la France et de l'étranger 136 (2011), 37–66.

9 According to Scott MacDonald, Meno's paradox is "fundamental to the main project of the *Confessions*". See his The Paradox of Inquiry in Augustine's *Confessions*, in: Metaphilosophy 39 (2008), 20–38, at 21.

10 See, for instance, Henry of Ghent, Summa quaestionum ordinariarum, a. 1, q. 1, arg. 5, ed. G. Wilson (Opera omnia 21), Leuven 2005, 7. On this medieval transformation of Meno's paradox, see also Grellard, Peut-on connaître (nt. 8). For an example where Meno's paradox is actually used in a discussion of learning, see Henry of Ghent, Summa quaestionum ordinariarum, a. 1, q. 10, arg. 1, ed. Wilson (using Themistius's 'Paraphrase').

showing that there are no means by which teaching and learning could proceed (III, 265 – 269). The medieval fate of the 'Outlines of Skepticism' resembles that of Plato's 'Meno'. The work was translated into Latin during the Middle Ages, most likely at the end of the 13th century, yet there are no signs that it had any influence[11]. However, one work from Antiquity that had significant influence on medieval authors and their debates about learning and teaching is Augustine's 'On the Teacher'. Apart from being decidedly anti-skeptical in its overall orientation, Augustine's early dialogue shows some remote resemblance with the arguments presented in Sextus's work, for it is from the angle of the means by which teaching allegedly proceeds that Augustine examines teaching and learning.

Most of what we commonly consider as teaching and learning involves the use of language. And even if we sometimes teach without language, as when the teacher demonstrates something to the student by simply performing an activity she intends to teach, there still seems to be no teaching without signs. For what else is such a demonstration 'by doing' if not using the activity itself as a sign? Language is just one set of signs, but there are others too. Now for Augustine the use of signs in teaching poses a fundamental problem (translation P. King):

> "Well, if we should consider this more carefully, perhaps you'll discover that nothing is learned through its signs. When a sign is given to me, it can teach me nothing if it finds me ignorant of the thing of which it is the sign; but if I am not ignorant, what do I learn through the sign?"[12]

So either I know the thing signified by the sign or I do not know it. In the first case, I will not learn anything new through the employment of the sign; in the second case, I will not learn either, for I simply do not understand the sign. Let us call this the "paradox of signs". It is basically a semantic version of Meno's paradox.

The paradox of signs targets learning by instruction and thus looks just as limited as Meno's paradox of inquiry, albeit limited to a different kind of learning. However, it can easily be extended to learning by inquiry. For if I am seeking knowledge about penguins without a teacher, I will still have to rely on signs. I have to be able to understand the words in the books I read about penguins; and when I am in the zoo I have to be able to interpret the behavior of the penguins I observe, behavior by which the animals signify to me – as to any other observer – how penguins live. How would that be possible without my already knowing what I am out to seek?

---

[11] An edition of this translation has been announced by Roland Wittwer. For a summary of Wittwer's findings, see D. Perler, Zweifel und Gewissheit: Skeptische Debatten im Mittelalter, Frankfurt a. M. 2006, 15 – 16.

[12] Augustine, De magistro, 10, 33, ed. K. D. Daur (Corpus Christianorum. Series Latina 29), Turnhout 1970, 192. For the translation, see Augustine, Against the Academicians and The Teacher. Translated, with Introduction and Notes, by P. King, Indianapolis 1995, 135.

That Augustine's 'On the Teacher' was well known in the later middle ages can be gathered from the fact that the paradox of signs is frequently invoked in discussions of learning. In the so-called "Question on the Teacher", i.e., q. 11 of his 'Disputed Questions on Truth', Thomas Aquinas advances it as one of the main arguments for the conclusion that no human being can teach another human being (a. 1, arg. 3):

"Moreover, if signs of certain things are proposed to someone by another human being, the one [to whom they are proposed] either knows the things of which they are signs or he does not. But if he knows the things, he is not taught them. And if he does not know them, he cannot know the meanings of the signs, since he does not know the things [they signify]. For a man who does not know the thing that is a stone cannot know what the word 'stone' means. But if he does not know the meaning of the signs, he cannot learn anything through these signs. Thus, if a human being does nothing else with respect to teaching than putting forward signs, it seems that a human being cannot be taught by another human being."

The same argument appears in other works of Aquinas and it is also popular among Aquinas's contemporaries[13]. Obviously, defenders of the possibility of teaching and learning need to respond to this challenge.

II. Further Arguments for the Impossibility of Learning

So far we have encountered two classic arguments for the impossibility of learning. For medieval philosophers there are also other reasons that seem to make learning problematic. We could categorize these arguments as metaphysical arguments against the possibility of learning.

Let us go back to the signs through which the teacher appears to instruct the student. All these signs – be they linguistic signs or visual images or anything else the teacher puts in front of the student – have in common that they are sensible things, i.e., things that are manifest to our senses. But knowledge and insight, the alleged results of instruction, are intellectual items and thus belong to a different ontological level. This raises the question of how sensible signs can really lead to something of a different – and higher – kind. Aquinas puts the objection, which I will refer to as the "gap objection", like this ('Disputed Questions on Truth', q. 11, a. 1, arg. 4)[14]:

"To teach is nothing else than to cause in some way knowledge in another. But the intellect is the subject of knowledge. Sensible signs, however, by which alone it seems

[13] See also Summa theologiae, I, 117, 1, arg 4. For other authors using this argument, see, e.g., Henry of Ghent, Summa quaestionum ordinariarum, a. 1, q. 6, arg. 4 and 5, ed. Wilson (nt. 10), 133. For the medieval reception of Augustine's 'De magistro', see E. Bermon, La signification et l'enseignement. Texte latin, traduction française et commentaire du *De magistro* de saint Augustin, Paris 2007, 35–39.

[14] This argument can also be found in Henry of Ghent, Summa quaestionum ordinariarum, a. 1, q. 6, arg. 1 and 2, ed. Wilson (nt. 10).

a human being can be taught, do not reach the intellective part, but remain in the sensory powers. Therefore, a human being cannot be taught by another human being."

And if teaching is impossible, so is learning. This objection to the possibility of teaching and learning is obviously based on the fundamental dichotomy medieval philosophers see between our sensory and our intellectual powers.

The gap objection is fairly general and leaves open the respect in which the intellective part of the alleged learner cannot be affected by signs and instruction. Other arguments are more specific insofar as they point to a particular feature of knowledge that appears to exclude it from being learned and taught. The "certainty objection", for instance, points to the fact that knowledge comes with certainty. I cannot really claim to have knowledge that it will rain tomorrow because I am not certain that it will rain tomorrow. Similarly, I cannot really claim to be knowing that my wife is in the room next door if I doubt she is. In the absence of certainty, I can only have opinion or belief. But it is one of the conditions of knowledge that the knower is certain of what she knows. Now, if learning and teaching are directed at knowledge, as they are said to be, learning and teaching must be able to bring about certainty in the knower. But how could they do this if learning and teaching take place by signs that are manifest to the senses and thus operate via the learner's sensory capacities? Through sensory experience alone it will be impossible to acquire the certainty characteristic of knowledge[15]. To say this is not to deny that the senses provide us with lots of important information; they just do not seem to guarantee that what they convey to us is certainly true. Just think of sensory illusions and how often the senses mislead us.

Both the gap and the certainty objection rely on a lowly view of our sensory capacities. If one is reluctant to accept this premise, then there are still other reasons to be skeptical about the possibility of learning. Here's another argument – call it the "transmigration objection" – mentioned by Aquinas ('Disputed Questions on Truth', q. 11, a. 1, arg. 6)[16]:

"Knowledge is a sort of accident. But an accident does not change the subject [in which it inheres]. Therefore, since teaching seems to be nothing else but the transfusion of knowledge from teacher to pupil, one human being cannot teach another human being."

It is common to think of teaching as a transfer of knowledge from the teacher to the student and of learning as the student's reception of knowledge (or a

[15] For this line of argument, see, e.g., Quaestiones disputatae de veritate, q. 11, a. 1, arg. 13, ed. Commissio Leonina (Opera omnia 22/2), Rome 1972, 348, 111–120: "*Praeterea, ad scientiam requiritur cognitionis certitudo; alias non est scientia, sed opinio vel credulitas* [...] *Sed unus homo non potest in altero certitudinem facere per signa sensibilia quae proponit: quod enim est in sensu, magis est obliquum eo quod est in intellectu; certitudo autem semper fit per aliquid magis rectum. Ergo unus homo alium docere non potest.*"

[16] See also Summa contra gentiles, II, 75, edd. C. Pera/P. Marc/P. Caramello, Turin–Rome 1961, 217–221.

piece of knowledge) from the teacher. As a result, the knowledge is now in the learner, but also remains in the teacher, since no one seems to lose knowledge by teaching it to someone else. But on the ontological level, knowledge is a quality, i.e., an accident inhering in the knower. So according to the transmission model of knowledge, this accident would change subjects and end up inhering in two subjects. Aquinas does not explicitly say why accidents cannot change their subjects, but the impossibility of this is commonly considered to follow from the nature of accidents and it is a view to which all medieval philosophers are committed. Accidents depend on the subjects in which they inhere; it is from their subjects that accidents have their existence and numerical identity. So there is no way that one and the same accident could migrate from one subject into another.

No doubt one could identify further objections to the possibility of learning in medieval sources. Yet the point is not to be exhaustive, but rather to carve out the main issues that any account of learning has to address if it wants to be taken seriously. And each of the three arguments that I have just mentioned highlights one such main issue. The gap objection problematizes the intellect's role in learning, the certainty objection exemplifies the problem that the result of learning is always somewhat richer than the means through which learning appears to take place, and the transmigration objection raises the issue that learning is a form of qualitative change in the learner, which needs to be accounted for.

In the following, I will look at three paradigmatic responses to the five arguments for the impossibility of learning. The three authors I will consider – Bonaventure, Thomas Aquinas, and James of Viterbo – hold three radically different views on learning, as will become clear from the way in which they address the five challenges described above[17]. But they share, of course, the belief that learning and teaching are possible. That no late medieval philosopher and theologian I am aware of seriously denies the possibility of learning may have to do with the mundane fact that they were actually teachers. The three figures in our focus even taught at one and the same institution, the University of Paris. However, it also seems to be clear that doubting the reality of teaching and learning amounts to doubting something that is all too obvious.

III. Bonaventure and Learning "From Above"

Augustine's paradox of signs in 'On the Teacher' does not, of course, have the purpose of showing that learning and teaching are impossible. On the contrary,

[17] Wouter Goris (*De magistro* – Thomas Aquinas, Henry of Ghent, and John Duns Scotus on Natural Conceptions, in: Review of Metaphysics 66 [2013], 435–468) talks about "the medieval solution" to Meno's paradox. As will hopefully become clear in the following, there is no single medieval solution to the paradox and its related puzzles – not even among Latin authors.

Augustine advances it to bring out the conditions for their possibility. The upshot of Augustine's discussion is to show that there is only one real teacher in the world, namely Christ (14, 46, ed. Daur [nt. 12], 202; translation P. King):

"As a result, we should by now not only believe but also begin to understand how truly it has been written on divine authority that we should not call anyone on earth our teacher, since 'there is one in heaven Who is the Teacher of all' [cf. Mt. 23, 9–10]."

This view of Augustine also found followers in the 13th century. Yet no one has defended it more forcefully than Bonaventure.

The idea here is not that Christ is the only real teacher of the truths of faith. According to Augustine and Bonaventure, Christ is also the teacher of every other truth and knowledge[18]. Bonaventure is led to this view by a reflection on the nature of knowledge, the goal of all teaching and learning. We have already mentioned that knowledge seems to include certainty on the part of the knower (*ex parte scientis*); yet there are also conditions on what can be an object of knowledge, i.e., conditions on the part of what is knowable (*ex parte scibilis*). The objects of knowledge are necessary, in the sense of immutable, otherwise we would again only have opinion or belief. For we know something only "when we judge that we know the cause of why a thing is and we know its cause and that it is impossible for the thing to be otherwise"[19].

Unfortunately, left to our own devices, we would never be able to attain knowledge of any kind, because no cognitive state we are capable of achieving by ourselves satisfies these two conditions. This can be best understood when we focus on the condition of certainty. In a passage that relies heavily on quotations from various of Augustine's writings, Bonaventure notes:

"The light of a created intellect does not suffice for a certain comprehension (*certam comprehensionem*) of any thing without the light of the eternal Word [i.e., Christ]. Thus Augustine writes in book I of the 'Soliloquies' I [8, 15]: [...] 'Just as the earth cannot be seen unless it is illuminated by light, so it must be believed that the subjects of the

---

[18] See Bonaventure, Sermo IV ("*Christus unus omnium magister*"), nn. 5–6, edd. PP. Collegii S. Bonaventurae (Opera omnia 5), Quaracchi 1891, 568b. I cite this text from the more recent edition Le Christ Maître. Édition, traduction et commentaire du sermon universitaire « Vnus est magister noster Christus » par G. Madec (Bibliothèque des textes philosophiques), Paris 1990, 30: "*Patet ergo Christum esse magistrum cognitionis secundum fidem* [...] *est etiam magister cognitionis quae est per rationem.*"

[19] Ibid., n. 6, edd. PP. Collegii S. Bonaventurae (nt. 18), 568b–569a; ed. Madec (nt. 18), 30–32: "*Ad cognitionem enim scientialem necessario requiritur ueritas immutabilis ex parte scibilis et certitudo infallibilis ex parte scientis. Omne enim quod scitur necessarium est in se et certum est ipsi scienti. Tunc enim scimus, cum causam arbitramur cognoscere propter quam res est, et scimus ipsius causa, et quoniam ipsius est impossibile aliter se habere.*" For the quotation, see Aristotle, Posterior Analytics, I, 2, 71b9–12. On the issue of certainty, which is so central to Bonaventure's epistemology, see B. Gendreau, The Quest for Certainty in Bonaventure, in: Franciscan Studies 21 (1961), 104–227; A. Speer, Illumination and Certitude: The Foundation of Knowledge in Bonaventure, in: American Catholic Philosophical Quarterly 85 (2011), 127–141.

various fields of study – though everyone grants, without any doubt, that they are understood to be most true – cannot be understood unless they are illuminated by him, as if he were their sun.'

Again, in 'On the Trinity', book XII, in the last chapter [15, 24] speaking of the boy who without a teacher replied rightly about geometry, Augustine rejects as false the Platonic view that souls are filled with knowledge before being introduced into their bodies: 'We should rather believe that the nature of the intellectual mind is so constituted that, when it is subjected to intelligible things in the natural order, as its maker has arranged, it sees them in an incorporeal light of its own kind, in just the way that the eyes of the flesh see their surroundings in a corporeal light, a light that the eyes were created to receive, and to which they are adapted.'"[20]

Why is a created intellect, such as the human intellect, not sufficient for achieving certainty? According to Bonaventure, certainty cannot come from something that is fallible[21]. So it cannot derive from sensory experience, which, as we all realize, fails us sometimes, nor can it come from our own created intellect, our capacity for thought, for it too does occasionally go wrong. How else would there be error? Since we no doubt possess knowledge, the source of certainty must be something else and this moves Bonaventure to the conclusion that this source is the so-called "light of the eternal Word". The remainder of the quotation then tries to show how this divine light works by drawing an analogy with visible light. Just as visible or corporeal light illuminates visible objects and makes them comprehensible for the senses, so this incorporeal light illuminates intelligible objects, such as the objects of the various areas of knowledge, and makes them comprehensible for the intellect[22].

It is now not difficult to see how Bonaventure can avoid the certainty and the gap objections against the possibility of learning. He fully endorses the idea of a gap between the sensory and the intellective powers (and their objects) and he also agrees with the idea behind the certainty objection. However, divine illumination provides the solution for how the gap is bridged and certainty achieved. Moreover, if Christ teaches us by illuminating intelligible objects so that our intellect can grasp them and thus acquire knowledge, then it follows that, rather than being the transmission of knowledge from the knower to the known, teaching consists in providing the conditions in which the learner can

---

20 Sermo IV, n. 10, edd. PP. Collegii S. Bonaventurae (nt. 18), 569b–570a; ed. Madec (nt. 18), 36–38. For the translation (apart from minor modifications) see R. Pasnau (ed.), The Cambridge Translations of Medieval Philosophical Texts, vol. 3: Mind and Knowledge, Cambridge 2002, 84.

21 Sermo IV, n. 9, edd. PP. Collegii S. Bonaventurae (nt. 18), 569b; ed. Madec (nt. 18), 34: "*Requiritur autem secundo ad huiusmodi cognitionem certitudo ex parte scientis. Hoc autem ex parte ea non potest esse quae potest falli uel ex ea luce, quae potest obscurari.*"

22 A more extensive treatment of the doctrine presented in Bonaventure's sermon "*Christus unus omnium magister*" (Sermo IV) can be found in q. 4 of his Quaestiones disputatae de scientia Christi, edd. PP. Collegii S. Bonaventurae (Opera omnia 5), Quaracchi 1891, 17–27.

acquire knowledge by him or herself. This should make clear how Bonaventure would have replied to the transmigration objection. The objection simply does not apply, since ontologically speaking no transmigration of one accidental form of knowledge from the knower to the known is taking place.

Although learning never occurs in the absence of divine illumination, which is not under the control of the learner, it does happen in and through the learner in the presence of this divine light. To this extent, all learning is self-learning. Bonaventure definitely does not want to downplay the activity of the human mind, which is the immediate cause of the acquisition of knowledge and thus of learning. But we could not do without Christ's teaching, because he is the only one who actually makes us 'see' intellectually. Now, since Christ's role is limited to providing a necessary condition for learning, it also allows for a better understanding of what human teachers are doing when they teach. They, too, teach by providing us with an environment for intellectual vision when they direct our attention to potential objects of knowledge by language or gestures. However, they remain teachers in at most a secondary sense, for, unlike Christ, they do not strictly speaking, make us 'see'.

In the second half of the passage quoted above, Bonaventure refers, albeit only implicitly, to Plato's 'Meno' and Plato's example of the boy learning geometry under Socrates's prodding[23]. That leaves us with the question of how Bonaventure would respond to Meno's paradox and Augustine's paradox of signs. Nowhere, to my knowledge, does Bonaventure in his works address these paradoxa explicitly. But it is not difficult to imagine how he would respond. Take Augustine's paradox first. Since, as Bonaventure says above, "the nature of the intellectual mind is so constituted that, when it is subjected to intelligible things in the natural order [...] it sees them in an incorporeal light of its own kind", learners are able to understand at least some signs by themselves[24]. Learners may not immediately know the meaning of every linguistic sign, but our intellects are adept at interpreting them. Eventually, the learner will be able to understand what the other is trying to teach, although we now know that this sort of teaching is only teaching in a broad sense.

With respect to Meno's paradox, Bonaventure has at least two options. Remember the two crucial premises that lead the paradox:

(A2) If one knows that which one is learning, one cannot learn it.
(A3) If one does not know that which one is learning, one cannot learn it.

Bonaventure could deny premise (A2). Like all the other philosophers of his period, he distinguishes, following Aristotle, between different modes of know-

---

[23] Another reference to this example can be found in Bonaventure, Commentarium in secundum librum Sententiarum, dist. 39, a. 1, q. 2, edd. PP. Collegii S. Bonaventurae (Opera omnia 2), Quaracchi 1885, 903a.

[24] Think of a situation in which someone tries to teach what 'walking' means by doing 'the thing', i.e., by walking in front of the learner.

ing: knowing something indeterminately vs. knowing it determinately; knowing something universally vs. knowing it in particular. Obviously, these distinctions are relevant. Or he could reject premise (A3). This premise may apply to certain forms of learning, such as learning by inquiry, but not to all or even the most basic forms of learning, which, as we have seen, take place at moments in which the human intellect just grasps something of which it was not previously aware.

IV. Thomas Aquinas on Learning through First Principles

The theory of divine illumination that underlies Bonaventure's account of teaching and learning was the object of fierce debate during the later Middle Ages. Many 13th-century philosophers rejected the need for a special divine illumination in all activities of the human intellect. Obviously, such a rejection has consequences for the conception of teaching to which these philosophers subscribe.

Thomas Aquinas is probably the best-known opponent of divine illumination. He objects to it because it appears to entail a derogatory view of our human nature and its capacities. The idea is simple. Everything in the world is what it is because of its form; and on account of its form it also has a capacity for its proper activity, "which it can bring about in proportion to its own proper nature". Take the examples of fire and water: on account of its form, fire is hot and able to burn other things; similarly, water is cool and able to cool other things. Nothing further is required for these things to have their natural activities – apart from the presence of a second object in the case of burning and cooling. On the flipside, no thing can go beyond its natural activity, unless some further form has been added, as water can only heat if it is itself heated by fire and has thus received the form of heat[25]. According to Aquinas, this line of thought also applies to human beings. On account of our form, the rational soul, we are able to know, since knowing is an activity proper to human beings. But just as the fire does not require something additional to be hot and able to burn, so human beings do not require a special divine intervention to know[26]. This does not preclude that God may, by way of a miracle, give someone a special gift of grace, so that she may know something through this special illumination that she would have also been able to know naturally, i. e., through her own capacities. But in a systematic way, a special divine illumination is only required for the knowledge of objects that are beyond our natural cognitive

[25] Summa theologiae, I-II, 109, 1: "*Unaquaeque autem forma indita rebus creatis a Deo, habet efficaciam respectu alicuius actus determinati, in quem potest secundum suam proprietatem: ultra autem non potest nisi per aliquam formam superadditam, sicut aqua non potest calefacere nisi calefacta ab igne.*"

[26] Ibid.: "*Sic igitur intellectus humanus habet aliquam formam, scilicet ipsum intelligible lumen, quod est de se sufficiens ad quaedam intelligibilia cognoscenda; ad ea scilicet in quorum notitiam per sensibilia possumus devenire.*"

capacities[27]. From this it follows that there is no need to resort to something divine as a teacher for things that are knowable naturally, even if it is true that – in some broader sense – God can be called the teacher of all. For God is the first cause from which all inferior causes have their effectiveness[28].

But how does teaching – and, by extension, learning – work for Aquinas? Aquinas thinks it is important to distinguish two forms of learning: (1) self-learning or learning by discovery and (2) learning by instruction. In his famous "Question on the Teacher", he writes ('Disputed Questions on Truth', q. 11, a. 1):

> "There are two ways to acquire knowledge: one is when natural reason (*naturalis ratio*) reaches by itself knowledge of things unknown, this way is called 'discovery' (*inventio*); the other is when someone assists (*adminiculatur*) natural reason from the outside, this way is called 'instruction' (*disciplina*)."[29]

The statement makes clear that these two forms of learning are not unrelated. Learning by discovery is more fundamental; and instruction, which involves another human being doing the teaching, is primarily a way to facilitate the former. Aquinas further illustrates their relationship by using the example of a medical doctor and her medical knowledge. When we ask what causes the health of a body, we can either point to the doctor and her knowledge or to the internal nature of the body. These are not two completely separate sources of health. A good doctor promotes the health of the body by exploiting the body's internal self-healing capacities and by facilitating the body's natural activities[30]. The doctor and her knowledge are thus external sources of health and the body's nature is an internal source. The same applies to learning by discovery and learning through a teacher ('Summa theologiae', I, 117, 1, ad 1):

> "The teacher (*homo docens*) only provides exterior help (*ministerium*), like the healing medical doctor (*medicus sanans*). But just as the interior nature is the principal cause of

---

[27] Ibid.: "*Non autem indiget ad cognoscendam veritatem in omnibus, nova illustratione addita naturali illustrationi; sed in quibusdam, quae excedunt naturalem cognitionem. Et tamen quandoque Deus miraculose per suam gratiam aliquos instruit de his quae per naturalem rationem cognosci possunt.*" On Aquinas's rejection of divine illumination see, also Etienne Gilson's classic article: Pourquoi saint Thomas a critiqué saint Augustin, in: Archives d'histoire doctrinale et littéraire du Moyen Age 1 (1926/1927), 5–127. Note that this line of argument is not unknown to defenders of divine illumination. In fact, Bonaventure uses a similar argument to demonstrate that the intellect must be able to perform its own activity. See his Commentarium in secundum librum Sententiarum, dist. 24, p. 1, a. 2, q. 4, edd. PP. Collegii S. Bonaventurae (nt. 23), 568b. Unfortunately, I have no space here to explore the true nature of their disagreement.

[28] See In II Sententiarum, dist. 9, a. 2, ad 4, ed. P. Mandonnet, Paris 1929, 231. At other places, Aquinas says that God is the teacher because "he causes and conserves the power to understand in us, but not because he pours a new light of grace into whatever act of cognition of the truth" (In II Sententiarum, dist. 28, a. 5, ad 3, 732).

[29] See also Summa contra gentiles, II, 75, edd. Pera/Marc/Caramello (nt. 16), 217–221.

[30] Quaestiones disputatae de veritate, q. 11, a. 1, ed. Commissio Leonina (nt. 15), 348–354; Summa theologiae, I, 117, 1.

the healing process, so is the interior light of the intellect the principal cause of knowledge."[31]

This raises the question of how human beings learn by themselves. It is important to know more about the mechanism of self-learning, because the way in which this mechanism functions will determine which of the teacher's assisting activities are promising and which are not. Fortunately, I do not have to go into much detail here, for Aquinas's account of knowledge acquisition is fairly well known[32]. His account is based on two main ideas. First, our intellective power is such that we need sensory input to be able to have acts of thought. In the absence of so-called 'phantasms' our intellect is not only unable to think about new objects, it also lacks the power to move itself to entertain thoughts that we already had in the past. How the intellect gets from phantasms to acts of thought is a complicated story; for Aquinas it involves an act of abstraction by the so-called 'agent intellect' and the production of a non-sensory mental representation (an 'intelligible species'), which in turn allows the possible intellect, the thinking power proper, to elicit an act of thought. Second, the human intellect is a rational capacity. This means that its natural mode of operation is discursive: it moves from knowing one thing to knowing something else and it knows one thing by knowing it through something else. This also entails that the intellect knows more universal things before it knows more particular things. The very first thing our intellect grasps are the first principles of knowledge "whether they are complex principles, such as axioms (*dignitates*), or incomplex principles, such as the notions of being, one and similar things, which the intellect grasps immediately (*statim*)"[33].

Against this background, Aquinas's outline of two teaching strategies makes perfect sense ('Summa theologiae', I, 117, 1):

"Now the teacher leads the students in a twofold manner from things known to knowledge of the unknown. First, by proposing to him some supporting resources (*auxilia*) or instruments (*instrumenta*), which the student's intellect can use to acquire knowledge; for instance, when he puts before him certain less universal propositions, about which the student is able to judge from what he knows already, or when he proposes to the student some sensible examples [...] from which the student's intellect is led to the knowledge of a previously unknown truth. Second, by strengthening the intellect of the learner; not, however, by some active power as of a higher nature [...], but insofar as he proposes to the student the order of the principles to conclusions. For the student may by itself not have a strong enough inferential ability (*tantam*

[31] See also De unitate intellectus, c. 5, ed. Commissio Leonina (Opera omnia 43), Rome 1976, 310–314; Sententia libri de anima, II, c. 11, ed. Commissio Leonina (Opera omnia 45/1), Rome 1984, 110–113.

[32] For more details, see Summa theologiae, I, 85 ("*De modo et ordine intelligendi*") and in particular article 3. See also R. Pasnau, Thomas Aquinas on Human Nature, Cambridge 2002, chapter 10.

[33] Quaestiones disputatae de veritate, q. 11, a. 1, ed. Commissio Leonina (nt. 15), 348–354. See Goris, *De magistro* (nt. 17), for the importance of first principles for Aquinas's response to the paradox of learning.

virtutem collativam), so that he is able to draw the conclusions from the principles. [...] And in this way, someone who makes a demonstration makes that the listener know."[34]

Both ways of teaching do justice to our rational nature. According to the first way, the teacher instructs the student by providing him with more objects to know. This takes place when, say, a teacher of zoology presents the student with examples of animals the student has never seen before or presents her with a claim that she has not yet encountered but can understand in light of what she already knows. Here the teacher assists the student by enlarging the scope of objects on which the student's self-learning capacities operate. The second way of teaching is concerned with training the discursive powers of our intellect by walking the student step-by-step through a deductive argument or by making particular steps of a demonstration manifest to the student. It is clear how the teacher here again uses the student's own capacities to teach him. However, in no way can the teacher directly interfere with the student's self-learning mechanism. The teacher "does neither cause the intellectual light in the student nor does he cause the intelligible species directly"[35].

Note that although there are two forms of learning, learning by discovery and learning by instruction, there is only one form of teaching. When we learn by discovery we are learning by ourselves, but we cannot be said to teach ourselves. For teaching requires the actual presence and use of the knowledge one teaches; without it, no one can teach someone else, except by chance. Yet, the self-learner does not possess the knowledge in actuality before the process of learning is complete[36].

With this rather optimistic picture of learning and teaching on the table, we can now turn to Aquinas's responses to the various objections to the possibility of learning[37]. To Augustine's paradox of signs Aquinas replies that it is based on a mistake. Although it is true that we teach – and thus learn – through signs, it does not follow that, to be able to learn, we first need knowledge of the signs involved in teaching. "Knowledge of things is produced in us not through knowledge of signs", though it is produced in us through signs. What these signs produce in us first is the knowledge of first principles, through which

34 See also Quaestiones disputatae de veritate, q. 11, a. 1, ed. Commissio Leonina (nt. 15), 348–354.

35 Summa theologiae, I, 117, 1, ad 3: "*Magister non causat lumen intelligibile in discipulo, nec directe species intelligibiles: sed movet discipulum per suam doctrinam ad hoc, quod ipse per virtutem sui intellectus formet intelligibiles conceptiones, quarum signa sibi proponit exterius.*"

36 Quaestiones disputatae de veritate, q. 11, a. 2, ed. Commissio Leonina (nt. 15), 348–354.

37 I have only scratched the surface of Aquinas's complex views on learning and teaching. For more, including some of the moral aspects of teaching, see, e. g., V. Boland, Truth, Knowledge and Communication: Thomas Aquinas on the Mystery of Teaching, in: Studies in Christian Ethics 16 (2006), 287–304, and D. Rohling, Omne scibile est discibile. Eine Untersuchung zur Struktur und Genese des Lehrens und Lernens bei Thomas von Aquin (Beiträge zur Geschichte der Philosophie und Theologie des Mittelalters. N.F. 77), Münster 2012.

we then move ourselves to the knowledge of particular objects[38]. Signs are themselves things, and as such they are, like any other thing, capable of moving our intellect. Given its natural powers – and time –, our intellect will be able to work out what the sign was a sign of.

First principles are also key in Aquinas's response to the certainty objection. Aquinas flatly denies that illumination could be of any help for achieving certainty. As he points out, the certainty of knowledge is grounded in the certainty of the principles of knowledge, "for conclusions are known with certainty when they are traced back to the premises". But the certainty of the principles, from which we are certain of all that follows from them, is something intrinsic to us and comes "from the light of reason" (*ex lumine rationis*)[39].

Since by its very nature our intellect can form concepts in the presence of sensory experience, Aquinas does not think that the gap objection poses a significant problem for the possibility of learning. In his response he writes ('Disputed Questions on Truth', q. 11, a. 1):

> "The intellect takes (*accipit*) from the sensible signs (*ex sensibilibus signis*), which are received in the sensory power, intelligible concepts (*intentiones intelligibiles*). And it employs these in the production of knowledge. For the proximate cause of knowledge are not the signs, but reason, moving discursively from the principles to the conclusions."

This response also illustrates why there is, according to Aquinas, no space for divine illumination in our ordinary cognitive processes. The intellect manages the 'transduction' from the senses to the level of the intellect all by itself. For the proponent of divine illumination, illumination is required because otherwise there would be nothing for the intellect to 'see', just as in the absence of corporeal light there would be nothing for our eyes to see. Divine illumination provides the intellect with its object. But for Aquinas, the human intellect finds its object all by itself in the sensory phantasms and then in the "intelligible concepts" (*intentiones intelligibiles*) that it abstracts from the former. In Aquinas, the work of divine illumination is done by the human intellect itself, for it is now the intellect's own agent intellect (*intellectus agens*) that does the illuminating[40].

---

38 Quaestiones disputatae de veritate, q. 11, a. 1, ad 2 and 3, ed. Commissio Leonina (nt. 15), 352.

39 Ibid., ad 13, 353.

40 Like his contemporaries, Aquinas presents his own account as the correct interpretation of Augustine. It is very likely he inherited this reinterpretation of Augustinian illumination from his teacher Albert the Great. See, e. g., Albert the Great, De homine, edd. H. Anzulewicz/J. R. Söder (Opera omnia 27/2), Münster 2008, 415: "*Augustinus in libro 'De magistro' intendit quod omne lumen nostri intellectus est a causa prima et sine ipso nihil possumus facere; sed naturam illuminandi super intelligibilia intellectus agens habet ab ipso et sub ipso.*" Compare this with Aquinas, Quaestiones disputatae de anima, q. 5, ed. B. C. Bazán (Opera omnia 24/1), Rome 1996, 44–45. On this transformation see H. Anzulewicz, Rezeption und Reinterpretation. Pseudo-Dionysius Areopagita, die Peripatetiker und die Umdeutung der augustinischen Illuminationslehre bei Albertus Magnus, in: U. Köpf/D. R. Bauer (eds.), Kulturkontakte und Rezeptionsvorgänge in der Theologie des 12. und 13. Jahrhunderts (Archa Verbi. Subsidia 8), Münster 2011, 103–126.

The migration objection was based on the naïve view that one and the same knowledge is transferred from the teacher to the student. This view is partly correct, for with respect to what is known, the knowledge is indeed numerically one[41]. Yet with respect to how this knowledge is instantiated, as qualities in the teacher and in the learner, it is not numerically one and the same, although there is still some unity and thus identity on account of the similarity between the two instantiated qualities[42]. Moreover, there is communication of knowledge only to the extent that the external prodding of the teacher facilitates that knowledge similar to the teacher's knowledge, which was previously only potentially in the student, is now also actually in her[43].

Like Bonaventure, Aquinas never addresses Meno's paradox directly, although in his texts on learning he mentions – and rejects – Plato's suggestion of innate concepts and knowledge, which Plato proposed as solutions to the paradox. I still think it is instructive to reconstruct how Aquinas would have responded to the challenge the paradox poses. The crucial premise (A3) says that if one does not know that which one is learning, one cannot learn it. Countering it by saying that it only applies to learning by searching may be shortsighted. For as we saw above, according to Aquinas, learning proper is self-learning during which the learner moves herself from knowledge of principles to the knowledge of the conclusions, as if she were on a search. And how could the learner know that she arrived at the conclusion if she did not have knowledge of it beforehand? But if she knew the conclusion already, then she could not learn it. Aquinas agrees that the learner, in some sense, has to know the conclusion already; so he too is committed to the recognition and target requirements. But like Aristotle, Aquinas thinks we have to distinguish between potential or general knowledge and actual or particular knowledge. Before the learner actually arrives at the conclusion, she only knows it potentially or virtually in the universal principles. Learning is going from potential to actual knowledge[44]. This, however, leads us back to the first principles. How do we learn them? If they are truly first, then we do not learn them in virtue of something previously known. But how can the mind recognize a first principle if there is nothing in the mind to help us recognize it? Here Aquinas's response is simply to point to the nature

41 Summa contra gentiles, II, 75, edd. Pera/Marc/Caramello (nt. 16), 217–221.

42 Summa theologiae, II-II, 171, 6: "*Veritas autem eadem est cognitionis in discipulo et in docente: quia cognitio addiscentis est similitudo cognitionis docentis; sicut et in rebus naturalibus forma generati est similitudo quaedam formae generantis.*"

43 Quaestiones disputatae de veritate, q. 11, a. 1, ad 6, ed. Commissio Leonina (nt. 15), 352. This process looks like a common qualitative change in which the learner now receives a quality that she previously only had in potentiality. Needless to say, the process is more complicated and cognitive changes are a special kind of alteration. See Sententia libri de anima, II, c. 11, ed. Commissio Leonina (nt. 31), 110–113.

44 Expositio libri Posteriorum, I, lect. 3, ed. Commissio Leonina (Opera omnia 1*/2), Rome 1989, 16, 135–140: "[...] *sed erat notum potentia sive virtute in principiis praecognitis universalibus, ignotum autem actu, secundum propriam cognitionem. Et hoc est addiscere, reduci de cognitione potentiali, seu virtuali, aut universali, in cognitionem propriam et actualem.*"

of the possible intellect, our intellective power, which is naturally disposed to grasp first principles[45].

There is something odd about the way in which Aquinas discusses learning in his works. In one of his key texts on this topic – 'Disputed Questions on Truth', q. 11, a. 1 –, he presents his own Aristotelian conception of learning as a middle way between two extremes: Plato's view that all knowledge is already innate in us, on the one hand, and Avicenna's intellectual emanation view, according to which our concepts are emanated in our mind from a divine-like (agent) intellect, on the other[46]. In another key text – 'Summa theologiae', I, 117, 1 –, he replaces Avicenna's view with Averroes's position. Nothing in this mode of presentation gives the impression that there are different contemporary views on learning. On the contrary, Aquinas's texts appear to be designed to make it look as if the matter is settled[47].

V. Learning and Innate Knowledge: James of Viterbo

The two accounts of learning and teaching that we have so far encountered give the impression that learning is something very complicated. But shouldn't it all be very straightforward? After all, animals seem to learn too. For the 14th-century philosopher John Buridan, dogs are an example that there is really no problem with saying that someone can learn what she did not know before ('Questions on the Posterior Analytics', book I, q. 3):

> "The sensory power of a dog judges certain things and learns things, which it does not yet know, as even Plato concedes. Thus, on the same grounds there shouldn't be anything problematic with the idea that […] our intellect judges and learns about things, which it never knew before."[48]

---

[45] On this issue, see H. Seidl, Über die Erkenntnis erster, allgemeiner Prinzipien nach Thomas von Aquin, in: A. Zimmermann (ed.), Thomas von Aquin: Werk und Wirkung im Licht neuerer Forschungen (Miscellanea Mediaevalia 19), Berlin 1988, 103–116.

[46] See also Quaestiones disputatae de veritate, q. 10, a. 6, ed. Commissio Leonina (nt. 15), 310–314. Other authors follow Aquinas's way of arranging these rival views. See, e. g., Henry of Ghent, Summa quaestionum ordinariarum, a. 1, q. 4, ed. Wilson (nt. 10), 94–107.

[47] Aquinas's texts on teaching do not explicitly deal with Bonaventure's Augustinian view, for instance, although they do – through the engagement with Avicenna – attack a related view of learning, according to which the learner receives her knowledge directly from a higher (agent) intellect. There are some Latin authors (e. g., Roger Marston and John Peckham) in the 13th century who combine Avicenna's emanativism with Augustine's theory of illumination, leading thus to a view that has been called Avicennizing Augustinianism. But Bonaventure is not one of them. For the Avicennizing Augustinianism, see Etienne Gilson's classic paper Les sources greco-arabes de l'augustinisme avicennisant, in: Archives d'histoire doctrinale et littéraire du Moyen Age 4 (1929/1930), 5–107.

[48] The Latin text is from the unpublished edition of H. Hubien. The text is accessible at URL: ⟨http://individual.utoronto.ca/pking/resources/buridan/QQ+in+Post+An.txt⟩ (last accessed in March 2016).

According to Buridan, it is simply in the nature of our intellect that we can learn new things. And as we saw in the previous section, Aquinas's account of learning too puts a lot of emphasis on the nature of the human intellect. Some philosophers considered this cheating. The complaint has a long pedigree and can already be found in antiquity. According to Plutarch (Fragment 215 f.):

> "The problem in the Meno, namely, whether it is possible to inquire or to discover, is genuinely puzzling. For [we cannot inquire into or discover] either things we know (for that would be pointless) or things we do not know (for even if we come upon them, we do not know them: they might be any old thing). The Peripatetics considered the potential intellect [to be the solution to the puzzle]. But our puzzle arose from actual knowing and not knowing. For let it be granted that there is such a thing as the potential intellect; the puzzle is still the same. For how does this [potential intellect] think? For [it thinks about] either things it knows or things it does not know."[49]

One medieval author who thought that learning cannot just be attributed to the mysterious powers of our intellect alone was James of Viterbo. Like Aquinas, and with the same argument, James rejects the need for divine illumination for natural human knowledge[50]. Yet, contrary to Aquinas, he thinks that the acquisition of actual knowledge can only be explained by means of innate concepts or forms, a view that makes him noteworthy, since outspoken innatists are a rarity in the later middle ages. Unlike the other two authors we have looked at so far, James did not write texts that are explicitly dedicated to the problem of learning. We thus will not find him engaging with, say, Augustine's 'On the Teacher' and the role of signs in teaching. Nevertheless, his work contains some very interesting views about learning.

James's views on learning are best approached from the ontological angle that we touched upon in the migration objection. In some sense, it seems obvious that knowledge and learning have to start with the objects about which we learn. But what exactly does this mean? Intuitively, it means that the objects of knowledge affect our cognitive faculties in one sense or other and leave an impression or form in them. The details of this process may be very complicated and highly sophisticated, but the basic idea is that there is some similarity with other natural processes taking place in the world[51]. Now, James thinks that it is plainly wrong to think of objects in the world as interacting by means of the imprinting of a form. On the contrary, for an affection to occur, the affected item must have the relevant form already within itself. Here is, in a nutshell, why James thinks so:

---

49 Quoted after Fine, The Possibility of Inquiry (nt. 2), 300. See also there for a discussion of this passage. See also Plutarch, Moralia, vol. 15, ed. F. H. Sandbach, Cambridge, MA 1969, 390–393.

50 Quodlibet IV, q. 26, ed. E. Ypma, Würzburg 1975, 96.

51 However, all medieval philosophers follow Aristotle (De anima, II, 5) in that they make a distinction between normal qualitative changes and mental changes.

"For unless it is posited that a form preexists in the aforementioned way it seems to follow with necessity that in the process of generation the form is induced from the outside […] And so the form would have being through an act of creation."[52]

Take the standard picture on which a natural agent acts on matter to produce a new material thing, be it a new accident in a material substance or the material substance itself. The terminus of such a process is a new composite of matter and form. It is clear where the matter of this composite comes from. It is the matter that underlies the whole process. The problem is the origin of the form. The form cannot come from the agent, since the agent does not lose its form, nor can the form of the agent inhere in the resulting composite, since one and the same form cannot inhere in two chunks of matter, and moreover, forms cannot migrate from one subject to another. The most promising candidate seems to be that the new form comes from outside. But this must also be wrong, because it entails that in every natural process a new form is created. It would mean that an act of creation accompanies every natural process, a consequence that seems to jeopardize the distinction between natural and supernatural processes, because God, who alone has the power to create, now has to intervene in every instance of natural change. According to James, therefore, the only remaining alternative is for forms to come from inside the matter from which the composite is generated. The role of natural agents is not to act "by producing something new in matter, but by drawing forth into actuality what was there in potency"[53].

Against the background of this general understanding of natural processes, it will be less surprising that for James something similar applies to the human soul. Just as all natural forms preexist in matter in potency, so all the acts of the human soul preexist in the soul in a certain way, not as complete acts, but as "incomplete actualities" (*actualitates incompletae*). Using terminology from Simplicius's 'Commentary on Aristotle's Categories', James talks about "propensities" (*ideoneitates*) or "aptitudes" (*aptitudines*) in the soul[54]. He is also fully prepared to acknowledge that on his account knowledge is not, as is usually thought, caused by the knowable objects. The knowledge in our souls has two causes: God as the efficient cause, because God causes the soul, and the soul itself as a formal cause. The presence of the objects through the senses provides our soul with an occasion to fully exercise its potentiality and actually think about an object, but the causality of the senses is limited to the inclining towards

---

52 Quodlibet II, q. 5, ed. E. Ypma, Würzburg 1969, 75.

53 Ibid., 85: "*Naturale agens non agit producendo aliquid de novo in materia, sed solum extrahendo quod erat in potentia in actum.*" See also Quodlibet III, q. 14, ed. E. Ypma, Würzburg 1973, 189–191.

54 Quodlibet I, q. 7, ed. E. Ypma, Würzburg 1968, 92–93. For more detail, see A. Côté, Simplicius and James of Viterbo on Propensities, in: Vivarium 47 (2009), 24–53; and the introduction of his French translation of some of James's quodlibetal questions: Jacques de Viterbe, L'âme, l'intellect et la volonté. Textes latins introduits, traduits et annotés par A. Côté, Paris 2011, 7–59.

and the arousing of acts of understanding[55]. It is a mistake to infer from this limited dependence on our senses for the actualization of intellectual acts that the intellect actually receives some intelligible content from the senses. There is no transfer from the one to the other.

Already on Aquinas's account of teaching, the role of the human teacher was limited to an assisting role. All the real learning is done by the student herself. On James's account, the role of the human teacher is even more restricted. The teacher cannot even indirectly – say, by providing examples – contribute to the increase of the student's knowledge. For in a certain way the student already knows everything, although only in incomplete actuality. What the teacher still can do though is assist with the actualization of the student's innate knowledge by providing the student with an environment in which her knowledge gets actualized. "And since a greater ability to act perfectly and readily arises from these actualization, so are these aptitudes perfected by habits acquired from actualizations."[56]

It should be clear by now that the soul or the intellect is for James not a blank slate "on which as yet nothing actually has been written" (Aristotle, De anima, III, 4, 430a1–2). Indeed, according to his account the soul is, by means of its innate aptitudes or propensities, already in an incomplete actuality with respect to the intelligible objects, and is therefore not completely "blank". However, James does not reject the Aristotelian image of the "blank slate". His interpretation of the image points to an ambiguity in Aristotle's example. For what exactly is meant when one calls the intellect or the soul a blank slate? With respect to what exactly is it blank? Does the image stand for the intellect or soul before they know anything at all or does it stand for the intellect or soul when they are not yet actually thinking? James opts for the second reading: To call the intellect a "blank slate" means, according to him, that the soul is in potency towards the complete acts of understanding and that no fully actual cognition "has been written" onto the soul. But the image does not suggest that the intellect is merely in potency with respect to the incomplete acts[57].

Innatism is generally not a popular view in the later middle ages. Many authors consider it discredited because they think of innatism primarily in its Platonic variety. Two features are particularly problematic for 13th-century thinkers:

---

55 Quodlibet I, q. 12, ed. Ypma (nt. 54), 175: "*Ad id autem quod additur, quod secundum positionem praedictam scientia nostra non causatur a rebus, dicendum quod illud principaliter est causa scientiae in nobis, quod principaliter animam movet ad cognoscendum. Anima autem movetur principaliter, a Deo quidem efficienter, qui ipsam producit, a se ipsa vero formaliter; a sensibus vero et a sensibilibus movetur non principaliter, sed per modum excitationis et inclinationis cuiusdam, ut dictum est. Et ideo, causa scientiae principaliter in nobis est Deus et ipsa anima. Res autem sensibiles sunt causa, non principaliter, sed aliquo modo.*"

56 Quodlibet I, q. 7, ed. Ypma (nt. 54), 92.

57 Quodlibet I, q. 12, ed. Ypma (nt. 54), 170: "*Et quia iste actus est animae connaturalis, ideo non dicitur anima esse in potentia ad istum actum, sed est in potentia ad actum completum. Quantum igitur ad hunc actum, nihil est actu antequam intelligat, sed est sicut tabula in qua nihil est actu scriptum. Quantum vero ad actum incompletum, est omnia in actu antequam intelligat.*"

the idea of the preexistence of the soul and the idea that the soul's innate knowledge is thus obscured by the soul's union with the body. But James is adamant that his version of innatism entails neither of these undesirable features:

> "Nothing of these things follows from the above-mentioned position [...] For it does not maintain that the knowledge innate in the soul was in the soul before its union with the body; and as a result, it doesn't hold that learning is remembering. However, it posits that certain natural aptitudes towards knowledge were created together with the soul at the moment of its production; and the soul moves itself to actual understanding through these aptitudes. It is not problematic to maintain in this way that there is innate and habitual knowledge, namely, according to propensity and aptitude, which is a certain incomplete actuality."[58a].

So, unlike for Plato, learning is not remembering. As I already said, in some sense, learning is neither possible nor necessary, since we have already acquired every piece of knowledge there is. Where we can use some training and instruction is only in acquiring the ease and facility to use the knowledge we already innately possess. This is the only learning and teaching that remain to be done, which leaves us in an odd situation. On the one hand, James can be read as saying that learning is impossible – although he, to my knowledge, never draws this conclusion –, on the other hand, he has the perfect response to some of the above-mentioned objections to the possibility of learning. Meno's paradox, for instance, would hardly be troubling for him. And his account also offers him a good reply to the migration objection[58a].

Note that I started my discussion of James of Viterbo by alleging that he has a response to the question of how the human intellect thinks. But strictly speaking James has a very deflationary understanding of our psychological faculties. Faculties such as the intellect or the will are just general propensities and aptitudes, namely kinds (*genera*) that have many special propensities and aptitudes under them. And there are not only intellectual aptitudes, but sensory ones too. This means that for each possible determinate act of sensory perception, for each act of determinate intellectual understanding, and for each determinate act of desiring, there is an innate aptitude. How many there are exactly, James refuses to say. But there must be uncountably many: acts are individuated by their objects and there are many possible objects of sensation, thought and desire. In fact, James thinks no mortal would be able to find out and know how many aptitudes we or any other object possess[59]. Yet the almost infinite number of innate incomplete actualities in each of us – and not to talk about the ones in each chunk of matter – seems to pose a problem. It appears to lead to a

---

[58] Quodlibet I, q. 12, ed. Ypma (nt. 54), 171.

[58a] James's account also puts him in a good position to address the certainty objection. Learning would not lead to knowledge if knowledge were truly caused by the senses. But since it is not, certain knowledge, the endpoint of learning, is possible. However, since we already possess knowledge innately, need for learning seems to disappear.

[59] Quodlibet I, q. 7, ed. Ypma (nt. 54), 93.

highly promiscuous ontology of everyday objects. Or does it? For James it obviously does not. He clearly thinks that the number of complete actualities that any given object in the world can have at a time is limited. I can, for instance, possess various accidental qualities in actuality, such as a certain height, a certain location, a certain state of mind etc. However, I cannot possess in actuality opposing qualities at the same time – I cannot at the same time be 2 m and 1.5 m tall or be in Rome and in Paris or think of apples and of my car. But even though this is true for complete actualities, why does it have to follow that opposing incomplete actualities could not exist simultaneously, since they are only incomplete? There has to be a specific reason.

If we are willing to tolerate some of the consequences to which James's position unavoidably leads, innatism may actually look very attractive. Peter King once talked about "the Failure of Aristotelian Psychology", because neither illuminationism à la Bonaventure nor the abstractivist thinking à la Aquinas are able to give a plausible account of the 'transduction' from sensible content to the mind[60]. James's innatism arises from a similar diagnosis, and the solution appears to make such a transduction unnecessary[61].

VI. Conclusion

As I said earlier, the survey of different views about learning that I presented in this contribution is limited to three paradigmatic views. I did not aim for completeness, which would have been foolish anyway, but to discuss three views occupying key positions on a conceptual map. Besides Bonaventure, Thomas Aquinas, and James of Viterbo, there are many other medieval authors concerned with the issue of learning. Albert the Great, Henry of Ghent, and John Duns Scotus obviously come to mind[62]. But I hope that the map drawn by means of the three paradigm cases will make it easier to situate and understand other authors. Henry, for instance, defends, to some extent, a position that combines insights from both Bonaventure and Thomas Aquinas. Moreover, I do not wish to deny that medieval philosophers were not aware of other equally paradigmatic views of teaching. Here I think in particular of what one could call an Averroist understanding of learning, according to which the teacher and the learner share numerically one and the same intellect and knowledge. Aquinas,

60 P. King, Scholasticism and the Philosophy of Mind: The Failure of Aristotelian Psychology, in: T. Horowitz/A. I. Janis (eds.), Scientific Failure, Lanham, MD 1994, 109–138.

61 Although James may now have problems of his own, since he still has to explain how sensory cognition can arouse intellectual cognition.

62 Some of their texts relevant to the problem of learning are: Albert the Great, Analytica Posteriora, I, tract. 1, cc. 3–6, ed. A. Borgnet (Opera omnia 2), Paris 1890, 8–20; Henry of Ghent, Summa quaestionum ordinariarum, a. 1, qq. 6–12, ed. Wilson (nt. 10), 90–199; John Duns Scotus, Quaestiones super libros Metaphysicorum Aristotelis, I, q. 4, ed. G. Etzkorn e. a. (Opera Philosophica 3), Bonaventure, NY 1997, 95–128.

for instance, mentions this view in his discussion of teaching[63]. The reason I have not given it detailed attention is that there seems to be no one from the period in question who has gone out to endorse and defend such a view.

I hope it has become clear that medieval philosophers and theologians actually had very different views about the possibility of learning. This is a point worth stressing, because from looking at Aquinas's well-known texts about teaching and learning it is not obvious that some of the rival views – and in particular innatism – were live options in the late 13th century.

[63] See Summa theologiae, I, 117, 1.

Rhetorik gegen Spekulation
Ein Antagonismus der scholastischen Bildungsgeschichte

Catherine König-Pralong (Freiburg im Breisgau)

„This also must be confessed, that the most durable, as well as justest fame, has been acquired by the easy philosophy, and that abstract reasoners seem hitherto to have enjoyed only a momentary reputation, from the caprice or ignorance of their own age [...]. The fame of Cicero flourishes at present; but that of Aristotle is utterly decayed."

David Hume, An Enquiry concerning Human Understanding, I, 4, Oxford 2007, 4.

In einer Schrift aus dem Jahre 1868 diagnostiziert Ernest Renan den Verfall der französischen Universität, den er mit dem wissenschaftlichen Aufschwung der deutschen Universität kontrastiert[1]:

„L'Université de France [...] rappelle trop les rhéteurs de la décadence. Le mal français, qui est le besoin de pérorer [...] une partie de l'Université l'entretient par son obstination à mépriser le fond des connaissances et à n'estimer que le style et le talent."[2]

Renan zufolge besteht der Mangel der französischen Universität im rhetorischen Charakter ihres Unterrichts. Renan inszeniert eine Auseinandersetzung zwischen der von ihm diagnostizierten Oberflächlichkeit des französischen Wis-

---

1 Mein Dank gilt Nadja Germann für die sprachliche Korrektur dieses Textes sowie für ihre Anmerkungen zum Inhalt.

Die vorliegende Untersuchung ist Teil des ERC-2013-CoG Projekts MEMOPHI (Medieval Philosophy in Modern History of Philosophy).

2 E. Renan, Questions contemporaines, Paris ^{2}1968, V. Renan führt eine geschichtliche Erklärung an: Die Vertreibung der Protestanten aus Frankreich hat das französische Studium beschädigt: „La France protestante était en train de faire, dans la première moitié du XVIIe siècle, ce que l'Allemagne protestante fit dans la seconde moitié du XVIIIe siècle. Il en résultait pour tout le pays un admirable mouvement de discussion et de recherches. [...] La révocation de l'Édit de Nantes brisa tout cela. Elle tua les études de critique historique en France. L'esprit littéraire étant seul encouragé, il en résulta une certaine frivolité." (Ibid., 80). Zu diesem Text und zu Renans Stellungnahme: P. Bourdieu, Systèmes d'enseignement et systèmes de pensée, in: F. Clément e. a. (eds.), L'inconscient académique, Genève – Zürich 2006, 21 – 46.

sens und der Ernsthaftigkeit der protestantischen Gelehrsamkeit. Gegenstand meines Beitrags ist die Untersuchung der geschichtlichen Konstitution dieses für die europäische Kultur prägenden und noch heute vorherrschenden Antagonismus zwischen Rhetorik und universitärem Wissen.

Der Verdacht, der der Rhetorik an den abendländischen Universitäten wiederkehrend entgegengebracht wurde, stellt keine Selbstverständlichkeit der Bildungsgeschichte dar. In philosophiegeschichtlicher Hinsicht ist die antirhetorische Einstellung nicht das einzige Modell der guten wissenschaftlichen Praxis; sie stemmte sich gegen konkurrierende Wissenskonzeptionen und setzte sich in der hier relevanten Form erst am Ende des Mittelalters durch. Die Inszenierung eines Spannungsfelds zwischen zwei Philosophiekonzeptionen anhand des Kriteriums ihrer rhetorischen Prägung wurde zwar schon im 4. Jahrhundert vor Christus in den Debatten der konkurrierenden Schulen von Isokrates und Platon geschildert[3]; eine starke und bewusste Verbannung der Rhetorik aus der Philosophie erfolgte aber, meiner Einschätzung nach, erst im 13. Jahrhundert. Sie hängt mit einer bestimmten Institution, der neu gegründeten Universität zusammen. Demzufolge ist der wissenschaftliche Verdacht gegen die Rhetorik als ein Ereignis der Philosophie- und Kulturgeschichte zu betrachten und zu erforschen. Im Unterschied zum Versuch von Alex Novikoff, die Kontinuität der Wissenspraktiken vom antiken Dialog zur scholastischen *disputatio* am Beispiel der Dialoge des Anselm von Canterbury zu beweisen[4], lenke ich die Aufmerksamkeit auf ein Moment der Bildungsgeschichte, um die Spezifizität der universitären Wissenspraktiken hervorzuheben.

I. Die universitäre Wende

Vom ersten Jahrhundert vor Christus bis zum 13. Jahrhundert ist der Antagonismus zwischen wissenschaftlicher Ernsthaftigkeit und rhetorischer Brillanz kaum zu belegen. In der römischen Antike, mindestens bis zur Zeit Augustinus' und Hieronymus', bildete die ciceronianische Rhetorik die Grundlage der philosophischen Ausbildung, wenn nicht der Bildung überhaupt. Hatte sich schon das von Platon im ‚Phaidros' entworfene rhetorische Ideal des Isokrates gegen Platon selbst, aber auch gegen Aristoteles und die Stoiker durchgesetzt, so identifizierte im 1. Jahrhundert nach Christus Quintilian den Orator mit dem *Schola-*

---

[3] Cf. W. L. Benoit, Isocrates and Plato on Rhetoric and Rhetorical Education, in: Rhetoric Society Quarterly 21 (1991), 60–71; P. Demont, Isocrates et le Gorgias de Platon, in: L'Information littéraire 60 (2008), 3–9.

[4] A. Novikoff, The Medieval Culture of Disputation. Pedagogy, Practice, and Performance (The Middle Ages Series), Philadelphia 2013, 35: „This chapter aims to show that the scholastic dialectical methods, later so prominent in medieval universities, have their origins within the general milieu of monastic learning. More specifically, these methods will be shown to have their origins in Lanfranc's and Anselm's engagement with dialogue and disputation at the school of Bec."

sticus. Schule und Rhetorik bildeten die Form und den Inhalt einer einheitlichen Wissensinstitution. Dementsprechend verweist im klassischen Latein das Adjektiv „*scholasticus*" auf den Rhetorikunterricht, während das Substantiv „*scholasticus*" den Studenten bezeichnet, der die Rhetorikklasse besucht[5]. Im 8. Jahrhundert verfasste Alkuin einen Dialog ‚De arte rhetorica' für den Gebrauch in der Schule[6]. Eine enge Assoziation der Rhetorik nicht nur mit den Rechts- und Politikwissenschaften, sondern auch mit der Philosophie und der Theologie lässt sich darüber hinaus bis zum 12. Jahrhundert u. a. bei Peter Abaelard, Johannes von Salisbury und der Schule von Sankt Viktor bezeugen[7].

In der sogenannten „scholastischen" Zeit an der mittelalterlichen Universität veränderte sich die intellektuelle Konstellation jedoch radikal. Als Bezeichnung für einen Schüler oder Magister des 13. Jahrhunderts erhält der philosophiegeschichtliche Begriff „Scholastiker" eine neue, ganz unterschiedliche Bedeutung. Diesen Wandel veranschaulicht die Geschichte des Scholasticus-Konzepts, die vom evangelischen Polemiker Adam Tribbechow 1665 veröffentlicht und von Jacob Brucker[8] und der aufklärerischen Philosophiegeschichtsschreibung im 18. Jahrhundert übernommen wurde. Während der antike Scholastiker ein gebildeter Redner war, haben die barbarischen Scholastiker des Mittelalters die Rhetorik vernachlässigt, verdorben und verachtet: „[...] *eloquentiae hostes Scholastici, Sophisticen contra amplexi, ea foeditate quidvis coinquinare unice studuerunt.*"[9]

Zwanzig Jahre vor seinen ersten Studien zur Medientheorie, genauer 1943, hatte der berühmte Medienforscher Marshall McLuhan seine Dissertation ge-

---

5 Cf. R. Quinto, Scholastica. Storia di un concetto (Subsidia mediaevalia Patavina 2), Padova 2001, 34–36.

6 Cf. W. Hartmann, Rhetorik und Dialektik in der Streitschriftenliteratur des 11./12. Jahrhunderts, in: J. Fried (ed.), Dialektik und Rhetorik im früheren und hohen Mittelalter. Rezeption, Überlieferung und gesellschaftliche Wirkung antiker Gelehrsamkeit vornehmlich im 9. und 12. Jahrhundert (Schriften des Historischen Kollegs 27), München 1997, 73–96, hier 78.

7 Über Abaelard und den rhetorischen Charakter seiner Lehre sowie seines Werkes: P. von Moos, Rhetorik, Dialektik und ‚civilis scientia' im Hochmittelalter, in: Fried (ed.), Dialektik und Rhetorik (nt. 6), 135–156; P. von Moos, Literary Aesthetics in the Latin Middle Ages: The Rhetorical Theology of Peter Abelard, in: C. J. Mews/C. J. Nederman/R. M. Thomson (eds.), Rhetoric and Renewal in the Latin West 1100–1540. Essays in Honour of John Ward (Disputatio 2), Turnhout 2003, 55–80. Im selben Band begegnet der Leser jedoch einer abweichenden Darstellung des philosophischen und theologischen Projekts von Abaelard. Constant J. Mews betrachtet Abaelard nämlich als einen Dialektiker, der die Überlegenheit der Dialektik über die Grammatik und die Rhetorik verteidigte (C. J. Mews, Peter Abelard on Dialectic, Rhetoric and the Principles of Argument, ibid., 37–53). Bereits 1943 zeigte jedoch Marshall McLuhan in seiner (erst 2006 veröffentlichten) Dissertation, dass Abaelard, der Verteidiger der Dialektik, oft als reiner Grammatiker verfährt (M. McLuhan, The Classical Trivium. The Place of Thomas Nashe in the Learning of his Time, Corte Madera 2006 [1943], 103 sqq.). Darüber hinaus dokumentierte McLuhan die Nachhaltigkeit der Grammatik und der Rhetorik und deren große Bedeutung in der Schule von Sankt Viktor (ibid., 103–105). Das ‚Metalogicon' des Johannes von Salisbury las er als eine Verteidigung der ciceronianischen Rhetorik (ibid., 147–149).

8 Jacob Brucker, Historia Critica Philosophiae, Leipzig 1742–1744, ^{2}1766–1767, vol. 3, 709–714.

9 Adam Tribbechow, Liber de doctoribus scholasticis (Zweite Ausgabe mit einem Vorwort von Christoph August Heumann), Jena 1665, ^{2}1719, 41.

rade diesem Thema gewidmet[10]. Gegen die verbreitete Ansicht, die Renaissance bedeute ein Wiederbeleben der im Mittelalter vergessenen „Belles Lettres", hat McLuhan das Fortdauern der „Belles Lettres", der Rhetorik und der Grammatik während des gesamten Mittelalters nachgewiesen. In diesem Zusammenhang stellt die universitäre Kultur des 13. Jahrhunderts eher einen Wendepunkt sowie eine Ausnahme dar als den Inbegriff der mittelalterlichen Kultur. Sie setzt einen neuen wissenschaftlichen Stil durch, der sich von der Redekunst eindeutig abgrenzt.

Meistens erklären die Philosophiehistoriker diesen Wandel durch das Erbe des vollständigen aristotelischen Corpus. Die Aneignung der demonstrativen Methode der ‚Zweiten Analytiken' sowie die Rezeption der aristotelischen Metaphysik, Psychologie und Naturphilosophie haben die philosophische Landschaft grundlegend verändert. Die universitäre Kultur des 13. und 14. Jahrhunderts könne somit als antirhetorisch beschrieben werden. Obwohl mehr als 100 mittelalterliche Handschriften der aristotelischen ‚Rhetorik' überliefert sind[11], wurde dieses Werk im universitären Milieu vernachlässigt[12]. Die soziokulturelle Realität spiegelt diese antirhetorische Einstellung wider. Nach 1220 taucht der rhetorische Unterricht in den Ausbildungs- und Prüfungsordnungen der europäischen Universitäten kaum auf. Die Satzungen der Universität Paris von 1215 erwähnen

10 McLuhan, The Classical Trivium (nt. 7), 17: „[...] Aristotle established the nature of non-grammatical scientific method in the *Posterior Analytics*. His achievement bore no fruit until the twelfth century. Until the twelfth century, therefore, grammar reigned unrivalled as the prime mode of science, and, from the patristic period, of theology as well. [...] Classical scholars have been indifferent to the extraordinary role of classical grammar in medieval science and theology, and, therefore, confused about the nature of the Renaissance." Ibid., 175: „However, enough evidence has already been adduced to show that 'scholastic culture' is abstracted from the Middle Ages when we so speak. It was only one aspect of the culture of those centuries, and was heartily opposed by the more typical patristic-classical culture which had long been in vogue and which suffered only a temporary eclipse from the dialecticians."

11 James Murphy zählt 22 Handschriften des 13. Jahrhunderts, 57 Handschriften des 14. Jahrhunderts und 17 Handschriften des 15. Jahrhunderts (J. J. Murphy, Rhetoric in the Middle Ages. A History of Rhetorical Theory from Saint Augustine to the Renaissance, Berkeley – Los Angeles – London 1974, 97). Im Band 31/1 – 2 des Aristoteles Latinus (Rhetorica. Translatio Anonyma sive Vetus et Translatio Guillelmi de Moerbeka, ed. B. Schneider, Leiden 1978) erwähnt B. Schneider 4 Handschriften für die Translatio Anonyma und 99 Handschriften, die die Übersetzung Wilhelms von Moerbeke enthalten.

12 Die Verweise auf die aristotelische ‚Rhetorik' in scholastischen Werken des 13./14. Jahrhunderts sind im Vergleich mit der Verwendung anderer aristotelischer Werke selten. Dieselbe Feststellung gilt für die Kommentare zur ‚Rhetorik'. Im 13. Jahrhundert wurden wahrscheinlich nur drei Kommentare zur ‚Rhetorik' verfasst: diejenigen von Albert dem Großen, Ägidius von Rom und Boethius von Dacien (cf. C. Marmo, L'utilizzazione delle traduzioni latine della *Retorica* nel commento di Egidio Romano [1272 – 1273], in: G. Dahan/I. Rosier-Catach [eds.], La Rhétorique d'Aristote. Traditions et commentaires de l'Antiquité au XVIIe siècle [Tradition de la pensée classique], Paris 1998, 111 – 134). James Murphy schließt daraus, dass das Trivium während der Scholastik nicht wirklich existierte: „Apparently he [the student] did not undergo a course of rhetoric at all, so that the popular conception of a regular *trivium* at the university level is largely a myth." (Murphy, Rhetoric [nt. 11], 105.)

die Rhetorik zwar, aber als sekundär[13]. Danach tritt sie in den Statuten der Universitäten von Paris und Oxford bis 1458 nicht mehr in Erscheinung[14].

Diese neue Konzeption des Wissens und der Lehre bedurfte aber auch theoretischer Legitimierung und setzte sich nicht reibungslos durch. Ich werde hier drei häufig vernachlässigte Aspekte dieser antirhetorischen Strategie skizzenhaft behandeln. Meiner Einschätzung nach sollte die Scholastik eher als Chiffre für eine Institution denn als ein Zeitalter betrachtet werden. Diese Institution, die Universität, beruht erstens auf einer in den Diskursen der Kleriker konstruierten Auseinandersetzung zwischen Wissenschaftlichkeit und Öffentlichkeit. Zweitens hat das scholastische Latein eine bedeutende Rolle bei der Entstehung und Durchsetzung des scholastischen Habitus gespielt. Drittens ist das scholastische Latein eng mit Prozessen der Verschriftlichung wissenschaftlicher Praktiken verbunden, die der Redekunst entgegengestellt wurden.

II. Wissenschaftlichkeit gegen Öffentlichkeit

Zum einen kann also eine Trennung von Wissensbereichen im 13. Jahrhundert festgestellt werden. Die theoretischen Wissenschaften, insbesondere die Naturphilosophie, die Metaphysik und die spekulative Theologie gehörten fast ausschließlich zur Universität. Sie bildeten einen geschlossenen wissenschaftlichen Raum, dessen intellektuelle Akteure, die zum Klerus[15] gehörten, einen exklusiven Anspruch auf die Wissenschaftlichkeit erhoben[16]. Diese klerikale Wissenschaftlichkeit grenzte sich von den weltlichen Wissensformen ab, die für die

---

13 H. Denifle/A. Chatelain (eds.), Chartularium Universitatis Parisiensis, 4 vols., Paris 1889–1897 [Neudruck Bruxelles 1964], vol. 1, 78 (n. 20): „*Non legant in festivis diebus nisi philosophos et rhetoricas, et quadruvialia* [...]“.

14 I. Hajnal, L'enseignement de l'écriture aux universités médiévales, Budapest 1959, 159 sqq.; Murphy, Rhetoric (nt. 11), 57–101.

15 Zur Bedeutung dieses Konzepts in diesem geschichtlichen und institutionellen Zusammenhang cf.: H. Grundmann, Sacerdotium – Regnum – Studium. Zur Wertung der Wissenschaft im 13. Jahrhundert, in: id., Ausgewählte Aufsätze, vol. 3 (Monumenta Germaniae Historica. Schriften 25/3), Stuttgart 1978, 275–291; H. Grundmann, Vom Ursprung der Universität im Mittelalter, ibid., 292–342; Y. Congar, Clercs et laïcs au point de vue de la culture au moyen âge: « laicus » = « sans Lettres », in: Studia mediaevalia et mariologica. P. Carolo Balić OFM septuagesimum explenti annum dicata, Roma 1971, 309–332; S. Lusignan, « Vérité garde le roy ». La construction d'une identité universitaire en France (XIIIe–XVe siècle), Paris 1999, 102–122, 177; R. Imbach/C. König-Pralong, Le défi laïque. Existe-t-il une philosophie de laïcs au Moyen Âge? (Conférence Pierre Abélard), Paris 2013, 33–50.

16 In diesem Zusammenhang ist anzumerken, dass das mittelalterliche „Lateineuropa“ hinsichtlich der Weitergabe gelehrten Wissens eine Ausnahme darstellt. Hier kompensierten und ersetzten neue Institutionen wie Universitäten und Kathedralschulen das schwache „Verwandtschaftskoordinatensystem“, das für die Wissensvermittlung durch Erbschaft nicht mehr hinreichend war. Cf. G. Algazi, Habitus, *familia* und *formae vitae*: die Lebensweisen mittelalterlicher Gelehrten in muslimischen, christlichen und jüdischen Gemeinden – vergleichend betrachtet, in: F. Rexroth (ed.), Beiträge zur Kulturgeschichte der Gelehrten im Mittelalter (Vorträge und Forschungen. Konstanzer Arbeitskreis für mittelalterliche Geschichte 73), Ostfildern 2010, 185–217.

Öffentlichkeit geeignet konzipiert und in dieser auch tatsächlich praktiziert wurden. Dabei gebrauche ich den Begriff „Öffentlichkeit" nicht im spezialisierten Sinne, den ihm Habermas ursprünglich verliehen hat, sondern als Synonym von weltlicher oder adeliger Gesellschaft.

Die mittelalterliche Öffentlichkeit ist das Reich der ciceronianischen Rhetorik par excellence. Ein Vehikel der ciceronianischen rhetorischen Lehre seit der Antike ist die Literaturgattung der Fürstenspiegel; darüber hinaus wurden die beiden Cicero zugeschriebenen Schriften über die Rhetorik, die ‚Rhetorica ad Herennium' und der Traktat ‚De inventione', mehrfach ins Deutsche, Französische und Italienische übersetzt[17]. In seiner kommentierten Übersetzung der ‚Rhetorica ad Herennium' (1261/62) schreibt Brunetto Latini der Rhetorik zwei Merkmale zu. Ihm zufolge zielt sie auf die Beredsamkeit ab, da sie auf die mündliche Kommunikation ausgerichtet ist, und sie dient der Politik, dem Regieren der weltlichen Gesellschaft: „*Adonque la scienza del covernamento delle cittadi è cosa generale sotto la quale si comprende rettorica, cioè l'arte del bene parlare.*"[18]

In der zweiten Hälfte des 13. Jahrhunderts nun, im universitären Milieu, wurde gerade diese Wissensform bewusst und stark abgewertet. Die Doktoren begründeten die Autonomie und die Überlegenheit des scholastischen Lehrens und Lernens theoretisch, indem sie die Wissenschaftlichkeit wie einen geschlossenen Raum vom rhetorischen Wissen abgrenzten. Thomas von Aquin nimmt bedenkenlos an, dass die Rhetorik kein Teil der Theologie ist: „*Rhetorica autem non est pars theologiae*" (ST I-II, q. 7, art. 2, arg. 3). Diese Auffassung ist bemerkenswert, wenn sie in der longue durée der Theologiegeschichte betrachtet wird. Bis zum 12. Jahrhundert wurde nämlich die Theologie mit der Bibelexegese identifiziert und eng mit der Grammatik und der Rhetorik verbunden. Im 14. Jahrhundert bezeugen repräsentative Bibelkommentare, u. a. diejenigen von Nikolaus von Lyra, Nikolaus Trevet und Robert Holcot, das Fortdauern der wörtlichen, mit der Grammatik und der Rhetorik zusammenhängenden Exegese.

---

17 Zur französischen Tradition: J. Monfrin, Humanisme et traductions au Moyen Âge, in: Journal des savants (1963), 161–190, insb. 168–170; L. Delisle, Maître Jean d'Antioche, traducteur, et frère Guillaume de Saint-Etienne, in: Histoire littéraire de la France 33 (1906), 1–40; R. H. Lucas, Mediaeval French Translations of the Latin Classics to 1500, in: Speculum 45 (1970), 225–253, hier 235–237. Zu Brunetto Latini und dessen Übersetzung der ‚Rhetorica ad Herennium (La Rettorica)': Imbach/König-Pralong, Le défi laïque (nt. 15), 77–81. Im italienischsprachigen Raum ist auch der ‚Fiore di rettorica' des Bruders Guidotto da Bologna nennenswert. Cf. S. Segre, Les formes et traditions didactiques, in: H. R. Jauss (ed.), Grundriß der romanischen Literaturen, vol. 6/2, Heidelberg 1970, 173–174 (n. 3408). Zur deutschen Tradition: P. Kesting, Cicero, in: Verfasserlexikon, vol. 1, 1279–1282. Die Schriften ‚De officiis', ‚De amicitia' und ‚De senectute' wurden ebenfalls ins Französische übersetzt. Cf. C. Galderisi (ed.), Translations médiévales. Cinq siècles de traductions en français au Moyen Âge (XIe–XVe siècles). Étude et Répertoire, 2 vols., Turnhout 2011; P. Chavy, Traducteurs d'autrefois, Moyen âge et Renaissance. Dictionnaire des traducteurs et de la littérature traduite en ancien et moyen français, 842–1600, Paris–Genève 1988.

18 Brunetto Latini, La rettorica, ed. F. Maggini, Firenze 1915, 29, 4.

Die wissenschaftlichen Unternehmen dieser Theologen wurden in bewusster Auseinandersetzung mit der rein spekulativen Theologie konzipiert und ausdrücklich gerechtfertigt.

Die Werke der beiden Theologen des 13. Jahrhunderts, die einen Kommentar zur aristotelischen ‚Rhetorik' verfasst haben, Albert der Große und Ägidius von Rom[19], weisen hingegen sehr abwertende Konzeptionen der Rhetorik auf. In seinem Metaphysikkommentar (nach 1263) schließt Albert die Rhetorik aus dem Bereich der Wissenschaftlichkeit aus. Das Gehirn des Redners und Rhetoriklehrers sei so „gefroren", dass dieser überhaupt keinen Zugang zur Spekulation habe: „*Quorum autem congelati sunt spiritus et non bene clari propter frigus inspissans, occupantur circa signa rhetorica et detinentur in his nec profundantur in aliqua veri speculatione.*"[20]

Ägidius von Rom konzipiert die Disziplin als ein für die Laien geeignetes Wissen, das den universitären Standards nicht entspreche. Im Traktat ‚De regimine principum' bezeichnet er die Rhetorik als eine „*grossa dialectica*"[21], als einen groben Ersatz der Dialektik, während er im Rhetorikkommentar (1272/73) seine Adressaten als einfache und ungehobelte Menschen beschreibt. Auf diese Weise trennt er deutlich zwei Wissensbereiche: „*Tertia est quia iudex locutionis rhetoricae et eius auditor est simplex et grossus; auditor vero locutionis dialecticae habet esse ingeniosus et subtilis.*"[22]

In rein scholastischen Werken trifft der Philosophiehistoriker oft solche herablassenden Bewertungen der öffentlichen Gesellschaft an, in Schriften also, die von vornherein nichts mit Laien zu tun haben. Unter zahlreichen Beispielen[23] ist in dieser Hinsicht der Fall von Roger Bacon besonders interessant. Bekanntlich hat Roger Bacon die Universität Paris und ihre wissenschaftlichen Praktiken

---

19 Zum Kommentar des Ägidius: Marmo, L'utilizzazione (nt. 12). Zum verlorenen Kommentar Alberts: C. Lohr, Medieval Latin Aristotle Commentaries, in: Traditio 23 (1967), 313–413, hier 345.

20 Albert der Große, Metaphysica, I, 1, 5, ed. B. Geyer (Opera omnia 16/1), Münster 1960, 8, 24–28. Die Theorie der Flüssigkeiten und Komplexionen des Gehirns wird von Albert im Traktat ‚De natura loci' (Tract. 2, cap. 3) erörtert.

21 Ägidius von Rom, De regimine principum, II, 2, 8, Romae 1656, 182v. Dieser Philipp dem Schönen gewidmete Fürstenspiegel entstand vor 1282.

22 Ägidius von Rom, Rhetorica Aristotelis cum fundatissimi arcium et theologiae doctoris Egidii de Roma luculentissimis commentariis, Venetiis 1515, 1va. Siehe auch: G. Bruni, The *De differentia Rhetoricae, Ethicae et Politicae* of Aegidius Romanus, in: The New Scholasticism 6 (1932), 1–18. Zu Ägidius' Bewertung der Rhetorik: S. Robert, Rhetoric and Dialectic according to the first Latin commentary on the *Rhetoric* of Aristotle, in: The New Scholasticism 31 (1957), 484–498; J. J. Murphy, The Scholastic Condemnation of Rhetoric in the Commentary of Giles of Rome on the *Rhetoric* of Aristotle, in: Arts libéraux et philosophie au Moyen Âge. IVe Congrès international de philosophie médiévale, Montréal–Paris 1969, 833–841. Zum Rhetorikunterricht im Mittelalter: Murphy, Rhetoric (nt. 11); K. M. Fredborg, The Scholastic Teaching of Rhetoric in the Middle Ages, in: Cahiers de l'Institut du moyen âge grec et latin 55 (1987), 85–105.

23 Cf. C. König-Pralong, Le bon usage des savoirs. Scolastique, philosophie et politique culturelle (Études de philosophie médiévale 98), Paris 2011, 29–104.

grundsätzlich und heftig kritisiert[24]. Er stellt aber nicht die Geschlossenheit der universitären Wissenschaftlichkeit in Frage. Im Gegenteil: Er drängt darauf, den einfachen Menschen naturphilosophische Kenntnisse vorzuenthalten. So rät er bei der Erörterung des Zustands der Tierseele nachdrücklich davon ab, den Laien dieses Wissen zu vermitteln. Ihrer Unwissenheit wegen würden die Laien über die Kleriker spotten: „*Immo vulgus laicorum in multis regnis adhuc credit quod soli homines animas habent, unde derident clericos qui dicunt canes et cetera bruta habere animas* [...].“[25]

Dieses wissenschaftliche Überlegenheitsgefühl beruht auf einer theoretisch begründeten Konzeption des Wissens als einer von den politischen Instanzen unabhängigen symbolischen Macht. In seinem dritten ‚Quodlibet‘ (1270) begründet beispielsweise Thomas von Aquin die Autonomie der universitären Lehre gegenüber dem auf das Regieren ausgerichteten Wissen theoretisch. In Sonderfällen könne ein Bakkalaureus aus sich selbst heraus Anspruch auf den Doktortitel, die „*licentia docendi*“, erheben, da die dafür erforderlichen spekulativen Kenntnisse immanent sind. Diese Kenntnisse werden subjektiv erworben und vom Subjekt besessen. Anders also als beispielsweise die bischöfliche Macht, die wie alle anderen politischen Mächte von außen verliehen wird und von einer sozialen Instanz abhängt, könnte sich die symbolische Macht des Theologiemagisters somit theoretisch jeder sozialen Kontrolle entziehen:

> „*Secunda differencia est, quod eminencia sciencie, que requiritur ad cathedram magistralem, est perfectio hominis secundum se ipsum; eminencia uero potestatis, que pertinet ad cathedram pontificalem, est hominis per comparationem ad alium.*“[26]

Letztendlich setzt diese von den Magistern inszenierte Trennung der universitären Lehre von der Gesellschaft und dem weltlichen Wissen unterschiedliche Haltungen gegenüber dem Wissen voraus. Die Adligen bedienen sich der Rhetorik und der Politik, um zu regieren. Sie bringen kein neues Wissen hervor. Die Magister müssen dagegen von ihren Schülern als Autoren und Autoritäten anerkannt werden. Sie tragen zur Entwicklung des Wissens bei. Dem berühmten Magister Heinrich von Gent zufolge ist die Wahrheit auf die Person des Magisters zurückzuführen. Die Autorität des Dozierenden ist wichtiger und zuverlässiger als der Inhalt seiner Lehre; sie stellt das letzte Kriterium der Wahrheit dar. Als Person ist der Theologiemagister ein Garant der Wahrheit, als ob der Heilige Geist durch ihn spräche. Um die Autorität der Theologiemagister zu verteidigen, betont Heinrich deren intellektuelle Überlegenheit, die sie vor jedem persönlichen Angriff bewahren sollte:

> „[...] *quasi nihil esset quod dixerat, et quasi magist⟨er⟩ theologiae ex hoc quod est magister et sedens in cathedra nullam omnino haberet auctoritatem, et non esset ei ex hoc credendum in aliquo*

[24] Cf. König-Pralong, Le bon usage des savoirs (nt. 23), 128–164.

[25] Roger Bacon, Liber primus Communium naturalium, Pars Quarta, Distinctio tertia de anima, ed. R. Steele (Opera hactenus inedita Rogeri Baconi Fasc. III), Oxford 1911, 283.

[26] Thomas von Aquin, Quodlibet III, q. 4, art. 1 (‚Utrum liceat quod aliquis pro se petat licenciam in theologia docendi‘), ed. Commissio Leonina (Opera omnia 25/2), Roma–Paris 1996, 252[b].

quod est magister et sedens in cathedra, quod non est verum. [...] *Unde et si aliquando magister dicat aliquid quod nec auctoritate alia nec ratione confirmat, bene tamen quoquo modo ei ex sola auctoritate propria magisterii credendum est, et si nihil obstet, tenendum est quod illud pertineat ad cathedram et quod Spiritus sanctus illud tamquam verum loquatur in ipso. Non enim solum spectat ad cathedram quod expressum est in lege divina et per sanctos expositum, sed etiam illud quod usque in finem mundi per veridicos doctores certa ratione restat explicandum. Et sic in magistro theologiae attendendum est non tam quid dicat, sed quis dicat* [...]."[27]

III. Das scholastische Latein

Mittels seines spekulativen Lehrprogramms und durch die Selbstlegitimierung der Magister hat sich das universitäre Wissen von den angewandten Wissenschaften abgegrenzt. Das universitäre Wissen beruht darüber hinaus auf einer gewissen technischen Kompetenz, dem scholastischen Latein. Dieses Idiom ist das zweite Merkmal der universitären antirhetorischen Wissenskonzeption, das ich hier hervorheben möchte. Das universitäre Wissen hängt nämlich mit dem Gebrauch eines Idioms zusammen, das seinerzeit niemand mehr als Muttersprache beherrscht und gelernt hat. Latein war nicht länger eine einheimische Sprache, mindestens seit dem Anfang des 8. Jahrhunderts. Die Sprachwissenschaftler und Medienhistoriker bezeichnen diese kulturelle Besonderheit als Diglossie[28]. Neben ihrer jeweiligen alltäglichen Kommunikationssprache lernten die Schüler und Magister der mittelalterlichen Universität eine technische Sprache, die außerhalb der Mauern der Universität sehr selten gesprochen wurde. Alle Texte, die für den Unterricht vorgesehen waren, wurden in diesem Idiom gelesen, was bedeutet, dass sie gegebenenfalls auch ins Lateinische übersetzt werden mussten. Darüber hinaus hing das scholastische Latein von einer Schriftkultur ab: Wer Latein sprechen konnte, war auch in der Lage es zu lesen. Wer Latein beherrschte, hatte es durch Lesen und Schreiben gelernt. Walter Ong und Michael Clanchy beschreiben das scholastische Latein als „a textualized language", als eine von Texten abhängige Sprache, die durch die Regeln des Schreibens wesentlich bestimmt wird[29]. Bemerkenswerterweise hob schon Dante Alighieri in einem berühmten Kapitel seines Traktats ‚De vulgari eloquentia' (ca. 1305) alle

---

[27] Heinrich von Gent, Tractatus super facto praelatorum et fratrum, edd. L. Hödl/M. Haverals (Opera omnia 17), Leuven 1989, 131.

[28] Cf. W. J. Ong, Orality, Literacy, and Medieval Textualisation, in: New Literary History 16 (1984), 1–12, hier 4. Zum Latein als gelehrter Weltsprache: J. Leonhardt, Latein: Geschichte einer Weltsprache, München 2008.

[29] Ong, Orality, Literacy (nt. 28), 7: „No one could speak it who could not write it and who had not learned to speak it through writing it. It was a chirographically controlled language, or, as we may put it, a textualized language." Siehe auch: W. J. Ong, Orality and Literacy. The Technologizing of the Word, London–New York 1982, 110–113; sowie die anregende und viel umfangreichere Studie von M. T. Clanchy, From Memory to Written Record. England 1066–1307, Malden–Oxford 1979, ^{2}1993.

diese Eigenschaften des scholastischen Lateins hervor. Er nannte es „Grammatik“:

> „*Est et inde alia locutio secundaria nobis, quam Romani gramaticam vocaverunt.* [...] *ad habitum vero huius pauci perveniunt, quia non nisi per spatium temporis et studii assiduitatem regulamur et doctrinamur in illa.*“[30]

Als nicht- oder semi-Scholastiker konnte Dante die Eigentümlichkeit dieses Idioms besonders gut, gleichsam von außen her beobachten. Aber auch einige Theologiemagister waren sich dessen bewusst, dass ihre wissenschaftliche Sprache außergewöhnlich war. Im Gegensatz zu Dante aber priesen diese Magister die Überlegenheit des scholastischen Lateins als wissenschaftliches Idiom. Ich denke namentlich an den Franziskaner Johannes Peckham, der zwischen 1270 und 1272 an der Universität Paris als Theologiemagister unterrichtete. Peckham stellt eine sehr interessante linguistische Hypothese auf. Diese lautet: Möglicherweise werden wir auch im Paradies eine Sprache sprechen, damit unsere Sprachorgane nicht vergebens auferstehen. Dabei könnte es sich gut und gerne um das moderne scholastische Latein handeln:

> „*Ad tertium dicendum quod ibi erit forte aliqua lingua nova conveniens statui gloriae. Et si ibi futura sit aliqua lingua modernorum, puto quod erit mere latina.* [...] *Et ita forte aeternaliter remanebit, nec in lingua latina vulgari et corrupta, quia nihil corruptum est ibi.*“[31]

Laut Peckham könnte das moderne Latein also die ewige und reine, d. h. nicht einheimische, Sprache im Paradies sein. Damit befreit Peckham das sprachliche Werkzeug des scholastischen Studiums von der weltlichen Kontingenz und der gesellschaftlichen Vergänglichkeit. Dreißig Jahre später wird Dante die Überlegenheit der Volkssprache aus genau entgegengesetzten Gründen verteidigen. Dante zufolge ist die Volksprache überlegen, gerade weil sie, wie der Mensch und das irdische Leben, vergänglich ist.

IV. Prozess der Verschriftlichung

Die dritte Bedingung der universitären mittelalterlichen Kultur, die zu antirhetorischen Haltungen und Stellungnahmen beitrug, ist die massive Verschriftlichung des Wissens. Das alte gängige Vorurteil, demgemäß die mittelalterliche

---

30 Dante Alighieri, De vulgari eloquentia, i, 3. Übersetzt von F. Cheneval, mit einer Einleitung von R. Imbach und I. Rosier-Catach und einem Kommentar von R. Imbach und T. Suarez-Nani, Hamburg 2007, 2–4.

31 Johannes Peckham, Quaestiones de beatitudine animae et corporis, q. 8 (‚Utrum in patria omnes sensus sint in actibus suis‘), in: id., Quaestiones disputatae, edd. G. J. Etzkorn/H. Spettmann/L. Oliger, Grottaferrata 2002, 538.

Kultur eine wesentlich mündliche Kultur gewesen sei[32], wurde schon vor einigen Jahrzehnten von der Mittelalterforschung kritisiert und zurückgewiesen[33].

Zwei Wissensformen veranschaulichen besonders gut die Bedeutung dieses Prozesses der Verschriftlichung: die *ars dictaminis* und die *ars praedicandi*. Diese Wissensformen waren keine Wissenschaften sondern Künste, die aber zu praktischen Zwecken an der Universität unterrichtet wurden. In dieser Hinsicht bildeten sie eine Zwischenwelt, sie standen zwischen Öffentlichkeit und universitärer Wissenschaftlichkeit. Beide waren mit der Rhetorik insofern verbunden, als sie sozialen Interessen dienten. Beide wiesen jedoch wichtige Prozesse der Verschriftlichung und der institutionellen Regulierung auf, die mit einer graduellen Entfremdung von der Beredsamkeit zusammenhingen. Die *ars dictaminis* wurde insbesondere an den italienischen Universitäten unterrichtet[34]. Diese technische Kompetenz war bis zum 15. Jahrhundert die einzige Form rhetorischen Wissens, die an der Universität gelehrt wurde. Sie hatte aber mit der ciceronianischen Beredsamkeit nichts zu tun. Als Kunst der notariellen Praxis diente sie dem Verfassen von offiziellen Dokumenten und war der mündlichen Beredsamkeit fremd[35].

Dasselbe Verschwinden der Redekunst lässt sich im Fall der *ars praedicandi* belegen. Diese Literaturgattung, die im 13. Jahrhundert aufblühte, zeichnet sich durch eine regelrechte Distanzierung von der Beredsamkeit aus[36]. Nicole Bériou hat die Vorbehalte der Verfasser solcher *Artes* gegen das freie Predigen studiert[37]. Sie zeigt in diesem Zusammenhang, dass die Predigthandbücher kein Interesse für die rhetorische Gestalt und den Stil aufweisen, sondern auf die Inhalte der Predigten ausgerichtet waren. Als Kritiker der Scholastik seiner Zeit stellte selbst Roger Bacon dieses kulturelle Phänomen fest und tadelte es: „*Quae forma praedicandi* [*i. e. ars eloquendi*] *non tenetur a vulgo theologorum, sed sunt elongati ab ea his diebus.*“[38]

---

32 Walter J. Ong teilt noch diese zu pauschale Ansicht, wenn er schreibt: „But for all their textuality, medieval universities were radically oral as universities today no longer are.“ (Ong, Orality [nt. 28], 3).

33 Für die weltliche Kultur ist die Studie von Michael T. Clanchy ausschlaggebend (Clanchy, From Memory to Written Record [nt. 29]). In Deutschland wurden zwei Sonderforschungsbereiche diesem Thema gewidmet: SFB 231 (Universität Münster), „Träger, Felder, Formen pragmatischer Schriftlichkeit im Mittelalter“; SFB 321 (Universität Freiburg), „Übergänge und Spannungsfelder zwischen Mündlichkeit und Schriftlichkeit“. Für eine Darstellung der neueren Forschung, siehe: P. Chastang, L'archéologie du texte médiéval. Autour de travaux récents sur l'écrit au Moyen Âge, in: Annales HSS 63 (2008), 245–269. Siehe auch: P. Porro, Dalla Pagina alla *scientia*. L'identificazione tra libri e sapere scientifico nel medioevo scolastico e il caso anomalo della teologia, in: Quaestio 11 (2002), 225–254.

34 Hajnal, L'enseignement de l'écriture (nt. 14), 159 sqq.; Murphy, Rhetoric (nt. 11), 194–268.

35 Cf. die umfassende Studie von M. Camargo, Ars dictaminis, Ars dictandi (Typologie des sources du Moyen Âge occidental 60), Turnhout 1991.

36 Cf. Murphy, Rhetoric (nt. 11), 269–356.

37 N. Bériou, L'avènement des maîtres de la parole. La prédication à Paris au XIIIe siècle, 2 vols., Paris 1998, vol. 1, 145–156.

38 Roger Bacon, Opus tertium, cap. 75, in: Opera quaedam hactenus inedita, ed. S. J. Brewer, London 1859, 309.

In diesem Zusammenhang geht die heutige Mittelalterforschung noch einen Schritt weiter und zieht den angeblich mündlichen Charakter der rein universitären Literaturgattungen, der Streitfragen, Sentenzenkommentare, universitären Predigten und Kommentare, insgesamt in Zweifel. In einem noch nicht veröffentlichten, im Juli 2014 gehaltenen Vortrag präsentierte Loris Sturlese die Predigten Meister Eckharts als ein wesentlich schriftlich verfasstes Werk. Ähnlich weisen die universitären *reportationes* sehr oft wichtige, auf die Schriftlichkeit als primäres Medium hinweisende Revisionen auf. Beispielsweise bezieht sich der Verfasser auf weitere Textstellen. Die Sentenzenkommentare schließlich bilden geradezu den Inbegriff für diese Prozesse schriftlicher Überarbeitung. Ein paradigmatisches Beispiel hierfür bietet der Sentenzenkommentar des Durandus von St. Pourçain, der am Thomas-Institut der Universität zu Köln ediert wird[39]. Die überlieferten Handschriften bezeugen drei aufeinanderfolgende Redaktionen. Sie zeigen die unermüdliche Arbeit des Magisters, der seinen Text ständig revidiert hat. Diese Sorge des Magisters, die Verbreitung seines Werkes zu kontrollieren, ist keine Besonderheit des 14. Jahrhunderts. Schon gegen 1278 bedauerte beispielsweise Johannes Peckham die ungeregelte Verbreitung seiner ‚Perspectiva' in einer nichtrevidierten Redaktion:

> „*Scripsi dudum rogatus a sociis quedam mathematice ruditer rudimenta, que tamen aliis occupatus incorrecta reliqui, que etiam contra intentionem meam in publicum prodierunt.*"[40]

Der scholastische Magister ist nicht nur ein Lehrer, sondern auch ein Schriftsteller. Er konzipiert sich selbst als Autor eines Werkes. Ich kann hier nicht in die Details gehen und verweise daher nur auf die Prologe der beiden Summen des Thomas von Aquin, die deutlich ein schriftstellerisches Selbstbewusstsein belegen. Dasselbe gilt für die sorgfältig revidierte Summe des Heinrich von Gent. Der Fall des Dietrich von Freiberg ist noch offensichtlicher. Dietrich hat klar strukturierte und thematisch gut definierte Traktate verfasst, deren Prologe häufig die Absicht des Autors erklären und präzisieren[41]. Schriftkultur und Kontrolle über die Verbreitung der Werke kennzeichnen das scholastische Wissen und grenzen dieses von der Redekunst und der öffentlichen Beredsamkeit ab.

V. Schluss: Kritiken des scholastischen antirhetorischen Modells

Das wissenschaftliche Ideal eines antirhetorischen Stils ist wohl mit der Universität im 13. Jahrhundert entstanden. Es bildet ein Moment der Bildungsge-

---

[39] Cf. A. Speer/F. Retucci/T. Jeschke/G. Guldentops (eds.), Durand of Saint-Pourçain and His Sentences Commentary. Historical, Philosophical, and Theological Issues (Recherches de Théologie et Philosophie Médiévales. Bibliotheca 9), Leuven – Paris – Walpole 2014.

[40] John Pecham and the Science of Optics. Perspectiva Communis, ed. with an introd., English transl., and critical notes by D. C. Lindberg, Madison 1970, 60.

[41] Cf. König-Pralong, Le bon usage des savoirs (nt. 23), 69 – 104 (zu Heinrich von Gent), 216 – 278 (zu Dietrich von Freiberg).

schichte, dessen mächtige Nachklänge noch lange im Bereich des abendländischen universitären Wissens nachweisbar sind. Dieses an der mittelalterlichen Universität formulierte, im 19. Jahrhundert von Renan gelobte und heute noch von den meisten Akademikern vertretene Wissensideal setzt eine Abgrenzung der Wissenschaftlichkeit von der Öffentlichkeit voraus. Im Mittelalter stützte sich diese Wissensform auf den Gebrauch einer spezialisierten technischen Sprache, des scholastischen Lateins, und sie verwirklichte sich als schriftliches, institutionell konstituiertes Wissen.

Bereits die mittelalterlichen Kritiken des scholastischen Wissens hatten die drei hier dargestellten Merkmale identifiziert. Innerhalb der scholastischen Welt war wahrscheinlich Roger Bacon der größte Gegner der scholastischen Praktiken[42]. Er warf den Doktoren seiner Zeit vor, die Moralphilosophie und die Rhetorik zu vernachlässigen, sich selbst als Autoren und Autoritäten zu konzipieren, alle anderen Sprachen außer dem barbarischen scholastischen Latein zu ignorieren und zu viel zu schreiben statt zu predigen. Innerhalb des Dominikanerordens betonte Humbertus de Romanis die Wichtigkeit des Predigens gegen die spekulative Philosophie[43]: „*Alii sunt qui libenter vacant lectionibus sacris: sed huiusmodi studium non dirigitur ad doctrinam praedicationis, quae utilitas in illo?*“[44]

Trotz dieser Besonderheiten darf die Scholastik nicht einfach schlechthin mit einer spekulativen, antirhetorischen und antiliterarischen Wissensform identifiziert werden. Für die Exemplasammlungen des Johannes von Wales beispielsweise sind antike Rhetoriker wie Cicero und Seneca von höchster Bedeutung. Am Anfang des 14. Jahrhunderts blühte der wörtliche und literarische Kommentar der Bibel und anderer Hauptwerke der christlichen Gelehrsamkeit wie des ‚Gottesstaates‘ von Augustin wieder auf. Nikolaus von Lyra, Nikolaus Trevet, die *classici* von Oxford verteidigten nicht-spekulative Konzeptionen der Theologie, die auf das Predigen ausgerichtet waren und zum Teil auch weltlichen Mächten dienten.

Außerhalb der Universität[45] kritisierte Petrarca grundlegend die Scholastik. Sein ganzes Werk, das die Rhetorik ins Zentrum der Gelehrsamkeit rückt, kann als eine Widerlegung der scholastischen Wissenskonzeption gelesen werden. Ich schließe diese knappen Überlegungen aber mit dem Zeugnis von Boccaccio. Im 14. Buch seiner ‚Genealogia deorum gentilium‘ verteidigt Boccaccio die Dichtkunst, die Grammatik und die Rhetorik gegen deren Gegner, namentlich gegen die Theologiemagister. Interessanterweise antizipiert er das Urteil und die Feindlichkeit der Theologiemagister gegen sich selbst: „*Ex quibus fatuitatibus iam satis scio quid monstrum istud spectantes in me, quid in opus meum, quid in Poëtas dicturi*

---

42 Cf. König-Pralong, Le bon usage des savoirs (nt. 23), 128–164.

43 Cf. von Moos, Rhetorik, Dialektik (nt. 7), 147.

44 Umbertus de Romanis, De eruditione praedicatorum, I, 20, Barcinonae 1607, 442[aD].

45 Frank Rexroth hat darüber hinaus die zunehmenden Vorbehalte und Kritiken gegen die universitäre Expertenkultur studiert. Cf. u. a. F. Rexroth, Expertenweisheit. Die Kritik an den Studierten und die Utopie einer geheilten Gesellschaft im späten Mittelalter (Freiburger mediävistische Vorträge 1), Basel 2008.

sunt."[46] Die Theologiemagister vertrieben nicht nur die Grammatik und die Rhetorik aus der Universität; sie fungieren auch als deren Feinde außerhalb der Universität, im öffentlichen Raum.

[46] Giovanni Boccaccio, Genealogia deorum gentilium, XIV, 3, Basileae 1532, 354.

II. Schüler-Meister-Verhältnisse

Dante als Schüler und Lehrer[1]

Ruedi Imbach (Paris)

„Sieh genau zu, wie ich von dieser Stelle aus
zu dem Wahren gehe,
nach dem du verlangst,
sodass du danach den Weg allein gehen kannst."

Beatrice zu Dante

I.

Die Beziehungen des Schülers zum Lehrer und des Lehrenden zum Schüler, so will es scheinen, gehören notwendigerweise zu den, die allmähliche Menschwerdung konstituierenden Verhältnissen, zumindest in jenen Gemeinschaften und Völkern, die davon ausgehen, dass die Vermittlung von Wissen unverzichtbar ist für ein menschliches Dasein. Umso befremdlicher und provokativer erscheint deswegen auf den ersten Blick jenes Jesuswort, das von Matthäus im 23. Kapitel (V. 8–10) überliefert wird und das verlangt, dass niemand Rabbi, Meister oder Lehrer, genannt werde:

„*Vos autem nolite vocari Rabbi: unus est enim magister vester, omnes autem vos fratres estis. Nec vocemini magistri: quia magister vester unus est, Christus.*"[2]

Für einen von der Pariser Hochschule ausgezeichneten *Magister theologiae*, wie Thomas von Aquin, ist diese Bibelstelle eine Herausforderung, die in direkter

[1] Ich betrachte diesen Aufsatz nicht als einen originellen Beitrag zur Danteforschung, sondern vielmehr als eine Meditation zum Verhältnis von Lehrer und Schüler im Anschluss an die Lektüre einiger Texte von Dante. In diesem Sinne bringt er einige Gedanken zum Ausdruck, die mir bedeutsam scheinen. Kritische Leser, darunter gewiss meine besten ehemaligen Studierenden, werden deshalb diese Zeilen nur als eine Zusammenstellung dantesker Banalitäten oder bekannter Binsenwahrheiten betrachten. Nichtsdestotrotz möchte ich diesen Beitrag jenen Personen widmen, mit denen ich die Ausgabe der sogenannten Philosophischen Schriften Dantes verwirklicht habe: Francis Cheneval, Christoph Flüeler, Dominik Perler, Thomas Ricklin und Tiziana Suarez. Die Begegnung mit ihnen hat mir eine unverzichtbare Einsicht vermittelt, die, wie mir scheint, weder Thomas von Aquin noch Dante in ihren Ausführungen zum Lehren ausdrücklich thematisiert haben: dass der Lehrer durch die Schüler belehrt wird.

[2] Biblia sacra iuxta vulgatam versionem, edd. B. Fischer/I. Gribomont/H. F. D. Sparks/W. Thiele/R. Weber, Stuttgart [3]1983, 1562.

Weise sein Selbstverständnis als Professor in Frage stellt. Dass sein Zeitgenosse Bonaventura deshalb diesem Bibelwort eine eigene Predigt gewidmet hat, die zu erhärten versucht, dass es tatsächlich nur einen Lehrer gebe, kann uns nicht überraschen[3]. Wohl fast gleichzeitig hat Thomas diesem Problem in den Pariser ‚Quaestiones disputatae de veritate' ebenfalls eine eigene, ausführliche Frage gewidmet, die nicht bloß eingehend nachzuweisen versucht, dass der Imperativ unseres Herrn, wie er sagt, „nicht als uneingeschränkt gültig mißverstanden" werden darf, sondern wo er vor allem und in erster Linie die Beziehung von Schüler und Lehrer in einer ebenso unerwarteten wie faszinierenden Weise gedeutet hat[4]. Es ist angebracht, den Kern der bemerkenswerten Auffassung des Thomas in Erinnerung zu rufen. Der mittlere Weg, den Thomas hier vorschlägt[5], um das Lehren und das Lernen, den Beruf des Lehrers und die Stellung des Schülers, zu erklären, zu verstehen und zu rechtfertigen, beruht auf der Überzeugung, dass die Kunst die Natur nachahmt. Bei der Vermittlung und dem Erwerb von Wissen verhält es sich nämlich so, dass „der Lehrende den Lernenden auf die gleiche Weise zum Wissen hinführt, wie es jemand tut, der sich selbst auf dem Wege der Erfindung zur Erkenntnis von Unbekanntem bestimmt"[6]. Ein Lehrender kann in einer anderen Person ausschließlich so Wissen erzeugen (*causare scientiam*), indem er die Selbsttätigkeit der Vernunft des

---

3 Bonaventura, Le Christ Maître. Édition, traduction et commentaire du sermon universitaire «Vnus est magister noster Christus» par G. Madec (Bibliothèque des textes philosophiques), Paris 1990. Cf. ebenfalls R. Russo, La metodologia del sapere nel sermone di S. Bonaventura "Unus est magister vester Christus" con una nuova edizione critica e traduzione italiana (Spicilegium Bonaventurianum 22), Grottaferrata (Romae) 1982. Zum Philosophieverständnis des Franziskaners cf. A. Speer, Einleitung, in: Bonaventura, Quaestiones disputatae de scientia Christi/ Vom Wissen Christi. Übersetzt, kommentiert und mit einer Einleitung herausgegeben von A. Speer, Hamburg 1992, XI – L; A. Speer, Philosophie als Lebensform? Zum Verhältnis von Philosophie und Weisheit im Mittelalter, in: Tijdschrift voor Filosofie 62 (2000), 3 – 25; R. Imbach, *Non diligas meretricem et dimittas sponsam tuam.* Aspects philosophiques des *Conférences sur les six jours de la création* de Bonaventure, in: Théologie et philosophie en prédication d'Origène à Thomas d'Aquin = Sonderheft der Revue des sciences philosophiques et théologiques 97 (2013), 367 – 396.

4 Cf. dazu die vorzügliche zweisprachige Ausgabe: Thomas von Aquin, Über den Lehrer, De magistro. Quaestiones disputatae de veritate, Quaestio XI, Summa theologiae Pars I, quaestio 117, articulus 1. Herausgegeben, übersetzt und kommentiert von G. Jüssen/G. Krieger/J. H. J. Schneider. Mit einer Einleitung von H. Pauli, Lateinisch-deutsch, Hamburg 1988. Zu beachten ist die umfängliche Studie von D. Rohling, Omne scibile est discibile. Eine Untersuchung zur Struktur und Genese des Lehrens und Lernens bei Thomas von Aquin (Beiträge zur Geschichte der Philosophie und Theologie des Mittelalters. N.F. 77), Münster 2012.

5 Thomas benutzt selber das Syntagma *via media*, um seine Auffassung zu umschreiben. In der Tat stellt er zuerst die platonische Auffassung („*addiscere nihil est aliud quam reminisci*") und dann die Avicenna zugeschriebene Meinung, dass alle Erkenntnis auf eine Erleuchtung durch einen höheren Intellekt zurückzuführen sei, dar, bevor er seine eigene Meinung unter der Autorität des Aristoteles darlegt: „*et ideo secundum doctrinam Aristotelis via media inter has duas teneda est*" (op. cit. [nt. 4], 14 und 16).

6 De veritate, XI, a. 1, edd. Jüssen/Krieger/Schneider (nt. 4), 20: „*unde et ars dicitur imitari naturam; et similiter etiam contingit in scientiae acquisitione quod eodem modo docens alium ad scientiam ignotorum deducit, sicut aliquis inveniendo deducit se ipsum in cognitionem ignoti*".

Lernenden anregt. Lehren bedeutet also die eigenständige Vernunfttätigkeit des Lernenden ermöglichen, wecken und fördern:

„Wie man also vom Arzt sagt, daß er die Gesundheit im Kranken nur aufgrund der Eigentätigkeit seiner Natur bewirkt, so gilt auch, daß ein Mensch in einem anderen Wissen nur aufgrund der Selbsttätigkeit von dessen naturhaft angelegter Vernunft bewirken kann, und genau das heißt ‚Lehren'."[7]

II.

Ich behaupte, dass wir Dante Alighieris Verhältnis nicht nur zu seinen Lehrern, sondern ebenfalls zu seinen Lesern als seinen Schülern mittels der thomistischen Konzeption der Lehrer-Schüler-Beziehung darstellen, verstehen und anwenden können. Eine erste Bestätigung dieser Behauptung finden wir in der Begegnung Dantes mit seinem Lehrer Brunetto Latini im XV. Gesang des ‚Inferno'[8]. Brunetto, der über die Begegnung sehr erfreut ist, ermuntert Dante, aber, was uns besonders interessiert, er sagt, er hätte Dante, wenn er länger gelebt hätte, geholfen, seinen eigenen Weg zu gehen[9]:

„Ed elli a me: ‚Se tu segui tua stella,
non puoi fallire a glorïoso porto,
se ben m'accorsi ne la vita bella;
e s'io non fossi sì per tempo morto,
veggendo il cielo a te così benigno,
dato t'avrei a l'opera conforto.'"[10]

„Und er zu mir: ‚Folgst du deinem Stern, kannst du den ruhmreichen Hafen nicht verfehlen, wenn ich im schönen Leben richtig sah. Und wäre ich nicht so früh gestorben, hätte ich, da ich den Himmel dir so günstig sah, dich bestärkt in deinem Werk.'"[11]

---

[7] De veritate, XI, a. 1, edd. Jüssen/Krieger/Schneider (nt. 4), 20: „*Sicut igitur medicus dicitur causare sanitatem in infirmo natura operante, ita etiam homo dicitur causare scientiam in alio operatione rationis naturalis illius, et hoc est docere.*"

[8] Zu Dantes Beziehung zu dieser wichtigen Figur cf. P. Armour, Dante's Brunetto: The Paternal Paterine?, in: Italian Studies 38 (1983), 1–38; id., Brunetto Latini, in: The Dante Encyclopedia, ed. R. Lansing, New York–London 2000, 127a–129b; C. T. Davis, Dante's Italy and Other Essays (The Middle Ages series), Philadelphia, PA 1984, 166–197.

[9] Ich folge dem italienischen Text der ‚Edizione Nazionale' (La Commedia secondo l'antica vulgata, ed. G. Petrocchi, 4 vols. [Opere 7], Milano 1966–1967). Des Weiteren beziehe ich mich auf die Ausgabe und den ausführlichen Kommentar von Anna Maria Chiavacci Leonardi, 3 vols., Milano 1991–1997, die den Text von Petrocchi übernimmt und abdruckt. Ich benütze die deutsche Übersetzung von Kurt Flasch (Dante, Commedia in deutscher Prosa, Frankfurt a. M. ^{3}2011), aber ich verweise gelegentlich in den Fußnoten ebenfalls auf die zweisprachige Ausgabe von Hartmut Köhler (3 vols., Stuttgart 2010–2012) sowie die reich kommentierte Edition von Hermann Gmelin in sechs Bänden (Stuttgart 1968–1975).

[10] Inferno XV, 55–60, ed. Petrocchi (nt. 9), vol. 2, 248–249.

[11] Ed. Flasch (nt. 9), 64; Ed. Köhler (nt. 9), vol. 1, 231: „hätte [...] dich in deinem Vorhaben bestärkt".

Brunetto, der Cicero und Aristoteles in die Volkssprache übersetzt hat und der mit seinem ‚Livre du tresor' ein Vorbild einer Philosophie für Laien geschaffen hat[12], fasst hier seine Intention, Dante auf seinem eigenen Weg zu fördern, zusammen und verwirklicht das von Thomas entworfene Ideal des Lehrers. Dante gesteht selber, dass er seinem väterlichen Lehrer stets dankbar sein wird:

„‚*Se fosse tutto pieno il mio dimando*',
rispuos'io lui, ‚*voi non sareste ancora*
de l'umana natura posto in bando;
ché 'n la mente m'è fitta, e or m'accora,
la cara e buona imagine paterna
di voi quando nel mondo ad ora ad ora
m'insegnavate come l'uom s'etterna:
e quant'io l'abbia in grado, mentr' io vivo
convien che ne la mia lingua si scerna.'"[13]

„‚Mein wichtigster Wunsch wäre', antwortete ich ihm, ‚Ihr wäret noch nicht verbannt aus der menschlichen Natur. Denn in der Erinnerung bleibt eingeprägt und schmerzt mich jetzt das liebe und gute und väterliche Bild von Euch, als Ihr mich in der Welt immer wieder gelehrt habt, wie der Mensch sich ewig macht. Wie sehr mir das wert ist, das soll, solange ich lebe, meine Rede erweisen. [...]'"[14]

„*M'insegnavate come l'uom s'etterna*"[15], so wird hier das von Brunetto verwirklichte und das von Dante nachgeahmte Tun und Ziel eines Intellektuellen, eines Schriftstellers und eines Philosophen charakterisiert.

III.

Mit Brunetto teilt Dante auch die Bewunderung des Aristoteles, die zu Beginn der Reise durch die Hölle ihren Ausdruck findet[16]. Die Begegnung Vergils und Dantes, im ersten Kreis der Hölle, mit der *filosofica famiglia* ist wohlbekannt[17]. Es

---

12 Einige Hinweise zur leider vernachlässigten Bedeutung Brunettos für die Geschichte der Philosophie in: R. Imbach, Laien in der Philosophie des Mittelalters. Hinweise und Anregungen zu einem vernachlässigten Thema (Bochumer Studien zur Philosophie 14), Amsterdam 1989.

13 Inferno XV, 79–87, ed. Petrocchi (nt. 9), vol. 2, 251–252.

14 Ed. Flasch (nt. 9), 65.

15 Ed. Köhler (nt. 9), vol. 1, 233 übersetzt: „wie man sich ewiges Andenken verdient". Zweifellos ist dies auch gemeint, aber es ist ebenfalls an die Annäherung an das Bleibende durch Wissenschaft und Tugend gedacht.

16 Zur Beziehung Dantes zu Aristoteles immer noch grundlegend E. Moore, Studies in Dante: First Series, Oxford 1896, 92–156 („Dante and Aristotle"); cf. ebenfalls J. A. Scott, Aristotle, in: The Dante Encyclopedia, ed. Lansing (nt. 8), 61b–65a; sowie meine diesbezüglichen Hinweise in der Einleitung zu: Dante, Das Gastmahl. Viertes Buch. Übersetzt von T. Ricklin, eingeleitet und kommentiert von R. Imbach in Zusammenarbeit mit R. Béhar und T. Ricklin (Philosophische Werke 4/4), Hamburg 2004, XI–LXIV, hier XII–XXVIII.

17 Zu diesem oft behandelten Canto cf. die originelle Deutung von T. Ricklin, Il «nobile castello» dantesco e le riappropriazioni delle tradizioni filosofiche antiche, in: A. Palazzo (ed.), L'antichità classica nel pensiero médiévale. Atti del convegno della Società Italiana per lo Studio del Pensiero Medievale (SISPM). Trento, 27–29 settembre 2010 (Textes et Études du Moyen Âge 61), Porto

ist von besonderer Bedeutung, dass die wichtige Aufzählung der hohen Geister der Philosophie in diesem Gesang mit Aristoteles eröffnet wird und dass Dante die Liste mit Averroes beschließt:

„*Poi ch'innalzai un poco più le ciglia,*
vidi 'l maestro di color che sanno
seder tra filosofica famiglia."[18]

„Als ich dann die Brauen ein wenig hob, sah ich den Meister derer, die wissen, in der Familie der Philosophen sitzen."[19]

Welches ist die tiefere Bedeutung dieses Verses? Welches sind die Gründe der Hochschätzung des Aristoteles? In ‚Convivio' IV, vi legt Dante ausführlich Rechenschaft ab darüber, weshalb Aristoteles Anerkennung und Gehorsam verdient („*e degno di fede e d'obedienza*")[20]. Und die Antwort ist eindeutig: Weil er das Ziel menschlichen Daseins am besten erfasst hat, deshalb verdient der griechische Philosoph Achtung und Gehorsam. Dante belegt diese Behauptung mit einem kurzen Abriss der Philosophiegeschichte[21], wo er festhält, Epikur und die Stoiker hätten zwar einige Dimensionen der Ethik richtig erfasst, aber erst Aristoteles habe diese Disziplin der Philosophie zu ihrer Vollendung gebracht. Diese These muss mit der in ‚Convivio' II, xiii-xiv vorgelegten Wissenschaftseinteilung[22] in Verbindung gebracht werden, wo Dante in einem interessanten Ver-

---

2011, 279–306. Cf. ebenfalls F. Mazzoni, Saggio di un nuovo commento alla *Commedia*: il canto IV dell'*Inferno*, in: Studi danteschi 42 (1965), 29–206; K. Foster, The Two Dantes (I): Limbo an Implicit Faith, in: id., The Two Dantes and Other Studies. Collected Essays, London 1977, 156–189.

18 Inferno IV, 130–132, ed. Petrocchi (nt. 9), 73.

19 Ed. Flasch (nt. 9), 24.

20 Das Gastmahl, IV, vi, ed. Ricklin (nt. 16), 43–45, zum Begriff der ‚Autorität': eine Person besitzt Autorität in einem zweiten Sinne, wenn sie würdig (*degna*) ist, „daß man ihr glaubt und gehorcht". Des Weiteren zu Aristoteles vornehmlich § 7: „Und weil alle menschlichen Handlungen ein Ziel verlangen, d. h. jenes des menschlichen Lebens, auf das der Mensch hingeordnet ist, insofern er Mensch ist, muß man jenem Lehrer und Künstler, der dieses aufzeigt und bedenkt, in höchstem Maße glauben und gehorchen. Dieser ist Aristoteles: Also ist er am meisten des Vertrauens und des Gehorsams würdig."

21 Cf. Das Gastmahl, IV, vi, ed. Ricklin (nt. 16), 9–16 mit dem Ergebnis, dass (§ 17) „die Autorität des höchsten Philosophen" Aristoteles zukommt.

22 Das Gastmahl. Zweites Buch. Übersetzt und kommentiert von T. Ricklin (Philosophische Werke 4/2), Hamburg 1996, die Kapitel xiii–xiv, 68–89, der Kommentar 237–302. Zum Philosophieverständnis Dantes cf. ebenfalls T. Ricklin, Théologie et Philosophie du *Convivio* de Dante Alighieri, in: J.-L. Solère/Z. Kaluza (eds.), La servante et la consolatrice. La philosophie dans ses rapports avec la théologie au Moyen Âge (Textes et traditions 3), Paris 2002, 129–150; P. Porro, Avegna che poci, per male camminare, compiano la giornata. Della felicità filosofica e i suoi limiti nel Convivio dantesco, in: Freiburger Zeitschrift für Philosophie und Theologie 59 (2012), 389–406; ebenso die Einleitung von Gianfranco Fioravanti zum ‚Convivio', in: Dante Alighieri, Opere, ed. M. Santagata, vol. 2, Milano 2014, 6–79, sowie die umfangreiche Einführung von Francis Cheneval zu: Das Gastmahl. Erstes Buch. Übersetzt von T. Ricklin. Mit einer Einleitung und einem Kommentar von F. Cheneval (Philosophische Werke 4/1), Hamburg 1996, XI–CV. An dieser Stelle möchte ich ebenfalls auf K. Flasch, Einladung, Dante zu lesen, Frankfurt a. M. ^{3}2011, hinweisen. Dieses Buch besitzt in meiner Auseinandersetzung mit Dante auch deshalb

gleich des Wissenschaftsgebäudes mit dem Himmelsgewölbe Physik und Metaphysik mit dem Fixsternhimmel identifiziert, die Moralphilosophie dagegen mit dem *primo mobile*, d. h. jener Sphäre, von der Werden und Vergehen des gesamten Universums abhängen. Dieser Vergleich der Ethik mit jenem Himmel, der die Bewegung aller anderen Himmelssphären verursacht, veranschaulicht ganz eindeutig, dass ohne die Ethik die gesamte Philosophie ihre Funktion verlöre. Stünde nämlich dieser Himmel still, gäbe es kein Werden und Vergehen mehr:

> „Und nicht anders wären, würde die Moralphilosophie aufhören, die anderen Wissenschaften eine gewisse Zeit lang verborgen und, es gäbe weder Werden von Glück noch glückliches Leben, und vergebens wären sie (die anderen Wissenschaften) niedergeschrieben und im Altertum erfunden worden."[23]

Es ist also unzweifelhaft, dass Dante Aristoteles als den Vollender der Moralphilosophie verehrt. Die Tragweite dieser Feststellung wird allerdings nur sichtbar, wenn wir überdies bedenken, dass in den Augen Dantes die Ethik – und nicht die Metaphysik – den Rang der Ersten Philosophie innehat[24].

Auch wenn es methodisch gesehen zweifellos naiv wäre, die Bedeutung eines Autors für einen anderen an der Zahl der ausdrücklichen Zitate zu messen, so vermittelt nichtsdestotrotz eine genaue Prüfung der ausdrücklichen Nennungen eines Philosophen durch einen anderen wertvolle Einsichten, die einiges aussagen über die Arbeitsweise und das philosophische Denken eines Autors[25]. Dies gilt auch im Falle der Aristoteleszitate Dantes. Aristoteles wird in den Schriften Dantes um die 150mal ausdrücklich erwähnt. Der weitaus größte Teil dieser expliziten Nennungen findet sich im ‚Convivio' (mehr als 80, davon entfallen 59 auf den IV. Traktat); beachtlich ist auch der Anteil der ‚Monarchia' (33). Ich möchte indes zwei Belege aus der ‚Commedia' erwähnen, die zeigen, wie intensiv Dante die Ideen der ‚Metaphysik' in sein eigenes Denken integriert hat. Wenn er ‚Paradiso' XXVII formuliert:

> „*La donna mia che mi vedëa in cura*
> *forte sospeso, disse: ‚Da quel punto*
> *depende il cielo e tutta la natura* [...]'"[26]

so ist dies mehr als eine Anspielung auf ‚Metaphysik' XII, 7, 1072b13–14, wo steht: „*Ex tali igitur principio dependet celum et natura*"[27]. Der letzte Vers des

eine besondere Bedeutung, weil ich es mit dem Autor in freundschaftlichen Gesprächen, die mich unendlich bereichert haben, ausführlich diskutiert habe.

23 Das Gastmahl, II, xiv, 18, ed. Ricklin (nt. 22), 87–89.

24 Cf. dazu ebenfalls R. Imbach, Ein anderer Dante, in: Dante Alighieri, Philosophische Werke in einem Band. Übersetzt von T. Ricklin/D. Perler/F. Cheneval. Herausgegeben und mit einer neuen Einleitung von R. Imbach, Hamburg 2015, VI–XXXVIII.

25 Eine genauere Darstellung des Folgenden in: Imbach, Einleitung (nt. 16), XII–XXVIII.

26 Paradiso XXVIII, 40–42, ed. Petrocchi (nt. 9), vol. 4, 463.

27 So in der von Wilhelm von Moerbeke revidierten Übersetzung, der sogenannten Media, Aristoteles Latinus, vol. 25.3.2, ed. G. Vuillemin-Diem, Leiden–New York–Köln 1995, 258, 271.

poema sacro ist dagegen gleichsam der Ausdruck der Quintessenz des ganzen Werkes, wenn von der Liebe, die alles bewegt die Rede ist:

„*l'amor che move il sole e l'altre stelle*“[28].

Offensichtlich handelt es sich um eine Reminiszenz an Boethius[29], aber dieser Vers ist auch ein Nachklang von ‚Metaphysik‘ XII, 7, 1072b4, wo gesagt wird, der unbewegte Beweger bewege als geliebter: „*movet autem ut amatum*“[30].

Einige Sätze des Aristoteles, die Dante möglicherweise auch über ein Florilegium kannte, sind für Dante zu eigentlichen philosophischen Leitsätzen geworden. Dies gilt z. B. für die Sentenz, die Kunst ahme die Natur nach[31], oder für das Ökonomieprinzip, das an zwei ganz verschiedenen Schnittstellen seines Werkes auftaucht[32]. In der ‚Questio‘ 28, wo nachgewiesen werden soll, dass das Wasser nicht höher liegt als die Erde, wird das Ökonomieprinzip eingesetzt. Derselbe Grundsatz wird in der ‚Monarchia‘ politisch ausgewertet, zugunsten der Monarchie. Noch bedeutsamer ist ein anderes Prinzip, das bei Aristoteles mehrfach auftaucht: *natura nihil facit frustra*[33]. Dieser folgenreiche Gedanke, der mit dem Sparsamkeitsprinzip zusammenhängt, wird bei Dante metaphysisch interpretiert und mit der Idee der göttlichen Vernunft verknüpft. Er setzt eine durchgängige Vernünftigkeit und Geordnetheit der gesamten Wirklichkeit voraus und manifestiert den Vernunftoptimismus des Poeten, der mehrfach an das Prinzip erinnert, wenn belegt werden soll, dass die Welt vernünftig geordnet und aufgebaut ist[34].

---

28 Paradiso, XXXIII, 145, ed. Petrocchi (nt. 9), vol. 4, 558.

29 Consolatio philosophiae, II, m. 8, ed. C. Moreschini, Monachii – Lipsiae 2000, 56, 28 – 30: „*o felix humanum genus. Si vestros animos amor: quo coelum regitur, regat*“.

30 Übersetzung Media, recensio Guillelmi, in: Aristoteles Latinus, vol. 25.3.2 (nt. 27), 257, 259 – 260.

31 Physik, II, 2, 194a21 – 22: „*ars imitatur naturam*“ wird Inferno, XI, 97 – 105, ed. Petrocchi (nt. 9), vol. 2, 187 – 188 paraphrasiert: „‚*Filosofia*‘, *mi disse*, ‚*a chi la 'ntende,/ nota, non pure in una sola parte,/ come natura lo suo corso prende/ dal divino 'ntelletto e da sua arte;/ e se tu ben la tua Fisica note,/ tu troverai, non dopo molte carte,/ che l'arte vostra quella, quanto pote,/ segue, come 'l maestro fa 'l discente;/ si vostr' arte a Dio quasi è nepote* [...]‘.“

32 Monarchia, I, xiv, 1. Studienausgabe. Einleitung, Übersetzung und Kommentar von R. Imbach/ C. Flüeler, Stuttgart 1989, 102 (diese Ausgabe druckt die Edition von Pier Giorgio Ricci, Milano 1965, ab). Es sei hier auf die zwei vor kurzer Zeit erschienenen neuen, reich kommentierten Ausgaben des lateinischen Textes verwiesen: Monarchia. A cura di P. Chiesa/A. Tabarroni, con la collaborazione di D. Ellero, Salerno 2013; Monarchia. A cura di D. Quaglioni, in: Dante Alighieri, Opere, ed. Santagata, vol. 2 (nt. 22), 807 – 1415. Ebenfalls erwähnt werden muss die neue Ausgabe der ‚Edizione Nazionale‘ von P. Shaw, Milano 2009. Das sogenannte Ökonomieprinzip wird ebenfalls in der ‚Questio‘ zitiert (Abhandlung über das Wasser und die Erde. Übersetzt, eingeleitet und kommentiert von D. Perler, Hamburg 1994, 16): „*quia quod potest fieri per unum, melius est quod fiat per unum quam per plura*“ (cf. den Kommentar von Perler, 78).

33 Aristoteles, De caelo, I, 4, 271a33 sowie De anima, III, 9, 432b22 – 25.

34 Monarchia, I, iii, 3, ed. Imbach/Flüeler (nt. 32), 66: „*Propter quod sciendum primo quod Deus et natura nil otiosum facit, sed quicquid prodit in esse est ad aliquam operationem.*“ Monarchia, I, x, 1, ibid., 84: „*Et ubicumque potest esse litigium, ibi debet esse iudicium; aliter esset imperfectum sine proprio perfectivo: quod est inpossibile, cum Deus et natura in necessariis non deficiat.*“

Ein letztes Beispiel kann verdeutlichen, wie Dante gewisse Sentenzen des Aristoteles aufgreift und sie in innovativer Weise zur Verdeutlichung seiner eigenen Thesen auswertet. Auf den ersten Satz der ‚Metaphysik', wo das Erkenntnisverlangen aller Menschen behauptet wird, spielt nicht nur der Anfang der ‚Monarchia' an[35], sondern vor allem derjenige des ‚Convivio':

„*Sì come dice lo Filosofo nel principio de la Prima Filosofia, tutti li uomini naturalmente desiderano di sapere.*"[36]

Die Zahl jener mittelalterlichen Philosophen, die den Anfang der ‚Metaphysik' zitiert haben, ist unermesslich, aber Dante ist meines Wissens der erste, der sich ausdrücklich mit der Bedeutung des Terminus ‚*omnes*' auseinandergesetzt hat, denn er stellt sich ausdrücklich die Frage, wie es kommt, dass nicht alle Menschen ihr natürliches Verlangen stillen können. Er schreibt sein ‚Convivio', d. h. sein Gastmahl, um jenen Menschen, die vom Tisch, wo das Brot der Engel verspeist wird, ausgeschlossen sind, philosophisches Wissen zu vermitteln. Um dieses Vorhaben einer Philosophie für die *non-litterati* zu formulieren, dem auch die ‚Commedia' gehorcht, hat er sich des Anfangssatzes der ‚Metaphysik' als Wegweiser bedient[37].

IV.

Die Rolle Vergils in der ‚Commedia' lässt keinen Zweifel zu: der von Beatrice Beauftragte, der Dante durch die Hölle und das Fegefeuer führen soll, ist die Stimme der Vernunft. Ein Passus aus dem ‚Purgatorio' hält die Rollenverteilung zwischen Vergil und Dante klar fest:

„*Ed elli a me: ‚Quanto ragion qui vede,*
dir ti poss' io; da indi in là t'aspetta
pur a Beatrice, ch'è opra di fede. […]'"[38]

„‚So weit Vernunft hier sieht, kann ich es dir erklären; was darüber hinausgeht, erwarte nur von Beatrice, denn das ist Sache des Glaubens. […]'"[39]

Unzählig sind die Stellen, die das wiederholen, was Dante zu Beginn der Reise ausdrückt:

---

35 Monarchia, I, i, 1, ed. Imbach/Flüeler (nt. 32), 60: „*Omnium hominum quos ad amorem veritatis natura superior impressit hoc maxime interesse videtur: ut, quemadmodum de labore antiquorum ditati sunt, ita et ipsi posteris prolaborent, quatenus ab eis posteritas habeat quo ditetur.*"

36 Convivio, ed. Fioravanti (nt. 22), 93; Das Gastmahl, I, ed. Ricklin (nt. 22), 3: „Wie der Philosoph zu Beginn der *Metaphysik* sagt, wünschen alle Menschen von Natur aus zu wissen." Cf. die Kommentare von Cheneval, 76–79, und Fioravanti, 93.

37 Cf. vor allem Convivio, I, i–xiii; zur Struktur der ersten Buches: Cheneval, ibid. (nt. 22), 71–75.

38 Purgatorio, XVIII, 46–48, ed. Petrocchi (nt. 9), vol. 3, 300.

39 Ed. Flasch (nt. 9), 214.

„Tu se' lo mio maestro e 'l mio autore."[40]

Die ‚Commedia', als christliche ‚Aeneis', verdankt dem Mantuaner nicht nur stilistisch, sondern auch inhaltlich sehr viel. Die Ausdrücke, mit denen Dante diese Schuldigkeit zum Ausdruck bringt, sind zahlreich: er nennt ihn nicht nur „*maestro*"[41], sondern auch „*padre*", „*dolce padre*"[42], „*dolcissimo patre*"[43], „*più che padre*"[44]. Am ergreifendsten ist indes eine Stelle im 23. Gesang des ‚Inferno', wo die beiden Wanderer von Teufeln bedroht und verfolgt werden.

„Lo duca mio di sùbito mi prese,
come la madre ch'al romore è desta
e vede presso a sé la fiamme accese,
che prende il figlio e fugge e non s'arresta,
avendo più di lui che di sé cura,
tanto che solo una camiscia vesta [...]."[45]

„Sofort packte mein Führer mich, so schnell wie eine Mutter, die vom Lärm geweckt, ganz in ihrer Nähe Feuer sieht, ihr Kind ergreift und flieht, mehr in Sorge um den Kleinen als um sich, so daß sie nicht einmal ein Hemd anzieht."[46]

Es ist Vergil, der im 11. Gesang des ‚Inferno' seinem Schüler die moralische Topografie der Hölle enthüllt. Der Symbolhaftigkeit seiner Figur entsprechend, legt Vergil eine strikt philosophische Deutung des Aufbaus der Hölle und der Gliederung der schlechten Handlungen vor[47]. Die folgende Darlegung zur Struktur der inneren Hölle beruht auf der ciceronianischen Unterscheidung zweier Arten der *iniuria*, wie sie in ‚De officiis' entwickelt wird (*aut vi aut fraude*, durch Gewalt oder Betrug)[48].

„‚Figliuol mio, dentro da cotesti sassi',
cominciò poi a dir, ‚son tre cerchietti
di grado in grado, come que' che lassi.

---

[40] Inferno, I, 85, ed. Petrocchi (nt. 9), vol. 2, 14. Zur Bedeutung Vergils im Werk Dantes cf. D. Consoli/A. Ronconi, Virgilio Marone, Publio, in: Enciclopedia Dantesca, vol. 5, Roma 1970.

[41] Dante nennt Vergil zwölfmal „*buon maestro*" und neunzehnmal „*mio maestro*".

[42] Inferno, VIII, 110; Purgatorio IV, 44; XV, 25; XV, 124; XVIII, 13; XXIII, 13; XXV, 17.

[43] Purgatorio, XXX, 50.

[44] Purgatorio, XXIII, 4.

[45] Inferno, XXIII, 37–42, ed. Petrocchi (nt. 9), vol. 2, 385.

[46] Ed. Flasch (nt. 9), 96.

[47] Zum 11. Gesang cf. R. Imbach/S. Maspoli, Philosophische Lehrgespräche in Dantes ‚Commedia', in: K. Jacobi (ed.), Gespräche lesen. Philosophische Dialoge im Mittelalter, Tübingen 1999, 296–299; ebenfalls F. Mazzoni, Canto XI dell'Inferno (Lectura Dantis Neapolitana), Napoli 1985, 167–209, sowie den Kommentar von Chiavacci Leonardi (nt. 9), vol. 1, 331–334 sowie 337–351.

[48] Cicero, De officiis, I, 13, 41. Übersetzt, kommentiert und herausgegeben von H. Gunermann, Stuttgart 1976, durchgesehene und erweiterte Ausgabe 2003, 40: „*Cum autem duobus modis, id est aut vi aut fraude, fiat iniuria, fraus quasi vulpeculae, vis leonis videtur; utrumque homine alienissimum, sed fraus odio digna maiore.*"

Tutti son pien di spirti maladetti;
ma perché poi ti basti pur la vista,
intendi come e perché son costretti.
D'ogne malizia, ch'odio in cielo acquista,
ingiuria è 'l fine, ed ogne fin cotale
o con forza o con frode altrui contrista.
Ma perché frode è de l'uom proprio male,
più spiace a Dio; e però stan di sotto
li frodolenti, e più dolor li assale. [...]'"[49]

„,Mein Sohn, in diesen Felsen hier gibt es drei Kreise; sie sind abgestuft wie die, die du verlassen hast. Alle sind voll von verurteilten Geistern. Aber damit dir nachher der bloße Anblick genügt, hör dir an, wie und warum sie zusammengepfercht sind. Jede Bosheit, die den Haß des Himmels verdient, zielt aufs Unrecht, das dem Nächsten schadet, sei's mit Gewalt, sei's mit Betrug. Betrug ist das spezifisch menschliche Böse, darum mißfällt er Gott mehr; deswegen befinden sich die Betrüger weiter unten und leiden größeren Schmerz. [...]'"[50]

Was hingegen den Gesamtaufbau der Hölle betrifft, spricht Vergil eine aristotelische Sprache, denn der folgende Passus ist direkt vom siebenten Buch der ‚Nikomachischen Ethik' beeinflusst, wo der Stagirite drei Arten von zu vermeidenden Sitten unterscheidet: *malicia*, *incontinentia*, *bestialitas*[51]:

„*Ed elli a me: ,Perché tanto delira',*
disse, ,lo 'ingengo tuo da quel che sòle?
o ver la mente dove altrove mira?
Non ti rimembra di quelle parole
con le quai la tua Etica pertratta
le tre disposizion che 'l ciel non vole,
incontenenza, malizia e la matta
bestialitade? e come incontenenza
men Dio offende e men biasimo accatta? [...]'"[52]

„Und er zu mir: ‚Warum irrt dein Geist hier gegen deine Gewohnheit so weit ab? Oder worauf willst du hinaus? Erinnerst du dich nicht der Worte, mit denen deine Ethik die drei Haltungen behandelt, die Gott nicht will: Unbeherrschtheit, Bosheit und tierisch-stumpfe Gewalt? [...]'"[53]

Beide Interpretationen der moralischen Topografie bewundert Dante. Die Dankbarkeit seinem Meister gegenüber drückt sich in geradezu überschwänglichen Worten aus:

---

49 Inferno, XI, 16–27, ed. Petrocchi (nt. 9), vol. 2, 177–178.

50 Ed. Flasch (nt. 9), 48.

51 Aristoteles, Ethica nicomachea, VII, 1, 1145a, Aristoteles Latinus, vol. 26.1–3, ed. R. A. Gauthier, Leiden–Bruxelles 1972, 271, 6–7: „[...] *circa mores fugiendorum tres sunt species, malicia, incontinentia, bestialitas*".

52 Inferno, XI, 76–84, ed. Petrocchi (nt. 9), vol. 2, 185.

53 Ed. Flasch (nt. 9), 50.

„O sol che sani ogne vista turbata,
tu mi contenti sì quando tu solvi,
che, non men che saver, dubbiar m'aggrata.“[54]

„O Sonne, du heilst jeden unklaren Blick und erfreust mich mit deinen Lösungen, daß mir Zweifeln genau so lieb wird wie Wissen.“[55]

Vergil übernimmt ebenfalls die Aufgabe, an der Schwelle vom XVII. zum XVIII. Gesang des ‚Purgatorio' nicht nur den Aufbau des zweiten Jenseitsreiches begreiflich zu machen, sondern bei dieser Gelegenheit, genau in der Mitte des ganzen Werkes, jene These zu erklären, die Dantes Ethik trägt:

„‚Né creator né creatura mai',
cominciò el, ‚filgliuol, fu sanza amore,
o naturale o d'animo, e tu 'l sai.
Lo naturale è sempre sanza errore,
ma l'altro puote errar per malo obietto
o per troppo o per poco di vigore. [...]'“[56]

„Und er begann: ‚Weder Schöpfer noch Geschöpf, mein Sohn, waren je ohne Liebe, ohne naturhaftes oder geistiges Begehren, wie du weißt. Das naturhafte Verlangen ist immer ohne Irrtum, doch die geistige Liebe kann irren, wenn sie sich auf den falschen Gegenstand richtet oder wenn sie zu viel oder zu wenig Kraft hat. [...]'“[57]

Die Liebe ist die Triebfeder aller Bewegung in der Welt, aber sie ist vor allem der Anstoß allen menschlichen Handelns. Aus diesem Grunde betrachtet Dante sie als letztes Kriterium der Beurteilung menschlichen Tuns:

„Quinci comprender puoi ch'esser convene
amor sementa in voi d'ogne virtute
e d'ogne operazion che merta pene.“[58]

„Daher kannst du verstehen, daß bei euch immer Liebe der Same ist für jede Tugend und auch für jede Tat, die Strafe verdient.“[59]

Dantes Ethik der Liebe hängt indes mit einer Voraussetzung zusammen, nämlich dass der Mensch ein freies Wesen ist. Die Freiheit allein, jenes größte Geschenk Gottes, wie Beatrice sich ausdrückt[60], ermöglicht ethisches Handeln. Auch diese Grundthese fasst Vergil im XVIII. Gesang des ‚Purgatorio' zusammen:

---

[54] Inferno, XI, 91–93, ed. Petrocchi (nt. 9), vol. 2, 186.
[55] Ed. Flasch (nt. 9), 50.
[56] Purgatorio, XVII, 91–96, ed. Petrocchi (nt. 9), vol. 3, 288–289.
[57] Ed. Flasch (nt. 9), 211.
[58] Purgatorio, XVII, 103–105, ed. Petrocchi (nt. 9), vol. 3, 290.
[59] Ed. Flasch (nt. 9), 211.
[60] Paradiso, V, 19–24, ed. Petrocchi (nt. 9), vol. 4, 69: *„Lo maggior don che Dio per sua larghezza/ fesse creando, e a la sua bontate/ più conformato, e quel ch'e' più apprezza,/ fu de la volontà la libertate;/ di che le creature intellgenti,/ e tutte e sole, fuoro e son dotate.*“

„Color che ragionando andaro al fondo,
s'accorser d'esta innata libertate;
però moralità lasciaro al mondo."[61]

„Die Männer, die denkend den Dingen auf den Grund gegangen sind, entdeckten diese angeborene Freiheit; deswegen hinterließen sie der Welt die Ethik."[62]

„*Color che ragionando andaro al fondo*", damit sind natürlich die Philosophen angesprochen, aber auch die Theologen, denn die von Vergil entwickelte Theorie der Liebe verdankt Thomas von Aquin sehr viel. Im zentralen Gesang XVIII entdecke ich allerdings auch noch einen interessanten didaktischen Hinweis zum Verhältnis von Lehrer und Schüler:

„Posto aveva fine al suo ragionamento
l'alto dottore, e attento guardava
ne la mia vista s'io parea contento;
e io, cui nova sete ancor frugava,
di fuor tacea, e dentro dicea: ‚Forse
lo troppo dimandar ch'io fo li grava'.
Ma quel padre verace, che s'accorse
del timido voler non s'apriva,
parlando, di parlar ardir mi porse."[63]

„Der hohe Lehrer hatte seiner Rede ein Ende gesetzt, aufmerksam schaute er auf mein Gesicht, ob ich zufrieden aussah. Mich plagte aber schon neuer Wissensdurst, doch nach außen schwieg ich, und innen sagte ich mir: ‚Vielleicht wird ihm mein allzu vieles Fragen lästig.' Aber er, ein wirklicher Vater, erkannte das zaghafte Verlangen, das sich nicht öffnete, und machte mir mit dem, was er sagte, Mut zum Sprechen."[64]

„*Lo troppo dimandar*", der Schüler hat Bedenken, aber die Art und Weise, wie der *padre verace*, der väterliche Lehrer, den Schüler behandelt, ermuntert dessen Reden: der Lehrer gibt, sprechend, dem Schüler Mut zum Sprechen: „*parlando, di parlare ardir mi porse*".

V.

Es ist hier nicht der Ort, das vielschichtige Verhältnis von Dante zu Beatrice zu behandeln, ich will es nur unter dem Gesichtspunkt des Lehrer-Schüler-Verhältnisses kurz berühren, indem ich auf den zweiten Gesang des ‚Paradiso' hinweise und andeute, wie Beatrice lehrt. Wir sind im Mondhimmel, sodass es uns nicht erstaunt, dass Dante eine diesbezügliche Frage an Beatrice stellt:

---

[61] Purgatorio, XVIII, 67–69, ed. Petrocchi (nt. 9), vol. 3, 303.
[62] Ed. Flasch (nt. 9), 214.
[63] Purgatorio, XVIII, 1–9, ed. Petrocchi (nt. 9), vol. 3, 295.
[64] Ed. Flasch (nt. 9), 213.

„Ma ditemi: che son li segni bui
di questo corpo, che là giuso in terra
fan di Cain favoleggiare altrui?“[65]

„Aber sagt mir: Was sind diese dunklen Flecken an diesem Himmelskörper? Unten auf der Erde bringen sie manchen dazu, von Kain zu fabulieren.“[66]

Beatrice wird im darauf folgenden Lehrgesang eine ausführliche Antwort auf das beunruhigende Problem der Mondflecken vorlegen, aber sie beginnt mit einer methodischen Bemerkung von größter Bedeutung, die Einblick vermittelt in Dantes Philosophie:

„Ella sorrise alquanto, e poi: ‚S'elli erra
l'oppinïon‘, mi disse, ‚d'i mortali
dove chiave di senso non diserra,
certo non ti dovrien punger li strali
d'ammirazione omai, poi dietro ai sensi
vedi che la ragione ha corte l'ali. […]‘“[67]

„Sie lächelte ein wenig und sagte mir dann: ‚Wo der Schlüssel der Sinne nichts aufschließt, irrt die Meinung der Sterblichen. Die Pfeile der Verwunderung dürften dich nicht mehr verletzen, wenn du siehst, wie kurz die Flügel der Vernunft sind, wenn sie über die Sinne hinausfliegt. […]‘“[68]

Diese Ermahnung zu einem durchdachten Empirismus wird in den Versen 94–96 noch unterstrichen, wenn Beatrice daran erinnert, dass

„schließlich […] das Experiment die Quelle [ist], aus der euer Wissen fließt“[69].

Der Aufbau des Lehrgesprächs von Dante und Beatrice verdient Beachtung: die *magistra* bittet zuerst Dante, seine Auffassung zu den Mondflecken darzulegen. Dantes Deutung wird danach ausführlich von Beatrice widerlegt – sie spricht selber von einem *falsificare* (Vers 84) – und danach durch eine andere Auslegung überholt. Das Ganze ist wie eine *quaestio* strukturiert, in der zuerst die falsche Meinung widerlegt wird, bevor der Lehrer die *determinatio* vorlegt. Allerdings ist es beachtlich, dass hier Beatrice eine Theorie kritisiert, die Dante

---

65 Paradiso, II, 49–51, ed. Petrocchi (nt. 9), vol. 4, 26.

66 Ed. Flasch (nt. 9), 286. Dante spielt darauf bereits ‚Inferno‘ XX, 126 an: die volkstümliche Vorstellung wollte die Mondflecken mit einem Bild Kains mit einem Dornenbündel in Verbindung bringen. Der zweite Gesang des ‚Paradiso‘ wurde eingehend kommentiert von B. Nardi, La dottrina delle macchie lunari nel secondo canto del 'Paradiso', in: id., Saggi di filosofia dantesca, Firenze 1967, 3–39; C. Vasoli, Il canto II del Paradiso, in: A. Mellone (ed.), I primi undici canti del Paradiso, Roma 1992, 25–51; G. Stabile, Navigazione celeste e simbolismo lunare in 'Paradiso' II, in: Studi medievali 30 (1980), 97–140; ein paar Hinweise ebenfalls bei Imbach/Maspoli, Philosophische Lehrgespräche (nt. 47), 309–313.

67 Paradiso, II, 52–57, ed. Petrocchi (nt. 9), vol. 4, 26.

68 Ed. Flasch (nt. 9), 286.

69 Paradiso, II, 95–96, ed. Petrocchi (nt. 9), vol. 4, 30: *„esperïenza, se già mai la provi,/ ch'esser suol fonte ai rivi di vostr' arti.*“ Ed. Flasch (nt. 9), 287.

selber früher im ‚Convivio' vertreten hatte[70]. Die ausführliche Diskussion, die in diesem Gesang geführt wird, zeigt nicht nur Beatrice als Naturphilosophin, sondern enthält vor allem eine Diskussion, die Dante mit Dante führt im Sinne einer lehrinhaltlichen Selbstkorrektur[71].

Indes enthält der Gesang noch einen sehr aufschlussreichen Hinweis zum Verhältnis zwischen Lehrerin und Schüler, eine Bemerkung, die noch einmal meine eingangs formulierte Behauptung bestätigt, des Thomas Auffassung könne auch für das Verständnis Dantes wegleitend sein. Gegen Ende des Lehrgesprächs formuliert Beatrice eine didaktische Anleitung, die ich nur bewundern kann:

> „*Riguarda bene omai sì com' io vado*
> *per questo loco al vero che disiri,*
> *sì che poi sappi sol tener lo guado.*"[72]

> „Sieh genau zu, wie ich von dieser Stelle aus zu dem Wahren gehe, nach dem du verlangst, so daß du danach den Weg allein gehen kannst."[73]

Sie führt Dante hinauf, damit er selbst zum Ziel gelange.

VI.

Es ist Aufgabe des Lehrers, dem Schüler zu ermöglichen, seinen eigenen Weg zu finden und zu gehen. In der Verwirklichung dieses Zieles in der ‚Commedia' spielen drei Gesänge eine ganz besondere Rolle: die Gesänge XXIV bis XXVI des ‚Paradieses' können nach meiner Auffassung geradezu als das Magisterexamen Dantes gedeutet werden, eine Prüfung, die mit einer *determinatio magistralis* endet[74]. In diesem Teil der ‚Commedia' stehen bekanntlich die drei theologischen Tugenden Glaube, Hoffnung und Liebe im Zentrum. Dante wird von den drei Aposteln Petrus, Jakobus und Johannes geprüft und erst die bestandene Prüfung erlaubt den endgültigen Aufstieg zu Gott. Beatrice bittet zu Beginn dieser Prüfung Petrus:

---

70 Cf. dazu Convivio, II, xiii, 9 (Das Gastmahl. Drittes Buch. Übersetzung von T. Ricklin. Mit einem Kommentar von F. Cheneval [Philosophische Werke 4/3], Hamburg 1998, 70–73). Hier versteht Dante die „*raritade del suo corpo*" als Ursache der Mondflecken. Diese Auffassung stimmt mit derjenigen des Averroes überein (De substantia orbis, c. 2).

71 Beatrice führt die neue Lehre in den Versen 64–72 vor und gibt Verse 130–132 (ed. Petrocchi [nt. 9], vol. 4, 34–35) die letzte Begründung: „*e 'l ciel cui tanti lumi fanno bello/ de la mente profonda che lui volve/ prende l'image e fassene suggello*". Cf. Imbach/Maspoli, Philosophische Lehrgespräche (nt. 47), 312–313.

72 Paradiso, II, 124–126, ed. Petrocchi (nt. 9), vol. 4, 33–34.

73 Ed. Flasch (nt. 9), 288.

74 Zum Folgenden cf. Imbach/Maspoli, Philosophische Lehrgespräche (nt. 47), 318–321; R. Imbach, Filosofia dell'amore. Un dialogo tra Tommaso d'Aquino e Dante, in: Studi medievali, terza serie 43 (2002), 816–832.

„*Ed ella: ‚O luce etterna del gran viro*
a cui Nostro Segnor lasciò le chiavi
ch'ei portò giù, di questo gaudio miro,
tenta costui di punti lievi e gravi,
come ti piace, intorno da la fede,
per la qual tu su per lo mare andavi.
S'elli ama bene e bene spera e crede,
non t' è occulto, perché 'l viso hai quivi
dov' ogne cosa dipinta si vede […].'"[75]

„Und sie: ‚O ewiges Licht des großen Mannes, dem Christus die Schlüssel zu dieser wunderbaren Freude, die er nach unten brachte, übergab, prüfe diesen Mann mit leichten oder schweren Fragen, wie es dir gefällt, über den Glauben, mit dem du über den See gingst. Ob er recht liebt, recht hofft und glaubt, das ist dir nicht verborgen, weil du dorthin blickst, wo man jede Sache vorgezeichnet sieht. […]'"[76]

Dass wir einer Prüfung beiwohnen, die einem universitären Akt gleicht, zeigt der Text selber:

„*Sì come il baccialier s'arma e non parla*
fin che 'l maestro la question propone,
per approvarla, non per terminarla,
così m'armava io d'ogne ragione
mentre ch'ella dicea, per esser presto
a tal querente e a tal professione."[77]

„Wie der Bakkalaureus sich vorbereitet und schweigt, bis der Magister die Frage vorlegt, die er nicht entscheiden, sondern untersuchen soll, so rüstete ich mich, während sie sprach, mit jeder Art von Argument für einen solchen Prüfer und für ein solch Bekenntnis."[78]

Es folgt darauf ein ausführliches Prüfungsgespräch zwischen Petrus und Dante, das mit einem Glaubensbekenntnis endet. Nach der Befragung durch Jakobus über die Hoffnung erscheint Johannes. Zwar stellt dieser drei Fragen, aber entscheidend ist, dass nun Dante selber das Wort ergreift und eine eigentliche philosophisch-theologische Rede hält, in der die das ganze Denken Dantes tragende Doktrin der Liebe entfaltet wird:

„*E io: ‚Per filosofici argomenti*
e per autorità che quinci scende
cotale amor convien che in me si 'mprenti:
ché 'l bene, in quanto ben, come s'intende,
così accende amore, e tanto maggio
quanto più di bontate in sé comprende.

[75] Paradiso, XXIV, 34–42, ed. Petrocchi (nt. 9), vol. 4, 395–396.
[76] Ed. Flasch (nt. 9), 376.
[77] Paradiso, XXIV, 46–51, ed. Petrocchi (nt. 9), vol. 4, 396–397.
[78] Ed. Flasch (nt. 9), 376.

Dunque a l'essenza ov' è tanto avvantaggio,
che ciascun ben che fuor di lei si trova
altro non è ch'un lume di suo raggio,
più che in altra convien che si mova
la mente, amando, di ciascun che cerne
il vero in che si fonda questa prova.
Tal vero a l'intelletto mïo sterne
colui che mi dimostra il primo amore
di tutte le sustanze sempiterne.
Sternel la voce del verace autore,
che dice a Moïsè, di sé parlando:
‚Io ti farò vedere ogne valore'.
Sternilmi tu ancora, incominciando
l'alto preconio che grida l'arcano
di qui là giù sovra ogne altro bando.'"[79]

„Und ich: ‚Philosophische Gründe und die Autorität, die zu uns herabstieg, haben mich zu dieser Liebe geprägt. Denn das Gute, sofern es als das Gute erfaßt wird, erzeugt Liebe. Diese ist um so größer, je mehr an Gutem es in sich umfaßt. Zu einem Wesen von solchem Übermaß, daß alles Gute, das sich ausserhalb seiner findet, nur ein Strahl seines Lichtes ist, muß ein Geist sich mehr als auf alles andere bewegen; jeder der die Wahrheit dieses Beweises erfaßt hat, liebt es. Diese Wahrheit breitet vor meinem Geist der Mann aus, der mir die ursprüngliche Liebe aller ewigen Wesen beweist. Der wahre Autor breitet sie vor mir aus, der über sich zu Moses sagte: 'Ich werde dir alle Vollkommenheiten zeigen.' Aber auch du breitest sie aus, dort, wo du am Anfang deiner hohen Verkündigung das Geheime von hier oben dort unten ausrufst, besser als jeder andere Herold.'"[80]

Im ersten Teil dieses Vortrages wird in einer Argumentation, die als Syllogismus dargestellt werden kann, ausgehend von der These, dass die Liebe das Gute zum Objekt hat, erwiesen, dass das höchste Gut, Gott, Ziel und Erfüllung alles menschlichen Begehrens ist. Nicht allein der Hinweis auf die *filosofici argomenti* zu Beginn der Ausführungen, sondern vor allem die wichtigen Präzisionen im zweiten Teil verdienen unsere Aufmerksamkeit: Dante betont, dass die hier ausgeführte Lehre auf einer Übereinstimmung von philosophischen Argumenten und theologischer Autorität beruhe. Diese Behauptung wird auch von Johannes bestätigt[81]: Glaube und Vernunft lehren also, dass die Liebe das letzte Prinzip der Wirklichkeit ist. Diese grundlegende These wird im zweiten Teil unserer Rede durch einen Verweis auf Aristoteles' ‚Metaphysik' belegt: „der mir die ursprüngliche Liebe aller ewigen Wesen beweist", dann folgt eine Bezugnahme

---

[79] Paradiso, XXVI, 25–45, ed. Petrocchi (nt. 9), vol. 4, 428–430.
[80] Ed. Flasch (nt. 9), 383–384.
[81] Paradiso, XXVI, 46–48. Johannes spricht von der Konkordanz von „*intelletto umano*" und Autorität.

auf Moses, ein Zitat aus ‚Exodus' 33[82]; und schließlich beruft sich Dante auf den Prolog des Johannesevangeliums: „Aber auch du breitest sie aus, dort, wo du am Anfang deiner hohen Verkündigung das Geheime von hier oben dort unten ausrufst". Dante behauptet hier eine Übereinstimmung des Alten und des Neuen Testaments mit der natürlichen Vernunft.

Ein anderer Aspekt dieser Rede verdient ebenfalls unser Interesse: Dante trägt an dieser Stelle die zentrale Doktrin der alles bewegenden Liebe, die gleichsam den Schlüssel zur ganzen ‚Commedia' liefert, in seinem eigenen Namen vor. Der Dialog zwischen den drei Aposteln und Dante, der als Prüfung präsentiert wird, endet also mit einer *determinatio magistralis*, in der Dante selbst als Lehrer auftritt, eine einzigartige Situation. In einem zweifachen Sinne können wir diesen Passus als einen der Höhepunkte des Gedichtes betrachten: Dante, der zu Beginn der Reise ins Jenseits ausdrücklich erklärt, er sei weder Äneas noch Paulus, also er sei für das Unternehmen unwürdig, wird nach dem Abstieg in die Hölle, dem Aufstieg des Läuterungsberges und der Erhebung in die Gestirne des Himmels an dieser Stelle sozusagen mit der Würde eines *magister theologiae* ausgestattet und, was er an dieser Stelle verkündet, was er lehrt, liefert den Schlüssel zum Verständnis der Reise, die er zur Belehrung von uns als Schülern unternimmt und beschreibt. Diese Rede ist also nicht bloß der Abschluss einer Entwicklung, in der sich die literarische Gestalt Dantes verändert, sondern sie ist ebenfalls ein theoretischer Mittelpunkt der ethischen Summa, die Dante abgefasst hat – „*in pro del mondo che mal vive*"[83]. Wie er im Brief 13 klar festhält, gehört die Komödie zu jenem Teil der Philosophie, die Ethik heißt[84]. Und er will mit diesem dichterischen Meisterwerk auch die Funktion eines Lehrers, eines Meisters der Philosophie und der Theologie wahrnehmen. In dieser Schrift, die in einzigartiger Weise dichterische Intuition und denkerische Systematik verbindet und die derart abgefasst ist, dass nicht nur gelehrt wird, was gut und was böse ist, sondern wo zugleich die Leserschaft zum guten Handeln aufgefordert wird, in dieser Schrift fehlt indes das Bewusstsein nicht, dass der Mensch ein suchendes, fragendes und zweifelndes Wesen ist. Des Menschen Verlangen nach Erkenntnis der Wahrheit ist ohne Grenzen, aber der Zweifel ist die bewegende Kraft in diesem Streben, so lehrt es Dante selbst im Gespräch mit Beatrice im IV. Gesang des ‚Paradiso':

---

[82] Exodus 33, 19; Biblia sacra, edd. Fischer/Gribomont/Sparks/Thiele/Weber (nt. 2), 124: „*Ego ostendam omne bonum tibi.*"

[83] Purgatorio, XXXII, 103, ed. Petrocchi (nt. 9), vol. 3, 581. Ed. Flasch (nt. 9), 271: „zum Wohl der Welt, die schlecht lebt"; Ed. Köhler (nt. 9), vol. 2, 643: „zum Nutzen der Welt, die in Sünde lebt".

[84] Das Schreiben an Cangrande della Scala. Übersetzt und mit einem Kommentar und einer Einleitung von T. Ricklin. Mit einer Vorrede von R. Imbach (Philosophische Werke 1), Hamburg 1993, § 40, 16: „*Genus vero phylosophie sub quo in toto et parte proceditur, est morale negotium sive ethica; quia non ad speculationem, sed ad opus inventum est totum et pars.*"

„*Io veggio ben che già mai non si sazia*
nostro intelletto, se 'l ver non lo illustra
di fuor dal qual nessun vero si spazia.
Posasi in esso, come fera in lustra,
tosto che giunto l'ha; e giugner puollo:
se non, ciascun disio sarebbe frustra.
Nasce per quello, a guisa di rampollo,
a piè del vero il dubbio; ed è natura
ch'al sommo pinge noi di collo in collo."[85]

„Ich sehe wohl, daß unser Intellekt sich nur sättigt, wenn die Wahrheit ihn erleuchtet, außerhalb derer keine Wahrheit Platz hat. Sobald er sie erreicht, ruht er in ihr wie ein Tier in seiner Höhle. Und er kann sie erreichen, sonst wäre alles Verlangen vergeblich. Daher wächst in der Art eines Schößlings am Fuß des Wahren der Zweifel. Und das wirkt die Natur, die uns zum Höchsten treibt von Gipfel zu Gipfel."[86]

VII.

Ein wahrer Meister kennt die Fruchtbarkeit des Fragens und Zweifelns. Eine mir besonders liebe Stelle im ‚Fegefeuer' liefert ein wunderbares Bild dieser Besonderheit der *conditio humana*. Im zweiten Gesang wird beschrieben, wie eine Gruppe von Seelen in einem Nachen am Gestade der Insel ankommt. Die Schar kennt sich nicht aus, sie wendet sich an Vergil und Dante und die Ankommenden bitten darum, man möge ihnen den Weg nach oben weisen: „Wenn ihr ihn kennt, zeigt uns den Weg, der den Berg hinaufführt."

Auf diese Bitte antwortet Vergil Folgendes:

„*E Virgilio rispuose: ‚Voi credete*
forse che siamo esperti d'esto loco;
ma noi siam peregrin come voi siete. [...]'"[87]

„Ihr denkt wohl, wir kennen uns aus hier am Ort, aber wir sind fremd wie ihr."[88]

Die Gangart des Philosophen ist besonnen, langsam und nachdenklich, wie ein wundersamer Vers in der ‚Vita nova' in Erinnerung bringt[89]:

---

85 Paradiso, IV, 124–132, ed. Petrocchi (nt. 9), vol. 4, 64–65.
86 Ed. Flasch (nt. 9), 296.
87 Purgatorio, II, 61–63, ed. Petrocchi (nt. 9), vol. 3, 27.
88 Ed. Flasch (nt. 9), 150.
89 Vita Nova, 29, 9, ed. G. Gorni, in: Dante Alighieri, Opere, ed. M. Santagata, vol. 1, Milano 2011, 1052.

„*Deh peregrini*[90] *che pensosi andate*",
„Wanderer, die ihr nachdenklich voranschreitet".

Unsere Gangart ist besonnen, langsam und nachdenklich, aber wir bewegen uns[91].

90 Cf. die Beschreibung des Begriffs: Vita Nova, 29, 6, ed. Gorni (nt. 88), 1050: „*E dissi ‚peregrini' secondo la larga significazione del vocabolo, ché peregrini si possono intendere in due modi, in un largo e in uno stretto; in largo, in quanto è peregrino chiunque è fuori della sua patria; in modo stretto non s'intende peregrino se non chi va verso la Casa di Sa' Iacopo o riede.*"

91 Ludwig Wittgenstein hat mehrfach, namentlich in seinen ‚Vermischten Bemerkungen' das heute mehr denn je zu beachtende Lob der Langsamkeit ausgedrückt: „Der Gruß der Philosophen unter einander solle sein: ‚Laß Dir Zeit!'" (Vermischte Bemerkungen, 1949, in: L. Wittgenstein, Über Gewißheit [Werkausgabe 8], Frankfurt a. M. 1984, 563). Cf. auch ibid., 546: „Ich möchte eigentlich durch meine häufigen Interpunktionszeichen das Tempo des Lesens verzögern. Denn ich möchte langsam gelesen werden."

Der Dank an die Meister. Anmerkungen zu einigen *gratiarum actiones* spätmittelalterlicher Sentenzenlesungen

Ueli Zahnd (Basel)

Ein Dankesakt ist ein vielschichtiges und ein vielsagendes Geschehen. Dank ist eine Art sozialer Tribut, eine symbolische Ausgleichshandlung, die in bestimmten Konstellationen schlicht geschuldet ist oder doch zumindest erwartet wird. Dank sollte aber aus freien Stücken geschehen, um ernst genommen werden zu können. Denn es ist das freiwillige Eingehen auf eine Erwartungshaltung, das im sozialen Gefüge den Dank überhaupt erst als Dank erkennbar machen und den Dankes-Akt gelingen lässt[1]. Und wie immer, wenn Erwartungshaltungen die Erwartung einer freiwilligen Erfüllung mit einschließen, eröffnet sich auch im Dankesgeschehen ein performativer Spielraum. Im Überbieten des Geschuldeten und Erwarteten wird es dem Dankenden möglich, sich gewissermaßen sozialen Kredit zu erwirtschaften, einen Kredit, den der Dankende durchaus nutzen kann, um den Bedankten nun seinerseits in die Position des Schuldners zu bringen. Denn im Dankesgeschehen wird am sozialen Geflecht gearbeitet, hier werden soziale Ordnungen nicht nur deutlich, sondern bisweilen überhaupt erst hergestellt. Ungeachtet des sonstigen Beziehungsgefüges zwischen Dankendem und Bedanktem ordnet sich der Dankende im Dankesakt dem Bedankten unter, indem er offen eingesteht, in des Bedankten Schuld zu stehen und ihm verpflichtet zu sein. Das wiederum verpflichtet den Verdankten, und so gehören Dankesakte im Spiel mit freiwillig erfüllten, mutwillig überbotenen oder auch ganz bewusst enttäuschten Erwartungen zu jenen Bausteinen des sozialen Zusammenlebens, die mit ihren filigranen Regeln uns überhaupt erst ermöglichen, so etwas wie soziale Institutionen zu konstruieren[2].

Das gilt nicht zuletzt auch für jenes soziale Konstrukt, in dem die Teilnehmer wissenschaftlicher Kongresse und wohl auch die meisten Leser der daraus ent-

---

[1] Zu diesem Spiel der Erwartungs-Erwartungen im Dankesgeschehen cf. N. Luhmann, Vertrauen. Ein Mechanismus der Reduktion sozialer Komplexe, Stuttgart 1968, 46 sqq., und A. Fliethmann, Verdanken, in: N. Binczek/R. Bunia/T. Dembeck/A. Zons (eds.), Dank Sagen. Politik, Semantik und Poetik der Verbindlichkeit, München 2013, 101 – 110.

[2] Zu den sprachtheoretischen Grundlagen für eine Betrachtung von Dankesakten als Sprechakten cf. J. L. Austin, How to Do Things With Words. The William James Lectures delivered at Harvard University in 1955, Oxford 1962, 159 und J. R. Searle/D. Vanderveken, Foundations of Illocutionary Logic, Cambridge 1985, 38.

standenen Kongressakten sich bewegen und tätig sind – für den akademischen Betrieb nämlich, wo nicht nur Redner ihre freundliche Begrüßung zu verdanken haben, sondern auch die Vorworte von Büchern einem fast schon stereotypen Schema von Danksagungen folgen; wo in der ersten Fußnote eines Aufsatzes allfälligen Mentoren und Korrektoren gedankt wird und wo der Dank seinen festen Platz in Eröffnungsvorträgen und Antrittsvorlesungen hat. Gerade in diesem Bereich der öffentlichen und fest in die Bildungsbiografie gehörenden Festreden sind Danksagungen nun fast so alt, wie die Institution der Universität selbst. Zu den wichtigsten derartigen Festreden gehörten an der spätmittelalterlichen Universität die sogenannten *principia*, die Eröffnungsvorträge, die angehende theologische Magister in einem der letzten Jahre ihres Studiums zu halten hatten, sobald sie in der Kommentierung von Petrus' Lombardus Sentenzenwerk zu einem neuen Buch übergingen[3]. In der Regel hatte die gesamte theologische Fakultät bei diesen *principia* anwesend zu sein[4] – sämtliche Schüler und Meister waren versammelt – und je nach Studienordnung war es für einen angehenden Theologen überhaupt das erste Mal, dass er vor solch großem Publikum zu referieren hatte[5].

Die Rollenverteilung zwischen Schülern und Meistern war allerdings nicht ganz so eindeutig, wie man meinen könnte. Denn sosehr die Kommentierung von Lombards Sentenzen ein Teil der Ausbildung auf dem Weg zum Magister-Titel war, war sie zugleich doch auch schon eine Vorlesung, welche die angehenden Theologen ihren jüngeren Kommilitonen hielten. Entsprechend nutzten die Theologen insbesondere die *principia*, um ihre magistrale Kompetenz unter Beweis zu stellen, nicht nur weil sie als gereifte Schüler sämtliche Meister vor sich hatten, in deren erlauchten Kreis sie demnächst zu promovieren hofften, sondern weil sie im Publikum auch jene Schüler wussten, deren Meister sie – *Deo largiente* – demnächst werden sollten.

---

3 Grundlegend zu den *principia* cf. M. Grabmann, Romanus de Roma O.P. († 1273) und der Prolog seines Sentenzenkommentars. Ein Beitrag zur Geschichte der scholastischen *prologi* und *principia*, in: id., Mittelalterliches Geistesleben. Abhandlungen zur Geschichte der Scholastik und Mystik, vol. 3, München 1956, 280–305, sowie F. Ehrle, Der Sentenzenkommentar Peters von Candia des Pisaner Papstes Alexanders V. Ein Beitrag zur Scheidung der Schulen in der Scholastik des 14. Jahrhunderts und zur Geschichte des Wegestreites (Franziskanische Studien. Beihefte 9), Münster 1925, 39–56. Für eine eingehende Untersuchung früher Pariser *principia* cf. N. K. Spatz, Principia. A Study and Edition of Inception Speeches Delivered Before the Faculty of Theology at the University of Paris, ca. 1180–1286, Diss., Cornell University 1992.

4 Entsprechend durften während der *principia* keine anderen Lehrveranstaltungen gehalten werden, cf. Ehrle, Sentenzenkommentar (nt. 3), 50.

5 Sowohl die Sentenzenlesungen als auch die Vorlesungen über ein biblisches Buch, welche beide zum Pflichtprogramm spätmittelalterlicher Theologiestudenten gehörten, wurden von *principia* eingeleitet – jedoch war die Abfolge der beiden Veranstaltungen nicht an allen Universitäten gleich, cf. für einen detaillierten Vergleich zwischen Paris und Wien W. Courtenay, From Dinkelsbühl's *Questiones communes* to the Vienna Group Commentary. The Vienna 'School', 1415–1425, in: M. Brînzei (ed.), Nicholas of Dinkelsbühl and the *Sentences* at Vienna in the Early Fifteenth Century (Studia Sententiarum 1), Turnhout 2015, 267–315, hier 271–283.

Im Rahmen solcher *principia* ist es nun, dass im Umfeld der Pariser Universität am Beginn des 15. Jahrhunderts auch ausführliche Danksagungen auftauchen, Danksagungen der noch als Schüler agierenden angehenden Theologen an ihre tatsächlichen, im Raum anwesenden – und auch an ihre geistigen, durch ihre Schriften präsenten Meister. Diese Danksagungen werden so floskelhaft am Beginn der *principia* angekündigt und lassen sich meist auch an stets derselben Stelle bis ins späte 15. Jahrhundert hinein nachverfolgen[6], dass davon auszugehen ist, es seien an der Pariser Universität des 15. Jahrhunderts diese Danksagungen ein Pflichtbestandteil jenes Formulars geworden, an das sich der noch-Schüler und fast-schon-Meister im Rahmen eines *principium* zu halten hatte[7].

In dieser Gemengelage von einerseits nicht mehr ganz klar definierter sozialer Rolle des angehenden Theologen und andererseits von zur Verpflichtung überhöhter Erwartung des Dankes dürften nun diese Danksagungen als soziale Akte für Theologen des ausgehenden Mittelalters ein interessantes Instrument der Selbstdarstellung gebildet haben, und sie dürften für uns heutige Leser eine vielversprechende Quelle sein für das damalige Rollenverständnis zwischen Schülern und Meistern. Hinzu kommt ein Weiteres. Mit ihrem Auftauchen in den ersten Jahrzehnten des 15. Jahrhunderts fallen diese Danksagungen in den Beginn jener Phase der spätmittelalterlichen Geistesgeschichte, die für ihr ausgeprägt ‚schulisches Bewusstsein' bekannt ist – um es einmal moderat auszudrücken; andere haben wesentlich drastischere Worte für die schulische Borniertheit und Sturheit gefunden, die scholastischen Denkern des 15. Jahrhunderts gemeinhin unterstellt wird[8]: Diese Danksagungen tauchen in jenem intellektuellen Klima auf, das in Paris von den Reformbemühungen Jean Gersons geprägt ist[9], es ist die Zeit des Konstanzer Konzils, aus dem die abendländische

6 Noch 1467 beginnt Johannes Heynlin de Lapide sämtliche vier *principia* mit der Ankündigung einer *gratiarum actio* als jeweils drittem Teil, die jedoch bei keinem *principium* mitüberliefert ist (Basel, Universitätsbibliothek, Ms. A.VII.13, 95r–116r; im zweiten *principium* wird diese Dreiteilung als übliche Vorgehensweise angeführt: „*Tria solito more praemittam*"). Zu Heynlins *principia* cf. M. Hossfeld, Johannes Heynlin aus Stein: ein Kapitel aus der Frühzeit des deutschen Humanismus. Fortsetzung, in: Basler Zeitschrift für Geschichte und Altertumskunde 7 (1908), 79–219, hier 94–97.

7 Die offiziellen Pariser Universitäts-Akten für das frühe 15. Jahrhundert sind leider zu dürftig erhalten, um darüber genauer Auskunft zu geben; am nächsten kommen der Zeit die überlieferten Statuten von 1360 (cf. H. Denifle/E. Chatelain [eds.], Chartularium Universitatis Parisiensis, vol. 2, n. 1189, Paris 1891, 697–704), die in ihrem Abschnitt über *principia* und Sentenzenlesung (ibid., 699 sq.) aber keinen Dankes-Akt erwähnen – was auch der Quellenlage entspricht, da die Danksagungen eben erst um 1400 aufzutauchen beginnen.

8 Zur Diskussion dieser ‚Charakteristika' cf. U. Zahnd, Wirksame Zeichen? Sakramentenlehre und Semiotik in der Scholastik des ausgehenden Mittelalters (Spätmittelalter – Humanismus – Reformation 80), Tübingen 2014, 112–118 und 581 sq.

9 Cf. an neuerer Literatur zu Gersons Reformen B. P. McGuire, Jean Gerson and the Last Medieval Reformation, University Park 2005, und C. Roth, Richter, Ratgeber und Reformer. Jean Gerson als Lehrer geistlicher Unterscheidung, in: J. A. Aertsen/M. Pickavé (eds.), ‚Herbst des Mittelalters'? Fragen zur Bewertung des 14. und 15. Jahrhunderts (Miscellanea Mediaevalia 31), Berlin 2004, 321–339. Für den weiteren Verlauf dieses Beitrags wichtig ist zudem Z. Kaluza, Les querelles doctrinales à Paris. Nominalistes et réalistes aux confins du XIVe et du XVe siècles (Quodlibet 2), Bergamo 1988.

Christenheit zwar vordergründig geeint hervorgeht, das mit den Verurteilungen von Jan Hus und Hieronymus von Prag aber auch deutlich gemacht hat, wie heikel die Berufung auf gewisse philosophische Positionen werden kann, sodass wenig später erste Anzeichen dessen deutlich werden, was die philosophischen Fakultäten als Wegestreit für den Rest des Jahrhunderts beschäftigen sollte[10]. Interessanterweise ist nun aber gerade für Paris behauptet worden, schulische Parteiungen habe es dort in den ersten Jahrzehnten des 15. Jahrhunderts gar nicht gegeben, vielmehr widerspiegle, was insbesondere Jean Gerson in seinen Schriften an Partei-Streitigkeiten anprangere, nicht die Pariser Situation am Beginn des 15. Jahrhunderts, sondern längst abgeflaute Debatten aus dem dritten Viertel des 14. Jahrhunderts[11].

Wenn es im Folgenden darum gehen soll, drei spätmittelalterliche Danksagungen aus Pariser Sentenzenkommentaren genauer zu untersuchen, wird daher nicht nur herauszuarbeiten sein, was sich aus ihnen zum Beziehungsgeflecht zwischen Schülern und ihren Meistern sagen lässt, sondern es soll auch zur Sprache kommen, was sich daraus über geistige Schulen, die Existenz allfälliger intellektueller Traditionen und deren Borniertheit sagen lässt. Zuerst seien allerdings einige allgemeine Bemerkungen zu den *principia* als Textgattung angeführt, bevor in einem zweiten Schritt dann auf die eigentlichen Danksagungen einzugehen ist, um in einem kurzen Fazit schließlich auf die eben genannten übergeordneten Themen zurückzukommen.

I. Zur Textgattung der *principia*

Wie bereits angedeutet, waren *principia* die feierlichen Eröffnungsvorträge, welche angehende Theologen im Rahmen ihrer obligatorischen Kommentierung

[10] Zu den Auswirkungen des Konstanzer Konzils auf den Wegestreit cf. neben den Grundlagen in Ehrle, Sentenzenkommentar (nt. 3), 282–285, und bei G. Tewes, Die Bursen der Kölner Artisten-Fakultät bis zur Mitte des 16. Jahrhunderts, Köln 1993, 367–376, auch M. J. F. M. Hoenen, ‚Modus loquendi platonicorum'. Johannes Gerson und seine Kritik an Platon und den Platonisten, in: S. E. Gersh/M. J. F. M. Hoenen (eds.), The Platonic Tradition in the Middle Ages. A Doxographic Approach, Berlin 2002, 325–343, und id., Jean Wyclif et les Universalia Realia. Le débat sur la notion de virtus sermonis au moyen âge tardif et les rapports entre la théologie et la philosophie, in: J. Solère/Z. Kaluza (eds.), La servante et la consolatrice. La philosophie dans ses rapports avec la théologie au Moyen Âge (Textes et Traditions 3), Paris 2002, 173–192.

[11] So vor allem Kaluza, Querelles doctrinales (nt. 9), 49; cf. auch id., Les débuts de l'albertisme tardif (Paris et Cologne), in: M. J. F. M. Hoenen/A. de Libera (eds.), Albertus Magnus und der Albertismus (Studien und Texte zur Geistesgeschichte des Mittelalters 48), Leiden 1995, 207–302. Zu den Schwierigkeiten dieser These cf. Zahnd, Wirksame Zeichen? (nt. 8), 83 sq. mit nt. 5. Über die dort zitierte Literatur hinaus cf. nun auch M. Meliadò, Axiomatic Wisdom. Boethius' *De hebdomadibus* and the *Liber de causis* in Late-Medieval Albertism, in: Bulletin de philosophie médiévale 55 (2013), 71–131, hier 78–83.

der Sentenzen von Petrus Lombardus zu halten hatten, sobald sie jeweils zur Kommentierung eines neuen der insgesamt vier Bücher fortschritten[12]. Diese *principia* gehörten daher nicht zur eigentlichen Kommentararbeit, sondern begleiteten die Kommentierung, so wie auch andere curriculare Pflicht-Vorlesungen der mittelalterlichen Universität von inhaltlich losgelösten Eröffnungsvorträgen eingeleitet wurden[13]. Entsprechend bildeten sich diese *principia* bereits im 13. Jahrhundert zu einem eigenständigen Genre mit ganz spezifischen formalen Charakteristika aus, die sich unabhängig von der Kommentartradition der Sentenzen weiterentwickelten. Diese *principia* bestanden für lange Zeit aus mindestens zwei gewichtigen Teilen, deren Festlegung zum Teil auch statuarisch überliefert ist[14]: In einer sogenannten *recommendatio* hatte der Sententiar ausgehend von einem von ihm selbst gewählten Bibelvers ein Lob auf die theologische Weisheit und auf Petrus Lombardus anzubringen; in einem zweiten Teil musste er eine *quaestio* disputieren, die inhaltlich auf das anstehende Sentenzenbuch passte, in der ein Sententiar aber auf Argumente und Thesen seiner Jahrgangskollegen einzugehen hatte, der sogenannten *socii*, die gleichzeitig mit ihm die Sentenzen am Kommentieren waren[15].

[12] Da die Reihenfolge, in der die Sentenzenbücher gelesen wurden, variieren konnte, die vier *principia* aber gemäß Vortragsdatum durchgezählt wurden, stimmten Nummer des *principium* und Nummer des kommentierten Buchs oft nicht überein. Zu unterscheiden ist also ein *secundum principium* (das zweite *principium*, das ein Sententiar im Rahmen seiner Sentenzenlesung gehalten hat) von einem *principium ad secundum* (dem *principium* zum zweiten Buch unabhängig davon, wann im Verlauf der Sentenzenlesung Buch II an der Reihe gewesen ist); cf. Courtenay, Vienna Group Commentary (nt. 5), 279.

[13] So insbesondere die oben, nt. 5, erwähnte Pflicht-Vorlesung über ein Bibel-Buch, cf. A. Sulavik, 'Principia' and 'Introitus' in Thirteenth Century Christian biblical Exegesis with Related Texts, in: G. Cremascoli/F. Santi (eds.), La Bibbia del XIII secolo: storia del testo, storia dell'esegesi. Convegno della Società Internazionale per lo Studio del Medioevo Latino (SISMEL), Firenze, 1–2 giugno 2001, Firenze 2004, 269–321, sowie T. Prügl, Medieval Biblical Principia as Reflections on the Nature of Theology, in: M. Olszewski (ed.), What is 'Theology' in the Middle Ages? Religious Cultures of Europe (11th–15th Centuries) as Reflected in Their Self-Understanding (Archa Verbi. Subsidia 1), Münster 2007, 253–276. Aber auch zu philosophischen Vorlesungen sind zumindest im 15. Jahrhundert teilweise *principia* gehalten worden, cf. etwa den Entwurf Gabriel Biels für ein ‚Principium veteris artis Aristotelis' in der Handschrift Gießen, Universitätsbibliothek, Ms. 617, 219–221; dazu W. G. Bayerer, *Gabrielis Biel Gratiarum Actio* und andere Materialien zu einer Testimonien-Biographie bezüglich seiner Universitätsjahre in Heidelberg, Erfurt, Köln (und Tübingen) aus Handschriften der Universitätsbibliothek Gießen (Berichte und Arbeiten aus der Universitätsbibliothek Gießen 39/2), Gießen 1985, 5.

[14] Für statuarische Anordnungen zu den *principia* cf. neben der in nt. 3 erwähnten Literatur auch F. Gescher, Die Statuten der theologischen Fakultät an der alten Universität, in: Festschrift zur Erinnerung an die Gründung der alten Universität Köln im Jahre 1388, Köln 1938, 43–108, hier 61–66; M. J. F. M. Hoenen, Neuplatonismus am Ende des 14. Jahrhunderts. Die Prinzipien zum Sentenzenkommentar des Marsilius von Inghen, in: S. Wielgus (ed.), Marsilius von Inghen: Werk und Wirkung. Akten des Zweiten Internationalen Marsilius-von-Inghen-Kongresses, Lublin 1993, 165–194, sowie nun auch M. Brînzei, Introduction, in: Petri de Alliaco quaestiones super primum, tertium et quartum sententiarum, vol. 1: Principia et questio circa prologum, ed. M. Brînzei (Corpus Christianorum. Continuatio Mediaevalis 258), Turnhout 2013, XI sqq.

[15] Auch dies wurde zum Teil ausdrücklich in den Statuten verlangt, cf. Hoenen, Neuplatonismus (nt. 14), 168.

Inhaltlich gesehen sind vor allem diese zweiten *quaestiones collativae* spannend[16], weil sie Einblick geben in die Hot-topics eines Jahrgangs und damit einen schnellen Eindruck zu vermitteln vermögen, wie sich die thematischen Schwerpunkte über die Jahre hinweg verlagert haben. Formal bleiben diese Auseinandersetzungen aber stets dem klassischen *quaestio*-Schema verpflichtet und die Texte werden im Verlaufe eines Jahres immer schwerfälliger, weil die Sententiare, um ihre Kollegen genau zu widerlegen, die bereits angeführten Argumente, allfällige Gegenargumente und bereits vorgebrachte Widerlegungen der Widerlegungen noch einmal rekapitulieren.

Literarisch wesentlich spannender sind die *recommendationes*, die ersten Teile, denn hierfür bestehen keine formalen Modelle ähnlich jenem der *quaestio*, sodass sich im Verlaufe des 14. Jahrhunderts ganz eigene Gepflogenheiten durchsetzen. Dazu gehört, dass in Anlehnung an die vier Bücher der Sentenzen Vier-Gliederungen und Vier-Teilungen zum prägenden strukturellen Muster werden; dazu gehört, dass mehr und mehr ein rhetorisch völlig überfrachtetes Latein zur Anwendung kommt, das einem zumindest belegt, dass auch Scholastiker fähig waren, einen AcI zu bilden und auf ein Vokabular zurückzugreifen, dem mit gewöhnlichen Wörterbüchern nicht beizukommen ist[17]. Zu diesen fast schon spielerischen Eigenheiten, die sich in den *recommendationes* entwickeln, gehört schließlich auch, was Damasus Trapp als heraldische Mystifizierung beschrieben hat[18]: die Sitte nämlich, den einleitenden Bibelvers der *recommendatio* so zu wählen, dass sich von ihm auf den Namen des vortragenden Theologen schließen lässt, sodass das *principium* damit gewissermaßen signiert wird. An den Beispielen aus dem frühen 15. Jahrhundert wird sich gleich noch ausführen lassen, wie diese heraldischen Signaturen genauer zu verstehen sind[19], denn wenn nun am Beginn des 15. Jahrhunderts zusätzlich noch ein dritter Teil zu diesen *principia*

---

16 O. Utamura hat mich darauf hingewiesen, dass O. Weijers, *Quaeritur utrum*. Recherches sur la 'disputatio' dans les universités médiévales, Turnhout 2009, 47 sq. den Begriff der *quaestio collativa* für eine Erfindung von P. Glorieux hält – was durchaus nicht stimmt, da die entsprechenden Textstücke bereits in spätmittelalterlichen Quellen als *quaestiones collativae* ausgewiesen werden, cf. unten, nt. 26, 49 und 56.

17 Entsprechend waren es diese Texte, in denen sich schon früh Ansätze einer scholastischen Rezeption humanistischer Eloquenz festmachen ließen, cf. Hossfeld, Johannes Heynlin (nt. 6), 94 sq. und U. Zahnd, Easy-Going Scholars Lecturing *Secundum Alium*? Notes on Some French Franciscan *Sentences* Commentaires of the Fifteenth Century, in: P. Rosemann (ed.), Mediaeval Commentaries on the Sentences of Peter Lombard, vol. 3, Leiden 2015, 267–314, 289. Interessanterweise sollten es dann gerade die *gratiarum actiones* sein, welche auch an humanistischen Akademien Norditaliens ausführlich gepflegt wurden, cf. A. della Torre, Storia dell'Accademia platonica di Firenze, Firenze 1902, 491.

18 D. Trapp, Augustinian Theology of the 14th Century. Notes on Editions, Marginalia, Opinions and Book-Lore, in: Augustiniana 6 (1956), 146–274, hier 269–272. Einige solche ‚Mystifizierungen' englischer Provenienz diskutiert K. H. Tachau, Looking Gravely at Dominican Puns. The 'Sermons' of Robert Holcot and Ralph Friseby, in: Traditio 46 (1991), 337–345.

19 Cf. unten, 92 und nt. 49, 56 und 74.

hinzukommt, jener nämlich der Danksagung, dann ist auch dieser Teil stets im überschwänglichen Stil der *recommendationes* gehalten. Und um drei solche *gratiarum actiones* soll es im Weiteren nun gehen.

II. Die *gratiarum actiones*

1. *Gilles Charlier*

Auf die erste Danksagung, die hier am ausführlichsten präsentiert werden soll, hat Zenon Kaluza bereits mehrfach hingewiesen – unter anderem in einem Artikel zum mittelalterlichen Plagiatsverständnis[20]. Die Danksagung findet sich im Sentenzenkommentar des Gilles Charlier (oder Aegidius Carlerii), der vor allem als Prediger am Basler Konzil zu einigem Ruhm kommen sollte, der aber bereits 1416/1417 in Paris die Sentenzen las[21]. Das hier interessierende Textstück wird noch im einleitenden Satz als *gratiarum actio* ausgewiesen[22], und Gilles setzt darin auch gleich mit allgemeinen Ausführungen darüber ein, wie wichtig es sei, sich dankbar zu zeigen: Denn eigennützig sei es, bei sich zu behalten, was anderen zukomme und den Bund des Dankes zu entweihen. Vielmehr lehre die Natur noch der wildesten Tiere und Vögel, dass Wohltaten mit Dank zu begegnen sei – würden doch die phönizischen Zirkuslöwen ihren Bändigern ganz zahm aus der Hand fressen, und junge Störche würden bekanntlich ihre alt gewordenen Eltern durchfüttern[23]. Sich gebührlich dankbar zu erweisen, war für Gilles Charlier gleichsam durch ein natürliches Sittengesetz gefordert, und so wollte er sich dem denn auch beugen und daher insbesondere seinen *participes et consocii*, seinen Zuhörern und Mitstreitern, die durch Nachsicht verdienten Ehren zuteilwerden lassen[24].

---

20 Z. Kaluza, Auteur et plagiaire: quelques remarques, in: J. A. Aertsen/A. Speer (eds.), Was ist Philosophie des Mittelalters (Miscellanea Mediaevalia 26), Berlin 1998, 312–320, hier 318 sq. Cf. auch id., Débuts de l'albertisme tardif (nt. 11), 214 und 236 sq.

21 Cf. T. Sullivan, Parisian Licentiates in Theology, A.D. 1373–1500: a Biographical Register, vol. 2: The Secular Clergy (Education and Society in the Middle Ages and Renaissance 37), Leiden 2011, 134–137 mit weiterführender Literatur zu Gilles' Biografie; für die Datierung der Sentenzenlesung cf. Z. Kaluza, Matériaux et remarques sur le catalogue des oeuvres de Gilles Charlier, in: Archives d'histoire doctrinale et littéraire du moyen âge 44 (1969), 169–187, hier 171 sq.

22 Das Textstück ist in den beiden Handschriften Paris, Bibliothèque Mazarine, cod. 959, 198va–199vb, und Angers, Bibliothèque municipale, cod. 205, 232^{r}–233^{r}, enthalten und beginnt mit „*Supremum vale huic operi faciens verbum sumo actionis gratiarum*". Eine kritische Edition der gesamten *gratiarum actio* findet sich im Anhang dieses Beitrags (cf. IV.).

23 Cf. unten, IV., ll. 5–9: „*Quantum sit scelus ingratitudo, omnis natura bestiarum simul et volucrum huius rei magistra est. Nihil tam ferox quod beneficiis non mansuescat. Leones Poeni resides manibus datas captant escas metuuntque trucem soliti verbera ferre magistrum. Pulli ciconiorum parentes senio consumptos cibant, et labore suo praedicant beneficia naturae.*" Für die Herkunft dieser Beispiele siehe unten die Anmerkungen zur kritischen Edition.

24 Cf. unten, IV., ll. 9–15: „*Divinum ergo rationis animal sacra haec iura temerabit? Et qui tam pretiosa dona suscepit in ortu, quo pacto beneficiorum obliviosus factus illa polluet? Eat turba hominum quo impetus praeceps impulerit, persequatur qui volet iniurias, data munera non laudet. Memoria enim beneficiorum labilis*

In den erhaltenen Handschriften findet sich dieses Textstück erst ganz am Ende von Gilles' Kommentar, und Zenon Kaluza scheint es deswegen entgangen zu sein, dass es bei diesem Appell weniger um eine allgemeine Verurteilung jener geht, die ihre Quellen verbergen, als es sich vielmehr um einen Text handelt, der in die Rhetorik der *principia* gehört, auch wenn die übrigen Teile des nächststehenden vierten *principium* in den Handschriften weit von der Danksagung entfernt am Beginn des Kommentars von Buch IV stehen[25]. Doch genau an diesem Beginn kündete Gilles bereits an, dass er neben den klassischen Teilen einer *recommendatio* und einer *quaestio collativa* sein *principium* mit einer *actio gratiarum* abschließen wolle[26]; und die Anrufung insbesondere der geduldigen *consocii* im Rahmen der Danksagung zeigt auf, dass sie im Kontext genau eines solchen *principium* verfasst ist.

Zweck dieser einleitenden Überlegungen zur moralischen Angebrachtheit des Dankens scheint daher weniger eine Ermahnung zur redlichen Zitierweise als vielmehr der Versuch gewesen zu sein, den eingangs beschriebenen performativen Spielraum abzustecken und die Danksagung, die inzwischen ganz offensichtlich von den Sententiaren verlangt wurde, nicht als reine statutengemäße Pflichtübung zu leisten, sondern als vernünftige, freiwillig geleistete Tat herauszustellen. Was nun folgte, so machte Gilles deutlich, war ernst gemeinter Dank, und nicht einfach das Einhalten eines formalen Schemas.

Die *participes* und *consocii* mussten allerdings eine Weile warten, bis ihnen gedankt werden sollte. Denn erst einmal holte Gilles aus, dankte zuerst Gott, der für all jene, die der Visionen nicht mächtig seien, die Apostel und Doktoren gegeben habe, und entschuldigte sich dann dafür, dass er nur einige dieser Doktoren werde verdanken können. Dies solle man ihm aber nicht als Missfallen auslegen: denn möge es zwischen einigen Doktoren vielleicht Uneinigkeiten geben, so solle eine Meinungsverschiedenheit doch der Freundschaft nicht abträglich sein und seine Auswahl sei daher, so wird man ergänzen dürfen, nicht als Missgunst den Übergangenen gegenüber zu verstehen[27]. Diese versöhnlichen Töne, die Gilles damit anschlägt, sind in zwei Richtungen interessant. Denn zum einen machen sie deutlich, dass die Meinungsverschiedenheiten zwischen

---

iniuriarum tenax. Longe aliter faciendum putavi. Voci iustitiae pietatisque oboedientiam ad beneficos gratam servabo, dabo et participibus et consociis in huius lecturae patientia meritos honores.“

25 Paris, Bibliothèque Mazarine, cod. 959, 93^{r}–99^{v}. Die Angers-Handschrift lag mir leider nur in Auszügen vor, sodass Folio-Angaben abseits der *gratiarum actio* nur zur Pariser Handschrift gegeben werden können.

26 Op. cit., 93ra: „*Cantabo et nobilem virum Petrum Lumbardi olim praesulem Pariseorum* [...]; *labor gravis collativae quaestionis subibit; sequitur demum vobis patribus et dominis meis actio gratiarum.*“ Cf. auch im dritten *principium*, ibid., 1ra: „*Collocabimus ideo viri patres et magistri doctissimi nostrae orationis firmam sententiam cum tribus subsistet partibus:* [...] *tertia Deo et vobis patribus et magistris dabit gratiarum actiones.*“

27 Cf. unten, IV., ll. 24–32: „*Nobis autem adhuc ire non potentibus duces dedit apostolos et doctores. Honor illi sit decus et imperium, benedictio et potestas aeterna. Sub quo ut suo capite sancti plurimi et doctores strenuissime fideliterque certaverunt. Et si horum aliquos magnificavero, reliquis tamen detrahere propositum non est, quibus est pax perpetua et commune gaudium* [...]. *Nihil ergo, clara doctorum luminaria, nihil aegre tuleritis si quos ex vobis elegerimus.*“

den Doktoren zu seiner Zeit sehr wohl ein Thema gewesen sind und dass man ihm ganz offensichtlich seine Auswahl bestimmter Doktoren als Parteinahme hätte auslegen können. Dass Gilles dem nun aber entgegenzuwirken versucht, zeigt zum anderen, dass zumindest auf dieser rhetorischen Ebene seine Streitlust offensichtlich begrenzt war und er sie nicht über das akademische Wetteifern hinaus verstanden haben wollte[28].

Beides – das Bewusstsein für unterschiedliche intellektuelle Traditionen ebenso wie ein versöhnlicher Tonfall im Umgang mit ihnen – lässt sich nun weiter nachverfolgen, wenn Gilles endlich konkret wird und ersten Meistern zu danken beginnt. Erneut ist der Einstieg allerdings höchst rhetorisch, denn Gilles dankt als erstem dem Apostel Paulus und lässt ein bibelkundliches Feuerwerk zu all den Aspekten los, in denen Paulus ein Lehrer gewesen sei – doch sind es nicht etwa theologische Belange, die hier hervorgehoben werden, sondern Paulus' Meisterschaft in tugendhaftem Verhalten[29]. Ähnlich geht es weiter mit Augustin, der für seinen Kampf gegen die Häretiker verdankt wird, und es folgt der Dank an Petrus Lombardus, für dessen Werk, die unzähligen Schriften der Väter in ein Buch zusammengeführt zu haben, er nicht genügend gelobt werden könne[30].

Während man diese drei – Paulus, Augustin und Petrus Lombardus – noch gewissermaßen zum unspezifischen Pflicht-Arsenal eines spätmittelalterlichen Theologen zählen kann, wird Gilles mit seinen weiteren Verdankungen spezifischer. Denn im direkten Anschluss lenkt Gilles seine Rede nun auf ‚seinen Thomas': „*mihi sermo est de meo Thoma*", dessen Verdankung rund ein Fünftel der gesamten Danksagung ausmacht[31]. Auch bei Thomas ist es insbesondere dessen Tugendhaftigkeit, die Gilles für erwähnenswert hält, und er dankt ihm in langen Worten dafür, dass er Philosophie und Theologie zu einen und ins Gewand der göttlichen Rede Edelsteine und silberne Kleinode einzuweben gewusst habe[32]. Neben der Moral scheint es offensichtlich diese Vereinigung der beiden Diszipli-

---

[28] Cf. unten, IV., ll. 29–31: „*Fortassis inter quosdam est discordia concors, discordia opinionum cum affectuum unitate, quae multitudo sententiarum, si Aristoteli creditur, nihil praeiudicii affert amicitiae.*"

[29] Cf. unten, IV., ll. 33–34: „*Ecce praesto est meus Paulus. Venit ille magnanimus, virorum praedicatum omne virtutum.*" Der an Bibelstellen angelehnte Tugendkatalog scheint sich weitgehend an Johannes Chrysostomos, De laudibus sancti Pauli, ed. J. P. Migne (Patrologia cursus completus. Series Graeca 50), Paris 1862, zu orientieren.

[30] Cf. unten, IV., ll. 68–71: „*scripturae sacrae codices ornavit sanctorum sententiis copiosis, mirandum cunctis strinxit opus arte paratum, patrum dicta collegit in unum, quorum volumina non modo comprehendere sed nec legere brevitas patitur humanae lucis. Hunc laudibus prosequi sufficit nullus*".

[31] Cf. unten, IV., l. 78. Als Vergleich sei erwähnt, dass das gleich noch vorzustellende Lob Alberts des Großen nur rund ein Zwanzigstel der Danksagung ausmachen wird.

[32] Cf. unten, IV., ll. 82–95: „*Si virtutes eius consideras, non humanum aliquid sed Dei virtutem videbis; si litteras, miraberis naturae potentiam ita ut sit ille quem natura servaverit, in quo omnium vires explicaret. Invenies simul et sapientiam Dei ut sic probatum sit in eo Dei donum naturam perficere, non corrumpere. Hic horizon philosophorum theologorumque fecit utraque unum.* [...] *Quis fidelior in exponendis libris Aristotelis principis philosophorum, quis adversus haereticos argutior, quis rursus sub breviloquio compendiosius evangelium et partem non modicam scripturae tractavit? Nemo amplius illi molestus sit si gentilium dogmata pietati fidei miscuerit. Intexuit tunicae divinorum eloquiorum pretiosas margaritas et monilia argenti.*"

nen zu sein, die Thomas' Leistung in Gilles' Augen im Besonderen ausmacht, und interessanterweise scheint ihm der einheitliche Blick auf Philosophie und Theologie so wichtig zu sein, dass er daran dann auch gleich noch den nächsten Scholastiker misst, den er verdanken will, Albert den Großen nämlich. Zwar rühmt er dessen Verdienste in der Theologie ebenso wie in den freien Künsten, doch kommt er nicht umhin, auch einen Makel zu erwähnen: Denn in einem Punkt sei Albert von Thomas abgewichen, indem er göttliche und menschliche Wissenschaft getrennt habe[33].

Dieser Vorwurf ist deswegen höchst interessant, weil es genau diese Frage nach der Vereinbarkeit von Philosophie und Theologie sein sollte, die fast 40 Jahre später in Köln eines der bekanntesten Kapitel des Wegestreits prägen und den Thomisten Gerardus de Monte gegen den Albertisten Heymericus de Campo aufbringen sollte[34]: Offensichtlich war die Problematik als Unterschied zwischen den beiden Schulhäuptern bereits im Paris des beginnenden 15. Jahrhunderts ein Thema; offenkundig gab es bereits an der damaligen Pariser Universität eine Art von Schultraditionen[35]! Für Gilles war klar, auf wessen Seite er sich schlagen sollte. Seine Richtschnur blieb Thomas von Aquin, und so fügte er ans Ende seines durchaus versöhnlichen Dankes an Albert zur Sicherheit noch einmal an, dass die schärfsten Pfeile zur Verteidigung des Glaubens trotz allem von Thomas stammten[36].

Diese Ausrichtung an Thomas begegnet im weiteren Verlauf der Danksagung noch ein weiteres Mal: Alexander von Hales und Bonaventura werden in der Dankesrede bloß kurz gestreift[37], später werden auch noch Aegidius von Rom und Johannes Duns Scotus angeführt[38]; doch dazwischen richtet Gilles einen längeren Abschnitt an keinen geringeren als an Durandus von St. Pourçain, der

---

33 Cf. unten, IV., ll. 103–106: „*In liberalibus artibus peritus, in theologicis editionibus per totum canonem sacrum redoluit. Hoc unum differentiae a Thoma sortitus est: humanas a divinis locis et operibus seiunxit artes, Thomas acerrimis humanae intelligentiae telis scripturam pietatis armavit.*"

34 Cf. neben Kaluza, Débuts de l'albertisme tardif (nt. 11), 219–226, auch M. J. F. M. Hoenen, Comment lire les grands maîtres? Gérard de Monte, Heymeric de Campo et la question de l'accord entre Albert le Grand et Thomas d'Aquin (1456), in: Revue Thomiste 108 (2008), 105–130.

35 Kaluza, Débuts de l'albertisme tardif (nt. 11), 218, weiß bereits um diese Kontinuität, doch weil er das vorliegende Textstück nicht als Danksagung, sondern als Lob interpretiert und Gilles deshalb für einen Eklektiker hält (cf. unten, nt. 41), kann er an seiner These weiterhin festhalten, es habe in diesen frühen Pariser Jahren noch keine eigentlichen Denkschulen gegeben.

36 Cf. oben, nt. 33.

37 Cf. unten, IV., ll. 107–109: „*Alexandrum de Hallis magno in honore memoria mea reconditum habeo. Afficit ultra me devotus ille seraphicus doctor Bonaventura, cuius operas caelesti ambrosia et suavitatis melle Sanctus ipse perunxit.*"

38 Cf. unten, IV., ll. 117–118: „*Aegidium de Roma et Scotum magna veneratione concelebro. Hunc in doctrina et cum Aristotele manifestum, illum subtilem pro meo modulo iudicavi.*" Mit Scotus' allzu großer Subtilität ist ein weiteres Schlagwort der Auseinandersetzungen des 15. Jahrhunderts bereits benannt, cf. M. J. F. M. Hoenen, *Formalitates phantasticae.* Bewertungen des Skotismus im Mittelalter, in: M. Pickavé (ed.), Die Logik des Transzendentalen. Festschrift für Jan A. Aertsen zum 65. Geburtstag (Miscellanea Mediaevalia 30), Berlin 2003, 337–357.

schon zu Gilles' Zeiten vor allem für seine Widerlegungsversuche von Thomas bekannt war. Doch Gilles ist erstaunlicherweise des Lobes voll – ja, ihm fehlen, wie er freimütig zugesteht, die Worte, um etwas zu sagen, was Durandus' würdig wäre, so genau und pointiert habe dieser argumentiert[39]. Gilles wendet sich gar direkt an sein Publikum als Richter, denn sie alle hätten Durandus' Scharfsinn gehört – und zwar dessen Scharfsinn in seinen Angriffen gegen Thomas von Aquin. Erneut ist es also Thomas, an dem sich der Wert auch des Durandus bemisst, und wenig überraschend macht Gilles deutlich, dass es ihm bei Durandus stets nur darum gegangen sei, genau diese Angriffe zu widerlegen. Offen gesteht er zwar ein, dass er sich diesem Gegner nie ganz gewachsen gefühlt habe, doch ist er ihm für die Herausforderung umso dankbarer – auch wenn er schließlich Durandus nur dort gefolgt sei, wo der „mit meinem Thomas einig gegangen ist"[40].

Dieser ausführliche Dank offensichtlich an einen Gegner ist nun erneut interessant. Denn wie das Beispiel von Scotus und der anderen drei nur kurz erwähnten Scholastiker zeigt, hätte Gilles durchaus die Möglichkeit gehabt, Durandus allenfalls namentlich anzuführen, um dann gleich zum nächsten Scholastiker fortzuschreiten; aber ganz offensichtlich war ihm daran gelegen, diesen Durandus eingehend zu würdigen. Damit wird nicht nur deutlich, dass es Gilles mit seinem Dank, den er ja auch hätte bleiben lassen können, offensichtlich ernst war, sondern es zeigt sich noch einmal mehr, dass er sich mit Thomas durchaus einem ganz bestimmten Denker verpflichtet fühlte, sich dadurch aber zugleich nicht daran gehindert sah, auch Thomas' Gegner mit Wohlwollen und Wertschätzung zu begegnen. Insgesamt ist Gilles' Sentenzenkommentar noch zu wenig untersucht, um sagen zu können, wie konsequent er sich in seinen Positionen Thomas anschließt[41]; dass er sich selbst als dessen glühender Verteidiger versteht, der aber dennoch offen und dankbar ist für Argumente seiner Gegner, wird aus dieser *gratiarum actio* bereits deutlich.

Und erst jetzt, erst nach diesem Durchgang durch die universitäre Scholastik des 13. und frühen 14. Jahrhunderts spricht Gilles in seiner Dankesrede auch die anwesenden *magistri et patres venerabiles* an. Ihnen dankt er für ihre Geduld und ihre Nachsicht, derer er nie würdig gewesen sei, um mit einer kurzen Doxo-

---

39 Cf. unten, IV., ll. 110–113: „*Quid rursus domino Durando dignum impertiar, non invenio. Hunc in responsionibus appunctuatum comperi, in forma processus ordinatum. Acumen ingenii in impugnationibus suis contra Thomam vos ipsi audistis, vos iudices constituo.*"

40 Cf. unten, IV., ll. 113–116: „*Sponte fateor me illis digna non dedisse responsa, non quia danda non sint, sed quia ratiocinando acerrimus est et mihi hebes ingenium. Illi magnas refero grates, quem etsi secutus non sim nisi quatenus consensit Thomae, meum tamen excitavit habitum.*" Für den methodisch ähnlichen, aber weit weniger wohlwollenden Umgang mit Durandus bei Gilles' Vorgänger Johannes Capreolus cf. Zahnd, Wirksame Zeichen? (nt. 8), 398 sq.

41 Dass Gilles offensichtlich auch in der Lage war, albertistisch zu argumentieren, zeigt Kaluza, Débuts de l'albertisme tardif (nt. 11), 239 mit nt. 46. Dennoch scheint die Bevorzugung von Thomas so stark, dass Gilles nicht vorschnell als Eklektiker abgetan werden sollte (so Kaluza, op. cit., 214).

logie die *gratiarum actio* zu beschließen[42]. Das lässt einen zuerst einmal unbefriedigt, denn angekündigt war ein Dank nicht an die *magistri et patres*, also nicht an die in der universitären Hierarchie höher stehende Klasse, sondern an die *participes et consocii*, d. h. an die Zuhörer und Mitstreiter. Wo bleiben die?

Es ist bereits kurz erwähnt worden, dass Gilles' *principia* abgesehen von der *actio gratiarum* noch weitgehend den Gepflogenheiten des späten 14. Jahrhunderts entsprechen: In den *recommendationes* finden sich etwa die üblichen Vierer-Strukturen, und der Bibelvers, auf den Gilles sich darin beruft, nimmt auch die heraldischen Spielereien auf[43]. Denn Gilles wählt einen ziemlich obskuren Ausruf des Propheten Elischa: Als nämlich der Prophet Elia in den Himmel entrückt wird, ruft Elischa gemäß 2 Könige 2, 12: „*currus Israel et auriga eius* – Wagen Israels und sein Lenker", was als Leitmotiv für einen Sentenzenkommentar nun wirklich nur dann zu plausibilisieren ist, wenn man bedenkt, dass sich hinter dem Wagen der Wagner, also der *carlerius* verbirgt, und hinter dem Wagenlenker der Schildträger, der *aegidius*, womit wir bei Gilles Charlier wären.

Eine Besonderheit findet sich allerdings in diesen *principia*. Denn wie üblich disputiert Gilles in den *quaestiones collativae* eingehend mit seinen Mitstreitern, seinen *socii*, die er nun aber nicht *socii* – sondern *magistri mei* nennt[44]. Aus dem, was bisher an *principia* aus dem 14. Jahrhundert bekannt ist, ist dies nicht nur etwas völlig Unübliches[45], sondern vor allem etwas Ungebührliches, denn im theologischen Rahmen, in dem die Sententiare sich damals betätigten, waren sie bloß *baccalaurei*[46]. Das *magister meus* lässt sich daher eigentlich nur wörtlich als demütiges „mein Lehrer" und nicht im Sinne eines akademischen Titels verste-

---

42 Cf. unten, IV., ll. 126–136.

43 Zu den Viererstrukturen cf. etwa die Formulierungen „*in quibus verbis quattuor notantur*" (Paris, Bibliothèque Mazarine, cod. 959, 1va) oder „*in quibus verbis quattuor tanguntur*" (ibid., 93rb); den biblischen Leitvers führt Gilles im dritten *principium*, ibid., 1ra, und im vierten, ibid., 93ra, ein.

44 Cf. Paris, Bibliothèque Mazarine, cod. 959, 3va: „*Illud pono probabiliter contra magistrum meum magistrum Aegidium de Priches qui in suis principiis primo et tertio tenuit oppositum*"; ibid., 95va: „*Illud pono collative contra magistrum meum reverendum magistrum Lupum de Fonte Petrino bachalaureum ordinarium praedicatorum qui oppositum posuit in duobus principiis*"; oder ibid., 98va: „*Illud pono probabiliter contra magistrum meum et amicum spiritualem magistrum Johannem de Attrio legentem in scolis Sorbonae.*" Unzählige Rückverweise auf den jeweiligen *magister meus* finden sich dann auch in den nachfolgenden Diskussionen der strittigen Punkte.

45 W. Duba hat mich auf die Pariser *principia*-Disputationen von 1338 hingewiesen, wo Jakob von Padua den Benediktiner Pierre d'Allouagne *reverendus pater et magister meus* nennt und dieser umgekehrt auf Jakobs Einwände als *dicta magistri Iacobi* verweist (cf. S. Livesey, Pierre d'Allouagne and Saint-Omer, Bibliothèque de l'agglomération 504, in: C. Angotti/M. B. Calma/M. Teeuwen [eds.], Portraits de maîtres offerts à Olga Weijers, Turnhout 2013, 381–392). Letzteres ließe sich mit Verweis auf Jakobs Artisten-Grad erklären (cf. nt. 46) und ersteres ist längst nicht so stark wie Gilles' *magister meus magister N.N.*; beides könnte aber andeuten, aus welchen Gepflogenheiten heraus jemand wie Gilles zu seiner zweideutigen Anwendung des Titels gekommen ist.

46 Es genügt als Erklärung auch nicht zu sagen, die Sententiare seien ja bereits *magistri in artibus* und die Betitelung sei entsprechend darauf zu beziehen – denn für Mitglieder der Bettelorden wie den oben, nt. 44 erwähnten Lupus de Fonte Petrino OP trifft dies gerade nicht zu. Ebenso wenig gilt es für die unten, nt. 49 und 62 erwähnten Beispiele.

hen, doch ist die Zweideutigkeit nicht von der Hand zu weisen, und – so kommt man nicht umhin anzunehmen – durchaus gewollt. Denn hier sind wir erneut in diesem performativen Spiel, in dem die dankbare Unterordnung unter den Bedankten zugleich zu einer Aufwertung des eigenen Status führt: Wenn die übrigen *socii* bereits als *magistri* bezeichnet werden können, dann liegt es auf der Hand, auch den sich so Unterordnenden selbst bereits als *magister* zu betrachten. Zu den *magistri et patres*, die am Ende von Gilles' *gratiarum actio* verdankt werden, durften sich zumindest die *consocii* also durchaus auch zählen[47].

2. *Lambertus de Monte*

Von diesem aufgewerteten Selbstverständnis zeugen nun auch die beiden weiteren Danksagungen, die hier noch vorzustellen seien. Die eine stammt aus dem Kommentar eines gewissen Lambertus de Monte, der 1423 in Paris die Sentenzen gelesen hat und nicht mit seinem Kölner Namensvetter aus der Mitte des 15. Jahrhunderts zu verwechseln ist[48]. Der Pariser Lambertus folgt in seinen *principia* erneut der klassischen Struktur – mit den bereits bekannten Ausnahmen, dass auch er seine Mitstreiter konsequent als *magistri mei* anspricht und als dritten Teil seiner *principia* jeweils eine *gratiarum actio* ankündigt[49]. Tatsächlich findet sich nun im direkten Anschluss ans vierte *principium* ein entsprechendes Textstück, das allerdings wie auch die vorangehende *quaestio collativa* unvollständig erhalten ist: Es fehlen das Ende der *quaestio* sowie der Beginn der Danksagung. Daher wissen wir nicht, ob sich Lambertus auch allgemeine Gedanken

---

[47] Als weiteren Hinweis für ein Mitmeinen der *consocii* ließe sich allenfalls auch die erste rhetorische Frage im direkten Anschluss an die Anrede der *magistri et patres*, ll. 126–127, verstehen („*Quid causae fuit ut prosequeremini steriles lectiones*"), falls mit *prosequeremini* nicht ein zuhörendes Nachverfolgen, sondern das jeweils eigene Durchführen von *steriles lectiones* gemeint gewesen sein sollte.

[48] Zum Pariser Lambertus de Monte cf. M. Meliadò/S. Negri, Neues zum Pariser Albertismus des frühen 15. Jahrhunderts. Der Magister Lambertus de Monte und die Handschrift Brussel, Koninklijke Bibliotheek, ms. 760, in: Bulletin de philosophie médiévale 53 (2011), 349–384; sowie Zahnd, Wirksame Zeichen? (nt. 8), 441–448. Eine kritische Edition von Lambertus' vier *principia* ist von M. Meliadò und S. Negri unter Mitarbeit von J. Witt und U. Zahnd geplant.

[49] Cf. die einleitenden Sätze des ersten *principium*: „*Reverendi patres et magistri. In sequendo vestigia magistrorum meorum in lectura Sententiarum magistri Petri Lombardi, Deo favente in praesenti actu tria sum facturus: primo recommendationem scripturae sacrae quattuor voluminibus magistri Petri Lombardi Episcopi Parisiorum contentae praemittere; secundo quaestionem collativam cum magistris meis, cum quibus in hac lectura immeritus concurro, discutere; tertio Deo et vobis gratiarum actiones possetenus inferre*" (Brussel, Koninklijke Bibliotheek, Ms. 760, 1^{r}). Am überraschendsten sind diese Betitelungen erneut dort, wo Ordensmitglieder angesprochen werden, die noch über keine akademischen Grade verfügen, cf. ibid., 4^{r-v}: „*Istud corollarium pono gratia collationis cum reverendo magistro meo actu legente in collegio Beatae Mariae de Monte carmeli*"; 85^{r}: „*Cuius oppositum in suo primo principio posuit magister et dominus meus reverendus actu legens in Scholis sancti Thomae.*" Auch Lambertus de Monte wählt einen heraldischen Bibelvers für seine *principia*, nämlich Ps. 67, 16: „*Mons Dei, mons pinguis*", wobei neben dem offensichtlichen *mons* – de Monte auch *pinguis* (fett, strotzend) ein Anklang an die ursprüngliche Bedeutung von Landberth (strahlend, strotzend) sein könnte.

über das Danken gemacht hat; vielmehr setzt der Text direkt mit einem Lob der Trinität und deren Mitteilungsfreude durch Propheten und Doktoren an, woraus Lambertus fließend in den Dank zuerst einmal an Petrus Lombardus übergeht und in vertrauten Klängen dessen summarische Leistung lobt[50].

Danach finden in Lambertus' Danksagung nur noch zwei Personen Erwähnung, nämlich als krönender Abschluss Maria, die Mutter Gottes, die – auch wenn sie nichts Geschriebenes hinterlassen hat – dank ihrer Tugenden doch die größte Lehrerin sei[51]. Zwischen Petrus Lombardus und Maria eingebettet aber verdankt Lambertus noch explizit Albert den Großen, denn auch wenn unter den übrigen Doktoren alle ‚groß' genannt werden könnten, gelte das Epitheton, so Lambertus, doch im Besonderen für Albert, der ihm in seiner Kommentararbeit so hilfreich gewesen sei, dass er ihn allein für erwähnenswert hält[52]. Der ausgleichende, vermittelnde Ansatz, den Gilles noch gepflegt hat, fehlt hier, und tatsächlich haben die wenigen Studien, die sich bisher mit Lambertus' Kommentar beschäftigt haben, deutlich gemacht, dass Lambertus nichts anderes als ein eifriger Vertreter eines frühen Pariser Albertismus ist, sodass seine Wahl allein von Albert hier in der Danksagung durchaus als weiterer Ausdruck, ja als Inszenierung dieses Schulbewusstseins verstanden werden kann[53]. Allfällige Streitpunkte zwischen den Denktraditionen werden allerdings nicht angesprochen. Auf Alberts Verdienste in der Philosophie will Lambertus gar nicht erst eingehen, sondern er hebt bloß hervor, wie geschickt und hilfreich Albert die Kirchenväter ausgelegt und verständlich gemacht habe, sodass er nur ausrufen könne: „Diesem will ich vor allen anderen als bescheidener Schüler nacheifern."[54]

---

[50] Op. cit., 219r: *„Hanc sapientiam divinam extense per innumera fere volumina lateque diffusam ad nostram allegationem venerabilis Parisiorum antistes magister Petrus Lombardus in unum compendium redegit quod, si diligenti indagine contemplatur, quibus claruit virtutibus, quam profunde divinis illustratus fulgoribus, quanta caritate ferbuit in Deum in proximum nobis procul dubio ostendit.* [...] *Ideo sic non quas debeo, sed valeo si tamen ad id dignus sim infinitas gratiarum refero actiones.*"

[51] Op. cit., 219v: *„Sed ad quam demum accedo intemeratam virginem gloriosam matrem Ihesu, eidem magis adhaereo quoniam plena gratia, quae et si non scripsit in atramento tota vita eius doctrina et sapientia fuit, quae in praesenti lectura me amplius docuit quoniam speculum sine macula est purae virtutis, super omnem creaturam emanatio quaedam divinae bonitatis, super omnem dulcedinem verum mentem illuminat salubriter eam intuentis, affectum inflammat eam sincere diligentis.*"

[52] L. c.: *„Praeterea inter ceteros posteriores doctores in hac lectura sententiarum tanti antistetis mihi super modum laboriosa affuit specialius doctor venerabilis Albertus Magnus, et si omnes magni, eius nomen auctoritate per universum magnum celebratur, ut de mundanis seu humanis sapientiam taceam, magnus in divina sapientia merito (?) nuncupatur quoniam ipse ut studentibus sua scripta attestantur canonicis suppositis scripturis veluti fundamento quod est Christus Ihesus cuius ardente amore liquescente mente est Dionysius, est Augustinus, est Gregorius, est Hieronymus, est Bernardus, est Basilius ut nihil aut dicere aut scribere videatur, sed Dionysius, sed Augustinus, sed Gregorius etc. nimirum si dubia solvat, obscura declaret, incerta demonstret, devia rectificet, abiectis falsis vera ostendat, occulta manifestet, in arduissimis ‚hoc' inquit ‚sententia sanctorum est'.*"

[53] Cf. die oben, nt. 48, genannte Literatur sowie Meliadò, Axiomatic Wisdom (nt. 11), 109 sq.

[54] Brüssel, Koninklijke Bibliotheek, Ms. 760, 219v: *„Ideo ad obiecta respondeamus ‚hinc' potius ‚hunc cognoscerem, hunc diligerem, hunc modicus prae ceteris imitarer discipulus', qui iam in conspectu Dei fulget ut stella perpetua, certus de sua corona iustitiae oret pro nostra.*"

3. Wilhelm von Vorillon

Ein überragendes intellektuelles Vorbild hat auch der Verfasser der letzten Danksagung, die hier vorgestellt werden soll. Es handelt sich um den Franziskaner Wilhelm von Vorillon, der 1429/1430 in Paris die Sentenzen gelesen und in seinem monumentalen Kommentarwerk keine Zweifel daran aufkommen lässt, dass er Johannes Duns Scotus verehrt[55]. Dies sollte er auch in einer langen Danksagung bekräftigen, einer Danksagung, die sich zumindest in den gedruckten Fassungen seines Kommentars erneut erst ganz am Schluss findet, jeweils am Beginn von Wilhelms *principia* aber bereits angekündigt wird[56]. Dort nun, wo der Text der *quaestio collativa* des vierten *principium* aufhört und eigentlich diese Danksagung anschließen müsste, findet sich in den Drucken nun allerdings der Hinweis, diese *gratiarum actio* sei eben am Schluss des Werks eingefügt[57] – auch die frühneuzeitlichen Herausgeber haben diese Danksagung also als Teil der *principia* verstanden. Dafür spricht erneut auch die Rhetorik des Textstückes, die vom scholastischen Latein von Wilhelms übrigem Kommentar völlig verschieden ist, auch wenn die Danksagung literarisch verwoben ist mit einer Auslegung des ganz knappen Epilogs des Sentenzentexts und damit an den Schluss passt[58].

Wilhelm nimmt sich drei Dinge vor in diesem Textstück[59]: Neben jener Auslegung des Sentenzenepilogs will er auch seinen Nachfolger empfehlen, bevor er zur eigentlichen Danksagung fortschreitet. Diese Empfehlung seines Nachfol-

---

[55] Zu Vorillon, seinem Sentenzenkommentar und seinem Skotismus cf. Zahnd, Easy Going Scholars (nt. 17), 274–290, mit Hinweisen auf weitere Literatur.

[56] Cf. Wilhelm von Vorillon, Super quattuor libros Sententiarum, Princ. I, ed. D. Agricola, Basileae 1510, 1^{r}: „*Doctissimi viri patres atque percelebres. Eius vestigiosas semitas sequuturus qui tribus composuit digitis orbem terrae, campum Domini supermundanum ingrediens, favente altissimo tria sum facturus. Primo enim collatio pramittetur sophiae commendativa. Secundo dubietas adiungetur cum magistris collativa. Tertio humilior postponetur loquela gratiativa.*“ Cf. ibid., 120^{v}, 236^{v} und 330^{r}. Auch Vorillon richtet seine *principia* an einem heraldischen Bibelvers aus, nämlich an Jdt. 13, 12: „*Girantes vallem venerunt ad portam civitatis*“. Der Beginn des Verses lässt sich mit „roulant dans la vallée“ übersetzen, worin die latinisierte Form „Valle Rouillonis“ von Vorillons Name anklingt, cf. Zahnd, Easy Going Scholars (nt. 17), 279 sq. mit nt. 52.

[57] Op. cit., 330^{v}: „*Residuum huius principii super quarto Sententiarum require in fine tabularum, quod sic incipit: ‚Expeditus per Domini gratiam etc.*‘“ Der anzitierte Abschnitt beginnt ibid., 459^{r}.

[58] Cf. Petrus Lombardus, Sententiae in IV libris distinctae, IV, 50, ed. I. Brady (Spicilegium Bonaventurianum 5), Roma 1981, 560. Auch an der 1409 gegründeten Universität Leipzig scheint es üblich gewesen zu sein, mit einer Auslegung des Sentenzenepilogs eine größere Schlussrede, eine sogenannte *conclusio*, zu verbinden, die durchaus auch Dankesakte beinhalten konnte, cf. G. Buchwald/T. Herrle, Redeakte bei Erwerbung der akademischen Grade an der Universität Leipzig im 15. Jahrhundert. Aus Handschriften der Leipziger Universitätsbibliothek (Abhandlungen der philologisch-historischen Klasse der Sächsischen Akademie der Wissenschaften 36/5), Leipzig 1921, 7. Die Auslegung des Epilogs findet sich bei Vorillon, op. cit. (nt. 56), 457^{v}–459^{r}.

[59] Op. cit. (nt. 56), 457^{v}: „*Viri doctissimi, patres atque extollendi per saecula laudibus. Gymnasici operis exigit epilogus et sententiarum finis saepius praestolatus adveniens actum praesentem tripharíis distingui particulis. In prima siquidem praemittetur lectio compendiosa. In secunda adiungetur commendatio dulcorosa. In tertia subsequetur regratiatio seriosa.*“

gers stellt Wilhelm allerdings vor ein Problem, denn er weiß zum Zeitpunkt seiner Dankesrede schlicht noch nicht, wer sein Nachfolger sein wird[60]. Daher bietet er eine allgemeine, allerdings fast messianisch anmutende Empfehlung dessen, der da sehnlichst zu kommen erwartet werde und dem gegenüber sich Wilhelm jetzt schon wie ein Zwerg angesichts eines Riesen fühle[61]. Rhetorisch scheint Wilhelm nicht unbedarft zu sein, und einmal mehr ist hier ganz offensichtlich ein Sprachspiel im Gange. Denn anstatt die Empfehlung einfach bleiben zu lassen oder auf das Nötigste zu beschränken, weil er seinen Nachfolger nicht kennt, inszeniert Wilhelm vielmehr dessen Ankunft und Sentenzenjahr als Ereignis, womit durch die Anonymität des Kommenden nunmehr das Sentenzenjahr schlechthin (und damit auch das von Wilhelm) zu einem Ereignis, die Sententiare (und mit ihnen Wilhelm) zu sehnlichst erwarteten Gestalten hochstilisiert werden. Unnötig zu sagen, dass bei solcher Inszenierungsfreude auch Wilhelm in den *quaestiones collativae* seine Mitstreiter als *magistri mei* anspricht[62], um damit erneut vorwegzunehmen, was er selbst bald zu sein hofft.

In der eigentlichen Danksagung, der *regratiatio seriosa*, wie Wilhelm sie nennt, steigt er in inzwischen vertrauter Weise ein. Denn Wilhelm dankt zuerst Gott, geht direkt über in einen Dank an Maria, um als Minorit danach auch Franziskus in seinen Dank einzubeziehen, noch bevor er als Viertem des Apostels Paulus gedenkt[63]. Im Vordergrund dieser ersten Danksagungen stehen erneut in recht allgemeiner Weise vor allem die Vorbildfunktionen und Hilfeleistungen für den eigenen Lebensweg; persönlicher werden die Danksagungen erst, sobald Wilhelm auf seine scholastischen Meister zu sprechen kommt. Und da erwähnt der eifrige Scotist Wilhelm erstaunlicherweise als ersten Thomas von Aquin, den heiligen, aus dessen Vita er gar die Episode rezitiert, dass eine göttliche Stimme Thomas' Lehre mit den Worten „*bene scripsisti de me Thoma*" selbst approbiert

---

60 Op. cit. (nt. 56), 459^{r}: „*sequitur nunc secundum principale in quo adiungi habet recommendatio dulcorosa. Eram quidem et iocose et seriose baccalaureum futurum reverendum recommendaturus si novissem, sed hunc quem mittet Ordo seu qui post me hanc accipiet lecturam non cognovi ex nomine.*"

61 L. c.: „*unum scio quod tantus Ordo et tanta theologiae Facultas peroptime providebit. Me aestimo gnanum, illum futurum gigantem. O quando tempus advenerit quod tantus pater incipiet! Saepe multum cogito de eius ore, ut de Nestore narrare solebat Homerus melliflua verba procedere. Hunc vobis o domini, o patres, o magistri recommendo; eum quidem veluti quandam stellam has scholas illuminantem videbitis advenire, quem conservet Altissimus ubicunque moretur, et nos secum. Amen.*"

62 Cf. op. cit., 4rb: „*Hoc corollarium pono contra reverendum magistrum meum praeceptorem et amicum singularem bachalaurium N. qui in suo solemni principio oppositum posuit in forma*"; ibid., 5va: „*Hoc corollarium pono contra reverendum magistrum meum et patrem singularem ordinarium baccalaurium in scholis seu collegio fratrum praedicatorum*"; ibid., 122vb: „*Specialiter tamen de praesenti protestor me aliqua dicere solum probabiliter et collative ut valeam proficere cum reverendis magistris meis ingeniosissimis cum quibus in lectura sententiarum immeritus concurro*"; etc.

63 Op. cit., 459^{v}: „*Ad te venio o pauperum patriarcha Francisce pater inclyte, cuius Ordo me de mundana conversatione in iuvenili aetate revocavit, nutrivit in moribus, in scientiis erudivit, ni obicem posuisset mea nimia ruditas, saeculum contemnere docuisti, promptum ad adversa, spernere prospera fecisti, iugibus suspiriis quae sursum sunt intendere, menti meae Dei medio quantis vicibus inspirasti non occurrit. Fui erga te saepius ingratus, sed parce tuo filio ad te modo fugienti, quem exoro attentius me ut velis semper habere commissum.*"

habe[64]. So weit mag Wilhelm in seiner Approbation von Thomas allerdings nicht gehen, und daher bittet er den Aquinaten umgehend um Verzeihung, dass er im Verlaufe seines Kommentars mehrfach von dessen Meinung abgewichen sei, denn schließlich habe ja auch Thomas, der *doctor angelicus*, nicht nur mit Engelszungen, sondern bisweilen ganz menschlich gesprochen[65].

Auch dies ist nun ein Argument, das seit dem späten 14. Jahrhundert aus Schriften gegen eine Verabsolutierung von Thomas' Lehre bestens bekannt ist und das im 15. Jahrhundert in den Auseinandersetzungen zwischen den Schul-Richtungen immer wieder vorgebracht werden sollte[66]. Erneut werden daher zwei Dinge deutlich, dass nämlich einerseits in diesen frühen Pariser Jahren sehr wohl über den Stellenwert einzelner Schulhäupter bereits debattiert worden ist, dass dies andererseits aber in durchaus wertschätzender Form geschah. Denn dass Kritik noch nicht Polemik heißen muss, zeigt Wilhelm, wenn er nach Thomas auch Bonaventura verdankt und eingesteht, auch von ihm bisweilen abgewichen zu sein[67].

Und dann, dann ist die Reihe endlich an ihm: „*Nunc, nunc ad te amor meus o doctorum subtilior Ioannes dictus de Dunis se convertit lingua mea.*" Johannes Duns Scotus ist Wilhelms unbestrittener Held. Ihn rühmt er – unter Rekurs übrigens auf dessen Kölner Epitaph[68] –, ihm verdankt er sein Wissen, doch selbst ihm

---

64 L. c.: „*Succedit perpetuis extollendus laudibus sanctus Thomas. Hunc lingua laudare non praesumit balbutiens, cuius doctrinam cognitus est magnitollere altissimus: cum enim coram altari fratrum suorum Parrhysius Deum attentius exoraret ut quod de corpore suo Christi scilicet scripserat, an esset verum vel non intimaret, delapsam a coelis non dubito iam a terra sublevatus protinus vocem audivit: ‚bene scripsisti de me, Thoma'. O doctrinae fidelissimum testimonium e coeli sedibus, adhuc vivens nobiscum sanctus Thomas doctrinam habet firmatam ore Dei! Quis talia vidit? Quis audivit? Quis in aliquo doctorum talia expertus est?*" Zur Thomas-Legende cf. Das Leben des heiligen Thomas von Aquino, erzählt von Wilhelm von Tocco, und andere Zeugnisse zu seinem Leben. Übersetzt und eingeleitet von W. P. Eckert, Düsseldorf 1965, 231.

65 L. c.: „*Parce mihi, parce doctor sancte, si hoc in anno aliquibus in passibus tuae obviavi sententiae: non quidem hoc feci contradicens, sed veritatem inquirens. Si enim in multis es locutus linguis angelicis, et humanis non haesito te fuisse locutum. Fateor hoc humillime ut debeo poena, et lingua hoc in anno meis in factis aruisset nisi sanctiora dicta tua affuissent iuvamini. O decor philosophiae, o fastigium theologiae, o religionis venustas, o Olympo regnans iam sanctitas! Me tuis suffragiis et precibus per omnia in omnibus recommendo.*"

66 Cf. S. Müller, Pierre d'Ailly und die ‚richtige' Thomas-Interpretation: Theologisch-hermeneutische Prinzipien als Grundlage des Wegestreits, in: Traditio 60 (2005), 339–368, sowie M. J. F. M. Hoenen, Categories of Medieval Doxography. Reflections on Use of 'Doctrina' and 'Via' in 14th and 15th Century Philosophical and Theological Sources, in: P. Büttgen/R. Imbach/U. Schneider/H. Selderhuis (eds.), Vera doctrina. Zur Begriffsgeschichte der Lehre von Augustinus bis Descartes – L'idée de doctrine d'Augustin à Descartes (Wolfenbütteler Forschungen 123), Wiesbaden 2009, 63–84.

67 Wilhelm von Vorillon, Super quattuor libros Sententiarum, IV, Epilogus, ed. Agricola (nt. 56), 459v – 460r: „*Non longe minori succedit gloria sublevandus doctor Bonaventura.* [...] *Si quid boni aut aliquid aut modicum hoc in anno protulerim tuae saepius affuerunt manus adiutrices, sine quibus non potui; nec tibi alicubi obviavi nisi gratia exercitii ut dictum collatum dicto manifestius appareret. Tibi sit iubilus angelorum choris. Amen.*"

68 Op. cit., 460r: „*Nunc, nunc ad te amor meus o doctorum subtilior Ioannes dictus de Dunis se convertit lingua mea. Non autumo haud suspicor quenquam in terris viventem tuas laudes dignis celebrare sermonibus, quem mater universitatum Parrhysius suo in flore et precio tot inter doctorum turmas subtilis nomine insignivit, cuius postmodum Coloniae clerus adventum sentiens universus tibi obviasse refertur. Te primitus Scotia genuit, te postmodum Anglia docuit ubi primo sententias legisti, rursus suscepit Francia, sed Colonia tenet in tumulo. O*

gegenüber räumt Wilhelm ein, dass er nicht unfehlbar gewesen sei: Tatsächlich gibt es drei prominent ausgezeichnete Stellen in Wilhelms Sentenzenkommentar, in denen er explizit von seinem großen Vorbild abweicht[69]. Von sturem Schulgehabe kann bei Wilhelm daher keine Rede sein, so sehr er sein großes Vorbild verehrt.

Für intellektuelle Offenheit sprechen auch die restlichen drei Scholastiker, die Wilhelm noch kurz verdankt: An erster Stelle folgt Franziskus de Mayronis, der zwar ein Ordensbruder von Wilhelm ist und allenfalls in eine scotistische Linie mit eingerechnet werden könnte, doch dankt er dann auch Heinrich von Gent und schließlich Aegidius von Rom[70]. Den Abschluss seiner Danksagung bilden erneut Wilhelms Zeitgenossen, zuerst seine tatsächlichen Lehrer, unter deren Regenz er die Sentenzen gelesen hat[71], und dann auch seine Mitstreiter, die er erneut als seine *magistri* anspricht, so sehr er sich deren tieferer akademischer Grade bewusst ist[72]. Ihnen allen sowie allen anderen Lehrenden und Studierenden dankt er, die von innerhalb und außerhalb der Fakultät zusammengeströmt seien, um ihn in seiner Unfähigkeit zu unterstützen – womit Wilhelm ein letztes Mal das inzwischen bekannte rhetorische Spiel treibt: Denn wer so viele Hörer immer wieder zusammenzubringen vermag, wird alles andere als unfähig gewesen sein.

---

germen ergo Scotiae, o Angliae scientia, o Franciae subtilitas, sed o Coloniae requies – utinam beata!" Zum Kölner Epitaph und der Rolle, die Vorillon für die heutige Formulierung der Gedenktafel spielte, cf. A. Vos, The Philosophy of John Duns Scotus, Edinburgh 2006, 101.

69 Zu den einzelnen Stellen cf. Zahnd, Easy Going Scholars (nt. 17), 287.

70 Op. cit. (nt. 56), 460^r: „*Sunt sequentes tres alii quorum suffragiis multum saepe indigui qui secuntur: Frater Franciscus de Maronis doctoris subtilis validior imitator, qui multa praemissa ingeniositate super caeteros hoc obtinet, ut in omnibus quasi suis scriptis quae magna sunt numero vocatur quaternario arguendo, distinguendo et caetera faciendo. Accedit doctor solemnis quem Henricum de Gandavo intitulant, in Scripto, in Quodlibetis et in Summa miro decoratus ingenio. Succedit Romanus Aegidius, Augustinorum radius, qui tam philosophicis quam theologicis rememoranda dimisit opuscula. Huic sequenti ternario doctorum sicut primo adiutorio pro mihi impenso dignitas tribuatur perpetua.*"

71 L. c.: „*Specialiter hinc regratior nostris reverendis magistris huius sanctissimi collegii, quos meis in factis favorabiles inveni. Maxime nostro reverendo magistro Luce de Assisio sub cuius sedentis pedibus primum, secundum et tertium feci principium; consequenter nostro reverendo magistro magistro Girardo Suleti nunc in scholis hiis regenti de Burgundiae provincia oriundo, cuius sub pedibus nunc meas continuo lectiones et quartum sententiarum incoepi principium.*" Damit wird zum einen deutlich, dass Vorillon zum Zeitpunkt der Danksagung seine Kommentararbeit noch nicht abgeschlossen hat und die Danksagung damit kein Abschluss-*Sermo* ist; zum anderen zeigt sich aber auch, dass er sehr wohl schon 1430 über Buch IV gelesen hat (zur Diskussion dieses Datums cf. Zahnd, Easy Going Scholars [nt. 17], 281).

72 Op. cit., 460^v: „*Sed temporis iam expostulat curriculus ut id aggrediar ad quod penitus impotentem me conspicio. Qualiter enim honorem debitum promererem reverendis magistris meis in sacra theologia formatis baccalaureis, cursoribus et biblicis, multisque in artium veneranda et charius amplectenda facultate magistris studentibusque diversis in scientiis tam de intus quam extra, qui saepe numero venerunt, ad audiendam meam imperitiam supportaverunt, quod debile et imperfectius tacuerunt. O doctissimi viri, o imago sapientiae Dei quos natura potentes, ars habiles, sed usus faciles ad scientiarum reddidit cumulum. Condonate mihi, condonate mihi vestro indigno.*"

III. Fazit

Dass spätmittelalterliche Sententiare das neue Gefäß der Danksagungen zu nutzen wussten, um sich magistral zu inszenieren, scheint aus den vorgestellten Texten zur Genüge deutlich geworden zu sein. Die gegenseitige Betitelung als *magistri*, das Ausschöpfen von Spielräumen zum Aufbauschen der eigenen Tätigkeit zeigen, wie sehr die angehenden Magister einen Habitus unter Beweis zu stellen versuchen, der bereits erkennbar machen soll, dass sie dem Schüler-Dasein eigentlich längst entwachsen sind. Sosehr aus diesen Dankesakten immer wieder deutlich wird, wie ernst es den Dankenden mit ihrem Dank ist und wie sehr sie sich ihren geistigen Vorbildern und tatsächlichen Lehrern verpflichtet fühlen, dient ihnen der Dank doch auch zur Profilierung ihres eigenen Status'.

Über diese Rollenfragen hinaus bieten die Texte aber auch interessante Einblicke in das damalige intellektuelle Klima. Denn auch wenn die Dankes-Akte rhetorisch überfrachtet sind und daher wohl dazu tendieren, die Situation harmonischer darzustellen, als sie war, tritt aus ihnen doch erstaunlich klar hervor, wie sehr es in Paris in den ersten Jahrzehnten des 15. Jahrhunderts bereits deutlich geschiedene, an hochscholastischen Vorbildern orientierte Lehrrichtungen gegeben haben muss. Doch scheint umgekehrt – selbst wenn man die harmonisierende rhetorische Patina von diesen Texten abzieht – ebenso deutlich zu werden, dass sich diese Richtungen nicht zwingend feindlich und keineswegs stur und borniert gegenübergestanden sind. Vielmehr schien man an der kritischen Auseinandersetzung interessiert und um intellektuell herausfordernde Gegenargumente froh zu sein. Die Dankesakte helfen daher, herkömmliche Ansichten über die Schulstreitigkeiten des 15. Jahrhunderts in diese zwei Richtungen zu revidieren: zum einen hinsichtlich der Tatsache, dass früher als bisher gedacht schon am Beginn des 15. Jahrhunderts in Paris offensichtlich an Schulhäuptern orientierte Denkrichtungen präsent waren; zum anderen hinsichtlich des Stils, der in der Auseinandersetzung zwischen diesen Richtungen geherrscht hat und der weniger polemisch und viel wertschätzender gewesen zu sein scheint, als gemeinhin unterstellt worden ist.

Es bleibt aus der beschränkten Perspektive auf frühe Pariser Texte natürlich fraglich, inwiefern dieser Einblick in ein Klima der Wertschätzung auf das weitere 15. Jahrhundert übertragen werden kann. Hier müssten weitere Texte erst gefunden und genauer studiert werden, es müsste genauer festgestellt werden, wohin diese Texte im Rahmen der Sentenzenlesungen nun wirklich gehörten und wie sie mit den *principia* verbunden waren[73]. Immerhin weist eine der wenigen weiteren Danksagungen des 15. Jahrhunderts, die in der Forschung bisher Erwähnung gefunden hat, in eine ähnliche Richtung. Sie stammt von keinem geringeren als dem Vorzeige-Nominalisten Gabriel Biel und ist zusammen mit

[73] Ein vielversprechendes Korpus scheinen die Leipziger Kommentare zu sein, cf. Buchwald/Herrle, Redeakte (nt. 58), 62–64, wobei dort die Danksagung eindeutig als Abschluss-*Sermo* erfolgte.

seinen *principia* überliefert, die er 1453/1454 anlässlich seiner Studienzeit in Köln gehalten hat[74]. Biel geht darin nur auf seine tatsächlichen Lehrer und nicht auf intellektuelle Vorbilder ein, doch dankt er dort als Nominalist insbesondere dem Thomisten Gerhardus de Monte und dem Albertisten Johannes von Mechelen[75]. Der wertschätzende Ton, der in den Pariser Danksagungen begegnet ist, dürfte daher auch in weiteren Texten auftauchen, und es scheint sich abzuzeichnen, dass ein Großteil der damaligen Theologen für die intellektuelle Herausforderung, die ihnen die schulischen Gegner boten, schlicht dankbar war.

---

[74] Gießen, Universitätsbibliothek, Ms. 792; die *principia* finden sich auf den foll. 259^r–271^r, cf. Bayerer, Gratiarum Actio (nt. 13), 14 sq. Auch Gabriel Biel greift auf die Gepflogenheit zurück, seinen *principia* einen heraldischen Bibelvers voranzustellen; bei ihm ist es Lk. 1, 26: „*Missus est angelus Gabriel*".

[75] Gießen, Universitätsbibliothek, Ms. 792, 258^v: „*Demum ad inferiora descendens* [...] *venerabili magistro nostro Gerhardo de Monte sacrae theologiae professori eximio almae universitatis Coloniensis dignissimo rectori grates ut possum recenseo cuius sub alis cathedram hanc suscepi scolasticis concedente altissimo gymnasiis pugnaturus.* [...] *Praeterea venerabilibus magistro Paulo de Gerenshem, decano magistro Johanni de Machilinia vicecancellario una cum toto venerabilium magistrorum nostrorum sacrae paginae professorum dignissimorum collegio infinibiles reddo grates quorum gratia immeritus ego ad hunc gradum sum favorabiliter sublimatus*" (cf. Bayerer, Gratiarum Actio [nt.13], 13). Auch wenn Biel diese Personen nicht direkt als seine Lehrer, sondern bloß als universitäre Würdenträger verdankt, unterstreicht doch schon die Tatsache, dass er überhaupt nach Köln studieren gegangen ist, wie wenig er sich offensichtlich allein in einer nominalistischen Richtung bilden wollte.

IV. Anhang: Gilles Charlier, ‚Gratiarum actio‘[1]

Supremum vale huic operi faciens verbum sumo actionis gratiarum. Cupidus est qui quod alterius est retinet sibi. Incivilis qui dilectionis vinculum et gratiae foedus temeravit. Hic est qui beneficiorum acceptorum non meminit, cuius livor edax aliorum consumpsit gloriam ne sua vilesceret, vel quem mortalis aura nominis illexit nimium. Quantum sit scelus ingratitudo, omnis natura bestiarum simul et volucrum huius rei magistra est. Nihil tam ferox quod beneficiis non mansuescat. Leones Poeni resides manibus datas captant escas metuuntque trucem soliti verbera ferre magistrum. Pulli ciconiorum parentes senio consumptos cibant, et labore suo praedicant beneficia naturae. Divinum ergo rationis animal sacra haec iura temerabit? Et qui tam pretiosa dona suscepit in ortu, quo pacto beneficiorum obliviosus factus illa polluet? Eat turba hominum quo impetus praeceps impulerit, persequatur qui volet iniurias, data munera non laudet. Memoria enim beneficiorum labilis iniuriarum tenax. Longe aliter faciendum putavi. Voci iustitiae | M: 198vb pietatisque oboedientiam ad beneficos gratam servabo, dabo et participibus et consociis in huius lecturae patientia meritos honores.

Quam magna multitudo sapientiae et scientiae tuae Domine Deus! „Mirabilis facta est et non potero ad eam. Effundere eam voluisti super omnia opera tua.“ Sed

---

1 Cupidus *add.* enim *A* | 5 nimium *add. i. l.* ⚬• *et add. i. m. A*: Verba sequentia possent poni ad hoc signum ⚬•: Ingratitudo quippe scelus noxiosum, vitiorum exercitum secum detrahens. Habet in sua perniciosa operatione principium quod in exurendis aliorum officiis ⟨..?..⟩. Ingratitudo vero est ventus siccans fontem pietatis, rorem misericordiae, fluenta gratiae, et est dispersio virtutum, beneficiorum perditio, exinanitio meritorum [cf. Bernhard von Clairvaux, Sermones super Cantica Canticorum 51, ed. J. LeClercq (Sources chrétiennes 472), Paris 2003, 50] | 10 Et] Est *A* | 11 praeceps *om. A* | 14 oboedientiam] oboedientia *A* | 15 consociis] sociis *A* | 16 sapientiae] patientiae *A* | 17 est *add.* scientia tua *A* (cf. Ps. 138, 6)

7 Leones … 8 magistrum] cf. Boethius, De consolatione philosophiae, 3, II, 7–16, ed. C. Moreschini (Bibliotheca Scriptorum Graecorum et Romanorum Teubneriana), München–Leipzig 2005, 62 sq. | 8 Pulli … cibant] cf. ursprünglich Ambrosius, Hexaemeron, V, 16, 55, ed. C. Schenkl (Corpus Scriptorum Ecclesiasticorum Latinorum 32/1), Prag–Wien–Leipzig 1897, 181, dann aber Albertus Magnus, De animalibus, VIII, 2, 4, 68, ed. H. Stadler (Beiträge zur Geschichte der Philosophie des Mittelalters 15), Münster 1916, 598 und 602 | 16–17 Ps. 138, 6 | 17 Sir. 1, 10

---

[1] Die vorliegende Edition fußt auf den einzigen beiden bekannten Handschriften von Gilles' ‚Gratiarum actio‘ Paris, Bibliothèque Mazarine, cod. 959, 198va–199vb (M), und Angers, Bibliothèque municipale, cod. 205, 232^{r}–233^{r} (A). M dient der vorliegenden Edition als Leithandschrift, da sie nicht nur den deutlich besseren Text bietet, sondern auf Gilles Charlier selbst zurückzugehen scheint, der sie dem Collège de Navarre vermacht haben soll; cf. die Anmerkung im Schwesterkodex Paris, Bibliothèque Mazarine, cod. 958, 1^{r}: „*Ex dono famosissimi in sacra pagina professoris magistri Egidii Carlerii, decani et canonici Cameracensis meritissimi de Cameraco oriundi*“, zitiert nach V. Doucet, Magister Aegidius Carlerii eiusque quaestio de Immaculata Conceptione, in: Antonianum 5 (1930), 405–422, hier 413. Mein besonderer Dank gilt Guy Guldentops für eine Reihe wertvoller Hinweise zu dieser Edition.

rationaliter super vultus humanos abunde dedisti. Sed nos, creaturae tuae, per partes recepimus. Mihi aurem aperiebas, sed infelix ipse tonitruum sermonum tuorum ferre non potui. Illud exiguum felicitatis habuerim quod desiderio desideravi scripturas percurrere et te, bone Deus, contingere metam. Quomodo pia mater lumina parvuli pomo flectit, contrahit moras, vocat ad gremium, ita, magistri et patres, Deus omnipotens scintilla quadam micavit in oculo mentis. Vocavit ad facialem visionem. Nobis autem adhuc ire non potentibus duces dedit apostolos et doctores. Honor illi sit decus et imperium, benedictio et potestas aeterna. Sub quo ut suo capite sancti plurimi et doctores strenuissime fideliterque certaverunt. Et si horum aliquos magnificavero, reliquis tamen detrahere propositum non est, quibus est pax perpetua et commune gaudium; labes invida procul irae et contentio nulla. Fortassis inter quosdam est discordia concors, discordia opinionum cum affectuum unitate, quae multitudo sententiarum, si Aristoteli creditur, nihil praeiudicii affert amicitiae. Nihil ergo, clara doctorum luminaria, nihil aegre tuleritis si quos ex vobis elegerimus.

Ecce praesto est meus Paulus. Venit ille magnanimus, virorum praedicatum omne virtutum. Dicit Chrysostomus: Si humilitatem quaeris, audi eum dicentem: „Ego sum minimus apostolorum qui non sum dignus vocari apostolus quoniam ecclesiam Dei persecutus sum.“ Si caritatem ad Deum, dicit: „Scio et certus sum quod neque mors neque vita neque fames neque gladius neque instantia neque longitudo neque altitudo neque profundum neque creatura aliqua poterit nos separare a caritate Dei quae est in Christo Ihesu.“ Si ad proximum, clamat: „Optavi anathema esse pro fratribus“. Si pietatem compassionemque, audi dicentem: „Quis infirmatur et ego non infirmor, quis scandalizatur, et ego non uror?“ Si sollicitudinem, audi: „Instantia mea quotidiana sollicitudo omnium ecclesiarum.“ Si patientiam in tolerandis passionibus, dicit: „Ter virgis caesus sum, ter | naufragium M: 199r
feci, nocte et die in profundum maris fui.“ Si sapientiam, doctorem eius accipe: „Notum sit fratres, ait, quod evangelium quod praedicavi vobis, in quo et statis, per quod et salvamini non accepi | ab homine sed per revelationem Ihesu Christi.“ A: 232v
Quo ad caerimonias legis ad pedes Gamalielis sedens dicit se supra suos coaetaneos profecisse. Si quomodo pugnaverit voluptati, audi eum: „Ne magnitudo

---

18 rationaliter] irrationabiliter *A* | 21 contingere] pertingere *A* | 22 contrahit] pertrahit *A* | 23 Deus omnipotens *om. A* | 24 non *om. A* | 26 ut] et *A* | fideliterque] fideliter *A* | 27 magnificavero *add.* et *A* | 29 contentio] contensio *A* | 29–30 discordia opinionum] quia *A* | 30 quae multitudo sententiarum] sententiarum multitudo *A* | 32 quos] quomodo *A* | elegerimus] *add. i.m. M* | 35 Ego] Eo *A* | 36 Si] Etiam *A* | 38 altitudo] latitudo *A* | 41 et ego[1]] *ins. i. l. pro* respondeo *A* | 47 Gamalielis] Gamalalulis *A*

21 contingere metam] cf. Horaz, Ars poetica, 412, ed. F. Klingner, Leipzig [3]1959, 187 | 30 Aristoteles, Nikomachische Ethik, I, 4, 1096a12–17; cf. ibid., VIII, 9–10, 1159a3–1159b4 | 31 luminaria] cf. Phil. 2, 15 | 34 Eine wörtliche Vorlage für die folgende Zusammenstellung ließ sich nicht ausmachen; jedoch finden sich sämtliche Bibel-Verweise auch in Chrysostomos' ersten drei Homilien De laudibus sancti Pauli, ed. J. P. Migne (Patrologia cursus completus. Series Graeca 50), Paris 1862, aus denen später noch wörtlich zitiert wird (cf. infra, l. 72) | 35–36 1 Cor. 15, 9 | 36–39 Rm. 8, 38 | 39–40 Rm. 9, 3 | 40–41 2 Cor. 11, 29 | 42 2 Cor. 11, 28 | 43–44 2 Cor. 11, 25 | 45–46 1 Cor. 15, 1 | 46 Gal. 1, 12 | 47 ad pedes … 48 profecisse] cf. Act. 22, 3 | 48–51 2 Cor. 12, 7–8

revelationum extollat me, datus est mihi stimulus carnis meae angelus Satanae qui me colaphizet, propter quod ter rogavi Dominum ut discederet a me. Et respondit mihi: „‚Sufficit tibi gratia mea, nam virtus in infirmitate perficitur.'" Si virginem quaeris, ipse est; si martyrem, testes mihi sunt sepulcrum, gladius et tres fontes tribus ex saltibus capitis Ihesum invocantis relicti. Si prophetiam, ‚Actus apostolorum' hoc ipsum testantur. Nescio quid gratiae aliis dederit Deus quod non habuerit. Immo quod ceteris per partes distributum est, huic ex integro Christus donavit. „Vas enim electionis est" et illi ostendit Dominus quanta pro nomine eius oportuit pati.

Augustinum post hunc videre videor, quem primo devius Manichaeorum error abduxerat, quem Cicero, quem Stoicorum dogma nimium delectavit, cui scriptura pietatis erat in probrum eo quod philosophicis careret arguens. Hunc divina illico vertit clementia et turgido successit animus mitis. Iam iunxit latus intrepidum saevis cerva leonibus, „simul accubarunt pardus et agnus", Augustinus et haeretici. „Abscisus fuit hic lapis de monte Christo et confregit pedes statuae et comminuit eam" quia arrogantiam humiliavit perfidorum.

Post hos ecce vir venerandae senectutis, splendida facie, oculis admodum ardentibus magister Petrus Lumbardi, qui iam per priores domum Dei constructam eam turrimque David in ea munire coepit et vallavit eam muro fortissimo. Posuit quoque in ea munitionem, quia scripturae sacrae codices ornavit sanctorum sententiis copiosis, mirandum cunctis strinxit opus arte paratum, patrum dicta collegit in unum, quorum volumina non modo comprehendere sed nec legere brevitas patitur humanae lucis. Hunc laudibus prosequi sufficit nullus. I: 199rb Prius lingua deficiet et calamus obtundetur quam portionem debitae laudis | absolvero. Temptavi pridem, sed merita, fateor, dignis praeconiis celebrata non sunt, et hoc mihi cedit in cumulum honoris. Est, ut ait Chrysostomus, pretiosissimum vincendi genus cum copiam orationis superat magnitudo laudati. Vive feliciter inclite praesul, eorum omnium suffragiis recepturus opem qui de tuo calice fecundo biberunt.

Post hoc mihi sermo est de meo Thoma, cuius doctrinae utinam comprehensor essem ut amator. Opposuit turri Davidicae scripturae, i. e. sacrae, Magister murum testimonii sanctorum, obicem hostibus, tutelam violentis. Hic certa lege custodiam moeniorum fundavit et antemuralia, et iunior hic grandaevo magistro acres philosophorum sententias pertransiit velut Iohannes citius Petro. Si virtutes

---

50 rogavi Dominum] *inv. A* | 54 aliis dederit] *inv. A* | 57 oportuit pati] *inv. A* | 60 probrum *con.*] proverbium MA | 63 confregit] fregit *A* | 64 quia … perfidorum *om. A* | 66 ardentibus] ardentis *A* | 66 magister … Lumbardi *om. A* | 79 i. e. sacrae *om. A* | 82 Si *om. A*

56 Apg. 9, 15 | 61 iunxit … 62 leonibus] cf. Boethius, De consolatione philosophiae, 3, XII, 10 sq., ed. Moreschini (l. 7–8), 96 | 62 Jes. 11, 6 | 63–64 Dan. 2, 34 | 67 cf. Cant. 4, 4 und Petrus Lombardus, Sententiae in IV libros distinctae, Prolog, ed. I. Brady (Spicilegium Bonaventurianum 4), Roma 1971, 3 | 74 Johannes Chrysostomos, De laudibus sancti Pauli I (PG 50), col. 473 | 82 cf. Joh. 20, 4

eius consideras, non humanum aliquid sed Dei virtutem videbis; si litteras, miraberis naturae potentiam ita ut sit ille quem natura servaverit, in quo omnium vires explicaret. Invenies simul et sapientiam Dei ut sic probatum sit in eo Dei donum naturam perficere, non corrumpere. Hic horizon philosophorum theologorumque fecit utraque unum. Prius forsitan insolentibus patebat ad munitionem nostrae turris accessus. Iam propter antemuralia eorum fides emarcuit, prostrati sunt, in ore gladii argumentosi confusi sunt. „Lingua adhaesit palato et muti facti canes fuerunt non valentes latrare.“ Quis fidelior in exponendis libris Aristotelis principis philosophorum, quis adversus haereticos argutior, quis rursus sub breviloquio compendiosius evangelium et partem non modicam scripturae tractavit? Nemo amplius illi molestus sit si gentilium dogmata pietati fidei miscuerit. Intexuit tunicae divinorum eloquiorum pretiosas margaritas et monilia argenti. Nemo eum reprehendat quod modo quodam figurali et grossis terminis opera sua constituerit: | [A: 233r] altae sub illis latent sententiae. Uno verbo multa significavit, brevitati studuit et factus est obscurus, sed diligentiori cura tenentur quae sunt iam parta labore. Si operum suorum multitudinem profunditatemque quispiam conspexerit, ingenium mirabitur artificis. Hunc laudant caelestes essentiae et nos ei una praeconia dabimus | [M: 199v] et melos.

Venerandum insuper antistitem Albertum Magnum quis laudare sufficiet, cuius scriptorum altitudinem et profundum abyssi nemo mortalium, reor, comprehendit? In liberalibus artibus peritus, in theologicis editionibus per totum canonem sacrum redoluit. Hoc unum differentiae a Thoma sortitus est: humanas a divinis locis et operibus seiunxit artes, Thomas acerrimis humanae intelligentiae telis scripturam pietatis armavit.

Alexandrum de Hallis magno in honore memoria mea reconditum habeo. Afficit ultra me devotus ille seraphicus doctor Bonaventura, cuius operas caelesti ambrosia et suavitatis melle Sanctus ipse perunxit.

Quid rursus domino Durando dignum impertiar, non invenio. Hunc in responsionibus appunctuatum comperi, in forma processus ordinatum. Acumen ingenii in impugnationibus suis contra Thomam vos ipsi audistis, vos iudices constituo. Sponte fateor me illis digna non dedisse responsa, non quia danda non sint, sed quia ratiocinando acerrimus est et mihi hebes ingenium. Illi magnas refero grates, quem etsi secutus non sim nisi quatenus consensit Thomae, meum tamen excitavit habitum. Vivat in aevo perenni.

Aegidium de Roma et Scotum magna veneratione concelebro. Hunc in doctrina et cum Aristotele manifestum, illum subtilem pro meo modulo iudicavi.

---

86 perficere] percicere *A* | 88 fides] spes *A* | 90 facti *add.* sunt *A* | 91 principis] principiis *A* | 94 pretiosas] praecensas *A* | 99 ingenium *add. sed exp.* quis laudare sufficiet cuius scriptoris altitudinem et profundum *A* (*cf. infra de Alberto Magno*) | 101 antistitem] artificem *A* | 102 scriptorum] scriptoris *A* | 102–103 comprehendit] apprehendit *A* | 103 peritus] peripateticus? | 105 humanae *om. A* | 109 ipse] ille *A* | 112 vos^2 *om. A* | 115 meum] multum *A* | 118 manifestum] magnifestum *A*

89–90 cf. Ez. 3, 26; Ps. 21, 16 und Jes. 56, 10 | 108–109 cf. Jes. 6, 2–3

Gaude et exulta, theologorum schola, luminare orbis, fidelibus signum ad sagittam, malleus haereticis, scripturae colonus, norma morum et auriga pertinentium ad salutem. Duces non paucos habes et principes inclitos. Laetare, mater fecunda, filios parturi steriles tui coniuges non sunt. „Consurge induere fortitudine tua.“ Plus quam „sexaginta fortes tuum lectum ambiunt habentes gladium“ Spiritus, quod est verbum Dei „super femur suum“, et ad argumentorum bella doctissimi.

Ad vos, magistri et patres venerabiles, ultima convertitur oratio. Quid causae fuit ut prosequeremini steriles lectiones? Quomodo tamdiu suspendistis aures patulas, quas huius operis labor implere non valuit? Aut quis vos in unum continue congregavit? | A: 199vb Prorsus ignoro nisi caritas patientiae vestrae et sapientia vestra. Libenter sustinuistis insipientem cum ipsi sitis sapientes. Nihil pro honoribus quibus non fui dignus, nihil pro dilectione caritatis vestrae quam opere probastis in me habeo ut tribuam, nisi meipsum, quem totum omnibus et totum singulis offero cum actionibus gratiarum. Sit, oro, vobis merces magister noster Ihesus Christus, qui cum Deo Patre et Spiritu Sancto est Deus benedictus sublimis et gloriosus. Cui est honor, potestas et imperium in saecula saeculorum. A M E N.

---

120 morum] moris *A* | 121 non] vel *A* | 122 mater] noster *A* | 123 sexaginta *om.* *A* | 125 bella] vela *A* | doctissimi *add. i.m.* *A*: Insuper regratior facultati theologiae 〈..?..〉 qui me indignum nec meis meritis sed sui gratia 〈..?..〉 ad huius lecturae officium extulerit | 127 ut] nec *A* | lectiones] actiones *A* | 130 insipientem] incipientem *A* | sitis] sunt *A* | 133 gratiarum *add. i.m.* *A*: tamquam illis personis 〈..?..〉 qui et digne sunt omni reverentia et honore | oro] oratio *A* | 134 Ihesus Christus] *inv.* *A* | 135 honor *add.* et *A*

122–123 Jes. 52, 1 | 123–124 Cant. 3, 7–8

Zur Demut beim Lehren und Lernen

Silvia Negri (Freiburg im Breisgau)

I. Demut, Meister, Schüler. Ur-Figuren

Durch wiederkehrende Beispiele, Metaphern und Assoziationen lassen sich verschiedene Auffassungen der Demut im lateinischen Mittelalter rekonstruieren. Räumliche Bilder scheinen insbesondere dazu zu dienen, den *humilis* und die *humilitas* zu repräsentieren. Häufig wird in den Darstellungen der Demut der *humilis* als derjenige beschrieben, der an der Erde (*humus*) teilhat, und nicht über seine Kapazitäten hinaus emporzuragen beansprucht, also derjenige, der seine Menschlichkeit (*humanitas*) nicht übersteigt[1].

In den Texten und sogar in der Ikonografie der *humilitas* tauchen verschiedene Topoi auf: die Treppe, welche Erde und Himmel verbindet, und auf der die Demut die erste, niedrigste Stufe darstellt; der Baum der Tugenden mit der Demut als dessen Wurzel; der Turm der Sitten, der auf der Demut basiert sowie der gesenkte Blick des Demütigen[2]. Um die Paarbegriffe der Niedrigkeit gegenüber der Höhe kreisen dann weitere antithetische Bilder. Die Selbstentleerung des Demütigen wird der Selbsterfüllung des Arroganten gegenübergestellt. Der Demütige wird als gefügig beschrieben und der Unterwerfung hingegeben.

Interessanterweise schließt sich die Topik der Demut wesentlich an den begrifflichen und semantischen Bereich der Lehre, mit den Figuren des Meisters und des Schülers, an. Die Ur-Figur des Christus als *magister humilitatis*, der dem

---

1 Referenzaufsätze zu den Ausdeutungen der *humilitas* sind A. Dihle, Demut, in: Reallexikon für Antike und Christentum, vol. 3, Stuttgart 1957, 735–778; P. Adnès, Humilité, in: Dictionnaire de spiritualité, vol. 6, Paris 1969, 1136–1187. Bekanntlich hat Gauthier ein wirkmächtiges Paradigma der Demut als charakteristischer Tugend des spätantiken Christentums und des Frühmittelalters skizziert, welche der *magnanimitas* der Antike entgegengesetzt war. *Magnanimitas*, die Großmut, wurde – laut Gauthiers These – zusammen mit Aristoteles im 13. Jahrhundert im akademischen Kontext wiederentdeckt, wodurch die Rolle der Demut etwas zurückgetreten ist. Dieses Paradigma werde ich weder thematisieren noch bewerten. Cf. R.-A. Gauthier, Magnanimité. L'idéal de la grandeur dans la philosophie païenne et dans la théologie chrétienne, Paris 1951. Es sei hier auch auf folgende Studie verwiesen: I. P. Bejczy, Cardinal Virtues in a Christian Context: The Antithesis between Fortitude and Humility in the Twelfth Century, in: Medioevo 31 (2006), 49–67.

2 Zu den Repräsentationen der *humilitas* cf. e. g. A. Katzenellenbogen, Allegories of the Virtues and Vices in Mediaeval Art. From Early Christian Times to the Thirteenth Century, London 1939 [Neudruck Nendeln/Liechtenstein 1968] und C. Hourihane (ed.), Virtue & Vice. The Personifications in the Index of Christian Art, Princeton, NJ 2000, bes. 230–239.

Teufel, Urbild des Hochmutes, der *superbia*, Wurzel aller Sünde entgegengesetzt ist, diente im christlichen Mittelalter als theologische Grundlage für eine positive Konnotation der Demut als Tugend der Erlösung[3]. Vom Himmel zur Erde, von oben nach unten wurde mit dem Fall des Engels Luzifer und mit der Vertreibung von Adam und Eva aus dem Paradies der Ur-Pfad des Hochmuts beschrieben. Die Inkarnation, der Tod Gottes und die Auferstehung bilden hingegen die gegensätzlichen Pfade der höchsten Erniedrigung und der darauf folgenden höchsten Erhebung[4].

Das christliche Ideal der Nachahmung Christi schloss auch die Notwendigkeit ein, die Demut zu praktizieren. Der Schüler des Christus-Meister sollte sich die *humilitas* aneignen, die von Christus paradigmatisch verkörpert wurde. In einer Passage seines Buchs ‚De sancta virginitate' behauptete Augustinus, dass die ganze christliche Lehre (*universa disciplina christiana*) sich dem Hochmut widersetzt (*militat*) und dabei die *humilitas* lehrt (*docet*)[5]. Diese Passage zur *disciplina christiana* zusammen mit der Lehre des *bene vivere*, die von Christus, dem Meister, seiner Kirche beigebracht wird, veranschaulicht paradigmatisch die Bedeutung der *humilitas* als Hauptinhalt der christlichen Lehre schlechthin[6]. In dieser scheinen die Erlernbarkeit und die Lehrbarkeit ein weiteres wesentliches Merkmal der Darstellungen der *humilitas* zu bilden. Die Bescheidenheit kann am Beispiel

---

3 Cf. C. Casagrande/S. Vecchio, I sette vizi capitali. Storia dei peccati nel Medioevo (Saggi 832), Torino 2000, insbes. 3–33.

4 Cf. Augustinus, Enarrationes in Psalmos, 31, 2, edd. D. E. Dekkers/J. Fraipont (Corpus Christianorum. Series Latina 38), Turnhout 1956, 18, 43–49: „*Via humilitatis huius aliunde manat; a Christo venit. Haec via ab illo est, qui cum esset altus, humilis venit. Quid enim aliud docuit humilando se, factus oboediens usque ad mortem, mortem autem crucis?* […] *Quid aliud docuit nisi hanc humilitatem?*" Zur augustinischen Auffassung der Demut cf. unter den neueren Publikationen T. Howe, Weisheit und Demut bei Augustinus, in: A. Goltz/A. Luther/H. Schlange-Schöningen (eds.), Gelehrte in der Antike. Alexander Demandt zum 65. Geburtstag, Köln–Weimar–Wien 2002, 219–236; C. Mayer, Humiliatio, Humilis, in: id. (ed.), Augustinus-Lexikon, vol. 3, Basel 2006, 443–456, mit sämtlichen bibliografischen Hinweisen; N. Baumann, Die Demut als Grundlage aller Tugenden bei Augustinus (Patrologia 21), Frankfurt 2009.

5 Cf. Augustinus, De sancta virginitate, 31, 31, ed. J. Zycha (Corpus Scriptorum Ecclesiasticorum Latinorum 41), Wien 1900, 268, 16–269, 3: „*Mensura humilitatis cuique ex mensura ipsius magnitudinis data est: cui est periculosa superbia, quae amplius amplioribus insidiatur. Hanc sequitur invidentia, tanquam filia pedissequa: eam quippe superbia continuo parit, nec unquam est sine tali prole atque comite. Quibus duobus malis, hoc est superbia et invidentia, diabolus est. Itaque contra superbiam, matrem invidentiae, maxime militat universa disciplina christiana. Haec enim docet humilitatem, qua et adquirat et custodiat caritatem*".

6 Cf. Augustinus, De disciplina christiana, 1, ed. R. Vander Plaetse (Corpus Christianorum. Series Latina 46), Turnhout 1969, 1–11: „*Locutus est ad nos sermo dei, et depromptus est ad exhortationem nostram, dicente scriptura: accipite disciplinam in domo disciplinae. Disciplina, a discendo dicta est: disciplinae domus, est ecclesia christi. Quid ergo hic discitur, vel quare discitur? Qui discunt? A quo discunt? Discitur bene vivere. Propter hoc discitur bene vivere, ut perveniatur ad semper vivere. Discunt christiani, docet christus.* […] *Omnes in domo disciplinae sumus, sed multi nolunt habere disciplinam, et, quod est perversius, nec in domo disciplinae volunt habere disciplinam*" und ibid., 14, 379–385: „*Quis est enim magister qui docet? Non qualiscumque homo, sed apostolus. Plane apostolus, et tamen non apostolus. An vultis, inquit, experimentum eius accipere, qui in me loquitur Christus? Christus est qui docet; cathedram in caelo habet, ut paulo ante dixi. Schola ipsius in terra est, et schola ipsius corpus ipsius est. Caput docet membra sua, lingua loquitur pedibus suis. Christus est qui docet: audimus, timeamus, faciamus*".

des außergewöhnlichen Lebens Christi gelehrt und so zum Vorbild werden. Sie kann auch auf eine besondere Weise der Übung erworben werden.

Ein ständig wiederkehrender Topos der lateinischen Literatur in Bezug zur *humilitas* ist ebenso das Vorschreiben einer Reihe von Akten und Verhaltensweisen, durch die die Demut des Körpers, das heißt der Gesten und der Haltung, und die Bescheidenheit des Geistes in einem Prozess der aufsteigenden Verinnerlichung der tugendhaften Disposition gewonnen wird. Dieses Motiv taucht besonders in jenen literarischen Gattungen auf, in denen die Nachahmung Christi als Lebensform und sogar als Lebensregel angeordnet wird. Die *humilitas* wird als Grundlage für das eigene sowie das gemeinschaftliche Leben vorgeschrieben, indem sie die Gehorsamkeit gegenüber Gott und den anderen, den Meistern und den Mitbrüdern, lehrt. In den monastischen Regeln erhält daher die Bescheidenheit eine Schlüsselrolle als Garant der Gesetze, die von dem Abbas vorgeschrieben werden, um die Meister-Figur Christi nachzubilden, und die von den Schülern verinnerlicht werden sollen[7]. Dadurch dass sie die eigene Mangelhaftigkeit anerkennt, realisiert sich die *humilitas* durch äußerliche und innerliche Unterordnung und immer neuen Gehorsam[8]. In epistemischer Hinsicht artikulierte sich tatsächlich der *humilitas*-Topos in der Anerkennung der menschlichen Schwäche und konstitutiven Unwissenheit. Dem Lob der bewussten Ignoranz schloss sich somit das Bekenntnis der Notwendigkeit an, stetig belehrt zu werden und sich dabei als demütige Schüler zu zeigen.

Als Eigenschaft des *discipulus* wurde die Bescheidenheit in einer breiten Palette mittelalterlicher Quellen gepriesen, die zwar auf diverse Entstehungskontexte, Rezipienten und Intentionen hinweisen, sich aber gemeinsamer Figuren und rekurrierender Auffassungen bedienten. Die Verbindung zwischen Disziplin, Lehre (Lehrer und Schüler betreffend) und Demut bildet das Kernobjekt der vorliegenden Untersuchung. Mit Blick auf den Entstehungskontext und die Peri-

---

7 Mit dem monastischen Erziehungswesen, das mit dem griechischen Modell der Philosophie verglichen wird, und zwar mit Blick auf den Begriff der *docilitas*, beschäftigt sich G. Jeanmart, Généalogie de la docilité dans l'Antiquité et le Haut Moyen Âge (Philosophie de l'éducation), Paris 2007, insbes. 93–247. Zur Geschichte des Gehorsamsgelübdes als juristisches Verhältnis in den monastischen Regeln und zu seinen Vorläufern im Versprechen der *oboedientia* cf. bekanntlich C. Capelle, Le voeu d'obéissance des origines au XIIe siècle. Étude juridique (Bibliothèque d'histoire du droit et droit romain 2), Paris 1959. Zur *rebellio* und *inoboedientia* im Mönchtum, die sich dem Laster der *superbia* anschließen, cf. e. g. G. Melville, Der Mönch als Rebell gegen gesetzte Ordnung und religiöse Tugend. Beobachtungen zu Quellen des 12. und 13. Jahrhunderts, in: id. (ed.), De ordine vitae. Zu Normvorstellungen, Organisationsformen und Schriftgebrauch im mittelalterlichen Ordenswesen (Vita regularis. Ordnungen und Deutungen religiosen Lebens im Mittelalter 1), Münster 1996, 153–186.

8 Zu den Eigentümlichkeiten der früheren monastischen Regeln als literarischer Gattung cf. A. de Vogüé, Les règles monastiques anciennes (400–700) (Typologie des sources du Moyen Âge occidental 46), Turnhout 1985. In Bezug auf die für die Regel charakteristische Überschneidung zwischen *regula* und *vita*, Norm und Leben, cf. E. Coccia, *Regula et vita.* Il diritto monastico e la regola francescana, in: Medioevo e Rinascimento 20/n.s. 17 (2006), 97–147 mit besonderem Bezug auf den Franziskanerorden, und G. Agamben, Altissima povertà. Regole monastiche e forma di vita, Vicenza 2011.

ode diverser Primärtexte werde ich versuchen, einige Kernelemente in jenen Diskursen herauszuarbeiten, in denen der *humilitas* eine positive Konnotation im Bildungskonzept zukam und in denen die Bescheidenheit nicht nur dem *discipulus*, sondern auch dem *magister* empfohlen oder sogar verordnet wurde. Als paradigmatische Beispiele werden in diesem Kontext zunächst einige monastische Regeln und Texte genannt, die im Mönchtum entstanden sind. Über die Identifizierung der *humilitas* mit der *disciplina* als der zu praktizierenden Haltung des Unterworfenen in der ‚Regula Magistri' und in der ‚Regula Benedicti' hinaus wird somit die Verknüpfung zwischen Zucht und Lehre untersucht. Außerdem werden zwei Werke des Hugo von Sankt Viktor in Betracht gezogen, die eine ausführliche Überlegung zur Demut des *discipulus* an der Schnittstelle von praktischem und kontemplativem Bereich bieten. Die Verbindung zwischen der Lehre aus magistraler Sicht und der Bescheidenheit wird dann hauptsächlich anhand von Schriften analysiert, die im universitären Umfeld im Laufe des 13. Jahrhunderts verfasst wurden. Dabei werden entgegengesetzte Auffassungen des Profils eines akademischen Magisters kurz skizziert, um zu überprüfen, wie ähnliche Figuren und Paarbegriffe (*praesumptio* gegen *humilitas*) zu unterschiedlichen Zwecken eingesetzt wurden. Schließlich werde ich auf die Verordnungen der Mäßigkeit in einigen universitären Statuten aus dem 14. und 15. Jahrhundert hinweisen.

Meine Textauswahl ist von der Suche nach gemeinsamen und paradigmatischen Figuren der praktizierten oder zu praktizierenden Demut geleitet. Das daraus resultierende Panorama beansprucht folglich keine Vollständigkeit, doch soll eine gewisse Repräsentativität in den gewählten Bildern der Demut gesucht werden. Auch auf die Gefahr hin, hier zu vereinfachen, könnte man die genannten Quellen als Repräsentanten (auf jeweils unterschiedliche Weisen und mit unterschiedlichen Konnotationen) pädagogischer Diskurse auffassen, die für konkurrierende mittelalterliche Systeme und Erziehungsmodelle typisch sind: das Kloster, die Schule, die Universität. Das Ideal der Bescheidenheit wird in diesen Bildungsbereichen mit Hilfe der analysierten Topik untersucht, die dem Auseinandergehen der Konzepte von sittlicher Lebensführung einerseits und Wissenschaftspraktizierung andererseits entspricht. Das Motiv der Bescheidenheit als Haltung des Schülers, der sich dem Meister als einem Übergeordneten unterwirft und in die Gemeinschaft von Schülern aufgenommen wird, kehrt in den gewählten Quellen mit einer gewissen Beharrlichkeit wieder, wie ich zeigen werde.

Der Reichtum von Bedeutungen, die schon seit der klassischen Antike die hier betroffenen semantischen Felder kennzeichneten – man denke paradigmatisch an *discipulus/disciplina* –, verlangt ein stetig sich erneuerndes Verständnis der von den Quellen verwendeten und von mir kommentierten Begrifflichkeit. Es wird gelegentlich auf hilfreiche lexikografische Studien verwiesen. Ich werde mich auch nicht nur auf die Wortanalyse beschränken, sondern vielmehr auf plausible Vergleichskontexte hindeuten.

II. *Humilitas vel disciplina*: das Mönchtum

Gehorsam, Schweigsamkeit und Bescheidenheit schrieb im 6. Jahrhundert die ‚Regula' des Benedikt von Nursia vor[9]. Als Grundlage für das Zusammenleben in der monastischen Gemeinschaft galt die Unterwerfung den Mitbrüdern und dem Abbas gegenüber; sie wurde als Zeichen und gleichzeitig Ergebnis der Liebe zu Gott dargestellt[10]. Als erster Schritt auf der Treppe der Demut wurde im 5. Kapitel der ‚Regula' die *oboedientia* befohlen, aufgrund derer der Schüler (*discipulus*) den Anweisungen seines Meisters (*magister*) – als Auswirkung der göttlichen Furcht – eifrig und bereitwillig dadurch folgt, dass er seinen eigenen Willen aufgibt[11]. Ebenso wurde für den *discipulus* bestimmt, die *taciturnitas* auszuüben, denn es ist dem Meister das Lehren und dabei das Reden eigen, wohingegen der Schüler zuhören und daher Stillschweigen bewahren soll[12]. Wenn es für den *discipulus* notwendig ist, zu Wort zu kommen, so fährt die Regel fort, weil er den Oberen, um etwas bitten will, dann „soll es in aller Demut und ehrfürchtiger Unterordnung erbeten werden" [13]. Die *reverentia* ist die charakteristische Haltung

---

[9] Cf. Benedicti Regula. Editio altera et correcta, insbes. 5–7, ed. R. Hanslik (Corpus Scriptorum Ecclesiasticorum Latinorum 75), Wien 1977, 38–57.

[10] Unter den Studien zur Regel sei an dieser Stelle auf A. de Vogüé, La communauté et l'abbé dans la Règle de Saint Benoît, Paris 1960, insbes. Kap. IV, verwiesen. In unserem Zusammenhang interessante Bemerkungen zur *oboedientia* gegenüber dem Abbas als „Lehrer", zunächst bei Cassianus und in der ‚Regula Magistri', finden sich ibid., 275–276: „Dans la perspective de Luc 10, 16, le supérieur apparaît avant tout comme un maître de doctrine évangelique. Le bienfait qu'on attend de lui est d'enseigner la loi divine [...] Cette nécéssité d'un ‚docteur' est le premier fundament de l'obéissance monastique [...] L'obéissance s'impose donc tout d'abord comme une nécessité pédagogique. Qui veut apprendre un art doit se mettre à bonne école. L'art spiritual ne fait pas exception à cette loi".

[11] Benedicti Regula, 5, 1–10, ed. Hanslik (nt. 9), 38–39: „*Primus humilitatis gradus est oboedientia sine mora. Haec convenit his, qui nihil sibi a Christo carius aliquid existimant; propter servitium sanctum, quod professi sunt, seu propter metum gehennae vel gloriam vitae aeternae, mox aliquid imperatum a maiore fuerit, ac si divinitus imperetur, moram pati nesciant in faciendo. De quibus dominus dicit: Obauditu auris oboedivit mihi. Et item dicit doctoribus: Qui vos audit, me audit. Ergo hii tales relinquentes statim, quae sua sunt, et voluntatem propriam deserentes mox exoccupatis manibus et, quod agebant, imperfectum relinquentes vicino oboedientiae pede iubentis vocem factis sequuntur. Et veluti uno momento praedicta magistri iussio et perfecta discipuli opera in velocitate timoris dei ambae res communiter citius explicantur, quibus ad vitam aeternam gradiendi amor incumbit*". Die *oboedientia* wird laut Capelle zum ersten Mal in der ‚Regula Benedicti' (58, 17–18, 149) Gegenstand eines monastischen Versprechens, zusammen mit der *stabilitas* und der *conversatio morum*, cf. Capelle, Le voeu d'obeissance (nt. 7), 91 (zu den Bezügen zwischen der ‚Regula Benedicti' und der ‚Regula Magistri' 94–98). Capelle unterstrich die „geistliche" Bedeutung jenes offiziellen Aktes der Unterwerfung und des Gehorsams den Übergeordneten in der Gemeinschaft (*servitium sanctum*) gegenüber, der einer „situation juridique spéciale" entspricht, in der man sich zunächst Gott innerlich unterwirft, cf. ibid., 92.

[12] Cf. Benedicti Regula, 6, 6, ed. Hanslik (nt. 9), 42: „*Nam loqui et docere magistrum condecet, tacere et audire discipulum convenit*".

[13] Cf. Benedicti Regula, 6, 7, ed. Hanslik (nt. 9), 42: „*Et ideo si qua requirenda sunt a priore, cum omni humilitate et subiectione reverentiae requirantur*". In seiner ‚Expositio' zur ‚Regula' Benedikts kommentierte der Benediktinermönch Smaragdus von St. Mihiel die Passage auf folgende Weise: „*Qui enim a priore consilium salutis et verba doctrinae requirit, cum omni humilitate vel subiectione quaerere debet, quia summa monachi virtus humilitas est, summum vitium est superbia. Tunc autem se quisque monachum*

des *discipulus* gegenüber dem Meister und sie gründet explizit in der Unterwerfung und in der Bescheidenheit.

Die Demut (*humilitas*) spielt in der ‚Regula' eine besonders zentrale Rolle für denjenigen, der durch Übung und Praktizierung der zu erreichenden Tugend und durch Erniedrigung seiner selbst sich der wahren, erlösenden Hoheit öffnet. Das biblisch geprägte Vorbild der Leiter (*scala*) der Demut, auf welcher Gehorsam und Ehrfurcht die erste Stufe bilden, und die Erde und Himmel in einer wechselseitigen Beziehung verbindet, bildete die spekulative, theologische und geistliche Voraussetzung, um den Wert des Dienstes der Ehrfurcht, der Unterordnung, der Loslösung vom eigenen Willen und die Anerkennung der eigenen Mangelhaftigkeit zu untermauern[14]. Dabei wurde eine Anthropologie der Demut geboten: In der Leiter-Metapher, welche die Demut veranschaulicht, werden der Leib und die Seele des Menschen als Holme beschrieben, in die Gott verschiedene, aufzusteigende Stufen der Demut gesetzt hat:

„*Latera enim eius scalae dicimus nostrum esse corpus et animam, in qua latera diversos gradus humilitatis vel disciplinae evocatio divina ascendendo inseruit*"[15].

Sowohl in Bezug auf den Körper als auch auf die Seele soll der Mensch die Demut ausüben, um sich selbst als Mensch zu realisieren. Besonders bemerkenswert ist hier die terminologische Überlappung von *humilitas* und *disciplina*. Die Bescheidenheit wird als Eigenschaft des *discipulus* schlechthin verstanden. Mehr noch: Demut ist die *disciplina* selber.

In einem 1934 veröffentlichten Aufsatz analysierte Henri-Irénée Marrou die Verwendungen der Wörter *doctrina* und *disciplina* insbesondere vom 3. bis zum 6. Jahrhundert, das heißt von der christlichen Spätantike bis hin zur ‚Regula' Benedikts, die zu dem gemeinsamen semantischen Feld der erteilten und der empfangenen Lehre gehören[16]. Gemäß dem lexikografischen Bericht von Mar-

---

iudicet, quando se minimum existimaverit, etiam cum maiora virtutum opera gesserit. Semper enim conscientia servi dei humilis debet esse et tristis, scilicet ut per humilitatem non superbiat, et per utilem merorem cor ad lasciviam non dissolvat", cf. Smaragdi Abbatis Expositio in Regulam S. Benedicti, edd. A. Spannagel/P. Engelbert (Corpus consuetudinum monasticarum 8), Siegburg 1974, 160, 27–33.

14 Cf. Benedicti Regula, 7, 5–8, ed. Hanslik (nt. 9), 43–44: „*Unde, fratres, si summae humilitatis volumus culmen adtingere et ad exaltationem illam caelestem, ad quam per praesentis vitae humilitatem ascenditur volumus velociter pervenire, actibus nostris ascendentibus scala illa erigenda est, quae in somnio Iacob apparuit, per quam ei descendentes et ascendentes angeli monstrabantur. Non aliud sine dubio descensus ille et ascensus a nobis intelligitur nisi exaltatione descendere et humilitate ascendere. Scala vero ipsa erecta nostra est vita in saeculo, quae humiliato corde a domino erigatur ad caelum*". Der *timor* und die *memoria* der Gebote Gottes werden mit der ersten Stufe der *scala* der *humilitas* 7, 10–13, ibid., 45–46 gleichgesetzt: „*Primus itaque humilitatis gradus est, si timorem dei sibi ante oculos semper ponens oblivionem omnino fugiat et semper sit memor omnia, quae praecepit deus* [...] *Et custodiens se omni hora a peccatis et vitiis, id est cogitationum, linguae, manuum, pedum vel voluntatis propriae, sed et desideria carnis, aestimet se homo de caelis a Deo semper respici omni hora et facta sua omni loco ab aspectu divinitatis videri et ab angelis omni hora renuntiari*".

15 Benedicti Regula, 7, 9, ed. Hanslik (nt. 9), 44.

16 Cf. H.-I. Marrou, „Doctrina" et „disciplina" dans la langue des Pères de l'Église, in: Archivum latinitatis medii aevi 9 (1934), 5–25. Cf. auch W. Dürig, Disciplina. Eine Studie zum Bedeutungsumfang des Wortes in der Sprache der Liturgie und der Väter, in: Sacris Erudiri 4 (1952), 245–279. Über die Bezüge zwischen *disciplina* als Fach zu den Parallelbegriffen von Kunst (*ars*) und

rou weist die vielfache Verwendung des Wortes *disciplina* in der Benediktsregel auf die körperliche und geistige Bestrafung hin, der sich der Mönch unterwerfen muss; im Allgemeinen ist die Verwendung des Wortes *disciplina* auf die Bedeutungen von Unterwerfung, Autorität, Gehorsam, korrektem Verhalten und Einübung zurückzuführen[17]. Demut und Unterwerfung sowie Demut und strafbare Haltung fallen somit zusammen. Sie bringen die Verbindung von dem Gebot Gottes und der Loslösung von dem eigenen menschlichen Willen zum Ausdruck, die aus der Anerkennung der eigenen Schwäche und Abhängigkeit erfolgt[18].

Die Verbindung von *humilitas* und *disciplina* tauchte schon in der ‚Regula Magistri' auf, die als unmittelbare Quelle der ‚Regula' Benedikts diente. Das zehnte Kapitel der ‚Regula Magistri' wurde der Demut unter der Überschrift „*De humilitate fratrum, qualis debeat esse vel quibus modis adquiritur vel quomodo adquisita servatur*" gewidmet, in welchem die Stufen der himmlischen Leiter der Demut beschrieben wurden, die der *discipulus* hinaufsteigen soll[19]. Unter der Überschrift „*Quo ordine tacentes fratres aliquas interrogationes faciant abbati*" hatte der Autor der ‚Regula' die Motive der Verbeugung und der Schweigsamkeit des *discipulus* dem Meister gegenüber entwickelt[20].

Wissenschaft (*scientia*) hinaus untersuchte Marie-Dominique Chenu weitere Anwendungen des Konzepts der Disziplin im 12. und 13. Jahrhundert, cf. M.-D. Chenu, Notes de lexicographie philosophique médiévale. Disciplina, in: Revue des sciences philosophiques et théologiques 25 (1936), 686–692 [Neudruck in: id., Studi di lessicografia filosofica medievale, ed. G. Spinosa (Lessico Intellettuale Europeo 86), Firenze 2001, 93–100]. Ebenso widmete 1957 Jean Leclerq in dem ‚Dictionnaire de Spiritualité' dem Wort *disciplina* einen Artikel. In seiner Rekonstruktion beschränkte sich Leclerq auf die „geistliche Sphäre", cf. J. Leclerq, Disciplina, in: Dictionnaire de Spiritualité, vol. 3, Paris 1957, 1291–1302.

17 Cf. ibid., 20–21, 24–25.

18 Interessanterweise unterschied Smaragdus in seinem im 9. Jahrhundert verfassten Kommentar die Konzepte der *humilitas* und der *disciplina* dadurch, dass er die Bescheidenheit als Wächterin der Disziplin der Gelehrsamkeit beschrieb. Derjenige, der aufgrund der *humilitas* weich und sanft geworden sei, wird aufgrund der *disciplinae eruditio* geschult: „*Gradus isti ideo humilitatis et disciplinae dicuntur, quia istae ambae virtutes pulcherrime sibi invicem sociantur; quia quem humilitas mansuetum, disciplinae eruditio componit et facit doctum, et quem humilitas tranquillum et mitem, disciplinae eruditio facit providum et sapientem. Et quia scriptum est ‚Neminem diligit deus nisi eum qui cum sapientia commoratur', necesse est ut humilitati disciplina iungatur, quia eruditio disciplinae custos est humilitatis, et humilitas temperatio est eruditionis*", cf. Smaragdi Abbatis Expositio in Regulam S. Benedicti, edd. Spannagel/Engelbert (nt. 13), 166, 10–17.

19 Cf. Regula Magistri/La règle du Maître, 10, ed. A. de Vogüé, vol. 1 (Sources chrétiennes 105), Paris 1964, 418–444. Cf. dazu den Kommentar A. de Vogüés, ibid., 95 sqq., demzufolge das Ziel des Befehls zu Gehorsam, Schweigsamkeit und Demut im „Kampf gegen die Sünde" besteht, cf. insbes. 96.

20 Cf. Regula Magistri, 9, ed. de Vogüé (nt. 19), 406, 1–410, 37: „*Quo ordine tacentes fratres aliquas interrogationes faciant abbati. Respondit Dominus per magistrum: Cum de malis tamque bonis eloquiis freno taciturnitatis constringuntur discipuli et licentiae eorum aditus praesentis magistri custodia observantur, cum necessariae utilitati eorum aliquae interrogationes advenerint, adhuc clauso ore et signato tacitae gravitatis sigillo, stantes ante maiorem inclinato humilitatis capite, clausum in silentio os clave benedictionis aperiant. Quod si semel dictae benedictioni ad postulandum eloquium adhuc non respondeat magistri permissio, iterata humiliatio capitis et benedictione sola iterum repetita denuo ab abbate postuletur licentia. Quod si nec sic ab eo responsum fuerit, curvato item in humilitate discipulo, iam ipse frater se tunc demum removeat, ne aut nimius ei aut*

Ebenso beschrieb der Benediktiner Peter von Celle in seinem 1179 verfassten Traktat ‚De disciplina claustrali' die Demut als Säule der klösterlichen Disziplin. In dem einführenden Widmungsbrief schrieb Petrus die *poenalis disciplina* als notwendiges Mittel gegen die korrumpierte geistige Freiheit vor. Dabei wurde die *humilitas* als Werkzeug präsentiert, durch welches das Hochmütige und das Ungezähmte gebeugt werden können[21]. Die vom Christus-Lehrer in der weltlichen Schule gelehrte Disziplin wird im Traktat als das Leben gemäß den Geboten Gottes bezeichnet[22]. Der Ursprung der klösterlichen Disziplin liegt zudem in der Kreuzigung als Erfahrung einer höchsten Erniedrigung[23]. Offensichtlich erforderte eine Lebensform, die sich als irdisches, mangelhaftes Spiegelbild eines höheren Lebens versteht, die Bestimmung von Regeln, die immer wieder eingeübt werden müssen. Die Demut bezeichnete hierbei die Offenheit für das aufgenommene Gebot, welche aus der Anerkennung der Autorität des Gebotes selber stammt. Was erlernt wird, ist eine Praktik, eine Haltung, eine Form des Lebens oder vielmehr eine Form des Erlernens. *Disciplina* ist zugleich Inhalt und Form des Gebotes, welches eine kontinuierliche Selbsterniedrigung erfordert. Die stetig erneuerte Anerkennung der eigenen Mangelhaftigkeit übt sich in einem Verhalten des Körpers und der Seele unmittelbar aus.

---

appareat inprobus, et suo operi redditus adhuc gerat personam tacentis, ut in ipsa humilitate taciturnitatis extimet semetipsum ⟨ideo⟩ indignum iudicatum ad loquendum abbatis iudicio, aut forte ad probationem inveniendae humilitatis putet sibi discipulus taciturnitatis ideo fuisse non aperta clausura. Ideo enim ipsam solam benedictionem denuo diximus repetiri, ut cum sola est et sine alio eloquio, tamen reservata diu taciturnitas conservetur, cum denuo repetitur et post ipsam mox a nolente disceditur, adhuc conservari probata humilitas sentiatur. Nam ideo repetitio discipuli reoffertur magistro, ut non solum propter spiritalem probationem ad inveniendam humilitatem discipuli diu possit tacere magister, sed ne et corporaliter per cogitatum animo occupatus, vultus eius aliis cogitationibus obstupescens vocem praecantis discipuli surdis auribus praetermittat, et ne ipsum magistrum per nimiam et inportunam humilitatem in irae cogat vitio declinare et inportuni humilitas in inpedimento scandali deputetur". Zur Schweigsamkeit cf. e. g. A. M. Orselli, L'equilibrio tra silenzio e parola nella comunicazione monastica tardoantica (IV–VI secolo), in: Silenzio e parola nella patristica: XXXIX Incontro di studiosi dell'antichità cristiana, Roma, 1–8 maggio 2010 (Studia ephemeridis Augustinianum 127), 109–118. Zu Betrachtungen *de peccato linguae* aus dem 12. und 13. Jahrhundert cf. C. Casagrande/S. Vecchio, I peccati della lingua. Disciplina ed etica della parola nella cultura medievale, Roma 1987.

21 Cf. Peter von Celle, De disciplina claustrali/L'école du cloître, epist. dedic., ed. G. de Martel (Sources chrétiennes 240), Paris 1977, 96, 4–11: „*Libertas animi nisi ex proprio arbitrio et adiuncto limosi corporis consortio infatuata fuisset, nequaquam poenali disciplina quae plicat, planat et ligat, indiguisset. Plicat erecta, planat aspera et ligat lasciva. Plicat indomita, planat inaequalia, ligat dissoluta. Plicat animum, corpus planat, utrumque ligat. Plicat humilitate, planat aequitate, ligat religione. Plicat conversione, planat confessione, ligat professione*".

22 Cf. Peter von Celle, De disciplina claustrali, I, ed. de Martel (nt. 21), 120, 21–25: „*Quid est autem nostra disciplina, nisi vivere secundum mandata Dei? Iesus vero magister magnus et bonus, cuius cathedra est in coelo et scola in mundo, in evangelio quasi in antidotario quae fecit et docuit*".

23 Cf. Peter von Celle, De disciplina claustrali, VI, ed. de Martel (nt. 21), 160, 1–11: „*Sed quid haec ad claustralem disciplinam? Plane tota forma claustralis disciplinae emanavit de cruce. Sicut enim Christus exaltatus a terra suspensus est in cruce, expoliatus vestimentis suis, et sic distensus ut dinumerarentur omnia ossa eius, ligno sic affixus est ut nullum membrum praeter linguam moveret, quam retinuerat ad orandum et matrem dilecto discipulo commendandam, sic claustralis qui vere claustralis est debet se totum crucifigere cum vitiis et concupiscentiis, debet se a terra sustollere, sicut scriptum est: Sustollam te super altitudines terrae*".

Trotz zeitlicher Distanz und ungeachtet eines anderen Kontexts fungierte diese Topik als eine Konstante in der literarischen Gattung der klösterlichen Regel und klösterlichen Anweisungen[24]. In der franziskanischen Regel wird die Demut als Korrelat für die Armut und Geduld sowie für den geistlichen Frieden verordnet[25]. Es findet sich paradigmatisch eine wesentliche Verbindung von *humilitas* und *disciplina* im Traktat mit dem Titel ‚Speculum disciplinae', der Bonaventura zugeschrieben wurde, sehr wahrscheinlich aber im 13. Jahrhundert von dem Franziskaner Bernhard von Bessa verfasst wurde[26]. Im ersten Teil des Traktates, der sich der Propädeutik der klösterlichen Disziplin als Einübung einer Lebensform widmet, wird die Aneignung der *humilitas* zusammen mit dem Vermeiden der innerlichen und äußerlichen *praesumptio* als unvermeidbare Wurzel für die Fähigkeit der Disziplin charakterisiert[27].

III. An der Schnittstelle zwischen Wissen und Lebensführung

Die Metapher von Siegel und Wachs wurde vor Bernhard von Bessa im 12. Jahrhundert von Hugo von Sankt Viktor in seinem ‚De institutione novitiorum' benutzt, um die Novizen auf die guten Beispiele von *vita* und *conversatio* hinzuweisen, die als Ausdruck der göttlichen Form nachgeahmt werden müssen[28]. Die menschliche Fähigkeit, sich von dem Guten und damit auch von Gott

---

24 Weitere Beispiele von klösterlichen Anweisungen aus dem ausgehenden Mittelalter, in denen dieselbe Topik vorkommt, könnten genannt werden; cf. e. g. Thomas von Kempen, Libellus de disciplina claustralium, ed. M. I. Pohl (Opera omnia 2), Freiburg i. Br. 1904, 265–319, insbes. 4 („*De oboedientia humilis subditi erga praelatum suum*"), 282–287.

25 Cf. Franz von Assisi, Regula non bullata, in: E. Menestò/S. Brufani (eds.), Fontes Francescani (Medioevo Francescano. Testi 2), Assisi 1995, 183–212, insbes. Kap. 9 und 17 und Regula bullata, ibid., 169–181, insbes. Kap. 3, 6, 10, 12. Zum Kapitel 10 der ‚Regula bullata' und insbesondere zur Ausdeutung der Aufforderung „*et non current nescientes litteras, litteras discere*" cf. P. Maranesi, Nescientes litteras. L'ammonizione della regola francescana e la questione degli studi nell'ordine (sec. XIII–XVI) (Bibliotheca Seraphico-Capuccina 61), Roma 2000.

26 Cf. dazu B. Roest, A History of Franciscan Education (c. 1210–1517) (Education and Society in the Middle Ages and Renaissance 11), Leiden–Boston–Köln, 2000, insbes. 246–247.

27 Cf. Bernhard von Bessa, Speculum disciplinae, in: Bonaventurae Opera omnia, vol. 8, Quaracchi 1898, 583–622, hier 7 („*De disciplina in generali*"), 591: „*Dicto de praeparatoriis ad disciplinam et aliquibus eius effectibus incidenter, sequitur, ut, de ipsa plenius exprimentes, quae vetustate deposita animoque contra hostis insidias stabilito, super radices humilitatis consurgit, primo in generali quid sit, quae sit eius utilitas, qualiter ad eius perveniatur notitiam et de ipsius custodia, deinde in speciali dicamus.*" Cf. auch 5 („*De praesumptione tam in re quam in signo vitanda*"), ibid., 587, 588 und 589: „*Praesumptionem interiorem et exteriorem summopere fugiant* [...] *Exterioris praesumptionis et superbiae notam in omni actione sua, gestu et verbo summo studio fugiant, quae humilitatis sunt in omnibus amplexantes* [...] *Praesumptionem ergo evitat prudens humilitas; praesumit tamen interdum humiliter viscerosa et provida caritas* [...] *Reprehensibilis maxime in iuvene praesumptio, quem magis humilitas stabilit, verecundia ornat, venustat simplicitas, timor insignit et aptum efficit disciplinae, cuius initium est*".

28 Cf. Hugo von Sankt Viktor, De institutione novitiorum, 7, in: L' oeuvre de Hugues de Saint-Victor. Texte latin par H. B. Feiss/P. Sicard, traduction française par D. Poirel/H. Rochais, introduction, notes et appendices par D. Poirel, vol. 1, Turnhout 1997, 40, 340–348: „*Quare putatis, fratres, uitam et conuersationem bonorum imitari precipimur, nisi ut per eorum imitationem ad noue uite similitudinem reformemur? In ipsis siquidem similitudinis Dei forma expressa est, et idcirco, cum eis per*

prägen zu lassen – wie weiches Wachs, das die Form aufnimmt –, erfordert die Demut als Zugrundeliegendes, die von der Selbstüberhebung befreit[29]. Bescheidenheit, Schweigsamkeit und Offenheit werden zudem von Hugo im Traktat als Eigenschaften desjenigen Novizen gepriesen, der in der Schule der Tugenden belehrt werden möchte, und sich dabei auf das Zuhören einstellen muss[30]. Der *humilitas* und Sanftheit werden die Streitsüchtigkeit, die Redseligkeit und der Neid entgegengestellt[31]. Der Mahnung, die eigene Zunge vor dem Überfluss leerer Wörter zu hüten, folgt die Aufforderung zu *mensura* und *modum* sowie die Anregung, eher *auditores* denn *doctores* zu sein[32]. Der Bescheidenheit im Sprechen entspricht nämlich die Scharfsinnigkeit im Verstehen[33]. Um sich von der Wahrheit überzeugen zu lassen und dabei „*vere discipuli veritatis*" zu sein, so Hugo von Sankt Viktor weiter, muss man die *doctrina veritatis* von den Belehrten demütig

---

imitationem imprimimur, ad eiusdem similitudinis imaginem nos quoque figuramur. Sed sciendum est quia, sicut cera, nisi prius emollita fuerit, formam non recipit, sic et homo quidem per manum actionis aliene ad formam uirtutis non flectitur, nisi prius per humilitatem ab omni elationis et contradictionis rigore moliatur". Cf. auch Bernhard von Bessa, Speculum disciplinae, 3 (nt. 27), 583: „*Denique, ‚quoniam, ut ait Hugo, sicut cera, nisi prius emollita fuerit, formam non recipit, sic et homo quidem ad formam virtutis non flectitur, nisi ab omni elationis et contradictionis rigore per humilitatem molliatur'; necesse habent qui disciplinae cupiunt moribus informari, ut humilitatis radicem in corde flegere studeant et tumorem propriae voluntatis, praesumptionis et irriverentiae vitia, quae a superbia procedere solent, tam in re quam in signo vigilantius caveant, ut humilitas ancillae more locum praeparet disciplinae.*"

29 Hugo von Sankt Viktor und der Viktoriner Schule sind neuerdings zwei Sammelbände gewidmet worden, die ich hier als allgemeine Referenzstudien erwähnen möchte: cf. D. Poirel (ed.), L'école de Saint-Victor de Paris. Influence et rayonnement du Moyen Âge à l'époque moderne. Colloque international du C.N.R.S. pour le neuvième centenaire de la fondation (1108–2008) tenu au Collège des bernardins à Paris le 24–27 septembre 2008 (Bibliotheca Victorina 22), Turnhout 2010 und Ugo di San Vittore. Atti del XLVII Convegno storico internazionale, Todi, 10–12 ottobre 2010 (Atti dei convegni del Centro italiano di studi sul basso Medioevo, Accademia Tudertina 24), Spoleto 2011.

30 Zu der Viktoriner Auffassung der Bildung als Ausgleich von *litterae* und *mores* cf. C. S. Jaeger, Humanism and Ethics at the School of St. Victor in the Early Twelfth Century, in: Mediaeval Studies 55 (1993), 51–79.

31 Cf. Hugo von Sankt Viktor, De institutione novitiorum, 6, edd. Feiss/Sicard (nt. 28), 36, 268–37, 271; 38, 288–296: „*Quoniam igitur ad scholam uirtutum erudiendi acceditis, scire debetis contentiones uerborum nullo modo deinceps ad uos pertinere, quia spiritualis doctrine studium non litigantes sed auscultantes requirit.* […] *Nam quia rixe et contentiones uerborum de pestifera semper radice oriantur, dubium non est quoniam, nisi cor prius intrinsecus per elationem intumesceret, nequaquam lingua foris a custodia humilitatis sue in contumeliam uerborum se relaxaret. Sed dum superbe pre aliis sapientes uideri volumus, erubescimus uel nostram ignorantiam ab aliis argui, uel aliorum sapientiam quasi ad nostram depressionem approbari. Sicque nonnunquam contra conscientiam nostram uel nostrum errorem impudenter defendimus, uel alterius ueritatem malitiose impugnamus*".

32 Cf. Hugo von Sankt Viktor, De institutione novitiorum, 6, edd. Feiss/Sicard (nt. 28), 38, 311–314: „*Proinde, fratres carissimi, linguam uestram a superfluitate non solum inanium uerborum restringite, sed in ipsis etiam que recta sunt mensuram et modum tenete, et in collatione sanctorum magis auditores quam doctores esse eligite*". Zur *disciplina in locutione* in diesem Traktat cf. Casagrande/Vecchio, I peccati della lingua (nt. 20), 77–83.

33 Cf. Hugo von Sankt Viktor, De institutione novitiorum, 6, edd. Feiss/Sicard (nt. 28), 38, 314–316: „*Os clausum et aures apertas habete, et quanto estis ad loquendum modestiores, tanto estote ad intelligendum sagaciores*".

aufnehmen, die Einfachen nicht verachten, die jene *doctrina* „verwalten", sich als niedrig in der *scientia Dei* einschätzen und sich nicht schämen, von allen anderen Menschen beziehungsweise Mitbrüdern etwas zu lernen[34]. Die bescheidene Gesinnung öffnet also den *discipulus*, damit er die *doctrina* empfangen kann. Aber gerade die Lehre (*doctrina*) zusammen mit der *ratio*, dem *exemplum*, der *meditatio* der Heiligen Schrift sowie der *inspectio operum ac morum suorum* ist für den Autor einer der Wege, die zur Erlangung des Wissens bezüglich des guten Lebens (*recte vivendi scientia*) führen[35].

Im programmatischen Prolog zu der Schrift hatte Hugo in Anlehnung an die Psalmen 118 und 17 die *disciplina* – insbesondere die *disciplina virtutis*, die eingeübt wird, um sich die Tugenden anzueignen – als Tor zur Glückseligkeit des ewigen Lebens beschrieben[36]. Die göttliche Disziplin (*disciplina Dei*) wird nämlich als Voraussetzung für das Gutsein dargestellt und setzt ihrerseits den Besitz der *scientia discretionis*, des Unterscheidungsvermögens, voraus[37]. Der Weg zu Gott besteht also in dem Wissen, durch das die Disziplin erlangt wird: Disziplin, die zum Gutsein führt, und Gutsein, welches zur Glückseligkeit geleitet[38]. Der Novize kann sich der *disciplina*, das heißt dem Gebot Gottes, nur unterwerfen und dabei die *disciplina* als Selbstmäßigung ausüben, wenn er die Regel des guten Lebens kennt.

Ralf Stammberger hat unterstrichen, dass für Hugo „die ‚scientia' den theoretischen Aspekt der Bildung darstellt", da sie „die Quellen des Wissens und die Fähigkeit zur ‚discretio'" miteinschließt, „die erst zum rechten Gebrauch der

---

[34] Cf. Hugo von Sankt Viktor, De institutione novitiorum, 6, edd. Feiss/Sicard (nt. 28), 40, 323–336: „*Restat ergo, fratres, ut, si uere discipuli ueritatis esse cupitis, tales uos studeatis exhibere quibus ueritas facile persuaderi possit, quia et ipsa doctrina ueritatis tales auditores amat, qui eam et a sapientibus exhibitam humiliter suscipiunt, a simplicioribus quoque administratam arroganter non contemnunt; qui in scientia Dei, hoc est in peritia bene agendi, cunctos prudentiores et sapientiores quam se esse existimant, nec erubescunt magistros habere omnes a quibus discere possunt quod ignorant; qui bene dicta omnium libenter approbant, errores uero alienos, quantum ad se pertinere cognouerunt, pro tempore student uel modeste corripere uel prudenter dissimulare; qui denique studium scientiae morum disciplina exornant et mansuetudinem ac modestiam mentis sue, non solum in custodia oris, sed etiam in habitu et gestu corporis sui demonstrant*".

[35] Cf. Hugo von Sankt Viktor, De institutione novitiorum, 1, edd. Feiss/Sicard (nt. 28), 22, 62–66.

[36] Cf. Hugo von Sankt Viktor, De institutione novitiorum, prol., edd. Feiss/Sicard (nt. 28), 18, 9–14: „*Ad beatitudinem autem nemo uenire potest, nisi per uirtutem, et uirtus non alio modo ueraciter apprehenditur, nisi disciplina uirtutis non negligenter custodiatur. Vsus enim discipline ad uirtutem animum dirigit, uirtus autem ad beatitudinem perducit. Ac per hoc exercitium discipline esse debet uestra inchoatio, uirtus perfectio, praemium uirtutis eterna beatitudo*".

[37] Cf. Hugo von Sankt Viktor, De institutione novitiorum, prol., edd. Feiss/Sicard (nt. 28), 18, 19–21 und 20, 30–33: „*Disciplina namque Dei in finem corrigit, quia, plene et perfecte hominem reformans per uirtutem, ad beatitudinem perducit* [...] *Postremo, quia uidit neminem seruare posse disciplinam boni operis, qui non habeat scientiam uere discretionis, hanc quoque sibi dari quasi quoddam fundamentum et principium sancte conuersationis postulauit*".

[38] Cf. Hugo von Sankt Viktor, De institutione novitiorum, prol., edd. Feiss/Sicard (nt. 28), 20, 55–22, 60: „*Via ad ipsum sunt scientia, disciplina, bonitas; per scientiam itur ad disciplinam, per disciplinam itur ad bonitatem, per bonitatem itur ad beatitudinem. Hoc est propter quod vobiscum loqui cepimus, ut, quantum Dominus dederit, de hac uia qua ad ipsum itur uos instruamus*".

‚disciplina' befähigt"[39]. Hierbei ist die *scientia* mit dem innerlichsten, intimen Bereich der geistlichen Übung, die *disciplina* hingegen mit der äußerlichen Dimension des Körperlichen, der Gesten und des beobachtbaren guten Benehmens verbunden. Denn „Ziel des mit ‚disciplina' bezeichneten praktischen Moments der Bildung ist die Bestimmung des Körpers durch den Geist. Allerdings bedarf zuvor der Geist selbst der Disziplinierung durch Einübung in ein geordnetes Verhalten"[40]. Beide Momente – *scientia* und *disciplina* – sind aber ohnehin tiefgehend von deren praktischem Ziel her bestimmt, das heißt von dem Gutsein und darüber hinaus von der höchsten Glückseligkeit. In der gesamten Bildungsauffassung von ‚De institutione novitiorum' drückt sich tatsächlich die *scientia* in der Einsicht dessen aus, was man tun soll, um ein gutes, tugendhaftes Leben zu führen. Es handelt sich also um ein auf die irdische Praxis ausgerichtetes Wissen, welches wiederum zu einem weiteren Lebensmodus – dem ewigen Leben – anleitet. Hierzu wirkt die Demut als eine der Voraussetzungen für die Aufnahme

---

[39] Cf. R. M. W. Stammberger, „Via ad ipsum sunt scientia, disciplina, bonitas". Theorie und Praxis der Bildung in der Abtei Sankt Viktor im zwölften Jahrhundert, in: R. Berndt/M. Lutz-Bachmann/R. M. W. Stammberger (eds.), „Scientia" und „disciplina". Wissenstheorie und Wissenschaftspraxis im 12. und 13. Jahrhundert (Erudiri Sapientia 3), Berlin 2002, 91–126, hier insbes. 112–113.

[40] Cf. ibid., 113. Jaeger hat dem Lemma ‚*disciplina*' im Kontext von ‚De institutione novitiorum' und des ‚Didascalicon' einen Teil seines schon zitierten Aufsatzes gewidmet, cf. Jaeger, Humanism and Ethics at the School of St. Victor (nt. 30), 57–61. Der Wissenschaftler merkte an, dass: „‚Discipline' is the central ethical/pedagogical conception of the *De institutione novitiorum* [...] It designates both the content and the process of ethical training [...] Throughout Hugh's work ‚discipline' is the process of learning virtue, the central activity of ethical education", ibid., 57. In Anlehnung an die Definition von *disciplina*, die in Hugos ‚De institutione novitiorum' 10 vorkommt („*Disciplina est conuersatio bona et honesta, cui parum est malum non facere, sed studet etiam in hiis que bene agit per cuncta irreprehensibilis apparere. Item disciplina est membrorum omnium motus ordinatus et dispositio decens in omni habitu et actione*", cf. Hugo von Sankt Viktor, De institutione novitiorum, 10, edd. Feiss/Sicard [nt. 28], 48, 451–455), versuchte Jaeger, den Unterschied zwischen dieser Konzeption von Disziplin und der monastischen Idee der *disciplina* zu erhellen, cf. Jaeger, Humanism and Ethics at the School of St. Victor (nt. 30), 58–59: „This definition expressly limits its meaning to an etiquette of conduct, bearing, control, and governance of the body [...]. Hugh is speaking an ethical language that he does not share with monastic tradition or with the traditions of canons regular, where *disciplina* as a process of ethical training ordinarily meant the teaching and learning of the rule, or simply the rule itself, and had nothing like the profile it has in the *De institutione novitiorum*"; parallel dazu lokalisierte Jaeger die Auffassung der Viktoriner eher in einer klassischen Tradition, die sich in den Höfen und Kathedralschulen weiter ausbreitete, cf. ibid., 59. Zu *disciplina* und „geste" in Hugo cf. bekanntlich auch J.-C. Schmitt, La raison des gestes dans l'occident médiéval, Paris 1990, insbes. 174–205. In seinem Kommentar zu der Passage räumte hingegen Poirel die Verwendung des Begriffes von *disciplina* in ‚De institutione novitiorum' in der monastischen Tradition ein, cf. Hugo von Sankt Viktor, De institutione novitiorum, edd. Feiss/Sicard (nt. 28), 107, nt. 61. Cf. auch R. Baron, Hugues de Saint-Victor lexicographie, in: Cultura neolatina 16 (1956), 109–145 und D. Romagnoli, ‚Disciplina est conversatio bona et honesta': anima, corpo e società tra Ugo di San Vittore ed Erasmo da Rotterdam, in: P. Prodi (ed.), Disciplina dell'anima, disciplina del corpo e disciplina della società tra medioevo ed età moderna (Annali dell'Istituto storico italo-germanico 40), Bologna 1994, 507–537.

des Wissens, und zwar jenes Wissens, das von außen, von einem Lehrer, erworben werden soll. Somit ist die Demut Grundlage der Disziplin schlechthin, welche ihrerseits als Joch des Hochmuts gekennzeichnet wird.

Aus einer Synthese von theoretisch und praktisch bestimmten Faktoren besteht ebenso die Konzeption der Bildung, die Hugo von Sankt Viktor in seinem ‚Didascalicon de studio legendi' vertrat. Eine ausbalancierte Mischung von *mores* und *scientia* setzte der Viktoriner Meister in seinem Werk beim *lector*, also beim Studierenden voraus[41]. Bekanntlich präsentierte sich das um 1127 verfasste Werk als ein enzyklopädisches Handbuch zur *lectio* als einem Weg neben der *meditatio*, mittels dessen man unterwiesen wird, um die *scientia* zu erlangen[42]. Die *disciplina* des *lector* wird dabei als die sittliche Haltung gegenüber dem Lernen und der Wissensaufnahme verstanden, die sich in einer Reihe von Elementen verwirklicht, die man teilweise auch in den schon ausgeführten Regelungen wiederfinden kann.

Stammberger hat weiterhin auf die grundlegende Einheit des Bildungsprogramms Hugos von Sankt Viktor hingewiesen, das sich nicht nur an die Mitglieder des Ordens richtete, sondern das Hugo bekanntlich auch in einer offenen Schule durchführen ließ. Stammberger hat dabei die wiederkehrenden Motive aus ‚De institutione novitiorum' und ‚Didascalicon' hervorgehoben. Sowohl für das „interne" als auch für das „externe" Bildungswesen schlug Hugo eine Erziehungsauffassung vor, in der *scientia* und *disciplina* die Leitbegriffe darstellen[43]. Für das ‚Didascalicon', das sich die Systematik und die Einteilung der weltlichen Wissenschaften, die Methoden und Praktiken der *lectio artium* einerseits, die Natur und Verfahrensweise der *lectio divinarum scripturarum* andererseits zum Gegenstand machte, ist „der Bezug zwischen der Lektüre und der Lebensordnung" das Eigentümlichste[44]. Ausschlaggebend ist in diesem Kontext die Rolle der Demut als Garant der Disziplin.

Mit einem berühmten Aphorismus, den auch Johannes von Salisbury in seinem ‚Policraticus', VII, 13 benutzte, und der laut Aussage des Johannes auf Bernhard von Chartres zurückgeht, führte Hugo von Sankt Viktor das Kapitel im dritten Buch seines ‚Didascalicon' ein, das er dem Lemma *disciplina* widmete:

> „*Sapiens quidam cum de modo et forma discendi interrogaretur: ‚Mens' inquit ‚humilis, studium quaerendi, vita quieta, scrutinium tacitum, paupertas, terra aliena, haec reserare solent multis obscura legendi*'"[45].

---

[41] Cf. Hugo von Sankt Viktor, Didascalicon de studio legendi. Übersetzt und eingeleitet von T. Offergeld (Fontes Christiani 27), Freiburg e. a. 1997. Ich werde auch auf die kritische Edition des Textes verweisen, cf. Hugo von Sankt Viktor, Didascalicon de studio legendi. A Critical Text, ed. C. H. Buttimer (The Catholic University of America. Studies in Medieval and Renaissance Latin 10), Washington, DC 1939.

[42] Cf. Hugo von Sankt Viktor, Didascalicon, praefatio, ed. Offergeld (nt. 41), 106 (ed. Buttimer [nt. 41], 2, 9–11): „*Duae praecipue res sunt quibus quisque ad scientiam instruitur, videlicet lectio et meditatio, e quibus lectio priorem in doctrina obtinet locum, et de hac tractat liber iste dando praecepta legendi*".

[43] Cf. Stammberger, „Via ad ipsum sunt scientia, disciplina, bonitas" (nt. 39), 114.

[44] Cf. ibid., 118.

[45] Hugo von Sankt Viktor, Didascalicon, III, 12, ed. Offergeld (nt. 41), 250, 1–5 (ed. Buttimer [nt. 41], 61, 10–14). Im selben Kapitel betonte Hugo die enge Verknüpfung zwischen *mores*

Der erste Maßstab für Methode und Form des *discere* besteht in der *mens humilis*. In dem Kapitel ‚De humilitate' erkannte Hugo die Demut als Anfang der Disziplin (*principium disciplinae*) und als Grundlage des sittlichen Erlernens[46]. Die *disciplina* ist ihrerseits eine der Voraussetzungen für die Studierenden, zusammen mit natürlicher Begabung und Übung[47]. Die Ausübung der Disziplin fördert den Schüler darin, „daß er ein lobenswertes Leben führt, indem er moralisches Verhalten und Wissenschaftlichkeit vereint"[48]. Vor dem Hintergrund dieser Verflechtung von Wissen und Sitten werden insbesondere drei Elemente von Hugo als Zeichen einer demütigen Haltung beim *discere* aufgelistet: 1. alle Wissenschaften und alle Schriften hochzuschätzen; 2. sich nicht zu schämen, von anderen etwas zu lernen; 3. den anderen nicht zu verachten, wenn man schon belehrt ist[49].

Neben dem Motiv der *prudentia*, die den Studierenden dazu führt, alles zu lesen und sich anzuhören, dabei aber „keine Schrift, keine Person, keine Lehre zu verachten", trat bei Hugo von Sankt Viktor wiederum das Bekenntnis des eigenen Unwissens auf[50]. Das Resultat der Anerkennung der eigenen Ignoranz führt zu einer wohlwollenden Stellung gegenüber allen Formen des Wissens:

> „*Ab omnibus libenter disce quod tu nescis, quia humilitas commune tibi facere potest quod natura cuique proprium fecit. Sapientior omnibus eris, si ab omnibus discere volueris. Qui ab omnibus accipiunt, omnibus ditiores sunt*"[51].

In der Auffassung Hugos von Sankt Viktor ist das Lernen-Wollen mit dem *humilitas*-Aspekt verbunden sowie mit der Idee, dass das Aufnehmen von Wissen (*accipere*) sich mit einer Offenheit in Bezug auf den Lehrenden verbindet. Diese

---

und *scientia*, cf. ibid., 6–11 (ed. Buttimer [nt. 41], 61, 14–19): „*Audierat, puto, quod dictum est: ‚Mores ornant scientiam', et ideo praeceptis legendi, praecepta quoque vivendi, adiungit, ut et modum vitae suae et studii sui rationem lector agnoscat. Illaudabilis est scientia quam vita maculat impudica. Et idcirco summopere cavendum ei qui quaerit scientiam, ut non negligat disciplinam*".

46 Cf. Hugo von Sankt Viktor, Didascalicon, III, 13, ed. Offergeld (nt. 41), 250, 12 (ed. Buttimer [nt. 41], 61, 22).

47 Cf. Hugo von Sankt Viktor, Didascalicon, III, 6, ed. Offergeld (nt. 41), 238, 18–19 (ed. Buttimer [nt. 41], 57, 6): „*Tria sunt studentibus necessaria: natura, exercitium, disciplina*".

48 Cf. Hugo von Sankt Viktor, Didascalicon, III, 6, ed. Offergeld (nt. 41), 238, 21–240, 1, deutsche Übersetzung 239–241 (ed. Buttimer [nt. 41], 57, 9–11).

49 Cf. Hugo von Sankt Viktor, Didascalicon, III, 13, ed. Offergeld (nt. 41), 250, 12–17 (ed. Buttimer [nt. 41], 61, 22–62, 1): „*Principium autem disciplinae humilitas est, cuius cum multa sint documenta, haec tria praecipue ad lectorem pertinent: primum, ut nullam scientiam, nullam scripturam vilem teneat, secundum, ut a nemine discere erubescat, tertium, ut cum scientiam adeptus fuerit, ceteros non contemnat*".

50 Cf. Hugo von Sankt Viktor, Didascalicon, III, 13, ed. Offergeld (nt. 41), 252, 18–22, deutsche Übersetzung 253 (ed. Buttimer [41], 62, 20–21): „*Prudens igitur lector omnes libenter audit, omnia legit, non scripturam, non personam, non doctrinam spernit. Indifferenter ab omnibus quod sibi deesse videt quaerit, nec quantum sciat, sed quantum ignoret, considerat*". Zu Wesen, Praktik und Zweck des Lesens im ‚Didascalicon' cf. D. Poirel, *Prudens lector*. La pratique des livres et de la lecture selon Hugues de Saint-Victor, in: Cahiers de recherches médiévales et humanistes 17 (2009), 209–226.

51 Hugo de Sancto Victore, Didascalicon, III, 13, ed. Offergeld (nt. 41), 254, 9–13 (ed. Buttimer [nt. 41], 63, 4–7).

wiederum erfolgt aus dem Bekenntnis der eigenen Unwissenheit. Der gute Student soll dabei *mansuetus* (sanftmütig), *diligens* (aufmerksam) und *sedulus* (eifrig) sein, „damit er von allen bereitwillig lerne“[52].

IV. Der Meister als Schüler
Mangel an Wissen und Besitz einer Wissenschaft

In einem Text mit dem Titel ‚De disciplina scolarium', der wahrscheinlich in der ersten Hälfte des 13. Jahrhunderts verfasst wurde, werden ebenso Gefügigkeit des Geistes, Aufmerksamkeit im Zuhören, eifrige Übung und wohlwollende Haltung in der Wissensaufnahme als charakteristisch für den sich gut benehmenden Studierenden beschrieben[53]. Mindestens bis zum 15. Jahrhundert wurde die anonyme Schrift Boethius zugeschrieben. Die große Anzahl der dazu verfassten Kommentare, der von ihr abhängigen pädagogischen Traktate und die Verwendung vonseiten mittelalterlicher Autoren deutet auf einen großen Erfolg des Werkes hin[54]. Als Entstehungskontext ist laut der Editorin des Textes, Olga Weijers, die Pariser Universität, genauer die Ausführungen zu dem Leben der Studenten und Magister dort zu identifizieren[55]. Mit dem Werk Hugos von Sankt Viktor teilt der anonyme Traktat die praktische Zielsetzung, wenn er pädagogische Anweisungen erteilt[56]. Bezüglich der *disciplina* der Schüler tritt im Traktat das Konzept der *subiectio*, der Unterwerfung, auf:

> „*Visis scolarium rudimentis et virtutum incrementis nunc de eorum subiectione erga magistratus breviter est ordinandum, quoniam qui non novit se subici, non noscet se magistrari. Miserum autem est eum magistrum fieri, qui numquam novit se discipulum esse. Debet autem discipuli subieccio in tribus consistere: in attencione, benivolencia et docilitate. Docilis ingenio, attentus exercicio, benivolus*

---

52 Cf. Hugo von Sankt Viktor, Didascalicon, III, 13, ed. Offergeld (nt. 41), 256, 19–258, 8 (ed. Buttimer [nt. 41], 64, 6–16): „*Bonus enim lector humilis debet esse et mansuetus, a curis inanibus et voluptatum illecebris prorsus alienus, diligens et sedulus, ut ab omnibus libenter discat, numquam de scientia sua praesumat, perversi dogmatis auctores quasi venena fugiat, diu rem pertractare antequam iudicet discat, non videri doctus, sed esse quaerat, dicta sapientium intellecta diligat, et ea semper coram oculis quasi speculum vultus sui tenere studeat. Et si qua forte obscuriora intellectum eius non admiserint, non statim in vituperium prorumpat, ut nihil bonum esse credat, nisi quod ipse intelligere potuit. Haec est humilitas disciplinae legentium*“.

53 Cf. Pseudo-Boethius, De disciplina scolarium, ed. O. Weijers (Studien und Texte zur Geistesgeschichte des Mittelalters 12), Leiden–Köln 1976.

54 Cf. O. Weijers, Introduction, ibid., insbes. 16–34.

55 Cf. ibid., 8–11.

56 Cf. Pseudo-Boethius, De disciplina scolarium, prol., ed. Weijers (nt. 53), 93, 2–4; 93, 16–94, 3: „*Vestra novit intencio de scolarium disciplina compendiosum postulare tractatum – utinam compendiosum – a spiritus mei parvitate* […] *In primis prima, puerorum oblectamina sunt prelibanda. Secundo secunda, videlicet adultorum elacio qualiter magistratui est subicienda et discipline connectenda. Tercio de eorum elacione reprimenda, exemplorum commendationem distinctive componendo. Quarto de scolarium sagaci provisione eorumque graduali stacione. Quinto qualiter scolarium sincera ac venerabilis devocio ad magisterium est proferenda. Sexto de magistrancium norma divisioneque trina statuque erga subiectos modoque docendi precognito*“.

animo. Attentus, inquam, ad audiendum, docilis ad intelligendum, benivolus ad retinendum. Ista vero tria ad perfeccionem currunt permutatim“[57].

Interessanterweise tritt hier zu den in den vorangehenden Paragrafen genannten Motiven die Idee hinzu, dass die Unterwerfung nicht nur die Voraussetzung dafür ist, belehrt (*magistrari*) zu werden, sondern auch dafür, ein guter Meister zu werden. Nur der gute Schüler kann zu einem guten Lehrer werden; der eigentliche Meister ist ein bewusster Schüler. Selbst wenn im Kontext der Beschreibung der *submissio* des Schülers das semantische Feld der *humilitas* als solches nicht auftaucht, kehrt in der Tat das Adverb *humiliter* in der Sektion des Traktates wieder, die den Eigenschaften eines guten *magister* gewidmet ist. Jeder *doctor* – schreibt der Traktat vor – soll gebildet (*eruditus*), friedlich, sanft (*mansuetus*), hart (*rigidus*), erfahren (*antiquus*), nicht hochmütig (*non arrogans*) sein. Die *mansuetudo* wird der *arrogantia* entgegengesetzt und der Hochmut der Bescheidenheit im Lehren[58]. Eine pädagogische Verpflichtung scheint den guten Magister darin festzulegen, die Lehre, die er empfangen hat, demütig und wohlwollend weiterzuvermitteln. Dazu soll der Blick des Lehrers nicht bei sich selber und bei seiner Gelehrsamkeit verweilen, sondern vielmehr zurück auf die Quelle seines Wissens gerichtet sein[59]. Der erfolgreiche Wissenstransfer setzt das Bewusstsein des Lehrers voraus, dass die von ihm erworbene *scientia* aus einem vorangehenden Akt des Lernens stammt.

In diesem Kontext lässt sich kurz das ‚Compendium de virtute humilitatis‘ des (Pseudo-)Bonaventura nennen, in dem die Demut mit dem geistigen Zustand des *discipulus* identifiziert wird. Von der Demut, definiert als „*recta consideratio sui et suorum defectuum ac periculorum et comparatio suae modicitatis ad magnitudinem omnium*“, wird im Traktat ausgesagt, dass sie sich eher als *discipula* denn als *magistra* verstanden wissen möchte, da sie sich mehr an die göttlichen Aussagen als an die eigene Vernünftigkeit oder die menschlichen Meinungen halten will[60].

---

[57] Pseudo-Boethius, De disciplina scolarium, 2, ed. Weijers (nt. 53), 99, 8–16. In jener Sektion seines Traktates ‚De modo addiscendi‘, welche der *subiectio* des *discipulus* gewidmet wurde, führte Gilbert von Tournai die pseudo-boethianische Autorität an, cf. Gilbert von Tournai, De modo addiscendi, 3, ed. E. Bonifacio (Pubblicazioni del Pontificio Ateneo Salesiano. Testi e studi sul pensiero medioevale 1), Torino 1953, 105–106: „*Primo ergo subiectio est necessaria. Nam paribus passibus ambulare debent scholarium rudimenta et virtutum incrementa. De hac ergo subiectione dicit Boethius: ‚Qui non novit se subici non noscet se magistrari. Miserum autem est eum fieri magistrum qui se non novit esse discipulum‘. Est autem haec subiectio necessaria ad tollendam superbiam, ad inducendam verecundiam et reverentiam, ad firmandam patientiam, ad tenendam oboedientiam. Superbia claudit oculos et tumidos efficit, quibus clausis et tumefactis veritatis radios mentis oculus non agnoscit*“.

[58] Cf. Pseudo-Boethius, De disciplina scolarium, 6, ed. Weijers (nt. 53), 124, 18–19; 125, 19–126, 3: „*Tenetur quoque doctor esse eruditus, mansuetus, rigidus, antiquus, nec negligens, non arrogans.* [...] *Non arrogans* [...] *quoniam arrogantis magistri sedulitas fideliter numquam instruxit hominem. Hii sunt qui quod sciunt humiliter docere contempnunt et quod recte sapiunt recte ministrare nequeunt, quoniam in fastigio positi fastigio merencium mentes despiciunt nec in datorem sciencie causam referunt, sed propriam in se respiciunt excellenciam*“.

[59] Cf. ibid.

[60] Cf. Compendium de virtute humilitatis, 2, in: Bonaventurae Opera omnia, vol. 8 (nt. 27), 658–662, hier 659. „*Valet etiam ad eam per hoc, quod vult magis esse discipula quam magistra et plus divinae*

Der Rekurs auf die Idee einer nicht-menschlichen Quelle des Wissens und auf die Notwendigkeit, eher an der göttlichen Autorität als an der menschlichen Vernunft festzuhalten (*inhaerentia*), klingt in der Tat in der topischen Benutzung der *humilitas*-Rede an, um an die ständige menschliche geistliche Abhängigkeit, Unvollkommenheit und Fehlbarkeit zu erinnern[61].

Das Motiv der *humilitas* als erforderlicher Eigenschaft des *magister* kommt interessanterweise als polemische Waffe bei einigen Autoren aus dem universitären Milieu des 13. Jahrhunderts auf, um sich gegen die angebliche Arroganz einiger Kollegen zu positionieren[62]. Catherine König-Pralong hat insbesondere der Figur des Weltklerikers Gottfried von Fontaines und des Franziskaners Roger Bacon Aufmerksamkeit geschenkt, die sich durch unterschiedliche Ziele und auf verschiedene Weise als Gegenspieler innerhalb des akademischen Umfeldes von Paris profilierten[63]. Für beide Autoren wirkte die Berufung auf eine demütige Haltung als Gegengift gegen die erklärte Blasiertheit derjenigen Intellektuellen, die von sich selber und ihrer sozialen Klasse ein unangemessenes Bild zu liefern versuchten[64]. Interessanterweise aber hatten auch die Adressaten dieser Kritik – hier sind jeweils Thomas von Aquin und Heinrich von Gent zu nen-

sententiae inhaerere quam opinioni aut rationi propriae; et ideo nulli opinioni humanae vel propriae pertinaciter inhaeret, divinas autem sententias reverentissime colit".

61 Im Compendium wird die Demut als *mater omnis veritatis* bezeichnet, indem sie „*existimat enim omnia, prout sunt*", cf. ibid., 658; siehe auch ibid., 659: „*Ex praedictis autem patet quoque, humilitatem sibi totum cor colligere et facere ipsum infra se stabiliter assistere et inhabitare; quia per intellectum nihileitatis suae et omnis creaturae ab omni vanitate speciei creatae mentem abstrahit, abstrahendo simplificat et depurat, et conspectui lucis aeternae sive entitati primae et summae animam reddit mundam, serenam, liberam, perviam et propinquam, eo quod nihil sibi ascribit nec in aliquo sibi innititur. Semper secum fert intimum sensum vel intellectum principalium operum Dei, scilicet creationis, reparationis et aeternae glorificationis*".

62 Die polemische Kraft des *humilitas/superbia*-Topos im akademischen Kontext kann in ähnlicher Weise analysiert werden, wie das Antoine Destemberg in Bezug auf die Gattung der *exempla* neuerdings getan hat; diese *exempla* wurden in Dominikaner-Sermones aus der Mitte des 13. Jahrhunderts im negativen oder – eher seltener – positiven Sinn eingesetzt, um ein Bild der universitären *magistri* zu entwerfen. Destemberg hat neun Kategorien identifiziert, die die Hauptmotive der *exempla* veranschaulichen; unter diesen ist diejenige des Lasters der *vana gloria* eine der am meisten wiederkehrenden: „Une quarantaine d'*exempla* – pour 23 récits différents –, soit près du tiers de notre corpus, associe les universitaires à cette forme de péché d'orgueil qu'est la *vana gloria* […] Pour les prédicateurs mendicants, la vaine gloire apparaît comme le péché opposé à la vertu d'humilité don't ils se parent; son recours est d'autant plus pertinent pour dépeindre l'image des universitaires", cf. A. Destemberg, L'honneur des universitaires au Moyen Âge. Étude d'imaginaire social, Paris 2015, 67–74, hier 70–71.

63 Cf. C. König-Pralong, Le bon usage des savoirs. Scolastique, philosophie et politique culturelle, Paris 2011.

64 Bezüglich der Darstellung und Selbstdarstellung der Meister aus einer vergleichenden Perspektive cf. I. P. Wei, The Self-Image of the Masters of Theology at the University of Paris in the Late Thirteenth and Early Fourteenth Centuries, in: The Journal of Ecclesiastical History 46 (1995), 398–431; id., From Twelfth-Century Schools to Thirteenth-Century Universities. The Disappearance of Biographical and Autobiographical Representations of Scholars, in: Speculum 86 (2001), 42–78 und neuerdings id., Intellectual Culture in Medieval Paris. Theologians and the University, c. 1100–1330, Cambridge 2012.

nen – von derselben Topik, wenn auch mit anderen Ergebnissen, Gebrauch gemacht.

Vom scholastischen akademischen Umfeld grenzt sich Roger Bacon in diversen Schriften entschieden ab. Auf der Grundlage einer Wissensauffassung, gemäß der der Fortschritt im Lernen notwendig in einer gewissen Sittlichkeit verankert ist – in dem Sinne, dass die Verderbtheit der Menschen *in studio* notwendigerweise zu einer Verderbtheit der Menschen *in vita* führt[65] –, kritisierte Bacon im ‚Compendium philosophiae', das um 1270 verfasst wurde, die intellektuellen Praktiken an der Universität Paris. Die *corruptio* seiner Zeit, behauptete der Franziskaner, bestünde unter anderem in dem Hochmut jener Kollegen, die sich selber als Meister der Theologie wähnten, ohne einem *doctor* im Studium der Philosophie gefolgt zu sein. Als Paradigma der unrechtmäßigen intellektuellen Arroganz galten für Bacon Albertus Magnus und Thomas von Aquin, welche „*praesumpserunt in ordinibus investigare philosophiam per se sine doctore; ita quod facti sunt magistri in theologia et philosophia antequam fuerunt discipuli; et ideo regnat apud eos error infinitus*"[66]. Die *praesumptio* beider Dominikaner ließe sich in ihrer Selbsterhebung zur Rolle des Meisters erkennen, ohne eine angemessene Ausbildung bekommen zu haben. Als Hindernis (*impedimentum*) des Fortschritts im Studium nannte Bacon in derselben Schrift die *superbia* als *peccatum*, die wesentlich der idealen Haltung des Schülers (*discipulus*) entgegengesetzt ist:

> „*Nam superbus non dignatur suam confiteri ignorantiam, nec se humiliare aliis, quod oportet fieri in discipulo. Quia praeesse desiderat, fit odiosus omnibus, nec recipitur in gratiam aliorum. Sed homo per se non potest proficere a juventute, et ideo cum aliis displiceat nec potest in studio proficere ullo modo. Et specialiter impedit superbia, quia superbus despicit alios, et aliorum scientias, et omnia reprobat quae ignorat*"[67].

Ein gewisser Pessimismus im Hinblick auf die menschliche intellektuelle Neigung begleitete die Überlegungen Bacons. Als Folge der Erbsünde beugt die Unwissenheit den Menschen von seiner Geburt an, und selbst wenn jemand reif genug ist, um von seiner Vernunft Gebrauch zu machen, mache er sich nur aufgrund der Autorität Übergeordneter – Eltern oder Lehrer – auf die Suche

---

65 Cf. Roger Bacon, Compendium studii philosophiae, 1, in: Rogeri Bacon Opera quaedam hactenus inedita, vol. 1, ed. J. S. Brewer (Rerum Britannicarum Medii Aevi Scriptores. Rolls Series 15), London 1859 [Neudruck Nendeln/Liechtenstein 1965], 393–519, hier 402: „[...] *impossibile est quod sapientia stet cum peccato, sed virtus perfecta requiritur ad eam, ut inferius demonstrabo. Sed pro certo si tantum de sapientia existeret, quantum apparet, non fieret ista in mundo. Nunc autem verissimum est, quod totum studium est in fine corruptionis a quadraginta annis, licet procurante Diabolo habeat infinitam apparentiam. Et homines corrupti in studio corrumpuntur in vita de necessitate*". Cf. dazu König-Pralong, Le bon usage des savoirs (nt. 63), 137.

66 Cf. Roger Bacon, Compendium studii philosophiae, 5, ed. Brewer (nt. 65), 426. Cf. auch ibid., 429: „*Nam numquam in aliqua aetate inventa fuit aliqua scientia, sed a principio mundi paulatim crevit sapientia, et adhuc non est completa in hac vita; propter quod infinita superbia invasit istos ordines, quod praesumunt docere antequam discant; et necesse est quod doctrina eorum sit in fine corruptionis*".

67 Roger Bacon, Compendium studii philosophiae, 2, ed. Brewer (nt. 65), 408.

nach der Weisheit[68]. Der Hochmütige aber weigert sich, die eigene Ignoranz einzusehen, und sich dem anderen zu öffnen. Er ist neidisch, unruhig und cholerisch, und dabei mangelt es ihm an Kommunikativität. Dadurch dass er gegenüber den anderen verschlossen ist, lässt der Hochmütige das *lumen sapientiae* nicht zu; er ist nicht aufnahmefähig für die Weisheit[69]. Eine gewisse Ungeduld kennzeichnet ferner den Zornigen, der „*ex impetu spiritus praesumit de conclusione, antequam possit de praemissis probationibus judicare*"[70]. Es handelt sich um dieselbe Ungeduld, so könnte man glossieren, die Albert und Thomas dazu gebracht hatte, sich unverdient und frühzeitig als Autoritäten zu präsentieren. Wie König-Pralong gezeigt hat, werden die *magistri scholastici* von Bacon im ‚Opus Maius' sogar als Paradigmen des Hochmutes dargestellt und als negative Modelle des Nicht-Wissens oder des fiktiven Wissens ausgelacht[71].

Gegen die Auffassung des Theologen als jenes erhabenen Wissenschaftlers, der eine direkte und übernatürliche Einsicht in die Glaubensprinzipien dank einer besonderen Auserwählung Gottes besitzt, richtete sich bekanntlich Gottfried von Fontaines in seinem ‚Quodlibet' IX, q. 20[72]. Dem nicht namentlich erwähnten Adressaten des Angriffes, Heinrich von Gent, warf er vor, der Theologie „*plus dare* [...] *quam ei convenire possit*"[73]. Die heinrichsche Rechtfertigung

---

[68] Cf. Roger Bacon, Compendium studii philosophiae, 2, ed. Brewer (nt. 65), 404–405: „*Omnis quidem homo scit per experientiam in se et in aliis, licet dissimulet caecitate mirabili, et negligat, quod homo totus est plena ignorantia et errore ab ipsa nativitate, ita quod etiam cum pervenit ad annos discretionis, et deberet uti ratione, et vivere in omnibus secundum vires ejus, repugnat omni rationi sicut brutum animal; ita quod nihil sapientiale quaereremus, nisi parentes et magistri et caeteri majores nos cogerent ad vias aliquas sapientiae; et tum ita rebelles sumus, quod aut nihil aut parum proficimus infra triginta primos annos*".

[69] Cf. Roger Bacon, Compendium studii philosophiae, 2, ed. Brewer (nt. 65), 408: „*Invidus similiter qui alios odit, et dolet de utilitate proximi, necessario est odiosus aliis; et ideo nec communicat aliis, nec alii communicant ei, propter quod proficere non potest, praecipue cum ipsa invidia ex sua proprietate facit animum marcescere, et tabescere, et putrefieri spiritualiter, et deficere in se ipso; et ideo vires non habet anima invidiosa, nec potest ad ardua opera sapientiae penetrare. Similiterque sicut superbo non placent aliena, sed his detrahit, et reprobat ea quantumcunque sint dignissima, propter quod invidus ex sua proprietate quamcunque sapientiam in aliis despicit et annihilat, et ideo malitia sua non permittit eum lumen sapientiae recipere, sed blasphemat omnia quae ignorat*".

[70] Ibid., 408–409. In diesem Kontext verweist Bacon auf Platon: „*Unde praeceptum fuit a Platone, quod iracundus non fiat discipulus sapientiae, nec studio ejus vacet, quoniam proficere non potest, eo quod animum semper habet turbatum, nec potest aliquid examinare veraciter, sed ex impetu spiritus praesumit de conclusione, antequam possit de praemissis probationibus judicare. Haec sententia Platonis in libro De Proportionibus et Proportionalitatibus recitatur*".

[71] Cf. König-Pralong, Le bon usage des savoirs (nt. 63), 140 sqq.

[72] Cf. Gottfried von Fontaines, Quodlibet IX, q. 20, ed. J. Hoffmans (Les Philosophes Belges. Textes et Études 4), Louvain 1924, 282–293. Cf. König-Pralong, Le bon usage des savoirs (nt. 63), 105–123. In Bezug auf Heinrich von Gent und Gottfried cf. auch P. Porro, La teologia a Parigi dopo Tommaso. Enrico di Gand, Egidio Romano, Goffredo di Fontaines, in: I. Biffi/C. Marabelli (eds.), Rinnovamento della ‚via antiqua'. La creatività tra il XIII e il XIV secolo (Figure del pensiero medievale 5), Milano–Roma 2009, 165–262.

[73] Gottfried von Fontaines, Quodlibet IX, q. 20, ed. Hoffmans (nt. 72), 287: „*Sed isti plus videntur dare theologiae quam ei convenire possit, non propter defectum scibilis quod est perfectissimum in entitate et secundum se maxime cognoscibile, sed propter defectum nostrae infirmitatis quae etiam non patitur quod durante statu viae possumus per rationem efficacem attingere ad talem evidentiam, quia excluderet fidem quae est de ratione huiusmodi scientiae*".

des außerordentlichen epistemischen Status des *magister theologiae*, die einerseits von den *auctoritates sanctorum*, andererseits von der nicht weiter überprüfbaren Anwesenheit einer besonderen göttlichen Erleuchtung herrühre, bezeichnete Gottfried mit den Adjektiven *irrationabile* und *verecundum*[74]. Dabei forderte er ein bescheidenes Bekenntnis zur eigenen Mangelhaftigkeit von demjenigen, der sich für einen Meister halten will:

„*Quomodo ergo honeste potest dicere magister huiusmodi scientiae hanc scientiam esse veram scientiam solum ex hoc, quia sancti videntur hoc dicere? Ex hoc enim solum poterit vere dicere se credere hoc esse verum; sed nesciet ita esse, quia etiam nesciet se habere talem notitiam, quia in nulla conclusione hoc potest ostendere. Debet enim ille, qui huiusmodi scientiae reputat se esse magistrum, scire se competenter habere evidentiam notitiae quae in hac scientia convenienter est nata haberi; licet ex humilitate debeat dicere se illam habere minus sufficienter quam haberi possit* […]“[75].

Das Motiv der *infirmitas* des menschlichen Geistes taucht ebenso bei Gottfried zusammen mit der Idee auf, dass niemand in diesem Leben eine Wissenschaft (*scientia*) des Göttlichen erreichen kann. Umso weniger kann ein *magister* eine Garantie im Hinblick auf den Besitz eines solchen Wissens von sich selber aus liefern[76].

Interessanterweise hatte auch Thomas in seiner 1270 gehaltenen *determinatio* zur ‚Quaestio quodlibetalis' „*Utrum liceat quod aliquis pro se petat licenciam in theologia docendi*“ die Gefahr der *praesumptio* im magistralen Bereich berührt, wenn auch mit unterschiedlichen Zielen[77]. Der Dominikaner gründete seine Antwort auf die Unterschiede zwischen der *cathedra pontificalis*, für die es nicht ehrenhaft sei, die *licentia* für sich selber zu verlangen, und der *cathedra magistralis*, für die hingegen die Möglichkeit eingeräumt werden müsse, die *licentia docendi* zu fordern. Die *licentia docendi*, so Thomas, füge der betroffenen Person keine neue *eminentia*, sondern lediglich die Gelegenheit hinzu, das eigene, schon vorhandene Wissen weiterzuvermitteln[78]. Und diese *eminentia scientiae*, die zum Erlangen des Lehrstuhles erforderlich sei, betreffe die „*perfectio hominis secundum se ipsum*“[79]. Eine unabdingbare Bedingung für eine solche *petitio* sei daher, dass im Meister ein adäquates Wissen tatsächlich vorhanden sei:

„*Cum autem ille qui accipit licenciam ad cathedram magistralem accipiat solam oportunitatem communicandi quod habet, petere huiusmodi licenciam, quantum est in se, nullam uidetur turpitudi-*

---

[74] Cf. ibid., 289.

[75] Ibid.

[76] *Derisibiles* wären für Gottfried jene sogenannten *magistri*, die die Theologie als „*vere et proprie dicta scientia*“ bezeichnen, sie aber nicht besitzen, „*qui tanto tempore in ea laboraverunt*“. Als ein *figmentum* nannte er weiterhin die Einbildung jener *magistri*, die sich eine besondere und exklusive Erleuchtung Gottes vorbehielten, cf. Gottfried von Fontaines, Quodlibet IX, q. 20, ed. Hoffmans (nt. 72), 289–290.

[77] Cf. Thomas von Aquin, Quodlibet III, q. 4, a. 1, ed. Commissio Leonina (Opera omnia 25/2), Roma–Paris 1996, 251–253. Cf. dazu König-Pralong, Le bon usage des savoirs (nt. 63), 64–65. S. auch E. Marmursztejn, L'autorité des maîtres. Scolastique, normes et société au XIIIe siècle, Paris 2007, 33–34.

[78] Cf. Thomas von Aquin, Quodlibet III, q. 4, a. 1, ed. Leonina (nt. 77), 252.

[79] Ibid.

nem continere, quia communicare aliis scienciam quam quis habet laudabile est et ad caritatem pertinens [...] *Potest tamen turpitudinem continere ratione presumptionis, que esset si ille qui non est ydoneus ad docendum peteret docendi officium*"[80].

Das *vitium* der *praesumptio* in Bezug auf die Evaluation des eigenen Wissens kann aber, so Thomas weiter, gerade dadurch vermieden werden, dass das Kriterium für ein sicheres Urteil über das eigene Wissen dem Subjekt selber innewohnt („*Nam scienciam, per quam aliquis est ydoneus ad docendum, potest aliquis scire per certitudinem se habere*")[81].

Ein strategischer Rekurs auf die Topik der Bescheidenheit ist ebenso in der ausführlichen Beschreibung des *doctor* sowie des *auditor* der akademischen Theologie zu lesen, der Heinrich von Gent eine beachtliche Anzahl an disputierten ‚Quaestiones' in der Anfangszeit seiner universitären Karriere, das heißt wahrscheinlich schon vor dem Jahr 1276, widmete[82]. Als Eigenschaft des „*proprius et conveniens auditor*" der *scientia theologica* erwähnte Heinrich die Fähigkeit, sich die tiefen Wahrheiten jenes Wissens anzueignen und zwischen den *bene dicta* und den *contraria* unterscheiden zu können[83]. Den natürlichen Begabungen füge sich aber auch als erforderliches Element eine solide und vollständige Vorbereitung in den weltlichen Disziplinen hinzu, um die Geheimnisse der theologischen Wissenschaft sondieren zu können, und das erlangte Wissen an das Volk weiterzugeben[84]. Dabei sollte der *auditor theologiae* nicht nur bei der *praedicatio*, sondern auch bei der *lectio* zuhören, um sich der Gefahr der *praesumptio* zu entziehen:

„*Dicendum quod tales omnino debent esse auditores huius scientiae, non solum per praedicationem, sed etiam audiendo eam per lectionem, dummodo praedicatione non potuerint sufficienter instrui ut sint idonei alios docere secundum gradum status sui. Aliter enim exponerent se discrimini ex praesumptione*"[85].

Interessanterweise kehrt bei Heinrich von Gent zusammen mit der Fürsprache für eine geeignete Gelehrsamkeit der *doctores* das Zitat aus ‚De disciplina scholarium' „*Non enim erit magister qui non se novit esse discipulum*"[86] wieder. Das weltliche Wissen bereitet, dem flandrischen Autor zufolge, den Geist und die Scharfsinnigkeit des Schülers vor und beide werden als Propädeutik zur Öffnung für ein höheres Wissen betrachtet, das den Glauben als notwendige Vorausset-

80 Ibid., 253, 79–92.

81 Ibid., 253. Zu Thomas' Auffassung der *humilitas* cf. A. Kenny, St Thomas Aquinas on the Virtue of Humility, in: J. Beneš/P. Glombíček/V. Urbánek (eds.), Bene Scripsisti... Filosofie od středověku k novověku, Filosofia-ΦΙΛΟΣΟΦΙΑ, Praha 2002, 25–29.

82 Cf. dazu A. J. Minnis, The Accessus Extended: Henry of Ghent on the Transmission and Reception of Theology, in: M. D. Jordan/K. Emery Jr. (eds.), Ad litteram. Authoritative Texts and Their Medieval Readers (Notre Dame Conferences in Medieval Studies 3), Notre Dame–London 1992, 275–326; König-Pralong, Le bon usage des savoirs (nt. 63), 69–104.

83 Cf. Heinrich von Gent, Summa quaestionum ordinariarum, 12, q. 2, ed. I. Badius, vol. 1, Parisiis 1520 [Neudruck St. Bonaventure, NY 1953], 84^{v}I.

84 Cf. Heinrich von Gent, Summa quaestionum ordinariarum, 12, q. 6, ed. Badius (nt. 83), 88^{r}V.

85 Heinrich von Gent, Summa quaestionum ordinariarum, 12, q. 6, ed. Badius (nt. 83), 88^{r}V.

86 Heinrich von Gent, Summa quaestionum ordinariarum, 12, q. 6, ed. Badius (nt. 83), 88^{r}X.

zung und als ein besonderes göttliches Licht als auserwählte Hilfe hat[87]. Neben den Frauen und den Jungen, die nach Heinrich über diesen Scharfsinn nicht verfügen, ist auch derjenige von dem Zugang zu der theologischen Wissenschaft ausgeschlossen, der lediglich der natürlichen Vernunft zustimmt. Der Schüler, der in den weltlichen Wissenschaften belehrt ist, muss sich in einer bescheidenen Haltung der Theologie annähern („*humilis et ut parvulus ad eam veniat*")[88]. Der Verweis auf die *humilitas* fungiert dabei als Gelegenheit, um die Distanz der Theologen zu den *philosophi* zu verdeutlichen[89].

Sind einmal die Voraussetzungen für das Studium der Theologie erfüllt, so muss der Theologe sich nicht für seine Wissenschaft schämen. Es ist bloß im Bereich der natürlichen Vernunft, dass der Mensch seine eigene *infirmitas* erkennen muss[90]. Der Meister in Theologie ist derjenige, der schon über eine Expertise verfügt und der sich bereits für das Übernatürliche geöffnet hat. Ihm kommt also die Demut nicht als *proprium* zu. Heinrich von Gent beantwortete die Frage, ob eine Frau als „*doctor huius scientiae*", das heißt der theologischen Wissenschaft, hervortreten könne, negativ und listete zugleich vier Voraussetzungen für das „*docere ex officio*" auf, unter denen die Bescheidenheit keine Rolle spielt: 1. Festigkeit/Standhaftigkeit in der Lehre (*docendi constantia*); 2. Wirksamkeit (*exequendi efficacia*); 3. Autorität des Lehrers (*docentis auctoritas*); 4. Lebhaftigkeit der Rede (*sermonis vivacitas*)[91]. Die *simplicitas* und Ungelehrtheit werden lediglich in Bezug auf die ersten Lehrer der Theologie, die Apostel, positiv konnotiert. Die intellektuelle Bescheidenheit oder Unwissenheit, die die Anfänge der christlichen Tradition kennzeichnete, ist für Heinrich von Gent ein historisches Faktum, das nicht mehr nachgeahmt werden kann oder soll[92].

Für beide, Thomas von Aquin und Heinrich von Gent, ist also das öffentliche, offiziell anerkannte *docere* mit dem vollkommenen Besitz einer *scientia* ver-

---

87 Zur heinrichschen Lehre des besonderen theologischen Lichtes cf. neuerdings A. Arezzo, *Lumen medium*: Enrico di Gand e il dibattito sullo statuto scientifico della teologia (Biblioteca filosofia di Quaestio 21), Bari 2014.

88 Heinrich von Gent, Summa quaestionum ordinariarum, 12, q. 5, ed. Badius (nt. 83), 87^{v}O.

89 Cf. ibid.

90 Cf. Heinrich von Gent, Summa (Quaestiones ordinariae), 4, q. 5, ed. G. A. Wilson (Opera omnia 21), Leuven 2005, 296, 184–297, 198.

91 Heinrich von Gent, Summa quaestionum ordinariarum, 11, q. 2, ed. Badius (nt. 83), 77^{v}O: „*Dicendum igitur ad istam propositam quaestionem et consimiliter ad alias quod docere potest aliquis ex officio vel ex beneficio. Ut autem aliquis possit docere ex officio quatuor in eo requiruntur, duo respectu doctrinae et duo respectu illorum quibus dispensanda est doctrina. Primum est docendi constantia, ne de facili a veritate cognita doctor se divertat. Secundum est exequendi efficacia, ne per infirmitatem ab opere desistat. Tertium est docentis auctoritas, ut auditores sibi credendo obediant. Quartum est sermonis vivacitas, ut vitia corrodendo ad virtutes impellat*". Cf. dazu und zu der parallelen Auffassung des Thomas bezüglich der Rolle der Frau in der öffentlichen Lehre E. Gössmann, Anthropologie und soziale Stellung der Frau nach Summen und Sentenzenkommentaren des 13. Jahrhunderts, in: G. Vuillemin-Diem/A. Zimmermann (eds.), Soziale Ordnungen im Selbstverständnis des Mittelalters, 1. Halbband (Miscellanea Mediaevalia 12/1), Berlin – New York 1979, 281–297, hier insbes. 295.

92 Cf. dazu König-Pralong, Le bon usage des savoirs (nt. 63), 78–79. Einige Überlegungen zum Thema der Bescheidenheit bei Heinrich von Gent habe ich hier geboten: S. Negri, *Veritatem humiliter investigare*. Sul ruolo dell'umiltà in Enrico di Gand, in: Quaestio 15 (2015), 607–617.

knüpft, derer sich der *magister* bewusst ist. Dieser Status ist für beide Autoren epistemisch beschreibbar, objektiv erfassbar und unbestreitbar. Es ist kein Zufall, dass der Faktor der Demut keine Rolle in den genuin epistemisch ausgerichteten Analysen des Prozesses des Lehrens und Lernens schlechthin spielte, die bekanntlich zunächst Thomas von Aquin und dann Heinrich von Gent in der 11. ‚Quaestio disputata' „*De veritate*" und im ersten Artikel der ‚Summa quaestionum ordinariarum' skizziert hatten[93]. Ein epistemisches Kriterium – die bloße Potentialität oder die Aktualität im Besitz einer Wissenschaft (*scientia*) – dient dazu, die Notwendigkeit des kontinuierlichen Bekenntnisses der eigenen Niedrigkeit im Wissensbereich zu entschärfen. Die Sicherheit über den Besitz einer genügenden Wissenschaft wird somit in allen genannten Paradigmen zum Garanten gegen die Laster der *praesumptio*, der sich die Bescheidenheit entgegenstellt. Wo aber und von wem diese Garantie eingeholt werden soll und kann, bleibt als unvermeidlicher Unterscheidungsfaktor bestehen.

V. Zurück zur Topik der *humilitas*
Universitäre Statuten und die vorgeschriebene *reverentia*

Mehrfach hat Dilwyn Knox die These vertreten, dass die mittelalterliche christlich, monastisch und kirchlich konnotierte Idee von Disziplin das neuzeitliche, säkularisierte Konzept der Disziplin des *civis* und der Zivilisation prägte. Es handelt sich nach Knox um die Idee einer Balance zwischen einer geistigen und körperlichen, innerlichen und äußerlichen Haltung, die als Voraussetzung eines guten Verhaltens diente[94]. Die Aufforderung zur *modestia* identifizierte Knox als architektonisches und programmatisches Element in jenen Texten, die sich mit dem guten Benehmen – des Novizen, des Klerikers und dann des guten Bürgers – beschäftigten. Auf die einzigartige Aneignung der Bescheidenheit durch christliche mittelalterliche Autoren ging Knox ein, um zu zeigen, wie die christliche Pädagogik der *modestia* zur Grundlage des „Laienideals" der guten Manieren in der „ganzen christlichen Latinität", sowohl der katholischen als auch der protestantischen, wurde[95]. Eine gewisse Persistenz und Universalität im Vorkommen ähnlicher Bilder stellte er in unterschiedlichen Quellentypologien aus

[93] Zu einigen noetischen Aspekten der betroffenen Quästionen cf. W. Goris, *De magistro* – Thomas Aquinas, Henry of Ghent and John Duns Scotus on Natural Conceptions, in: The Review of Metaphysics 66 (2013), 435–468.

[94] Cf. D. Knox, Disciplina: le origini monastiche e clericali del buon comportamento nell'Europa cattolica del Cinquecento e primo Seicento, in: Prodi (ed.), Disciplina dell'anima (nt. 40), 63–99. Cf. auch id., Disciplina. The Monastic and Clerical Origins of European Civility, in: J. Monfasani/E. F. Rice (eds.), Renaissance Society and Culture. Essays in Honor of Eugene F. Rice, Jr., New York 1991, 107–135 und id., Disciplina del corpo e dell'anima. L'eredità del Medioevo, in: C. Casagrande/S. Vecchio (eds.), Anima e corpo nella cultura medievale. Atti del V Convegno di studi della Società Italiana per lo Studio del Pensiero Medievale, Venezia, 25–28 settembre 1995 (Millennio Medievale 15, Atti di Convegni 3), Firenze 1999, 277–287.

[95] Cf. Knox, Disciplina: le origini monastiche e clericali (nt. 94), 77.

dem 15. und 16. Jahrhundert fest, zu denen auch die ‚Constitutiones' der Jesuiten gezählt werden[96].

Die Vorschrift der *modestia* ist aber auch in den Statuten einiger universitärer Institutionen zu beobachten, die in Mitteleuropa im 14. und 15. Jahrhundert entstanden sind[97]. Dadurch dass die mittelalterlichen Universitätsstatuten die Gemeinschaft der Schüler und der Meister mit Normen zur Erlangung der akademischen Grade regulierten, setzten sie objektive Kriterien, um die Quantität des vorhandenen Wissens zu definieren. Dabei schrieben sie auch das geeignete Verhalten der Mitglieder vor, das zur Integrität der *universitas* beitragen sollte.

Als Grundregel des akademischen Zusammenlebens schrieben zum Beispiel die ersten Statuten der Universität Tübingen (1477) den Studierenden neben einer gewissen Sittlichkeit in der Unterhaltung und Bekleidung vor, sich gegenüber den Übergeordneten, das heißt den Doktoren und den Lehrern, mit *reverentia* und *oboedientia* zu verhalten. Das anständige Benehmen der Schüler (*studentes*) sollte deren Ehre und damit – oder noch davor – den Ruhm der Universität selbst vermehren:

> „*Hortandi sunt deinceps studentes primo ad mores, ut se honeste regant in conversatione et vestitu, et eius superioribus, videlicet doctoribus et magistris, debitam reverentiam et oboedientiam impendant, et cum aliis pacifice vivant, neminem ledendo, in bonis exterioribus aut corpore vel verbo, signo vel facto, sed omnibus taliter se exhibeant, ut ex hoc bona universitatis crescat fama et honor eorundem laudabilis*"[98].

Die drei Jahre später verfassten Statuten der *facultas theologica* derselben Universität befahlen, dass der Promovierende[99], der in die *aula* für die feierliche Disputation eintrat, seine Knie beugen und den Lehrern Ehrfurcht schwören sollte[100]. Ähnliche Vorschriften kann man in den ersten Statuten der Artes-Fakultät der Universität Freiburg finden, in denen unter der Rubrik „*De moribus*" festgelegt

---

96 Cf. ibid.

97 Zu den Universitäten in Mitteleuropa im Spätmittelalter seien hier paradigmatisch genannt: J. Miethke, Die Welt der Professoren und Studenten an der Wende vom Mittelalter zur Neuzeit, in: K. Andermann (ed.), Historiographie am Oberrhein im späten Mittelalter und in der frühen Neuzeit (Oberrheinische Studien 7), Sigmaringen 1988, 11–33; F. Rexroth, Deutsche Universitätsstiftungen von Prag bis Köln. Die Intentionen des Stifters und die Wege und Chancen ihrer Verwirklichung im spätmittelalterlichen deutschen Territorialstaat (Beihefte zum Archiv für Kulturgeschichte 34), Köln–Weimar–Wien 1992; die Aufsätze von W. J. Courtenay, R. C. Schwinges, K. Wriedt und F. Rexroth im Band W. J. Courtenay/J. Miethke (eds.), Universities and Schooling in Medieval Society (Education and Society in the Middle Ages and Renaissance 10), Leiden–Boston–Köln 2000; R. C. Schwinges, Zur Professionalisierung gelehrter Tätigkeit im deutschen Spätmittelalter, in: H. Boockmann/L. Grenzmann/B. Moeller/M. Staehelin (eds.), Recht und Verfassung im Übergang vom Mittelalter zur Neuzeit, II. Teil (Abhandlungen der Akademie der Wissenschaften in Göttingen 239), Göttingen 2001, 473–493, mit ausführlichen bibliografischen Hinweisen.

98 Urkunden zur Geschichte der Universität Tübingen aus den Jahren 1476 bis 1550, Tübingen 1877, 53.

99 Der *promovendus* ist derjenige, der die *licentia in theologia* bekommen soll; cf. ibid., 260.

100 Cf. ibid., 261: „*Primo aulandus flectat genua et iuret reverentiam magistrorum*".

wurde, dass die Studierenden, welche sich respektlos gegenüber den Dozierenden benahmen, nicht zu den Prüfungen zugelassen werden sollten, selbst wenn sie im Studium erfolgreich waren[101]. Die den *mores* im Statut zugesprochene Bedeutung für die offizielle Erlangung der Lizenz verrät die Idee, dass der Lehrerfolg (das „*proficere in scientiis*") nicht von den guten Sitten notwendigerweise abhängt. Die guten Sitten sind aber für die Erlangung eines Grades unabdingbar[102].

Schon die im Jahre 1365 verfassten Statuten der Artes-Fakultät von Wien waren bezüglich des guten Verhaltens der Studierenden ganz explizit. Dem Titulus VI „*De vita et moribus scolarium facultatis artium*" entnimmt man, dass Unterwerfung unter die Lehre des Meisters, Mäßigkeit, Hartnäckigkeit, Bescheidenheit – hier mit dem Adverb *modeste* ausgedrückt –, Ruhe und Gehorsamkeit zu einer guten Beschaffenheit des *discipulus* gehören[103]. Neben dem Verbot, während der Nacht fragwürdige *tabernae* zu besuchen, Streit anzufangen oder gegenüber den Mitgliedern der Universität beleidigende Pamphlete zu verfassen, wurde es zudem im selben statutarischen Paragrafen den Studierenden untersagt, sich in offiziellen Angelegenheiten unbegründet über die Autorität der Magister hinwegzusetzen:

> „*Item nullus scolarium nostre facultatis se erigat de tanto, quod presumat se locare super magistros nostre facultatis in aliquo actu publico etiam totius universitatis, scilicet in sermonibus, lectionibus, disputationibus et aliis consimilibus, cuiuscumque facultatis actus fuerit, nisi dignitas persone vel sui officii status id exposcat*" [104].

Das Verbot der *praesumptio* in den öffentlichen Akten trat im akademischen Wesen als Garant auf für die Einhaltung der Hierarchie der Status, in denen die soziale Rolle der *dignitas persone vel officii* etabliert wird.

Eine tiefgehende und breitere Analyse der Statuten der europäischen Universitäten als literarischer Texte wäre ohnehin erforderlich, um Schlussfolgerungen

---

101 Cf. H. Ott/J. M. Fletcher, The Mediaeval Statutes of the Faculty of Arts of the University of Freiburg im Breisgau (Texts and Studies in the History of Mediaeval Education 10), Notre Dame, IN 1964, 43: „*Item quia deficientes in moribus, etsi proficiant in scientiis, constat plus deficere quam proficere, ideo facultas artium vult, ordinavit et statuit quod subsequentes non admittantur ad examen vel tentam baccalariatus vel magisterii: scilicet lusores, discoli, brigatores, infames, scandalosi, doctoribus vel magistris irriverentiam exhibentes, in vestibus indecentibus more rutheorum seu armiferorum aut alias immorigerate et non scolastice se gerentes, turbatores pacis*".

102 Wie kürzlich von Destemberg gezeigt worden ist, beschrieb Johannes Gerson am Anfang des 15. Jahrhunderts die Erlangung eines akademischen Grades als eine vielfache *conversio* für den Lizenziaten, cf. Destemberg, L'honneur des universitaires au Moyen Âge (nt. 62), 144–147.

103 Cf. A. Lhotsky, Die Wiener Artistenfakultät 1365–1497 (Österreichische Akademie der Wissenschaften. Philosophisch-historische Klasse 247/2), Wien 1965, 234: „*Non modicum differt sic vel sic assuesci a iuventute, scilicet bene vel male. Bone etiam indolis est se flectere secundum doctrinam sui praeceptoris. Volumus igitur facultatis discipulos, sicut et docemus, fore morigeratos, mansuetos et pacificos et studiosus continuos et oboedientes magistris et suarum bursarum rectoribus. In lectionibus et disputationibus sine murmure, cachinno et sibilis et ululatibus, sed more virginum et constanter et modeste persistere a principio usque ad finem*".

104 Ibid., 235.

bezüglich der Vorschriften der Bescheidenheit im akademischen scholastischen Bereich zu ziehen[105]. In den hier analysierten Themenbereichen haben sich immerhin Bedeutungswandlungen angedeutet, die auf eine normierende Absicht im pädagogischen Bereich hinweisen. Betrachtet man wiederum einerseits jene regulierenden Diskurse, die sich mit der Totalität der *vita* eines Einzelnen in einer Gemeinschaft beschäftigen, das heißt den monastischen Regeln, andererseits die eben herangezogenen universitären Statuten, welche ebenso die Verhältnisse einer Gemeinschaft im Bereich des Wissensnachweises normieren, kann man Folgendes feststellen. Drückt sich in den monastischen Regeln die Vorschrift der *humilitas* in einer ganzheitlichen Norm des praktischen Lebens aus, die Seele sowie Leib in einer aufsteigenden Verinnerlichung des Gebotes zu disziplinieren vermag, beschränkt sich die Anordnung der Mäßigung in den Statuten auf äußerlich unangemessene Verhaltensweisen. Das Element der Selbst-Erbauung und Selbst-Verwirklichung des Menschen als Mensch mittels der Disziplin der *humilitas* sowie die effiziente und finale Ursächlichkeit der Liebe Gottes, die in der ‚Regula' und in den betrachteten Texten Hugos von Sankt Viktor den Kern der Bescheidenheits-Lehre darstellen, sind in der erwähnten statutarischen Literatur als solche nicht zu finden. Dort bleibt die Mahnung zur Bescheidenheit auf dem Niveau der Vorschrift von objektiv feststellbaren Akten. Es ist kein Zufall, dass die Normen zur Unterwerfung in Verbindung mit den Regelungen bezüglich anständiger Kleidung der Studierenden auftauchen. Das Ziel, die Bescheidenheit zu praktizieren, ist dort einerseits immanent vorhanden – ein gemäßigtes Benehmen ist Voraussetzung, um die studentische Karriere zu vollenden –, andererseits wird es explizit mit dem guten Ruf der universitären Institution selbst verbunden. Die Bescheidenheit wird zur Norm der Sittlichkeit in der akademischen Gemeinschaft und zur Anerkennung der Autorität – und somit der Erhabenheit – der Meister und ihrer Grade[106].

Alles in allem beinhaltet die Vorschrift und anvisierte Praxis der Bescheidenheit unter einer allgemeinen, formalen Perspektive in allen betrachteten Quellen mit Bezug auf eine Lehrende-Lernende-Beziehung die Konzepte der Mäßigung und Gehorsamkeit, der Stille und des Dienstes. Die Topik der Demut kehrt wieder in den räumlich konnotierten Bildern der Verbeugung des Schülers gegenüber dem Meister, der Untersagung, sich oberhalb des Meisters zu positionieren (*se erigere*), der Unterwerfung (*submissio*) und der zu vermeidenden *praesumptio.*

---

105 Mit Blick auf die Rolle der guten Sitten sowie der *humilitas* für die Legitimierung der intellektuellen akademischen Gemeinschaft der Meister zu Beginn bemerkt Destemberg, L'honneur des universitaires au Moyen Âge (nt. 62), 322: „L'identité magistrale reposait sur une ambiguïté difficilement réductible: la virilité du maître constituait le support physiologique de son intelligence, mais ne devait en rien s'exprimer dans ses moeurs. Dès le XIIe siècle, les moeurs des maîtres et des étudiantes furent ainsi une pierre angulaire de leur identité sociale. Autour des principes chrétiens de l'humilité, de la foi et de la charité se structura un champ littéraire de la renommée scolaire, qui accompagna chronologiquement le premier mouvement d'institutionnalisation de l'Université, jusqu'au milieu du XIIIe siècle".

106 Cf. dazu Destemberg, L'honneur des universitaires au Moyen Âge (nt. 62), insbes. 93–94.

Die Demut wirkt als Garant der Anerkennung und Rücksicht auf die Hoheit des Lehrenden, die ihrerseits auf der Niedrigkeit des Schülers basiert. Dabei scheint die Verknüpfung zwischen dem semantischen Feld der Lehre und demjenigen der Demut in den betrachteten Texten insofern wesentlich, als die Beziehung zwischen den im Lernprozess involvierten Figuren – *magister* und *discipulus*, *doctor* und *studens* – eine Rezeptivität und Aufnahmefähigkeit vonseiten des Schülers voraussetzt, welche die demütige Haltung gewährleistet.

Als notwendige Eigenschaft der Schüler scheint die Demut insbesondere in folgenden Kontexten aufzutauchen: 1. in jenen mittelalterlichen Diskursen, deren Gegenstand, Ton oder Ziel mit pädagogischen oder normativen Vorhaben verbunden sind, das heißt in jenen Texten, die Regeln für den *discipulus* vorschreiben, Empfehlungen für das Lehren und Lernen vermitteln und sich mit der Sittlichkeit des Wissens beschäftigen; 2. in den Diskursen, wo das betrachtete oder empfohlene Wissen einen Weisheitscharakter beinhaltet; 3. in Kontexten, in denen der Rekurs auf die Bescheidenheits-Topik als kritisches und polemisches Element in der Selbstdefinierung und Selbstabgrenzung der Magister diente. Die *humilitas* ist daher eine Figur der Praktik des Wissens. Abgesehen aber von der Art des anzueignenden Wissens (eines praktischen Könnens und der Kenntnis einer Norm, einer Wissenschaft sowie einer Regel des guten Benehmens) fängt der Prozess der Wissensvermittlung mit einem Moment des Sich-Öffnens und der Verbeugung seitens des Schülers an, der durch einen von Demut gekennzeichneten Akt initiiert wird. Die Topik der *humilitas* taucht einmal im Kontext einer Anerkennung der Autorität des Meisters auf, ein anderes Mal als Einsicht in die eigene Unwissenheit, die als Antrieb zur Suche nach dem fehlenden Wissen wirkt, oder aber als Achthaben und als Verzicht auf den eigenen Willen. In der Gefügigkeit des Geistes und des Körpers drückt sich kurzum die Fähigkeit aus, von dem Lehrer oder von dem Wissen selber geformt und geprägt zu werden. Die Verbindung zwischen dem Einzelnen und dem Kollektiv spielt dabei eine zentrale Rolle, da jeder Schüler sich als Teil einer Gemeinschaft von Lernenden und Lehrenden profiliert, in der ein wechselseitiges Aufnahmeverfahren stattfinden soll, und in der die jeweiligen Positionen beibehalten werden sollen. Die Rücksicht auf die Hoheit ist die Kehrseite der Gleichsetzung aller derjenigen, die zu lernen versuchen. Konzipiert man Lehren und Lernen als einen einheitlichen epistemischen Prozess oder als soziale und politische Akte, so kann jene Aufnahmefähigkeit des Lernenden und des Lehrenden als notwendiges Fundament der erfolgreichen Vermittlung betrachtet werden.

Meisterinnen ohne Schüler: Philosophierende Frauen im Mittelalter

ISABELLE MANDRELLA (München)

Im Jahre 1989 hat Ruedi Imbach eine Monografie mit dem Titel ‚Laien in der Philosophie des Mittelalters' vorgelegt, die in der Forschung auf Interesse gestoßen ist, weil sie auf ein wichtiges, aber – wie der Untertitel des Buches zurecht vermerkt – „vernachlässigtes Thema" aufmerksam macht, zu dem Imbach freilich nicht mehr als „Hinweise und Anregungen" zu geben gedachte[1]. Gemeint ist die Tatsache, dass ein bestimmter Teil der philosophischen Texte des Mittelalters sich nicht nur explizit an Laien als Adressaten richtet, sondern auch von Laien verfasst worden ist – womit also die Rezipienten bzw. Autoren in den Vordergrund rücken, die als Nicht-Kleriker kein Studium absolvieren mussten und folglich aufgrund des Mangels an einer traditionellen schulischen oder akademischen Ausbildung allgemein als ungebildet galten.

Hinter diesem Phänomen steckt sehr viel mehr als nur eine kontingente Randerscheinung. Dahinter verbirgt sich die deutliche Kritik an einem Wissenskonzept, das hauptsächlich universitär vermittelt wird und damit auch fundamental durch die akademische Lehrer-Schüler-Beziehung geprägt ist. Dem stellen philosophierende Laien ihr Verständnis von philosophischer Bildung gegenüber, das seinen deutlichsten Niederschlag, etwa bei Dante oder Cusanus, in der Figur des *illiteratus* bzw. *idiota* gefunden hat, jenes scheinbar ungebildeten Autodidakten also, der selbstbewusst auf das für das Schulsystem konstitutive Angewiesensein auf einen Meister verzichtet, um so das stets der Kontrolle unterliegende Wissen hinter sich zu lassen, sich zu voller Weisheit zu entfalten und gewissermaßen allein sich selbst Meister zu sein. Nach diesem Verständnis ist die wahre Philosophie also gerade im nicht-akademischen Bereich zu verorten.

Wenige Jahre nach Imbach hat Alain de Libera in seiner Monografie ‚Penser au Moyen Age' in ähnlicher und noch stärker wertender Absicht das Bild des mittelalterlichen Intellektuellen entworfen, dessen Entstehung sich seiner Meinung nach der universitären Verurteilung von 1277 (sowie dem Einfluss des arabischen Denkens) verdankt[2]. Gemeint ist der entprofessionalisierte und ent-

---

[1] R. Imbach, Laien in der Philosophie des Mittelalters. Hinweise und Anregungen zu einem vernachlässigten Thema (Bochumer Studien zur Philosophie 14), Amsterdam 1989. Cf. die leicht überarbeitete und um einige Beiträge geringfügig ergänzte französische Version in R. Imbach/ C. König-Pralong, Le défi laïque. Existe-t-il une philosophie de laïcs au Moyen Âge?, Paris 2013.

[2] A. de Libera, Penser au Moyen Age, Paris 1991 (dt. Denken im Mittelalter. Aus dem Französischen von A. Knop, München 2003).

klerikalisierte Philosoph, der sich über ein neues Lebensmodell definiert, in dem nicht mehr die diskursiv-begriffliche Form des Denkens im universitären Ritual der *disputatio* im Vordergrund steht, sondern eine im Leben, d. h. außerhalb der Universität sich realisierende Intellektualität, die sich der insbesondere in der Mystik zum Ausdruck kommenden „Erfahrung des Denkens"[3] verdankt. Philosophisch wird diese Erfahrung – und hier stehen für De Libera vor allem Eckhart und Dante Pate – als menschliche Fähigkeit zur Gottähnlichkeit gedeutet; sie betrifft Theorie und Praxis gleichermaßen[4].

Welche Konsequenzen hat dieses in der Geschichte des mittelalterlichen Denkens zweifellos zu konstatierende Faktum einer Laien- oder Intellektuellenphilosophie für ein Philosophie- und Bildungsverständnis, das auf schulisch strukturierte Vermittlung und institutionell verankerte Tradierung von Wissen setzt? Die einfachste Lösung wäre, den aus Laienfeder stammenden Texten eine philosophische Qualität abzusprechen – ein Umstand, der in der Tatsache Unterstützung zu finden scheint, dass diese Texte meist unter Verzicht auf die lateinische Fachsprache in der Volkssprache geschrieben worden sind. Obwohl diese Tendenz in vielen modernen Philosophiegeschichten des Mittelalters, insbesondere aus dem angelsächsischen Bereich, durchaus vertreten wird[5], ist sich die heutige Forschung doch darin einig, dass die Beschränkung des Philosophiebegriffs auf die akademische Philosophie eine unzulässige Verengung darstellen würde, die der Originalität der betreffenden Texte keineswegs gerecht wird. Erforderlich ist also eine kritische Neubesinnung auf das, was Philosophie eigentlich ist und sein soll bzw. sein kann. Dies umso mehr, als die in der Laienphilosophie praktizierte Abkehr von akademischen Abhängigkeitsstrukturen, wie bereits erwähnt, keines-

[3] Ibid., Kap. 8, 223–257.

[4] In Klammern sei angemerkt, dass sich diese Gegenüberstellung zweier Wissens- oder Philosophiemodelle, die sich durch das gesamte Denken des Mittelalters zieht, von der Forschung in vielerlei Hinsicht aufgegriffen und interpretiert worden ist. Die Debatte wurde und wird geführt unter den Stichworten Philosophie als (Theorie und Praxis umfassende) Lebensform versus Philosophie als (rein theoretische) Wissenschaft, Weisheit versus Wissen, Platonismus versus Aristotelismus, Intellektualität versus Rationalität u. v. m. In historischer Perspektive haben vor allem das in der Patristik stark vertretene Modell einer christlichen Philosophie und die von Pierre Hadot angestoßene Diskussion um die im christlichen Kontext angeblich betriebene Zurückweisung des antiken Modells der Lebensformphilosophie eine Rolle gespielt. Cf. etwa A. Speer, Philosophie als Lebensform? Zum Verhältnis von Philosophie und Weisheit im Mittelalter, in: Tijdschrift voor Filosofie 62 (2000), 3–25; id., Im Spannungsfeld der Weisheit. Anmerkungen zum Verhältnis von Metaphysik, Religion und Theologie, in: T. Kobusch/M. Erler (eds.), Metaphysik und Religion. Zur Signatur des spätantiken Denkens, Leipzig 2002, 649–672; T. Kobusch, Metaphysik als Lebensform. Zur Idee einer praktischen Metaphysik, in: W. Goris (ed.), Die Metaphysik und das Gute. Aufsätze zu ihrem Verhältnis in Antike und Mittelalter. Jan A. Aertsen zu Ehren, Leuven 1999, 27–56; id., Epoptie – Metaphysik des inneren Menschen, in: Quaestio 5 (2005), 23–36; id., Apologie der Lebensform, in: Allgemeine Zeitschrift für Philosophie 34 (2009), 99–115; S. Ebbersmeyer, Homo agens. Studien zur Genese und Struktur frühhumanistischer Moralphilosophie (Quellen und Studien zur Philosophie 95), Berlin–New York 2010; I. Mandrella, *Viva imago.* Die praktische Philosophie des Nicolaus Cusanus (Buchreihe der Cusanus-Gesellschaft 19), Münster 2012.

[5] Cf. nt. 13.

wegs gezwungenermaßen erfolgt, sondern eine bewusst gewählte, d. h. in kritisch-reflektierter Absetzung gewonnene und philosophisch begründete Alternative darstellt.

Freilich gilt zumindest diese Entscheidungsfreiheit nicht für alle philosophierenden Laien. Bereits Imbach merkt an, dass die Kategorie „Laie" in besonderem Maße Frauen betrifft, insofern sie gewissermaßen von Natur aus zum Stand der Nicht-Kleriker und *illiterati* zählen, weil ihnen aufgrund ihres biologischen Geschlechtes der Zugang zu kirchlicher Priesterweihe und akademischem Umfeld verweigert bleibt[6]. Dies bedeutet im Umkehrschluss, dass philosophierende Frauen im Mittelalter als akademische Lehrerinnen und Schülerinnen nicht in Erscheinung treten; nicht aus einer bewussten Entscheidung heraus, sondern weil ihnen diese Möglichkeit nicht zugestanden wurde.

Dass es im Mittelalter eine starke weibliche Laienphilosophie gibt, zeigt ein Blick in die Philosophiegeschichte und in das Phänomen, das als „Frauenmystik" bezeichnet zu werden pflegt. In der Tat spielen mystische Elemente in der konkreten Ausformulierung einer laienhaft oder in diesem Sinne intellektuell betriebenen Philosophie immer wieder eine tragende Rolle: Die auf dem Weg der Introspektion betriebene Erfahrung des Denkens, die in die Einswerdung mit dem Göttlichen mündet und damit einhergehend die Transformation zum eigentlichen Selbst bewirkt, repräsentiert eine eigene Form der Lebensweisheit, die sich, bewusst plakativ formuliert, vom universitären Bücherwissen unterscheidet: Zum einen, weil sie eine Form der Selbsterkenntnis in Gestalt der Sorge um sich selbst repräsentiert, die nicht nur das Theoretische umfasst, zum anderen weil sie als Vollzug des Denkens selbst und der daraus resultierenden Bewusstwerdung der eigenen Potentiale nicht oder zumindest nicht konstitutiv auf didaktische Vermittlung und Belehrung angewiesen ist.

Vor diesem Hintergrund wird deutlich, dass die Philosophie von Laiinnen und Autodidaktinnen des Mittelalters gerade bei Berücksichtigung der Frage nach dem Verhältnis von Meister und Schüler unter verändertem Blickwinkel wahrgenommen werden muss – und eben dies möchte ich im Folgenden versuchen. Ich betone, dass es sich dabei eher um einen Versuch der Problematisierung als der Antwort handelt. Ich beginne mit einer kurzen Bestandsaufnahme zum Thema ‚Frauen in der mittelalterlichen Philosophie' (I.), um dann zur Frage überzugehen, inwiefern philosophierende Laiinnen im Mittelalter eine Philosophie vertreten, die sich bewusst vom universitären Bildungsideal abhebt (II.). Drittens werde ich mich dem Problem zuwenden, inwiefern die von nicht akademisch verorteten Denkerinnen vertretene Mystik als ein erfahrungsbasiertes Phänomen nicht eine Form von Philosophie repräsentiert, die den Verzicht auf Lehren und Lernen im Sinne eines akademischen Meister-Schüler-Verhältnisses nahelegt (III.).

---

[6] Imbach, Laien in der Philosophie des Mittelalters (nt. 1), 71–76.

I.

In den allgemeinen Philosophiegeschichten des Mittelalters spielen Frauen in der Regel keine Rolle[7]. Allenfalls Hildegard von Bingen findet in einigen wenigen Beispielen kurze Erwähnung; allerdings eher – so drängt sich der Verdacht auf! – im Sinne einer Alibifunktion, da eine profunde Auseinandersetzung mit ihrem Denken weitestgehend fehlt[8]. Die Gründe in einer patriarchal dominierten oder gar explizit Frauen diskriminierenden Historiografie zu suchen, wäre freilich zu kurz gegriffen (womit nicht geleugnet werden soll, dass solche Tendenzen latent vorhanden sind, etwa in der einseitigen Betonung weiblich-affektiver Momente in der Frauenmystik, aber auch in völlig unsachlichen Behauptungen über das äußere Aussehen der Mystikerinnen – etwa, wenn wir kaum mehr über Marguerite Porete erfahren als dass sie eine „bildhübsche junge Frau" gewesen sei[9]). Vielmehr liegt die Nichtberücksichtigung darin begründet, dass die großen Denkerinnen des Mittelalters Texte verfasst haben, die man gemeinhin unter das Adjektiv „mystisch" subsumiert: Texte, die den Weg des Menschen bzw. der Seele zu Gott oder zum Absoluten beschreiben, um damit eins zu werden; Texte, in denen es darum geht, die eigenen Potentiale in Gestalt wahrer Selbsterkenntnis auszuschöpfen und sich zu seinem eigentlichen, nämlich göttlichen Selbst zu transformieren. Dies bedeutet im Umkehrschluss: Texte, die sich weder für die systematische Unterscheidung in theoretische und praktische Philosophie und erst recht nicht für die verschiedenen Bereiche philosophischer Einzeldisziplinen interessieren; Texte, die einen Weg beschreiben, der nicht einmal eine bestimmte Bildung oder ein konkretes Wissen voraussetzt, sondern von jedem willigen und gottesfürchtigen Menschen beschritten werden kann. Kurzum: Texte, die als philosophisch irrelevant eingestuft werden, weil sie – und dies ist wichtig festzuhalten – nicht dem heutigen normativen Philosophieverständnis entsprechen, von dem man meint, seine Vollendungsgestalt sei nur im akademischen, also streng wissenschaftlichen Bereich zu finden.

Damit zeigt sich: Intellektuellen Frauen im Mittelalter kann erst dann hinreichend Würdigung zugebilligt werden, wenn das Verständnis von Philosophie weiter gefasst wird als im streng wissenschaftlichen Sinne, den scheinbar nur die Universität zu gewährleisten vermag. Hier hat die neuere Forschung indes neue

---

[7] Selbstverständlich gibt es Versuche der Gesamtdarstellung weiblicher Denkerinnen im Mittelalter – e.g. P. Dronke, Women Writers of the Middle Ages. A Critical Study of Texts from Perpetua († 203) to Marguerite Porete († 1310), Cambridge e. a. 1984; P. Dinzelbacher/D. R. Bauer (eds.), Frauenmystik im Mittelalter, Ostfildern ^{2}1990; B. Acklin Zimmermann (ed.), Denkmodelle von Frauen im Mittelalter, Freiburg/Schweiz 1994 – doch beschränke ich mich hier bewusst auf Philosophiegeschichten.

[8] Eine Ausnahme ist L. Sturlese, Die deutsche Philosophie im Mittelalter. Von Bonifatius bis zu Albert dem Großen (748–1280), München 1990, 204–219, der sich auch nicht scheut, die Frage nach der philosophischen Relevanz der Schriften Hildegards kritisch zu diskutieren.

[9] J. Decorte, Eine kurze Geschichte der mittelalterlichen Philosophie. Übersetzt von I. Bocken und M. Laarmann, Paderborn e. a. 2006, 272.

Perspektiven ins Spiel gebracht und eine davon ist zu Beginn bereits erwähnt worden: Dass es in der Laienphilosophie im Mittelalter Denkströmungen gab, die sich bewusst vom universitär-akademischen Ideal höchsten Wissens verabschiedeten und die wahre Philosophie in dem erblickten, was ein einfacher, ungebildeter Mensch zu denken imstande ist.

Hand in Hand damit geht ein anderes Verständnis von Mystik, das darin nicht das irrationale, weil nur rein affektiv erfahrbare, persönliche Erlebnis einer Frömmigkeitsbewegung erblickt, die sich als Ziel ihres Programms die Begegnung mit Gott als eine persönliche geistige Aufklärung („personal mental enlightenment") vorstellt[10], sondern eine philosophisch ernst zu nehmende Denktradition. Mystik meint nichts Esoterisch-Meditatives, keine Ekstase oder übersinnliche Erfahrung, sondern eine höchste intellektuelle Form der Erkenntnis, in deren Zentrum die Vorstellung einer Einung (*unio*) von Ich und Gott steht. Philosophische Mystik, so hat Saskia Wendel es treffend auf den Punkt gebracht –

> „ist eine besondere Form der Erkenntnis meiner selbst und darin zugleich des Anderen meiner selbst, insbesondere des absolut Anderen meiner selbst. Dieses absolut Andere meiner selbst wird jedoch zugleich als das Innerste meiner selbst und damit als das Nicht-Andere meiner selbst erlebt. Jenes ‚nicht-andere Andere' bzw. ‚andere Nicht-Andere' trägt im monotheistischen Kontext den Namen ‚Gott'."[11]

Somit behandelt die Mystik in philosophischer Absicht das Verhältnis von Ich, Welt und Absolutem, von Einzelnem und Allgemeinem, von Transzendenz und Immanenz, von Vielem und Einem bzw. Urgrund, von Schöpfer und Geschöpf, kurz: von Selbst und Gott. Zugestanden: Eine solche Erfahrung des absoluten Weltgrundes ist nicht mehr einfach begrifflich-rational einholbar, bleibt aber dennoch keineswegs der Erkenntnis entzogen, sondern vollzieht sich vielmehr im intellektuellen Denkprozess selbst im Sinne einer Bewusstwerdung der eigenen Erkenntnismöglichkeiten.

Vor diesem Hintergrund wird einsichtig, dass Philosophiegeschichten des Mittelalters etwa aus der Feder neuscholastischer Autoren, die von einem starken Rationalismus und von einem daraus folgenden normativen Begriff von Scholastik geprägt sind, der Mystik und damit auch den weiblichen Autoren keinen Platz einräumen, sondern sie dem suprarationalen bzw. dem Erfahrungswissen zuweisen, die strenggenommen nicht mehr unter die Philosophie fallen, sondern immer das andere der Scholastik bleiben, d. h. etwas, das persönlich erfahren werden kann, aber nicht mehr im Rahmen des universitären Lehrens und Lernens rational vermittelt zu werden vermag[12]. Gleiches gilt für die dem Mittelalter

---

[10] So e. g. S. P. Marrone, Medieval philosophy in context, in: A. S. McGrade (ed.), The Cambridge Companion to Medieval Philosophy, Cambridge 2003, 10–50, hier: 36.

[11] S. Wendel, Christliche Mystik. Eine Einführung, Kevelaer ^{2}2011, 14.

[12] Cf. e. g. B. Hauréau, Histoire de la philosophie scolastique, 3 vols., Paris 1872–1880 (behandelt in einem Kapitel über die Mystik als religiöse Erscheinungsform nur die Viktoriner); M. de Wulf, Histoire de la philosophie médiévale, 2 vols., Louvain–Paris ^{6}1934–1936 (unter der Rubrik „Les théologiens mystiques" findet sich eine knappe, durchaus positive Seite zu Hildegard von Bingen); M. Grabmann, Die Geschichte der scholastischen Methode, 2 vols., Berlin–Graz 1956

gewidmeten Philosophiegeschichten aus dem angelsächsischen Bereich, die einen so engen, von der analytischen Philosophie geprägten Begriff von Philosophie zugrunde legen, der sich auf Logik und Sprachphilosophie konzentriert und alles Metaphysisch-Spekulative höchstens marginal wahrnimmt, dass der Beitrag der Mystikerinnen und Mystiker komplett ausgeblendet bleibt[13].

Ganz anders hingegen – und damit die einzige Ausnahme – ist Theo Kobuschs ‚Philosophie des Hoch- und Spätmittelalters', die die Mystik (inklusive der weiblichen) als eine eigene philosophische, wenn nicht sogar als die philosophische Denkform schlechthin anerkennt und ernst nimmt. Seine provokative Bemerkung in Bezug auf die Frauenmystik ist zwar vermutlich allgemein bekannt, sei aber dennoch ob ihrer Treffsicherheit noch einmal zitiert:

> „Zur Entwicklung der Philosophie im Mittelalter hat in einem erstaunlich hohen Maße die Frauenmystik beigetragen, die sich selbst fast durchweg als Philosophie verstanden hat. [...] Was die großen Mystikerinnen des 13. Jahrhunderts in ihren Werken inhaltlich auf die Beine stellten, war ohne Frage eine Art Gegengewicht zu dem Überhandnehmen der aristotelischen Philosophie. Einige von ihnen fanden denn auch keine Gnade vor den Gerichten der aristotelisch gebildeten oder sonstwie bornierten Betonköpfe. Die meisten Mystikerinnen finden zudem bis auf den heutigen Tag keinen Platz in Philosophiegeschichten, denn Philosophiehistoriker pflegen die Nase zu rümpfen über die Texte der Mystikerinnen – die sie nicht gelesen haben."[14]

Hier finden wir den Versuch, die Philosophie des Mittelalters in ihrer Vielfalt wahrzunehmen, d. h. sie nicht auf die Scholastik, also den akademischen Bereich zu beschränken, und auf diese Weise auch das weibliche Denken des Mittelalters philosophisch fruchtbar zu machen[15]. Dies sei deshalb so betont, weil die Zu-

---

(schweigt zum Thema); E. Gilson, La philosophie au Moyen Âge. Des origines patristiques à la fin du XIVe siècle, Paris ^{2}1962 (behandelt in zwei Kapiteln zur spekulativen Mystik im 12. und 13. Jahrhundert nur Eckhart, Tauler, Suso und Ruysbroeck); J. Hirschberger, Geschichte der Philosophie, vol. 1: Altertum und Mittelalter, Freiburg ^{2}1953 (verfasst zwei Seiten zur Mystik des Bernhard von Clairvaux und der Viktoriner sowie ein eigenes Kapitel zu Eckhart); F. van Steenberghen, La philosophie au XIIIe siècle, Louvain – Paris 1966 (schweigt zur Thematik).

Ruedi Imbach hat sehr eindringlich darauf hingewiesen, zu welcher Einseitigkeit im Philosophiebegriff die neuscholastische Wiederentdeckung der Philosophie des Mittelalters als eines ausschließlich von Klerikern betriebenen Denkens geführt hat; er spricht diesbezüglich von einer „einzigartige[n] historische[n] Verblendung", an deren Folgen wir uns gewissermaßen heute noch ‚abarbeiten'; cf. Imbach, Laien in der Philosophie des Mittelalters (nt. 1), 31.

13 Cf. e. g. A. H. Armstrong (ed.), Cambridge History of Later Greek and Early Medieval Philosophy, Cambridge 1967; N. Kretzmann e. a. (eds.), Cambridge History of Later Medieval Philosophy (1100 – 1600), Cambridge 1982; J. Marenbon (ed.), Medieval Philosophy (Routledge History of Philosophy 3), London – New York 1998; J. J. E. Gracia/T. B. Noone (eds.), A Companion to Philosophy in the Middle Ages, Oxford 2003; A. S. McGrade (ed.), The Cambridge Companion to Medieval Philosophy, Cambridge 2003.

14 T. Kobusch, Die Philosophie des Hoch- und Spätmittelalters, München 2011, 359 sq.

15 Ein ähnlicher Versuch findet sich auch in: P. Schulthess/R. Imbach, Die Philosophie im lateinischen Mittelalter. Ein Handbuch mit einem bio-bibliographischen Repertorium, Zürich 1996. Die Verfasser nennen in bewusst breiter Absicht viele weibliche Namen, vermeiden es meines Erachtens dadurch jedoch zu stark, die kritische Frage nach der philosophischen Relevanz der dahinterstehenden Positionen zu stellen.

schreibung des Beitrags philosophierender Frauen im Mittelalter an die Mystik auch Gefahren birgt, die den Zugang zu unserer Ausgangsfrage eher verstellen als ihm förderlich sind. Diese Gefahren lassen sich an ganz unterschiedlichen Fronten finden, aber sie haben einen gemeinsamen Kern: Denn in den Versuchen, das zugegebenermaßen ob seiner Komplexität nur sehr schwer strukturierbare Phänomen der Mystik in bestimmte Kategorien einzuteilen, schleicht sich eine Differenzierung ein, die die Unterscheidung zwischen einer intellektuellen und einer affektiven Mystik unkritisch auf die Geschlechterdifferenz überträgt: Während man die Mystik der Viktoriner, des Bernhard von Clairvaux oder Meister Eckharts noch in gewissen philosophischen Ehren hält, weil sie intellektuell nachvollziehbar erscheinen, fallen die Beiträge einer Hadewijch, Mechthild von Magdeburg oder Marguerite Porete vorschnell unter die Zuschreibung der affektiven Begegnungs-, Liebes- oder Erlebnismystik.

Damit verfällt die Philosophiegeschichtsschreibung wieder genau in jene Muster, die jahrhundertelang zur Ausgrenzung des Weiblichen aus dem rationalen Diskurs geführt haben: Die Frau verkörpert das Affektiv-Emotionale, das Körperlich-Passive, das Sexuell-Erotische. In dem durchaus wohlgemeinten Versuch einer fairen Berücksichtigung weiblichen Denkens wird jene unselige Marginalisierung also weiter fortgeschrieben. Die sogenannte Liebesmystik der Beginen wird zwar als eigener weiblicher Beitrag herausgestellt, aber gleichzeitig als typisch weiblich gedeutet und damit in einen Bereich kategorisiert, der philosophisch nicht relevant ist und folglich entweder ignoriert oder aber mit Befremden bestaunt wird[16].

Andererseits: Obwohl die Philosophie allein dem Prinzip Rationalität verpflichtet sein und demgemäß beurteilt werden sollte, wäre es naiv, davon auszugehen, dass kontextuelle Fragen, die wir in diesem Fall gendertheoretisch nennen würden, komplett ausgeblendet werden könnten: Welchen spezifischen Beitrag zum Denken des Mittelalters leisteten denn Frauen? Worin unterschied sich dieser Beitrag von den Theorien männlicher Urheberschaft? Gibt es Alleinstellungsmerkmale einer weiblichen Philosophie des Mittelalters?

Zu solchen Fragen zählen selbstverständlich auch diejenigen nach den historischen Rahmenbedingungen, die insbesondere von der feministischen Theologie

---

[16] So beispielsweise J. Decorte, Eine kurze Geschichte (nt. 9), 271: „Die Beginen propagierten [...] eine Liebeslehre, eine reine Erotik. [...] Intellektuell gebildete und literarisch begabte, manchmal auch reiche und adlige junge Frauen erlebten eine erhabene weibliche Liebesmystik und beschrieben ihre ergreifenden Erfahrungen in rührenden Versen, in Worten, die zugleich einfach und schlicht sind, und doch die plastische Kraft der poetischen Volkssprache ausschöpfen."

Olivier Boulnois hat am Beispiel der Marguerite Porete gezeigt, wie eine Pathologisierung der weiblichen Mystik als rein affektiv und damit ihr Ausschluss aus dem theologischen Diskurs bereits bei Johannes Gerson stattfindet; cf. O. Boulnois, Qu'est-ce que la liberté de l'esprit? La parole de Marguerite et la raison du théologien, in: S. L. Field e. a. (eds.), Marguerite Porete et le *Miroir des simples âmes.* Perspectives historiques, philosophiques et littéraires (Etudes de philosophie médiévale 102), Paris 2013, 127–154, bes. 128–139.

und der Mentalitätsgeschichte thematisiert worden sind[17]: Entspringt die Tatsache, dass die religiöse Frauenbewegung des Mittelalters sich vor allem in mystischen Texten ausdrückte, nicht einer Verweigerungshaltung gegenüber den traditionellen Formen weiblicher Existenz, d. h. einer Verweigerungshaltung, die sich eigene Nischen und Freiräume schafft für eine andere Form der Entfaltung, die dem männlichen Einfluss entzogen ist? Weiter gedacht: Nischen und Freiräume, die sich bewusst einem rationalen Diskurs entziehen, weil es sich dabei um einen männlich dominierten bzw. durch männliche Autorität geprägten Bereich handelt, in dem Frauen keine eigenen Ausdrucksmöglichkeiten zugestanden wurden? Hier zeigt sich die oben genannte Gefahr einer vereinnahmenden Kategorisierung weiblichen Denkens aus einer anderen Perspektive, aber mit den gleichen fatalen Folgen: Die weibliche Mystik wird bewusst im rational nicht mehr nachvollziehbaren Bereich des Erlebnismystischen oder des Visionären verortet, mit der Begründung, dass intellektuelle Frauen im Mittelalter erst dadurch eine Stimme erhalten, dass sie sich einer anderen Form der Autorität bedienen, die sich der rationalen und damit männlichen und kirchlichen Kontrolle entzieht, indem sie ihre Legitimation von woanders her, nämlich von Gott persönlich, bezieht.

Zwischen diesen verschiedenen Aspekten gilt es also einen Weg zu finden. Er kann einzig gelingen, indem man das tut, was Theo Kobusch bereits so lakonisch anmahnte: die Texte lesen. Dies impliziert zum einen die meines Erachtens einzige philosophiehistorisch legitime Methode, der Sachebene, d. h. den Texten, die Priorität vor den dahinter stehenden Verfassern (inklusive ihres Geschlechtes) zu geben. Zum anderen schließt es den unabdingbaren Versuch ein, die philosophische Relevanz der mystischen Texte näher zu bestimmen, wobei es selbstverständlich darum zu gehen hat, philosophische Formen von nichtphilosophischen zu unterscheiden. Allerdings verläuft diese Unterscheidung bei näherem Hinsehen keineswegs so eindeutig, wie es die übliche Differenzierung einer spekulativ-intellektuellen und einer affektiv-erotischen Mystik nahelegt. Die sorgfältige Analyse der Texte weiblicher Mystiker führt vielmehr zu der Erkenntnis, dass es mit dem Begriff einer affektiv-erotischen Liebesmystik vorsichtig umzugehen gilt. Denn nicht jede Vertreterin einer Liebesmystik darf unter eine philosophisch fragliche Verzückungs-, Leidens- oder Erlebnismystik subsumiert werden; anders gewendet: Die Betonung der Liebe im Prozess der mystischen Einswerdung von Selbst und Gott ist nicht Ausdruck von Emotionalität oder gar Romantik, sondern trägt ganz und gar philosophische Züge; in

[17] Cf. U. Weinmann, Mittelalterliche Frauenbewegungen. Ihre Beziehungen zur Orthodoxie und Häresie (Frauen in Geschichte und Gesellschaft 9), Pfaffenweiler 1990; B. Lundt (ed.), Auf der Suche nach der Frau im Mittelalter. Fragen, Quellen, Antworten, München 1991; G. Duby/ M. Perrot, Geschichte der Frauen. Bd. 2: Mittelalter, ed. C. Klapisch-Zuber, Frankfurt a. M. – New York 1993.

ihrer Funktion vergleichbar mit dem, was die Philosophie unter dem Streben oder der motivierenden Kraft versteht, die erklärt, warum wir uns überhaupt in einen Denk- bzw. Einungsprozess begeben wollen[18].

II.

Wenn die Ausgangsthese stimmt, dass sich die Philosophie mittelalterlicher Frauen als ein besonderer Fall der Laienphilosophie erweist, gilt es, Indizien dafür zu finden, dass sich diese Philosophie bewusst vom universitären Bildungsideal abhebt – zunächst unabhängig von der Frage, ob es sich dabei um den unfreiwillig gewählten einzigen Weg aus der erzwungenen akademischen Heimatlosigkeit handelt oder nicht. In der Tat spricht das Selbstverständnis der Autorinnen hier eine deutliche Sprache. Es konzentriert sich auf jene Bestimmung von *laicus* im Sinne von *illiteratus*, die nicht im engeren, theologisch-kirchenrechtlichen Sinn den Nicht-Kleriker meint, sondern im weiteren Sinn, den Bildungsstand betreffend, den Ungebildeten. Nach dem Selbstverständnis philosophierender Laien meint *illiteratus* freilich nicht den gänzlich Ungebildeten, sondern weist auf eine Bildung besonderer Art hin, die sich als Alternative zum traditionellen Schulwissen versteht[19] – sei es antiuniversitär oder nicht-universitär.

Bei den weiblichen Autorinnen liegt ein ähnliches Verständnis vor. Es spielt auf eine nicht ganz einfach zu deutende, weil für uns heute sehr ungewohnte Weise mit dem traditionellen Motiv der weiblichen Inferiorität: Die einfach-einfältige ungebildete Frau gewinnt ihre Demutshaltung nicht nur aufgrund ihrer Unwissenheit, sondern darüber hinaus auch aufgrund ihres Geschlechtes. Bereits Hildegard von Bingen verstand diese Strategie perfekt – und setzte sich dementsprechend höchst erfolgreich mit ihren Anliegen durch[20]. Im Brief an

---

[18] Dies zeigt sich im beeindruckenden Maße im Verständnis der Minne und deren konstitutiver Verknüpfung mit der Freiheit bei der Antwerpener Begine Hadewijch. Cf. hierzu B. McGinn, Die Mystik im Abendland, vol. 3: Blüte. Männer und Frauen der neuen Mystik (1200–1350), Freiburg e. a. 1999, 359–394; K. Ruh, Geschichte der abendländischen Mystik, vol. 2: Frauenmystik und Franziskanische Mystik der Frühzeit, München 1993, 158–232. Eine genuin philosophische Interpretation der Hadewijch steht meines Wissens noch aus.

In Bezug auf Marguerite Porete führt der philosophisch begründete Zusammenhang zwischen Liebe und Freiheit zu einem ähnlichen Ergebnis, wie Olivier Boulnois überzeugend gezeigt hat; cf. O. Boulnois, Qu'est-ce que la liberté de l'esprit? (nt. 16). Zum Versuch, eine historische Verbindung zwischen Hadewijch und Marguerite Porete herzustellen, cf. S. Piron, Marguerite, entre les béguines et les maîtres, in: Field e. a. (eds.), Marguerite Porete (nt. 16), 69–101, hier: 70–76.

[19] Cf. Imbach, Laien in der Philosophie des Mittelalters (nt. 1), 21–26.

[20] Ich bin mir der negativen Konnotation des Begriffs „Strategie" an dieser Stelle, der Hildegard ein machtpolitisches Kalkül zu unterstellen scheint, durchaus bewusst, meine allerdings, dass wir bei Hildegard, die ich nicht zur Mystik zähle, ein etwas anders gefärbtes Motiv der Demut finden, das weniger immanent philosophisch begründet ist als bei den im Folgenden vorzustellenden mystischen Denkerinnen, sondern in der Tat mehr politisch motiviert ist und vorrangig der Legitimation der eigenen prophetischen Autorität dient.

Papst Eugen III., den sie um wohlwollende Aufnahme ihrer Schrift ‚Scivias' bittet, beschreibt sie sich selbst als Seele, die „von einem armen Gebilde stammt, das aus der Rippe erbaut und nicht von Philosophen belehrt worden ist [*indocta de philosophis*]"[21]. Im Brief an Bernhard von Clairvaux heißt es: „Ich, erbärmlich und mehr als erbärmlich in meinem Sein als Frau [...]."[22] Wenige Zeilen später, und so bestätigt es der Prolog aus ‚Scivias', wird deutlich, wozu diese Voraussetzung der Ungelehrtheit und Einfalt dient bzw. wohin sie führt: nämlich in die Sicherheit eines inneren Wissens[23], das Hildegard als Vision beschreibt, d. h. als eine von Gott geschenkte, intuitive Einsicht mit höchster Gewissheit. Diese Visionen verdanken sich nicht ekstatischen oder bewusstlosen Zuständen, sondern werden im klaren geistigen Zustand im Inneren empfangen, ohne dass es einer sinnenhaften Vermittlung bedürfte. Die Anleihen an eine intuitive Erkenntnis im platonischen Sinne einer plötzlichen Gewissheit, die in die Lage versetzt, das Transzendente oder Absolute zu begreifen, sind hier mehr als deutlich[24]. Was Hildegard empfängt, ist eine *visio intellectualis*, die sich zwar diskursiv-rationalen Begründungsansprüchen entzieht – weshalb die auf einem solchen Modell beruhende Belehrtheit und Gebildetheit überflüssig sind –, aber damit gerade nicht ins Orakelhaft-Symbolische abrutscht oder gar die Vernunft vorübergehend außer Kraft setzt[25], sondern die sich im Gegenteil als die höchste Form der Erkenntnis versteht.

An diesem kurzen Exkurs wird bereits deutlich, was sich bei den Autorinnen des 13. und 14. Jahrhunderts fortsetzt: Der im Selbstverständnis greifbar werdende Rekurs auf die eigene Ungebildetheit verdankt sich nicht einer womöglich christlich verbrämten weiblichen Demut, sondern hat eine philosophische Funktion im Ringen um die Erkenntnis des Absoluten.

---

21 Hildegard von Bingen, Epistula II: Hildegardis ad Eugenium papam, in: Hildegardis Bingensis Epistolarium, pars prima, I–XC, ed. L. van Acker (Corpus Christianorum. Continuatio Mediaevalis 91), Turnhout 1991, 8.

22 Hildegard von Bingen, Epistula I: Hildegardis ad Bernardum abbatem Claraevallensem, in: Epistolarium, ed. van Acker (nt. 21), 3: „*Ego, misera et plus quam misera in nomine femineo* [...]." Cf. hierzu H. Feld, Mittelalterliche Klosterfrauen im Spannungsfeld von Kommunität und religiöser Individualität, in: G. Melville/M. Schürer (eds.), Das Eigene und das Ganze. Zum Individuellen im mittelalterlichen Religiosentum, Münster 2002, 621–650, hier: 636–644.

23 Hildegard von Bingen, Epistula I, ed. van Acker (nt. 22), 4: „[...] *quia homo sum indocta de ulla magistratione cum exteriori materia, sed intus in anima mea sum docta.*" Cf. auch ead., Scivias, Protestificatio veracium visionum a Deo fluentium, in: Hildegardis Scivias, ed. A. Führkötter (Corpus Christianorum. Continuatio Mediaevalis 43), Turnhout 1978, 3 sq.

24 Cf. Hildegard von Bingen, Epistula CIII R: Hildegardis ad Guibertum monachum, in: Hildegardis Bingensis Epistolarium, pars secunda, XCI–CCL R, ed. L. van Acker (Corpus Christianorum. Continuatio Mediaevalis 91A), Turnhout 1993, 261 sq.; cf. ead., Scivias, Protestificatio (nt. 23), 4. Cf. hierzu F. Chávez Alvarez, „Die brennende Vernunft". Studien zur Semantik der „rationalitas" bei Hildegard von Bingen (Mystik in Geschichte und Gegenwart 1/8), Stuttgart–Bad Cannstatt 1991, 222–233. Cf. auch die Arbeit von V. Ranff mit dem programmatischen Titel: Wege zu Wissen und Weisheit. Eine verborgene Philosophie bei Hildegard von Bingen (Mystik in Geschichte und Gegenwart 1/17), Stuttgart–Bad Cannstatt 2001.

25 So die Kritik von Sturlese, Die deutsche Philosophie im Mittelalter (nt. 8), 211 sq.

Dies wird besonders deutlich bei der Begine Mechthild von Magdeburg. Ausdrücklich legt sie in ihrer Schrift ‚Das fließende Licht der Gottheit' ihr Selbstverständnis als intellektuelle Frau dar, die sich ihres Unterschiedes zum gelehrten geistlichen Mann voll bewusst ist – zwar vordergründig in der Sprache der Selbstdemütigung, aber in Wirklichkeit – vor Gott! – als die eigentliche Meisterin. Denn das Buch, das sie im Auftrag Gottes verfasst hat, ist göttlichen Ursprungs; der liebende Gott selbst, der seine gute Gabe nicht zurückzuhalten vermag (hier klingt das Motiv des *bonum diffusivum sui* an) hat es verfasst[26]. Dies bestätigt Christus persönlich, als Mechthild sich hilfesuchend an ihn wendet, weil man ihr in ihrem Umfeld warnend zu verstehen gegeben hat, ihr Buch könne ob seiner Inhalte auf dem Scheiterhaufen landen. Er nimmt ihr Buch in seine Rechte und stellt klar:

> „Meine Liebe, betrübe dich nicht zu sehr, / die Wahrheit kann niemand verbrennen. / Wer mir das Buch aus der Hand nehmen will, / muß stärker sein als ich. / Dieses Buch ist dreifaltig / und bezeichnet alleine mich. [...] / Du sollst keinen Zweifel an dir finden."[27]

Doch Mechthild hat noch Zweifel und begründet diese mit ihrer doppelten Disqualifikation als Ungelehrte und als Frau:

> „Eia, Herr, wär ich ein gelehrter geistlicher Mann, / und hättest Du dieses einzig große Wunder an ihm getan, /du würdest ewige Verherrlichung dafür empfangen. / [Aber:] Wer wäre, Herr, der das nun glaubt, / daß du in einem unflätigen Pfuhl / hast ein goldenes Haus erbaut, / in dem du wahrhaft wohnst mit deiner Mutter und aller Kreatur / und mit all deinem himmlischen Gesinde? / Herr, da kann dich die irdische Weisheit nicht finden."

Die Antwort Gottes aber bestätigt Mechthild erneut und begründet die Erwählung dieser ungelehrten Frau mit einem wichtigen philosophischen Argument. Zunächst weist Gott darauf hin, dass auch ein weiser Mann sein kostbares Geld, mit dem er zur hohen Schule reisen wollte, aus Nachlässigkeit verlieren könne – „nun muß es jemand finden". Schon diese kleine Bemerkung birgt unzählige Anspielungen. Die für unseren Kontext wichtigste ist die bewusste Verkehrung der erwarteten Verhältnisse: Der weise Mann, zielstrebig in bester Bildungsabsicht unterwegs, stellt sich als gar nicht weise heraus; er verliert aus Nachlässigkeit sein Geld, das nun darauf wartet, gefunden zu werden (hinzuzufügen wäre: von jemandem, der ohne Absicht darauf stößt!). Damit bestätigt sich die zum Schluss von Mechthilds Worten geäußerte Vermutung, dass eine irdische Weisheit hier wenig auszurichten hat.

---

[26] Mechthild von Magdeburg, Das fließende Licht der Gottheit, I, prol., in: Mechthild von Magdeburg, Das fließende Licht der Gottheit. Zweite, neubearbeitete Übersetzung mit Einführung und Kommentar von M. Schmidt (Mystik in Geschichte und Gegenwart 1/11), Stuttgart–Bad Cannstatt 1995, 9.

[27] Cf. hierzu und zum Folgenden ibid., II, 26, 70–72. Offensichtlich hat es in Mechthilds Leben konkrete Hinweise auf feindliche Reaktionen gegeben; cf. auch ibid., VI, 38, 257.

Sodann folgt die Begründung der göttlichen Wahl für Mechthild. Sie erfolgte „von Natur aus", d. h. sie ist weniger ein Akt gnädigen göttlichen Willensentscheids, der auch anders hätte ausfallen können, als vielmehr in der göttlichen Natur, d. h. in Gottes Güte und Liebe begründet. Diese neuplatonische Konzeption des sich selbst verströmenden Guten war bereits oben zur Sprache gekommen. Mechthild verknüpft sie nun mit der ihr ganzes Werk (bis in den Titel hinein) durchziehenden, ebenso neuplatonischen Fließmetapher:

> „Wenn ich je außerordentliche Gnaden gab, / suchte ich immer den niedrigsten, geringsten, verborgensten Ort. / Die irdischen höchsten Berge können sich nicht beladen / mit der Offenbarung meiner Gnaden. / Denn die Flut meines Heiligen Geistes fließet von Natur aus zu Tal. / Man findet manchen weisen Meister der Schrift, / der vor meinen Augen dennoch ein Tor ist."

So wie Wasser sich von Natur aus immer an der tiefsten Stelle ansammelt, d. h. nicht auf den höchsten Bergen bleibt, sondern ins tiefste Tal herabfließt, so hat Gott seinen eigentlichen Ort an der niedrigsten Stelle. Was physikalisch einleuchtend klingt, stellt dennoch die gängigen Vorstellungen auf den Kopf; oder anders gewendet: Was die irdische Weisheit für richtig hält – Gott ist an höchster Stelle zu finden! –, entspricht nicht der göttlichen Weisheit. Sie findet ihre höchste Stelle vielmehr an der niedrigsten; damit entlarvt sie den scheinbar weisen Meister als Toren[28].

Die Gottesrede schließt mit den bemerkenswerten Worten:

> „Und ich sage dir noch mehr: / Es ist mir vor ihnen eine große Ehr / und stärkt die heilige Kirche gar sehr, / daß der ungelehrte Mund die gelehrte Zunge / aus meinem Heiligen Geist belehrt."

Hier wird das Motiv der Ungelehrtheit noch einmal ausdrücklich aufgegriffen und in seiner paradoxalen Struktur präsentiert: Der ungelehrte Mund belehrt die gelehrte Zunge. Die Metapher vom ungelehrten Mund ist in spezifisch theologischer Perspektive oft auf die Kirche bezogen worden und gewinnt dort selbstverständlich eine besondere Brisanz[29]. Dass jemand Ungelehrtes die

---

[28] Diese Kritik könnte sogar wirkliche historische Vorbilder haben. Susana Bullido del Barrio hat mich dankenswerterweise darauf aufmerksam gemacht, dass die Ps. 103, 13 entnommene Metapher von den Bergen, die von oben, d. h. durch Gott, bewässert werden („*Rigans montes de superioribus suis; de fructu operum tuorum satiabitur terra*"), im Universitätsmilieu in genau dem Sinne verwendet wurde, den Mechthild kritisiert; so stellt etwa Thomas von Aquin seine ‚Antrittsvorlesung' (*principium*) von 1256 unter eben dieses Motto und identifiziert, in Anlehnung an die sinnlich wahrnehmbare Realität, darin unmissverständlich die Berge mit den Lehrern, die als erste die göttliche Weisheit empfangen, bevor sie sie an die Erde, d. h. die Studierenden, weitergeben: „*Videmus autem ad sensum, a superioribus nubium imbres effluere, quibus montes rigati flumina de se emittunt, quibus terra satiata fecundatur. Similiter, de supernis divinae sapientiae rigantur mentes doctorum, qui per montes significantur, quorum ministerio lumen divinae sapientiae usque ad mentes audientium derivatur.*" (Thomas von Aquin, Breve principium *Rigans montes*, in: Opuscula theologica, vol. 1: De re dogmatica et morali, ed. R. A. Verardo, Roma 1954, 441.)

[29] Cf. M. Heimbach, „Der ungelehrte Mund" als Autorität. Mystische Erfahrung als Quelle kirchlich-prophetischer Rede im Werk Mechthilds von Magdeburg (Mystik in Geschichte und Gegenwart 1/6), Stuttgart – Bad Cannstatt 1989; H. Keul, Verschwiegene Gottesrede. Die Mystik der Begine Mechthild von Magdeburg, Innsbruck 2004.

scheinbar Gelehrten belehrt, gehört jedoch zu den Topoi der Philosophiegeschichte und der darin verorteten Laienphilosophie. Denn nur unter dieser Voraussetzung kann eine Begegnung und Einswerdung mit Gott stattfinden.

Diese Begegnung und Einswerdung hat Mechthild bekanntlich in äußerst kühnen erotischen Metaphern beschrieben. Ohne dass an dieser Stelle näher darauf eingegangen werden kann, sei doch zumindest angemerkt, dass das erotische Begehren, das schließlich im sexuellen Liebesakt kulminiert, auch ganz im Dienste des philosophischen Interesses steht, die Voraussetzungen zu klären, damit Gott und Seele sich vereinigen können. Die Nacktheit, die der Geliebte (d. h. Gott) im Minnebett von der Geliebten (d. h. der Seele) einfordert – „Ihr sollt nackt sein!" –, ist philosophisch begründet: „Frau Seele, Ihr seid so sehr in mich hineingestaltet [*genatûrt in mich*], / daß zwischen Euch und mir nichts sein kann."[30] Diese Form der natürlichen Wesenseinheit von Gott und Seele wird in der Mechthild-Forschung kontrovers diskutiert[31].

Die Einfalt der Unbelehrtheit, das Ungebildetsein, die Nacktheit, die Armut[32] bilden damit eine systematische Einheit, die den Grundstock der Mystik darstellt – und damit ein komplettes Gegenmodell zum Wissensverständnis der universitären oder kirchlichen Bildungskultur; ein Gegenmodell sogar, das den Anspruch erhebt, das bessere zu sein, weil es wahrhafte Belehrung und Bildung im Sinne der Weisheit ermöglicht. Denn in diesem Stück Laienphilosophie wird deutlich, wie wenig rationales Wissen wert ist, wenn es um die eigentliche Selbsterkenntnis im absolut Göttlichen geht, die alles irdische Wissen an Vollkommenheit bei Weitem übersteigt. Wie genau sich nun diese Unbelehrtheit manifestiert, ist eine schwierige Frage, die auch die mystischen Denkerinnen und Denker nie ganz beantworten können, weil jeder Versuch einer Definition durch die positive Assertion das aufhöbe, was eigentlich gemeint ist, weshalb die Mystik an dieser Stelle gern zu paradoxalen Formulierungen greift: ungelehrt sein, um zu belehren beispielsweise; oder: zu Nichts werden, um sich selbst zu erkennen; oder

30 Mechthild von Magdeburg, Das fließende Licht der Gottheit, I, 44 (nt. 26), 33 sq.

31 Während Kurt Ruh hier Andeutungen für eine Wesensmystik im Sinne einer Einung beider Naturen sieht (cf. Ruh, Geschichte der abendländischen Mystik [nt. 18], 267 sq.), geht Margot Schmidt davon aus, dass die Zweiheit bzw. Differenz bis zum Schluss gewahrt wird und auch am Ende der Liebesvereinigung bestehen bleibt, in der bereits bewusst wird, dass beide Liebenden wieder auseinandergehen müssen (cf. M. Schmidt, nt. 44, in: Mechthild von Magdeburg, Das fließende Licht der Gottheit [nt. 26], 356). Auch Theo Kobusch (Die Philosophie des Hoch- und Spätmittelalters [nt. 14], 363) ist der Meinung, dass damit keine Wesenseinheit ausgedrückt werden soll. Ausgehend von Mechthilds Vorstellung, dass die Vereinigung des göttlichen und menschlichen Willens ihrerseits gewollt werden muss, kommt er zu folgendem Ergebnis: „Eher scheint Mechthild im Mittelhochdeutsche[n] einen griechischen Neologismus des Origenes nachzuempfinden, der in diesem Sinne das durch den Willen Veränderte das zu einer zweiten Natur Gewordene nennt."

Offensichtlich ist Mechthild auf die Häresieverdächtigkeit dieser Textstelle aufmerksam gemacht worden, denn in Buch VI nimmt sie selbst dazu in einer Weise Stellung, die noch einmal deutlich von ihrem Selbstbewusstsein zeugt; cf. Mechthild von Magdeburg, Das fließende Licht der Gottheit, VI, 31 (nt. 26), 249.

32 Cf. ibid., VII, 25, 294: „Ich Arme an allen Tugenden, / ich Erbärmliche in meinem Sein […]."

aber, in sokratischer Manier: zu wissen, dass man nichts weiß. Worum es also geht, ist eben ein jedem Wissensanspruch überlegenes Bewusstsein um das eigene Nichtwissen und die eigene Nichtigkeit.

Im Fall der Mechthild von Magdeburg wird diese Überlegenheit jedoch bis zuletzt bestritten – selbstverständlich erneut nicht als Selbstzweck, sondern um noch größere Überlegenheit zu demonstrieren. Denn das eigentliche Ziel der Seele auf ihrem Weg zu Gott endet nicht in der liebenden Vereinigung, die nur eine zweite Stufe darstellt, sondern in der radikalen Gottesferne[33]. Die eigentliche Einswerdung mit Gott geschieht auf der letzten Stufe des Schmerzes und sogar der Entfremdung von Gott. Dieser Gedanke ist die radikale Konsequenz der Fließmetapher: Gott lässt sich nur an der niedersten Stelle der Seele finden, d. h. dort, wo er am fernsten ist – und dies ist die Stelle der tiefsten Demut, an die sich die Mystikerin zu begeben hat[34]. Selbstverständlich ist dieser Zustand radikaler Gottentfremdung kein nihilistischer Verlust, sondern der größtmögliche Gewinn, denn die diesen Weg beschreitende Seele fällt ja keineswegs aus der Liebe Gottes heraus. An dieser Stelle wird die Parallelität zu den Leiden Christi greifbar, der zwar im Tod die größte Gottferne erdulden musste, aber in Auferstehung und Himmelfahrt doch die größte Erhöhung erfahren hat. Mit diesem Blick auf die Heilsgeschichte erweist sich auch Mechthilds Szenario der drei Stufen als ein mystischer Aufstieg[35].

Es wäre kurzsichtig, wenn nicht gar falsch, an dieser Stelle eine unphilosophische Passionsmystik zu erblicken. Mit einer Leidensmystik hat Mechthild wenig im Sinn; es geht ihr vielmehr darum zu entfalten, wie sich das platonische Motiv von *exitus* und *reditus*, d. h. vom Ausfluss aller Dinge aus Gott und vom Zurückfließen aller Dinge in Gott, das christlich als innertrinitarisches Fließen interpretiert wird (der Vater fließt aus in den Sohn und im Geist zurück), auf das Verhältnis von Gott und Seele übertragen lässt. So wie Gott innertrinitarisch fließt, so fließt auch die Seele als Abbild Gottes aus Gott aus und trachtet deshalb ihr Leben lang danach, wieder dorthin zurückzukehren, wo sie erschaffen wurde und ihrer tiefsten Wirklichkeit nach immer bleibt[36].

Einen ebenso klaren Versuch, die eigene Denkform als Alternativmodell zum klassischen Wissens- und Bildungsverständnis zu etablieren, finden wir in der Konzeption der Vernichtigung der Seele in Marguerite Poretes ‚Spiegel der einfachen Seelen'. Auch hier ist der Titel Programm: Die einfache Seele ist die unbelehrte, ungebildete, in allem vernichtigte, d. h. zum Nichts gewordene Seele, die gerade durch ihr Wissen um ihr eigenes Nichtwissen alles weiß:

---

33 Cf. ibid., VI, 20, 241 sq.

34 Cf. ibid., IV, 12, 134–139.

35 Cf. Ruh, Geschichte der abendländischen Mystik (nt. 18), 275.

36 Mechthild von Magdeburg, Das fließende Licht der Gottheit, V, 26 (nt. 26), 195. Cf. dazu McGinn, Die Mystik im Abendland (nt. 18), 410–416. Cf. zur Präexistenz der Seele in Gott auch Mechthild von Magdeburg, Das fließende Licht der Gottheit, VI, 31, 249 sq., und ibid., VII, 25, 294 sq.

„Diese Seele hat Kenntnis nur von einem Ding, nämlich davon, daß sie nichts weiß [*cest ame ne scet qu'une chose, c'est assavoir que elle ne scet nient*]. Und darum will sie nur ein Ding, nämlich dies, daß sie nichts will. Und dieses Nichtwissen und Nichtwollen geben ihr alles [*lui donne tout*], spricht der Heilige Geist."[37]

Folglich ist Marguerites Werk geprägt von einer tiefen Skepsis gegenüber menschlicher Wissenschaft. Unmittelbar nach dem zentralen Kapitel 118, in dem sie die sieben Seinsweisen der Seele auf ihrem Weg zu Gott beschreibt, entschuldigt sie sich dafür, dass ihr Buch so umfangreich geworden sei, obwohl seine Botschaft eigentlich ganz kurz und einfach zu verstehen sei – allerdings nur für diejenigen, die die Vernichtigung erfahren haben. Sich eingestehend, dass auch sie „gemäß menschlicher Wissenschaft [*humaine science*] und menschlichem Sinn [*humain sens*]" schreibt, fügt sie selbstkritisch hinzu:

„Doch menschliche Vernunft und menschlicher Sinn verstehen nichts von innerlicher Liebe, noch innerliche Liebe etwas von Gottesgelehrtheit [*divine science*]. Mein Herz ist so hoch erhoben und so tief hinabgesunken, daß ich es da nicht erreichen kann. Denn alles, was man von Gott sagen oder schreiben kann, noch auch zu denken vermag – was mehr ist, als man sagen kann –, gleicht eher einer Lüge denn einer wahren Aussage!"[38]

Das hier wiederkehrende Motiv von der intuitiven Einfachheit der Erkenntnis, die zugleich höchste Gewissheit gewährleistet, wird auch in Kapitel 101 leitend, wobei es die Liebe ist, die hier der Seele die Augen öffnet und sie erkennen lässt, dass sie nichts ist:

„Ich habe alles getan, spricht diese [vernichtete] Seele. – Wann denn und zu welcher Zeit?, spricht die Vernunft. – Seit der Zeit, spricht die Seele, da die Liebe mir ihr Buch öffnete. Denn dieses Buch ist von solcher Art, daß die Seele alles weiß [*scet tout*], sobald die Liebe es aufgetan hat. Und damit hat sie alles, und so ist das ganze Werk der Vollkommenheit durch die Öffnung dieses Buches vollendet. Diese Öffnung ließ mich derart klar sehen, daß ich dazu kam, das zurückzuerstatten, was ihm ist, und zu nehmen, was mein ist. Das heißt: Er ist, und darum hat er sich selbst allezeit; ich aber bin nichts, und darum ist es ganz richtig, daß ich nichts habe. Und das Licht aus der Eröffnung dieses Buches ließ mich finden, was mein ist, und dabei bleiben. Und darum habe ich nicht soviel Sein, daß mir von ihm etwas zustehen würde. So hat mir das Recht, gemäß dem Recht, das Meine erstattet, indem es mir ganz offen zeigte, daß ich nichts bin. Und darum will ich von Rechts wegen, daß ich mich nicht weiterhin besitze. Dieses Recht steht in der innersten Mitte des Lebensbuches geschrieben."[39]

---

[37] Cf. Marguerite Porete, Le mirouer des simples ames, 42, in: Marguerite Porete, Le mirouer des simples ames, ed. R. Guarnieri/Margaretae Porete Speculum simplicium animarum, ed. P. Verdeyen (Corpus Christianorum. Continuatio Mediaevalis 69), Turnhout 1986, 130/131 (Übersetzung: Margareta Porete, Der Spiegel der einfachen Seelen. Mystik der Freiheit. Herausgegeben und übersetzt von L. Gnädinger, Kevelaer 2010, 85). Zur komplizierten Textgeschichte des Werkes cf. zusammenfassend Piron, Marguerite, entre les béguines et les maîtres (n. 18), 81–88.

[38] Cf. ibid, 119, 332/333–334/335 (Übersetzung: 186 sq.).

[39] Ibid., 101, 278/279 (Übersetzung: 159).

Die Kritik an der Gotteswissenschaft der Theologen hingegen findet sich noch an weiteren Stellen. In der Beschreibung der Lebensweise der vernichtigten Seele heißt es, dass diese „die Gotteswissenschaft nicht unter den Lehrmeistern dieser Welt [*les maistres de ce siecle*], sondern in wirklicher Verachtung der Welt und ihrer selbst“ suche[40]. Denn „alle Lehrmeister der Natur [*maistres de sens de nature*], und auch alle Lehrmeister der Schrift [*maistres d'escripture*]“ verstehen nicht, was das Zunichtswerden der Seele meint; nur die Liebe ermöglicht diese Einsicht[41]. Das meint freilich nicht, dass die Seele nichts mehr zu lernen habe; sie besucht vielmehr die göttliche Schule [*divine escole*][42] oder – wie Marguerite in origineller Abwandlung des bereits für Mechthild zentralen Motivs von Tal und Berg ausführt – sie „lernt in der Schule der Gottheit, und sie hat ihren Sitz im Tale der Demut und in der Ebene der Wahrheit, und sie ruht auf dem Berg der Liebe.“[43] Besonders deutlich werden diese Zusammenhänge in Kapitel 21, in dem Marguerite beschreibt, wie die zunächst bei der Vernunft und den Tugenden in die Lehre gehende Seele von diesen Abschied nimmt, weil sie so gut von ihnen gelernt hat, dass sie über ihnen zu stehen kommt [*elle est dessus*], und sich einer neuen Lehrmeisterin [*maistresse*] zuwendet bzw. sich mit dieser vereinigt, nämlich der Liebe, die Gott selbst ist[44].

Im Eingangsgedicht, das gewissermaßen eine Leseanweisung für die Schrift darstellt und zwar nur in der französischen Handschrift überliefert ist, aber an dessen Authentizität die Forschung aufgrund der Übereinstimmungen mit den Aussagen des Werkes selbst nicht zweifelt[45], macht Marguerite die Zusammenhänge von wahrem Wissen und Scheinwissen und die unterschiedlichen Zugänge dazu deutlich. Auch hier muss man freilich genau lesen, um nicht dem falschen Eindruck zu erliegen, Marguerite ginge es um eine Ausschaltung der Vernunft zugunsten der Demut, der Liebe oder des Glaubens.

> „Ihr, die ihr in diesem Buche lesen werdet, wollt ihr es richtig verstehen [*entendre*], so nehmt euch in Acht, was ihr darüber sagt, denn es ist schwer zu erfassen. An die Demut [*humilité*] müßt ihr euch halten, sie ist die Schatzmeisterin der Wissenschaft und die Mutter der übrigen Tugenden. Ihr Theologen und sonstwie Gebildeten [*theologiens ne aultres clers*], ihr werdet nicht zum Verständnis gelangen, wie scharf eure Denkfähigkeit auch sei, wenn ihr nicht demütig vorgeht und beide, Liebe und Glauben, euch nicht die Vernunft übersteigen machen [*surmonter*]: Sie beide sind die Herrinnen des Hauses.“[46]

---

40 Ibid., 5, 20/21 (Übersetzung: 31).

41 Cf. ibid., 9, 34/35.

42 Ibid., 66, 188/189–190/191. Cf. hierzu I. Leicht, Marguerite Porete – eine fromme Intellektuelle und die Inquisition, Freiburg e. a. 1999, 86–91.

43 Marguerite Porete, Le mirouer des simples ames, 9 (nt. 37), 34/35 (Übersetzung: 38).

44 Ibid., 21, 78/79–82/83 (Übersetzung: 60 sq.).

45 Cf. I. Leicht, Marguerite Porete (nt. 42), 130, nt. 285; B. Hahn-Jooß, Ceste Ame est Dieu par condicion d'Amour. Theologische Horizonte im „Spiegel der einfachen Seelen“ von Marguerite Porete (Beiträge zur Geschichte der Philosophie und Theologie des Mittelalters. N.F. 73), Münster 2010, 165, nt. 6.

46 Marguerite Porete, Le mirouer des simples ames [poème initial] (nt. 37), 8 (Übersetzung: 25).

Hier zeigt sich erneut, dass es um die richtige Bewusstseinshaltung geht, aus der heraus wahres Verständnis eröffnet werden kann. Die dafür geforderte Demut, die nicht nur im moralischen Sinn die „Mutter der Tugenden" repräsentiert, sondern auch epistemologisch „Schatzmeisterin der Wissenschaft" ist, lässt sich ganz im Sinne der Unbelehrtheit deuten, nämlich sich der eigenen Begrenzungen im Wissen bewusst zu sein. Die Scharfsinnigkeit im Denken allein, die der Theologe und der universitär Gebildete anstreben oder gar zu haben meinen, hilft an dieser Stelle nichts.

Der Text fährt fort, indem diese Zusammenhänge näher erläutert werden:

> „Die Vernunft selbst gesteht es uns ein im dreizehnten Kapitel dieses Buches, und sie schämt sich deswegen nicht: Liebe und Glauben verleihen ihr Leben [*la font vivre*], von ihnen macht sie sich niemals frei, denn sie haben die Oberherrschaft über sie, darum gehört es sich, daß sie sich demütigt. Laßt demütig werden eure Wissenschaften, die auf der Vernunft sich gründen [*humiliez dont voz sciences / qui sont de raison fondées*], und setzt all euer Vertrauen in jene, die gegeben sind durch die Liebe, erleuchtet vom Glauben. Und so werdet ihr dieses Buch verstehen, das aus der Liebe die Seele leben macht."

Erneut betont Marguerite, dass Liebe und Glauben über die Vernunft herrschen sollen, weil sie die Herrinnen im Haus sind. Wie ist das zu verstehen?

Der Text gibt Hinweise, wenn er von der lebensverleihenden und erleuchtenden Funktion von Liebe und Glaube spricht: Die Liebe belebt die Vernunft, sofern diese eine treibende Motivation braucht, um die rechte Demut zu finden. Dass das keineswegs zu bedeuten hat, dass die Liebe die Vernunft ausschalten oder ersetzen solle, erörtert Marguerite in einem anderen Kontext, nämlich in der Beschreibung der vierten Seinsstufe der Seele auf dem Weg zu Gott, d. h. in der vor allem in der affektiven mönchischen Mystik des Bernhard von Clairvaux beschriebenen Vorstellung einer höchsten Stufe der Vereinigung mit Gott, in der die Seele ganz in der Liebe Gottes aufgeht[47]. Dieser Vorstellung erteilt Marguerite eine schroffe Abfuhr, indem sie die dort propagierte Liebe zum einen als Selbstliebe entlarvt, zum anderen als Trunkenheit deutet, die keinen anderen Zustand mehr gelten lässt und jede Erkenntnis in den Hintergrund rückt, sodass die von der scheinbaren Gottesliebe Ergriffenen in ihrer zärtlichen Zuneigung und vernunftlosen Anhänglichkeit Kindern ähneln[48].

---

[47] Cf. dazu die Ausführungen von Leicht, Marguerite Porete (nt. 42), 173–178.

[48] Marguerite Porete, Le mirouer des simples ames, 133 (nt. 37), 390/391–392/393 (Übersetzung: 215): „Ihr habt nun einige Betrachtungen gehört, spricht diese Seele, die ich angestellt habe, um mich von Last frei zu machen und um den Weg zu finden. Ich betrachtete sie, als ich verirrt war, das heißt, als ich verwirrt war. Denn all jene sind verwirrt, die irgendwelche Anhänglichkeit des Geistes haben. Und diese Betrachtungen stammen aus dem Leben des Geistes, durch die Anhänglichkeit aus der Zuneigung der Liebe, welche die Seele zu sich selbst hat. Sie aber vermeint, diese Liebe, von der sie so sehr ergriffen ist, beziehe sich auf Gott. Versteht man es jedoch richtig, so ist das, was sie liebt, sie selbst, ohne daß sie es wüßte und ohne daß sie es bemerkte. Und diesbezüglich befinden sich jene, die lieben, in einer Täuschung, wegen der Zärtlichkeit, die sie in dieser Zuneigung empfinden. Sie läßt sie nicht zur Erkenntnis kommen. Und darum verbleiben sie, wie die Kinder, bei Kinderwerken! Und sie werden dabei bleiben, solange sie die Anhänglichkeit des Geistes haben."

Der Glaube hingegen erleuchtet die Vernunft. Damit macht Marguerite darauf aufmerksam, dass es dem Menschen unmöglich ist, aus eigenen Verstehensbemühungen heraus zu einem wahren Verständnis des Zustandes der vernichteten Seele zu gelangen. Die Seele ist vielmehr stets darauf angewiesen, dass Gott ihr entgegenkommt. Wie Mechthild von Magdeburg meint Marguerite damit weniger einen gnadenhaften Akt als vielmehr das sich aus der Natur Gottes einstellende Geben seiner selbst, das geschieht, sobald die Seele sich (in der fünften Seinsweise) als Nichts erkannt hat; denn dann (in der sechsten Seinsweise) sieht er sich in ihr[49].

Was an Marguerite auffällt und was sie von den bisher dargestellten Positionen unterscheidet, ist ihr schnörkelloser Intellektualismus, der die Kategorie der Ungebildetheit ganz auf den Zustand der vernichtigten Seele einschränkt und dazu im Prinzip keiner weiteren Auskleidung mehr bedarf, um den Leserinnen und Lesern diesen Zustand verständlich zu machen. Autobiografische Hinweise auf den beispielhaften eigenen Lebensweg oder klassische Topoi der Demut wie etwa der der weiblichen Inferiorität sucht man bei Marguerite vergebens. Einzig in Kapitel 96 gibt es eine kleine Textpassage, in der sie sich zu Beginn ihrer Suche nach Gott als „bedürftige Kreatur“ und „Bettlerin“ bezeichnet, aber das ist, bevor sie begriffen hat, dass die Seele erst dann vernichtigt wird, wenn sie sich ihrer Bedürfnisse und ihres Willens entledigt[50]. Im ‚Spiegel der einfachen Seelen‘ gewinnt man beim Lesen wahrhaftig einen starken Eindruck davon, was intellektuelle Demut bzw. ungebildete Einfachheit heißen können. Dass Marguerite ihrer Philosophie bekanntlich bis in den grausamen Feuertod hinein treu blieb, soll an dieser Stelle wohl nicht verherrlicht, aber doch erwähnt werden.

III.

Wie gezeigt wurde, lässt sich der philosophische Beitrag mittelalterlicher Denkerinnen als ein Versuch klassifizieren, ein Bildungs- und Wissensverständnis zu etablieren, das sich als Alternativmodell zum universitären versteht und in dessen Zentrum die eigene Ungebildetheit als intellektuelle Demut eine Rolle spielt. Damit wird aus der unausweichlichen Diskriminierung eine begründete Bejahung, denn die Autorinnen machen deutlich: Dass Frauen qua Geschlecht kei-

---

49 Ibid., 118, 330/331 – 332/333 (Übersetzung: 185): „Der sechste Zustand besteht darin, daß die Seele sich wegen ihres Abgrundes an Demut nicht sieht, Gott aber nicht wegen der Erhabenheit seiner Güte. Gott jedoch sieht sich in ihr in seiner göttlichen Majestät, durch die er diese Seele verklärt, so daß sie nicht sieht, was da noch wäre, außer Gott allein, der ist und durch den jedes Ding ist. Das aber, was ist, ist Gott selbst, und darum sieht sie nichts, außer sich selbst. [...] Diese Seele aber, derart rein und erleuchtet, sie sieht weder Gott noch sich. Gott jedoch sieht sich in ihr, für sie, ohne sie. Er, Gott nämlich, zeigt ihr, daß nichts ist als nur er. Und darum erkennt diese Seele nichts als ihn, und so liebt sie nichts als ihn, lobt sie nichts als ihn, denn nichts ist als nur er.“

50 Ibid., 96, 266/267 – 268/269.

nen Zutritt zur universitären Bildung haben, gereicht ihnen keineswegs zum Nachteil, sondern eröffnet ihnen Denkräume, in denen sie als die wahren Meisterinnen in Erscheinung treten.

Bleiben sie aber dennoch nicht Meisterinnen ohne Schüler – und ist diese akademische Heimatlosigkeit nicht einer der Hauptgründe für ihre jahrhundertelange Marginalisierung? (Auch in der heutigen akademischen Welt wird darüber diskutiert, welche fatalen Auswirkungen die geringe Präsenz von Frauen auf der Professoren-Ebene auf den weiblichen wissenschaftlichen Nachwuchs hat. Ohne Meisterinnen keine Schülerinnen?[51]) Wie diese akademische Heimatlosigkeit zu bewerten ist, hängt bei näherer Betrachtung weniger an der Tatsache, ob sie erzwungen ist oder nicht, sondern eher an den Phänomenen der Ungebildetheit und der Mystik selbst. Anders gewendet: Entzieht sich die Vorstellung der Ungebildetheit nicht ganz konkret einer durch die akademische Lehrer-Schüler-Beziehung geprägten Vermittlung im universitären Kontext – geht es doch gerade um eine Art des Wissens im Sinne von Weisheit, die sich der Kontrolle und Abprüfbarkeit entzieht? Lassen sich im Phänomen der Mystik, die zum einen auf Erfahrung basiert, zum anderen aber durch ihren introspektiven Charakter den Aspekt der Intersubjektivität stark zu vernachlässigen scheint, vielleicht selbst Momente benennen, die den Verzicht auf Lehren und Lernen im Sinne eines akademischen Meister-Schüler-Verhältnisses nahelegen?

Betrachtet man das Phänomen der Mystik als solches, so fällt bereits auf den ersten Blick auf, dass in Bezug auf die Kommunikabilität mystischen Denkens und damit auch in Bezug auf dessen Lehr- und Lernbarkeit Schwierigkeiten bestehen, die man nicht einfach abstellen kann, da sie für das Verständnis konstitutiv sind. Dazu gehört etwa das Problem der sprachlichen Artikulierbarkeit, dass die enge Verbindung zwischen Mystik und negativer Theologie widerspiegelt: Wie lässt sich die angestrebte Erfahrung der Einung von Seele und Gott noch sprachlich ausdrücken bzw. benennen? Ein weiterer Punkt betrifft die mangelnde Universalisierbarkeit der mystischen Erfahrung, die jeder nur für sich selbst vollziehen kann. Wenn Mystik aber mehr sein will als nur eine private Erfahrung, wie kann dann die Vereinigung mit dem Göttlichen mitgeteilt, gelehrt und gelernt werden? Eine letzte Schwierigkeit betrifft die soziologischen Konsequenzen der mystisch gewonnenen Einung mit Gott. Spielen andere Subjekte überhaupt eine Rolle? Wie ist das Verhältnis zu gesellschaftlichen Institutionen gestaltet? Impliziert Mystik Weltflucht oder gar Weltfeindlichkeit? Die Frage spitzt sich zu in Bezug auf religiöse Elemente, deren Funktion darin besteht, als heilsnotwendige Institutionen die Vermittlung zwischen Gott und Mensch zu

[51] In der heutigen Diskussion um den geringen Anteil von Frauen in der akademischen Philosophie wird als Hauptargument immer wieder darauf hingewiesen, dass Philosophinnen der Zugang zu männlich dominierten Netzwerken, die in erheblichem Maße auf Lehrer-Schüler-Beziehungen beruhen, verschlossen bliebe. Der Ruf nach der umstrittenen Professorinnen-Quote wird damit begründet, dass nur die Präsenz starker Meisterinnen im akademischen Milieu diesen Trend stoppen könne, weil sie philosophischen Schülerinnen als Vorbild zur Identifikation dienen können.

ermöglichen und zu gewährleisten: Sakramente, Heilige Schrift, Tradition. Wird die Relevanz solcher ekklesiologischen Grundelemente in der Mystik nicht überflüssig?

Solche allseits bekannten kritischen Fragen sind immer wieder an die Mystik herangetragen worden. Sie können hier selbstverständlich nicht beantwortet werden. Aber ein Blick in die näheren Zusammenhänge spezifisch weiblicher Gelehrsamkeit im Mittelalter kann vielleicht weiterführen. Präziser formuliert: Wie positionierten sich die Vertreterinnen einer Laienphilosophie, in der die Ungebildetheit das zentrale Motiv bildet, mit Blick auf Lernen und Lehren, d. h. auf Bildung?

Drei Momente seien erwähnt: Erstens hängt diese Frage entscheidend damit zusammen, welche Bildung Frauen im Mittelalter überhaupt zukam. Woher erfuhren die Mystikerinnen des Mittelalters die Gelehrsamkeit, die es ihnen erlaubte, eine solch bildungskritische Position wie die der intellektuellen Demut und Ungebildetheit einzunehmen?

Die Frauenklöster dürfen in besonderer Weise als Träger und Vermittler der Schriftkultur und der gelehrten Bildung betrachtet werden[52]. Im 12. Jahrhundert führte die Klosterreform der Kanonissenstifte und Frauenklöster, die sich unter anderem kirchlichen Disziplinierungsmaßnahmen verdankt, zur Steigerung des intellektuellen Lebens. Davon zeugen etwa Hrotsvit von Gandersheim oder Herrad von Hohenburg und ihr ‚Hortus deliciarum'. Im Spätmittelalter ging diese klösterliche Gelehrsamkeit der geistlichen Frauen zwar zurück – Grund hierfür ist zum einen die Entstehung der Universität, aus der die Frauen ausgeschlossen waren, aber auch die Struktur der neu entstehenden Bettelorden, die für ihre weiblichen Mitglieder keinerlei *studium generale* vorsahen. Aber dafür werden mit dem Aufkommen der Mystik eigene Modelle ins Leben gerufen, in denen die Volkssprache einen eigenen Stellenwert erhält.

Gerade im Zusammenhang der Klosterkultur lässt sich zeigen, dass die Erziehung und Bildung intellektueller Frauen in den meisten Fällen über Lehrerinnen vermittelt wurde, die zum Teil weit über ein Kloster hinaus bekannt waren. Bekanntes Beispiel ist Gertrud von Hackeborn, Äbtissin von Helfta, die die junge Gertrud von Helfta, spätere Gertrud die Große und Verfasserin des ‚Legatus divinae pietatis' unterrichtete[53]. Noch bekannter ist die Reklusin Jutta von Sponheim, die Lehrerin der Hildegard von Bingen, die – wie viele Reklusin-

[52] Cf. hierzu und zum Folgenden mit weiteren Literaturhinweisen H. Röckelein, Weibliche Gelehrsamkeit im Mittelalter, in: T. Maurer (ed.), Der Weg an die Universität. Höhere Frauenstudien vom Mittelalter bis zum 20. Jahrhundert, Göttingen 2010, 23–47.

[53] Zum die Belehrung durch die *artes liberales* einschließenden Bildungsweg Gertruds der Großen, der die Lehrerin allerdings nicht namentlich erwähnt, cf. Gertrud von Helfta, Legatus divinae pietatis, I, 1, in: Gertrude d'Helfta, Œuvres spirituelles, vol. 2: Le Héraut (livres I et II). Introduction, texte critique, traduction et notes par P. Doyère (Sources chrétiennes 139), Paris 1968, 120.

nen[54]! – nicht nur eine gefragte Lehrerin war, sondern die auch allgemein als Beraterin in Anspruch genommen wurde[55]. Offensichtlich – und der Sache nach nicht überraschend – besteht der Grundstock auch weiblicher Intellektualität in einer soliden, oft überdurchschnittlichen Ausbildung, in deren Zentrum in vielen nachweisbaren Fällen eine persönliche Lehrerin-Schülerin-Beziehung stand.

Allerdings ist dieser Punkt allein noch recht schwach, um das Entstehen einer spezifisch weiblichen Laienphilosophie bzw. unsere Ausgangsfrage nach dem hinter der Konzeption der Ungebildetheit liegenden Bildungsverständnis hinreichend zu klären. Denn die Funktion des Meisters konnte bekanntlich auch durch Männer eingenommen werden, wie das wohl berühmteste Beispiel von Heloise und ihrem Hauslehrer Abaelard demonstriert. Neben der persönlichen Verwiesenheit an einen Meister oder eine Meisterin soll deshalb ein zweiter Punkt geltend gemacht werden: Insbesondere Anneke Mulder-Bakker hat darauf hingewiesen, dass an das Phänomen der Reklusinnen und das ihnen zukommende hohe Ansehen ein bestimmtes Konzept von Wissen geknüpft ist, das sich gegenüber dem universitären Leitbild durch andere Lehr- und Lernmethoden auszeichnet[56]. Im Vordergrund steht dabei nicht die schriftliche Fixierung von Wissen, sondern ein ‚lebensweisheitliches' Wissen, das sich auf Erfahrung (*experientia*) gründet, also praktisch orientiert ist. Es wird vorzugsweise mündlich vermittelt und ist deshalb mit Bezug auf seine Lehrbarkeit in besonderer Weise an eine persönliche Vermittlungsinstanz gebunden. Zu seinen Lernmethoden zählt die Rezeption nach dem Imitationsprinzip, gegründet auf der Erinnerungsfähigkeit. Die Schriftkultur tritt in diesem Verständnis ganz hinter die orale Kultur zurück, die ihrerseits noch zwingender auf die Nachahmung würdiger Meisterinnen konzentriert ist.

An diesem Punkt sind wir bereits nah an dem, was oben als Spezifikum einer Laienphilosophie herausgearbeitet worden war. Doch trifft dieser Punkt nicht bedingungslos zu, sondern muss durch ein drittes Moment erweitert werden. Denn gegen die Betonung der oralen Kultur als eines eigenen Wissensverständnisses spricht die Tatsache, dass die in Frage kommenden Mystikerinnen ja durchaus schriftliche Zeugnisse hinterlassen haben, und zwar hochspekulative Texte, die sie ausdrücklich als Lehrbücher verstanden wissen wollten. Darin wird ersichtlich, dass der Mystik soziologische Aspekte des Lehrens und Lernens keineswegs fremd sind. Vielmehr zeigt sich im oben bereits kurz erwähnten

---

[54] Cf. A. B. Mulder-Bakker, The Reclusorium as an Informal Centre of Learning, in: J. W. Drijvers/ A. A. MacDonald (eds.), Centres of Learning. Learning and Location in Pre-Modern Europe and the Near East, Leiden e. a. 1995, 245–255; ead., Lives of the Anchoresses. The Rise of the Urban Recluse in Medieval Europe, Philadelphia 2005.

[55] Zu Jutta und Hildegard cf. A. Silvas, Jutta and Hildegard: The Biographical Sources (Medieval Women: Texts and Contexts 1), Turnhout 1998.

[56] Cf. A. B. Mulder-Bakker, The Metamorphosis of Woman: Transmission of Knowledge and the Problems of Gender, in: ead./P. Stafford (eds.), Gendering the Middle Ages. A *Gender and History* special issue, Oxford 2001, 112–134.

Konzept der Mystik als Lebensform, dass die klösterliche oder klosterähnliche Gemeinschaft hier ganz und gar förderlich zu wirken wusste. Dass insbesondere die Beginengemeinschaften dabei eine herausragende Funktion einnahmen, ist – auch ohne hiermit das Klischee von der glücklichen, weil männerlosen Frauenkommune heraufbeschwören zu wollen – eine nicht zu vernachlässigende Tatsache. Ganz eindeutig richten sich die Schriften der Mystikerinnen in belehrender Weise an ihre Mitschwestern und verzichten damit keineswegs darauf, ihrem Bildungsauftrag in pädagogischer Absicht nachzukommen.

Was diese drei Punkte – Verwiesenheit auf einen Meister/eine Meisterin, eigene Lehr- und Lernmethoden, pädagogischer Erziehungsauftrag – zeigen, unterstreicht die in den vorigen Ausführungen entfaltete These, dass wir in der weiblichen Mystik des Mittelalters eine Form der Laienphilosophie vorfinden, die sich in ihren Konzeptionen der Ungebildetheit und intellektuellen Demut von einem universitären Wissens- und Bildungsverständnis in vielerlei Hinsicht unterscheidet, ohne jedoch notwendigerweise ein Meisterin-Schülerin-Verhältnis auszuschließen. Insofern zeigt sich gerade hier, dass der gegen die Mystik vorgebrachte Vorwurf einer solipsistischen Egozentrizität nicht haltbar ist. Allerdings offenbart eine nähere Analyse dieses Verhältnisses den alternativen Philosophiebegriff, auf dem die These einer Laienphilosophie fußt, in seiner ganzen Ambivalenz. Denn mit dem Konzept von Weisheit, die sich in einer rechten Bewusstseinshaltung äußert, ist eine ganz andere Lehrer-Schüler-Relation verbunden als im akademisch-wissenschaftlichen Bereich, wo es zwar sicher auch um die Einübung eines wissenschaftlichen Habitus geht, aber vornehmlich doch um die Weitergabe objektiven Wissens. Damit wäre die Diskussion eröffnet, welcher Philosophiebegriff der angemessenere ist – damals wie heute. Die Diskussion kann und soll hier nicht geführt werden; Absicht meiner Ausführungen war es nur, einen philosophischen Zugang zu den Zeugnissen weiblicher mittelalterlicher Autoren zu ermöglichen, die aufgrund eines engen Philosophiebegriffs weitestgehend bis heute aus dem philosophischen Diskurs ausgeschlossen werden.

III. Dominikanische Schüler und Meister

Albertus Magnus und seine Schüler
Versuch einer Verhältnisbestimmung

Henryk Anzulewicz (Bonn)

I.

Zur Signatur des 12. und des 13. Jahrhunderts gehört die Verstädterung im lateinischen Westen, die zu einer enormen Entfaltung alter und neuer Formen des gemeinschaftlichen Lebens und der religiösen Bewegungen, zum Aufblühen des Bildungswesens und der Wissenschaften führte. In dieser Zeit des Wandels und des Aufbruchs wurde um 1200 in einer offenbar wohlhabenden Familie in Lauingen an der Donau, einer staufischen Städtegründung des späten 12. Jahrhunderts, Albertus geboren, den die Nachwelt Albertus Magnus nennt. Er wuchs im Donautal auf, wo er die abwechslungsreichen Lebensabläufe und die Natur mit wachem Auge verfolgte, wovon er in seinem späten Mannesalter gelegentlich berichtete. Eine gründliche Schulausbildung, die er vermutlich in Augsburg bekam, öffnete ihm den Weg zum Studium nach Italien. Während seines Studienaufenthaltes in Padua schloss er sich im Jahr 1223 oder 1229 dem Dominikanerorden an. Die Probezeit als Novize absolvierte er im Kölner Konvent seines Heimatlandes, wo er auch mindestens vier Jahre Theologie studierte und die Priesterweihe empfing. Er wurde anschließend Lektor, dem die pastoral-theologische Ausbildung seiner Ordensmitbrüder oblag[1]. Historiker sind sich auf der Basis der verfügbaren Quellen weitestgehend einig, dass seine

---

[1] Die Gründung des Kölner Konventes erfolgte im Jahr 1221; cf. G. M. Löhr, Beiträge zur Geschichte des Kölner Dominikanerklosters im Mittelalter, vol. 1 (Quellen und Forschungen zur Geschichte des Dominikanerordens in Deutschland 15), Leipzig 1920, 1. Die biografischen Eckdaten des Albertus bis zu seinem Studiengang nach Paris Anfang der 1240er Jahre (etwa 1242) und der Promotion 1245 sind historisch nicht gesichert und beruhen auf Mutmaßungen; für einen Überblick gemäß dem aktuellen Forschungsstand siehe: Albertus-Magnus-Institut (ed.), Albertus Magnus und sein System der Wissenschaften. Schlüsseltexte in Übersetzung Lateinisch-Deutsch, Münster 2011, 28–31. Die Studienbedingungen im Dominikanerorden in den ersten Jahren nach dessen Gründung beleuchten u. a. D. Berg, Armut und Wissenschaft. Beiträge zur Geschichte des Studienwesens der Bettelorden im 13. Jahrhundert (Geschichte und Gesellschaft. Bochumer Historische Studien 15), Düsseldorf 1977, 58–67; W. Senner, Die rheinischen *studia* der Dominikaner im Mittelalter: Alternative und Vorläufer der *universitates studiorum*, in: L. Cesalli/N. Germann/M. J. F. M. Hoenen (eds.), University, Council, City. Intellectual Culture on the Rhine (1300–1550) (Rencontres de Philosophie Médiévale 13), Turnhout 2007, 3–45, hier 14–15. Cf. auch A. M. Walz, Albert der Große als Lector Coloniensis, in: Angelicum 9 (1932), 147–167.

erste Wirkungsstätte als Lektor außerhalb von Köln, nachdem er hier offenbar bis 1233 wirkte, der Konvent in Hildesheim (gegründet 1233) war. Es folgten Lehraufträge an den Ordenshäusern in Freiburg im Breisgau, Regensburg, Straßburg und möglicherweise erneut in Köln[2]. Man muss davon ausgehen, dass er während dieser ersten Phase seiner Lehrtätigkeit an den Konventen in Deutschland, die etwa zehn Jahre andauerte, eine beträchtliche Zahl an Zuhörern um sich versammelte. Unter ihnen waren nicht nur die Neuankömmlinge, sondern alle Mitglieder der Konvente einschließlich ihrer Vorsteher (Prioren), da sie alle durch die Ordenssatzung angehalten wurden, dem Studium der Theologie, das der Predigt und der Seelsorge dienen sollte, als der vornehmlichen Aufgabe des Predigerbruders beständig nachzugehen[3]. Bezüglich seiner Hörerschaft aus dieser Zeit – von Schülern im engeren Sinn kann noch nicht die Rede sein – verfügen wir über keine historisch gesicherten Kenntnisse. Die äußerst schmale oder gar völlig fehlende Quellenbasis macht die Rekonstruktion der Listen der Prioren und der Mitglieder der einzelnen Ordenshäuser für die Zeit des mutmaßlichen Lektorates des Albertus zu einem, wie Gabriel M. Löhr und Heribert Chr. Scheeben festgestellt haben, aussichtslosen Unterfangen[4]. Auch für den Fall, dass man durch eine erneute Sichtung von Quellen und neueren Forschungen, die unsere Frage betreffen, einige Personen ermittelte, die Albertus in der Zeit bis zu seiner Promotion in Paris (1245) unterrichtete, gilt es, dass aus der bloßen Namenskenntnis keine Rückschlüsse auf das Verhältnis der Hörer zu ihrem Lehrer abgeleitet werden können. Indessen gehört es zum Gemeingut der Ordensüberlieferung, was Petrus von Preußen, der Biograf des Albertus, im Hinblick auf die Anfänge seiner Lehrtätigkeit festhält, nämlich dass sein Lehrerfolg und seine Anerkennung von allen Seiten auf die ihn auszeichnende Hilfsbereitschaft, Bescheidenheit und sein enormes Wissen zurückgehen[5].

Albertus hat sich als Lektor an den deutschen Konventen offensichtlich bewährt, denn er wurde Anfang der 1240er Jahre, als er zuletzt in Straßburg oder

---

[2] Cf. H. C. Scheeben, Albert der Große. Zur Chronologie seines Lebens (Quellen und Forschungen zur Geschichte des Dominikanerordens in Deutschland 27), Vechta–Leipzig 1931, 18–20; unten nt. 6.

[3] Cf. Constitutiones antique Ordinis Fratrum Predicatorum, ed. A. H. Thomas (De oudste constituties van de dominicanen), Leuven 1965, 311: „*Ad hec tamen in conventu suo prelatus dispensandi cum fratribus habeat potestatem, cum sibi aliquando videbitur expedire, in hiis precipue, que studium vel predicationem vel animarum fructum videbuntur impedire, cum ordo noster specialiter ob predicationem et animarum salutem ab initio noscatur institutus fuisse, et studium nostrum ad hoc principaliter ardenterque summo opere debeat intendere, ut proximorum animabus possimus utiles esse*“. W. P. Eckert, Die Generalstudien der Mendikantenorden in Köln während des 13. und frühen 14. Jahrhunderts, in: L. Honnefelder e. a. (eds.), Dombau und Theologie im mittelalterlichen Köln (Studien zum Kölner Dom 6), Köln 1998, 384.

[4] Löhr, Beiträge (nt. 1), 55–60. H. C. Scheeben, De Alberti Magni discipulis, in: Alberto Magno. Atti della Settimana Albertina celebrata in Roma nei giorni 9–14 Nov. 1931, Roma s. a., 182 (Separatum 6).

[5] Petrus von Preußen, Vita b. Alberti doctoris magni ex Ordine Praedicatorum, c. 5, Antverpiae 1621, 90.

vielleicht in Köln lehrte, durch den Ordensmeister Johannes von Wildeshausen zum Promotionsstudium nach Paris entsandt[6]. Nach dem Erwerb des Doktorgrades im Jahre 1245 übernahm er den zweiten, für die Nichtfranzosen bestimmten Theologielehrstuhl der Dominikaner an der Universität von Paris, den er bis zum Sommersemester 1248 innehatte. Auch aus dieser Zeit seiner Lehrtätigkeit in Paris sind kaum Auskünfte über seine Hörerschaft und Schüler erhalten. Eine Ausnahme bilden die Äußerungen des Zeitgenossen des Albertus, Roger Bacon, in dessen Werk ‚Opus tertium', die jedoch sehr allgemein sind. Der Franziskaner beklagt, ohne den Namen des Albertus explizit zu nennen, dieser genieße ein Ansehen bei den Studierenden und Lehrenden in Paris, das keinem Lehrer jemals zu Lebzeiten zuteilwurde. Bacons Aussagen dürften glaubhaft sein, weil sie aus einer kritischen Einstellung formuliert werden und offensichtlich auf das philosophische Projekt des Albertus anspielen, das dieser zu Beginn seines Physikkommentars erläuterte. Bacon schreibt[7]:

> „die Menge der Studierenden und viele [Menschen], die man für sehr weise hält, viele gute Männer, wenngleich sie getäuscht worden sind, meinen nun, dass die Philosophie schon vollständig erschlossen und in der lateinischen Sprache zusammengefasst für die Lateiner dargeboten wurde. Sie wurde zu meiner Zeit fertiggestellt und in Paris allgemein bekannt gemacht; und als der Urheber wird ihr Bearbeiter zitiert. Denn so wie Aristoteles, Avicenna und Averroes in den Schulen zitiert werden, so wird auch er selbst zitiert; und er lebt noch, und er erlangte zu seinen Lebzeiten ein Ansehen, das kein Mensch in der Lehre jemals erfuhr. [...] man muss bedauern, dass das Studium der Philosophie durch ihn selbst mehr als durch alle [anderen], die es je unter den Lateinern gab, verdorben wurde. Denn obwohl die anderen [auch] unzulänglich waren, maßten sie sich aber keine Autorität an, dieser hingegen schrieb seine Bücher in authentischer Weise, weshalb ihn der ganze unvernünftige Haufen in Paris gleich wie Aristoteles oder Avicenna oder Averroes und andere Autoren zitiert".

Auf Einzelfälle bezogene, in der Regel spärliche Auskünfte über das Verhältnis der Schüler des Albertus zu ihrem Meister und über die stets fördernde

---

6 Eine Lehrtätigkeit in Köln vor der Promotion in Paris, die auf das Straßburger Lektorat folgte, nimmt Petrus von Preußen, Vita b. Alberti (nt. 5), 90 an. Dass Albertus das Amt des Lektors bis 1233 in Köln ausübte, danach in Hildesheim, Freiburg im Breisgau, Regensburg, Straßburg und 1240 nach Köln zurückkehrte, berichtet Vincentius Iustiniani, Compendiosa vitae descriptio [...] et Apotheosis eiusdem b. Alberti, Coloniae Agrippinae 1625, 11–12.

7 Roger Bacon, Opus tertium, c. 9, ed. J. S. Brewer (Fr. Rogeri Bacon Opera quaedam hactenus inedita 1), London 1859, 30–31: „*et est quod jam aestimatur a vulgo studentium, et a multis, qui valde sapientes aestimantur, et a multis viris bonis, licet sint decepti; quod philosophia jam data sit Latinis, et completa, et composita in lingua Latina, et est facta in tempore meo et vulgata Parisius, et pro auctore allegatur compositor ejus. Nam sicut Aristoteles, Avicenna, et Averroës allegantur in scholis, sic et ipse: et adhuc vivit, et habuit in vita sua auctoritatem, quod numquam homo habuit in doctrina.* [...] *dolendum est quod studium philosophiae per ipsum est corruptum plus quam per omnes qui fuerunt unquam inter Latinos. Nam alii licet defecerunt, tamen non praesumpserunt de auctoritate, sed iste per modum authenticum scripsit libros suos, et ideo totum vulgus insanum allegat eum Parisius, sicut Aristotelem, aut Avicennam, aut Averroëm, et alios auctores.*" Cf. Albertus Magnus, Physica, l. 1, tr. 1, c. 1, ed. P. Hoßfeld (Opera omnia 4/1), Münster 1987, 1, 9 sqq., 48–49. L. Honnefelder, Wisdom on the Way of Science: Christian Theology and the Universe of Sciences According to St. Albert the Great, in: L. Honnefelder e. a. (eds.), Via Alberti. Texte – Quellen – Interpretationen (Subsidia Albertina 2), Münster 2009, 20.

Haltung des Meisters zu seinen Schülern sind im biografisch-hagiografischen Schrifttum und in einigen erhaltenen Briefen dokumentiert[8]. Vereinzelt findet man Vermerke in den Handschriften der Werke des Albertus, die den Namen des Schreibers preisgeben, der als Schüler oder als Zuhörer eine Nachschrift der Vorlesung seines Meisters oder eine Kompilation aus dessen Schriften anfertigte. Die wichtigsten dieser Quellen und Notizen wurden von H. Chr. Scheeben aufgearbeitet[9]. Alle auf dieser Grundlage ermittelten Namen von Schülern und Hörern des Albertus sowie einiger weiterer Personen aus seinem Umkreis, die seine wissenschaftliche Kompetenz in Anspruch nahmen oder ihm zuarbeiteten, listen wir im Anhang auf.

Die Frage nach den Schülern des Albertus, die sich nicht nur auf das Verhältnis zwischen Thomas von Aquin und seinem Meister konzentriert, fand das Interesse der historischen Forschung in Deutschland erst in der zweiten Hälfte des 19. Jahrhunderts. Die einschlägigen Studien aus dieser Zeit zu Albertus von Joachim Sighart und Nicolaus Thoemes geben ein Zeugnis davon[10]. Wenn andere Gelehrte wie Gustav von Hertling und Josef Bach dieses Thema nur am Rande oder überhaupt nicht behandelten, ergab sich dies nicht aus seiner Geringachtung, sondern aus der Eigenart ihrer Untersuchungen. Das aufstrebende Interesse für Thomas von Aquin in der Neuscholastik warf allerdings einen Schatten auf die Forschungen zu Albertus durch deren Indienstnahme für ein vertieftes Verständnis der Lehre des Schülers. Albertus wurde daraufhin bis in die 90er Jahre des letzten Jahrhunderts unter dem Vorzeichen der Hoheit

[8] Die wichtigsten biografisch-hagiografischen Schriften sind zusammengestellt bei: J. Sighart, Albertus Magnus. Sein Leben und seine Wissenschaft. Nach den Quellen dargestellt, Regensburg 1857, VII–XII; P. de Loë, De vita et scriptis B. Alberti Magni. Pars Prima, in: Analecta Bollandiana 19/1 (1900), 257–284; A. Paravicini Bagliani, La légende médiévale d'Albert le Grand (1270–1435). Premières recherches, in: Micrologus 21 (2013), 295–367. Für die Briefe cf. H. Finke, Ungedruckte Dominikanerbriefe des 13. Jahrhunderts, Paderborn 1891, 51–52 Nr. 1–3, 80–81 Nr. 47, 82 Nr. 50, 84–85 Nr. 53–55, 95 Nr. 68. K. Rieder, Das Leben Bertholds von Regensburg, Freiburg i. Br. 1901, darin bes. 46–47 Nr. 10: ‚Brief Alberts des Großen an Berthold von Regensburg' (*Requisitio si ungelt recipi possit sine peccato*); für die deutsche Übersetzung und Erläuterungen siehe: H. Stehkämper, Albertus Magnus. Ausstellung zum 700. Todestag [Katalog]. Historisches Archiv der Stadt Köln, Severinstraße 222–228, 15. November 1980 bis 22. Februar 1981, Köln 1980, 119–120 Nr. 142.

[9] Scheeben, De Alberti Magni discipulis (nt. 4), 179–212 (Separatum 3–36). Zur Ergänzung: M. Grabmann, Drei ungedruckte Teile der Summa de creaturis Alberts des Großen (Quellen und Forschungen zur Geschichte des Dominikanerordens in Deutschland 13), Leipzig 1919, bes. 16–17, wo es heißt, dass „*frater Martinus brandeburgensis*" mutmaßlich ein unmittelbarer Schüler des Albertus war.

[10] Vor allem J. Sighart berichtet in seiner beachtenswerten Monografie wiederholt von Schülern und Zuhörern des Albertus. Er stützt sich auf eine breite biografisch-hagiografische Quellenbasis und widmet hierbei seine Aufmerksamkeit speziell dem Verhältnis des Thomas von Aquin zu seinem Meister; cf. Sighart, Albertus Magnus (nt. 8), 36–42, 238–246 u. ö. N. Thoemes bietet in seinem 1880 in Köln erschienenen Band ‚Albertus Magnus in Geschichte und Sage' historisch Verbürgtes und Sagenhaftes über Albertus und einige ihm nahestehende Ordensmitbrüder sowie Schüler, darunter insbesondere über seinen „Lieblingsschüler" Thomas von Aquin (ibid., 95).

seines Schülers als des Vollenders des mittelalterlichen Denkens betrachtet, der allenfalls in gewisser Schuld bei seinem Meister als dem Beginner gesehen zu werden vermochte[11]. Wenn wir im Folgenden versuchen, uns einen Überblick über die Beziehungen zwischen dem Meister Albertus und seinen Schülern zu verschaffen und an zwei Beispielen, die als idealtypisch betrachtet werden können, in einigen Punkten zu verdeutlichen, dann wollen wir auch dem alten und in manchen Kreisen weiterhin latent vorhandenen Vorurteil in Bezug auf das Verhältnis von Albertus und Thomas entgegenwirken. Dem eigentlichen Vorhaben und Ziel der Untersuchung schicken wir einen Exkurs über Gebrauch und Verständnis der Termini *discipulus* und *magister* im Werk des Albertus voraus. Die Klärung dieser Begriffe ist im Kontext unserer Fragestellung insofern von Belang, als man dadurch Erkenntnisse über das Selbstverständnis des Albertus als Lehrer und sein Verständnis des Schülers gewinnen kann. Hierbei wird sich zeigen, ob sein vielschichtiger Begriff *discipulus* eine differenzierte Interpretation der historiografischen Paradigmata einer „Albert-Schule" und einer „deutschen Dominikanerschule" zulässt und dadurch die beiden Konzepte, ungeachtet der neuerlich erhobenen Fundamentalkritik an deren Realitätsbezug, heuristisch als sinnvoll und hilfreich rechtfertigt[12].

II.

Ein Schüler muss nach Albertus kein getreues Abbild seines Lehrers sein. Diese Auffassung kann man mehreren Aussagen unseres Autors entnehmen, die vornehmlich im bibelexegetischen Werk fallen und das spezielle Verhältnis von Schüler und Lehrer berühren. Sein Verständnis des Begriffs ‚Schüler' (*discipulus*) erweist sich in diesem Kontext gegenüber dem Begriff des Lehrers (*magister*) als terminologisch differenziert und inhaltlich vielschichtig. Er verwendet mehrere synonyme Termini für den Begriff ‚Schüler', die ihn entweder umschreiben und einen Spielraum für seine Interpretation erzeugen oder ihn präzisieren. Als Synonyme für den basalen Ausdruck *discipulus* findet man u. a. solche Termini wie *auditor*, *imitator*, *insecutor*, *sequax*, *sectator* und *studiosus*. Man begegnet ihnen meistens dann, wenn Albertus den Terminus ‚Schüler' aus seiner Kommentar-

---

[11] Cf. J. Bernhart, Albertus Magnus, in: id., Gestalten und Gewalten. Aufsätze, Vorträge, Würzburg 1962, 53. H. Anzulewicz, Investigación actual acerca de Alberto Magno. Inventario referido a la hermenéutica, in: Scripta Mediaevalia 6 (2013), 11–41, hier 15–20; id., Alberts Konzept der Bildung durch Wissenschaft, in: L. Honnefelder (ed.), Albertus Magnus und der Ursprung der Universitätsidee, Berlin 2011, 382–397, 538–548 (nt. und Lit.), hier 382–384. P. D. Hellmeier, Anima et intellectus. Albertus Magnus und Thomas von Aquin über Seele und Intellekt des Menschen (Beiträge zur Geschichte der Philosophie und Theologie des Mittelalters. N.F. 75), Münster 2011, 11–15; diese Verhältnisbestimmung von Schüler und Meister bezüglich der Seelen- und Intellektlehre haben wir besprochen in: Theologische Revue 108 (2012), 397–399.

[12] Zur Genese dieser Konzepte und zu ihrer Kritik cf. A. Quero-Sánchez, Über das Dasein. Albertus Magnus und die Metaphysik des Idealismus (Meister-Eckhart-Jahrbuch. Beihefte 3), Stuttgart 2013, 29–30, 519–528.

Vorlage oder einem Zitat aufgreift und im Rahmen der Textexegese verdeutlicht. Die einfachste Erklärung erfolgt durch das Anschließen alternativer, semantisch in etwa gleichwertiger Begriffe, wie ‚Hörer', ‚Gefolgsmann' oder ‚Anhänger'. Schüler zu sein bedeute zwar zuvorderst die Lehransichten und die Methode des Lehrers in ihrer vollendeten Gestalt aufzunehmen, sich mit dem Meister darin und in dem, was an Konsequenzen für ihn hieraus erwachse, zu identifizieren. Eine gänzliche Übereinstimmung könne gleichwohl fehlen, wenn der Schüler für die ihm von seinem Lehrer vermittelten Lehrinhalte nicht einstehe, sondern seine eigenen Lehransichten entwickle und vertrete[13]. Folglich heiße das dann auch, dass ein solcher Schüler die im Begriff eines Gerechten liegende Anforderung, sich der einst angeeigneten Lehre immer verpflichtet zu wissen, nicht erfülle[14].

Ein Schüler sei ein Wissbegieriger, ein Hörer, ein Student (*studiosus*). Wenn er an der Lehre, die er bei seinem Meister hörte, festhalte, sei er wirklich dessen Schüler, andernfalls sei er bloß ein neugieriger und abergläubischer Erkunder[15]. Die Neugierde, an sich ein wertneutraler Wissensdrang, gepaart mit dem Aberglauben, verkommt nach Albertus so zu einer subjektiven Haltung des Schülers, die der authentischen Lehre des Meisters offenbar im Wege steht. Der Aberglaube muss nicht exklusiv im Sinne eines religiösen Irrglaubens interpretiert werden, wie sich aus den nachfolgenden Ausführungen unseres Autors erschließt. Vielmehr geht es ihm darum, dass ein Schüler, der einem Aberglauben anhängt, befangen und unfrei für eine objektive Erkenntnis im Allgemeinen ist. Ein echter Schüler nehme die Lehre seines Meisters ohne Abstriche und ohne Fehler auf[16]. Erfüllt von ihr werde er zur Freiheit erzogen und frei, denn die Bildung um ihrer selbst willen (*studia liberalia*) befähige ihn zur Selbstbestimmung und mache frei. Der Meister hat also einen maßgeblichen Anteil am Prozess einer umfassenden, in erster Linie intellektuellen Vollendung seines Schülers. Denn, so unterstreicht Albertus in diesem Zusammenhang, der Mensch als

---

[13] Cf. Albertus Magnus, Super Matthaeum, X, 25, ed. B. Schmidt (Opera omnia 21/1), Münster 1986, 336, 74–83: „*‚Sufficit discipulo', quantum ad doctrinae acceptionem, ‚ut sit sicut magister eius'. Sicut enim in docendis et modo confirmationis attingit magistri perfectionem, ita et in his quae consequuntur doctrinam ex hoc quod contraria est mundanis, quia ideo oppugnatur. Et si discipulus non doceat contraria his quibus magister contraria docuit, non est discipulus sicut magister. Et si aliter doceat discipulus, tunc a seipso et non ex disciplinis magistri loquitur.*"

[14] Ibid., X, 42, 344, 37–38: „*discipulus est minor iusto, qui nuper accepit auditum et adhuc est imbuendus*". Cf. unten nt. 17.

[15] Albertus Magnus, Super Iohannem, I, 37, edd. A. Borgnet/É. Borgnet (Opera omnia 24), Paris 1890, 73^{b}: „*‚Discipuli', et ideo studiosi. Joan. VIII, 31: ‚Si vos manseritis in sermone meo, vere discipuli mei eritis'. Qui enim non permanet in sermone audito, non est discipulus, sed explorator curiosus et superstitiosus*".

[16] Ibid., VIII, 31–32, 352^{a-b}: „*Discipulus enim verus est, qui vere doctrinis sui magistri sine errore est imbutus. Et hoc est libertatis incrementum. Studia enim liberalia, ut dicunt Philosophi, liberant hominem. Dicit enim Philosophus, quod liberum dicimus hominem, qui causa sui est. Homo enim ut dicitur in X Ethicorum, solus intellectus est: quia alia non sunt humana quae sunt in ipso sed sunt brutalia. Intellectus disciplinis divinis perficitur, et non in aliis. Ad Hebr. XII, 8: ‚Quod si extra disciplinam estis, cujus participes facti sunt omnes, ergo adulteri, et non filii estis'. Ac si dicat: De semine libero nati non estis, sed de spurio et servili. Isa. L, 5: ‚Dominus Deus aperuit mihi aurem, ego autem non contradico: retrorsum non abii'*".

solcher sei allein der Intellekt und werde allein durch das Studium göttlicher Disziplinen vervollkommnet. Bezüglich der erwähnten göttlichen Disziplinen sei angemerkt, dass es sich hierbei sowohl um die Metaphysik als auch um die Theologie handelt.

Albertus begreift den Menschen zwar vom Intellekt her, aber er vernachlässigt auch nicht die Bedeutung der affektiven Dimension des Humanen. Er nimmt an, dass der Affekt an der Konstitution des Verhältnisses von Schüler und Meister wesentlich beteiligt ist. Im Affekt der *dilectio*, der Liebe, sieht er den Grund für das Festhalten des Schülers an der Lehre seines Meisters und für die Treue zu ihm[17]. Er hält es für selbstverständlich, dass der Schüler dem Meister mit Achtung (*reverentia*) begegnet und ihm nicht widerspricht[18]. Nicht weniger Bedeutung für das Verhältnis von Schüler und Meister misst Albertus dem Affekt aufseiten des Meisters bei. Dieser habe keine Geheimnisse vor seinem Lieblingsschüler, und der Schüler, ins Herz des Meisters geschlossen, überblicke sein Innerstes. Die Vertrautheit und das familiäre Miteinander der beiden gebe dem Schüler Mut, den Meister nach allem fragen zu können. Die Treue zum Meister bis zu dessen Tod lasse den Schüler an Glauben und Wissen seines Meisters unmittelbar teilhaben. Durch dieses Wissen geprägt und vollendet, sei er ein veritabler Schüler, der nunmehr selbst durch Wort oder Schrift mit der Autorität des Meisters lehrt. Das, was er tut und wie er es tut, sowie seinen guten Ruf verdanke er in hohem Maße seinem Meister. In der Nachahmung des Meisters sieht Albertus die Sinnerfüllung des Schülerdaseins, denn der Schüler sei ein Nachahmer des Meisters – *discipulus enim est magistri imitator* –, er sei dazu berufen, dem Meister, der gleichsam die personifizierte, sich mitteilende Wahrheit ist, zu folgen[19]. Die abstrakte Wahrheit ist für ihn die Basis des Verhältnisses

---

[17] Ibid., 352^{b}: „*Joan. XIII, 35: ‚In hoc cognoscent omnes quia discipuli mei estis, si dilectionem habueritis ad invicem': quia dilectio vos facit tenere meam disciplinam. Joan. XIV, 23: ‚Si quis diligit me, sermonem meum servabit'. Discipulus enim verus est, qui ita tenet disciplinam prout tradita est a magistro*".

[18] Cf. ibid., VI, 53, 271^{a}: „*Litigabant autem ‚ad invicem'* [sc. Iudaei], *non cum discipulis, vel Apostolis: quia illi propter reverentiam Magistri aperte contradicere non audebant* […] *Protervus enim et non discipulus est, qui contradicit*". Albertus Magnus, De IV coaequaevis, tr. 4, q. 32, a. 2, ed. A. Borgnet (Opera omnia 34), Paris 1895, 512^{b}: „*reverentes discipuli, qui altitudini scientiae et benignitatis Magistri sui non praesumunt facere quaestionem, sed coram ipso eam proponunt inter se, expectantes ut propria benignitate eos illuminet ad solutionem*". Das Bild der Schüler, die sich dem Meister gegenüber ehrfurchtsvoll benehmen, wird für die Versinnbildlichung des Verhältnisses der Engel gegenüber Christus als ihrem Meister adaptiert.

[19] Albertus Magnus, Super Iohannem, XXI, 24, edd. Borgnet (nt. 15), 717^{b}–718^{a}: „*Dicit ergo: ‚Hic est discipulus ille'. Hic, inquam, tam dilectus, ut specialiter dilectus vocetur: et ideo nihil est ab eo absconditum* […] *Hic, inquam, qui in pectore recumbens secreta pectoris divini perlustravit* […] *Hic, inquam, qui per omnia usque ad mortem secutus est et ideo vidit omnia occulta fide* […] *Hic iterum qui ausu familiari de omnibus audebat interrogare* […] *Hic ergo est discipulus ille summi Magistri disciplinis institutus et perfectus* […] *Et sic a Magistro veritatis cognoscens veritatem, auctoritate Magistri describit* […] *Ille enim verus est discipulus, per cujus linguam sicut per calamum verba Magistri describuntur: et quidquid dicit, habet veritatem.*" Cf. ibid., XV, 8, 562^{a}: „*‚Et', per hoc, ‚efficiamini mei discipuli', hoc est, imitatores. Joan. VIII, 31 et 32: ‚Si vos manseritis in sermone meo, vere discipuli mei eritis, et cognoscetis veritatem, et veritas liberabit vos'. Discipulus enim magistri est imitator. Magister autem ad hoc venit ut fructum faceret: et discipuli ad hoc sunt instituti ut eum in hoc sequantur. Joan. XV, 16: ‚Posui vos ut eatis, et fructum afferatis, et fructus vester maneat'.*" Id., De natura boni, ed. E. Filthaut (Opera omnia 25/1), Münster 1974, 20, 85–90:

von Schüler und Meister, ihre Instanziierung durch Wort und Schrift des Meisters hingegen ist das Ideal, an dem sich der Schüler als Schüler zu bewähren hat[20]:

> „Schüler ist man aufgrund des Bekenntnisses und der Liebe zur Wahrheit, durch die Demut der Unterwerfung und die Freundlichkeit des Zuhörens. Wer sich zur Wahrheit durch sein ganzes Studium und Nachdenken nicht bekennt, ist kein Schüler der Wahrheit. Joh. 8, 31–32: ‚Wenn ihr in meinem Worte verharret, werdet ihr wahrhaft meine Schüler sein, und werdet die Wahrheit erkennen, und die Wahrheit wird euch frei machen'. Wer die Wahrheit nicht liebt, ist ebenfalls kein Schüler der Wahrheit. Joh. 13, 35: ‚Daran werden alle erkennen, dass ihr meine Schüler seid, wenn ihr Liebe habet zueinander'. Wer zu Füßen der Wahrheit gefallen sich ihr nicht in Demut unterwirft, ist ebenfalls kein Schüler der Wahrheit. Dtn. 33, 3: ‚Die sich seinen Füßen nähern, werden von seiner Lehre empfangen'. Und viertens, wer hochmütig und frech [ist und] die Wahrheit, die er hörte, nicht gutmütig aufnimmt, ist auch kein Schüler der Wahrheit. Mt. 11, 29: ‚Lernt von mir, denn ich bin sanftmütig und demütigen Herzens'".

Die meisten der referierten Aussagen des Albertus, die sein Verständnis des Schülers wiedergeben, entstammen, wie gesagt, dem bibelexegetischen Kontext und sie schulden ihm gewisse Spezifika. Schüler und Meister erscheinen hier zwar als theologische Topoi, ihrem Aussagegehalt kommt jedoch aus unserer Sicht keine exklusiv theologische Gültigkeit zu. Vielmehr muss man aus ihnen einen abstrakten, das Allgemeine erschließenden Begriff des Schülers (wie auch des Meisters) herauslesen, dessen universale Geltung bereits in der Natur des Begriffs selbst liegt.

In seinen Schriften nennt Albertus bedeutende Schüler bekannter Meister mit Namen, die vornehmlich der antiken Philosophiegeschichte entnommen sind. Manche dieser Angaben sind aufgrund defizitärer Quellenlage historisch unsicher, anachronistisch oder unzutreffend. Sie dokumentieren die Bemühungen des Albertus, systematische Fragen der Philosophie und Theologie durch Verknüpfung und Interpretation der Überlieferung genetisch zu verdeutlichen[21].

„*Saepe enim contingit, quod discipulus in moribus sequatur magistrum, ut in evangelio: ‚Non est discipulus super magistrum, perfectus autem omnis erit, si sit sicut magister eius'. Unde Paulus gloriatur se ad pedes Gamalielis didicisse legem, ut ex laude magistri praesumptio habeatur de ipso.*"

[20] Albertus Magnus, Super Isaiam, VIII, 16, ed. F. Siepmann (Opera omnia 19), Münster 1952, 131, 81–96: „*Discipulus est professione veritatis et affectione caritatis et humilitate subiectionis et mansuetudine auditionis. Discipulus enim veritatis non est, qui veritatem non profitetur omni studio et meditatione. Ioh. VIII (31–32): ‚Si vos manseritis in sermone meo, vere discipuli mei eritis et cognoscetis veritatem, et veritas liberabit vos'. Discipulus iterum veritatis non est, qui veritatem non amat. Ioh. XIII (35): ‚In hoc cognoscent omnes, quia mei estis discipuli, si dilectionem habueritis ad invicem'. Discipulus iterum veritatis non est, qui humiliter non subicitur ad pedes veritatis provolutus. Deut. XXXIII (3): ‚Qui appropinquant pedibus eius, accipient de doctrina eius'. Quarto etiam discipulus veritatis non est, qui superbus et protervus veritatem auditam mansuete non suscipit. Matth. XI (29): ‚Discite a me, quia mitis sum et humilis corde'.*"

[21] U. R. Jeck spricht in diesem Zusammenhang vom „philosophischen Genius" des Albertus, cf. id., Albert der Große über Anaximander, in: W. Senner e. a. (eds.), Albertus Magnus. Zum Gedenken nach 800 Jahren: Neue Zugänge, Aspekte und Perspektiven (Quellen und Forschungen zur Geschichte des Dominikanerordens. N.F. 10), Berlin 2001, 15–27, 16.

Einige Beispiele dafür sind seine Behauptungen, Theophrast sei Gefolgsmann und Schüler des Aristoteles gewesen, Porphyrius indes nur dessen Schüler[22]; Asclepiodotus gehörte zu den Hörern des Posidonius (nach Senecas ‚Naturales quaestiones') und zu seinen Schülern (Ergänzung der Quelle durch Albertus)[23]. Galen folgte der Lehre des Platon, dessen Schüler er gewesen sei; Gleiches gilt für Iamblichus[24]. Asclepius sei Schüler des Hermes Trismegistus, Averroes hingegen ahme den Alexander von Aphrodisias und Themistius nach[25]. Aus der Theologiegeschichte nennt Albertus u. a. Maximinus, Eunomius und Felicianus als die Schüler des Arius[26].

Als Nächstes bleibt zu ermitteln, welchen Begriff des Meisters (*magister*) Albertus verwendet und, falls er ihn näher erläutert, in welchem Kontext dies geschieht. Diese Frage ist insofern schwierig, als man feststellen muss, dass Albertus keine spezielle Abhandlung über den Lehrer verfasste, wie eine solche etwa sein Schüler Thomas von Aquin – angeregt durch die Schrift des Augustinus ‚De magistro' – oder Heinrich von Gent hinterließen[27], und dass er keine systematischen Überlegungen zu diesem Begriff anstellte. Als die Grundlage für die lexikografische Erhebung bleiben somit seine im Werk, zumeist in den Bibelkommentaren, verstreuten Gedanken, die es zu sammeln und wie Mosaiksteine zu einem Ganzen zusammenzufügen gilt. Auf diese Weise und unter

22 Albertus Magnus, Meteora, l. 3, tr. 2, c. 7, ed. P. Hoßfeld (Opera omnia 6/1), Münster 2003, 135, 12–13 (und 23–25): „*Theophrastus, Aristotelis insecutor et discipulus* [...]". Id., De animalibus, l. 3, tr. 2, c. 8, ed. H. Stadler (Beiträge zur Geschichte der Philosophie des Mittelalters 15), Münster 1916, 346, 5–6: „*antiquissimi Aristotelis discipuli sicut Theofrastus et Porfirius*".

23 Id., Meteora, l. 3, tr. 3, c. 9, ed. Hoßfeld (nt. 22), 161, 15–16: „*‚Asclepiodotus, Posidonii auditor' et discipulus*".

24 Albertus Magnus, De animalibus, l. 3, tr. 1, c. 6, ed. Stadler (nt. 22), 305, 3–4: „*hoc Plato non vidit et discipulus qui secutus est documenta eius Galienus*". Id., De homine, edd. H. Anzulewicz/J. R. Söder (Opera omnia 27/2), Münster 2008, 72, 62: „*Iamblichus autem quidam discipulus Platonis dicit* [...]."

25 Albertus Magnus, De causis et processu universitatis a prima causa, l. 1, tr. 4, c. 3, ed. W. Fauser (Opera omnia 17/2), Münster 1993, 45, 26–27: „*Asclepius, Trismegisti discipulus*". Id., De caelo et mundo, l. 2, tr. 1, c. 4, ed. P. Hoßfeld (Opera omnia 5/1), Münster 1971, 113, 68–69. Wie viele Gesichter der „mythische Autor" Hermes Trismegistus bei Albertus hat, zeigt D. Porreca, Albertus Magnus and Hermes Trismegistus: An Update, in: Mediaeval Studies 72 (2010), 245–281.

26 Albertus Magnus, Summa theologiae sive de mirabili scientia dei, I, tr. 7, q. 30, c. 3, a. 2, edd. D. Siedler/W. Kübel/H. Vogels (Opera omnia 34/1), Münster 1978, 236, 4–5.

27 Thomas von Aquin, Quaestiones disputate de veritate, q. 11 (De magistro), ed. Commissio Leonina (Opera omnia 22/2), Roma 1972, 347–363; Paralleltexte hierzu Summa theologiae, I, q. 117, a. 1; In II Sent., d. 9, a. 2, ad 4 und d. 28, a. 5, ad 3. Die beiden erstgenannten Texte liegen lateinisch-deutsch in einer kommentierten Ausgabe vor: Thomas von Aquin, Über den Lehrer/De magistro. Quaestiones disputatae de veritate: Quaestio XI. Summa theologiae: Pars I, quaestio 117, articulus 1. Herausgegeben, übersetzt und kommentiert von G. Jüssen/G. Krieger/J. H. J. Schneider. Mit einer Einleitung von H. Pauli (Philosophische Bibliothek 412), Hamburg 1988. Cf. Augustinus, De magistro (liber unus), ed. K.-D. Daur (Corpus Christianorum. Series Latina 29), Turnhout 1970, 157–203; lat.-dt.: Aurelius Augustinus, De magistro/Über den Lehrer. Übersetzt und hg. von B. Mojsisch (Universal-Bibliothek 2793), Stuttgart 1998. Zu Heinrich von Gent cf. T. Marschler, Zum Selbstverständnis des theologischen Magisters nach Heinrich von Gent im Ausgang von *Quodlibet I*, 35, in: M. Olszewski (ed.), What is "Theology" in the Middle Ages? (Archa Verbi. Subsidia 1), Münster 2007, 517–531.

Einbeziehung der mit dem Begriff des Schülers korrespondierenden, zuvor teilweise erfassten Aussagen, kann sein Verständnis des Lehrers inhaltlich, genetisch und funktional bestimmt werden.

Der Begriff des Meisters bzw. des Lehrers wird in der abendländischen Tradition unter Verweis auf Matthäusevangelium 23, 8 und 10 zunächst sehr eng ausgelegt. An der genannten Bibelstelle lesen wir: „einer ist euer Lehrer [...], Christus“[28]. Diese Aussage veranlasst Albertus, ähnlich wie Thomas von Aquin, sich mit der Art der Ausschließlichkeit des gemeinsamen Lehrers auf dem Hintergrund ihrer augustinischen Interpretation auseinanderzusetzen[29]. Unser Autor stellt die Ausschließlichkeitsthese zwar nicht infrage, aber er vermag darunter nicht bloß eine Inspiration des göttlichen Lehrers in uns zu verstehen, sondern vielmehr eine Variante der Illuminationslehre, die er im Rückgriff auf die aristotelische Lehre vom *intellectus agens* intellekttheoretisch deutet[30]. Dem Ansatz des Augustinus, Gott selber lehre in uns alles, was unser Wissens ausmacht, stimmt er insofern zu, als der spätantike Kirchenlehrer und Boethius die Notwendigkeit eines intellektuellen Lichtes in der menschlichen Seele geltend machten, in dem der Mensch sein Wissen auf den Wahrheitsgehalt prüft. Augustinus identifizierte jenes Licht mit Christus als dem inneren Lehrer der Seele, Albertus indessen deutet es im Anschluss an die peripatetische Tradition zum Licht des wirkenden Intellekts, dem Abbild (*exemplum et imago*) des Lichtes des göttlichen Intellekts, um. Ohne die Erleuchtung dieses Lichtes und ohne die mit ihm verbundene, habituelle Kenntnis der ersten allgemeinen Prinzipien gäbe es, hält er fest, keine Erkenntnis und kein Wissen. Das sei auch der Grund, weshalb Augustinus behauptete, dass Gott selber in allem lehrt, was sich der Mensch durch das Lernen aneignet. Albertus bezeichnet das Licht des wirkenden Intellekts auch als ‚das Licht der Intelligenz in uns‘ oder als ‚der Abglanz des Intellekts der ersten Ursache, dessen Strahlen die dem Intellekt eingeborenen gemeinsamen Begriffe des Geistes sind‘[31]. Als Fazit aus dieser Interpretation lässt

---

[28] Mt. 23, 8 und 10 (Vulgata): „*Vos autem nolite vocari rabbi; unus est enim magister vester* [...] *Nec vocemini magistri, quia magister vester unus est, Christus.*“ Cf. Albertus Magnus, Quaestio de prophetia, I, in: Quaestiones, edd. A. Fries/W. Kübel/H. Anzulewicz (Opera omnia 25/2), Münster 1993, 46, 47; Super Dionysium De caelesti hierarchia, c. 3, edd. P. Simon/W. Kübel (Opera omnia 36/1), Münster 1993, 54, 20–21; Super Dionysium De divinis nominibus, c. 4, ed. P. Simon (Opera omnia 37/1), Münster 1972, 178, 71–73; Super Matthaeum, X, 24, ed. Schmidt (nt. 13), 336, 57–58; ibid., XXIII, 8, 549, 46–78.

[29] Hierzu und zum Folgenden: Albertus Magnus, Quaestio de prophetia, I, edd. Fries/Kübel/Anzulewicz (nt. 28), 46, 46–55; 50, 37–51, 11.

[30] Cf. H. Anzulewicz, Rezeption und Reinterpretation: Pseudo-Dionysius Areopagita, die Peripatetiker und die Umdeutung der augustinischen Illuminationslehre bei Albertus Magnus, in: U. Köpf/D. R. Bauer (eds.), Kulturkontakte und Rezeptionsvorgänge in der Theologie des 12. und 13. Jahrhunderts (Archa Verbi. Subsidia 8), Münster 2011, 103–126. B. Blankenhorn, How the Early Albertus Magnus Transformed Augustinian Interiority, in: Freiburger Zeitschrift für Philosophie und Theologie 58 (2011), 351–385, bes. 356–370.

[31] Albertus Magnus, De anima, l. 1, tr. 1, c. 2, ed. C. Stroick (Opera omnia 7/1), Münster 1968, 4, 13–41; id., Summa theologiae, I, tr. 6, q. 25, c. 1, edd. Siedler/Kübel/Vogels (nt. 26), 151, 62–76. Cf. H. Jorissen/H. Anzulewicz, Lumen naturale, in: Lexikon für Theologie und Kirche, vol. 6, Freiburg i. Br. ^{3}1997, 1120 sq.

sich Folgendes ziehen: Indem Albertus den eng gefassten Begriff des einen gemeinsamen Lehrers durch den Begriff des wirkenden Intellekts als einen Vermögensteil der individuellen rationalen Seele ersetzte, trug er zu seiner Entgrenzung, Naturalisierung und Humanisierung bei. Eine radikale und grundsätzliche ‚Entdivinisierung' des Begriffs hatte er jedoch nicht intendiert, wie man u. a. seinen Ausführungen zum *modus docentis divina* und seiner Bibelexegese entnehmen kann[32].

Einer nuancierteren, an die Doppelstruktur des Intellekts anschließenden und emanatistisch konzipierten Strategie der Auslegung des Begriffs des Meisters begegnet man im Kommentar des Doctor universalis zum Werk des Pseudo-Dionysius Areopagita ‚De divinis nominibus'. In einer Abhandlung im vierten Kapitel lesen wir, dass der Begriff ‚Meister' das Prinzip benennt, aus dem die Erkenntnis ausströmt[33]. Dieses Prinzip sei ein Zweifaches: Es sei zum einen das formale Wirkprinzip (*effectivum principium formale*), genauer: das in sich verbleibende Licht der göttlichen Erkenntnis, welches Erkenntnisgehalte erleuchte, ohne sich mit ihnen zu vermischen; es sei zum andern das bloße Formprinzip (*principium quod est tantum forma*), welches die erkenntnisfähige Natur (*natura cognoscitiva*) darstelle. Diese beiden Teilprinzipien entsprechen dem intellektiven Vermögen des Menschen in seiner Doppelstruktur und seinen Funktionen, dem abstrahierenden und illuminierenden *intellectus agens* und dem rezeptiven und durch den *intellectus agens* illuminierten *intellectus possibilis.* Erkenntnis wird durch das zu einem Prinzip geeinte kognitive Vermögen generiert. Wenn der *magister* als das eine Prinzip, aus dem die Erkenntnis hervorströmt, bezeichnet wird, wie Albertus ihn im Anschluss an Mt. 23, 8–10 „Einer ist euer Lehrer, der im Himmel ist" darstellt, dann wird er gemäß dieser Interpretation durch den Intellekt, insbesondere durch den *intellectus agens*, versinnbildet[34].

So wie die Verwendung der Intellekt-Metapher durch Albertus für den Lehrer generell und im Bereich der theoretischen Wissenschaften im Besonderen an sich nachvollziehbar ist, so legt sich für die praktische Philosophie zumindest nach Aristoteles der Topos des Meisters als des Weisen (*sapiens*) nahe. Ein Lehrer, ein Meister (*magister*), sei ein Weiser, dem es obliegt, die richtige Mitte zu bestimmen, hält Albertus im ersten Ethikkommentar fest[35]. Er zieht den Terminus *magister* gegenüber dem *sapiens* der aristotelischen Vorlage in seiner Paraphrase vor und bringt damit zweierlei Dinge zum Ausdruck. Erstens, er geht davon aus, dass die beiden Termini austauschbar sind; zweitens, er nimmt an,

---

[32] Cf. Albertus Magnus, Super Dionysii Mysticam theologiam, c. 1, ed. P. Simon (Opera omnia 37/2), Münster 1978, 456, 6–38; id., Super Isaiam, I., 4, ed. Siepmann (nt. 20), 499, 38–52.

[33] Hierzu und zum Folgenden: Albertus Magnus, Super Dionysium De divinis nominibus, c. 4, ed. Simon (nt. 28), 178, 71–76, bes. 73–74: „*magister autem dicit principium, a quo emanat cognitio*"; ibid., 179, 24–69.

[34] Cf. Albertus Magnus, Super Dionysium De divinis nominibus, c. 7, ed. Simon (nt. 28), 341, 12–13: „*Paulus, ‚communis sol', idest illuminator vel magister, ‚nostri ducis', scilicet Hierothei*".

[35] Albertus Magnus, Super Ethica, l. 2, lect. 6, ed. W. Kübel (Opera omnia 14/1), Münster 1968–1972, 122, 27–28: „*‚magister', idest sapiens, cuius est determinare medium*".

dass der Meister die Weisheit verkörpert, die für die Bestimmung und Vermittlung der jeweils richtigen, individuell bemessenen Mitte zwischen Übermaß und Mangel *in moribus*, für die Einsicht in die ethischen Tugenden also, grundlegend ist. Diese maßgeblich-vermittelnde Funktion des Meisters bei der Findung der Mitte der sittlichen Tugend weist Albertus im ‚De anima'-Kommentar dem Licht der Intelligenz zu, das der menschlichen Seele innewohnt[36]. Er knüpft damit indirekt an seine frühere Umdeutung des augustinischen Begriffs des inneren Lehrers an.

Wenn Albertus konkret von den Magistri spricht, meint er zwar vorwiegend die scholastischen Philosophie- und Theologielehrer aus dem Pariser Universitätsmilieu, aber er bezeichnet gelegentlich auch Aristoteles als den Meister der Peripatetiker[37]. Er erwähnt ferner nicht näher bekannte, mutmaßliche Mediziner aus Polen und Böhmen, einen „*magister Nicolaus Polonus medicus*" und einen „*magister Clemens de Bohemia*"[38], sowie jüdische Schriftgelehrte und Philosophen wie Nicodemus, Gamaliel, Lehrer des Paulus, und Moses Maimonides[39]. Von den scholastischen Theologen gilt Petrus Lombardus als der Magister schlechthin. In der Rangordnung kommt ihm Petrus Comestor als „*magister in Historia*" in etwa gleich[40]. Einige der bedeutenderen Pariser Theologen, wie Praepositinus von Cremona, Wilhelm von Auxerre und Philipp der Kanzler, rechnet Albertus zu den „älteren Magistri" (*antiqui*); andere hingegen werden als *moderni*, *nostri doctores*, *magistri Parisienses*, *magistri nostri temporis* oder bloß *magistri* bezeichnet[41].

---

36 Albertus Magnus, De anima, l. 1, tr. 1, c. 2, ed. Stroick (nt. 31), 4, 25–30: „*Ad illud enim lumen [sc. intelligentiae in nobis] certificatur, quidquid certe scitur, et tunc sciri iudicatur, quando illi conveniens invenitur. Sic enim medium virtutis moralis, quod non est idem omnibus, examinatur et proportionatur illi medio quod natura intus est in quolibet, et est tunc satis, quando illi congruit.*"

37 Albertus Magnus, In I Sent., d. 37, a. 27, ed. A. Borgnet (Opera omnia 26), Paris 1893, 272^b: „*Omnes Philosophi concorditer in suis metaphysicis ponunt scientiam in praedicamento qualitatis, scilicet Avicenna, Algazel, et Aristoteles, magister eorum*". Id., De animalibus, l. 3, tr. 1, c. 2, ed. Stadler (nt. 22), 284, 1–2: „*Aristoteles qui Perypatheticorum magister et princeps extitit*".

38 Albertus Magnus, Quaestiones super De animalibus, l. 3, q. 3, ed. E. Filthaut (Opera omnia 12), Münster 1955, 125, 38–39 (und Proleg. XLVII: Nicolaus Polonus); ibid., l. 15, q. 14, 268, 45 (Clemens de Bohemia).

39 Albertus Magnus, Super Matthaeum, IX, 3, ed. Schmidt (nt. 13), 303, 46–47; Problemata determinata, q. 2, ed. J. A. Weisheipl (Opera omnia 17/1), Münster 1975, 48, 33–34: „*Moyses Aegyptius, quem Rabbi Moysen, hoc est Magistrum Moysen, vocant.*" Cf. J. Guttmann, Die Scholastik des dreizehnten Jahrhunderts in ihren Beziehungen zum Judenthum und zur jüdischen Literatur, Breslau 1902, 48–50 (mit Anmerkungen).

40 Albertus Magnus, De homine, edd. Anzulewicz/Söder (nt. 24), 573, 22–23; 577, 40.

41 Cf. Albertus Magnus, De homine, edd. Anzulewicz/Söder (nt. 24), 198, 28: „*quidam modernorum*"; In II Sent., d. 1, a. 12, ed. A. Borgnet (Opera omnia 27), Paris 1894, 34^b: „*nostri doctores*"; Super Dionysium De divinis nominibus, c. 4, ed. Simon (nt. 28), 172, 38: „*magistri Parisienses*"; De XV problematibus, ed. B. Geyer (Opera omnia 17/1), Münster 1975, 31, 6: „*magistri Parisienses*"; De bono, tr. 5, q. 1, edd. H. Kühle/C. Feckes/B. Geyer/W. Kübel (Opera omnia 28), Münster 1951, 262, 71: „*magistri nostri temporis*". Von den Letzteren zitiert er öfter namentlich u. a. „*magister Hugo de S. Victore*" (cf. De natura boni, ed. Filthaut [nt. 19], 31, 1; De IV coaequaevis, tr. 4, q. 32, a. 2, ed. Borgnet [nt. 18], 513^b; ibid., q. 35, a. 1, 530^a; Super Matthaeum, VI, 13, ed. Schmidt [nt. 13], 214, 84) und „*magister Richardus de S. Victore*" (De resurrectione, tr. 2, q. 10, a. 11, § 2,

Den Lehransichten dieser Meister misst er generell nicht die Validität bei, die bei ihm die *auctores*, *philosophi*, *sancti* und die *originalia patrum* genießen. Die Lehrmeinungen der Ersteren gelten ihm weder als unantastbar noch als verbindlich, selbst dann, wenn sie einer Kritik im Diskurs standhalten und nicht ausdrücklich zurückgewiesen werden[42]. Fragt man sich aber, wie es dazu kommt, dass sie dem zuvor erörterten Begriff des Meisters offenbar nicht gerecht werden, lassen sich dafür mehrere Gründe anführen, auf die Albertus verweist. Zum einen dürfte hierbei nach seiner Auffassung ein natürlicher Faktor, nämlich die individuelle, psychophysiologische Konstitution und Veranlagung eine Rolle spielen, welcher die intellektuelle Begabung (man würde heute sagen: den IQ) beeinflusst, wovon Erkenntnis, Wissen und deren Vermittlung unmittelbar betroffen sind[43]. Zum andern büßt der Begriff aufgrund von Sektierertum, Sophisterei und Widerstreit sowie mangelnder Kompetenz oder ihrer Überschreitung, die den Magistri vorgeworfen werden, an seinem idealen Sinngehalt ein[44]. Der Begriff des Meisters hätte sich infolgedessen in der allgemeinen Wahrnehmung seit jeher auch als der Inbegriff eines durch seine Schläue überlegenen, für Sektiererei, Irrtum und Bestechlichkeit anfälligen Individuums festsetzen können[45]. Die pejorative Konnotation führt die Wirksamkeit kontingenter Bedingungen vor Augen, denen das begrifflich festgehaltene Ideal eines Meisters bei der prakti-

ed. W. Kübel [Opera omnia 26], Münster 1958, 300, 37.50; 301, 58); siehe auch die nachfolgende Anmerkung.

42 Cf. Albertus Magnus, De incarnatione, tr. 2, q. 3, a. 3, ed. I. Backes (Opera omnia 26), Münster 1958, 189, 75–83: „*Quod concedimus dicentes ad primum, quod non creavit eum spiritus sanctus. Nec in originali est, quod creavit, licet hoc Magister dicat in Sententiis. Sed in originali est: ‚Non seminans, sed per spiritum sanctum conditive‘. Si tamen dicitur creasse, hoc dicitur propter similitudinem ad creationem, quia scilicet immediatum opus dei est sicut et creatio, et quia subito sine tempore actum est, quemadmodum deus operatur*“. Id., Super Dionysium De divinis nominibus, c. 10, ed. Simon (nt. 28), 407, 70–408, 6: „*distinctio trium mensurarum penes habere principium et finem vel secundum non habere finem, sed principium vel neutrum inventa est a magistris. Et ideo non invenitur, quod auctores, vel sancti vel philosophi, multam faciant mentionem de aevo, cum illa distinctio nulla est, ut dictum est, sed ponunt quandoque aevum esse aeternitatem participatam*“.

43 Albertus Magnus, Metaphysica, l. 1, tr. 1, c. 5, ed. B. Geyer (Opera omnia 16/1), Münster 1960, 8, 5–31; De intellectu et intelligibili, l. 1, tr. 3, c. 3, ed. A. Borgnet (Opera omnia 9), Paris 1890, 501^{b}–502^{a}; cf. De anima, l. 3, tr. 3, c. 11, ed. Stroick (nt. 31), 223, 21–34.

44 Cf. Albertus Magnus, Quaestio de dotibus sanctorum in patria, a. 1, in: Quaestiones, edd. Fries/Kübel/Anzulewicz (nt. 28), 103, 41–42: „*Qualiter autem sumatur ista similitudo, diversimode traditum est a magistris*“; Super Dionysium De caelesti hierarchia, c. 11, edd. Simon/Kübel (nt. 28), 172, 44–46: „*glossandum est: quia habent actum animae, scilicet motum, quamvis a sanctis nihil contra hanc opinionem dicatur, sed tantum a magistris*“; Super Dionysium De divinis nominibus, c. 4, ed. Simon (nt. 28), 172, 37–38: „*hoc habitum est erroneum a magistris Parisiensibus*“; De XV problematibus, ed. Geyer (nt. 41), 34, 55–57: „*causa dicti est ignorantia philosophorum, quia multi Parisienses non philosophiam, sed sophismata sunt secuti*“; ibid., 38, 84–39, 1.11–13; 40, 37–39; 41, 8–9.52–53; 42, 41–43; 43, 64–66.

45 Cf. Albertus Magnus, Super Matthaeum, VII, 29, ed. Schmidt (nt. 13), 273, 12: „*magistri erroris*“; ibid., VIII, 19, 291, 31–32: „*Professionem erroris tangit, cum dicit: ‚Magister‘, quia, sicut dicit glossa, non credebat esse nisi unum de communibus magistris in astutia humana praecellentibus*“. Id., Super Isaiam, I, 22, ed. Siepmann (nt. 20), 29, 64–65: „*mali magistri propter pretium remittentes rigorem sacri eloquii*“.

schen Umsetzung ausgesetzt ist. Nichtsdestotrotz besagt der Begriff des Meisters als solcher nach Albertus gewisse Autorität aufgrund der Lehrkompetenz und Lehrbefugnis, die zugleich eine herausgehobene, respektvolle Distanz schaffende Stellung in der Gesellschaft bedeuten[46].

Eine Typologie des Begriffs des Meisters lässt sich bei Albertus auf die rudimentäre Unterscheidung zwischen innerem und äußerem und zwischen gutem und schlechtem Meister sowie auf eine metaphysische Adaption der Meister-Metapher eingrenzen. Der erstere, der *magister interior*, sei Christus, göttliche Wahrheit, die den Menschen innerlich lehre und erleuchte, der eine göttliche Lehrer im Himmel, Gott selber, aber auch, wie zuvor gesehen, der Intellekt eines jeden einzelnen Menschen[47]. Der *magister exterior* hingegen sei ein Lehrmeister, der seinen Bildungs- und Erziehungsauftrag von der Lehrkanzel zu erfüllen habe[48]. Er sei ein guter Lehrer, wenn seine Ausführungen durch Rationalität überzeugen und durch Beispiele bestätigt werden[49]. Die Macht eines veritablen Lehrmeisters und die Ohnmacht seines Konterparts stellt Albertus in Anknüpfung an den aristotelischen Lehrer-Topos wie folgt heraus[50]:

> „Über die Macht eines Lehrenden sagt nämlich Aristoteles im ersten Buch der ‚Metaphysik': ‚Das Zeichen aber und die Eigenschaft eines in jeder Hinsicht Wissenden ist die Fähigkeit zum Lehren'. Wenn nämlich die Aussagen vernünftig und unwiderlegbar bewiesen werden, ist es ein Zeichen der Macht des Lehrenden. Wenn sie aber stammelnd und gleichsam mit zittrigem Verstand vorgetragen werden, ist es ein Zeichen, dass derjenige, der lehrt, sie nicht versteht, sondern, da er in Wirklichkeit unwissend ist, wie ein Affe die Pose des Lehrenden annahm; und jene [Angeber] sind Meister des Irrtums."

Andere Gründe für die negative Besetzung des Begriffs des Lehrmeisters, die in dessen natürlichen Veranlagung und Charaktereigenschaften liegen, wurden bereits oben erwähnt. Im Gegensatz dazu begegnet man bei Albertus auch dem

---

[46] Cf. Albertus Magnus, Super Matthaeum, VI, 9, ed. Schmidt (nt. 13), 177, 77–79: „*Magister' autem etiam dicit nomen timoris et auctoritatis et deterreret a petendo*". Id., De IV coaequaevis, tr. 4, q. 39, a. 1, ed. Borgnet (nt. 18), 557^b.

[47] Albertus Magnus, Super Ethica, l. 8, lect. 14, ed. Kübel (nt. 35), 651, 11; Super Matthaeum, VII, 6, ed. Schmidt (nt. 13), 247, 78–79; ibid., X, 24, 336, 30–31.33–34; cf. oben nt. 30.

[48] Cf. Albertus Magnus, Super Dionysium De caelesti hierarchia, c. 7, edd. Simon/Kübel (nt. 28), 101, 61: „*cathedra sedes magistri*"; ibid., 100, 62–70; Super Iohannem, XV, 8, edd. Borgnet (nt. 15), 562^a: „*Magister autem ad hoc venit ut fructum faceret: et discipuli ad hoc sunt instituti ut eum in hoc sequantur. Joan. XV, 16: ‚Posui vos ut eatis, et fructum afferatis, et fructus vester maneat'.*"

[49] Albertus Magnus, Super Marcum, X, 17, ed. A. Borgnet (Opera omnia 21), Paris 1894, 593^a: „*Bonus enim magister est qui cum ratione persuadet, et exemplo quae dicit confirmat*"; cf. id., Super Dionysium De caelesti hierarchia, c. 9, edd. Simon/Kübel (nt. 28), 145, 84: „*magister custodit puerum*".

[50] Albertus Magnus, Super Matthaeum, VII, 29, ed. Schmidt (nt. 13), 273, 4–12: „*De potestate enim docentis dicit Aristoteles in I Metaphysicae: ‚Signum autem et omnino scientis est posse docere'. Quando enim rationabiliter probantur dicta et incontradicibiliter, hoc est signum potestatis docentis. Et quando balbutiendo et ratione quasi tremente dicuntur, signum est, quod qui dicit ea, non intelligit, sed cum ignorans sit in veritate, sicut simia figuram docentis assumit; et illi sunt magistri erroris.*"

Begriff des Meisters in seiner sublimierten Form, den er auf den Ersten Beweger überträgt, indem er ihn „Meister aller Dinge" nennt[51].

Unseren lexikografischen Exkurs ergänzen und schließen wir mit einigen Gedanken des Albertus zu seinem Verständnis des Verhältnisses von Schüler und Meister. Sie vermitteln seine Sicht auf die Metaebene der Kernfrage unseres Beitrags und eignen sich damit als der Hintergrund für den anstehenden Versuch, das tatsächliche Verhältnis zwischen seinen Schülern und ihrem Meister an zwei Fallbeispielen zu beschreiben und nach dieser Maßgabe zu bestimmen.

Das Verhältnis von Schüler und Meister kann nach Albertus unter einem zweifachen Gesichtspunkt betrachtet werden[52]. Einerseits wird es absolut als Verhältnis an sich (*relatio per se*), ohne die Relata auf beiden Seiten aufgefasst, welche jeweils durch die Begriffe ‚Meister' und ‚Schüler' konnotiert werden. Andererseits wird dieses Verhältnis mit der Zuordnung zu einem anderen als eine reale Beziehung zwischen den Entitäten (*relatio mixta alii enti*) begriffen. Dieses Verhältnis bestehe wirklich (*habet esse*) in jedem der beiden Relata mit deren jeweils verschiedener Zuordnung des einen zum anderen. Da es in unserem Fall nicht bloß um Entitäten, sondern um Personen in wechselseitiger Beziehung geht, handelt es sich nach Albertus um eine Gemeinschaft, die in demjenigen Wissen gründe, das der Schüler von seinem Meister empfängt[53]. Wissen und Weisheit des Meisters gelten formal unter den Vorgaben dieser Relation nicht als von einem anderen Empfangenes, sondern als von ihm selbst Hervorgebrachtes. Der Meister ist demnach im engeren Sinn nicht das Prinzip seiner Weisheit, sondern die Kunst (*ars*), die er beherrscht und die ihn zum Weisen macht. Im Verhältnis zum Schüler ist für Albertus der Meister ein Weiser durch sich selbst (*seipso sapiens*) und nicht durch die Weisheit, die er dem Schüler vermittelt, durch welche der Schüler wissend und weise werden soll[54].

Das persönliche Verhältnis von Schüler und Meister beschränkt sich nicht auf das Wissen, sondern es berührt den ganzen Menschen, also auch seine Affekte,

---

[51] Albertus Magnus, De principiis motus processivi, tr. 1, c. 4, ed. B. Geyer (Opera omnia 12), Münster 1955, 54, 43.

[52] Hierzu und zum Folgenden: Albertus Magnus, In I Sent., d. 18, a. 5, ed. A. Borgnet (Opera omnia 25), Paris 1893, 499^{b}: „*relatio duobus modis consideratur: scilicet per se, et ut mixta alii enti: per se sicut servus, dominus, magister, discipulus, et pater, et filius, et hujusmodi: mixta autem alii enti, sicut dicimus actionem ponere respectum ad passionem, et agens, et patiens, et hujusmodi: et ideo etiam quidam Philosophi dixerunt, quod relatio non esset genus entis, sed esset respectus respersus in omnibus generibus entium*". Zum Verständnis der Relation cf. Albertus Magnus, Metaphysica, l. 5, tr. 3, c. 7, ed. Geyer (nt. 43), 266, 69–268, 2.

[53] Albertus Magnus, Summa theologiae, I, tr. 9, q. 38, edd. Siedler/Kübel/Vogels (nt. 26), 288, 34–36: „*Et sunt relationes fundatae super scientiam ab alio acceptam vel non acceptam, ut magister et discipulus*". Zur Relation von Schüler und Meister als einer Form menschlicher Gemeinschaft cf. Albertus Magnus, In III Sent., d. 29, a. 2, ed. A. Borgnet (Opera omnia 28), Paris 1894, 547^{a}.

[54] Albertus Magnus, Summa theologiae, I, tr. 12, q. 50, c. 2, edd. Siedler/Kübel/Vogels (nt. 26), 384, 14–16.22–24: „*Sapiens enim homo non est nisi arte, quae informat ipsum, et ideo ars causa est sibi, ut sapiens sit, et principium.* [...] *magister vel doctor non est sapiens sapientia, quae procedit in discipulum, sed potius discipulus, magister autem seipso sapiens est*".

Tugenden und seine Lebensweise. Die subjektiven Faktoren spielen im Verhältnis von Schüler und Meister zwar eine wichtige Rolle bei der doktrinellen Orientierung und dem Festhalten des Schülers an der Lehre seines Meisters, aber das authentische Schüler-Lehrer-Verhältnis verlangt, unterstreicht Albertus, ein objektives Fundament in der Wirklichkeit der gelehrten Wahrheit. Ein veritabler Schüler bekenne sich zur Wahrheit, die der Meister vermittelt, er begegne seiner Lehre mit emotionaler Zuneigung, er ordne sich ihr mit Bescheidenheit unter und er widerspreche ihr nicht[55].

III.

Das Verhältnis der Schüler des Albertus Magnus zu ihrem Meister aus der historischen und systematischen Perspektive in den Blick nehmen zu wollen, bedeutet zunächst, sich der Schwierigkeiten bewusst zu werden, die einen Überblick erschweren. Zum einen müssten hier wissenschaftliche und persönliche Beziehungen einer überwiegend anonymen Schar von Studierenden aus dem Predigerorden ins Licht gerückt werden, die vor knapp 800 Jahren zu Füßen des Albertus Magnus saßen und nur in seltenen Fällen durch historische Quellen belegt sind. Aus der scheinbar zutreffenden Annahme, dass die meisten dominikanischen Prediger, Lektoren und Autoren, die um die Hälfte des 13. Jahrhunderts in der Provinz Teutonia wirkten, die Schüler des Albertus waren oder zumindest sein konnten[56], ergeben sich keine weiterführenden Aufschlüsse. Die andere Schwierigkeit besteht darin, dass eine Verhältnisbestimmung zwischen den Schülern und deren Meister auf der Grundlage ihrer wissenschaftlichen Werke, sofern sie überliefert sind, sich grundsätzlich auf die formal-abstrakte Ebene beschränkt. Auskünfte über das persönliche Miteinander sind darin in der Regel nicht enthalten. Will man das Verhältnis indessen primär in doktrineller Hinsicht bestimmen, kann das Vorhaben aufgrund seiner äußeren Limitierung kaum über einen ansatzweisen Versuch hinausgelangen. Lehrinhaltliche Bezüge, die es in den Schriften der Schüler und des Meisters zu berücksichtigen gilt, lassen sich hier weder *in pleno* vorstellen noch soweit aufarbeiten, dass man sie bilanzierend auf eine Formel bringen könnte. Deshalb beschränken wir uns,

---

[55] Albertus Magnus, Super Isaiam, VIII, 16, ed. Siepmann (nt. 20), 131, 81–95: „*‚In discipulis meis‘* [Jes. 8, 16]. *Discipulus est professione veritatis et affectione caritatis et humilitate subiectionis et mansuetudine auditionis. Discipulus enim veritatis non est, qui veritatem non profitetur omni studio et meditatione.* […] *Discipulus iterum veritatis non est, qui veritatem non amat.* […] *Discipulus iterum veritatis non est, qui humiliter non subicitur ad pedes veritatis provolutus.* […] *Quarto etiam discipulus veritatis non est, qui superbus et protervus veritatem auditam mansuete non suscipit.*" Cf. ibid., XIV, 2, 202, 34–35: „*discipulus dicitur tenere magistrum, quando tenet doctrinam eius*". Id., De natura boni, ed. Filthaut (nt. 19), 20, 85–90: „*Saepe enim contingit, quod discipulus in moribus sequatur magistrum, ut in evangelio* [Lk. 6, 40]*: ‚Non est discipulus super magistrum, perfectus autem omnis erit, si sit sicut magister eius‘. Unde Paulus gloriatur se ad pedes Gamalielis didicisse legem, ut ex laude magistri praesumptio habeatur de ipso*". Id., Super Matthaeum, V, 1, ed. Schmidt (nt. 13), 102, 53–60.

[56] Cf. Scheeben, De Alberti Magni discipulis (nt. 4), 182 (Separatum 6).

wie eingangs angedeutet, nur auf einige für unsere Fragestellung bedeutsame Sachverhalte und Charakteristika, die durch Quellen und bisherige Forschungen mehr oder weniger ausgewiesen sind. In der anschließenden Annäherung an die Beziehungen des Thomas von Aquin und Ulrich von Straßburg zu ihrem Meister und zum Verhältnis des Albertus zu seinen beiden Schülern sollen exemplarisch einige Facetten dieses Schüler-Lehrer-Verhältnisses ein wenig verdeutlicht werden[57].

Die Ausgangsfrage, die es hier zu beantworten gilt, ist zweigeteilt. Zuerst wollen wir wissen, wer mit Gewissheit zum Schülerkreis des Albertus gehörte und wer dazu nur mutmaßlich gezählt werden kann. Aus der Antwort auf diesen Teil der Frage wird erkennbar, inwiefern möglich sein wird, den zweiten Teil der Ausgangsfrage zu beantworten, nämlich die Frage nach dem Verhältnis der Schüler zu ihrem Meister. Wir beginnen mit der Feststellung und einer kurzen Präsentation der nach dem Ausweis der Quellen als sicher geltenden Schüler des Albertus. Auf diesen überaus kleinen Schülerkreis lassen wir die namentlich bekannten Predigerbrüder folgen, die in der ordensgeschichtlichen Überlieferung und in der Forschungsliteratur für Schüler des Albertus ausgegeben werden, wobei diese Annahmen auf historisch unsicherer Grundlage oder auf Mutmaßungen der Historiker beruhen und nicht zweifelsfrei verifizierbar sind. Obwohl nicht zum Schülerkreis gehörig, übten dennoch Gottfried von Duisburg, ein *socius* des Albertus[58], und der Franziskanerprediger Berthold von Regensburg, den Urban IV. dem zurückgetretenen Bischof als Helfer bei der Wahrnehmung seines neuen Amtes des Kreuzzugspredigers zur Seite stellte, einen Einfluss auf den Alltag und die wissenschaftliche Betätigung des Meisters aus[59]. Sie beide sollen deshalb in ihrem Verhältnis zu Albertus ebenfalls kurz vorgestellt werden. Ohne Näheres zu erläutern erwähnen wir stellvertretend für die Angehörigen des Dominikanerordens und für den päpstlichen Hof Johannes von Vercelli, den Ordensmeister der Prediger, Aegidius von Lessines, einen Theologielehrer in Paris, mutmaßliche Inquisitoren, die mit der Bekämpfung der Häresie der Sekte *de novo spiritu* im schwäbischen Ries befasst waren, und Alexander IV., Persönlichkeiten höchsten Ranges, welche die Kompetenz und Autorität des Albertus durch dessen schriftliche Gutachten oder durch öffentliche Stellungnahmen in Anspruch nahmen und zu nutzen wussten[60].

---

[57] Für eine primär auf die Lehrinhalte fokussierte Bestimmung des Verhältnisses des Ulrich von Straßburg zu seinem Meister sei auf den speziell dieser Frage gewidmeten und in diesem Band enthaltenen Beitrag von A. Palazzo verwiesen.

[58] Cf. D. Siedler/P. Simon, Prolegomena, in: Albertus Magnus, Summa theologiae, I, edd. Siedler/Kübel/Vogels (nt. 26), XII, 41 – 63.

[59] Cf. P. de Loë, De vita et scriptis B. Alberti Magni. Pars altera, in: Analecta Bollandiana 20/1 (1901), 295 Nr. 126.

[60] Auf Ersuchen des Ordensmeisters Johannes von Vercelli geht die Stellungnahme des Albertus zu dem ihm vorgelegten Katalog von 43 Lehrsätzen bezüglich ihrer Vereinbarkeit mit dem Glauben und der Tradition der Kirche sowie mit der Auffassung des Meisters zurück. Sie ist erhalten und kritisch ediert als die Schrift mit dem Titel Problemata determinata, ed. J. Weisheipl (Opera omnia 17/1), Münster 1975, XXVII – XXIX (Prolegomena von P. Simon), 45 – 64 (Textedition). Mit einem Brief veranlasste Aegidius von Lessines den betagten Albertus zur Analyse

Die einschlägige Untersuchung zum Schülerkreis des Albertus von H. Chr. Scheeben[61] und die wegweisende Studie zum Einfluss des Doctor universalis auf das Denken seiner unmittelbaren und späteren Nachwelt von M. Grabmann[62] haben eine Handvoll von Namen in Verbindung mit dem Dominikanergelehrten gebracht, für die er der Meister und die prägende Leitfigur der damaligen Bildung innerhalb und außerhalb des Ordens im gesamteuropäischen Raum gewesen ist. Zum Kreis seiner unmittelbaren Schüler und Hörer sind demnach folgende fünf Predigerbrüder als historisch nachweisbar zu rechnen: Thomas von Aquin, Ulrich von Straßburg, Ambrosius Sansedoni von Siena, Nicolaus Brunazzi und Thomas von Cantimpré. Hinzu kommt eine Reihe von Predigerbrüdern, die gemäß dem Zeugnis der Handschriften der Werke des Albertus, der ordensgeschichtlichen Quellen und der Forschungsliteratur seine Schüler waren oder mit hoher Wahrscheinlichkeit sein konnten. Diese vermutlich zutreffenden Annahmen lassen sich auf ihre historische Richtigkeit aus Mangel an Zeugnissen nicht verifizieren. Folglich dürfen folgende sechs uns namentlich bekannte Dominikaner: Martin von Brandenburg, Henricus Teutonicus, Frater Mikul, Magister Scambius Coccoveius, Conradus de Austria und vielleicht auch Hugo Ripelin aus Straßburg als mutmaßliche Schüler des Albertus betrachtet werden. Die auf Albertus folgende jüngere Generation der Dominikaner hingegen, die ihre philosophische und theologische Ausbildung entweder am *studium generale* zu Köln oder anderswo an den Hausstudien in der Ordensprovinz Teutonia zu der Zeit erwarben, als die Lehrtradition des Albertus noch allgegenwär-

und Widerlegung von 15 Lehrsätzen, die trotz ihrer Unvereinbarkeit mit der Orthodoxie in der philosophischen Fakultät in Paris um 1270 gelehrt wurden; der Text liegt kritisch ediert und in deutscher Übersetzung mit Kommentar vor: Albertus Magnus, De XV problematibus, ed. Geyer (nt. 41), XIX–XXIII (Prolegomena), 31–44 (Textedition); kommentierte lat.-dt. Ausgabe: Albert der Große, De quindecim problematibus/Über die fünfzehn Streitfragen. Lateinisch-Deutsch, übers. von H. Anzulewicz, eingel. und kommentiert von N. Winkler (Herders Bibliothek der Philosophie des Mittelalters 23), Freiburg–Basel–Wien 2010. Ebenfalls eine gutachterliche Stellungnahme gab Albertus bezüglich 97 ketzerischen Lehrsätzen der Sekte vom neuen Geist aus dem schwäbischen Ries ab: W. Preger, Geschichte der deutschen Mystik im Mittelalter, 1. Teil, Leipzig 1874, 461–471. Vor Alexander IV. und der päpstlichen Kurie in Anagni verteidigte Albertus 1256 das Existenzrecht der Mendikanten vor den diesbezüglichen Attacken seitens des Weltklerus und bezog Stellung in öffentlichen Disputationen gegenüber der heterodoxen Lehre von einem für alle Menschen gemeinsamen Intellekt und dem astralen Determinismus, Ansichten, die im lateinischen Westen und insbesondere an der Pariser Universität über die arabisch-islamische Tradition rezipiert wurden; der schriftliche Niederschlag der beiden Disputationen liegt kritisch ediert vor: Albertus Magnus, De unitate intellectus, ed. A. Hufnagel (Opera omnia 17/1), Münster 1975, IX–XVI (Prolegomena von P. Simon); 1–30 (Textedition); id., De fato, ed. P. Simon (Opera omnia 17/1), Münster 1975, XXXIII–XXXIX (Prolegomena), 65–78 (krit. Textedition). Hierzu cf. auch Stehkämper, Albertus Magnus. Ausstellung (nt. 8), 141 Nr. 163 (Problemata determinata); 88 Nr. 100 (De quindecim problematibus); 68 Nr. 67 (De unitate intellectus); 137 Nr. 157 (De fato).

[61] Scheeben, De Alberti Magni discipulis (nt. 4), 179–212 (Separatum 1–36).

[62] M. Grabmann, Der Einfluss Alberts des Grossen auf das mittelalterliche Geistesleben, in: Zeitschrift für katholische Theologie 52 (1928), 153–182; 313–356 (Separatum 1–74); [Neudruck (geringfügig überarb.) in: id., Mittelalterliches Geistesleben. Abhandlungen zur Geschichte der Scholastik und Mystik, vol. 2, München 1936, 324–412].

tig war, er selbst aber im Lehrbetrieb längst nicht mehr mitwirkte, diese Predigergeneration also, zu der man u. a. Dietrich von Freiberg, Meister Eckhart, Berthold von Moosburg, Heinrich von Lübeck, Johannes von Freiburg, Johannes Picardi von Lichtenberg, Nicolaus von Straßburg und einige durch ihre Schriften namenlos bezeugte Prediger vom Ende des 13. und vom Anfang des 14. Jahrhunderts rechnet, wird im Anschluss an M. Grabmann unter dem Begriff der „Albert-Schule" oder der „deutschen Dominikanerschule" subsumiert[63]. Einer der Gründe dafür liegt darin, dass Albertus zum Wahrzeichen des *studium generale* der Teutonia und zur Identifikationsfigur für die Studierenden mit einer Anziehungskraft wurde, die weit über die deutschen Lande hinaus wirkte. Es war kein Zufall, dass Predigerbrüder aus Italien, Dänemark, Schweden, den Niederlanden, Polen und dem Baltikum zum Studium nach Köln kamen[64]. Die von Albertus begründete, intellektuelle Tradition fand Anhänger und Ausdruck im Judentum des 14. Jahrhunderts[65], im Albertismus des 14. und 15. Jahrhunderts in Paris, Köln und Krakau[66], in den averroistisch und naturphilosophisch gesinnten Kreisen, bei den Humanisten und den Vertretern der italienischen Renaissance[67]. Diese Denker pflegten durch Studium und Rezeption der Werke

---

63 Cf. G. M. Löhr, Die Kölner Dominikanerschule vom 14. bis zum 16. Jahrhundert, Freiburg/Schweiz 1946, 34–42. Grabmann, op. cit. (nt. 62), 362. Quero-Sánchez, Über das Dasein (nt. 12), 29–30, 519–520. J. A. Weisheipl (Thomas von Aquin. Sein Leben und seine Theologie. Aus dem Amerikanischen ins Deutsche übertragen von G. Kirstein, Graz–Wien–Köln 1980, 48) nimmt an, dass neben Hugo von Straßburg auch Johannes von Freiburg, Johannes von Lichtenberg und Aegidius von Lessines Albertus-Schüler sind.

64 Cf. Löhr, Die Kölner Dominikanerschule (nt. 63), 12–13. M. Asztalos, Introduction, in: Petrus de Dacia, De gratia naturam ditante sive de virtutibus Christinae Stumbelensis, ed. M. Asztalos (Acta Universitatis Stockholmiensis. Studia Stockholmiensia Latina 28), Stockholm 1982, 9–10. M. Lohrum, Albert der Große. Forscher – Lehrer – Anwalt des Friedens, Mainz 1991, 56.

65 Cf. J.-P. Rothschild, Un traducteur hébreu qui se cherche: R. Juda b. Moïse Romano et le *De Causis et processu universitatis* II, 3, 2 d'Albert le Grand, in: Archives d'Histoire Doctrinale et Littéraire du Moyen Age 67 (1992), 159–173. C. Rigo, Yehudah b. Mosheh Romano traduttore di Alberto Magno. Commento al *De anima* III, II, 16, in: Henoch 16 (1993), 65–91; ead., Un'antologia filosofica di Yehuda b. Mosheh Romano, in: Italia 10 (1993), 73–104; ead., Yehudah ben Mosheh Romano traduttore degli scolastici Latini, in: Henoch 17 (1995), 141–170. C. L. Wilke, Judah Romano's Hebrew Translation from Albert, *De anima* III, in: A. Fidora/H. J. Hames/Y. Schwartz (eds.), Latin-into-Hebrew: Texts and Studies, vol. 2 (Studies in Jewish History and Culture 40), Leiden–Boston 2013, 369–436.

66 Z. Kaluza, Les débuts de l'albertisme tardif (Paris et Cologne), in: M. J. F. M. Hoenen/A. de Libera (eds.), Albertus Magnus und der Albertismus (Studien und Texte zur Geistesgeschichte des Mittelalters 48), Leiden–New York–Köln 1995, 207–295. Z. Kuksewicz, Albertyzm i tomizm w XV wieku w Krakowie i Kolonii, Wrocław 1973. M. Markowski, Albert und der Albertismus in Krakau, in: A. Zimmermann/G. Vuillemin-Diem (eds.), Albert der Große. Seine Zeit, sein Werk, seine Wirkung (Miscellanea Mediaevalia 14), Berlin–New York 1981, 177–192.

67 V. Sorge, Profili dell'averroismo bolognese. Metafisica e scienza in Taddeo da Parma, Napoli 2001. G. Federici Vescovini, Su alcune testimonianze dell'influenza di Alberto Magno come 'metafisico', scienziato e 'astrologo' nella filosofia padovana del cadere del secolo XIV: Angelo di Fossombrone e Biagio Pelacani da Parma, in: A. Zimmermann/G. Vuillemin-Diem (eds.), Albert der Große (nt. 66), 155–176. E. P. Mahoney, Albert the Great and the *Studio Patavino* in the Late Fifteenth and Early Sixteenth Centuries, in: J. A. Weisheipl (ed.), Albertus Magnus and

des Albertus eine Beziehung zu ihm, die sich bisweilen als ein nur zeitlich versetztes Schüler-Verhältnis zu artikulieren vermochte[68].

Bevor wir uns dem Verhältnis des Thomas von Aquin und des Ulrich von Straßburg zu ihrem Meister zuwenden, sei den Hinweisen auf die Qualität der Beziehungen zwischen Albertus und seinen drei übrigen, historisch sicher bezeugten Schülern nachgegangen. Es scheint festzustehen, dass der Meister insgesamt gute Erfahrungen mit seinen italienischen Schülern machte und dass das gute Verhältnis zueinander primär im Fleiß und in der Begabung der Schüler gründete, letztlich aber auch in deren Leidenschaft für das gemeinsame dominikanische Lebensideal, das dem Studium in besonderer Weise verpflichtet war.

Profunde theologische Kenntnisse attestierte Albertus einem Nekrolog zufolge seinem Schüler Nicolaus Brunazzi aus Perugia. Aus dem ehrenden Nachruf ist zu entnehmen, dass Brunazzi ‚lange Zeit' zu Füßen des Kölner Meisters saß und von ihm mit einem Belobigungsschreiben an das Provinzkapitel der *provincia Romana* in die Heimat verabschiedet wurde. Albertus bezeichnete ihn in Anspielung auf seinen bedeutendsten Schüler als einen ‚zweiten Bruder Thomas' und drückte damit seine Anerkennung für dessen Fähigkeiten und Wissen sowie zugleich seine Würdigung des Aquinaten aus[69]:

> „Frater Nicolaus Brunazzi [...] las aufgrund seines herausragenden Wissens, das ihn berühmt machte, auf dem Theologielehrstuhl wie ein ausgezeichneter Gelehrter 12 Jahre lang. In der Abwägung seiner Leistungen fand ihn der hochangesehene Gelehrte Herr Pater Albertus aus Deutschland, dessen Student er lange Zeit war, wert, empfohlen zu werden. In einem Schreiben an das Provinzkapitel rühmte er ihn u. a. mit diesen Worten: Ich schicke euch Frater Nicolaus aus Perugia, einen zweiten Frater Thomas von Aquin. Wir wissen, dass er in der Theologie bestens gebildet ist. Deswegen wird er verdienterweise empfohlen. Denn auch sein Name besagt sein Lob,

---

the Sciences. Commemorative Essays 1980 (Studies and Texts 49), Toronto 1980, 537–563. L. de Simone, Il Beato Alberto Magno in Italia. Influsso di lui nella cultura italiana, in: Atti della Settimana Albertina (nt. 4), 271–279.

68 Gemeint ist hier vor allem das besondere Verhältnis des Heymericus de Campo zu Albertus Magnus, der nach den Worten des führenden Vertreters der Kölner Albertisten „ein großer Gelehrter, der größte Verteidiger des katholischen Glaubens, Adoptivvater und Wegweiser meiner eigenen Lehre" („*magnus doctor Albertus, fidei catholicae defensor maximus, mee discipline pater et dux adoptivus*") sei; cf. Heymericus de Campo, Epistola ad papam Martinum V (Hussiten-Dialog), ed. R. De Kegel, in: Heymericus de Campo, Opera selecta 1, edd. R. Imbach/P. Ladner (Spicilegium Friburgense 39), Freiburg/Schweiz 2001, 89 Nr. 66.

69 Der Nekrolog auf Nicolaus Brunazzi wird in einer Kopie im Ordensarchiv der Dominikaner in Rom (Buch QQ, 327–328) aufbewahrt; wir zitieren daraus nach dem Abdruck bei P. Mandonnet, Thomas d'Aquin lecteur a la curie romaine, in: S. Szabó (ed.), Xenia thomistica, vol. 3, Romae 1925, 39: „*Frater Nicolaus Brunatii* [...] *propter eminentem scientiam qua florebat legit in cathedra, ut doctor eximius, sacram theologiam annis XII. Cuius meritis exigentibus meruit commendari a doctore egregio quondam magistro Domino fratre Alberto de Alamania, cuius studens fuerat longo tempore, scribens capitulo provinciali litteras continentes, inter cetera, ad eius laudem et preconium hec verba: Remitto vobis fratrem Nicolaum Perusinum, alterum fratrem Thomam de Aquino, scientes ipsum esse in divina pagina plenissime doctu*[*m*]. *Et idcirco merito commendatur; nam secundum nomen suum, ita et laus sua, quia Nicolaus bona laus interpretatur, vel victoria populi, id est mundi, ad ordinem veniens ubi viget paupertas, obedientia et castitas contraria mundi*". Cf. Löhr, Die Kölner Dominikanerschule (nt. 63), 12.

weil man [den Namen] ‚Nicolaus' als ‚gutes Lob' oder als ‚der Sieg des Volkes', d. h. der Welt, deutet, der zum Orden kommt, wo Armut, Gehorsam und Keuschheit in voller Kraft und Frische bestehen."

Ob Brunazzi bis 1259 bei Albertus studierte und im Winter 1259 in seine Heimat zurückkehrte, wie Scheeben mit Rücksicht auf die Zeiten der Lehrtätigkeit des Meisters am Kölner *studium generale* annimmt, oder ob er erst 1272 nach Köln kam, wie Löhr in Anlehnung an Mandonnet und Taurisano behauptet – Weisheipl pflichtet dieser Einschätzung bei –, bleibt ungewiss. Der Auffassung von Scheeben scheinen dennoch die von ihm genannten Gründe Recht zu geben[70]. Über den weiteren wissenschaftlichen Lebensgang des Nicolaus Brunazzi ist aus dem Nekrolog zu erfahren, dass er sowohl als Prior als auch als Lektor vielerorts in der römischen Provinz mit großem Erfolg wirkte und am *studium generale* in Florenz (gegr. 1290) drei Jahre Theologie lehrte. Über seine Beziehungen zu Albertus aus der Zeit seines Wirkens in der römischen Ordensprovinz oder über seine etwaigen Schriften ist nichts bekannt[71].

Aus der *provincia Romana* stammen mehrere Schüler des Albertus, darunter Ambrosius Sansedoni aus Siena (1220–1287), der mit Blick auf seine spätere Bedeutung für den Orden an dritter Stelle nach Thomas von Aquin und Nicolaus Brunazzi genannt wird[72]. Aus seinen Lebensbeschreibungen, die in mehreren, sich teilweise erheblich unterscheidenden Fassungen erhalten sind, wird geschlossen, dass er 1237 oder 1244[73] in den Dominikanerorden eintrat und vermutlich seit 1245 in Paris unter Albertus studierte. Mit Ambrosius zusammen wurden offensichtlich zwei andere Predigerbrüder aus der römischen Provinz zum Studium nach Paris entsandt: Frater Odericus Francigenus und Dionysius aus Viterbo[74]. Obwohl uns keine weiteren Auskünfte über die beiden letztgenannten Fratres vorliegen, kann man vermuten, dass sie gegebenenfalls dem Lehrstuhl für Nichtfranzosen zugeordnet wurden und somit unter Albertus studierten. Aus derselben römischen Ordensprovinz und in etwa zu gleicher Zeit fand sich zum Studium bei Albertus in Paris auch Thomas von Aquin ein.

Ambrosius Sansedoni kam 1248 wie sein Meister und Thomas von Aquin nach Köln und lehrte als Lektor Theologie am neugegründeten *studium generale.* Er lernte Deutsch und tat sich als wortgewandter Prediger *in vulgari* am Niederrhein hervor[75]. Nach der Rückkehr in seine römische Heimatprovinz wirkte er

---

[70] Ibid. Cf. Scheeben, De Alberti Magni discipulis (nt. 4), 186 (Separatum 10).

[71] Im einschlägigen Verzeichnis der dominikanischen Schriftsteller von T. Käppeli (Scriptores Ordinis Praedicatorum Medii Aevi) taucht der Name Brunazzi nicht auf. Gemutmaßt wird hingegen, dass er nach der Teilung der römischen Provinz und der Gründung der *provincia Regni* (1294) ihr erster Provinzial wurde, cf. A. Walz, Compendium historiae Ordinis Praedicatorum, Romae 1947, 143.

[72] Cf. Löhr, Die Kölner Dominikanerschule (nt. 63), 12.

[73] Für 1237 als das Eintrittsdatum sprechen sich P. Lex (Ambrosius Sansedonius, in: Lexikon für Theologie und Kirche, vol. 1, Freiburg i. Br. 1930, 352) und T. Kaeppeli (Scriptores Ordinis Praedicatorum Medii Aevi, vol. 1, Romae 1970, 59) aus; Scheeben, De Alberti Magni discipulis (nt. 4), 185 (Separatum 9) gibt dieses Datum mit ‚1244' an.

[74] Scheeben, l. c.; id., Albert der Große (nt. 2), 23.

[75] Hierzu und zum Folgenden cf. Löhr, Die Kölner Dominikanerschule (nt. 63), 12.

auch dort als Lektor; er trat als Friedensvermittler in Konflikten zwischen Päpsten und Städten Italiens auf und nahm administrative Aufgaben für den Gesamtorden und für die eigene Provinz wahr, u. a. als Definitor des Generalkapitels von 1276 (Pisa) und als Prior des Konventes in Siena. Innozenz V. betraute ihn mit der Reform der theologischen Studien in Rom. Geehrt mit dem Titel des *praedicator generalis* starb er 1287 in Siena und fand seine letzte Ruhe in der dortigen Klosterkirche San Domenico. Außer Predigten und einem ihm fälschlich zugeschriebenen Traktat über die Eucharistie sowie einigen ihm ohne ersichtlichen Grund zugeteilten Gebeten sind keine Schriften von diesem Albertus-Schüler erhalten[76]. Die Hagiografen erklären das Fehlen der Werke durch seine Bescheidenheit, die der Grund für seinen Verzicht auf schriftstellerische Betätigung wie auch auf exponierte Kirchenämter war. Auskünfte über die persönlichen Beziehungen des Ambrosius zu Albertus sind uns, abgesehen von Kurzberichten in der Sansedoni-Legende des Aldobrandinus de Paparonis und in der Chronik des Taegius über die Bewunderung des Schülers für seinen Meister, nicht bekannt[77]. Die Zusammenarbeit der beiden in der Gründungsphase des *studium generale* zu Köln und in den Jahren danach sowie einige signifikante Parallelen im *curriculum vitae* des Ambrosius und des Albertus dürften dennoch auf ein vertrauensvolles und harmonisches, den Schüler prägendes Verhältnis zueinander hindeuten. Die Nähe des Sansedoni zu Albertus und die Zugehörigkeit zu seiner Schule stellte nach M. Grabmann Fra Angelico da Fiesole († 1455), auf einem Tafelgemälde dar, welches das Museo di San Marco in Florenz beherbergt (Abb. 1)[78]. Zur Erläuterung des Gemäldes schreibt Grabmann[79]:

> „In der Mitte auf dem Katheder sitzt lehrend der große Meister, links und rechts scharen sich in aufmerksamer Haltung zahlreiche Schüler um ihn, Dominikaner, Mitglieder anderer Orden und auch aus dem weltlichen Stande. Zur Rechten des Meisters ist ein jugendlicher Dominikaner durch Heiligenschein und die strahlende Sonne auf der Brust als der heilige Thomas von Aquin erkennbar. Als Schüler Alberts d. Gr. am Studium generale werden genannt Thomas von Chantimpré, Thomas von Aquin, Ulrich von Straßburg, Ambrosius Sansedonius und als ein nicht dem Dominikanerorden angehörender Zuhörer Heinrich von Gent."

---

[76] Cf. J. B. Schneyer, Repertorium der lateinischen Sermones des Mittelalters für die Zeit 1150–1350 (Autoren: A–D) (Beiträge zur Geschichte der Philosophie und Theologie des Mittelalters 43/1), Münster 1969, 280–286. Kaeppeli, Scriptores Ordinis Praedicatorum, vol. 1 (nt. 73), 59.

[77] Portio Legendae beati Ambrosii de Senis, in: Analecta S. Ordinis Praedicatorum 21 (1933), 161–162, 164–165. Acta Sanctorum, Mart. III (1668), 186D. Cf. Löhr, Die Kölner Dominikanerschule (nt. 63), 12. A. Fries, Einfluß des Thomas auf liturgisches und homiletisches Schrifttum des 13. Jahrhunderts, in: W. P. Eckert (ed.), Thomas von Aquino. Interpretation und Rezeption (Walberberger Studien. Philosophische Reihe 5), Mainz 1974, 309–454, 452.

[78] Eine Reproduktion des Bildes in Schwarz-Weiß bietet der Band von [H. Chr.] Scheeben/[A. M.] Walz, Iconographia Albertina, Freiburg i. Br. 1932, Tafel 7; dazu cf. A. M. Walz, Der heilige Albert der Große in der Kunst, in: Scheeben/Walz, Iconographia, 13.

[79] M. Grabmann, Studien über Ulrich von Straßburg, in: id., Mittelalterliches Geistesleben, vol. 1, München 1926, 147–221, hier 157–158.

Abb. 1: Albertus Magnus im Kreis seiner Schüler. Tafelgemälde des Fra Angelico, Firenze, Museo di San Marco

Begriffliche und lehrinhaltliche Übereinstimmungen im Predigtwerk des Schülers und im Schrifttum seines Meisters wurden auf der Basis einer vergleichenden Analyse der Predigten des Ersteren mit einem theologiesystematisch-liturgischen Doppeltraktat des Letzteren in der Forschung wiederholt herausgestellt. Das vordergründige Ziel dieser Verhältnisbestimmung war das Bemühen um die Plausibilisierung einer möglichen Zuweisung der Autorschaft des Doppeltraktates des Albertus über die Messe und Eucharistie an Sansedoni[80]. Konnten bei diesem, vom literarkritischen Ansatz her fragwürdigen, Experiment begriffliche und sachliche Gemeinsamkeiten punktuell in Anschlag gebracht werden[81], war der Versuch einer Überschreibung der Autorschaft des Doppeltraktates des Albertus an Sansedoni und damit auch die Verneinung der aus unserer Sicht gesicherten Authentizität des genannten Werkes das eigentliche und beharrlich forcierte Anliegen ihres Kritikers. Dieses in seiner Absicht von vornherein verfehlte Unterfangen brachte statt der vermeintlichen Klärung der Echtheitsfrage des Doppeltraktats eine diesbezüglich bis heute nachwirkende Konfusion[82]. Der einzig positive Ertrag der vergleichenden Studien besteht im Hinblick auf unsere Fragestellung in der teilweise ermittelten Nähe der Lehre und der Denkweise des Ambrosius zu denen des Verfassers des Doppeltraktates, eine Verwandtschaft, die aus dem Verhältnis von Schüler und Meister resultiert und gewissermaßen die Qualität dieses Verhältnisses kennzeichnet.

---

80 A. Fries, Der Albertschüler Ambrosius da Siena und der Doppeltraktat über die Eucharistie unter dem Namen des Albertus Magnus, in: A. Zimmermann (ed.), Die Kölner Universität im Mittelalter (Miscellanea Mediaevalia 20), Berlin – New York 1989, 77 – 96; id., Einfluß des Thomas (nt. 77), 428 – 454.

81 Cf. insbes. Fries, Der Albertschüler Ambrosius da Siena (nt. 80), 85 – 86, 90, 93.

82 Unsere Position bekräftigten wir zuletzt im Beitrag The Systematic Theology of Albert the Great, in: I. M. Resnick (ed.), A Companion to Albert the Great (Brill's Companions to the Christian Tradition 38), Leiden – Boston 2013, 64 – 66. Die Bedenken hinsichtlich der Echtheit des Doppeltraktates nährt neuerdings J. Vijgen, The Status of Eucharistic Accidents „sine subiecto". An Historical Survey up to Thomas Aquinas and Selected Reactions (Quellen und Forschungen zur Geschichte des Dominikanerordens. N.F. 20), Berlin 2013, 127 – 151.

Abb. 2: Albertus Magnus und Thomas von Aquin, Altargemälde von M. Tessen in der St. Pauluskirche, Berlin

Wie M. Grabmann in seiner Aufzählung der namentlich bekannten Schüler des Albertus am *studium generale* zu Köln, die er auf dem Tafelgemälde aus dem Atelier des Fra Angelico zu erkennen vermag, festhält, gehört Thomas von Cantimpré in deren erste Reihe neben Thomas von Aquin, Ulrich von Straßburg und Ambrosius Sansedoni. Der Brabanter, der fast im selben Alter wie der Meister war – geb. um 1201, gest. um 1270 –, wechselte nach 15 Jahren bei den Augustiner-Chorherren in Cantimpré um 1232 zu den Dominikanern nach Leuven und kam später zum Studium bei Albertus nach Köln. Zu diesem Zeitpunkt war er als Autor mehrerer Heiligenvitae und einer enzyklopädischen Realiengeschichte ‚Liber de natura rerum', die Albertus als Quelle u. a. in seiner Tierkunde benutzte, ausgewiesen. Im Kölner *studium generale* konnte er seinen wissenschaftlichen Interessen nachgehen, sie mit seinem Meister teilen und sich dem schriftstellerischen Schaffen wie den übrigen Aufgaben eines Predigermönchs widmen. In Köln entstand vermutlich sein Werk ‚Bonum universale de apibus', ein erbauliches Monument der Ordens- und Heilsgeschichte, das man in die späten 1250er Jahre datiert. In diesem Werk stellt der Autor die Verdienste des Albertus für den Orden gebührlich heraus, die der Meister sich in dem vor Alexander IV. in Anagni öffentlich ausgetragenen Streit der Mendikanten mit den Weltgeistlichen um das Existenzrecht der Ersteren erworben hat[83]. Thomas von Cantimpré tituliert Albertus stets als ‚*magister Albertus*' oder ‚*magister Albertus Theologus* [*Theutonicus*?], *frater ordinis Praedicatorum*'[84]. Alle Berichte über ihn lassen einen großen Respekt des Autors für den Meister erkennen. Den Grund hierfür muss man nicht zwingend im Schüler-Meister-Verhältnis suchen, sondern vielmehr in wechselseitiger Achtung und in einer guten persönlichen, wissenschaftlich inspirierenden Beziehung[85]. Petrus von Preußen, der Biograf des Albertus, wird indes nicht müde zu betonen, dass Thomas ‚Brabantinus' ein getreuer Schüler des Albertus war, ihn persönlich gut kannte und seine tugendhafte Vollkommenheit als den Grund seines übermenschlichen Wissens ansah[86]. Auf das Zeugnis des Cantimpratanus legte Petrus deshalb einen sehr hohen Wert. Ähnlich beurteilt P. von Loë das Verhältnis der beiden zueinander und hält die Auskünfte des Schülers über den Meister grundsätzlich für glaubwürdig, während er die Historizität aller anderen Berichte differenzierter beurteilt[87]. Ein halbes Jahrhundert davor erhob J. Sighart die Schrift des Cantimpratanus ‚Bonum universale de apibus' in seiner Albertus-Monografie zu einer bedeutsamen Primärquelle. Demgegenüber fällt ihre spätere Beurteilung durch H. Chr. Scheeben geradezu hyperkritisch aus. Er rechnet Thomas nicht zu den Schülern des

83 Thomas von Cantimpré, Bonum universale de apibus, l. 2, c. 10, Duaci 1627, 176–178.

84 Cf. ibid., l. 2, c. 10, 175, 176, 178; c. 57, 550, 563.

85 Cf. ibid., l. 2, c. 57, 563: „*magister Albertus Theologus, frater ordinis Praedicatorum narravit mihi* [...]".

86 Cf. Petrus von Preußen, Vita b. Alberti, c. 3 (nt. 5), 87; c. 6, 97; c. 17, 163.

87 De Loë, De vita et scriptis, I (nt. 8), 259: „*Licet autem Cantimpratanus noster non in omnibus, quae refert, sit fide dignus, tamen in eis, quae de Alberto Magno narrat, haud spernendae est auctoritatis. Fuit enim ipse discipulus Alberti, et nonnulla, quae libro suo inseruit, ex ore ipsius hausit*".

Albertus und fällt ein harsches Urteil über ihn[88]: „*Thomas Cantimpratanus est scriptor legendarum, compilator narrationum, quae non tendunt ad fidem historicam, sed ad aedificationem et eruditionem. Imprimis est praedicator, minime chronista*". Diesbezüglich muss man festhalten, dass Scheeben insofern Recht hat, als er unterstreicht, Cantimpratanus sei kein Chronist gewesen. Sein Werk ‚Bonum universale de apibus' ist in der Tat keine Chronik, sondern vielmehr eine in die Gesamtgeschichte eingebettete Reflexion auf den Orden und die *memoria* der zurückliegenden Ereignisse, ein der Erbauung dienendes Werk, das von Ordensmeister Humbert von Romans angeregt und ihm sowie allen Predigerbrüdern vom Autor gewidmet wurde. Durch eine pauschale Abwertung der Schrift aufgrund ihres vermeintlich ahistorischen Duktus opfert Scheeben leichtfertig das Zeugnis und den Zeugen einer engen, persönlichen Beziehung. Hier ist eine differenziertere Haltung nicht zuletzt deshalb geboten, weil ein abschließendes Urteil über die Glaubwürdigkeit der Überlieferung so lange nicht ausgesprochen werden kann, solange keine sichere Grundlage dafür in Gestalt einer historisch-kritischen Edition der Schrift ‚Bonum universale de apibus' gegeben ist. Eine kritisch-differenzierte Auswertung der Inhalte des Werkes durch den Historiker nach dem Vorbild von P. de Loë kann am ehesten der angemessene, ergebnisorientierte Umgang mit der Quelle sein.

Bevor zum Schluss das Verhältnis des Ulrich von Straßburg und Thomas von Aquin zu ihrem Meister in den Blick kommt, seien dessen *socius* Gottfried von Duisburg und der Franziskanerprediger Berthold von Regensburg, der als Gehilfe dem *praedicator crucis* Albertus von Urban IV. zugeteilt wurde[89], kurz vorgestellt. Die zuvor erwähnten mutmaßlichen Schüler des Albertus hingegen, über deren Verhältnis zum Meister kaum etwas ermittelt werden kann, außer dass manche von ihnen seine Reisebegleiter waren[90], werden im Anhang aufgelistet. Der enge äußere Rahmen dieser Darstellung nötigt uns, sie an dieser Stelle zu übergehen. Ein *socius* und ein Gehilfe verdienen unsere Aufmerksamkeit, weil sie keine gelegentlichen Begleiter des Albertus waren, sondern ihm längere Zeit assistierten. Sie taten dies auch auf seinen unzähligen und oft langen Reisen. Albertus hatte offenbar mehrere *socii*, aber nur einer stand, soweit bekannt, Gottfried von Duisburg, permanent zur Seite. Petrus von Preußen bezeichnet ihn als *socius et minister* des Albertus[91]. Gottfried stand dem Meister als persönlicher Assistent und Privatsekretär spätestens vom Anfang der 1270er Jahre oder,

88 Scheeben, De Alberti Magni discipulis (nt. 4), 190 (Separatum 14).

89 Die entsprechende Ernennungsurkunde ist auf den 22. März (XII kal. Aprilis) 1263 datiert; siehe oben nt. 59.

90 Nur wenige Namen von solchen Reisebegleitern des Albertus kommen nach Scheeben (Albert der Große [nt. 2], 90) in Frage, wobei die Identität und Funktion der erwogenen Personen nicht in allen Fällen mit hinreichender Gewissheit ermittelt wird; als mutmaßliche bzw. sichere Kandidaten werden gehandelt: Johannes von Freiburg, Albert von Havelberg, Gottfried von Duisburg (*socius* des Albertus), Hugo von Lucca und eventuell Reiner.

91 Petrus von Preußen, Vita b. Alberti, c. 53 (nt. 5), 321; cf. Sighart, Albertus Magnus (nt. 8), 259. Scheeben, Albert der Große (nt. 2), 90, 126 nt. 13.

wie A. Walz[92] mutmaßt, seit etwa 1268 zur Verfügung. Scheeben bemerkt mit Recht, dass es offen bleibt, ob Gottfried ein Lektor war. Eine undeutliche Aussage des Ordensmeisters Johannes von Vercelli im Brief an Albertus schließt zwar den Status eines Lektors im Fall Gottfrieds nicht aus[93]. Gegen die Annahme, dass dieser *socius* als Lektor fungierte, spricht jedoch die Tatsache, dass er bei allen uns bekannten Erwähnungen, auch aus der Zeit nach dem Tod des Albertus, niemals als Lektor bezeichnet wird[94]. Theologische Bildung dürfte ihm als Predigerbruder und *amanuensis* eines Gelehrten wohl dennoch nicht fehlen. Hierfür spricht seine mutmaßliche Beteiligung an der Redaktion von Buch II des unvollendet gebliebenen Alterswerkes des Albertus, ‚Summa theologiae sive de mirabili scientia dei', ein Umstand, der eine plausible Antwort auf die Frage nach dem kompilatorischen Charakter und der Authentizität dieser Schrift bietet[95]. Das Angewiesensein auf den *socius* und das vertrauensvolle Verhältnis zueinander verschaffte Gottfried die Möglichkeit einer Einflussnahme auf manche Entscheidungen des Albertus. Ein Schreiben des Provinzials und Schülers des Albertus, Ulrich von Straßburg, an Gottfried bestätigt diese Vermutung. Das Vertrauensverhältnis zwischen Albertus und seinem *socius* kommt zu guter Letzt im Testament des Albertus zum Ausdruck, in dem der *frater Godefridus de Dusburg* zu einem der Vollstrecker der letztwilligen Verfügung eingesetzt wird[96].

Wie sich das Verhältnis des Franziskaners Berthold von Regensburg (um 1210 – 1272) zu Albertus im Einzelnen gestaltete, ist wenig bekannt. Folgt man dem Ausweis der päpstlichen Urkunden, kam die Beziehung zumindest formal durch die Entscheidung von Urban IV. zustande. Der Papst verfügte am 21. März 1263, dass der Minderbruder sich Albertus, der im päpstlichen Auftrag das *negotium crucis* zum Schutz des Heiligen Landes durch Predigt in Deutschland, Böhmen und anderswo im deutschsprachigen Raum zu vertreten hatte, anschließt und ihm hierbei tatkräftig hilft[97]. Es kann aber sein, dass Albertus den

[92] Walz, Albert der Große als Lector Coloniensis (nt. 1), 166; über die Einrichtung und Funktion eines *socius* im Predigerorden und Gottfrieds Treue zu seinem Meister über dessen Tod hinaus: ibid., 165 – 167.

[93] Scheeben, Albert der Große (nt. 2), 88 – 90, 100. Finke, Ungedruckte Dominikanerbriefe (nt. 8), 51 Nr. 1.

[94] Cf. G. M. Löhr, Beiträge zur Geschichte des Kölner Dominikanerklosters im Mittelalter, vol. 2 (Quellen und Forschungen zur Geschichte des Dominikanerordens in Deutschland 16 – 17), Leipzig 1922, 33 Nr. 58; 39 Nr. 71; 44 Nr. 81.

[95] Siedler/Simon, Prolegomena, in: Albertus Magnus, Summa theologiae, I (nt. 26), XII, 23 – 63; cf. oben nt. 58.

[96] Der Brief des Ulrich von Straßburg an Gottfried ist bei Finke, Ungedruckte Dominikanerbriefe (nt. 8), 85 Nr. 55, abgedruckt. Für das Testament des Albertus siehe: H. Anzulewicz, Das Testament des Albertus Magnus nach der Abschrift des Narcissus Pfister (Clm 4384), in: S. Schmidt e. a. (eds.), Rheinisch – Kölnisch – Katholisch. Beiträge zur Kirchen- und Landesgeschichte sowie zur Geschichte des Buch- und Bibliothekswesen der Rheinlande (Libelli Rhenani 25), Köln 2008, 163 – 180, hier 171.

[97] Das Schreiben Urbans IV. an Berthold von Regensburg vom 21. März 1263 liegt im Druck vor: J. Guiraud, Les Registres d'Urbain IV (1261 – 1264), vol. 1, Paris 1899, 89 Nr. 326; V. Cramer, Albert der Große als Kreuzzugs-Legat für Deutschland 1263/64 und die Kreuzzugs-Bestrebungen Urbans IV., Köln 1933, 77; die deutsche Übersetzung und Kommentar: Stehkämper, Alber-

angesehenen Prediger Berthold schon während seines Regensburger Episkopates persönlich kennenlernte. Dass er selbst ihn als seinen Mitarbeiter Urban IV. vorschlug, bleibt reine Spekulation[98]. Die beiden Mendikanten gingen ihrer Aufgabe als Kreuzzugsprediger im deutschsprachigen Südwesten offenbar getrennt nach[99]. Die Tatsache, dass Berthold seine Anfrage über die Zulässigkeit einer Art von Steuer auf Waren, im Volksmund „Ungeld" genannt, Albertus schriftlich vorlegte, und dass die Antwort des Albertus ebenfalls in schriftlicher Form erfolgte – dies geschah entweder in der Zeit als sie dieselbe Aufgabe als Kreuzzugsprediger teilten oder im Anschluss daran –, legt zweierlei Dinge nahe. Zum einen weist der Briefwechsel zwischen den beiden Ordensmännern auf eine räumliche Distanz hin, die eine Kommunikation in der Schriftform erforderlich machte. Der Briefwechsel drückt zum andern deren gutes und vertrauensvolles Verhältnis zueinander aus. Das Antwortschreiben des Albertus ist sehr kurz, sachlich und in freundschaftlichem Ton verfasst. Bertholds Anfrage an Albertus, von dem er eine verbindliche Antwort auf eine moraltheologisch diffizile Frage erwartet, zeugt von seiner Wertschätzung für die Gelehrsamkeit, Weisheit und nicht zuletzt lehramtliche Autorität des einstigen Bischofs von Regensburg[100]. Das religiöse Gedächtnis des Mittelalters kennt überdies eine Erzählung vom Dialog der beiden Männer, bei dem Berthold in der Rolle des Fragestellers auftritt, während Albertus als der Meister fungiert. Auf Bertholds Fragen, die verschiedene Aspekte und Formen der Frömmigkeit betrafen, wusste er stets eine klare, eindeutige und endgültige Antwort zu geben[101]. Vieles deutet darauf hin, dass Bertholds Erkundigungen nicht bloß dessen Unwissenheit geschuldet waren, denn er war ein theologisch gebildeter, erfahrener, wortgewandter und wirkmächtiger Prediger, ein gefragter Friedensvermittler und in gewisser Hin-

---

tus Magnus. Ausstellung (nt. 8), 80–81 Nr. 86. Cf. Regesta Pontificum Romanorum inde ab a. post Christum natum MCXCVIII ad a. MCCCIV, ed. A. Potthast, vol. 1, Berlin 1874 [Neudruck Graz 1957], 1501 Nr. 18502. Für das päpstliche Schreiben an Albertus vom 13. Februar 1263, wodurch Urban IV. ihn mit der Kreuzzugspredigt beauftragt, siehe: Guiraud, Les Registers d'Urbain IV, 84 Nr. 311; wieder abgedruckt mit deutscher Übersetzung bei Cramer, Albert der Große als Kreuzzugs-Legat, 14–18; deutsche Übersetzung und Kommentar: Stehkämper, Albertus Magnus. Ausstellung (nt. 8), 78–80 Nr. 83.

98 Cf. Cramer, Albert der Große als Kreuzzugs-Legat (nt. 97), 34. Stehkämper, Albertus Magnus. Ausstellung (nt. 8), 81.

99 In diesem Sinne äußert sich W. Stammler, Albert der Große und die deutsche Volksfrömmigkeit des Mittelalters, in: Freiburger Zeitschrift für Philosophie und Theologie 3 (1956), 287–319, 298: „Sicherlich haben sich beide damals getroffen und ihre Aufgabe geteilt, indem Albert Böhmen und Schwaben, Berthold Thüringen, Mähren und Österreich übernahm". Dieser Meinung war schon zuvor Cramer, Albert der Große als Kreuzzugs-Legat (nt. 97), 35.

100 Cf. W. Fauser, Die Werke des Albertus Magnus in ihrer handschriftlichen Überlieferung, Teil I: Die echten Werke (Opera omnia, tom. subs. I/1), Münster 1982, 339 Nr. 74. K. Rieder, Das Leben Bertholds von Regensburg, Freiburg i. Br. 1901. Stehkämper, Albertus Magnus. Ausstellung (nt. 8), 119–120 Nr. 142.

101 Stammler, Albert der Große und die deutsche Volksfrömmigkeit (nt. 99), 298–299, 315. Stehkämper, Albertus Magnus. Ausstellung (nt. 8), 85. A. Auer, Leidenstheologie im Spätmittelalter, St. Ottilien 1952, bes. 95, 118, 121–123.

sicht ein Geistesverwandter des Albertus. Wenn er ihn zurate zog, ging es ihm offenbar um eine Beglaubigung der Lehre durch den „Bischof Albrecht", dessen Ruf als der weise, gemütvolle und dem einfachen Volk verbundene Prediger landläufig verbreitet war.

IV.

Wir kommen zum letzten Punkt unserer Ausführungen, nämlich zur Frage nach dem Verhältnis des Thomas von Aquin und des Ulrich von Straßburg zu ihrem Meister Albertus Magnus. Diese beiden aus dem engeren Schülerkreis des Albertus stammenden Dominikaner sind die profiliertesten und bedeutendsten, zugleich aber an sich und im Verhältnis zu ihrem Ziehvater sehr unterschiedliche Persönlichkeiten. Über das *curriculum vitae* des Thomas von Aquin sind wir im Vergleich mit dem entsprechenden Dossier über Ulrich wesentlich besser unterrichtet. Der Grund hierfür liegt in der epochalen Bedeutung des Ersteren für die Theologie und Philosophie sowie für die Kirche und den Dominikanerorden, in einer Sonderstellung, die sich bereits zu dessen Lebzeiten abzeichnete. Sie hängt auch mit seiner frühen Kanonisation zusammen, weshalb sein Leben sorgfältig durchleuchtet und umfassend dokumentiert wurde. Man muss aber mit Blick auf unsere Fragestellung festhalten, dass die wichtigsten Lebensbeschreibungen des Thomas in ihren biografischen und werkchronologischen Bezügen zu Albertus nicht lückenlos sind und in mancher Hinsicht untereinander nicht übereinstimmen. Die Versuche der bisherigen Forschung, die Lücken zu schließen und abweichende Angaben in den Quellen sowie ihre Interpretationen in Einklang zu bringen, ergaben zwar kein vollständiges und einheitliches Bild, aber sie kommen in ihren Erkenntnissen den historischen Tatsachen offenbar näher[102]. Diese Situation spiegelt sich insbesondere in den einschlägigen Untersuchungen von H. Chr. Scheeben, J. A. Weisheipl, J.-P. Torrell und A. Oliva wider. Wir gehen auf die unterschiedlichen Darstellungen und Interpretationen nicht ein, sondern greifen nur einige Aspekte aus der Überlieferung heraus, die für das Verhältnis des Schülers zum Meister relevant und als solche unumstritten sind.

Es besteht unter den Historikern weitgehend Konsens, dass der junge Thomas sich in Begleitung des Ordensmeisters Johannes von Wildeshausen im Herbst 1245 aus Italien nach Paris begab, um dort, wie J.-P. Torrell auf der Basis der neueren Erkenntnisse annimmt[103], das Studium der *artes liberales* zu

[102] Die wichtigsten Quellen zur Biografie des Thomas von Aquin verzeichnet Weisheipl, Thomas von Aquin (nt. 63), 352. Auf die Dissonanzen und Handicaps in den Quellen, die das Verhältnis des Thomas zu Albertus betreffen, weist Scheeben hin und versucht sie durch wechselseitige Korrekturen auszuräumen, cf. Scheeben, De Alberti Magni discipulis (nt. 4), 189–207 (Separatum 13–31).

[103] J.-P. Torrell, Magister Thomas. Leben und Werk des Thomas von Aquin. Aus dem Franz. übersetzt von K. Weibel in Zusammenarbeit mit D. Fischli und R. Imbach, Freiburg–Basel–Wien 1995, 46.

absolvieren. In dieser Zeit – bis zum Ende des Sommersemesters 1248 – konnte er bereits auch Vorlesungen des Albertus zur Theologie besuchen. Im Sommer 1248 ging er mit Albertus nach Köln, wo er das Theologiestudium und seine Assistententätigkeit unter Albertus an dem neugegründeten *studium generale* der Dominikaner bis 1252 fortsetzte. Ulrich indes, den M. Grabmann zu den „begeistertsten und treuesten Schülern" des Albertus rechnet, über dessen Lebensgang wir bei Weitem nicht so gut wie über Thomas durch die Quellen informiert sind[104], begegnete seinem Lehrer vermutlich einige Jahre später als Thomas, und zwar nicht in Paris, sondern am *studium generale* der Dominikaner zu Köln. Auf jeden Fall erscheint er im Kontext diesbezüglicher Quellen nach Thomas von Aquin. Aus chronologischen Erwägungen versuchen wir zuerst die Beziehungen zwischen Thomas und Albertus kurz zu beleuchten und gehen anschließend auf das Verhältnis des Ulrich von Straßburg zu seinem Meister und Freund ein.

1. Thomas von Aquin und Albertus

Nicht das Studium der *artes* und die erste Begegnung des Thomas mit Albertus Magnus in Paris, sondern seine Ausbildung und Assistententätigkeit unter Albertus am *studium generale* zu Köln waren für das Miteinander von Schüler und Meister nachweislich ausschlaggebend. In dieser Kölner Zeit hat sich sowohl das Verhältnis der beiden zueinander als auch der wissenschaftliche Werdegang des Ersteren in die Zukunft hin entscheidend konstituiert. Der Albertus zu Recht vorauseilende Ruf des damals berühmtesten Lehrmeisters im Dominikanerorden war dafür nicht ursächlich, auch wenn schon Ludwig von Valladolid in seiner ‚Tabula' diesen Umstand geltend machen will, sondern vielmehr die tatsächliche intellektuelle Größe des Meisters, sein hoher und unkonventioneller Bildungsanspruch und sein fürsorglich-förderndes Verhältnis zu den Schülern sowie nicht weniger die Kongenialität und der wissenschaftliche Eifer des Thomas[105]. Anders ist nicht zu erklären, wie dieser in der Lage sein konnte, das Theologiestudium fortzusetzen und gleichzeitig seinem Meister bei der Vorbereitung der Vorlesungen über das ‚Corpus Dionysiacum' behilflich zu sein, Nachschriften dieser Vorlesungen redaktionell zu bearbeiten und fertigzustellen

---

[104] M. Grabmann, Studien über Ulrich von Straßburg (nt. 79), 148. Die Quellenlage zu Ulrich hat sich seit den Untersuchungen von M. Grabmann – abgesehen von der kritischen Edition seines Werkes ‚De summo bono' und einigen Studien von A. Palazzo, von dem ein essentieller Beitrag zu der hier erörterten Problematik auch in diesem Band enthalten ist – relativ wenig geändert; cf. T. Kaeppeli/E. Panella, Scriptores Ordinis Praedicatorum Medii Aevi, vol. 4, Roma 1993, 418 (Bibliogr.).

[105] Hierzu und zum Folgenden cf.: Chronica Fratris Ludovici de Valleoleti, ed. M. Canal Gomez, in: Analecta S. Ordinis Praedicatorum 20 (1931–32), 736, 738–739. Cf. Grabmann, Studien über Ulrich von Straßburg (nt. 79), 154. Weisheipl, Thomas von Aquin (nt. 63), 28–55, hier 47, 49–51.

und sich darüber hinaus an den Disputationen zu beteiligen. Sein philosophisches Interesse und eine entsprechende Vorbildung ließen ihn die Ethikvorlesungen des Albertus mit Aufmerksamkeit und Gewinn verfolgen, der sich bei seiner späteren Kommentierung des aristotelischen Werkes widerspiegeln wird, und, wie Wilhelm von Tocco und andere Zeugen berichten, auch diese Vorlesungen redaktionell aufarbeiten und deren Nachschrift erstellen[106]. Sein Autograf der Kölner Ethikvorlesungen des Albertus ist allerdings verschollen.

Albertus muss also außergewöhnliche wissenschaftliche Begabung, Interessen und Charakterfestigkeit seines Schülers in Köln erkannt und ihn, wie aus verschiedenen Quellen verlautet, nachhaltig gefördert haben. Auf seine nachdrückliche Empfehlung wurde Thomas gegen die Vorbehalte des Ordensmeisters Johannes von Wildeshausen, die Albertus mit Unterstützung des Dominikanerkardinals Hugo von St. Cher entkräftete, 1252 nach Paris entsandt, um dort über die ‚Sententiae' des Petrus Lombardus zu lesen[107]. Der Meister hat also einen wesentlichen Anteil daran, dass Thomas zu einem herausragenden, von allen Seiten höchst geachteten theologischen Meister wurde, der nach Ludwig von Valladolid zu Recht *doctor communis* genannt wird und als „ein zweiter Moyses" passend bezeichnet werden kann, der die Gläubigen durch das Licht der säkularen und der göttlichen Wissenschaft gleichsam unter einer doppelten Säule: der Wolke und des Feuers aus ägyptischer Finsternis der Unwissenheit herausführte. Im Unterschied zu seinem Meister, der in knapp 60 Jahren seines Ordenslebens neben der Lehre und wissenschaftlichen Arbeit auch andere Aufgaben im Orden und in der Kirche wahrnahm, widmete sich Thomas nach dem Studium in Köln und insbesondere nach seiner Promotion in Paris (1256) ausschließlich der Lehre und der Wissenschaft[108].

Viele der bei Wilhelm von Tocco überlieferten und in die wichtigsten Lebensbeschreibungen des Albertus aufgenommenen, teilweise anekdotenhaften Erzählungen über Thomas werfen Licht auf die Verhältnisse zwischen ihm und seinem Lehrer sowie seinen Kommilitonen am *studium generale* zu Köln. Dazu gehört u. a. die Erzählung von einem schweigsamen, auf wissenschaftliche Belange und das Gebet konzentrierten Thomas, dem seine Studiengenossen deshalb den Spitznamen „stummer Ochse" gaben. Die Anekdote stellt das Erstau-

---

106 Wilhelm von Tocco, Ystoria sancti Thome de Aquino, c. 13, ed. C. le Brun-Gouanvic (Studies and Texts 127), Toronto 1996, 116–119. Cf. Scheeben, De Alberti Magni discipulis (nt. 4), 197–198 (Separatum 21–22). W. Kübel, Prolegomena, in: Albertus Magnus, Super Ethica, ed. Kübel (nt. 35), V, 27–58. Weisheipl, Thomas von Aquin (nt. 63), 50–51. A. Oliva, Les débuts de l'enseignement de Thomas d'Aquin et sa conception de la *sacra doctrina* (Bibliothèque Thomiste 58), Paris 2006, 207–224. M. Burger, Thomas Aquinas's Glosses on the Dionysius Commentaries of Albert the Great in Codex 30 of the Cologne Cathedral Library, in: Honnefelder e. a. (eds.), Via Alberti. Texte – Quellen – Interpretationem (nt. 7), 561–582.

107 Wilhelm von Tocco, Ystoria sancti Thome, c. 15, ed. le Brun-Gouanvic (nt. 106), 120–122. Cf. Scheeben, De Alberti Magni discipulis (nt. 4), 198 (Separatum 22). Weisheipl, Thomas von Aquin (nt. 63), 50, 53–55. Oliva, Les débuts (nt. 106), 188–196.

108 Cf. Wilhelm von Tocco, Ystoria sancti Thome, c. 13, ed. le Brun-Gouanvic (nt. 106), 118–119. Scheeben, De Alberti Magni discipulis (nt. 4), 197–198 (Separatum 21–22).

nen des Meisters über die wissenschaftliche Reife und Geschicklichkeit seines Schülers heraus und die darauf gestützte Vorahnung von dessen künftiger Bedeutung für die Kirche und die Geistesgeschichte weltweit. „Wir nennen ihn ‚stummer Ochse', aber dieser wird von sich in der Lehre bald ein solches Brüllen ausstoßen, das in der ganzen Welt ertönen wird", soll Albertus nach einer durch Thomas hervorragend gemeisterten Aufgabe eines Respondens bei der Disputation einer sehr schwierigen Frage ausgerufen haben. Diese Erzählung will vermitteln, dass Albertus die außerordentliche Begabung des Thomas schon früh richtig erkannte und sie auch dementsprechend förderte. Aufseiten des Schülers hingegen wird die Begeisterung über die Vorlesungen des Meisters und seine tiefe Weisheit hervorgehoben, über das, wonach Thomas suchte und worin er nun die Erfüllung fand[109].

Die Anekdoten dürften zwar eines wahren Kerns nicht entbehren, aber sie geben die Verhältnisse nicht aus der ersten Hand wieder, sondern aus der Wahrnehmung eines Dritten. Dieser Umstand bleibt eigenartig für Thomas, der sich mit jeder Art von Äußerungen über seinen Meister – eben anders als dieser über seinen Schüler –, soweit wir sehen, gänzlich zurückhält. Wir finden weder in seinen Werken noch in irgendwelchen seiner privaten Papiere eine namentliche Erwähnung seines Meisters und keinen einzigen persönlichen Reverenzerweis. Ein Dialog zwischen „Sanctus Thomas dem Prediger und Bischof Albrecht" aus dem 14. Jahrhundert vermag zwar das persönliche Verhältnis als ein Besonderes nachempfinden, aber dieses Zwiegespräch ist nur ein literarisches Produkt der deutschen Volksfrömmigkeit[110]. Das Fehlen jeder persönlichen Äußerung des Thomas über seinen Meister oder nur einer namentlichen Bezugnahme auf seinen Förderer ist merkwürdig und lässt sich nach unserem Verständnis allein durch zurückhaltende Art oder Bescheidenheit des Schülers schwerlich erklären. Auch wenn das bei Albertus Gelernte gewissermaßen zum Eigentum des Thomas wurde, wie I. Craemer-Ruegenberg argumentiert[111], ein Umstand, der besonders in Frühschriften des Aquinaten zu beobachten ist, kann diese Tatsache das völlige Verschweigen von strukturellen, inhaltlichen und begrifflichen Anleihen bei seinem Meister, dessen „Fingerabdrücke" zuletzt B. Blankenhorn für den Kommentar des Thomas zu ‚De divinis nominibus'

---

109 Wilhelm von Tocco, op. cit. (nt. 106), 116–118, hier bes. 118: „*Nos uocamus istum bouem mutum, sed ipse adhuc talem dabit in doctrina mugitum quod in toto mundo sonabit!*". Cf. Petrus von Preußen, Vita b. Alberti, c. 7 (nt. 5), 102–103. Scheeben, De Alberti Magni discipulis (nt. 4), 196 (Separatum 20). Sighart, Albertus Magnus (nt. 8), 39–41. Weisheipl, Thomas von Aquin (nt. 63), 49–50.

110 Stammler, Albert der Große und die deutsche Volksfrömmigkeit (nt. 99), 298, 314–315. In diesem Dialog redet Thomas seinen Meister mit „heiliger Vater" an und erweist ihm damit die größte Ehrerbietung.

111 Eine interessante, positive Erklärung dafür bietet I. Craemer-Ruegenberg, Albertus Magnus. Überarbeitet, aktualisiert und mit Anmerkungen versehen von H. Anzulewicz (Dominikanische Quellen und Zeugnisse 7), Leipzig 2005, 167: „Thomas beruft sich nämlich in seinen Werken nirgendwo auf Albert, noch setzt er sich explizit mit ihm auseinander. Gerade darin drückt sich sicherlich die geistige Nähe des Schülers zu seinem Lehrer aus".

eindrucksvoll nachgewiesen hat[112], nicht wirklich erklären und nicht rechtfertigen. Thomas benutzte die Auslegung des ‚Corpus Dionysiacum' durch Albertus als die erstrangige Quelle für seine eigene Kommentierung der Schrift ‚Über die Gottesnamen' und nahm sie zugleich zum Anlass, allerlei Änderungen, Präzisierungen oder Korrekturen an der Lehre seines Meisters vorzunehmen. Als auffällig für Thomas konstatiert Blankenhorn u. a. die Meidung der von Albertus adaptierten und bei ihm nahezu allgegenwärtigen Theorie des *fluxus* und, wie auch A. Quero-Sánchez für die Metaphysik feststellte, die Eliminierung der neuplatonischen Theoreme insgesamt[113]. In vielerlei Hinsicht entfernte sich Thomas zunehmend von den Positionen seines Lehrers und goss ihnen, wenn er dessen Terminologie auch noch in den Spätschriften beibehielt, einen neuen Sinngehalt ein, was Blankenhorn zufolge dazu führt, dass die Eigenart von Thomas' Lehre erst im Licht seiner Quellen, vor allem des Kommentars seines Lehrers zum ‚Corpus Dionysiacum', verständlich wird[114].

Diese doktrinelle Entwicklung bei Thomas wirft Fragen nach dessen persönlicher Haltung zu seinem Meister auf, die sich durch zunehmende Absetzung von ihm zum Gegenteil dessen entwickelte, was wir im Verhältnis des Albertus zu seinem Schüler am Kölner *studium generale* registrieren konnten und was dem Meister an dessen Lebensende nachgesagt wurde. Der Lehrer, der die Begabung seines Schülers entdecke, tat offenbar alles für dessen wissenschaftliche Förderung, wie es sich vielleicht am deutlichsten an der erwähnten Durchsetzung seiner Empfehlung für das Studium in Paris zeigte. Trotz der wachsenden Lehrunterschiede zwischen den beiden und einer möglichen Rückwirkung der Lehre des Schülers auf den Meister finden wir beim Letzteren keine expliziten Reaktionen darauf. Nur an einer Stelle, wie derzeit bekannt, gibt Albertus zu erkennen, dass er die ‚Summa theologiae' (I 1 3) seines Schülers kennt und die darin festgehaltene Auffassung, das *revelabile* sei Gegenstand der Theologie, als falsch zurückweist. Albertus schreibt diese Lehrmeinung jedoch nicht ausdrücklich Thomas, sondern nicht namentlich genannten Autoren (*quidam*) zu[115]. Eine interessante Rolle spielt in diesem Zusammenhang die Aussage des Bartholomäus von Capua im Kanonisationsprozess des Thomas von Aquin: Hugo von Lucca,

---

112 B. Blankenhorn, Dionysian Mysticism in the Early Albertus Magnus and in Thomas Aquinas, 2 vols., ungedr. Diss. Freiburg/Schweiz 2012, hier vol. 2, 301 und passim. Diese Studie erscheint demnächst in Catholic University of America Press, Washington, DC. Zum Einfluss der Dionysius-Auslegung des Albertus auf seinen Schüler Thomas cf. auch M. Burger, „Hierarchische Strukturen". Die Rezeption der Dionysischen Terminologie bei Albertus Magnus, in: J. Hamesse/C. Steel (eds.), L'élaboration du vocabulaire philosophique au Moyen Âge (Rencontres de Philosophie Médiévale 8), Turnhout 2000, 397–420, 407–409.

113 Blankenhorn, Dionysian Mysticism, vol. 2 (nt. 112), 246, 258 u. 197, 212, 386. Quero-Sánchez, Über das Dasein (nt. 12), 550.

114 Blankenhorn, op. cit. (nt. 112), 233, 261.

115 Albertus Magnus, Summa theologiae, I, tr. 1, q. 3, c. 2, edd. Siedler/Kübel/Vogels (nt. 26), 12, 35–38 mit nt. 35. Cf. Siedler/Simon, Prolegomena, in: Albertus Magnus, Summa theologiae, I, edd. Siedler/Kübel/Vogels (nt. 26), XVII, 17–33. R. Wielockx, Zur „Summa theologiae" des Albertus Magnus, in: Ephemerides Theologicae Lovanienses 66/1 (1990), 78–110, 104–105.

ein Freund des Bartholomäus, erzählte ihm, Albertus sei, nachdem in Köln bekannt geworden war, dass die Lehre des Thomas von Aquin in Paris angegriffen wurde, sofort entschlossen gewesen, nach Paris zu gehen, um seinen verstorbenen Schüler zu verteidigen und sei trotz des hohen Alters und gegen den Rat seiner um ihn besorgten Mitbrüder tatsächlich nach Paris gegangen. Obwohl dieser Bericht auf seine historische Wahrheit nicht überprüfbar ist und die Reise des greisen Meisters nach Paris bezweifelt werden muss, will die Erzählung offensichtlich das hohe Ansehen des Albertus im Orden und bei den Anhängern des Aquinaten deutlich machen und vor allem das besondere Verhältnis des Lehrers zu seinem Schüler unterstreichen. Für die Bestimmung des Verhältnisses von Meister und Schüler aus der Gesamtperspektive ihres Werkes und Wirkens kommt daher der nachprüfbaren Frage, ob und inwieweit sie in ihren Spätwerken voneinander abhängig sind und wie sehr sie sich lehrinhaltlich und möglicherweise persönlich entfremdet haben, umso größeres Gewicht zu[116].

Müssen wir hier von der Erläuterung einzelner Bereiche und Themen, bei denen sich Thomas, wie ansatzweise dargelegt, von seinem Meister absetzt, absehen, können wir mit Blick auf diese Absetzbewegung der Frage nach ihrem Grund nicht ausweichen. Liegt dieser nur im unterschiedlichen Verständnis von Sachfragen, das sich durch eine konsequente Bevorzugung bzw. Eliminierung gewisser philosophischer Grundpositionen erklärt, oder aber in einer zunehmenden Entfremdung, wenn nicht in einer anderweitigen Belastung des persönlichen Verhältnisses von Schüler und Meister? Diese Möglichkeit, der Bartholomäus von Capua den Boden entziehen will, die im letzten Jahrhundert O. Lottin mit Blick auf Albertus und sein Spätwerk im Verhältnis zur ‚Summa theologiae' des Thomas erwog[117], ein Fall, der hier nicht zutrifft, können wir weder beweisen noch widerlegen. Folglich bleibt die Antwort auf die Frage nach dem Verhältnis von Schüler und Meister *in toto*, das hier gewissermaßen als ambivalent[118] und offen befunden wird, letztlich unabgeschlossen. An diesem Ergebnis wird eine in der Forschung neuerlich postulierte vergleichende Analyse einzelner Texte der beiden Autoren wohl wenig ändern, wie man den bereits vorhandenen Studien zur Politik, Moral- und Rechtsphilosophie, Psychologie, Metaphysik, zur Assimilation der dionysischen Tradition und nicht zuletzt zur Theologie entnehmen kann[119].

---

[116] A. A. Robiglio, La sopravvivenza e la gloria. Appunti sulla formazione della prima scuola tomista (sec. XIV) (Sacra doctrina. Bibliotheca 53/1), Bologna 2008, darin Kap. III (Edizione del testo, LXXXII), 95–96. Sighart, Albertus Magnus (nt. 8), 220–225. Scheeben, De Alberti Magni discipulis (nt. 4), 202–205 (Separatum 26–29).

[117] O. Lottin, Psychologie et morale aux XIIe et XIIIe siècles, vol. 6, Gembloux 1960, 296.

[118] Zu diesem Urteil kommt auch Blankenhorn, Dionysian Mysticism, vol. 2 (nt. 112), 301–302. Cf. D. A. Callus, San Tommaso d'Aquino e Sant'Alberto Magno, in: Angelicum 37 (1960), 133–161.

[119] Eine vergleichende Analyse einzelner Texte von Albertus und Thomas als ein probates Mittel für „eine zureichende Bestimmung des denkerischen Verhältnis[ses]" von Schüler und Meister schlägt R. Schönberger, Albertus Magnus und Thomas von Aquin: Zu einem Lehrer-Schüler-Verhältnis, in: E. Feistner (ed.), Das mittelalterliche Regensburg im Zentrum Europas, Regensburg 2006, 159–176, hier 175, vor. Dieses Desiderat wurde bereits teilweise erfüllt, cf. J. R.

2. Albertus und Ulrich Engelberti von Straßburg

Neben Thomas von Aquin gilt Ulrich von Straßburg als der bekannteste, bedeutendste und auch der treueste Schüler des Albertus Magnus, mit dem er lebenslang freundschaftliche Beziehungen pflegte[120]. Die enge Verbundenheit

---

Pierpauli, Die praktische Vernunft als *vis ordinativa*. Albert und Thomas im Vergleich, in: Archives d'Histoire Doctrinale et Littéraire du Moyen Age 66 (1999), 73–87. S. Perfetti, Immagini della *Republica* nei commenti medievali alla *Politica* di Aristotele: i casi di Alberto Magno e Tommaso d'Aquino", in: Mediaevalia. Textos e estudos 20 (2001), 81–94. A. Obiwulu, Tractatus de legibus in 13th Century Scholasticism. A Critical Study and Interpretation of Law in Summa Fratris Alexandri, Albertus Magnus and Thomas Aquinas (Schriftenreihe der Josef Pieper Stiftung 4), Münster 2003. J. R. Pierpauli, Racionalidad práctica y filosofía política. Los modelos de Alberto Magno y de Tomás de Aquino y su significado para la Filosofía Política actual, Buenos Aires 2007. M. Perkams, Gewissensirrtum und Gewissensfreiheit. Überlegungen im Anschluss an Thomas von Aquin und Albertus Magnus, in: Philosophisches Jahrbuch 112/1 (2005), 31–50. T. Hoffmann, Voluntariness, Choice, and Will in the Ethics Commentaries of Albert the Great and Thomas Aquinas, in: Documenti e studi sulla tradzione filosofica medievale 17 (2006), 71–92; id., Albert the Great and Thomas Aquinas on Magnanimity, in: I. P. Bejczy (ed.), Virtue Ethics in the Middle Ages (Brill's Studies in Intellectual History 160), Leiden–Boston 2008, 101–129. J. Müller, In War and Peace: The Virtue of Courage in the Writings of Albert the Great and Thomas Aquinas, in: Bejczy (ed.), Virtue Ethics in the Middle Ages, 77–99. V. Cordonier, Sauver le Dieu du Philosophe: Albert le Grand, Thomas d'Aquin, Guillaume de Moerbeke et l'invention du *Liber de bona fortuna* comme alternative autorisée à l'interprétation averroïste de la théorie aristotélicienne de la providence divine, in: L. Bianchi (ed.), Christian Readings of Aristotle from the Middle Ages to the Renaissance (Studia Artistarum 29), Turnhout 2011, 65–114. J. S. Ogarek, Die Sinneserkenntnis Alberts des Großen verglichen mit derjenigen des Thomas von Aquin, Lwów 1931. M. Lenzi, Alberto et Tommaso sullo statuto dell'anima umana, in: Archives d'Histoire Doctrinale et Littéraire du Moyen Age 74 (2007), 27–58; J. Müller, Die Seele als Seins- und Tätigkeitsprinzip des menschlichen Lebens nach Averroes, Albertus Magnus und Thomas von Aquin, in: P. Bahr/S. Schaede (eds.), Das Leben. Historisch-systematische Studien zur Geschichte eines Begriffs, vol. 1, Tübingen 2009, 183–217. Hellmeier, Anima et intellectus (nt. 11). A. de Libera, Albert le Grand et Thomas d'Aquin interprètes du *Liber de causis*, in: Revue des Sciences philosophiques et théologiques 74 (1990), 347–378. Quero-Sánchez, Über das Dasein (nt. 12). V. Salas, Albertus Magnus and Thomas Aquinas on the Analogy between God and Creatures, in: Mediaeval Studies 72 (2010), 283–312. M. Bender, The Dawn of the Invisible. The Reception of the Platonic Doctrine on Beauty in the Christian Middle Ages: Pseudo-Dionysius the Areopagite – Albert the Great – Thomas Aquinas – Nicholas of Cusa (Wissenschaftliche Schriften der WWU Münster II/2), Münster 2010. Blankenhorn, Dionysian Mysticism (nt. 112). E.-H. Wéber, La personne humaine au XIIIe siècle (Bibliothèque Thomiste 46), Paris 1991. H. C. Schmidbaur, Personarum Trinitas. Die trinitarische Gotteslehre des heiligen Thomas von Aquin (Münchener Theologische Studien II/52), St. Ottilien 1995, bes. 74, 264–279, 327. G. Emery, La Trinité créatrice. Trinité et création dans les commentaires aux *Sentences* de Thomas d'Aquin et ses précurseurs Albert le Grand et Bonaventure (Bibliothèque Thomiste 47), Paris 1995. C. L. Barnes, Albert the Great and Thomas Aquinas on Person, Hypostasis, and Hypostatic Union, in: The Thomist 72 (2008), 107–146. T. Marschler, Auferstehung und Himmelfahrt Christi in der scholastischen Theologie bis zu Thomas von Aquin, 2 vols. (Beiträge zur Geschichte der Philosophie und Theologie des Mittelalters. N.F. 64/I-II), Münster 2003.

120 Zum Lieblingsschüler des Albertus siehe Scheeben, De Alberti Magni discipulis (nt. 4), 207–212 (Separatum 31–36). Grabmann, Studien über Ulrich von Straßburg (nt. 79).

und die Bewunderung, die er gegenüber seinem Meister öfter zum Ausdruck brachte, kommt prägnant und vielleicht am deutlichsten zu Wort in der berühmt gewordenen, in der Forschung oft zitierten Formel aus Ulrichs Hauptwerk ‚De summo bono'. Dort lesen wir: „mein Lehrer, Herr Albertus, einst Bischof von Regensburg, ein in jeder Wissenschaft von göttlicher Eingebung so sehr erfüllter Mann, dass man ihn passend Staunen und Wunder unserer Zeit nennen kann"[121]. Weitere Zeugnisse der gegenseitigen Zuneigung und Fürsorge sind Ulrichs Briefe an Albertus und an seinen *socius*, Gottfried von Duisburg, an den Letzteren mit dem Auftrag, den Meister für ein dem Provinzial Ulrich wichtiges Anliegen der Klostergründung in Neuss, zu interessieren[122].

Die Herkunft und das Geburtsdatum des Ulrich sowie der Zeitpunkt seines Eintritts in den Predigerorden liegen im Dunkeln. In der älteren Forschung nimmt man an, dass er aus der Straßburger Patrizierfamilie der Zorn oder aus ihrem Verwandtschaftskreis stammte und zusammen mit Hugo Ripelin von Straßburg, der dieser Verwandtschaft ebenfalls angehören sollte, zu Füßen des Albertus in Köln saß[123]. Wenn er um 1225 geboren wurde, wie man in der Forschungsliteratur gelegentlich annimmt, konnte er sein Studium bei Albertus in Köln nicht früher als 1248 aufnehmen und vermutlich bis 1254 fortsetzen[124]. Trifft diese Mutmaßung zu, dann lernte er auch Thomas von Aquin in Köln persönlich kennen. Wie sein weiterer Lebensgang bis Anfang der 1270er Jahre verlief, entzieht sich unserer Kenntnis. Einige Indizien sprechen dafür, dass er ab etwa 1260 als Lektor in Würzburg wirkte und Albertus im März 1260 auf dem Weg nach Regensburg zur Übernahme des Bischofsamtes begleitete. Die Rückkehr des Albertus nach seinem Rücktritt vom Bischofsstuhl nach Würzburg im Jahre 1264 kann auch mit der Anwesenheit seines Lieblingsschülers am dortigen Konvent zusammenhängen. Es steht fest, dass Ulrich, bevor er 1272 auf dem Provinzkapitel in Basel zum Provinzial der Teutonia gewählt wurde, als

---

[121] Ulrich von Straßburg, De summo bono, l. 4, tr. 3, c. 9, ed. A. Palazzo (Corpus Philosophorum Teutonicorum Medii Aevi I/4[4]), Hamburg 2005, 142, 178–180: „*doctor meus Dominus Albertus, episcopus quondam Ratisbonensis, vir in omni scientia adeo divinus, ut nostri temporis stupor et miraculum congrue vocari possit* [...]".

[122] Die Briefe des Ulrich sind bei H. Finke, Ungedruckte Dominikanerbriefe (nt. 8), abgedruckt. In dieser Sammlung sind die Briefe Nr. 47, 50, 53 an Albertus adressiert; an den *socius* des Albertus, Gottfried von Duisburg, richtet Ulrich den Brief Nr. 55; es bleibt offen, ob auch der Dankesbrief Nr. 3 an Albertus von Ulrich stammt.

[123] Finke, Ungedruckte Dominikanerbriefe (nt. 8), 18. C. Baeumker, Der Anteil des Elsaß an den geistigen Bewegungen des Mittelalters, in: id., Studien und Charakteristiken zur Geschichte der Philosophie insbesondere des Mittelalters. Gesammelte Vorträge und Aufsätze (Beiträge zur Geschichte der Philosophie des Mittelalters 25/1–2), Münster i. W. 1927, 232–233. Grabmann, Studien über Ulrich von Straßburg (nt. 79), 151. K. Schmitt, Die Gotteslehre des Compendium theologicae veritatis des Hugo Ripelin von Straßburg, Münster [1940], 12.

[124] Cf. A. de Libera, Ulrich de Strasbourg, ~1225–1277, in: C. Gauvard/A. de Libera/M. Zink (eds.), Dictionnaire du Moyen Âge, Paris ^{3}2009, 1415–1416. A. de Libera/B. Mojsisch, Einleitung, in: Ulrich von Straßburg, De summo bono, liber I, ed. B. Mojsisch (Corpus Philosophorum Teutonicorum Medii Aevi I/1), Hamburg 1989, IX. Grabmann, Studien über Ulrich von Straßburg (nt. 79), 154.

Lektor am Straßburger Konvent, an dem auch Albertus ab 1267 bis 1270 wirkte, tätig war[125]. Seine Wahl zum Provinzial lehnte Ulrich zunächst mit dem Hinweis auf seine schlechte gesundheitliche Verfassung ab. Er beugte sich aber letztlich dem Votum der Wähler und seiner Bestätigung durch den Ordensmeister in der Hoffnung, dass sein Lehrer Albertus ihm dabei seine Unterstützung nicht versagen werde. Nach seiner Bestätigung im Amt des Provinzials schrieb er im Brief an den „Ordensbischof und Freund" – gemeint ist Albertus –, dass er außer ihm keine andere menschliche Stütze sehe und deshalb nach ihm wie nach dem Herrn ausschaue, der über das Meer beim Sturm wandelnd ihm seine Hand durch Rat, Tat und Wissen austrecken und ihn vor dem Untergang bewahren könne[126]. Als Provinzial besuchte Ulrich seinen Meister im Frühjahr 1273 in Köln, wo er erkrankte und sich später nach der Genesung bei Albertus für dessen fürsorgliche Teilnahme an seiner Krankheit in einem Brief innig bedankte[127]. Im Herbst des gleichen Jahres war er zusammen mit dem Ordensmeister Johannes von Vercelli wieder in Köln und traf sich im Dominikanerkonvent mit König Rudolf von Habsburg. Albertus dürfte bei dieser Begegnung nicht gefehlt haben. Vielleicht begegneten sich Ulrich und Albert 1276 in Antwerpen zum letzten Mal. Gesundheitlich angeschlagen und durch die ständigen Visitationsreisen zu Fuß in der weiträumigen Provinz Teutonia aufgerieben, ersuchte Ulrich Ende 1276 beim Ordensmeister seine Entpflichtung von der Amtsbürde des Provinzials und die Erlaubnis, sich der Lehre hinwenden zu können. Auf dem Generalkapitel in Bordeaux 1277 wurde er abgelöst und für die Promotion in Paris freigestellt[128]. Doch bevor er diese Aufgabe antreten und ausführen konnte, starb er. Er hinterließ das auf acht Bücher angelegte, jedoch nur bis zu Buch VI vollendete Werk ‚De summo bono', in dem er an die peripatetisch-dionysische, an das neuplatonische Denkmodell angelehnte Tradition seines Lehrers anknüpfte und diese fortführte. Neben den erhaltenen Briefen, einer Predigt und einer ihm zu Unrecht zugeschriebenen, auf ‚De homine' des Albertus zurückgehenden Kompilation, dem ‚Tractatus de homine' des Johannes

---

125 Finke, Ungedruckte Dominikanerbriefe (nt. 8), 18, 79 Nr. 45 (Ordensmeister Johannes von Wildeshausen bestätigt die Wahl des Ulrich zum Provinzial).

126 Finke, op. cit. (nt. 8), 19–20, 80 Brief Nr. 47: „*Inter hec cum aspicerem ad adjutorium hominum et non esset, vos respicere jussus sum tamquam dominum super mare ambulantem et fluidis omnibus indeclinabiliter preeminentem, qui potens opere et sermone, sciencia fortis, consciencia fortior non dedignetur manum extendere et suscipere pro occursu tempestatis valide titubantem*". In seiner Bitte an Albertus spielt Ulrich an Mt. 14, 22–33 an.

127 Finke, op. cit. (nt. 8), 82 Brief Nr. 50: „*Quid autem minus debet patri filius, magistro discipulus, domino famulus, curatori parvulus, quam se totum. Nondum enim substitit instagnata benignitas et humanitas dilectoris, set letificativo fluminis impetu plantam suam cultor benivolus irrigavit, cum me alterum nuper Lazarum* […] *convivam mense vestre* […] *accersistis in loco pascue collocando, ita ut iam preclaro benignitatis vestre calice vegetatus mala non timeam Dei misericordia subsequente*". Scheeben, De Alberti Magni discipulis (nt. 4), 209–210 (Separatum 33–34); id., Albert der Große (nt. 2), 99.

128 Finke, op. cit. (nt. 8), 22, 104 Brief Nr. 81. Scheeben, De Alberti Magni discipulis (nt. 4), 210–211 (Separatum 34–35).

Hulshot von Mecheln, werden ihm noch drei weitere Werke zugeteilt, die nicht überliefert sind[129].

Wie im persönlichen Verhältnis so auch in seinen Lehransichten erweist sich Ulrich als Verehrer und Gefolgsmann des Albertus. Nicht nur im Allgemeinen, sondern ebenso in vielen Detailfragen bewegt er sich in der Bahn seines Lehrers und in manchem Punkt in eine Richtung, die der Position des bedeutendsten Albertus-Schüler, Thomas von Aquin, entgegengesetzt ist. Dies betrifft die hermeneutischen Koordinaten seines Denkens, näherhin das neuplatonische Denkmodell, die Auffassung des Ersten Prinzips und seiner Attribute sowie die Verhältnisbestimmung von Theologie und Philosophie, die Auffassung der Theologie als *scientia affectiva*, die Assimilation der sich aus den aristotelischen und persisch-islamischen Quellen speisenden Intellektlehre, der neuplatonischen Emanationstheorie und Illuminationslehre, ferner sein ganzheitlicher, onto-theologisch fundierter Begriff des Guten, des Schönen und des Lebens. Ulrichs denkerische Eigenständigkeit und doktrinelle Originalität sind unter diesen Voraussetzungen nicht zwangsläufig eingeschränkt. Die persönliche Freundschaft mit dem Meister, dessen Verehrung und die Treue zu ihm forderten offensichtlich keinen besonderen Tribut vom Schüler, keinen Verzicht auf gelegentlich notwendige lehrinhaltliche Korrekturen. Sie sicherten ihm aber die Inspiration und Einsicht, die, wie u. a. die Studien von M. Grabmann, A. Stohr, W. Breuning, B. Geyer, I. Backes, A. de Libera und B. Mojsisch sowie zuletzt von A. Palazzo gezeigt haben, die Entfaltung und Fortführung der Gedanken und der „spezifischen Lieblingsideen" (B. Geyer) des Albertus beflügelten[130]. Dazu gehören, wie gesagt, die neuplatonisch-dionysischen und aristotelischen Elemente des Denksystems des Albertus, ein breites Spektrum seines Metaphysikprogramms, aber auch die systematischen Fragen der Theologie, insbesondere die Gotteslehre, wobei ab Buch V des Werkes ‚De summo bono' auch ein Einfluss des Thomas von Aquin registriert wird[131].

---

[129] Kaeppeli/Panella, Scriptores Ordinis Praedicatorum, vol. 4 (nt. 104), 418–423. Cf. A. Pattin, Le „Tractatus de homine" de Jean de Malines, Leuven 1977, 3–5.

[130] Cf. Grabmann, Studien über Ulrich von Straßburg (nt. 79), 147–221. A. Stohr, Die Trinitätslehre Ulrichs von Straßburg mit besonderer Berücksichtigung ihres Verhältnisses zu Albert dem Großen und Thomas von Aquin (Münsterische Beiträge zur Theologie 13), Münster 1928. W. Breuning, Erhebung und Fall des Menschen nach Ulrich von Straßburg (Trierer Theologische Studien 10), Trier 1959. B. Geyer, Das Verhältnis der Summa de summo bono Ulrichs von Straßburg zur Metaphysik Alberts des Großen, in: Recherches de Théologie ancienne et médiévale 37 (1970), 147–150. I. Backes, Die Christologie, Soteriologie und Mariologie des Ulrich von Straßburg, 2 vols. (Trierer Theologische Studien 29/1–2), Trier 1975, hier vol. 2, 136–138. A. de Libera, Ulrich de Strasbourg, lecteur d'Albert le Grand, in: Freiburger Zeitschrift für Philosophie und Theologie 32 (1985), 105–136. De Libera/Mojsisch, Einleitung (nt. 124), IX–XXVIII. Für weitere Literaturhinweise siehe Kaeppeli/Panella, Scriptores Ordinis Praedicatorum, vol. 4 (nt. 104), 418.

[131] Cf. Breuning, Erhebung und Fall (nt. 130), 214. H. Loduchowski, Die Lehre von der „Iustitia" bei Ulrich von Straßburg und ihre Beziehungen zu Albert dem Großen und Thomas von Aquin, in: Trierer Theologische Zeitschrift (Pastor bonus) 75 (1966), 42–48, hier 45–46, 48; der Vf. sieht für das von ihm untersuchte, aristotelische Themenfeld eine „Anhängigkeit [sic!] des Schülers von seinem Meister" mitunter kritisch. Backes, Die Christologie (nt. 130), 136–137.

3. Schlussbemerkung

Unsere Aufzeichnungen schließen wir mit der Feststellung, dass der „Bruder und Meister, Albert von Köln", wie er durch Thomas von Aquin in Dantes ‚Göttlicher Komödie' (‚Paradiso' X, 98–99) bezeichnet wird, die „unverhältnismäßig prädominierende Autorität für Ulrich" von Straßburg (A. de Libera und B. Mojsisch), für Thomas von Aquin und für viele andere Predigerbrüder war, die zu seinem engeren und weiteren Schülerkreis gehörten und auf dem Feld der Philosophie und Theologie in den Grenzen der ursprünglichen Dominikanerprovinz Teutonia im Zeitraum zwischen 1250 und 1350 wirkten. Dem Umstand, dass die Lehransichten des Albertus „bereits im Vorgang des Rezipierens ein Fortdenken erfuhren"[132], messen wir an sich noch keine besondere Bedeutung bei, denn dies gehört zum Prozess einer zielbewussten Rezeption jeder Theorie. Der Modus dieses Rezipierens und Fortdenkens indessen, sei es Entfaltung, die etwa für Ulrich reklamiert wird, sei es Umdeutung, wie sie eher bei Thomas beobachtet wird, ist aus dem Blickwinkel unserer Fragestellung insofern von Wichtigkeit, als man hierdurch über das wechselseitige Verhältnis von Schüler und Meister explizit oder implizit informiert wird. Die aus solchen Modalitäten geschöpften Auskünfte bieten einen sachlichen Ansatzpunkt für eine externe Zeugnisse einbeziehende, differenzierte und um die historische Wahrheit bemühte Rekonstruktion einer qua *doctrina* und qua *affectus* konstituierten Relation von Schüler und Meister. Am Beispiel der von uns versuchten, groben Bestimmung des Verhältnisses der Schüler Ulrich von Straßburg und Thomas von Aquin zu ihrem Meister hat sie gezeigt, dass die unterschiedlichen Relationsebenen miteinander korrespondieren, sich wechselseitig beeinflussen und mehr oder weniger einander entsprechen[133].

Anhang

Schüler des Albertus Magnus. Ein provisorisches Verzeichnis

[1] Aegidius von Lessines (ca. 1230–nach 1304)

P. Glorieux und J. A. Weisheipl zufolge besuchte Aegidius von Lessines die Vorlesungen des Albertus wahrscheinlich in Köln vor 1262. Als Baccalaureus der Theologie in Paris übersandte er Albertus vor Dezember 1270 eine Liste von 15 heterodoxen Thesen, die im Philosophieunterricht an der dortigen Universität gelehrt wurden, mit der Bitte um ihre Widerlegung. Die Stellungnahmen des Albertus zu den einzelnen Fragen bilden den Inhalt seiner Schrift ‚De XV problematibus'.

---

132 A. de Libera/B. Mojsisch, Einleitung (nt. 124), XI.

133 Philipp A. Anzulewicz und Christian Kny gilt verbindlicher Dank für die sprachliche Revision des Textes.

Lit.: Albertus Magnus, De XV problematibus, ed. Geyer (nt. 41), XVII–XXIV + 31–44; lat.-dt.: Albert der Große, De quindecim problematibus/Über die fünfzehn Streitfragen (nt. 60). H. Anzulewicz, Idzi z Lessines, in: Powszechna Encyklopedia Filozofii, vol. 4, Lublin 2003, 742–743. P. Glorieux, Répertoire des maîtres en théologie de Paris au XIIIe siècle, vol. 1, Paris 1933, 127–128 Nr. 27; id., La faculté des arts et ses maîtres au XIIIe siècle (Études de Philosophie médiévale 59), Paris 1971, 146 Nr. 123. Kaeppeli, Scriptores Ordinis Praedicatorum, vol. 1 (nt. 73), 13–15. T. Schneider, Die Einheit des Menschen. Die anthropologische Formel „anima forma corporis" im sogenannten Korrektorienstreit und bei Petrus Johannis Olivi, Münster 1973, 71, 83–87. Stehkämper, Albertus Magnus. Ausstellung (nt. 8), 88 Nr. 100. Weisheipl, Thomas von Aquin (nt. 63), 48.

[2] Ambrosius Sansedoni von Siena (1220–1287)
Nach dem Eintritt in den Predigerorden 1237 (oder 1244) studierte Sansedoni möglicherweise, wie M. Grabmann mit dem Verweis auf „eine gute Tradition" vermerkt, zusammen mit Thomas von Aquin und Ulrich von Straßburg bei Albertus Magnus in Paris und am *studium generale* in Köln, wo er auch unterrichtete. Er beherrschte die deutsche Sprache und betätigte sich als Prediger am Niederrhein. Nach der Rückkehr in seine römische Heimatprovinz war er Lektor, Prior des Konventes in Siena, erfolgreicher Prediger und Friedensmittler. Papst Gregor XV. gestattete 1622 seine Verehrung im Dominikanerorden.

Lit.: Fries, Der Albertschüler Ambrosius da Siena (nt. 80), 77–96; id., Einfluß des Thomas (nt. 77), 428–454. Grabmann, Studien über Ulrich von Straßburg (nt. 79), 158–159. Kaeppeli, Scriptores Ordinis Praedicatorum, vol. 1 (nt. 73), 58–59. Lex, Ambrosius Sansedonius (nt. 73), 352. Lohrum, Albert der Große (nt. 64), 55. Löhr, Die Kölner Dominikanerschule (nt. 63), 12. Scheeben, Albert der Große (nt. 2), 23, 116; id., De Alberti Magni discipulis (nt. 4), 184–186, 194 (Separatum 8–10, 18). Schneyer, Repertorium (Autoren A–D) (nt. 76), 280–286. J. N. Seidl, Ambrosius von Siena, in: Wetzer und Welte's Kirchenlexikon, vol. 1, Freiburg i. Br. ^{2}1882, 703–704. Sighart, Albertus Magnus (nt. 8), 50. Torrell, Magister Thomas (nt. 103), 160–161. S. Tugwell, Albert the Great. Introduction, in: id., Albert & Thomas. Selected Writings, New York–Mahwah 1988, 11. I. Venchi, Catalogus hagiographicus Ordinis Praedicatorum. Editio altera revisa et aucta, ed. F. M. Ricci, Romae 2001, 84–85.

[3] Conradus de Austria
Der Name dieses Albertus-Schüler und seine Zugehörigkeit zum Kölner *studium generale* der Dominikaner sind im Kolophon des Reportatum von ‚Quaestiones super De animalibus' des Albertus bezeugt, das der Codex H 44 der Biblioteca Ambrosiana zu Mailand überliefert. Dort (fol. 87vb) liest man: „*Expliciunt questiones super de animalibus, quas disputavit frater albertus repetendo librum animalium fratribus colonie, quas reportavit quidam frater et collegit ab eo audiens dictum librum nomine cunradus de austria. Hoc actum est anno domini 1258*".

Lit.: E. Filthaut, Ad Quaestiones super De animalibus Prolegomena, in: Albertus Magnus, Quaestiones super De animalibus, ed. Filthaut (nt. 38), XXXV, XLV sq. Scheeben, De Alberti Magni discipulis (nt. 4), 182 (Separatum 6).

[4] Dionysius von Viterbo (?)

Zusammen mit Odericus Francigenus begleitete er Ambrosius Sansedoni auf dem Weg zum Studium nach Paris und ist vielleicht dort Albertus-Schüler gewesen.

Lit.: Scheeben, Albert der Große (nt. 2), 23; id., De Alberti Magni discipulis (nt. 4), 185 (Separatum 9).

[5] Henricus Teutonicus

Den Namen dieses Albertus-Schülers überliefert der Dominikanerchronist Ambrosius Taegius. Er charakterisiert ihn als gebildeten Theologen, Kenner der peripatetischen Philosophie, Verfasser eines Sentenzenkommentars und anderer Schriften, die nicht erhalten sind: „*Frater Henricus Theutonicus, Alberti Magni discipulus, vir in sacra theologia eruditus et philosophiae peripatetice haud mediocriter fama celebris et opinione preclarus. Scripsit super quatuor libros sententiarum et plura alia, que ad manus meas non pervenerunt* [...]". Es ist möglich, dass er identisch mit dem „*Frater Henricus Theutonicus*" ist, der bei Thomas Cantimpratanus öfter als der frühere „*Lector fratrum Praedicatorum in Colonia*" erwähnt und als „*vir in omni scientia cum sanctitate conspicuus*" charakterisiert wird.

Lit.: Ambrosius Taegius, De insignis Ord. Praed., Roma, Archivum gen. O.P., Cod. XIV 54, 180^{r-v} (zit. n. Scheeben, De Alberti Magni discipulis [nt. 4], 183; Separatum 7). Thomas von Cantimpré, Bonum universale de apibus (nt. 83), 559; ibid., l. 1, c. 3, 17–18; c. 19, 68; l. 2, c. 10, 187; c. 43, 417–418; c. 54, 524.

[6] Hugo de Borgognonibus Lucensis († 1322)

Schüler des Albertus im *studium generale* in Köln (nach 1270); er soll Albertus 1277 (Ende 1276?) auf dem Weg nach Paris zur Verteidigung der Lehre des Thomas von Aquin und auf dem Rückweg nach Köln begleitet haben. Später war er Prior (1291, 1298) und Lektor des Konventes in Lucca, *praedicator generalis* (1291) und Provinzial der römischen Dominikanerprovinz (1299–1304).

Lit.: T. Kaeppeli, Scriptores Ordinis Praedicatorum Medii Aevi, vol. 2, Romae 1975, 253. Kaeppeli/Panella, Scriptores Ordinis Praedicatorum, vol. 4 (nt. 104), 122. Löhr, Die Kölner Dominikanerschule (nt. 63), 12. Scheeben, Albert der Große (nt. 2), 90, 109, 119–120; id., De Alberti Magni discipulis (nt. 4), 202–207 (Separatum 26–31).

[7] Hugo Ripelin von Straßburg († 1268)

Bekannt wurde Hugo durch sein handschriftlich weit verbreitetes, Albertus Magnus und anderen Autoren (u. a. Aegidius Romanus, Alexander Halensis, Bonaventura, Guillelmus Edon Anglicus, Hugo von St. Cher, Petrus Aureolus, Petrus de Tarantasia, Thomas von Aquin, Ulrich von Straßburg) zugeschriebenes Werk ‚Compendium theologicae veritatis'. In den Jahren 1232–1242 und 1252–1259 war er Prior und 1247–1248 Subprior des Konventes in Zürich; 1260 befand er sich im Konvent in Straßburg und versah hier 1261 das Amt des Priors. Es ist möglich, dass er zusammen mit Ulrich von Straßburg, mit dem ihn anscheinend eine Verwandtschaft verband, zwischen 1248 und 1252 bei Albertus in Köln studierte. Der Einfluss des Albertus auf Hugos ‚Compendium theologicae veritatis' wurde in der älteren Forschung nur für das Buch II ('De operibus conditoris') geltend gemacht. Der Verfasser gibt im Prolog an, dass er aus den Schriften großer Theologen schöpfe.

Lit.: Baeumker, Der Anteil des Elsaß an den geistigen Bewegungen des Mittelalters (nt. 123), 233–234, 236, 239. A. Fries, Johannes von Freiburg, Schüler Ulrichs von Strassburg, in: Recherches de Théologie ancienne et médiévale 18 (1951), 332–340, 335. M. Grabmann, Die Geschichte der katholischen Theologie seit dem Ausgang der Väterzeit, Freiburg i. Br. 1933 [Neudruck Darmstadt 1983], 75. Kaeppeli, Scriptores Ordinis Praedicatorum, vol. 2 (Nr. 6), 260–269. F. Stegmüller, Repertorium commentariorum in Sententias Petri Lombardi, vol. 1, Würzburg 1947, 172–173. Weisheipl, Thomas von Aquin (nt. 63), 48.

[8] Frater Mikul
1248 zum Provinzial der Dominikanerprovinz Polonia gewählt, 1249 vom Amt durch den Ordensmeister Johannes von Wildeshausen entpflichtet und zum Studium nach Köln entsandt.

Lit.: G. Labuda, Zaginiona kronika z pierwszej połowy XIII wieku w Rocznikach Królestwa Polskiego Jana Długosza: próba rekonstrukcji, Poznań 1983, 173. R.-J. Loenertz, Une ancienne chronique des provinciaux dominicains de Pologne, in: Archivum Fratrum Praedicatorum 21 (1951), 5–50, 21. Scheeben, De Alberti Magni discipulis (nt. 4), 184 (Separatum 8). Walz, Albert der Große als Lector Coloniensis (nt. 1), 155.

[9] Martin von Brandenburg (Martinus Brandeburgensis)
Kompilator der Frühschriften des Albertus und nach Grabmann sein mutmaßlich unmittelbarer Schüler.

Lit.: H. Anzulewicz, De forma resultante in speculo des Albertus Magnus, Münster 1999, 82, 111, 135, 137, 242, 246, 259; id., Prolegomena, in: Albertus Magnus, De homine, edd. Anzulewicz/Söder (nt. 24), XI, XXVII. Grabmann, Drei ungedruckte Teile (nt. 9), 8 sqq. T. Kaeppeli, Scriptores Ordinis Praedicatorum Medii Aevi, vol. 3, Romae 1980, 107. C. Rigo, Zur Redaktionsfrage der Frühschriften des Albertus Magnus, in: L. Honnefelder e. a. (eds.), Albertus Magnus und die Anfänge der Aristoteles-Rezeption im lateinischen Mittelalter, Münster 2005, 362. Stegmüller, Repertorium commentariorum in Sententias, vol. 1 (Nr. 7), 257.

[10] Nicolaus Brunazzi („alter frater Thomas", † 1322)
Nach dem Eintritt in den Orden in Perugia 1255 kam Nicolaus Brunazzi zum Studium bei Albertus nach Köln. Nach vier Jahren kehrte er in seine italienische Heimat mit einem Empfehlungsschreiben seines Lehrers an das Kapitel der römischen Ordensprovinz zurück. Albertus schrieb darin über ihn: „*Remitto vobis fratrem Nicolaum Perusinum, alterum fratrem Thomam de Aquino, scientes ipsum esse in divina pagina plenissime doctum. Et idcirco merito commendatur, secundum nomen suum ita et laus sua, quia Nicolaus bona laus interpretatur vel victoria populi, idest mundi, ad ordinem veniens, ubi viget paupertas, oboedientia et castitas contraria mundi*".

Lit.: Löhr, Die Kölner Dominikanerschule (nt. 63), 12. Mandonnet, Thomas d'Aquin lecteur a la curie romaine (nt. 69), 39. Scheeben, De Alberti Magni discipulis (nt. 4), 186 (Separatum 10). Walz, Compendium historiae (nt. 71), 143; id., Albert der Große als Lector Coloniensis (nt. 1), 159–160. Weisheipl, Thomas von Aquin (nt. 63), 221, 313.

[11] Odericus Francigenus (?)

Odericus begleitete zusammen mit Dionysius von Viterbo Ambrosius Sansedoni auf dem Weg zum Studium nach Paris und ist vielleicht dort Albertus-Schüler gewesen.

Lit.: Scheeben, Albert der Große (nt. 2), 23; id., De Alberti Magni discipulis (nt. 4), 185 (Separatum 9).

[12] Raimundus Martini (Ramon Martí, † nach 1. Juli 1284)

Der katalanische Dominikaner, 1250 Lektor in Tunis, war nach E. Colomer in Paris Schüler des Albertus und Mitschüler des Aquinaten. Das Kapitel von Toledo bestimmte ihn auf Ersuchen des Raimundus von Pennaforte für das Studium der orientalischen Sprachen in Murcia.

Lit.: E. Colomer, Die Beziehung des Ramon Llull zum Judentum im Rahmen des spanischen Mittelalters, in: P. Wilpert/W. P. Eckert (eds.), Judentum im Mittelalter. Beiträge zum christlich-jüdischen Gespräch (Miscellanea Mediaevalia 4), Berlin–New York 1966, 183–227, bes. 205. G. K. Hasselhoff, Dicit Rabbi Moyses. Studien zum Bild von Moses Maimonides im lateinischen Westen vom 13. bis zum 15. Jahrhundert, Würzburg 2004, 225–244. Kaeppeli, Scriptores Ordinis Praedicatorum Medii Aevi, vol. 3 (Nr. 9), 281–283. Kaeppeli/Panella, Scriptores Ordinis Praedicatorum, vol. 4 (nt. 104), 244–246. I. M. Resnick, Albert the Great on the Talmud and the Jews, in: T. Kushner (ed.), Philosemitism, Antisemitism and ‚the Jews'. Perspectives from the Middle Ages to the Twentieth Century, Burlington, VT 2004, 149.

[13] Magister Scambius Coccoveius

Gemäß der Chronik des Konventes S. Mariae ad gradus in Viterbo studierte Magister Scambius Coccoveius, der auf der Liste der Prioren dieses Konventes an neunter Stelle verzeichnet wird, bei Albertus in Köln. Der Eintrag in der Chronik (Arch. di Stato di Perugia, Corporaz. relig. soppr., S. Domenico, Miscell. 66, 33^{r}) lautet: „*9. Mag. Scambius Coccovejus qui sub Magistro Alberto Coloniae studuit, et magnus disputator, et clericus peritus evasit. Effulsit in Theologia, et regimine, et quedam in dialetica edidit, quae non inveniuntur, nisi fragmenta de regimine*". Er wurde mit dem Titel des *praedicator generalis* geehrt.

Lit.: Löhr, Beiträge zur Geschichte des Kölner Dominikanerklosters, vol. 1 (nt. 1), 60. R. A. Gauthier, Quelques questions à propos du commentaire de S. Thomas sur le *De anima*, in: Angelicum 51 (1974), 419–472, 441. P.-T. Masetti, Monumenta et antiquitates veteris disciplinae ordinis Praedicatorum ab anno 1216 ad 1348 praesertim in Romana provincia praefectorumque …, vol. 1, Romae 1864, 368. Scheeben, De Alberti Magni discipulis (nt. 4), 184 (Separatum 8).

[14] Thomas von Aquin († 1274)

Schüler des Albertus Magnus in Paris und Assistent am neugegründeten *studium generale* der Dominikaner zu Köln.

Lit.: B. Blankenhorn, Aquinas as Interpreter of Augustinian Illumination in the Light of Albertus Magnus, in: Nova et Vetera. English Edition 10/3 (2012), 689–713. C.

von Brentano, Albertus magnus. Ordensmann, Bischof und Gelehrter, München 1881, 29–42. Burger, Thomas Aquinas's Glosses on the Dionysius Commentaries of Albert the Great in Codex 30 of the Cologne Cathedral Library (nt. 106). Callus, San Tommaso d'Aquino e Sant'Alberto Magno (nt. 118). H. Denifle/A. Walz, Zum Kölner Studienaufenthalt des Aquinaten, in: Römische Quartalschrift 34 (1926), 46–58. Fries, Einfluß des Thomas auf liturgisches und homiletisches Schrifttum des 13. Jahrhunderts (nt. 77), 401–428. Glorieux, Répertoire des maîtres en théologie de Paris au XIIIe siècle, vol. 1 (Nr. 1), 85–104 Nr. 14. Hellmeier, Anima et intellectus (nt. 11). R. Imbach, Thomas d'Aquin, in: Gauvard/Libera/Zink (eds.), Dictionnaire du Moyen Âge (nt. 124), 1387–1391. W. Kluxen, Thomas v. Aquin, in: Lexikon für Theologie und Kirche, vol. 9, Freiburg–Basel–Rom–Wien ³2000, 1509–1517 (Bibliogr.). V. Leppin (ed.), Thomas von Aquin-Handbuch, Tübingen 2015. Löhr, Die Kölner Dominikanerschule (nt. 63), 11. P. Mandonnet, Thomas d'Aquin, novice prêcheur 1244–1246, in: Revue Thomiste N.S. 8 (1925), 493–521. J. Müller, Natürliche Moral und philosophische Ethik bei Albertus Magnus, Münster 2001, 377–378, 390–392, 397–398. H. C. Scheeben, Albert der Große und Thomas von Aquino in Köln, in: Divus Thomas (Freiburg/Schweiz) 9 (1931), 28–34; id., De Alberti Magni discipulis (nt. 4), 188–207 (Separatum 12–31). W. Senner, Blühende Gelehrsamkeit. Eine Ausstellung zur Gründung des Studium generale der Dominikaner in Köln vor 750 Jahren [Katalog], Köln 1998, 10. Sighart, Albertus Magnus (nt. 8), 36–42, 220–225. Stegmüller, Repertorium commentariorum in Sententias Petri Lombardi, vol. 1 (Nr. 7), 393–403. J.-P. Torrell, Initiation à Saint Thomas d'Aquin, Paris 2006. Walz, Albert der Große als Lector Coloniensis (nt. 1); id., Saint Thomas d'Aquin. Adaptation française par P. Novarina (Philosophes Médiévaux 5), Louvain–Paris 1962, bes. Kap. V: Élève de saint Albert a Cologne, 59–74. Weisheipl, Thomas von Aquin (nt. 63); id., Thomas d'Aquino and Albert His Teacher, Toronto 1980.

[15] Thomas von Cantimpré († ca. 1270/1272)
Schüler oder vielmehr Hörer des Albertus am *studium generale* der Dominikaner zu Köln.

Lit.: P. P. Albert, Zur Lebensgeschichte des Albertus Magnus, in: Freiburger Diözesan-Archiv NF 3 (1902), 283–298, 286. B. Beyer de Ryke, Thomas de Cantimpré, ~1201– ~1270/1272, in: Gauvard/de Libera/Zink (eds.), Dictionnaire du Moyen Âge (nt. 124), 1391–1392. Von Brentano, Albertus magnus (Nr. 14), 26. C. Hünemörder, Th. v. Cantimpré, in: Lexikon des Mittelalters, vol. 8, München–Zürich 1999, 711–714 (Bibliogr.). R. Imbach/D. Nienhaus, Von Alcuinus bis Nicolaus Cusanus. Bio-bibliographisches Repertorium der Philosophie im lateinischen Mittelalter, in: P. Schulthess/R. Imbach, Die Philosophie im lateinischen Mittelalter, Düsseldorf–Zürich 1996, 595–596. Kaeppeli/Panella, Scriptores Ordinis Praedicatorum, vol. 4 (nt. 104), 344–355 (Bibliogr.). De Loë, De vita et scriptis, I (nt. 8), 258–259. Mandonnet, Thomas d'Aquin, novice prêcheur 1244–1246 (Nr. 14), 490–491, 494–495, 508. E. Meyer/C. Jessen, Appendices editorum c. 4, in: Albertus Magnus, De vegetabilibus libri VII, edd. E. Meyer/C. Jessen, Berlin 1867, 677–678. Paravicini Bagliani, La légende médiévale d'Albert le Grand (1270–1435) (nt. 8), 300–301, 335–336. Scheeben, Albert der Große (nt. 2), 23, 29; id., De Alberti Magni discipulis (nt. 4), 188 (Separatum 12) nt. 42. Sighart, Albertus Magnus (nt. 8), VII, 51. Stegmüller, Repertorium commentariorum in Sententias Petri Lombardi, vol. 1 (Nr. 7), 423–424. Walz, Albert der Große als Lector Coloniensis (nt. 1), 155.

[16] Ulrich von Straßburg († 1277)

Ulrich von Straßburg gilt in der Geschichtsschreibung als der Lieblingsschüler des Albertus. Es wird angenommen, dass er zwischen 1248 und 1254 zu Füßen des Meisters am *studium generale* zu Köln saß. Johannes von Freiburg attestiert Ulrich, dass er ein erfolgreicher Lektor war und dass er nach dem Ablauf seiner Amtszeit als Provinzial *ad legendum* nach Paris entsandt wurde, wo er noch vor der Inauguration seiner Lehrtätigkeit verstarb. Es steht außerdem fest, dass Ulrich von Straßburg, Provinzial der Ordensprovinz Teutonia (1272–1277), und Johannes von Vercelli, Ordensmeister der Dominikaner (1264–1283), sich 1273 im Kölner Konvent, in dem Albertus Magnus lebte, getroffen haben. Nach A. Fries, der mit Blick auf das Hauptwerk des Ulrich ‚De summo bono' urteilt, gehörte dieser Albertus-Schüler nicht zu den selbstständigen Denkern, die mit ihrer wissenschaftlichen Arbeit einen originellen, auf Quellenforschung gestützten Beitrag leisteten. Er war aber nichtsdestoweniger ein hervorragender Lehrer, der die Forschungserträge anderer zu erschließen und erfolgreich zu vermitteln verstand. Dies gilt insbesondere für die Theologie mit dem ihr durch Albertus verliehenen neuplatonisch-dionysischen Einschlag und mystischen sowie biblisch-praktischen Charakter.

Lit.: Backes, Die Christologie (nt. 130). Baeumker, Der Anteil des Elsaß an den geistigen Bewegungen des Mittelalters (nt. 123), 232 sq., 236–242. Fries, Johannes von Freiburg, Schüler Ulrichs von Straßburg (Nr. 7), 332–340, bes. 333; id., Einfluß des Thomas auf liturgisches und homiletisches Schrifttum des 13. Jahrhunderts (nt. 77), 332. Geyer, Das Verhältnis der Summa de summo bono (nt. 130). Grabmann, Studien über Ulrich von Straßburg (nt. 79), 147–221. De Loë, De vita et scriptis, I (nt. 8), 260. Kaeppeli/Panella, Scriptores Ordinis Praedicatorum, vol. 4 (nt. 104), 418–423 (Bibliogr.). Löhr, Die Kölner Dominikanerschule (nt. 63), 11. Müller, Natürliche Moral und philosophische Ethik bei Albertus Magnus (Nr. 14), 383–385, 397. Scheeben, Albert der Große (nt. 2), 29, 98–105; id., De Alberti Magni discipulis (nt. 4), 207–212 (Separatum 31–36). Paravicini Bagliani, La légende médiévale d'Albert le Grand (1270–1435) (nt. 8), 299–300, 337. Sighart, Albertus Magnus (nt. 8), 50. Tugwell, Albert the Great (Nr. 2), 11, 23. Walz, Albert der Große als Lector Coloniensis (nt. 1), 155.

[17] Wilhelmus de Werigehale Anglicus

Nach dem Selbstzeugnis im Brief an Christina von Stommeln, das J. Gallén (La province de Dacie de l'ordre des Frères Prêcheurs, I, Helsingfors–Rome 1940, 239, 244) auf die Zeit „vor 1277" datiert, studierte er am *studium generale* der Dominikaner zu Köln.

Lit.: Kaeppeli, Scriptores Ordinis Praedicatorum, vol. 2 (Nr. 6), 172. R. Sharpe, A Handlist of the Latin Writers of Great Britain and Ireland before 1540, Turnhout [2]2001, 817 Nr. 2212.

Ulrich of Strasbourg's Philosophical Theology
Textual and Doctrinal Remarks on 'De summo bono'

Alessandro Palazzo (Trento)

There is very little information available about Ulrich of Strasbourg's life[1]. After his study with Albert at the *studium generale* in Cologne, from about 1248 to 1254, he began to carry out the role of 'lector', but we do not exactly know when he started working in the Strasbourg convent. He had spent a few years there before 1272, when he was elected Provincial Prior of *Teutonia*. In 1277, after repeated requests on his part, he was discharged from his position as Provincial Prior by the General Chapter of Bordeaux, and charged instead with reading the 'Sentences' in Paris, which was the first step in the career of an academic theologian. Yet, he died before arriving there. From what John of Freiburg, who was one of his direct disciples, writes at the beginning of the 'Summa confessorum', we learn that Ulrich was a brilliant 'lector', whose schools brought forth numerous famous lectors. Even though he never became a master in theology, Ulrich was not inferior in science to theologians, as his book, which is concerned with both theology and philosophy, clearly shows[2]. In light of all of this, the posthumous fame of Ulrich, author of a summa which was both renowned during his lifetime and influential in the two following centuries, appears even more unfortunate than the circumstances of his death that prevented him from becoming a master in theology: he became the student 'par excellence', the unoriginal epigone of Albert the Great.

---

[1] Martin Grabmann's essay still remains the reference study on Ulrich's biography: M. Grabmann, Studien über Ulrich von Strassburg. Bilder wissenschaftlichen Lebens und Strebens aus der Schule Alberts des Grossen, in: id., Mittelalterliches Geistesleben. Abhandlungen zur Geschichte der Scholastik und Mystik, vol. 1, München 1926 [Reprint Hildesheim – Zürich – New York 1984], 147 – 167. For further remarks, see A. Palazzo, Philosophy and Theology in the German Dominican *Scholae* in the Late Middle Ages: the Cases of Ulrich of Strasbourg and Berthold of Wimpfen, in: K. Emery, Jr./W. J. Courtenay/S. M. Metzger (eds.), Philosophy and Theology in the *Studia* of the Religious Orders and at Papal and Royal Courts. Acts of the XVth Annual Colloquium of the Société Internationale pour l'Étude de la Philosophie Médiévale, University of Notre Dame, 8 – 10 October 2008 (Rencontres de philosophie médiévale 15), Turnhout 2012, 75 – 105, at 79 – 81.

[2] John of Freiburg, Prologus in priorem libellum quaestionum casualium, in: Summa confessorum, Lugduni 1518: "*Item fratris Ulrici quondam lectoris Argentinensis eiusdem Ordinis* [scil. *Praedicatorum*]*: qui quamvis magister in theologia non fuerit: scientia tamen magistris inferior non extitit ut in libro suo quem tam de theologia quam de philosophia conscripsit evidenter innotescit. Et famosorum lectorum de scholis ipsius egressorum numerus protestatur. Unde et postea provincialatus Teutoniae laudabiliter administrato officio, Parisius ad legendum directus ante lectionis inceptionem ibidem a Domino est assumptus*".

Today, almost all volumes of the critical edition of 'De summo bono' have already appeared within the series 'Corpus Philosophorum Teutonicorum Medii Aevi' (CPTMA), and all of them show that the *opus* of Albert the Great, Ulrich's master, is the most cited source in the work[3]. Entire sections of 'De summo bono' either quote or paraphrase or allude to Albert's writings. It is sound to assume that, in the past, such relevant textual dependence on Albert was a serious impediment to carrying out the critical edition of 'De summo bono': scholars were misled to label 'De summo bono' as a mere compilation and accepted the traditional stereotype of Ulrich as 'the student most faithful to Albert', a definition which often led to an implicit comparison with the brilliant originality of Thomas Aquinas, Albert's other famous student[4].

The progress of the critical edition, conducted according to the scientific philological methods of stemmatics, allows a more revealing insight into Ulrich's 'dependence' on Albert: on a quantitative level, it is now possible to know how many times Albert's writings are quoted, and which ones of them specifically; on a qualitative level, it is now appropriate to investigate how Ulrich deals with and assimilates Albert's texts, and to answer questions such as: does Ulrich modify the sense of Albert's texts or not? Does he quote Albert's texts within or outside their original contexts? Does he always share his master's views? Almost all the studies on 'De summo bono' recently published are more inclined to emphasize the differences rather than the similarities between Ulrich and Albert, underlining that on various doctrinal points the former diverges from the latter[5].

Though praiseworthy, these studies measure Ulrich's originality in terms of conceptual distance from his master, thereby consolidating, in opposition to the

3 The last volume to have appeared in the series of the Corpus Philosophorum Teutonicorum Medii Aevi is Ulrich of Strasbourg, De summo bono, liber VI, tractatus 3 (7–29), ed. S. Ciancioso (Corpus Philosophorum Teutonicorum Medii Aevi 1/6[2]), Hamburg 2015. Eleven volumes have already been published, whereas only two volumes are still forthcoming.

4 See e. g. B. Hauréau, Histoire de la philosophie scholastique, vol. 2/2, Paris 1880, 42; C. Putnam, Ulrich of Strasbourg and the Aristotelian Causes, in: Studies in Philosophy and the History of Philosophy 1 (1961), 139–159, at 140; H. Loduchowski, Die Lehre von der 'Iustitia' bei Ulrich von Straßburg und ihre Beziehungen zu Albert dem Großen und Thomas von Aquin, in: Trierer Theologische Zeitschrift 75 (1966), 42–48, at 46; B. Geyer, Das Verhältnis der *Summa de summo bono* Ulrichs von Straßburg zur *Metaphysik* Alberts des Großen, in: Recherches de Théologie ancienne et médiévale 37 (1970), 147–150; M. R. Pagnoni-Sturlese, À propos du néoplatonisme d'Albert le Grand, in: Archives de Philosophie 43 (1980), 635–654, at 639.

5 See the literature listed in I. Zavattero, Ulrich of Strasbourg, in: H. Lagerlund (ed.), Encyclopedia of Medieval Philosophy. Philosophy between 500 and 1500, vol. 2, Dordrecht–Heidelberg–London–New York 2011, 1351–1353. More recently, see Palazzo, Philosophy and Theology (nt. 1), 75–105; A. Colli, From sapientia honorabilissima to nobilitas animae. A Note on the Concept of "Nobility" in Ulrich of Strasbourg's De summo bono, in: Quaestio 15 (2015), 487–496; S. Ciancioso, New Perspectives on Ulrich of Strasbourg. De summo bono VI 3: An Analysis of the Legal Sources, in: Freiburger Zeitschrift für Philosophie und Theologie 63 (2016) (forthcoming).

traditional and negative commonplace – Ulrich as 'Albert's pupil' – another, in this case positive, stereotype: Ulrich as an 'original student of Albert'[6].

A further step when it comes to Ulrich-studies is, however, to analyze 'De summo bono' as the literal output of an author who, in spite of his constant recourse to Albert's corpus, was an autonomous thinker with an individual speculative profile[7]. In this regard, the relationship between Albert and Ulrich must be reconsidered from a new perspective: the fact that 'De summo bono' mainly consists of quotations from Albert's texts is Ulrich's peculiar way of realizing his original speculative project. This intellectual undertaking goes far beyond the reproduction and preservation of Albert's teachings, and I deem it appropriate to define it as a 'philosophical theology'[8].

In what follows, I thus intend to first analyze Ulrich's approach towards Albert's texts and show that it is much more complex than is commonly thought, as it takes various and unexpected forms. Second, based on the examination of the only explicit mention of Albert throughout the whole 'De summo bono' (in Book 4, tr. 3, ch. 9, § 9), I intend to prove that Ulrich is able to set forth his own doctrinal views, even while quoting Albert massively. Third, I shall examine in detail a mainstay of Ulrich's philosophy, namely his doctrine of '*fatum*'.

I. Diversified Approach Towards Albert's Texts

Even though it seems that the textual dependence of 'De summo bono' on Albert's corpus is generally believed to be uniform in all of its sections, a closer examination of Ulrich's approach towards Albert's writings lets it appear more diversified.

a) The first level is that of mere excerpting, paraphrasing, condensing and rewording of Albert's text. Verbatim quotations are included in the context of this reformulation.

---

6 A. de Libera, Ulrich de Strasbourg, lecteur d'Albert le Grand à Maître Eckhart, in: R. Imbach/ C. Flüeler (eds.), Albert der Große und die deutsche Dominikanerschule. Philosophische Perspektiven, Freiburg 1985, 105–136 (127: "Lecteur d'Albert le Grand, Ulrich de Strasbourg a été d'abord, et avant tout, son élève") provides a clear example of this interpretative tendency, for he underlines Ulrich's critical attitude towards his master's texts, without however attempting at a general analysis of Ulrich's philosophical thought per se.

7 The most serious, though still uncompleted, attempts were made by A. de Libera, Introduction à la Mystique rhénane d'Albert le Grand à Maître Eckhart, Paris 1984, 99–162; L. Sturlese, Storia della filosofia tedesca nel Medioevo. Il secolo XIII, Firenze 1996, 159–180; A. Beccarisi, La "scientia divina" dei filosofi nel *De summo bono* di Ulrico di Strasburgo, in: Rivista di storia della filosofia 61 (2006), 137–163.

8 I take theology in a larger sense, for I mean not only speculative theology, but also moral theology, including issues of pastoral care, penitential and canon law. As will become apparent soon, this is exactly the composite nature of Book VI. This paper is the outcome of a research of several years, based on which I have become increasingly convinced that Ulrich is an original thinker and not merely a compiler, and that 'De summo bono' is one of the most relevant works of the second half of the 13th century.

b) At a structural level, Ulrich sometimes reorganizes the material of Albert's writings. The philosophical theory of causes, taken from Albert's 'Metaphysica' and 'Physica', is placed in Book 4 on God as creator and His creation, with obvious doctrinal implications. The most relevant and radical example of a structural reorganization is given by Book 6: here, the 'Nicomachean Ethics' constitutes the philosophical framework in which Ulrich includes very large sections dedicated to questions of moral theology, pastoral care and canon law[9].

c) At a doctrinal level, Ulrich expresses views that are contrary to those of Albert more than once. What is most interesting in these cases is not the disagreement as such, but the fact that Ulrich argues for his theses by using Albert's texts: a well-known example of this attitude is the controversial notion of spiritual substance. Ulrich maintains that intelligence, noble soul and angel are three different '*rationes*' of one and the same immaterial substance (Book 4, treatise 3). In doing so, he conflates texts from the 'Metaphysica' and the 'De causis et processu universitatis' by Albert, who theorizes, by contrast, a distinction between Christian angels and intelligences of the philosophical tradition.

I shall now, in more detail, examine one case that illustrates another aspect of Ulrich's attitude towards Albert, namely:

d) his philological care, his willingness to correct Albert through Albert, that is, to choose the version considered the likeliest of those offered by the corpus of Albert's writings.

II. A Philological Reading of Albert

In 'De summo bono' Book 4, 2, 13, § 8, Ulrich paraphrases Albert's 'Metaphysica' Book 5, 1, 5 commenting on Aristotle's distinction of six meanings of "*natura*". According to the fourth meaning, nature is matter in the sense that it

[9] The Book follows the pattern of the 'Nicomachean Ethics', for each treatise is dedicated to the topics addressed by the books of Aristotle's work: treatise 2 is devoted to virtue in general ('Ethics' Book 2), to courage and temperance (Book 3); treatise 3 to liberality, magnificence, magnanimity, wittiness, shame, etc. (Book 4); treatise 4 to justice and related virtues (Book 5); treatise 5 was supposed to discuss dianoetic virtues (Book 6), but was left unfinished. The only exception is treatise 1, which is dedicated to theological issues (the so-called "*propria*" of the Holy Spirit, the state of innocence and the original sin). On Book 6, see A. Palazzo, *Ulricus de Argentina ... theologus, philosophus, ymmo et iurista.* Le dottrine di teologia morale e di pastorale penitenziale nel VI libro del *De summo bono* e la loro diffusione nel tardo Medioevo, in: Freiburger Zeitschrift für Philosophie und Theologie 55 (2008), 64–97; id., La dottrina della simonia di Ulrico di Strasburgo: *De summo bono* VI 3 19–20, in: Freiburger Zeitschrift für Philosophie und Theologie 55 (2008), 434–470; I. Zavattero, I principi costitutivi delle virtù nel *De summo bono* di Ulrico di Strasburgo, in: A. Beccarisi/R. Imbach/P. Porro (eds.), *Per perscrutationem philosophicam.* Neue Perspektiven der mittelalterlichen Forschung. Loris Sturlese zum 60. Geburtstag gewidmet, Hamburg 2008, 111–126.

is that from which things are or come to be: for instance, bronze is the nature of bronzy statues and vases, or the elements are the nature of the composites. Taken as the matter of something, nature retains the property of its essence and its power, notwithstanding the transformations of that thing[10].

Albert closely follows Aristotle's '*littera*', adding, as usual, his personal remarks and comments on the text. At a certain point, however, he inserts a quotation:

> "*Empedocles enim hoc probavit esse naturam et non formam, dicens, quoniam si plantatur lectus, pullulabit utique lignum, non lectus.*"[11]

> "Indeed Empedocles demonstrated that this [i.e., matter] and not form is nature, saying that if a bed is planted, it is the wood that will spring forth, not the bed."

In Albert's mind, this seemingly experience-based quote should prove that the nature of the bed is the material cause – the wood –, instead of the form – namely the "*lectitas*".

Ulrich also quotes the *sententia* for the same purpose, but with a revealing difference, for he does not attribute it to Empedocles, but to Antiphon:

> "[...] *ut probat Antiphon per hoc, quod, si plantetur lectus, pullulabit utique lignum et non lectus* [...]"[12].

Is this a misquoting of Ulrich? An error due to the manuscript tradition? A mistake contained in modern critical editions? Nothing of that sort. On the one hand, I have been able to check eight of the twelve main manuscripts on the basis of which Bernhard Geyer reconstructed the text of the 'Metaphysica' of Albert in the 'Editio Coloniensis', and all of them read "*Empedocles*"[13]. On the other hand, the reading "*Antiphon*", though subject to corruptions throughout the process of the manuscript transmission of 'De summo bono', is nonetheless unambiguous: the five best 'De summo bono' manuscripts respectively read such *lectiones* as "*xanthifon*", "*Zantiphon*", "*per Antiphon*", and the correct "*Antiphon*".

This means that, by choosing Antiphon, Ulrich deliberately diverges from Albert. Moreover, it must be noted that Ulrich does not make a conjecture about the attribution to Antiphon, for he can find it in the original source of the passage, namely in the 'Physics' of Aristotle (II, 1, 193a12–15). In the *translatio vetus* the passage reads:

---

10 Ulrich, De summo bono, IV, 2, 13, § 8, ed. A. Palazzo (Corpus Philosophorum Teutonicorum Medii Aevi 1/4[2]), Hamburg 2012, 83, 180–183; 184–187.

11 Albert the Great, Metaphysica, V, 1, 5, ed. B. Geyer (Opera omnia 16/1), Münster 1960, 219, 65–67.

12 Ulrich, De summo bono, IV, 2, 13, § 8, ed. Palazzo (nt. 10), 83, 183–184.

13 Oxford, Balliol College, 99, 64vb; München, Bayerische Staatsbibliothek, Clm 28294, 67va; Padova, Biblioteca Antoniana, Scaff. XXIII 660, 89va; Paris, Bibliothèque Mazarine, 3479 (491), 117rb; Saint-Omer, Bibliothèque Municipale, 589, 86ra; Stuttgart, Württembergische Landesbibliothek, HB X 9, 114^{rb-va}; Città del Vaticano, Biblioteca Apostolica Vaticana, Pal. lat. 977, 132vb–133ra; Venezia, Biblioteca Nazionale Marciana, lat. Z 287, 75vb; Wien, Dominikanerkloster, 83/80, 67va. Only the code of München is not among those used by Geyer.

"*Signum autem dicit Antiphon quoniam, si aliquis deorsum proiecerit lectum et accipiat potentiam putrescens quodque utique sit planta, non utique fieri lectum, sed lignum* [...]."[14]

In the first chapter of Book 2 of the 'Physics', after providing the famous definition of nature as "a source or cause of being moved and of being at rest in that to which it belongs primarily, in virtue of itself and not accidentally"[15], Aristotle raises the question whether nature is matter or form[16]. Antiphon's dictum is obviously quoted in support of the former position. For matter remains unchanged despite every artificial production that gives matter only an accidental form – the "*lectitas*". The correct attribution of the dictum was therefore known also to Albert, who, when composing his 'Metaphysica', had already written his 'Physica'.

We can only guess why in the 'Metaphysica' Albert chose Empedocles instead of Antiphon as a representative of the fourth Aristotelian meaning of nature. Certainly, Albert did not hold Antiphon in high esteem. In the 'Physica', he considered his position to originate from ignorance. Thereby, Albert sided with Avicenna and Averroes, who had already leveled heavy criticisms against Antiphon. They claimed that he had not even been able to distinguish the accidental form from the substantial form and had taken the natural form to be completely identical with the artificial one[17].

Apart from the attribution of the '*sententia*', Albert clarifies its doctrinal background, namely the distinction between natural and articial forms, in two other passages. In the 'De sex principiis' (1, 5), he discusses the origin of forms in order to comprehend whether they are produced by nature or by art. According to Empedocles, Albert claims, in the artefacts, for instance beds or houses, matter is nature, whereas form is accidental because it is given by a human act. Empedocles supports this thesis with the famous dictum, remarking that the nature from which something flourishes is wood, not the art informing the bed[18]. In the 'De causis et processu universitatis a prima causa' (II, 2, 12), Albert connects this dictum with the celestial causality of Neo-Platonic character. Art transforms the matter of an artefact only from the outside, for it confers an accidental form on it. This happens because the accidental form does not have

14 Aristoteles, Physica; Aristoteles Latinus, vol. 7.1.2, edd. F. Bossier/J. Brams, Leiden – New York 1990, 45, 11 – 46, 2.

15 Aristoteles, Physica, II, 1, 192b21 – 23.

16 Aristoteles, Physica, II, 1, 193a9 – b21.

17 Albert the Great, Physica, II, 1, 7, ed. P. Hoßfeld (Opera omnia 4/1), Münster 1987, 85, 27 – 41; Avicenna, Liber primus naturalium. Tractatus primus de causis et de principiis naturalium, 6, ed. S. Van Riet, Louvain-la-Neuve – Leiden 1992, 63, 81 – 91: "*Ex quibus erat Antiphon* [...] *et tamquam non discerneret inter formam artificialem et naturalem. Sed non discernit inter id quod accidit et formam* [...]"; Averroes, In Aristotelis de physico auditu libros octo varia commentaria, II, c. 13 (Aristotelis opera cum Averrois commentariis 4), Venetiis 1562 [Reprint Frankfurt a. M. 1962], 52^{v}I – M.

18 Albert the Great, De sex principiis, 1, 5, ed. H. Möhle (Opera omnia 1/2), Münster 2006, 9, 48 – 11, 6.

the seminal '*ratio*', and thus a planted bed grows into wood and not into another bed. By contrast, the natural form acts on matter from the inside, for it is informed by the form of the celestial intelligence[19].

Whatever the reason may be, the fact that Albert in the 'Metaphysica' replaces Antiphon with Empedocles does not go unnoticed by that profound reader of Albert's writings that Ulrich is. Ulrich could have only quoted the Empedocles-form of the dictum, following Albert closely, as he more or less does in the rest of 'De summo bono' Book 4, 2, 13, § 8, where he condenses, paraphrases and rearranges 'Metaphysica' Book 5, 1, 5. But he does not do that. He does not take Albert's text as authoritative in this respect: the attribution to Empedocles is wrong and has to be corrected, for Aristotle's 'Physics', source of the passage, presents the Antiphon-form of the dictum. And more importantly, in his 'Physica', Albert, commenting on Aristotle, quotes the correct Antiphon-form as well.

This case of inter-textuality elucidates some characteristics of Ulrich's attitude towards Albert's writings: attention to details, accuracy and exactness, great familiarity with the texts, no reverential fear of Albert's authoritativeness.

This last point is very important: Ulrich does not take for granted that what he finds in Albert's text must be accepted *per se*, but he submits it to a philological control. In other words, Albert is a man and thus he can also make mistakes. In this case, Ulrich's philological concern seems to arise from the intention to remove a contradiction from Albert's corpus.

III. "*In magicis expertus*"

Ulrich develops an even subtler and more complex hermeneutical strategy by quoting and excerpting massive sections of Albert's works with a view to set forth his own doctrines. It is a very elaborate approach resulting in a text that apparently only rearranges what Albert wrote by organizing it in another way, but which in fact departs from Albert's original ideas. In other words, Ulrich incorporates and accommodates Albert's views into his own doctrinal discourse by modifying, mixing, conflating them. One, probably the best, of these cases is provided in 'De summo bono' Book 4, treatise 3, chapter 9.

"*Aliter autem ab omnibus praemissis sentit doctor meus Dominus Albertus, episcopus quondam Ratisbonensis, vir in omni scientia adeo divinus, ut nostri temporis stupor et miraculum congrue vocari possit* […]."[20]

---

[19] Albert the Great, De causis et processu universitatis a prima causa, II, 2, 12, ed. W. Fauser (Opera omnia 17/2), Münster 1993, 105, 77–106, 12.

[20] Ulrich, De summo bono, IV, 3, 9, § 9, ed. A. Palazzo (Corpus Philosophorum Teutonicorum Medii Aevi 1/4[4]), Hamburg 2005, 142, 178–180.

This is the famous celebration of Albert, known to all Albert scholars not only as a proof of the great reputation which the *Doctor universalis* enjoyed during his life, but also as an important piece of biographical information. The passage has therefore been quoted countless times, often, however, – even though not always – in this abbreviated form. Yet Ulrich's praise goes forth, mentioning Albert's competences in magic:

"[...] *et in magicis expertus, ex quibus multum dependet huius materiae scientia*"[21].

Apart from its apologetic character, this passage is part of that subtle strategy, at the same time hermeneutical and doctrinal, to which I have just referred. On the one hand, Ulrich provides an original interpretation of Albert's text; on the other, he puts forth his personal views on the issues at stake. Usually, nobody considers the context within which Ulrich celebrates Albert.

The passage is indeed located in the chapter (Book 4, tr. 3, ch. 9) devoted to the apparitions of angels and demons, to the miracles supposedly performed by demons, and to the question of whether it is appropriate and good to make recourse to demons and magic – issues that are debated by theologians in the 'Sentences' commentary Book 2 distinctions 7–8. Ulrich's major source is indeed Albert's 'Sentences' commentary. The praise of Albert introduces the third of three theories that Ulrich recounts regarding the apparitions of angels.

1) That of Apuleius – the first one –, holding that angels are of both intellectual and bodily nature, can easily be dismissed as contrary to the truth of philosophy and faith[22].

2) According to the second doctrine, which is adopted by the whole "*coetus*" of doctors, angels are incorporeal but able to assume a real body from air, which they can at will ("*ad libitum*") model like a dress so that it fits their purpose. Ulrich reports this theory in detail[23]. It coincides, with some small differences, with the position advocated by Albert in his 'Sentences' commentary Book 2, dist. 8, art. 2–5[24].

---

[21] Ulrich, De summo bono, IV, 3, 9, § 9, ed. Palazzo (nt. 20), 142, 180–181. In the late Middle Ages, for instance, Heymeric de Campo quoted the praise, but apparently left out the last part of the passage. The word "*prodigiis*", however, may be a disguised allusion to Albert's competence in magic: Heymericus de Campo, Tractatus Problematicus, in: G. Meersseman, Geschichte des Albertismus, vol. 2: Die ersten Kölner Kontroversen, Roma 1935, 66: "*Contra* [*rationes Sancti Thomae*] *ego permanens in scientia Doctoris mei Magni, qui iuxta testimonium fratris Ulrici de Argentina, condiscipuli praefati Doctoris* [*Thomae*], *cuius rationes iam praemissae sunt, inter contemporaneos velut lux mirabilis et prodigiis referta supra communem humani ingenii resplenduit facultatem, ita quod non a mole corporis sed ab eminentia sapientiae et intellectus a summo pontifice sui temporis singularis nominis privilegio dignaretur in tota ecclesia sapientium praerogari et magnus doctor divulgari, has induco rationes* [...]."

[22] Ulrich, De summo bono, IV, 3, 9, § 1, ed. Palazzo (nt. 20), 136, 8–137, 33; see Apuleius, De deo Socratis, 13, in: De philosophia libri, ed. C. Moreschini (Opera quae supersunt 3), Stuttgart–Leipzig 1991, 23, 10–11. Augustine alludes to this opinion more than once, but he seems to report it without adhering to it.

[23] Ulrich, De summo bono, IV, 3, 9, §§ 3–5, ed. Palazzo (nt. 20), 137, 42–140, 115.

[24] Albert the Great, Commentarii in II Sententiarum, 8, 2–5, ed. A. Borgnet (Opera omnia 27), Paris 1894, 170–175. Of particular relevance is the different explanation of the process of constitution of the angelical body: according to Ulrich, it consists of a mere compression of

There is a controversial appendix to this second position: the so-called famous opinion – "*famosa opinio*" – claiming that, after assuming a body, demons can have sexual intercourse with women and procreate. Many are of this opinion and find Scriptural support for this in Gen. 6, 1–4, where it says that the angels of God mated with the daughters of men. From the very beginning, Ulrich appears to be sceptical about this possibility, finding support in Augustine's difficulty to interpret the biblical passage[25]. Thereupon, Ulrich raises a series of objections against the adherents of the "*famosa opinio*" and reports their replies[26]. This part of Ulrich's account exhibits even more striking, and sometimes almost verbatim, textual correspondences with Albert's 'Sentences' commentary Book 2, dist. 8, art. 5[27]. Thus, it becomes clear that, despite the use of the plurals ("*multi*", "*isti*"), Ulrich is mainly referring to Albert.

Albert clarifies his position on the "*famosa opinio*" in the *solutio* to art. 5.

> "*Ad aliud quod quaeritur de generatione, nescio secundum veritatem quid dicam: sed hoc videtur probabilius, quod succubi sint ad unum, et incubi ad alium: tamen verissime ab eo nuper qui adhuc vivit intellexi, quod dum mollitiei vitio subjaceret, quodam tempore infiniti catti circa eum pollutum apparuerunt, maximo ejulatu et strepitu semen lingentes et deportantes.*"[28]

He admits that he does not know if demons are able to really procreate. Yet, he considers it more likely that demons can have sex with human beings. In particular, he refers to the wicked angels as "*succubi*" and "*incubi*". According to the "*succubus*"-"*incubus*" theory, a demon first assumes a female body in which he receives the man's semen, thereby acting as "*succubus*"; then he assumes a male body and deposits the same semen into the woman's womb through another sex encounter, thereby acting as "*incubus*". More importantly, Albert was even able to learn from a person still alive that, when he was subject to the sin of masturbation, on a certain occasion, innumerable cats appeared around him while he was polluted, and with the greatest yelling and noise they licked up his semen and carried it off.

Furthermore, a few lines earlier, in an argument in favor of demonic procreation, Albert asserted that he had himself seen people 'known' by demons and

---

parts of air, whereas Albert holds that the air undergoes an alteration of its natural active quality that causes it to become first water and then earth.

25 Ulrich, De summo bono, IV, 3, 9, § 6, ed. Palazzo (nt. 20), 140, 119–133. For a comprehensive account of the medieval positions on demonic generation, see M. van der Lugt, Le ver, le démon et la vierge. Les théories médiévales de la génération extraordinaire, Paris 2004, 189–364; F. T. Harkins, The Embodiment of Angels: a Debate in the Mid-Thirteenth-Century Theology, in: Recherches de Théologie et Philosophie médiévales 78/1 (2011), 25–58, at 29–38, 44–56.

26 Ulrich, De summo bono, IV, 3, 9, § 6, ed. Palazzo (nt. 20), 140, 133–141, 138, 141, 143–166. Objections and replies are carefully illustrated in A. Palazzo, Le apparizioni angeliche e demoniache secondo Alberto il Grande ed Ulrico di Strasburgo, in: Giornale critico della filosofia italiana 85 (87) (2006), 237–253, at 242–244.

27 Albert the Great, Commentarii in II Sententiarum, 8, 5, ed. Borgnet (nt. 24), 174–175.

28 Albert the Great, Commentarii in II Sententiarum, 8, 5, ed. Borgnet (nt. 24), 175[b].

places where it was hard for men to sleep at the night without being tormented by a '*succubus*' demon.

> "[...] *et vidimus personas cognitas ab eis, et loca in quibus vix umquam per noctem potest dormire vir, quin veniat ad eum daemon succubus*"[29].

Thus, Albert accepts the so-called "*famosa opinio*". As Franklin T. Harkins[30] has convincingly demonstrated, his master solution implies the acceptance of two explanations. The "*succubus*"-"*incubus*" theory points to a form of artificial insemination and can also be labeled "stolen sperm" theory because the semen does not originate in the body of the demon, but the latter limits himself to transfering the male semen and implanting it into the female womb. Unlike the "*succubi*", who receive the sperm internally, the cats collect it externally. They then become "*incubi*" and have sexual intercourse with women. In both cases, in the "*succubus*"-"*incubus*" theory and the cats-explanation, the generation is not properly demonic, but performed by demons by means of the human semen. The fact that Albert replies in scientific terms to a major objection concerning the evaporation of the semen during the process of transfer confirms his acceptance of the "*famosa opinio*": demons surround the collected semen with seeds possessing a similar natural heat, thereby keeping it warm and preserving it. Likewise, a semen, after being cut off, is preserved temporarily in the seminal vases so that it does not perish[31].

Ulrich reports Albert's direct testimony – as we have seen, Albert was speaking in first person ("*intellexi*"). Significantly, however, Ulrich does not mention his master by name, but refers to him as a certain doctor of great authority ("*quidam doctor magnae auctoritatis*").

> "*Quidam enim doctor magnae auctoritatis refert se verissime a quodam intellexisse, 'quod cum ipse huic vitio, scilicet mollitiei, subiaceret, semel infiniti catti circa eum pollutum apparuerunt cum maximo strepitu, qui semen lingentes deportaverunt*'."[32]

Moreover, in contrast with Albert's open attitude towards these phenomena, Ulrich ends his account rejecting what is said about demons' sexual activity. All these things, he says, are supported by neither authority nor rational argument, but are assumed only according to a popular belief or are rather invented.

> "*Ecce, haec omnia sine auctoritate et ratione secundum solam famam popularem dicta sunt vel potius ficta* [...]."[33]

---

[29] Albert the Great, Commentarii in II Sententiarum, 8, 5, ed. Borgnet (nt. 24), 174^b.

[30] Harkins, The Embodiment of Angels (nt. 25), 52–53.

[31] Albert the Great, Commentarii in II Sententiarum, 8, 5, ed. Borgnet (nt. 24), 175^b: "*Ad hoc autem quod objicitur de evaporatione seminis, potest dici quod circumponunt illud seminibus similibus calore naturali: et ita fovent et retinent, sicut reservatur quandoque post decisionem in vasis seminariis ad tempus, quod non perit*".

[32] Ulrich, De summo bono, IV, 3, 9, § 6, ed. Palazzo (nt. 20), 141, 139–142.

[33] Ulrich, De summo bono, IV, 3, 9, § 7, ed. Palazzo (nt. 20), 141, 166–142, 167.

In my opinion, the reason for such a strong denial are the irrational and dark aspects – "*incubi*", "*succubi*", cats – of the "*famosa opinio*". With regard to Albert's allegedly direct and indirect real testimonies, Ulrich feels the need to reaffirm that all of this is nothing but popular fiction. But it was also necessary to safeguard Albert from any direct involvement in these compromising beliefs. Hence, Ulrich reports Albert's master solution as a '*de relato*' testimony of an anonymous doctor ("*doctor magnae auctoritatis refert*"), but omits the incipit, in which Albert considers, with some hesitations, demonic generation more likely ("*nescio secundum veritatem quid dicam: sed hoc videtur probabilius, quod succubi sint ad unum, et incubi ad alium*"). Moreover, he completely disregards Albert's '*de visu*' testimony on people and places tormented by "*succubi*" ("*vidimus personas cognitas* [...] *et loca* [...]").

3) According to the third position, angels do not assume real bodies, but let men perceive images of bodies ("*species corporum*") which have no physical substratum in external reality. In other words, angels and demons only imprint images on the sense-perception apparatus of men. This is the opinion, Ulrich affirms, shared by Albert, Damascene and a few others, and he also sides with them[34]. As has been said before, the famous celebration of Albert is the prelude to the exposition of this theory. Clearly, it is not by accident that Ulrich honors his master here and not elsewhere. If Albert, who is expert in every science but especially in magic – and the topic of the body of the angel is related to magical issues and competences, as we have seen –, is a proponent of the third opinion, then the latter is definitely true. Hence, from the analysis of the context, the enthusiastic praise of Albert gains a different meaning and function. Far from only honoring his master, Ulrich seems to be rather concerned with underlining Albert's competence in magic, for, in order to solve the complex issue of the body of angels, knowledge in the field of magic appears to be required.

Yet, Ulrich's attribution leaves us disconcerted. We have already seen that Albert's thesis is that angels assume their body from air (second opinion)[35]. To

---

[34] Ulrich, De summo bono, IV, 3, 9, § 9, ed. Palazzo (nt. 20), 142, 181–189.

[35] Ulrich takes his doxography from Albert (angels have bodies naturally united to them; they assume bodies temporarily at God's will; they do not assume a body, but only appear in images to beholders), who regards the thesis of the assumption of the body as the Catholic one: Albert the Great, Commentarii in II Sententiarum, 8, 2, sol., ed. Borgnet (nt. 24), 170^{a-b}: "*Hic aberraverunt quidam scrutantes scrutinio, dicentes Angelos numquam posse assumere corpora, ut quidam Philosophi Judaeorum, sed dicunt eis obedire formas imaginum: et ista non nisi in praestigiis imaginum fuisse, et non in veritate corporum assumptorum: praecipue propter inconvenientia quae videbantur sequi posterius in hac quaestione. Alii autem volentes evadere, finxerunt quod naturaliter haberent corpora sibi unita. Doctores autem Catholici medii vadunt, dicentes non habere quidem sibi corpora unita naturaliter, sed assumere pro voluntate et ordinatione Dei*". Thus, according to Albert, the thesis of the apparent embodiment is upheld by Hebrew philosophers ("*quidam Philosophi Judaeorum*"). We learn from Thomas Aquinas's treatment of the issue of angelic bodies that Maimonides is one of them: see B. Faes de Mottoni, L'illusione dei sensi? Angeli e sensi in Bonaventura e in Tommaso d'Aquino, in: Micrologus 10 (2002), 295–312, at 298–299.

my knowledge, Denys the Carthusian is the only reader of 'De summo bono' who has noticed this inexact attribution and admitted to be surprised by it.

> "*Cujus scripta magnam mihi ingerunt admirationem: quia (ut patuit) Albertus super primum et in libro de IV Coaequaevis apertissime scribit, quod vere assumunt corpora in quibus apparent, et quod in illis moventur localiter.*"[36]

The only possible explanation, Denys supposes, is that Albert must have advocated the doctrine of the apparition through species somewhere else in his corpus.

> "[...] *Verumtamen non reor, Udalricum illa recitasse mendose, nec suo magistro talem opinionem adscripsisse mendaciter. Potest etenim esse quod de eadem materia in diversis locis atque temporibus diversimode senserit ac scripserit: quemadmodum* [...]."[37]

Yet, this view cannot be adopted, for Albert always defends the thesis of the assumption of real bodies when it comes to the discussion of angelic apparition.

> "*Concedendae sunt ultimae rationes, quod conveniens est apparere Angelos in corporibus diversarum figurarum, et non propter se, sed propter homines* [...] *Instrumentum autem est, quod movetur a motore extrinseco, non naturaliter sibi unito, sed conjuncto tantum, ut securis ad secantem se habet: et hoc modo corpora Angelorum uniuntur Angelis.*"[38]

> "*Concedimus, quod angeli possunt assumere corpora pro sua voluntate et movere ea ad explendas divinas voluntates, et concedimus rationes ad hoc.*"[39]

> "*Et hoc modo omnia corporalia in quibus angeli apparent* [...]."[40]

Where does the theory ascribed to Albert by Ulrich come from? The source is again Albert's 'Sentences' commentary Book 2, in this case dist. 7 art. 6[41]. Here, Albert addresses the phenomenon of the "*praestigia*", which are illusions through which demons make reality appear different from how it really is. Albert makes clear what a "*praestigium*" is by means of the common example of a girl looking like a mare due to a magic effect[42]. In other words, according to Albert

---

36 Denys the Carthusian, Commentaria in librum II Sententiarum, 8, 1 (Opera omnia 21), Tournai 1903, 443^{a}.

37 Denys the Carthusian, Commentaria in librum II Sententiarum, 8, 1 (nt. 36), 443^{b}.

38 Albert the Great, De IV coaequaevis, IV, 61, 1, sol., ed. A. Borgnet (Opera omnia 34), Paris 1895, 645^{a}; ibid., 2, sol., 649^{a}.

39 Albert the Great, Super Dionysium De caelesti hierarchia, 15, sol., edd. P. Simon/W. Kübel (Opera omnia 36/1), Münster 1993, 219, 79–81.

40 Albert the Great, Summa theologiae, II, 9, 33, 2, ed. A. Borgnet (Opera omnia 32), Paris 1895, 368^{b}.

41 Albert the Great, Commentarii in II Sententiarum, 7, 6, ed. Borgnet (nt. 24), 151^{a}–152^{a}.

42 Albert the Great, Commentarii in II Sententiarum, 7, 6, ed. Borgnet (nt. 24), 151^{a}: "*Magica quaedam puella videbatur habere speciem equi, et ducta ad abbatem quemdam, dixit ille: Haec puella equa non est: sed orate ut ab oculis vestris auferantur species quibus impedimini ad videndum formam ejus, et tunc videbitis quod numquam equa fuit: ergo videtur, quod hujusmodi praestigia sint potius in oculis intuentium, quam in corporibus in quibus esse videntur.*" Almost the same example is recounted by Ulrich: Ulrich, De summo bono, IV, 3, 9, § 15, ed. Palazzo (nt. 20), 147, 300–301. The original source is Vitae Patrum sive Historiae Eremiticae libri decem, VIII, ed. J.-P. Migne (Patrologia cursus completus. Series Latina 73), Paris 1849, 1110B–1111A.

the "*praestigia*" are brought about by the "*formae*" and the "*species*" acting on eyes and the other senses of men.

Ulrich claims that the same happens with demons, for they, as has been said, also appear in sensible species. Unlike Albert, therefore, Ulrich believes that the angelic apparitions and the "*praestigia*" can be accounted for with the same theory of the species acting on human sense perception. Yet, this conviction cannot be derived from a misunderstanding of Albert's text, for Ulrich is fully aware that, for Albert, the angelic apparitions and the "*praestigia*" are two distinct phenomena, as becomes obvious from the following passage:

> "*Nec tamen haec sunt praestigia vel illusiones sensuum vel fallaciae, nisi cum ad deceptionem ordinantur operatione spirituum immundorum, et non quando sunt ad instructionem, cum etiam Christus in specie peregrini apparuerit duobus euntibus in Emmaus, quae species tantum fuit in eorum oculis, et per ipsam 'tenebantur oculi eorum, ne eum agnoscerent', Luc. 24. Cum ergo haec fiunt ad deceptionem, ut credatur verum esse, quod non est, tunc sunt praestigia et illusiones, qualiter malefici auxilio daemonum plures decipiunt, sicut patet in Simone mago, qui propter hoc pretio voluit ab apostolis comparare virtutem vera miracula operandi, cum prius 'multo tempore magicis suis dementasset homines', ut dicitur Act. 8.*"[43]

To Albert, indeed, the "*praestigia*" are something negative; they are delusions produced by demons or magicians. According to Ulrich, by contrast, angelic apparitions may be of two types: on the one hand, evil spirits appear in sensible species in order to deceive men; on the other, good angels are entrusted with instructing men. Hence, Albert's negative evaluation of the "*praestigia*" does not fit all kinds of apparitions. The fact that Ulrich applies the same explanation to both the "angelic apparitions" and the "*praestigia*" is thus the result of the intentional conflation of two doctrines designed by Albert to explain different phenomena.

To sum up, Ulrich develops a complex but intriguing reasoning in chapter 9 of 'De summo bono' Book 4, treatise 3, whose main points are the following:

(1) He reports three opinions concerning the bodies of angels.
(2) According to Ulrich, the second one – i.e., the assumption of a real body – is advocated by all doctors ("*totus coetus doctorum*"). This is also the opinion of Albert (in the 'Sentences' commentary Book 2, dist. 8, 2–5), but Ulrich never mentions him by name with regard to this opinion.
(3) Ulrich harshly criticizes the last point of this opinion, namely the view that demons can have sex and procreate. By contrast, Albert – never mentioned by name and only defined by Ulrich as "*quidam doctor magnae auctoritatis*" – considers it more likely that demons can engage in sexual relations with humans, and he has direct knowledge of people that either had sex with demons or were surrounded by demons transmuted into cats with the intention of collecting their semen.

[43] Ulrich, De summo bono, IV, 3, 9, § 11, ed. Palazzo (nt. 20), 143, 218–144, 227.

(4) Ulrich ascribes the third opinion (the apparition per "*species*") to Albert, making it authoritative through the celebration of Albert's magical competences and the explicit mention of his master (the only one throughout the entire 'De summo bono') at the beginning of the exposition of the opinion.
(5) Ulrich justifies the attribution of the third opinion to Albert by explaining the angelic apparitions in light of the theory (i.e., species acting on men's sense perception) designed by Albert to elucidate something different, namely the "*praestigia*".

As a result, with the third opinion, Ulrich does not illustrate his master's theory, but his personal doctrine of angelic apparitions, a doctrine made authoritative by the fact that it is attributed to "the man divine in every science [...] and expert in magic"[44].

This interesting episode of inter-textuality indicates two things. First, the textual dependence of 'De summo bono' on Albert's writings does not necessarily imply a doctrinal dependence. Only a careful comparative examination of the texts can reveal, in each case, if there is a strict doctrinal dependence or not, and if not, to what extent Ulrich diverges from Albert. Quoting, excerpting or paraphrasing Albert's writings does not prevent Ulrich from developing his own views.

Second, Ulrich's 'De summo bono' has an intrinsic hermeneutic character. No matter what the issue at stake is, Ulrich discusses it on the basis of what Albert presents in his works. As a consequence, Ulrich inevitably takes a stance on Albert's views on this matter. This is particularly evident in cases like this: it is by reinterpreting Albert's doctrine of the "*praestigia*" and the angelic apparitions that Ulrich develops his personal theory. Evidently, he was not satisfied with the theory of the assumption of a real body and, in particular, with its sexual appendix, the so-called "*famosa opinio*". Therefore, Ulrich's new theory is necessarily also an interpretation of Albert's texts. Ulrich's teaching might be read as a rationalizing effort, as both the attempt to provide a physiological explanation of the angelic apparitions (*species* theory) and to keep Albert's name away from issues and experiences close to superstitious and popular beliefs and seemingly necromantic practices (for instance the black cats licking up the semen of a polluted man)[45].

---

[44] Ulrich's allusion to Albert's conversancy with magic should not be underestimated, as Alain de Libera does. The French scholar, indeed, regards the allusion as "maladroit" (A. de Libera, Raison et Foi. Archéologie d'une crise d'Albert le Grande à Jean-Paul II, Paris 2003, 119) and as a "pseudo-témoignage" (A. de Libera, Métaphysique et noétique. Albert le Grand, Paris 2005, 19, nt. 23). According to de Libera, the "*in magicis expertus*" is the distortion of a passage from Albert the Great, De anima, I, 2, 6, ed. C. Stroick (Opera omnia 7/1), Münster 1968, 32, 30–31: "[...] *cuius veritatem etiam nos ipsi sumus experti in magicis*", which is only to be taken "as we know it, we that have read everything". As we have seen, the importance and meaning of Ulrich's quotation are rather different, however.

[45] I argued in more detail in favor of this hypothesis in Palazzo, Le apparizioni angeliche e demoniache (nt. 26), 250–252. On Albert's views on magic, see L. Sturlese, Saints et magiciens: Albert le Grand en face d'Hermès Trismégiste, in: Archives de Philosophie 43 (1980), 615–634; P. Lucentini, L'ermetismo magico nel secolo XIII, in: M. Folkerts/R. Lorch (eds.), Sic itur ad

IV. Fate: a Key Concept of Ulrich's Thought

As I have said at the outset of the essay, it is possible to regard Ulrich as an autonomous thinker, aside from the relationship with his master. In the cultural panorama of the 3rd quarter of the 13th century, his doctrinal contribution on several issues was relevant. We can measure his philosophical importance especially against the issue of fate.

An intense debate concerning the notion of fate, its existence, essence, characters, and relationship with the sublunary events and agents, took place in the Latin West between the second half of the 13th and the first half of the 14th century. Questions such as those concerning determinism vs. contingency, the foreknowledge of the future, celestial causality, the free will of the moral agent, the autonomy of the human intellect, the predetermination of God's providence, astrology and the various forms of human divination, etc., were at that time vigorously discussed by theologians and Masters of the Arts Faculty.

This debate is the consequence of the process of assimilating Graeco-Arabic learning, which, having begun in the twelfth century, came to an end during the second half of the 13th century. A radical cultural breakthrough affected the subsequent development of Latin philosophy, theology and science. The Latin West became familiar with most of the Graeco-Arabic philosophical and scientific works, which had by then been translated. Therefore, Latin thinkers also became acquainted with all the Greek and Arabic natural-philosophical, astronomical, astrological, philosophical texts concerning astral determinism, celestial causality and modal necessity and tried to combine them, if possible, with Latin sources, in order to provide an explanation of the phenomena related to fate and to set forth a coherent theory.

The newly translated works, however, conveyed a conception of reality that was in many respects alternative to the traditional Christian worldview. This was, for instance, the case for the domain of fate and its related issues and questions, as has been well documented by Étienne Tempier's condemnations of 1270 and 1277. Several articles, censured on both occasions, concern the doctrinal cluster rotating around the couple necessity-freedom, namely such issues as celestial causality, free will, the autonomy of the human intellect, divine providence, future contingents, or divinatory dreams[46].

---

astra. Studien zur Geschichte der Mathematik und Naturwissenschaften. Festschrift für den Arabisten Paul Kunitzsch zum 70. Geburtstag, Wiesbaden 2000, 409–450, at 429–438; A. Palazzo, The Scientific Significance of Fate and Celestial Influences in Some Mature Works by Albert the Great: *De fato*, *De somno et vigilia*, *De intellectu et intelligibili*, *Mineralia*, in: Beccarisi/ Imbach/Porro (eds.), *Per perscrutationem philosophicam* (nt. 9), 55–78, at 72–77.

46 Concerning the 1270 condemnation, see H. Denifle/E. Chatelain (eds.), Chartularium Universitatis Parisiensis, vol. 1, Paris 1889, 486–487, n. 432, esp. articles 3, 4, 9 and 12; as for 1277 condemnation, see La condamnation parisienne de 1277. Texte latin, traduction, introduction et commentaire par D. Piché, Paris 1999, e. g., articles 6, 21, 65, 74, 88, 106, 110, 132, 133, 143, 156, 161, 162, 167, 186, 188, 189, 195, 206, 207. An authoritative testimony of the clash between the Christian tradition and the philosophical teaching concerning determinism and celestial causality is provided by the 'Errores philosophorum' attributed to Giles of Rome: see Giles of

This is the cultural-historical background of Ulrich's reflection on fate ("*fatum*"). He dedicates Book 2, tr. 5 (ch. 18) of 'De summo bono' to fate, chance, fortune, contingency, and related issues[47]. As a matter of fact, the chapter is part of a wider section devoted to topics concerning issues pertaining to fate, namely: divine prescience (ch. 14), providence (ch. 16), providence and eternal laws (ch. 17), problems concerning predestination (ch. 19), election and reprobation (ch. 20), and the book of life (ch. 21). This structure reflects a concern for the systematic arrangement of the subject matter that is also shared by other theological summae[48]. Ulrich's treatment in chapter 18 addresses all the main points which were commonly investigated about fate: its existence, essence, immutability, relationship with mutable beings, determinism and contingency, compatibility with chance and fortune, and its relation to providence.

Undoubtedly, Ulrich makes a substantial contribution to the debate. Aside from its completeness, Ulrich's exploration of these topics is remarkable for several reasons. First, the sources used are worth mentioning, for, on the one hand, Ulrich re-interprets and combines the chief traditional Latin sources – especially Augustine's 'De genesi ad litteram' and Boethius' 'De consolatione philosophiae' – in an original fashion; on the other, he proves to be familiar with the main pagan literature usually used in the philosophical and theological debate on fate and providence (Avicenna, Aristotle, Ptolemy, Hermes, Seneca). Compared with the 'Quaestiones de fato' disputed or written some years ealier in the 13th century, which were mostly or exclusively based on patristic authorities – especially Book 5 of Augustine's 'De civitate Dei' and Book 4 of Boethius' 'De consolatione philosophiae' –, Ulrich's analysis, like the several treatments of his master Albert, presents innovative solutions and perspectives[49].

Rome, Errores philosophorum, ed. J. Koch, Milwaukee, WI 1944, in particular, but not only, the propositions ascribed to Alkindi: 46–58.

47 The first to draw scholars' attention to the relevance of Ulrich's views on providence and fate was J. Goergen, Des hl. Albertus Magnus Lehre von der göttlichen Vorsehung und dem Fatum unter besonderer Berücksichtigung der Vorsehungs- und Schicksalslehre des Ulrich von Straßburg, Vechta i. Oldbg. 1932, 152–217, esp. 182–185 and 207–216.

48 Albert's 'Summa de mirabili scientia Dei', for instance, discusses all of these topics in one single section (Book 1, treatises 15–17): prescience (q. 61), predestination (63), election (65), reprobation (66), providence (67), fate (68), and the book of life (69). Thomas Aquinas, by contrast, treats these issues at different points in his 'Summa theologiae'. The discussion of providence, predestination, election, reprobation and the book of life is found in the I^{a} pars qq. 22–24, while q. 116 is explicitly dedicated to fate; in the I^{a} II^{ae} Thomas analyzes the problem of eternal and natural law (qq. 93–94).

49 See J. G. Bougerol, La question De fato au XIIIe siècle, in: C. Wenin (ed.), L'homme et son univers au Moyen Âge. Actes du septième congrès international de philosophie médiévale (30 août – 4 septembre 1982) (Philosophes médiévaux 27), vol. 2, Louvain-la-Neuve 1986, 652–667, at 654–661, 665–667. As usual, Ulrich states his positions based on Albert's works (esp., the 'Physica', the 'De fato', and the 'De somno et vigilia'), from which he also quotes most of Boethius' texts and other authorities. For the treatments of fate in these and Albert's other writings, see Palazzo, The Scientific Significance of Fate (nt. 45), 55–78; id., Albert the Great's Doctrine of Fate, in: L. Sturlese (ed.), Mantik, Schicksal und Freiheit im Mittelalter (Beihefte zum Archiv für Kulturgeschichte 70), Köln–Weimar–Wien 2011, 65–95. As I have

Second, fate is the physical and cosmological part of a larger theoretical cluster, of a philosophical comprehensive worldview, and can be fully understood in this context: God as First Principle and Intellect; the universe as a hierarchical structure produced by the '*fluxus*' of an intellectual form; the human intellect as a trace of the divine Intellect in man, etc. Fate is the pivot around which the universe rotates, it is a chain of causes connecting God's providence via the celestial movers with the sublunary world.

Third, within this general framework, Ulrich studies fate from different perspectives and addresses philosophical issues. In particular, he provides three different, but complementary, conceptual models of analysis: the twofold providence, the cosmic love, and the circle of destiny. Each of them serves to approach fate from different viewpoints and emphasize its specific features.

I will elaborate on all of these three conceptions, reconstructing Ulrich's line of reasoning, investigating the philosophical topics and problems involved, and shedding light on the scientific implications of his discourse. However, before describing these models, it is appropriate to delineate the metaphysical basis of Ulrich's physical and cosmological analysis of fate: it is the Neo-Platonic theory of '*fluxus*'. The First Principle – how God is understood according to a philosophical perspective[50] – is a universally agent intellect which brings forth reality by thinking Himself[51]. The productive thinking of the First Intellect is in fact the '*fluxus*' of an intellectual form, which is one and the same at the beginning and along the process of emanation[52]. However, the form becomes increasingly determined, dark and potential, the further it distances itself from the First Intellect. It is hence the '*fluxus*' that determines the hierarchical architecture of the universe[53]. Essential causality – the identity of essence with a different being – and the receivers' proportional capacity of receiving the form are the tenets underlying this Neo-Platonic worldview.

---

pointed out at the outset of this essay, the use of the master's works does not negatively affect the originality of Ulrich's views.

50 Ulrich, De summo bono, IV, 1, 1, § 7, ed. S. Pieperhoff (Corpus Philosophorum Teutonicorum Medii Aevi 1/4[1]), Hamburg 1987, 7, 147–151.

51 Ulrich, De summo bono, IV, 1, 2, § 7, ed. Pieperhoff (nt. 50), 13, 65–14, 77.

52 Ulrich, De summo bono, IV, 1, 5, § 1–2, ed. Pieperhoff (nt. 50), 27, 1–28, 27.

53 Ulrich, De summo bono, IV, 1, 6, § 2, ed. Pieperhoff (nt. 50), 33, 15–30: "*Si vero consideretur iste ordo materialiter secundum esse rerum participantium imperfectius aliis hunc finem, sic non potest esse a primo, cum ipsum eodem modo assit omnibus. Sed sic causa huius ordinis est amplior et amplior obumbratio lucis primi intellectus universaliter agentis, ut docet Isaac in libro 'De definitionibus', quod semper posterius oritur in umbra praecedentis, et vocat umbram differentiam coartantem amplitudinem luminis procedentis a priore et eius intellectualitatem natura extranea permiscentem, per quae illa natura cadit a lumine primi. Huius autem casus causa est ipsa processio, inquantum est distantia ab eo, a quo aliquid procedit, quae distantia est secundum gradus eius, quod est esse in potentia: distans enim et recedens a puro actu necessario est in potentia, et ideo deficit in eo actus primae lucis; et quod immediate est a primo, minus habet de potentia, et per consequens in eo minus cadit hoc lumen a puritate suae naturae, et quod mediate est ab ipso, magis habet de potentia, et ideo magis occumbit in eo actus huius luminis, et quanto per plura media aliquid distat, tanto magis obumbratum est.*" See also IV, 1, 5, § 8–9, ibid., 30, 94–114.

According to the philosophers, Ulrich maintains, the universe is arranged in a series of ten efficient causes. This series is grounded in the emanation from the First Cause and constitutes the organized system of reality. From the most general to the most particular, Ulrich mentions the universally agent First Principle, intelligences, celestial souls, celestial spheres, elements, mixtures, deliberation, art, fortune, chance[54]. As we will see soon, this is the chain of fate, which transmits what is conceived by the Intellect of the First Principle (which corresponds to divine Providence) to the sublunary world.

Being the result of the emanation from the First Intellect, the universe has an intrinsic order, reflected in the hierarchy of ten subsequent genera of efficient causes decreasing in nobility and efficiency. They give rise to all the events taking place in the world. This hierarchy, which is fate, therefore guarantees the conformity of our intellect's knowledge with reality and thus the possibility of reliable and universally interchangeable scientific knowledge.

Yet, the existence and action of fate does not rule out contingency from this world. We will soon see how the necessity and validity of the law of fate can be harmonized with the contingency of earthly events and human affairs.

1. *The Twofold Providence*

At the very beginning of chapter 18, relying on Boethius, Ulrich maintains that fate is the temporal unfolding of divine providence and, due to this intrinsic connection, has to be known together with it[55]. As we shall see below, the Boethian conception insists on the absolutely simple nature of providence. However, if we look at the divine providence from a human perspective, it appears to perform a twofold function in accordance with the double dimension of the world in which we live. Indeed, the universe created by God has both a corporeal and a spiritual level. God's providence organizes both fields of reality, and this organization is fate. It is Augustine who first theorizes the twofold

---

[54] Ulrich, De summo bono, IV, 1, 6, § 4, ed. Pieperhoff (nt. 50), 34, 56–35, 70: "*Secundum rationem vero causae efficientis dividunt philosophi ordinem universi in decem gradus, primo ponentes primum principium universaliter agens, secundo vero intelligentiam secundum omnes gradus intelligentiarum, de quibus infra dicemus. Tertio ordine ponunt animam, quam caelorum animam esse dicunt, et infra dicemus, quid veritatis et quid falsitatis in his dictis sit. Quarto ordine ponunt caelum secundum omnem numerum sphaerarum. Quinto ponunt mobile motu recto, quod est simplex elementum. Sexto ponunt naturam mixtorum secundum omnem suam differentiam, sive sint animata sive inanimata. Septimo ponunt propositum causans per voluntatem. Octavo ponunt artem, qua cuncta aliqualiter vigere dicunt, sicut videmus apes et alia quaedam animalia subtilissima opera perficere. Nono ponunt fortunam, quam dicunt esse naturalem potentiam vel impotentiam eorum, quae ad vitam humanam pertinent, quae per fatum imprimitur generato et adhaeret ei per totam periodum vitae. Decimo ponunt casum, qui se habet ad naturam et periodum eius sicut fortuna ad propositum.*"

[55] Ulrich, De summo bono, II, 5, 18, § 1, ed. A. Beccarisi (Corpus Philosophorum Teutonicorum Medii Aevi 1/2[2]), Hamburg 2007, 137, 3: "*Fatum, cum secundum Boethium sit explicatio divinae providentiae, cum providentia notificandum est*". See Boethius, De consolatione philosophiae, 4, 6, 10, ed. C. Moreschini, München–Leipzig 2000, 122, 37–39.

operation of providence ("*gemina operatio providentiae*") in Book 8 of 'De Genesi ad litteram'[56].

As a matter of fact, God would not need fate for His providential operations, for He does what He does primarily by Himself. Yet, He has also recourse to the cooperation of the universe, lest the latter loses its dignity. The secondary causes are thus ordained according to the double disposition of providence[57]. Either order of causes is fate. The natural operation of providence appears in the growing of trees and herbs; the voluntary providence acts through the operations of angels and men.

> "*Dicit enim Augustinus VIII libro Super Genesim: 'Gemina operatio providentiae reperitur: partim naturalis, per quam dat lignis et herbis incrementum, partim voluntaria per operationem angelorum et hominum'.*"[58]

But what is only a twofold operation in Augustine becomes the ontological architecture of the universe in Ulrich.

> "*Secundum primum actum providentiae est ordo naturalis causarum, quem philosophi determinant, scilicet quod primo sunt causae universales, scilicet caelestia et motus eorum, et sub illis sunt causae particulares* […] *Haec ergo dispositio providentiae infusa toti isti conexioni causarum fatum vocatur, ut dicit Boethius, prout philosophi de fato loquuntur.*"[59]

In the natural realm, providence brings about the natural order of causes descending from the universal (i. e., the celestial bodies and their motions) down to the particular ones. This series of causes is, in fact, the hierarchy of ten kinds of efficient causes which have already been referred to above. The natural order is determined by the philosophers and named by them variously ('*series*', '*nexus*', '*implexio*', '*connexio*'). According to Boethius, fate is thus the connection of causes informed by the disposition of providence. The reference to Boethius is significant, for it indicates that the Augustinian conception of the twofold providence is a more encompassing scheme, within which Ulrich includes the Boethian doctrine. To Ulrich, the Boethian discourse seems to be limited to the natural field here. Both Hermes and Boethius share the very same naturalistic definition of fate as a chain of causes originating from providence and coming down to

---

56 Augustine, De Genesi ad litteram, VIII, 9, ed. J. Zycha (Corpus Scriptorum Ecclesiasticorum Latinorum 28/1), Prag–Wien–Leipzig 1894, 244, 2–5. Augustine expands on this idea in the whole chapter 9: 243, 25–245, 9.

57 Ulrich, De summo bono, II, 5, 18, § 9, ed. Beccarisi (nt. 55), 145, 258–262: "*Et quamvis per se principaliter omnia efficiat, tamen, ut dignitas causalitatis et divinae cooperationis non deesset universo, cui communicatae sunt omnes divinae bonitates naturaliter communicabiles, operatur etiam per secundas causas. Et illae sunt ordinatae dupliciter secundum duplicem modum providentiae.*"

58 Ulrich, De summo bono, II, 5, 18, § 9, ed. Beccarisi (nt. 55), 145, 263–146, 265. On Ulrich's twofold providence, see Beccarisi's inspiring remarks: Beccarisi, La "scientia divina" dei filosofi (nt. 7), 149–151.

59 Ulrich, De summo bono, II, 5, 18, § 9, ed. Beccarisi (nt. 55), 146, 266–272. The allusion to Boethius does not refer to a precise passage in 'De consolatione' Book 4, prose 6, but it condenses the doctrine of providence and fate expounded in that chapter: see Boethius, De consolatione philosophiae, 4, 6, 7–20, ed. Moreschini (nt. 55), 122, 20–124, 90.

earth[60]. Elsewhere in chapter 17, Ulrich adopts the notion of fate as a cosmic love holding all the parts of the universe together, thereby confirming the physical feature of the Boethian fate (see IV.2.). Interestingly, Albert, in the 'Physica', which is the foremost source for Ulrich's treatment of fate in chapter 18, had characterized Boethius as '*noster*', alluding to the Christianity of the author of 'De consolatione philosophiae'[61]. Ulrich omits Albert's hint at Boethius' faith, insisting, by contrast, on the philosophical – i.e., physical – nature of the Boethian analysis.

Ulrich quotes other definitions which agree on the assumption that order and connection are essential to fate: according to Firmicus Maternus, fate is a "*colligantia*", whereas Seneca holds that it is a "*series implexa causarum*". The concept of connection remains implicit in Ptolemy's designation of fate as "*virtus constellationis*"[62].

Augustine's theory provides a more effective solution, as it offers a comprehensive doctrinal framework within which the naturalism of the Boethian conception, as understood by Ulrich, complements the angelic hierarchies of the Dionysian world.

> "*Sed quantum ad secundam operationem providentiae dispositio providentiae divinae, quam Dionysius vocat legem divinitatis, secundum quam 'ultima reducuntur per media et media per primam et prima reducitur per se ipsam', et malis et bonis angelis et hominibus utitur ad inducendum finem dispositum ad varios effectus naturae, fatum etiam vocatur secundum Stoicos, qui substantias separatas posuerunt, quae huiusmodi officiis intendunt, ut patet per Apuleium in libro De Deo Socratis.*"[63]

In this case, divine providence rules the spiritual field according to the so-called law of divinity ("*lex divinitatis*"). This Dionysian principle implies that the

[60] Ulrich, De summo bono, II, 5, 18, § 12, ed. Beccarisi (nt. 55), 147, 320–148, 325: "*Uno modo secundum primum eius processum a providentia. Sic definiunt ipsum Hermes Trismegistus in libro 'De natura deorum' et Apuleius, quod 'fatum, quod Graece vocatur ymarmenes, est causarum complexio ex providentia primae causae dependens'. Et in idem redit definitio Boethii in IV 'De consolatione', quod 'fatum est inhaerens rebus mobilibus dispositio, per quam providentia suis quaeque nectit ordinibus'.*" See Boethius, De consolatione philosophiae, 4, 6, 9, ed. Moreschini (nt. 55), 122, 32–33; as for Hermes, see Asclepius, 39–40, in: De philosophia libri, ed. Moreschini (nt. 22), 83, 15–85, 3; Apuleius, De mundo, 38, ibid., 187, 1–188, 9. On the Hermetic sources in Ulrich's 'De summo bono', see my Le fonti ermetiche nel *De summo bono* di Ulrico di Strasburgo, in: P. Lucentini/I. Parri/V. Perrone Compagni (eds.), Hermetism from Late Antiquity to Humanism. Atti del Convegno internazionale di studi, Napoli, 20–24 novembre 2001 (Instrumenta Patristica et Mediaevalia 40), Turnhout 2004, 189–202. For the Hermetic conception of fate as the '*implexio causarum*', see Sturlese, Saints et magiciens (nt. 45), 615–634.

[61] Albert the Great, Physica, II, 2, 19, ed. Hoßfeld (nt. 17), 126, 47. See Palazzo, Albert the Great's Doctrine of Fate (nt. 49), 85–88.

[62] Ulrich, De summo bono, II, 5, 18, § 12, ed. Beccarisi (nt. 55), 148, 326–332.

[63] Ulrich, De summo bono, II, 5, 18, § 9, ed. Beccarisi (nt. 55), 146, 273–279. The reference to the "*lex divinitatis*" is a rewording of passages from pseudo-Dionysius. Ulrich finds this reformulation in Albert the Great: see e. g., Albert the Great, Super Dionysium De caelesti hierarchia, 10, edd. Simon/Kübel (nt. 39), 165, 20–24: "*Praeterea, lex divinitatis est ubique per prima media et per haec ultima reducere, ut supra dictum est; ergo erit etiam hoc in eodem ordine. Solutio: Concedimus cum Dionysio, quod in angelis unius etiam ordinis sunt primi, medii et ultimi*". The sentence appears several times, also in Thomas Aquinas.

illumination and the top-down transmission of spiritual perfections are always mediate: the lowest beings are led by the intermediate beings, and the intermediate by the First One, and the First One by Itself; and good and evil angels and men are means used to reach an end ordained to various effects of nature. If conceived of as the order disposed by providence in both the natural and spiritual fields, fate cannot be denied.

Elsewhere, Ulrich better clarifies the natural operations of evil and good angels: they are said to induce men to act well or badly. Therefore, the voluntary providence concerns the ethical sphere: in this domain, virtues, vices, rewards and punishments, and God's grace are at stake. The good angels' acts can even be stated more precisely in Dionysian terms: they purify, enlighten, perfect human beings' souls:

> "[...] *per actus custodiae angelorum circa nos, per quos provocant et excitant nos ad malum declinandum et bonum efficaciter volendum* [...] *actus angelorum, quos habent circa nos, qui sunt purgare, illuminare et perficere* [...]"[64].

Distinctions based on the operation of providence were also made by other scholastics. Thomas Aquinas, for instance, holds that divine providence has an attitude towards humans that is different from that towards corruptible things. Men are indeed incorruptible due to their rational soul, and God's providence mainly concerns ("*est circa*") incorruptible beings. Each man is thus given his proper guardian angel and, through the multitude of the angels, providence performs its operation[65]. Albert the Great, on his part, introduces the notion of the twofold providence with a view to providing a conceptual basis for contingency: there is a providence that predetermines events and gives rise to the essential and proximal causes of what is necessarily bound to happen (e. g.,

---

[64] Ulrich, De summo bono, II, 5, 18, § 16, ed. Beccarisi (nt. 55), 149, 387 – 150, 390.

[65] Thomas Aquinas, Summa theologiae, I, 113, 2, sol.: "[...] *singulis hominibus singuli angeli ad custodiam deputantur. Cuius ratio est, quia angelorum custodia est quaedam executio divinae providentiae circa homines. Providentia autem Dei aliter se habet ad homines, et ad alias corruptibiles creaturas: quia aliter se habent ad incorruptibilitatem. Homines enim non solum sunt incorruptibiles quantum ad communem speciem, sed etiam quantum ad proprias formas singulorum, quae sunt animae rationales: quod de aliis rebus corruptibilibus dici non potest. Manifestum est autem quod providentia Dei principaliter est circa illa quae perpetuo manent: circa ea vero quae transeunt, providentia Dei est inquantum ordinat ipsa ad res perpetuas. Sic igitur providentia Dei comparatur ad singulos homines, sicut comparatur ad singula genera vel species corruptibilium rerum. Sed secundum Gregorium, diversi ordines deputantur diversis rerum generibus; puta potestates ad arcendos daemones, virtutes ad miracula facienda in rebus corporeis. Et probabile est quod diversis speciebus rerum diversi angeli eiusdem ordinis praeficiantur. Unde etiam rationabile est ut diversis hominibus diversi angeli ad custodiam deputentur*". For Thomas' conception of providence, see three recent contributions and the bibliography in: P. Porro, *Lex necessitatis vel contingentiae.* Necessità, contingenza e provvidenza nell'universo di Tommaso d'Aquino, in: Revue des sciences philosophiques et théologiques 96/3 (2012), 401 – 450, at 417 – 437; V. Cordonnier, La doctrine aristotélicienne de la providence divine selon Thomas d'Aquin, in: P. d'Hoine/G. Van Riel (eds.), Fate, Providence and Moral Responsability in Ancient, Medieval and Early Modern Thought. Studies in Honour of Carlos Steel, Leuven 2014, 495 – 515; R. te Velde, Thomas Aquinas on Providence, Contingency and the Usefulness of Prayer, ibid., 539 – 552.

tomorrow the sun is going to rise); then, there is a providence '*secundum concessionem*' that does not impose necessity and leaves room for contingent events. Voluntary deeds fall under the latter providence and derive their order from it[66]. The predetermining providence must not be mistaken for Ulrich's natural providence, for the latter is never necessitating. As we shall see soon, the effect of fate can always be counteracted by contrasting factors, and contingency is thus admitted even in the natural field.

As is evident, neither Thomas' nor Albert's argument is identical with Ulrich's line of reasoning. Furthermore, Ulrich employs the Augustinian distinction of two providences as a technical notion forming the backbone of his theory of fate, which is something that neither Thomas nor Albert do.

It cannot be neglected, nevertheless, that Ulrich either does not see or does not intend to fully exploit the theoretical potential of the twofold providence. Some decades later, for instance, Dietrich of Freiberg, another German Dominican thinker, develops the implications implicitly contained in the twofold providence, using it as a methodological principle for the distinction between philosophy and theology.

> "*Scientia enim divina philosophorum considerat universitatem entium secundum ordinem providentiae naturalis, quo videlicet res stant in sui natura et secundum suos modos et proprietates naturales gubernantur per principem universitatis, nec ultra hunc naturae ordinem aliquem ulteriorem finem attendit. Nostra autem divina sanctorum scientia attenditur in entibus, secundum quod stant et disponuntur sub ordine voluntariae providentiae, in quo attenditur ratio meriti et praemii et ea, quae attenduntur circa bonam et sanctam vitam et adeptionem aeternae beatitudinis et perventionem ad finem ulteriorem sive in bono sive in malo etiam post terminum huius mundi, quando scientia divina sapientium huius mundi destruetur, I 'Cor.' 13.*"[67]

According to some modern scholars, Ulrich had already taken the twofold providence as a principle of the methodological distinction between philosophy

---

[66] Albert the Great, Summa theologiae, I, 17, 67, 3, ed. A. Borgnet (Opera omnia 31), Paris 1895, 684[b]: "[...] *dicendum quod voluntaria quae procedunt ex libero arbitrio, providentiae subjacent. Sed est providentia duplex, scilicet providentia praedeterminans, et providentia constituens causas essentiales et proximas eorum quae fiunt, sicut est providentia necessariorum, in quibus, ut dicit Aristoteles, nihil casu fit vel contingenter, sicut solem oriri cras. Et est providentia quam vocat Damascenus 'secundum concessionem', hoc est, quando inevitabilis nexus providentiae necessitatem inevitabilitatis non imponit causis proximis, et tamen de summa arce contemplationis suae providet quo se causae nobiles et contingentes per effectum divertant, aut divertere possint, et unicuique convenientem adhibet gubernationem. Et sub hac providentia incidunt voluntaria, et necessitatem ordinis vel consequentiae accipiunt ab ea: quamvis non accipiant necessitatem absolutam et consequentis, eo quod non compellit liberum arbitrium, ut dicit Damascenus, ut patet in his quae de 'praescientia' in antehabitis dicta sunt*".

[67] Dietrich of Freiberg, De subiecto theologiae, 9, ed. L. Sturlese (Corpus Philosophorum Teutonicorum Medii Aevi 2/3), Hamburg 1983, 281, 100–282, 109. On Dietrich's notion of twofold providence and its philosophical use, see L. Sturlese, Il "De animatione caeli" di Teodorico di Freiberg, in: R. Creytens/P. Künzle (eds.), Xenia Medii Aevi historiam illustrantia oblata Thomae Kaeppeli O. P., Roma 1978, 175–247, at 183–201. As Sturlese points out, according to Berthold of Moosburg, too, the notion of twofold providence plays a crucial role in the distinction of the two domains: 193–196.

and theology[68]. In my opinion, there is no evidence for such a claim. The only criterion of distinction to which Ulrich refers is not the twofold providence, but the nature of the First Cause. In a crucial passage based on a text from Albert's 'Metaphysica'[69], Ulrich states that when speaking as philosophers – namely as physicists –, the Peripatetics identify the First Cause with the First Mover which causes only by moving. By contrast, when they conjecture about divine things, following the most probable dictates of rationality, they can admit, just as the Platonists did, the existence of a First Efficient Cause, which acts without moving and causes the existence of what did not exist before. The First Agent may also be called First Mover, as long as this denomination does not create a misunderstanding, for it is not united like a mover, but is intimately present in his creatures as God is.

> "*Propter quod etiam Peripatetici, a quibus supra dictam demonstrationem collegimus, quando loquuntur ut philosophi, dicunt nullam causam esse primam nisi motorem primum nec aliquid dicunt ipsum causare sine motu; et hoc supposito probant aeternitatem mundi, ut patet in VIII 'Physicorum'. Sed quando coniecturando de divinis loquuntur, secundum quod ratio probabilius dictat, tunc bene ponunt primam causam efficientem sine motu, sicut et Platonici posuerunt; nam Aristoteles dicit in libro 'De natura deorum' caelum et sidera et mundum totum opere Dei exiisse in esse. Quamvis etiam primum agens dicamus esse primum movens, non tamen ponimus illud movens esse unitum mobili eo modo, quod hoc dicunt Peripatetici, sed tantum sic, sicut Deus operatur in natura magis intimus existens creaturae quam ipsa sibi, ut dicit Augustinus.*"[70]

This passage shows the epistemological awareness of the complex relationship between different branches or forms of knowledge. It is difficult to understand what Ulrich means with the two philosophical traditions (Peripatetic philosophy and Platonic philosophy): two different disciplines (natural philosophy vs. metaphysics or divine philosophy)? Two levels of philosophical enquiry (rational science vs. sapiential theology)? Similarly hard to understand is how he conceives the transition from one to the other. Unsurprisingly, several interpretations have been given by scholars[71]. Nevertheless, what is of interest here is that the nature of the First Cause, and not the twofold providence, provides the ground for this methodological distinction.

Another fact confirms that Ulrich takes the twofold providence only as a theory of fate without methodological implications for the relationship between

---

[68] A. Beccarisi, Einleitung, in: Ulrich, De summo bono, liber II, tractatus 5–6, ed. Beccarisi (nt. 55), XVIII–XIX.

[69] Albert the Great, Metaphysica, XI, 3, 7, ed. B. Geyer (Opera omnia 16/2), Münster 1964, 541, 19–89.

[70] Ulrich, De summo bono, II, 2, 2, § 2, ed. A. de Libera (Corpus Philosophorum Teutonicorum Medii Aevi 1/2[1]), Hamburg 1987, 31, 33–32, 44. Other texts dedicated to the distinction between First Agent Cause and First Mover are: Ulrich, De summo bono, IV, 1, 1, § 2, ed. Pieperhoff (nt. 50), 4, 34–35; IV, 2, 9, § 14, ed. Palazzo (nt. 10), 38, 309–328; IV, 2, 9, §§ 20–21, ibid., 40, 372–391; IV, 3, 1, §§ 2–5, ed. Palazzo (nt. 20), 4, 23–6, 85.

[71] See Sturlese, Storia della filosofia tedesca (nt. 7), 165–167; A. de Libera, Albert le Grand et la philosophie, Paris 1990, 72–78; Beccarisi, La "scientia divina" dei filosofi (nt. 7), 142–144.

philosophy and theology. He does not realize that the twofold providence is hardly consistent with his thesis that intelligence, the noble soul and the angel are three different '*rationes*' of one and the same immaterial substance[72]. But, as we have said, the first movers of the celestial bodies, namely intelligences and noble souls, are the first universal causes in the chain of natural fate; angels are the mediators of voluntary providence. With intelligence, the noble soul and the angel being one and the same thing, the agents in the domains of both natural and voluntary providence are not different from each other, and thus the fields of the twofold providence are in fact not distinct. Dietrich of Freiberg realizes this inconsistency and, fully aware of the epistemological value of the twofold providence, guarantees the radical difference between angels and substances moving celestial bodies, which are two fundamental objects belonging to the theological and the philosophical domain respectively, by attributing the former to the order of voluntary providence and the latter to the order of natural providence. On this point, the difference between Ulrich and Dietrich could not be more clear-cut.

"*Huiusmodi autem substantiae spirituales* [i.e. *spiritus*] *omnino disparatae sunt in suis naturis et essentiis a substantiis corporum caelestium et nullum respectum et habitudinem secundum naturam habent ad ipsa nisi eam, qua ambo ista entium genera procedunt ab uno principio, Deo, sed tamen ordine diverso. Unum enim istorum, id est spirituum, de quibus sermo est, procedit in ordine voluntariae providentiae, quo etiam ad invicem disponuntur secundum distinctas hierarchias et ordines et diversos gradus non solum naturae, sed gratiae et actuum hierarchicorum, quorum etiam providentia pervenit usque ad nos; quae omnia pertinent ad ordinem voluntariae providentiae. Aliud autem genus entium, scilicet corpora caelestia, procedunt a Deo in ordine naturalis providentiae secundum dispositionem naturae et naturalium proprietatum et motionum entium naturalium, in quibus naturalem connexionem inveniri necesse est. Hunc duplicem providentiae ordinem distinguit Augustinus VIII 'Super Genesim ad litteram'.*"[73]

2. *The Cosmic Love*

The notion of cosmic love provides another hermeneutical pattern for studying fate and elucidating its nature and features. In chapter 17, dedicated to providence and the eternal laws ("*De aliis tribus nominibus pertinentibus ad providentiam, in quo est de legibus aeternis*"), Ulrich touches upon the concept of fate, which he identifies with the second form of natural law.

---

[72] Ulrich, De summo bono, IV, 3, 1, § 6, ed. Palazzo (nt. 20), 20, 282–287: "*Sunt ergo hic tres diversae rationes eiusdem rei, quae secundum suam naturam in se intelligentia est et secundum proportionem eius ad mobile anima est, quae propter supra habitam elevationem sui super omne illud, quod est actus corporis, vocatur in 'Libro de causis' 'anima nobilis', et secundum comparationem sui ad formationem, qua, ut dicit Augustinus I libro 'Super Genesim', formatur conversione ad creatorem, angelus est.*" Ulrich's conception is harshly criticized by Berthold of Moosburg: Berthold of Moosburg, Expositio super Elementationem theologicam Procli, prop. 185B, ed. L. Sturlese (Temi e testi 18), Roma 1974, 25, 104–28, 187.

[73] Dietrich of Freiberg, De animatione caeli, 20, §§ 2–4, ed. L. Sturlese (Corpus Philosophorum Teutonicorum Medii Aevi 2/3), Hamburg 1983, 30, 82–97.

"[1] *Secunda lex naturalis est fatum, quod ligat sua immutabilitate res mutabiles et alioquin temere fluituras.* [2] *Cum autem de fato erit sermo, probabimus ipsum emanare ex providentia divina, quae est lex aeterna.* [3] *Hanc legem vocat Boethius in IV 'De consolatione' 'alternum amorem', quia est amor naturae universalis, quo etiam contraria sibi mutuo convertuntur et se iuvant ad universi conservationem.* [4] *Et sicut utraque praedictarum naturalium inclinationum vocatur a philosophis amor et desiderium intellectuale, inquantum est actus intellectus primi, qualiter dicit Philosophus, quod 'naturae opus est opus intelligentiae',* [5] *sic etiam uterque amor vocatur lex, non solum a ligando, sed potius quia est explicatio legis iustitiae divinae in rebus participantibus iustas Dei distributiones.* [6] *Et inquantum res continue exsequuntur motus, ad quos inclinat alteruter iste amor, et hoc efficit lex amoris virtute legis aeternae, sicut etiam virtute providentiae, ideo patet, qualiter sic omnia sunt sub lege aeterna.* [7] *Et quia lex est praeceptum iustitiae, quod qui implet, oboedit legi et praeceptori, ideo idem amor vocatur praeceptum divinum in 'Ps.': 'Praeceptum posuit et non praeteribit', et 'Ion.' 4: 'Praecepit Dominus vento calido'. Et ibidem secundum aliam litteram, quam ponit Augustinus 'Super Genesim', dicitur: 'Paravit Dominus vermem et percussit hederam'. Et dicit Augustinus, quod movebatur vermis instinctu naturae, sicut omnis anima movetur. E converso ergo creatura suis motibus hoc praeceptum implens movente hoc praecepto virtute legis aeternae dicitur oboedire Deo, 'Marc.' 4: 'Ventus et mare oboediunt ei'. Istae sunt leges, de quibus 'Ier.' 31: 'Si defecerint leges istae coram me' etc. Praemisit enim: 'Qui dat solem in lumine diei' etc.*"[74]

The text contains the following main statements:

(1) fate is a natural law ("*lex naturalis*"), for it binds ("*ligat*") mutable things together due to its immutability. Indeed, immutability is a perfection included in the idea of rule.
(2) The origin of fate, as Ulrich will show later, is divine providence ("*providentia divina*"), which is on its part identical with the eternal law ("*lex aeterna*"). Earlier in the very same chapter, Ulrich had maintained that God, providence and the eternal law are one and the same thing, despite being different according to definition ("*ratione*").
(3) Moreover, relying on metrum 6 of Boethius' 'Consolation of Philosophy', Book 4, Ulrich characterizes the natural law as a cosmic love, as the reciprocal love ("*alternus amor*") through which contrary things turn to each other and help each other in the conservation of the universe.
(4) As philosophers say, cosmic love is in fact an intellectual desire ("*desiderium intellectuale*"), for it is an act of the First Intellect ("*intellectus primus*"): in other words, "the work of nature is the work of intelligence" ("*naturae opus est opus intelligentiae*"). This dictum enjoyed great success in the Late Middle Ages and was often quoted in anonymous form. We find numerous recurrences in Albert's works. Hence, it is sound to suppose that Albert was among the philosophers referred to[75].

---

[74] Ulrich, De summo bono, II, 5, 17, § 13, ed. Beccarisi (nt. 55), 130, 272–294. The numbers have been introduced into the text to simplify reference to the section examined.

[75] On this concept in late-medieval philosophy, see J. W. Weisheipl, The Axiom 'Opus naturae est opus intelligentiae' and its Origin, in: G. Meyer/A. Zimmermann (eds.), Albertus Magnus – Doctor universalis: 1280/1980, Mainz 1980, 441–463; L. Hödl, "Opus naturae est opus intelligentiae". Ein neuplatonisches Axiom im aristotelischen Verständnis des Albertus Magnus, in: F. Niewöhner/L. Sturlese (eds.), Averroismus im Mittelalter und in der Renaissance, Zürich 1994, 132–148; Sturlese, Storia della filosofia tedesca (nt. 7), 100. For Ulrich's quotations of

(5) Furthermore, the cosmic love is also a law ("*lex*") because it unfolds the law of divine justice ("*lex iustitiae divinae*") in the things that receive God's distributions.
(6) Since the cosmic love induces things to move uninterruptedly, and because this is due to the virtue of the eternal law and to divine providence, everything is under the effect of the eternal law ("*lex aeterna*").
(7) The cosmic love is a divine precept ("*praeceptum divinum*"). The instinct governing animal behavior and the regularity of winds and tides are signs of the obedience of nature to the eternal law, to the commandments of divine justice.

Ulrich's text rotates around the Boethian key concept of cosmic love, quoting 'Consolation of Philosophy', Book 4, metrum 6[76]. Boethius, however, analyzes the cosmic power holding all the parts of the universe together at other points of his work, especially in Book 2, metrum 8[77]. In 'De consolatione philosophiae' Book 4, metrum 6 and Book 2, metrum 8, love is described as the immanent principle that lets the universe function, making all its parts harmonious. This is a conceptual model designed mainly to account for the order and the connection of natural events. It has been suggested that Boethius' conception of the universe, with its emphasis on the harmonizing function of cosmic love, is derived from the Stoics[78]. According to Ulrich, fate is the power connecting all things and organizing them within one universe, that is, it is the immutable tie joining the multitude of mutable beings together lest they would be dispersed ("*alioquin temere fluituras*").

Ulrich harmonizes a naturalistic and cosmological approach with a theological perspective. Since the natural law originates from the eternal law, every natural motion is subject to the eternal law. Each natural event is a single act of obedience to a divine commandment. Ulrich's 'Christianizing' interpretation may appear contrary to Boethius' naturalistic understanding of cosmic love. At a closer look, it appears that Ulrich rephrases philosophical concepts and ideas in a theologically traditional vocabulary. As a matter of fact, the examples of the abovementioned text (animals' instinct, tides, winds, sun) show that God's will coincides with the regular course of nature. The phenomena that are in accordance with God's commandments fit into the rationally ordained world structure. This being so, the main focus of Ulrich's text is the ordained architecture of the universe. The cosmic love is the cosmological cause of the legality of natural phenomena, of the regular pattern of all those events and facts that we encounter daily and that belong to the realm of the "*providentia naturalis*".

---

the dictum, see my La *sapientia* nel *De summo bono* di Ulrico di Strasburgo, in: Quaestio 5 (2005), 495–512, at 506, nt. 55.

[76] Boethius, De consolatione philosophiae, 4, metrum 6, ed. Moreschini (nt. 55), 130, 17.

[77] Boethius, De consolatione philosophiae, 2, metrum 8, ed. Moreschini (nt. 55), 55, 1–56, 30.

[78] C. J. de Vogel, Amor quo caelum regitur, in: Vivarium 1 (1963), 2–34, at 4–6.

Ulrich is fully aware that, from a theological point of view, the natural regularity ultimately rests on God and His eternal laws and providential decrees. However, the words and concepts of the theological tradition veil a discourse on issues (the concept of order, the intellectual structure of nature, the possibility of natural science, etc.) of enormous philosophical relevance. The ordained world structure reveals itself as the effect of an intelligent agent – "the work of nature is the work of intelligence". God as Intellect and the array of the intelligences of the Arabic-Peripatetic tradition rule nature. They guarantee that the universe is intrinsically intelligible. The universe can be known according to the rigorous standards of science only because it is in itself rational.

3. The Circle of Destiny

As is well known, one of the most difficult challenges that medieval theologians are confronted with is that of reconciling fate and the divine providence of the Christian tradition. The harmonization is considered necessary in order to rid fate of its pagan features and to make it compatible with God's "*gubernatio*" of the world. The reconciliation, however, is constantly undermined by the necessitarianism implied by the astrological character of the non-Christian notion of fate. Taking fate as an instrument of divine providence is an effective solution to this difficulty. It is Boethius who, in the 'Consolation of Philosophy' Book 4, Prose 6, first puts forward this theory of the relationship between providence and fate. His analysis was regarded one of the most persuasive in the 13th century.

As we have already said, Ulrich depends on Boethius in several aspects of the doctrine of fate. His recourse to 'De consolatione philosophiae' becomes even more predominant when it comes to the clarification of the relationship between providence and fate. In this respect, Boethius' work provides him with the conceptual tools to face the issue of the "temporalization" of fate. At the very beginning of chapter 18, Ulrich makes clear that he will follow Boethius' line of reasoning. As has been said, Ulrich puts forward that fate as the temporal unfolding of the divine providence has to be known together with it[79]. The difference between providence and fate is that between cause and its caused effect. Providence and fate correspond to two distinct ontological levels. Providence coincides with the government of reality, as is disposed in a simple, united, uniform and stable way in the mind of God, whereas fate is that disposition when it is unfolded in the things moved, disposed and distributed in space, forms and time.

"*Ex his patet differentia inter providentiam et fatum. Differunt enim essentialiter sicut causa et causatum. Differunt etiam quantum ad condiciones essentiarum, quia multiplicem modum regendi*

[79] See above nt. 55.

res habet in se mens divina simpliciter et unite et uniformiter et stabiliter. Et hic modus secundum hoc esse est providentia. Ille autem modus explicatus in ea, quae movet et disponit et dirigens in motum singula distributa locis, formis ac temporibus, fatum est. Et ideo multiplicatur et componitur et diversorum modorum fit et mutabile efficitur. Et ideo sicut 'est ad intellectum ratiocinatio, ad id, quod est, id, quod gignitur, et ad aeternitatem tempus et ad medium punctum circulus, ita est fati series mobilis ad providentiae stabilem simplicitatem'. Haec est sententia Boethii in IV De consolatione."[80]

The traditional example of the maker ("*artifex*") clarifies Ulrich's view. Fate depends on providence, just as practical execution ("*dispositio artis*"), through the instruments and the operations, depends on the idea which the maker's practical intellect ("*forma practici intellectus artificis*") has of what has to be done[81].

The transition from immutable providence to mutable fate is illustrated by the image of the so-called orb of destiny, in which the center signifies simple providence while fate is represented by circumference. The farther something is from the center of the circle, the more it moves, and the closer something comes to the center, the less it moves. If something is conjoined with the center, it rests. Indeed, "that which departeth farthest from the first mind, due to its dissimilitude, is involved more deeply in the meshes of fate; by contrast, something is so much the freer from fate, by how much it draweth nigh to the hinge of all things"[82]. Fate is the disposition governing mutable things.

Fate is the rule of what happens in the world. This rule, however, is necessary and immobile only if it is considered in its dependence on the First Cause and in its own essence and in its being in the truly necessary causes, i.e., in the celestial movers. The fatal rule loses its binding validity in its proximal causes[83]. In other words, the disposition of fate exists primarily, and necessarily, in the celestial bodies and motions; this disposition is changing and mutable when it affects and governs the sublunary world. Needless to say, in both cases, fate is subordinate to providence[84].

The concept of rule has scientific implications. As we already know, fate is cosmic love, the tie binding all things of the universe. Now Ulrich goes a step

---

80 Ulrich, De summo bono, II, 5, 18, § 13, ed. Beccarisi (nt. 55), 148, 342–351. See Boethius, De consolatione philosophiae, 4, 6, 17, ed. Moreschini (nt. 55), 124, 74–77.

81 Ulrich, De summo bono, II, 5, 18, § 13, ed. Beccarisi (nt. 55), 148, 352–149, 355: "*Habent convenientiam ad invicem, ut ibidem dicitur, quod fatum pendet ex providentia sicut causatum ex causa et sicut tota dispositio artis, quae est in instrumentis et operationibus instrumentorum, pendet ex forma practici intellectus artificis.*" A similar example is also found in Boethius, De consolatione philosophiae, 4, 6, 12, ed. Moreschini (nt. 55), 122, 42–123, 47.

82 Ulrich, De summo bono, II, 5, 18, § 14, ed. Beccarisi (nt. 55), 149, 365–372. See Boethius, De consolatione philosophiae, 4, 6, 15, ed. Moreschini (nt. 55), 124, 69–72.

83 Ulrich, De summo bono, II, 5, 18, § 12, ed. Beccarisi (nt. 55), 148, 333–337: "*Tertio modo consideratur 'secundum relationem ad effectum, et sic est regula effectuum omnium et operum proveniens ex applicatione causarum ad effectus particulares'. Et haec regula, ut est a prima causa et ut consideratur in sua essentia et ut per esse est in causis vere necessariis, est necessaria et immobilis, licet secundum esse, quod habet in proximis causis, mutetur.*"

84 Ulrich, De summo bono, II, 5, 18, § 14, ed. Beccarisi (nt. 55), 149, 356–361.

further by emphasizing the conception of nature as an orderly network of phenomena. If there were no cause-effect relationship between the various and mutable particular effects, the motions of the elements, those of the heavenly bodies, the first motion, the first mover and divine providence, natural phenomena (*'res naturae'*) would come in such a variety and mutability that they would perish: in other words, there would only be chaos. Fate is the bond of the chain of natural causes, the rule connecting them; and whichever stability, harmony and regularity might be in inferior realities, they come from fate as a cause and as a rule[85]. As a consequence, without the organizing function of fate, scientific knowledge would not have the frame of the regular course of nature to deal with.

The immutability-mutability dialectic is an effective metaphysical guarantee for safeguarding the contingency of sublunary events. As has been said, fate translates the simple and uniform idea of divine providence into space and time. Due to its instrumental role, fate is a disposition of mobile things, meaning that it is in contact with them[86]. The core of Ulrich's argument is that the transition from the simple and uniform providential form to various and mutable events opens the way for contingency, for in the sublunary world, the fatal rule may be contrasted by other factors and its effect might be impeded by the mutability of the terrestrial things. Even so, however, the transition does not undermine the immutability and purity of the rule, which remains perfectly and immutably valid in itself.

Ulrich adds a more distinctive scientific flavor to this Boethian model by referring to physical arguments drawn from Ptolemy and Aristotle, both of which state that the necessary action of fate becomes contingent because of the counteraction of matter. From Ptolemy, Ulrich borrows the idea that the celestial influence, though immutable in itself, does not affect the sublunary world in an immutable fashion. It is received indirectly ("*per aliud*") through the elements, which often have contrary dispositions and can impede this influence, and accidentally ("*per accidens*"), according to the limited capacity of the being of inferior

85 Ulrich, De summo bono, II, 5, 18, § 10, ed. Beccarisi (nt. 55), 146, 280–289: "*Haec autem dispositio potest dupliciter considerari. Uno modo secundum suam essentiam et causam, quae est immobilis providentia Dei. Et sic est unum quid, quia ab uno simplici non est nisi unum, et est immobile, quia in causa immobili fundatur. Et est secundum Boethium 'una regula regens et sicut vinculum continens res'. 'Nisi enim effectus particulares mutabiles et varii referrentur ad motum elementorum et motus elementorum ad motum caelestium et motus caelestium ad motum primum et motus primus ad primum motorem et ad divinam providentiam, et nisi diversa redirent ad unum et nisi mobilia ligarentur ad immobile primum, fieret tanta diversitas et mutabilitas in rebus, quod res naturae perirent in se ipsis'.*" On fate as a rule and a bond, see G. Verbeke, The Presence of Stoicism in Medieval Thought, Washington, DC 1983, 87–88.

86 Ulrich, De summo bono, II, 5, 18, § 10, ed. Beccarisi (nt. 55), 146, 291–147, 292: "*Secundo modo consideratur secundum esse, secundum quod est 'dispositio inhaerens rebus mobilibus', ut dicit Boethius. Et sic cadit in multitudinem* [...]". See Boethius, De consolatione philosophiae, 4, 6, 9, ed. Moreschini (nt. 55), 122, 32.

realities[87]. The proportionality in the reception is also expressed in Aristotle's quotation: the being of the form is given to the matter according to its different capacity of reception[88].

Therefore, fate neither implies necessity nor eliminates contingency and free will[89]. This last statement must be considered a reply to an objection quoted from Avicenna's 'Physics' a few pages earlier: "*ergo si fatum est, nulla actio naturae vel voluntatis est casualis*"[90]. The words were put at the end of the first half of chapter 18, in which Ulrich deals with chance and fortune. Now, after a detailed analysis of the nature of fate, Ulrich is finally able to justify contingency on a philosophical and scientific basis. It is the Boethian immutability-mutability dialectic, symbolized by the orb, clarified and specified through the concept of rule, and enriched by the mentions of the physical arguments of Ptolemy and Aristotle, that provides Ulrich with the true solution to the problem of the compatibility of contingency with the order of fate.

The fact that we find both Ptolemy's and Aristotle's arguments quoted in Albert's writings of scientific nature ('Physica', 'De fato', 'De somno et vigilia',

---

87 Ulrich, De summo bono, II, 5, 18, § 10, ed. Beccarisi (nt. 55), 147, 294–299. The quotation is a free reworking and combination of verba 5 and 8 of pseudo-Ptolemy's 'Centiloquium' and pseudo-Haly's comment on verbum 5: see Ptolemaeus, Centiloquium cum Commento Haly verba 5 and 8, Venetiis 1493, 107^{va-b}.

88 Ulrich, De summo bono, II, 5, 18, § 10, ed. Beccarisi (nt. 55), 147, 292–294. See Aristotle, Ethica Nicomachea, VI, 13, 1144b34–35. The notion that every kind of perfection of a giver is received according to the capacity of the receiver was variously reframed by medieval thinkers and ascribed to different authorities: e. g., see A. Palazzo, "Plato dicit quod formae dantur secundum merita materiae": la fortuna di una sentenza platonica nelle opere di Meister Eckhart, in: A. Palazzo (ed.), L'antichità classica nel pensiero medievale. Atti del Convegno della Società italiana per lo studio del pensiero medievale (Textes et Études du Moyen Âge 61), Porto 2011, 341–372. With specific regard to contingency, this principle was quoted by Albert the Great several times: see Palazzo, Albert the Great's Doctrine of Fate (nt. 49), 73–74.

89 Ulrich, De summo bono, II, 5, 18, § 10, ed. Beccarisi (nt. 55), 147, 301–302.

90 Ulrich, De summo bono, II, 5, 18, § 8, ed. Beccarisi (nt. 55), 145, 254–255. See Avicenna, Sufficientia, Venetiis 1508, 21^{r}H. The passage is placed at the end of a long section, in which Ulrich raises the classical philosophical issue of how chance could fit into the orderly plan of providence. He overcomes the apparent contradiction by rejecting the irrational conception of chance as the absolute chaos, as an event produced by an incidental motion and with no causal connection (De summo bono, II, 5, 18, § 1, ed. Beccarisi [nt. 55], 137, 5–138, 9), and by adopting the Aristotelian definition of chance ("something done for the sake of something, and, however, something different happens for some reasons than that which was intended": De summo bono, II, 5, 18, § 1, ed. Beccarisi [nt. 55], 138, 13–14. See Boethius, De consolatione philosophiae, 5, 1, 13, ed. Moreschini [nt. 55], 137, 37–39) rephrased by Boethius as 'an unexpected event of concurring of causes in those things which are done for the sake of something else' (De summo bono, II, 5, 18, § 2, ed. Beccarisi [nt. 55], 138, 20–22; see Boethius, De consolatione philosophiae, 5, 1, 18, ed. Moreschini [nt. 55], 138, 52–53). By unfolding the plan of providence in space and time, the fatal chain brings about that combination of causes which is the Aristotelian-Boethian chance (De summo bono, II, 5, 18, § 2, ed. Beccarisi [nt. 55], 138, 22–24). The solution lets chance be part of the providential arrangement of the universe; yet, it does not guarantee an apriori agreement between the indeterminate causality of chance and the necessity of fatal causality. This solution must be looked for in the Boethian immutability-mutability dialectic.

'Mineralia', 'De quindecim problematibus') confirms that Ulrich's discussion on contingency combines a philosophical Boethian approach with a more scientific perspective. This point appears clearly with the doctrine of 'inclination', which must be read as a scientific theory attempting to safeguard contingency in human affairs.

Indetermination is a distinctive mark of the human world, for human agency implies free will and deliberation. Of course, the fact that judicial astrology is able to predict several future events, depending on free choice, that frequently happen, confirms that we as humans are subject to the fatal order. Nevertheless, this does not mean that necessity governs the operations of men. Referring to the key principle of Aristotle's physics that any motion requires contact, Ulrich maintains that just as every efficient cause acting by means of a material instrument necessarily produces a corporeal effect and performs an immediate operation only on a body, so a celestial mover acting through its celestial body as the instrument acts immediately only on our body. The human free will can only be indirectly affected through the bodily dispositions, just as the soul is affected by the passions to which the body is inclined.

> "*Quod etiam subiciatur fato naturali, patet per hoc, quod per iudicia astrorum multa praecognoscuntur futura, quae subsunt libero arbitrio et frequenter eveniunt. Quod non posset esse, nisi isti effectus essent in ordine fatali, non solum ut in signo, sed etiam ut in causa. Nec tamen aliqua necessitate artatur per illud fatum, quia, cum omnis causa agens per corporeum instrumentum effectum corporalem necessario producat et immediate operetur circa corpus tantum, etiam motor caelestis operans per suum mobile ut per suum instrumentum immediate operatur tantum circa corpus nostrum. Nec potest immutare liberum arbitrium nisi per dispositionem corporis, sicut videmus animam affici frequenter illis passionibus, ad quas complexio corporis disposita est.*"[91]

The human body can only affect ("*inclinare*") the sensible appetite, for the latter is conjoined with the body. The sensible appetite is able to somehow attract the appetite of the human free will, for both appetites are rooted in the same substance of the soul; but since the appetite of the free will is more powerful than the sensible one and, according to the natural order, is designed to move it, the former cannot be coerced by the latter. For what is more powerful cannot be constrained by what is weaker. The free will can then turn towards the judgement of reason and depart from the malicious inclination of the body. The intellect is stronger than any inclination caused by celestial causality or the inborn physiological disposition to a particular emotion. This is the very meaning of Ptolemy's famous dictum stating that the wise man will rule the stars. Therefore, contingency is guaranteed by a few factors: the stars can only affect the lowest soul-faculties, which are connected with the body; the free will is immaterial and thus independent from whichever attraction or coercion of a body-related faculty; the intellect determinates itself and deliberates. The human intellect is therefore at the summit of what can be regarded as a chain of factors of increasing indetermination.

---

91 Ulrich, De summo bono, II, 5, 18, § 16, ed. Beccarisi (nt. 55), 150, 395–404.

Yet, Ulrich is fully aware that the majority of men follow their emotions rather than live according to the dictates of the right reason. Since they do not attain this level of rationality, they cannot counteract the inclination of bodily affections and transcend the effect of the stars. As a consequence, predictions concerning these multitudes are often true, even though they are often not fulfilled.

> "*Corpus autem nostrum non habet potestatem necessitatis super liberum arbitrium, cum ipsum sit potentia, quae nullius corporis actus est, sed tantum potest inclinare appetitum sensibilem, quia corpori unitus est. Et ille ulterius allicit appetitum liberi arbitrii, quia ei in eadem essentia animae coniunctus est. Et cum appetitus liberi arbitrii sit super sensibile et potentior ipso, quia habet ipsum movere secundum rectum ordinem naturae, non potest cogi ab ipso, quia potentius non potest cogi ab impotentiori, sed potest liberum arbitrium se ipsum convertere ad iudicium rationis sequendum et per hoc averti ab hac perversa inclinatione. Ergo non cogitur a fato. Unde dicit Ptolemaeus, quod 'sapiens homo dominabitur astris'.*
>
> *Quia tamen maior multitudo est hominum sequentium passiones quam sapientium, qui sequuntur rectam rationem, ideo ut in pluribus eveniunt ea, quae praecognoscuntur per hoc fatum, etiam quae subsunt libero arbitrio, sed tamen saepe non eveniunt.*"[92]

The 'inclination theory' is an effective explanation of the different ways in which the celestial causality exerts its power over the human world. The bodily complexion of the human being is a material thing, subject to the celestial bodies' direct action. This influence loses its efficacy, the further it departs from the body. Soul faculties that are conjoined with the body are affected by inclination. The free will and the intellect are immaterial and indeterminate powers and immune to any kind of celestial affection. Thus, human beings as human beings, namely as free-willing and thinking agents, live a life completely independent from the impact of celestial virtue. However, since the majority of men behave like animals ruled by emotions and not by reason, inclination becomes the principle regulating the actual praxis of men in society and thus the key for understanding and predicting the behavior of the masses.

Since it seemed to provide a single theoretical framework for the complex issue of the relationship of celestial causality-contingency, the 'inclination theory' played a central role in the debate on fate and determinism in the second half of the 13th century and was adopted by several thinkers. Albert is certainly Ulrich's source[93]. It must be noted, however, that Ulrich mitigates the radicalism of his master, who theorizes a 'violent inclination'[94] and puts forth deterministic views in a few places in his works[95].

---

92 Ulrich, De summo bono, II, 5, 18, § 16, ed. Beccarisi (nt. 55), 150, 405–417.

93 For this theory in Albert, see Palazzo, The Scientific Significance of Fate (nt. 45), 62–65.

94 Albert the Great, De somno et vigilia, III, 1, 8, ed. A. Borgnet (Opera omnia 9), Paris 1890, 189a: "[...] *sicut inclinat alicui injacens passio timoris vel concupiscentiae voluntatem, quod aliquid vult, quod liberatus ab hujusmodi passione nequaquam vellet, et est adeo violentum, quod licet non imponat necessitatem, tamen fore totam trahit hominum multitudinem: omnes enim fere sequuntur passiones magis quam rationem. Per eumdem autem modum trahit vis ex stellis versa ad nos* [...]."

95 See Palazzo, Albert the Great's Doctrine of Fate (nt. 49), 79–80.

Thomas Aquinas elucidates this doctrine several times in his works. In 'De sortibus' he gives an account very close to that of Ulrich. The celestial bodies cannot have an impact on something incorporeal, like the intellect and the will, for what is incorporeal is more powerful and nobler than any body. However, they influence the human body and, through the body, the faculties rooted in it. Therefore, celestial influences incline us towards something through our imaginative perceptions and emotions. This is not a form of astral determinism, because man can resist this inclination by means of his intellect and will, and counteract the impact of fate: the wise man rules the stars, as Ptolemy puts it. Yet, reason rules only in few men, while in the majority the inclinations elicited by the celestial bodies are effective. For this reason, astrologists predict general events, even though they often fail to prognosticate particular events[96].

By contrast, the formulation Thomas gives of the 'inclination theory' in the I^{a} pars (q. 115, art. 4, sol.) of his 'Summa theologiae' presents some original features with respect to the versions found in Ulrich's 'De summo bono', in Thomas' 'De sortibus' and in Albert's works.

"*Sciendum est tamen quod indirecte et per accidens impressiones corporum caelestium ad intellectum et voluntatem pertingere possunt; inquantum scilicet tam intellectus quam voluntas aliquo modo ab inferioribus viribus accipiunt, quae organis corporeis alligantur. Sed circa hoc diversimode se habent intellectus et voluntas. Nam intellectus ex necessitate accipit ab inferioribus viribus apprehensivis: unde turbata vi imaginativa vel cogitativa vel memorativa, ex necessitate turbatur actio intellectus. Sed voluntas non ex necessitate sequitur inclinationem appetitus inferioris: licet enim passiones quae sunt in irascibili et concupiscibili, habeant quandam vim ad inclinandam voluntatem; tamen in*

96 Thomas Aquinas, De sortibus ad dominum Iacobum de Tonengo, 4, ed. Commissio Leonina (Opera omnia 43), Roma 1976, 233, 78–234, 169: "*Non enim est possibile quod celestia corpora in aliquid incorporeum imprimant, quia quodlibet incorporeum est uirtuosius et nobilius quolibet corpore. Intellectus autem humanus neque est corpus neque uirtus corporis organici, ut Aristotiles probat* [...] *Voluntas autem in intellectiua parte est et mouetur a bono per intellectum apprehenso; unde pari ratione corpora celestia in eam imprimere non possunt* [...] *Quia tamen ad actus humanos non solum concurrunt uoluntas et intellectus que impressioni syderum non subduntur, sed etiam sensitiua pars anime que, in eo quod corporali utitur organo, necesse est quod corporibus celestibus subiciatur, potest dici quod ex dispositione celestium corporum aliqua inclinatio fit in nobis ad hec uel illa facienda: in quantum scilicet ad hoc inducimur per ymaginariam apprehensionem et per appetitus sensitiui passiones, scilicet iram, timorem et alia huiusmodi ad que homo est magis uel minus dispositus secundum corporalem complexionem, que subditur dispositioni stellarum. Quia tamen homo per intellectum et uoluntatem ymaginationis fantasmata et sensibilis appetitus passiones reprimere potest, ex stellarum dispositione nulla necessitas inducitur homini ad agendum, sed quedam inclinatio sola quam sapientes moderando refrenant; propter quod et Tholomeus dicit in Centilogio quod 'sapiens homo dominatur astris', id est inclinationi que ex astrorum dispositione relinquitur. Stulti uero omnino secundum eam aguntur, quasi ratione non utentes: in quo parum discordant a bestiis secundum illud Psalmi 'Homo cum in honore esset non intellexit, comparatus est iumentis insipientibus et similis factus est illis'. Et 'quia stultorum, secundum Salomonem, infinitus est numerus', in paucis autem perfecte ratio dominatur, in pluribus hominum inclinationes celestium corporum sortiuntur effectum. Et propter hoc quandoque astrologi ex inspectione stellarum uera prenuntiant, precipue circa communes euentus, quamuis in particularibus frequenter deficiant propter rationem que corporibus celestibus non est subiecta* [...] *Quamuis autem secundum predicte inclinationis modum celestia corpora disponant ad aliquos actus humanos necessitatem non imponendo* [...]". On this writing, see the interesting remarks in L. Sturlese, Thomas von Aquin und die Mantik, in: id. (ed.), Mantik, Schicksal und Freiheit (nt. 49), 97–107, at 102–104.

potestate voluntatis remanet sequi passiones, vel eas refutare. Et ideo impressio caelestium corporum, secundum quam immutari possunt inferiores vires, minus pertingit ad voluntatem, quae est proxima causa humanorum actuum, quam ad intellectum."[97]

First, the celestial bodies' influences ("*impressiones*") indirectly reach both the intellect and the will, though in different ways. Second, since the intellect necessarily receives its cognitive material from the inferior apprehending faculties, it is necessarily affected in case either the imaginative faculty or the cogitative faculty or memory are affected. This means that the celestial bodies' influence on the intellect may become coercing, hence much more effective than a mere inclination. Third, by contrast, the passions of the inferior appetites can only influence the will ("*ad inclinandam voluntatem*"), which remains nonetheless free to resist them. As a consequence, celestial influences reach, but do not affect the free will, which is the proximate cause of human actions. In sum, Thomas ascribes supremacy over the intellect to the will; usually, however, it is the intellect which is regarded as the chief faculty and the main defence against determinism in the accounts of the 'inclination theory'. "*Sapiens dominatur astris*", Ptolemy's famous dictum reads.

Ulrich has recourse to the 'inclination theory' also elsewhere in his work (Book 4, tr. 3, ch. 8), with a view to clarifying some aspects of divination, defined as natural foreknowledge of future events depending on the free will, for instance knowledge acquired through divinatory dreams[98].

"*Si autem quaeritur, qualiter futura contingentia, etiam quae subsunt libero arbitrio, naturali scientia cognoscantur, dicunt isti philosophi, quod omne, quod fit in inferioribus, praeexistit sicut in naturali artifice in motore caelesti et explicatur per caelum et eius motum sicut per instrumentum huius artificis. Species ergo eventus futuri, quae in intelligentia intellectualiter est et in caelo est corporaliter, imprimitur in inferioribus, scilicet elementis et compositis ex eis, et plus afficit ea quam actio qualitatis naturalis, quia elementa derelictis actionibus suarum naturalium qualitatum sequuntur formam huius impressionis, sicut patet in mixtione. Imprimitur ergo haec species etiam corporibus animalium, et per hoc etiam imprimitur illi parti animae, quae corpori coniuncta est, scilicet parti sensitivae. Et ideo elementa secundum ipsam disponuntur et animalia secundum huiusmodi phantasias aguntur in motibus et garritibus suis et in similibus, et per huiusmodi cognoscimus talem effectum futurum certius, quam hic cognoscatur per signa caeli, quia per illa tantum scitur iste effectus esse dispositus in natura universali, per ista autem signa cognoscitur effectus naturae universalis esse receptus in natura particulari, sine quo effectus caeli frustraretur. Et ideo Ptolemaeus in Centiloquio vocat haec secundas stellas. Nec tamen adhuc omnino certitudinaliter praescitur iste effectus, tum quia huiusmodi motus et operationes animalium saepe fiunt ex aliis causis quam ex impressione naturae universalis, tum etiam quia per multas particulares indispositiones potest effectus impediri.*"[99]

The species of future events, which pre-exists intellectually in celestial movers and materially in heavenly spheres and their motions, have an impact on material things in the inferior world, namely the elements and composite substances,

[97] Thomas Aquinas, Summa theologiae, I, 115, 4, sol.
[98] Ulrich, De summo bono, IV, 3, 8, § 3, ed. Palazzo (nt. 20), 122, 54–57.
[99] Ulrich, De summo bono, IV, 3, 8, § 5, ed. Palazzo (nt. 20), 122, 78–123, 97.

affecting them much more than the operations of their natural qualities do. Therefore, from inferior things and animals' behavior (e. g., their motions and chattering, which depend on the body-related faculties), we know more certainly about the celestial effect, because, while the astrological signs concern the effect when it is still in a universal nature (celestial body), the inferior, i. e., physical, signs reveal it received in the particular nature. The celestial power would be ineffective without the cooperation of the inferior things, of the so-called second stars, rather, it might also be counteracted by them, as we already know. However, the celestial effect cannot even be predicted with certainty on the basis of the observation of the second stars. On the one hand, animals' motions and operations are often caused by different factors; on the other, there are several particular conditions able to impede the celestial effect.

The fallibility of foretelling is particularly evident when it comes to human affairs, as it is impossible to predict events subject to the free decision of human agents. As we already know, however, this is only a theorical principle, for the fact that most people are under the sway of passions allows for prognostications concerning human facts, too. As far as wise men are concerned, their independence from astral fate is complete, because they are not only completely free from celestial influences, but they can also interpret the species of future events better than other men. With regard to divination, a distinction must be drawn between those who receive the celestial species and those who understand it. Animals are able to perceive the species of future events better than human beings; among men, stupid, foul and sleeping men, namely those that are not occupied with things related to the direction of life ("*regimen vitae*"), come first[100].

The philosophical and scientific analysis of contingency has shown that natural fate does not necessitate human beings. This is much truer of voluntary fate. In this case, Ulrich distinguishes between the immutable disposition ("*consilium*") of divine providence, the temporal execution of this plan on the part of voluntary fate, and that which is ultimately put into effect ("*promulgat*") by fate, namely the "*sententia*" that often changes. We can infer from Ulrich's text that whatever

[100] Ulrich, De summo bono, IV, 3, 8, § 5, ed. Palazzo (nt. 20), 123, 97–124, 114: "*Et hoc praecipue verum est in his, quae subsunt libero arbitrio, quia illa praesciri non possunt, nisi inquantum per huiusmodi corporis affectionem inclinatur appetitus sensibilis ad prosequendum ea, ad quae corpus dispositum est, scilicet iram vel gaudium et similia. Et ille appetitus inclinat appetitum liberi arbitrii ad idem, et quia plures sunt, qui passionibus deducuntur, ideo in pluribus evenit, quod praedicitur. Si tamen homo ratione abducatur a prosecutione sensibilium passionum, tunc ille effectus non eveniet. Et ideo dicit Ptolemaeus, quod 'sapiens homo dominatur astris'. Iste ergo caelestis effectus etiam nostro corpori et nostrae sensualitati imprimitur, et inde venit in intellectum saepe vel per propriam actionem, inquantum illa species habet in se naturam intellectus, unde effluxit, vel per artem coniecturandi de eventu futuro per species sensibiles, sicut docetur in scientia somniorum. Percipiuntur autem istae impressiones melius ab aliis animalibus quam ab hominibus et inter homines melius a stultis et amentibus vel dormientibus quam a sapientibus et vigilantibus, quia, quanto anima aliis occupationibus minus abstrahitur ab istius impressionis perceptione, tanto melius percipit haec. Sapientes autem in vigilia occupati sunt multis pertinentibus ad regimen vitae, quibus furiosi et amentes et dormientes et alia animalia, scilicet bruta, non intendunt*".

may happen at a level of temporal events is already foreseen by God's perfect disposition. This explains why the plan of divine providence never changes, even when men seem to interfere with it. In this regard, Ulrich adduces the testimony of the Stoics. According to these philosophers, spiritual substances are submitted to fatal influence, which is, however, mutable because these substances are endowed with wisdom and thus can be appeased with prayers and sacrifices. Christians must also offer sacrifices to the Only True God to the effect that, if He is propitious, all the ministers of his divine providence be appeased[101].

To summarize, Ulrich devotes an all-encompassing treatment to fate, which is found not only in Book 2, tr. 5, ch. 18, but also in other sections of his work (e. g., Book 2, tr. 5, ch. 17, Book 4, tr. 3, ch. 8), accounting for all the major aspects and issues discussed concerning this matter in the debate that took place among philosophers and theologians in the second half of the 13th century.

As has been said, Ulrich's views present undeniably innovative features. In particular, he applies three conceptual patterns to the study of fate, thereby elucidating this matter from different, but complementary, perspectives.

First, he proposes a comprehensive model, the twofold providence, by means of which he can explain both the world of nature and the spiritual realm. In the former, every earthly event can be reduced to fate understood as a chain connecting the universal causes (first of all, providence, and then the celestial bodies) with the sublunary causes; in the latter, everything is ordered with a view to a supernatural end (the eternal beatitude) to be reached freely by men with a few aids provided by providence: virtues, laws, grace, angelic illumination, etc.

Ulrich then presents fate as a cosmological love, a law intrinsic to the universe, a natural inclination bringing all beings together. This love is depicted as an intellectual desire because the cosmological order established by fate mirrors the intelligent plan designed by the First Intellect: in other words, the work of nature is a work of intelligence ("*opus naturae est opus intelligentiae*"). This guarantees that the universe is intrinsically rational, and on this assumption the science of nature is made possible.

Finally, Ulrich adopts the traditional Boethian conception of fate as an instrument of providence that unfolds in space, time and forms what is conceived of by the Divinity in simple and uniform fashion. In this case, fate enables the transition from the necessity and perfection of the divine law to the contingency and imperfection of the mutable creatures. The image of the orb of destiny gives a 'visual insight' into this crucial point of the analysis of fate. This third model provides the conceptual framework within which Ulrich takes part in the intense late 13th-century discussion on contingency by mentioning arguments from Ptolemy and Aristotle and by providing his own version of the 'inclination

[101] Ulrich, De summo bono, II, 5, 18, § 15, ed. Beccarisi (nt. 55), 149, 373–384.

theory'. This part gives a scientific tone to his doctrine of fate, which is confirmed by implicit quotations of some corresponding scientific texts from Albert's natural philosophical works (e. g., the 'De somno et vigilia' and the 'De fato').

V. Conclusion

Written probably around the end of the 60s of the 13th century, 'De summo bono' is a mature work of Ulrich, who never had the chance to become 'Sentences' bachelor at the University of Paris. This summa contains everything that future lectors of the province of Teutonia needed to instruct the "*fratres studentes*" and, at a conventual level, the "*fratres communes*": everything that needs to be learned in the field of speculative theology, moral theology and pastoral care. Besides, Ulrich also considered philosophy to be part of the competence required from future theological lectors in the Order[102], and also this fact is confirmed by 'De summo bono', a summa "*tam de theologia quam de philosophia*".

The statement of John of Freiburg, Ulrich's direct disciple, does not refer to the mere recourse to philosophical *auctoritates* and *rationes* within a theological framework, which was then common (e. g., Albert's or Thomas' summae); rather, it alludes to overcoming the borders between philosophy and theology. Ulrich deliberately intertwines two discourses, conciliates philosophical rationality with theological wisdom, mixes philosophical with theological subjects (natural knowledge of God with revealed theology, emanation with creation, intelligences and celestial movers with angels and demons, fate with providence, natural with supernatural divination, natural ethics with canon law, etc.), shifts from the First Mover, accessible to Peripatetic investigation, to the First Efficient Cause, knowable by Platonists and Christian theology. Aside from all the specific conceptual and doctrinal disagreements, it is this conception of the relationship between philosophy and theology that marks the radical difference from his master Albert. Ulrich decides to take an alternative route, rejecting that methodological distinction of branches of knowledge ("*Theologica autem non conveniunt cum philosophicis*")[103] which Albert had made the key tenet of his philosophical undertaking. Unlike Ulrich, Dietrich of Freiberg followed Albert in this crucial point, assuming the twofold providence doctrine as the basis for this separation.

This being so, 'De summo bono' can be rightly defined as a work of philosophical theology. Yet, the great originality of Ulrich's only surviving work does

---

102 Palazzo, Philosophy and Theology in the German Dominican *Scholae* in the Late Middle Ages (nt. 1), 82–90.

103 Albert the Great, Metaphysica, XI, 3, 7, ed. Geyer (nt. 69), 542, 25–26. On the relationship between philosophy and theology in Albert, see É.-H. Wéber, La relation de la philosophie et de la théologie selon Albert le Grand, in: Archives de Philosophie 43 (1980), 559–588; De Libera, Albert le Grand et la Philosophie (nt. 71), 40–43; Sturlese, Storia della filosofia tedesca (nt. 7), 76–90.

not stop there[104]. Paradoxically, the constant recourse to Albert's writings, usually taken as a proof that 'De summo bono' is a simple compilation, must be completely reconsidered. Quoting massively is by no means a sign of Ulrich's total dependence on his master, but only the epiphenomenon of a new intellectual undertaking. The passages taken from Albert's writings – all writings: philosophical, natural-philosophical, logical, moral, and theological[105] – are freely adapted, combined, managed, interpreted, manipulated. In other words, Ulrich's summa is not an anthology of texts slavishly copied, but a complex work that offers two interrelated levels of understanding.

At the doctrinal level, it is the work of an *auctor* that puts forth not only incidental personal views, but a comprehensive and coeherent conception of the world and a theory of the epistemological status and relationship of the branches of knowledge. The doctrine of fate, which is part of this general system of thought, provides a clear example of Ulrich's relevance as an autonomous thinker. His views on providence, celestial causality and contingency were indeed an original contribution to the debates on fate and related issues which were taking place in the second half of the 13th century.

Given the textual relationship with Albert's texts, 'De summo bono' also has an undeniable hermeneutical value – and this is the second level that I have just referred to –, for it is a key to understanding Albert's works[106]. In this regard, Ulrich develops a multifaceted exegetical approach by reorganizing, reinterpreting and correcting Albert's texts. The cases that have been examined (i.e., the substitution of Empedocles with Antiphon and the complex strategy regarding angelic apparitions) are representative of what can be called a 'manipulative' interpretation.

Too often superficially dismissed as only 'Albert's most favorite and faithful pupil', Ulrich rather belongs to that group of thinkers that, at certain points of their career, managed to get rid of the aegis of their authoritative masters and became original authors and masters themselves.

---

104 Other works of Ulrich which are not extant but which are testified by old catalogues and sources are: a commentary on Aristotle's 'Meteorology', a 'Sentences' commentary, and a quodlibetal question of moral theology on the sinful nature of "touches" and kisses. Fragments of the last two have been preserved by John of Freiburg. We still have a German sermon on John 20, 29.

105 Among the philosophical works cited are the 'De intellectu et intelligibili', the 'Metaphysica', and the 'De causis et processu universitatis'; the 'Physica', the 'De caelo et mundo', the 'De generatione et corruptione', the 'De somno et vigilia', and the 'De morte et vita' are the natural-philosophical writings quoted; Ulrich also takes passages from Albert's logical ('Super Porphyrium De V universalibus', 'De praedicamentis'), moral (especially the 'Ethica'), and theological texts ('Sentences' commentary and 'Super Dionysium De divinis nominibus').

106 I have elaborated this point especially in Palazzo, La sapientia nel *De summo bono* di Ulrico di Strasburgo (nt. 75), 511, where I have qualified "*De summo bono* as the first interpretation of Albert's system".

Wenn ein ‚weiser Meister' ein Heiliger wird: Die Figur des Thomas von Aquin und das Lehren und Studieren im 14. Jahrhundert[1]

ANDREA A. ROBIGLIO (Leuven)

Der Dominikanerbruder Thomas von Aquin wurde im Juli 1323 heiliggesprochen[2]. Die Forschung neigt heutzutage immer noch dazu, darin das Ergebnis einer allgemeinen Meinungsbildung zu sehen, die sich sowohl innerhalb des Dominikanischen Ordens als auch außerhalb in der gesamten Christenheit vollzogen habe. Innerhalb von fünfzig Jahren (1274–1323) sei man dazu gelangt, Thomas von Aquin als das allgemein anerkannte Symbol einer auf die Ordensdoktrin bezogenen erneuerten Identität anzuerkennen. Die Kurie in Avignon, angeführt von einem älteren und tatkräftigen Herrn namens Jacques Duèze, habe den Ruf des neapolitanischen Doktors als eines Heiligen begründet. Außerdem sei es die Absicht des Papstes gewesen, einen Orden, der ihm treu war, durch die Heiligsprechung seines maßgebendsten Repräsentanten zu ehren; der Predigerorden erwies sich genau in dieser Zeit als ein wertvoller Verbündeter sowohl gegen die franziskanische Dissidenz der sogenannten ‚Fraticelli' und ihre radikale Lehre von der Armut Christi und der Apostel als auch gegen den von Johannes XXII. nicht als Kaiser anerkannten Ludwig den Bayern.

Eine solche Interpretation garantiert eine bemerkenswert lineare Rekonstruktion. Sie verbindet in der Tat eine stark teleologische Perspektive mit heute noch verbreiteten historiografischen Ansichten, die bereits von der älteren Forschung propagiert wurden, mittlerweile aber als überholt gelten müssen. An anderer Stelle hatte ich bereits die Gelegenheit, einige Ansichten dieser Auffassung zu behandeln (‚Thomismus-Zentrismus', Überbewertung der aus den Ordenskapiteln hervorgegangenen Disziplinarmaßnahmen, mangelhafte Auswertung der

---

[1] Dieser Artikel fasst zusammen, was ich 2009 in dem Aufsatz: Se un *savio omo* diventa santo. Un aspetto della reputazione di Tommaso d'Aquino per gli studenti del Trecento, in: *Studia*, studenti, religione (Quaderni di storia religiosa 16), Verona 2009, 159–173, geschrieben habe. Den Hintergrund meiner Schlussfolgerungen habe ich in A. A. Robiglio, La sopravvivenza e la gloria. Appunti sulla formazione della prima scuola tomista (sec. XIV) (Sacra Doctrina. Bibliotheca 53/1), Bologna 2008, besonders im 1. Kap. dargelegt. Pater Walter Senner danke ich für hilfreiche Kommentare. Für Hilfe beim Schreiben dieses Texts bin ich Professor Dr. Johannes Bartuschat dankbar.

[2] Cf. A. Walz, Papst Johannes XXII. und Thomas von Aquin. Zur Geschichte der Heiligsprechung des Aquinaten, in: A. Maurer e. a. (eds.), St. Thomas Aquinas, 1274–1974. Commemorative Studies, vol. 1, Toronto 1974, 29–47.

uns bekannten Schriften und Zeugnisse). Hier ist jedoch nicht der Ort, um über den Ursprung und die Beschaffenheit der vorherrschenden Meinung zu diskutieren, die noch den ideologischen Gegensätzen der Epoche des Risorgimento unterworfen ist. Die Forschung zum Thomismus und zu Thomas von Aquin kann als ein Fallbeispiel betrachtet werden, das erst seit Kurzem die unbefangene Aufmerksamkeit erhielt, die es verdient. Das Ziel dieses Artikels ist viel bescheidener. Ich werde mich darauf beschränken, ein Phänomen zu beschreiben, das den Ruf des Thomas von Aquin vor und nach der Heiligsprechung betrifft. Es handelt sich um einen sekundären Aspekt, und dennoch erhoffe ich mir, dass er nützlich sein wird, um über neue Interpretationsmöglichkeiten des scholastischen Verständnisses von der Rolle des Lehrers am Anfang des vierzehnten Jahrhunderts zu reflektieren.

Mir sei eine einleitende methodische Anmerkung gestattet.

Die Ausgabe, die die Sanktionen der dominikanischen Generalkapitel aus den Jahren bis zur Heiligsprechung des Thomas beinhaltet, geht auf die Mitte des vierzehnten Jahrhunderts zurück, das heißt sie entsteht ein paar Jahrzehnte nach der Heiligsprechung selbst. Die mittelalterlichen Redakteure kopierten nur Auszüge aus den mittlerweile verlorenen Originaldokumenten, gruppierten diese Exzerpte um und pflegten v. a. erst diejenigen Teile, die ihnen für das Überleben des Ordens wichtig erschienen. Natürlich kopierten sie die Verweise auf Thomas von Aquin, da er jetzt *beatus*, einer der Heiligen des Ordens, war. Die Kopisten haben die Namen anderer Theologen und Brüder, wie Petrus von Tarantasia oder Marino da Eboli, nicht übernommen, obwohl diese Namen wahrscheinlich ursprünglich erwähnt wurden. In der Tat findet man die Namen neben dem Namen des Thomas in denjenigen Akten der Provinzkapitel, deren Originaltexte wir noch haben[3]. Abgesehen von vereinzelten Ausnahmen[4], verwenden die Historiker die ‚Acta Capitulorum', als ob es die Originaltexte seien, ohne die Textüberlieferung und die Art dieser Dokumente zu problematisieren. Um es klar zu sagen: man sollte die auf Grundlage einer verzerrten Texthermeneutik gezogene Schlussfolgerung nur *cum grano salis* akzeptieren.

---

[3] Cf. L. Bianchi, Ordini mendicanti e 'controllo ideologico': il caso delle province domenicane, in: Studio e *Studia*: le scuole degli ordini mendicanti tra XIII e XIV secolo (Atti dei convegni della Società Internazionale di Studi Francescani e del Centro Interuniversitario di Studi Francescani. Nuova serie 12), Spoleto 2002, 303 – 338; dazu: Robiglio, La sopravvivenza e la gloria (nt. 1), 38 – 39 und 48 – 49.

[4] Cf. A. Oliva, Les débuts de l'enseignement de Thomas d'Aquin et sa conception de la sacra doctrina. Édition du prologue de son commentaire des 'Sentences' de Pierre Lombard, Paris 2006, 202: „Les Actes des assises annuelles des Frères prêcheurs ne sont pas arrivés jusqu'à nous dans des 'originaux'; dont une production officielle garantirait le contenu, mais des copies, à l'usage de couvents. Sur celles-ci, d'année en année de nouvelles normes étaient ajoutées; d'autres, ne concernant plus le couvent ou devenue obsolètes, étaient supprimées (mais non de façon systématique); bref, en fait, nous ne possédons pas d'actes complets des chapitres généraux." Cf. E. Panella, Iacopo di Ranuccio da Castelbuono, OP, testimone dell'*alia lectura fratris Thome*, in: Memorie domenicane 19 (1988), 369 – 395; URL: http://www.e-theca.net/emiliopanella/nomen1/iacopo11.htm (Stand: 21.8.2015).

Kehren wir nun zur feierlichen Heiligsprechung im Juli 1323 zurück. Wenige hätten nur ein Jahrzehnt zuvor ein solches Ereignis voraussagen können. Knapp fünfzig Jahre nach seinem Tod wurde der Dominikaner den Gläubigen als ein Beispiel der evangelischen Vollkommenheit anempfohlen. Zu Lebzeiten besaß Thomas jedoch nicht das spirituelle Charisma eines ‚Gottesmann', und auch nach seinem Tod genoss er diesen Ruf nicht. Im Gegensatz zu Gestalten wie Pietro da Morrone oder dem ersten und perfekten Vorbild Franziskus von Assisi wurde die Erinnerung an ihn nicht *sub specie sanctitatis* gepflegt. Im Gegensatz zu Pietro da Verona evozierte das Andenken des guten Ordensbruders bei seinen Zeitgenossen weder die rötlichen Farben des Martyriums noch den ‚prophetischen Geist'. Zu Beginn der siebziger Jahre des 13. Jahrhunderts verkörperte Bruder Thomas auch keine besondere geistliche Persönlichkeit: Albert der Große oder Bonaventura waren gewiss bedeutendere Gestalten. Thomas von Aquin war kein Bischof wie Thomas von Hereford, und im Gegensatz zu Domingo de Guzmán, war er weder der Begründer noch der Reformator eines religiösen Ordens[5]. Die Kardinäle und die Angehörigen der Kurie hatten, zumindest auf den ersten Blick, keinen kirchlichen Grund, diesen *magister* der Verehrung der Gläubigen anzuempfehlen.

I. Der ‚Magister' in den ersten drei Jahrzehnten nach seinem Tod

Die Hochachtung, die der Aquinate genoss und die die zeitgenössischen Quellen hinreichend belegen, ist nicht der Aura des Heiligenruhms geschuldet. Das Bild des Thomas, wie es sich aus diesen Dokumenten ergibt, ist nicht so sehr das eines ‚Seligen', sondern vielmehr das eines kompetenten und christlich demütigen ‚Universitätsprofessors', der, aus einer vornehmen Familie stammend, fähig gewesen war, auf seine angeborenen Privilegien zu verzichten, um sich einem lebenslangen Studium im Dienste der Kirche zu widmen. Dieses Porträt ist nur dort schärfer konturiert, wo seine unerwartete, in jungen Jahren erfolgte und wohl von seinen aristokratischen Familienangehörigen behinderte Berufung zum Bettelmönch in den Blick kommt[6].

---

[5] Zur Kanonisation des Dominikus, cf. L. Canetti, L'invenzione della memoria. Il culto e l'immagine di Domenico nella storia dei Predicatori, Spoleto 1996; id., Guglielmo (Guglielmo del Piemonte), in: Dizionario Biografico degli Italiani, vol. 60, Roma 2003, 755[a]; M. Rainini, Giovanni da Vicenza, Bologna e l'ordine dei predicatori, in: Divus Thomas 109/2 (2006), 146–175. Zur Kanonisation des Thomas Bischof von Hereford, cf. A. Vauchez, La sainteté en Occident aux derniers siècles du Moyen-Age d'après les procès de canonisation et les documents hagiographiques, Rome–Paris 1988, 569–581.

[6] Cf. A. Tilatti, La cattura di Tommaso d'Aquino da parte dei parenti, in: M. C. De Matteis (ed.), Ovidio Capitani: quaranta anni per la storia medioevale, Bologna 2003, 345–357; mit den Anmerkungen dazu von M. Rainini, La conversione all'ordine dei Predicatori in ambienti di studio nello specchio delle *Vitae fratrum*, in: *Studia*, studenti, religione (nt. 1), 127–129.

Bei seiner Erwähnung des Ereignisses der Seligsprechung von Avignon spricht der Chronist Giovanni Villani unbewusst das aus, was wir soeben erwähnt haben: „Ein Meister in Gottheit und Philosophie, und ein Mann hochlöblich in allen Wissenschaften, welcher die Heilige Schrift besser verkündete als jeder andere Mann nach dem heiligen Augustinus“[7].

In den Ausführungen Villanis erscheint Thomas als Paradebeispiel eines Meisters der Theologie und vor allem als maßgeblicher Vermittler der Heiligen Schrift, also als ein Theologe nach alter Manier, in den Fußstapfen einer jahrhundertealten Tradition, die auf den afrikanischen Bischof zurückgeht. Was die Erwähnung des Bischofs von Hippo angeht, kann man ausschließen, dass sie seine Lehre betrifft. Sie ist vielmehr rhetorischer Natur. Der energische Papst Bonifaz VIII. hatte gegen Ende des 13. Jahrhunderts dazu aufgefordert, Augustinus als *primus inter pares* zu verehren, also als ersten unter den anderen Vätern der lateinischen Kirche, nämlich Ambrosius, Hieronymus und Gregorius[8]. Zwei wesentliche Eigenschaften dieser ‚Daguerreotypie‘ kommen auch in anderen Quellen vor: auf der einen Seite das enzyklopädische Element, das die Bibelexpertise hervorhebt, auf der anderen Seite der ‚allgemeine‘ und orthodoxe Charakter, der durch die Verbindung mit dem Namen des heiligen Augustinus verdeutlicht wird; dieser zweite Aspekt geht einher mit dem Stillschweigen über eine irgendwie geartete Originalität des Thomas. Der *magister* hat nichts anderes getan, als sich in die seit Jahrhunderten bestehende Linie der gesunden und allgemeinen Lehrtradition der Kirche einzuordnen.

Es handelt es sich um eher banale Konnotationen, die jedoch alles andere als unbedeutend erscheinen, vor allem rückblickend betrachtet. Nach der Heiligsprechung wird der Zeitpunkt nicht lange auf sich warten lassen, an dem man den neuen Heiligen zur regelrechten theologischen Norm erheben wird. In dieser Hinsicht eröffnet die eher unbestimmte scholastische Bezeichnung *doctor communis* (oder *doctor doctorum*) die Möglichkeit, vorhandene christologische Konnotationen zu reaktivieren und somit das Bild des ‚christlichen Doktors‘ hervorzubringen, welches tiefgreifende und langfristige Konsequenzen mit sich bringen wird[9].

---

[7] G. Villani, Nuova Cronica, ed. G. Porta, vol. 2, Parma 1991, 402: "*Maestro in divinità e filosofia, e uomo eccellentissimo in tutte le scienze, che più dichiarò le sacre Scritture che uomo che fosse da santo Augustino in qua*". Was Villani schreibt gilt *a fortiori* für die Quellen vor 1321–1323. In der von Tholomeus Fiadoni da Lucca verfassten ‚Historia‘ „wird Thomas als der große Lehrmeister gezeigt“, cf. W. P. Eckert, Stilisierung und Umdeutung der Persönlichkeit des hl. Thomas von Aquino durch die frühen Biographen, in: Freiburger Zeitschrift für Philosophie und Theologie 18 (1971), 7–28, hier 27–28.

[8] Siehe die bibliografischen Hinweise von D. Steger, Die bildliche Darstellung der vier großen lateinischen Kirchenväter vor ihrer Sanktionierung unter Papst Bonifazius VIII. im Jahr 1298, in: Römische Quartalschrift für christliche Altertumskunde und Kirchengeschichte 94 (1999), 209, nt. 1.

[9] Über den Titel *doctor communis*, cf. A. A. Robiglio, Christ as the Common Doctor and John Duns Scotus's Place in the History of Hermeneutics, in: P. Büttgen/R. Imbach/U. Schneider/H. Selderhuis (eds.), Vera doctrina. Zur Begriffsgeschichte der Lehre von Augustinus bis Descartes – L'idée de doctrine d'Augustin à Descartes (Wolfenbütteler Forschungen 123), Wiesbaden 2009, 85–113.

II. Der ‚weise' Thomas

Um den ‚Puls' der damaligen Zeit zu spüren, bietet sich ein Blick auf zeitgenössische Predigten an. So können z. B. die Predigten des Giordano da Pisa (ca. 1260–1311) zu verstehen beitragen, welchen Ruf Thomas von Aquin unter den Dominikanern und deren Zuhörern zu einem Zeitpunkt genoss, als man sich im Orden noch keinerlei Hoffnungen auf eine Heiligsprechung machen konnte, nämlich kurz nach seinem Tode[10].

Die Predigten Giordanos sind herausragende Beispiele einer nicht akademischen Lehrtätigkeit an der Schwelle zum 14. Jahrhundert. Die ersten Predigten, die uns bekannt sind, reichen in die ersten Jahre des 14. Jahrhunderts zurück: Thomas von Aquin erscheint hier bereits. Der Thomas der Predigten Giordanos ist identisch mit dem vieler zeitgenössischer, nicht nur dominikanischer Prediger, die sich mit den Lastern und Tugenden beschäftigen: Es handelt sich sozusagen um den Thomas der zweiten Hälfte der ‚Summa theologiae'. Während seines letzten Aufenthalts in Italien hatte der *magister* Thomas zudem mit großem Eifer die Paulusbriefe kommentiert. In einer Predigtmitschrift werden folgende Anmerkungen zusammengetragen:

> „Es ist wahr, dass die Heilige Schrift eine einzige und von Gott ist. Dennoch gibt es keine Schrift, die mehr Freude verbreitet als seine [des Paulus von Tarsus] Briefe. So sprach Bruder Giordano [...]: Am meisten Freude an der Heiligen Schrift bereiten mir seine Briefe, und sie nähren mich mehr als alles andere. Und er sagte, dass Bruder Thomas, dieser so weise Mann (*quel savio omo*), sie in so großer Hochachtung hielt, diese Briefe des heiligen Paulus, dass wenn er die Sakristei betrat und die Bücher sah, er sich zu diesen Büchern mit den Briefen niederkniete, sie küsste und sie verehrte. [...] Er [Paulus] erfreute sich dermaßen daran, sich an Christus zu erinnern, dass er in seinen Briefen nur wenige Worte dazwischenschaltet; an ihn erinnert er [...]."[11]

Zwei Aspekte können hier herausgestellt werden. Im *exemplum* wird Thomas als eine theologische Autorität eingeführt, ganz im Zeichen der ‚Ehrerbietung'

[10] Betrachtet man die Texte der Generalkapitel des Ordens, bemerkt man, dass erst im Jahre 1320 von der *bona spes* einer Erhebung des verstorbenen Meisters zur Ehre der Altäre berichtet wird – zumindest auf der Ebene der Ordensführung, cf. Robiglio, La sopravvivenza e la gloria (nt. 1), 45–46. Über Giordano da Pisa und Thomas von Aquino cf. auch S. Serventi, La catechesi nella predicazione di Giordano da Pisa tra teologia e morale, in: Studi e problemi di critica testuale 79 (2009), 131–164.

[11] Giordano da Pisa, Esempi, num. 61, ed. G. Baldassarri, in: G. Varanini/G. Baldassarri (eds.), Racconti Esemplari di Predicatori del Due e Trecento, vol. 1, Roma 1993, 183–184: „*Vero è che tutta la Scrittura santa tutta è una medesima cosa, e tutta la fece Idio. Ma tuttavia nulla scrittura è di tanto diletto quanto sono le epistole sue* [*di Paolo di Tarso*], *così disse frate Giordano* [...]*: Più mi giova, e più mi dilettano le epistole sue che tutta l'altra scrittura, e più m'ingrassano; e disse che frate Tommaso d'Aquino, quel savio omo, l'aveva in tanta reverenza, quelle epistole di santo Paolo, che quando egli entrava in sagrestia e vedea i libri, e quando vedea lo pistolaro di santo Paolo, sí si inginocchiava, e baciavalo e faceagli reverenza.* [...] *Egli* [*Paolo*] *si dilettava sí di ricordare Cristo, che ne le sue epistole poche parole mette in mezzo, ch'egli il ricorda* [...]." Cf. S. Serventi, Premessa, in: Giordano da Pisa, Avventuale fiorentino 1304, ed. S. Serventi, Bologna 2006, 12.

gegenüber den Heiligen Schriften, welche die *ipsissima verba* des Heilandes beinhalten. Die eucharistische Hingabe des Thomas, erkennbar an den Gebeten zum Fronleichnamsfest, die wenig später in die Liturgie der Gesamtkirche aufgenommen werden sollten, wird hierbei vielleicht am Rande evoziert. Am bemerkenswertesten ist das Epitheton ‚*quel savio omo*' [dieser weise Mann]. Die Bedeutung des Ausdruckes ‚*savio*', die dem lateinischen *sapiens sive prudens* entspricht, erweist sich als bezeichnend, obschon der Ausdruck keine festgelegte und bestimmende Denotation besitzt.

‚Weise' sind in den Predigten Giordanos die Philosophen, auch die weltlichen; ‚weise' sind diejenigen, die mit Scharfsinn die Zeichen der Gegenwart erkennen und denen es gelingt, damit die Auswirkungen auf die Zukunft vorauszusehen. Als ‚weise' wird der Philosoph Boethius angesehen, weil er nicht nur eine umfassende Bildung besaß und eine sichere Lehre vertrat, sondern weil er auch ehrbar und von edlen Sitten war. ‚Weise' ist sogar Satan, da er als Engel – inzwischen zwar ein gefallener Engel, aber immer noch ein reiner Geist – in der Lage war, jeden mit seinen Argumenten zu ‚überzeugen' (*convincere*).

Ein *fac-simile* der tiefgehenden Predigt Giordanos findet sich fünfzig Jahre später in satirischer Form im weitverbreiteten ‚Corbaccio' des Giovanni von Certaldo wieder. Es ist somit kein Zufall, dass wir Boccaccio eine treffliche Notiz historischer Semantik verdanken:

> „Aber, wie du weißt, gibt es verschiedene Merkmale, aufgrund derer man eine Person ‚weise' nennt. Einige nennt man ‚weise', da sie die Schrift Gottes hervorragend verstehen und andern beibringen können. Andere hingegen, weil sie in bürgerlich-rechtlichen und kirchlichen Angelegenheiten gewandt sind und ausgezeichnete Ratschläge erteilen können. Wiederum andere, weil sie sich bei Führungsaufgaben des Gemeinwesens als fähig erweisen, die schädlichen Dinge meiden, die nützlichen verfolgen, wenn es nötig ist. Andere werden für Weise gehalten, die in der Lage sind, den alltäglichen Handel, die Kunst des eigenen Handwerkes und die eigenen häuslichen Angelegenheiten zu verwalten und sich den Umständen anzupassen."[12]

Auf Thomas trifft die erste und wichtigste Bedeutung des ‚Weisen' zu: die Heilige Schrift hervorragend zu verstehen und andern beizubringen. Im Zeichen von Weisheit und *cortesia* erfolgte bereits jenes Zeugnis, das zwar noch literarisch und auf den italienisch-provenzalischen Kontext beschränkt ist, das aber als die erste Aufnahme des Thomas von Aquin in den Kreis der Heiligen angesehen werden kann: ich beziehe mich auf das Porträt des Thomas, welches Dante in der ‚Divina Commedia' bietet.

---

[12] Boccaccio, Corbaccio, § 257, ed. G. Padoan, in: V. Branca (ed.), Tutte le opere di Giovanni Boccaccio, vol. 5, Milano 1994, 487–488: „*Ma, come tu sai, diverse sono le cose per le quali gli uomini e ogn'altra persona generalmente sono 'savi' chiamati. Alcuni sono chiamati 'savi', per ciò che ottimamente la scrittura di Dio intendono e sannola altrui mostrare; altri, per ciò che intorno alle questioni civili et ecclesiastiche, sì come molto in legge e in decretali ammaestrati, sanno ottimamente consigli donare; altri, per ciò che nel governo della repubblica sono pratichi e le cose nocive sanno schifare e seguire l'utili, quando il bisogno viene; et alcuni sono savi tenuti, però che sanno bene i fondachi, le loro mercatanzie e arti e' lor fatti di casa, e secondo i mutamenti de' tempi sanno temporeggiare.*"

Noch in den Jahren 1304–1306 befindet sich Thomas hier nicht unter den Heiligen, sondern unter den ‚Intellektuellen' und den rechtschaffenen Menschen (*probi viri*).

Einerseits wird nämlich das Thema der Häresie und des Kampfes gegen die perversen Irrtümer, die durch den Teufel verbreitet worden sind, gemäß einer präzisen historischen Reihung dargestellt, die die christlichen Epochen an die Formen der Häresie anpasst, welche durch die unversehrte christliche Doktrin nach und nach bezwungen wurden. Es waren die Häresien des apostolischen Zeitalters, die von Petrus und Paulus mit Erfolg bekämpft wurden, die Häresien des patristischen Zeitalters, die von den heiligen Doktoren wie Ambrosius und Augustinus besiegt wurden, schlussendlich die neuen Irrtümer der modernen Zeiten, gegen die die Kirche die neuen Bettelorden antreten lassen kann. In dieser Hinsicht hat der heilige Dominikus einen entscheidenden Beitrag geleistet[13]. Diese letzte Etappe in der zeitlichen Abfolge der Predigt Giordanos bekräftigt eine bereits seit den sechziger Jahren des 13. Jahrhunderts spürbare Tendenz, die mit der Förderung und Verbreitung des Kultes des heiligen Dominikus verbunden ist[14].

Neben der ‚Heiligkeit' desjenigen, der die Häresie bekämpft, zeichnet sich diejenige ab, die ohne Kompromisse den Weg der *sequela christi* einschlägt. Ambrosius und Augustinus stellen die Modelle der ersten Form der Heiligkeit dar, Gregorius Magnus hingegen verkörpert die Heiligkeit des demütigen Verzichts und der arbeitsamen Nächstenliebe. Gregorius ist das Abbild des tugendhaften und reichen jungen Mannes, ein Adeliger senatorischer Herkunft[15]. Auch in diesem zweiten Fall fügt sich das Motiv der Kultur an, die sich sowohl entlang des Merkmals der Askese und der Fähigkeit der Konzentration entwickelt als auch des ‚Adels der Weisheit'. „Die Weisheit", erklärt Giordano, „kann man, wie das Licht, nur in einen friedlichen und ausgeruhten Geist frei von jeglichem Kummer einfügen". Der Schüler, wenn er nicht ‚leer' bleiben will, muss sich voll und ganz auf seinen Meister einlassen, „während er lernt". Die Seele des Lernenden muss, um den höchsten Nutzen aus dem Unterricht zu ziehen, frei „von den Angelegenheiten der Welt" sein[16].

---

13 Cf. den Predigt-Abriss num. 27 in Giordano da Pisa, Esempi (nt. 11), 98–103: „*Leggiamo di santo Augustino e di santo Ambrosio, che furono grandi dottori; questi durarono molta fatica a spegnere gli eretici, però ch'al loro tempo n'erano parecchie sette* [...]. *Questi furono utili a la ecclesia: poscia di questi né prima, fuori degli apostoli, fu nullo cha tanto fosse utile e valevole come costoro.*" Gegen die neuesten Häresien („*nondimeno s'erano levati eretici d'altre resie e paterine*") regte Gott die Berufung des Dominikus an: „*andossene al papa, e disse che volea licenzia di predicare*" (op. cit., 99). Am Ende findet sich der Vergleich zwischen Dominikus und Augustinus. Cf. sowohl den Predigt-Abriss num. 30 als auch die Predigt vom 7. Februar 1304 in Santa Maria Novella in Florenz: Giordano da Pisa, Avventuale (nt. 11), 609: „*Sancto Domenico ordinò questa religione per contrastare e vincere il male, e così sancto Francesco e sancto Benedecto e gli altri santi che fecero le religioni.*" Von den ‚Weisen' ist später in derselben Predigt die Rede, aber nicht in Bezug auf Häresie.

14 Cf. Canetti, L'invenzione della memoria (nt. 5), 399.

15 Cf. Giordano da Pisa, Quaresimale fiorentino 1305–1306, Predigt XLVI, ed. C. Delcorno, Firenze 1974, 234–242.

16 Ibid., 237–238.

Nun, Thomas wird weder mit dem Thema der ‚Häresie' noch mit demjenigen des klösterlichen *contemptus mundi* in Verbindung gebracht. Er erscheint hingegen als gelehrte Autorität, wenn es darum geht, das auch kulturelle Ansehen der Heiligen Schrift zu betonen.

III. Der heiliggesprochene ‚Weise'

Kurz vor der Heiligsprechung wird das Bild des ‚weisen' Bruders Thomas angereichert, indem es mit typischen Attributen der ‚Heiligen' versetzt wird. Davon zeugt der Umstand, dass während des Prozesses *in partibus* (Neapel, Sommer 1319) der Hauptzeuge, also der Logotheta des Königreichs Sizilien Bartholomäus von Capua, die gleichen Epocheneinteilungen wieder aufnimmt, welche oben erwähnt worden sind: das apostolische Zeitalter von Petrus und Paulus, das patristische Zeitalter von Ambrosius und Augustinus und das ‚Heute'. Für die aktuelle Phase des Glaubenskampfes ersetzt er jedoch den heiligen Dominikus durch den gelehrten Thomas[17]. Außerdem betont der Zeuge den Adel der Geburt, durch den Thomas implizit an Gestalten wie Gregorius angelehnt wird[18]. Mit größerem Nachdruck weist er jedoch auf jene Aspekte hin, welche bereits für die Zuhörer von Giordano da Pisa selbstverständlich waren und welche der Chronist Villani, wie wir gesehen haben, sogleich festhält: Gerechtigkeit, unvergleichliche Kenntnis der Bibel, die Fähigkeit die Bibel zu verstehen und sie den Laien auszulegen[19]; geistige Arbeit *pro illuminatione fidelium.*

Kurzum: als Thomas endlich die Eigenschaften eines Meisters des Glaubens erwirbt, verliert er trotzdem nicht die Eigenschaften eines Gelehrten. Die jüngsten Merkmale seiner Physiognomie passen sich der Sinopie des ‚weisen Mannes' an, wenn auch in einem veränderten Kontext.

---

[17] Bartholomäus schrieb die Erklärung dem Bischof von Neapel Jakob von Viterbo, OESA, zu: „*Sacre pagine doctor archiepiscopus Neapolitanus, pater et amicus* 〈*Bartholomei de Capua*〉 […] *credebat quod salvator noster, doctor veritatis, pro illuminatione orbis et universalis Ecclesie misisset Paulum Apostolum et postea Augustinum et novissimo tempore fratrem Thomam, cui usque ad finem seculi non credebat alium successurum.*" Textedition in: Robiglio, La sopravvivenza e la gloria (nt. 1), 97.

[18] Dies wurde bestätigt von der „*fama publica quasi ubicumque per Regnum, specialiter apud magnates*" (ibid., 98). In der lateinischen Handschrift X. 46 der Biblioteca Marciana in Venedig liest man Randbemerkungen, die zwischen 1320 und 1344 geschrieben wurden; auf fol. 156^{v}, gibt es einen Hinweis auf die Familie des neuen Heiligen: „*Nota quod domus comitum de Aquino fuit de domo beati Gregorii papae primi, doctoris praeclarissimi et sanctissimi, scilicet de Francipannis de Roma, et modo vocantur comites de Loreto et Belcastro*"; cf. L. Delisle, Notice sur la chronique d'un dominicain de Parme, in: Notices et extraits des manuscrits de la Bibliothèque nationale et autres bibliothèques 35/1 (1896), 359–387, 380.

[19] „*Quilibet, secundum modulum sue cogitationis seu capacitatis, potest capere fructum ex scriptis eiusdem* 〈*Thomae*〉, *et propterea etiam layci et parum intelligentes querunt et appetunt ipsa scripta habere*"; cf. Robiglio, La sopravvivenza e la gloria (nt. 1), 98.

Die Besonderheit des Vorganges wird, abgesehen von grundsätzlichen Fragen, durch die Ergebnisse der Hagiografie-Forschung gestützt, die im Falle des Aquinaten von der Durchsetzung einer ‚neuen' Idee der Heiligkeit spricht[20]. Wie bereits erwähnt, hat der neue ‚Heilige' den ‚Weisen' nicht ersetzt: er hat ihn höchstens in eine christomorphe Richtung stilisiert.

Nun versteht man besser, weshalb die Heiligsprechung von den Zeitgenossen augenblicklich als Neuerung wahrgenommen wurde; eine Neuheit, die – wie wir sofort anmerken können – nicht jedermann gefiel. Jene, die Mühe hatten, sich mit der Wahl der Kurie in Avignon zu identifizieren, stellten dennoch eine Minderheit dar: ein paar Vertreter der Weltgeistlichkeit und vor allem eine Randgruppe von Minderbrüdern fanden sich ab dem Konzil von Vienne in einer, gelinde gesagt, delikaten kirchlichen Position wieder. Letztere, deren Sensibilität durch apokalyptische Literatur geschärft und genährt wurde, sahen eine (potenzielle) Blasphemie darin, einen gewöhnlichen Doktor im schulischen, sozusagen menschlichen Sinn des Ausdruckes, auf die Ebene eines göttlichen ‚allgemeinen Doktors' (*doctor communis*) zu erheben. Für die Leser des Pietro di Giovanni Olivi kam dies einer Vermengung des Wortes Gottes mit einer menschlichen Autorität gleich – einer menschlichen Autorität, die wie alle Autoritäten dieser Welt höchst schwach ist. Die ‚*Spirituali*' hatten, allgemein gesprochen, nicht an Thomas auszusetzen, dass er ein weiser Mann war – wie auch die heidnischen Philosophen ‚weise' gewesen waren. Sie bemerkten jedoch die tiefgreifenden – und wohl nicht intendierten – Konsequenzen der Heiligsprechung von 1323: der Umstand, dass ein ‚Weiser' als ‚Heiliger' vorgeschlagen wurde, brachte mit sich, dass letzten Endes ein Heiliger nur wenig mehr als ein weiser Mann war; so wurde der fundamentale Gegensatz zu den heidnischen Philosophen aufgegeben. Außerdem erkannten die Gegner der Heiligsprechung früher als andere auch den politischen Nutzen, zu welchem sich die nun heiliggesprochene Figur eignete. Nach all dem was bis jetzt gesagt wurde, wäre es unangemessen zu denken, dass es sich hier um persönlichen Groll gegenüber Thomas handelte. Der dominikanische Lehrer missfiel den ‚Dissidenten' vor allem aufgrund der *novitas* des Falles und seiner objektiven Implikationen. Die Dissidenten verhielten sich diesbezüglich konservativ[21].

---

[20] Cf. Vauchez, La sainteté (nt. 5), 467, 485, 581.

[21] Auch die schärfste kritische Beurteilung der Thomas-Kanonisation bezog sich weniger auf Thomas selbst als auf das Novum seines Falls. Dafür kann man zum Beispiel die Aussage heranziehen, die gegenüber dem dominikanischen Inquisitor fra' Raniero da Vercelli geäußert wurde, der in Mission nach Persien gesandt wurde, um sich nach dem Streit zwischen den Franziskanern und dem Bischof von Tabriz zu erkundigen. Der Franziskaner Ugolino da Gubbio soll Raniero gesagt haben, dass Papst Johannes XXII. einem Ketzer gleichkam: „*Dixi ego ergo* 〈*Rainerus*〉: ‚*Et omnes Cardinales et prelati et Religiosi, qui reputant eum papam, sunt dampnati et vos soli salvi*'. *Ita dixit ipse* 〈*Hugolinus*〉: ‚*Quia Cardinales bene sciunt eum esse hereticum, sed non audent dicere aliquid contra eum, quia timent eum*' *et plura similia. Dixi ego:* ‚*Si crederem te dicere verum, ego essem tecum, sed scio et teneo quod tu eris deceptus*'. *Postea dixit* 〈*Hugolinus*〉 *de beato Thoma, quia fecerat et determinaverat illam questionem de paupertate Christi, quod erat similiter excommunicatus et hereticus, quia fecerat illam determinationem contra dicta sacre scripture et sanctorum, et quod multi fratres Minores erant parati probare contrarium. Et licet beatus Thomas multa alia bene scripserit, tamen in hoc turpiter erravit, et illa, que fuerunt predicta de eo in*

Das heißt, dass nicht die Lehre des Thomas in ihren Ausführungen, und auch nicht sein Ansehen als Gelehrter, das er unter den Gelehrten und den Mächtigen genoss, infrage gestellt wurden. Auch jene, die zu seinen Lebzeiten nicht immer die gleichen Lehren vertraten, kapitulierten zumeist vor der intellektuellen und moralischen Aura des Grafen von Aquino. Der Bettelbruder in Treue zu Christi Kirche zog es vor, dass seine Mitbrüder sich bildeten als dass sie neue Klöster bauten und sich immer größere Besitztümer zulegten. Fälle von persönlicher Feindseligkeit sind die Ausnahme, vor allem unter jenen, die im Leben das Privileg hatten, mit Thomas von Aquin zu verkehren.

Einige Zeugnisse der Hochachtung entspringen sogar der Feder des franziskanischen Bischofs John Peckham, den man berechtigterweise zu den beharrlichsten Betreibern der ‚antithomistischen' Kampagne der siebziger und achtziger Jahren des 13. Jahrhunderts zählen kann. Peckham ist Teil einer größeren, komplexen Kampagne mit dem Ziel, den Erfolg des scholastischen Aristotelismus einzudämmen, zu einem Zeitpunkt, als sich immer offensichtlicher eine Niederlage des theologischen Vorhabens abzeichnete, das vom vierten Laterankonzil von 1215 in Aussicht gestellt worden war[22].

IV. Ein Vorbild insbesondere für die Studenten

Auf der weltlichen Seite erscheint die Zustimmung gleichfalls tief und verbreitet, sowohl *apud bonos et litteratos viros* als auch beim Kleinadel der Städte Zentral- und Norditaliens: Pisa, Florenz, Bologna, Padua, Pavia[23]. Diese geografische Gegebenheit geht einher mit dem Studentenleben, das sich in diesen Städten abspielte. Ab dem dritten Jahrzehnt des 14. Jahrhunderts ist es den Studenten unmöglich, die festliche Liturgie des neuen dominikanischen Heiligen zu ignorie-

---

festo suo, fuerunt mendacia; quia nunquam pro eo deus hostendit miraculum. Et quia fecit mentionem de veste Christi allegando scripturam que dicit: ‚Partiti sunt vestimenta mea et super vestem meam miserunt sortem', interrogavi eum, si proprie illa vestis fuit Christi. Dixit quod non. ‚Cuius ergo', dixi ego. Respondit: ‚Cuius est aer?'; et talia similia plura dixit. Preterea per multa verba, indicia et facta, que sunt certissima, dictum fratrem Guillelmum verum episcopum non reputant sed excommunicatum et hereticum, maxime quia est factus per hereticum ⟨i.e. per Johannem XXII⟩." Der Franziskaner Hugolinus behandelt das Thema der *visio beatifica.* Nachher fährt der Text fort: „*Ex quibus concludebat quod dominus papa ceciderat a potestate sua et erat hereticus, nec erat sibi obediendum. Et quod beatus Thomas canonizatus per eum erat hereticus. Et cum dictus dominus Philippus* [i.e., ein Kaufman aus Venedig, Filippo Giustiniani] *respondisset: ‚Quare ergo canonizavit eum ⟨i.e. Thomam⟩, si erat hereticus?' Respondit: ‚Nescio quare canonizavit eum, sed scio quod quidam dixerunt sibi ante canonizationem: Caveatis, domine papa, quia semper improperabitur vobis quod canonizastis unum hereticum'. Et omnia supradicta frater Ludovicus et frater Philippus de Montearcino, qui erat etiam presens, affirmabant et consenciebant eidem fratri Georgio* ⟨i.e. Georgius de Adria, OFM⟩. *Sentenciam omnium istorum supradictorum sub juramento coram nobis tribus supradictis affirmavit dictus dominus Philippinus esse vera. A. D. M CCC XXX III secundo nonas julii.*" Cf. F. Tocco, Studi francescani, Neapel 1909, 325–327.

22 Cf. R. W. Southern, The Changing Role of Universities in Medieval Europe, in: Historical Research 60 (1987), 133–146.

23 E. g. Robiglio, La sopravvivenza e la gloria (nt. 1), 69, nt. 18.

ren. In den genannten Städten wuchs die Zahl der ausländischen Studenten im Laufe der Jahrzehnte stark an. Dies führte dazu, dass die Universitäten der Poebene zu den wichtigsten akademischen Zentren der neuen europäischen Elite wurden.

Fassen wir nun zusammen, was wir bisher festgestellt haben. Thomas erreicht die Heiligsprechung in unvorhergesehener Weise. Johannes XXII. machte sich, sein Potenzial erkennend, ein Projekt zu eigen, das seinen Ursprung zu einem großen Teil weder in kirchlicher noch in kurialer Umgebung hatte. Dadurch ermöglichte es der Papst – willentlich oder unwillentlich –, dass zumindest das ursprüngliche Ansehen des *magister* Thomas überlebte und nicht vom hagiografischen Profil vollständig überlagert wurde. Die Kandidatur des dominikanischen Bruders wurde anfänglich weder vom Orden der Dominikaner unterstützt noch von der päpstlichen Kurie, obwohl diese gegenüber der ‚patristischen' Synthese des *doctor communis* eher wohlwollend gestimmt war. Einer der wichtigsten Urheber des postumen Ruhms des Thomas war ein Laie, ‚Guelfe' und Jurist: es handelt sich um den bereits erwähnten Logotheten des Sizilianischen Reiches, der bereits ein sehr einflussreicher Sekretär des Papstes Coelestin V. war, und anschließend die Politik Karls II. von Anjou beeinflusste.

Das Bild des Thomas als ‚Adliger' und ‚Weiser' zieht sich wie ein roter Faden durch die Erzählung im Zeugnis des Logotheten Bartholomäus und umhüllt nahtlos das Porträt des Heiligen, das zwischen dem 13. und 14. Jahrhundert von den dominikanischen Predigern erarbeitet worden war. Die hagiografische Schicht, die sich seit der Biografie des Bruders Guglielmo di Tocco aus Benevento, die entscheidend für die Verbreitung des Kultes und der Ikonografie des neuen Heiligen ist, darüber legt, wird den spezifischen Aspekt des heiligen „Doktors" mindern, jedoch nicht komplett verbergen können[24].

Diese Tatsache ist wichtig für die Beziehung zwischen Lehrer und Schüler im 14. Jahrhundert, wenn auch nur auf eine indirekte Weise. Die Auslegung des Thomas gegenüber den Autoren bildet einen wichtigen Teil von dem, was in der Folge den Namen Thomismus erhalten hat. Derjenige, der von Papst Johannes XXII. in den Katalog der Heiligen aufgenommen worden ist, ist alles andere als ein Unbekannter. Zu Lebzeiten genoss er europaweiten Ruhm und ein solides Ansehen als Theologe. Sein Tod war von mächtigen Kirchenmännern hohen Ranges, wie zum Beispiel von Kardinal Latino Malabranca, beweint worden und hatte die Pariser Fakultät der *artes* dazu veranlasst, einen berührenden Kondolenzbrief zu verfassen[25]. Zu Beginn des 14. Jahrhunderts war ein Theologe nicht

---

[24] Zur Wirkungsgeschichte des Motivs cf. E. Delaruelle, La translation des reliques de saint Thomas d'Aquin à Toulouse (1369) et la politique universitaire d'Urbain V, in: Bulletin de littérature ecclésiastique 56 (1955), 129–146; C. J. Mews, Thomas Aquinas and Catherine of Siena: Emotion, Devotion and Mendicant Spiritualities in the Late Fourteenth Century, in: Digital Philology: A Journal of Medieval Cultures 1 (2012), 235–252.

[25] E. g. A. Birkenmajer, Der Brief der Pariser Artistenfakultät über den Tod des hl. Thomas von Aquino, in: id., Études d'histoire des sciences et de la philosophie du Moyen Âge (Studia Copernicana 1), Wrocław–Warszawa–Kraków 1970, 277–311.

nur ein Gelehrter. Genauso wichtig oder sogar ausschlaggebender war seine Tätigkeit als Lehrer, die er in verschiedensten Formen ausübte: durch den Lehrberuf an den Universitäten, durch die Predigten und durch Ratschläge oder *consilia*.

Es genügt, einen der ältesten Kataloge mit den Werken des Thomas zu konsultieren, der von Bartholomäus von Capua verfasst wurde, um zu erkennen, dass der *magister theologiae* mit seinen Schriften den Päpsten, den Vorstehern verschiedener Orden und den Bischöfen geantwortet hat. Außerdem hat er Herzoginnen, die von kasuistischen Zweifeln befallen waren, und junge Herrscher bei der Regierung des Landes beraten. Der Meister hatte auch ein offenes Ohr für klärende Nachfragen, die von seinen Kollegen kamen oder sogar von Rittern, die als Freunde scholastischer Themen bekannt waren. Thomas von Aquin, der für die Christen zum Vorbild für die Lebensführung wurde, spiegelt weiterhin das Paradigma des ausgeglichenen und kulturell gebildeten Mannes wider, der überall in der Lage war, den Sinn der Mäßigung und die Kunst der richtigen Unterscheidung zu vermitteln, die sich zwei Jahrhunderte später bei Erasmus zur Parodie der gesamten scholastischen Kultur wandeln wird. Thomas beeindruckt nicht, zumindest nicht auf Anhieb, mit seinen Eigenschaften als Zeuge des Glaubens oder des Martyriums. Sein größtes ‚Wunder' bleibt die Lehre und das Schreiben: *quot articuli, tot miracula* werden die Biografen wiederholen. Seine Heiligsprechung galt – und hier können wir von den heterogenen Absichten der einzelnen beteiligten Akteure absehen – auch und vor allem dem *magister* und dem Autor einer *epistola de modo studendi*[26].

Es ist diese einzigartige Lehrtätigkeit, ausgeübt und verstärkt durch das Ansehen des Heiligen, auf die ich versucht habe, aufmerksam zu machen. Die Tatsache betrifft in erster Linie weder die Lehre noch eine effektive Schülerschaft. Die Studenten jedoch, wie schließlich jeder Mensch, sind ‚symbolische Tiere' und sind so, gestern wie heute, empfänglich gegenüber dem starken Bildnis des ‚weisen' Meisters, auch wenn sie wissen, dass sie ihn nicht mehr leibhaftig antreffen können.

[26] Im Hintergrund meiner Untersuchung zeichnet sich das ab, was man über das Problem des Lehrens bei Thomas seit Langem erforscht: cf. M. Linnenborn, Das Problem des Lehrens und Lernens bei Thomas von Aquin (Grundfragen der Pädagogik 4), Freiburg i. Br. 1956; D. Rohling, Omne scibile est discibile: eine Untersuchung zur Struktur und Genese des Lehrens und Lernens bei Thomas von Aquin (Beiträge zur Geschichte der Philosophie und Theologie des Mittelalters. N.F. 77), Münster 2012.

Meister Eckhart und seine Schüler
Lebemeister oder Lesemeister?

Freimut Löser (Augsburg)

Spricht man von Eckhart, wird das Wort ‚Meister' immer mit ausgesprochen; so als wäre Eckhart nicht ohne ‚Meister' zu haben. Dieser ‚Meister Eckhart' wurde in der Folge des bekannten ihm zugeschriebenen bei Franz Pfeiffer gedruckten ‚Spruches' zum ‚Lebemeister' stilisiert: „*Ez sprichet meister Eckehart: wêger* [= ‚besser'] *wêre ein lebemeister denne tûsent lesemeister*"[1]. Zum ‚Meister' gehören ‚Jünger'. Und tatsächlich hat die Forschung diese früh ausgemacht: ‚Meister Eckhart und seine Jünger' ist der Titel einer 1895 von Franz Jostes herausgegebenen Textsammlung. Für Jostes ist dieses Konzept hilfreich, erlaubt es ihm doch, Texte einer Handschrift abzudrucken, unterschiedslos und gleichgültig, ob sie von Eckhart oder anderen stammen. Ein Text, der sich nicht zuordnen lässt, wird dann so charakterisiert: „Manches weist auf Eckhart aber anderes spricht deutlich gegen seine Verfasserschaft; der Prediger ist indes ein ganz im Banne des Meisters stehender Jünger von ihm."[2] Die Frage nach der Autorschaft ist – und das gilt nicht nur für Eckhart und seine ‚Schule' – oft schwer zu entscheiden, wann spricht der ‚Lehrmeister', wann spricht (nur) ein ‚Jünger', wann legt wer wem was in den Mund? Ist denn zum Beispiel der bekannte ‚Spruch' überhaupt von Eckhart? Oder haben ‚Jünger' ihn so kennzeichnen wollen? Richtig und wegweisend ist sicher der Gedanke, das Verhältnis seiner ‚Schüler' zu Eckhart mit der Überlieferung zu verbinden, wie Jostes von Sammelhandschriften auszugehen und zu fragen, wie die schreibenden ‚Jünger' die Texte des ‚Meisters' überliefern.

Nun hat die Forschung aber bis heute wenig danach gefragt, wie eigentlich das Verhältnis Eckharts zu diesen angeblichen ‚Jüngern' und das Verhältnis der ‚Jünger' zu ihrem ‚Meister' bestimmt wurde, was ‚Jünger' und ‚Schüler' unterscheidet und wie konkret ‚Schülerschaft' in der ‚Schule' Eckharts zu bestimmen ist. Damit ist ein weites Feld eröffnet, das unter zahlreichen Aspekten zu behandeln wäre.

---

1 F. Pfeiffer (ed.), Deutsche Mystiker des vierzehnten Jahrhunderts, vol. 2: Meister Eckhart, Leipzig 1857 [Neudruck Aalen 1962], Sprüche Nr. 8, 599.

2 F. Jostes (ed.), Meister Eckhart und seine Jünger. Ungedruckte Texte zur Geschichte der deutschen Mystik. Mit einem Wörterverzeichnis von P. Schmitt und einem Nachwort von K. Ruh (Deutsche Neudrucke. Reihe: Texte des Mittelalters), Berlin – New York 1972 (ursprünglich: 1. Auflage Freiburg/Schweiz 1895).

Ich möchte mich hier auf vier Grundsatzfragen beschränken:

1. Wie unterrichtet der ‚Lehrmeister' Eckhart?
2. Wie reagieren die ‚Schüler' auf solche Lehren?
3. Welches Konzept hat Eckhart von Meisterschaft?
4. Welches Konzept haben seine Schüler von ‚Meister' Eckhart?

I. Lehrkonzepte

Was wissen wir über ‚Meister' Eckharts Unterricht? Einige Grundpositionen für den Unterricht in lateinischer Sprache lassen sich aus dem ‚Prologus generalis in opus tripartitum' ableiten: Eckhart plant – neben seinem deutschen – systematisch ein dreigeteiltes lateinisches Werk (auch wenn die Forschung lange gezweifelt hat, ob er es in allen Details auch ausgeführt hat) und benennt die einzelnen Teile des Werkes genau. Zur Offenlegung dieser Planung stellt er dem Gesamten ein generelles Vorwort, den Teilen nochmals einzelne Vorreden voraus, die den Zweck und die Bestimmung erläutern. Eckhart gibt dabei sehr klar Rechenschaft über seine eigene Intention:

„*Auctoris intentio in hoc opere tripartito est satisfacere pro posse studiosorum fratrum quorundam desideriis, qui iam dudum precibus importunis ipsum impellunt crebro et compellunt, ut ea quae ab ipso audire consueverunt, tum in lectionibus ac in aliis actibus scholasticis, tum in praedicationibus, tum in cottidianis collationibus, scripto commendet* […]."[3]

Eckhart inszeniert sich hier als Universitätslehrer, der sich von seinen Studenten zum Schreiben drängen lässt. Das lateinische Werk erscheint so als Reaktion auf die Bitten eifriger oder studierwilliger Mitbrüder. Das, was die Mitbrüder ursprünglich zu hören bekamen (*audire consueverunt*), wird jetzt schriftlich aufgearbeitet (*scripto commendet*). Anders als Johannes Tauler und Heinrich Seuse, die vornehmlich weibliche Adressaten ansprechen, zielt Eckhart – im lateinischen Werk – auf die Wünsche der Mitbrüder (*studiosorum fratrum*). Der unterschiedliche Adressatenkreis/Adressatinnenkreis zieht auch ein unterschiedliches Lehr-

[3] Die Werke Meister Eckharts werden zitiert nach: J. Quint (ed.), Meister Eckhart. Die deutschen Werke, vols. I–III [Predigten], Stuttgart 1958–1976; vol. IV, 1 [Predigten], edd. G. Steer unter Mitarbeit von W. Klimanek und F. Löser, Stuttgart 2003 und vol. IV, 2 [Predigten], ed. G. Steer, Stuttgart 2003 sqq; vol. V [Traktate], ed. J. Quint, Stuttgart 1963 (= DW); J. Koch/H. Fischer/K. Weiss/K. Christ/B. Decker/A. Zimmermann/B. Geyer/E. Benz/E. Seeberg/L. Sturlese (eds.), Meister Eckhart. Die lateinischen Werke, vols. I–V, Stuttgart 1936 sqq. (= LW); N. Largier (ed.), Eckhart. Werke, vols. 1–2, Frankfurt a. M. 1993 (= EW). LW I, 2, 21 = LW I, n. 2, 148, 5–9; Übersetzung LW I, 148: „Der Verfasser beabsichtigt in diesem dreiteiligen Werke, nach Vermögen den Wünschen eifriger Mitbrüder zu genügen, die ihn schon lange mit inständigen Bitten oftmals angehen und drängen, das, was sie von ihm in Vorlesungen und anderen Schulübungen wie auch in Predigten und täglichen Besprechungen zu hören gewohnt waren, schriftlich niederzulegen […]". Cf. zum Folgenden: F. Löser, Werkkonzepte und ‚Individualisierung' bei Eckhart, Tauler und Seuse, in: Meister-Eckhart-Jahrbuch 8 (2014), 145–180.

konzept nach sich: Eckharts Material entstammt seinen eigenen Aussagen zufolge seinen Vorlesungen (*lectionibus*), anderen *actibus scholasticis*, Predigten (*praedicationibus*) und täglichen Gesprächsrunden (*cottidianis collationibus*). Eckhart bedient sich also durchaus unterschiedlicher Gattungen, die aber alle im Universitäts- und Ordenskontext beheimatet sind.

Eckhart folgt jetzt aber nicht weiter der eigentlich vorgegebenen Viergliederung der von ihm in Unterricht und Unterweisung verwendeten Gattungen (*lectionibus*, *actibus scholasticis*, *praedicationibus*, *collationibus*), sondern er gliedert sein schriftliches lateinisches Werk anders; dabei verschiebt sich sein Interesse signifikant von der unmittelbar an Gepflogenheiten der Lehre orientierten Mündlichkeit des Ursprungsgebrauchs zur systematisch-wissenschaftlichen Schriftlichkeit. Er gliedert seine lateinischen Werke nämlich

„[...] *praecipue quantum ad tria: videlicet quantum ad generales et sententiosas quasdam propositiones; item quantum ad diversarum quaestionum novas, breves et faciles declarationes; adhuc autem tertio quantum ad auctoritatum plurimarum sacri canonis utriusque testamenti raras expositiones* [...].“[4]

Eckhart verlässt mit dieser neuen Gliederung die zuvor genannten vier innerhalb der direkten Lehre praktizierten Gattungen und wählt jetzt ein allgemeines systematisch/theoretisch orientiertes Konzept. Dieses ist aber ebenfalls didaktisch auf sein Publikum hin orientiert, wenn er diesem „neue, kurze und leicht fassliche Erklärungen“ zu ‚Quaestiones‘ geben will. Der Vorstellung des Werkes der Auslegungen, zu dem in Eckharts Konzept übrigens die Predigt gehört, wird dabei aber der breiteste Raum schon im Prolog eingeräumt; Eckhart spricht in diesem Zusammenhang von *raras expositiones* und erläutert diese „ungewöhnlichen Auslegungen“, die er seinen Zuhörern und Lesern biete, so:

„*in his potissime quae se alias legisse non recolunt vel audisse, praesertim quia dulcius irritant animum nova et rara quam usitata, quamvis meliora fuerint et maiora*“[5].

Eckhart macht also den Wert des bisher Gewohnten (*usitata*) durchaus deutlich, hebt davon aber seine eigenen Auslegungen als *expositiones raras* ab. Das mittelalterliche Vokabular ‚Ex quo‘ übersetzt *rarus* mit: „*das nit dicke* [= häufig] *ist*“, mit *selden* oder gar *selczen* [= seltsam, fremdartig, unbekannt]“[6]. Eckhart ist

4 LW I, 2, 21 = LW I, n. 2, 148, 9–13; Übersetzung LW I, 148: „[...] vornehmlich in dreifacher Hinsicht, nämlich hinsichtlich gewisser allgemeiner und lehrsatzartiger Thesen, zweitens hinsichtlich neuer kurzer und leicht faßlicher Erklärungen verschiedener Probleme, ferner aber drittens hinsichtlich ungewöhnlicher Auslegungen zahlreicher Aussprüche der Hl. Schrift beider Testamente [...]“.

5 LW I, 2, 21 = LW I, n. 2, 148, 13–149, 2; Übersetzung LW I, 148 sq.: „besonders solcher, die sie ihrer Erinnerung nach sonst nicht gelesen oder gehört haben, weil Neues und Ungewöhnliches ja einen angenehmeren Reiz auf den Geist ausübt als Gewohntes, möge dies auch besser und bedeutender sein“.

6 Vocabularius Ex quo. Überlieferungsgeschichtliche Ausgabe, vols. 1–5, edd. K. Grubmüller/ B. Schnell e. a. (Texte und Textgeschichte 22–26), Tübingen 1988–89, hier vol. 5, 2250, Art. R 58 und R 59.

sich also bewusst, dass er Ungewohntes bietet. Er tut dies sogar bewusst, weil, wie er sagt, *nova et rara* einen Reiz auf den Geist ausüben; Eckhart orientiert sich somit abermals in didaktischer Absicht am Horizont des Publikums, den er freilich absichtlich aufbricht. All dies lässt ihn als Lehrmeister erscheinen, der auf die Wünsche seiner Hörer eingeht, der diese aber auch fordert und gezielt verblüfft, indem er ihnen Neues und für sie ganz Ungewohntes bietet. So zumindest geht er seiner eigenen Aussage gemäß im lateinischen Bereich mit den Studenten um.

Eckhart hat aber auch in der Volkssprache unterrichtet, wenn man das so nennen will. Dass er dabei auch an einen bestimmten Adressatenkreis gedacht hat, zeigt sich an einem berühmten Zitat aus dem ‚Buch der göttlichen Tröstung'. Man werde ihm vorhalten, sagt Eckhart da,

> „*daz man sôgetâne lêre niht ensol sprechen noch schrîben ungelêrten. Dar zuo spriche ich: ensol man niht lêren ungelêrte liute, sô enwirt niemer nieman gelêret, sô enmac nieman lêren noch schrîben. Wan dar umbe lêret man die ungelêrten, daz sie werden von ungelêret gelêret*"[7].

Dass Eckhart solche ‚Lehren für die Ungelehrten' im Sinne hatte, geht nicht nur aus diesem berühmten Zitat hervor; ganz ähnlich postuliert er in Predigt 7, „*daz ein ungelêret mensche mit minne und mit begir mac kunst nemen und lêren*"[8].

Eckhart zieht also keine scharfe Grenze zwischen den gelehrten Meistern und den ungelehrten Zuhörern, sondern die Ungelehrten sollen zu Gelehrten werden; Mittel dazu ist die Lehre des Gelehrten, der in seiner Lehre Erwartungshorizonte durchbricht und Ungewohntes bietet. Man könnte sich hier fragen, ob es nicht gerade diese Methode der Verblüffung und Forderung der Zuhörer ist, die zu den bekannten Problemen bis hin zu Anklage und Prozess geführt hat. Denn Ungelehrten Schwieriges, Verblüffendes, Komplexes und ganz und gar Ungewohntes vorzusetzen ohne Missverständnisse zu provozieren, kann ja durchaus schwierig sein. Die Bulle ‚In agro dominico' hielt Eckhart jedenfalls vor, er habe die Herzen der *simplices* vernebelt.

Über konkrete Lehrsituationen in der Volkssprache wissen wir freilich wenig. Natürlich können Predigten immer als ‚Belehrung' verstanden werden (und einige der Texte deuten auf eine solche ‚Lehrsituation' in der Predigt ja tatsächlich hin). Eine sehr konkrete Lehrsituation Eckharts lässt sich aber tatsächlich festmachen; sie lag in den ‚rede[n] der underscheidunge' vor. Diese ‚Reden' werden im heutigen Deutsch ja immer noch häufig als ‚Reden der Unterweisung' bezeichnet. Dies ist natürlich insofern falsch, als *underscheidunge* ja nun nicht ‚Unterweisung' meint, sondern sich in mittelalterlichen Vokabularien unter lateinischen Lemmata findet wie *differentia*, *distinctio*, *discernere*. Und doch ist ein Wahrheitskorn in diesem eigentlich falschen neuhochdeutschen Titel, denn tatsächlich trat Eckhart dabei im Gestus eines Lehrenden auf. Dies ist jedenfalls der Handschriftengruppe zu entnehmen, die den konkreten Textzweck benennt: Die ‚rede[n] der underscheidunge' sind (das sagen die Handschriften)

---

[7] DW V, 60, 25–61, 1.

[8] Pr. 7, DW I, 120, 6 sq.

„*die reden, die der vicarius von Thüringen, der prior von Erfurt, bruoder eckhart predigerordens mit solchen kindern hâte, diu in dirre rede vrâgeten vil dinges, dô sî sâzen in collationibus mit einander*"[9].

Der *vicarius* und *prior* Eckhart redet also mit seinen *kindern*, unter denen freilich nicht nur Novizen, sondern alle Mitbrüder des Erfurter Konvents zu verstehen sind. Eckhart lehrt sie; denn mit *collationes* sind – Walter Senner zufolge – mehrere mögliche Situationen bezeichnet, die freilich allesamt einen ‚Lehrcharakter' haben. Senner, den ich zitiere, unterscheidet grundsätzlich zwölf Möglichkeiten der Definition. Besonders wichtig sind aus meiner Sicht die folgenden sechs:

1. Die abendliche Zusammenkunft des (benediktinischen oder zisterziensischen) Konvents nach getaner Tagesarbeit zur Klärung praktischer Fragen und zur Besinnung.
2. Die bei dieser Gelegenheit – und dann auch unabhängig davon (etwa beim gemeinsamen Mahl) vorgetragene Lesung aus der Ordensregel oder aus Schriften der Kirchenväter.
3. Die diese erklärende Ansprache des Abtes als geistlicher Vater seiner Kommunität, später auch der Vortrag eines Klosteroberen zu einem spirituellen Thema überhaupt.
4. Ein geistlich-theologischer Vortrag, oder ein solches Gespräch, ganz allgemein.
5. Im Dominikanerorden oblag dem Novizenmeister u. a. die Pflicht, die Novizen in einem eigens dazu bestimmten Raum neben dem Unterricht über die Konstitutionen und die Lebensweise des Ordens in Gesang und Lesen zu unterweisen, geistliche Vorträge zu halten und mit ihnen Gespräche (*collationes aedificatoriae*) zur Ermahnung und Tröstung zu führen; er konnte dies auch an andere geeignete Brüder delegieren.
6. Die Predigt außerhalb der Messfeier am Nachmittag oder Abend, besonders auch die vor der *universitas magistrorum et scholarium*. Von den Pariser Dominikanern wurde der Brauch 1231 dahingehend adaptiert und abgewandelt, dass während der Vesper eine Predigt für die Ordensstudenten gehalten wurde.

„Wie die Angabe ‚*mit solchen kindern*' zeigt", so schließt Senner, „handelt es sich bei den Reden um *collationes* in der vierten der genannten Bedeutungen. Ihr Publikum waren alle Mitbrüder des Konvents, nicht nur die Novizen"[10]. Dem ist unbedingt zuzustimmen. Besonders interessant erscheint aber auch noch der neunte, von Senner genannte Punkt:

---

[9] DW V, 8, 12–14.

[10] W. Senner, Die ‚Rede der underscheidunge' als Dokument dominikanischer Spiritualität, in: A. Speer/L. Wegener (eds.), Meister Eckhart in Erfurt (Miscellanea Mediaevalia 32), Berlin–New York 2005, 109–121, hier 110–113.

„Eine (nachmittägliche oder abendliche) Repetition der Vorlesung (des Vormittags) im Studium. Humbertus de Romanis beschreibt ihre Organisation unter den Pflichten des Studentenmeisters. In der Studienordnung des Dominikanerordens von 1259 war diese einmal wöchentlich für alle *studia* vorgeschrieben. Eine spezielle Form dieser Übungen waren *collationes*, die einen praktisch-homiletischen Bezug zur Literatur oder zu Fragen der Moral hatten."[11]

Wie auch immer man den Begriff der *collationes* also dreht und wendet, ein Gemeinsames bleibt immer: der lehrhafte Zweck des Unternehmens. Dass Eckhart in den Erfurter ‚rede[n]' als Lehrmeister gefragt war, steht damit außer Zweifel. Er scheint auch ein didaktisch geschulter Meister gewesen zu sein, denn die Handschriften betonen die vertrauensvollen Fragen der Zuhörer, den Antwortcharakter des Meisters und vor allem das *mit einander*. Welcher Art das Lehrkonzept Eckharts in den Erfurter ‚rede[n]' war, lässt sich ebenfalls ansatzweise ermitteln. Es zeigen sich darin nämlich Reste von Oralität. Dabei scheint es gleichgültig, ob man von einem Spiegel der Realität ausgeht („dies sind wirkliche Splitter aus Gesprächen") oder von fingierter Mündlichkeit („der Text wird so inszeniert, als spräche Eckhart mit Partnern"). Entscheidend ist das Konzept der Lehre, das so sichtbar wird. Und dieses Konzept Eckharts für die Erfurter ‚rede[n]' ist geprägt von:

- dem Aufgreifen offen gebliebener Fragen;
- einem dialogischen Frage-Antwort-Verfahren zwischen Meister und Schülern;
- einem Arrangement des Textes, das sich in Kapitel und kleine Einheiten zu bestimmten Themen gliedert, die für Lehrzwecke ideal, weil kommensurabel, merklich, leicht fasslich und deshalb auch gut portionierbar sind[12].

Eckhart ist also durchaus bewusst mit seiner Tätigkeit als Lehrer umgegangen. Die Reaktionen darauf waren unterschiedlich.

II. Schüler-Reaktionen

Damit ist die Frage der Reaktion der ‚Schüler' auf die Lehren des ‚Meisters' angesprochen. Ein in der Forschung bekannter Fall ist die Sammlung des ‚Paradisus anime intelligentis'. Sie ist vor 1340 entstanden (wie Eckharts ‚Reden'

---

[11] Senner, Die ‚Rede der underscheidunge' (nt. 10), 112–113, nennt 8. als *collatio pro commendatione sacre doctrine* (in Bologna) auch die feierliche Antrittsvorlesung eines neuen *baccalaureus sententiarum*, 10. die Verleihung eines (kirchlichen) Amtes oder die Übertragung einer Verfügungsgewalt bzw. einer Vollmacht; 11. eine Schenkung; 12. das Vergleichen verschiedener Handschriften eines Textes.

[12] Sie sind damit auch partiell überlieferbar; und in der Tat hat die Überlieferung auf dieses Angebot von Lehreinheiten auch so reagiert, dass der Text in zahlreichen Fällen nicht als ganzer wiedergegeben wurde, sondern in Ausschnitten, vornehmlich in reformierten Klöstern, dass dabei Nützliches herausgegriffen und dass der Lehrcharakter dieser Stücke angezeigt wurde.

wohl in Erfurt) und versammelt die Predigten dominikanischer thüringischer Lesemeister, darunter 31 Predigten Eckharts. Wie Eckharts Zeitgenossen sich eine typische ‚*lesemeister*-Predigt' vorstellen, erhellt aus dieser berühmten Sammlung[13], die etwa eine der dort gesammelten Predigten Eckharts so einleitet:

> „*Quasi stella matutina in medio nebule etc.* meister Eckart *wisit hi sine meisterschaft, wi Got ist ubir wesin und wirkit uber wesin, und wi Got ist ubir allis daz man gesprechin oder gedenkin mac, und bewisit daz bit* [= mit] *glichnissen alse bi der sele und bi dem nu der ewekeit, und lerit ouch wi di sele sal bi dem ewigin worte sin eyn biwort.*"

Hier wird *meisterschaft* bewiesen, indem Thesen bewiesen, an Exempeln exponiert und anhand von Beispielen aus der Grammatik gelehrt werden. Noch deutlicher ist der Lesemeister-Duktus zu greifen, wenn der dominikanische Lesemeister-Redaktor der Sammlung einen anderen Kollegen so vorstellt:

> „*Hec est vita eterna ut cognoscant te solum verum deum et quem misisti Ihesum Christum. In disir predigade dispitirit brudir Gisilher von Slatheim, der lesimeister was zu Kolne und zu Ertforte, widir di barfuzin und bewisit daz diz werc der fornunft edilir ist dan diz werc dez willen in deme ewigin lebine, und brichit di bant der barfuzin id est argumenta meisterliche.*"[14]

Wenn Karl Heinz Witte zuletzt bei Eckhart einen gewissen Stolz auf gelehrte Disputationen ausmachen will[15], dann ist er hier, in dieser Predigtsammlung dominikanischer *lectores*, *lesemeister* eben, zu greifen: nicht bei Eckhart selbst, sondern beim Redaktor der Sammlung und Verfasser dieses Inhaltsverzeichnisses. Auch Eckharts Texte wurden prominent und vielzählig in die Sammlung aufgenommen. Sie wurden aber auch, wie ich früher zeigen konnte, verändert, dem dezidiert dominikanischen Redaktoren-Programm der Sammlung angepasst, ja geradezu manipuliert[16].

Hier zeigt sich, dass es die ‚Schüler' sind, die ihren Meister machen. Sie machen ihn zum Meister; aber sie machen, indem sie sie schreiben, auch seine Texte, sie passen seine Texte ihren Vorstellungen an, erweitern, kürzen, verän-

---

13 Dazu zuletzt: B. Hasebrink/N. F. Palmer/H.-J. Schiewer (eds.), ‚Paradisus anime intelligentis'. Studien zu einer dominikanischen Predigtsammlung aus dem Umkreis Meister Eckharts, Tübingen 2009.

14 Zitiert nach Paradisus anime intelligentis (Paradis der fornuftigen sele). Aus der Oxforder Handschrift Cod. Laud. Misc. 479 nach E. Sievers' Abschrift ed. P. Strauch (Deutsche Texte des Mittelalters 30), Berlin 1919, 4 sq.; Meine Übersetzung: „*Quasi stella matutina in media nebulae etc.* Meister Eckhart erweist hier seine Meisterschaft, wie Gott über jedem Sein ist und über dem Sein wirkt, und wie Gott über allem ist, was man sagen oder denken kann; und er beweist das mit Gleichnissen, wie z. B. anhand der Seele und des Moments der Ewigkeit. Und er lehrt auch, wie die Seele beim ewigen Wort ein Beiwort sein soll". – „(41) X. *Hec* [...] *Christum.* In dieser Predigt disputiert Bruder Giselher von Slatheim, der Lesemeister in Köln und Erfurt war, gegen die Franziskaner und beweist, dass das Werk der Vernunft edler ist als das Werk des Willens in dem ewigen Leben und er zerbricht auch die Bande der Franziskaner, d. h. ihre Argumente meisterhaft."

15 K. H. Witte, Meister Eckart: Leben aus dem Grunde des Lebens, Freiburg – München 2013, 46.

16 F. Löser, „Als ich mê gesprochen hân". Bekannte und bisher unbekannte Predigten Meister Eckharts im Lichte eines Handschriftenfundes, in: Zeitschrift für deutsches Altertum und Literatur 115 (1986), 206 – 227.

dern sie nach ihrem Bedarf; und sie reduzieren seine Lehre auf ihre dogmatische Linie oder reduzieren komplexe Sachverhalte auf prägnante Sprüche (sei es inhaltlicher, sei es anekdotischer Art). Beispiele für Textreduktion zu Sprüchen sind in der Eckhart-Überlieferung zuhauf zu finden. Ähnliches geschah übrigens schon mit den ‚Goldenen Worten' Alberts des Großen (man denke an die von Pfeiffer in der Zeitschrift für deutsches Altertum Nr. 8 gedruckten Albert-Dicta). Sogar Eckhart selbst ist, was die Reduktion der Meister auf Dicta betrifft, auf der Schüler-Seite zu finden, wenn er über Albertus Magnus sagt: „*Et Albertus saepe dicebat: ‚hoc scio sicut scimus, nam omnes parum scimus*'"[17]. Dieses Zitat ist insofern interessant, als es – wie Loris Sturlese zusammenfasst[18] – auf einer „mündlichen deutschen dominikanischen Tradition" beruhen könnte, als „Erfüllung der Huldigungspflicht gegenüber der wichtigsten Persönlichkeit der eigenen Provinz gedeutet werden" kann, oder aber eben als „persönliche Erinnerung an die Studienzeit in Köln", auf jeden Fall aber als „Zeichen eines offenen Bekenntnisses zur Schule Alberts". Kurz: Eckhart gibt sich selbst als Albert-Schüler zu erkennen und er tut dies, indem er ein bestimmtes Albert-Dictum zitiert, das die Grenzen des Wissens zum Thema hat. Und mit dem Hinweis, Albert habe dies oft gesagt, gerade so, als sei er dabei gewesen, stilisiert sich Eckhart auch zum persönlichen Albert-Schüler[19].

Heinrich Seuse und Johannes Tauler andererseits werden immer wieder als Eckhart-Schüler geführt.

> Seuse „hat Eckhart mit einer Schrift verteidigt, der er nicht ohne Bedacht den Titel *bůchli der warheit* gab und mit der er sich als treuer Schüler und scharfsinniger Interpret seines Ordensbruders auswies. Elsbeth Stagel, seine geistliche Tochter, lobte er wegen ihrer Fähigkeit, *uss der süssen lere dez heiligen meister Egharts* höchsten geistlichen Nutzen zu ziehen. Wie Tauler rechnet auch er Eckhart zu den *aller gelertesten und gelebtesten* ‚Meistern', *dien got sin verborgen wisheit hat uf getan*. Auch er kennt wie Tauler die Unterscheidung ‚Lesemeister' und ‚Lebemeister' – die hier zitierte Stelle beweist es –, aber auch er wendet sie auf Eckhart nicht an"[20].

Soweit die Zusammenfassung Georg Steers, der ich nur im letzten Punkt nicht ganz folgen kann, denn, warum sollte Seuse, wenn er die Unterscheidung ‚Lesemeister'-‚Lebemeister' für Eckhart nicht anwenden will, ihn – wie Steer

---

[17] LW V, 145, 5, n. 13: „Albert sagte oft: ‚Dies weiß ich, wie wir es eben wissen, denn wir wissen alle wenig'".

[18] LW V, 134.

[19] So jedenfalls interpretiert dies zuletzt immer noch K. Flasch, der das im Zusammenhang mit Überlegungen zum Abendmahl fallende Albert-Zitat Eckharts so deutet: „Niemand solle sich mit seinem Wissen wichtig machen, keiner darf die Selbsterforschung vernachlässigen. Über das Abendmahl hätte Eckhart bei Albert zuversichtlichere Sätze finden können, aber er zitiert das bescheidene Dictum, das zur Selbstwahrnehmung anhält. Die Stelle ist der einzige Beleg dafür, dass Eckhart Albert wohl persönlich gekannt hat." K. Flasch, Meister Eckhart. Philosoph des Christentums, München 2010, 70 sq.

[20] G. Steer, Eckhart der *meister*, in: M. Meyer/H.-J. Schiewer (eds.), Literarische Leben. Rollenentwürfe in der Literatur des Hoch- und Spätmittelalters. Festschrift für Volker Mertens zum 65. Geburtstag, Tübingen 2002, 713–754, hier 753.

hier ausführt – zu den *allergelertesten und geleptesten meistern* zählen?[21] Er wendet die Unterscheidung also an, und zwar mit dem Zweck, sie explizit aufzuheben. Für ihn wäre Eckhart demnach beides zugleich: Lesemeister und Lebemeister (und zwar jeweils in höchster Vollkommenheit)[22].

Für Tauler hat man immer wieder geradezu eine Gefolgschaft Eckharts sehen wollen. Aber auch hier scheint Skepsis angebracht. Johannes Tauler nennt Eckhart einmal namentlich und stellt ihn dabei in die Reihe der großen Gelehrten seines Ordens:

> „*Von disem inwendigen adel der in dem grunde lit verborgen, hant vil meister gesprochen beide alte unde núwe: bischof Albrecht, meister Dietrich, meister Eghart.*"[23]

Tauler setzt Eckhart damit unter die *niuwen meister*, die zeitgenössischen Größen seines Ordens: Albertus Magnus, nach seiner Berufung 1260 kurzzeitig Bischof von Regensburg, und Dietrich von Freiberg, Vorgänger Eckharts als Provinzial der Teutonia und Pariser Magister. Man liest dies gerne als Zeichen der Verehrung Eckharts durch Tauler. Man sollte dabei aber nicht übersehen, dass Taulers integrative Haltung Grenzen hat. Er ist grundsätzlich skeptisch gegenüber ‚Meistern'; wie Alois Haas gezeigt hat, wendet er sich in einem solchen Zusammenhang sogar auch gegen Meister Eckhart:

> „*enfrage nút nach hohen kúnsten, denne gang in dinen eigenen grunt unde ler dich selber kennen, und nút enfroge von der verborgenheit Gotz, von dem usflusse und influsse und von dem ihte in dem nihte und von dem funcken der selen* [...]" (Pr. 16, ed. Vetter [nt. 23], 74, 25–28)[24].

Haas meint mit Recht, Tauler sehe die einzig legitime *hohe kunst* in der „Selbsterkenntnis" und der „darin implizierte[n] ethische[n] Selbstverantwortung des Menschen vor Gott". Wenn man die unmittelbare Fortsetzung der Stelle betrachtet, wird die Zielrichtung freilich noch klarer: „*‚Úch enist', sprach Cristus, ‚nút zů wissende von der heimlikeit Gottes'. Wir súllent halten einen einvaltigen waren gantzen glouben an einen Got in drivaltikeit der personen* [...]" (Pr. 16, ed. Vetter [nt. 23], 74,

[21] Cf. K. Bihlmeyer (ed.), Heinrich Seuse. Deutsche Schriften, im Auftrag der Württembergischen Kommission für Landesgeschichte, Stuttgart 1907, 328, 4 sq.

[22] Cf. zu Eckhart und Seuse den Beitrag von W. Senner in diesem Band.

[23] F. Vetter (ed.), Die Predigten Taulers aus der Engelberger und der Freiburger Handschrift sowie aus Schmidts Abschriften der ehemaligen Straßburger Handschriften (Deutsche Texte des Mittelalters 11), Berlin 1910 [Neudruck Dublin–Zürich 1968], Pr. 64, 347, 9–11; meine Übersetzung: „Von diesem inneren Adel, der im Grund verborgen liegt, haben viele, sowohl ältere wie jüngere Lehrer gehandelt: Bischof Albrecht [Albertus Magnus], Meister Dietrich [von Freiberg] und Meister Eckhart".

[24] Zitiert nach A. M. Haas, Nim din selbes war. Studien zur Lehre von der Selbsterkenntnis bei Meister Eckhart, Johannes Tauler und Heinrich Seuse (Dokimion 3), Freiburg/Schweiz 1971, 108; meine Übersetzung: „Frage nicht nach hohen Künsten, sondern geh in deinen eigenen Grund und lerne dich selbst zu erkennen, und frage nicht nach der Verborgenheit Gottes und nach dem Ausfluss und Einfluss und nach dem Etwas im Nichts und nach dem Funken der Seele".

31)[25]. Was die Lehr- und Lernmethoden betrifft, so fordert Tauler nicht die Belehrung, sondern das Lernen (quasi im Selbststudium, vor allem aber durch Selbsterkenntnis: „*gang in dinen eigenen grunt unde ler dich selber kennen*"); und dann tritt er doch normativ auf (*wir súllent* [...]). Tauler zielt mit diesem Imperativ der Lehre auf die Verteidigung des reinen, wahren Glaubens gegen die „Spitzfindigkeiten" der ‚Meister'. Eckharts Vermittlungsabsicht ist ihm fremd, und die gelehrte Welt der ‚Meister' ist Tauler nicht nur fremd, sie ist in seinen Augen sogar gefährlich:

> „[...] *und aller künsten richen meistere zů Paris mit alle ire behendikeit enkúnnen nút her bi komen, und wolten si hin abe sprechen, si müsten zů male verstummen* [...]" (Pr. 81, ed. Vetter [nt. 23], 432, 2–4)[26].

> „*Eya lieben kinder, nút underwindent úch zů hoher wisheit, also sant Paulus sprach, und lant die hohen pfaffen darnoch studieren und disputieren, und in der unkunst müssent sú* [...] *stammelen*" (Pr. 28, ed. Vetter [nt. 23], 115, 1–4)[27].

Der Gelehrte Eckhart wendet sich gegen andere Gelehrte und votiert vehement – nicht nur im ‚Buch der göttlichen Tröstung' – dafür, die Ungelehrten zu lehren[28]. Der Prediger Tauler sucht dagegen die Seite der Ungelehrten gegen die Gelehrten und vertraut dem einfachen Glauben mehr als der subtilen Gelehrsamkeit. Es ist insbesondere der hohe Abstraktionsgrad der eckhartischen Wahrheit, der Tauler stört:

> „*Usser diseme lert úch und seit úch ein minnenclich meister, und des enverstont ir nút; er sprach uss der ewikeit, und ir vernement es noch der zit. Lieben kint,* [...] [e]*in hoch meister der sprach von diseme sinne sunder wise und sunder wege, das begeisten vil lúte mit dem ussern sinne und werdent vergiftige menschen, und herumbe ist es hundert werbe besser daz man mit wisen und mit wegen darzů kumme*" (Pr. 15, ed. Vetter [nt. 23], 69, 26–33)[29].

---

[25] Meine Übersetzung: „‚Euch ist es nicht gegeben', sagte Christus, ‚die Geheimnisse Gottes wissend zu durchdringen'. Wir sollen einen einfältigen, wahren, ganzen Glauben an den einen Gott in der Dreifaltigkeit der Personen haben".

[26] Meine Übersetzung: „und die an allen Künsten reichen Magister von Paris mit all ihrer Fertigkeit können nicht dazu gelangen; und wollten sie darüber Aussagen machen, dann müssten sie ganz verstummen".

[27] Meine Übersetzung: „Ach, liebe Kinder, nehmt euch nicht zu hoher Weisheit an, wie Sankt Paul sagte, und lasst die hohen Gelehrten danach studieren und disputieren und in ihrer ganzen Unkunst müssen sie [...] stammeln".

[28] DW V, 60 sq.

[29] Meine Übersetzung: „Von diesem lehrte euch und sagte euch ein liebenswerter Meister, und ihr habt es nicht verstanden; er formulierte im Blick auf die Ewigkeit und ihr versteht es, als sei es auf unsere zeitliche Perspektive hin gesagt. Liebe Kinder [...], ein hoher Meister, der redete über diesen Sinn ohne jegliche Weise und ohne alle Wege. Das verstehen viele Menschen mit den äußeren Sinnen (und dem äußeren Sinne nach); und so werden sie vergiftete Menschen; und deshalb ist es hundertmal besser, dass man mit Weisen und mithilfe konkreterer Wege dazu gelange". Dass Tauler hier Eckhart meint, hat K. Ruh mehrfach dargetan; cf. zuletzt: K. Ruh, Geschichte der abendländischen Mystik, vol. 3: Die Mystik des deutschen Predigerordens und ihre Grundlegung durch die Hochscholastik, München 1996, 497 sq.

Wenn man – wie dies Kurt Ruh anhand dieser Stelle getan hat[30] – die Eckhart-Verehrung Taulers hervorheben will, dann betont man, dass er von einem *minneclich*[en] *meister* spricht und hebt Taulers Erinnerung an diesen als einen „liebenswerten Meister" hervor. Aber Ruh hat an der gleichen Stelle mit Recht gezeigt, dass Tauler meint, dass Eckhart missverstanden werden konnte. Und mehr noch: Zeigt sich hier nicht auch gerade Taulers Distanz vom Meister? Wer – so warnt Tauler – außerhalb der Zeit *sunder wise* und *sunder wege* lehrt, der wird eben leicht missverstanden. Die Bulle hat Eckhart vorgehalten, er habe die Sinne der Ungelehrten vernebelt; Tauler bemerkt, dass Fehlinterpreten Eckharts *vergiftige menschen* werden. Dass ihnen aber überhaupt eine solche Interpretationsmöglichkeit eröffnet wird – so Tauler –, liegt in der Weiselosigkeit Eckharts begründet. Besser also man lehrt nicht in der Zeitlosigkeit Eckharts, sondern mit Weisen und mit Wegen, konkret, verständlich und mit Anweisungen.

Was immer wieder durchschlägt, ist Taulers grundsätzliche Skepsis gegen die gelehrten Meister. Georg Steer hat hervorgehoben, dass Tauler die Dichotomie *lebemeister-lesemeister* ausführte und sich selbst dabei als *lebemeister* verstand[31]. Es ist dies ein Konzept, wie es später ähnlich auch bei Rulman Merswin begegnen wird oder in jenen Exempeln, die man Eckhart-Legenden genannt hat, und wo dann auch jeweils der ‚Schüler', der Ungelehrte oder die scheinbar unwissende junge Frau als wahre *lebemeister* den Lehr- und *lesemeister* belehren.

III. Eckharts ‚Meister'

Welches Konzept aber hat Eckhart selbst von *meisterschaft* und *meistern*? Insbesondere der scheinbar so bekannte (Gegen)Satz vom „Lebemeister" und vom „Lesemeister" blieb bisher weitgehend unbestimmt. Hier soll folglich danach gefragt werden.

„*Ez sprichet meister Eckehart: wêger wêre ein lebemeister denne tûsent lesemeister.*" Der Spruch vom *lebemeister*, der besser sei als tausend *lesemeister*, wird immer wieder zitiert. Dabei wurde und wird er in der Regel auf diesen ersten Satz reduziert. Er wurde stillschweigend für Eckhart beansprucht, ohne dass – bis heute – die Authentizität geklärt wäre; er wurde nicht nur als Text für Eckhart beansprucht, sondern geradezu auf diesen übertragen. Eckhart selbst erschien und erscheint so immer wieder als der wahre *lebemeister*. Nun hat sich aber zuletzt Karl Heinz Witte gegen die Zuschreibung der überlieferten Äußerung an Meister Eckhart ausgesprochen: „Diesen Spruch hat man ihm in den Mund gelegt. Er passt überhaupt nicht zu Eckhart"[32].

---

[30] K. Ruh, Meister Eckhart. Theologe, Prediger, Mystiker, München ^{2}1989, 11.

[31] Steer, Eckhart, der *meister* (nt. 20), 720 sq.

[32] K. H. Witte, Eckhart lesen und mit ihm leben, in: Zur Debatte 5 (2010), 28 sq., hier 28; cf. oben 261.

Zugrunde gelegt werden muss dabei Pfeiffers viel zitierter, aber fast ausnahmslos auf jenen berühmten einen Satz reduzierter ‚Spruch' im größeren Kontext:

> „*Ez sprichet meister Eckehart: wêger wêre ein lebemeister denne tûsent lesemeister; aber lesen unde leben ê got, dem mac nieman zuo komen. Solte ich einen meister suochen von der geschrift, den suohte ich ze Parîs und in hôhen schuolen umbe hôhe kunst. Aber wolte ich frâgen von vollekomenem lebenne, daz kunde er mir niht gesagen. War solte ich denne gân? Alzemâle niergen dan in eine blôze ledige nâtûre: diu kunde mich ûzwîsen, des ich sî frâgete in vorhten.*"[33]

Es wird zuerst danach zu fragen sein, ob der bekannte Spruch über „Lebemeister" und „Lesemeister" überhaupt von Meister Eckhart stammen kann. Wer wie ich als Germanist solche Fragen stellt, fragt heutzutage zuerst: Welchen Hinweis kann die Überlieferung geben? Der Eckhart zugeschriebene Spruch begegnet, so Georg Steer, „singulär in der Koblenzer Handschrift Best. 701 Nr. 169 [recte: 149] (Sigle: Ko1)", foll. $46^{v}-47^{r}$. Georg Steer hat aber auch auf eine „zweite Handschrift" aufmerksam gemacht, „die den Spruch noch überliefert": Cologny – Genève, Bibliotheca Bodmeriana Cod. Bodmer 59, ehemals Braunau, Langer, Cod. 467 Eckhart-Sigle Bra 3, fol. 46^{v}. Sie fasse ihn kürzer schreibe ihn Bischof Albrecht (Albertus Magnus) zu und verzichte auf den Vergleich *lesemeister-lebemeister*.

> „*Býschof albrecht spricht welt ich frâgen nach wolgelerten pfaffen so wölt ich frâgen gen paris. Sölt ich aber frâgen nach gottes haimlichait so wölt ich gân zû dem aller ermesten menschen den ich iena funde der mit willen arm wår.*"[34]

Aber dieser Text ist nicht nur kürzer, er ist anders. Der angebliche Eckhart-Spruch sucht in Paris die Meister der Schrift, der Albert-Spruch die *wolgelerten pfaffen*. ‚Eckhart' fragt nach vollkommenem Leben, ‚Albert' nach *gottes haimlichait*, ‚Eckhart' fragt die bloße ledige *nature*, ‚Albert' den ärmsten Menschen. So viele Unterschiede machen skeptisch und so zeigt sich, dass der angebliche zweite Textzeuge des Eckhart-Spruchs in Wahrheit ein Exzerpt eines längeren, in anderen Handschriften überlieferten, Albertus Magnus zugeschriebenen Textes ist, den Pfeiffer schon früh gedruckt hat und den Steer sogar wiedergibt:

> „*Disen sermôn hât gesprochen bischof Albreht. er lêret uns das wir alle wege ein sehen heten in uns selber; wan êwig leben sullen wir in uns selber besitzen. unde das bewæret er uns mit den besten meistren.* […] *er sprach ich weis wol das ich ein guoter pfaffe bin, unde wæren alle diu buoch verbrant diu in der alten und in der niuwen ê ie geschriben wurden, ich wolde ûs mînes herzen künsten, die ich von gotte enpfangen hân, die heiligen schrift widerbringen, unde wollte si bas ordenen danne si nû geordent sî, lieze mich got leben dekeine wîle. doch sont ir wissen das ich wollte sîn der minste mensche in Kristô der ie geschaffen wart. wolt ich frâgen nâch guoter pfafheit, sô wolt ich ze Parîs frâgen. wolte ich aber frâgen nâch gotlîcher heimlîcheit, sô wolte ich frâgen nâch dem ermesten menschen den ich iene funde, der mit willen arm wære.*"[35]

---

33 Pfeiffer (ed.), Deutsche Mystiker (nt. 1), 599, 19 – 26.

34 Steer, Eckhart, der *meister* (nt. 20), 722.

35 Steer, Eckhart, der *meister* (nt. 20), 723. F. Pfeiffer, Predigten und Sprüche deutscher Mystiker, in: Zeitschrift für deutsches Altertum und Literatur 8 (1851), 209 – 258, 215 sq., Nr. III 1.

Die Zuschreibung an Albertus Magnus wäre natürlich zu diskutieren. Auffällig ist, dass die Handschrift, die diese deutschen Albert-Sprüche überliefert, auch andere Kölner Texte tradiert und der Neudatierung Karin Schneiders zufolge ins frühe 14. Jahrhundert gehört[36]. Der Eckhart zugeschriebene Spruch steht somit nicht allein in der Dominikaner-Welt des 14. Jahrhunderts und in der Überlieferung. Er hat nicht nur einen Nachfolger in Tauler, er hat einen Vorläufer in Albert. Charakteristisch für alle drei ist die Betonung der guten Gelehrsamkeit, der Meisterschaft und der Schriftkenntnis in Paris; dann aber auch der gewisse Gegensatz zum einfältigen Glauben bei Tauler, zur Armut in dem Spruch, der Albert zugeschrieben wird, und zum vollkommenen Leben in dem Eckhart zugeschriebenen Text: Wissen ist gut und nötig, und doch ist es nicht der Schlüssel zum Glauben, zu Gottes *haimlicheit* und zum vollkommenen Leben. Alle drei teilen die Skepsis gegenüber dem Wissen, so wie sie Eckhart, wie er sagt, bei Albert vorfand: „Albert sagte oft: ‚Dies weiß ich, wie wir es eben wissen, denn wir wissen alle wenig'"[37].

Im vorliegenden, Eckhart zugeschriebenen ‚Spruch' werden die *meister* der *geschrift* in Paris und in *hôhen schuolen* verortet. Ihnen wird *hôhe kunst*, aber Unwissen über das *volkomene lebene* attestiert. Und doch ist dies bisher nur ein Eckhart in einer Handschrift zugeschriebener Spruch. Wie authentisch kann das sein? Die zweite Frage muss also sein: Wie steht Eckhart, der selbst zweimal in Paris unterrichtet hat, zu Paris und den Pariser Meistern? Deckt sich seine Meinung mit der dieses Spruches oder nicht?

Ich versuche, diese Frage nicht mit Rückgriff auf Eckharts Pariser Quaestionen oder deren Inhalte zu beantworten, sondern frage danach, was Eckhart explizit über Paris und dessen Meister sagt[38]. In den lateinischen Werken nimmt Eckhart nur zweimal explizit auf diesen Ort und seine Lehrtätigkeit dort Bezug. Anders ist dies in den deutschen Predigten. Eckhart erwähnt hier die Pariser Meister siebenmal. Diese Differenz zwischen den lateinischen und den deutschen Werken ist ein erstaunliches Faktum. Im lateinischen Werk – außer in seiner späten Verteidigung – bezieht sich der Pariser Magister nicht explizit auf sein universitäres Schaffen in Paris, in den deutschen Werken aber wohl.

Drei Textstellen aus drei Predigten lassen sich zusammenfassen. Sie betreffen alle seine Pariser Aussage, im rechten demütigen Menschen bzw. im gerechten Menschen werde alles erfüllt, denn „*was got ist, das ist ouch er*". Und sie entstammen drei Predigten der Kölner Spätzeit (24, 14 und 15).

Die Kernaussage lautet:

---

[36] K. Schneider, Die Eckhart-Handschrift M 1 (Cgm 133), in: R. Plate/M. Schubert (eds.), Mittelhochdeutsch. Beiträge zur Überlieferung, Sprache und Literatur. Festschrift für Kurt Gärtner zum 75. Geburtstag, Berlin 2011, 165–176.

[37] Cf. oben 262 und nt. 17.

[38] Cf. F. Löser, Meister Eckhart von Paris, in: M. Vinzent/C. Wojtulewicz (eds.), Meister Eckhart in Paris and Strassbourg, Leuven 2016 (im Druck).

„Dar umbe sagete ich ze Parîs, daz an dem gerehten menschen ervüllet ist, swaz diu heilige schrift und die prophêten ⟨von Kristô⟩ ie gesageten“ (Pr. 24)[39]. Und: *„Jch sprach ze paris in der schůl, das ållu ding sond volbracht werden in dem reht demůtigen mentschen.“*[40]

Die zuletzt zitierte Formulierung stammt aus Predigt 15, was später in Predigt 14 wörtlich gleich noch einmal aufgegriffen wird. Die Besonderheit der drei Stellen liegt in Folgendem[41]:

a) Die Erwähnung von Kölner Klöstern durch Eckhart und die liturgischen Bezüge machen eine zweifelsfreie Lokalisierung und Datierung dieser Texte möglich: Eckhart hat sie kurz vor dem Kölner Prozess in Köln gehalten.
b) Eckhart bezieht sich dabei auch auf ähnliche Aussagen, die er in einer anderen Kölner Kirche ähnlich oder wörtlich gleich gemacht hat; das heißt: sein Publikum folgt ihm von Ort zu Ort und profitiert so vom Wiedererkennungswert seiner Aussagen. Denkt man daran, dass die Nonnen der von Eckhart erwähnten Frauenklöster der Benediktinerinnen und Zisterzienserinnen klausuriert waren, dann muss es ein ‚wanderndes', bewegliches ‚Eckhart-Publikum' gegeben haben, das ihm von Ordenskirche zu Ordenskirche folgte: Stadtbürger, Ordensangehörige, Beginen. Und eben vor diesem ‚Eckhart-Publikum' (Walter Haug), das ihn begleitete, erinnert Eckhart in Köln an seine Pariser Lehre.
c) Eckhart wählt dreimal einen sehr ähnlichen, fast gleichen Wortlaut. Seine gleichlautende – sicher provozierende – Aussage fällt den Gegnern auf. Sie wird kurz vor dem Prozess verzeichnet und findet, wie sich zeigen lässt, Eingang in die Anklageerhebung.
d) Eckhart betont in allen drei Stellen seine schon vor Langem in Paris vorgetragene Lehre vom rechten demütigen, göttlichen Menschen, an dem alles erfüllt wird. Er ist nicht nur gottgleich, sondern eins mit Gott; er kann Gott gebieten, denn „*was got ist, das ist ouch er*".
e) Eckhart besteht vehement auf der Wahrheit seiner Aussagen; er macht dies gerade durch Wiederholung seiner Thesen in verschiedenen Predigten in verschiedenen Kölner Kirchen in derselben Zeit unmissverständlich klar.
f) Auch in dieser späten Kölner Zeit nimmt der alte Meister Eckhart noch Bezug auf seine Pariser Lehrtätigkeit. Der dreimalige und dreimal sehr ähnliche, fast wörtlich gleichlautende Bezug auf Paris macht deutlich, worin für Eckhart die Kernaussage seiner Pariser Lehre bestand – und dies im Abstand von fünfzehn beziehungsweise fast fünfundzwanzig Jahren (je nach-

[39] Pr. 24, DW I, 420, 1–422, 1; Übersetzung Quints, Pr. 24, DW I, 525: „Darum sagte ich zu Paris, daß an dem gerechten Menschen erfüllt ist, was die Heilige Schrift und die Propheten von Christo je gesagt haben".

[40] Pr. 15, DW I, 246, 9–248, 2; Übersetzung Quints, Pr. 15, DW I, 499: „Ich sagte zu Paris in der Schule (= an der Universität), daß alle Dinge vollendet werden würden im rechten demütigen Menschen."

[41] Cf. zum Folgenden: Löser, Meister Eckhart von Paris (nt. 38).

dem, ob man die erste oder die zweite Pariser Lehrtätigkeit ansetzt): Am gerechten, am wahrhaft demütigen Menschen wird alles erfüllt. Seine Natur ist Christi Natur.

Es ist also keineswegs so, wie Georg Steer unter Berufung auf nur eine der genannten Stellen angibt, dass Eckhart „die Erinnerung an seine Zeit in Paris, in der er *magister actu regens* war, immer wieder wach werden lässt“[42], und Eckhart zeigt sich hier auch nicht, wie Karl Heinz Witte schreibt, „stolz“ auf seine Pariser Lehrtätigkeit[43], sondern erst im genannten Kontext um den Prozess gewinnt Eckharts Berufung auf Paris ihren eigentlichen Sinn: Seine Lehre wurde an der Pariser Universität vorgetragen und trägt von daher das Siegel von deren Autorität; ‚Vorsicht‘, sagt Eckhart auch in Richtung seiner Gegner, ‚ich bin Meister Eckhart, der Professor aus Paris, die Pariser Autorität‘. Insofern tritt – verteidigungstaktisch, nicht stolz – Eckhart hier als Meister, als Pariser Lehrautorität auf. Er kennt aber auch die Distanz. In dem genannten Aufsatz habe ich alle weiteren Stellen, in denen Eckhart die Meister von Paris erwähnt, analysiert. Sie zeigen alle eine ähnliche Tendenz, sodass hier die Nennung zweier der vier weiteren Texte genügen soll.

Zu Beginn der Predigt 70 sagt Eckhart:

> „*Die besten meister sprechent, daz der kerne der sælicheit lige an bekantnisse. Ein grôzer pfaffe kam niuwelîche ze Parîs, der was dâ wider und ruofte und donte gar sêre. Dô sprach ein ander meister wol bezzer dan alle, die von Parîs bezzer hielten: ‚meister, ir ruofet und donet vaste; enwære ez niht gotes wort in dem heiligen êwangeliô, sô ruoftet ir und dontet ir gar sêre‘. Bekanntnisse rüeret blôz, daz ez bekennet. Unser herre sprichet: ‚daz ist daz êwige leben, daz man dich aleine bekenne einen wâren got‘.* [Joh. 17, 3] *Volbringunge der sælicheit liget an beiden: an bekantnisse und an minne.*“[44]

Offenbar fällt es der Forschung bisher (noch?) schwer, diese Pariser Streitigkeiten ganz genau zu benennen, genau zu datieren und die Disput-Partner eindeutig zu identifizieren. Hier ist dies aber auch unerheblich, denn die Wirkung bleibt die gleiche: Eckhart lässt aus seiner Erinnerung seine Zuhörer während seiner volkssprachlichen Predigt an den Auseinandersetzungen der Pariser Theologen teilhaben. In diesen Auseinandersetzungen geht es um die zwischen Franziskaner- und Dominikanertheologen bekanntlich höchst umstrittene Frage, ob der Kern der Seligkeit in der *bekantnisse* oder in der *minne* liege.

---

42 Steer, Eckhart, der *meister* (nt. 20), 733.

43 Cf. oben 261 und nt. 15.

44 Pr. 70, DW III, 188, 1–8. Übersetzung Quints: „Die besten Meister sagen, der Kern der Seligkeit liege im Erkennen. Ein großer Pfaffe kam neulich nach Paris, der war dagegen und schrie und tat gar aufgeregt. Da sprach ein anderer Meister besser wohl als alle, die von Paris die bessere Lehre vertraten: ‚Meister, Ihr schreit und erregt Euch sehr; wäre es nicht Gottes Wort im Heiligen Evangelium, so dürftet Ihr schreien und Euch gar sehr aufregen!‘ Das Erkennen berührt das, was es erkennt, unverhüllt. Unser Herr spricht: ‚Das ist das ewige Leben, daß man dich allein als einen wahren Gott erkennt‘ 〈Joh. 17, 3〉. Die Vollendung der Seligkeit 〈aber〉 liegt in beidem: in der Erkenntnis *und* in der Liebe“ (DW III, 540).

Was aber bleibt von dieser Paris-Reminiszenz als Wirkung auf das Publikum der volkssprachlichen Predigt? Eine Theologen-Streitigkeit, die entsprechend geschildert wird („*ruofte und donte gar sêre*") und die letztlich durch den abschließenden Schiedsspruch der Autorität Meister Eckharts entschieden wird. Diese ‚Autorität' Eckharts tritt aber gerade nicht als theologisch-studierte Autorität auf, sondern als eine natürliche Autorität aus sich selbst heraus, eine Autorität, die sowohl der *bekantnisse* als auch der *minne* ihr Recht lässt und schlicht dem Evangelium folgt. Für die Zuhörer erscheint Paris als der universitäre Elfenbeinturm, als die Stätte des hohen Anspruches, der Gelehrtenstreitigkeiten und der lauten Töne, die mit einem Wort aus dem Johannes-Evangelium (Joh. 17, 3) in ihre Schranken gewiesen werden können. Das heißt: Vor dem Publikum der deutschen Predigt beruft sich der Pariser Magister Eckhart nicht auf seine universitäre Lehrautorität, um die Wahrheit zu begründen, sondern schlicht auf den Bibeltext. Diesen – nicht eine universitäre Lehrmeinung oder Autorität – hält er dem (vor)lauten Pariser Lehrmeister der Gegenseite entgegen.

Noch schärfer greifbar ist ein derart distanziertes Verhältnis in einer zweiten Stelle, die hier angeführt sei und in der Eckhart sich in seinen deutschen Predigten auf Paris und die Meister dort bezieht. Sie findet sich am Ende der kurzen Predigt 100; und darin geht es um nichts Geringeres als die Frage, was Gott sei:

> „*Nû sprichet sant Augustînus: waz ist got? Er ist etwaz, daz man niht bezzers gedenken enmac. Und ich spriche: got ist bezzer, dan man gedenken kan, und spriche: got ist etwaz, ich enweiz waz, ich enweiz wærlîche waz.* [...] *Sô ich ze Parîs predige, sô spriche ich – und ich getar ez wol sprechen –: alle die von Parîs enmügent niht begrîfen mit allen irn künsten, waz got sî in der minsten crêatûre, nochdenne in einer mücken. Aber ich spriche nû: alliu disiu werlt enmac ez niht begrîfen. Allez, daz man von gote gesprechen oder gedenken mac, daz enist got zemâle niht. Waz got sî in im selber, dar zuo enkan nieman komen, er enwerde denne gerucket in ein lieht, daz got selber ist.*"[45]

Paris erscheint auch hier als der Ort der gelehrten Theologen, und zwar einer großen Anzahl höchst gelehrter und bestens ausgebildeter Theologen („*alle die von Parîs* [...] *mit allen irn künsten*"). In einer gelehrten Debatte steht einer auf, der eine unerhörte Aussage wagt („*So ich ze Paris predige, so spriche ich – und ich getar* [!] *ez wol sprechen*"). Dieser eine ist Eckhart, der sich gezielt als Widerspruchsinstanz inszeniert und der nun allen diesen Gelehrten sagt, dass Gelehrsamkeit eben nicht der Schlüssel zu Gott ist: „*alle die von Parîs enmügent niht begrîfen mit allen irn künsten, waz got sî in der minsten crêatûre, nochdenne in einer mücken*". Ging es

[45] Pr. 100, DW IV, 1, 276, 47–277, 56. Meine Übersetzung: „Nun sagt Augustinus: ‚Was ist Gott? Er ist etwas, dass [!] man nichts Besseres denken kann.' Und ich sage: Gott ist besser als man denken kann; und ich behaupte: Gott ist etwas, von dem ich nicht weiß, was; ich weiß wahrhaftig nicht, was. [...] Wenn ich in Paris predige, dann lehre ich, und ich getraue mich sehr wohl das zu sagen: Alle die von Paris können mit all ihren Künsten nicht begreifen, was Gott im geringsten Geschöpf ist, geschweige denn in einer Mücke. Aber jetzt sage ich: Die ganze Welt kann es nicht begreifen. Alles, was man von Gott sagen oder denken kann, das ist ganz und gar nicht Gott. Was Gott als solcher selbst ist, dazu kann niemand gelangen, außer er wird in ein Licht [der Erkenntnis] gerückt, das Gott selbst ist."

in Predigt 70 um den Theologenstreit, der nicht durch Fragen der Gelehrsamkeit, sondern durch die Wahrheit der Bibel zu entscheiden ist, so geht es jetzt um noch mehr, nämlich darum, dass die Pariser Gelehrten-*künste* an der Gotteserkenntnis schlechthin scheitern.

Man kann auch diese beiden Stellen zusammenfassen: Im Rückblick auf ‚Paris' zeigt sich bei Eckhart: Der gelehrte Pariser Magister Eckhart vermittelt seinem volkssprachlichen Publikum eine deutliche Skepsis gegenüber der Gelehrsamkeit der Pariser Meister. Die Gelehrsamkeit der Universität ist nicht der Schlüssel zu Gott.

Eine letzte Stelle aus einer bisher nicht kritisch edierten Predigt (Pfeiffer Nr. 107) sei erwähnt. Ich zitiere nicht die sprachlich normalisierte und geglättete, mittelhochdeutsch normierte Version, die Franz Pfeiffer als Predigt 107 gedruckt hat, sondern die Handschrift selbst[46]:

> „*zw ainn tzeiten ward ich in der schuel zw paris gefragt, wie man dy geschrifft alle erfüllen müg. Da antwurt ich vnd sprach: ‚wer dy geschrifft erfüllen will, der sol sich also halten, das er gots in seiner sel nymer vermizz; so ist dann in im aws plüeund das vǎterleich wart.' Vnd han das dar vmb gesagt, das vil menschen dy geschrifft gar hart versten, so man sy predigt vnd sagt.* [...] *wann ir ist vil vnter vns maistern, dy die geschrifft dreissig Jar oder mer nw geůbt haben vnd versten sy dannoch in ainung als wenig als ein chue oder ein ros*" [= Pfeiffer (ed.), Deutsche Mystiker (nt. 1), 352, 27–33 und 353, 26–29].

Insgesamt gilt: Eckhart steht, wie der Autor des ihm zugeschriebenen ‚Spruchs', den Meistern von Paris mit Skepsis gegenüber[47]. Paris gilt als Zentrum der Gelehrsamkeit; Gelehrsamkeit aber hält nicht die Antworten auf die zentralen Fragen bereit.

Von hier aus lässt sich ein abschließender Blick auf den eingangs zitierten, Eckhart zugeschriebenen ‚Spruch' vom Lesemeister und Lebemeister werfen. Dabei muss, was in der Forschung bisher eher versäumt wurde[48], der gesamte Text dieses ‚Spruches' zugrunde gelegt werden:

---

[46] Melk, Stiftsbibliothek, cod. 1865, 121ra–124va. Dazu F. Löser, Meister Eckhart in Melk. Studien zum Redaktor Lienhart Peuger. Mit einer Edition des Traktats ‚Von der sel wirdichait vnd aigenschafft' (Texte und Textgeschichte 48), Tübingen 1999, 192. Meine Übersetzung: „Zu einer bestimmten Zeit wurde ich in der Schule zu Paris gefragt, wie man die Schrift ganz erfüllen könne. Da antwortete ich, indem ich sagte: ‚Wer die Schrift erfüllen will, der soll sich so halten, dass er in seiner Seele Gott niemals vermisst, so treibt in ihm das väterliche Wort Blüten aus.' Und das habe ich deshalb gesagt, weil viele Menschen die Schrift sehr schwer verstehen, wenn man sie predigt und vorträgt. [...] denn es gibt viele unter uns Meistern, die sich dreißig Jahre oder länger in der Schrift geübt haben und verstehen sie dennoch in Bezug auf die Einheit so wenig wie eine Kuh oder ein Pferd."

[47] Und das gilt nicht nur dort, wo Eckhart Paris erwähnt. Von *meistern* ist bei Eckhart häufig die Rede. Wird damit nicht einfach ein Zitat eingeleitet (*ein meister sprichet*), signalisiert Eckhart eher Distanz (die *meister* sagen, ich aber sage).

[48] Cf. F. Löser, Meister Eckhart: Maestro de vida – maestro de lectura?, in: C. Ruta (ed.), El cuidado de la vida. Del Medioevo al Renacimiento, Buenos Aires 2014, 175–211.

„[1] *Ez sprichet meister Eckehart:*
[2] *wêger wêre ein lebemeister denne tûsent lesemeister;*
[3] *aber lesen unde leben ê got, dem mac nieman zuo komen.*
[4] *Solte ich einen meister suochen von der geschrift, den suohte ich ze Parîs und in hôhen schuolen umbe hôhe kunst. Aber wolte ich frâgen von vollekomenem lebenne, daz kunde er mir niht gesagen.*
[5] *War solte ich denne gân? Alzemâle niergen dan in eine blôze ledige nâtûre: diu kunde mich ûzwisen, des ich sî frâgete in vorhten. Liute, waz suochet ir an dem tôtem gebeine? War umbe suochet ir niht daz lebende heiltuom, daz iu mac geben êwigez leben? wan der tôte hât weder ze gebenne noch ze nemenne.*
[6] *Unde solte der engel got suochen ê got, sô suohte er in niender denne in einer ledigen blôzen abegescheidenen crêatûre.*
[7] *Âlliu vollekomenheit lît dar an, daz man armuot und ellende unde smâcheit unde wîderwertekeit und allez, daz gevallen mac in allem drucke, willeclich, frœlich, ledielich, begirlich unde berihteclich und unbewegenlich müge lîden unde dâ bî blîben biz an den tôt âne allez warumbe.*“[49]

Zu 1: Die Überlieferung der Koblenzer Handschrift weist die folgenden Äußerungen eindeutig Meister Eckhart zu. Ob dies zu Recht oder zu Unrecht geschieht, darüber soll hier nicht geurteilt werden. Ein Charakteristikum der Handschrift sind aber gerade solche Sprüche. Sie enthält auch solche von Albert, von Bernhard, von anderen. Die Eckhart zugeschriebenen Inhalte entsprechen freilich seinen Lehren. Stammt der ‚Spruch' nicht von ihm, dann gibt er seine Meinung treffend wieder.

Zu 2: Der Gegensatz ist – was bisher nicht bemerkt wurde – nicht nur zwischen den Begriffen *lebemeister* und *lesemeister* festzumachen, sondern ebenso zwischen Singular und Plural. Zu betonen wäre diese Lesart so: „*wêger wêre* ein *lebemeister denne* tûsent *lesemeister*". Es geht also auch um die Suche nach dem einen *lebemeister*. Hinter diesem kann sich letztlich, nimmt man Eckharts in diesem Zusammenhang stehende Lehre vom Leben ernst, nur einer, nämlich Christus, verbergen (um dies zu entschlüsseln, muss man auch Satz 5 heranziehen). Als grundlegend (und in der Auslegungstradition zu überprüfen) dürfte sich die Beziehung zu Mt. 23, 8 erweisen: „*Vos autem nolite vocari rabbi; unus est enim magister vester*".

Zu 3: Von beiden (von den *lesemeistern* und dem einen *lebemeister*) wird eine andere Ebene abgehoben (eingeleitet durch *aber*), eine Ebene, die vor Gott liegt (*ê got*). Die im Folgenden angedeutete Suchbewegung meint hier also schon die Suche nach dem Göttlichen jenseits Gottes, nach dem, was Eckhart andernorts hilfsweise als ‚Gottheit' bezeichnet.

Zu 4: Die Abgrenzung von den *lesemeistern* der hohen Schule kann nach allem bisher Gesagten als geradezu charakteristisch für Eckhart gelten. Ihnen wird ihre *hôhe Kunst* und die *meisterschaft in der geschrift* zwar nie abgesprochen; gesucht wird aber das *volkomene leben*, Leben schlechthin; etwas, worüber sie keine Auskunft geben können.

Zu 5: Die Suche des Sprechers in diesem Spruch ist derjenigen der Frauen am österlichen Grab nachempfunden. So Luc. 24, 5 sq.: „*Quid quæritis viventem*

[49] Pfeiffer, Deutsche Mystiker (nt. 1), 599; meine Gliederung.

cum mortuis? non est hic.“ Oder in Eckharts Predigt 35: „[...] *die vrouwen suochten unsern herren ze dem grabe. Dô vunden sie einen engel* [...] *und er sprach ze den vrouwen: ‚wen suochet ir? Suochet ir Jêsum, der gekriuziget ist – er enist niht hie‘.*“ (DW II, 173, 6–174, 1). Leben wird damit beim lebendigen, beim auferstandenen Christus gefunden, der als der wahre, der eine *lebemeister* erscheint. Gesucht werden muss das *lebende heiltuom*, das *êwigez leben* geben kann.

Zu 6: Die *blôze abegescheidene crêatûre* (die schon in Abschnitt 5 als *blôze ledige natûre* anklang) korreliert der Suchbewegung *got suochen ê got*, Gott also jenseits ‚Gottes‘ zu suchen. Entscheidend ist, dass Gott in dem Abgeschiedenen gefunden wird.

Zu 7: Ein kurzes ‚Stakkato‘ benennt – wieder ganz in Eckharts Sinn – stichwortartig die ‚Anwendungsmöglichkeiten‘ des vollkommenen Lebens: *Armuot*, *ellende*, *smâcheit*, *widerwertekeit*, alles was geschehen kann, willig, ja begierig, auf sich nehmen und dabei gelassen, frei, fröhlich und im Leid unbewegt bleiben. Ohne Warum.

Der ‚Spruch‘ von *lebemeister/lesemeister* passt also zu allem, was Eckhart über *meister* lehrt – und entspricht auch sonst seiner Lehre. Es dürfte sich um ein Exzerpt einer Predigt handeln. Allerdings ist die Dichotomie *lesemeister-lebemeister* ohnehin aufzulösen. Insofern spricht Bernard Mc Ginn zu Recht von einer „‘either-or’ mentality that tries to divide what Eckhart sought to keep together“[50]. Es geht letztlich nicht um einen Widerspruch zwischen *lesemeistern* (unter die sich Eckhart bisweilen ja selbst einreiht, wie wir gesehen haben) und *lebemeistern.* Es geht schon gar nicht darum, dass Eckhart sich selbst – im Gegensatz zu anderen *lesemeistern* – als *lebemeister* stilisieren würde. Es geht darum, dass es besser ist, den einen *lebemeister* (Christus) zu suchen, als *tûsent* (durchaus ja auch widerstreitenden) *lesemeistern* zu folgen. Den *lesemeistern* wird ihr Recht (etwa die Gelehrsamkeit an der *schuole ze parîs*) nie bestritten. Aber Auskunft über das vollkommene Leben gibt der *lebemeister*, dem es zu folgen gilt. Ein wahrer Lehrmeister ist demnach in Eckharts Augen einer, der den Studenten Neues und Überraschendes bietet, der die Ungelehrten lehrt, der die Grenzen der *lesemeister*-Weisheiten erkennt und der dem *lebemeister* Christus nachlebt.

IV. Eckharts ‚Schüler‘ und der ‚Meister‘

Welches Konzept haben seine ‚Schüler‘ vom ‚Meister‘ Eckhart?

Sie lassen Eckhart als *meister* auftreten. So resümiert Georg Steer jedenfalls seinen Blick auf die Überlieferung: Die Predigten nennen Eckhart, „soweit sie überhaupt in ihrer handschriftlichen Überlieferung einen Autor angeben, fast

[50] B. McGinn, The Mystical Thought of Meister Eckhart. The Man from Whom God Hid Nothing (The Edward Cadbury Lectures 2000–2001), New York 2001, 21.

unisono *meister.* Es überwiegt [...] die Bezeichnung *meister*, *meister* im Sinn von *magister in theologia*“[51].

Drei Fälle will ich hier hervorheben: Den Schreiber Lienhart Peuger aus dem österreichischen Stift Melk, den Basler Taulerdruck und den anonymen Schreiber der Pariser Handschrift Cod. Alem. 125 (P2), der einleitend zu einer Predigt den *grosse*[n] *doctor und meister eckhart* apostrophiert, der „*do ist gewesen in brediger orden ein groß liht der heiligen cristenheit*“[52].

Der Laienbruder Lienhart Peuger, 1418 zu Beginn der Klosterreform im Benediktiner-Stift Melk eingetreten, um 1455 verstorben, hat ca. 25 Handschriften geschrieben, sieben davon mit Texten Eckharts. Eckhart wird dort stets *Maister Ekchart von paris* genannt. Friedrich der Karmeliter wird in denselben Handschriften als *Maister Fridreich des Ordens der weisen prüeder* geführt; Nikolaus von Dinkelsbühl wird als *Maister Niclas* zitiert. Das heißt: Der benediktinische Laienbruder gibt damit insgesamt seinem Respekt vor den gelehrten Meistern Ausdruck. Bei keinem sonst außer Eckhart erwähnt er aber eigens den Ort der *meisterschaft*: Paris. Warum also spricht er stets von *Maister Ekchart von paris*, und was heißt das?

Die bei Peuger verwendete Bezeichnung wurde, wie sich zeigen lässt, nicht von ihm allein verwendet, sondern sie findet sich ähnlich in der Eckharthandschrift W2 (Wien, ÖNB, cod. 2728), fol. 1ʳ: „*Daz sint di predige, di da gemacht hat bruder Echart eyn maister von paris.*“ Die Wiener Handschrift – deutlich älter als Peugers Handschriften aus dem Melk des 15. Jahrhunderts – stammt aus dem zweiten Drittel des 14. Jahrhunderts, bietet nur wenige Texte Eckharts und ist mit Sicherheit nicht die direkte Vorlage Peugers[53]. Die Bezeichnung Eckharts als *bruder* deutet hier zudem auf dominikanische Provenienz der Zuschreibung. Ist aber in der Dominikanerhandschrift W2 der *bruder* Eckhart nur *eyn meister von Paris* (einer unter vielen), so wird er in der Melker Handschrift zu *Meister Eckhart von Paris*, dem Meister Eckhart. Bei dem Laienbruder Peuger ist so eine starke Anziehungskraft der Universität Paris, ihres Lehrbetriebs und der dort vermittelten hohen Bildung feststellbar. Das gilt für ihn auch sonst: So wird Jean Gerson, der zeitweise selbst in Melk gewesen war und dessen Schriften Peuger auch abschrieb, stets als *chantzler von paris* bezeichnet. Die Bezeichnung Eckharts als *Maister von paris* ist insofern doppelt interessant, als sich einige in Peuger-Handschriften überlieferte Predigten (wie z. B. die erwähnte Predigt Pfeiffer Nr. 107) und gerade die in Melk bislang unikal überlieferten Texte selbst auf den Pariser Lehrbetrieb beziehen. Gerade diese Nähe und die retrospektive Gegenwärtigkeit des Pariser Universitätsbetriebs sowie der Disputationen und Auseinanderset-

---

[51] Steer, Eckhart, der *meister* (nt. 20), hier 735 und 733. Cf. dort die Zusammenstellung der Bezeichnung Eckharts in der Überlieferung, 732.

[52] Ibid., 735.

[53] Cf. dazu: ibid.; sie überliefert unikal die Predigt Pfeiffer Nr. 67, 1, die in Peugers Hs. cod. 705 von diesem zum sogenannten ‚Planetentraktat‘ erweitert wurde; sie weist eine Predigt, die sonst Johannes von Sterngassen zugeschrieben wird, wie Peuger (cod. 705, 265ᵛᵇ) Meister Eckhart zu.

zungen zwischen Ordenstheologen hatte Kurt Ruh beispielhaft an der Predigt DW I Nr. 9 als Charakteristikum der ‚Paradisus'-Predigten eines gelehrten Dominikaner-Redaktors zu erweisen gesucht[54]. Sie findet sich stärker noch in den von Peuger tradierten Eckharttexten. Man muss jetzt sogar betonen: Es sind weniger Predigten der ‚Paradisus'-Sammlung (hier eben letztlich nur eine!) als vielmehr Kölner Predigten aus Eckharts Spätzeit und Predigten aus Melker Handschriften, die diese Reminiszenzen bieten. Aus der Nähe zur Universität erklärt sich vielleicht auch die für Eckharts deutsche Predigt sonst ungewöhnliche Art des gelehrten Zitierens in einigen der Melker Unikate (Beispiel: „*von den worten haltent einen sin Thomas, Origenes, Damascênus und Richardus und ich halte es mit in*")[55].

Das Fazit zu diesem Bereich lässt sich so ziehen: Lienhart Peuger verfügte im reformierten Stift Melk nach 1418 über eine außerordentlich umfangreiche Sammlung von Predigten Meister Eckharts. Dort galt Eckhart als hohe Autorität, und sein Pariser Universitätsstatus verbürgte diese Autorität. Dem Melker Laienbruder, der Nikolaus von Dinkelsbühl und dessen Bildungsoffensive in Melk hautnah erlebte, war solche hohe Bildung einerseits Anlass von Bewunderung. Andererseits wusste gerade er auch um Eckharts Bildungsskepsis und zitierte sie. Und im Eckhart-Bild, das sich den Rezipienten des Spätmittelalters vermittelte, sollte – nur wegen der bildungsbeflissenen Gelehrsamkeitsbetonung durch die Melker Reformmönche – die andere Seite der Medaille nicht vergessen werden: Eckharts eigene Skepsis gegenüber den gelehrten Meistern, die wir gerade anhand seiner Erinnerungen an den Pariser Lehrbetrieb beobachten konnten, äußert sich in der Eckhart-Überlieferung immer wieder; und sie äußert sich deutlich. Der Basler Taulerdruck vom August 1521 verbindet dabei beide Bereiche, die Bewunderung für die Gelehrsamkeit und die Warnung vor möglichen Missverständnissen:

> „*Folgen hernach etlich gar subtil vnd trefflich kostlich predigen / [...] Namlich vnd in sonders meister Eckarts [...] der ein fürtreffenlich hochgelerter man gewesen ist / vnd in subtilikeiten natürlicher vnd gőttlicher künsten so hoch bericht / das vil gelerter leüt zů seinen zeitten jn nit wol verstůnden / Deszhalb seiner ler ein teyl auch in etlichen stücken vnd articklen verworffen ist / vnd noch von einfeltigen menschen gewarsamlich gelesen werden sol. Wiewol hiehar in disz bůch mit fleisz nüt gesetzet ist / dann das gemeinlich wol verstanden vnd erlitten werden mag / [...] Hieruor man weyter mercken mag / dz vorzeiten (doch nit als yetz) auch gelert leüt gewesen seyen in aller hand künsten die auch in teütschen landen geschinen haben.*"[56]

Fazit: Insgesamt zeigt sich Eckhart als ein Meister, der der puren ‚Lesemeisterei' skeptisch gegenüber steht, dann, wenn sie für sich allein steht und ihrerseits wissensstolz auftritt, der ihr aber in den sie betreffenden Punkten wie der Schriftkenntnis absolut und unbedingt ihr Recht und ihre Notwendigkeit zuerkennt, war er doch selbst einer dieser *lesemeister*. Unbildung ist keine Antwort,

---

[54] K. Ruh, Meister Eckhart. Theologe, Prediger, Mystiker, München [2]1989, 71.

[55] Pfeiffer (ed.), Deutsche Mystiker (nt. 1), Pr. 106, 243, 17–19 und 344, 10–12.

[56] Johannes Tauler, Predigten zu einen recht christlichen Leben, Basileae 1521, 242va.

will er doch die Ungelehrten zu Gelehrten machen. Lesemeister und Lebemeister sind für ihn letztlich nicht zu trennen.

Die „Schüler", sofern sie in den Handschriften ihre Meinungen zu erkennen geben, folgen dieser Linie, neigen, vielleicht gerade dann, wenn sie selbst zu den Ungelehrten gehören, aber dazu, den einen oder anderen Punkt, jeweils stärker hervorzuheben, indem sie einerseits auf die Autorität des gelehrten Pariser Meisters verweisen, um die eigene Bildungsfähigkeit zu demonstrieren oder andererseits die ‚lebemeisterliche' Autorität höher stellen, vielleicht auch deshalb, weil die für sie leichter erwerbbar (oder wenigstens postulierbar) war als die Gelehrsamkeit. Ich will hier stellvertretend für diese Spannung nur eine der sogenannten Eckhart-Legenden zitieren, die sicher nicht den historischen Eckhart vermitteln, die aber ein Bild der Figur jenes ‚Eckhart' vermitteln, den sich das Spätmittelalter entwarf. Aus der breiten Überlieferung zitiere ich eine Handschrift der Bayerischen Staatsbibliothek, München, die in ‚Meister Eckharts Wirtschaft' den Meister, eine junge Frau und einen armen Menschen im Gespräch zeigt[57]:

> „*Die junkfraw sprach: ‚Jr seit ain maister, des warhait bewert ist ze paris auf dem stuel dreystund.'* [...] *Der arme mensch sprach: ‚Es wer noch pesser, ez wer sein maisterschaft ainest in der warhait bewårt dann zw paris auf dem stuel dreistund.' Maister ekkart sprach: ‚Ist mir ze sagen, so ist mir gesait.'*"[58]

Welcher ‚lebensmeisterlich' argumentierende Schüler wünschte sich nicht einen solchen – hier in der Münchener Handschrift der *‚wirtschaft'* gut inszenierten – berühmten ‚lesemeisterlichen' Lehrer, der dem ‚Schüler' zugibt: „Wenn mir etwas zu sagen ist, dann hast du es jetzt gesagt"?

[57] Zu dieser Gattung (und zu dieser Geschichte) entsteht zurzeit in Augsburg eine Dissertation von Michael Hopf.

[58] München, Bayerische Staatsbibliothek, Cgm 365 (M2). Meine Übersetzung: „Die Jungfrau sagte: ‚Ihr seid ein Meister, [...] dessen Wahrheit in Paris auf dem Lehrstuhl dreimal bewährt ist.' Der arme Mensch sagte: ‚Es wäre noch besser, wenn seine Meisterschaft einmal in der Wahrheit bewährt wäre als dreimal auf dem Lehrstuhl in Paris!' Meister Eckhart sagte: ‚Wenn mir etwas zu sagen ist, dann ist es mir jetzt gesagt worden.'"

Meister Eckhart und Heinrich Seuse: Lese- oder Lebemeister – Student oder geistlicher Jünger?*

Walter Senner OP (Roma)

Eines der explizitesten Meister-Schüler-Verhältnisse des Mittelalters ist – wenn wir den Schriften des Schülers folgen – das zwischen Meister Eckhart und Heinrich Seuse, der sich in seinen Schriften häufig als Schüler oder Jünger (*discipulus*) der ewigen Weisheit bezeichnete. Während sich bei Meister Eckhart zwar bemerkenswerte pädagogische Maximen in seine Werke eingestreut finden, er aber mittelalterlichem Brauch folgend in seinen uns bekannten Werken Zeitgenossen nicht mit Namen nennt und auch nichts über seine Schüler aussagt, haben wir bei Heinrich Seuse einige Stellen, an den der Meister explizit genannt wird, dazu einige, die sich mit Sicherheit, und weitere, die sich mit mehr oder weniger Wahrscheinlichkeit auf Eckhart beziehen lassen[1]. In der Folge wird deshalb lediglich der Perspektive Seuses auf Eckhart nachgegangen. Doch: Ist aus der herben Lehre Eckharts süßlich empfindsame Mystik eines ‚geistlichen Minnesängers'[2] geworden? Oder ist Heinrich Seuse – zumindest der des ‚Büchlein der Wahrheit' – ein verkannter Philosoph, der mit natürlicher Vernunft

* Ich danke meiner Mitarbeiterin Frau Bacc. phil. Laura Walis für manche Hilfe.

1 Siehe die Tabellen am Ende des Beitrags, 311–312. Während ‚Schüler' und ‚Jünger' auf Meister Eckhart bezogen sein können, was im Folgenden zu prüfen ist, bezieht sich ‚Diener' in Ableitung aus der Minnelyrik auf die ‚Ewige Weisheit', cf. G. Baldus, Die Gestalt des ‚dieners' im Werk Heinrich Seuses, Diss., Köln 1966; H. J. Ziegler/S. Altrock, Vom ‚diner der ewigen wisheit' zum Autor Heinrich Seuse. Autorschaft und Medienwandel in den illustrierten Handschriften und Drucken von Heinrich Seuses ‚Exemplar', in: U. Peters (ed.), Text und Kultur. Mittelalterliche Literatur von 1150–1450 (Germanistische Symposien. Berichtsbände 23), Stuttgart e. a. 2001, 150–181, halten das ganze ‚Exemplar' für eine literarische Fiktion – wie bereits, ohne das ernstlich zu vertreten, R. Blumrich auf dem Symposium einwarf, das dem Sammelband: R. Blumrich/P. Kaiser (eds.), Heinrich Seuses Philosophia spiritualis. Quellen, Konzept, Formen und Rezeption (Wissensliteratur im Mittelalter 17), Wiesbaden 1994, zugrunde lag. Selbst wenn dem so wäre, würde das nicht gegen Seuses Verehrung und Verteidigung seines Meisters sprechen.

2 Z. B. C. Greith, Die deutsche Mystik im Prediger-Orden, Freiburg i. Br. 1861, 74. Das „einseitig bezogene Bild vom geistlichen Minnesänger mit dem Anspruch etwas Wesentliches über Seuse [...] auszusagen" kritisierte bereits J. Schwietering, Zur Autorschaft von Seuses Vita, in: J. Koch (ed.), Humanismus, Mystik und Kunst in der Welt des späten Mittelalters (Studien und Texte zur Geistesgeschichte des Mittelalters 3), Leiden–Köln 1953, 146–158 [Neudruck J. Schwietering, Mystik und höfische Dichtung im Hochmittelalter, Tübingen ^{2}1962, 107–122, hier 111 sq.]. Nuanciert bei A. M. Haas, Geistliches Mittelalter (Dokimion 8), Freiburg/Schweiz 1984, 242–247.

argumentiert[3]? Kann sein Werk etwa als philosophisch unselbstständig[4] oder als eine „merkwürdige Mischung aus affektiver Frömmigkeit und eckhartscher Spekulation“[5] charakterisiert werden? Die extrem unterschiedlichen Interpretationen und die ‚Merkwürdigkeit‘ reizen dazu, dem näher nachzugehen.

I. Zur Überlieferung

Wir haben es allerdings zunächst mit einer komplexen Quellenproblematik zu tun: wir haben die meisten deutschen Schriften Seuses in der von ihm selbst gegen Ende seines Lebens, Mitte der 1360er Jahre redigierten und mit einem Prolog versehenen ‚Werkausgabe letzter Hand‘[6], dem ‚Exemplar‘: die ‚Vita‘, das ‚Büchlein der ewigen Weisheit‘ mit den ‚Hundert Betrachtungen und Begehrungen‘, das ‚Büchlein (Buch) der Wahrheit‘ und das ‚Briefbüchlein‘. Dass Seuse selbst sie als eine Einheit zusammengestellt hat, bedeutet nicht, dass sie in der handschriftlichen Tradition auch immer so überliefert worden wären: das ‚Büchlein der ewigen Weisheit‘ ist einzeln am meisten abgeschrieben worden, es „hat eine verhältnismäßig sehr alte, gute, aber doch nicht ganz einheitliche Überlieferung“[7] in 180 Handschriften, das ‚Büchlein der Wahrheit‘ und das ‚Briefbüchlein‘ aus elf Briefen sind nur im Kontext des ‚Exemplar‘ überliefert, von dem Bihlmeyer zwölf Handschriften fand[8]. Außerhalb dieses Textcorpus sind das sogenannte ‚Große Briefbuch‘ aus achtundzwanzig Briefen, vier Predigten und das ‚Minnebüchlein‘ – Letztere von zweifelhafter Authentizität[9]. Das einzige von Seuse überlieferte lateinische Werk, das umfangreiche ‚Horologium sapientiae‘, ist eine wesentlich erweiterte Neuredaktion des ‚Büchlein der ewigen Weisheit‘, bereits von Bihlmeyer auf 1333–1334 datiert[10], was Pius Künzle auch durch eingehende eigene Forschungen bestätigt fand[11].

---

3 L. Sturlese, Einleitung, in: Heinrich Seuse, Das Buch der Wahrheit. Mittelhochdeutsch–Deutsch, edd. L. Sturlese/R. Blumrich (Philosophische Bibliothek 458), Hamburg 1993, IX–LXIII, IX–XV.

4 F. J. Bernhart, Die philosophische Mystik des Mittelalters. Von ihren antiken Ursprüngen bis zur Renaissance, München 1922 [Neudruck Darmstadt 1974], 199: „In der Geschichte des philosophischen Gedankens mag der Mann und sein Werk nur die Beachtung verdienen, die einem nachsprechenden Verbreiter überkommener Ideen gebührt, in der Geschichte der seelischen Reaktion auf religionsphilosophisches Gedankengut und ihres sprachlichen Ausdrucks überragt er alles an Bedeutung.“

5 J. Maréchal, Études sur la psychologie des mystiques, vol. 2 (Museum Lessianum, section philosophique 10), Bruxelles 1937, 8 sq.

6 A. M. Haas, Seuse, Heinrich, in: Theologische Realenzyklopädie, vol. 31, Berlin 2000, 176–183, hier: 178.

7 K. Bihlmeyer, Einleitung, in: Heinrich Seuse, Deutsche Schriften, ed. K. Bihlmeyer, Stuttgart 1907 [Neudruck Frankfurt a. M. 1961], 1*–163*, hier 36*. Die deutschen Schriften werden im Allgemeinen nach dieser Ausgabe zitiert, dabei abgekürzt: DS.

8 Bihlmeyer, Einleitung (nt. 7), 18*–25*.

9 Bihlmeyer, Einleitung (nt. 7), 109*–111*; Haas, Seuse (nt. 6), 181.

10 Bihlmeyer, Einleitung (nt. 7), 105*–109*.

11 P. Künzle, Einführung, in: Heinrich Seuse, Horologium sapientiae, ed. P. Künzle (Spicilegium Friburgense 23), Freiburg/Schweiz 1977, 1–354, 19–27. Näheres cf. unten, 305.

Das ‚Horologium' übersandte Seuse dem Ordensmeister Hugo von Vaucemain (im Amt 1334–1341) zur Gutheißung[12]. Einen Auszug aus der ‚Vita' – wahrscheinlich die letzten Kapitel – legte Heinrich zur Prüfung seinem Ordensprovinzial Bartholomäus von Bolsenheim vor[13]. Als Motivation dieser Vorsicht nennt Seuse: „*Och möhti sin geschehen, daz es blinden an der bekantnust ald den argen an dem gemüte dez ersten weri worden, die es von irem gebrestlichen ungunst hetin under gedruket, als och me ist beschehen*"[14]. Ob hier neben eigener Erfahrung auch das Schicksal der Werke Meister Eckharts gemeint ist? Jedenfalls legte Heinrich anschließend auch die ‚*gemain lere*', das ‚Büchlein der ewigen Weisheit', Bartholomäus vor, doch dieser starb bevor er Stellung nehmen konnte und Seuse konnte nur noch in einer Erscheinung seine Empfehlung vernehmen: „*daz es fúrbaz wúrdi gemainsamet allen gůtherzigen menschen, dú mit rehter meinung jamriger belangung sin hetin ein begeren*"[15].

Auch wenn die Authentizität der genannten Werke Seuses – bis auf die Predigten und das Minnebüchlein – keinem ernsthaften Zweifel unterliegt, stellt sich die Verfasserproblematik: Heinrich bevorzugt häufig, namentlich im ‚Büchlein der Wahrheit' und im ‚Horologium' die Dialogform, wobei meist ein ‚*junger*' oder *discipulus* Fragen und Einwände vorbringt und die ‚ewige Weisheit' bzw. *sapientia* antwortet. Wer ist der Jünger bzw. in anderen Darstellungsformen der Erzähler? Ein reales oder ein fiktives Ich? Diese Frage hat die germanistische Seuseforschung viel beschäftigt[16] und ich werde auf sie nur soweit eingehen, wie es unser Thema erfordert. Ein weiterer häufig gebrauchter Ausdruck ist „Diener Gottes" bzw. „Diener der ewigen Weisheit". Georg Misch sieht ihn m. E. zu verharmlosend: „Seuse benutzte ihn [den Namen Diener ...] zu einem harmlosen Versteckspiel mit seiner Person"[17]. Der autoreferentielle Gebrauch dieser Bezeichnungen verweist auf ein Selbstverständnis als von Gottes ewiger Weisheit Lernender und sich in ihren Dienst Stellender – für einen Predigerbruder an sich selbstverständlich, für Heinrich aber möglicherweise in bewusster

12 Horologium, Prol., ed. Künzle (nt. 11), 368, 1 sq. Künzle, Einführung (nt. 11), 19.

13 Exemplar, Prol., DS (nt. 7), 5, 13–22: „*[Der diener der ewigen Weisheit] súndert usser disem [ersten] bůch die aller höhsten sinne und die aller úberswenksten materien,* [...] *und gab sie selb* [...] *einem hohen meister* [...] *Dar zů waz er úber tútsches land in bredier orden gewaltige prelat, und hiess maister Bartholomaeus.* [...] *er úberlaz es mit einem ganzen wolgevallen sines herzen und meinde, es weri alles sament als ein togenlicher sůzzer kerne uss der heiligen schrift allen wolgesehenden menschen*". Zu Bartholomäus de Bolsenheim OP, Magister Parisiensis (vor 1354), Provinzial der Teutonia (1354–1362) cf. T. Kaeppeli, Scriptores Ordinis Praedicatorum Medii Aevi, vol. 1, Romae 1970, 145.

14 Exemplar, Prol., DS (nt. 7) 5, 9–12.

15 Ibid., 6, 8–10. Künzle, Einführung (nt. 11), 34, nimmt an, das ‚Büchlein der Wahrheit' sei Gegenstand jener rechtfertigenden Vision gewesen.

16 Zweifelsfall: Haas, Seuse (nt. 6); id./K. Ruh, Seuse, Heinrich, in: Die deutsche Literatur des Mittelalters. Verfasserlexikon, vol. 8, Berlin ²1992, 1109–1129; J. F. Hamburger, Medieval Self-Fashioning: Authorship, Authority, and Autobiography in Seuse's *Exemplar*, in: K. Emery/J. P. Wawrykow (eds.), Christ among the Medieval Dominicans, Notre Dame, IN 1998, 430–461, sowie die in nt. 1 genannten Werke.

17 G. Misch, Geschichte der Autobiographie, vol. 4/1: Das Hochmittelalter in der Vollendung. Aus dem Nachlaß herausgegeben von L. Delfoss, Frankfurt a. M. 1967, 123.

Abgrenzung von anderen, die nach seinem Verständnis nicht geistlich lernen und nicht wirklich Gott dienen. Sollte das auch beinhalten, dass Seuse sich selbst eben nicht als Vollkommener – als ‚Meister' – sah? Dafür spricht auch die häufige Selbstbezeichnung als ‚Jünger' oder ‚Schüler' bzw. *discipulus*[18]. Dieser Gesichtspunkt wird von Alois Maria Haas nicht explizit thematisiert[19], er sieht aber durchaus den sendungsbewussten Charakter des ‚Exemplar': „Kommunikationsästhetisch ist die geradezu zur Offenbarung stilisierte, missionarisch vorgebrachte Ermunterung zur ‚lauteren Wahrheit eines seligen, vollkommenen Lebens'[20], von höchstem Belang, ein Thema das den Lesenden über alle vier *Büchlein* nicht loslassen wird. Rezeptionsästhetisch sieht Seuse [...] eine Lesegemeinde vor sich, die sich aus Menschen guten Herzens, rechter Gesinnung und leidvollen Verlangens [...] zusammensetzt und die dem allgemeinen kirchlichen und weltlichen Niedergang widerstehen will."[21] Die Wendung „*anvahender mensch*"[22] findet sich bereits am Beginn des Prologs zum ‚Exemplar' und in der Folge öfter[23]. Sie ist allerdings keine Selbstbezeichnung des am Ende seines Lebens diese Sammlung redigierenden Seuse, sondern kennzeichnet den Anfang im geistlichen Leben, gefolgt von Fortschritt und Vollkommenheit[24]. Sie kann als Retrospektive betrachtet werden und kommt öfter in didaktischem Zusammenhang mit Ratschlägen zum geistlichen Leben für die Leserinnen und Leser vor.

II. Seuses ‚Vita'

Das für das ‚Exemplar' Gesagte gilt in besonderer Weise für die ‚Vita'. Seuse berichtet, seine ‚geistliche Tochter', die Dominikanerin Elsbeth Stagel im Kloster Töss (Winterthur, Schweiz), habe ihn über „*die wise sines anvanges und fürgangs*

18 Siehe Tabelle 2 am Schluss dieses Beitrags, 312. Zu der noch häufigeren Selbstbezeichnung als ‚Diener der ewigen Weisheit' cf. Baldus, Gestalt (nt. 1), bes. 155: „[...] der ‚diener' [wird] als sündiger Mensch auf dem Wege zu Gott, als minnende Seele und als geistlicher Ritter dargestellt".

19 Er nennt die ‚Vita' „[...] Autobiographie in erbaulicher Absicht". A. M. Haas, Kunst rechter Gelassenheit. Themen und Schwerpunkte von Heinrich Seuses Mystik, Bern e. a. ²1996, 48 sq.

20 Exemplar, Prol., DS (nt. 7), 3, 17 sq.

21 Haas, Kunst (nt. 19), 49. Für das ‚Horologium' siehe W. Senner, Heinrich Seuse und der Dominikanerorden, in: Blumrich/Kaiser (eds.), Heinrich Seuses Philosophia spiritualis (nt. 1), 3–31, bes. 19–24.

22 Exemplar, Prol., DS (nt. 7), 3, 4; Vita, c. 1, ibid., 8, 20; c. 5, ibid., 17, 14; c. 20, ibid., 59, 29; c. 36, ibid., 113, 20 sq.; c. 44, ibid., 152, 29; c. 46, ibid., 156, 2 sq.; c. 53, ibid., 194, 5; Büchlein der ewigen Weisheit, c. 25, ibid., 309, 3; Büchlein der Wahrheit, Prol., ibid., 326, 8; Briefbüchlein, 1, ibid., 360, 10; 2, ibid., 366, 7.

23 Auch: Vita, c. 5, DS (nt. 7), 17, 14; c. 20, ibid., 59, 29; c. 36, ibid., 113, 20 sq.; c. 44, ibid., 152, 29; c. 46, ibid., 156, 2 sq.; c. 53, ibid., 194, 5; Büchlein der ewigen Weisheit, c. 25, ibid., 309, 3; Büchlein der Wahrheit, Prol., ibid., 326, 8; Briefbüchlein, 1, ibid., 360, 10; 2, ibid., 266, 7; Großes Briefbuch, 17, ibid., 459, 18; 22, ibid., 473, 13.

24 Vita, c. 36, DS (nt. 7), 113, 20.

und etlich ůbunge und liden, die er hat gehabt"[25] ausgefragt und heimlich seine Aussagen niedergeschrieben. Als er das erfuhr, habe er nach der verlangten Herausgabe der Aufzeichnungen ihren ersten Teil verbrannt, sei aber durch eine „himmlische Botschaft" von der Vernichtung eines zweiten Teils abgehalten worden, dem er später nach dem Tod von Elsbeth „*etwaz gůter lere*"[26] beigefügt habe. Was wir haben, ist also Heinrich Seuses Redaktion letzter Hand[27]. Der alte, durch viele Anfeindungen und Krisen gegangene Ordensmann blickt auf sein Leben zurück – nicht ohne ein geistliches Erzählinteresse, das bereits im Prolog des ‚Exemplar' besonders im Hinblick auf die ‚Vita' benannt wird:

> „*Wan och etlichú menschen sind, dero sin und můt na dem aller nehsten und besten ze ervolgen ringet und in aber underschaides gebristet, da von sú veriert und verwiset werdent, hier umb git es vil gůten underschaid warer und valscher vernúnftekeit und lert, wie man mit rehter ordenhafti zů der blossen warheit eins seligen volkomen lebens sol komen*"[28].

Auf einen weiteren Aspekt macht Alois Maria Haas aufmerksam: „Unübersehbar ist hier der Akzent, der auf die ‚bildliche' Darstellungsform gelegt wird: Sie ist der äußere Anlaß eines inneren verborgenen Erkenntnisprozesses, in dem sich die Exklusivität der Neuausrichtung des Menschen auf den göttlichen Willen bis hin zur Vollkommenheit und Heiligkeit als Durchbruch durch alle Beschränkungen der sinnengebundenen Existenz ausprägen muß"[29].

Die ‚Vita' „*sait von aim zůnemenden menschen, wie er mit miden und mit lidenn und ůbenne einen durpruch sol nemen* […] *hin zů grosser loblichen heilikeit*"[30]. Heinrich Seuse

---

[25] Vita, Prol., DS (nt. 7), 7, 10 sq. Eine Parallele stellt in gewisser Weise die von Elisabeth von Kirchberg (13./14. Jh.) nach ihrer Angabe zunächst heimlich niedergeschriebene ‚Irmgardis-Vita' dar. S. Ringler, Elisabeth von Kirchberg, in: Verfasserlexikon, vol. 2, Berlin [2]1979, 479–482, bes. 480. Zum Kloster Töss cf. M. Wehrli-Johns, Töss, in: Die Dominikaner und Dominikanerinnen in der Schweiz (Helvetia sacra 5/2), Basel 1989, 901–934.

[26] Vita, Prol., DS (nt. 7), 8, 2. Zu der kontrovers geführten Diskussion um die Rolle Elsbeth Stagels bei der Entstehung der ‚Vita' cf. u. a. U. Peters, Religiöse Erfahrung als literarisches Faktum. Zur Vorgeschichte und Genese frauenmystischer Texte des 13. und 14. Jahrhunderts, Tübingen 1988, bes. 136 sq.; A. M. Haas, Stagel, Elsbeth, in: Verfasserlexikon, vol. 9, Berlin [2]1995, 219–225 (Lit.), bes. 221–223; K. Ruh, Geschichte der abendländischen Mystik, vol. 3, München 1996, 445 und 450 („eine Fiktion"); J. F. Hamburger, Medieval Self-Fashioning (nt. 16), bes. 442 sq.; F. Tobin, Henry Suso and Elsbeth Stagel: Was the *Vita* a Cooperative Effort?, in: C. M. Mooney (ed.), Gendered Voices: Medieval Saints and their Interpreters, Philadelphia, PA 1999, 118–135; M.-L. Ehrenschwendtner, Die Bildung der Dominikanerinnen in Süddeutschland vom 13. bis 15. Jahrhundert, Stuttgart 2004, bes. 251 sq. Über Bihlmeyers Feststellung (Einleitung, [nt. 7], 133*), „Seuses Zusätze und Änderungen [sind] von Elsbeths Arbeit nicht mehr zu unterscheiden", ist die Forschung nicht wesentlich hinausgekommen.

[27] Bihlmeyer, Einleitung (nt. 7), 133*, sieht – trotz der o. g. Kautele – die Vorrede sowie die Kapitel 33, 38, 45 und 53 als Zusätze nach ihrem Tod. J. Schwietering, Autorschaft (nt. 2), hat die Parallelen zur Minne im höfischen Roman herausgearbeitet, sieht aber in der ‚Vita' letzlich eine *confessio* (121 sq.), der autobiografische Geltung nicht abgesprochen werden kann – wenn auch nicht unbedingt in chronologischer Anordnung, ist dem hinzuzufügen.

[28] Exemplar, Prol., DS (nt. 7), 3, 13–18; siehe unten, nt. 34.

[29] A. M. Haas, Heinrich Seuse, Autobiographie und Mystik, in: J. Kaffanke (ed.), Heinrich Seuse – Diener der Ewigen Weisheit, Freiburg i. Br. 1998, 26–45, hier 36.

[30] Exemplar, Prol., DS (7), 3, 10–12.

rekapituliert in einem ersten Teil (Kap. 1–32) seine geistliche Entwicklung in einer nicht notwendigerweise chronologischen Folge von Ereignisschilderungen, die teilweise geradezu an die ‚Aventure' profaner Ritterromane[31] erinnert – allerdings geistlich gewendet und mit dem Unterschied, dass der Protagonist – der Diener der ewigen Weisheit (Seuse) – Abenteuer nicht sucht, sondern, obwohl er sich gerne ungestörter Kontemplation hingeben würde, immer wieder auf Bewährungsproben gestellt wird. Im zweiten Teil (Kap. 33–53) wird Elsbeth Stagel eingeführt (Kap. 33)[32] und in der Folge ihre geistliche Unterweisung „*Von dem ersten begin eins anvahenden menschen*" (Kap. 34)[33] mit autobiografischen Episoden verwoben. „Die letzten Kapitel der *Vita* stellen eine Einweihung in die innersten Geheimnisse Gottes mit dem Menschen dar"[34].

Meister Eckhart wird in der ‚Vita' zwar nur an drei Stellen namentlich erwähnt, diese sind aber von besonderem Gewicht:

– Im Kontext von Himmels- und Höllen-Visionen schreibt Seuse „*Es waz im gewonlich, daz vil selen im vor erschinen, so sú von diser welt geschieden*"[35]. „*Under den andren erschein im och vor der selig meister Eghart und der heilig brůder Johans der Fůtrer von Strasburg. Von dem meister ward er bewiset, daz er waz in úberswenker gůnlichi, in die sin sele blos vergötet waz in gote*"[36]. Neben seinem früh verstorbenen Studienfreund Johannes Futerer OP[37] sieht Heinrich auch Meister Eckhart in himmlischer überschwänglicher Seligkeit (*úberswenker gůnlichi*), was ihm der Meister in einer Mischung aus seusescher (*úberswenker gůnlichi, in die sin sele*) und eckhartscher Diktion (*blos vergötet*) erklärt[38].

---

31 E. Benz, Über den Adel in der deutschen Mystik, in: Deutsche Vierteljahresschrift für Literaturwissenschaft und Geistesgeschichte 14 (1936), 505–535, hier 533 sq. I. Kasten/V. Mertens, Aventure, in: Lexikon des Mittelalters, vol. 1, München–Zürich 1980, 1289 sq.; A. Haas, in: Verfasserlexikon, vol. 1, Berlin ²1978, 1118. Zu den Konventionen höfischer Erzählungen: U. Störmer-Caysa, Grundstrukturen mittelalterlicher Erzählungen. Raum und Zeit im höfischen Roman, Berlin 2007, zu der nicht unbedingt chronologischen Zeitauffassung 76–103.

32 Vita, c. 33, DS (nt. 7), 96–99.

33 Vita, c. 34, DS (nt. 7), 99–102.

34 Haas, Autobiographie (nt. 29), 27. Mit Haas kann ich mich nicht dem Urteil Schwieterings anschließen: „In Seuses confessio steht der Mensch im Mittelpunkt, in Augustins confessio Gott" (Schwietering, Autorschaft [nt. 2], 122) – beide Werke handeln vom sich auf Gott ausrichtenden Menschen.

35 Vita, c. 6, DS (nt. 7), 22, 24 sq. Auf die Bedeutung von visionären Erscheinungen an Wendepunkten im Leben Seuses wies bereits Bihlmeyer, Einleitung (nt. 7), 81*, hin.

36 Vita, c. 6, DS (nt. 7), 22, 28–23, 3.

37 Zu Johannes Futerer dem Älteren OP siehe: H. Neumann, Futerer, Johannes, in: Verfasserlexikon, vol. 2 (nt. 25), 1034. Möglicherweise war Johannes Futerer auch der ‚*liebe götliche gesell*' aus „*sinen jungen tagen, do er ze schůl fůr*", der vor ihm starb aus Vita, c. 42, DS (nt. 7), 143, 19–144, 20.

38 ‚Vergötet' ist im Glossar der Deutschen Schriften nur für diese Stelle nachgewiesen: DS (nt. 7), 615^{b}. Für Meister Eckhart siehe z. B. Predigt Q46 nach den Handschriften KT: Deutsche Werke (in der Folge: „DW") II, ed. J. Quint, Stuttgart 1971, 287, 36.

- Chronologisch vor diese Episode gehört die zweite Erwähnung: „*daz er sich selber in dem zit allem nie an gesah, denn für einen verdampneten menschen, do kom er zů dem heiligen meister Egghart und klaget im sin liden. Der half im dur von, und also ward er erlőset von der helle, da er so lang waz inne gewesen*"[39]. Haas kontextualisiert: „[...] machte sich der junge Mönch[!] zehn Jahre lang Gewissensbisse über seinen verfrühten Eintritt, da er meinte, dieser sei – wegen der elterlichen Gabe – Folge einer simonistischen Sünde. Erst Meister Eckhart konnte ihn von dieser Anfechtung befreien (B63,4–6), was anschaulich zeigt, dass Seuses Beziehung zu Meister Eckhart weit über ein Lehrer-Schüler-Verhältnis hinausging"[40].
- Die dritte explizite Erwähnung beschließt das dreiunddreißigste Kapitel, mit dem der zweite Teil der ‚Vita' beginnt. Heinrich Seuse hat Schwester Elsbeth Stagel im Kloster Töss kennengelernt, von der er schreibt: „*In irem ersten anevang wurden ir ingetragen von neiswem hohe und vernúnftig sinne, die vil úberswenk waren: von der blossen gotheit, von aller dingen nihtkeit, von sin selbs in daz niht gelassenheit, von aller bilden bildlosekeit und von derley sinnen, die mit schőnen worten bedaht waren und dem menschen lust in trůgen*"[41]. Es werden charakteristische Themen eckhartscher Spiritualität genannt, die Elsbeth vielleicht von dem Meister selbst gehört oder in seinen Werken gelesen hat, möglicherweise aber auch durch irgendjemand („*von neiswem*") vermittelt. Richtig verstanden hatte sie diese Lehre aber nach Seuses Überzeugung nicht, auch wenn er das allgemein ausdrückt: „*Es lag aber etwas verborgen schaden da hinder einvaltigen und anvahenden menschen, wan im gebrast alzemal noturftiges underschaides, daz man dú wort mohte hin und her ziehen uf geist und uf natur, wie der mensch gemůt waz. Disú lere waz gůt in ire, und kond im aber doch nit getůn*"[42]. Einfache Menschen verstehen nicht die ‚Unterscheidung der Geister' und sind so in der Gefahr, diese an sich gute Lehre zu missdeuten. Die Stagelin will einerseits nicht mehr zu einer gewöhnlicheren Spiritualität zurück, vermisst aber andererseits einen gangbaren Weg zu dieser geistlichen Höhe – kein Wunder, hat doch Eckhart selbst beharrlich das ‚*weiselose*' seiner Lehre betont und nicht, wie viele andere christliche Mystiker einen Stufenweg der Vervollkommnung gewiesen. Seuse steht mit seiner ‚geistlichen Tochter' im Briefwechsel und schreibt ihr auf ihre Bitte hin, einen geistlichen Weg zu weisen „*als man ein junges schůlerli dez ersten leret,* [...] *und es aber und aber fúrbaz wiset, unz es selber wirt ein meister der kúnsten*"[43].

---

39 Vita, c. 21, DS (nt. 7), 63, 2–6.

40 Haas, Autobiographie (nt. 29), 7 – ‚Mönche' im eigentlichen Sinn sind allerdings nur die männlichen Professen der monastischen Orden, im Westen vor allem der benediktinischen Ordensfamilie, der Karthäuser und der Kamaldulenser.

41 Vita, c. 33, DS (nt. 7), 97, 10–15.

42 Vita, c. 33, DS (nt. 7), 97, 15–19.

43 Vita, c. 33, DS (nt. 7), 98, 28–31.

„*Der diener* [Seuse] *scraib ir* [Elsbeth Stagel] *hin wider also: ,du zogtest mir nu kúrzlich neiswaz úberswenker sinnen, die du dir selb hatest usgelesen uss der sůssen lere dez heiligen maister Eghards, daz du, als billich ist, so zartlich handledest; und bin in grossem wunder, daz du na so edelm tranke dez hohen meisters dich als turstig erzǒgest na des klainen dieners grobem trank.*"[44]

Dies ist in der ,Vita' – und wahrscheinlich auch historisch in der geistlichen Begleitung Elsbeths durch Heinrich – der Beginn eines Weges der Entwicklung eines ,*anvahanden menschen*' (Kapitel 34–36) durch Leiden (Kapitel 40–44) hin zur Gabe der Unterscheidung (Kapitel 46–48) und dem „*aller hǒhsten úberflug eins gelepten vernúnftigen gemůtes*" (Kapitel 52)[45]. Das von Thomas von Aquin in seiner Theologie so häufig angewandte *discernendum* ist also das Mittel, mit dem Seuse Eckharts geistliche Lehre vor Missverständnissen bewahrt. Zur Praktizierbarkeit eines Weges der Gelassenheit und Entäußerung entwickelt er am Paradigma seiner eigenen Entwicklung eine Richtung spirituellen Wachstums, in der – im Unterschied zum Meister – eine christologische Passionsmystik die entscheidende Rolle spielt[46].

III. ,Bůchlin der ewigen Weisheit'

Sein meistverbreitetes Werk bezeichnet Seuse als eine „*gemeinú lere, und sait von betrahtung unsers herren marter und wie man sol lernen inrlich leben und selklich sterben und des gelich*"[47]. Es enthält keine explizite Nennung Meister Eckharts aber zahlreiche Anklänge an seine Lehre, an einer Stelle – bereits von Bihlmeyer bemerkt – sogar eine fast wörtliche Übereinstimmung mit dem Traktat ,Von abegescheidenheit' in der β-Version. J. Quint gesteht ihr allerdings keine Ursprünglichkeit zu, sondern bezeichnet die diesen Schluss enthaltende β-Version als aus dem ,Büchlein der ewigen Weisheit' entlehnt[48]. Wie dem auch sei, der Text gibt die Quint-

---

[44] Vita, c. 33, DS (nt. 7), 99, 10–15.

[45] Vita, c. 52, DS (nt. 7), 184, 2 sq.

[46] Zwar hat auch Meister Eckhart mit seinem ,Liber Benedictus' (DW V, ed. J. Quint, Stuttgart 1963, 8–497) ein Buch zum Trost im Leiden verfasst, er entwickelt darin jedoch keine Passionsmystik, ja überhaupt keinen christologischen Bezug. Es deshalb aber, wie K. Flasch (Das Buch der göttlichen Tröstung, München 2007, 116 sq.), als ein rein philosophisches Werk zu sehen, heißt die zahlreichen Bezugnahmen auf die Bibel, insbesondere die Paulusbriefe, auszublenden, wie auch den Kerngedanken: „*Ein guot mensche sol des gote getrûwen, glouben und gewis sin und got sô guoten wizzen, daz es unmüglich gote sî und siner güete und minne, daz er möhte lîden, daz dem menschen kein lîden oder leit zuo kome, eintweder er wölte den menschen groezer leit benemen oder in ouch ûf ertriche groezlicher troesten* [...]" (DS [nt. 7], 20, 19–21, 1 – in Flaschs Ausgabe 26 sq.). Zur Christologie Meister Eckharts siehe: É.-H. Wéber, Le Christ selon Maître Eckhart, in: Emery/Wawrykow (eds.), Christ among the Medieval Dominicans (nt. 16), 414–429.

[47] Exemplar, Prol., DS (nt. 7), 3, 19–4, 1.

[48] DW V (nt. 46), 387 sq., nt. 1. Es geht um Büchlein der ewigen Weisheit, c. 22, DS (nt. 7), 288, 11–289, 2. Quint stützt sich auf E. Schaefer, Meister Eckharts Traktat ,Von Abegescheidenheit', Bonn 1956, dessen Argumente und weitgehende Folgerungen, das ,Büchlein der ewigen Weisheit' sei von dem ,Horologium' abhängig – dagegen: Künzle (siehe nt. 15) – hier nicht überprüft werden können.

essenz von Eckharts *Abegescheidenheits*-Konzept wieder, wobei Seuse eine für die Zeit typische, bei Meister Eckhart aber kaum zu findende Aufzählung einführt (sie findet sich nicht in β):

„*I. halte dich abgescheidenlich von allen menschen; II. halte dich luterlich von allen ingezognen bilden; III. vrie dich von allem dem, daz zůval, anhaft und kumber mag bringen; IV. und richt din gemůte ze allen ziten uf in ein tögenliches götliches schöwen, in dem du mich ze allen ziten vor dinen ögen tragest mit einem steten gegenwurf, ab dem din öge reht niemer gewenke.*“[49]

Auch im ‚Büchlein der ewigen Weisheit‘ sind eckhartsche Motive aufgenommen, besonders das der *abegescheidenheit*, jedoch in eine bei dem Meister nicht zu findende Passionsmystik der „Nachfolge als Miterleiden des Leidens Christi“[50] integriert, die auch einen autobiografischen Zug Seuses aufweist[51].

IV. ‚Bůchlin/Bůch der Warheit‘

Allgemein als das früheste erhaltene Werk Seuses betrachtet[52], wurde die Entstehung des ‚Büchlein der Wahrheit‘ zumeist für die Zeit angesetzt, in der Heinrich Seuse im Kölner Generalstudium war, also die zwanziger Jahre des vierzehnten Jahrhunderts. Sicher ist es nach dem Tod Meister Eckharts am 28. Januar 1328 verfasst[53]. Sturlese setzt es nach dessen Zensur in der päpstlichen Bulle ‚In agro Dominico‘ vom 27. März 1329 an[54]. Sein Kriterium dafür ist die

---

49 Büchlein der ewigen Weisheit, c. 22, DS (nt. 7), 288, 11–289, 2. ‚Von abegescheidenheit‘, Version β, hat statt „*uf in* […] *gewenke*“ „*ûf ein tugentlîchez schouwen, in deme dû got in dînem herzen tragest mit stêtem gegenwurfe, ob dem sîn ougen niemer gewankent*“. DW V (nt. 46), 435, 1–3. Ruh, Geschichte (nt. 26), 355–358, spricht diesen Traktat Eckhart gänzlich ab, während Quint in ihm „den Stempel eckhartischen Geistes und eckhartischer Diktion“ sah: DW V, 395. Die kontroverse Diskussion kurz zusammenfassend hält auch Markus Enders ‚Von abegescheidenheit‘ für echt: Gelassenheit und Abgeschiedenheit – Studien zur Deutschen Mystik (Boethiana 82), Hamburg 2008, 99–101. Eine differenzierte Stellungnahme zugunsten der Authentizität hat zuletzt Dagmar Gottschall gegeben, Eckharts German works, in: J. M. Hackett (ed.), A Companion to Meister Eckhart (Brill's Companions to the Christian Tradition 36), Leiden e. a. 2013, 137–183, hier 178–183. Doch auch falls dieses Werk nicht authentisch sein sollte, bleibt ‚abegescheidenheit‘ ein eckhartsches Kernthema, das in zahlreichen Predigten behandelt wird, cf. e. g. Q10, DW I, ed. J. Quint, Stuttgart 1958, 16, 3 und 170, 8 sq.; Q15, ibid., 250, 7 und 11.

50 Ruh, Geschichte (nt. 26), 440.

51 Büchlein der ewigen Weisheit, c. 2, DS (nt. 7), 205, 16–22: „*Du můst wider alt gewonheit gevangen und gebunden werden; du wirst von minen widersachen dik heimlich gevelschet und offenlich geschamget; manig valsche urteil der lúten wirt úber dich gånde. Min marter solt du emzeklich in dinem herzen mit můterlicher herzklicher minne tragen. Du gewinnest mengen argen rihter dins götlichen lebens; so wirt din götlichú wise von menschlicher wise dik torlich verspottet.*“

52 F. Tobin, Introduction, in: Henry Suso, The Exemplar, with two German sermons. Translated, edited, and introduced by F. Tobin, New York e. a. 1989, 26 sq.

53 So bereits Bihlmeyer, Einleitung, in: DS (nt. 7), 91*. Zum Todestag cf. W. Senner, Meister Eckhart's life, training, career and trial, in: Hackett (ed.), Companion (nt. 49), 7–84, hier 77 sq.

54 L. Sturlese, Seuses ‚Buch der Wahrheit‘, Versuch einer ‚vernünftigen‘ Interpretation, in: Blumrich/Kaiser (eds.), Heinrich Seuses Philosophia spiritualis (nt. 1), 32–48, hier 36; id., Einleitung (nt. 3), XV–XVII. Das Argument von C. Gröber, Der Mystiker Heinrich Seuse. Die Geschichte seines Lebens, die Entstehung und Echtheit seiner Werke, Freiburg i. Br. 1941, 59: „Es ist kaum

teilweise wörtliche Übereinstimmung mit dem Text der Bulle in vier wichtigen Entlehnungen, die uns noch beschäftigen müssen. Ihm ist darin und in dem so gewonnenen *terminus post quem* zuzustimmen. Zugleich ist allerdings festzuhalten: wir haben nur die Überlieferungsgestalt des ‚Exemplar', d. h. Mitte der sechziger Jahre des vierzehnten Jahrhunderts, lange nach der ursprünglichen Niederschrift[55].

Das in der Überlieferung ‚Bůchlin der Warheit' genannte Werk Heinrich Seuses nennen die Editoren Blumrich und Sturlese ‚Bůch der Warheit', da ‚Bůchlin' im Titel zu verniedlichend klingt[56]; hier wird allerdings der ursprüngliche Titel beibehalten. Das ‚Büchlein der Wahrheit' umfasst sieben – nach Sturlese und Blumrich, in deren Edition der Prolog als erstes gezählt wird, acht – relativ kurze Kapitel. Für seine – von der bisherigen abweichende – Kapitelzählung beruft sich der Editor Blumrich auf zwei Handschriften, in denen der Prolog als erstes Kapitel bezeichnet wird[57]. Die anderen Handschriften haben es allerdings nicht so. Hier erhebt sich auch ein weiteres Problem: Während der ganze Rest in Dialogform ist, sind Prolog und Kapitel 1 (2) „*von inrelicher gelazenheite und von gůtem underscheide*" als einzige nicht in dieser Form gehalten. Ab dem 2. (3.) bis zum 4. (5.) Kapitel finden wir die Dialogform zwischen der ewigen Weisheit und dem Jünger. Ab dem 5. (6.) Kapitel ist im ‚Büchlein der Wahrheit' nicht mehr die ‚ewige Weisheit' Dialogpartner des ‚*iunger*', sondern ‚*daz wort*'[58], einmal ‚*daz luter wort*'[59], doch zumeist heißt es lediglich ‚*entwúrt*'[60]. Damit sind

anzunehmen, daß sich Seuse nach der Verurteilung seines Meisters noch so offen und entschieden und unter Nennung seines Namens [?] hätte einsetzen können", wiegt als bloße Konvenienz umso weniger als (der ungenannt bleibende) Meister Eckhart nicht persönlich verurteilt worden ist. Hierzu siehe Senner, Eckhart's life (nt. 53), 67–81. F. Retucci, On a dangerous trail: Henry Suso and the condemnations of Meister Eckhart, in: Hackett (ed.), Companion (nt. 49), 587–605, 591 sq., macht darauf aufmerksam, daß Bezüge auf ‚In agro Dominico' nicht nur im Kapitel 6 (7) vorkommen, sondern in allen. Bei den 19 von ihr angeführten Stellen handelt es sich allerdings nicht um wörtliche – wenn auch implizite – Zitate.

55 Hierauf hat bereits der Nestor der germanistischen Mystikforschung Kurt Ruh hingewiesen: Geschichte (nt. 26), 423 sq. Er vermutete, dass die Kapitel 1 (2)–3 (4) zu der ursprünglichen Version gehören, während Kapitel 5 (6), so wie wir es heute haben, Ergebnis späterer Überarbeitung ist. Eine zeitliche Einordnung der Kapitel 0 (1), 4 (5), 5 (6) und 7 (8) gibt Ruh nicht, aus seinem Text lässt sich aber schließen, dass er sie auch für später entstanden oder zumindest redigiert hält – besonders Kapitel 5 (6), das „geistliche Zentrum" des ‚Büchlein der Wahrheit', op. cit., 430. Die Dissertation von Daniela Kuhlmann, Heinrich Seuses ‚Buch der Wahrheit'. Studien zur Textgeschichte, Würzburg 1987, war mir nicht zugänglich. Ich gehe davon aus, dass die Ergebnisse in das o. g. Werk ihres Promotors Kurt Ruh eingearbeitet sind.

56 Sturlese, Einleitung (nt. 3), X sq., nt. 9. Dagegen: Ruh, Geschichte (nt. 26), 423, nt. 14, dem ich mich anschließe.

57 Heinrich Seuse, Das Buch der Wahrheit, edd. Sturlese/Blumrich (nt. 3), LXVI. Blumrichs Kapitelzählung wird in der Folge der üblichen in Klammern beigesetzt.

58 Büchlein der Wahrheit, c. 5 (6), DS (nt. 7), 339, 3; 341, 24; 342, 1.

59 Büchlein der Wahrheit, c. 5 (6), DS (nt. 7), 341, 1.

60 Büchlein der Wahrheit, c. 5 (6), DS (nt. 7), 340, 19; 341, 8.12; 342, 15.23; 343, 12.17.23 und von da ab immer, auch in c. 6/7, 341, 1.

verschiedene Hypothesen über eine Urfassung und nachträgliche Erweiterungen jedoch noch nicht hinreichend gesichert[61].

Das ‚Büchlein der Wahrheit' ist in der Forschungsgeschichte unterschiedlich eingeordnet worden, Heinrich Suso Denifle stimmte zwar zu, es – und insbesondere das 6. (bzw. 7.) Kapitel sei „gegen die häretischen Begharden und die Brüder des freien Geistes"[62] gerichtet, widersprach aber scharf der Hypothese Wilhelm Pregers, Seuse habe hier Eckhart verteidigt. Preger hatte das so ausgedrückt: „er [Seuse …] erkannte, dass in Eckhart's Lehre und in jener der Brüder des freien Geistes zwei verschiedene Gedankenkreise vorliegen, deren Peripherien sich wohl berühren, deren Centren aber auseinanderliegen"[63]. Hieronymus Wilms meinte: „[…] Eckhart hatte eine dem Pantheismus verwandte Art der Einigung zwischen Gott und Mensch ersonnen und geglaubt, durch deren Verbreitung ein neues Mittel zur Hebung der Frömmigkeit gewonnen zu haben", und lässt Seuse „den irrenden Frommen" theologisch korrigieren[64]. Bereits 1927 sah Josef Quint das ‚Büchlein der Wahrheit' als ein Werk, „worin er zwar nicht ausdrücklich den eben verstorbenen Eckehart verteidigte, ihn aber gegen mißbräuchliche Inanspruchnahme durch die ‚Brüder vom freien Geiste' in Schutz nahm"[65], was dann zur vorherrschenden Betrachtungsweise geworden ist[66]. Alain de Libera betrachtet das ‚Büchlein der Wahrheit' sogar als „Manifest Eckhartscher Theologie"[67], während Loris Sturlese, wie erwähnt, in ihm ein philosophisches Werk sieht[68].

Im ‚Büchlein der Wahrheit' wird zwar „der hohe Meister", Eckhart aber nicht beim Namen genannt. Es beginnt – nach dem aus Psalm 51 genommenen Motto – bereits mit der Schilderung einer geistlichen Entwicklung die an ihrem Wendepunkt unverkennbar von Meister Eckhart geprägt ist:

---

61 A. Pummerer, Seuses Büchlein der Wahrheit nach formalen Gesichtspunkten betrachtet, Programm des Öffentlichen Bischöflichen Gymnasiums Mariaschein 1908; aufgenommen von: W. Trusen, Der Prozeß gegen Meister Eckhart. Vorgeschichte, Verlauf und Folgen, Paderborn 1988, 135 sq.; dazu Ruh, Geschichte (nt. 26), 423 und 431. Cf. auch oben nt. 55. J.-A. Bizet, Henri Suso et le déclin de la scolastique, Paris 1946, 53, hielt das ‚Büchlein der Wahrheit' für unabgeschlossen, gibt jedoch außer seinem Eindruck keine Gründe dafür an.

62 H. S. Denifle (ed.), Die deutschen Schriften des seligen Heinrich Seuse aus dem Predigerorden, München 1880, I, XXV und 564 sq., nt. 4.

63 W. Preger, Geschichte der deutschen Mystik im Mittelalter, vol. 1, Leipzig 1874, 357; cf. vol. 2, Leipzig 1881, 397 sq.

64 H. Wilms, Der selige Heinrich Seuse, Dülmen/Wf. 1914, 154 sq.

65 J. Quint, § 54. Die Mystik des XIV. und XV. Jahrhunderts, in: B. Geyer (ed.), Die patristische und scholastische Philosophie (Friedrich Überwegs Grundriß der Geschichte der Philosophie 2), Berlin 1927, 631. Diese Auffassung übernahm u. a. auch J. Koch, Eckharts Weiterwirken im deutsch-niederländischen Raum im 14. und 15. Jahrhundert, zit. nach: id., Kleine Schriften, vol. 1 (Storia e letteratura 127), Roma 1973, 429–455, hier 439 sq.

66 Haas, Seuse (nt. 16), 1122; Ruh, Geschichte (nt. 26), 423.

67 A. de Libera, Eckhart, Suso, Tauler: ou la divinisation de l'homme, Paris s. a. [1996] (L'avonture intérieure), 60: „[…] le manifeste de théologie eckhartienne qu'est le Petit livre de la vérité".

68 Cf. oben, 277 sq. mit nt. 3.

„*Es waz ein mensche in Cristo, der hatte sich in sinen jungen tagen geůbet nach dem ussern menschen uf ellé dú stúke, da sich anvahendú menschen pflegent zu ůbenne, und beleip aber der inr mensch ungeůbet in sin selbs nehsten gelazenheit und bevand wol, daz im neiswaz gebrast, er enwiste aber nit waz. Und do er daz langú zit und vil jaren getreib, do wart im eins males ein inker, in deme er wart getriben zů im selben, und ward in im gesprochen also: du solt wissen, daz inrlichú gelazenheit bringet den menschen zů der nehsten warheit.*“[69]

Dass Heinrichs volle innerliche Zustimmung zur zentralen Bedeutung der Gelassenheit – „die auf ihre kürzeste Form gebrachte Lehre Meister Eckharts vom vollkommenen Leben“[70] – erst nach längerem Zögern kam, hing offenbar mit dem Misstrauen zusammen, auf das Meister Eckharts Spiritualität bei manchen zeitgenössischen Mitbrüdern traf: „*Also kam er dar zů, daz er wart gewarnet und wart ime fúr geworfen, daz in dem schine des selben bildes verborgen legi valscher grunt ungeordenter friheit und bedecket legi groze schade der heiligen kristenheit*“[71]. Erst ein Durchbruchserlebnis brachte für Seuse die Entscheidung „*Und eins males do wart im ein kreftiger inschlag in sich selb und luhte im in von gőtlicher warheit, daz er hier abe kein gedrang sőlte nemen; wan daz ist ie gesin und můz iemer wesen, daz sich das bőse birget hinder daz gůte, und daz man dar umb daz gůte nút sol verwerfen von des bősen wegen.*“[72]

Auch wenn die ‚*geswinde ker*‘ ein inneres Erlebnis war, so markiert hier doch das Thema der Gelassenheit[73], wie Heinrich mit dem seelsorgerischen Rat des Meisters eine aus Höllenangst übertriebene selbstzerstörerische, jedoch äußerliche Askese überwindet. Dies wird mit einem weiteren zentralen Motiv Meister Eckharts verbunden: „Wie ein gelassener Mensch mit der Einheit beginnt und aufhört“[74] heißt das 1. (2.) Kapitel. „Diese Aussage, auf das göttliche Leben bezogen, stellt zugleich die zentrale Linie dar, die sich wie ein roter Faden durch das ganze Werk Seuses zieht: dem Menschen die Einheit mit Gott als sein letztes Ziel und Glück aufzuzeigen“[75]. Speziell für das ‚Büchlein der Wahrheit‘ bedeutete das, „daß es auf ein Doppeltes ankam:

---

69 Büchlein der Wahrheit, Prol., DS (nt. 7), 326, 6–14; cf. Vita, c. 19, ibid., 54, 12–15.19–21, wo ihm ein himmlischer ‚*jungling*‘ erscheint und ihn darüber belehrt, und Vita, c. 6, ibid., 23, 4–6, oben, 282 sq., wo Seuse dies durch eine Vision des verstorbenen Meister Eckhart erfährt.

70 H. Piesch, Seuses ‚Büchlein der Wahrheit‘ und Meister Eckhart, in: E. Filthaut (ed.), Heinrich Seuse. Studien zum 600. Todestag, Köln 1966, 91–134, hier 91.

71 Büchlein der Wahrheit, Prol. (c. 1), DS (nt. 7), 326, 18–327, 3.

72 Büchlein der Wahrheit, Prol. (c. 1), DS (nt. 7), 327, 5–9.

73 Meister Eckhart, Reden der Unterscheidunge, bes. Kap. 3, DW V (nt. 46), 191, 5–196, 4; Kap. 21, ibid., 283, 9. Predigt Q43, DW II (nt. 38), 320, 3; u. ö.

74 Büchlein der Wahrheit, c. 4, DS (nt. 7), 335, 10–25.

75 S. Bara-Bancel, ‚Gottheit‘ und ‚Gott‘, Einheit und Dreifaltigkeit. Heinrich Seuses Gottesverständnis, in: Heinrich-Seuse-Jahrbuch 4 (2011), 79–111, hier 79, unter Verweis auf Büchlein der Wahrheit, c. 1, DS (nt. 7), 328, 10. Ihre Teologia mistica alemana. Estudio comparativo del 'Libro de la Verdad' de Enrique Suso y la obra del Maestro Eckhart (Beiträge zur Geschichte der Philosophie und Theologie des Mittelalters. N.F. 78), Münster/Wf. 2015, konnte ich leider nicht mehr heranziehen.

1. Eckharts Lehre vom vollkommenen Leben in unangreifbarer Weise dazulegen und
2. sie gegen die Irrlehren der Zeit, besonders gegen das häretische Begardentum der ‚Brüder des freien Geistes', ‚mit guter Unterscheidung' deutlich abzugrenzen"[76].

Das Thema der Gelassenheit wird im 4. (5.) Kapitel mit deutlicher Bezugnahme auf die rechte Ordnung vertieft:

„*Der aber dis sich ordenlich wǒlti lazen, der sǒlti drie inblike tůn:*
– *den ersten also, daz er mit eime entsinkenden inblike kerti auf die nihtekeit sins eigenen siches, schǒwende, daz daz sich und* [*und*] *aller dingen sich ein niht ist* [...].
– *Der ander inblik ist, daz da nit úbersehen werde, daz in dem selben nehsten gelezse iedoch sin selbs sich alwegent blibet uf siner eigen gezǒwlicher istikeit nach dem usschlage, und da nút ze male vernihtet wirt.*
– *Der dritte inblik geschiht mit einem entwerdenne und friem ufgebenne sin selbs in allem dem, da er sich ie gefůrte in eigener angesehner kreatúrlichkeit, in unlediger manigvaltikeit wider die gǒtlichen warheit, in liebe ald in leide, in tůnne oder in lazenne, also daz er* [...] *mit Cristo in einikeit eins werde, daz er us disem nach einem injehenne allú zit würke, ellù ding enphahe, und in diser einvaltikeit ellú ding an sehe.*"[77]

Wenn auch die Aufzählung der ‚*drie inblike*' nicht der Diktion des Meisters entspricht so ist die Parallele zu den Reden der Unterscheidung unverkennbar[78]. Was sich allerdings nur bei dem Jünger findet ist die anschließende nochmalige christologische Betonung: „*Und dis gelassen sich wirt ein kristfǒrmig ich, von dem dú schrift seit von Paulo, der da sprichet: ‚ich leb, nit me ich, Cristus lebt in mir.' Und daz heiss ich ein wolgewegen sich.*"[79]

Die eckhartsche Lehre von der Gottesgeburt im Menschen wird unter Berufung auf Johannes von Damaskus mit Hilfe eines von ihm eingeführten und in der Hochscholastik beliebten marianischen Topos so qualifiziert, dass die Übereinstimmung mit der allgemeinen Kirchenlehre deutlich wird. Wie Fiorella Retucci[80], die von Sturlese und Blumrich fallen gelassenen Fußnoten Bihlmeyers aufnehmend und weitersuchend, herausgefunden hat, ist ein Großteil der entscheidenden Textpassage der ‚Tertia pars' der ‚Summa theologiae' Thomas von Aquins entnommen – teilweise wörtlich ihrer Anfang des vierzehnten Jahrhunderts entstandenen auszugsweisen mittelhochdeutschen Übersetzung:

---

[76] Piesch, Seuses ‚Büchlein der Wahrheit' (nt. 70), 92 sq.

[77] Büchlein der Wahrheit, c. 4, DS (nt. 7), 335, 10–25 [in: DW 355, 12/13 Druckfehler: ‚und' wiederholt]. Cf. M. Enders, Das mystische Wissen bei Heinrich Seuse (Veröffentlichungen des Grabmann-Institutes. N.F. 37), Paderborn e. a. 1993, 46 sq.

[78] Kapitel 3–4, DW V (nt. 46), 191–198.

[79] Büchlein der Wahrheit, c. 4, DS (nt. 7), 335, 25–28.

[80] Retucci, On a dangerous trail (nt. 54), 596–599. Die mhdt. Version ist einbezogen in ead., Die deutsche Dominikanerschule und Eckharts Verurteilung: der Fall Heinrich Seuse, in: S. von Heusinger e. a. (eds.), Die deutschen Dominikaner im Mittelalter, Berlin 2016, 207–225. Ich danke Frau Retucci für die Überlassung ihres Manuskripts.

Heinrich Seuse, Büchlein der Wahrheit, c. 4 (5), DS (nt. 7), 333, 8–334, 21	Thomas von Aquin, Summa theologiae, III[81]	Thomas von Aquin, Summa theologiae, mhdt.[82]
„*Es ist ze wissene, daz Cristus, gottes sun, etwas gemein hatte mit allen menschen, und hatte etwas sunders vor andren menschen. Daz, daz im gemein ist mit allen menschen, daz ist menschlichú nature, daz er ŏch ein ware mensch waz.*		
[333, 11] *Er nam an sich menschlich nature und nit persone;*	[q. 4, a. 2, co., 74[b]] „[…] *nullo modo Filius Dei assumpsit humanam personam.*“	
[333, 12] *und daz ist in der wise ze nemenne, daz Cristus menschlich natur an sich nam in einer unteillichi der materien, daz der lerer Damascenus heisset ‚in athomo‘*[83],	[q. 2, a. 2, ad 3, 25[b]] „*Dei Verbum non assumpsit naturam humanam in universali, sed in atomo, idest in individuo, sicut Damascenus dicit* […].“	
[333, 15] *und also der angenommenen gemeinen menschlichen nature entwúrte daz rein blůtli in der gesegneten Marien lib, da er liplich gezŏw*[84] *von nam.*	[q. 31, a. 5, s.c., 327[a]] „[…] *Damascenus dicit in III libro*[85], *quod ‚Filius Dei construxit sibi ipsi ex castis et purissimis sanguinibus Virginis carnem animatam anima rationali‘.*“	

81 Thomas von Aquin, Summa theologiae, III, 1–59, ed. Commissio Leonina (Opera omnia 11), Romae 1903.

82 Middle High German Translation of the Summa theologica by Thomas Aquinas, ed. B. O. Morgan/F. W. Strothmann, Stanford e. a. 1950.

83 Johannes Damascenus, De fide orthodoxa, III, 11, ed. E. M. Buytaert (Franciscan Institute Publications. Text series 8), St. Bonaventure, NY 1955, 204, 11–14. Cf. Thomas von Aquin, Summa theologiae, III, q. 2, a. 5, ad 2; q. 4, a. 2, ad 1. Seuse setzt *‚in at(h)omo‘* hier in den neuen Argumentationszusammenhang, dass ‚Sohnschaft‘ nicht pantheistisch verstanden werden kann. Cf. dazu Meister Eckhart, Predigt Q46, DW II (nt. 38), 379, 6–380, 2.

84 Hier für *‚instrumentum‘* oder *‚organum‘* cf. Bihlmeyers nt. zur Stelle; bis heute bergmännisch ‚Gezäh‘: von Blumrich (nt. 3), 17 nicht übersetzt.

85 Das explizite Zitat „*entwurte* […] *lip*“ ist aus Johannes Damascenus, De fide orthodoxa, III, 2, ed. Buytaert (nt. 83), 171, 25 sq. Es findet sich auch bei Meister Eckhart: Sermo 1 super Eccl. 24, 23, in: Lateinische Werke (in der Folge: LW) II, edd. K. Weiß/H. Fischer/J. Koch/L. Sturlese, Stuttgart 1992, 232, 10 sq.: „*ex purissimis virginis sanguinibus est formatus, ut ait Damascenus*“ – dort jedoch im Zusammenhang der *‚puritas vitae‘*, die vom Predigerbruder erwartet wird. Dazu cf. W. Senner, Meister Eckhart als Ordensmann, in: Meister-Eckhart-Jahrbuch 7 (2013), 1–29, hier 27 sq.

Heinrich Seuse, Büchlein der Wahrheit, c. 4 (5), DS (nt. 7), 333, 8–334, 21	Thomas von Aquin, Summa theologiae, III	Thomas von Aquin, Summa theologiae, mhdt.
[333, 18] *Und dar umbe so hat menschlichú nature an ir selben genomen kein solich recht, – wan si Cristus hat an genomen und nit persone, – daz ie der*[86] *mensche dar umbe súl und múg in der selben wise got und mensch sin. Er ist der allein, dem dú unervólgklich wirdikeit zů gehórt,*	[q. 2, a. 2, ad 3, 25[b]] „[...] *alioquin oporteret quod cuilibet homini conveniret esse Dei Verbum, sicut convenit Christo.*"	
[333, 22] *daz er die nature an sich nam in der luterkeit, daz im nút hat gevolget weder von der erbsúnde, noch von keiner anderre súnde; und dar umb waz er der alleine, der daz verschulte menschlich kúnne erlósen mohte.*		
[333, 26] *Daz ander: aller anderre menschen verdientú werk, die sú tůnt in rehter gelazsenheit ir selbes, die ordenent eigentlich den menschen zů der selikeit, dú da ein lon ist der tugende. Und dú selikeit lit an der voller gótlicher gebruchunge,*	[q. 2, a. 11, co., 50[b]] „*Sed neque etiam opera cuiuscumque alterius hominis potuerunt esse meritoria huius unionis ex condigno. Primo quidem quia opera meritoria hominis proprie ordinantur ad beatitudinem, quae est virtutis praemium, et consistit in plena Dei fruitione.*	[32, 17] „*Want die verdientlichen werke dez menschen, die ordenent eigentlichen zů der selikeit, dú da ein lon der tugent ist unde bestat in einer voller gotlicher gebruchunge* [...]"
[334, 2] *da alles mittel und anderheit ist ab geleit.*		
[334, 3] *Aber dú einunge der infleischunge Cristi, sit daz si ist in einem persónlichen wesenne, so úberget si und ist hóher denne dú einunge des gemůtes der seligen zů gotte.*	[50[b]] *Unio autem incarnationis, cum sit in esse personali, transcendit unionem mentis beatae ad Deum,*	[37, 19] „*Aber die einunge der infleischunge, sit daz si ist in einem personlichen wesen, so úbergat si die einunge des gemůtes der selig zů got,*
	[50[b]] *quae est per actum fruentis.*"	*daz da ist úbermitz die tat des gebruchenden.*"
[334, 5] *Wan von dem ersten beginne, do er enphangen wart der mensch, do waz er werliche gottes sun, also daz er enkein ander selbstandunge hatte, denne gottes sun.*	[50[a–b]] „[...] *a principio suae conceptionis ille homo vere fuerit Filius Dei, utpote non habens aliam hypostasim quam Filium Dei* [...]	[32, 11] „[...] *wir setzen daz von dem beginne, da enphangen wart der mensche, do waz er werlich gottis sun, also, daz er dekein ander selbestaung enhatte denne den gottis sun.*"

[86] „*Ie der*" wie Ed. Sturlese/Blumrich (nt. 3), 16, 20 statt „*ieder*" bei Bihlmeyer.

Heinrich Seuse, Büchlein der Wahrheit, c. 4 (5), DS (nt. 7), 333, 8–334, 21	Thomas von Aquin, Summa theologiae, III	Thomas von Aquin, Summa theologiae, mhdt.
[334, 7] *Aber ellú andrú menschen dú hant ir naturlich understandunge in irem natúrlichen wesenne,*		
[334, 8] *und wie genzklich sú in selber iemer entgant ald wie luterlich sú sich iemer gelazsent in der warheit,*	[50[b]] *Et ideo non cadit sub merito alicuius hominis singularis: quia bonum alicuius puri hominis non potest esse causa boni totius naturae.*"	
[334, 11] *so geschieht daz nit, daz sú in der gôtlichen persone understandunge iemer úbersetzet werden und die iren verlieren.*	[50[a]] „*Non enim ponimus quod ante fuerit purus homo, et postea per meritum bonae vitae obtinuerit esse Filius Dei* [...]."	
[334, 14] *Daz dritte: dirre mensch Cristus hatte daz och für ellú menschen, daz er ist ein hôbt der kristenheit, nach glicher wise ze redenne dez menschen hôbtes gegen sinem libe,*	[q. 8, a. 1, co., 126[a]] „[...] *Christus dicitur caput Ecclesiae secundum similitudinem humani capitis.*	[68, 21] „[...] *Christus ein huopt der cristenheit nach glichnůsse dez menschlichen houptes* [...]" [70, 21] „[...] *ob Christus si ein houpte der menschen als nach dem libe* [...]"
[334, 16] *als da stat geschriben, daz ‚alle die, die er hat fürsehen, die hat er vor bereit, daz sú wúrdin mitfôrmig mit dem bilde des sunes gottes, daz er der erstgeborn si under vil andren‘.*	[126[b]] [...] *secundum illud* [*ad*] *Rom*[*anos*] *VIII* [, 29]: ‚*Quos praescivit, hos et praedestinavit conformes fieri imaginis Filii sui, ut sit ipse primogenitus in multis fratribus*‘."	[70, 11] „*Die, die er vorbereitet hat, die hat er vorbereitet, daz si werden mitfôrmig mit dem bilde des gotis suns, daz er der erste geborne si under vil brůdern.*"
[334, 19] *Und dar umb, wer einen rehten wideringang welle haben und sun werden in Cristo, der kere sich mit rehter gelazsenheit ze im von im selb, so kumet er, da er sol.*"		

Im 5. (6.) Kapitel des ‚Büchlein der Wahrheit‘ sehen Sturlese und Blumrich zu Recht eine Anspielung auf die besonders umstrittene Lehre Meister Eckharts vom Seelenfünklein durch die Frage „*Wie mag nu dis bestan in der warheit, wan es hillet, als ob dú sele zwei ihr sei, geschaffen und ungeschaffen? Wie mag daz sin, wie mag der mensch kreature sin und nút kreature?*"[87] In einer wahrscheinlich zum Fest der Unschuldigen Kinder (28. Dezember) ab 1323 in Köln[88] gehaltenen Predigt des

[87] Büchlein der Wahrheit, c. 5, DS (nt. 7), 345, 7–9. Cf. Büchlein der Wahrheit, ibid., 40 und 79, nt. 52.

[88] Predigt Q13, DW I (nt. 49), 211–222; zur Lokalisierungs- und Datierungsfrage cf. J. Theisen, Predigt und Gottesdienst. Liturgische Strukturen in den Predigten Meister Eckharts, Frankfurt a. M. e. a. 1990, 122 – auch Ruh, der Theisen sonst sehr kritisch gegenübersteht, stimmt hier

Meisters lesen wir „*Ein kraft ist in der sêle, von der ich mêr gesprochen hân, – und waere diu sêle alliu alsô, sô waere si ungeschaffen und ungeschepflich. Nû enist des niht*"[89]. Eine weitere Stelle findet sich in einer Teiltradition einer ebenfalls Kölner Predigt, die in die Kirche des nur dort zu findenden Makkabäerklosters lokalisiert werden kann[90]. „*Ich hon gesprochen for werltleichen pfafen: ain kraft ist in der sel di ist ungeschaffen, und wer di sel dise kraft, so wer si ungeschaffen. Des verstanden si niht. Was ist dise kraft? Daz ist ain vernvnftiges liht gotleicher natvr* [...]"[91]. Wir können aus diesen Stellen entnehmen, dass dieses Thema von Meister Eckhart mehrfach – und wahrscheinlich auch im Pariser Universitätskontext („*vor werltleichen pfafen*") behandelt worden ist. Er sagt aber auch von den akademischen Hörern: „*des verstanden si niht*". Das gilt erst recht von den Anklägern, die diese Stellen in ihre erste Liste aufnahmen und nach deren Misserfolg in der zweiten besser belegt wiederholten[92]. Als zweite *propositio* von drei ihm zugeschriebenen, aber ausdrücklich für falsch verstanden erklärten, nennt Meister Eckhart in seinem Reinigungseid am 13. Februar 1327 in der Kölner Dominikanerkirche: „[...] *pro non dicto vel scripto ex nunc haberi volo; specialiter etiam, quia male intellectum me audio* [...] *quod aliquid sit in anima, si ipsa tota esset talis, ipsa esset increata, intellexi verum esse et intelligo etiam secundum doctores meos collegas, si anima esset intellectus essentialiter*"[93]. Dennoch hielt auch die Avignoner Theologenkommission ihm das vor und akzeptierte Eckharts Erklärung nicht[94], und so fand die inkriminierte *propositio*

zu, Geschichte (nt. 26), 245, nt. 73; neuerdings: Meister Eckhart, Le 64 prediche sul tempo liturgico, ed. L. Sturlese, Milano 2014, XXVI und 909.

89 Predigt Q13, DW I (nt. 49), 220, 4 sq. Zu der komplexen Problematik, in welcher Form Meister Eckharts Predigten überliefert sind cf. G. Steer, Die Schriften Meister Eckharts in den Handschriften des Mittelalters, in: H.-J. Schiewer/K. Stackmann (eds.), Die Präsenz des Mittelalters in seinen Handschriften. Ergebnisse der Berliner Tagung in der Staatsbibliothek zu Berlin 6.–8. April 2000, Tübingen 2002, 209–302, Gottschall, German works (nt. 49), 143 sq.; L. Sturlese, Introduzione. Le prediche tedesche di Meister Eckhart, in: Meister Eckhart, Prediche (nt. 88), VII–LXXIII, XXVII–XXXV.

90 Predigt Q15, Nachtrag, DW I (nt. 49), 254–256, aus Verweis in Q14 erschlossen. Quint, 235, nt. 1, der zum Zeitpunkt der Erarbeitung seiner Edition Köln noch nicht so gut kannte, hielt fälschlich das Dominikanerinnenkloster St. Margarethen in Straßburg für den Ort von Q14. Zur Lokalisierung cf. Theisen, Predigt und Gottesdienst (nt. 88), auch Ruh, Geschichte (nt. 26), 245, Meister Eckhart, Prediche (nt. 88), XXVI und 909. Ob die Gelegenheit das Fest des Evangelisten Markus war (so Theisen, 122) oder die Kirchweihe (so Sturlese, in: Meister Eckhart, Prediche, 911), ist noch zu klären.

91 Predigt Q15, Nachtrag, DW I (nt. 49), 255, 4–7; Quint, zur Stelle, 254, bezeichnet den fraglichen Satz als „Einsprengsel, das mit dem Text, in dessen Zusammenhang es erscheint, ursprünglich nichts zu tun hatte".

92 Processus Coloniensis I, n. 59 sq. und 137 sq., LW V, edd. J. Koch/B. Geyer/E. Seeberg/H. Fischer/L. Sturlese, Stuttgart 2006, 218 und 298 sq., par. Zu dieser Phase des Kölner Prozesses cf. Senner, Eckhart's life (nt. 53), 56–62.

93 Acta Echardiana, n. 54, LW V (nt. 92), 548, 26 sq. und 31–33.

94 Votum Avenionense, a. 4, in: Acta Echardiana, n. 57, LW V (nt. 92), 557, 8–10, und n. 59, ibid., 572, 15–573, 2. Zu dieser Phase des Avignoner Prozesses cf. Senner, Eckhart's life (nt. 53), 74–76. In dem fragmentarisch erhaltenen Votum von Kardinal Jacobus Fournier (n. 58, LW V, 563–570) findet sich dieser Punkt nicht – was nicht bedeutet, dass er darin nicht habe enthalten sein können.

schließlich als „übel klingend und häresieverdächtig" – eine Abmilderung gegenüber der bis dahin gegebenen Einschätzung als häretisch – Aufnahme in die Zensurbulle ‚In agro Dominico': „*‚Aliquid est in anima, quod est increatum et increabile. Si tota anima esset talis, esset increata et increabilis.' Et hoc est intellectus*"[95]. Meister Eckhart hat also schließlich die Vereinbarkeit dieser These mit der Glaubenslehre darlegen können, ein starker Vorbehalt ist beim Papst und dem Kollegium der in Avignon anwesenden Kardinäle aber geblieben. Das mag auf die 1317 durch denselben Papst Johannes XXII. veröffentlichten Konstitutionen ‚Cum de quibusdam mulieribus'[96] und ‚Ad nostrum, qui desideranter'[97] des Konzils von Vienne (1311–1312) zurückzuführen sein, in denen Irrtümer und aberrante Praktiken von Beginen, Begharden verurteilt worden waren – insbesondere solcher, die sich für „*in gradu perfectionis et spiritu libertatis*"[98] hielten.

Gott ist jenseits des Benennbaren, auch für den, der sich in Einheit mit ihm als dem höchsten ‚in der Zeit' Erreichbaren versteht[99]. Das führt zu der Frage, ob der (so weit fortgeschrittene) Mensch keinen Unterschied zwischen dem ‚gebärenden Nichts', Gott, und sich selbst kenne[100]. Die bereits gemachte Unterscheidung zwischen Ununterschiedenheit im Sein, das nur Gott als Prinzip zukommt, und der im Denken des individuellen Menschen wird nun zugespitzt ausgedrückt: „*daz der kreftiger entwordenliche inschlag in daz niht entschleht in dem grunde allen underscheid, nút nach wesunge, mer nach nemunge únser halb, als geseit ist*"[101].

Seuse nimmt zu der mit dem ungeschaffenen Seelenteil implizierten Frage einer Vergöttlichung des Menschen Stellung:

> „*Der mensch mag nút kreature und got sin nach únser rede, mer got ist drivalt und eins; also mag der mensch in etlicher wise, so er sich in got vergat, eins sin mit dem verlierenne und nach usserlicher wise schöwende niessende sin, und des glich.*"[102]

Wohl kann sich ein Mensch kontemplierend in Gott verlieren und ihn „nach äußerlicher Weise" schauend genießen, doch es bleibt ein Unterschied. Dieser

---

95 In agro Dominico, a. 27, in: Acta Echardiana, n. 65, LW V (nt. 92), 599, 91 sq.

96 J. Alberigo e. a. (eds.), Conciliorum Oecumenicorum Decreta, Bologna ³1973, 374, n. 16.

97 Op. cit., 383 sq., n. 28. Nur die Irrtumsliste: H. Denzinger/P. Hünermann (eds.), Enchiridion symbolorum, definitionum et declarationum de rebus fidei et morum, Freiburg i. Br. ⁴⁴2014, 388, nn. 891–899. Zu der Behandlung dieser Frage auf dem Konzil und die späte Publikation: J. Leclerc, Vienne (Geschichte der ökumenischen Konzilien 8), Mainz 1965, 184 sq. und 167–170.

98 Ad nostrum, qui desideranter (nt. 97), 383, 34 sq. bzw. Denzinger/Hünermann (eds.), Enchiridion (nt. 97), 388, n. 892.

99 Büchlein der Wahrheit, c. 5 (6), DS (nt. 7), 342, 5–8: „*Der mensch mag in zit dar zů komen, daz er sich verstat eins in dem, daz da niht ist aller der dingen, die man besinnen alder gewörten mag; und daz niht nemmet man nach verhengter wise got*". Ed. Sturlese/Blumrich (nt. 3), 35, übersetzt ‚*sich verstat in eins*' durch ‚sich in der Einheit [...] erkennt' statt ‚sich als eins versteht'.

100 Büchlein der Wahrheit, c. 5 (6), DS (nt. 7), 343, 9–11: „[...] *so daz geberlich niht, daz man got nemmet, in sich selber kumet, so weis der mensche sin und des keinen underscheid?*"

101 Büchlein der Wahrheit, c. 5 (6), DS (nt. 7), 343, 17–19. Zur Unterscheidung von ‚*nemunge*' und ‚*wesunge*' cf. e. g. Bara-Bancel, ‚Gottheit' und ‚Gott' (nt. 75), 695.

102 Büchlein der Wahrheit, c. 5 (6), DS (nt. 7), 345, 10–14.

wird mit dem Beispiel des Auges erläutert, das mit dem Gesehenen eins wird und doch bleibt, was es ist[103]. Diese Position, eine Einheit zwischen Gott und Mensch in der Schau des Göttlichen aber nicht im Sein, wird unter Berufung auf ‚die Schrift' – das ist die Bibel – infrage gestellt: „*Wer ie die schrift bekande, der weis, daz dú sele in dem nihte eintweder mů̊z úberförmet werden ald aber ze nihte werden nach dem wesenne*"[104]. Die Berufung auf ‚die Schrift' erweist sich bei näherem Zusehen als recht indirekt: von Überformung oder Zernichtung der Menschenseele ist dort nirgends die Rede[105]. In der Antwort wird auf die angerufene Autorität nicht eingegangen, sondern erläutert:

> „*Dú sele blibet iemer kreature, aber in dem nihte, so si da ist verlorn, wie si denne kreature si oder daz niht si, oder ob si kreatur si oder nit, des wirt da nútznút gedaht, oder ob si sie vereinet oder nit. Aber da man noch vernunft hat, da nimet man es wol, und dis blibet dem menschen mit einander.*"[106]

In der mystischen Schau Gottes stellen sich die Fragen nach Modalität der Schau und Seinsweise des Schauenden nicht („*des da nútznút gedaht*"), sondern lediglich in der Reflexion darüber, die eine niedrigere Stufe darstellt („*da man noch vernunft hat*"), allerdings nicht vergeht, wie es auch Meister Eckhart in der dem ‚Liber Benedictus' eingefügten Predigt ‚Vom edlen Menschen' gesehen hat[107]. In der nächsten Antwort wird das erläutert: „*daz im daz, daz er hat, nút wirt benomen, und ein anders, ein bessers, gegeben*"[108]. Auf die Frage nach einer besseren Erläuterung kommt ein weithin wörtliches Zitat von Meister Eckhart:

---

103 Op. cit., DS (nt. 7), 345, 14–16. Zu der zugrunde liegenden aristotelischen Optik cf. Aristoteles, De anima, II, 7, 418a26–419a30; id., De sensu et sensato, 2–3, 437a18–440b25; die Unterscheidung der Seinsweisen: De anima, III, 2, 425b26–30, dort jedoch auf das Gehör bezogen. Das Beispiel wurde auch von Meister Eckhart mehrfach verwandt; in Predigt Q16b, DW I (nt. 49), 266, 2–8 ist ausdrücklich der Unterschied zwischen dem ‚*bilde*' des Menschen im Spiegel und dem Gottes enthalten.

104 Op. cit., DS (nt. 7), 345, 17–19.

105 Wohl heißt es in dem von eschatologischer Erwartung geprägten Buch ‚Daniel', der Gott des Himmels werde ein neues, andersartiges Reich errichten (Dan. 2, 44), im Johannesevangelium wird gefordert, der Mensch müsse neu geboren werden (Joh. 3, 3), und im ersten Korintherbrief ist von der Vernichtung der irdischen Mächte und Kräfte (1 Kor. 1, 28 und 15, 24) und der Neugestaltung des Menschen (15, 47) die Rede. Im zweiten Petrusbrief heißt es ausdrücklich, „der Himmel wird prasselnd vergehen, [...] die Erde und alles, was auf ihr ist, werden nicht mehr gefunden [...] Dann erwarten wir, der Verheißung gemäß, einen neuen Himmel und eine neue Erde, in denen die Gerechtigkeit wohnt" (2 Petr. 3, 10b–13). Die biblische Eschatologie bezieht sich also nicht auf eine individuelle Überformung oder Nichtung, sondern auf eine Neugestaltung des Universums. Zum Thema Neuschöpfung cf. P. C. Sicouly, Schöpfung und Neuschöpfung. Neuschöpfung als theologische Kategorie im Werk Jürgen Moltmanns (Konfessionskundliche und kontroverstheologische Studien 76), Paderborn 2007.

106 Büchlein der Wahrheit, c. 5 (6), DS (nt. 7), 345, 20–24.

107 DW V (nt. 46), 116, 21–117, 1. Ed. Sturlese/Blumrich (nt. 3), 79, nt. 54, verweist hier lediglich auf die Passage (116, 21–23), in der das Weiterbestehen der Erkenntnis ausgesagt wird.

108 Büchlein der Wahrheit, c. 5 (6), DS (nt. 7), 345, 26 sq.

Meister Eckhart, Vom edlen Menschen, DW V (nt. 46), 116, 27–117, 5	Heinrich Seuse, Büchlein der Wahrheit, c. 5 (6), DS (nt. 7), 346, 8–16
„*Aleine ist daz wâr, daz diu sêle âne daz doch nit saelic waere, doch enliget diu saelicheit dar ane niht: wan daz êrste, da saelicheit ane geliget, daz ist, sô diu sêle schouwet got blôz. Dâ nimet si allez ir wesen und ir leben und schepfet allez, das si ist, von dem grunde gotes und enweis von wizzene niht noch von minne noch von nihte alzemale. Si gestillet ganze und aleine in dem wesene gote, si enweiz niht dan wesen dâ und got. Sô si aber weiz und bekennet, daz si got schouwet, bekennet und minnet, daz ist ein ûzslac und ein widerslac ûf daz êrste nâch natiurlicher ordenunge; Wan nieman bekennet sich wizen wan der ouch wiz ist.*“	„*Die lerer sprechent, daz der sele selikeit lit ze vorderlichest dar an: so si schöwet got bloz, so nimet si alles ir wesen und leben und schepfet alles, daz si ist, als verre si selig ist, von dem grunde dis nihtes, und weis, nach disem anblike ze sprechenne, von wissenne nút, noch von minne, noch von núte alzemale. Si gestillet ganz und alleine in dem nihte und weis nit denne wesen, daz got oder daz nit ist. So si aber weis und bekennet, daz si daz niht weis, schowet und bekennet, daz ist ein usschlag und ein widerschlag us disem ersten uf sich nach naturlicher ordenunge.*“

Bihlmeyer verweist auf eine sachliche Parallele im Traktat ‚Von Abegescheidenheit‘, während Blumrich und Sturlese auf die fast vollständige wörtliche Entsprechung zu ‚Vom edlen Menschen‘ aufmerksam machen[109]. Auffällig ist die Ersetzung von ‚*got*‘ durch ‚*niht*‘ bei Seuse, einem Wort, das bei ihm – wie bei Meister Eckhart – sowohl nach seiner morphologischen Form als Adverb oder Substantiv als auch in seiner Bedeutung nicht immer eindeutig ist. Im ‚Büchlein der Wahrheit‘ haben wir zunächst unter Berufung auf Pseudo-Dionysius Areopagita die Bezeichnung ‚*niht*‘ für Gott abgeleitet von einer Unnennbarkeit mit einem ihm eigentümlich zukommenden Namen:

> „[...] *ist kund allen wolgelerten pfaffen, daz daz wiselos wesen öch namelos ist. Und dar umb sprichet Dionysius in dem bůche von den götlichen namen, daz got si nitwesen oder ein niht, und daz ist ze verstenne nach allem deme wesenne und ihte, daz wir ime mugen nach kreaturlicher wise zů gelegen; wan waz man ime des in sölicher wise zů leit, daz ist alles in etlicher wise falsch, und ire löggenunge ist war. Und us dem so möhte man ime sprechen ein ewiges niht*“[110].

An der bereits zitierten Stelle im vierten Kapitel dagegen steht ‚*niht*‘ in der negativen Bedeutung: „*sich und aller dingen ein niht*“[111]. Der Ertrag für den hier gegebenen Zusammenhang ist die Betonung der weiselosen Schau des Göttlichen im Unterschied zu der – damit gleichwohl nicht aufgehobenen – diskursiven Verstandeserkenntnis. Der Fragesteller möchte „*es gerne noch baz us der warheit*

109 DS (nt. 7), 346, nt. 8 sqq.; Ed. Sturlese/Blumrich (nt. 3), 80, nt. 55.

110 Büchlein der Wahrheit, c. 1 (2), DS (nt. 7), 328, 23–329, 6. ‚*Ewiges niht*‘ auch in c. 5 (6), DS (nt. 7), 341, 8. Mit gleicher Bedeutung auch ibid., 342, 5–10. Als uneigentliche Sprechweise auch in Vita, c. 52, DS (nt. 7), 187, 11 sq.; K. Weiß, Meister Eckharts Stellung innerhalb der theologischen Entwicklung des Spätmittelalters, in: Eckhart-Studien (Studien der Luther-Akademie. N.F. 1), Berlin 1953, 29–47, sieht darin „einen von Proklus ausgesprochenen Gedanken“ (47), allerdings nicht den Tradierungsweg über Pseudo-Dionysius.

111 Büchlein der Wahrheit, c. 4 (5), DS (nt. 7), 335, 12 sq.; cf. oben, 289.

der schrift"[112] verstehen. Die Antwort ist allerdings kein Schriftbeweis, sondern wiederum fast wörtlich Meister Eckharts ‚Von Abegescheidenheit' entnommen, der seinerseits Augustinus auslegt:

Meister Eckhart, Vom edlen Menschen, DW V (nt. 46), 116, 12–17	Heinrich Seuse, Büchlein der Wahrheit, c. 5 (6), DS (nt. 7), 346, 21–357, 6
„Nu sprechent die meister daz, sô man bekennet die crêatûre in ir selber, daz heizet ein abentbekantnisse, und dâ sihet man die crêatûre in bilden etlîcher unterscheide; sô man aber die crêatûre in gote bekennet, daz heizet und ist ein morgenbekanntnisse und alsô schouwet man die crêatûre âne alle unterscheide und aller bilde entbildet und aller glîcheit entglîchet in dem einen daz got selber ist."	*„Es sprechent die lerer: swenne man bekennet die kreature in sich selber, daz heisset und ist ein abentbekentnisse, wan so siht man die kreature in bilden etlicher underscheide; so man aber bekennet die kreature in gotte, daz heisset und ist ein mórgenbekentnisse, und so schöwet man die kreature ane allerley underscheit, aller bilden entbildet und entglichet aller glicheit in dem einen, daz got selber in sich selber ist.*"

In ‚De Genesi ad litteram' hatte Augustinus „eine Erkenntnis jeder Sache im [Schöpfungs-] Wort Gottes und eine in ihrer [jeweiligen] Natur" unterschieden, „sodass die eine zum Tag gehört, die andere zum Abend"[113]. Die erstere kommt allerdings nur den seligen Engeln und den nach ihrem leiblichen Tod auferstandenen Menschen zu, die immer Gottes Antlitz schauen[114]. Petrus Lombardus nahm das in seine Sentenzen nicht auf, doch im dreizehnten Jahrhundert war es unter den Namen *cognitio matutina* und *cognitio vespertina* Gemeingut[115]. Thomas von Aquin verwendet das Begriffspaar nur im Zusammenhang der Erkenntnis der Engel[116] – allerdings betont er an anderer Stelle die Einswerdung der Engel und der Menschen im Himmel mit Gott[117]. Dietrich von Freiberg interpretiert für die Erkenntnis der Engel die Unterscheidung Augustins gegen Thomas so, dass diese auch für die *cognitio vespertina* keine nach ihrer Erschaffung erworbenen

112 Büchlein der Wahrheit, c. 5 (6), DS (nt. 7), 346, 19 sq.

113 De Genesi ad litteram, IV, 23, ed. J. Zycha (Corpus Scriptorum Ecclesiasticorum Latinorum 28/1), Pragae–Vindobonae–Lipsiae 1894, 122, 26–28: „*Multum quippe interest inter cognitionem rei cuiusque in uerbo dei et cognitionem eius in natura eius, ut illud merito ad diem pertinet, hoc ad uesperam.*"

114 Op. cit., IV, 24, 123, 19 sq. und 24 sq.: „[...] *cum sancti angeli, quibus post resurrectionem coaequabimur* [...] *in ipso uerbi dei prius nouerunt*".

115 A. Speer, Matutine Erkenntnis/Vespertine Erkenntnis, in: Lexikon des Mittelalters, vol. 6, München–Zürich 1993, 405; J.-G. Bougerol, The Church Fathers and *auctoritates* in scholastic theology to Bonaventure, in: I. Backus (ed.), The reception of the Church Fathers in the West from the Carolingians to the Maurists, vol. 1, Leiden e. a. 1996, 289–334, hier 308, zitiert Alexander Halesius und Bonaventura. O. Lottin, La syndérèse chez Albert le Grand et saint Thomas d'Aquin, in: Revue néoscholastique de philosophie 30 (1928), 18–44, hier 19, nt. 1, edierte in einem Fragment aus dem Sentenzenkommentar des Richard Fishacre aus Paris, BNF lat. 15754, 117vb eine Verwendung als Analogat.

116 Am ausführlichsten in Quaestiones disputatae De veritate, q. 8, a. 16–17, ed. Commissio Leonina (Opera omnia 22/2), Romae 1972, 271^{a}–276^{b}; cf. Summa theologiae, I, q. 58, a. 6–7.

117 Summa theologiae, I, q. 112, a. 1, ad 4, ed. Commissio Leonina (Opera omnia 5), Romae 1889, 521^{b}: „[...] *quilibet homo vel angelus, in quantum adhaerendo Deo fit unus spiritus cum Deo, et superior omni creatura*".

species intelligibiles benötigten[118]. Neu bei Meister Eckhart ist, dass er die höchste mystische Schau auf Erden als *cognitio matutina* betrachtet – und Heinrich Seuse folgt ihm darin: „*Aber di selikeit ze nemene nach teilhafter gemeinsamkeit, also ist es muglich, und dunket doch menigen menschen unmuglich. Und daz ist nit unbillich, wan hie her enmag kein sin noch vernunft gelangen.*"[119] Doch für beide, Eckhart wie Seuse, ist das keine diskursive Erkenntnis, sondern wird über diese hinaus – wie schon die Morgenerkenntnis der Engel bei Augustinus und Thomas – von Gott direkt dem Schauenden eingegossen[120].

Das 5. (6.) Kapitel abschließend empfiehlt Seuse ‚einfältigen Menschen', die (noch) kein ‚übernatürliches' mystisches Wissen haben oder dazu nicht berufen sind, sich ‚*an die gemeinen lere der heiligen kristenheit*' zu halten:

> „*Der mensche, der noch nit so vil verstat, daz er weis úbernatúrlich, waz daz vor gesprochen niht ist, da ellú ding werdent inne vernihtet nah ir selbs eigenschaft, der laze ellú ding sin, als sú sint, waz im fúr kumet, und halte sich an die gemeinen lere der heiligen kristenheit, als man sihet vil gůter einvaltiger menschen, die in loblicher heilikeit lendent, dien doch hier zů nút ist gerůffet.*"[121]

Wie bereits erwähnt, wird das 6. (7.) Kapitel des ‚Büchlein der Wahrheit' häufig als Verteidigung Meister Eckharts aufgefasst und von Sturlese durch die teilweise wörtlichen Übereinstimmungen mit *propositiones* aus ‚In agro Dominico' als solche nachgewiesen[122]. Was er in diesem Zusammenhang allerdings nicht behandelt, ist die Frage nach der Auswahl der von Heinrich zitierten Zensuren und überhaupt der von ihm verteidigten Lehren Eckharts. Es sind keineswegs alle 28 *propositiones* im ‚Büchlein der Wahrheit' enthalten, nicht alle 26 von ihm als eigene Aussagen eingestandene und noch nicht einmal alle 15 unter ihnen, die in ihrem vom Kontext isolierten Wortlaut für häretisch erklärt wurden.

---

118 De cognitione entium separatorum, n. 45; n. 58; n. 60, ed. H. Steffan, in: Dietrich von Freiberg, Schriften zur Metaphysik und Theologie, edd. R. Imbach/M. R. Pagnoni-Sturlese/H. Steffan/ L. Sturlese (Opera omnia 2), Hamburg 1980, 211, 1–21; 221, 5–21; 223, 72–77. In De visione beatifica, n. 1.2.1.1.2, in: Dietrich von Freiberg, Schriften zur Intellekttheorie, ed. B. Mojsisch (Opera omnia 1), Hamburg 1977, 38 wird unter Berufung auf die genannte Augustinusstelle die Intelligibilität aller Seienden, kaum überraschend, auf Gott als ihr erstes Prinzip zurückgeführt.

119 Büchlein der Wahrheit, c. 4 (5), DS (nt. 7), 337, 28–338, 1. Hierin sieht Enders, Das mystische Wissen (nt. 77), 24, das Unterscheidende des mystischen Wissens „als ein vom Mystiker empfangenes".

120 Zur Morgen- und Abenderkenntnis speziell bei Heinrich Seuse cf. A. M. Haas, Nim din Selbes war. Studien zur Lehre von der Selbsterkenntnis bei Meister Eckhart, Johannes Tauler und Heinrich Seuse (Dokimion 3), Freiburg/Schweiz 1971, 183 sq.; Enders, Das mystische Wissen (nt. 77), 67 sq. Seuses Lehre nur als „an affective spirituality filled with corporeal and imaginative visions as the only way of approaching God" zu sehen (L. Wegener, Eckhart and the world of women's spirituality in the context of the ‚Free Spirit' and Marguerite Porete, in: Hackett [ed.], Companion [nt. 49], 415–443, hier 421 sq.) ist unzutreffend wie auch das andere Extrem, in ihm lediglich einen Philosophen und nichts als das zu erblicken.

121 DS (nt. 7), 351, 26–352, 2. Bihlmeyer, im Apparat zu DS, 351, 26 sqq., nennt als Eckhart-Parallelstelle Pfeiffer 498, 22 sq., aus dem pseudo-eckhartschen ‚Von der übervart der gotheit' – wo allerdings nicht von übernatürlicher Erkenntnis die Rede ist. Zu diesem Text cf. P. Schmitt, ‚Von der übervart der gotheit', in: Verfasserlexikon, vol. 9, Berlin ^{2}1995, 1205–1209.

122 Siehe oben, 286.

Die – allerdings niemals namentlichen – Erwähnungen Meister Eckharts im ‚Büchlein der Wahrheit' finden sich allesamt im 6. (7.) Kapitel. Dieses ist seit Denifle allgemein als Auseinandersetzung mit den unter der Bezeichnung ‚das namenlose Wilde' auftretenden Lehren der sogenannten Sekte vom Freien Geist verstanden worden[123]. Uta Störmer-Caysa hat mit beachtlichen Argumenten, ausgehend von einer Konjektur von ‚*wilde*' zu ‚*bilde*'[124] und dem ‚namenlos' als göttlichem Attribut in negativer Theologie[125], den Dialogpartner in diesem Kapitel nicht als abstrakte Darstellung des ‚Freien Geistes' verstanden, sondern das als ‚Erscheinung' gefasste eigene Gedankenbild der *imago Dei*[126]. Auch wenn ihr sicher darin zuzustimmen ist, dass sich Seuse mit einer Vorstellung in seinem Verständnis – ‚*vernúnftiges bilde*'[127] heißt es zu Anfang – auseinandersetzt, so bleibt doch die Frage, auf wen Seuse diese Vorstellung bezieht. Auf sich selbst, wie Störmer-Caysa annimmt, wohl nicht, da er im Unterschied zum ‚*bilde/wilde*' als ‚*iunger*' auftritt und diese Interpretation schlecht in die Antwort des ‚*iunger*' auf die fiktive Selbstvorstellung „*ich heisse daz namelos wilde/bilde*" passt: „*Du maht wol heissen daz wilde/bilde, wan dinú wort und antwúrte sint gar wilde/bilde*"[128]. Es ist vielmehr eher die Vorstellung, die Heinrich Seuse von den Lehren des ‚Freien Geistes' hat, was durch die einzelnen Aussagen bekräftigt wird, die dem entsprechen, was wir von den freigeistigen Lehren kennen. Rätselhaft erscheint dabei

---

[123] Exemplarisch sei auf Ruh, Geschichte (nt. 26), 412, verwiesen. A. Vauchez, in: Geschichte des Christentums VI, Freiburg i. Br. 1991, 316, bezweifelte, dass es eine ‚Sekte vom Freien Geist' tatsächlich gegeben habe. R. E. Lerner, The heresy of the Free Spirit in the later Middle Ages, Berkeley 1972, 108–112, betrachtete das, was von Inquisitoren über deren Lehren berichtet wurde, als Produkt überhitzter Klerikerfantasie, während M. Lambert, Medieval heresy: Popular movements from the Gregorian Reformation to the Reformation, Oxford ²1992, 186, „individual mystics in communication with like-minded friends and followers on an informal basis" sah. Auch Wegener, Eckhart and the world of women's spirituality (nt. 120), 428, zweifelt, ob jene ‚Sekte' wirklich existiert habe, und teilt „wegen fehlender Evidenz" folgerichtig „nicht die Meinung, daß Eckhart gegen die ‚Freien Geister' gepredigt habe" (ibid., 430, nt. 73). Sie berücksichtigt dabei allerdings nicht die Aussagen des Johannes de Brunis, die sich auf die Kölner Situation um 1320 beziehen und die Schweidnitzer Protokolle. In diesem Licht ist eher an ein informelles Netzwerk lokaler Gruppen zu denken, die ohne übergreifende Organisationsstruktur teilweise im Untergrund lebten. Siehe W. Wattenbach, Über die Secte der Brüder vom freien Geiste. Mit Nachträgen über die Waldenser in der Mark und in Pommern, in: Sitzungsberichte der Königlich Preußischen Akademie der Wissenschaften, philologisch-historische Klasse 29 (1887), 517–544, 529–537; dazu: W. Senner, Rhineland Dominicans: Meister Eckhart and the Sect of the Free Spirit, in: J. Greatrex (ed.), The vocation of service to God and the neighbour: Essays on interests, involvements and problems of religious communities and their members in medieval society, Turnhout 1998, 121–133. Auch Enders, Das mystische Wissen (nt. 77), 84, nt. 82, schließt sich der Identifizierung des ‚namenlosen Wilden' mit dem ‚Freien Geist' an.

[124] U. Störmer-Caysa, Das Gespräch mit dem Wilden bei Seuse. Votum für eine folgenschwere Konjektur, in: M. Meyer/H.-J. Schiewer (eds.), Literarisches Leben. Rollenentwürfe in der Literatur des Hoch- und Spätmittelalters. FS Volker Mertens, Tübingen 2002, 755–780, hier 759–761 und 763–766.

[125] Op. cit., 763 sq.

[126] Op. cit., 775 sq.

[127] Büchlein der Wahrheit, c. 6 (7), DS (nt. 7), 352, 12 sq.

[128] Op. cit., 352, 20–22.

das ‚*namelose*', wird doch die Unnennbarkeit im 5. Kapitel des ‚Büchlein der Wahrheit' Gott zugeschrieben. Möglicherweise soll damit eine Spiritualität angesprochen werden, die im Gegensatz zu der stark verdinglichten zeitgenössischen Frömmigkeitspraxis steht. Die Charakterisierung „*daz was subtil an sinen worten und waz aber ungeůbet an sinen werken, und waz usbrúchig in flogierender richheit*"[129] deutet auf einen ernst zu nehmenden imaginierten Gesprächspartner hin, der jedoch ein wildes Denken vertritt. Insbesondere greift „der Jünger den Begriff der ‚ledigen friheit' auf und stellt ihm die ‚rehte friheit', die eine ordnungsgebundene ist, gegenüber"[130]. Überhaupt ist der ‚*underschaid warer und valscher vernúnftekeit*' und ‚*rehter ordenhafti*' ein Kernthema Seuses[131]. Bereits der Titel dieses 6. (7.) Kapitels enthält einen deutlichen Hinweis, worauf es gezielt ist: „*Uff welen puncten dien menschen gebristet, die valsche friheit fůrent*"[132]. Auch im Prolog des ‚Exemplar' wird als ein Grund für die schließliche Publikation der ‚Vita' genannt:

> „*Wan och etlichú menschen sind, dero sin und můt na dem aller nehsten und besten ze ervolgen ringet und in aber underschaides gebristet, da von sú veriert und verwiset werdent, hier umb git es vil gůten underschaid warer und valscher vernúnftekeit und lert, wie man mit rehter ordenhafti zů der blossen warheit eins seligen volkomen lebens sol komen.*"[133]

Alles das passt auf die religiöse Bewegung des ‚Freien Geistes'. Das erste Zeugnis gesamtkirchlicher Verurteilung einer sich gegen die kirchliche Hierarchie auf den Heiligen Geist berufenden „Laiensekte der Brüder des neuen Geistes" – so nennt sie Hünermann – ist die Bulle ‚Saepe sanctam Ecclesiam' Papst Bonifaz' VIII. vom 1. August 1296[134]. Diese Laien, so ihr Tenor, sowohl Männer als auch Frauen, maßen sich an, Beichte zu hören und zu predigen, „geben vor, sie verliehen durch Auflegung der Hände den Heiligen Geist",

---

129 Op. cit., 352, 13 sq.

130 Ruh, Geschichte (nt. 26), 412.

131 Exemplar, Prol., DS (nt. 7), 3, 14–17. ‚*Orden*(t)*lich*' und sein Wortfeld kommen in DS 25mal vor, DS, 598[a]; das Gegenwort ‚*ungeordnet*' 13mal, DS, 609[b].

132 Büchlein der Wahrheit, c. 6 (7), DS (nt. 7), 352, 8 sq.

133 Op. cit., 3, 13–18.

134 Denzinger/Hünermann (eds.), Enchiridion (nt. 97), 383, n. 866 – der Herausgeber Peter Hünermann hält die hier verurteilten Lehren für identisch mit den von Albertus Magnus dargelegten der „Ketzerei aus dem Nördlinger Ried" (ibid.); er stützt sich dabei auf die deutsche Neuausgabe von: Joseph de Guibert, Documenta ecclesiastica christianae perfectionis studium spectantia. Dokumente des Lehramtes zum geistlichen Leben, edd. S. Haering/A. Wollbold, Freiburg i. Br. 2012, 141, wo es allerdings vorsichtiger heißt, dass in der Bulle „recht ähnliche Irrtümer verurteilt werden" (ibid.). Bei de Guibert, Documenta, 156, n. 222, auch ein ausführlicherer Auszug aus ‚Saepe sanctam Ecclesiam'. Damit wird von den Herausgebern nicht in Verbindung gebracht: „Beschlüsse bezüglich der Beginen und Begarden": 1307 Heinrich von Virneburg, ibid., 191, n. 272; 1310 Verurteilung von Marguerite Porete, ibid., 192, n. 273; Konzil von Vienne (für dieses Dekret fälschlich 1312), ibid., 192–195, nn. 274–276; Johannes' XXII. Bulle ‚Ratio recta', ibid., 197 sq., n. 279; Johannes' XXII. Brief ‚Lectae coram nobis' an Bischof Johann von Straßburg, ibid., 198–201, nn. 280–282. Die Kölner Synodalstatuten von 1319 sind nicht enthalten; ‚In agro Dominico', die Zensur von Werken Meister Eckharts, wird nach H. Denifle/F. Ehrle (eds.), Archiv für Litteratur- und Kirchengeschichte des Mittelalters, vol. 2, Berlin 1886 wiedergegeben, cf. 202–206, nn. 284–290.

sagen, Gott allein dürfe Ehrfurcht oder Gehorsam erwiesen werden, Gebete von am ganzen Körper Nackten seien wirksamer und sie leugnen die Schlüsselgewalt der Kirche[135]. Auf der Kölner Diözesansynode 1307 wurden „*Beggardi et Beggarde et Apostoli*" exkommuniziert[136]; 1308 gab es einen ersten Ketzereiprozess gegen Kölner Begharden; sie wurden freigesprochen. Besonders aufgrund weiteren Drucks der Rheinischen Bischöfe verurteilte das Konzil von Vienne in 1311–1312 Frauen, die gemeinhin *Beguinae* genannt wurden und Ordensfrauen ähnlich lebten, jedoch keiner approbierten Regel folgten. Sie geben sich nur den Anschein von Heiligkeit und verführen viele durch haltlose Spekulationen über die Dreifaltigkeit Gottes: ihr Stand ist verboten[137]. Das war das Modell für einen Kanon der Kölner Diözesansynode von 1319, in dem Predigerbrüder, Minderbrüder und andere Mendikanten als Begünstiger des verbotenen Beginenstandes bezeichnet wurden[138]. Auch Meister Eckhart hat sich in Straßburg und/oder Köln mit Kernthesen des ‚Freien Geistes' auseinander gesetzt[139]. In Köln wurde um 1323–1326, in der Zeit als dort Meister Eckhart wirkte und Heinrich Seuse studierte, eine häretische Untergrundgruppe entdeckt und verfolgt[140]. Wahrscheinlich nicht mit ihr identisch ist die dort ebenfalls im Untergrund lebende, zu der in den zwanziger Jahren des vierzehnten Jahrhunderts Johannes de Brunis gehörte[141].

Auch Heinrich Seuse ist mit dem ‚Freien Geist' konfrontiert, ja sogar einmal zu dieser Bewegung gerechnet worden, wie er im 28. Kapitel der ‚Vita' berichtet. Kaum hat er sich in einem Schwesternkloster beklagt, Gott habe ihn wohl vergessen da er zurzeit keinen Anfeindungen ausgesetzt sei, als ein Ordensbruder ihm mitteilte:

„*ich waz nu kúrzlich uf einer burg, und der herr fraget ú na, wa ir werint, vil herteklich. Er hůb och uf sin hant und swůr dez vor menlich, wa er úch funde, da wőlt er ein swert dur úch stechen.*

135 Denzinger/Hünermann (eds.), Enchiridion (nt. 97), 383, n. 866.

136 W. Kisky (ed.), Die Regesten der Erzbischöfe von Köln im Mittelalter, vol. 4: 1304–1332, Bonn 1915, 42 sq., n. 229. Die Anklagepunkte bei: J. Hartzheim, Concilia Germaniae, vol. 4, Coloniae 1761, 101ᵃ–102ᵃ; cf. W. Senner, Meister Eckhart in Köln, in: K. Jacobi (ed.), Meister Eckhart: Lebensstationen – Redesituationen (Quellen und Forschungen zur Geschichte des Dominikanerordens. N.F. 7), Berlin 1997, 207–237, hier 219.

137 Alberigo e. a. (eds.), Conciliorum oecumenicorum decreta (nt. 96), 374, n. 16. Die Konstitution wurde allerdings erst 1317 publiziert.

138 H. Lepper, Unbekannte Synodalstatuten der Kölner Erzbischöfe Heinrich von Virneburg (1306–1332) und Wilhelm von Gennep (1349–1362), in: Annuarium historiae conciliorum 11 (1979), 339–354, hier 354.

139 Besonders in der Predigt Q29, LW II (nt. 85), 70–89. Cf. Senner, Meister Eckhart in Köln (nt. 136), 222–226; id., Rhineland Dominicans (nt. 123), 121–133.

140 Cf. Senner, Meister Eckhart in Köln (nt. 136), 219–235; id., Rhineland Dominicans (nt. 123), 128–133.

141 Cf. W. Janssen, Geschichte des Erzbistums Köln, vol. 2/1: Das Erzbistum Köln im späten Mittelalter. Erster Teil, Köln 1995, 600; Senner, Meister Eckhart in Köln (nt. 136), 223. C. J. Kauffman, Tamers of Death: The History of the Alexian Brothers from 1300 to 1789, New York 1976, 37–41, sieht den beghardischen ‚Lungenkonvent', die spätere Alexianergemeinschaft, als identisch mit dieser Gruppe. Durch die unterschiedliche Lokalisierung ist diese Hypo-

[…]' *Ab diser red erschrak er* [Seuse] *und sprach zů dem brůder: ‚ich wústi gern, wa mit ich den tod verschuldet heti'. Do sprach er: ‚dem herren ist geseit, ir habent im sin tohter als och vil ander menschen verkeret in ein sunder leben, daz heisset der geist, und die in der selben wise sind, die heissent die geister und die geisterin, und ist ime fúr geleit, daz daz sie daz verkertest volg, dar uf ertrich lebt.*"[142]

Im zweiten Teil des 6. (7.) Kapitels beruft sich das ‚*namelose wilde* (*bilde*)' fünfmal auf einen ‚*hohen meister*', in dem wir nach dem dargestellten Konsens der Forschenden Meister Eckhart sehen können. Es führt jeweils einen der als *articuli* zensurierten, aus dem Kontext isolierten Propositionen aus ‚In agro Dominico' an, gelegentlich allerdings stark verkürzt. Darauf antwortet ‚*der Junger*' jeweils mit einer differenzierenden Erklärung.

(1) „*Ich han vernomen, daz ein hoher meister si gewesen, und daz der ab sprechi allen underscheit.*" Dem entspricht in Art. 10: „*Nos transformamur totaliter in Deum et convertimur in eum* […] *verum est, quod ibi nulla est distinctio*"[143].

Seuse unterscheidet zunächst (A) Aussagen über Gott als (Aa) einen, wo das gilt, und als (Ab) dreifaltigen, in dem es Unterschied der Personen gibt[144]. Sodann geht er (B) auf Aussagen über den selbstentäußerten Menschen („*eins vergangnen menschen entwordenheit*") ein, für den gleichwohl der im 5. (6.) Kapitel gemachte Unterschied von „*nemunge und wesunge*" gilt[145]. In Gott als dem Grund alles Seienden gibt es keine Unterschiedenheit, wohl aber in den davon getrennt betrachteten Geschöpfen, wofür Seuse sich auf Meister Eckharts Kommentar zum biblischen Buch der Weisheit beruft[146].

(2) „*Der selb meister hat vil schone geseit von eime kristmessigen menschen.*" Art. 12: „*Quidquid dicit Sacra Scriptura de Christo, hoc etiam totum verificatur de omni homo et divino homine.*"[147]

Der Jünger hält mit einem Zitat aus dem Kommentar zum Johannesevangelium dagegen: „*Cristus ist der eingeborne sun und wir nit*"[148].

---

these aber nicht haltbar. Ich (W. S.) hoffe den Nachweis im Meister-Eckhart-Jahrbuch 2017 publizieren zu können.

142 Vita, c. 28, DS (nt. 7), 83, 2–6 und 10–16.

143 DS (nt. 7), 354, 5 sq./Ed. Sturlese/Blumrich (nt. 3), 60, 69–71. A. 10, in: Acta Echardiana, n. 65, LW V (nt. 92), 598, 43–46; cf. auch a. 23; 24; 13, ibid., 598–599.

144 DS (nt. 7), 354, 7–12/Ed. Sturlese/Blumrich (nt. 3), 60, 72–77. Cf. Eckhart, Expositio libri Exodi, 15, 3, n. 57, LW II (nt. 85), 66, 6. Weitere Parallelen in Ed. Sturlese/Blumrich (nt. 3), 81 sq., nt. 70. Cf. auch Thomas von Aquin, Summa theologiae, I, q. 39, a. 5, co.

145 DS (nt. 7), 354, 13 sq./Ed. Sturlese/Blumrich (nt. 3), 60, 78 sq. Cf. DS, 343, 17–19; oben, 294.

146 DS (nt. 7), 355, 2 sq./Ed. Sturlese/Blumrich (nt. 3), 62, 92 sq. Cf. Expositio libri Sapientiae, 7, 27a, n. 154 sq., LW II (nt. 85), 489, 7–490, 11.

147 DS (nt. 7), 355, 5 sq./Ed. Sturlese/Blumrich (nt. 3), 62, 96 sq. A. 12, in: Acta Echardiana, n. 65, LW V, 598, 50 sq. Cf. Eckhart, Predigt Q24, DW I (nt. 49), 421, 1–422, 1.

148 DS (nt. 7), 355, 8/Ed. Sturlese/Blumrich (nt. 3), 62, 99. Eckhart, Expositio sancti Evangelii secundum Iohannem, 1, 14, n. 123, LW III, edd. K. Christ/B. Decker/J. Koch/H. Fischer/L. Sturlese/A. Zimmermann, Stuttgart 1994, 107, 9–13.

(3) „*Ich han vernomen, er sprechi, ein sólicher mensche wúrke alles, daz Cristus wurkte.*" Aus Art. 13: „[…] *iste homo operatur, quidquid Deus operatur* […]"[149].

Auch hierauf wird mit Eckharts Johanneskommentar gekontert: „*der gerehte der wúrket alles, daz dú gerehtikeit wúrket; und daz ist war; sprichet er, da der gereht eingeborn ist von der gerehtikeit* […] [*u*]*nd daz ist allein war, sprichet er, in Cristo, und an keinem andern menschen*"[150]. Stärker als der Meister betont Seuse hier den Unterschied zwischen dem ‚Eingeborenen' (nicht im modernen Sinn von ‚Ureinwohner', sondern als ‚dem einen Geborenen', des Einzigen aus dem Vater Hervorgegangenen) und dem Menschen im Allgemeinen[151].

(4) „*Sin rede lúhtet, daz alles, daz Cristo si gegeben, daz si óch mir gegeben.*" Art. 11: „*Quicquid Deus Pater dedit Filio suo unigenito in humana natura, hoc totum dedit michi* […]"[152].

Die Antwort des ‚*iunger*' beruht auf der bereits in den vorhergehenden Einlassungen gemachten Differenzierung: ‚alles', „*volkomnú besitzunge der weslichen selikeit*", hat der Vater Christus gegeben, den Menschen aber „*in unglicher wise*"[153]. Sich auf „*vil stetten*" Eckharts berufend, hebt Heinrich den Unterschied zwischen der Menschwerdung Christi und der „*gotförmigen vereinunge*" des Menschen hervor[154].

(5) „[*D*]*az er ab sprechi alle glicheit und vereinunge, und daz er úns sazti bloz und entglichet in die blozsen einikeit*"[155] – eine Wiederholung des ersten Einwurfs durch das ‚Wilde'.

Seuse kontert nun nicht mehr unter Berufung auf den Meister, sondern nennt Mangel an Unterscheidung, den Grundfehler des ‚Wilden': „*Dir gebristet ane zwivel, daz dir nit lúhtet der underscheit* […] *wie ein mensche ein súlle werden in Cristo und doch gesúndert bliben*"[156]. Wenn es auch „*von usbrúchiger manigvaltikeit*" gereinigt werden muss, ist das ‚Wilde' nicht hoffnungslos verirrt, denn es erkennt „*grúnlichi dez liehtes der nature in behender vernúnftikeit, daz da vil glich lúhtet dem liehte der götlichen*

---

149 DS (nt. 7), 355, 14 sq./Ed. Sturlese/Blumrich (nt. 3), 62, 106 sq. A. 13, in: Acta Echardiana, n. 65, LW V, 598, 52–55; „*item predicauit* […]": bei Eckhart nicht verifiziert. Hünermann vermutet: „es scheint sich entweder um eine Predigt oder um eine Zusammenfassung von E' [dem ‚Liber Benedictus'] zu handeln". Denzinger/Hünermann (eds.), Enchiridion (nt. 97), 401, nt. zu n. 963.

150 DS (nt. 7), 355, 17–21/Ed. Sturlese/Blumrich (nt. 3), 62, 108–114: Verwendet sind die Stellen Eckhart, Expositio sancti Evangelii secundum Iohannem, 1, 18, n. 190, LW III (nt. 148), 159, 5 sq.; n. 196, LW III, 164, 12–165, 1; n. 19, LW III, 164, 12–165, 1.

151 Ob dies eine Eckharts Lehre im Johanneskommentar verfälschende Interpretation ist oder ob dort die Gleichsetzung von Sohn und (vollkommenem) Menschen in Predigt Q6 (cf. den ersten Einwand des ‚*wilden*') qualifizierend relativiert wird, muss einer eingehenderen vergleichenden Analyse vorbehalten bleiben.

152 DS (nt. 7), 356, 6 sq./Ed. Sturlese/Blumrich (nt. 3), 64, 121 sq. A. 11, in: Acta Echardiana, n. 65, LW V (nt. 92), 598, 47 sq. Bei Eckhart am ehesten Predigt Q5a, DW I (nt. 49), 77, 11–17.

153 DS (nt. 7), 356, 9–11/Ed. Sturlese/Blumrich (nt. 3), 64, 125–127. 356, 9 sq. ist Zitat von Joh. 13, 3.

154 DS (nt. 7), 356, 11–13/Ed. Sturlese/Blumrich (nt. 3), 64, 127 sq. Bihlmeyer (DS, 356, nt.) nennt Franz Pfeiffer, Deutsche Mystiker des 14. Jahrhunderts, vol. 2: Meister Eckhart, Leipzig 1857, 127, 40; 531, 37; 671, 35 sqq. Sturlese und Blumrich (83, nt. 86) führen bei Eckhart nur Expositio sancti Evangelii secundum Iohannem, 1, 14, n. 120, LW III (nt. 148), 105, 3–8 an.

155 DS (nt. 7), 356, 15–17/Ed. Sturlese/Blumrich (nt. 3), 64, 131–133.

156 DS (nt. 7), 356, 18–20/Ed. Sturlese/Blumrich (nt. 3), 64, 134–137.

warheit"[157]. Ob dies ein verdeckter Hinweis auf den Durchbruch zu einem tieferen, mystischen Verständnis ist, der sowohl bei Seuse[158] als auch für den ‚Freien Geist' als wichtige Erfahrung gesehen wird?[159]

Diese Paränese ist nun literarisch des Widerspenstigen Zähmung: „*Daz wilde gesweig und bat in mit ergebenlicher undertenikeit, daz er fürbaz rürti den nützen underscheit.*"[160]

Zusammenfassend lässt sich festhalten: Im ‚Büchlein der Wahrheit' verteidigt Seuse Eckhart vor allem in den Punkten, die im Zusammenhang mit der sogenannten Sekte vom Freien Geist missverstanden werden können. Er benutzt dafür an einer zentralen Stelle Quaestionen aus dem dritten Teil der ‚Summa theologiae' des Thomas von Aquin[161].

Es ist anzunehmen, dass Heinrich Seuse sich 1330 auf dem kurzfristig von Köln nach Maastricht verlegten Generalkapitel – oder wahrscheinlicher auf dem anschließenden Provinzkapitel der Teutonia am selben Ort – für seine Verteidigung Meister Eckharts, namentlich für das ‚Büchlein der Wahrheit', rechtfertigen musste. Eine Sanktionierung, wie häufig angenommen, lässt sich der ‚Vita' allerdings nicht entnehmen[162]. Nach dem General- und Provinzkapitel flammte ein Konflikt zwischen der Ordensleitung und der Provinz Teutonia auf, in den der Papst eingriff[163]. Der Verlust des Lektorenamtes ist im Zusammenhang der nach diesem Kapitel von dem päpstlichen *vicarius provinciae* Bernardus Carrerius durchgeführten ‚Säuberung'[164] zu sehen. Diese war allerdings keineswegs allein – und noch nicht einmal in erster Linie – gegen die Anhänger Meister Eckharts gerichtet.

---

157 DS (nt. 7), 356, 24–26/Ed. Sturlese/Blumrich (nt. 3), 64, 141–143.

158 Die Stellen im ‚Exemplar' sind – bis auf ‚Büchlein der Wahrheit', c. 3, DS (nt. 7), 333, 6 sq. und Vita, c. 32, DS, 94, 10–14 – durch Seuses spätere Leidensmystik geprägt: Exemplar, Prol., DS, 3, 11 sq.; Vita, c. 13, DS, 34, 10–12; Vita, c. 33, DS, 97, 8 sq.; Brief 23, DS, 474, 17. Auch im Prolog (c. 1) des ‚Büchlein der Wahrheit' ist von einem derartigen Ereignis die Rede: siehe oben, 288.

159 Zum Durchbruch im ‚Freien Geist' cf. W. Wattenbach, Über die Secte (nt. 123), 53.

160 DS (nt. 7), 357, 1 sq./Ed. Sturlese/Blumrich (nt. 3), 64, 144 sq.

161 Diesen letzten Punkt hervorgehoben zu haben, ist das Verdienst von Fiorella Retucci, siehe oben, 289.

162 Senner, Seuse (nt. 21), 24–26. Die gegenteilige Auffassung vertritt noch: L. Sturlese, Meister Eckharts Weiterwirken. Versuch einer Bilanz, in: id., Homo divinus. Philosophische Projekte in Deutschland zwischen Meister Eckhart und Heinrich Seuse, Stuttgart 2007, 107–118, hier 107 sq. – In seinem Die Kölner Eckhartisten. Das Studium generale der deutschen Dominikaner und die Verurteilung der Thesen Meister Eckharts, ibid., 119–135, hier 128 mit nt. 30, ist der Quellenbeleg nachgetragen: „Deutsche Schriften, hrsg. von K. Bihlmeyer, S. 68, 19–14 [! = DS (nt. 7), 68, 17–25]", dort wird zwar die Ladung Seuses „[...] im Jahr 1330 beim Generalkapitel in Maastricht" aber keine Verurteilung erwähnt.

163 Senner, Seuse (nt. 21), 29. Eine Untersuchung dieser Vorgänge aufgrund im Vatikanischen Archiv gefundener Quellentexte erscheint in Kürze in: von Heusinger e. a. (eds.), Die deutschen Dominikaner (nt. 80).

164 Trusen, Der Prozeß (nt. 61), 161.

V. ‚Horologium sapientiae'

Das ‚Horologium' ist erst vor einigen Jahren ins Deutsche übersetzt worden – eine diffizile Aufgabe, angesichts einer „[...] schwierige[n] und eigenartige[n] stilistischen Mischlage [...], denn tatsächlich entspricht die stilistische Diktion des Horologium der komplexen Stimmungs- und Seelenlage eines gebildeten Prediger- und Bettelmönchs in der Krisenzeit des beginnenden vierzehnten Jahrhunderts, gleichzeitig aber auch den weitreichenden sublimen religiösen Bedürfnissen dieser Zeit nach intensivierter und verinnerlichter *devotio*"[165]. Während die Wiedergabe dieser persönlichen Diktion gut gelungen ist, und die Übersetzerin dem Editor des lateinischen Textes Pius Künzle zustimmt: „Seuse schrieb ganz und gar aus dem Geist der Ordensspiritualität heraus"[166], zeigt sich insbesondere im ersten Kapitel des zweiten Buches Unkenntnis der Studienorganisation und der Zustände in der Ordensprovinz Teutonia, dem konkreten Hintergrund von Seuses durchaus nicht resignativer Kritik[167].

Hinsichtlich der Entstehungszeit finden wir bei S. Fenten widersprüchliche Angaben: einmal 1328–1330[168], ein andermal „vermutlich um 1333"[169], beide Mal ohne Quellenangabe. Akribisch geht P. Künzle vor: Da Seuse dieses Werk dem Pfingsten 1333 gewählten Generalmeister der Predigerbrüder, Hugo von Vaucemain, dedizierte und dessen kurz darauf verfasstes erstes Rundschreiben implizite Erwähnung findet, ist das der *terminus a quo*[170]. Die Nichterwähnung des im nächsten Jahr erschienenen zweiten Rundschreibens ist jedoch kein so sicherer Anhaltspunkt für einen *terminus ante quem.* Als solcher kann allerdings der auf Mitte 1334 anzusetzende Streit um den Konstanzer Bischofsstuhl zwischen Nikolaus von Kenzingen und Albrecht von Hohenberg gelten, auf den sich die als Nachtrag in ‚Horologium' 1, 5[171] eingefügte Widder-Vision bezieht. Auch Kurt Ruh ließ sich von Künzles Argumentation zur Entstehung des ‚Horologium' nach dem ‚Büchlein der ewigen Weisheit' überzeugen[172].

[165] A. M. Haas, Vorwort, in: Heinrich Seuse, Stundenbuch der Weisheit. Das ‚Horologium Sapientiae' übersetzt von Sandra Fenten, Würzburg 2007, IX–XII, IX.

[166] S. Fenten, Einleitung, in: Heinrich Seuse, Stundenbuch (nt. 165), XIII–XXII, XVI, bezieht sich auf Künzle, Einführung (nt. 11), 90–93 und 95–97.

[167] Heinrich Seuse, Stundenbuch (nt. 165), 147–154.

[168] Fenten, Einleitung (nt. 166), XIV.

[169] Op. cit., XVI.

[170] So schon K. Bihlmeyer, Zur Chronologie einiger Schriften Seuses, in: Historisches Jahrbuch 25 (1904), 176–190, hier 181 sq.; Künzle, Einführung (nt. 11), 19–21.

[171] Heinrich Seuse, Horologium, ed. Künzle (nt. 11), 412, 23; cf. Einleitung, ibid., 23–26. Die Erwähnung des ‚Horologium' durch Heinrich von Nördlingen, der es anscheinend für ein Werk Taulers hielt, in einem Brief vom 21. September 1339 an Margarethe Ebner, der er – wie schon zuvor dem Prior der Zisterzienserabtei Kaisheim – eine Abschrift besorgen wollte, zeigt, dass das ‚Stundenbuch der Weisheit' gegen Ende des Jahrzehnts bereits geschätzt und im Umlauf war, so P. Strauch, Margartha Ebner und Heinrich von Nördlingen, Freiburg i. Br. e. a. 1882, 228 sq. H. Hauke, Katalog der lateinischen Handschriften der Bayerischen Staatsbibliothek München: Clm 28111–28254, vol. 4/7, Wiesbaden 1986, IX: „Clm 28242 [ist] mit ziemlicher Sicherheit die Abschrift jenes Exemplars". Ibid., 220 sq.

[172] Ruh, Geschichte (nt. 26), 441.

Gegenüber dem ‚Büchlein der Wahrheit' zeigt das ‚Horologium', wie bereits das ‚Büchlein der ewigen Weisheit', einen neuen Aspekt in der Spiritualität Seuses, den er im Prolog thematisiert: „*Igitur discipulus, qui ante fuerat affectu compassionis durus, coepit per continuum eiusdem meditationis usum ad tantae memoriam passionis mollescere et diversas eo modo, prout in sequentibus apparebit, illuminationes habere.*"[173] Spätestens nach dem Verlust des Lektorenamtes hatte Heinrich eine kritisch distanzierte Sicht auf den scholastischen Studienbetrieb entwickelt – den der Dominikaner, den er aus eigener Erfahrung kannte. Ihm stellte er als besseren Weg die aus der Mode gekommene Vätertheologie gegenüber, in der er einen geistlichen Wert sah: „[...] *divina karismata appellantes superstictiosa figmenta et sanctas revelationes fantasticas deceptiones, sanctorumque gesta patrum esse dicunt narratorium fabulosum* [...] *non spernenda sunt usquequaque*"[174]. Damit geht er soweit, einen philosophischen Gedankengängen abholden Wüstenvater als „*Summus ille philosophus Arsenius*"[175] zu bezeichnen. Nicht Wissenschaft ist ihm das höchste Ziel, sondern geistliche Weisheit: „Die *philosophia spiritualis*, die hier [im ‚Horologium'] erstmals als Selbstbezeichnung der eigenen Lehre Seuses gebraucht wird, bringt den Menschen dazu, mit seinem Geist alles Sichtbare zu transzendieren und sich zum Ewig-Göttlichen hin zu erheben"[176]. Das ist allerdings keine Absage an die Vernunft, die jedoch nicht als Ziel gesehen wird, sondern als Mittel zur rechten Unterscheidung und damit zu spirituellem Wachstum: „*Flizz dich, daz din vernunft in dinen werken hab dez ersten iren fúrbruch, wan swa der sinnelich fúrschuz ze schnel ist, dannan kumet alles übel.*"[177] Dies ist der Hintergrund für das Gemälde des dominikanischen Studienbetriebs im Deutschland seiner Zeit, das Heinrich Seuse zu Beginn des zweiten Teils des ‚Horologium' entfaltet.

In einem mit biblischen Anspielungen durchsetzten Text, der bei aller Stilisierung nicht als reine Fiktion zu lesen, sondern durch die eigene Erfahrung geprägt ist, wird das Panorama des Curriculums aufgerollt. Dort erfahren wir über seine Studien: „Die Weisheit aller Alten suchend"[178] – die Heilige Schrift und die Tradition – kommt der Jünger der ewigen Weisheit zunächst zu einer ersten Wohnung (*mansio*); sie „enthielt eine unzählbare Menge freier und mechanischer Künste und verschiedener Philosophen"[179]. Heinrich, als kleiner Junge ins Klos-

---

173 Heinrich Seuse, Horologium, Prol., ed. Künzle (nt. 11), 370, 1–4.

174 Op. cit., 371, 4–10. Dazu: J.-A. Bizet, Henri Suso et le déclin de la scolastique, Paris 1946, 51, nt. 2.

175 Heinrich Seuse, Horologium, II, 3, ed. Künzle (nt. 11), 546, 14.

176 M. Enders, Heinrich Seuses Konzept einer geistlichen Philosophie. Ein spätmittelalterliches Exempel in der Tradition des monastischen Philosophie-Verständnisses, in: J. Kaffanke (ed.), Heinrich Seuse – Diener der Ewigen Weisheit, Freiburg i. Br. 1998, 46–86, hier 59.

177 Vita, c. 49, DS (nt. 7), 163, 23–25. Im selben Kapitel (ibid., 167, 19–24): „*Es ist vil me vernúnftiger menschen denne einvaltiger. Dú haissent vernúnftig, da dú vernunft rengniert* [!]*; aber der ainvaltekeit von ire mússigkait enpfellet menigvaltikait der dingen nah dez sinsheit genomen, und hat denn nút sóliches schowens; wan einvaltekeit ist neiswi sin wesen worden, und er ist ein gezów und ein kind.*"

178 Heinrich Seuse, Horologium, II, 1, ed. Künzle (nt. 11), 519, 19: „*Sapientiam omnium antiquorum exquirebat*" – Zitat aus Eccl. 39, 1.

179 Op. cit., 520, 12 sq.: „*Prima* [*mansio*]*, quae et inferior, videlicet liberalium artium et mechanicarum ac philosophorum diversorum, innumeram multitudinem continebat.*"

ter gegeben, hatte nach Elementarunterricht, besonders des Latein, zunächst die philosophischen Studien, *logicalia, naturalia* (einschließlich Metaphysik) und *moralia* absolviert[180]. Hier verallgemeinert er auf alle weltlichen Wissensgebiete und (Handwerks-)Künste. Was der Jünger suchte, fand er dort nicht, und so kam er zu der zweiten Wohnung, die durch ein Türschild bezeichnet war: „*Haec est schola theologicae veritatis, ubi magistra aeterna sapientia, doctrina veritas, finis aeterna felicitas.*"[181] Dort hoffte er, an das Ziel seiner Sehnsucht zu gelangen.

In dieser Schule waren drei Gruppen (*ordines*) von Studenten und Lehrern.

1. Die erste Gruppe blieb nah am Eingang und schaute nach draußen. Ihnen ging es nur darum „aufzusteigen und groß dazustehen"[182]. Der Ordenskontext wird evoziert, indem das spezifiziert wird: „*Nam et ob hanc causam solummodo in studio laborabant, ut postmodum maiores libertates ad peragendam corporis curam in desideriis assequi possent, et facultatem faciendi, quae vellent, ampliorem sine contradictione haberent.*"[183] Solche Ordensbrüder sind, wenn arriviert, Seuse und Meister Eckhart gefährlich geworden: „*Leonem quippe rugientem quis audeat provocare?*"[184]
   - Nach dieser Beschreibung der Studenten folgt die der Lehrenden. Ihr Verhalten kommt dem Jünger der ewigen Weisheit wie seltsames und lächerliches – wir würden heute sagen Glasperlen-Spiel vor: „*Nam caelitus delapsa quasi pila argentea inter eos currebat* [...] *quae ab omnibus amabatur et desiderabatur, quia ipsa se habentibus gloriam et honorem praestabat.*"[185] Die silberne Kugel wird als die Wahrheit der *sacra scriptura* bezeichnend erklärt[186].
   - „Unter den anderen hielt ein über alle herausragender Lehrer (*doctor egregrius*) sie in der Hand und seine Lehre schallte von dort durch die ganze Welt und strahlte einzigartig, wie eine Rose ohne Dornen und die Sonne ohne Wolken."[187] In diesem so hochgelobten *doctor* wird in der Forschung allgemein Thomas von Aquin gesehen[188].

---

180 Hierzu W. Senner, Dominican education, in: Hackett (ed.), Companion (nt. 49), 711–723.

181 Horologium, II, 1, ed. Künzle (nt. 11), 520, 27 sq.

182 Op. cit., 521, 23: „*Eratque omnium istorum unus labor et intentio, ascendere et apparere.*"

183 Op. cit., 521, 24–522, 1.

184 Op. cit., 522, 1 sq. Zum Vorgehen solcher Oberer cf. ibid., 524, 1–8 und 524, 22–525, 12.

185 Op. cit., 522, 4–7.

186 Op. cit., 522, 26 sq.: „*responsum est a quodam, quod haec pila argentea significaret veritatem sacrae scripturae, lucidam et sonoram et incorruptibilem*".

187 Op. cit., 522, 7–10: „*Hanc* [*pilam*] *dum quidam inter ceteros et super ceteros doctor egregrius in manu haberet, et ex hoc per totum mundum sonaret, eiusque doctrina singulariter, sicut rosa sine spina, et sol absque nube praeclarissime rutilaret*".

188 So u. a. R. Imbach, Anmerkungen zu den thomistischen Quellen des ‚Horologium sapientiae', in: Blumrich/Kaiser (eds.), Heinrich Seuses Philosophia spiritualis (nt. 1), 71–83; und jüngst Retucci, On a dangerous trail (nt. 54).

- Dass der *doctor egregrius* die Kugel hat, erregt jedoch Neid: „*multi hoc videntes et invidentes, sibi pilam de manu auferre modis quibus poterant attentabant*“[189]. Die Thomasgegner schaden allerdings damit nur sich selbst[190].
- Die Teilnehmer am theologischen Diskurs sind weniger daran interessiert, die Heilige Schrift zu verstehen, als vielmehr den jeweils anderen das rechte Verständnis abzusprechen[191] – ein Vorgehen, das viele Hörer abstößt und geradezu an einen Hahnenkampf erinnert[192].
- Einige der Lehrenden vermitteln keine aus ihrer Erfahrung gewachsene geistliche Lehre, sondern nur, was sie sich angelesen haben[193]. Sie verachten die Bücher der heiligen Väter, wie die ‚Collationes Patrum‘ [die Ansprachen der Wüstenväter] und ähnliche aus Frömmigkeit hervorgegangene [sc. Bücher] und sind so wie der unfruchtbare Feigenbaum, der reichlich Blätter, aber keine Früchte trägt[194].
- Nach dieser Kritik am dominikanischen Studienbetrieb seiner Zeit beschreibt Seuse das Verhalten von aus dieser Gruppe der Schüler hervorgegangenen Ordensoberen, als dessen Quintessenz er festhält: „*Qui amore proprio excaecati, non videbant vermem, qui interiora vitae spiritualis corrodit*“[195].

2. Eine zweite Gruppe wird nur ganz kurz erwähnt: „*in statu proprio persistere videbantur*“[196].
3. Die Ordensbrüder der dritten Gruppe schließlich „saßen nahe beim Meister [der ewigen Weisheit] zusammen und tranken aus seinem Mund das Wasser der heilbringenden Weisheit. [...] Eingetaucht in den Abgrund der Kontemplation und die Süße des Göttlichen sind sie zur Betrachtung des Göttlichen entrückt“[197]. Das ist zwar mystische Selbstvergessenheit, aber gerade deswegen gut für den Orden und seinen Verkündigungsauftrag: „[...] wie eine brennende Fackel nach oben strebend, entzünden sie auch andere mit Gottesliebe. Solche [Ordensleute] sind bestens für Stellen als Obere geeignet,

---

189 Horologium, II, 1, ed. Künzle (nt. 11), 522, 10–12.

190 Op. cit., 522, 12–14: „*nihil proficiebant, sed mirum in modum in se ipsis affligebantur et propriis sagittis percutiebantur*“.

191 Op. cit., 522, 14–17: „*Haec pila dum inter eos curreret, studebant hi, qui aderant, non tam ipsam comprehendere, quam pro posse eam de manu alterius percutere et rapere, et ostendere quod alius ipsam non haberet.*“ Cf. ibid., 523, 1–5.

192 Op. cit., 522, 19 sq.: „*Haec autem taedium magnum ac displicentiam in animo multorum audientium generabant.*“ Ibid., 522, 23 sq.: „[...] *se mutuo invadentes ac tamquam gallos compugnantes deridebant*“.

193 Op. cit., 523,11–14: „[...] *nonnulli, qui repente docere volebant, quod non opere sed meditatione didicerant; eorumque doctrina non ex vita atque exercitiorum frequentia, sed ex affirmatione processit sola*“.

194 Op. cit., 523, 14–33.

195 Op. cit., 524, 8–10.

196 Op. cit., 525, 13 sq.

197 Op. cit., 525, 14–19: „*Tertii autem prope magistrum consederant, et ‚aquam sapientiae salutaris‘* [Eccli. 15, 3] *ex ore eius bibentes inebriabantur in tantum, ut se ipsos et omnium aliorum obliviscentur,* [...] *et quodam modo in abyssum divinae speculationis ac dulcedinis immersi et absorpti, ad divina contemplando raperentur.*“

denn durch göttliche Gnade und Eifer der Menschen sind sie dafür wunderbar gerüstet"[198].

Auffällig ist im ‚Horologium' die Abwesenheit Meister Eckharts. Doch sie ist nur scheinbar, denn es war im Mittelalter nicht üblich (Fast-)Zeitgenossen mit Namen zu nennen. Retucci[199] ist darin zuzustimmen, dass Seuses Beschreibung der dritten Gruppe von Ordensleuten auf ihn zutrifft – nicht nur als theologischer Lehrer von geistlicher Qualität, sondern auch als Mann persönlicher Gotteserfahrung (wer hier keine Scheuklappen hat, könnte sagen: Mystiker) und als Ordensoberer, der er ja mehrmals mit gutem Erfolg auch war.

Die Beschreibung der Studienerfahrung Seuses im ‚Horologium' lässt sich in Beziehung setzen zu dem als ‚Gesicht' gekennzeichneten 19. Kapitel der ‚Vita'. Dort erscheint ihm ein ‚stolzer Jüngling' und sagt zu ihm:

„‚*du bist gnů lang in den nidren schůlen gewesen und hast dich gnůg dar inne geůbet und bist zitig worden. Wol uf mit mir! Ich wil dich nu fůren zů der hǒhsten schůle, dú in diser zit ist, da solt du nu lernen mit flisse die hǒhsten kunst, dú dich in gǒtlichen frid sol sezzen und dinen heiligen anvang zů eim seligen end bringen*'[200] […] *Der jungling nam in bi der hand und fůrte in, als in duhte, in ein vernúnftiges land*[201] […] *Do er hin in kom, do ward er gůtlich enpfangen und lieplich grůzet von in; sú ilten hin zů dem obresten meister und seiten ime, es weri eine komen, der wǒlti och sin junger sin und wǒlti die kunst lernen. Er sprach: ‚den wil ich vor under ogen an sehen, wie er mir gevalle'. Do er in gesah, do lachet er in vil gůtlich an und sprach: ‚nu wússent daz von mir, daz diser gast wol mag werden ein frumer schůlpfaf diser hohen kunst, wil er sich geduldeklich geben in den engen notstal, da er inne můss beweret werden'. Der diener verstůnd der verborgnen worten dennoh nit; er kerte sich zůu dem jungling, der in hate hin in gefůret, und fragte in also: ‚eya lieber gesell minr, sag mir, waz ist dú hǒhste schůle und ir kunst, von der du mir hast geseit?' Der jungling sprach also: ‚Dú hohe schůl und ir kunst, die man hie liset, daz ist nit anders denn ein genzú, volkomnú gelassenheit sin selbs, also daz ein mensch stand in sǒlicher entwordenheit, wie im got ist mit im selb ald mit sinen creaturen in lieb ald in leide, daz er sich dez flisse, daz er alle zit stand glich in einem usgene des sinen, als es denn menschlich krankheit erzúgen mag, und allein gotes lob und ere sie ansehende, als sich der lieb Cristus bewiste gen sinem himelschen vatter.*'"[202]

Dürfen wir in dem ‚*obresten meister*' Heinrichs Vorstellungsbild von Meister Eckhart sehen? Auch wenn nicht, ist es doch das Kernthema der eckhartschen Gelassenheit, das Seuse hier als höchste, mit Gott vereinende Weisheit ausdrückt. Die höchste Schule ist nicht lediglich eine des Wissens, sondern eine des Lebens – gerade im Lassen. Wir würden Heinrich Seuse missinterpretieren, wenn wir das ‚Horologium' und das ‚Exemplar' als Resignation nach Aufgabe seiner akademischen Aspirationen oder als Ablehnung wissenschaftlicher Theo-

---

[198] Op. cit., 525, 20–23: „[…] *velut ardens facula sursum tendentes, in se ardebant et proximos quosque in Dei amore accendebant. Tales quoque ad praelationes et regimina assumpti erant utilissimi, nam et gratia divina atque industria humana erant miro modo praediti*".

[199] Retucci, On a dangerous trail (nt. 54), 604.

[200] Vita, c. 19, DS (nt. 7), 53, 11–16

[201] Horologium, II, 1, ed. Künzle (nt. 11), 53, 17 sq.

[202] Vita, c. 19, DS (nt. 7), 53, 20–54, 8.

logie verstünden[203]. In der Kontroverse der theologischen Schulen bezieht er Stellung: Während die Gelehrten, denen es an geistlicher Erfahrung mangelt, in ‚Horologium' II, 1 recht negativ geschildert werden, ist der „über alle herausragende Lehrer" Thomas von Aquin, dessen „Lehre einzigartig wie eine Rose ohne Dornen und die Sonne ohne Wolken strahlte". Ich vermag, gerade aufgrund des oben wiedergegebenen Textzusammenhangs, Retucci[204] darin nicht zuzustimmen, dass der Aquinate für Seuse ein ungeistlicher Kampfhahn gewesen wäre, wie offenbar einige deutsche Dominikanerlektoren, die er aus seiner Studienzeit kannte.

VI. Resümee

Auch wenn Heinrich Seuse – dem zu seiner Zeit Üblichen entsprechend – Meister Eckhart selten direkt mit Namen nennt, ist der tiefgehende Einfluss unverkennbar, den der Meister auf ihn ausgeübt hat. Er stand zu ihm nicht nur in einem intensiven Schüler-Lehrer-Verhältnis, sondern hat ihn, noch persönlicher, als Seelsorger erfahren, der ihn aus Höllenangst und selbstzerstörerischer Askese befreite. Das dürfte ein Grund gewesen sein, dass der ‚Jünger' den Meister durch das ‚Büchlein der Wahrheit' entschlossen verteidigte. Die von ihm gemachte Unterscheidung von ‚*habunge*' für die Gottessohnschaft Christi und ‚*nemunge*' für die des (vollkommenen) Menschen zeigt Seuse vorsichtiger um Konformität mit unbezweifelbar orthodoxer Theologie bemüht. Beide, Eckhart und sein Schüler, nehmen – auch wenn angegriffen – auffälligerweise keinen Rekurs auf das durch Pseudo-Dionysius Areopagita bekannte Theologumenon der ‚*participatio*', obwohl sie den Areopagiten nicht gerade selten zitieren. In Seuses Spiritualität lässt sich als zentrales, von Eckhart übernommenes Thema Gelassenheit ausmachen, das – wie das ‚Exemplar' zeigt –, auch als Heinrich seine eigene Passionsmystik entwikkelte, nicht an Bedeutung verlor. Beide teilen Kritik, nicht an der Kirche überhaupt, sondern an bloß äußerlichen Frömmigkeitsformen und ungeistlichen Klerikern[205]. Ihnen kam es auf ein verinnerlichtes Glaubensverständnis an – mehr noch auf die in der Bibel verheißene Gemeinschaft mit Gott. Meister und ‚Jünger' sind deshalb Klassiker nicht nur der Literatur, sondern auch der Theologie und Vorbilder gelebten christlichen Lebens und Lehrens.

---

[203] Senner, Seuse (nt. 21), 29 sq. Auch im ‚Büchlein der ewigen Weisheit' nimmt Seuse Thomas von Aquins Formulierungen auf, folgt aber nicht dessen Aussageintention, sondern der spirituellen Lehre Meister Eckharts von der ‚*abegescheidenheit*'. R. Blumrich, Die gemeinú ler des ‚Büchleins der ewigen Weisheit'. Quellen und Konzept, in: id./Kaiser (eds.), Heinrich Seuses Philosophia spiritualis (nt. 1), 49–70. Eingehend zu Seuses Thomas-Rezeption im ‚Horologium sapientiae': R. Imbach, Anmerkungen (nt. 188). Imbach resümiert (80): „Eine nicht zu vernachlässigende Präsenz thomistischen Gedankenguts [...] Thomas ist für Seuse eine wichtige metaphysische und theologische Autorität [...] Trotzdem ist das *Horologium* keine thomistische Schrift: die *spiritualis philosophia* ist nicht die bloße Weiterführung des Thomismus, sondern eine originelle Schöpfung, die andere Quellen als den Thomismus voraussetzt, namentlich Bernhard von Clairvaux".

[204] Retucci, On a dangerous trail (nt. 54), 603.

[205] A. M. Haas, Civitatis Ruinae. Heinrich Seuses Kirchenkritik, in: id., Kunst rechter Gelassenheit. Themen und Schwerpunkte von Heinrich Seuses Mystik, Bern e. a. ²1996, 67–92.

Tabelle 1: Explizite und implizite Nennungen Meister Eckharts in Seuses Werken

Nennung	Werk	Stelle	Bemerkungen
„*der selig meister Eghart*“	Vita, c. 6	B 22, 28	„*und der heilig brůder Johans der Fůtrer von Strasburg*“ (– 23, 1)
„*Von dem meister* […]“	Vita, c. 6	B 23, 1	Eckhart
„*dem heiligen meister Egghart*“	Vita, c. 21	B 63, 4	„*und klaget im sin liden. Der half im dur von*“
„*uss der sůssen lere dez heiligen maister Eghards*“	Vita, c. 33	B 99, 12	„*du dir selb hatest usgelesen* […]“ Elsbeth Stagel OP *
„*dez hohen meisters*“	Vita, c. 33	B 99, 14	„*na so edelm tranke* […]“ Elsbeth Stagel OP *
„*ein hoher meister si gewesen*“	BdW, c. 6 (7)	B 354, 5/S 60, 69	Eckhart */*daz wilde*
„*daz er allen underscheit* […]“	BdW, c. 6 (7)	B 354, 7/S 60, 72	Eckhart */*der iunger*
„*Der selb meister*“	BdW, c. 6 (7)	B 355, 5/S 62, 96	Eckhart */*daz wilde*
„*Der meister sprichet*“	BdW, c. 6 (7)	B 355, 7/S 62, 99	Eckhart */*der iunger*
„*Ich han vernomen, er sprechi*“	BdW, c. 6 (7)	B 355, 14/S 62, 106	Eckhart */*daz wilde*
„*Der selbe meister sprichet*“	BdW, c. 6 (7)	B 355, 16/S 62, 107	Eckhart */*der iunger*
„*Sin rede lúhtet*“	BdW, c. 6 (7)	B 356, 6/S 62, 121	Eckhart */*daz wilde*
„*als er sprach*“	BdW, c. 6 (7)	B 356, 9/S 64, 127	Eckhart */*der iunger*
„*daz er ab sprechi*“	BdW, c. 6 (7)	B 356, 15/S 64, 131	Eckhart */*daz wilde*
			‚Vita‘: 5, ‚BdW‘: 9, alle in c. 6 (7)

Tabelle 2: Heinrich Seuses Wortgebrauch von Meister/Lehrer/Schüler

Wortfrequenz	Vita	BdW	BdeW	Hor	Σ	Bemerkungen
Lerer/doctor	3	5	4	8	20	
Meister/Magister/ Magistra	23 (4)	14 (4)	1	5	42 (8)	(davon auf M. Eckhart bezogen)
Σ	26	19	5	13	62	
Iunger/disciplus	4	3/30*	9	26/73*	42/103*	* als Dialogeinleitung
Schůler/Schôler	3	–	–	–	3	
Schůlerli	1	–	–	–	1	
Σ	8	3/30*	9	26/73*	46/103*	

BdeW = ‚Büchlein der ewigen Weisheit'
BdW = ‚Büchlein der Wahrheit'
Hor = ‚Horologium'
B = Heinrich Seuse, Deutsche Schriften, ed. Bihlemeyer (nt. 7)
S = Heinrich Seuse, Das Buch der Wahrheit, edd. Sturlese/Blumrich (nt. 3)

IV. Pariser Schulen im 14. Jahrhundert

Masters and Bachelors at Paris in 1319: The *lectio finalis* of Landolfo Caracciolo, OFM

William O. Duba (Nijmegen)*

An anonymous Florentine traveler left an account of Pope Clement VI's post-Easter vacation in 1343, the high point of which occurred on 30 April:

> "That Wednesday morning, after mass, as arranged, [the pope] went to Gentilly to dine with Monsignor Annibaldo. How he was received, and in how many ways he was honored, and with what an array of honors, if I cannot write them well, no wonder. It would be a wonder to be able to remember them, and remembering them, to be able to write them coherently."[1]

* Thanks to Blake R. Beattie, Russell L. Friedman, Roberto Lambertini, Anja Inkeri Lehtinen, Lauge O. Nielsen, Christopher D. Schabel, and Edith Sylla for their comments on a draft this paper. The orthography of my Latin transcriptions has been normalized. This paper was produced with the support of the Radboud Excellence Initiative, Radboud University Nijmegen.

1 Florentine anonymous, ed. G. de Loye, Réception du pape Clément VI par les cardinaux Hannibald di Ceccano et Pedro Gomez à Gentilly et Fontavet 30 Avril – 1 Mai 1343 (ou 1348), in: Actes du Congrès International Francesco Petrarca, Avignon 1974, 331 – 353 at 336. This edition, with a French translation by the Marquise de Bonnecorse, justifies itself on the grounds that, while it has been published before "ou bien sa publication est fragmentaire, ou bien elle se trouve dans des ouvrages épuisés, introuvables en France" (331), in this case probably referring to the edition by E. Casanova, Visita di un papa avignonese a suoi cardinali, in: Archivio della Società romana di storia patria 22 (1899), 371 – 381. Thanks to advances in information technology, Casanova's edition is now widely available; thanks to advances in copyright legislation, de Loye's edition is extremely rare. Whereas Casanova argued that the events referred to occurred in 1343, de Loye points out that, chronologically, 1348 works as well, and "rien ne nous permet donc de choisir entre les deux millésimes possibles 1343 et 1348" (334 – 335). Nevertheless, 1348 is highly unlikely: a letter by Louis Heyligen of Beeringen dated 27 April 1348 describes the arrival of the Plague to Avignon already in January of that year; by the time of his writing, the pope and at least some of the cardinals were leaving for Étoile-sur-Rhône (Breve chronicon clerici anonymi, Epistola cantoris et canonici Sancti Donatiani, ed. J.-J. de Smet [Corpus chronicorum Flandriae 3], Brussels 1856, 18): "*Sciatis autem quod papa immediate recedit de Avinione, ut dicitur, et vadit ad castellum quod vocatur Stella, prope Valenciam super Rodanum, ad duas leucas, illic mansurus donec tempus mutetur; sed curia vult manere in Avinione; vacationes indicte sunt usque festum Michaëlis. Omnes auditores, advocati, procuratores vel recesserunt, vel mortui sunt, vel immediate recedere proponunt; in manibus Dei sum et me sibi commendo; dominus meus sequetur papam, ut dicunt, et ego secum, quia sunt quedam castra versus montem ventosum, ubi mortalitas adhuc non pervenit, et est illic optimum esse, ut fertur. Eligere et facere quod melius est, det omnibus nobis omnipotens et misericors Dominus, amen. – Datum Avinione, die Dominica, XXVII die mensis aprilis, anno MC⟨CC⟩XLVIII*". On the other hand, according to the Florentine account, the pope was at his residence in Pont-de-Sorgues from 21 – 30 April and returned to Avignon on 1 May. The Florentine account therefore does not square with the details of the pope's movements in 1348, nor does the Florentine's

The pope was the dinner guest of Cardinal Annibaldo di Ceccano; both of them had become masters in Theology at Paris, roughly at the same time (Annibaldo ca. 1321 and Pierre Roger, the future Clement VI, in 1323), and both had been provisors of the Sorbonne[2]. Elevated in May 1342, Pope Clement VI gave the papacy an aristocratic flavor, and Annibaldo was one of his most trusted advisors. Thus, in a manner fitting for a meeting of theologians, the anonymous Florentine expresses his wonderment at the dinner by using expressions evocative of the rapture of Saint Paul. He recounts nine courses of three plates, all arrayed with fantasy and accompanied by entertainment. His story continues in detail until the appearance of a fountain in the form of a tower spouting vernaccia, greco, Beaune, Saint-Pourçain, and Rhenish wines, surrounded by cooked game birds of every description. At that point, he gets rather vague, reviving to describe a fake tournament between knights mounted on wood-frame horses guided by men hidden beneath the sendal. After some more courses and another combat, this time on foot, the pope retired to his chambers, along with his cardinals, and Annibaldo had them brought spiced wine, while the knights and squires dined below:

> "After the wine and spices, Our Lord got up from his chair and went to a window on the garden, fields, and the Sorgue. Monsignor Annibaldo ran to the door of the room and found a squire to whom he said: 'Go and run and make some people cross over the bridge of the Sorgue such that they fall in.' In the sight of the pope, who took comfort and delight therein, it was done in this way:
>
> The knights and squires got up from the table. The musical instruments were heard again and throats resounded. And then, enlivened by different melodies, they began to dance through the courtyards and the rooms, and then outside, across the green fields. And with them dancing through those places, a crowd of other people ran to see the frolics and the most beautiful dances. And there was the fake bridge over the Sorgue, across which one had to pass to see said dances and hear the various instruments and the fresh melodies from the sweet throats. Whence everyone ran across said bridge to look. And there, the sight of clerics, laypersons, and religious being baptized, the sound of screams from falling, these things mixed with the sound of the instruments, with the voices of the falling. It was an unusual tumult that could not be believed. And the eyes of Our Lord fell upon these things, delighting in the variety of noble comforts in that temperate and mature way that is suited to such sanctity. And so too did the cardinals who were standing one upon the other, because there were very few windows that gave on said party."[3]

---

mention of the pope taking postprandial wine and spices cohere with Louis Heylingen's statement that (18) "*preterea etiam nullo modo species comedunt nec tangunt, nisi sint servate ab uno anno, quia timent ne venerint noviter in predictis galeis: nam pluribus vicibus experti sunt quod comedentes huiusmodi novas species, et etiam quosdam pisces marinos, pessime subito successit*".

[2] The classic biography of Annibaldo di Ceccano is M. Dykmans, Le cardinal Annibald di Ceccano (vers 1282–1350). Étude biographique et testament du 17 juin 1348, in: Bulletin de l'Institut Historique Belge de Rome 43 (1973), 145–344.

[3] Florentine anonymous, ed. de Loye (nt. 1), 346: "*Appresso il vino e le spezie Nostro Segnore si levo suso de la sedia ed andone ad una finestra sopra il giardino e sopra prati e sopra la Sorgha. Messer Anibaldo chorse verso l'uscio de la chamera e trovo uno schudiere al quale egli gli disse 'va' e chorri e fa' che alchuni passino su per lo ponte de la Sorgha si che vi chagiano entro'. Chosi fu fatto a la vista del papa onde egli prese*

Annibaldo's dinner party presents a singular and notorious image of Avignon culture, where luxury consists in artifice; the roasted dishes seem alive, ten knights fight with the sound of thirty, the tournament reveals itself a caricature, and the knights and mounts engaged in mortal combat for the honor of their lords become teams of jesters acting at the pleasure of the papal court. Even the bridge that connects the papal feast to the world of the living is a fiction, and those who venture across receive aristocratic justice and are remanded to the natural arm of the river.

A quarter-century earlier, Annibaldo di Ceccano was a bachelor of theology at Paris bearing the standard of his master, Thomas Wylton. Their patron was Annibaldo's uncle, Cardinal Iacopo Caetani Stefaneschi. When Annibaldo entered the doctrinal debates of the University, he defended the doctrine of his master; when he was attacked, other members of his circle of patronage, notably Jean de Jandun, came to his defense. The case of Annibaldo di Ceccano provides an opportunity to illustrate the relations between masters and bachelors of theology at Paris, teachers and students in doctrinal schools, and patrons and clients in an ecclesiastical world. At the center of this story is a short lecture given on or around June 28, 1319, by another Italian aristocrat, Landolfo Caracciolo, at the end of his year-long lectures on the 'Sentences' of Peter Lombard, and thus at the moment he became a "formed bachelor". Landolfo calls out some of his fellow bachelors by name, including Annibaldo, painting a picture of the Parisian intellectual landscape, and exposing the connections between masters and students. In this period of the history of the universities, the notion of 'school' bifurcates: on the one hand a 'school' signified the organization unit of instruction, headed by a master, who directed bachelors and students in his field of expertise; on the other, 'school' came to signify a group of academics who shared doctrines and methods. A reconstruction of the circumstances and context of Landolfo's final lecture on the 'Sentences' therefore shows this dynamic at work, how patronage and partisanship align, how a contemporary understands the institutional schools, the masters who run them, and the bachelors who serve them, and how doctrinal schools interact with them. Finally, a consideration of the identities of the persons Landolfo names suggests an underlying artifice: Landolfo has assembled a group of Italian ecclesiastics who would share a future together, at the Angevin court in Naples and in the Papal Curia in Avignon.

---

solazzo e diletto. – Poi levatosi i chavalieri e gli schudieri de le tavole. Risentironsi gli stormenti risonarono le boci. E quivi alterati da diverse melodie si presono a danzare per le chorti e per le sale poi fuori per gli verdi prati. E danzando per gli detti luoghi la moltitudine de l'altre genti chorea a vedere i balli e le belisime danze. Eravi el falso ponte sopra la Sorgha. Quindi si chonveniva pasare a vedere le dette danze a udire gli svariati stormenti e le dolci melodie de le soavi boci. Onde per lo detto ponte ciaschuno chorce a pruova. Quivi vedere batezare cherici, laïci i religiosi udire le grida per lo chadere queste chose mischiate cho'suoni degli stormenti cho' le voci de' chagienti. Era un tumulto disusato da no potere credere. E gli ochi di Nostro Segnore si spandeano sopra queste chose diletandosi ne la diversita de' nobili solazzi chon quello modo tenperato e maturo che si chonviene a tanta santita. E chosi i chardinali che l'uno sopra l'altro istavano perch'erano molte poche finestre sopra la detta festa."

I. Annibaldo di Ceccano

Five years after Annibaldo di Ceccano's dinner party, the Black Death struck Avignon. Annibaldo turned his thoughts towards the next life, and, in June 1348, he drew up a testament, beginning with a confession:

> "When we were a student and bachelor in various faculties, and finally doctor of Holy Theology and prelate, we said, taught, determined, preached and wrote many things. To the degree that each and every one is consonant with the articles of faith, the sacraments of the Church, the determinations of the Church, Holy Scripture and the truth, or that they are not dissonant from them, to that degree we believe and will all of them to hold the truth; but insofar as they might have been, or might have been found to be, dissonant from the aforesaid, or not consonant with them, we revoke them from now on and want them to be held as unsaid, and especially in the matter of the Trinity, the vision of the souls, and in the matter of the poverty of Christ and the Apostles."[4]

In this document, Annibaldo tells us more about what he taught at the University of Paris than anywhere else; he does, however, refer to his post-Parisian works. In particular, he refers to his support of John XXII's doctrine of the Beatific Vision, namely, that only after the Last Judgment do the souls of the blessed receive the direct face-to-face vision of the divine essence. John XXII defended this position in a series of sermons in 1331 – 1332, and, as a result, gave rise to a controversy where the overwhelming majority of theologians, prelates, and kings pronounced against the pope; only Annibaldo and a few others stood with John XXII. The controversy effectively ended under Pope Benedict XII, who in 1336 published the constitution 'Benedictus Deus', declaring that the beatific vision occurs after the purgation of sins (if necessary) and before the Last Judgment. During this controversy, Annibaldo was John XXII's staunchest supporter. He served on the commissions that investigated and condemned the positions of the Dominicans Thomas Waleys and Durand of Saint-Pourçain, and he composed a treatise defending the pope, his only surviving work of philosophy or theology[5]. Annibaldo therefore refers to this event in his testament with the mention of the "vision of the souls".

---

[4] Annibaldo di Ceccano, Testamentum, ed. Dykmans (nt. 2), 281: "*Item, quod, existentes scolaris et bachalarius in diversis facultatibus et tandem sacre theologie doctor et prelatus, multa diximus, docuimus, determinavimus, predicavimus, et scripsimus, illa omnia et singula, in quantum sunt consona articulis fidei, ecclesie sacramentis, determinationibus ecclesie, sacre scripture, ac veritati, seu non dissonantia a predictis, in tantum credimus et volumus omnia illa continere veritatem; in quantum autem essent, vel invenirentur esse, dissona a supradictis seu non consona, illa ex nunc revocamus, et haberi volumus pro non dictis, et specialiter in materia de Trinitate, visionis animarum, et in materia de paupertate Christi et Apostolorum.*"

[5] A. Maier, Zu einigen Disputationen aus dem Visio-Streit unter Johann XXII., in: ead., Ausgehendes Mittelalter. Gesammelte Aufsätze zur Geistesgeschichte des 14. Jahrhunderts, vol. 3, ed. A. Paravicini Bagliani (Storia e letteratura 138), Roma 1977, 415 – 445, at 423 – 433; ead., Schriften, Daten und Personen aus dem Visio-Streit unter Johann XXII, ibid., 543 – 590, at 563 – 564, corrects Dykmans (op. cit. [nt. 2], 356), who says that Annibaldo was not present for the condemnation of Thomas Waleys. Annibaldo's treatise has been edited by M. Dykmans, Pour et contre Jean XII en 1333. Deux traités avignonnais sur la vision béatifique (Studi e testi 274),

The reference to the poverty of Christ and the Apostles alludes to an earlier controversy under John XXII. On 26 March, 1322, John XXII promulgated the bull 'Quia nonnunquam', which lifted the ban (established in 1279 by Nicholas III's bull 'Exiit qui seminat') on the discussion of the arrangement (also established by 'Exiit qui seminat') whereby the Franciscan Order, in emulating the poverty of Christ and the Apostles, did not formally own anything, but rather had the mere right of usage over property that the papacy owned. In a series of subsequent constitutions, most notably 'Ad conditorem canonum' and 'Quia quorundam mentes', John XXII overturned 'Exiit qui seminat', and declared heretical the doctrine that, in consumable goods, the use could be separated from ownership[6]. Annibaldo became master of theology between 6 June, 1321 and 9 October, 1322[7], and therefore was regent master when 'Quia nonnunquam' was promulgated or shortly thereafter. The Apostolic Poverty constitutions of John XXII quickly entered into the university lectures of regent masters of theology[8], and Annibaldo, according to his testament, participated in this debate. Therefore, he may have said some things that he regretted a quarter

Città del Vaticano 1975. The quality of this work is disputed; Dykmans is generally positive, while C. Trottmann, La vision béatifique des disputes scholastiques à sa définition par Benoît XII (Bibliothèque de l'Ecole française à Rome 289), Rome 1995, 502–522, judges it too literal in its adhesion to the Bible and too loose in its use of Thomas Aquinas, concluding (522): "Lourdeur et mauvaise foi font bon ménage chez ce personnage et n'ont d'égal que son zèle à poursuivre Waleys et Durand de Saint-Pourçain."

6 M. D. Lambert, The Franciscan Crisis under John XXII, in: Franciscan Studies 32 (1992), 123–143; D. Burr, The Spiritual Franciscans. From Protest to Persecution in the Century after Saint Francis, University Park 2001, 275–277; P. Nold, Pope John XXII and his Franciscan Cardinal. Bertrand de la Tour and the Apostolic Poverty Controversy, Oxford 2003, 149–165; W. Duba, Destroying the Text: Contemporary Interpretations of John XXII's 'Constitutiones', in: H.-J. Schmidt/M. Rohde (eds.), Papst Johannes XXII. Konzepte und Verfahren seines Pontifikats (Scrinium Friburgense 32), Berlin–Boston 2014, 41–74.

7 Dykmans, Le Cardinal Annibald di Ceccano (nt. 2), 157 and 164. Jean XXII, Lettres communes analysées d'après les registres dits d'Avignon et du Vatican, ed. G. Mollat, 16 vols. (Bibliothèque de l'Ecole française à Rome. 3e s.), Paris 1904–1947, vol. 3, n. 13596 and vol. 4, n. 16411.

8 John XXII promulgated 'Quia quorundam mentes' in November, 1324. By the Spring, at least two masters were giving lectures on the Constitution; one of them was Pierre Roger, who dedicated the written version of his eight lectures to John XXII; the presentation copy survives as Paris, Bibliothèque nationale de France, MS Latin 4117A, and in the course of his discussion, he refers to the lectures of another master in the context of arguing that, while certainly it is heretical to assert *pertinaciter* that Christ and the Apostles did not have anything in common, with respect to right and dominion, he does not think it is as bad as the incarnation (136vb): "*Dico tamen hic quod, licet talis assertio sit heretica, non tamen est magis heretica quam assertio qua asseritur Christum non fuisse incarnatum. Quod dico propter unius doctoris, qui pridie oppositum, ut audivi, in sua lectione asseruit.*" Jean d'Anneux (see immediately below) appears sufficiently motivated to have made such a claim, and he also gave magisterial lectures on the subject, as he himself states in his 1328 Tractatus contra fratres, ed. S. Stracke-Neumann, Johannes von Anneux. Ein Fürstenmahner und Mendikantengegner in der ersten Hälfte des 14. Jahrhunderts, Mammendorf 1996, 4; cf. ibid., 229: "*Et ego fui unus de doctoribus legentibus illas* [= *constituciones*] *Parisius*"; ibid., 236: "*Deinde latrantes contra dictas constituciones et quasdam confirmaciones et declaraciones illius regule reprobavit in illa constitucione Quia quorundam, et predicti legi Parisius.*"

century later, but what he said remains unclear. In the same testament, he provided for the foundation of a Franciscan convent in Ceccano, and he was buried in the habit of a Franciscan; perhaps he made some statements that ran counter to John XXII's constitutions. On the other hand, in 1329, the notorious anti-Franciscan Jean d'Anneux died as part of Annibaldo's household; he was probably in Annibaldo's patronage in 1327, when he produced at Paris his 'Tractatus de obedientia exhibenda pastoribus a laicis vel de confessionibus', supporting the rights of the secular clergy against the mendicants[9]. The next year, Jean d'Anneux was almost certainly a member of Annibaldo's household when he published his virulently anti-Franciscan 'Tractatus contra fratres' on 7 December, 1328[10]. Perhaps Annibaldo shared at the time his familiar's take on Apostolic Poverty and later came to a view more favorable to the Franciscans. An earlier anti-mendicant tendency in Annibaldo would explain why, in 1327, as archbishop of Naples, Annibaldo appears by name as moving a lawsuit to compel the mendicants to comply with the terms of Boniface VIII's constitution 'Super cathedram', which addressed the conditions for the mendicants to preach, to hear confessions, and to receive bequests[11].

If the Beatific Vision and Apostolic Poverty were controversial subjects under John XXII, the Trinity, the last topic to which Annibaldo refers, did not engulf John's papacy in scandal. On the other hand, the Trinity was never far from the most heated disputes among university theologians. Therefore, Annibaldo, while at the university, could very well have said something that might have been at the limit of orthodoxy, if not beyond.

As the nephew of Cardinal Iacopo Caetani Stefaneschi, Annibaldo had to contend with his wealth and prestige attracting the notice of those seeking patronage and favor, even when he was studying in the Arts Faculty. Therefore, from the honors given to Annibaldo, Marc Dykmans has reconstructed his university career. In 1309 Bartholomew of Bruges dedicated his commentary on

[9] Stracke-Neumann, Johannes von Anneux (nt. 8), 5; Stracke-Neumann publishes the text, ibid., 254–301.

[10] Published in Stracke-Neumann, Johannes von Anneux (nt. 8), 213–253. On his anti-Franciscanism, see, for example, the first statement of the first section, 214–215: "*Ergo videamus primo favorem quadruplicem nimium, quem specialiter fecit eis* [= *fratribus minoribus*] *sedes apostolica. Primus posuit regulam suam rudem et ineptam confirmando, compilatam a viro illiterato, simplici et ydiota Francisco, licet bono et sancto, quod patet, quia dicit regulam suam esse secundum evangelium, et tamen est contra evangelium, vel non conformis evangelio, et contra vitam Christi et apostolorum in quattuor. – Primum dictum illius regule, vel eius confirmacionis, est illos fratres nihil habere in hoc mundo. Christus autem et apostoli sui habuerunt bona temporalia in hoc mundo. Ergo est contra vitam Christi et apostolorum.*"

[11] Jean XXII, Lettres communes, ed. Mollat (nt. 7), vol. 6, n. 28765 (22 May, 1327): "*Archiep.o Capuano, et ep.o Casertan., atque abb. monast. s. Severini Neapolitani mand. pro Anibaldo, archiep.o Neapolitano, contra Praed., Min., eremitarum S. A. et Carmelitarum ordinum fratres super observatione decretalis Bonifatii PP. VIII quae incipit Super cathedram.*" In fact, Mollat's summaries of John XXII's lettres communes record 15 lawsuits to enforce the terms of 'Super cathedram' against the friars. All 15 occur between 10 February, 1327 and 12 May, 1330, see ibid., vol. 6, n. 27649, 28016, 28765, 29245, 29270, vol. 7, n. 41158, vol. 8, n. 43204, 43232, 43386, 44573, 45223, vol. 9, n. 46562, 48374, 48374, 48969, 49043, 49618.

the 'Economics' to Annibaldo. In 1310, the Augustinian Henry Friemar the Elder dedicated to him his 'Ethics' commentary[12]. In 1317, when Annibaldo would have advanced to the study of theology at the College de la Sorbonne, the secular arts master Jean de Jandun, "The Prince of the Averroists", dedicated to him a version of his questions on the 'Rhetoric' of Aristotle. Dykmans also observes that Jean de Jandun dedicated his final commentary on book III of the 'De anima' to Annibaldo's nephew, and that he often borrowed doctrines and texts from another protégé of Cardinal Stefaneschi, Thomas Wylton[13]. Annibaldo became provisor of the Sorbonne around 1320, and by 1322 he appears as master of theology. He left Paris in 1325[14] and had a glorious ecclesiastical career, becoming archbishop of Naples, then cardinal by the end of 1327, and dying in 1350.

In fact, when he studied theology, Annibaldo di Ceccano's master was Thomas Wylton. This additional information on Annibaldo's career comes from his contemporary, the Neapolitan Landolfo Caracciolo, OFM, who lectured on the 'Sentences' in 1318–1319. In his final lecture on the 'Sentences', published in the appendix, Landolfo criticizes Annibaldo, identifying his doctrine with that of his master, Thomas Wylton. Landolfo's testimony therefore resolves the circle of patronage around Cardinal Stefaneschi at Paris: Stefaneschi's client, Thomas Wylton, was also the master to his nephew, Annibaldo, and, apparently, his nephew and Wylton shared many of the same doctrines, making Jean de Jandun, Thomas Wylton, and Annibaldo di Ceccano the core of a group of thinkers under the patronage of Stefaneschi who pursued a common intellectual system inspired by the philosophy of Averroes. A study of Caracciolo's lecture illuminates first and foremost the patronage circle of Cardinal Stefaneschi, and more broadly the careers and interaction of a group of students and masters at the University of Paris at the start of the 1320s.

II. Landolfo Caracciolo's Final Lecture on the 'Sentences'

In his final lecture, Landolfo Caracciolo explicitly named a series of contemporary theologians, both masters and bachelors. Mentions by contemporaries constitute a precious source for reconstructing the intellectual community of masters and students at medieval universities. By the time of Landolfo Caracciolo (1318–1319), final lectures traditionally happened on the last school day before 29 June, and since the 'Sentences' at Paris were read in the order I-IV-

[12] Dykmans, Le Cardinal Annibald di Ceccano (nt. 2), 159–161.

[13] Ibid., 162–164. On Jean de Jandun, see O. Weijers, Le travail intellectuel à la Faculté des arts de Paris: textes et maîtres (ca. 1200–1500), vol. 5 (Studia Artistarum 11), Turnhout 2003, 87–104; L. Schmugge, Johannes von Jandun (1285/89–1328). Untersuchungen zur Biographie und Sozialtheorie eines lateinischen Averroisten (Pariser historische Studien 5), Stuttgart 1966.

[14] Ibid., 170.

II-III, the final lecture ideally addressed book III, d. 40. The oldest surviving document to mention the final lectures is the 1364 statutes of the Faculty of Theology of the University of Bologna, which derives from now-lost Parisian statutes. After discussing *principia*, these statutes specify that, in a final lecture, the outgoing bachelor should praise the one slated to begin the next year; moreover, while bachelors reading the 'Sentences' may criticize at any time their fellow *sententiarii*, the statutes encourage that such criticism be made in the *principia* and in this final lecture; finally, they forbid that anyone below the rank of master criticize a residing master, except with the permission or order of said master[15].

Therefore, like the *principia* on the 'Sentences', the final lecture was one of the moments when a bachelor was supposed to engage his peers. Landolfo's final lecture provides a unique witness to an obscure sub-genre, but the development and operation of *principia* on the 'Sentences' is becoming fairly clear[16]. According to custom, every medieval university course began with a *principium*, an inaugural speech that followed the rules of a medieval sermon; in such a speech, the teacher would praise the subject-matter of the course, such as the author or the book to be treated. Now, the most important step along the path to becoming master in theology was to lecture on the four books of the 'Sentences' of Peter Lombard, during which the candidate (bachelor) would elaborate and defend a philosophical-theological system. At the beginning of each of the four books, the bachelor (*sententiarius*) would hold a *principium*, praising Peter Lombard and the material in the book to be treated and giving an oath to uphold right doctrine. By the second decade of the fourteenth century, a new element appeared at Paris: a disputed question, during which the bachelors reading the 'Sentences' were expected to engage each other's doctrine. The surviving written *principia* questions thus often refer to the opinions of *socii*, contemporary bachelors of theology, for many of whom no other record survives.

By contrast to *principia* on the 'Sentences', examples of a ceremonial final lecture of any sort are scarce, the most notable cases being the *sermones finales* of

---

15 F. Ehrle, I più antichi statuti della facoltà teologica dell'università di Bologna, Bologna 1932, 23: "*Ultimam vero lectionem possunt omnes simul perficere, in qua quisque recommendet debentem sibi succedere lectur⟨um⟩ bachalarium in eisdem scolis de mense octobr⟨is⟩. Et licet legentes bachalary possint in lectionibus quandoque impugnare dicta collegentium sociorum, illud tamen potius faciant in principys et ultima lectione, ita sane ut gratia disputative impugnationis non asserant aliquid revocationi obnoxium, id est non sane dictum seu etiam utcunque suspectum. Nulli tamen graduato nisi iam sit aulatus magister liceat quoque modo impugnare vel solvere dicta alicuius dictorum magistrorum aulatorum Bononie commorantium, nisi de eius voluntate seu mandato. Similiter nec dicta alicuius vesperiati, nisi per iam licentiatos debet impugnari.*"

16 On *principia* in general see: W. J. Courtenay, Theological Bachelors at Paris on the Eve of the Papal Schism, in: K. Emery, Jr./R. L. Friedman/A. Speer (eds.), Philosophy and Theology in the Long Middle Ages. A Tribute to Stephen F. Brown (Studien und Texte zur Geistesgeschichte des Mittelalters 105), Leiden – Boston 2011, 921 – 952. For further precisions, I permit myself to refer to my forthcoming study on the original *reportatio* of William of Brienne's Sentential year, as well as a collective volume dedicated to the genre of *principia* on the 'Sentences' that Monica Brînzei and I are editing.

Robert Holcot and Ralph Friseby, pertaining to Oxford in the 1330s[17]. Landolfo Caracciolo OFM's question on book III, d. 40 of the 'Sentences', his *ultima lectio*, constitutes a unique example of such a lecture at Paris, and, as noted, he names some of his colleagues. Simo Knuuttila and Anja Inkeri Lehtinen first drew attention to the question, identifying the theologians mentioned as three bachelors, Annibaldo di Ceccano, Benedetto da Asnago OP, and Giovanni Cacantius di Roma OESA, as well as two masters, Thomas Wylton and Matteo Orsini OP[18]. In addition, as will be shown below, Landolfo also criticizes the Franciscan regent master, Peter Auriol, without naming him. Caracciolo's final lecture thus provides an unparalleled glimpse at how one bachelor related to the other masters and bachelors at the University of Paris.

1. *The Structure of Landolfo Caracciolo's Final Lecture*

Landolfo Caracciolo's final lecture is embedded in his 'Sentences' commentary, itself the result of a complex literary genesis not completely understood[19]. A single redaction survives for books I, II, and IV; each book begins with a *principium* sermon and question at the beginning, followed by the text primarily derived from Landolfo's lectures (*lectiones*) on that book, which may or may not include some of Landolfo's responses to the *principia* of his colleagues. Book III exists in two redactions; the more complete (in terms of coverage of the book of the 'Sentences') version (Redaction A) has a *principium* question, and the less complete version (Redaction B) has a sermon. Only Redaction A contains the final lecture. Although Landolfo's 'Sentences' commentary is significantly revised, enough of the original structure persists that Schabel was able to estimate the number of lectures per book, and the total lectures given; his estimates fall

17 S. Wenzel, Preaching in the Age of Chaucer: Selected Sermons in Translation, Washington, DC 2008, 298–315; id., Latin Sermon Collections from Later Medieval England: Orthodox Preaching in the Age of Wyclif (Cambridge Studies in Medieval Literature 53), Cambridge 2005, 126–127; K. H. Tachau, Looking Gravely at Dominican Puns: The 'Sermons' of Robert Holcot and Ralph Friseby, in: Traditio 46 (1991), 337–345; J. C. Wey, The *Sermo Finalis* of Robert Holcot, in: Mediaeval Studies 11 (1949), 219–224.

18 S. Knuuttila/A. I. Lehtinen, Change and Contradiction: A Fourteenth-Century Controversy, in: Synthèse 40 (1979), 189–207, at 204, nt. 27.

19 The fundamental study is C. D. Schabel, The Commentary on the *Sentences* by Landulphus Caracciolus, OFM, in: Bulletin de Philosophie Médiévale 51 (2009), 145–219. For a schematic account of the genesis and revisions of a Franciscan commentary on the 'Sentences', see W. Duba, Rebuilding the Stemma: Understanding the Manuscript Tradition of Francis of Marchia's Commentaries on Book II of the *Sentences*, in: A. Speer/F. Retucci/T. Jeschke/G. Guldentops (eds.), Durand of Saint-Pourçain and his Sentences Commentary: Historical, Philosophical, and Theological Issues (Recherches de Théologie et Philosophie Médiévales. Bibliotheca 9), Leuven 2014, 119–169; although that account refers to the commentary by Francis of Marchia, the Franciscan *sententiarius* in 1319–1320, it resembles very closely the likely situation for Landolfo Caracciolo in the previous year.

Table 1: Structure of Landolfo Caracciolo, In III Sententiarum (Redaction A), d. 40, q. 1

Conclusio	Propositio		
I		〈*lex evangelica est nobilior logica*〉	
I	1	*non est bona logica Benedicti Praedicatoris*	[§ 4–10]
	2	*non videtur bona logica Magistri Matthaei Praedicatoris*	[§ 12–13]
	3	*non est bona logica Iohannis de Roma Augustiniani*	[§ 14–15]
	4	*sacra theologia est excellentior logica*	[§ 16]
II		*de abstractis speculabilibus est excellentior metaphysica*	[§ 17]
	1	*Annibaldus, immo magister suus, immo Thomas Anglicus, non videntur solvere argumenta mea*	[§ 18–25]
	2	*theologica est nobilior metaphysica*	
III		*est nobilior physica*	[§ 27]
	1	*alteratio non est generatio*	[§ 27–31]
	2	*lex evangelica est nobilior physica* ([...] *de qua tamen theologia*)	[§ 32]
IV		*lex evangelica excellit principia mathematica* ([...] *quae sunt sublata in theologia* [...])	[§ 33]
V		*nobilior ethica* ([...] *theologia est huiusmodi* [...])	[§ 34–35]
VI		*nobilior lege Mosayca*	[§ 36]

in line with investigations into roughly contemporary Franciscans[20]. In short, Landolfo's commentary combines material from his classroom teaching with texts from his disputations with other bachelors, and the whole text was revised at some point after the lectures and disputations.

Landolfo's question on book III, d. 40 asks "Whether the Evangelical Law is more excellent than any metaphysical or physical science"[21]. This question is more rhetorical than doctrinal, and its structure reflects two major modifications: Landolfo's criticism of his colleagues has been added to an exposition of the superiority of the *lex evangelica*, and this exposition is itself an adaptation of an exposition of the superiority of *theologia*. In the *divisio textus* [§ 3], Landolfo announces that he will demonstrate the superiority of the *lex evangelica* to logic, metaphysics, physics, arithmetic, and ethics. To each of these demonstrations, Caracciolo assigns a *conclusio* (changing *arithmetica* to *mathematica* in *conclusio* IV). At the end, he adds a final conclusion, that the *lex evangelica* is more noble than the *lex mosayca* (*conclusio* VI). The first three *conclusiones* have several *propositiones*, and, in each case, only the last *propositio* concerns the superiority of *lex evangelica*; the preceding ones explicitly target contemporary theologians. The last three

20 Schabel, The Commentary on the *Sentences* (nt. 19), 158–159.

21 See the edition in the Appendix.

conclusiones only address the superiority of *lex evangelica* to the principles of mathematics, ethics, and Mosaic Law. All the arguments for the superiority of *lex evangelica*, with the exception of those in the last *conclusio* [§ 36], produce a demonstration of *theologia* (or, in the case of *conclusio* II, *scientia theologica* [§ 26]), not *lex evangelica*. Since the sixth *conclusio* is not announced in the *divisio textus*, it would appear to be an addition. The text that this question is associated with, Peter Lombard's book III, d. 40, finishes with a discussion of the distinction between *lex* and *evangelium* and with a distinction between the *evangelii littera* and the *legis littera*; therefore, commentaries on this distinction would traditionally discuss the distinction between the Old and New Laws. Hence, Landolfo likely had a pre-existing presentation of the superiority of *theologia* over the genera of philosophy (*logica*, *metaphysica*, *physica*, *mathematica*, and *ethica*) that he adapted to the theme of book III, d. 40, changing the *conclusiones* to refer to *lex evangelica* and adding a final *conclusio* on *lex mosayca*. He then took a further step of inserting the *ad hominem* criticism of the doctrines of his contemporaries.

In summary, the text of the *quaestio* attests to a double adaptation: first the adjusting of a question for the superiority of *theologia* to the context of a discussion on book III, d. 40 by replacing *theologia* with *lex evangelica* and adding the sixth conclusion; then, the adapting of a theological question to a final lecture, where Landolfo engages his colleagues.

2. *Physics: Bachelor against the Unnamed Master*

A quick survey of the table, however, reveals one anomaly: *conclusio* III, *propositio* 1 attacks not a person, but a doctrine, namely that generation is a form of alteration. In fact, Landolfo has in mind the doctrine of his fellow Franciscan, Peter Auriol, elevated in 1318 to the dignity of regent master, and therefore the presiding master of the Franciscan school in which Landolfo is teaching. Peter Auriol, in his commentary on book IV of the 'Sentences' maintains that generation and alteration are identical with respect to the agent, but differ only according to their term, namely that generation is an alteration that ends with the coming-to-be of a substantial form, while alteration merely involves accidental change. Take for example the action of heating: heating is an alteration, but when heating results in the coming-to-be of something, say, when an incubator applies heat to egg such that a chick comes to be, the action is a generation[22]. Auriol combines his own statements on the subject with a severe criticism of the Scotist solution. The Scotists, inspired by Avicenna's appeal to the heavens in the generation of substantial forms, appeal to God's ordinary intervention:

---

22 Peter Auriol, In IV Sententiarum, d. 1, q. 3, Romae 1605, 15–16ª: "*Non enim imaginor quod alia actione agat agens principale et secundarium, puta generans et alterans, sed puto quod generatio et alteratio sint una simplex actio. Dico autem quod sunt una actio in ordine ad agens, licet non in ordine ad terminum. Hoc autem apparet, si consideremus quod generatio est finis alterationis.*"

nature does what it can, and God provides directly the remedy for the etiological shortfall. Against the Scotists, Peter Auriol levels a particularly severe retort, calling their solution "the refuge of the wretched" (*refugium miserorum*)[23].

In the surviving 'Sentences' commentary, Landolfo Caracciolo began his lectures (as opposed to his *principium*) on book IV of the 'Sentences' precisely with this position. After listing four questions, the first of which is "Whether an instrumental agent in natural things achieves the term of the primary agent", he summarizes Auriol's account, beginning with the doctrine that generation and alteration are the same with respect to the agent, but with different results[24]. Caracciolo then rejects Auriol's position with a series of arguments. In his final lecture, against the position that generation is a type of alteration, Caracciolo appeals to many of the same arguments; see Table 2.

The last two arguments against Auriol that Landolfo employs in the final lecture [§ 30 – 31] do not appear to have direct parallels to Landolfo's discussion in book IV of his commentary. Nevertheless, this comparison makes evident that, in the third *conclusio* of his final lecture, Landolfo targets Peter Auriol without naming him, and he partially recycles his arguments from his first classroom lecture on book IV. These observations provide a hint about Landolfo's purpose in his final lecture. Here, Landolfo recapitulates his arguments and applies them against his colleagues; although the 1364 Bologna statute appears to suggest that, in a final lecture, a *sententiarius* should focus on other *sententiarii*, that is not the case here. Peter Auriol is the Franciscan regent master, and Landolfo, to judge by his 'Sentences' commentary, has spent the better part of his academic year attacking Auriol's critique of Scotus. Yet, unlike the other bachelors and masters he attacks, Landolfo does not name his fellow Franciscan, and this fact evokes numerous questions. Before proposing answers, we should consider the people Landolfo names in his final lecture.

---

23 Ibid., 16^{a}: "*Dicitur a quibusdam quod forma pulli geniti in instanti quo completa est praecedens alteratio inducitur a forma caeli. Sed contra: hoc est refugium miserorum in philosophia, sicut Deus est refugium miserorum in theologia.*" See my treatment of this event in T. Suarez-Nani/W. Duba, Introduction, in: Francis of Marchia. Reportatio IIA (Quaestiones in secundum librum Sententiarum), qq. 13 – 27, edd. T. Suarez-Nani/W. Duba/E. Babey/G. Etzkorn (Francisci de Marchia Opera philosophica et theologica 2/2), Leuven 2010, vii – xcix, at lvii – lxxxiii. Cf. A. Maier, Studien zur Naturphilosophie der Spätscholastik, vol. 2: Zwei Grundprobleme der scholastischen Naturphilosophie. Das Problem der intensiven Grösse. Die Impetustheorie (Storia e letteratura 37), Roma ^{3}1968, 182, nt. 29.

24 Landolfo Caracciolo, In IV Sententiarum, d. 1, q. 1 ("*Utrum agens instrumentale in naturalibus attingat terminum principalis agentis*"), conclusio 1, Firenze, Biblioteca Nazionale Centrale, Conv. Sopp. B 7 642 (= G), 3^{rb-va}; G 1 643 (= H), 3rb: "*Respondeo dicendo quatuor secundum quatuor quaesita. Ad primam quaestionem dico quattuor conclusiones. Prima narrat opinionem quae dicit tria: primum quod generatio et alteratio est univoca actio in ordine ad agens, licet non in ordine ad terminum. Hoc patet, quia generatio est finis alterationis, secundum Commentatorem, VII Metaphysicae commento 31: agens enim naturale alterat primo materiam et postea actione formae substantialis suae educit formam substantialem producti; sed primo alterat et in ultimo instanti sequitur forma substantialis per modum sequelae, sicut faciens domum non inducit formam ultimam ponendo ultimum lapidem nisi per modum sequelae, et similiter in cera in impressione sigilla figura est per modum sequelae.*"

Table 2: Caracciolo against Auriol in his final lecture and in book IV, d. 1

§	Landolfo Caracciolo, In III Sententiarum, d. 40, q. un., conclusio 3, prop. 1	id., In IV Sententiarum, d. 1, q. 1–4, conclusio 1 [G: 3va; H: 3rb]
[27]	"*Prima propositio: quod alteratio non est generatio, quia mutationes quae sunt inter quatuor terminos non sunt una; generatio et alteratio sunt huiusmodi, V 'Physicorum', quia alteratio est ab esse in* [*non*-]*esse, generatio autem a non-esse in esse.*"	"*Contra istam opinionem arguo primo sic: ubicumque sunt quatuor termini, necessario sunt duae* [H: 3va] *mutationes; sed in generatione et alteratione sunt quatuor termini; ergo duae mutationes. Et si duae mutationes, ergo et duae actiones. Maior et minor sunt Philosophi et Commentatoris, V Physicorum, quia inter duos terminos ponunt unam mutationem, et generationem ponunt a non-esse in esse simpliciter, alterationem ab esse in esse, quae est motus.*
[29]	"*Praeterea, quando duo sic se habent quod unum est, alio non ente, non idem sunt; alteratio est cum generatio non est; igitur non sunt idem.*"	*Confirmatur ratio: istae duae actiones non sunt una actio, quarum una est, altera non ente; sed potest esse alteratio sine generatione, et potest esse generatio sine alteratione; ergo non sunt una actio vel mutatio. Maior patet, et maxime quia actio est forma simplex, non forte minus quam terminus; de nullo autem, vel simplici vel composito, vera sunt contradictoria secundum idem. Minor patet, quia alterans per totum tempus et in ultimo instanti potest non alterare, et tunc non sequitur forma substantialis, quia nullum esset producens nec alterans nec generans; ergo esset alteratio sine generatione. Similiter, si in illo ultimo instanti quo Deus adnihilat alterans crearet generans – puta ignem appositum stuppae alteratae – introduceretur forma substantialis, et tunc ignis creatus generaret et non alteraret; igitur aliquid est generans, et non alterans* [...].
[28]	"*Praeterea, alteratio est motus, generatio non, igitur alteratio non est generatio.*"	*Tertio: alteratio est motus; generatio non est motus; ergo non sunt eadem actio. Consequentia patet,* [G: 3vb] *quia non est dicendum de eodem simplici secundum idem aliquid esse et non esse; minor est Philosophi et Commentatoris, V Physicorum, qui probant hoc prolixe ex intentione.*"

3. *Logic 1: Landolfo attacks the Sententiarius-Apparent*

Like Caracciolo's silence on the identity of the last contemporary he criticizes, his naming of the first, the Dominican Benedetto da Asnago (Benedict of Como), raises questions [§ 4–11]. The Dominican Order assigned Michael du Four to read the 'Sentences' at Paris in 1318–1319, and he apparently did so, since a (now-lost) 'Sentences' commentary was ascribed to him, and that commentary referred to him with the title of *magister*[25]. Yet, Caracciolo, in his

[25] A. de Guimarães, Hervé Noël († 1323): Étude biographique, in: Archivum fratrum praedicatorum 8 (1938), 5–81, at 71. The 1513 catalogue of the Dominican convent in Vienna,

final lecture, delivered around Friday, 28 June 1319, does not name the Dominican *sententiarius* from 1318–1319, but rather Benedetto, one who would read the 'Sentences' in 1319–1320. On this basis, Schabel argued that the final lecture was revised later: "Since Benedict is cited in the last question of the final book of Landulph's lectures, and the odd context and number of contemporary interlocutors suggest that Landulph may have added this text a few months later, this is consistent with a 1318–1319 date for Landulph's lectures."[26] In fact, Benedetto was in Paris during Landolfo's lectures, since the Chapter General of the Dominican Order assigned him to the Parisian Convent already in 1318–1319, although specifying that he was to read the 'Sentences' only the next year[27]. Therefore, Landolfo could have already become familiar with Benedetto and his thought before Benedetto began his lectures on the 'Sentences'[28].

In his final lecture, Landolfo criticizes the *logica Benedicti Praedicatoris*, making two statements about Benedetto da Asnago, or rather, about the criticisms that Benedetto levels against Landolfo. First, Landolfo accuses Benedetto of criticizing his argument that there must be some (more-than-mental) distinction be-

(T. Gottlieb [ed.], Mittelalterliche Bibliothekskataloge Österreichs, vol. 1: Niederösterreich, Wien 1915), lists among their books (355) "I 20. *Magister Michael de Furno super primo, secundo et tercio sentenciarum, incipit: Queritur, utrum theologia sit sciencia*" and (356–357) "I 46. *Petrus de Tharantasia super primo sentenciarum, ut supra 34. Michael de Furno super primo sentenciarum, ut supra I 20. Landolfus super secundo sentenciarum, incipit: Utrum contradiccio, qui sunt termini creacionis etc. Ockam, quod universalia non sunt extra intellectum, incipit: Quero, utrum universale et univocum.*" In this second case, Michael du Four's work appears bound right before that of Landolfo (the text assigned to Ockham is of doubtful authenticity). Unfortunately, the *incipit* is extremely generic, and is quite often the first question of a commentary on the 'Sentences'; further refinement can be had by using the citations of Michael's position found in the commentary of Johannes Streler, OP, see P. Blažek, Due commenti di Johannes Streler, O.P. († 1459) alle Sentenze di Pietro Lombardo. Edizione dei prologhi e *tabula quaestionum*, in: Angelicum 91 (2014), 669–729.

26 Schabel, The Commentary on the *Sentences* (nt. 19), 153–154.

27 Acts of 1318 Chapter General held at Lyon, in: Acta Capitulorum Generalium Ordinis Praedicatorum, vol. 2, ed. B. M. Reichert (Monumenta ordinis fratrum praedicatorum historica 4), Romae 1899, 110: "*Assignamus ad legendum sentencias Parisius isto anno fr. Michaelem de Furno de provincia Francie. – Item. Quantum nostra interest, providemus de fr. Benedicto Cumano de provincia Lombardie superioris, quod legat sentencias Parisius anno futuro, et ipsum pro hoc ex nunc assignamus eidem conventui.*"

28 In any case, Landolfo could not have been the Franciscan *sententiarius* in 1319–1320, since Francis of Marchia had that task. To be precise, two dates have been proposed for Marchia's lectures. The colophon to Città del Vaticano, Bibliotheca Apostolica Vaticana, Chigi lat. B VII 113, on book IV seems to propose 1322–1323: "*Explicit reportatio quarti libri Sententiarum sub magistro Francischo de Marchia Anchonita Ordinis Minorum facta per fratrem G de ⟨Rubione⟩ anno domini 1323*" (cf. R. L. Friedman/C. D. Schabel, Francis of Marchia's Commentary on the *Sentences:* Question List and State of Research, in: Mediaeval Studies 63 (2001), 31–106, at 106). On the other hand, that manuscript refers to Francis as *magister*, implying that he had already been promoted, which normally happened some years after the 'Sentences' lectures, while the explicit to an early version of Francis' commentary on book I calls him *frater*; Napoli, Biblioteca nazionale, VII C 27 reads (Friedman/Schabel, op. cit., 85): "*Explicit lectura Fratris Francisci de Marchia super primum, secundum reportationem factam sub eo tempore quo legit Sententias Parisius, anno domini MCCCXX*". Since Francis Meyronnes famously lectured in 1320–1321, Marchia had to have read the 'Sentences' in 1319–1320.

tween properties and the essence to which they belong, since the essence is not capable of opposites, while a property can be [§ 4]. Evidently, Benedetto claimed that Landolfo accepts "a distinction in the conclusion that was not set out in the premises". Against this claim, Landolfo spins a series of arguments, all but the last of which argue for the validity of reasoning from the premises 'A is P' and 'B is not P' to the conclusion 'A and B are distinct' [§ 6–9]. Second, and in relation to the first, Landolfo criticizes "the other logic by which he taught that the inference 'when the major premise is rendered in terms of [*per se* predication] in the first way (*primo modo*), and the minor premise in the second way (*secundo modo*), no conclusion follows' – whence this too is not correctly deduced" [§ 5]. That is, Landolfo holds inconclusive a syllogism with premises that are mixed between *per se primo modo* and *secundo modo*, and Benedetto says that he is wrong. A *per se primo modo* proposition is one where the terms of the predicate pertain essentially to the subject, that is, the terms of the predicate constitute part of the subject's definition. For instance, in 'a human being is rational', the predicate 'rational' pertains to the subject 'human being', insofar as the subject has the definition 'mortal rational animal'. A *per se secundo modo* proposition is one where the terms refer to a property, in the sense of a necessary accident, of the subject ('a human being is capable of laughing'). To prove the invalidity of such a syllogism, Landolfo cites an example:

"Every man is a mortal rational animal;
every mortal rational animal is capable of laughter (*risibile*);
therefore, every man is capable of laughter." [§ 11]

Not by coincidence, Landolfo's example is identical with that given by Thomas Aquinas for a circular argument in his commentary on 'Posterior Analytics' I, 4[29]. A necessary accident ('capable of laughter') contains in its definition a reference to the thing in which it inheres ('human being'). Therefore, any premise predicating a necessary accident of its subject holds because the accident inheres by definition in its subject, and thus any conclusion following from such a premise assumes what should be demonstrated.

Underlying these statements appears to be a concern for resolving the problems posed by the Trinity for syllogistic logic. The persons of the Trinity have the same divine essence, yet the persons of the Trinity are not really the same as each other. In the first case (*prima logica*), concerning how properties are distinguished from essences, Landolfo refers to a central plank in his doctrine (heavily influenced by Scotus) of the Trinity: the personal properties (filiation,

[29] Thomas Aquinas, Expositio libri Posteriorum, I, lectio 8, ed. Commissio Leonina (Opera omnia 1*/1), Roma – Paris 1989, 32: "*Ad cuius evidentiam sciendum est quod circularis syllogismus dicitur, quando ex conclusione et altera praemissarum conversa concluditur reliqua. Sicut si fiat talis syllogismus: omne animal rationale est risibile; omnis homo est animal rationale mortale; ergo omnis homo est risibilis: assumatur autem conclusio tanquam principium, ad adiungatur ei minor conversa, hoc modo: omnis homo est risibilis; omne animal mortale est homo; sequitur quod, omne animal rationale mortale sit risibile: quae erat maior primi syllogismi.*"

generation, spiration) are relations, which are between opposites; this opposition is why the persons of the Trinity are distinct, yet have the same essence. The notion of person encompasses the essence and the personal properties. As a consequence of this doctrine, Caracciolo argues that, for a given person, say, the Father, the personal property (paternity) is in some way not the same as the divine essence, and this non-identity is not merely an operation of the mind[30]. Landolfo reveals this understanding, especially the inflection that by "are distinguished" (*distinguitur*) he means here "are not the same" (*non sunt idem*), in his final argument against the "first logic" of Benedetto:

> "Those entities concerning which true contradictories hold are not one and the same in absolute; property and essence are of this sort; therefore etc. The major premise comes from Aristotle and the Commentator, because there truly are contradictories of which one is predicated of the essence and not of the property, as they themselves say, since essence is said convertibly, but property is not, as there is not a reality in the Son that is not in the Father. Therefore, the logic is sound." [§ 10]

Anything predicated of the reality that is the Son is also true of the reality that is the Father, yet the property of paternity can be predicated of the Father and cannot be predicated of the Son, who, instead, has the property of filiation. According to Caracciolo, 'receiving the predication of contradictories' and 'not receiving the predication of contradictories' are themselves contradictories. Since the first pertains to the essence (of which the realities of the paternity and filiation are predicated) and the second to the properties (which cannot receive predication pertaining to the other Persons), they are distinct.

This understanding probably underlies the discussion concerning the second logic, where he alleges Benedetto da Asnago denies the validity of his statement concerning syllogisms with mixed premises, namely that no conclusion follows from a syllogism with a major premise in predication *per se primo modo* and a minor in predication *per se secundo modo.* Essential predication is predication *per se primo modo*, while that of a property is *per se secundo modo.* By saying that essence is said convertibly of the persons, but the properties are not, Landolfo has in mind a syllogism like:

---

30 See, e.g., Landolfo Caracciolo, In I Sententiarum, d. 33, q. 2, Firenze, Biblioteca Nazionale Centrale, Conv. Sopp. B 5 640, 90va; Padova, Biblioteca Antoniana, 166 Scaff. IX, 122vb: "*Tertia conclusio: quod proprietas et essentia in divinis sunt non-idem ex natura rei. Probatio: quicquid ex natura rei Pater* ⟨*habet*⟩, *circumscripto actu intellectus in primo signo originis, habet ex natura rei; ista patet, quia, sicut Pater est Pater ex natura rei, ita habet quicquid habet ex natura rei; non-identitatem inter proprietatem et essentiam habet Pater ex natura rei circumscripto actu intellectus in primo signo originis; igitur ista non-identitas erit ex natura rei. Minor probatur, quia Pater in primo signo originis, circumscripto omni actu intellectus, habet entitatem communicabilem et non communicabilem, scilicet essentiam communicabilem, paternitatem non; idem autem secundum idem, omni modo idem, ex natura rei esse communicabile et non communicabile est contradictio.*" The literature on Trinitarian logic is enormous and difficult to navigate. For a succinct guide, see R. L. Friedman, Intellectual Traditions at the Medieval University: The Use of Philosophical Psychology in Trinitarian Theology Among the Franciscans and Dominicans, 1250–1350 (Studien und Texte zur Geistesgeschichte des Mittelalters 108), 2 vols., Leiden–Boston 2013.

'This divine essence is this Son (*per se primo modo*);
This divine essence is this paternity (*per se secundo modo*);
This Son is this paternity.'

The conclusion does not hold, and the reason is that, in a given reality, properties – things said *per se secundo modo* – are only distributed among things that are formally the same and not among those that are essentially the same[31]. 'Paternity' includes a reference to the Father, and so only holds of the divine essence insofar as the Father is identical to the essence.

Landolfo explicitly names Benedetto da Asnago as his opponent, and, at the time of Landolfo's final lecture, Benedetto had not yet begun to lecture on the 'Sentences' at Paris. Still, Landolfo could have known Benedetto's doctrine from direct contact or through his writings. Concerning the latter, the only writing of Benedetto da Asnago that survives and has been indisputably ascribed to him is a treatise on Apostolic Poverty, which Käppeli assigns to 1322, when Benedetto was a master[32]. Nothing prohibits, however, that Benedetto could have written something before becoming a *sententiarius*[33].

---

[31] Landolfo himself describes predicating persons of the essence as a form of *per se primo modo* predication; see Landolfo Caracciolo, In I Sententiarum, d. 34, q. 2, Firenze, Biblioteca Nazionale Centrale, Conv. Sopp. B 5 640, 91va; Padova, Biblioteca Antoniana, 166 Scaff. IX, 124ra: "*Tertia conclusio: quod ista praedicatio, cum dicitur 'persona est essentia', est praedicatio in quid specificationis ad primum modum dicendi per se. Probatio: ubi praedicatur natura, quidditas, vel aliquid quiddita⟨ti⟩s, in omnibus est praedicatio in primo modo; sed hic praedicatur natura et aliquid quidditatis persone; igitur praedicatio ista erit in primo modo. Maior patet, quia hoc est in primo modo dicendi per se: 'Petrus est animal rationale mortale; Petrus est animal et Petrus est rationalis'; minor patet, quia essentia divina est natura personae et concurrens cum alio ad eius quidditatem, et, licet sit tota quidditas in supposito, cum non videtur esse omne quid spectans ad suppositum ut suppositum est; ex essentia enim et relatione exsurgit quid, quod est suppositum.*"

[32] T. Käppeli, Scriptores Ordinis Praedicatorum Medii Aevi, vol. 1, Roma 1970, 184–185, n. 529, lists two works. The first, a treatise 'De paupertate Christi et Apostolorum' is preserved in a single manuscript, Aarau, Aargauer Kantonsbibliothek, MsWettF 26: 4 (URL: ⟨http://www.e-codices.unifr.ch/en/list/one/kba/0026–4⟩ [last access on October 2, 2015]), 36^{v}–50^{r}. The colophon names its author as *magister Benedictus*, and, in a letter of 22 May, 1322, John XXII commissions then-*magister* Benedetto to conduct a visitation of the Dominican convents in Rome and Lombardy, meaning that Benedetto was master by this date at the latest. The treatise refers to John XXII as the current pope and discusses the interpretation of 'Exiit qui seminat', implying that it was composed after John XXII lifted the ban with 'Quia nonnumquam', promulgated on March 26, 1322. It still calls Thomas Aquinas "*frater Thomas*" (48^{v}), which indicates that it was likely written before Thomas' canonization on July 18, 1323. Furthermore, it shows no awareness of 'Ad conditorem canonum', promulgated on December 8, 1322. See the discussion in R. Lambertini, La povertà volontaria. Il tema della volontà nella controversia pauperistica ai tempi di Giovanni XXII, in: G. Alliney/M. Fedeli/A. Pertosa (eds.), Contingenza e libertà. Teorie francescane del primo Trecento, Macerata 2012, 203–237, at 212–214. The copies of the other treatise, on the beatific vision (as part of the controversy in the early 1330s), have since been lost.

[33] The reasons for attributing to Benedetto da Asnago the Concordance of Thomas Aquinas' thought known as the 'Concordantia Veritatis' have very little foundation beyond a fifteenth-century ascription to a 'Concordantia' of Thomas and the survival of an anonymous early-fourteenth-century 'Concordantia'. See A. Day, The 'Concordantia Veritatis' Attributed to Benedict of Assignano: Text and Study, unpublished Ph.D. dissertation, University of Toronto 1953,

Even if Landolfo had only a passing knowledge of Benedetto da Asnago's thought, he criticized the Dominican on a topic that would earn Benedetto notoriety at Paris. Indeed, Benedetto da Asnago defended Dominican syllogistic in his own sentential year. The Franciscan who lectured the year after Landolfo, Francis of Marchia, engages his *socii*, including Benedetto, on this topic in his *principium* disputations. Francis considers precisely the problem of the application of syllogistic logic to the Trinity, maintaining that syllogisms are only valid when the modification of the terms is specified; e. g., when predicating the persons of the divine essence, the adverb *essentialiter* should apply:

'This divine essence is essentially the Father;
this divine essence is essentially the Son;
the Father is essentially the Son[34].'

Francis' *principia* record the objections of three *socii*, that is, fellow bachelors on the 'Sentences'. The first forbids applying the syllogistic form to God, the second claims that it does not work with singular terms, and the third admits that it works with singular terms, but not with modification of the terms. This third person, whom Francis calls the *tercius socius* in his *principium* on book IV[35], holds a position closest to the Dominican tradition, and is therefore the best candidate for Benedetto da Asnago. He even argues concerning the conclusions to be had from syllogisms with premises and conclusions in mixed modes of *per se* predication[36]. Not surprisingly, this third person is also Francis' principal adversary in his year-long debate on syllogistic.

As Master of Theology, Benedetto da Asnago continued his heated opposition to Franciscan logic, especially as it applied to the notions of formal identity and the formal distinction. Specifically, the masters of the University of Paris

---

vol. 2, 40–55; F. Pelster, Die Konkordanz 'Veritatis et sobrietatis verba loquor', ein Werk des Benedikt von Asinago O.P. oder des Thomas von Sutton O.P.?, in: Scholastik 29 (1954), 244–249. On the other hand, none of the arguments so far set forth purporting to do so actually succeed in excluding Benedetto from being the author.

34 On the content of Francis of Marchia's principia questions, see W. Duba, Francesco d'Appignano alla ricerca del realismo, in: D. Priori (ed.), Atti del V Convegno Internazionale su Francesco d'Appignano, Appignano del Tronto 2011, 61–76.

35 Francis of Marchia, Principium in IV Sententiarum, ed. N. Mariani, Francisci di Marchia sive de Esculo Commentarius in IV libros Sententiarum Petri Lombardi quaestiones praeambulae et prologus (Spicilegium Bonaventurianum 31), Grottaferrata 2003, 235. Note that *tercius socius* here means 'a third *socius*'; and not 'the third *socius* to give a *principium* in the year', the way in which some *principia* authors positively identify their correspondents.

36 Ibid., 237 (corrected against the manuscript used by Mariani, Madrid, Biblioteca nacional 504 [= M], 11va, and the other witness, Madrid, Biblioteca nacional 517, 36va): "*Quarta conclusio* [*scil. tercii socii*] *est quod conclusio modificata sequitur ex premissis non modificatis, et conclusio modificata una modificacione sequitur ex premissis modificatis alia modificacione. Probatio, quia sequitur: 'omne animal racionale est risibile; omnis homo est animal racionale; ergo omnis homo est risibilis', conclusio est in secundo modo dicendi per se, quia passio predicatur in* (*de subiecto* M) *secundo modo dicendi per se de subiecto, et tamen maior proposicio est in quarto modo dicendi per se, quia animal racionale est causa in genere efficientis ipsius risibilis et non solum causa materialis. Ergo conclusio in secundo modo dicendi per se sequitur ex premissis, quarum una est in quarto modo dicendi per se et alia est* (om. M) *in primo modo dicendi per se.*"

censured Benedetto precisely for claiming that those who posited that *personalia* were distinct beings posited distinct essences in God[37].

A bachelor reading the 'Sentences' at the same time as Francis of Marchia speaks about the same subject, the validity of syllogistic, in implicitly the same way as what Landolfo Caracciolo assigns to Benedetto da Asnago. In the first year he was in Paris, even before his 'Sentences' lectures, Benedetto's opinions were already known.

This evidence does not entirely disprove Schabel's earlier hypothesis, that Landolfo added the criticism of Benedetto (and the others) to his written account sometime after Benedetto's *principium* on the 'Sentences' in late September or early October 1319. After all, the two levels of revision visible in the structure of his final lecture could correspond to two temporal moments. Such a hypothesis would thus require that, when he lectured on book III, d. 40, Landolfo only changed the argument from the superiority of *theologia* to that of *lex evangelica*; when he was preparing the final version, the following academic year had already begun, and he included his attacks on the new class.

Such a hypothesis, however, appears unlikely. While the last distinction of book III constitutes the final oral lecture, written collections of 'Sentences' commentaries do not accord the same special place to that distinction – it is usually followed by book IV. So why would he leave such a text there? Besides, as we will see in the discussion of Landolfo's arguments against Annibaldo di Ceccano, if this text is a considered written account, why are some arguments practically incomprehensible? Moreover, Landolfo mentions the Augustinian Giovanni di Roma without calling him a master; since, as we will see shortly, Giovanni incepted as Master of Theology on 30 November 1319, Landolfo must have finished revising his final lecture before this date. If he also had to wait for Benedetto to dispute a *quaestio* in the context of the first *principium*, he would have to have written his criticisms of his contemporaries between the beginning of October and the end of November, a very short window.

---

[37] Aufredus Gonteri Brito, In I Sententiarum, d. 34, q. 3, ed. V. Doucet, Der unbekannte Skotist des Vaticanus lat. 1113 Fr. Anfredus Gonteri O.F.M. (1325), in: Franziskanische Studien 25 (1938), 201–240, at 230–231: "*Hec autem veritas, propter controversiam magistri Benedicti predicatoris, pro me per omnes magistros regentes et non regentes in theologica facultate determinata extitit Parisius et promulgata publice per bedellum et redacta in libro communi magistrorum, licet hanc determinatam veritatem alias predictus magister publice in scolis dogmatizaverit esse hereticum, cuius contrarium omnes magistri predicti determinaverunt esse verum, catholicum atque sanum. – Nunc tertio contra dicta adduco argumenta predicti magistri Benedicti, ad ea per ordinem respondendo. Primo arguit sic per consequentias. Prima est ista: si in divinis sunt tria esse personalia, in divinis sunt tres essentie* [...] *Secunda consequentia est ista: in divinis sunt tria esse personalia, ergo in divinis sunt tres essentie absolute* [...] *Tertia consequentia est ista: si in divinis sint tria esse personalia, in divinis necessario est quaternitas rerum.*" See also L. Hödl, Der trinitätstheologische Relationssatz des Boethius in der Schule des Thomas von Aquin im 14. Jahrhundert, in: Recherches de Théologie et Philosophie Médiévale 73 (2006), 175–194, at 185–190; W. Duba/ R. Friedman/C. Schabel, Henry of Harclay and Aufredo Gonteri Brito, in: P. W. Rosemann (ed.), Mediaeval Commentaries on the *Sentences* of Peter Lombard, vol. 2, Leiden 2010, 297–303.

4. *Logic 2: That Other Branch of the Orsini Family*

After criticizing the logic of the Dominican Benedetto da Asnago, Landolfo challenges the logic of a Dominican master, Matteo Orsini (d. 1340)[38], specifically the claim that being distinct formally means having distinct forms [§ 12]. To the contrary, Landolfo holds that *formaliter* and *formale* relate to form because they pertain to essential predication (*in primo modo dicendi per se*) [§ 13]. According to Landolfo and other Scotists, the correspondent in reality (*ex natura rei*) that makes two things formally not the same is a *formalitas*; for example, in a divine person, one can identify the *formalitates* of the relation (property) and the essence, and these *formalitates* are really and essentially the same, but are not the same *formaliter*. Matteo Orsini notoriously opposed *formalitates* in an academic event involving the Franciscan Scotist Hugh of Novocastro, most likely the ceremony in which Hugh was promoted to master in 1319 or 1320. On the testimony of his fellow Franciscan, Himbert of Garda, Hugh was asked whether a *formalitas* was a thing (*res*), to which he replied that, indeed, taken together with the essence, it is a thing. This reply was not satisfactory, and his interlocutor objected: "these *formalitates*, such as justice and wisdom, insofar as they are taken apart from the essence, and in their formal descriptions, are they things?", provoking Hugh to reply: "that justice, taken apart and in its formal description, is neither a thing nor not a thing, because the extremes of the contradiction do not apply to its formal description."[39] At this point, the Dominican Master, Matteo Orsini replied:

> "I don't know what to say about these formalities, since they are neither things nor non-things, except perhaps that it's a goose's beak. And I will tell you why: because there was a man in my town of Rome who always wore a goose's beak on his head.

---

[38] On Matteo Orsini, see S. Forte, Il card. Matteo Orsini OP e il suo testamento, in: Archivum fratrum praedicatorum 37 (1967), 181–276.

[39] Himbert of Garda, In primum librum Sententiarum, d. 33–34, q. un., a. 4, cited in: W. Duba/ C. Schabel, *Ni chose, ni non-chose.* The *Sentences*-Commentary of Himbertus de Garda, OFM, in: Bulletin de Philosophie Médiévale 53 (2011), 149–232, at 188, nt. 70: "*Sed hic est unum dubium: tu ponis multas formalitates, ut sapientiam et alia multa, utrum istae sint res. Dicunt aliqui quod sunt res ut essentia est res, non tamen sunt aliae res ab essentia. Istud est dictum fugitivum. Ego quaero utrum istae formalitates, ut praescindunt ab essentia et consideratae in rationibus suis formalibus, sint res. – Hic dicit unus quod res potest sumi dupliciter, scilicet positive ad extra, et sic istae formalitates, paternitas et filiatio, non sunt nisi una res in essentia; vel potest sumi res in ratione sua formali ut non est quid confictum per actum rationis. Sic dico quod sunt res ut distinguuntur contra actum rationis, quia illae formalitates non sunt per actum rationis nostrae, sed ex natura rei; ergo multae* (*nullae* codd.) *res tales erunt in divinis, quia multae* (*nullae* codd.) *formalitates. Hic dico quod si intelligis 'res' extra positive, sic dico quod in divinis non est nisi una res; sed si intelligis et accipis 'res' ut quod non est confictum per actum rationis, sic concedo et in divinis multae res sine omni inconvenientia. Ista est una solutio. – Secunda solutio est magistri Hugonis, qui dicit duo. Primo dicit: formalitas est res, sed non alia res ab essentia. Ista fuit prima solutio sua. Sed postea quaeritur utrum sint res istae formalitates, ut iustitia et sapientia, ut praescindunt ab essentia et in rationibus suis formalibus. Hic dicit quod iustitia ut praescindit et in ratione sua formali nec est res nec non res, quia extrema contradictionis non verificantur de ratione formali.*"

And when he was asked, 'What's that you're wearing?' he always answered, 'Ni chose, ni non-chose'."[40]

Matteo Orsini was a well-known and vocal opponent of the formal distinction, albeit not one who left many written works; Landolfo assigns to him a common objection against the formal distinction. While there is nothing distinctive about the objection, Matteo was most certainly one of the many theologians in Paris at the time who would have made it.

5. *Logic 3: A Praepositinian Augustinian before Gregory of Rimini?*

The last logic Landolfo criticizes is the *logica Iohannis de Roma Augustiniani.* Giovanni probably read the 'Sentences' in 1307–1308, but at the latest had done so by 1315–1316; he incepted as master of theology at Paris on 30 November, 1319[41]. The mention of the logic of Giovanni di Roma is opaque, and consists in a single line, namely: "The whole reason that moves him to hold that all things in God are not the same was that relation posits an entity in opposition (*entitas ad oppositum*)." [§ 14] Landolfo himself holds that the oppositional nature of the divine relations grounds the distinction among the persons, so the point of the objection is not clear; Landolfo's reply, however, makes evident that his adversary understands relations independently of any foundation:

---

40 Ibid., 151.

41 See the acts of the Chapter General of the Augustinian Hermits held in Bologna in 1306 (to which Giovanni served as a *diffinitor*), with the statute (Analecta Augustiniana 3 [1909–1910], 55–56): "*Item, diffinimus et ordinamus quod fratres Iohannes, lector, de Sancta Victoria, Iohannes, lector, de Roma, et Gualterius, lector, de Machilinia vadant Parisius ad legendum Sententias, ita quod frater Iohannes de Sancta Victoria sit primus, frater Iohannes de Roma secundus et frater Gualterius tertius.*" The editors attach a note (ibid., nt. 6), where they extract from a codex containing the acts of the Roman provincial chapter an account of the financing Giovanni di Roma's study. The 1306 Roman Provincial chapter ordered that he would have an annual income of seven florins; the next year, this was increased to eight. The 1308 provincial chapter repeated this ordinance, after which an undated entry states "*Item, idem frater Iohannes pro lectura sententiarum habuit a provincia pro adiutorio librorum L florenos de auro, non simul sed decem florenos quolibet anno quousque fuit completus numerus praedictus.*" Giovanni left Paris in 1309 and returned in 1315 after the OESA Chapter General meeting in Padua; he then received 10 florins per year until 1319: "*Item, anno domini Mo CCCo XIX, positi fuerunt in collecta in capitulo celebrato Viterbii prima dominica mensis Iunii ⟨pro⟩ fratre Iohanne de Roma, baccallario, xii floreni et eodem anno de mense novembris in festo beati Andree idem frater Iohannes fuit factus Magister in sacra pagina.*" W. J. Courtenay, Balliol 63 and Parisian Theology around 1320, in: Vivarium 47 (2009), 375–406, at 382, nt. 18, uses these data to argue that Giovanni "was *sententiarius* at Paris c. 1307–1308" and was "chosen to return to Paris for the magisterium" in 1315. Giovanni subsequently served on a 1320 commission in Avignon against magic; see A. Maier, Eine Verfügung Johanns XXII. über die Zuständigkeit der Inquisition für Zaubereiprozesse, in: ead., Ausgehendes Mittelalter. Gesammelte Aufsätze zur Geistesgeschichte des 14. Jahrhunderts, vol. 2 (Storia e Letteratura 105), Roma 1967, 59–80, at 66; Analecta Augustiniana 3 (1909–1910), 55, n. 6; 19 (1944–1945), 143, n. 8; A. Boureau, Satan Hérétique. Histoire de la Démonologie (1280–1330), Paris 2004, 68–69.

"Against this: that is not a good argument in logic which concludes the opposite of what was proposed; this argument is such. Proof: that entity is not the same as another when one of them is in opposition and the other is not in opposition; but the essence is not in opposition and relation is in opposition." [§ 15]

Landolfo counters that a divine person consists of both a relation (the property), which is in opposition, and the divine essence, which is shared among the persons. His adversary therefore appears to deny that the notion of a divine person includes the essence, or rather identifies the persons with the property. Hence, with these words Landolfo accuses Giovanni di Roma of Praepositinianism, so named after Praepositinus of Cremona, whose doctrine on the divine persons Russell Friedman summarizes with typical concision:

"[...] Praepositinus' theory of the persons [...] claims [...] first, there is no distinction between person and property; second [...] the persons are distinct in and of themselves (*se ipsis*)."[42]

This short but faithful account suggests the connection. That Landolfo associates Giovanni di Roma with Praepositinus becomes evident from Landolfo's own refutation of Praepositinus:

"The second conclusion: that the opinion of Praepositinus appears to be dangerous if he understood it literally. Proof: he said that Father and paternity are the same, so that he only seems to posit a single relation in the persons, and by this relation the persons completely differed among themselves. But this is false, since a person includes the essence with a relation, and persons are distinguished by something of themself, namely by relation, and they are not distinguished by something, namely by essence, and yet they are not distinguished among themselves by their entireties."[43]

Landolfo understands Praepositinus' doctrine to reduce each of the persons to a single relation, its property, and nothing else; he replies that the position is false, since each person has two elements: essence and relation. Similarly, he criticizes Giovanni di Roma's view by arguing that each person has two elements, essence and relation, implying that Giovanni identified persons and properties.

Over two decades later, the great Augustinian theologian Gregory of Rimini would make Praepositinianism a central part of his Trinitarian theology, and in this aspect at least, he was followed by his confrère Hugolino of Orvieto[44]. Already in 1319, however, Landolfo Caracciolo associates Praepositinianism with the teaching of an Augustinian Hermit, pointing to its place in an Augustinian tradition, if not school.

---

42 Friedman, Intellectual Traditions (nt. 30), vol. 2, 679. On Praepositinianism in general, see ibid., 678–683. I thank Professor Friedman for pointing out this connection.

43 Landolfo Caracciolo, In I Sententiarum, d. 34, q. 2, Firenze, Biblioteca Nazionale Centrale, Conv. Sopp. B 5 640, 90va; Padova, Biblioteca Antoniana, 166 Scaff. IX, 124rb: "*Secunda conclusio: quod opinio Praepositini videtur esse periculosa si intellexit sicut verba sonant. Probatio: ipse dixit quod idem erat Pater et paternitas, ita quod non videbatur ponere in personis nisi solam relationem, qua personae differebant seipsis totis. Hoc autem est falsum, quia persona includit essentiam cum relatione, et aliquo sui distinguuntur, scilicet relatione, et aliquo non, scilicet essentia, et tamen non se totis distinguuntur.*"

44 Friedman, Intellectual Traditions (nt. 30), vol. 2, 847–867, 880–882.

6. *Metaphysics: Squaring Wylton's Circle*

Landolfo lumps Annibaldo di Ceccano together with his master, Thomas Wylton (d. 1322). Master of Theology at the College of the Sorbonne since 1312, Wylton was at Landolfo's time the most powerful and influential secular master teaching at Paris[45]. Landolfo declares that the metaphysical thought of both student and master is defective, specifically concerning the issue of the eternity of the world:

> "The first proposition: Annibaldo – rather his master, indeed Thomas the Englishman – they do not seem to solve my arguments. I argued: 'whoever posits creation from eternity posits contradictories to be simultaneously true; you are such a person; therefore, etc.'" [§ 18]

Landolfo claims that Ceccano and Wylton held the same opinion on the eternity of the world, namely that the world was produced by God from eternity; that is, that God's act of creating the world was not a temporally-ordered one, but one where a creating God and created world co-exist from eternity.

This opinion runs contrary to the doctrine defended by theologians and recognized as the Christian truth, that God created the world in time, and so, at a given instant in the past, namely the Biblical "In the beginning", the world came into being. Contrary to Landolfo's claim, Thomas Wylton actually denies creation from eternity. In his quodlibetal question on the eternity of the world, held in 1316 at the latest, Thomas says that Aristotle and Averroes maintained that God produced the world by natural necessity, in the way that a ray of light is produced by the sun. The "true opinion of catholics" is that God produced the world by free choice, such that He could have not produced it[46]. This doctrine, combined with the notion that being able not to exist is incompatible with eternal existence, amounts to stating that Aristotle and Averroes believed that the world was eternally produced, but that the truth required by faith is of creation in time. Yet Wylton's proof is fideistic:

---

[45] On Wylton, see C. Trifogli, Thomas Wylton, in: H. Lagerlund (ed.), Encyclopedia of Medieval Philosophy. Philosophy Between 500 and 1500, 2 vols., Dordrecht 2011, vol. 2, 1300–1302.

[46] Thomas Wylton, Quodlibet, q. 9, ed. W. Senko, Tomasza Wiltona, *Quaestiones quodlibetales*, in: Studia Mediewistyczne 5 (1964), 156–190, at 168 (corrected against Città del Vaticano, Biblioteca Apostolica Vaticana, Borgh. 36, 74ra): "*Ad cuius solutionem praemitto quod primum motum et mobile primum esse a Deo productum contingit intelligere dupliciter: uno modo naturali necessitate, sicut radius producitur a sole, alio modo actu voluntatis libero, sicut domum ab artifice; et hoc potest intelligi dupliciter: uno modo, quod actu voluntatis libero, non tamen arbitrio libero, sed actu immutabili, sicut ponunt aliqui quod voluntas vult libere finem immutabiliter; tamen alio modo, quod actu voluntatis liberi arbitrii ita quod potuit motum non produxisse sicut produxisse indifferenter. – Prima fuit opinio Aristotelis et Peripateticorum, secunda Platonicorum, qui posuit Deum habere in se ideas omnium et iuxta eas tamquam exemplaria res extra producere; de quo dicetur inferius. Tertia est opinio vera catholicorum.*" Wylton also discussed the eternity of the world in his unpublished Questions on the Physics, see C. Trifogli, The *Quodlibet* of Thomas Wylton, in: C. Schabel (ed.), Theological Quodlibeta in the Middle Ages: The Thirteenth Century (Brill's Companions to the Christian Tradition 1), Leiden 2005, 231–266, at 244–245.

"Concerning this question, I say first that I do not think that it could be demonstrated that the world did not exist from eternity using propositions known in themselves in the natural light of our intellect or ones that are evidently deduced from such propositions. Second, I say that I do not think that it could be demonstrated that the world was not created from eternity using propositions that, in the natural light of our intellect, are evident, although, with every possible certitude of adhesion, I hold on faith, which is greater and more infallible than the certitude that relies on natural reason, that the world began such that it really and in duration had being after non-being. I also say third to the form of the question, that I do not think that motion and the world or anything else could be eternally produced by God and yet God could have freely produced the world, such that He could have not produced it, if He wanted."[47]

There can be no evident proof of the origin of the world being temporal or eternal. On the contrary, faith and faith alone gives the correct answer: the world was created in time. To be specific, Wylton seems to claim that he holds on faith that God creates by free choice, from which it follows that He creates contingently, and therefore must create in time. Yet, in spite of Wylton's declaration, Landolfo in his final lecture accuses him (and Annibaldo) of holding the view he ascribes to Aristotle and Averroes and denounces as false, namely that the world was caused from eternity. Landolfo anticipates the response:

"He would reply: 'Slander!' For the philosophers understand creation in one way, and the theologians in another, because the philosophers did not say that non-being could precede being, but the theologians did." [§ 19]

Landolfo gets to the point: his opponents assert that 'creation' is employed equivocally by philosophers and theologians. Indeed, Wylton does hold that such an equivocation exists, and makes this explicit in his refutation of an argument that creation must occur in time based on an analogy with annihilation. The analogy holds that when something is annihilated, it moves from a (temporally) prior state of existence to a posterior state of non-existence (*non-esse post esse*); likewise, creation involves bringing something from prior non-existence to existence (*esse post non-esse*). To the contrary, Wylton replies, while the analogy works for theologians, it does not hold for Aristotle:

"To the second I say that there is no analogy (*simile*) between being annihilated with respect to future non-being and being produced with respect to prior non-being in

---

[47] Thomas Wylton, Quodlibet, q. 9, ed. Senko (nt. 46), 167–168 (corrected against Borgh. 36, 73vb–74ra): "*Circa hanc quaestionem, dico primo quod non video quod ex aliquibus propositionibus in lumine naturali intellectus nostri per se notis nec ex eis evidenter deductis convinci possit mundum non posse fuisse aeternum. Secundo, dico quod non video quod ex aliquibus propositionibus in lumine naturali intellectus nostri evidentibus convinci possit mundum non fuisse ab aeterno, licet cum omnimoda certitudine adhaesionis per fidem, quae maior est et infallibilior quam certitudo innitens rationi naturali, teneo quod mundus incepit ita quod realiter et duratione habuit esse post non-esse. Dico etiam tertio ad formam quaestionis quod non video quod ista simul stant: quod motus et mundus vel aliquid aliud sit aeternaliter a Deo productum et cum hoc quod Deus libere produxit mundum ita quod potuit eum non produxisse si voluisset.*"

the past. Since, according to its signification as they use it, 'being annihilated' means the total non-being of a thing after its being, just as 'creation' as catholics use it means being after total non-being, therefore there would indeed be an analogy (*similitudo*) with the creation that we posit. In the case at hand, that, just as annihilation is related to non-being after being, so creation to being after non-being, understanding here for 'creation' the production of things according to the intention of the Philosopher, the analogy does not hold, because, according to his intention, 'product' does not signify being after non-being, but only being from another effectively and dependently, as I say for the Son in matters divine, so that He neither posits nor requires any newness[48]."

The word *creatio* for Wylton has two meanings: as 'catholics' use it (and as Wylton himself claims it can be used), it means bringing something into existence that did not previously exist; for Aristotle, Wylton claims, the term means simply producing something, as theologians speak of the production of the divine persons in the Trinity: the Father generates the Son eternally and necessarily, so that at no point does the Son not exist. Likewise, for Aristotle, the first cause produces the world eternally and necessary. Landolfo exclaims:

"What's that to me? The Commentator entirely denied creation, and you posit that creation was truly brought about from nothing, and yet from eternity. What's that to me? Tell me what truth there is in the Philosopher!" [§ 20]

This passage is difficult: Thomas Wylton, at least, does not posit that creation occurred truly from eternity, rather, he holds that, for the Philosophers, 'creation' was something that happened from eternity; he even states that he believes in 'creation' as expressed by the theologians, that is, creation in time. So how can Landolfo continue to accuse his adversary of positing creation from eternity? Perhaps the solution lies in the mention of Averroes' denial of creation; Landolfo holds that Averroes thinks creation is impossible, while Wylton maintains that Averroes thinks creation, in the sense of eternal production, is possible. Landolfo's exclamation could be the accusation that Wylton has got his 'Philosophers' wrong.

In mentioning that Averroes entirely denied creation, Landolfo implicitly refers to his own commentary on book II, d. 1 of the 'Sentences', namely part 2, q. 1, "Whether creation is possible according to the Philosophers", which itself

---

[48] Thomas Wylton, Quodlibet, q. 9, ed. Senko (nt. 46), 170–171 (corrected against Borgh. 36, 74^{va-vb}): "*Ad secundum dico quod non est simile de adnihilari vel adnihilatum esse respectu non-esse futuri et de producto esse respectu non-esse ante* (*aliquando* corr.?) *de praeterito, quia adnihilari vel adnihilatum esse ex signatione sua, ut ipso utuntur, importat non-esse rei totale* (*totaliter* cod.) *post eius esse, sicut creatio, prout ipsa utuntur catholici, importat esse post totale non-esse, et ideo de creatione quam nos ponimus bene esset similitudo. Ad propositum, quod sicut adnihilatio se habet ad non-esse post esse, sic creatio ad esse post non-esse, hic intelligendo per creationem productionem rerum secundum intentionem Philosophi, non currit similitudo, quia secundum eius intentionem productum non dicit esse post non-esse, sed solum dicit esse ab alio effective et dependenter, quod dico pro Filio in divinis, ita quod nullam novitatem ponit nec requirit.*"

builds on Landolfo's *principium* on book IV, where he argues against Peter Auriol's claim that both Aristotle and Averroes thought that creation in any form was impossible[49]. In the question on book II, Landolfo reiterates that, according to 'the Philosophers', creation is possible, but according to Averroes – the major inspiration for the different philosophical systems of Peter Auriol and Thomas Wylton[50] – it is not, and in denying creation Averroes contradicted himself. Indeed, Averroes "erred in many things, even philosophical matters"[51].

When Landolfo apparently says "you posit that creation was truly brought about from nothing and yet from eternity", the text might have been a victim of a distortion; instead of "*tu ponis vere creationem*", perhaps he meant "*tu ponis Commentatorem posuisse creationem*": "You posit that Averroes posited". In an echo of the words of Thomas Wylton, Landolfo states "for the Philosophers creation was not possible in the way that catholics posit it, with the newness of time", and continues, saying that they understood the causation of the intelligences and celestial spheres, not as a creation, moving from non-being to being, but rather as a production, an emanation, "just as we say concerning the Son in matters divine". Therefore, it is hardly likely that he would be blind to the use of a distinction in Thomas Wylton (or Annibaldo di Ceccano) that he himself uses.

A more likely explanation is that Wylton is content to call this coming-to-be a creation. Indeed, Landolfo does not use the word *creatio* when discussing the

---

49 Landolfo Caracciolo, Principium in IV Sententiarum ("*Utrum totalis novitas alicuius effectus sit a virtute illimitata tantum*"), Firenze, Biblioteca Nazionale Centrale, Conv. Sopp. B 7 642, 1^{ra-rb}; Padova, Biblioteca Antoniana, 155 Scaff. VIII, 1vb: "*Secunda conclusio: quod ex nihilo aliquod fieri implicat contradictoria ex terminis. Probant enim hic aliqui hoc esse de mente Philosophi et Commentatoris, et ad hoc {opinio Pe.} ponunt quatuor rationes quibus movebantur ad ponendum quod ex nihilo aliquid fieri sit contradictio* [...] *Teneo oppositum, quod ex nihilo aliquid fieri sicut ex termino, non sicut ex subiecto, nullam implicat contradictionem, etiam secundum principia philosophiae.*" For Auriol's argument that the Philosophers held creation to be impossible, see Peter Auriol, In IV Sententiarum, q. 1, a. 1, Romae 1605, 2^b-5^a.

50 While Thomas Wylton is occasionally referred to as an "Averroist" and Peter Auriol explicitly states that, for the most part, Aristotle's doctrine, as interpreted by Averroes, aligns with the truth of faith, the two rarely agree on matters of interpretation. On this point, for example, while both Wylton and Auriol think the Philosophers erred, Wylton holds that all the Philosophers, Averroes included, believed in creation in the sense of God efficiently causing from eternity, while Auriol maintains that Averroes and Aristotle thought creation was impossible.

51 Landolfo Caracciolo, In II Sententiarum, d. 1, pars 2, q. 1, Venetiis 1480 (= V) (no foliation); Firenze, Biblioteca Nazionale Centrale, Conv. Sopp. A 3 641 (= F), 166rb; Padova, Biblioteca Antoniana, 157 Scaff. IX (= P), 5^{va-vb}: "*Prima ⟨conclusio⟩: quod apud philosophos non fuit impossibilis creatio ex hoc quod ex nihilo aliquid fieri implicaret repugnantiam terminorum. Istam conclusionem probavi in quarto libro, quaestione prima, articulo primo, conclusione secunda. Quaere ibi, quia nolo repetere. – Secunda conclusio: quod creationem esse productionem ex nihilo totaliter apud nullum philosophum fuerit impossibile excepto Commentatore, qui in multis etiam philosophicis erravit. Dices Commentator VIII Physicorum, commento 4, deridendo dicit quod dicere agens praesupponere passum quia est diminutum, istud est sermo vulgaris et rusticorum et non peritorum* [...]. *Tertia conclusio: quod Commentator in hoc contradixit sibi expresse, nec rationes sue contra creationem cogunt.*"

views of the philosophers, but rather *productio*, 'production'. Moreover, he believes that the Philosophers (except for Averroes) also had a notion of production from non-being, that is, of creation in time, and that they held that contingent beings were produced in this way[52]. On this interpretation, here Landolfo refuses Wylton's equivocation: *creatio* has a single sense; to call eternal production "Creation for Philosophers" is to posit that a true creation can occur from eternity.

In this passage, Landolfo primarily accuses Annibaldo and Thomas of maintaining that contradictories hold at the same time. In fact, Landolfo himself famously believes that contradictories can hold at the same time, and here he implicitly portrays the creation-from-eternity solution as an attempt to avoid having simultaneous contradictories. Landolfo's doctrine, made famous by Simo Knuuttila and Anja Inkeri Lehtinen and notoriously dubbed "Quasi-Aristotelianism" by Norman Kretzmann, itself derives from an observation on the Scotist doctrine of Synchronic Contingency. In effect, there are two ways of looking at the notion of contingency. In the first way, that of Diachronic Contingency, something is contingent if, at some point in the past, it could have become otherwise than it now is; according to Synchronic Contingency, however, something is contingent if, right now, it could be otherwise[53]. For the defenders of Synchronic Contingency, a change in states, the actualization of a thing's potency, does not eliminate its possibility to be otherwise. Indeed, the determination of a contingent state happens at the same instant as its possibility to be otherwise. That is, Synchronic Contingency implies Instantaneous Causation: at the moment of the determination, cause and effect co-exist, although the cause is logically prior and the effect is logically posterior. Landolfo's "Quasi-Aristotelian" doctrine simply translates instantaneous causation into the corresponding physical states: as the effect is simultaneous with but logically posterior to the

---

[52] Landolfo Caracciolo, In II Sententiarum, d. 1, pars 2, q. 1 (nt. 51), V; F, 166vb; P, 6rb: "*Quinta conclusio, quod apud philosophos non fuit possibilis creatio sicut catholici ponunt cum temporis novitate; ratio est quia agens producens de necessitate naturae producit effectum sibi coaevum si sit perfectum; sed primum agens secundum philosophos agebat de necessitate naturae et erat perfectissimum; ergo producebat effectum sibi coaevum et per consequens aeternum. Maior patet, quia agens necessarium semper agit eo instanti quo est; sed quod agat in tempore est ex imperfectione, scilicet quia agit per motum. Minor patet, VIII Physicorum et XII Metaphysicae. – Sexta conclusio: quod philosophi aliter posuerunt primum agens producere non de aliquo intelligentias et orbes, aliter alia entia, puta substantiam animae rationalis et primae materiae. Istud declaratur, quia ipsi philosophi posuerunt intelligentias secundas esse necesse esse formaliter, quamvis a primo essent productae. Illud autem quod est necesse esse non producitur de non-esse ad esse, quia in nullo signo – nec naturae, nec durationis – intelligentia potest intelligi sub non-esse; sed imaginabantur quod per simplicem emanationem ad esse praecise secundae intelligentiae et orbes essent productae, non tamen a non-esse, sicut dicimus de Filio in divinis, qui emanat ad esse, non tamen a non-esse. In aliis autem quae non sunt necesse esse poterunt ponere veram versionem de non-esse ad esse, sicut in productione animae vel materiae primae.*"

[53] This distinction became fundamental in the debate on the eternity of the world; see I. Wilks, The Use of Synchronic Contingency in the Early Fourteenth-Century Debate over the World's Temporal Duration, in: Disputatio 2 (1997), 143–157.

cause, so is the posterior state with respect to the prior state. In the case of creation in time, this physical application means that the being of a creature is simultaneous with but logically posterior to its non-being. In Landolfo's terminology, the non-being and being of a creature are in the same temporal instant, but in distinct and distinctly-ordered signs or instants of nature, and this distinction of nature suffices to avoid incurring the wrath of the principle of non-contradiction[54]. A corollary of synchronic contingency is that necessary and contingent causation are distinct modes of causing, and, for Landolfo at least, a necessary cause can only cause a necessary effect, and a contingent cause only a contingent effect.

Landolfo therefore holds a series of debatable propositions:

L1. In instantaneous change, such as in generation, contradictories exist at that instant of change, according to different signs.
L2. All beings that do not always exist are contingent, and all contingent beings do not always exist.
L3. A contingent effect has the possibility to be otherwise.
L4. A contingent effect can only be brought about by an act of contingent causing.

Thomas Wylton, Annibaldo di Ceccano and many, many others, deny that contradictories can exist at the same instant, even according to different instants or signs of nature. Wylton argues that the Philosophers believed that God created the world from eternity, but that they understood 'creation' along the lines of how theologians describe the production of the persons of the Trinity: as a necessary and eternal emanation to existence. Landolfo interprets this position as trying to avoid his proposition (L1) that contradictories exist at the instant of change. After ridiculing Annibaldo and Thomas, Landolfo produces five arguments against them. The text is particularly abbreviated, to the point of nonsense, rendering difficult the reconstruction of his reasoning and raising the suspicion that these passages passed into their current form untouched from an original *reportatio.* As with his criticism of the other masters and bachelors, here Landolfo does not make up new arguments so much as repeat ones found elsewhere in his 'Sentences' commentary as it currently survives, and thus these comments can help rebuild his argumentation. Three of the arguments have parallels to the same section of Landolfo's *principium* on book II (= PII), and a fourth can be found in the second part of the first distinction of book II. The

[54] Knuuttila/Lehtinen, Change and Contradiction (nt. 18); for the connection between Instantaneous Causation and Synchronic Contingency, see W. Duba, Pierre de Jean Olivi et l'action instantanée, in: T. Suarez-Nani/C. König-Pralong/O. Ribordy (eds.), Pierre Jean Olivi – Philosophe et théologien. Actes du colloque de Philosophie médiévale, 24–25 octobre 2008, Université de Fribourg (Scrinium Friburgense 29), Berlin–New York 2010, 139–150.

fifth and final argument has a parallel in a previous draft of Landolfo's *principium* on book III (= PIII).

The arguments from the final lecture, at least as expanded from Landolfo's treatment in PII and the first lectures on book II, claim that his adversary's strategy of positing an eternal production of only necessary things fails to avoid simultaneous contradictories. First, Caracciolo argues, as he does in PII, that positing creation from eternity does not block the conclusion that Aristotle held simultaneous contradictories, because, even if one thinks that Aristotle explained creation in terms other than the passing from non-being to being, one cannot doubt that he posited generation as moving from non-being to being. If Landolfo's adversaries maintain that the God of the Philosophers created matter from eternity by some sort of emanation, they would have to allow that God could have generated the first form of the universe, chaos, in the first instant of matter's existence. But, since God produced matter from eternity, this instant of matter's existence would also be eternal, and so God could have generated chaos from non-being to being in that instant; being and non-being would then co-exist [§ 21].

The second argument appears to be a typical appeal to the difficulty of positing contingent creation from eternity; if so, it has a parallel with the first question of the second part of the commentary on book II, distinction 1, the same question where Landolfo argues that the Philosophers, except for Averroes, admitted something like creation. Since contingent beings cannot always exist (L2), they must come into being at some point; therefore, either the first cause in its eternal instant causes both the being and non-being of the contingent thing, in which case contradictories exist in the same thing in the same way, or at some point the first cause causes the contingent being. In this latter case, since the first cause from eternity does not cause, and then at a given moment causes, the first cause ends up waiting an eternity before causing, which is absurd [§ 22].

The third and fourth arguments criticize the adversary's (Aristotelian) model that posits that things have a first instant of existence but not a last instant of non-existence, such that, in the case of generation of, say, vinegar from wine, the vinegar is said to come to exist at the last instant of generation, but the wine's existence is the time preceding this instant. On this model, Landolfo argues, the generating agent causes in the time preceding but exclusive of the instant of generation, and the thing comes into being at the instant. According to the third argument, if, at the instant of generation, God were to destroy the agent, one of two absurd possibilities would arise: if generation occurred, then there would be generation without an agent; if generation did not occur, then there would be generative action without a generation [§ 23]. The fourth argument asks how to measure the time of this generation: if generation is measured by the instant, then it is instantaneous, and contradictories exist at the instant; if it is measured according to the time preceding the instant of generation, then generation is in time [§ 24].

The final argument is particularly garbled, and does not make any sense as transmitted [§ 25]. The wording, however, implies an argument along the lines of: 'no efficient cause can make compatible two formally repugnant terms; the terms of creation, non-being and being, are formally repugnant; therefore, not even God can make those terms compatible. Therefore, either God cannot create something from eternity, or one must hold that being and non-being can coexist at the same instant'. The only parallel to this argument that I have found occurs in a fragment of Caracciolo's *principium* on book III, which will be discussed in the next section.

Table 3: Landolfo Caracciolo's final lecture criticism of Annibaldo and parallel passages

Landolfo Caracciolo, In III Sententiarum, d. 40, q. un., conclusio 2, prop. 1	PII = Landolfo Caracciolo, Principium in II Sententiarum, "*Utrum contradictoria que sunt termini creationis possint competere eidem in eodem instanti temporis secundum idem*", a. 1: "*Quod vera contradictoria verificantur de eodem secundum idem in eodem instanti temporis*" p2q1 = Landolfo Caracciolo, In II Sententiarum, d. 1, pars secunda, q. 1: "*Utrum creatio sit possibilis secundum philosophos*" Wylton: Thomas Wylton, Quodlibet, q. 9, ed. Senko (nt. 46)
"[18] *Prima propositio: quod Hannibaldus, immo magister suus, immo Thomas Anglicus, non videntur solvere argumenta mea. Ego argui: qui ponit creationem ab aeterno ponit contradictoria esse simul vera; tu es huiusmodi; ergo etc.*	p2q1 (nt. 51): "*Prima ⟨conclusio⟩: quod apud philosophos non fuit impossibilis creatio ex hoc quod ex nihilo aliquid fieri implicaret repugnantiam terminorum. Istam conclusionem probavi in quarto libro, quaestione prima, articulo primo, conclusione secunda. Quaere ibi, quia nolo repetere.*"
[19] *Responderet: maledicis! Aliter enim accipiunt philosophi creationem, aliter theologi, quia philosophi non dixerunt quod praecederet non-esse ipsum esse, theologi non.*	Wylton (nt. 48): "*Ad secundum dico quod non est simile de adnihilari vel adnihilatum esse respectu non-esse futuri et de producto esse respectu non-esse ante* (*aliquando* corr.?) *de praeterito, quia adnihilari vel adnihilatum esse ex signatione sua, ut ipso utuntur, importat non-esse rei totale* (*totaliter* cod.) *post eius esse, sicut creatio, prout ipsa utuntur catholici, importat esse post totale non-esse, et ideo de creatione quam nos ponimus bene esset similitudo. Ad propositum, quod sicut adnihilatio se habet ad non-esse post esse, sic creatio ad esse post non-esse, hic intelligendo per creationem productionem rerum secundum intentionem Philosophi, non currit similitudo, quia secundum eius intentionem productum non dicit esse post non-esse, sed solum dicit esse ab alio effective et dependenter, quod dico pro Filio in divinis, ita quod nullam novitatem ponit nec requirit.*"
[20] *Quid ad me? Commentator negavit omnino creationem, et tu ponis vere creationem de nihilo eductam, et tamen ab aeterno. Quid mihi? De philosopho dic mihi quid sit de vero!*	p2q1 (nt. 51): "*Secunda conclusio: quod creationem esse productionem ex nihilo totaliter apud nullum philosophum fuerit impossibile excepto Commentatore, qui in multis etiam philosophicis erravit. Dices Commentator VIII 'Physicorum', commento 4, deridendo dicit quod dicere agens praesupponere passum quia est diminutum, istud est sermo vulgaris et rusticorum et non peritorum.*"

Table 3: continued

[21] *Praeterea, posito quod dicas secundum philosophiam, licet Philosophus poneret de creatione, tamen de generatione numquam diceret quin esset de non-esse in esse. Arguo tunc: Deus potest creare materiam ab aeterno et summe dispositam, et inducatur forma per generationem, et tunc in eodem instanti est esse et non-esse, ergo generatio non erit in instanti.*	PII (V; F, 163^{rb-va}; P, 1va): "*Quarto sic: Deus secundum adversarios potuit producere ab aeterno materiam; sed per generationem eodem instanti potuit producere formam chaos, et hoc per generationem, quae est inter contradictoria; ergo in eodem instanti fuissent simul contradictoria. Maior patet, quia ex quo potuit creari materia, et non sine forma, eo instanti quo fuit producta, Deus potuit educere de eius potentia formam per generationem. Minor patet, quia generatio est inter contradictoria, V 'Physicorum', nec potes hic fingere tempus praecedens, quia ante aeternum non est tempus.*"
[22] *Praeterea, oportet tempus transire in infinitum, si illud non erit in instanti aeternitatis; igitur expectavit per infinitum tempus.*	p2q1 (V; F, 166^{rb-va}; P, 6rb): "*Septima conclusio, quod ex his sequitur philosophos necessario posuisse contradictoria simul fuisse vera de eodem in eodem instanti temporis, quamvis non instanti naturae. Probatio, quia posuerunt ab aeterno primum agens aliquid produxisse quod non est necesse esse, et per consequens de non-esse ad esse; aut ergo uterque istorum terminorum fuit in eodem instanti temporis ab aeterno, et habeo propositum, aut, si non, primum agens non produceret esse in instanti et iterum inter esse rei quam produceret et non-esse esset tempus infinitum, quia a primo instanti quod coexisteret aeternitati usque ad aliud instans novum oportet necessario esse tempus infinitum.*"
[23] *Praeterea, oportet per te totum non-esse correspondere toti tempori praecedenti, et instanti sequenti illud Deus adnihilet illud corrumpendum.*	PII (V; F, 163va; P, 1vb): "*Sexto sic: in toto tempore praecedente, quod respondet non-esse rei per te, adhuc generatio non est; solum enim est terminus a quo. Quaero si Deus annihilaret tunc agens, aut sequeretur generatio et forma in materia aut non; si sic, ergo esset generatio sine generante et terminus productus sine producente; si non, ergo facta tota actione in toto tempore praecedente non sequeretur aliquid in ultimo instanti, quod est falsum.*"
[24] *Praeterea, isti assignant mihi mensuram termini a quo et termini ad quem; versioni nihil. Vel ergo versio est tempus vel erit in tempore. Si autem instans termini ad quem, ergo versio erit termini ad quem.*"	PII (V; F, 163va; P, 1^{va-vb}): "*Quinto sic: si totum tempus praecedens respondet pro mensura termino generationis a quo et ultimum instans quod immediate se habet ad illud tempus respondet pro mensura termino ad quem, quaero quid mensurat ipsam versionem, scilicet generationem inter duos terminos: aut tempus praecedens, et hoc non, quia non esset instantanea, aut instans ultimum, et habeo propositum. Probatio, quia versio et mutatio non est terminus, immo acquisitio termini cum sit eius productio; sed pro omni signo pro quo est productio termini non est terminus, quia natura praecederet productum; ergo in eodem indivisibili instanti pro diversis signis res non erit quando productio est et res erit quando terminus est productus et cessat productio.*"

Landolfo Caracciolo moves his target of criticism very quickly on both personal and doctrinal levels. On a personal level, he names Annibaldo and then immediately switches to attack his master, Thomas Wylton. Doctrinally, Landolfo seems to accuse his adversaries of maintaining that the world was created from eternity; he then refines his criticism to state that they maintain that this is the view of the Philosophers, which Landolfo refuses. Then he goes after the core issue: the underlying reason for their position appears to be to avoid that contradictories are true of the same thing at the same instant; Caracciolo himself maintains this view, so he rapidly focuses on his arguments for his "Quasi-Aristotelian" view.

III. Landolfo's Final Lecture as a Witness to Annibaldo's Career

In his final lecture, Landolfo does not limit himself to attacking his fellow *sententiarii*. Landolfo criticizes the view of the Franciscan Regent Master Peter Auriol, without naming him, and he calls out the Dominican master Matteo Orsini on the meaning of the word *formaliter*. Of the three non-masters of theology that he names, two definitely lectured on the 'Sentences' in a year other than Landolfo's sentential year of 1318–1319: Giovanni Cacantius of Rome, probably in 1307–1308, and Benedetto da Asnago in 1319–1320. Only Annibaldo's sentential year is unknown. Could Annibaldo have read the 'Sentences' at the same time as Landolfo?

According to the (post-1335) statutes of the University of Paris, a secular theologian would normally be licensed as a master four years after finishing reading the 'Sentences', and then only in an odd-numbered ("jubilee") year[55]. If he read the 'Sentences' in 1318–1319, Annibaldo would normally have had to wait until 1325 to incept as master. This would seem to conflict with the earliest mention of Annibaldo as a master of theology in 1322; according to the normal course of affairs, he would have to have lectured in 1317–1318 at the latest to be promoted in 1321. Exceptions to this 'four-year rule' included special dispensation of the faculty of theology or papal bull, and they did occur. Indeed, John XXII seems to have initiated the practice of issuing papal bulls asking that the university promote certain candidates to the rank of master, and, in 1318, the first class of *magistri bullati* promoted in a non-jubilee year posed something of a bureaucratic problem for the University[56]. Well-connected theologians could and did obtain such papal promotions. For example, Pierre Roger, Annibaldo's future dinner guest as Pope Clement VI, lectured on the 'Sentences' in 1320–1321, and received the promotion to master in 1323 on a request from Pope

---

[55] H. Denifle/E. Chatelain (eds.), Chartularium Universitatis Parisiensis, vol. 2, pars 1, Paris 1891, 692, n. 1188: "*Item, nota, quod bachalarii qui legerunt Sententias, debent postea prosequi facta facultatis per quatuor annos antequam licentientur, scilicet predicando, argumentando, respondendo; quod verum est, nisi papa per bullas, vel facultas super hoc faceret eis gratiam, immo et per quinque annos aliquando expectat, scilicet quando annus jubileus non cadit in quarto anno post lecturam dictarum Sententiarum.*"

[56] Ibid., 227–228, n. 776, where the oath of office is given by four theologians who are described as already being *regentes*, including two (Peter Auriol and a Cistercian, alternantly called Johannes de Cherinis and Johannes de Dunis) definitely promoted the previous summer via papal bull.

John XXII, itself moved by the entreaties of King Charles IV of France[57]. In other words, according to the ordinary practice of the University of Paris, to become a master when he did, Annibaldo should have read the 'Sentences' before Landolfo, but Annibaldo was no ordinary theologian.

Landolfo's own statements could support Annibaldo being a fellow *sententiarius* of Landolfo. In his final lecture, Landolfo accuses his contemporaries of holding bad doctrine, but only against Annibaldo (and Wylton) does he level the charge of not responding well to his arguments. Further, Landolfo's criticism of Annibaldo in the final lecture binds together arguments and positions from his first lectures on book IV and book II, as well as his *principium* on book II (= PII), implying that Landolfo had a debate with Annibaldo during and around the *principia*. Moreover, in his *principium* on book III (= PIII), Landolfo explicitly names Annibaldo's master, Thomas Wylton, as the target of his doctrine, claiming that if "the argument of *Thomas Anglicus* is followed", namely that the heavens could have been created from eternity, then one must accept that contradictories can exist at the same time. After a few arguments for the simultaneity of contradictories, he refers back to "the first question on book II"[58].

The reference to "the first question on book II", shows that the question has undergone significant revision from significantly its original state as a *principium*. "The first question on book II" means what Schabel, in his question-list, calls the *principium* on book II, so the "first question" indicates the text as part of a 'Sentences' commentary, and not as the *principium*, an academic exercise distinct from, but related to, lectures on the 'Sentences'; that is, this internal reference was originally written, not pronounced aloud. In his 'Sentences' commentary, Landolfo also refers to the earlier version of the *principia* on books II and III. Specifically, Landolfo ends book IV, distinction 16, q. 2, with an internal reference: "*Quomodo autem possint in eodem instanti esse duo contradictoria et duae mutationes simul dictum est in principio secundi et prolixius in principio tertii.*"[59] Since Landolfo

57 Ibid., 271–272, n. 822.

58 Landolfo Caracciolo, Principium in III Sententiarum, Erlangen, Universitätsbibliothek, Ms. 258, 100rb; Lüneburg, Ratsbücherei, Theol. 2° 48, 1rb: "*Tertia conclusio est de contradictoriis, quomodo se habent contradictoria, et dico tres propositiones. Prima, quod si sequeretur ratio Thomae Anglici, oportet quod contradictoria sint simul vera; ratio est: ponens creaturam posse creari ab aeterno, necessario ponit hoc; sed iste ponit sic; ergo, etc. Probatio: creatio est a non-esse ad esse; tunc quaero de non-esse: in qua mensura praecessit? Non est dare vel ymaginari; ergo in eodem instanti erunt simul esse et non-esse. – Praeterea, hoc est de mente Aristotelis et Commentatoris. – Praeterea, remoto omni eo quod est per accidens, stat illud quod est per se; sed totum tempus praecedens praeter ultimum instans versionis accidit generationi et instans respondet termino; ergo remoto illo esset in eodem instanti esse et non-esse. Hoc est argumentum Commentatoris IV 'Physicorum', commento 130. – Praeterea nos videmus mutationes quae fiunt in instanti, ut illuminatio aeris et factio formae rei quae fit in actu; tunc arguo: transmutatio praecedens est ad qualitatem; sed versio est illius substantiae. – Praeterea, non-esse rei generatae et esse prout stricte sumitur aut includunt instans, et tunc habeo propositum; si tempus, ergo generatio non est in instanti. – Dices non-esse mensuratur a tempore praecedenti, et esse ultimo instanti. Contra: quid mensurat terminum ad quem et versionem? Arguo enim sic: termino a quo respondet tempus; termino ad quem respondet instans; ergo respondet versioni aliquid aliud; ergo etc. – De ista materia melius in secundo, prima quaestione.*"

59 Landolfo Caracciolo, In IV Sententiarum, d. 16, q. 2, Firenze, Biblioteca Nazionale Centrale, Conv. Sopp. B 7 642, 48va; cf. Schabel, The Commentary on the *Sentences* (nt. 19), 212.

lectured on book IV before books II and III, this past-tense comment comes from a written revision, but the comments on contradiction in PIII as it survives in the commentary on book III of the 'Sentences' are not more extensive than those in PII in the commentary on book II; to the contrary, they are short enough to fit into a single footnote (on the preceding page). Thus, Landolfo must have subsequently reworked his material on contradiction, consolidating the traditional give-and-take of debate into PII[60]. These observations permit the following account: Landolfo engaged a position shared by Thomas Wylton and Annibaldo on eternal creation in the first lecture on book IV, arguing that it led to simultaneous contradictories; he then developed his famed "Quasi-Aristotelian" views in his last two *principia*, namely PII and PIII; when revising his written commentaries, he combined and consolidated the accounts. Annibaldo di Ceccano could very well have been Caracciolo's debating partner.

Nonetheless, in Caracciolo's final lecture, Annibaldo is just a proxy for Thomas Wylton. That the same arguments appear in Caracciolo's *principium* disputations and first lectures on each of the books can at best mean that Caracciolo targets the same position, namely that of Wylton. If he attacks the position as held by a fellow bachelor reading the 'Sentences', that bachelor need only be a student of Thomas Wylton, that is, the bachelor of the Sorbonne in 1318–1319, regardless of whether that bachelor was Annibaldo. The mention of Annibaldo in the final lecture therefore cannot be taken to indicate that he was one of Landolfo's fellow *sententiarii.*

1. *The Prince of the Averroists Replies*

Landolfo's attack was against a member of Wylton's school, the circle of Cardinal Stefaneschi, and Wylton's school, as a whole, reacted. Ongoing research by Lehtinen has found the next stage in the debate, as Schabel summarizes:

> "A manuscript dated 3 September 1320 contains a relevant question by Landulph, 'Utrum contradictoria sint simul vera', which employs what are judged to be earlier arguments from Books II and IV, and after Landulph's question we find a refutation by Jean de Jandun."[61]

The manuscript in question, Erfurt, Bibliotheca Amploniana, CA 2° 178, is a composite codex of two main elements; the first part (foll. 1–140) contains a patchwork of material pertaining to study in the Arts Faculty, including many texts one would expect to find in the circle of Thomas Wylton; the second part

[60] This revision strategy matches that employed by Francis of Marchia, the Franciscan *sententiarius* during the following year, see: Duba, Rebuilding the Stemma (nt. 19), 135–154.

[61] Schabel, The Commentary on the *Sentences* (nt. 19), 154; cf. Knuuttila/Lehtinen, Change and Contradiction (nt. 18), 196.

(foll. 141–173) consists in treatises by Giles of Rome[62]. The last quire of the first part contains the question on contradictories; in fact, written continuously and in the same hand there are three groups of works:

A. Quaestio: "*Supposito quod aliquae substantiae causatae essent aeternae, quaeritur utrum dependerent ab aliquo agente*" (135ra–136rb)
B. Extracts from Landolfo Caracciolo
   1. Principium secundi (PII) "*Utrum contradictoria sint simul vera*" (135ra–136vb)
   2. In II Sententiarum, d. 1, pars 3, q. 1 "*Tertio principaliter ostendo*" (136vb–137ra)
   3. Principium tertii (PIII)
      a. Beginning of the third conclusion: "*Tertia conclusio principalis est videre quomodo se habeant contradictoria ad invicem*" (137ra)
      b. (Third conclusion?,) Fifth proposition: "*Quinta propositio est quod* [*cape*] *volendo solvare dicta* (*facta* cod.) *Philosophi et Commentatoris* (*conclusiones* cod.)" (137ra–138va)
C. Jean de Jandun, Quaestio de simultate contradictoriorum "*Utrum contradictoria sint simul vera. Hanc quaestionem determinavit quidam theologus in his suis verbis: in eodem instanti temporis contradictoria* ⟨*sunt*⟩ *simul vera de eodem et secundum idem*" (138va–140va)

Charles Ermatinger first drew attention to this codex as a witness to Jean de Jandun's debate with Landolfo[63]. He recognized part B as "a poorly made copy – possibly also a different version – of the first question in Caraccioli's commentary on BK. II of the Sentences"[64]. Currently, Anja Inkeri Lehtinen is working on this manuscript as part of her project to edit Caracciolo's *principia*. Therefore, the following conclusions must be considered preliminary, pending the definitive findings that will accompany the edition. Ermatinger's assessment of the quality of the copy holds: the copyist of these texts had at best an approximate understanding of what he was copying. On the one hand, this poor command of philosophical Latin makes extremely challenging the reconstruction of the thought transmitted by the manuscript. On the other, his inability to recognize what he was copying makes the manuscript a precious witness to Jean de Jandun's methodology. For the texts assembled here constitute the dossier Jean de Jandun used, composed of a question that closely relates to Jean's 'Quaestiones super metaphysicam' II, q. 3 (A)[65], followed by excerpts from at

62 W. Schum, Beschreibendes Verzeichnis der Amplonianischen Handschriften-Sammlung zu Erfurt, Berlin 1887, 236–238. Among the works of interest in the first part are a copy of the 'De anima' with Averroes' commentary (1ra–42vb), Thomas Wylton's questions on 'Physics' VII and VIII (57ra–73vb), and Jean de Jandun's questions on the 'De caelo et mundo' (88ra–91vb). Note that since Schum's catalog, (and Ermatinger's discussion; see the next note) the foliation has been corrected; I refer to the manuscript according to the corrected foliation.

63 C. J. Ermatinger, Jean de Jandun in his Relations with Arts Masters and Theologians, in: Arts libéraux et philosophie au Moyen Âge. IVe Congrès international de philosophie médiévale, Paris 1969, 1173–1184, at 1180–1181.

64 Ibid., 1181, nt. 27.

65 Consulted here in the manuscript Padova, Biblioteca Antoniana, 366 Scaff. XVI (= P), 20^{v}–21^{v} and compared to the edition published by Zimara as Jean de Jandun, Quaestiones super Metaphysicam, II, q. 5 ("*Utrum substantie eterne alie a prima dependeant a prima tanquam ab aliquo agente et efficiente*"), Venetiis 1505 (= Z), 28va–30ra. Since the Antoniana witness has its shortcomings, I report the major variants between it and Z. On Jean de Jandun's Metaphysics questions, and

least three parts of Landolfo's 'Sentences' commentary (B), and Jean de Jandun's own response (C). That these texts constitute a dossier can be seen from Jean's own instructions, since the copyist, in making a fair copy, instead of following some instructions, copied them directly into the text. Thus, instead of copying the excerpts (B) that Jean wanted, he copies Jean's directions to copying those excerpts. Jean de Jandun's question begins, "Whether contradictories are true at the same time. A certain theologian determined this in these, his own words:", followed by a literal citation of the first lines of the part of Landolfo's *principium secundi* copied previously (B1), up to the major premise of the first proof. At this point, the scribe should have continued with the text in B1; instead he copies the directions, "and everything should be taken up (*capiatur*) until '*tertia conclusio*', etc.", and Jean's conclusion, "Indeed, these are the words of that theologian". Likewise, he introduces the major quotation from PIII (B3b), a few lines below by stating that "He resumes the same determination with these words", giving the lemma and similar instructions: "*etc., et capiatur totum usque hic*". A quick glance at the beginning of the corresponding passage (B3b) in the table above shows that, indeed, Jean de Jandun marked the beginning of the passage he wanted to quote with the imperative *cape* and the copyist mistook this instruction for a correction, duly inserting it into the text. Finally, Jean cites the other quotation from PIII (B3a) with similar words, finishing "and these are the words of that theologian"[66]. This last passage (B3a) definitely constitutes part of an earlier version of PIII, as a comparison of the first paragraph with the introduction to the third conclusion of PIII found in Redaction A of Caracciolo's commentary on book III shows:

---

the differences between them in the manuscripts and as printed by Zimara, see R. Lambertini, Jandun's Question-Commentary on Aristotle's Metaphysics, in: F. Amerini/G. Galluzzo (eds.), A Companion to the Latin Medieval Commentaries on Aristotle's Metaphysics (Brill's Companions to the Christian Tradition 43), Leiden 2014, 385–411; R. Lambertini/A. Tabarroni, Le *Quaestiones super Metaphysicam* attribuite a Giovanni di Jandun. Osservazioni e problemi, in: Medioevo 10 (1984), 41–104; Ermatinger, op. cit. (nt. 63), 1180–1181, n. 26 also notes the connection, stating "The author of this would seem to be Jandun himself or someone doctrinally associated with him."

66 Jean de Jandun, Quaestio de simultate contradictoriorum, Erfurt, Universitätsbibliothek, CA 2° 178, 138va: "*Utrum contradictoria sint simul vera, hanc quaestionem determinavit quidam theologus in his suis verbis: in eodem instanti temporis contradictoria simul vera de eodem et secundum idem. Probatio primo sic: in mutatione instantanea uterque terminus est in eodem instanti etc. et capiatur totum usque ibi: 'Tertia conclusio', etc. Haec quidem sunt verba* (*vera* a.c. mg.) *illius theologi. – Rursus, quibusdam interpositis de quibus ad praesens non curo. – Resumit eandem determinationem in his verbis: volendo salvare dicta Philosophi et Commentatoris* (*contradicentis* cod.), *necessario oportet dicere in eodem instanti temporis simul esse contradictoria. Probo, remoto omni eo quod est per accidens, etc., et capiatur totum usque hic: 'tertio arguitur sic: si verum est quod dico', etc., et haec sunt verba huius theologi.*"

Table 4: Landolfo Caracciolo, Principium III, comparison of versions

Fragment copied from Jean de Jandun's notebook, Erfurt, Universitätsbibliothek, CA 2° 178, 137ra	In III Sententiarum (Redactio A) (= IIIA), Erlangen, Universitätsbibliothek, Ms. 258, 100rb
"*Tertia conclusio principalis est videre quomodo se habeant contradictoria ad invicem. Et de hoc dico quatuor propositiones. Prima propositio: quod aliqui sequendo sua principia necessario habent ponere* (*rationem* cod.) *contradictoria simul esse in eodem instanti temporis, quia, ponendo* (*quia ponendo*] *proponenda* cod.) *creatura⟨m⟩ posse creari ab aeterno, necessario ponunt contradictoria ambo in eodem instanti temporis; tale⟨s⟩ sunt isti; ergo etc. Probatio maioris: creatio est versio a non-esse in esse; quaero, si creatura creatur ab aeterno, aut habet ambos istos terminos in eodem instanti, et habeo propositum, aut non-esse praecessit in aliquo, et in alio fu⟨it⟩ esse, et tunc erit tempus medium et non fuit ab aeterno.*	"*Tertia conclusio est de contradictoriis, quomodo se habent contradictoria, et dico tres propositiones. Prima, quod si sequeretur ratio Thomae Anglici, oportet quod contradictoria sint simul vera; ratio est: ponens creaturam posse creari ab aeterno, necessario ponit hoc; sed iste ponit, sic ergo, etc. Probatio: creatio est a non-esse ad esse; tunc quaero de non-esse, in qua mensura praecessit?*
Forte dices dupliciter: primo quod non-esse, quamvis non praecessit esse in aliquo instanti reali, saltem praecessit in aliquo instanti imaginato. Contra: immediate ante aeternum imaginari (*imaginatur* cod.) *aliquod instans est contradictio; tu imaginaris sic; ergo tibi contradicis – nulla enim imaginatio ante aeternum cadit.*"	*Non est dare vel imaginari; ergo in eodem instanti erunt simul esse et non-esse.*"

The structure of the first paragraph is identical; they both introduce the argument that someone who maintains the possibility of creation from eternity must also admit that contradictories co-exist at the same time, and they both then reject the solution that the prior non-being has purely imaginary existence. The version in Caracciolo's 'Sentences' commentary (IIIA) names the opponent as Thomas Wylton, while Jean de Jandun's copy mentions *aliqui.*

The excerpts from B3 show that Jean de Jandun had access to a longer, more detailed version of PIII than that surviving in IIIA. As noted above, in book IV, Landolfo mentions that he treats the same topic twice, once in PII, and once, "more prolixly", in PIII; this corresponds to Jean de Jandun's statement between his citations of the PII and PIII excerpts that Landolfo "resumes" (*resumit*) the determination. Yet, IIIA's PIII does not have the "more prolix" discussion, but rather ends with a reference to his longer treatment in PII, implying that it has been revised; moreover, from comparing Jean de Jandun's excerpts with PII as transmitted by Landolfo's commentary on book II of the 'Sentences' (= II), it is evident that II's PII combines the arguments from the two *principia* into one treatment. Therefore, PII and PIII in the 'Sentences commentaries' reflect considerable revision from an early version. Yet, at least the IIIA version of PIII cannot have been revised from the text that Jean de Jandun used for his excerpts. As Table 4 above shows, the IIIA version presents extremely short, almost telegraphic arguments, while B3 has more argumentative detail. Even if Landolfo intended to consolidate his two *principia* accounts, it is unlikely that he would abbreviate his text so drastically. The version of PIII in IIIA seems to reflect the abbreviation of an already laconic *reportatio*, while the one in B3 appears to be an expanded account. The definitive solution to this problem will have to await the edition.

Jean de Jandun's dossier in the Erfurt manuscript helps situate Landolfo's debate with the circle of Thomas Wylton in three ways. First, the anonymous question (A) copied at the beginning clarifies the context of the *principia* debate of 1318–1319. Second, the passages copied from Landolfo's *principia* and 'Sentences' lectures (B) explain at least one of the arguments in Landolfo's final lecture. Finally, Jean de Jandun's response to Landolfo (C) provides the reaction of Thomas Wylton's circle to Landolfo's charge that Annibaldo di Ceccano, or rather Thomas Wylton himself, inadequately replied to his criticism.

In his final lecture, Landolfo Caracciolo accused Thomas Wylton of holding that philosophers understood creation in a different way than theologians, that is, where theological creation amounted to the bringing from non-being to being, philosophical creation involves emanation to being. The anonymous question that begins Jean de Jandun's dossier presents a view compatible with such a model. Specifically, the question hinges on a distinction between two types of agents, described according to terminology taken from Averroes as that between a "true agent" (*agens verum*) and an "agent according to resemblance" (*agens secundum similitudinem*)[67]. The anonymous author argues that, since a true agent acts by extracting from potency into actuality, causation from eternity in this way would involve simultaneous contradictories[68]. On the other hand, something like a causal relationship can exist:

---

[67] Cf. Averroes, Commentarium Magnum in De caelo, IV, comm. 1, ed. F. J. Carmody, 2 vols. (Recherches de Théologie et Philosophie médiévales. Bibliotheca 4/1), Leuven 2003, vol. 2, 654: "*Res enim eterne non habent agens nisi secundum similitudinem, neque habent ex quatuor causis nisi formalem et finalem; et si habuerit aliquid quasi agens, non erit nisi inquantum est forma illi et conservans ipsum.*"

[68] Anonymus, Supposito quod aliquae substantiae causatae essent aeternae, quaeritur utrum dependerent ab aliquo agente, Erfurt, Universitätsbibliothek, CA 2° 178, 135ra: "*De primo dico quod agens est duplex: unum est agens verum et aliud est agens secundum similitudinem, et istam distinctionem habeo a Commentatore partim in XII 'Metaphysicae', partim in IV 'Caeli et mundi' in principio. Ait scilicet Commentator in XII 'Metaphysicae': agens verum apud Aristotelem non congregat inter duo diversa, sed extrahit illud quod erat in potentia ad actum, et in IV 'Caeli' dicit quod substantiae aeternae non habent agens nisi secundum similitudinem. Tunc dico ad quaestionem quod, si aliquae substantiae causatae essent aeternae, non dependerent ab agente primo modo, quod dicitur agens verum. Secundo dico quod huiusmodi substantiae bene dependerent ab agente secundo modo dicto, scilicet quod dicitur agens secundum similitudinem.*" Cf. Jean de Jandun, Quaestiones super Metaphysicam, II, q. 3 (nt. 65), P, 20va; Z, 28vb: "*Nota quod duplex est agens secundum intentionem Aristotelis, et expressius secundum intentionem Commentatoris: unum* (*quoddam* P) *est agens simpliciter et proprie dictum; aliud agens dictum secundum similitudinem. Et ista distinctio partim habetur a Commentatore super XII huius, et partim circa principium. Quoad primam partem, ubi dicitur quod agens verum apud Aristotelis non congregat inter duo diversa, sed extrahit aliquid quod est in potentia ad actum.* (*Ad secundam in principio IV 'Caeli' videtur dicere* P | *Quoad secundam partem, habetur a Commentatore in principio IV 'Caeli', ubi dicit* Z) *quod substantiae aeternae non habent de quatuor causis nisi formam et finem, et si habent agens, non habent nisi secundum similitudinem.*"

"Everything extrinsic to something such that it is related to it as its form and what conserves it is its agent cause according to resemblance, namely this is what is understood by 'agent according to resemblance', as is clear from the intention of the Commentator in 'De caelo' IV; but now an eternal, caused substance would depend on something extrinsic that would be as its form and conserving it, 'as its form', that is, insofar as it is more noble and perfect than it, and 'conserving' insofar as, if it did not exist, these sorts of substance would not be caused. Thus namely, any inferior or less perfect substance is related a substance superior to and more noble than it, as is clear to someone with a little experience in the philosophy of Aristotle and the Commentator."[69]

This question considers eternal causation purely from a metaphysical perspective, and suggests that, while eternal causation may not be 'true causation', it acts in a similar way. If the author understands eternal causation according to Wylton's sense of creation as emanation to being, then this passage would match the opinion Landolfo argues against when he opposes the metaphysics of Annibaldo and Wylton: they want to claim that Creation-for-Philosophers occurs in a way different than efficient causation from non-being to being. To the contrary, Landolfo claims, creation means generation from non-being to being, and, once Creation-for-Philosophers is removed, his adversary must admit simultaneous contradictories. In fact, the author of this question, like Landolfo's adversaries (and Landolfo himself), argues that if causation from eternity involves production from non-being to being, it necessarily entails simultaneous contradictories. The author of A then considers two sophistic arguments:

"Perhaps someone would hedge (*cavillaret*) against this argument, that an eternal substance is not, absolutely speaking, produced from non-being to being, but only from

---

69 Anonymus, Supposito quod aliquae substantiae causatae essent aeternae, quaeritur utrum dependerent ab aliquo agente, Erfurt, Universitätsbibliothek, CA 2° 178, 135va: "*Restat declarare secundum, scilicet quod substantiae aeternae bene dependerent ab agente secundum similitudinem, et hoc probo multipliciter. Primo sic: omne extrinsecum ab aliquo quod est sicut eius forma et conservans ipsum est eius causa agens secundum similitudinem, hoc scilicet intelligitur per 'agens secundum similitudinem', ut patet ex intentione Commentatoris in IV 'Caeli et Mundi'; nunc autem substantia aeterna causata bene dependeret ab aliquo extrinseco quod esset sicut forma eius et conservans ipsum, 'sicut forma' quidem inquantum est nobilius et perfectius eo et 'conservans' inquantum illo non existente non esset huiusmodi substantia causata* (*causaliter* cod.). *Sic scilicet se habet quaelibet substantia inferior seu imperfectior ad superiorem et nobiliorem ea, ut manifestum est parvi exercitatis in philosophia Aristotelis et Commentatoris. Et forsan ad istam intentionem loquitur Commentator in suo tractato De substantia orbis ubi dicit quod caelum indiget virtute activa et quod movens totum et agens totum et quod finis signat agens necessario. Et licet iste auctoritates possent aliqualiter aliter expositum, tamen sic intelligendo eas nullum sequitur inconveniens, ut puto, quare etc.*" Cf. Jean de Jandun, Quaestiones super Metaphysicam, II, q. 3 (nt. 65), P, $20^{vb}-21^{ra}$; Z, 29ra: "*Ratio secundae conclusionis: illud quod conservatur ab aliquo extrinseco, quod est nobilius et perfectius eo, dependet ab agente secundum similitudinem, quia hoc intelligitur per 'agens secundum similitudinem'* (*dictum* P | *ut vult Commentator IV Caeli, comm. 1* Z)*: aliquod extrinsecum a quo aliquid dependet* (*in esse* Z) *et conservari;* (*sicut dicit Commentator quod* P | *sed* Z) *substantia aeterna causata dependet ab aliquo extrinseco* (*tanquam a conservante in esse, scilicet a Deo, qui est totaliter optimum omnium* P | *in conservari et in esse, ut Deo, qui est nobilior omnibus* Z). *Quod autem hoc sit verum patet ex XII huius, ubi dicitur ab hoc principio dependet caelum et tota natura.*"

hypothetical (*ex suppositione*) non-being, namely because that substance would not exist if something else extrinsic to it did not exist. Against this, I say that it does not suffice to argue for a true agent, because the inference is the goal-for-the-sake-of-which, namely that, if this goal did not exist, the thing ordered to this goal would not exist. Therefore, by this inference cannot be shown dependence on a true agent.

Again, someone would hedge that an eternal substance has being and non-being in the same instant of time, but not in the same instant of nature. Against this: the fact that some things exist at the same time, and yet one of them is prior by nature to the other, would be due only to the fact that one of them is the *per se* cause of the other, as is sufficiently clear from the 'Categories', and from the Commentator, 'De anima' II, the chapter on touch. If therefore an eternal substance existed and did not exist in the same instant of time, [this would be because one of the two things would be the *per se* cause of the other; but] it is clear that one of the two things is not the *per se* cause of the other. For who would say that the non-existence of this substance was the *per se* cause of its existence, or the other way around, when this substance is never non-being?

And this is confirmed, because, if it is said that an eternal substance is non-being in some instant of nature, there is no reason whereby it is non-being in that instant more than in another, and thus either that substance will be being and non-being in the same instant of nature, or there will be no being in any instant of nature, which is extremely ridiculous and easily disproven, since substance naturally precedes its effects; wherefore, etc."[70]

---

[70] Anonymus, Supposito quod aliquae substantiae causatae essent aeternae, quaeritur utrum dependerent ab aliquo agente, Erfurt, Universitätsbibliothek, CA 2° 178, 135^{rb-va}: "*Sed forte aliquis cavillaret contra istam rationem, quod, licet substantia aeterna non sit producta de non-esse simpliciter ad esse, ⟨sed⟩ tantum de non-esse ex suppositione, bene est producta ad esse, quia scilicet ipsa non esset, si quoddam alterum extrinsecum non esset. – Dico contra hoc quod istud non sufficit ad agens verum, quia consequentia* (*consequentiae* cod.) *est fini⟨s⟩ gratia cuius, scilicet quod, si ipse finis non esset, res ordinata in finem non esset, et ideo per hoc non sustineretur dependentia ab agente vero; quare etc. – Item, aliquis cavillaret quod substantia aeterna habet esse et non-esse in eodem instanti temporis, sed non in eodem instanti naturae: contra hoc est quia* [*quibuscumque daretur unum instans temporis et unum eorum non est per se causa alterius; illa sunt etiam simul natura*] *quod aliqua sunt simul tempore vel instanti temporis et tamen unum sit prius natura quam reliquum, hoc non est nisi quia unum est per se causa alterius, ut satis patet ex 'Praedicamentis' et Commentatore secundo 'De anima', capitulo de tactu* (*tractu* cod.). *Si ergo substantia aeterna sit et non sit in eodem instanti temporis, ⟨hoc non sit nisi quia unum eorum est per se causa alterius; sed⟩ constat quod unum istorum non est per se causa alterius. Quis scilicet diceret quod non-esse huius substantiae esset per se causa sui esse vel econverso, cum ipsa numquam sit non-ens? – Et confirmatur, quia, si dicatur quod substantia aeterna est non-ens in aliquo instanti naturae, non est ratio quare sit non-ens plus quam in alio, et sic vel ipsa erit ens et non-ens in eodem instanti naturae aut non* (*in eodem* exp.) *erit ens in aliquo instanti naturae, quod est valde ridiculum et facilis reprobationis cum ipsa naturaliter praecedat suos effectus; quare etc.*" Cf. Jean de Jandun, Metaphysica, II, q. 3 (nt. 65), P, 20vb; Z, $28^{vb}-29^{ra}$: "*Dices forte quod in toto tempore praecedenti non fuit, sed non est dare ultimum instans in quo non fuit. Illud non valet, quia si in toto tempore praecedenti non fuit, tunc non esset aeternum, quia aeternum semper est; et tu dicis quod non sit; ergo est contradictio. – Sed forte dices quod aliquid potest esse et non esse in eodem instanti temporis, sed non in eodem instanti naturae,* (*immo* P | *quia in uno instanti naturae habet esse et in alio habet non-esse. Istud non valet* Z), *quia si in uno instanti naturae non esset, tunc etiam in quolibet non esset, quia qua ratione sempiternum in uno instanti naturae non est, eadem ratione in alio* (*et alio; igitur in nullo; igitur* P | *et sic in quolibet instanti nature non esset, et per consequens* Z) *semper non esset et* (*tamen sempiternum semper est* P | *ponitur esse aeternum et semper esse* Z). *Et sic est contradictio.*"

The author of A considers two opinions, the second of which is what Landolfo defends: while others (such as the author of A) seem to concede instants of nature for the case of instantaneous causality, the second opinion, like Landolfo, goes further, claiming that the states of being and non-being specific to creation can co-exist. The first opinion, on the other hand, suggests that creation can be from eternity and yet avoid a contradiction, since positing non-being as the result of a contrary-to-fact condition suffices. This position appears to be identical to one that Landolfo himself rejects in PIII, namely that eternal creation does not entail a contradiction, since prior non-being only requires imaginary existence[71].

The text of A therefore defends a position compatible with Wylton's school and addresses Landolfo Caracciolo's position; it also appears to refute the criticism of another participant. It has strong parallels to a question from Jean de Jandun's 'Quaestiones super Metaphysicam', to the point that one text must have influenced the other. Yet where Jean de Jandun's text, in the Zimara edition (Venetiis 1505 = Z) and in the Padua manuscript (Padova, Biblioteca Antoniana, 366 Scaff. XVI = P), has internal references, the text of A makes a general appeal, e. g., for the thesis that the entire hylomorphic compound is generated: P (21ra) and Z (29ra) have "*VII huius*"; A (135va) states "*ut communiter dicitur*"; similarly, in the passage from A quoted above, that noble causality should be obvious to "someone with a little experience in the philosophy of Aristotle and the Commentator", P and Z refer to the discussion in book XII of the 'Metaphysics'[72]. Written revisions usually modify less-precise references into more precise ones. Moreover, since A appears in the codex contiguous to material (B and C) definitely taken from Jean de Jandun's notebook, and is copied by the same hand as that material, A probably comes from the notebook too, making it more likely a text that Jean incorporated into his 'Metaphysics' commentary than an extract from an earlier commentary. Since the text appears to cite Landolfo's position, it would be at least contemporary to Landolfo's lectures on the 'Sentences', that is, 1318–1319, providing a further refinement to the date of Jandun's 'Metaphysics questions'. Moreover, the position defended, namely, how to maintain causation from eternity without incurring a contradiction, corresponds to the Wyltonian position that Landolfo engages in his *principium* series. In short, A is definitely related to Jean de Jandun's question 3 on 'Metaphysics' II, is probably the source for it, may have been the *principium* question of a *sententiarius* contemporary to Landolfo, a bachelor of Thomas Wylton, and this bachelor might have been Annibaldo di Ceccano.

The next element of the dossier copied in the Erfurt manuscript, the text of the excerpts from Caracciolo (B), illuminates the revision process of Caracciolo's commentary. It also casts light on the most difficult passage of Landolfo's final lecture. Specifically, Landolfo's last argument against Annibaldo and Wylton sur-

---

71 See above, 351, Table 4.

72 See above, nt. 68.

vives in an incomprehensible form. Its parallel appears in an excerpt from PIII (B3a):

Table 5: The final argument against Annibaldo and Thomas in the final lecture and B3a

Landolfo Caracciolo, In III Sententiarum, d. 40, q. un., conclusio 2, prop. 1	B3a, Erfurt, Universitätsbibliothek, CA 2° 178, 137ra
"[25] *Praeterea, effectus ⟨non⟩ tollit formalem repugnantiam terminorum; sed repugnat in creatura esse et non-esse; ergo, quantumcumque Deus ab aeterno debet, esse et non esse sunt contradictoria.*"	"*Confirmo, quia per hoc* (*licet* cod.) *quod creatura haberet esse ab aeterno a Deo effective* (*effi⟨-⟩ve* cod.) *non tolleretur formalis repugnantia quae est inter esse et non-esse, quae per se requiruntur ad versionem quae est creatio; ergo vel oporteret ponere quod sint in eodem instanti temporis vel quod creatura non crearetur.*"

While the parallel does not make clear exactly how to emend the text, the passage in B3a does show what Landolfo has in mind in this argument: not even God is capable of reconciling formally repugnant terms; creation from eternity, like creation in time, posits formally repugnant terms, namely being and non-being in the same instant; therefore either creation in any sense from eternity is impossible, or being and non-being at the same instant are not formally repugnant.

Finally, Jean de Jandun's response (C) shows how Wylton's circle received Landolfo's accusation that Annibaldo and Thomas had not solved his arguments. Jean's response is systematic and hostile, constantly emphasizing the distinction between the theologian Landolfo's doctrine and what he, relying on philosophy alone, can possibly conclude. For example, at the end of a series of arguments, Jean raises the possibility that his adversary will claim that contraries can exist simultaneously "in an instant of eternity":

> "And if it is asked 'what is that instant of eternity?', perhaps it would be said that it is essentially the same as God Himself, and therefore it would be said that, when that position is conceded, one must concede that those [contradictory] terms existed at the same time and efficiently in God, namely such that God was at the same time contradictories. I do not deny that this is possible, but I only want to say that this was not Aristotle's intent, nor is it for me demonstrable by a demonstration from principles that can be naturally understood; rather this would be held in the aforesaid way by the information of the faith of reverentially assenting to the doctors of the Church. If someone should reply better elsewhere, I would like that and I am ready to follow his doctrine."[73]

[73] Jean de Jandun, Quaestio de simultate contradictoriorum, Erfurt, Universitätsbibliothek, CA 2° 178, 139vb: "*Et si quaeratur quid est id instans aeternita⟨ti⟩s, forte diceretur quod id⟨em⟩ est* [*quod*] *essentialiter cum ipso Deo et ideo diceretur quod illa positione concessa, concedendum est quod illi termini fuissent simul in Deo et effective, ita scilicet quod Deus simul fuisset contradictoria, quod non nego esse possibile, sed solum hoc volo dicere quod non fuit intentio Aristotelis neque est demonstrabile demonstratione mihi ex principiis intelligendis naturaliter; sed teneretur modo praedicto ex informatione fidei doctoribus ecclesiae reverenter assentiendorum. Si quis aliter melius respondeat, placet mihi et paratus sum eius sequi doctrinam.*"

Jean de Jandun even associates Landolfo's teaching with nascent fashion in clothing:

"And no wonder, because the conclusion that he holds was at one time laughable, namely that contradictories would be true at the same time, and everyone avoids it as something most impossible. But because laughable does not have a constant nature, rather what was once laughable and ridiculous later becomes respectable, or at least is not mocked by many, as we see with the clothes of some rich and noble people of our time, which are called in French 'a la novela manere', that is, 'in the new way'. Thus it is not impossible that it be forbidden to mock that two contradictories be true at the same time, if this is held and irrevocably defended by solemn men."[74]

The goal of Jandun's arguments, however, is to show that "he did not respond sufficiently to the objections against him". He therefore finishes his criticism declaring:

"It suffices for me that he concede that he responded insufficiently to those arguments. About the other arguments, I cannot be bothered whether he solved them well or not, because I do not rely on them to prove my point. Thus, concerning the task at hand, let these statements suffice, in which, were any statements to be against the catholic faith – heaven forfend – I hereafter freely renounce and further protest that, if that theologian wants to defend his position and reply to all the aforesaid, I do not plan to bother writing any more against him, because I reckon that whoever is well-disposed in the intellect is able to judge well enough concerning philosophical matters. I further say that, if it were not for the solemnity of that man, I would think he would be almost stupid to pay attention to the aforesaid, according to that saying of Aristotle, '[it is stupid to pay attention to] anyone spouting [statements contrary to established opinions]'. And in 'Metaphysics' VIII, regardless of who says it, it is not necessary to judge it to be true. Because that man is solemn and reverend he will not be upset that I wrote the foregoing. Here ends the question on the simultaneity of contradictories ordered (*ordinata*) by Jean de Jandun, of the diocese of Reims, in the year of the Son of God 1220, the third day of September, towards the end of the first hour, in Paris, near the Porte St.-Marcel."[75]

---

74 Jean de Jandun, Quaestio de simultate contradictoriorum, Erfurt, Universitätsbibliothek, CA 2° 178, 139vb: "*Nec mirum, quia conclusio quam tenet fuit aliquando derisibili⟨s⟩, scilicet quod contradictoria essent simul vera, et omnes abhorrebant tanquam maximum impossibile. Sed quia derisibile non habet naturam fixam, immo id quod aliquando fuit derisibile e[s]t ridiculum postea fit reverendum, aut saltem non deridetur a multis, ut videmus de vestibus quorumdam divit[iar]um et nobilium huius temporis quae vocantur gallice 'ala novela manere', id est ad novam maneriem, idcirco non est impossibile quod duo contradictoria esse simul vera prohibeatur derideri si a viris sollemnibus hoc teneatur et irrevocabiliter defendatur.*" Also cited by Ermatinger, op. cit. (nt. 63), 1181, nt. 30, who emends *divitiarum* to *dominarum.*

75 Jean de Jandun, Quaestio de simultate contradictoriorum, Erfurt, Universitätsbibliothek, CA 2° 178, 140va: "*Si dicantur esse successiva hoc simpliciter est contra ipsum et est omnino ⟨in⟩intelligibile, quod aliqua successio coexistat instanti temporis; sufficit tamen mihi quod ipse hoc concedit sic insufficienter respondet ad illa argumenta. De aliis vero non curo sollicitari sive bene solvat sive non, quia non innitor illis ad intenti probationem. Haec ita sufficiant de proposito, in quibus si aliqua essent contra fidem catholicam – quod absit – ipsa ex nunc libre revoco et protestor ulterius quod, si ille theologus velit suam positionem defendere et omnia praedicta replicare, non propono amplius in hac solicitari in scribendo contra ipsum, quia puto quod quilibet bene [est] dispositus secundum intellectum satis potest de philosophicis iudicare. Insuper dico quod nisi fuisset solle⟨m⟩nitas illi⟨u⟩s hominis reputassem quasi stultum solicitari de praemissis iuxta illud Aristotelis: quolibet proferente, etc. Et in VIII 'Metaphysicae' dicit quod non necessarium quod quilibet dicit hoc existimare*

Jean de Jandun demands that Caracciolo admit of his own arguments on simultaneous contradictories what he accused Annibaldo di Ceccano and Thomas Wylton in the exact same context: that he failed to respond adequately to objections. Caracciolo also commanded his adversaries: "Tell me what truth there is in the Philosopher!" [§ 20], and Jean does exactly that.

A year after Landolfo's final lecture, Jean de Jandun answers. As a member of Cardinal Stefaneschi's circle, he did not just borrow from the others, such as Thomas Wylton[76], but he also contributed to the common defense. Thomas Wylton left Paris in 1322, and Jean de Jandun continued under the patronage of Annibaldo di Ceccano, from whom he also rented a house in 1324[77]. Annibaldo left Paris in Spring 1325 and was named archbishop of Naples in May 1326. Around this time, Marsilius of Padua, another Parisian master in the orbit of Cardinal Stefaneschi, produced the 'Defensor Pacis', and both Jean de Jandun and Marsilius left Paris for the court of Ludwig of Bavaria[78]. Without his protector, Jean's Parisian career came to a spectacular end.

2. *Students and Masters*

Landolfo's final lecture is more ceremonial than scientific. An analysis of final speeches at Oxford in the 1330s emphasized that those texts were best understood when interpreted as involving some good-natured joking[79]. While I have not found any puns in Landolfo's final speech, it does come across as one large boast, explaining not why the *lex evangelica*, but rather the *lex Landolphi* is superior

---

verum. Quia ille vir sollemnis est et reverendus me praedicta scripsisse non piget. Explicit quaestio de simultate contradictoriorum ordinata per Magistrum Iohannem de Genduno Remensis diocesis, anno Filii Dei M° CCC° XX° 3a die Septembris hora prima prop[ri]e finem, Parisius prope portam sancti Marcellis. Benedictus amen dico vobis quae furfura qui dicit semper de furfure vixit."

76 See e. g., Thomas Wylton, Quaestio de anima intellectiva, edd. L. O. Nielsen/C. Trifogli, Thomas Wylton. On the Intellectual Soul (Auctores Britannici medii aevi 19), Oxford 2010.

77 Dykmans, Le cardinal Annibald di Ceccano (nt. 2), 169–170.

78 Schmugge, Johannes von Jandun (1285/89–1328) (nt. 13), 26–30. W. J. Courtenay, University Masters and Political Power: The Parisian Years of Marsilius of Padua, in: M. Kaufhold (ed.), Politische Reflexion in der Welt des späten Mittelalters (Studies in Medieval and Reformation Traditions. History, Culture, Religion, Ideas 103), Leiden 2004, 209–223; id., Marsilius of Padua at Paris, in: G. Moreno-Riaño/C. Nederman, A Companion to Marsilius of Padua (Brill's Companions to the Christian Tradition 31), Leiden–Boston 2012, 57–70, outlines Marsilius' participation in Stefaneschi's patronage circle, notably his association with Jean de Jandun and Annibaldo's brother Nicholas; Courtenay suggests that Marsilius' support for the Ghibellines not only alienated him from papal favor, but also from Annibaldo's circle (although not from Jean de Jandun), 69: "In light of Marsilius' behavior in Italy, it is unlikely that he could expect favorable treatment from the provisor of the Sorbonne, Annibaldus de Ceccano, who held that office from 1320 to 1326." F. Godhardt, The Life of Marsilius of Padua, ibid., 13–55, at 26 argues that, contrary to the traditional date of 1326, "the departure from Paris is more likely to have occurred in the year 1324 than in 1326".

79 Tachau, Looking Gravely at Dominican Puns (nt. 17).

to that of all these other theologians. But why did he name these theologians: Benedetto da Asnago, Matteo Orsini, Giovanni Cacantius of Rome, and Annibaldo di Ceccano? At the University of Paris, all bachelors gave their lectures at the same time; so if Landolfo finished his lectures on schedule, that is, on June 28, none of his sentential *socii* could attend – they were teaching at that hour. Perhaps Landolfo named the theologians who were present: his guests, friends and countrymen, with whom he shared a past and would share a future. After all, for the superiority of theology over logic, Landolfo quotes St. Jerome for how Job determines all the laws of dialectic. He then states: "If this is true of Job disputing with his friends, all the more is it true of theologians" [§ 16]. Is Landolfo implying that here he is disputing *cum amicis suis*, that the false bridge from which he throws his adversaries is one of friendship, the only reason for the survival of their names, the only meaning?

If Landolfo's named interlocutors were all present, what are we to make of his silence on Peter Auriol? Could Landolfo's not naming him being due to the prohibition, later copied at Bologna, forbidding any bachelor from criticizing a master without authorization? If so, that would be the only part of that Bologna statute that he follows: the statute instructed bachelors in their final lectures to give a *commendatio* of the upcoming bachelor in their school, encouraged them dispute with their fellow *sententiarii*, and stated that it was not permitted for them "*impugnare vel solvere dicta alicuius dictorum magistrorum aulatorum Bononie commorantium*" without authorization. Landolfo does not give a *commendatio* of Francis of Marchia and the only one of the bachelors he names who could possibly be reading the 'Sentences' that year is Annibaldo, and it is doubtful that he did. Of the masters, Landolfo freely names and criticizes Thomas Wylton and Matteo Orsini. He does not name Auriol in this passage, but even a casual reader of the question, or of the entire preceding commentary, would be hard pressed not to agree that he attacks and resolves Auriol's *dicta*. Auriol may not have given permission, or he may not have been present, or he may not have been personally or politically close to Landolfo.

Indeed, Landolfo's political future was intertwined with those he named: Landolfo was appointed bishop of Castellammare di Stabia in 1327, and would have been consecrated by his metropolitan, the archbishop of Naples, Annibaldo di Ceccano; at the end of the same year, Pope John XXII promoted Annibaldo to cardinal, along with another ecclesiastic in the orbit of Robert of Naples, the archbishop of Siponto, Matteo Orsini. The previous year, 1326, Benedetto da Asnago, on a mission to Constantinople, passed through the court of Robert of Anjou in Naples, where, as will be seen below, the Augustinian Giovanni di Roma also spent part of his time.

There were also familial ties among the theologians. Annibaldo's uncle was Cardinal Iacopo Caetani Stefaneschi; Iacopo's grandfather was Matteo Rosso the Great, brother of Pope Nicholas III; the Dominican theologian Matteo Orsini was the great-great-grandson of Nicholas III's other brother Napoleone. Matteo and Annibaldo could thus claim some relation to each other, but what about to Landolfo? Beyond his general affiliation to the Rossi line, the information on Landolfo's position in the Caracciolo family is less clear; nevertheless, familial connections between the Orsini and the Caracciolo families were not unknown. Landolfo Caracciolo, Annibaldo di Ceccano, and Matteo Orsini all came from the Central Italian aristocracy, and likely had strong familial and political bonds among them.

The Augustinian Giovanni Cacantius of Rome was a member of the senatorial Parenzi family. His future also brought him into a notorious conflict with Annibaldo di Ceccano. The full story would merit a separate study; suffice here to summarize the key facts. In 1326, a schism occurred within the Roman Province of the Augustinian Hermits, where "*propter scandalum quod commisserunt in Magistrum Iohannem de Roma*", on 28 February, the Chapter General banned four lectors of the convent of Perugia from the Province of Rome for three years, and forbade them from holding any office with cure of souls; in addition, the Chapter banned for three years six other friars and condemned them to six months in chains. In that act, the Chapter General gave the authority to the Provincial Chapter to punish others involved in the matter[80]. That 11 May, the Provincial Chapter committed Giovanni di Roma to punish a certain Iacopo Garofalo of Viterbo, whom the same Chapter had the previous year financed to read the Bible, presumably at Paris[81]. The records of the Provincial Chapter for the next year, 28 April 1327, describe what then happened:

[80] These indications come from the record of the 1326 Chapter General meeting in Florence preserved uniquely in codex Roma, Archivio Generale Agostiniano, Cc 19 published in Antiquiores quae extant definitiones capitulorum generalium Ordinis, in: Analecta Augustiniana 4 (1911–1912), 14: "*Item cum isto anno in conventu Perusii enorme et pernitiosum scandalum inoleverit, quod est ab omnibus sane mentis rigide destandum, idcirco ne deinceps aliqui sic temerarie, sic stolide presumant honorem ordinis postergare, volumus ad talia scandala precavenda de opportuno discipline remedio providere et quam districte possumus discipline ordinis misericordiam admiscere cum dilectione hominum et odio vitiorum. Et sic cum misericordie et discipline titulo procedentes, diffinimus et presenti diffinitione sancimus quod ex tunc fratres Augustinus de Fratta, Nicolaus Ciba, Michael et Simon Bernardi, lectores, a conventu Perusii et a tota Romana provincia sint amoti, nec possint redire ad Romanam provinciam usque ad futurum generale capitulum proxime celebrandum; et iterum predictos quatuor fratres privamus omni actu legitimo et eos inhabiles reddimus ad omnia officia nostri ordinis curam habentia animarum, sed de provinciis ad quas sunt predicti fratres mittendi priori generali committimus. Iterum eadem diffinitione a predicto conventu Perusii et a Romana provincia removentur fratres Philiputius Cominati, Petrutius Ranaldi, Domicutius, Iacobus Vieti, Franciscus Particelle et Angelus Longus, qui nec ad Romanam provinciam possint reverti, sicut nec alii superius nominati usque ad futurum capitulum generale; super provincias ad quas ibunt adsignabit pater noster generalis sicut sue discretioni videbitur. Addimus nichilominus quod quilibet istorum sex fratrum, qui sunt ultimo nominati, pene carceris per vi menses cum vinculis mancipetur. Si quis vere alii sunt ibidem corrigendi, discretioni provincialis duximus relinquendum.*" On 3, nt. 4, the editors include additional notes found elsewhere in the same manuscript, concerning the Florence Chapter General meeting: "*Item in eodem capitulo fratres Augustinus de Fratta, Nicolaus Ciba, Michelutius et Simon Bernardi, lectores, fuerunt privati voce, officio lectorie et omni actu legitimo et missi extra Romanam Provinciam non reversuri ante futurum Capitulum Generale. – Item fratres Philipputius Cuminati, Petrutius Reinaldi, Iacobutius Beca, Dominicutius Pagetta, Angelus Longus et Franciscus Particella simili modo fuerunt expulsi de provincia Romana et iudicati ad carcerem per sex menses propter scandalum quod commiserunt in Magistrum Iohannem de Roma.*"

[81] Record of the 1326 Provincial Chapter of Rome, held in Orvieto, Capitula Antiqua Provinciae Romanae, O.N., in: Analecta Augustiniana 4 (1911–1912), 34–36, at 36: "*Item, in eodem capitulo*

"In the same chapter, Brother Giovanni, Master, of Rome, before the letter of his vicariate was read [i.e., before he assumed his role as the vicar of the Prior General of the Order], sentenced to prison brother Iacopo Garofalo because of the many charges found against him, by the authority committed to him in the preceding Provincial Chapter, and he ordered Brother Rainaldo of Caldana to put him in the Perugia prison. But Iacopo, having a presentiment, went to the Papal Court, where the Prior General was, and thus [the Prior General] ordered that he was to be given to Lord Annibaldo, then archbishop of Naples. But this Brother Iacopo, passing through Rome, and not through the places of the Order, was captured by Brothers Marco, the nephew of Master [Giovanni], and Marco Rossi, and was put in the prison of Molara on August 1, unbeknownst to the Master, who was in the province of Naples."[82]

The Prior General, William of Cremona, assigned Iacopo Garofalo and a master of theology, Giovanni Pagnotta de Santa Vittoria, to Annibaldo's service, exempting them from the jurisdiction of the Roman Province[83]. When Iacopo was jailed, his *socius*, a certain "layperson or *conversus* of the same order", Angelo of Perugia, possibly the same person as the *frater Angelus Longus* among the six condemned in 1326, fled and made his way to Annibaldo, who appealed to the pope against Giovanni di Roma.

Annibaldo, in his complaint to the pope, dated May 1328, states that the motive of Iacopo's detainers was "so that, impeded in such a way, he could not be promoted to the reading of the 'Sentences' at Paris and thus to the magisterial status"[84]. The pope appointed two *visitatores* to investigate the charges; the Prior

---

fuit commissum per diffinitores fratri Iohanni Magistro de Roma quod ipse corrigere posset fratrem Iacobum Garofolum secundum delicta sua." Cf. Record of the 1325 Provincial Chapter held in Viterbo, in: Analecta Augustiniana 3 (1909–1910), 318–320, at 319: "*Item diffinimus quod frater Iacobus de Viterbio habeat pro lectura biblie XXX florenos, de quibus recipiat isto anno X.*"

82 Record of the 1327 Provincial Chapter of Rome, Capitula Antiqua Provinciae Romanae, O.N., in: Analecta Augustiniana 4 (1911–1912), 36–38, at 37–38: "*Item, in dicto capitulo frater Iohannes magister de Roma, ante quam legeretur littera vicariatus, iudicavit ad carcerem fratrem Iacobum Garofolum propter plura contra ipsum inventa, auctoritate sibi commissa in precedenti capitulo, et mandavit fratri Ranaldo de Caldana quod poneret ipsum in carcere Perusii; ipse vero presentiens ivit ad Curiam, ubi erat Generalis, et sic ordinavit quod fuit concessus domino Anibaldo, tunc archiepiscopo de Neapoli. Ipse autem frater Iacobus transiens per Romam, et non per loca ordinis, fuit captus per fratres Marchum, nepotem magistri, et Marchum Rubeum, et positus in carcere Molarie in Kalendis Augusti, nesciente magistro qui erat Neapoli provincia[lis].*" It is unlikely that Giovanni di Roma, from the province of Rome, would be Prior Provincial of Naples; more likely he was in the Province of Naples.

83 On Giovanni Pagnotta de Santa Vittoria, see I. Arámbaru, De Fr. Ioanne Pagnotta de S. Victoria O.E.S.A. Episcopo Anagnino et vicario apostolico in Urbe († 1341), in: Analecta Augustiniana 19 (1944), 141–168.

84 Denifle/Chatelain (eds.), Chartularium Universitatis Parisiensis (nt. 55), 310–311, n. 875 (13 May, 1328): "*Dilectis filiis Thome de Fabriano sacre theologie professori ac Matheo de Tuscanella, eiusdem theologie lectori, Ordinis fratrum Heremitarum sancti Augustini, salutem. Referente dilecto filio nostro Anibaldo tituli Sancti Laurentii in Lucina presbytero cardinali didicimus quod dudum dilectus filius Iacobus de Viterbio, Ordinis fratrum Heremitarum sancti Augustini, bacallarius biblicus Parisiensis, capellanus, comensalis et familiaris cardinalis eiusdem, per quosdam fratres eiusdem Ordinis Romane provincie absque omni causa legittima, quinymo typo malitie, solum, sicut fertur, ut taliter impeditus non posset ad lecturam Sententiarum Parisius et ad statum magisterii promoveri, sicut eidem cardinali multorum fidedignorum fratrum eiusdem Ordinis veridica relatio patefecit, fuit per sententiam ad carcerem iudicatus et provisione, quam recipere a provincia debuerat supradicta, ab eisdem extitit iniuste privatus. Propter quod eodem Iacobo ad .. generalem priorem dicti Ordinis*

General sent his own *visitatores*; and, to make matters worse, Ludwig the Bavarian marched on Rome, and the pope sent his own military legation to oppose Ludwig[85]. The chaos seemed to help nobody, and, Giovanni, who was in Naples, travelled to Avignon and appealed in person to the pope, who annulled the process[86].

These events, particularly combined with the emperor's march on Rome, made Giovanni di Roma consider his position particularly precarious. Two months after the pope granted his appeal, Giovanni further asked and received "the ability to choose some place of his order safe for him, and to live there with, for his security, a fellow brother of said order, for, because of the service he rendered to the Roman Church and to Robert, King of Sicily, several magnates and nobles of those parts, enemies of and rebels against the Church, pursue him with a capital hatred"[87]. The pope further gave him a subsidy of 100 silver florins up front, and another 10 ounces of silver a year, to pay for scribes and supplies to produce books[88]. Ludwig's occupation of Rome did not last the summer of 1328, however, and it is unclear how long Giovanni actually spent in exile.

The 1329 Augustinian Chapter General in Paris proposed a solution to the problems of the Roman Province, nullifying the punishments meted by the

---

super dictis gravaminibus et iniuriis non absque laboribus et expensis gravibus recurrente, idem prior generalis sententiam predictam suspendit eam sibi examinandam reservans, dictumque Iacobum tanquam bonum et sufficientem absque omni nota culpabili una cum dilecto filio Iohanne Pangiota dicti Ordinis sacre pagine professore ad ipsius cardinalis, tunc archiepiscopi Neapolitani, obsequium deputavit, dictoque cardinali totam suam auctoritatem super persona eiusdem Iacobi per litteras patentes concessit, dictum Iacobum ab omnibus officialibus dicti Ordinis per easdem litteras eximendo. Quodque, cum dictus Iacobus ad dictum cardinalem, tunc archiepiscopum, se conferret, dictis fratribus, qui prius inique processerant contra eum, procurantibus per quosdam alios fratres eiusdem Ordinis illorum in hac parte complices et fautores (non obstantibus licentia, exemptione et suspensione huiusmodi in scriptis redactis, quarum omnium patentes litteras eiusdem prioris generalis secum idem Iacobus deferebat et illis ostendit) captus, litteris predictis et rebus omnibus sibi per dictum Ordinem sic concessis spoliatus, et carceri in compedibus ferreis extitit mancipatus, et per octo dies detentus taliter in carcere supradicto, et per quosdam ex eis nichilominus apud graves personas falso multipliciter diffamatus, ob cuius timorem carceris Angelus de Perusio laycus seu conversus Ordinis memorati, tunc socius dicti Iacobi et familiaris cardinalis eiusdem, posuit se in fuga, et solus venire necesse habuit ad presentiam cardinalis, tunc archiepiscopi supradicti, nec propter absentiam dicti prioris generalis in remotis agentis dicti excessus tunc corrigi potuerunt. Quare prefatus cardinalis nobis humiliter supplicavit ut, ne propter impunitatem eorum aliis perpetrandi similia audacia ministretur, providere super hoc de oportuno remedio dignaremur."

85 B. Beattie, Angelus Pacis: The Legation of Cardinal Giovanni Gaetano Orsini, 1326–1334 (The Medieval Mediterranean 67), Leiden 2007. Record of the 1328 Provincial Chapter of Rome, Capitula Antiqua Provinciae Romanae, O.N., in: Analecta Augustiniana 4 (1911–1912), 38–40.

86 Denifle/Chatelain (eds.), Chartularium Universitatis Parisiensis (nt. 55), 321–322, n. 887 (20 March, 1329); Analecta Augustiniana 4 (1911–1912), 41, nt. 1.

87 Jean XXII, Lettres communes, ed. Mollat (nt. 7), vol. 8, n. 45128 (7 May 1329): "*Joanni Parentii, de Urbe, O.S.A., theologiae mag., conc. facultas eligendi aliquem locum sui ord., sibi tutum, et in eo cum uno socio fratre dicti ord. pro securitate sua commorandi, nam propter servitia Romanae Ecclesiae et Roberto, regi Siciliae, impensa nonnulli magnates et nobiles illarum partium dictae Ecclesiae emuli et rebelles ipsum capitali odio prosequuntur.*"

88 Ibid., n. 45786 (21 July, 1329).

Prior General's *visitatores*[89]. Addressing the case of Iacopo Garofalo, the Chapter General nullified any action against Iacopo Garofalo and declared that both Iacopo and those who judged against him or did anything against him, were to be restored to the *status quo ante*[90]. Finally, the chapter declared that the province of Rome was to be divided into two parts, and that all administrative roles and educational privileges be split between the two. One part would include the convents of Viterbo, Orvieto, Perugia, Città della Pieve, and the houses of Montefiascone, Bagnoregio, *Theularius*, and several others, amounting to three of the Province's four first-rate OESA convents, and three of the five second-rate convents and houses, the other had the convent of Rome and the remaining smaller convents, in other words Rome and the smaller convents against a coalition of the larger and more powerful houses[91]. Giovanni reappears in the Roman Province in 1329[92]; in 1330 the province sent two students to Paris, one of whom, Filippo Cuminati of Perugia, was among the six brothers of Perugia whom Giovanni had jailed[93]. At the 1332 Chapter General in Venice, Giovanni di Roma and Iacopo Garofalo officially patched things up[94]. At that same Chap-

---

89 Antiquiores quae extant definitiones capitulorum generalium Ordinis, in: Analecta Augustiniana 4 (1911–1912), 88–89 (Paris 1329): "*Item, cum in cunctis agendis modus sit debitus retinendus et equitatis forma semper sit merito servanda, illa reprobare debemus que cognoscimus normam et iustitie regulam excesisse; igitur presenti diffinitione, diligenti deliberatione prehabita annullamus et vacuamus, cassamus et irritamus omnem processum penalem, quem visitatores patris nostri generalis in provincia Romana et alibi ratione officii visitationis prefate per se ipsos fecerunt, vel per alios fieri mandaverunt, et per hanc diffinitionem omnem penitentiam, penam, notam infamie et quamvis aliam inhabilitatem vel maculam abolentes, quas fratres in visitatione ipsorum in dicta Romana provincia et alibi incurrerunt. Restituentes et habiles redentes omnes fratres per ipsos penitentiatos vel privatos ad omnem statum et honorem ordinis in quo ante visitationem ipsorum fuerunt et de quo per ipsos minus debitis processibus dignoscuntur.*"

90 Ibid., 89: "*Et eodem modo quidquid factum est contra religiosum virum fratrem Iacobum de Viterbio, biblicum, per reverendum magistrum Ioannem de Roma, vicarium patris nostri generalis, provincialem ⟨et⟩ diffinitores capituli provincialis provincie Romane, seu quemcumque alium vel alios, annullamus, vacuamus, imo irritum vocamus, declarantes tam predictum fratrem Iacobum, quam eos qui ipsum iudicaverunt, vel contra ipsum fecerunt in omni statu, honore et fama pristina, in quibus ante dictum iudicium contra ipsum datum fuerunt integraliter permanere.*"

91 Ibid., 89: "*Item, quia cordi nobis est lites secare et pacis federe caritatis vinculum ubilibet in ordine confirmare, sine pace namque nusquam bene colitur pacis auctor, hinc est quod presenti diffinitione Romanam provinciam sic duximus ordinandam, videlicet ex parte una se teneant ista loca: locus de Perusio, de Theulario, de Corchiano, de Cerqueto, de Castroplebis, de Urbeveteri, de Aquapendente, de Balneoregio, de Monteflascone, de Viterbio. Et ex parte alia se teneant omnia reliqua loca provincie prelibate. Et in has partes locorum honores et officia ordinis equaliter dividantur. Ita quod duo diffinitores capituli provincialis sint de una parte et duo de alia. Et similiter distribuantur officiales capituli generalis, ut quando diffinitor est de una parte discretus sit de alia et e converso. Simili quoque modo fiat de studentibus, quod quando unus de una parte promovetur, alias de alia promoveatur. De visitatoribus quoque similis observantia teneatur. Et per hunc modum speramus in Domino quod dicta provincia iugiter tenere debeat pacis vinculum et spiritus unitatem.*"

92 Record of the 1329 Provincial Chapter of Rome, Capitula Antiqua Provinciae Romanae, O.N., in: Analecta Augustiniana 4 (1911–1912), 90.

93 Record of the 1330 Provincial Chapter of Rome, Capitula Antiqua Provinciae Romanae, O.N., in: Analecta Augustiniana 4 (1911–1912), 92.

94 Note after Record of the 1331 Provincial Chapter of Rome, Capitula Antiqua Provinciae Romanae, O.N., in: Analecta Augustiniana 4 (1911–1912), 94: "*In eodem capitulo Venetiis celebrato frater Iacobus de Viterbio, dictus Garofolus, promisit libere et sua bona fide et libera voluntate, amicus esse fidelis et*

ter General, Iacopo was assigned to read the 'Sentences' at Paris in 1332–1333; the Roman Province then provided Iacopo with the remainder of his payment for his Biblical lectures, a bonus, and made provisions for financing his 'Sentences' lectures[95]. Iacopo finally became Master of Theology around 1340, and stayed in Paris until at least 1345[96].

Certainly, Giovanni di Roma's conflict illustrates another dimension to the Master-Bachelor relation, the considerable power within the religious orders wielded by masters of theology, and the political importance underlying even the selection of students, let alone bachelors to be presented as candidates to master. To preserve the possibility of reading the 'Sentences' at Paris, Iacopo Garofalo did not shy from appealing to Annibaldo, who procured the Papal *visitatores*, "because of which cause", a Roman account of the events states, "Brother Iacopo Garofalo fell not a little bit from the Grace of the Order."

IV. Conclusion

In his final lecture Landolfo called out by name the other Italian theologians at Paris, one-by-one criticizing them for their doctrine. In truth, while personally naming his adversaries, Landolfo criticizes the school with which they are associated: he lambasts the Dominicans Benedetto da Asnago and Matteo Orsini for typically Dominican doctrines; he implies that the Augustinian Giovanni di Roma is an early defender of a fourteenth-century strain of Praepositinianism that, several decades later, his fellow Augustinians Gregory of Rimini and Hugolino of Orvieto would defend; he tars Annibaldo with criticism he levied against his master, Thomas Wylton, criticism to which Jean de Jandun would

---

sine fictione magistro Iohanni et fratri Iacobi Sassi, tunc provinciali et vicario generalis in capitulo provinciali Marchie Tervistine [sic], *et supradicta spontione* [sic] *facta, magister Iohannes supradictus, cum supradicto provinciali, quidquid boni et honoris potuerunt procurare supradicto Iacobo de Viterbio procuraberunt, secundum quod apparet in aliis legistris Romane provincie.*"

[95] Record of the 1332 Provincial Chapter of Rome, Capitula Antiqua Provinciae Romanae, O.N., in: Analecta Augustiniana 4 (1911–1912), 134: "*In eodem capitulo concessum fuit fratri Iacobo de Viterbio, biblico, de gratia XX florenos* [sic] *de auro. Item, eidem de residuo de XXX florenorum ordinatum fuit quod haberet XX et X receperat ante capitulum generale de Florentia. Item, quia ordinatus erat in capitulo generali de Venetiis quod legeret Sententias Parisius, pro dicta lectura provincia concessit sibi quinquaginte florenos de auro, scilicet XX pro lectura Biblie, XX de gratia provincie et X pro lectura Sententiarum. Restat amodo quod pro supradicta lectura Sententiarum debet recipere a provincia supradictus frater Iacobus XXXX florenos de auro.*" When Iacopo was a formed bachelor, Giovanni di Roma tried to have his salary reduced on the grounds that he, Giovanni, did not earn as much, which turned out to be false; see the note, De fratre Iacobo de Viterbio, qui dicitur Garofolus, in: Analecta Augustiniana 4 (1911–1912), 133–134, nt. 1.

[96] De fratre Iacobo de Viterbio, qui dicitur Garofolus (nt. 95), 134, nt.: "*Item anno domini MCCCXL, celebratum est capitulum in loco de Tuscanella, et positi fuerunt pro magisterio suo L floreni ita quod isto anno haberet XXV florenos, et sic habuit. Item, anno domini MCCCXLI celebratum est capitulum in loco de Orto, in quo positi fuerunt XXV floreni, et sic habuit L florenos pro suo Magisterio; ita ego solvi fratri Dominicucio, procuratori suo.*"

reply. He attacks the mendicant bachelors and masters on their personal inflections of the teachings of their doctrinal schools; he identifies the secular bachelor, however, with the school run by its master. Like Annibaldo's Bridge of Gentilly, Landolfo's final lecture is counterfeit, a question, only ceremonially asserting the superiority of evangelical law, or rather theology, over the other sciences; its real purpose is another, to mock those from his region who have come to see and hear him, and Landolfo does so by recalling his refutations of their teachings, identified with the doctrinal schools to which they belong. The Franciscan's lecture sends five theologians into the river for faults of logic and physics. Yet after the list of named adversaries comes one unannounced, the titular head of the institutional school that Landolfo serves, Peter Auriol. Landolfo's final lecture takes the refined sport of academic debate and translates it into a courtly digestif, alluding to major doctrines and debates in passing.

For theologians, at least, the relation between masters and bachelors was more complicated than one of just patronage or doctrine: the secular named by Landolfo Caracciolo in his final lecture, Annibaldo di Ceccano, if anything brought patronage with him to his master, Thomas Wylton; in exchange, Landolfo at least associated, if not identified, Annibaldo's doctrine with that of his teacher. Moreover, the arts master Jean de Jandun shared not just patronage and ideas with Thomas Wylton and Annibaldo di Ceccano, but also the common defense of their circle. Landolfo singles out the members of the mendicant orders for doctrines associated with their schools, and he himself defends a Franciscan philosophical tradition heavily inspired by Duns Scotus, that is, the Franciscan doctrinal school. He openly criticizes, however, the sayings of the master regent over the Franciscan institutional school, his hostility only screened by the thin gesture of not naming him.

Outside of the University, however, doctrinal affiliations mattered less. While it is not clear why Giovanni di Roma impeded the career of Iacopo Garofalo, the reasons seem to lie more in an affront dealt to him by the friars of the Perugia Convent and less in a disagreement over Trinitarian logic. The unnamed Peter Auriol enjoyed John XXII's favor; in 1321 he was named archbishop of Aix-en-Provence before death ended his career in the months to follow. Thomas Wylton finally returned to England in 1322. The others named in Landolfo's final lectures all found a future in Italy, enjoying to various degrees the patronage of King Robert of Naples and Pope John XXII.

Note to the edition of Landolfo Caracciolo's Final Lecture:
Book III is extant in only three manuscripts but in two redactions, the second of which is incomplete:

- E = Erlangen-Nürnberg, Universitätsbibliothek, Ms. 258 (olim 338) (Redaction A)
- L = Lüneburg, Ratsbücherei, Ms. Theol. 2° 48 (Redaction A)
- N = Napoli, Biblioteca Nazionale, Cod. VII C 49 (Redaction B)

We have edited d. 40, q. unica, from both manuscripts preserving Redaction A of Book III. Manuscript L appears to be slightly better than E, which among other things commits several omissions per homoioteleuton. Any edition would need to use both manuscripts.

Landolfo Caracciolo, 'In tertium librum Sententiarum', d. 40, q. unica

edd. Chris Schabel/William O. Duba

Circa distinctionem 40 quaero utrum lex evangelica sit excellentior omni metaphysica et physica, tam de speculabilibus quam de moralibus.

[1] Quod non: Aristoteles, I 'De anima': "Una scientia est nobilior alia dupliciter, vel ratione subiecti aut certiori modo procedendi"; sed non sic lex evangelica excellit alias. Probatio: lex de Deo est metaphysica sicut evangelica. Similiter, aliae scientiae speculativae procedunt demonstrative, ista non.

[2] Contra: Hieronymus dicit de Iohanne quod "novit secreta mysteria quae ausus est dicere, quae angeli forte non noverunt"; ergo nobilior quam physica vel metaphysica.

[3] Hic ostendam quod lex evangelica de enuntiabilibus est nobilior logica; secundo, quod de abstractis speculabilibus est excellentior metaphysica; tertio, quod in modo productionis est nobilior physica; quarto, quod de commensurabilibus excellentior est arithmetica; quinto, quod de agibilibus nobilior est ethica.

<Conclusio prima>

[4] Probatio primi, et hic dico quatuor propositiones. Prima: quod non est bona logica Benedicti Praedicatoris quam posuit arguendo sic: 'proprietas est ad oppositum; essentia non est ad oppositum; ergo proprietas et essentia distinguuntur' – dicit quod non valet, quia tu accipis distinctionem in conclusione quae | non ponitur in praemissis. E: 1

[5] Similiter, alia logica quam docuit: 'maiore existente in terminis de primo modo et minore existente de secundo modo, conclusio nulla sequitur' – unde aeque non est bene deducta.

---

4 certiori] certiore *L* | 8 quae] quod *E* | quam] quaecumque *add. E* | 11 quod] quia *L* | 12 nobilior] per *add. E* | 15 sic] propositum *del. E* | 17 in *p.c. L*

3–4 Aristoteles, De anima, I, 1, 402a1; J. Hamesse, Les Auctoritates Aristotelis. Un florilège médiéval. Étude historique et édition critique (Philosophes médiévaux 17), Louvain–Paris 1974, 174 | 7–8 Hieronymus, Commentarius in Zachariam, III, 14, ed. M. Adriaen (Corpus Christianorum. Series Latina 76a), Turnhout 1964, 898: "haec arcana et ista mysteria sunt domino, quae noverat evangelista Ioannes, qui ausus est dicere, quod angeli forsitan nesciebant"

[6] Ostendo primo quod prima logica non valet: illa est bona forma quam dat Philosophus; ista est huiusmodi. Probatio in probando distinctionem formae a materia: materia manet quando forma non manet, ergo distinguitur.

[7] Similiter in probando distinctionem locati a loco.

[8] Praeterea, Aristoteles, VII 'Metaphysicae', in probando distinctionem substantiae ab accidentibus: quia accidens potest adesse et abesse, et substantia praecedit tempore, ergo distinguitur.

[9] Praeterea, ratione illa est bona forma quae fundatur super principia prima; talis est ista; ergo etc. Esse enim ad oppositum et non esse ad oppositum sunt contradictoria. Quando dicis, "Essentia non est ad oppositum; proprietas est ad oppositum", haec est contradictio. Unde videtur quod sit bona forma.

[10] Praeterea, arguo sic syllogistice: illae entitates de quibus vera contradictoria verificantur non sunt idem et eadem simpliciter; proprietas et essentia sunt huiusmodi; ergo etc. Maior est Aristotelis et Commentatoris. Minorem non oportet probare, quia sunt contradictoria vere quorum unum dicitur de essentia et non de proprietate, sicut ipsimet dicunt, quia essentia dicitur convertibiliter, proprietas non, quia non est realitas in Filio quae non sit in Patre. Ergo bona est logica.

[11] Praeterea, contra secundam logicam arguo in barbara: 'omnis homo est
5va animal rationale mortale; omne animal rationale mortale | est risibile; ergo omnis homo est risibilis'.

[12] Secunda propositio: quod non videtur bona logica Magistri Matthaei Praedicatoris quae dicit: 'sicut se habet essentia ad essentialiter, ita forma ad formaliter; sed quae differunt essentialiter differunt secundum essentiam; ergo quae differunt formaliter differunt secundum formam'.

[13] Contra: illa non est bona logica in cuius praemissa ponitur aequivocatio; ista est huiusmodi. Probatio: formale et formaliter non accipiuntur a forma quae est altera pars compositi, sed quia in primo modo dicendi per se et consequitur totam rationem quiditativam. Ergo inferre sicut ipsi inferunt nihil valet. Facio enim tibi simile argumentum: sicut se habet essentialiter ad essentiale, ita rationaliter ad rationale et bestialiter ad bestiale, ergo secundum hoc attributa distinguuntur bestialiter.

---

22 logica] loca *E* | 23 ista ... probatio *mg.*[2] (?) *E* | 23 formae ... 25 distinctionem *om. per homoio. E* | 32 forma] arguo *del. E* | 35 est ... Commentatoris] patet et est arguo et consequenter *E* | 36 probare] pro re *E* | dicitur] detur *E* | 37 dicunt quia] dicant quod *E* | 47 illa non] aut *E* | in *om. E* | 51 tibi] sibi *L*

---

26 Aristoteles] forsitan Aristoteles, Metaphysica, IX, 9, 1034b16–19; Aristoteles Latinus, vol. 25.3.2, edd. G. Verbeke/L. Minio-Paluello, Bruges–Paris 1951, 148; cf. Boethius, In Isagogen Porphyrii commentorum editio secunda, IV, 17, ed. S. Brandt (Corpus Scriptorum Ecclesiasticorum Latinorum 48), Vindobonae–Lipsiae 1906, 282: "Ita enim est definitum: accidens est quod adesse et abesse possit praeter subiecti corruptionem" | 35 Aristotelis] cf. Aristoteles, Metaphysica, IV, 6, 1011b13–22, Aristoteles Latinus, vol. 25.3.2, edd. Verbeke/Minio-Paluello, 88 | Commentatoris] Averroes, Metaphysica, IV, comm. 27, in: Aristotelis opera cum Averrois commentariis, vol. 8, Venetiis 1562 [Reprint Frankfurt a. M. 1962], 96^{rb}E–^{va}H

[14] Tertia propositio: quod non est bona logica Iohannis de Roma Augustiniani quod tota ratio movens eum quin omnia in divinis essent idem fuit quod relatio ponit entitatem ad oppositum.

[15] Contra: illa non est bona ratio in logica quae concludit oppositum propositi; ista est huiusmodi. Probatio: illa entitas non est eadem cum alia quarum una est ad oppositum et alia non ad oppositum; sed essentia non est ad oppositum et relatio est ad oppositum. Patet per Augustinum, V 'De Trinitate', quia essentia dicitur ad se, proprietas ad aliud.

[16] Quarta propositio: quod sacra theologia est excellentior logica. Patet per Hieronymum in Epistola ad Paulinum: "Iob exemplar patientiae quae non mysteria suo sermone complectitur? Prosa incipit, versu labitur, pedestri sermone finitur, omnesque leges dialecticae propositione, assumptione, confirmatione, conclusione determinat". Si istud est verum de Iob disputando cum amicis suis, multo magis de theologicis.

<Conclusio secunda>

[17] Secunda conclusio: de abstractis speculabilibus est excellentior metaphysica.

[18] Prima propositio: quod Hannibaldus, immo magister suus, immo Thomas Anglicus, non videntur solvere argumenta mea. Ego argui: qui ponit creationem ab aeterno ponit contradictoria esse simul vera; tu es huiusmodi; ergo etc.

[19] Responderet: maledicis! Aliter enim accipiunt philosophi creationem, aliter theologi, quia philosophi non dixerunt quod praecederet non-esse ipsum esse, theologi non.

[20] Quid ad me? Commentator negavit omnino creationem, et tu ponis vere creationem de nihilo eductam, et tamen ab aeterno. Quid mihi? De Philosopho dic mihi quid sit de vero!

[21] Praeterea, posito quod dicas secundum philosophiam, licet Philosophus poneret de creatione, tamen de generatione numquam diceret quin esset de non-esse in esse. Arguo tunc: Deus potest creare materiam ab aeterno et summe dispositam, et inducatur forma per generationem, | et tunc in eodem instanti E: 1
est esse et non-esse, ergo generatio non erit in instanti.

[22] Praeterea, oportet tempus transire in infinitum, si illud non erit in instanti aeternitatis; igitur expectavit per infinitum tempus.

54–55 augustiniani] augustinam *L* | 55 movens] moves *L* | quin] quod *E* quia *L* | 64 versu] usu *EL* | 65 omnesque] omnes quia *L* | 66 si] sed *E* | 68 conclusio] quaestio *L* | 70 propositio] probo *E* | suus] simus *E* | 71 qui ponit *om.* *L* | 73 responderet] respondetur *E* | 80 de[2]] generatione *del.* *L* | numquam] non quam *L* | 81 deus *om.* *L* | 85 expectavit *om. et lac.* *E*

63–66 Hieronymus, Epistula 53: Ad Paulinum presbyterum, 8, ed. I. Hilberg (Corpus Scriptorum Ecclesiasticorum Latinorum 54), Vindobonae–Lipsiae 1910, 455, 8–11

[23] Praeterea, oportet per te totum non-esse correspondere toti tempori praecedenti, et instanti sequenti illud Deus adnihilet illud corrumpendum.

[24] Praeterea, isti assignant mihi mensuram termini a quo et termini ad quem; versioni nihil. Vel ergo versio est tempus vel erit in tempore. Si autem instans termini ad quem, ergo versio erit termini ad quem.

[25] Praeterea, efficiens <non> tollit formalem repugnantiam terminorum; sed repugnat in creatura esse et non-esse; ergo, quantumcumque Deus ab aeterno debet, esse et non-esse sunt contradictoria.

[26] Secunda propositio: quod theologica est nobilior metaphysica, quia tradit de Deo essentialia et personalia; metaphysica non tradit personalia; ergo etc.

<Conclusio tertia>

[27] Tertia conclusio: quod est nobilior physica. Prima propositio: quod alteratio non est | generatio, quia mutationes quae sunt inter quatuor terminos non sunt una; generatio et alteratio sunt huiusmodi, V 'Physicorum', quia alteratio est ab esse in [non-]esse, generatio autem a non-esse in esse.

5vb

[28] Praeterea, alteratio est motus, generatio non, igitur alteratio non est generatio.

[29] Praeterea, quando duo sic se habent quod unum est, alio non ente, non idem sunt; alteratio est cum generatio non est; igitur non sunt idem.

[30] Praeterea, quod generatio sit terminus est contra Aristotelem. Ratio: acquisitio termini non est terminus, quia tunc acquireretur se ipsa.

[31] Praeterea, ad terminum est mutatio, non ad generationem, igitur non est mutatio, quia mutatus non est mutatio nec sicut subiecti, nec sicut termini. Nec suffragator est dictum illud Commentatori. Dicit enim quod transmutatio accipitur dupliciter. Non loquitur Commentator de transmutatione quae mensuratur tempore.

[32] Secunda propositio: quod lex evangelica est nobilior physica. Ratio: generatio naturae est tota ratio quare physicus ordinat omnia ad ipsam; sed physicus deficit in consideratione generationis Verbi a Patre, de qua tamen theologia.

---

86 oportet *om.* *L* | 89 vel ergo] vulgo *codd.* | si] secundum *E* | 91 efficiens] effectus *codd.* | 94 quia ... 95 metaphysica *om.* (*hom.*) *E* | 95 non ... personalia^2] non tradit personalia metaphysica *sed mut. in* quia tradit personalia *E* | 96 conclusio] quaestio *L* | 98 quia] quod *L* | 99 autem *om.* *L* | 102 alio *s.l.* *E* | 103 idem sunt *inv.* *E* | 105 termini] acquisitio termini *del.* *E* | 106 est^2 *om.* *E* | 107 est *om.* *L* | sicut^1 *om.* *E* | 108 suffragator] suffragat' *E* suffragar *L* | Commentatori] 9ti *codd.* | dicit] dicunt *E*

<Conclusio quarta>

[33] Quarta conclusio: quod lex evangelica excellit principia mathematica. Primum est 'omne totum est maius sua parte' et 'infiniti ad finitum non est proportio'. Quae sunt sublata in theologia, quia Verbum unitum <est> naturae humanae. Similiter, entitas naturae divinae videtur esse quasi totalitas.

<Conclusio quinta>

[34] Quinta conclusio: quod nobilior ethica. Ratio: quia attingit finem nobiliorem nobiliori modo. In ethica enim Aristotelis, finis est speculatio.

[35] Praeterea, ethica Aristotelis tradit de prudentia et virtutibus moralibus. Arguo: tunc illa ethica est nobilior quae tradit de habitibus speculabilibus et moralibus nobiliori modo; theologia est huiusmodi, quia de fide, quae nobilior est prudentia. Nobiliori enim modo facit assentire principio. Similiter, caritas excedit omnem virtutem.

<Conclusio sexta>

[36] Sexta conclusio: quod est nobilior lege Mosayca. Primo quoad cerimonialia. Non enim sunt tot modo. Illa enim erant circa sexcenta, secundum Augustinum in 'Epistola ad Ianuarium'. Secundo quoad iudicialia: illa enim condemnabat, ista autem cum misericordia agit. Similiter quoad moralia.

<Ad argumentum principale>

[37] Ad principale, licet metaphysica sit de Deo, non tamen nisi sub obiecto communi entis. Similiter de certiori, dico quod saepe credimus demonstrare et facimus sophisma; sed ista est certissima.

---

114 conclusio] quaestio *L* | mathematica] metaphysica *codd.* | 115 finitum] infinitum *L* | 116 unitum *om. et lac. L* | 118 conclusio] quaestio *L* | 119 enim *s.l. E* | 119 finis ... 120 Aristotelis *om. per homoio. a.c. mg.*^{2} *E* | 120 virtutibus] et *add. E* | 125 conclusio] quaestio *L* | 128 autem *om. E* | misericordia] agi⟨-⟩ter *exp. E* | 131 sophisma] sophismatis *E* | certissima] amen *add. E*

---

119 Aristotelis] cf. Aristoteles, Ethica ad Nicomachum, X, 7, 1177a16–18; cf. Auctoritates Aristotelis, ed. Hamesse, 247, n. 209: "Speculatio ipsius veritatis est ipsa felicitas" | 126–127 Augustinum] forsitan Augustinus Hipponensis, Epistula 54, ed. A. Goldbacher (Corpus Scriptorum Ecclesiasticorum Latinorum 34/2), Pragae–Vindobonae–Lipsiae 1898, par. 19, 210: "quamuis enim neque hoc inueniri possit, quo modo contra fidem sint, ipsam tamen religionem, quam paucissimis et manifestissimis celebrationum sacramentis misericordia dei esse liberam uoluit, seruilibus oneribus premunt, ut tolerabilior sit condicio iudaeorum, qui, etiam si tempus libertatis non cognouerunt, legalibus tamen sarcinis, non humanis praesumptionibus subiciuntur"

Secutus sum doctrinam Scoti
Antonius Andreae's Interpretation of Duns Scotus[1]

MAREK GENSLER (Łódź)

I.

At the turn of the 14th century, a number of young thinkers belonging to the Franciscan order found a master in John Duns Scotus. For some of them, like William of Ockham and Peter Auriol, the contact with the doctrine of the Subtle Doctor was only an inspiring episode early in their careers and it would be difficult to call them advocates of Scotus, much less true Scotists. There were others, however, for whom propagation of Scotus's views became a vocation. Those devout followers and skilful interpreters accepted the opinions of John Duns for their own and developed them into a comprehensive doctrine covering the whole spectrum of philosophical inquiry of the time. In a word: they transformed them into Scotism. Such a man was Antonius Andreae, whom posterity honored with the telling title *Doctor dulcifluus* and the even more unambiguous nickname *Scotellus*. In our times, Antonius Andreae is still not well known and even his best known works, 'De tribus principiis naturae' and the commentaries on the 'Metaphysics' and the 'Ars Vetus', have not been edited critically yet (this can be partly attributed to their past popularity: they survived in so many manuscripts that the task is daunting). The 'Quaestiones ordinariae de tribus principiis naturae' is Antonius's earliest and also most original work[2]. Antonius's treatise does not imitate the form of any work of the Subtle Doctor but places his ideas in a new, individually planned framework. It is also one of Antonius's

[1] I would like to thank Prof. Eileen Sweeney, who has kindly corrected the language of this paper.

[2] 'De tribus principiis' can be dated after 1312, since its final question contains references to Peter Auriol, who lectured on the principles of nature in Bologna in 1312. Cf. A. Maier, Literarhistorische Notizen über Petrus Aureoli, Durandus und den 'Cancellarius', in: Gregorianum 21 (1948), 218–219. Moreover, the colophon in the Erfurt manuscript Amplon. F 359 containing 'De tribus principiis' says: "*Istae quaestiones sunt in universo undecimae, quas frater Antonius Andreae determinavit anno quo legit naturalia in Montebono* (Monzón)" and we know that he taught in Monzón before moving to Lerida. For a more detailed biographic information, cf. M. Gensler, Antonius Andreae Scotism's best supporting *auctor*, in: Anuari de la Societat Catalana de Filosofia 8 (1996), 57–79, at 57–67.

most well-read texts[3]. For these reasons, it is well suited to be the subject of analysis concerning the relation of the pupil to his master.

There is also another reason for concentrating on 'De tribus principiis' as a suitable source for our analyses. It is in this work that one can find the passage that could serve as a model declaration for any faithful pupil. Antonius Andreae places it close to the end of his work, as if trying to make sure that the reader sees his work and himself in a correct relation to the teaching and person of his master. In a rare example of philosophical modesty, he declares: "Reader, please pay attention to what you read, because whatever is beneficial in the questions above comes from the doctrine of Scotus, whose footsteps I followed as closely as I could as much as I understand them"[4]. This declaration, which has inspired the title of this paper, could, by the way, well be the motto for all of his intellectual activity.

In planning his 'De tribus principiis' Antonius Andreae decided to include in it all the relevant topics raised by Scotus in the more physical questions of his 'Quaestiones subtilissimae in Metaphysicam' and 'Opus oxoniense'. This can already be seen in the composition of the work[5]. When we look at its structure, we can notice that of the total number of 11 questions forming the body of 'De tribus principiis naturae', seven have titles borrowed from Scotus: six are modelled after questions from Scotus's 'Metaphysics' and four after questions from 'Opus oxoniense'[6]. In the cases of three questions, there is an overlap of

---

[3] The scope of the influence of 'De tribus principiis' is reflected by the fact that its copies are almost ubiquitous. The 16 manuscripts of it which have survived to our times can be found from Spain to Poland and from Italy to Scotland. Cf. M. Gensler, Catalogue of the works by or ascribed to Antonius Andreae, in: Mediaevalia Philosophica Polonorum 31 (1992), 147–155, at 150.

[4] Antonius Andreae, Quaestiones de tribus principiis rerum naturalium, IV, Venetiis 1489, 26vb: "*Attende igitur lector qui legis, quod si quid benedictum est in quaestionibus supradictis ab arte doctrinae Scoticae processit, cuius vestigia quantum potui et quantum ipsum capio sum secutus.*"

[5] Antonius's work is divided into five parts, the middle three being devoted to the principles in question. Most of the work, i.e., ten questions out of the total number of 13, is devoted to the problems concerning matter and form, each being discussed in five respective questions. Privation, the third announced principle, is covered by a single question only.

[6] The concordance between Antonius's questions on matter and form and corresponding questions in Scotus is the following:

Antonius Andreae, 'De tribus principiis naturae'	John Duns Scotus
q. 2 *Utrum in substantia naturali composita ex materia et forma materia dicat aliquam entitatem positivam distinctam realiter ab entitate formae*	'Opus oxoniense', II, 12, 1 (Lectura) *Utrum in substantia generabili et corruptibili sit aliqua entitas positiva distincta a forma quae dicatur esse materia*; 'Quaestiones Metaphysicae', VII, 5 *Utrum materia sit ens*
q. 3 *Utrum materiam existere sine forma includat contradictionem ex terminis*	'Opus oxoniense', II, 12, 2 *Utrum per aliquam potentiam materia possit esse sine forma*

sources, since Scotus, like many other authors of his time, discussed questions of the same, or very similar titles several times, inserting them in different works[7]. The two questions that do not deal with the three principles in a direct way have, respectively, the function of an introduction and an epilogue; the initial question discusses the problem of the subject matter of natural philosophy, while the final one, which brings together all the main issues analyzed in 'De tribus principiis naturae', takes up the subject of the composite as the end of the process of generation.

---

q. 4 *Utrum materiam generari et corrumpi naturaliter includat repugnantiam terminorum*	'Quaestiones Metaphysicae', VII, 8 *Utrum materia per se generetur*
q. 5 *Utrum materia subiecta quantitati quae est accidens habeat aliquam extensionem aliam ab extensione quantitatis*	
q. 6 *Utrum in rebus naturalibus compositis ex materia et forma materia sit aliquid pertinens essentialiter ad rationem quidditatis specificae*	'Quaestiones Metaphysicae', VII, 16 *Utrum in rebus materialibus materia sit pars quidditatis rei*
q. 7 *Utrum productio formae naturalis generatae praeexigat aliquid in materia activum vel quodcumque quod in ipsam naturaliter transmutetur*	'Opus oxoniense', II, 18, 1 (Lectura) *Utrum ratio seminalis in materia naturali sit pars formae inducendae*; 'Quaestiones Metaphysicae', VII, 12 *Utrum in materia sit aliqua pars formae coagens ad generationem compositi*
q. 8 *Utrum productio formae substantialis naturaliter generatae mensura aliqua divisibili mensuretur*	q. 9 *Utrum repugnantia formalis quae est inter formas substantiales sit repugnantia contrarietatis*
q. 10 *Utrum formalis distinctio organicarum partium animalis sit per plures formas substantiales specifice ac realiter distinctas*	'Quaestiones Metaphysicae', VII, 20 *Utrum partes organicae animalis habeant distinctas formas substantiales specie differentes*
q. 11 *Utrum in quidditate formae accidentalis sit dare gradus intrinsecos essentiales secundum quos ipsa possit suscipere divisionem intrinsecam secundum magis et minus*	'Quaestiones Metaphysicae', VIII, 3 *Utrum forma accidentalis suscipiat magis et minus secundum essentiam suam*; 'Opus oxoniense' (Lectura) I, 17, 2, 3 *Utrum in caritate minore sit aliqua pars caritatis in potentia per cuius extractionem in actum augeatur caritas*

Titles of Scotus's questions are quoted after: John Duns Scotus, Quaestiones super libros Metaphysicorum Aristotelis, VI-IX, edd. R. Andrews/G. Etzkorn/G. Gál/R. Green/F. Kelley/G. Marcil/T. Noone/R. Wood (Opera philosophica 4), St. Bonaventure, NY 1997; id., Lectura in librum secundum Sententiarum, ed. Commissio Scotistica (Scoti Opera omnia 19), Civitas Vaticana 1993; id., Lectura in librum primum sententiarum, edd. C. Balić e. a. (Opera omnia 17), Civitas Vaticana 1966; id., Opera omnia, 12, ed. L. Vivès, Paris 1893.

[7] For instance, Antonius Andreae repeats two questions from 'De tribus principiis' in his 'Metaphysics' commentary. Cf. M. Gensler, Antonius Andreae scotism's best supporting *auctor* (i II), in: Anuari de la Societat Catalana de Filosofia 9 (1997), 39–50, at 42, nt. 10.

The issues Antonius Andreae takes on in 'De tribus principiis' seem to be well selected. It is surprising to see how much coincidence there is between his choice and that of a modern scholar, Richard Cross, who wrote a study devoted to 'The Physics of Duns Scotus'. Both authors, medieval and modern, identify as important the problem of matter and its separate existence, *rationes seminales*, and various issues concerning form: plurality of substantial forms, individuals, elemental forms, degrees of accidental forms. Because of the character of his work, announced in the title, Antonius Andreae is not interested in the problems concerning local motion, but he does pay attention to other forms of change.

II.

The first problem Antonius Andreae takes on in 'De tribus principiis' is, appropriately, the problem of the subject matter of natural philosophy, i.e., whether mobility is the formal characteristic of the first subject of natural philosophy. First, Antonius presents a twofold division of the concept of mobility. According to him it can be viewed either as an ability or as an actual reality. The former aspect shows mobility merely as a potential for change. As such, mobility is formally a relation (*respectus*) of its object to a certain end. That means that though mobility is formally and essentially different from its subject, i.e., a physical object, it remains really identical with it. It is in this aspect that mobility is the proper attribute of the first subject of natural philosophy, namely the quality which serves as a criterion for accepting anything as an object of physics. Antonius explains his statement in the following way: If we accept mobility as the proper attribute of the first subject of physics, then whatever is included in the consideration of the science must be either moved or, at least, apt to be moved. The latter aspect refers to mobility as actual motion. For Antonius the concept of motion can be characterized as follows. First of all, motion is formally neither a relative nor an absolute, since motion towards a substance, quality, or quantity is an absolute, but motion towards a place is relative. Secondly, motion is separable from its object, which can also be considered in rest; thus it is different from the object both really and formally. For these reasons, motion cannot be the proper attribute of the subject of natural philosophy[8].

---

[8] Antonius Andreae, op. cit., Prologus (nt. 4), 1^{rb-vb}: "*Mobilitas potest supponere vel pro motu aptitudinaliter sumpto, vel actualiter sumpto. Si primo modo, sic dico quattuor dicta. Primo quod mobilitas formaliter est respectus, sicut et quaelibet alia aptitudo.* [...] *Probatur: mobile dicitur quod est aptum natum moveri et non movetur, ex 5 Physicorum. Secundo quod mobilitas sic accepta est propria passio convertibilis cum subiecto philosophiae naturalis.* [...] *Tertio quod mobilitas sic accepta non distinguitur realiter ab eo cuius est passio.* [...] *Quarto quod mobilitas sic accepta distinguitur formaliter et quidditative ab eo cuius est passio.* [...] *Si autem mobilitas sumatur secundo modo, scilicet pro motu actuali, sic dico dicta quatuor correspondentia quattuor supradictis. Primum dictum est quod motus generaliter sumptus nec est formaliter respectus nec formliter absolutus.* [...] *Licet forma fluens et ut in motu sit eadem realiter cum seipsa, ut terminant motum, differunt tamen dupliciter, primo sicut perfectum et imperfectum. Forma enim, ut est motus, dicit formam incompletam, ut autem*

Before Antonius presents his own solution concerning the first subject of physics, he sets and discusses three conditions which must be met by the first subject of any science. In the first place, it must possess an essential (*quidditativum*) concept, which is not included in any other concept referring to that science; otherwise, it would be neither subject nor first. Furthermore, the essential concept must belong to the first subject formally and absolutely, because cognition refers to the form and because the relative presupposes the absolute. Finally, the first subject must be adequate to its science, because everything in a science has attribution to its first subject in one way or another[9]. He then goes on to show that they are not met in some authors. First, he disproves the Thomist opinion that being (*ens*) in whatever consideration can be the subject of natural philosophy, saying that in such a case physics would be subordinate to metaphysics, as they would share the same subject. The second refuted opinion is that of Aristotle: Antonius states that the claim that body (*corpus*) is the subject of physics is false, since the science, whose principal interest is in mobile objects, refers to incorporeal mobile objects, e. g. angels, too. Antonius concludes the negative part by claiming that mobility cannot be the formal, subjective characteristic of the first subject of natural philosophy. He argues that, as a relation, mobility cannot be the formal characteristic of the subject of physics, since it cannot provide the science with the unity it needs; unity can be drawn only from something absolute. Moreover, being a proper attribute of the first subject of physics, mobility cannot be its formal characteristic, since the latter is prior to the former. After arguing against these opinions, Antonius Andreae is driven to the only possible conclusion, namely that the first subject of natural philosophy must be substance (not a being or a body), which is formally characterized by naturality (not motion or mobility)[10]. This naturality

---

est terminus motus, dicit formam completam. Secundo differunt, quia forma fluens sive motus includit quaedam respectum ad ulteriorem perfectionem, ideo enim dicitur fluens."

9 Ibid., $1^{vb}-2^{ra}$: "*Primum subiectum scientiae est quod habet conceptum quidditativum non inclusum virtualiter in aliquo priori ad illam scientiam pertinentem, primo notum secundum propriam formalem rationem et absolutam virtualiter primo continens noticia omnium veritatum, adaequatum toti illi scientiae cuius est subiectum.*"

10 Ibid., 2^{ra-vb}: "*Ens sub quacumque ratione formali acceptum non potest esse materiale seu substratum primi subiecti philosophiae naturalis.* […] *Sit ipsum ens A, ratio autem formalis quaecumque sit B. Aut ergo ipsum B est aeque commune et aequalis ambitus cum A aut non, sed contrahit ipsum A. Si des primum, tunc philosophia naturalis esset aeque communis et transcendens sicut metaphysica, quod nullus philosophantium diceret. Si des secundum, quod B fit ratio contrahens ipsum A vel B erit differentia vel quasi differentia, non curo pro nunc, accidentalis ipsi A vel erit differentia per se. Si dicas, quod B est accidentale ipsi A, ergo philosophia erit subalternata ipsi metaphysicae.* […] *Corpus sub quacumque ratione formali acceptum non potest esse materiale seu substratum primi subiecti philosophiae naturalis.* […] *omnia mobilia sunt per se de consideratione naturali, cum mobilitas sit passio convertibilis cum primo subiecto physicae. Sed aliquae substantiae incorporeae sunt mobiles, ut nunc suppono, puta angeli, ergo de angelis, ut sunt mobiles, considerat naturalis.* […] *Mobilitas non potest esse formalis ratio subiectiva primi subiecti philosophiae naturalis. Hanc ostendo multipliciter, primo sic. Mobilitas formaliter est respectus, ergo mobilitas non est formalis ratio subiectiva primi subiecti philosophiae naturalis.* […] *Mobilitas est quaedam passio primi subiecti philosophiae naturalis, ergo mobilitas non est eius formalis ratio subiectiva.*"

is described as such a formal characteristic of substance that makes it an appropriate subject of motion and other attributes of the proper subject of physics[11].

Even though the Subtle Doctor never addressed the problem himself, finding the source of Antonius's views on the subject matter of physics is not difficult. One can see that Antonius Andreae's opinions presented in the initial question of 'De tribus principiis naturae' are directly inspired by Duns Scotus. The inspiration came from the two already mentioned sources: 'Opus oxoniense' and 'Quaestiones subtilissimae in libros Metaphysicae'. Scotus's question on the subject matter of theology from his prologue to the 'Sentences' commentary provided both the model and the set of conditions, which Antonius makes use of[12], while the questions from the sixth book of his 'Metaphysics' gave Antonius some clues concerning the actual content of the first subject of natural philosophy and its formal characteristics, as well as the characteristics of mobility[13].

The pattern of paraphrase and imitation found in the initial question of 'De tribus principiis' is applied by Antonius Andreae elsewhere in the work. Having established natural substance as the subject matter of natural philosophy, he goes on to discuss its constitutive principles, beginning with matter. The five questions, which he devotes to it, are the following: 1. whether matter has a positive being independently from form, 2. whether it can exist without a form, 3. whether it can be generated and corrupted, 4. whether matter subject to quantity has extension different from the extension of quantity, and 5. whether matter is something that is essentially contained in the concept of quiddity. It is interesting to note that all but one of the questions about matter have direct counterparts in Scotus. This seems to be an indication that Antonius found Scotus's opinions about matter to be formulated suitably for a "physical" work.

Needless to say, this "physicality" is deeply rooted in metaphysics. Pondering the ontological status of matter, Antonius Andreae states that, contrary to many philosophers who maintained that its being is merely privative, i.e., that it is a pure potency, matter has a positive being. He builds his argument on the authority of Scotus, who argues for the existence of prime matter[14]. Similarly to his

---

11 Ibid., 3vb: "*Voco autem naturalitatem propriam ipsam quidditatem seu formalitatem substantiae quae appropriat ipsam substantiam ut sit subiectum motus et aliarum passionum subiecti propriae naturalis et convertibiliter inhaerentium.*"

12 It is worth noting that Antonius mentions these conditions as set by Aristotle in 'Posterior Analytics' I in the beginning of question 4 to the prologue of the 'Sentences' in his 'Abbreviatio operis oxoniensis Scoti' (Pittsburgh UL, MS Mellon, 3^{v}): "*Scientia stricte sumpta habet tres conditiones. Prima: quod sit cognitio certa, secunda: quod sit de obiecto necessario, tertia: quod obiectum habet evidentiam vel quod sit natum facere evidentiam ipsi intellectui.*"

13 Cf. M. Gensler, Two Quaestiones Concerning the Subject-Matter of Physics. An Early Scotist Interpretation of Aristotle, in: J. Marenbon (ed.), Aristotle in Britain in the Middle Ages. Proceedings of the International Conference at Cambridge, 8–11 April 1994 organised by the Société Internationale pour l'Etude de la Philosophie Médiévale (Rencontres de philosophie médiévale 5), Turnhout 1996, 195–209, at 208–209.

14 Cf. R. Cross, The Physics of Duns Scotus. The Scientific Context of a Theological Vision, Oxford 1998, 16–18.

master, Antonius argues that matter, as one of the constitutive parts of the composite, must be something positive, since something which would only be a privation could not be a part of anything. It follows, therefore, that both form and matter are positive principles, really different from one another, like two different "things". As such, each of them is intelligible independently of the other not only to God and angels, which is Scotus's position[15], but also to men. The latter, however, cannot have the intellection of matter separately *in statu isto*, i. e., in mortal life, since that which is the object of human intellect in this life is not being as such but quiddities of material things[16]. Accepting that matter is a positive, independent reality leads Antonius Andreae to the conclusion that it possesses its own act of being, prior to the act given to it by form. Naturally, this act does not eliminate the potential character of matter with respect to form; still, it distinguishes the potency of matter from the potency of an accident. Speaking of these potencies, he makes use of the terms introduced by Duns Scotus[17]. The former is the so-called subjective potency, i. e., it is a substrate for any form which may come to it and it remains the same "thing" both in the beginning and in the end of the processes of generation and corruption; by contrast, the latter potency is pure absence of a certain quality which comes with the form. Consequently, as a positive being, matter has its proper act of being, which constitutes it as a being in subjective potency[18].

The problem of the positive being of matter is revisited by Antonius Andreae in the sole question devoted to the third principle of nature – privation. Antonius asks there what the potency of matter is like. He states that potency of matter is understood in a double way: either as a fundament or as a relation (*respectus*), the latter being further divided into *respectus aptitudinalis* and *respectus actualis*. Of these three types of potency, the first is not different from matter, neither really nor formally, the second one is not different really but is different formally, the third one is really different from matter. The three types of potency refer to matter considered in general, separable and inseparable matter, respec-

---

15 Ibid., 21.

16 Antonius Andreae, op. cit., I, 1 (nt. 4), 6^{ra-b}: "*Quaecumque habent distinctas rationes vel entitates, sunt distinctae conceptibilia a potentia habente ens pro obiecto adaequato. Sed materia et forma habent distinctas rationes entitatis.* [...] *Intellectus humanus et angelicus habent ens pro obiecto et adaequato* [...], *ergo intellectus tam humanus quam angelicus poterit materiam et formam intelligere distincte.* [...] *Quaecumque habent distinctas ideas in Deo, sunt distinctae conceptibilia a divino intellectu, idea enim ponitur ratio intelligendi. Sed materia et forma habent distinctas ideas in divino intellectu, ergo etc.*" Ibid., 7ra: "*Materia est cognoscibilis secundum analogiam ad formam. Dico quod verum est intellectui humano pro statu isto.* [...] *Ens non est naturale obiectum intellectus nostri.* [...] *Quid ergo erit obiectum naturale adaequatum intellectus viatoris? Respondeo forte quidditas materialis.*"

17 Cf. Cross, op. cit. (nt. 14), 18–20.

18 Antonius Andreae, op. cit., I, 1 (nt. 4), 6vb: "*Materia dicitur ens in potentia non obiectiva, sicut albedo antequam sit, quia materia non est sic in potentia agentis, sed manet actu sub utroque terminorum in transmutatione. Sed dicitur ens in potentia subiectiva eo modo quo superficies dicitur in potentia ad albedinem.* [...] *Materia sit ens in actu entitativo, quia est aliquid extra suam causam distinctum, tamen distinguitur contra actum formalem et specificum, et ita describitur per ens in potentia, quia maxime est receptivum actus.*"

tively. What he means by separable or inseparable matter is actually the separability of its potency. Actual potency is separable from matter since it refers to an act, which is external to it; aptitudinal potency is not separable from matter, for matter is always apt to receive a form and, therefore, such potency can be separated from matter only formally but not really. The final solution is concordant with the earlier view of matter as a positive principle and rejects the claim of identity of matter and privation on the ground that matter is not altogether identical with potency[19].

Positive being and its own act already constitute matter as something. This leads Antonius Andreae to another question, namely whether matter can exist without a form. Such a claim is not extraordinary in his times, for we can find it not only in Scotus, who is the immediate source of the theses presented in 'De tribus principiis naturae', but also in Henry of Ghent[20]. However, what was a theological issue related to the problem of God's infinite power for Henry, was a legitimate physical problem for Antonius. Again, he proclaims that he is following the Subtle Doctor here, assuring his reader that "it is the conclusion of Scotus that matter can, without any contradiction, exist of itself without any substantial or accidental form, absolute or relative"[21]. In the discussion, he fights off an objection saying that matter existing without any form would be unlimited and thus form an infinite body – something impossible and contradictory according to Aristotelian physics. Antonius replies that matter is unlimited only in a positive way, i. e., it has no external limits of itself, which could give it a definite shape. Still, it is limited in a negative way, i.e., it is not infinite in its internal division. Therefore, God can create a body without any form but not an infinite body[22].

In the beginning of the 14th century, it was the *communis opinio doctorum* that if material beings are composed of form and matter, this must be somehow ac-

---

19 Ibid., III, 23va–24rb: "*Sicut forma essentialiter est actus, sic materia est essentialiter potentia. Potentia autem potest sumi dupliciter, scilicet pro respectu vel pro fundamento, quod est ipsa substantia materiae. Iste etiam respectus potest sumi dupliciter, vel ut est coniunctus actui, id est formae ad quam est, vel est abiciens formam. Hoc praemisso dico ad quaestionem quod potentia accepta pro fundamento est idem realiter cum materia.* […] *Potentia materiae accepta pro respectu aptitudinali distinguitur a materia aliquot modo ex natura rei.* […] *Potentia materiae accepta pro respectu actuali distinguitur realiter a materia.*"

20 Cf. Henry of Ghent, Quodlibet I, 10, ed. R. Macken (Opera omnia 5), Leuven–Leiden 1979, 65–67.

21 Antonius Andreae, op. cit., I, 2 (nt. 4), 8vb: "*Est conclusio Scoti quod materia sine aliqua contradictione potest per se existere sine quacumque forma substantiali sive accidentali, vel absoluta vel respectiva.*" In this respect, he differs from Cross, who thinks that Scotus failed to demonstrate the conclusion. Cf. Cross, op. cit. (nt. 14), 26.

22 Antonius Andreae, op. cit., I, 2 (nt. 4), 8vb: "*Omne absolutum prius alio a quo realiter distinguitur potest esse sine contradictione sine illo. Sed materia est quid absolutum distinctum realiter et prius quacumque forma substantiali seu accidentali.* […] *Figura potest accipi dupliciter, vel positive vel privative. Primo modo dicit determinationem quandam extrinsecam et extraneam alterius generis a corpore;* […] *secundo modo accepta figura, scilicet privative, dicit determinationem quandam intrinsecam quae nihil positivum addit ultra corpus, sed tamen privationem ad ulteriores partes.* […] *Primo modo accipiendo figuram Deus potest facere corpus sine figura, secundo modo non.*"

counted for by their essences. In the question devoted to the problem, Antonius Andreae states that matter pertains to the quiddity of material beings, interpreting this view in agreement with Scotus's teaching about the structure of composite substances. In an elegant way he joins two of its tenets: plurality of substantial forms and individuation through individual difference. He says that in things composed of matter and form, both one and the other can be viewed in a number of ways. In the first place, form and matter can be treated as integral parts of a composite, understood as an individual substance. Secondly, they can be analyzed with reference to essence. Here, we can see a two-tier structure, since form is referred to either as *forma partis*, form of the part, whose appropriate counterpart is matter conceived of in an absolute way, i.e., as the potential principle of being, or as *forma totius*, the form of the whole, identical with nature, whose appropriate matter can only be that which makes it individual, i.e., haecceity (by the way, Antonius does not use this term in 'De tribus principiis nature' preferring the circumlocution *proprietas individualis*). Finally, form can be understood logically as an abstract term and then its material counterpart is simply an individual, since individuals are the matter of species[23]. The term "matter", which Antonius applies to the principle of individuation, is used in the figurative sense, as that which is opposed to form. Looking for "matter" in everything that is composite might be an echo of Bonaventure's universal hylomorphism, but Antonius is not drifting away from the teaching of the Subtle Doctor by choosing slightly different vocabulary. He agrees with Scotus in principle that an individual is individuated independently of its matter[24].

Antonius Andreae notes that the discussions concerning material beings imply the problem of corporeality and, consequently, extension. As we could see in the argument cited above, for Antonius, matter has no extension of itself when it is considered without later determinations given to the composite by categories. However, even when matter is subject to the category of quantity, its own extension is different from the extension of quantity, because matter receives its extension in the moment in which it is united with form to constitute a body, which is to say: before any accidental determination (including the accident of quantity). Antonius concludes that such extension of matter must be its characteristic feature, not really different from it. It is thus the essential characteristic

[23] Ibid., I, 5, $12^{rb}-13^{vb}$: "*Materia et forma dicunt ad aliquid;* [...] *quot autem modis dicitur unum relativorum tot et reliquum.* [...] *Forma autem sive species, quod pro eodem habeo, tripliciter accipitur a Philosopho. Uno modo accipitur forma vel species pro forma, quae est pars compositi intrinseca.* [...] *Alio modo dicitur forma vel species ipsa rei quidditas, puta humanitas, et secundum hoc dicitur quaedam est forma partis et quaedam est forma totius.* [...] *Alio modo accipitur species forma pro universali abstracto.* [...] *Materia autem dicitur tripliciter correspondenter, nam ut opponitur formae primo modo est pars quaedam intrinseca compositi, ex qua fit res cum insit.* [...] *Alio modo dicitur sive accipitur materia ut opponitur formae secundo modo, scilicet ipsi quidditati, et est ipsa proprietas individualis, quae est causa individuationis contrahens ipsam quidditatem ad esse hoc, vocetur proprietas rei materialis.* [...] *Alio modo, ut materia opponitur formae tertio modo dictae, accipitur pro individuo, quo modo individua dicuntur materialia respectu speciei.*"

[24] Cf. Cross, op. cit. (nt. 14), 37–38.

of matter seen as a positive being. Consequently, it must also be potential and it becomes actualized only by the extension superadded to it by the accidental form of quantity[25]. The question concerning the extension of matter deserves special interest, because it is not directly modeled on any question by Scotus, which may mean that Antonius Andreae found something missing in his master's comments about the nature of matter. Antonius's conjectures are individually drawn on the basis of Scotus's opinions presented in other contexts. This may be the reason why Richard Cross reads the same passages as leading to the contrary conclusion that Scotus denies matter to have any sort of extension prior to the inherence of quantity[26].

With the question concerning the extension of matter, Antonius Andreae moves to a new perspective: after a static view of matter as a principle in itself comes a dynamic one – of matter as a principle involved in the processes of generation and corruption. His analyses pertaining to matter in the dynamic perspective show how he elaborated the issues first dealt with only marginally by Duns Scotus in his 'Metaphysics'[27]. He observes that in the process of corruption, and by a mirror analogy in generation, too, there is a resolution of forms down to the prime matter. This process is different in different beings, for in those which have only one form it occurs instantaneously, but in the ones which have more forms (which is to say: in all animate material beings), it has a certain duration, since even after the destruction of the ultimate form, which is called the form of the whole quiddity (*forma totius*), there remains the bodily form. The bodily form is an incomplete one (it has no quiddity of its own) and is in a continuous flux towards the prime matter; in this process, all subordinate partial forms are eliminated. This description, accounting for the process of decay, provides a detailed explanation for doubts concerning Scotus's doctrine of plurality of forms[28]. It is worth mentioning that Antonius decided here to

---

25 Antonius Andreae, op. cit., I, 4 (nt. 4), 10va–11vb: "*Prima conclusio sit ista. Materia accepta sine quantitate non est actualiter extensa.* [...] *Secunda conclusio est ista. Materia existens subiecta quantitati habet aliquam extensionem.* [...] *Tertia conclusio est ista. Materia existens sub quantitate habet extensionem aliam ab extensione quantitatis.* [...] *Hanc probo sic. Omnis forma substantialis unitur suae materiae sine medio accidentali. Sed corpus organicum, et per consequens extensum, est materia formae substantialis, quae est anima, ergo anima immediate unitur corpori extenso non interveniente quantitate, nec aliquo accidente, quod non esset nisi alia esset extensio corporis ab extensione quantitatis.* [...] *Quarta conclusio sit ista. Extensio alia a quantitate non est a materia realiter distincta.* [...] *Quinta conclusio sit ista. Extensio materiae potentialiter accepta est prior ex natura rei extensione quantitatis.* [...] *Sexta conclusio est ista. Extensio materiae actualiter accepta est posterior ex natura rei extensione quantitatis.* [...] *Confirmatur: illud per quod reducitur aliquid ad actum ut sic, est prius eo. Sed per quantitatem extensam reducitur ad actum materiae extensio, ergo etc.*"

26 Cf. Cross, op. cit. (nt. 14), 21, nt. 34.

27 Cf. John Duns Scotus, Quaestiones super libros Metaphysicorum Aristotelis, edd. Andrews/Etzkorn/Gál/Green/Kelley/Marcil/Noone/Wood (nt. 6), 157–162; cf. also Cross, op. cit. (nt. 14), 64–65.

28 Antonius Andreae, op. cit., I, 3 (nt. 4), 10ra: "*In omni generatione et corruptione simpliciter oportet fieri resolutionem usque ad primam materiam, et hoc statim vel non statim. Statim quidem in habentibus unam formam, sed non statim in habentibus plures formas. In homine enim, in quo non dubito esse plures formas, separata ultima forma specifica et corrupto homine, puta in morte, remanet materia sub forma incompleta corporis, quae non est in aliqua specie specialissima, sed est naturaliter in continuo fluxu usque ad primam*

follow the Subtle Doctor's more decisive opinion from 'Opus oxoniense' concerning generation as mutation rather than the conditional one presented in his 'Metaphysics' questions[29]. He returns to the problem of decomposition as an argument for plurality of substantial forms later, in the section devoted to the second principle of nature.

The second main section of 'De tribus principiis naturae', which is devoted to form, contains five questions: 1) whether *rationes seminales* exist in matter, 2) whether natural generation of substantial forms has a divisible measure, 3) whether substantial forms are distinguished as mutually contradictory, 4) whether formal distinction of organic parts in natural substances is due to the plurality of substantial forms, and 5) whether quiddities of accidental forms contain grades. Only three of them have direct counterparts in any questions of Scotus: the final two in his 'Metaphysics' questions and the first one both in the 'Metaphysics' and in 'Opus oxoniense'.

Although the plurality of substantial forms is frequently mentioned in 'De tribus principiis naturae', Antonius Andreae devotes a separate question to it in order to present and defend the Scotist point of view against the Thomists. The arguments Antonius adduces all seem to be taken from or modeled on Scotus[30]. He claims, e. g., that since no accident can be present in matter without the mediation of a substantial form and one and the same accident remains in the corpse and in the living creature, there must be a substantial form, which remains in the body even after the soul, which is the ultimate form, has been separated from it. According to Antonius, this argument is valid not only with respect to human beings, as suggested by Henry of Ghent[31], but to all animate creatures. Beside the ultimate form (*forma totius*), they possess a substantial form of corporeality, which is the form of a *mixtio* (namely, a composite made of elements), appropriate for a given kind of creature. Furthermore, even parts of a body can have their separate substantial forms of *mixtio*, since various parts differ in their composition and so it would be impossible for them to be informed by one and the same form[32]. At the same time, Antonius is not afraid that such a plurality of forms might present creatures as aggregates rather than composites: he claims that substantial forms make up a hierarchical structure starting from the elementary ones and ending in the ultimate specific forms, the final perfection and unity being given by the individual grade[33].

---

materiam, antequam de illa materia aliquid specifice distinctum generetur, qua corruptione prius completa ordine naturae introducitur ab agente naturali forma aliqua specifica."

[29] Cf. Cross, op. cit. (nt. 14), 65, nt. 42.

[30] Cf. ibid., 56–57.

[31] Cf. ibid., 58–62.

[32] Cf. ibid., 69.

[33] Antonius Andreae, op. cit., II, 4 (nt. 4), 19vb: "*Respondetur, quod anima est forma perfectior et continet imperfectiorem, quae est forma mixti seu corporis.* [...] *Contra.* [...] *Nullum accidens potest fundari in materia sine aliqua forma substantiali, nam materia cum forma sunt causae omnium accidentium.* [...] *In unoquoque vivo, cum est mortuum, remanent eadem accidentia numero quae prius, ergo aliqua forma est eadem numero quae prius. Non anima, ut patet, quia mortuum est, ergo aliqua alia, et habetur propositum.*" Ibid., 20ra: "*Teneo ergo, quod in quocumque animato necesse est ponere aliquam formam qua corpus est corpus, quae est*

In the question about *rationes seminales*, Antonius Andreae looks back to a problem well established in the tradition of Augustinian philosophy. It was his teacher, Duns Scotus, who departed from that tradition, which until then had been shared by most Franciscan masters. Antonius upholds the position of his master, quoting his arguments for it. He shows that if one accepts the doctrine of matter as a positive principle of natural things, there is no need to introduce anything that would have to play the role of an active principle, "stimulating" matter to receive a form[34]. Matter with its own act of being in subjective potency is of itself ready to accept forms and thus *ratio seminalis* is a concept suitable only in more particular considerations of the problem of animal generation, impregnation and conception[35].

The remaining three questions concerning form are centered around the problem of change. For Antonius Andreae, change (*mutatio*) is a gradual process occurring between opposing extremes. He sees it as a phenomenon not limited to the categories of quality or quantity but referring also to the category of substance. This means that for him generation is successive. The statement is bold enough for Antonius to make a reservation saying that it is such only with respect to creatures informed by more than one substantial form, thus allowing their successive assumption and that it is not continuous as long as it refers to the assumption of successive forms and their perfectional portions. As a result, creatures can be divided into two groups: beings informed by a single form are generated instantaneously (in accordance with the opinions of Aristotle), and beings informed by more than one substantial form assume them successively. The latter group is composed of animate corporeal beings, whose form in act has some extension. Their substantial forms have intrinsic essential grades, which allow them to assume various degrees of perfection. He explains that this is not to say, e.g., that someone is more or less human, but that he or she has a more or less noble degree of humanity[36]. An example for this can be found

forma corporis mixti, aliam ab illa qua est animatum, non intelligendo de illa qua est corpus, id est individuum corporis, quod est genus, quia unumquodque per formam propriam et ultimam est individuum corporis, quod est genus, sed de forma qua est corpus, ut corpus dicit partem individui."

34 Cf. Cross, op. cit. (nt. 14), 43–44.

35 Antonius Andreae, op. cit., II, 1 (nt. 4), 15^{ra-va}: "*Dico, quod semen non ponitur ut sit principium activum generationis attingens terminum formalem generationis, qui est ipsa forma.* […] *Ratio seminalis licet sit in materia non tamen est ipsa materia.* […] *Ratio seminalis non est potentia receptiva materiae.* […] *Ratio seminalis non est aliquis actus in materia praexistens.* […] *Ratio seminalis est aliqua ratio seminis inquantum semen est. Ratio seminalis non est coaeva materiae sicut nec semen.* […] *In generatis univoce vel aequivoce immediate non requiritur ratio seminis vel seminalis.* […] *In generatis mediate univoce vel quasi univoce, quod dico propter generationem muli et similium, necessario exigitur ratio seminalis.*"

36 Ibid., II, 2, 17vb: "*Omnes formae habentes idem susceptibile et eaedem genere naturali vel sunt extremae vel mediae. Sed omnes formae speciales substantiales sunt huiusmodi, patet ergo omnes formae sunt mediae vel extremae. Non omnes extremae, patet ergo aliquae sunt mediae. Sed medium est magis uno extremo et minus altero, quia participat extrema non in suis excellentiis, patet ergo secundum esse remissum.*" Ibid., 18ra: "*Sed nunquid potest dici ille magis humanus quam ille. Dicendum est quod non, quia substantia non praedicatur proprie denominative sicut accidens. Tamen physice et secundum rei veritatem maior entitas speciei humanae vel nobilior gradus est in uno quam in alio.*"

in the case of embryos, which are in a flux until they assume the form of the soul[37].

Antonius Andreae rests his argument for the successive generation of substantial forms on the assumption that they are contrary to one another, which allows for a change from one extreme to the other. He concedes that opposition allowing for a change from one extreme to the other is not contrariety in the strict sense, but one which, nevertheless, allows forms to oppose one another, and although there is nothing like an "intermediary" substantial form[38], we can speak of grades of a substantial form. The process of substantial change as one occurring between opposing extremes is illustrated by Antonius with the transmutation of elements. Because the forms of elements are in opposition, they are apt to undergo successive changes from one to another by means of intension and remission of their essential properties: hotness, coldness, humidity and dryness. The necessary condition for those changes is that they possess one and the same matter, which is the substrate in which those processes take place. This clearly excludes the possibility of gradual change in immaterial beings but does not rule it out in material substances[39].

It is no coincidence that the two questions devoted to the problem of the successive character of generation have no direct counterpart in the works of John Duns Scotus. The position that Antonius Andreae takes in them is quite original and one can only guess how Scotus's ideas can be exhibited there. It seems that Antonius's view, with the idea of perfectional portions of a form, is a transformation of the Subtle Doctor's addition of forms theory. However, the addition of forms theory was devised by Scotus to account for qualitative change. Antonius may have misunderstood his master and misattributed his solution. Perhaps, he was misled by Scotus's comment that "elements can be said to be present in a compound substance in much the same way as extreme instances of a mixed quality [...] exist in the mixed quality", an explanation Cross finds inadequate[40], if not clumsy. Still, such a hypothesis is rather implau-

37 Ibid., II, 3, 19^{ra-b}: "*In substantia vere est motus* [...] *et cum arguitur, quod in medio punctuali illius motus materia aequaliter haberet de forma ignis et de forma aquae, concedo illud. Hoc enim verum est in omni motu successivo. Ad* [*illud, quod*] *aliquid corpus* [...] *non erit in aliqua specie determinata, dico quod hoc non erit inconveniens, immo necessarium quamdiu est in fieri et fluxu; quod etiam communiter conceditur de embrione, qui quo usque habeat ultimam formam specificam, puta animam, non est in aliqua specie vel genere determinato, sed fluit ad speciem.*"

38 Ibid., II, 2, 18rb: "*Repugnantia formarum substantialium non est repugnantia contrarietatis stricte accepta.* [...] *Deficit tamen tertia et quarta* [*conditio*]. *Non enim est accipere duas formas sub eodem genere, quae maxime distant, ita quod claudant in medio omnes alias eiusdem generis.* [*Quod*] *unum uni tantum contrariatur* [...] *est falsum in proposito. Probatio: quia cum omnis generatio sit ex contrariis vel mediis* [...], *cum ex terra generatur ignis et aqua et aer et etiam econverso, sequitur quod terrae contrariantur illa tria et econverso; et breviter omnia elementa et omnia generabilia et corruptibilia contrariantur sibi invicem isto modo.*"

39 Ibid., II, 3, 18vb: "*Repugnantia formarum substantialium est repugnantia contrarietatis large sumptae. Hanc ostendo* [*sic*]*:* [...] *Aer autem et ignis quaedam contraria sunt terrae et aquae, terra autem aeri, aqua autem igni. Igitur contraria sunt, ut contingit substantiam esse contrariam.*"

40 Cf. Cross, op. cit. (nt. 14), 74.

sible if we consider that Scotus's teaching about the elements seems to be quite explicit in maintaining that an individual elemental form is an individual form of a complete species, and the question whether substantial forms have degrees immediately follows the one about degrees of accidental forms in Scotus's 'Metaphysics' questions[41]. The reason why he does so may lie in the fact that Scotus's teaching here was believed to be particularly obscure[42]. In such a case, he may have felt compelled to resort to some other authority for a solution[43].

The discussions about change are concluded with a question concerning degrees of accidental forms. Here, Antonius Andreae begins by enumerating what is not the cause for degrees of those forms. He states that it is neither the bigger or smaller extension of the body, nor approximation to its contrary or recession from it, nor being about to receive the name of a property, nor a disposition of its subject[44], or the subject as such, or, finally, grounding of that form in matter[45]. Then, after the polemics against the opinions of Godfrey of Fontaines and Henry of Ghent[46], Antonius proclaims that the real cause for the accidental form having degrees is the latitude of degrees in its specific form[47]. He says that in every single quality we have to distinguish three elements: the specific form of a quality, its degree, which belongs to the essence of a quality but is individual, and the individual difference, which makes the quality "this". Specific forms of quality are thus really divided into individual qualities of particular intensities. These intensities are perfectional parts of specific forms and

---

41 Cf. ibid., 73. Cf. also John Duns Scotus, Quaestiones super libros Metaphysicorum Aristotelis, VIII, 2, edd. Andrews/Etzkorn/Gál/Green/Kelley/Marcil/Noone/Wood (nt. 6), 413: "*Utrum substantia, scilicet forma substantialis, suscipiat magis et minus*".

42 Lucas Wadding, a 17th-century editor of Scotus, offers the following comment about it: "*vix aut ne vix quidem capi potest*". Cf. Gensler, Antonius Andreae Scotism's best supporting *auctor* (nt. 2), 75.

43 A. Maier claims that Antonius's position on the issue is influenced by Averroism. Cf. A. Maier, Studien zur Naturphilosophie der Spätscholastik, vol. 3: An der Grenze von Scholastik und Naturwissenschaft (Storia e letteratura 41), Roma ²1952, 108–109.

44 This proposition receives most attention, which may be due to the fact that it is the opinion of Averroes and Aquinas. Cf. Cross, op. cit. (nt. 14), 180–183.

45 Antonius Andreae, op. cit., II, 5 (nt. 4), 21^{ra-va}: "*Maioritas et minoritas extensiva subiecti vel formae vel utriusque non est causa suscipiendi magis et minus.* [...] *Approximatio et remotio a suo contrario non est causa suscipiendi magis et minus.* [...] *Accessus et recessus ad impositionem nomini non est causa suscipiendi magis et minus.* [...] *Forma accidentalis non suscipit magis et minus secundum dispositionem subiecti vel in subiecto vel secundum esse in subiecto remanente eius essentia immutata.* [...] *Radicatio formae in materia non est causa suscipiendi magis et minus.* [...] *Subiectum formae non est causa suscipiendi magis et minus. Hoc apparet, quia subiectum dicitur tale propter formam inhaerentem et non e converso.*"

46 Ibid., II, 5, 22ra: "*Godofredus ponit quod cum aliquid fit de albo albius vel de albo minus album tota forma praeexistens corrumpitur et novum individuum formae generatur.*" And ibid., 22va: "*Est opinio Henrici, quinto quodlibet quaestione 18.* [...] *Imaginatur enim quod in primo gradu formae sunt virtualiter omnes gradus perfectionales eius qui per actionem agentis extrinseci reducuntur de potentia ad actum.*" Cf. also Cross, op. cit. (nt. 14), 173–179 and 183–186.

47 Antonius Andreae, op. cit., II, 5 (nt. 4), 22ra: "*Forma accidentalis de qua quaeritur habet tales gradus. Dico etiam quod praecisa ratio suscipiendi magis et minus est latitudo graduum in forma specifica, sive quo idem est illimitatio formae quae participatur.*" Cf. also Cross, op. cit. (nt. 14), 187–188.

individual qualities are composed in a unitive way of their specific forms and individual properties[48]. The unity of those individual qualities is the unity of homogeneity[49]. Throughout the question Antonius is closely following Scotus's account of the problem in the respective 'Metaphysics' question[50].

The final question of 'De tribus principiis naturae' plays the role of an epilogue in which the plots of the story are finally put together. Antonius Andreae shows the principles of nature in a dynamic perspective, asking whether the composite of matter and form is the end of the process of natural generation. He states that the principles of nature can be divided in the following way: matter and form are the two principles of the essence of things, form and privation are the two principles of the generation of things. He points out that neither form nor matter exist *per se* but only *per accidens* with respect to the composite; similarly, neither form nor privation are generated *per se* – only the composite. It is because of that – he says – that generation is called natural, as it leads to the coming to being of a natural being. The composite of those principles, emerging from the process of generation, is an act ending the process; at the same time it is an entity really different from the entities of its constitutive parts (as they can continue to exist even after its destruction). The entity of a composite has an absolute character, i.e., it exists of itself with no respect to anything else. This anti-reductionistic vision is concordant with the opinion of Scotus[51]. Antonius tries to iron out the ambiguity of Scotus's comments when he says that the composite is the form of the whole (*forma totius*), which is identical with the quiddity of a thing and, consequently, not an individual, for individuality is something which is external to the concept of quiddity and comes to it only as a final act of the form[52]. Still, he does not depart from his

---

48 Antonius Andreae, op. cit., II, 5 (nt. 4), 21vb: "*Notandum quod in albedine est tria considerare, scilicet naturam specificam, secundo gradum individualem sed tamen essentialem, qui est quidditas essentiae individui, tertio – differentiam individualem qua albedo individuale est haec.* [...] *Aliqua forma specifica, puta albedo, realiter dividitur in pluribus individuis albedinis.* [...] *Gradus formae de qua nunc est sermo est portio perfectionalis formae specificae extra eius quidditativum conceptum, sed ipsam formam specificam infra suum conceptum essentialiter includens.* [...] *Ex hiis concludo correlarie* [...] *quod individuum quod componitur ex forma specifica et proprietate individuali continet unitive illos gradus.*"

49 Cf. Antonius Andreae, op. cit., II, 5 (nt. 4), 22vb: "*Aliud est unum unitate homogenitatis, ut aqua et huiusmodi. Ad propositum: ex duobus gradibus unius formae fit unum hoc modo aliis praetermissis.*"

50 In contrast to a very short treatment of the problem of grades of substantial form (merely two pages, 413–415), Scotus devotes 73 pages to the problem of grades of accidental forms. Cf. John Duns Scotus, Quaestiones super libros Metaphysicorum Aristotelis, VIII, 3, edd. Andrews/Etzkorn/Gál/Green/Kelley/Marcil/Noone/Wood (nt. 6), 415–488.

51 Cf. Cross, op. cit. (nt. 14), 78 and 87–88.

52 Antonius Andreae, op. cit., IV (nt. 4), 25va: "*Materia et forma sunt principia esse rei, tamen nullum illorum habet per se esse, sed potest esse illud, quo compositum est et existit; ipsa autem existunt per accidens. Similiter privatio et forma sunt principia fieri rerum, sed non oportet, quod alterum per se fiat vel generetur, sed est quod quo compositum generetur.* [...] *Generatio dicitur naturalis primo, quia est via in ens naturale, quod est compositum, secundario vero, quia est via in formam, quae est natura.*" Ibid., 25vb: "*Compositum ex materia et forma, quod terminat generationis actum per se primo* [*quidditative*], *dicit formaliter aliquam entitatem distinctam realiter a suarum partium entitate. Hanc ostendo sic:* [...] *Entitates partium possunt existere corrupto composito.*" Ibid., 26ra: "*Individuum aliud addit super speciem et genus, aliter non esset inferius.*" Ibid., 26rb: "*Entitas totius compositi ex materia et forma, alia ab entitate partium, est entitas absoluta.* [...]

master, since the Subtle Doctor also "regards the individuation of this composite whole as something *additional* to the individuation of its matter and form, something which cannot be explained just by the individuation of its matter and form"[53].

III.

Being a faithful pupil amounts to more than just repeating one's master's opinions, it requires accepting them as a kind of intellectual template. It must be characterized by the willingness to think along with the master and apply his way of reasoning to controversial issues. Judging from the results of our survey of his 'De tribus principiis naturae', Antonius Andreae may be said to be pretty faithful. In the majority of his questions he tries to present the pure teaching of Duns Scotus, usually distilled from more than one of his works. We found only three discrepancies between his opinion and that of his master. In the first case, the controversy results from his interpretation: as far as extension of matter is concerned, Richard Cross admits that even some contemporary scholars interpret Scotus in the same way Antonius did. In two questions concerning grades of substantial or elemental form, the reason of his infidelity could be twofold. It may have been a deliberate preference for a particular solution of a philosophical problem, which according to him was not satisfactorily solved by Scotus, or it may have been a misinterpretation of Scotus, caused by his misleading or inconsistent comments. If the latter was the case, he may be excused for his preference to be close to the *communis opinio doctorum* and it does not diminish the impression that in 'De tribus principiis naturae' Duns Scotus is seen by Antonius Andreae as a veritable intellectual guide. This opinion can be further strengthened by his dedication to Scotus's solutions not just in 'De tribus principiis' but also in his other works, like the 'Metaphysics' commentary or 'Abbreviatio operis oxoniensis', where Antonius highlights specifically Scotist solutions[54]. Most of all, however, we can be persuaded of his loyalty to his master when Antonius defends his views against Peter Auriol, probably the only contemporary he finds worthy of mentioning by name. It is then that we are ready to believe in his declaration, which immediately follows the title quotation of this paper:

> "*Si autem aliquid maledictum vel doctrinae dictae contrarium reperias, vel repugnans, meae imperitiae ascribatur. Quod si aliquid tale ibi continetur, nunc pro tunc revoco tamquam dictum fuit ignoranter, puta quia ignoraveram mentem Scoti*"[55].

Entitas compositi distincta a partibus est forma totius, quae est quidditas." Ibid., 26va: "*Forma totius est ipsa tota natura sive quidditas continens totum entitative, ita quod non est forma informans, sed forma a qua suppositum sive compositum est ens quidditative.*"

53 Cf. Cross, op. cit. (nt. 14), 89.

54 Cf. Gensler, Antonius Andreae Scotism's best supporting *auctor* (i II) (nt. 7), 45–46; id., The Philosophical Issues in Antonius Andreae's Scriptum in Artem Veterem and Abbreviatio Operis Oxoniensis Scoti, ibid., 51–61, at 58.

55 Antonius Andreae, op. cit., IV (nt. 4), 26vb.

V. Lehrer und Schüler in Byzanz

Le système éducatif à Byzance ou « pourquoi les Byzantins n'ont pas développé une formation universitaire comme en Occident » ?

JOHANNES NIEHOFF-PANAGIOTIDIS (Berlin)

En voulant décrire et analyser le système éducatif byzantin, plus particulièrement l'enseignement supérieur (en anglais « higher education »), nous nous confrontons à des faits qui sont connus de la majorité des byzantinistes, mais insuffisamment du grand public et certainement trop peu du public médiéviste. Aussi est-il important de faire quelques rappels avant de commencer notre exposé, afin de dissiper tout malentendu. Tout d'abord, nos connaissances sur Byzance demeurent très insuffisantes par rapport à celles sur l'Occident latin. En effet, nous ne possédons pas les sources documentaires nécessaires pour pouvoir les éclairer. Il est certain que les descendants des Grecs anciens usaient de l'écriture. Leur production littéraire était même abondante. Cependant, les incendies et les pillages de 1204 et 1453 ont détruit la majorité des documents, du fait de leur localisation centralisée. Seul un petit nombre a pu être sauvé, ce qui reste insignifiant par rapport à ceux existant en Occident.

Les archives nationales ont donc été détruites par le feu; quant aux documents transmis par les monastères dont nous disposons, surtout ceux du Mont Athos, ils ne sont apparus que tardivement (généralement durant la seconde moitié du XIème siècle). Ces écrits, comme les fameuses « archives de l'Athos » (un projet parisien, inauguré en 1937[1]), ne se préoccupaient guère du système éducatif: les monastères de Byzance n'étaient à priori pas des institutions éducatives, bien qu'il existât des centres monastiques où l'on étudiait, mais ces cercles étaient plutôt informels (voir ci-dessous). Ces monastères étaient souvent des lieux d'érudition importants, comme celui de St. Jean τοῦ Στουδίου, où l'on copiait des manuscrits. Pendant plusieurs décennies, les byzantinistes ont fait beaucoup d'efforts pour reconstruire ces « écoles » ou « ateliers », *scriptoria*, comme à l'ouest, et ils y sont parvenus avec succès[2]. Cependant, les institutions ecclésiastiques

---

[1] Cf. Actes de Lavra (897–1178), edd. G. Rouillard/P. Collomp (Archives de l'Athos 1), Paris 1937 [remplacé aujourd'hui par: Actes de Lavra, I, Première partie: Des origines à 1204. Éd. diplomatique (avec un album des planches) par P. Lemerle/A. Guillo/N. Svoronos, avec la collab. de D. Papachryssanthou (Archives de l'Athos 5), Paris 1970].

[2] Cf. A. P. Každan/A.-M. Talbot/A. Cutler, Studios Monastery, in: A. P. Každan e. a. (eds.), The Oxford Dictionary of Byzantium, 3 vols., New York–Oxford 1991, vol. 3, 1960 sq.; voir également le livre de N. X. Eleopoulos, La bibliothèque et le scriptorium du monastère des Stoudiou, Athènes 1967 [en Grec].

byzantines ne firent guère le pas décisif en direction de la l'instauration d'un système universitaire comme en Occident, avec pourtant une exception importante: le Patriarcat (voir ci-dessous). Ces écrits nous fournissent néanmoins des informations précieuses sur la vie rurale, sur les conflits entre deux territoires et sur la langue. Au final, bien que nous disposions de la quasi-totalité des classiques grecs, nous ne possédons que peu de renseignements sur le système éducatif à proprement parlé[3].

Nous voudrions dès lors analyser, à l'appui du texte livré ci-dessous, le concept d'université. Il paraît plus approprié d'entendre par « université » ce système d'enseignement supérieur tel qu'il s'est développé en Occident au début du XIIIème siècle, c'est-à-dire la mutation des écoles du XIIème siècle (Abélard) en université *per definitionem*, notamment celle de Paris[4]. Or, il est nécessaire de rappeler que ce développement est un fait exceptionnel, relevant du système occidental, et qu'il n'a été adopté que progressivement en Europe (à cet égard, il est intéressant de comparer ce phénomène avec la lenteur du Saint-Empire romain germanique dans la constitution d'universités proprement dites).

Il n'existe pas de phénomènes comparables à Byzance; pas même après la quatrième croisade, alors que maintes innovations furent consécutivement introduites (avec plus ou moins de succès), comme l'introduction du latin parmi les élites. Une imitation systématique de l'essor du système éducatif occidental ne se produisit toutefois aucunement dans l'Orient chrétien[5]. C'est la raison pour laquelle nous préférons qualifier le troisième degré d'enseignement à Byzance d'« éducation supérieure » (higher education), et non pas d'« université ». Cela entre certes en contradiction évidente avec ce qui est généralement énoncé dans la littérature secondaire, par exemple dans le livre de P. Speck 'Die kaiserliche Universität von Konstantinopel'[6]; mais de cette manière, on évite alors certaines imprécisions pouvant empêcher une compréhension objective de notre thématique. Byzance, héritière de la tradition romaine et hellénistique, possédait – tout comme l'Empire romain (son avatar plus ancien) – une instruction purement élémentaire, telle qu'elle était pratiquée par le γραμματιστής, le maître d'école. Ensuite venait le γραμματικός, le grammairien, auprès duquel étaient lus les œuvres classiques en grec ou en latin. Le troisième rang était enfin celui du

[3] Cf. A. E. Laiou, Peasant Society in the Late Byzantine Empire: A Social Demographic Study, Princeton, NJ 1977 [en Grec, Athènes 1987].

[4] Cf. H. Denifle/E. Châtelain (eds.), Chartularium Universitatis Parisiensis, Paris 1889–1897 [réimpr. anastatique Bruxelles 1964]; et iid., Auctarium Chartularii Universitatis Parisiensis, 6 vols., Paris 1984–1964.

[5] Cf., entre autres, F. Fuchs, Die höheren Schulen von Konstantinopel im Mittelalter (Byzantinisches Archiv 8), Leipzig–Berlin 1926 [réimpr. Amsterdam 1964], qui mentionne p. 53 sqq. la période après 1204, incluant la tentative d'établir un *collegium Graecorum* à Rome.

[6] P. Speck, Die kaiserliche Universität von Konstantinopel. Präzisierungen zur Frage des höheren Schulwesens in Byzanz im 9. und 10. Jahrhundert (Byzantinisches Archiv 14), München 1974.

rhéteur. Voilà donc pourquoi on qualifie ici ce système d'« enseignement supérieur »[7].

Le premier obstacle que l'on rencontre lorsqu'on souhaite écrire une histoire de l'enseignement supérieur à Byzance, c'est la pauvreté des ressources documentaires. Suite aux pertes causées par les pillages et les incendies du XIIIème et XVème siècles, il ne nous reste que très peu d'indications et seulement quelques citations repérées dans des œuvres diverses, lesquelles seront énumérées plus bas. Mais, et c'est là le point principal, la documentation concernant les chartes nous fait défaut. En comparaison, H. Denifle et E. Châtelain ont édité les quatre volumes du 'Chartularium universitatis Parisiensis', auxquels s'ajoutent les six de l''Auctarium'. Ce n'est pas par hasard si le premier document livré dans cette édition concerne le fameux privilège accordé par Philippe Auguste à la communauté des *scholares* de la capitale parisienne. Il existe donc dix volumes ayant essentiellement trait à l'Université de Paris[8]. Quant à Byzance, c'est-à-dire concernant une période d'un millénaire et plus, nous disposons uniquement de l'édit de Theodose II, conservé dans le Codex Theodosianus[9].

Pour ce qui est de l'âge classique « proprement byzantin », nous disposons d'une charte conservée parmi les œuvres de Jean Mavropous (* ca. 1000 – † 1081?), d'une lettre de félicitations du même auteur adressée à M. Psellos (dans le même corpus[10]) et d'une charte publiée par le père Montfaucon en 1715[11]. La majorité des ressources documentaires ont été conservées en raison de leur valeur rhétorique: elles servaient en tant qu'*exempla*, comme c'était le cas pour les œuvres de Jean Mavropous. Certes, les satires de l'infatigable Psellos portant sur son activité de professeur à la chaire de Constantinople en tant que ὕπατος τῶν φιλοσόφων, « consul des philosophes » (voir ci-dessous), fournissent des renseignements anecdotiques; ceux-ci sont d'une part très amusants et illustratifs, puis témoignent d'autre part de la vie scolaire, à l'instar de Baudolino dans la capitale de l'Empire byzantin au XIème siècle, après la refondation opérée sous Constan-

[7] Cf. R. Browning, School, in: Každan e. a. (eds.), The Oxford Dictionary of Byzantium (nt. 2), vol. 3, 1853. La description classique reste celle donnée par H.-I. Marrou, Histoire de l'éducation dans l'Antiquité, Paris [1]1948, [6]1965, chap. VII, 422 sqq.

[8] Cf. supra, nt. 4.

[9] Codex Theodosianus, edd. T. Mommsen/P. M. Meyer, vol. 2, Berlin 1905, XIV, 9, 3.

[10] Iohannis Euchaitorum metropolitae quae in codice vaticano graeco 676 supersunt, ed. P. de Lagarde (Abhandlungen der historisch-philologischen Classe der königlichen Gesellschaft der Wissenschaften zu Göttingen 28/1), Göttingen 1882 [réimpr. Amsterdam 1976], Nr. 187, 195 sqq. et Nr. 122, 67.

[11] B. de Montfaucon, Bibliotheca Coisliniana, olim Segueriana, Paris 1715, 103 sqq. Dans ce σημείωμα par Alexis Comnène, trois corporations apparaissent dans la condamnation de l'évêque Léon de Chalcedoine: les laïques, le clergé du monde, et les moines. Le successeur de Psellos (voir ci-dessous), Theodore Smyrnaios, est mentionné comme appartenant à la première (ibid., 104, 24) avec le rang de *protoproedros* (après le general Tatikios et un « [...] fils du Tarchaniotes », le ms. étant illisible, et avant Georgios Manganes du même rang) et le titre de *hypatos ton philosophon* (voir ci-dessous). Concernant Léon, voir P. Magdalino, The Empire of Manuel I Komnenus 1143 – 1180, Cambridge 1993, 269 sqq.

tin IX (voir ci-dessous pour une édition). Néanmoins, ces textes ne servaient pas de documentation *stricto sensu*, mais revêtaient un caractère d'œuvre littéraire, réalisée selon le goût du maître. Il s'avère donc difficile de replacer ces *opuscula* dans leur cadre social et, probablement, politique, étant donné que les ressources documentaires nous font défaut. Nous ne pouvons ainsi juger avec pertinence de ce qui relève de la littérature ou bien du réel.

Il est malheureusement impossible d'écrire une histoire de la formation intellectuelle à Byzance (ou plus exactement du système éducatif) dans sa totalité, telle que le fit admirablement le Père Denifle[12] pour Bologne et Paris[13]. Il est vrai que le livre, ancien mais riche en matériel, de F. Fuchs, ainsi que plusieurs publications postérieures, suggéraient déjà en 1926 la possibilité d'une *narratio rerum gestarum*. Mais il s'agit là d'une illusion. Nous disposons certes de notices brèves, même d'œuvres littéraires (c'est-à-dire stylisées), souvent illustratives, mais nous ne possédons pas de base fondamentale pour constituer une réelle « histoire ». De ce point de vue, l'histoire de la formation intellectuelle à Byzance reste un mystère pour beaucoup de collègues, surtout dans le champ des études médiévales.

Ce constat est d'autant plus regrettable, particulièrement pour la période de « l'Âge sombre » (« Dark Ages »), s'étalant du VIIème au IXème siècle, car c'est pendant ces deux siècles que se formèrent le troisième (ou quatrième)[14] centre de formation intellectuelle en Europe au Moyen Âge, surtout après la fondation de Baghdād en 762. Il serait intéressant d'en apprendre davantage sur le système en vigueur chez les voisins du Califat, car ce furent les byzantins qui transmirent les textes originaux d'Aristote. Ceci explique pourquoi l'école de Nisibis (voir ci-dessous) représente une énigme si importante: les Syriens avaient traduit dans leur langue des parties du *corpus Aristotelicum* avant l'avènement du mouvement arabe[15]. À l'époque sassanide, ils faisaient déjà figure de lien entre Byzance et l'empire rival.

Le second obstacle concerne la certaine « fixation » des recherches antérieures sur une étape importante (et plusieurs fois source de malentendus) de l'historie de ce système éducatif. On parle de la fondation – ou refondation – de l'Université de Constantinople au IXème siècle, liée aux noms fameux de Léon le

12 Cf. H. Denifle, Die Entstehung der Universitäten des Mittelalters bis 1400, Berlin 1885 [réimpr. Graz 1956].

13 P. Lemerle décrit la situation exactement: « Cependant ces mêmes textes ne nous disent pas en quoi consiste et comment s'acquiert cette instruction [...] » (Élèves et professeurs à Constantinople au Xe siècle, in: Comptes rendus des séances de l'Académie des Inscriptions et Belles-Lettres 113/4 [1969], 576–587, 576).

14 La numérotation dépend de la prise en compte des Juifs comme entité locale ou sociale, ou bien leur interaction omniprésente parmi les nations, comme membre du concert intellectuel Européen.

15 Concernant tout ce complexe, trop vaste pour être discuté ici, voir D. Gutas, Greek Thought, Arabic Culture. The Graeco-Arabic Translation Movement in Baghdad and Early ʿAbbāsaid Society (2nd–4th/5th–10th centuries), London 1998.

mathématicien (* vers 800 – † après 869), du maître de St. Cyril[16], de César Bardas, puis de la fondation de la faculté de droit par Constantin Monomaque en 1045, et, naturellement, de la position unique de Michel Psellos comme « consul des philosophes ». Les publications fondamentales de Speck (voir ci-dessus) et celles admirables rédigées sous la plume de P. Lemerle[17] se concentrent précisément sur cette époque. On trouve exceptionnellement quelques études portant sur l'époque intermédiaire (entre l'Antiquité et l'époque proprement byzantine) et surtout sur la période de 400 ans séparant Psellos de la conquête ottomane. Sauf exceptions (voir ci-dessous), les publications portent soit sur l'époque du Moyen Âge tardif, soit sur les processus les plus fascinants attestant de contacts décisifs entre savants orientaux et occidentaux. Concernant l'époque de Metochites, de Bryennios, de Gennade, il convient de lire des ouvrages paléographiques et prosopographiques comme ceux de L. D. Reynolds et N. G. Wilson, 'Scribes and Scholars', ou bien de D. J. Geanakoplos, 'Greek scholars in Venice'[18]. En conclusion, il semble qu'il y ait eu en général peu de contacts entre byzantinistes et médiévistes[19]. Ceci est d'autant plus regrettable, car la période allant du XIIème au XIIIème siècle, durant laquelle s'opère l'élaboration définitive du système universitaire en Occident, coïncide avec le tournant opéré par l'université occidentale (et le commencement de l'historiographie française). Or, la quatrième croisade (1204) représente une expansion massive des occidentaux au détriment de Byzance; et il est peu vraisemblable que ce soit par pure coïncidence.

Outre des explications d'ordre « externe », il importe également d'évoquer des raisons « internes » propres à la civilisation byzantine, dont la particularité tient à son caractère profondément oral. Encore une fois, cela ne signifie aucunement que rien n'ait été écrit à Byzance; au contraire, la documentation écrite était prolifique. Cependant, la majorité des secteurs de la société étaient basés sur la transmission orale[20]. Ce constat est aussi valable pour le domaine intellectuel. Même si nous disposons de nombreux textes théologiques, ce sont les modes de vie (« Lebensform ») ecclésiastique ainsi que le monachisme qui furent les

---

[16] Cf. A. Každan, Leo the Mathematician, in: Každan e. a. (eds.), The Oxford Dictionary of Byzantium (nt. 2), vol. 3, 1217.

[17] Cf. P. Lemerle, Le premier humanisme byzantin. Notes et remarques sur enseignement et culture à Byzance des origines au Xe siècle (Bibliothèque Byzantine. Étude 6), Paris 1971; et, antérieurement, id., Élèves et professeurs à Constantinople (nt. 13).

[18] Cf. L. D. Reynolds/N. Wilson, Scribes and Scholars. A Guide to the Transmission of Greek and Latin Literature, Oxford ^{2}1974; D. J. Geanakoplos, Greek Scholars in Venice. Studies in the Dissemination of Greek Learning from Byzantium to Western Europe, Cambridge, MA 1962.

[19] Cf. Denifle, Die Entstehung der Universitäten (nt. 12), où Byzance n'est pas prise en considération.

[20] Concernant la question de savoir dans quelle mesure la civilisation Byzantine proprement dite avait un caractère oral et un champ assez vaste et contesté, cf. A. P. Kazhdan/G. Constable, People and Power in Byzantium. An Introduction to Modern Byzantine Studies, Washington, DC, 102 sqq. L'ouvrage traite du problème de la naissance de la littérature en grec moderne; sur ce point, cf. H.-G. Beck, Geschichte der byzantinischen Volksliteratur, München 1971.

formes dominantes à Byzance et en Orient. Or, ceux-ci étaient transmis sous forme orale. On suivait tout au long de sa vie un maître spirituel, tel Anastasios et son *pater spiritualis*, Maximos le théologien († 662). En effet, il existe des textes faisant état de ce monachisme silencieux, comme le 'Pratum spirituale' de Ioannis Moschos († 620, à Rome) ou les 'Apophthegamata patrum', mais il s'agit essentiellement d'une littérature spirituelle . L'histoire est transmise – ou construite – autour de la parole, de la bonne parole du père vivant reclus dans désert. Ces textes étaient destinés au disciple afin qu'il puisse les étudier avec le maître ou ses condisciples. On sait que l'enseignement était dispensé dans les monastères (or c'est une des origines de la littérature copte et syriaque) ainsi que dans les sièges épiscopaux. Tel était le principe de l'académie du « patriarcat » (voir ci-dessous), qui avait pour conséquence d'écarter le monachisme byzantin (et oriental) du système éducatif de l'État, les institutions de celui-ci étant totalement distinctes de celles régissant la formation et la vie d'un moine.

Cela ne découle pas non plus d'une aversion des moines byzantins vis-à-vis de l'éducation, mais relève d'une tradition typiquement romaine, voire orientale. L'État romain oriental, byzantin, était très exigeant tout en perpétuant les traditions de son précurseur romain (voir ci-dessous). Dans la chrétienté, comme dans l'Antiquité tardive, l'éducation demeurait un secteur à part où l'on suivait certes un apprentissage, mais souvent dans le désert. Les pères spirituels avaient surtout comme objectif de transformer l'ἔρημος dans la cité[21]. Ce monachisme restait dès lors indépendant du système éducatif de l'État (ce qui n'excluait pourtant pas l'adhésion temporaire de membres de l'élite, à titre personnel, au monachisme, à l'instar de Psellos). Les Franciscains et les Dominicains n'officiaent pas encore à l'Université de Paris. Sachant que cette thématique est étudiée par mon collègue G. Kapriev dans le présent volume, on se penchera, dorénavant, exclusivement sur l'enseignement séculier, tout en gardant en toile de fond cette structure du quotidien que constituait la vie communautaire des moines. Ceci est indispensable pour comprendre la civilisation byzantine, de la période du père Zosima (nom du moine byzantin qui découvrit Maria Aegyptiaca) aux frères Karamasov, qui ne laissèrent pas de productions écrites.

Pour comprendre le secteur éducatif séculier à Byzance, il faut savoir que la Rome orientale hérita directement du système romain (déjà décrit par Marrou[22]). Avec les trois étapes mentionnées ci-dessus (γραμματιστής, γραμματικός et ῥήτωρ) rien ne change en principe durant le millénaire byzantin. Nombre de commentaires sur Hermogènes, Aphthonios et Dionysios Thrax (cités par Hunger[23]), les *rhetorici Graeci*, édités par H. Rabe, sont des textes provenant de l'enseignement supérieur à Byzance. Et cela vaut aussi pour le manuel de Ménandre

---

21 D. J. Chitty, The Desert a City. An Introduction to the Study of Egyptian and Palestinian Monasticism under the Christian Empire, Oxford 1966; voir également l'étude exhaustive d'A. J. Festugière, Les moines d'Orient, 3 vols., Paris 1961–1963.

22 Marrou, op. cit. (nt. 7), 389 sqq.

23 H. Hunger, Die hochsprachliche profane Literatur der Byzantiner, vol. 1, München 1978, 65 sqq.

(édité par Russel et Wilson[24]), datant du VIème siècle. Il faut ici souligner que cet enseignement relevait d'une initiative privée: il y avait seulement des enseignants indépendants en concurrence avec leurs collègues; il n'avait pas de lien propre avec l'Église (excepté sur le plan personnel). Le plus souvent les «maîtres» vivaient de façon précaire. Pour appuyer ces faits, nous disposons des lettres d'un maître d'école («Schulmeister») anonyme du Xème siècle, qui ont été analysées par Lemerle[25] (voir ci-dessous). Si celles-ci ont été préservées, c'est en raison du fait qu'elles furent considérées comme des *exempla* rhétoriques.

C'était sous la responsabilité de ces maîtres qu'on apprenait à parler et à écrire parfaitement le grec classique, l'État étant constitué de fonctionnaires et rhéteurs qui devaient être capables d'utiliser la rhétorique en présence même de l'Empereur (σιλέντιον, βασιλικὸς λόγος). Quant aux juristes, ils devaient aussi connaître le latin (voir ci-dessous). En réalité, l'État byzantin avait besoin de précepteurs, véritables «gardiens de la langue», car l'administration byzantine utilisait le grec classique (et le latin) comme «langue de travail»[26]. La continuité de l'État entraînait celle de son système éducatif, tout du moins dans le champ de l'imaginaire. Toutes ces notions nous permettent de comprendre les raisons qui sont à l'origine de la création de l'université impériale de la capitale byzantine. Psellos nous a livré des informations sur celles-ci dans le passage raffiné qui suit:

«Οὕτω δὲ ἀλλήλοις ἀντεξεταζόμενοι καὶ παραμετρούμενοι ἐπὶ τοῖς αὐτοῖς ἢ ἐφ' οἷς ἐπλεονεκτοῦμεν καλοῖς μετὰ τῆς αὐτῆς ἑνώσεως εἰς ὁμοίαν ὁμοῦ καὶ ἀντίθετον διαίρεσιν διαιρούμεθα· τὸ δ' ἐσχήκει οὕτως. Ἦν μὲν πάλαι ἀνὰ τὴν ἡμετέραν πόλιν τεχνῶν καὶ ἐπιστημῶν διδασκαλεῖα καὶ παιδευτήρια, καὶ σεμνοὶ θρόνοι καθίστασαν οὐ τῆς πανδήμου μόνης ποιητικῆς, ἀλλὰ καὶ τῆς τῶν λόγων τέχνης καὶ τῆς θαυμασιωτάτης φιλοσοφίας, νομικῆς δὲ τοῖς πολλοῖς ἐλάττων φροντίς· οἱ δὲ καιροὶ τὰ πράγματα περιτρέψαντες καὶ ἐξαμαυρώσαντες, μικροῦ δεῖν καὶ τοὺς τῶν λόγων πυρσοὺς ἀπεσβήκασιν. Καὶ θέατρα μὲν ἐτελεῖτο δημόσια, καὶ ἀγωνοθέτης τούτοις προὐκάθητο, καὶ οἱ διαμιλλώμενοι περιδέξιοι· οἱ δὲ τῶν λόγων ἀγῶνες ἐψεύδοντο τοὔνομα, καὶ ἐν παραβύστῳ ἔνιοι τοὺς λόγους ὑπεψιθύριζον· καὶ οἱ μὲν χορεύοντες πλείους, κορυφαῖος δὲ οὐδ' ὁστισοῦν τοῦ χοροῦ, ἀλλ' ὁ θίασος ἠτάκτουν τε τὴν χορείαν καὶ παρερρύθμιζον, οὔτε τὴν στροφὴν εὖ ποιούμενοι, οὔτε τὸν ἐπῳδὸν ἐξᾴδοντες ἐμμελῶς· καὶ ἦν φορά τις ἄλογος τὸ γινόμενον· τὸ δ' αἴτιον, ὅτι μή τις τῶν ἀντεξεταζομένων ἐπὶ τῷ λόγῳ κρείττων τοῖς ἄλλοις καθίστατο, οὐδ' ἦν ὥσπερ πάλαι ἐπὶ τοῖς Αἰθιοπικοῖς νόμοις ὁ βασιλεύσων αὐτῶν τά τε εἰς λόγους οὔτε ἐξηρημένος τὸ μέγεθος, οὔτε τὴν δύναμιν ἄμαχος· ἀλλὰ πύκται πάντες ἴσοι καὶ παγκρατιασταὶ παραπλήσιοι. Ὡς δ' ἐγὼ μὲν ἐπὶ ταῖς ἐπιστήμαις μᾶλλον καὶ τέχναις, ὁ δ' ἐπὶ τοῖς νόμοις ἐσεμνυνόμεθα, μερίζεται περὶ ἡμᾶς πᾶν ὅσον ἔκκριτον τῆς λογικῆς φάλαγγος· καὶ ὅσοι μὲν οὐδὲν ἄλλο ἢ κοσμεῖν τὴν πολιτείαν προείλοντο, ἐκεῖνον προὐβάλοντο στρατηγὸν συνερρυηκότες παμπληθεὶ, οἱ δὲ τῶν σεμνοτέρων ἐρασταὶ μαθημάτων περὶ ἐμὲ σχισθέντες ἀπέκλιναν. Τί οὖν ἐπὶ τούτοις ὁ βασιλεύς; δεινοπαθεῖ μὲν ἐφ' οἷς ἐβιάζετο, βιάζεται δὲ ἐφ' οἷς ἐδεινοπάθουν οἱ τῶν λόγων ἐπιμελόμενοι, καὶ τὸ καθ' ἑαυτὸν παριδὼν προσδίδωσιν

[24] D. A. Russel/N. Wilson, Menander Rhetor, Oxford 1981.

[25] Lemerle, Le premier humanisme byzantin (nt. 17), 246 sqq.; R. Browning, Byzantinische Schulen und Schulmeister, in: Das Altertum 9 (1963), 105–118.

[26] R. A. Kaster, Guardians of Language. The Grammarian and Society in Late Antiquity, Berkeley–Los Angeles 1988.

ὥσπερ ἡμᾶς μὴ πειθομένους μήτε τῷ πείθοντι, μήτε τοῖς ἀναγκάζουσιν· ἀλλὰ χαλεπὸν εἴ τις μέσῳ ἐναπολειφθείη δυοῖν, καὶ ταῦτα κρείττοσιν ἑαυτοῦ. Οὕτως ἀπὸ τῆς τῶν λόγων κοινωνίας εἰς πολιτείας συναχθέντες αἵρεσιν, τὴν αὐτὴν ἀπὸ ταύτης αὖθις διαιρεθέντες εἰς ἀκοινώνητον, ἵν' οὕτως εἴπω, συμφωνίαν διῃρέθημέν τε καὶ συνηρμόσθημεν· καὶ μόνοι περὶ τοὺς κρείττους τῶν λόγων τῇ Βυζαντίδι διεμερίσθημεν, ἐγὼ μὲν τἀναντία τοῖς ἐθέλουσιν ὑφηγούμενος, ὁ δέ μοι ἐξεναντίας μὲν θατέρῳ τῶν ἐμῶν παιδευμάτων, τῷ δέ γε λοιπῷ ἰσοπαλῶς προσφυόμενος· οὐ μὴν, ὥσπερ ἐνομίσθημεν, οὕτω παντάπασιν ἀντικείμεθα, ἀλλ' ἑκάστῳ μὲν τὸ ἰδιαίτατον ἐκηρύττετο, ἑκατέρῳ δὲ καὶ τὸ δοκοῦν ἀλλότριον διεσπούδαστο, ὡς ῥεῖν ἀπ' ἀμφοῖν καὶ ῥητορικῆς καὶ φιλοσοφίας, οὐδὲν δὲ ἧττον καὶ νομικῆς ἐπιστήμης κρουνούς· τοῖς γὰρ ὀνόμασι διαιρεθέντες, τοῖς ἀσκήμασι συνηνέχθημεν. Ἀλλ' ὁποῖα τὰ ἐπὶ τούτοις; οὐκ οἶδα πότερον τὸν βασιλέα τῆς ἀντιστροφῆς αἰτιάσομαι, ἢ ἡμᾶς αὐτοὺς τῆς τοῦ βασιλέως αἱρέσεως· ὥσπερ γὰρ εἰς μισθοφορὰν ἡμᾶς καταστήσας ἐπὶ τοῖς λόγοις, αὖθις ἀνακαλεῖται πρὸς ἑαυτὸν, τὴν πρὸς οὓς ἐξεδόθημεν συμμαχίαν ἀποτελέσαντας· καὶ ἦμεν τούτῳ ὅπερ ἑτέροις, ἐγὼ μὲν πρὸς ῥητορικὴν ἐξασκῶν καί τι καὶ φιλοσοφίας παραμιγνὺς, ὁ δὲ τεχνῶν τούτῳ τὰ νομικὰ καὶ τὰ ἐλευσίνια ὥσπερ μυσταγωγῶν.

Ὑπὸ δὲ τῆς φορᾶς τοῦ λόγου ἐπὶ πολὺ τοῦ δέοντος ἐναχθεὶς, καὶ τοῦτο προσθήσω ἐνταῦθα ἀκροτελεύτιον, ἐκείνῳ τε θαῦμα διδὸν, κἀμοὶ σεμνότητα τοῖς πολλοῖς ἄπιστον. Ἐπειδὴ γὰρ Μάρκον τὸν ἐν βασιλεῦσι φιλοσοφώτατον ἠκηκόει, ὡς δέλτον ἐξαψάμενος ἐς διδασκάλου ἐφοίτα, ζηλοῖ τὸν ἄνδρα τῆς τοιαύτης συνέσεως, καὶ πλέον τι τοῦ φιλοσόφου ποιεῖ· αὐτὸν γάρ με πολλάκις ἐπὶ θρόνου καθίζων, εἶτά μοι καὶ λέγοντι ὑπεγραμμάτευε, καὶ τὰ ὦτα πρὸς διδασκαλίαν ἀνίστα μεθ' ὅσης τις ἂν εἴποι τῆς ἐγρηγόρσεως.»[27]

Nous en livrons ici la traduction française proposée et commentée par W. Wolska-Conus[28]:

« Ainsi, nous équilibrant et nous complétant par nos qualités analogues ou par celles où nous l'emportions l'un sur l'autre, nous nous serrions avec une même unanimité, en vue d'une division semblable et en même temps opposée. Voici comment les choses se sont passées. Depuis des temps anciens, il y avait dans notre ville, des *didaskaleia* et des *paideuièria* des arts et des sciences; il y avait des chaires vénérables, non seulement de la poétique commune à tout le monde, mais aussi de l'art des *logoi* et de l'admirable philosophie. Quant au droit, la foule s'en souciait peu, mais avec le temps, les choses ont périclité et glissé dans la décadence; il s'en est fallu de peu que ne s'éteigne aussi le flambeau des *logoi*. Certes, on organisait des concours publics, un arbitre les présidait, et les concurrents se montraient d'une adresse remarquable. Cependant, les concours des *logoi*, démentaient leur nom, car c'est d'une cachette que quelques-uns soufflaient leurs discours, les danseurs étaient nombreux, mais il n'y avait pas de chorégraphie de grande valeur. La troupe dansait d'une manière indisciplinée et mal rythmée, elle n'exécutait pas correctement la strophe ni ne chantait mélodieusement l'épode. Le résultat était à l'avenant. La raison en est que personne, parmi les concurrents, n'était assez fort dans les *logoi* pour se mettre à la tête des autres, il n'y avait personne, comme c'était jadis d'usage chez les Éthiopiens, pour régner chez eux sur les *logoi* également, (personne) qui fût exceptionnel par sa grandeur ou imbattable par sa force. Tous étaient des pugilistes de force égale et des pancratiastes à peu près

[27] M. Psellos, Epitaphius in patriarchem Joannem Xiphilinum, in: C. Sathas, Bibliothèque médiévale, vol. 4, Venise 1874, 432, 30–434, 24 [en Grec].

[28] W. Wolska-Conus, Les Écoles de Psellos et de Xiphilin sous Constantin IX Monomaque, in: Travaux et Mémoires 6 (1976), 223–243, spéc. 225sqq.

pareils. Cependant, comme moi j'avais une bonne réputation plutôt dans les sciences et dans les arts, tandis que Jean l'avait dans le droit, toute la fine fleur de la phalange intellectuelle se répartit autour de nous. Ceux qui n'ont choisi que d'orner la vie publique, affluaient en foule, ont promu Jean pour stratège, tandis que les amateurs de sciences plus nobles, faisant scission, se fondèrent vers moi. Que faisait dans ces conditions le basileus? D'une part, il se plaignait avec véhémence des choses qui lui faisaient violence. Cependant, il se laissait faire violence par les choses dont se plaignaient les gens attachés aux *logoi*, laissant de côté ses sentiments personnels. Il nous faisait pour ainsi dire diviser, nous qui n'obéissions ni à celui qui usait de persuasion ni à ceux qui usaient de violence. Il était bien difficile de se trouver entre deux (partis), d'autant qu'ils étaient plus forts que vous. Ainsi, de la communauté des *logoi*, nous avons été amenés à choisir une activité publique et, à partir de là, partageant à nouveau entre nous cette dernière, nous nous sommes séparés en vue d'un accord qui, pour ainsi dire, n'était plus une communauté, et nous nous sommes adaptés l'un à l'autre. Seuls, à Byzance, nous avons réparti entre nous les meilleurs des *logoi*, moi expliquant à ceux qui le désiraient des choses contraires (à ma spécialité), tandis que Jean se comportait de manière opposée à la mienne à l'égard de l'un de mes enseignements et de manière identique à l'égard des l'autre. Certes, nous n'étions pas aussi complètement opposés que nous ne l'avions cru, mais chacun de nous professait ce qui était sa spécialité la plus chère et aussi, l'un et l'autre, nous étudions ce qui semblait appartenir au domaine de l'autre, si bien que les sources de la rhétorique et de la philosophie coulaient de nous deux, non moins que celles de la science juridique. En effet, la différence entre nous portait sur les noms, alors que nous nous rapprochions dans l'exercice (de nos enseignements). Mais qu'arriva-t-il sur ces entrefaites? Je ne savais si je devais rendre responsable le basileus de sa volte-face, ou nous accuser nous-mêmes du choix fait par le basileus. Toujours était-il qu'après nous avoir mis à la tête des *logoi* en service commandé, revenant en arrière, il nous rappelait vers lui, nous qui avions contracté une obligation envers nos élèves et nous étions pour lui ce que nous avons été pour les autres. Moi, je l'exerçais à la rhétorique, en y mêlant un peu de philosophie, Jean l'initiait, parmi les arts, aux sciences juridiques comme aux mystères d'Éleusis. Emporté beaucoup plus qu'il ne fallait par l'envolée du discours, j'ajouterais une dernière chose, qui fit du basileus un objet d'admiration, et qui me donnait à moi-même une importance incroyable auprès des foules. Comme le basileus avait entendu dire que Mare, philosophe parmi les empereurs, prenait un cahier, allait chez le *didascale*, il cherchait à égaler cet homme de si grande sagesse et renchérissait sur ce philosophe. A plusieurs reprises, me faisant asseoir sur une chaire, il prenait des notes d'après ce que je disais et dressait les oreilles lors de ma leçon avec une extrême attention, pourrait-on dire […]»

Telle était la situation avant l'intervention de l'État: «Il y avait par toute notre cité […]». L'usage de l'imparfait, comme en français, indique que l'auteur commence la narration de l'action propre; ici, elle dévoile la raison pour laquelle le monarque intervint. Psellos décrit la situation classique de l'enseignement moyen et supérieur à Constantinople: depuis longtemps (πάλαι) existaient dans la capitale des «écoles» – διδασκαλεῖα καὶ παιδευτήρια (433, 3); or, ces institutions se trouvaient en concurrence les unes avec les autres. Psellos et Xiphilinos, nonobstant leur connaissance et leur respect mutuel, formaient avec leurs élèves des groupes que l'on appelait alors « factions » ou « hérésies » : διαίρεσις (433, l: avec fig. etymologica).

Qu'est-ce que cela nous enseigne? Le ton de Psellos est méprisant et sa description de la situation avant l'intervention de Constantin négative. Son but était en réalité de présenter l'action de l'empereur sous une lumière positive. La grammaire, les classiques, la rhétorique, la poésie, c'est-à-dire le degré moyen chez le γραμματικός, est qualifié avec dédain à l'aide de l'expression « πάνδημος » (433, 4), aussi utilisée pour désigner les prostituées. À l'instar de l'Antiquité, on se rend aux auditoires (θέατρα) pour participer à des compétitions (433, 8). On y reçoit un enseignement de la philosophie, du droit, dont le niveau est, en général, faible. De plus, Psellos évoque une impression de désordre.

Cependant, la situation devint intenable, car la jeunesse studieuse se rassemblait autour des deux grands coryphées. Les expressions de Psellos restent sur ce sujet délibérément peu claires. Afin de minimiser le conflit, puisque Xiphilinos était son ami et son condisciple chez Mavropous (voir ci-dessus), Psellos eut recours au genre de l'oraison funèbre! En réalité, Psellos voulait probablement dire que le regroupement pluri-centrique, qui était alors la norme, se transformait en un dualisme. C'est à ce moment que l'État, représenté par l'empereur, dut intervenir. Constantin IX décida de prendre sous son égide la fondation de l'université de Constantinople[29]. En effet, l'État byzantin installa deux écoles, une de philosophie et une de droit, toutes deux *ad personam* de Psellos et Xiphilinos. Le document témoignant de la création de la faculté de droit est conservé parmi la correspondance et les poèmes de Ioannis Mavropous[30], celui concernant la chaire de Psellos ayant été perdu. Dans le cadre de la création de ces deux institutions Psellos a obtenu le titre fameux de « consul des philosophes » (ὕπατος τῶν φιλοσόφων, avec des parallèles). Le passage ci-dessus nous apprend beaucoup sur les raisons qui ont poussé l'empereur à instaurer cette chaire, ainsi que sur la situation du droit dans la législation de Constantin IX, ce qui coïncide partiellement avec la description mentionnée dans l'œuvre de Psellos (éd. Sathas, l. 5/6; éd. Mavropous/Lagarde, 620, 9 sqq.). En ce qui concerne la chaire de philosophie, on dispose de nombreuses informations via les satires mentionnées par le professeur Psellos[31] (voir ci-dessus). On peut noter par la même occasion qu'il existait une imbrication de l'enseignement entre les facultés de droit et de philosophie. De fait, les deux amis, tout en étant des concurrents, enseignaient aussi les matières de l'autre[32]: le *trivium*, spécialement la rhétorique, et la philosophie étant un objet d'enseignement commun aux deux formations spécifiques.

---

[29] Fuchs, op. cit. (nt. 5), 24 sqq.; Speck, op. cit. (nt. 6), 90 sq.; A. Každan, University, in: Každan e. a. (eds.), The Oxford Dictionary of Byzantium (nt. 2), vol. 3, 2143.

[30] Cf. supra, 391.

[31] M. Psellos, De operatione daemonum cum notis Gaulmini. Accedunt inedita opuscula Pselli, ed. J. F. Boissonade, Nürnberg 1838 [réimpr. Amsterdam 1964], 131 – 153.

[32] Psellos, op. cit. (nt. 31), 434, 1 sqq.; Wolska-Conus, op. cit. (nt. 28), 226 (avec commentaires sur ce passage difficile).

Seuls les juristes devaient connaître le latin (620, 4, cf. aussi éd. Mavropous/Lagarde, 627, 8 sqq.).

Aussi distrayantes que puissent être les *opuscula* de Psellos sur ses μαθηταί – ses élèves prétextaient le mauvais temps pour ne pas assister aux leçons (éd. Boissonade, 135 sqq.) –, leur intérêt réside dans toute autre chose. En effet, on apprend que c'est l'État byzantin qui intervenait en la personne de l'empereur lorsqu'une situation devenait peu à peu ingérable. L'empereur répondit dans notre exemple avec la création de deux chaires parrainées par l'État (incluant le personnel et les maîtres subalternes).

De même, Michel d'Anchialos[33] (lieu situé aujourd'hui en Bulgarie, sur la Mer Noire), futur patriarche (1170–78), devint plus tard le nouveau successeur de Psellos[34] en étant nommé à son tour «consul des philosophes». Il fit en sorte que sa nouvelle position dépende directement de la responsabilité de l'empereur Manuel I (après sa victoire sur les Hongrois en 1165 ou 67) :

«ἐπὶ τούτοις ἄρτι ἀστιβῆ βαδίζειν ἡμεῖς ἐλάχομεν· ἐπὶ τούτοις ἡ πολύδωρος δεξία, ἡ εὔδωρος, ἡ βασιλική, ἐκ τῶν ἑαυτῆς πρυτανείων ἐπισιτισμὸν ἡμῖν ἐξαπέστειλε, καὶ πηγὰς ὑπανῆκε τοῦ σωτηρίου, καὶ πρὸ προσώπου ἡμῶν διώρυχα διώρυξεν ἀπὸ τῆς χρυσίτιδος τοῦ μεταλλεύειν ἡμᾶς καὶ χρυσοφορεῖν καὶ ἐνιαύσιον δρέπεσθαι θέρος χρυσοῦ ὁμοῦ καὶ ἀνήροτον· ἐπὶ τούτοις τὰ τῆς βασιλικῆς περιίσταται προμηθείας, καὶ οὗτος ὁ θεσμὸς καὶ τοῦτο τὸ πέρας τῆς ἡμετέρας σοφιστείας καὶ ὑπατείας· ἐπὶ τούτοις τῇ Σταγειρόθεν κελαινῇ Σφιγγὶ τοὺς τῶν ὄντων λόγους συνδιασκέπτομαι, καὶ τοὺς γρίφους περισκοπῶ καὶ ἀναζητῶ τὰ αἰνίγματα. μετεωροπολῶ μετὰ ταύτης, περιχορεύω τὸν οὐρανόν· περίγειος ὢν οὐράνιος γίνομαι»[35].

Il parlait donc de la main «droite bienfaisante, la royale (impériale), la généreuse» qui dispensait le salaire (ἐπισιτισμόν)[36]. La chaire était une grâce, un apanage impérial.

En Occident, au contraire, ce furent les corporations (qui existaient aussi à Byzance et résistèrent à la réforme constantinienne[37]) qui, en s'unissant, formè-

[33] H.-G. Beck, Kirche und theologische Literatur im Byzantinischen Reich, München 1959, 627; Každan e. a. (eds.), The Oxford Dictionary of Byzantium (nt. 2), vol. 2, 1364 sq.

[34] On se rappelle que son premier successeur, Ioannis Italos, qui était son élève direct et sur lequel nous disposons d'une description de caricature grâce à Anna Komnini (Alexias. Pars prior: Prolegomena et Textus, edd. D. R. Reinsch/A. Kambylis, Berlin–New York 2001, V, 8, 1 sqq. et 9, 3 sqq.), fut destitué par Alexis Comnène, qui lui intenta un procès. Ses successeurs, partiellement connus, n'avaient ni son envergure ni celle de Psellos; cf. R. Browning, Enlightment and Repression in Byzantium in the Eleventh and Twelfth Centuries, in: Past and Present 69/1 (1975), 3–23.

[35] L'oraison est éditée et analysée par R. Browning, A New Source on Byzantine – Hungarian Relations in the Twelfth Century, in: Balkan Studies 2 (1961), 173–214. Le passage citée se trouve ll. 99–108 de l'éd. (p. 187 sqq. [avec résumée et fac-similé]).

[36] De nouveau, comme souvent, la métaphore est ancienne; il s'agit d'une comparaison du salaire de l'État avec l'honneur d'être nourri à vie dans le prytaneion à Athènes.

[37] Wolska-Conus, op. cit. (nt. 28), 233 sqq.; 238 sqq. Nous sommes informés qu'un certain Ophrydas, représentant de la corporation des notaires, s'opposait à la privation des droits en faveur de la nouvelle école présidée par Xiphilinos. Elle est mentionnée dans le livre de l'éparque (Das Eparchenbuch Leos des Weisen, ed. J. Koder, Wien 1991, index s. v., *taboullarioi*, passim). Leur dénomination est ancienne et existe en Syriac aussi, comme emprunt.

rent la première université européenne: l'Université de Paris. Ce fut alors un acte d'autoconstitution (« bottom-up »). Par cette initiative, les corporations formèrent une unité juridique, comme ce fut le cas pour les cités libres du XIIème siècle. Le Quartier latin, lui, prit un caractère de cité à part entière[38].

Tout ceci faisait défaut à Byzance: en 1045, Constantin régnait de haut en bas (« top-down »): comme son prédécesseur au Vème siècle, il décréta la création de chaires, variant certes en genre et en nombre (il en existait significativement moins) par rapport à l'antiquité tardive (pendant laquelle il en existait 31), mais qui n'étaient pas foncièrement différentes de celles-ci. L'université impériale de Constantinople ressemblait plus au Collège de France qu'à une corporation née de la fusion entre plusieurs institutions, comme ce fut le cas en Occident. Elle était liée à l'État qui l'avait créée, et disparaitrait avec lui.

Après 1204 et la reconquête de 1261, la tentative de Michel VIII n'ayant pas été de longue durée, on revint, du fait de la faiblesse de l'État et de son principal représentant, l'empereur, au système ancestral[39]. Au cours des siècles suivants, l'enseignement supérieur byzantin se trouva à nouveau concentré aux mains de particuliers et de cercles savants (σύλλογοι[40]), rassemblés autour de Theodore Metochites († en 1332) et de Manuel Bryennios, son maître en astronomie. Cependant, cela relevait d'une initiative à caractère privé, celle du ministre dirigeant, et non d'une action systématique. D'ailleurs, on remarque que cet enseignement était très souvent dispensé au sein d'institutions pieuses, comme le Ξενών τοῦ Κράλη, c'est-à-dire l'auberge du Tsar serbe (où l'on soignait non seulement les pauvres, mais leur délivrait également un enseignement). Il semblerait que, jusqu'à la Conquête, ce fut l'un des derniers centres d'éducation existant dans la capitale[41].

C'est probablement durant le règne troublé d'Heraclius (610–641) que nous apprenons pour la première fois l'existence d'une institution qui était déjà au XIIème siècle « at the centre of Byzantine culture. […] On public occasions of all kinds, members of its staff were called upon to deliver panegyrics funeral orations and other official speeches »[42]. Theophylaktos Simokattes écrit dans le proème de ses 'Histoires': « μῶν οὐκ οἶσθα, βασίλεια, τὸν μέγαν τῆς ἁπανταχόθεν οἰκουμένης ἀρχιερέα καὶ πρόεδρον; […] »[43].

---

38 Denifle, Die Entstehung der Universitäten (nt. 12), 24 sqq.

39 Fuchs, op. cit. (nt. 5), 55 sqq. avec renvoi à G. Acropolites. Grace à l'autobiographie de son disciple, le patriarche Grégoire de Chypre, et à l'historien G. Pachymeres, nous sommes bien informés sur l'instruction conférée par Acropolites, cf. C. N. Constantinides, Higher Education in Byzantium in the Thirteenth and Early Fourteenth Centuries (1204–ca. 1310), Nicosia 1982, 31 sqq. I. Pérez Martín, El Patriarca Gregorio de Chipre (1240–1290) y la transmisión de los textos clásicos a Bizancio, Madrid 1996, 4 et les notes 9–12 avec renvoi aux sources.

40 Fuchs, op. cit. (nt. 5), 53.

41 Každan e. a. (eds.), The Oxford Dictionary of Byzantium (nt. 2), vol. 3, 2209 s. v.

42 R. Browning, The Patriarchal School at Constantinople in the Twelfth Century, in: Byzantion 32 (1962), 167–202; 33 (1963), 11–40.

43 Theophylacti Simocattae Historiae, ed. C. de Boor, Leipzig 1887 [réimpr. Stuttgart 1972], 21, 8 sqq.

La Philosophie se plaignant du niveau du système éducatif, l'Histoire lui répondit: « Ne connais-tu donc pas le grand archiprêtre de l'Oekoumène, omnipotent? Il a ressuscité l'enseignement du tombeau de l'ignorance [...] J'admire le hiérophante[44] de la sagesse [...] »).

Fuchs avait déjà[45] interprété ce passage comme étant une allusion au patriarche Serge (610–638, Monothelète), le collaborateur étroit de l'empereur. Grâce à nos sources (surtout aux oraisons festives mentionnées plus haut) puis aux travaux de Fuchs[46] et Browning[47], nous pouvons attester de la conservation de cet οἰκουμενικὸν διδασκαλεῖον (« école universelle ») au travers des siècles. L'incendie qui survint durant le premier iconoclasme mentionné dans la vie du patriarche Germanos I était une invention – ou exagération – iconodule[48]. Le nom de cette institution – précurseur de la future Académie patriarcale – était clair, comme Fuchs l'a bien analysé. Elle prit son nom de l'οἰκουμενικὸς διδάσκαλος, parce qu'on enseignait au nom du οἰκουμενικὸς πατριάρχης, à qui on avait donné la charge d'évêque, comme auparavant Origène dans la ville d'Alexandrie[49]. Ce n'est guère une simple coïncidence si nous trouvons la première mention de cette institution, qui ne survivra à Byzance que quelques années, après le patriarcat de Jean le Jeûneur (Nesteutes, r. 582–595)[50]. Stephanos d'Alexandrie était probablement le premier en charge de cette position: philosophe et alchimiste, on sait grâce à ses œuvres qu'il enseigna le *quadrivium*[51]. Il est possible que, mis à part l'exemple d'Alexandrie, il y ait eu aussi des liens (encore mal étudiés cependant) avec l'école de Nisibis, car nous trouvons au sein de l'Académie un système de carrière relativement fixe: on commençait avec l'enseignement du Psautier, etc., jusqu'aux Évangiles. Celui qui enseignait l'Évangile (τοῦ ἐυαγγελίου) était en même temps οἰκουμενικός διδάσκαλος (comme l'exégète en chef à Nisibis, voir ci-dessous)[52].

---

44 C'est une expression classique – et classicisante – pour le prêtre initiateur au premier degré des mystères d'Eleusis, cf. H. G. Liddell/R. Scott/H. S. Jones, A Greek-English Lexicon, Oxford 1978 [réimpr. de la neuv. éd.], s. v.

45 Fuchs, op. cit. (nt. 5), 8 sqq. avec une discussion des sources.

46 Ibid. et 35 sqq., 50 sqq.

47 Browning, The Patriarchal School at Constantinople (nt. 42): l'auteur donne, comme il convient, en partant des mss., une liste détaillée des enseignants; cf. ibid., 180 sqq. (jusqu'à la fin de la deuxième partie).

48 Corrigé par Fuchs, op. cit. (nt. 5), 9 sqq., en citant Rein.

49 Marrou, op. cit. (nt. 7), 462 sq.; C. Martínez Maza, Christian Paideia in Early Imperial Alexandria, in: L. A. Guichard/J. L. García Alonso/M. Paz de Hoz (eds.), The Alexandrian Tradition. Interactions between Science, Religion, and Literature, Bern e. a. 2014, 211–231.

50 Fuchs, op. cit. (nt. 5), 16. L'Analyse du même auteur sur le titre, la localisation géographique et la position administrative de cet enseignant a encore aujourd'hui valeur de référence.

51 Cf. Každan e. a. (eds.), The Oxford Dictionary of Byzantium (nt. 2), vol. 3, 1953, s. v. Les doutes contre sa position énoncés par Usener (v. Fuchs) sont dissipés de manière convaincante par Fuchs, op. cit. (nt. 5), 13 sqq.; l'idée aussi que nous avons à faire à deux personnes de même nom n'est pas soutenable.

52 Beck, Kirche und theologische Literatur (nt. 33), 117 sq.; Browning, The Patriarchal School at Constantinople (nt. 42), 167 sqq. avec une riche bibliographie, incl. Fuchs; Darrouzès, Recherches sur les οφφικια de l'Église Byzantine, Paris 1960, 66 sqq.

Mais une certaine imbrication existait entre l'Académie et le patriarcat, car l'Église avait aussi besoin de la rhétorique. À cette fin, on installa un μαΐστωρ τῶν ῥητόρων (maître-rhéteur). Par exemple, Theophylaktos Hephaistos, le futur archevêque d'Ahrida, élève de Psellos, y enseignait[53]. Plus tard, en Macédoine, le cercle savant de la capitale lui manquera[54]. Trois siècles auparavant, Saint Constantin/Cyril, qui avait été l'élève de Léon le mathématicien, enseigna à l'université, puis s'en alla à Kherson pour sa mission de conversion parmi les Khazars. À son retour, il donna des cours dans l'église de St. Pierre et St. Paul (nous sommes déjà à l'époque du César Bardas)[55]. L'académie patriarcale offrait aussi un cours complet d'éducation séculière[56]. L'hypothèse de R. Browning, selon laquelle l'État payait pour ces cours, est convaincante, car elle montre que, si jamais la séparation entre la branche séculière et ecclésiastique existait, elle commençait néanmoins à devenir floue[57]. Déjà au XIIème siècle, il devenait de plus en plus évident qu'avec la faiblesse croissante de l'État des Comnènes, c'était l'institution ecclésiastique qui se manifesterait comme étant la plus forte[58].

De quel espace discursif cette Église byzantine, maintes fois caractérisée comme très conservatrice, était-elle capable? On peut l'entrevoir dans la description de la fameuse église des Saints Apôtres à Constantinople (aujourd'hui détruite, proche de la mosquée de Fâtih) faite par Nikolaos Mesaritis, témoin oculaire de la quatrième croisade (il s'agit là d'une source témoignant fidèlement des destructions). Dans son ἔκφρασις du prototype de Saint Marc à Venise, il donne une image vive de ce τόπος: dans le περίβολος se trouvait une école élémentaire, alors que dans les προαύλια était enseigné le *quadrivium*, avec la médecine. Cela se faisait au grand air, autour d'une fontaine, sans chaire ni curriculum. Tout ceci se déroulait sous la protection du Patriarche Ioannis X Kamateros (1198–1206), lequel s'était enfui de la capitale après la Conquête. Il avait été auparavant μαΐστωρ τῶν ῥητόρων à l'Académie régulière[59].

---

53 Sur cette personne, voir Každan e. a. (eds.), The Oxford Dictionary of Byzantium (nt. 2), vol. 3, 2068; Fuchs, op. cit. (nt. 5), 40 sq.

54 Sur sa biographie voir M. Mullet, Theophylact of Ohrid. Reading the letters of a Byzantine Archbishop (Birmingham Byzantine and Ottoman Studies 2), Aldershot 1997.

55 Browning, The Patriarchal School at Constantinople (nt. 42), 174 sq. Sur sa vie, voir également Lemerle, op. cit. (nt. 17), 160 sqq., ainsi que l'addendum et l'index.

56 Browning, The Patriarchal School at Constantinople (nt. 42), 169.

57 Ibid., 175 sq. contrairement aux remarques de Fuchs, op. cit. (nt. 5), 47.

58 Dans le document cité de la condamnation de Léon de Chalcedoine (cf. supra), 105, 5 s. Eustache, *diakonos kai didaskalos*, apparaît dans la corporation du clergé (appartenant à l'Académie patriarcale), bien distincte de la corporation séculaire, c'est-à-dire de la cour où se trouve mentionné Theodore de Smyrne.

59 Sur Nikolaos, voir Každan e. a. (eds.), The Oxford Dictionary of Byzantium (nt. 2), vol. 2, 1346; l'édition a été réalisée par A. Heisenberg, Grabeskirche und Apostelkirche. Zwei Basiliken Konstantins. Untersuchungen zur Kunst und Literatur des ausgehenden Altertums, Leipzig 1908, vol. 2, 95. Un commentaire se trouve chez Fuchs, op. cit. (nt. 5), 52 sq. et Browning, The Patriarchal School at Constantinople (nt. 42), 177. Il y a aussi une traduction anglaise: R. Downey, Nikolaos Mesarites. Description of the Church of the Holy Apostles at Constantinople, in: Transactions of the American Philosophical Society. N.S. 47/6 (1957), 855–924.

Lorsque le sénateur Cassiodor écrivit en Calabre, vers la fin de sa vie († 580?), les 'Institutiones' à Vivarium, il se remémora d'une institution éducative qui lui paraissait aussi étrange qu'à ses contemporains, mais qui était digne d'être imitée. C'était probablement à la cour de Justinien, dont il connaissait l'exemple pour avoir été réalisé auparavant à Vivarium. Il en fait également mention à Alexandrie: «*nisus sum* [...] *sicut apud Alexandriam multo tempore fuisse traditur institutum, nunc etiam in Nisibi civitate Syrorum Hebreis sedulo fertur exponi*»[60]. Malheureusement, la tentative du questeur de Théodoric d'installer une école chrétienne à Rome avec l'aide du Pape Agapet: «*collatis expensis in urbe* [...] *professores doctores scholae potius acciperent Christianae unde et anima susciperet aeternam salutem et casto atque purissimo eloquiuo fidelium lingua comeretur*»[61], c'est-à-dire une institution chrétienne qui combinerait les exigences de la nouvelle foi avec les traditions anciennes (inconnues dans l'Empire tardif, voir ci-dessous), échoua en raison des guerres byzantino-gothiques. C'est pour cette raison que l'auteur décida de quitter la capitale.

Junilius Africanus, *quaestor sacri Palatii* de Justinien de 542 à 549 et successeur du fameux Tribonien, alors collègue de Cassidor, considéré comme «the chief legal minister of the Roman empire»[62], était lui aussi perplexe à l'idée d'un lieu d'enseignement où «*divina lex per magistros publicos sicut nos in mundanis studiis grammatica et rhetorica ordine ac regulariter traditur*». Là est tout le problème: dans la Rome tardive, il manquait à l'école chrétienne le caractère systématique que possédait l'ancienne école païenne. C'est d'ailleurs dans ce cadre, nous l'avons vu, que se développera l'éducation byzantine.

L'école alexandrine était fameuse pour ses Ptolemée, Origène et probablement aussi Hypatie. Le cas de Nisibis[63] surprend et mérite d'être approfondi. Il fut l'exception la plus importante à la règle mentionnée ci-dessus (à savoir qu'il n'existait pas d'université régulière) et posséda une influence sur l'université européenne encore trop peu étudiée[64].

---

60 Ibid., 6 sqq.

61 Cassiodor, Institutiones, Praef., i, 10 sqq., ed. R. A. B. Mynors, Oxford 1937 [réimpr. 1963].

62 M. Maas, Exegesis and Empire in the Early Byzantine, Tübingen 2003, 1. Ce livre décrit le parcours très utile de la vie et de l'œuvre, qui comprend aussi l'école de Nisibis (cf. infra). Le text (118–235) est celui de Kihn.

63 Cf. E. Bosworth/E. Honigmann, Naṣībīn, in: P. Bearman e. a. (eds.), Encyclopaedia of Islam, Second Edition (= EI2), Brill Online, URL: ⟨http://referenceworks.brillonline.com/entries/encyclopaedia-of-islam-2/nasibin-SIM+5818?s.num=192&s.start=180⟩ (date de consultation de la page: 11. 1. 2016) et J.-M. Fiey, Nisibe, métropole syriaque orientale et ses suffragants des origines à nos jours (Corpus scriptorum christianorum orientalium 388), Louvain 1977.

64 Une fois mentionnée par Gutas (op. cit. [nt. 15], 14, lequel circonscrit toutefois plus loin son propos [ibid., 20 sqq.]), cette fameuse institution a été étudiée avec beaucoup de soin par A. Becker. L'édition basique des statuts est par A. Vööbus: The Statutes of the School of Nisibis. Edited, translated, and furnished with a commentary, Stockholm 1962; l'édition de la «cause de la fondation de l'école» (cf. infra) a été faite par Mgr. A. Scher dans la 'Patrologia Orientalis', cf. A. Scher, Barhadbšabba 'Arbaya. La cause de la fondation des écoles (Patrologia Orientalis 18/4.4), Turnhout 1981. Vööbus écrivit aussi une histoire, cf. History of the School of Nisibis, Louvain 1965. La thèse de Becker: A. H. Becker, Fear of God and the Beginning of Wisdom. The School of Nisibis and Christian Scholastique Culture in Late Antique Mesopotamia, Phila-

C'est seulement avec précaution qu'on peut qualifier cette institution de byzantine: l'Église persane, qu'on appelait auparavant « nestorienne » et qui demeurait une ancienne branche du Patriarcat d'Antioche (d'où le nom de « Katholikos » – jusqu'à aujourd'hui *jathliqus* – pour en désigner le chef), avait adopté pendant la période où elle était sous l'influence (ou mieux, sous la pression) de Barsauma, en 489, les dogmes du patriarche hérétique de Constantinople. Bannie par le concile d'Ephèse (431), elle s'installa dans l'ouest de la Perse. Son existence, déjà précaire au Xème siècle (voir la lettre de Constantin le Grand au Shāh, transmise par Eusebe[65]), était assurée par l'accord entre l'État persan et la hiérarchie syriaque. L'orthodoxie mazdéenne persécutait les Zoroastriens convertis au christianisme, comme nous pouvons l'entrevoir dans la vie de St. Anastasius le Persan[66]. Un rapprochement entre l'orthodoxie de l'Empire romain et l'Église persane était dangereux pour la hiérarchie orientale et pour les rois persans. Une existence précaire commença alors pour les Chrétiens et les nouveaux convertis.

Il en va de même pour Nisibis[67] (aujourd'hui Nusaybin en Turquie): la patrie de St. Efraïm (syr. *Afrem*) fut cédée à Shahpour II (à qui Constantin écrivit sa lettre), roi de la Perse, après la défaite de Julien et la paix humiliante de 363 qui s'ensuivit. L'École émigra alors en Roumanie (appartenant alors l'Empire byzantin), à Edesse (*Orhay* en Syriaque). En 489, à l'instigation de l'évêque, elle fut exilée une autre fois en terre Persane par un édit de l'empereur Zenon[68]. Grâce à Theodore Anagnostes, nous avons conservé la notice sur l'« École des Persans » (« τὴν τῶν Περσῶν διατριβήν »)[69], qui traversa les confins des deux empires pour la seconde fois consécutivement. Cassiodore l'avait traduite pour son 'Historia tripartita'.

delphia, PA 2006 remplace cette histoire. Becker a écrit maints articles autour de son centre: The Dynamic Reception of Theodore of Mopsuestia in the Sixth Century: Greek, Syriac and Latin, in: S. F. Johnson (ed.), Greek Literature in Late Antiquity. Dynamism, Didacticism, Classicism, Aldershot 2006, 29–47; id., The Comparative Study of « Scholasticism » in Late Antique Mesopotamia: Rabbis and East Syrians, in: Association for Jewish Studies Review 34/1 (2010), 91–113 (important pour la comparaison juive); et id., Bringing the Heavenly Academy Down to Earth: Approaches to the Imagery of Divine Pedagogy in the East Syrian Tradition, in: R. S. Boustan/A. Y. Reed (eds.), Heavenly Realms and Earthly Realities in Late Antique Religions, Cambridge 2014, 174–192. Il importe également de mentionner l'étude de R. Macina, L'homme à l'école de Dieu. D'Antioche à Nisibe: Profil herméneutique, théologique et kérygmatique du mouvement scoliaste nestorien, in: Proche-Orient Chrétien 32 (1982), 86–124; 263–301; ibid., 33 (1983), 39–103.

65 Eusebius von Caesarea, De vita Constantini/Das Leben Konstantins, 4, 9–13. Eingeleitet von B. Bleckmann, übersetzt und kommentiert von H. Schneider, Turnhout 2007, 420 sqq.

66 V. C. Vircillo Franklin, The Latin Dossier of Anastasius the Persian. Hagiographic Translations and Transformations, Toronto 2004, ch. 6 sqq. (p. 276 sqq.) du texte Latin.

67 L'ancien nom hellénistique était Antiocheia en Mygdonia.

68 Vööbus, History of the School of Nisibis (nt. 64), 32 sq.

69 Theodoros Anagnostes, Kirchengeschichte, ed. G. C. Hansen, Berlin 1971, 155, 21 et l'index s. v. Νίσιβις; cf. Vööbus, History of the School of Nisibis (nt. 64), 32, n. 11.

Grâce à deux précieux documents, nous sommes aussi bien (ou presque) informés de la structure interne que de l'organisation de l'*eskola*, « cause de la fondation de l'école »[70], qui est en réalité une longue oraison. L'un fut écrit en pleine crise, pendant l'activité de Ḥenana de Adiabene (vers 600 av. J.-C.)[71], et à l'occasion de l'ouverture de l'année scolaire (il s'agit alors du même genre que les *logoi* des écoles de Constantinople, voir ci-dessus). Ce document et son contexte ont été analysés de manière magistrale par Becker dans un livre récent[72]. L'autre concerne les statuts de la même école, édités par Vööbus en 1962 et également analysé par Becker (voir ci-dessus).

L'idée principale contenue dans ce texte porte sur les anges, les premiers, puis sur les hommes qui furent à l'école de Dieu, lequel leur enseigna les mots puis les choses. Dieu, au sein de l'acte créateur, révéla aux anges la signification des mots avant celle de l'action propre[73]. L'évêque de Holwan, auteur de la « cause », ὑπόθεσις, Barḥadbeshabba, fait remonter toutes les écoles à l'« école de Dieu », dont le dernier chaînon serait l'école de Nisibis. Nous possédons beaucoup d'informations sur les compétences des enseignants: le *mehagyana* enseignait l'alphabet et la syllabation, le *meqaryana* la juste récitation, et le supérieur, le *mephashsheqana*, expliquait quant à lui la Bible[74]; sa charge correspondait au οἰκουμενικός διδάσκαλος. Mais ce qu'il faut surtout retenir, c'est que la systématisation de l'enseignement selon les règles monastiques (entre autres la lecture, les études) tint le rôle de prière en Perse.

L'Église persane et son École étaient semblables à l'Église occidentale qui, depuis l'an 476, n'officiait plus dans l'Empire romain chrétien mais *in partibus infidelium*, soit parmi les Zoroastriens, soit parmi les Ariens qui, au mieux, la toléraient. Le point important à retenir est que le système de l'École des Persans, quoiqu'excentrée, ressemblait très fortement à celui qui existait en Occident au Moyen Âge. Sur cette école, les fondateurs de l'université de modèle européen disposaient des informations transmises par des classiques de l'exégèse chrétienne comme Cassiodore. Quant à Byzance, elle suivit un autre chemin, en cultivant ses traditions issues de l'Antiquité tardive à travers l'époque Ottomane.

---

[70] « *'Eltha d'sim d'mauthba d'eskola* » en Syriaque; remarquable critique sur la traduction de Scher par Macina, op. cit. (nt. 64), n. 27.

[71] Macina, ibid. Compare, avec raison, le titre avec l'ὑπόθεσις de la tradition de la grammaire ancienne. Sur H. et son activité conflictuelle, cf. Becker, Fear of God (nt. 64), 90 sqq.; 197 sqq.

[72] Cf. supra. Pour une histoire générale de l'éducation, il serait important de connaître la continuation islamique, mais l'école paraît avoir disparu depuis le commencement du VIIème siècle.

[73] Scher, La cause (nt. 64), 348, 4 sqq.

[74] Statuts, ed. Vööbus (nt. 64), 83, 5; ibid., 73, 2 (avec n. de Vööbus); il y avait aussi la tâche de *badoqa*, cf. ibid., 51, 7 et n. 7 sur la page sq.

Lehrer und Schüler in der geistlichen und geistigen Kultursituation von Byzanz

Georgi Kapriev (Sofia)

Die Frage nach dem Lehramt und den entsprechenden Verhältnissen in der geistlichen und geistigen Kultursituation von Byzanz erfordert es, einen strengen Unterschied zwischen der Theologie schlechthin und der theoretischen Philosophie zu ziehen. Auch in Byzanz wurde die theoretische Philosophie als die systematische diskursive Vernunftaktivität des Menschen bestimmt, die nach dem Seienden fragt, insofern es Seiendes ist, wie auch nach den damit verbundenen Wissensgegenständen. Die spekulative Theologie wurde als erhabener Teil der ersten Philosophie betrachtet. Als Theologie schlechthin wurde demgegenüber die mystische Erfahrung konzipiert, in der die Selbstoffenbarung Gottes sich äußert. Sie wurde als Logos Gottes selbst gedeutet, der durch die von Gott auserlesenen Theologen artikuliert werden sollte. Diese Art von Theologie wurde freilich nie zu einer Lehrdisziplin. Man betrachtete sie als den Gipfel der geistlichen Übungen, die sich vornehmlich in den Klöstern entwickelt hatten. Es bestanden in Byzanz keine spezialisierten Theologieschulen, es gab kein institutionalisiertes Schulsystem und es entstand keine Art von Orden.

Der asketische Weg zur Theologie war streng persönlich geprägt. Eine persönliche Sache war aber auch die Philosophie. Die allgemeine philosophische Schulung war zwar ein Element des allgemeinen Bildungssystems. In Byzanz entstand jedoch nie eine Universität[1]. Die hohen philosophischen Niveaus wurden üblicherweise in privaten Schulen erlernt. Selbst das Bildungsverfahren in den vereinzelt eröffneten öffentlichen Philosophiehochschulen kannte kein festes Programm, sondern es war von den Interessen der Lehrenden und Lernenden abhängig. Es folgte einem Frage-Antwort-Muster, in dem die „Antworten" die Vorlesungen der Magister bildeten. Im Fall sowohl des Geistlichen als auch des Geistigen ging es also um einen Lernprozess, der sich in einem persönlichen Lehrer-Schüler-Verhältnis vollzog. Die Unterschiede zwischen den Verfassungen dieser Verhältnisse waren aber gravierend. Auch sind unsere Informationsquellen unterschiedlich. Während wir über die geistige Situation nur durch die Selbstzeugnisse und das Verhalten der einzelnen Denker unterrichtet sind, ist die Lehrer-Schüler-Beziehung im Bereich des Geistlichen durch die Mönchsregel und die -unterweisungen wie auch durch das Schrifttum großer asketischer Autoritäten festgelegt.

---

[1] Cf. ausführlich den Text von J. Niehoff-Panagiotidis in diesem Band, 389–405.

I. Der geistliche Lehrer und seine Schüler

Mit dem Eintritt in die „Schule“ (σχολή), d. h. in die Mönchspraxis, verfolgt man den Zweck, so erklärt Johannes Klimakos, Weisheit, Bildung und Nutzen (σοφία, παιδεία, ὠφέλεια) zu erwerben[2]. Die Betonung im Laufe der Vorbereitung fällt allerdings auf die somatische und psychische Askese. Der Drehpunkt der geistlichen Praxis ist der Gehorsam, der ein vollkommenes Leugnen der Seele ist. Der Gehorsam ist Grab des eigenen Willens und Auferweckung der Demut. Der Gehorsame ist wie der Tote: er erwidert nicht und er überlegt nicht[3]. Die geistliche Sohnschaft ist dabei eine Pflicht.

Verdorben sind diese, mahnt Niketas Stethatos, die keinem Lehrer (διδάσκαλος) und Wegweiser (ὁδηγός), sondern ihrer eigenen Vernunft zu folgen sich entschieden haben[4]. In diesem Punkt zeigt sich ein Unterschied zwischen dem Abt und dem geistlichen Vater (symptomatisch fehlt in der ganzen ostchristlichen Mönchstradition das Amt des Priors). Der Abt ist mit den Werken des Klosters und den Verhältnissen unter allen Mönchen beschäftigt. Der geistliche Vater ist einer, der in ständigem Schweigen (ἡσυχία) verweilt, in dem er seinen Nous und sein Herz aufrichtig bewahrt. Er empfängt die von Gott ausgestrahlte Gnade und verkündet mystisch die göttlichen Worte, durch die er die anderen und sich selbst lehrt[5]. Ein geistlicher Vater hat einen, zwei oder drei Schüler auf einmal. Falls er feststellt, dass selbst der zweite Schüler ihm zur Last wird, darf er ihn von sich entfernen[6].

Johannes Klimakos bespricht in einer gesonderten Schrift das Amt des Lehrers, der als Hirt (ποιμήν) und Arzt beschrieben wird. Der Schüler bzw. der Unterworfene (ὑπήκοος) muss auf seinen Vorsteher wie auf ein Muster schauen und alles, was von ihm kommt, als Regel und Gesetz annehmen[7]. Die Worte und die Unterweisungen des Lehrers muss der Schüler als Worte Gottes empfangen[8]. Dem Lehrer, betont schon Basilius, soll der Lehrling auch seine Sünden beichten[9]. Dem geistlichen Lehrer muss man, so entwickelt Symeon der Neue Theologe diese Linie fort, wie vor Gott demütig antworten; man muss seiner Ermahnung (νουθεσία) unabweisbar folgen. Man muss ihm seine Vernunfterwägungen erklären, ohne etwas zu verheimlichen. Ohne seinen Willen und seine

---

2 Johannes Klimakos, Scala paradisi, 4, ed. J. P. Migne (Patrologia cursus completus. Series Graeca 88), Paris 1860, 724C.

3 Ibid., 680A.

4 Niketas Stethatos, Capita physica. Centuria secunda, 10, ed. J. P. Migne (Patrologia cursus completus. Series Graeca 120), Paris 1864, 906A.

5 Symeon der Neue Theologe, Hymni, 43, in: Syméon le Nouveau Théologien, Hymnes 41 – 58, ed. J. Koder (Sources chrétiennes 196), Paris 1973, 56, 11 – 58, 21.

6 Johannes Klimakos, Scala, 4, ed. Migne (nt. 2), 721B; 721D.

7 Johannes Klimakos, Liber ad pastorem, 5, ed. J. P. Migne (Patrologia cursus completus. Series Graeca 88), Paris 1860, 1177B.

8 Ibid., 14, 1200C.

9 Basilius der Große, Constitutiones asceticae, XX, 1, ed. J. P. Migne (Patrologia cursus completus. Series Graeca 31), Paris 1885, 1389D.

Entscheidung darf man nichts machen: weder schlafen noch essen noch singen. Selbst die inneren Bewegungen seines Herzens müssen den Ratschlägen des Meisters folgen. Man muss sein Denken und seinen Willen zurückstoßen und seine Seele in die Hände des Lehrers übergeben. Das Nachdenken (φρόνημα) des Lehrers soll Nachdenken des Übenden und der Wille des Lehrers – als ob dieser der Wille Gottes sei – sein Wille werden[10]. Er muss ihm restlos folgen, auch wenn seine Hinweise dem Schüler gelegentlich unpassend oder nutzlos erscheinen. Der Schüler muss seinem Lehrer, den ihm Gott durch seine Gnade oder durch einen seiner Knechte erwiesen hat, wie Gott selbst gehorchen[11].

In der Person des geistlichen Lehrers schaut der Schüler Christus selbst und tritt in einen Dialog mit Christus ein[12]. Das Leben und der Tod des Schülers sind in der Hand seines geistlichen Hirten. Der Widerstand gegen den geistlichen Vater verursacht einen geistlichen und ewigen Tod[13]. Es ist besser gegen Gott, so insistiert Klimakos, als gegen unseren geistlichen Vater zu sündigen. Wenn wir Gott zum Zorn reizen, dann kann unser Wegweiser (ὁδηγός) uns mit ihm versöhnen. Wenn wir aber den Vater in Verwirrung bringen, dann haben wir schon keinen mehr, der uns mit ihm (dem geistlichen Vater) versöhnt. Klimakos gemäß sind die beiden Vergehen eigentlich gleichwertig[14].

Der Lehrer ist, gleich wie der leibliche Vater, ein Kindererzieher (παιδοτρίβης), überlegt schon Basilius der Große. Der Lehrer trägt die volle Verantwortung dafür, dass der Schüler der geistlichen Weisheit kundig wird. Wenn der Zögling wie er selbst wird, wird der Lehrer unter den Menschen und vor Christus gerühmt. Wenn aber der Zögling wegen schlechter Führung böse wird, dann wird der Lehrer im Himmel nicht nur bloßgestellt, sondern auch verurteilt[15]. Der gute Arzt, d. h. der gute Lehrer, soll die geistliche Vollkommenheit erreicht haben. Der Vollkommene ist verpflichtet, durch Wort und Werk die ihm verliehenen Gottesgaben weiterzugeben[16].

Das Lehramt ist ein schrecklicher Auftrag. Auch wenn Gott selbst dich beauftragt, die menschlichen Seelen zu weiden, insistiert Symeon, sollst du in großer Angst und in Gram ihn bitten, dich nicht in diesen Abgrund zu schicken. Die Übernahme des Lehramtes soll die Vollendung der Liebe sein, die höher als alle

---

10 Symeon der Neue Theologe, Catecheses, 54, in: Syméon le Nouveau Théologien, Catéchèses III, ed. B. Krivochéine (Sources chrétiennes 113), Paris 1965, 248, 140–157; id., Hymni, 4, in: Syméon le Nouveau Théologien, Hymnes 1–15, ed. J. Koder (Sources chrétiennes 156), Paris 1969, 192, 25–40; id., Tractatus morales, 6, in: Syméon le Nouveau Théologien, Traités Théologiques et Étiques II, ed. J. Darrouzès (Sources chrétiennes 129), Paris 1967, 124, 62–76.

11 Symeon der Neue Theologe, Catecheses, 20, in: Syméon le Nouveau Théologien, Catéchèses II, ed. B. Krivochéine (Sources chrétiennes 104), Paris 1964, 334, 45–54.

12 Symeon der Neue Theologe, Capita theologica, gnostica et practica, 24, in: Syméon le Nouveau Théologien, Chapitres théologiques, gnostiques et pratiques, ed. J. Darrouzès (Sources chrétiennes 51bis), Paris 1996, 52, 21–27.

13 Ibid., 56, 70, 4–7.

14 Johannes Klimakos, Scala, 4, ed. Migne (nt. 2), 728A.

15 Basilius der Große, Constitutiones, XXI, 4, ed. Migne (nt. 9), 1399BD.

16 Johannes Klimakos, Liber, 4; 13, ed. Migne (nt. 7), 1173A; 1193CD.

Tugenden und Gebote steht[17]. Der Geistliche wird letztendlich von Gott selbst durch die Gnade des heiligen Geistes zum Lehrer geweiht[18]. Der Mönchsordnung nach wird das geistliche Belehren dem Fortgeschrittenen durch die älteren Lehrer übertragen, die in ihm die Gabe des Lehrens entdeckt haben, da er es ohne die Erlaubnis seines eigenen geistlichen Vaters nicht wagt.

Andererseits betrachtet man das Verstecken des von Gott gegebenen Talents in der Erde als eine schwerwiegende Verfehlung. Man darf die von Gott gegebenen Reichtümer der unerschöpflichen Weisheit nicht verbergen[19]. Durch diesen Satz nimmt Niketas Stethatos ein Thema Symeons auf. Er betont mit Emphase, dass es gefährlich für die Seele ist, das Talent und die von Gott gegebene Gnade zu verheimlichen. Gott wird zornig, wenn er jemandem eine geistliche Gabe erteilt hat, der sich ihrer nicht würdig erweist[20]. Man wird nicht verurteilt, wenn man das Silber der göttlichen Worte nicht verheimlicht, sondern allen so viel bezahlt, wie man selbst erhalten hat. Das ist das Werk der Apostel und der Schüler Gottes gewesen[21].

Die Stellung des Lehrers ist das höchste Niveau des geistlichen Emporstiegs. Die Beurteilung (διάκρισις) bei den Anfängern, so lehrt Klimakos, ist die wahre Erkenntnis ihrer selbst; bei denen, die die Mitte erreicht haben, ist sie noetische Sinnlichkeit, die unfehlbar das eigentlich Gute unterscheidet; bei den Vollkommenen ist sie ein durch die göttliche Erleuchtung bestehendes Wissen, das auch das Dunkle in den anderen zu erleuchten fähig ist[22]. Es gibt, erläutert in diesem Sinne Stethatos, drei Stufen beim Aufstieg zur Vollkommenheit: eine reinigende, eine erleuchtende und eine mystische (καθαρτική, φωτιστική, μυστική). Auf der zweiten, der erleuchtenden Stufe stehen die, die tätig in der Leidenschaftslosigkeit gediehen sind. Noch auf dieser Stufe erreicht der Nous den alles Seiende deutenden Logos der Weisheit, betrachtet die Logoi der göttlichen und menschlichen Sachen und hat an dem heiligen Geist teil. Erst auf der mystischen Stufe aber ist der Weise ein Theologe, der die Menschen durch theologische Lehren zu erhellen vermag. Diese Stufe gewährt das Annähern an das erste Licht und die noetische Erkenntnis der göttlichen Tiefe. In Gemeinschaft mit den Theologen verweilt der Vollkommene mit den höchsten Kräften der Seraphim und Cherubim zusammen, denen der Logos der Weisheit und damit der Logos der Vernunft eigen ist[23].

---

17 Symeon der Neue Theologe, Tractatus morales, 11, ed. Darrouzès (nt. 10), 352, 324–360, 414; 378, 690–691.

18 Ibid., 6, 150, 424–152, 436.

19 Niketas Stethatos, De libro hymnorum, in: Syméon le Nouveau Théologien, Hymnes 1–15, ed. Koder (nt. 10), 118, 133–137.

20 Symeon der Neue Theologe, Catecheses, 34, ed. Krivochéine (nt. 10), 272, 25–30.

21 Id., Hymni, 43, ed. Koder (nt. 5), 66, 120–125.

22 Johannes Klimakos, Scala, 26, ed. Migne (nt. 4), 1013A.

23 Niketas Stethatos, Capita gnostica. Centura tertia, 41; 43–44, ed. J. P. Migne (Patrologia cursus completus. Series Graeca 120), Paris 1864, 972C; 973B–976B.

Der erste wahre Vater ist der Vater von allem, der zweite Vater nach ihm, so Basilius der Große, ist der Lenker in der geistlichen Einrichtung des Lebens („ὁ τῆς πνευματικῆς καθεγούμενος πολιτείας")[24]. Johannes Klimakos insistiert in seiner Schrift über den Lehrer darauf, dass der geistliche Vater derjenige ist, der von Gott und durch seine eigenen Anstrengungen solche noetische Kraft erlangt hat, dass er auch im Abgrund schlechthin das seelische Schiff retten kann. Seine Seele und sein Leib sind von allem Gebrechen frei. Der wahre Lehrer ist derjenige, der von Gott die Tafel des noetischen Wissens erhalten hat, die Gott selbst in seinen Nous, d. h. durch die Wirkung der Erleuchtung in ihn gelegt hat. Deswegen braucht er keine weiteren Bücher[25]. Die Seele, die durch Reinheit sich mit Gott geeint hat, braucht die Belehrung (διδαχή) seitens anderer nicht. Die reine Seele trägt das ewig seiende Wort in sich selbst. Es ist dem geistlich Vollkommenen gegeben, im Himmel zur Rechten sitzend zu existieren. Er hat die noetische Fülle inne und ist allen an Vernunft überlegen[26]. Aus diesem Grund ist es unanständig, wenn der Lehrer Unterweisungen unterrichtet, die fremden Schriften entnommen sind[27]. Der heilige Nous des geistlichen Vaters wird kraft seiner Liebe, seines Werks und seiner Erfahrung erkannt, wodurch er die Schau des göttlichen Feuers und die Wolke der Reinheit den Schülern beibringt[28]. Der Arzt bekommt seinen Lohn nicht für Worte, sondern für sein Werk (ἔργον)[29]. Die Aufgabe des Lehrers ist es, ständig die Seelen und noch mehr die geschändeten Leiber der Schüler zu reinigen, damit er die, die im Zustand des Unwissens (ἄγνοια) zu ihm gekommen sind, zum Erreichen des vollen Wissens bringt[30]. Für den eventuellen Misserfolg des Schülers ist der Lehrer verantwortlich[31], weil die Gedankensünde des Lehrers vor dem Gericht Gottes schwerer wiegt als die Sünde, die der Schüler begangen hat[32]. Die universelle Bestimmung des geistlichen Lehramtes lautet: Die göttliche Gnade wirkt auf die Schüler durch den Lehrer[33].

Der geistliche Lehrer, so betont Symeon der Neue Theologe mit Blick auf seinen geistlichen Vater Symeon Studites, ist von der göttlichen Gnade erfüllt. Er ist weise, zwar nicht aufgrund der äußeren Wissenschaften, sondern wegen der Praxis und der Erfahrung, und besitzt das genaueste Wissen von den geistlichen Dingen[34]. Warum, fragt er mit Emphase, versucht man von der göttlichen Schönheit und dem göttlichen Feuer zu erzählen und sie zu deuten? Wenn man

[24] Basilius der Große, Constitutiones, XX, 1, ed. Migne (nt. 9), 1389D.
[25] Johannes Klimakos, Liber, 1, ed. Migne (nt. 7), 1165BC.
[26] Ibid., 15, 1201C; 1205BC.
[27] Ibid., 1, 1165C.
[28] Ibid., 5; 15, 1177B; 1201C; 1204B.
[29] Ibid., 2, 1169A.
[30] Ibid., 13, 1193AB.
[31] Ibid., 5, 1177A.
[32] Ibid., 12, 1189C.
[33] Ibid., 11, 1188A.
[34] Symeon der Neue Theologe, Catecheses, 22, ed. Krivochéine (nt. 11), 390, 321–329.

sie nicht durch Erfahrung (πείρᾳ) erreicht, kann man sie nicht erkennen[35]. Der geistlich erfahrene Vater trägt die apostolische Würde und wird als Vermittler zwischen Gott und den Schülern dargestellt. Gerade das auf Erfahrung gegründete Lehren, das ein dem Lehrer in der Erfahrung Folgen ist, ist der Weg, auf dem sich die geistlichen Zöglinge in Freunde Gottes und in Erben des Reichs Gottes verwandeln, und damit den Heiligen zugerechnet werden[36].

Auf dieselbe Weise wird Symeon der Neue Theologe von seinem Schüler Niketas Stethatos geschildert. Symeon war, so betont Niketas, der apostolischen Gnade würdig und war ganz vom göttlichen Feuer entflammt. Er suchte die Weisheit und erlangte sie durch die Werke der (praktischen) Philosophie und der Askese. Obschon er nicht gänzlich die äußeren Wissenschaften der Vernunft gekostet hatte, stand er dadurch höher als jeder Rhetor und Weise, dass er die Höhe der Weisheit als in den göttlichen Sachen wahrhaft Weiser erreichte und als Theologe, der die Dogmen kannte. Die erlangte Weisheit vermehrte er durch Tränen und Fleiß, dank derer ihm Einsicht (φρόνησις) gegeben wurde. Durch den Geist der Weisheit hatte er im Laufe seines ganzen Lebens einen unverfinsterten und ungekünstelten Glanz inne. Ihm kamen alle Güter des ewigen Lebens und der ungezählte Reichtum der Weisheit und des Wissens zu[37].

Das ist die alte und ursprüngliche Art und Vervollkommnung (εἶδος καί ἀποτέλεσμα) der Weisheit, wie Stethatos verallgemeinert. Die von oben kommende Gnade des Geistes, die aufgrund der endgültigen Reinigung die alten und gläubigen Männer bewohnte, die seit dem Altertum kraft der väterlichen Philosophie philosophierten, bewegte ihre Denkkraft (διανοία). Die meisten Geistlichen erreichen diesen Zustand nicht durch wissenschaftliches Emporsteigen und vollkommene Vernunftübung, sondern kraft der die Seele erforschenden Philosophie, der vollkommenen Askese und der Bewahrung der Gattungstugenden[38].

Die geistliche Vollkommenheit und das Lehramt sind auch das Motiv für das Sprechen, das sogar als Pflicht angesehen wird, auch wenn der Lehrer seine Unterweisungen schriftlich auslegen soll[39]. Dieses Schrifttum wird als Pflicht des liebenden geistlichen Vaters geschätzt, der über das ihm Offenbarte erzählt[40]. Auch in dieser Situation hebt man die Unzulänglichkeit des verbalen und schriftlichen Diskurses hervor[41]. Derjenige, der den heiligen Geist nicht hat, so beharren die asketischen Autoren, darf und kann nicht lehren. Die spekulative Theologie wird vehement getadelt. Selbst das Kennen einer Unmenge von

35 Id., Hymni, 23, in: Syméon le Nouveau Théologien, Hymnes 16–40, ed. J. Koder (Sources chrétiennes 174), Paris 1971, 222, 517–520.

36 Id., Hymni, 54, ed. Koder (nt. 5), 248, 148–250, 163.

37 Niketas Stethatos, De libro, ed. Koder (nt. 19), 116, 109–118, 132.

38 Ibid., 120, 172–122, 181.

39 Johannes Klimakos, Liber, 6, ed. Migne (nt. 7), 1180A. Cf. Symeon der Neue Theologe, Catecheses, 22, ed. Krivochéine (nt. 11), 390, 329–332.

40 Symeon der Neue Theologe, Catecheses, 22, 17, ed. Krivochéine (nt. 11), 262, 117–264, 125

41 Id., Catecheses, 29, ed. Krivochéine (nt. 11), 330, 224–229; 245–246.

äußeren Wissenschaften (μορὰ τῶν ἔξω μαθημάτων) oder das Zusammenstellen und das Verfassen von schönen Worten werden euch von keinem Nutzen sein, mahnt Symeon, wenn mein Gott über alle zu urteilen beginnt[42]. Der Lehrende, der selbst nicht vom göttlichen Geiste erleuchtet ist, ist kein wahrer Lehrer, sondern ein Lügner und Betrüger, weil er die wahre Weisheit, d. h. den Herrn Jesus Christus nicht innehat[43]. Das geistliche Lehrer-Schüler-Verhältnis weist ganz andere Dimensionen als das diskursive Verhalten auf, das Ansprüche auf eine universell-menschliche Gültigkeit erhebt.

Der totale geistliche Bezug ist restlos persönlich. Schon Johannes Klimakos fordert die Unterscheidung beim Herangehen an den einzelnen Schüler. Beim Sähen des geistlichen Samens muss man die Zeit, die Person, die Quantität und die Qualität des Samens abwägen. Die Hirtensorge für die Seelen kennt verschiedene Arten, die von der Eigenart sowohl des Lehrers als auch des Schülers abhängen müssen[44]. Aus diesem Grund soll der Vater seinen Schüler gründlich und detailliert kennen. Es wird dabei speziell betont, dass dem Lehrer auch die freundschaftlichen Verhältnisse der Schüler untereinander bekannt sein müssen[45]. Es ist gut, Freunde zu gewinnen, insistiert Klimakos, aber noetische Freunde, die wie keiner sonst der Tugend Gedeihen bringen[46].

Wie bereits erwähnt, werden die geistlich Fortgeschrittenen, die „Diener, Knechte und Pächter Gottes", als Freunde Gottes bestimmt[47]. Die interpersönlichen freundschaftlichen Beziehungen unterliegen aber einem direkten Verbot. Meide die Verwandten und die Freunde, fordert Symeon[48]. Schließe, so warnt er, eine gesonderte Freundschaft (μερικὴ φιλία) mit keinem, auch wenn er heilig zu sein scheint[49]. Damit wiederholt er eine altertümliche Unterweisung. Es geht um die Vorschrift Basilius' des Großen, der zufolge im asketischen System (ἐν συστήματι ἀσκητικῷ) keine Freundschaft (ἑταιρία) zwischen zwei oder drei Brüdern entstehen darf. Es muss gegenseitige Liebe (ἀγαπή) unter den Brüdern herrschen, nicht aber soll es vorkommen, dass zwei oder drei Brüder sich in irgendeiner Freundschaft (τινὰ ἑταιρία) vereinigen. Das ist keine Liebe, sondern Stand (στάσις) und Trennung (διαίρεσις) und stellt Anlass zu Tadel der Vereinigten wegen ihrer Bosheit dar. Durch die gesonderte Freundschaft baut man ein System innerhalb des Systems (συστήμα ἐν συστήματι). Dieses Sammeln von Freundschaften (φιλίας συναγωή) ist lasterhaft. Es ist eine Neuheit in Hinsicht auf die gemeinschaftliche Sache, die die gemeinsame Liebe zerstört. Das Mitglied der Gemeinschaft soll in gleichem Bezug zu allen anderen verweilen[50].

---

42 Symeon der Neue Theologe, Hymni, 31, ed. Koder (nt. 35), 396, 153–157.

43 Symeon der Neue Theologe, Tractatus morales, 15, ed. Darrouzès (nt. 10), 456, 186–458, 189.

44 Johannes Klimakos, Liber, 12, ed. Migne (nt. 7), 1189A.

45 Ibid., 1192A.

46 Ibid., 3, 1172D.

47 Symeon der Neue Theologe, Hymni, 43; 54, ed. Koder (nt. 5), 58, 33–37; 248, 148–250, 163.

48 Symeon der Neue Theologe, Hymni, 5, ed. Koder (nt. 10), 198, 2.

49 Symeon der Neue Theologe, Tractatus morales, 6, ed. Darrouzès (nt. 10), 126, 87–88.

50 Basilius der Große, Constitutiones, XXIX, ed. Migne (nt. 9), 1417C–1420A.

Diese Gleichheit betrifft das geistliche Schüler-Lehrer-Verhältnis gleichwohl nicht. Es geht zwar um keine freundschaftliche, aber um eine totale existentielle Verbindung, die das Dasein des Schülers, aber auch des Lehrers lebenslang prägt. Es geht in diesem Zusammensein weitgehend nicht um Ausbildung, sondern um existentielles Formen, das bis zum Tode des Lehrers und selbst danach noch fortdauert. Der wahre Sohn wird, so bestimmt Klimakos den geistlichen Bezug zwischen Lehrer und Schüler, in der Abwesenheit des Vaters erkannt[51]. Der Schüler führt die geistliche Einstellung seines Lehrers weiter und überträgt sie auf seine eigenen Schüler, indem er das Erzählte seines geistlichen Vaters über dessen eigenen Lehrer treu wiedergibt. Paradigmatisch in dieser Hinsicht sind die begeisterten Mitteilungen des Niketas Stethatos über Symeon Studites, den Lehrer seines Lehrers, nämlich Symeons des Neuen Theologen[52]. Es bildet sich eine kontinuierliche genetische Kette, die sich etwa von dem 4. Jahrhundert – wenn auch die Namen nicht im Gedächtnis bewahrt wurden – bis zum aktuellen Schüler erstreckt, der auch unser Zeitgenosse sein könnte. Es geht dabei also nicht lediglich um eine Mönchstradition.

Symeon der Neue Theologe ist wahrscheinlich der Erste, der nachdrücklich erklärt, dass die von ihm befürwortete Lebensweise durchaus nicht nur für die Mönche bestimmt ist. Obschon er das Mönchsleben favorisiert, betont er mit Emphase, dass die geistliche Praxis Sache des ganzen Kirchenvolkes (τοῦ κοινοῦ λαοῦ) sein kann. Er wendet sich an alle gläubigen Menschen[53].

II. Der geistige Lehrer und seine Schüler

Die geistige Ausbildung, die an erster Stelle mit der philosophischen Schulung assoziiert wird, bringt ein ganz anderes Bild zum Vorschein.

Die Philosophen erwähnen im Prinzip die Namen ihrer Lehrer nicht. Ein Grund dafür ist vereinzelt die Tatsache, dass man bei mehreren Ausbildern studiert hatte. Unter den philosophisch Gebildeten sind auch Autodidakten zu identifizieren. Das allgemeine Bild wird aber nicht durch solche Fälle bestimmt.

Die frappanteste Äußerung in dieser Hinsicht ist vermutlich das Diktum des Psellos, dass er keinem würdigen Lehrer (διδασκάλοις ἀξιολόγοις) für Philosophie begegnet sei. Er habe die Weisheit als beinahe gestorben vorgefunden und es aus eigener Kraft geschafft, sie wieder zu beleben. Er habe die Samen der Weisheit weder bei den Hellenen noch bei den Barbaren entdeckt, und deswegen

[51] Johannes Klimakos, Liber, 12, ed. Migne (nt. 7), 1189B.

[52] Cf. seine Vita Simeoni, in: Orientalia Christiana 12 (1928), 1–128, wie auch De libro hymnorum, ed. Koder (nt. 19), 108–134.

[53] Cf. Symeon der Neue Theologe, Catecheses, 22, ed. Krivochéine (nt. 11), 374, 129–135; 384, 247–386, 2; id., Hymni, 33, ed. Koder (nt. 35), 418, 83–85; id., Tractatus morales, 3, ed. Darrouzès (nt. 10), 430, 567–569.

seinen Weg zur ersten Philosophie auf eigene Faust gefunden[54]. Inzwischen weiß man – auch durch Michael Psellos selbst –, dass er bei Johannes Mauropous gelernt hat. Der zu einem Topos gewordene Satz der byzantinischen Philosophen, dass sie keine Lehrer gehabt haben, besagt nicht, dass sie bei niemandem Philosophie studiert haben, sondern vielmehr, dass sie nicht das philosophische Programm eines anderen fortführen, sondern ihr eigenes entwickeln. Aus dieser Perspektive erlaubt sich Psellos, seinen Lehrer Johannes Mauropous und seinen Kommilitonen (und vielleicht auch Lehrer) Johannes Xiphilinos „Liebhaber der Philosophie" (ἐρασταί τῆς φιλοςοφίας) zu nennen, während er sich selbst als vollkommen philosophierend („ἐγὼ δὲ ἐφιλοσόφουν τὰ τελεώτερα") rühmt[55].

Die Eigenart der Schüler-Lehrer-Verhältnisse ist mit einer bestechenden Klarheit von Georgios von Zypern (Gregorios II.) bezeugt und beschrieben worden. In seiner kleinen autobiografischen Abhandlung erzählt er über sich in dritter Person, dass er seine elementaren grammatischen und logischen Kenntnisse in seiner Heimatstadt Lapithos und in Nikosia erworben hat. Es geht um eine allgemeine und oberflächliche Bildung, durch die man keine fachliche Kunstfertigkeit erlangt. Georgios erwähnt dabei keine Namen von Lehrern[56]. Der junge Mann traf eine eigene Entscheidung, sich auf die Suche nach einem „weisen Mann" (σοφὸς ἄνθρωπος) zu begeben[57]. Weil Konstantinopel zu der Zeit von den Kreuzfahrern besetzt war, gelangte er über Palästina nach Ephesos, wo die Schule des Nikephoros Blemmydes stand. Das Gerede lautete, so erläutert Georgios, er sei der weiseste unter allen nun lebenden Menschen und nicht nur unter den Hellenen gewesen[58]. Die Absicht, sein Schüler zu werden, scheiterte jedoch. Bestimmte Männer aus Ephesos haben ihn von seiner Idee mit dem Argument abgebracht, dass der Philosoph ihn nicht sehen wolle, weil Georgios zu jung und dabei ein Fremder und Armer sei. Darüber hinaus würden die Leute um Nikephoros Georgios in seinem Kloster nicht zulassen. Die Epheser sagten, so führt er fort, dass Blemmydes ein unzugänglicher, harter und hochmütiger Mann sei. Er wende sich nie Außenseitern zu. Darüber hinaus war der Ort (die Schule, der Schülerkreis – χῶρος) unbetretbar und die Schüler waren nicht anzusprechen. Das allein sollte er also von ihrem Anführer gelernt haben, schließt Georgios bissig[59].

Es sind damit einige Grundzüge des höheren Schulwesens bereits entworfen. Die Ausbildung auf einem höheren Niveau war eine private Angelegenheit und

---

54 Michael Psellos, Chronographia, VI, 37–38, in: Michael Psellus, The History of Psellus, ed. C. Sathas, London 1899, 107, 29–108, 19.

55 Ibid., VI, 192, 175, 9–10.

56 A. Pelendrides (ed.), The Autobiography of George of Cyprus (Ecumenical Patriarch Gregory II), Nicosie 1993, 22, 34–24, 52; die Ausgabe gibt die kritische Edition von W. Lameere (La tradition manuscrite de la correspondance de Grégoire de Chypre, patriarche de Constantinople [1283–1289], Bruxelles 1937, 177–191) wieder.

57 Ibid., 24, 72.

58 Ibid., 26, 96–98.

59 Ibid., 28, 100–108.

wurde in privaten Schulen erteilt. Die Auswahl der Schule und des Lehrers war eine Sache des Wissbegierigen. Seine Aufnahme war der Willkür des Lehrers ausgeliefert, bei der die erwähnten Kriterien wie Alter, Fremdheit und Armut eine Rolle spielen konnten. Der Unterricht wurde bezahlt. Psellos rühmt sich, dass er als Lehrer sein Wissen nicht verkauft habe, sondern sogar aus eigenen Mitteln zu der Bildung der Mittellosen beigesteuert habe[60]. Der Konsul der Philosophen, an der Staatshochschule in Konstantinopel unterrichtend, vergisst zwar bei dieser Gelegenheit zu bemerken, dass sein Gehalt seitens des Staates gesichert war. Sein Zeugnis bestätigt allerdings, dass die höhere Bildung in allen ihren Formen bezahlt wurde. Die Fremdheit dürfte auch ein negatives Kriterium gewesen sein, insoweit der Verlauf des Unterrichts, der von den Interessen der Lehrenden bestimmt wurde, aus der Schule einen Freundeskreis machte, der offensichtlich nicht immer bereit war, völlig unbekannte Personen aufzunehmen.

Die nächste Station des bildungshungrigen Georgios war die provisorische Hauptstadt Nikaia. Er sollte aber feststellen, dass man da nur Grammatik und Poetik unterrichtete. Durch gelehrte Männer aus dieser Stadt bekam er mit, dass man Rhetorik, Philosophie und ähnliche Disziplinen selbstständig erlernen sollte[61]. Die autodidaktische Bildung war in Byzanz, wie erwähnt, keine ausgesprochene Rarität. Georgios, der zu den rhetorisch begabtesten rhomäischen Denkern zählt, gibt im Weiteren zu, dass er letztendlich ein Autodidakt in der Rhetorik geblieben ist[62].

Nach der Wiedereroberung von Konstantinopel versuchte er, seine Ausbildung in der Stadt zu erhalten. Endlich hatte er Glück. Er wurde zum Schüler des Georgios Akropolites, der zu dieser Zeit als der Weiseste im Wissen (τὰ ἐς λόγους) galt. Entscheidend war dabei, dass er außer seinen Kenntnissen eine mitleidsvolle „menschliche Seele" besaß. Er wollte jedem helfen und war bereit, Lehrer von jedem zu werden, der zuhören wollte. Der Kaiser habe ihn dadurch unterstützt, dass er ihn von seinen öffentlichen Diensten befreien ließ[63]. Akropolites verwaltete danach die reformierte Staatshochschule in der Stadt. Nicht wenige kamen zu ihm, so bemerkt Georgios, von der Liebe zum Lernen angezogen (ἔρωτι παιδείας ἑλκόμενοι)[64].

Die Schülermotivation verweist auf einen erheblichen Unterschied zwischen dem geistlichen und geistigen Lehrer. Der geistliche Vater ist der einzige Vermittler zwischen Gott und seinem Zögling. Er ist der unmittelbare Träger der in ihn persönlich eingeprägten göttlichen Gnade, die er seinem Schüler in persönlicher Form verleiht. Seine Lehrtätigkeit wird mit der Wirkung des göttlichen Geistes direkt identifiziert. Das ist bei dem geistigen Lehrer nicht der Fall. Die Wissbegierde vermittelt die Schüler-Lehrer-Verhältnisse, in denen die Person des

---

60 Michael Psellos, Chronographia, VI, 43, ed. Sathas (nt. 54), 110, 17–19.

61 Georgios von Zypern, Autobiography, ed. Lameere (nt. 56), 30, 132–140.

62 Ibid., 36, 208–224.

63 Ibid., 32, 172–34, 179.

64 Ibid., 34, 185–186.

Lehrers eine zwar erstrangige, aber nicht verpflichtende Rolle spielt. Aus diesem Grund ist die Beziehung mit diesem Lehrer nicht unzerstörbar und ihr existentiales Gewicht ist keinesfalls ausschlaggebend. Es war in der byzantinischen Kultur keine Ausnahme, dass man sich bei mehreren Lehrern ausbilden ließ. Prinzipiell geht es hier nicht um einen verbindlichen lebenslangen Schüler-Lehrer-Bezug.

Die genannte Vermittlung wird durch die Worte des Georgios bestätigt. Seiner Erzählung nach stellte das „Labyrinth des Aristoteles" die Stricke und Gewebe des Akropolites dar, durch das er seine Lehren plausibel machte. Dazu unterrichtete er noch Euklid und Nikomachos, d. h. Geometrie und Arithmetik[65]. Georgios von Zypern, der Jüngste im Schülerkreis (χῶρος), bekennt, dass er in die peripatetische Philosophie verliebt und ihr ergeben war. Er schätzte, so bekennt er weiter, Aristoteles höher als alle anderen Philosophen[66]. Er schildert in aller Liebe seinen Lehrer, aber er erklärt sich zum Nachfolger nicht seiner, sondern der aristotelischen Lehre.

Weil der Lehrer-Schüler-Bezug nicht existentiell, sondern lediglich intellektuell war, vollzog er sich weitestgehend nicht in der Form eines totalen Sichunterwerfens unter den Lehrer, sondern vielmehr in Form eines gleichberechtigten Dialogs. Das Schüler-Lehrer-Verhältnis war durch das Ende des Lernprozesses zeitlich begrenzt. Es sind uns konzeptuelle Rivalitäten zwischen Ex-Kommilitonen oder zwischen einstigen Lehrern und Schülern geschichtlich bezeugt. Üblicherweise aber bildeten die Lehrer mit ihren Schülern einen Freundeskreis, der auch nach dem Schulabschluss erhalten blieb. Man darf in der Tat feststellen, dass die philosophischen Auseinandersetzungen in Byzanz zwischen ehemaligen, aktuellen und zukünftigen Freunden geführt wurden.

Paradigmatisch in dieser Hinsicht ist wieder die Lebensgeschichte des Psellos. Er stand mit vielen in freundschaftlicher Beziehung, erzählt er, zwei aber waren die Personen, die ihn mitten in ihre Seelen aufnahmen. Zum Prinzip ihrer Vereinigung (λόγος τῆς συμφυΐας), so bekennt Psellos, wurde das Prinzip der Wissenschaften (ὁ τῶν μαθημάτων λόγος)[67]. In den Seelen seiner Freunde wohnte gleichsam auch sein Selbst. Die Freunde wurden unzertrennlich[68]. Psellos schien es unerträglich, von seinen beiden Freunden getrennt zu leben. Dieser Umstand hindert ihn allerdings nicht, innerhalb dieses Passus zu erklären, dass er, wenn auch dem Alter nach viel jünger als die beiden, doch der Vernunft nach älter als sie sei[69]. Es geht ausgerechnet um Johannes Mauropous und Johannes Xiphilinos. Im Laufe der Zeit wurden einerseits die persönlichen Beziehungen zu seinem ehemaligen Lehrer Mauropous, den er als seinen besten Freund und besten Philosophen rühmte[70] und dem er ein ausführliches Enkomion widmete,

---

65 Ibid., 34, 179–185.

66 Ibid., 34, 200–202.

67 Michael Psellos, Chronographia, VI, 92, ed. Sathas (nt. 54), 175, 3–7.

68 Ibid., 175, 11–14.

69 Ibid., 175, 7–8; 14.

70 Cf. C. Sathas, Mesaionike bibliotheke, vol. 5, Venezia 1872 [Neudruck Hildesheim 1972], 465.

spürbar kühler. Das Verhältnis zu Xiphilinos andererseits verschärfte sich – insbesondere nachdem er zum Patriarchen von Konstantinopel ernannt wurde – und ging in öffentliche Auseinandersetzungen über.

Die Schüler-Lehrer- und die Kommilitonen-Freundschaft setzten keine Verpflichtungen voraus, und sie bürgten durchaus nicht für eine lebenslange Beziehung. Der Philosoph war von jeglicher Abhängigkeit frei. Georgios von Zypern beklagt nach seiner Wahl zum Patriarchen von Konstantinopel, dass er sich in die Streitereien über die dogmatischen Neuigkeiten, den kirchlichen Ansturm und die Sorge für die Seelen verwickelte, und zwar nachdem er auf die Idee gekommen war, sich dem Leben des Philosophen, d. h. des freien Menschen (ἐλεύθερος) zu widmen[71]. Der Philosoph und der freie Mensch, die Philosophie und das freie Leben waren ihm zufolge gleichbedeutend.

III. Ein symptomatisches Beispiel

Es sind mehrere Beispiele für den lebenslangen Bezug des geistlichen Schülers zu seinem Lehrer zu liefern. Niketas Stethatos z. B., der im Vergleich zu seinem Lehrer einen eher intellektuellen Habitus und eine Neigung zum logischen Konstruieren dadurch demonstrierte, dass er sich auch begrifflich (insbesondere im Bereich der Anthropologie) von Symeon dem Neuen Theologen unterschied, blieb ihm bis zum Ende geistlich durchaus treu. Seine geistliche Sohnesliebe kannte keine Grenzen, eine intellektuelle Beziehung wurde aber nicht angedeutet.

Merkwürdig in diesem Zusammenhang ist auch die Art der Äußerung des Philotheos Kokkinos mit Blick auf Gregorios Palamas. Ein geistlicher Sohn des Gregorios und zum engsten Kreis seiner Anhänger gehörend, führt Philotheos auch die philosophische Position seines Lehrers apologetisch fort. In seinem berühmten synodalen Tomos von 1368, in dem die Heiligsprechung des Palamas erklärt wird, nennt er ihn konstant „heilig" (ἱερός)[72]. In seinen philosophisch-theologischen Schriften aber, in denen von philosophischen Sätzen des Palamas reichlich Gebrauch gemacht wird, wird Gregorios nie als geistiger Lehrer erwähnt. Er wird als „Priester Gottes"[73] bezeichnet, der „unser Bruder"[74] ist und „brüderlich wie wir denkt" („ὁ ἀδελφὰ φρονῶν ἡμῖν τοῦ θεοῦ ἱερεὺς Γρηγόριος")[75]. Mit der Betonung auf der Brüderlichkeit und dem brüderlichen Zusammendenken wird ausgerechnet das intellektuelle Schüler-Lehrer-Verhältnis ignoriert.

---

71 Georgios von Zypern, Autobiography, ed. Lameere (nt. 56), 38, 239–245.

72 Cf. Tomus synodicus 1368, in: A. Rigo (ed.), Gregorio Palamas e oltre: studi e documenti sulle controversie teologiche del XIV secolo bizantino (Orientalia Venetiana 16), Firenze 2004, 125, 716–717; 724–725; 127, 778.

73 Philotheos Kokkinos, De luce thaborica, in: Philotheos Kokkinos, De domini luce. Editio princeps, ed. P. Yaneva, Sofia 2011, 27, 6; 35, 7.

74 Ibid., 72, 7–8.

75 Ibid., 46, 32–47, 1.

Der für unser Thema attraktivste Fall ist jedoch die Beziehung zwischen Markos Eugenikos (Markos von Ephesus) und Georgios Scholarios (nach 1454 Patriarch Gennadios II.). In seinem Brief an Konstantin XI., in dem er ihm seine Kommentare zu dem Werk des Aristoteles widmet, erzählt Scholarios im Stil des Psellos, dass er im Bereich der Philosophie keinen qualifizierten Lehrer hatte, betont explizit seine Selbstbildung und listet die von ihm studierten Autoren auf[76]. Eigentlich aber war er ein Schüler des Markos, der nach der Beendigung seines Studiums (bei Johannes Chortasmenos und Georgios Gemistos Plethon) als populärer Lehrer in Konstantinopel agierte. Scholarios erwähnt bei anderen Gelegenheiten noch die Namen von Chortasmenos und Makarios Makres, bei denen er auch studiert haben soll. Die Verhältnisse zwischen Markos und seinem ehemaligen Schüler entwickelten sich auf eine seltsame Weise.

Der erste Zusammenstoß zwischen ihnen fand auf dem Konzil von Ferrara-Florenz statt. Während Markos der dezidierte Sprecher der antiunionistischen Partei war, zeigte der Staatsmann Scholarios vielmehr Neigung, die Idee der Kirchenunion zu akzeptieren. Trotz der oft bestrittenen Autorschaft des Scholarios ist es möglich, dass die im Laufe des Konzils verfasste Erwiderung[77] auf Markos' ‚Syllogistische Kapitel über den Ausgang des Heiligen Geistes' doch sein Werk ist. Nach dem Konzil verweilte Markos in Ephesos. Von da schrieb er einen strengen Brief an Scholarios anlässlich seines Benehmens auf dem Konzil[78], der von Scholarios beantwortet wurde[79]. Etwas später schickte Scholarios seine Schrift gegen Plethon mit einem Begleitbrief an Markos[80]. Auf seinem Sterbebett wandte sich Markos an seine Anhänger und dann persönlich an Scholarios, den er durch Eid verpflichtete, die Führung der antiunionistischen und von dem systematischen Palamismus geprägten Partei nach Markos' Tod zu übernehmen. Scholarios versprach es in einer emotionalen Rede und löste sein Gelöbnis ganz und gar ein. Theodoros Agalianos stenografierte diese Äußerungen[81].

In seinem Mahnbrief aus Ephesos wendet sich Markos an Scholarios und nennt ihn ruhmvollen, weisesten, gelehrtesten, seinen lieben Bruder und seinen Sohn dem Geiste nach (κατὰ πνεῦμα υἱός). Damit umschreibt er in einer Steigerung den vollen Motivationsgehalt ihrer Beziehungen und die Punkte, über die er Einfluss auf Scholarios ausüben kann. Die Betonung liegt auf der geistlichen Sohnschaft. Er erinnert ihn an die Freude (ἡδονή), die Markos erfüllte, als Scho-

76 Oeuvres complètes de Gennade Scholarios, edd. L. Petit e. a. , vol. 7, Paris 1936, 2, 11–4, 6.

77 Oeuvres complètes de Gennade Scholarios, edd. L. Petit e. a. , vol. 3, Paris 1930, 476–538.

78 Marci Ephesii ad Georgium Scholarium Epistola, ed. L. Petit (Patrologia orientalis 17), Paris 1923, 460–464.

79 Ibid., 464–470; Oeuvres complètes de Gennade Scholarios, edd. L. Petit e. a. , vol. 4, Paris 1935, 445–449.

80 Oeuvres de Scholarios, edd. Petit e. a. (nt. 79), 116–118.

81 Marci Ephesii morientis oratio ad amicos, ed. L. Petit (Patrologia orientalis 17), Paris 1923, 484–491. Nur die Rede des Scholarios in: Oeuvres complètes de Gennade Scholarios, edd. L. Petit e. a. , vol. 8, Paris 1935, 27*–28*.

larios an der rechten Lehre und der frommen und väterlichen Denkart festhielt, und äußert seine Enttäuschung darüber, dass er die Wahrheit verraten habe. Wird dadurch, fragt er empört, die Seele eines Philosophen gewürdigt? Was für eine nichtphilosophische Denkweise eines Philosophen!, ruft er ferner aus. Er beruft sich dabei nicht ein einziges Mal auf seine Position als Philosophielehrer des Scholarios und kommentiert seine fachphilosophische Position gar nicht. Die Philosophie wird hier vielmehr als eine Lebensart und nicht etwa als Fachdisziplin anvisiert. In seinem Rechtfertigungsbrief redet Georgios ihn als Metropoliten von Ephesos und seinen göttlichsten, heiligsten Vater und Herrn, den besten und weisesten unter den Menschen an. Er erwähnt flüchtig seine philosophischen Studien, ohne sie näher zu bestimmen oder mit den philosophischen Auffassungen des Markos in Zusammenhang zu bringen.

Das Thematisieren der Philosophie war im zweiten Brief Scholarios' an Markos nicht zu vermeiden. Er begleitete die Schrift des Scholarios gegen Plethons Werk ‚Über die Weise, wie Aristoteles sich von Platon unterscheidet', des ehemaligen Philosophielehrers Markos'. Scholarios möchte darin beweisen, dass die aristotelische Philosophie dem Christentum unvergleichbar näher als die platonische steht. In seinem Brief spielt er zwar auf die Lehrerschaft Markos' an, es wird aber das aristotelisch geprägte Philosophieprogramm hervorgehoben, das beide, Markos und Georgios, als Grund ihres Philosophierens betrachten. Scholarios vertieft sich nicht weiter darein, weil er sich der gravierenden Unterschiede zwischen ihm und Markos bewusst ist. Der Aristotelismus des Markos, obschon er etliche lateinische Autoren kannte und schätzte, verblieb durchaus im traditionellen Rahmen der byzantinischen Philosophiekultur. Scholarios nutzte dagegen in seiner philosophischen Logik verstärkt sowohl thomistische als auch scotistische Weiterentwicklungen in diesem Bereich, um typisch byzantinische, d. h. auch palamitische Philosophiepositionen durch fachlich präzisere und auch für die abendländische Denkkultur einsichtigere Formulierungen darzustellen. Seine Aristoteles-Interpretation selbst war dadurch von der Deutung des Thomas von Aquin abhängig, dass er bereits als Übersetzer von Schriften des Thomas und anderer lateinischer Autoren mit Aristoteles bekannt war. Diese Unterschiede in den philosophischen Plattformen wurden nicht einmal in diesem Zusammenhang besprochen. Sie spielten dabei keine Rolle.

In seiner Rede auf dem Sterbebett nennt Markos Scholarios seinen lieben Sohn und Freund und äußert seine Zuversicht darüber, dass das Denkvermögen und die Weisheit des Georgios, die er als außergewöhnlich schätzt, Scholarios zum Einzigen machen, der den orthodoxen Glauben und die Kirche festigen kann. Er appelliert an Scholarios' Gewissen und legt Wert auf den Funken der Frömmigkeit (εὐσεβείας σπινθήρ) in ihm, der im Zusammenspiel mit seiner natürlichen Denkkraft und Sprachfähigkeit und mit der göttlichen Gnade für den Sieg der rechten Dogmen der Kirche sorgen wird. In seiner Dankesrede betont Scholarios die Heiligkeit, die Hochherzigkeit (καλοκαγαθία), die Tugendhaftigkeit und die Weisheit Markos' und nennt ihn seinen Vater, Lehrer und Erzieher (πατήρ, διδάσκαλος, παιδαγωγός). Er erklärt sich bereit, seine Pflicht (τάξις) als

Sohn und Schüler (παῖς καὶ μαθητές) gegenüber seiner großen Heiligkeit zu erfüllen.

Obschon Markos noch in seinem ersten Spruch bestimmte philosophische Sätze (ὕλαι παρὰ τοῖς φιλοσόφοις) und insbesondere die Unterscheidung zwischen den analogischen, wahrscheinlichen und notwendigen Hypothesen bespricht, relativiert er sie dadurch, dass er erklärt, er habe sie beinahe schon vergessen; dies ist dann vielmehr als eine elegante Geste zu verstehen, durch die er seiner Forderung die notwendige Kraft verleiht. Die Philosophie und die philosophischen Lehrer-Schüler-Verhältnisse kommen in diesem gespannten Augenblick gar nicht in Frage. Der geistliche Sohn und Schüler Scholarios unterwirft sich mit seinem ganzen Wesen dem Willen seines geistlichen Vaters, Lehrers und Erziehers. Der intellektuelle Bezug und die von Markos erklärte Freundschaft werden nicht in Anspruch genommen.

IV. Schluss

Zusammenfassend ist zu bemerken, dass das Verhältnis zwischen dem geistlichen Lehrer und seinem Schüler eine totale Existenzbeziehung bildet, in der der Lehrer der direkte Vermittler des heiligen Geistes an seine Schüler ist. Es geht in diesem Fall um eine totale Unterwerfung des Schülers; seine lebenslange Abhängigkeit von seinem Lehrer verbleibt auch nach dem Tode des Lehrers. Bei dieser Beziehung geht es definitiv nicht um Freundschaft, sondern um einen komplett hierarchisierten Bezug. In diesem Format entfaltet sich eine genealogische Linie, die sich durch die Jahrhunderte zieht. Der Bezug zwischen dem geistigen Lehrer und seinem Schüler ist demgegenüber ein weitgehend lockerer, da er von der Wissbegierde vermittelt wird. Der Lehrer und sein Bezug zu dem Schüler sind mehr oder weniger zufällig. Nach dem Schulabschluss fühlt sich der ehemalige Schüler von dem intellektuellen Programm seines Betreuers befreit. Aus diesem Grund erklären die meisten byzantinischen Philosophen, dass sie keine Lehrer gehabt haben, wodurch sie ihre doktrinelle Unabhängigkeit betonen. Im positiven Fall bleiben sie, Lehrer und Schüler, in einem freundschaftlichen Verhältnis, das aber keine Garantie für seine lebenslange Dauer kennt. Die theoretische Philosophie und die entsprechende Lebensweise werden direkt mit der persönlichen und sozialen Freiheit identifiziert.

Diese Beziehungsarten haben in den ursprünglich von dem byzantinischen Ethos geprägten Kulturen Europas bis heute Bestand. Der geistliche Bezug ist – wenn auch nicht in seiner extremen mönchischen Gestalt – bis heute in seiner existentiell engagierenden Form bewahrt geblieben. Erhalten ist aber auch der Typus des geistigen Verhältnisses. Dadurch ist der Mangel an geistlichen und geistigen Schulen in dieser Region zu erklären. Der zugespitzt persönliche Charakter des geistlichen Formens vermeidet das Entstehen von theologischen Schulbildungen aller Art. Der lose Bezug zwischen den geistigen Lehrern und ihren Schülern bestimmt den faktischen Mangel an Philosophie- und Denkschulen in dieser Region. (Die von Tzotcho Boiadjiev gegründete bulgarische Schule für philosophische Mediävistik mit ihrer mehr als dreißigjährigen Geschichte zählt zu den ganz wenigen Ausnahmen.) Die geistige Haltung bleibt eine prinzipiell individualistische, weil der Individualismus mit der persönlichen Freiheit identifiziert wird.

Symbolic Theology as Didactic (The Concept of Theophanes of Nicaea)

Smilen Markov (Veliko Turnovo)

I. The Symbolic Theology of Dionysios

When speaking of symbolic theology, the 'Corpus Dionysiacum' refers to an unpreserved work of Dionysios the Areopagite[1], which perhaps did not ever exist[2]. What we nowadays know for sure about the symbolic theology of Dionysios has been inferred from the 'Corpus' in the version which came to us. The symbolic theology is a method of divine knowledge, which differs from both discursive theology, encompassing the cataphatic and the apophatic theology, and mystical knowledge, the latter being beyond human intellect altogether[3]. What is at stake is a cognitive practice based on experience of the divine being and possessing a special epistemic status. The symbols are not identical with the concepts of human reason derived from sense perception; they are representations of the participable divine grace and are validated in the communion between man and God himself. Dionysios underlines that these representations are manifestations of divine energy orientated towards the creatures and that they acquire the status of symbols by virtue of their being acknowledged and given a meaning as constituents of the personal cognitive experience of the divine[4].

Symbolic theology is not an auxiliary method, but a fundamental theological discourse. Symbols are expressions of divine supernatural being, which is above every rational notion, being simple and eternal. Clearly, Dionysios does not mean here the unapproachable divine being *per se*, but the revealed divine life, which God willingly shares with creatures. The symbols differ in their intensity of revealing in accordance with the different capacities of beings to communicate with God and to be filled with his energy. Hence the symbols are multiform

---

1 In this essay, 'Corpus Dionysiacum' is a technical term denoting the texts preserved under the name of Dionysios the Areopagite. The authorship is not discussed and for reasons of brevity the author of the texts is here called Dionysios.

2 Dionysios Areopagita, De divinis nominibus, IV, 5; IX, 5, ed. B. R. Suchla (Corpus Dionysiacum 1), Berlin – New York 1990, 149, 9; 211, 9; Epistula IX, 1; 6, edd. G. Heil/A. Ritter (Corpus Dionysiacum 2), Berlin – New York 1991, 193, 3 – 9; 206, 8 – 12.

3 Dionysios Areopagita, De divinis nominibus, I, 4; VII, 1, ed. Suchla (nt. 2), 115, 6 – 10; 193, 10 – 194, 4.

4 Dionysios Areopagita, De divinis nominibus, IX, 4, 5, 6, ed. Suchla (nt. 2), 210, 12 – 211, 2.

and in order to integrate the different symbols into an epistemic formation, human reason relies on its concepts of created beings[5]. Thus, knowledge of created being is a didactic method for discerning symbols.

At the same time, however, the symbols are connected with each other by an 'invisible' order (τάξις), i.e., transcendent laws, governing the contingent phenomena[6]. These can be known by man, although they pertain to a cognitive structure whose prerequisites are not rooted in the experience of this world. When commenting on the cognitive reconstruction of this transcendent systematic of symbols, Dionysios compares the latter to food, which not only sustains the body but supplies its material, renders it formed and brings it towards its goal[7]. So the cognitive potential of symbols to reveal content, which is otherwise unknowable, is realized as a didactic procedure: they are not merely signs that denote divine revelation but elements of an epistemic formation, the study of which is a pattern for Christian life. By acquiring this knowledge as a habit, the Christian learns how to transform his own existence in order to become a participant in this revelation, getting to know its structure and dynamics. In this sense, the symbols manifest the degrees of man's deification and in that they correspond to the divine providence for man, as well as for the world.

The epistemological relevance of the symbols in the 'Corpus Dionysiacum' is explained by a two-step didactic model: the concepts of reason instruct human cognition to achieve the symbols and the symbols themselves are didactic tools, teaching man to prepare for the experience of God. Thus, two spheres of reference of the symbolic theology are drawn – the conceptual-analytic and the anthropological. Neither of them is acquired simply through the intention of the human intellect. They manifest themselves in a dialogical didactic process of preparation and initiation.

Dionysios never spells out a detailed structure of the symbolic didactic. Thus, it remains quite an enigmatic domain of theological cognition, having a medial position between apodictic rational theology and pure contemplation. The speculation of Theophanes of Nicaea about symbols develops the Dionysian concept of symbolic theology.

II. Theophanes of Nicaea – Person and Time

Theophanes of Nicaea (1315/20–1380/81) was a Byzantine philosopher and a polemist, whose biography remains enigmatic and whose works came relatively late into the focus of scientific research[8]. Since he is a successor of Byzantine

[5] Dionysios Areopagita, Epistula IX, 2, edd. Heil/Ritter (nt. 2), 199, 9–200, 11.

[6] Dionysios Areopagita, Epistula IX, 2, edd. Heil/Ritter (nt. 2), 199, 4–6; 200, 8–12.

[7] Dionysios Areopagita, Epistula IX, 2, edd. Heil/Ritter (nt. 2), 201, 1–6.

[8] For an account of his life, as well as a study of his works, see: I. Polemis, Theophanes of Nicaea: His Life and Works, Wien 1996.

Palamism, the study of his works has been predominantly concentrated on conceptual laps and discrepancies between his views and the philosophy of Gregory Palamas (1296–1359). The treatise on the Tabor light is a work representative of Theophanes' positions on issues discussed in the Palamite controversy. Polemis suggests that it was probably composed soon after the condemnation of Prochoros Cydones (1330–1369) by the council summoned in Constantinople in 1368 by the Patriarch Philotheos Kokkinos (1330–1377/78)[9]. From the few fragments of a nowadays lost work of Prochoros, quoted in the Thomos of the council, one can infer that Theophanes' purpose was to refute certain anti-Palamite arguments elaborated by Prochoros[10]. According to the view criticized by Prochoros, the light seen by Christ's disciple on Tabor was uncreated. This notion was not an innovation of Palamas, but came to the fore in connection with the defense of the spiritual praxis of Byzantine Hesychasts and of the uncreated status of the light seen by some of them.

III. The Tabor Light as a Symbol According to the Anti-Palamites of the First and Second Generation

Theophanes' speculation about the symbol was elicited by the debate concerning the ontological status of the light seen by the disciples on Tabor. He develops his concept of symbolic theology as a refutation of the allegation of the anti-Palamites, who claim that the Palamite distinction between uncreated divine essence and uncreated divine energy introduces a division in God and subordinates God to the categories of the contingent world.

The differentiation mentioned is a basic metaphysical concept, forming the specific profile of what is now called Byzantine philosophy. It reproduces, although in a modified form, the Aristotelian complete identification of 'essence' and 'existence'[11]. Both Aristotle and the Byzantine philosophers are convinced that the very being of the essence is an act, energy; it is by this energy that the existence of things (πρᾶγματα) is determined. What is peculiar of the Byzantine metaphysical model is that the energy does not exhaust the essence; the essence in itself cannot be reduced to the energy and, unlike the energy, the essence

[9] Polemis, op. cit. (nt. 8), 74.

[10] ΛΟΓΟΙ ΠΕΡΙ ΘΑΒΟΡΙΟΥ ΦΩΤΩΣ, in: G. Zacharopoulos, Theophanes of Nicaea (? – ± 1380/1) – Biography and Writings, Thessaloniki 2003. Theophanes of Nicaea is also the author of an answer to a treatise (probably a letter to Paul – the Latin patriarch of Constantinople) in which he defends the Palamite distinction between essence and energy in God, cf.: J. A. Demetracopoulos, Palamas transformed. Palamite Interpretations of the Distinction between God's 'Essence' and 'Energies' in Late Byzantium, in: M. Hinterberger/C. Schabel (eds.), Greeks, Latins, and Intellectual History 1204–1500 (Recherches de Théologie et Philosophie Médiévales. Bibliotheca 11), Leuven–Paris–Walpole, MA 2011, 305–324; Polemis, op. cit. (nt. 8).

[11] Aristotle, Metaphysics, IX, 1, 1045b32–1046a2. Cf. M. Heidegger, Aristotle's Metaphysics Θ 1–3: On the Essence and Actuality of Force. Translated by W. Brogan/P. Warnek, Bloomington–Indianapolis 1995, 148–165; 183–193.

cannot be participated[12]. Therefore, the essence remains unknown. The anti-Palamite authors do not reject this model in principle, but the majority of them does not see any reason why it should be applied to the divine being and its revelation in the world. As patriarch Philotheos Kokkinnos explains, the anti-Palamites do not accept that the divine presence in the world (including the Tabor light) is the uncreated essential energy of God because, for them, that which has a concrete meaning and a historically limited function to proclaim the salvific work of Christ on earth cannot be uncreated and eternal. The phenomenon of the light is designed in accordance with the capacity of the disciples to perceive it. So the light is functionally determined and circumscribed, which for the anti-Palamites is incompatible with a manifestation of divine being itself[13].

The most radical anti-Palamite, Barlaam of Calabria, introduces an argument, taken from the 'Corpus Dionysiacum' and St. Maximus the Confessor, concerning the symbolic status of the light. Referring to the authority of St. Maximus[14], Barlaam claims that the light seen on Tabor is a created image of divine essence, i.e., a created symbol of divinity. Authoritative representatives of the anti-Palamite movement such as Nicephoros Gregoras, Johannes Kyparisiotes and Prochoros Cydones maintain positions similar to this one[15]. Both Akyndinos and Nicephoros Gregoras claim that theological contemplation relies on symbolic images (Akindynos)[16] or "sense visions" (Gregoras)[17], which do not possess an independent uncreated being. These symbolic images are created, although by eternity.

The younger anti-Palamites, Gregorios Akyndinos and Theodoros Dexios, however, nuance the thesis of the symbolic status of the Tabor light. They are convinced that the proclamation of a created status of the Tabor light does not take the gnoseological implications of the argumentation of St. Maximus in his 'Liber Ambiguorum' into account. Consequently, a quite simplified ontological picture is obtained, according to which the enlightening and educating act of God belongs to a reality parallel to His eternal being and serving as a mediator between God and the created world. But it is exactly the anti-Palamites who abruptly deny that divine knowledge is guaranteed by an ontological entity different from the divine essence and parallel to it. In order to solve this contradiction, Gregorios Akyndinos undertakes two argumentative steps regarding the

---

[12] G. Kapriev, Thing and Form, in: F. Marrone/M. Lamanna (eds.), Essence and Thingness, Leiden e. a. 2016 (forthcoming).

[13] Philotheos Kokkinos, De domini luce. Editio princeps, ed. P. Yaneva, Sofia 2011, 32–33.

[14] Cf. Dionysios Areopagita, De coelesti hierarchia, VII, 2, edd. G. Heil/A. Ritter (Corpus Dionysiacum 2), Berlin–New York 1991, 29, 5–18; Maximus Confessor, Liber ambiguorum, ed. J. P. Migne (Patrologia cursus completus. Series Graeca 91), Paris 1863, 1125D–1128A.

[15] Polemis, op. cit (nt. 8), 78–79.

[16] G. Kapriev, Philosophie in Byzanz, Würzburg 2005, 258.

[17] Nicephoros Gregoras, Antirrhetica, I, 2, 7, ed. H.-V. Beyer (Wiener byzantinistische Studien 12), Wien 1976, 349.

gnoseological status of the symbol: first, he confirms the main position of Barlaam that the apophaticism is the only valid method in the field of rational knowledge concerning God (ἄρρητος); second, he insists that the manifestation of the light pertains not to the essential order, but to the person of the God-Logos[18]. This apophatic-personalistic solution is supported by Theodoros Dexios who explains that the syllogistic approach is inapplicable to the light of Tabor as no true positive properties of divine activity can be derived from it. Theodor is aware that the light of Tabor is uncreated, but nevertheless it is a personal manifestation of Christ for him, which instructs and educates the disciples, without being true human knowledge[19]. The light is an "improper manifestation" not of the unrelational divine being but of Christ's body, revealing the hypostatic affiliation of the latter. Unlike the visions of the prophets – considered by Theodor as symbols in the proper sense, denoting the divine unknowability – the *denotatum* of the Tabor light is not transcendent to human knowledge; on the contrary, it is fully comprehensible. What happened on Tabor is taken as an immediate revelation of God, which is totally subordinate to the corporeal relativity. Being uncreated in origin, this symbol does not signify the uncreated reality of divine being[20]. The light reveals Christ's deified body, whose being, although created, could be described only through the apophatic method; the latter precludes any explicative syllogistic reasoning. True signifiers of the uncreated reality are only the ordinary created symbols, known from history, which are in no way identical with the *denotatum* and bear a meaning which transcends their own being[21].

The apophatic-personalistic approach of Akyndinos and Dexios regarding the light of Tabor falls into the antinomy of 'rational vs. mystical knowledge'; there is no place in it for the symbolical knowledge, such as the one described by Dionysios.

IV. The Symbol in the Theology of Theophanes of Nicaea

Theophanes develops his didactic model of symbolic theology starting from the conviction that each experience of the divine, be it the prophetic visions, the Tabor light, the Eucharist or the deification, has one and the same ontological guarantee: the uncreated energy of God. The experience of divine energy necessarily has a dialogical character, whereby the contemplation (θεωρία) is the most direct encounter with it. Contemplation enables the human person not

---

18 H.-V. Beyer, Ideengeschichtliche Vorbemerkungen zum Inhalt der ersten 'Antirrhetika' des Gregoras, in: Nicephoros Gregoras, Antirrhetika, ed. Beyer (nt. 17), 15–116, at 52.

19 I. D. Polemis, Introduction, in: Theodoros Dexios, Opera omnia, ed. I. D. Polemis (Corpus Christianorum. Series Graeca 55), Turnhout–Leuven 2003, XIII–CXXXVI, at XCV. Theodor justifies this position by pointing to the mutual exchange of properties (περιχώρησις ἰδιωμάτων) between the human and the divine nature in Christ's body.

20 Polemis, Introduction (nt. 19), XCV.

21 Theodoros Dexios, Epistula II, 19, in: Opera omnia, ed. Polemis (nt. 19), 296–297.

only to decipher the phenomena of divine revelation, but also to designate them[22]. This contemplation presupposes a lucid reflection (διαίρεσις)[23]. Although man cannot by himself and relying on his natural capacities only enter into a cognitive relation with the divine activity, the goodness of this activity is a fact of human 'experience in the world', as it can be anticipated in all aspects of human beings. Theophanes does not resort to any natural teleology in order to construct analogies between the divine being and the created being, but uses rational criteria[24]. Neither does he hint at something transcending the human cognitive powers and the activation of a superior cognitive intention. What is at stake is a didactic experience, which cultivates a new kind of sensitivity in human cognition – in the sense perception as well as in the intellect. As a result of the divine didactic, the discursive knowledge of the world (νόημα), derived from the classification of the existing things, becomes a habit of noetic perception and joy of the theology and economy of God.

One can differentiate four stages of divine pedagogy within symbolic theology, corresponding to the conceptual-analytic and anthropological aspects, implied by Dionysios. These will be dealt with in the following.

1. Rational Criteria in Symbolic Theology

There are certain ontological characteristics of beings, the conceiving of which amplifies the readiness (ἐπιτηδειότης) of man to perceive divine grace. Revealing and recognizing divine grace has degrees (βαθμούς, κλίμαξ), starting from the experience of the world and ending with the contemplation of the divine presence in the world[25]. The process of moving towards the higher levels of this scale, that is, acquiring wisdom, presupposes a deeper sensitivity for grace and a clearer grasping of the images of revelation[26]. The ascent is realized while the intellect is educated (ἐκδιδάσκεσθαι)[27] to look closer to "the principles of its own wisdom" ("τὰς ἀρχὰς τῆς ἑαυτοῦ σοφίας")[28] and to return to itself through these principles ("ὁ νοῦς δι᾽ αὐτῶν εἰς ἑαυτὸν ἕλκει")[29], so that it per-

---

22 Orations on the Tabor light, I, 2, in: Zacharopoulos, Theophanes of Nicaea (nt. 10), 130, 95.

23 Orations on the Tabor light, I, 3, in: Zacharopoulos, Theophanes of Nicaea (nt. 10), 131, 114.

24 J. Romanides, Notes on the Palamite Controversy and Related Topics, in: The Greek Orthodox Theological Review 6/2 (1960–1961), 186–205.

25 Orations on the Tabor light, II, 4, in: Zacharopoulos, Theophanes of Nicaea (nt. 10), 160, 115.119.120

26 Dionysios Areopagita, De divinis nominibus, VII, 3, ed. Suchla (nt. 2), 197, 17–198, 3.

27 Theophanes refers to the explanation of St. Maximus, according to whom the state of the intellect, acquired through the virtues, is knowledge "in the Spirit" (ἐν πνεύματι), which goes beyond the "simple learning" (ψιλὴ μάθησις). Cf.: Maximus Confessor, Quaestiones ad Thallasium, 65, ed. J. P. Migne (Patrologia cursus completus. Series Graeca 90), Paris 1865, 773C.

28 Orations on the Tabor light, II, 5, in: Zacharopoulos, Theophanes of Nicaea (nt. 10), 161, 136–137.

29 Orations on the Tabor light, II, 5, in: Zacharopoulos, Theophanes of Nicaea (nt. 10), 161, 142.

ceives the meaningful relationship between the totality of things and man. This mode of cognition cannot be placed in the domain of natural human wisdom, because here man is not simply the one who finds its bearings in the sense data using appropriate concepts of reason; man is now a participant of his own education.

Theophanes insists that the principles of this wisdom are not at first represented by the order of beings, in order to consequently become determinants of the human existence[30]. From the very beginning, they are constituents of the human being, and not just an extramental structure that can be cognitively assimilated. These constituents of the human being can be reconstructed in the course of the rational conceptualizing of being. – When sense data is classified in concepts, a certain regularity can be observed, which makes the divine symbols accessible[31]. The concepts of reason, based on the cognitive experience of the visible things and called by Theophanes "principles (λόγοι) of the phenomena", are the fruit of the recognition of a hierarchy, shining through the sense impressions and the images of imagination. The λόγοι of the different single impressions lead to the common λόγοι, which, in turn, point to the uncreated divine λόγοι of things[32]. The hierarchy depicted by Theophanes is not a rational structure through which things are objectified according to and for the sake of human discursive reason[33]. It is rather a rational criterion for different existential states, which enable access of different intensity to divine activity, pointing at the same time to the goal of this existential change[34]. Theophanes believes that the human intellect can be educated to lead and govern such an existential transcensus. This does not take place according to any inborn ideas engraved in the intellect. The particular λόγοι form a pattern of shades (σκιαγραφία)[35], which is a didactic tool: a divine therapeutic for the intellect ("προφυλακτικὰ φάρμακα τῆς ὑγείας τοῦ νοῦ") to structure itself so that it is able to receive divine wisdom[36]. The intellect is not only a cognitive faculty, but also a receptor of divine grace that enters into a dialogue with it.

30 This gnoseological analysis is based on the Dionysian ontological model of the hierarchy. In it, the existing things are images of God, which, through their properties, reveal the divine activity and testify to how infinitely remote created things are from the First Cause. The way of wisdom, i.e., of recognizing the principles of knowledge, requires that the knowing man brings his cognitive powers into conformity with the order of being. Thus he becomes able to perceive the divine grace.

31 Theophanes uses the classical distinction between the active and the passive intellect (cf. Nicephoros Blemmydes, Ἐπιτομῆς λογικῆς κεφάλαια, 3, 18, ed. J. P. Migne [Patrologia cursus completus. Series Graeca 142], Paris 1885, 713AB).

32 Cf. Maximus Confessor, Opuscula theologica et polemica, ed. J. P. Migne (Patrologia cursus completus. Series Graeca 91), Paris 1863, 29B; 579A–B; 676A–B.

33 Cf. P. Ricoeur, The Course of Recognition. Translated by T. Mineva, Sofia 2006, 89 [in Bulgarian].

34 Cf. A. Speer, Fragile Konvergenz: 3 Essays zu Fragen metaphysischen Denkens. Translated by G. Kapriev, Sofia 2011, 63–74 [in Bulgarian].

35 Orations on the Tabor light, II, 7, in: Zacharopoulos, Theophanes of Nicaea (nt. 10), 169, 329.

36 Orations on the Tabor light, II, 7, in: Zacharopoulos, Theophanes of Nicaea (nt. 10), 168, 322–169, 326.

2. *The Anthropological Perspective*

The ordering of the λόγοι into conceptual structures is a certain evidence for the ontological superiority of the divine grace over any of the objects of knowledge. However, being ontologically first, divine grace is not the first known entity or the first virtue achieved[37]. The anthropological structural moment in symbolic theology has to do with the criteria for personal transformation (οἰκεῖον ποιούμενος πρόσωπον), which enables a person to experience divine grace[38]. This habit is acquired while recognizing that every single being participates in the divine grace. There is a specific form of participation for every being and every form has its principle (λόγος), which corresponds to a certain virtue, to be cultivated in man. Each virtue is a form of participation in grace. The hierarchy of virtues reflects the hierarchy of the λόγοι, which is why each virtue is a representation (μιμήματα) of the "uncreated and first virtue", i.e., of divine grace. Therefore, virtues educate the material passions and imprint the epistemic content of the hierarchy on the latter ("εἰδοποιουμένη τῇ τάξει καὶ ἐπιστήμῃ διὰ τοῦ λόγου")[39]. What is at stake is a practical preparation for contemplation, which is not merely an analytical procedure, but a symbolical initiation and participation in the revelation.

Representing divine action through the virtues is a prerequisite for synchronizing human existence with the initial intention of God, who created the world "altogether good and beautiful" (καλὰ λίαν)[40]. The metaphysical concept of being, valid in this peculiar form of cognitive discourse, is the threefold Maximian scheme: being – well-being – eternal being[41]. This triad is rooted in the ontological constitution of being and is directed towards the communion with God and divine eternity. The transition from being to well-being is the pattern for the passage from natural to super-natural virtues. The λόγοι or species of sensible things correspond to the natural virtues[42], with the first virtue, mentioned above, being acquired when man is able to gaze upon the unity of all things, i.e., achieves well-being. Theophanes calls this state theology, contemplation or wisdom. Thus he not only illustrates the transition from symbolic to

---

37 Orations on the Tabor light, II, 7, in: Zacharopoulos, Theophanes of Nicaea (nt. 10), 167, 276–278: "Ἀρετὴ γὰρ πρώτη καὶ κυρίως ἐστὶν ἡ φυσικὴ τοῦ θεοῦ ἄκτιστος ἀγαθότης καὶ δόξα, ἣν ἔχουσι κατὰ μετουσίαν πάντα τὰ ὄντα, δι᾽ ἧς τό εἶναι καὶ τὸ καλλὰ λίαν."

38 Orations on the Tabor light, II, 6, in: Zacharopoulos, Theophanes of Nicaea (nt. 10), 166, 270–271 (cf. Maximus Confessor, Quaestiones ad Thallasium, ed. Migne [nt. 27], 773B–C). Maximus underlines that this habit does not lead to conceiving divine essence, but to participation in his energy; this participation is a personal cognitive habit.

39 Orations on the Tabor light, II, 7, in: Zacharopoulos, Theophanes of Nicaea (nt. 10), 167, 285.

40 Orations on the Tabor light, II, 8, in: Zacharopoulos, Theophanes of Nicaea (nt. 10), 172, 422. Cf. Gen. 1, 31.

41 Maximus Confessor, Disputatio cum Pyrrho, ed. J. P. Migne (Patrologia cursus completus. Series Graeca 91), Paris 1865, 352A.

42 Orations on the Tabor light, II, 8, in: Zacharopoulos, Theophanes of Nicaea (nt. 10), 172, 420–426.

theological knowledge, but also refers to the scheme of Maximus the Confessor, who enumerates three stages of divine knowledge – practical knowledge, the contemplation of nature and divine contemplation[43]. Theophanes' model of symbolic theology fits the Maximian scheme, but only if this scheme is not perceived as an irreversible scale of individual perfection, but as a dynamic dialectic of human existence.

From this anthropological perspective one should interpret Theophanes' definition of human wisdom: wisdom is the changing of the human intellect according to the things being known ("σοφία ἐστὶν ἀλλοίωσις τοῦ πρὸς τὰ νοητὰ")[44]. By being able to contemplate things in the mode of well-being, the human intellect gets access to an uncreated reference point of human knowledge[45]. This happens by virtue of the didactic of the Holy Spirit[46] in which man participates through thankfulness and the bewilderment of God's creation, as well as through cooperation with the Creator.

3. Christological Aspects of Symbolic Theology

This restructuring of human cognitive and volitional power during the symbolic didactic of the divine grace described by Theophanes manifests a new role of the human body. In Theophanes' model it is exactly the body that bears the Christological aspect of symbolic theology. It should be noted that Theophanes organizes his concept of the symbol exactly with respect to Christ's Incarnation. Here we can see a significant modification of the Dionysian theology. For Dionysios, things signify the divine action through their hierarchy, based on the ontological capacities. The dynamism of the Dionysian hierarchy is indeed historically related to Christ's incarnation[47]. For Theophanes, however, even the scope of each symbol is determined only and directly by the hypostatic presence of Christ in the world.

According to the definition in the third oration on the Tabor light, the divine symbol is an imprint of the true divine reality, which reveals God's will and is capable of teaching divine knowledge. There are two main types of symbols: heterohypostatic (τὴν ποικιλίαν τῶν μεριστῶν σύμβολον) and monohypostatic[48].

---

43 Maximus Confessor, Liber ambiguorum, ed. Migne (nt. 14), 1032A–B; Quaestiones ad Thallasium, ed. Migne (nt. 27), 332A–B.

44 Orations on the Tabor light, II, 7, in: Zacharopoulos, Theophanes of Nicaea (nt. 10), 169, 332.

45 Orations on the Tabor light, II, 7, in: Zacharopoulos, Theophanes of Nicaea (nt. 10), 169, 332–337.

46 Orations on the Tabor light, II, 7, in: Zacharopoulos, Theophanes of Nicaea (nt. 10), 187, 772.

47 G. Kapriev, Zeitlichkeit und Geschichtlichkeit als Grundelemente der byzantinischen Philosophie, in: G. Kapriev/G. Mensching (eds.), Die Geschichtlichkeit des philosophischen Denkens, Sofia 2004, 58–71.

48 Orations on the Tabor light, VI, 10, in: Zacharopoulos, Theophanes of Nicaea (nt. 10), 256, 470–471. Cf. Polemis, op. cit. (nt. 8), 41; Dionysios Areopagita, De divinis nominibus, I, 4, 5, ed. Suchla (nt. 2), 114, 5.

The heterohypostatic symbols are a manifestation of divine activity in created hypostases, whereas the monohypostatic symbols reveal the divine hypostasis of the Son, who is a single being with a peculiar phenomenological manifestation. Heterohypostatic symbols are: the prophetic visions, the temple, the altar, the psalmody, as well as the theophanies, such as the ones seen by Moses and St. Paul[49]. The monohypostatic symbols encompass the manifestations of the divine nature of Christ, deifying his humanity. Such symbols are: the Tabor light and the scars of Christ's wounds shown to the disciples by Christ.

The heterohypostatic symbols signify divine unknowability through analogies or through negations and therefore fit into the pattern of apophatic and cataphatic theology. This does not mean that the knowledge brought about by these symbols is totally reducible to rational concepts. They initiate the prophet's communion with the supernatural grace of God, but nevertheless rely on the sense images of single created things.

The monohypostatic symbols reveal divine reality much more intensely: the consciousness of divine activity in this case is extremely vivid, so much that it could not possibly be expressed through any conceptual structure. The Tabor light is superior (ὑπέρτερος)[50] to the heterohypostatic symbols in that it brings truth to the senses and to the intellect[51]. Any conceptual discourse, be it cataphatic or apophatic, takes the capacity of the human perceptive and cognitive powers into consideration. But the cognitive content of the Tabor light is so supreme that it even outdoes the capacity of man to think the unthinkable. So the unknowability in this case cannot be exemplified through the limits of human perception or of rational concepts. What was seen on Tabor is immeasurable and incalculable (ἀμέτρητον καὶ ἀνεξαρίθμητον), but not because it appears so to the senses (ὁρᾶται); in a similar way, the Sun cannot be seen, not because the eyes perceive it as unseeable, but because its light in itself is superior to the perceptive capability of the eyes[52]. Theophanes maintains that the light radiated by Christ transcends the apophatic or cataphatic theology, i.e., the ability of human reason to positively or negatively conceptualize divine being. This is not simply a matter of ontological supremacy: what is at stake is a new type of human experience, which is marked by the transition from the conceptual-analytical to the anthropological sphere of symbolic theology.

Exactly at this point one can see with utmost clarity that Theophane's model differs from that of the 'apophatic personology' developed by Gregorios Akyndinos and Theodoros Dexios, concerning the revelations of Christ. Instead of

---

49 Orations on the Tabor light, III, 4, in: Zacharopoulos, Theophanes of Nicaea (nt. 10), 208, 117–209, 141.

50 Orations on the Tabor light, IV, 10, in: Zacharopoulos, Theophanes of Nicaea (nt. 10), 256, 472.

51 Orations on the Tabor light, II, 11, in: Zacharopoulos, Theophanes of Nicaea (nt. 10), 256, 476–480.

52 Orations on the Tabor light, IV, 7, in: Zacharopoulos, Theophanes of Nicaea (nt. 10), 249, 319–250, 324.

interpreting the light as an instruction to the divinity of the Son, dwelling in a concrete human, Theophanes sees the connection between the divine energy of Christ and the other events in his earthly life. He explains the symbolical status of the Tabor light in correspondence with the scars of wounds, which the resurrected Christ showed to the apostle Thomas. Both the light and the wounds of Christ contain the intersubjective aspect of divine activity in Christ. The symbols of the Tabor light and of the wounds do not simply testify to the fact that Christ shares the common human nature, which enables men to communicate with him and to understand him. Both these events reveal that, through his humanity, Christ shares his divine life with other human beings. Thus he not only makes the deified existential status of human nature accessible to others, but also enables a new mode of interpersonal exchange between those who participate in it. This is a new, supernatural type of human experience. Theophanes constructs a 'communal personology', as opposed to the 'apophatic personology' of the anti-Palamite interpretation of the Tabor light, based on the bodily assimilation of Christ and his hypostatic existence among men.

In support of his thesis, Theophanes refers here to a patristic term, denoting the transformation of human nature in Christ through "summing": ἀνακεφαλαίωσις[53]. So, what was seen on Tabor is not a simple, causal act of transformation, but rather an event encompassing the entire dynamics of Christ's salvific deed, which he did as a man. The Tabor light is not merely a symbol of the divinized body of Christ, as it was at that moment on the mountain, but also of Christ's humanity, his suffering on the cross and the glorification of his resurrection and his place to the right of the Father. In that sense, the light of Tabor is not simply a sign, instructing the disciples as to the ontological dimensions of Christ's body, which they cannot see. It is a didactic symbol showing how their personal human nature will be divinized when participating in the salvific Christological event[54]. The symbol of the Tabor light prefigures the participation of the saints in the victory, as well as in the suffering of Christ – as a new mode of existential realization of human nature[55]. In this sense, the historical *denotatum* of the symbol of Tabor light is the Eucharist as an intersubjective actualization of the Christological event by generations of Christians.

The allusion to the Eucharist in this context has a polemical implication because, according to the allegations of their opponents, by insisting on the uncreated status of the Tabor light, the anti-Palamites underestimate the ontological status of the Eucharistic gifts: they are considered created bread and

53 Orations on the Tabor light, IV, 17; 18, in: Zacharopoulos, Theophanes of Nicaea (nt. 10), 266, 706; 725.

54 Orations on the Tabor light, V, 2, in: Zacharopoulos, Theophanes of Nicaea (nt. 10), 288, 116–119.

55 Orations on the Tabor light, V, 2, in: Zacharopoulos, Theophanes of Nicaea (nt. 10), 286, 70–82.

wine without any visible sign of divine activity, such as the Tabor light. For Theophanes, the Eucharistic gifts are the true body and blood of Christ, as they are deified by the same act of God that revealed Christ's body on Tabor[56]. The Eucharist is an actualization of the earthly life of Christ, a continuous revelation of him. The metaphysical ground of this historical revelation is divine energy, through which Christ teaches men to participate in salvation.

The Christological aspect of symbolic theology gives important clues to the role of the human body, implied by the Palamite doctrine[57]. No individual bodily mystic is at stake here. The human body is a bearer of symbolic meaning in symbolic theology, as far as it is the platform for the assimilation of Christ's humanity and participation in the Eucharistic communion.

4. *The Ecclesial Aspect*

In this context, Theophanes adds a new type of symbol – a multi-hypostatical symbol of divine energy: the church. The church is based on communion in the existential mode described above: κοινωνία[58]. The disclosure of the scars of the wounds to Thomas is paradigmatic for the authentic presence of the hypostasis of Christ in the church, which reproduces the status of his humanity in each human person according to the degrees of personal virtue[59].

Life in the community of the church is a didactic practice, in which man develops the habit of participating in and contemplating (μετουσία καὶ θεωρία)[60] the future state of creation. The symbols have the task of an instruction towards following Christ's commandments and co-suffering with him. The summing of creation realized in Christ is actualized in the community of Christians, who become one body in the church. This is, for Theophanes, the final goal of the symbolic didactic. Polemis notes that, for Theophanes, μετουσία is the union of two different entities, whereas κοινωνία is the participation of two or more persons or things in one and the same reality[61]. The participation of Christians in the body of Christ initially takes place on the bodily level through κοινωνία. Μετουσία is rather the final stage of communion; at this stage, the possession (μετοχή) of Christ is clearly grasped by the intellect. The reality of communion

---

56 Cf. G. Kapriev, Die Eucharistie-Diskussion im lateinischen Mittelalter und ihre Inkommensurabilität mit der östlichen Tradition, in: Archiv für mittelalterliche Philosophie und Kultur 8 (2002), 27–48 [in Bulgarian with a German summary].

57 Cf. D. Krausmüller, The Rise of Hesychasm, in: M. Angold (ed.), The Rise of Christianity, Cambridge 2008, 101–126.

58 Orations on the Tabor light, IV, 22, in: Zacharopoulos, Theophanes of Nicaea (nt. 10), 280, 10.61.

59 Orations on the Tabor light, III, 2, in: Zacharopoulos, Theophanes of Nicaea (nt. 10), 215, 289 sqq.

60 Orations on the Tabor light, V, 2, in: Zacharopoulos, Theophanes of Nicaea (nt. 10), 288, 124.

61 Polemis, op. cit. (nt. 8), 41.

molds the existence of the participant and, as a result, likeness (ὁμοίωσις) to the divine person of which the human person partakes is reached. This likeness is of such nature that the supernatural energy does not suspend the properties of humanity[62]. In this sense, Theophanes explains, the bread and wine are symbols of the real presence of Christ among the believers – this is neither simply a sacramental actuality nor merely a metaphysical one, but an interpersonal event of communion, cognized through symbolic theology.

V. Parallels in the Tradition

One of the major points of dissent between Gregory Palamas and Barlaam of Calabria is the discussion of the role of apodictic argumentation in theology. As is well known, Palamas insisted that the truths of Christian faith cannot be expressed through dialectical syllogisms, as they are necessary consequences of the evidences of faith. Barlaam, on the contrary, believed that the only valid cognitive approach to faith is through dialectic syllogisms, as the necessary argumentation would imply a rational evidence for the divine, which the human intellect does not possess[63]. At first sight, the model of symbolic theology drawn by Theophanes contradicts the view of Palamas on discursive theology because it establishes a cognitive procedure which is not based on apodictic syllogistics. However, the metropolitan bishop of Nicaea clarifies that symbolic theology does not contain any uncertainty, as is the case with dialectic syllogistics. The symbolic knowledge in Theophanes' model is a holistic anthropological event and not just an epistemic standpoint. The bishop of Nicaea is convinced that it is exactly due to the didactic character of symbolic theology that it articulates epistemic certainty, which is a valid and evident prerequisite even in the field of syllogistic knowledge.

In fact, Theophanes' understanding of the metaphysics of the symbol is coherent with that of Palamas developed in the 'Triads'. For Palamas, the natural symbol (φυσικὸς σύμβολον) is a manifestation of the natural capacity (δύναμις) that is able to be participated in (μεθεκτή), making the natural being accessible to human perception. The natural symbol is not a sign of anything else, but of itself (αὐτὸ ἑαυτοῦ σύμβολον)[64]. For Palamas, the Tabor light is a natural symbol and as such it is an utterance of the divine nature, as far as the being of nature coincides with its existence[65] (cf. III.). In this sense, the symbol is not simply a mediator between being and intellect, nor is it an auxiliary tool, it is an element

---

62 Orations on the Tabor light, I, 16, in: Zacharopoulos, Theophanes of Nicaea (nt. 10), 152, 611–619.

63 Kapriev, Philosophie in Byzanz (nt. 16), 275–278.

64 Gregorios Palamas, Triads, 3, 1, 20, in: id., Syngrammata, ed. P. Christou, vol. 1, Thessalonike 1988.

65 Gregorios Palamas, Triads, 3, 1, 19, ed. Christou (nt. 64), 632, 14–15.

of natural divine energy. Theophanes has nothing to add to this metaphysical model, but concentrates on the divine didactic, preparing man for symbolic theology through the λόγοι. In his analysis, the symbolic experience is an anthropological situation, a characteristic of human existence.

Palamas differentiates "symbol" and "concept" as two cognitive levels of grasping reality. Concepts depend on the axioms of reason and through them syllogistic arguments can be constructed. Symbols activate the so-called active reason (ἔμπρακτος λόγος), which is capable of making known its own fallacies[66]. This is why by symbolic cognition an ascent from "the divisible and sacred symbols" towards "the archetypes" is possible, which is in fact the transition of human life towards the divine λόγοι. Obviously, besides using the concepts of reason, including the ones based on the truths of faith, for constructing syllogistic arguments, man can also use them as a starting point in a dialogue with God in which the reason fixes its own shortcomings. Thus Palamas shows that symbolic knowledge is a didactic epistemic formation differing from syllogistic theology, but being supplementary to it. His speculation anticipates the transcensus from conceptual-analytic to anthropological dimensions of the symbolic didactic on which Theophanes dwells.

The epistemic status of symbols as expressions of divine didactic is an idea developed by Palamas' teacher of philosophy – Theodore Metochites, who came from Nicaea, the bishop's see of Theophanes. In the introduction to his treatise on astronomy, Theodore writes that theology supersedes philosophy and mathematics in that its object is cognitively unapproachable. Therefore, it is only through divine didactic (θεοδιδάκτοι) that the truths of theology could become evident, given that those being educated in and practicing theology (διδασκόμενοι καὶ χρώμενοι) give their consent. For Theodore, symbolic theology is a didactical practice and an epistemic field characterized by the correspondence between the method of knowledge and the habit of existence. It should be noted that he makes a brief, yet clear, reference to the Eucharistic mystery of the church as an exemplification of the practice of symbolic theology[67]. The truths of theology are the main element in the universal sphere of human wisdom.

VI. Conclusion

The hesychastic controversy is still predominantly seen as a collision between intellectualism and anti-intellectualism in monastic practice, whereas the Palamite insistence on the accessibility of divine energy is interpreted as a denial of

---

66 Gregorios Palamas, Triads, 2, 1, 9, ed. Christou (nt. 64), 473, 5.

67 Theodoros Metochites, Στοιχείωσις ἀστρωνομική, I, 3, in: B. Bydén (ed.), Theodore Metochites' Stoicheiosis astronomike and the Study of Natural Philosophy and Mathematics in Early Palaiologan Byzantium (Studia Graeca et Latina Gothoburgensia 66), Göteborg 2003, 450, 7–14.

the stages in the ascetic life, as well as of the authority of the teacher[68]. The model of symbolic theology of Theophanes of Nicaea, with its accentuation on the didactic function of the symbols attests to a multi-faceted context of the controversy, which should not be reduced to a conflict between opposing concepts of monastic ascetics or to a debate on the role of rational knowledge. What is at stake is rather the competence of intellect concerning the experience of faith, as well as the anthropological validity of man's different cognitive potencies.

Symbolic theology does not lead to achieving a privileged reference point of cognitive security, it is rather an archeology of the fundamental structures of knowledge, through which the mystery of the self-revealing God shines. Contrary to the rigid intellectualism of the anti-Palamites, who deem the capacities and shortcoming of the intellect to be the only determinants of the human experience of the divine, Theophanes demonstrates that divine knowledge is dependent on man's experience of the world, as well as on man's ontological constitution. This is why the didactic role of symbolic knowledge is not a compensation of a cognitive shortcoming – its actuality is not annulled when the cognitive deficits are overcome, nor is it confined to the spheres of perception or of intellectual reflection. The holistic anthropological aspect of symbolic didactic is based on Christology, as in Christ the cognitive and the historical perspectives of the symbol meet. The so defined symbolic didactic is actualized in the Eucharist, which constitutes the church as a multi-hypostatic symbol of Christ.

68 Cf. N. Loudovikos, The Neoplatonic Root of Angst and the Theology of the Real. On Being, Existence and Contemplation. Plotinus – Aquinas – Palamas, in: M. Knežević (ed.), The Ways of Byzantine Philosophy, Alhambra, CA 2015, 325–340.

VI. Schüler und Meister in der jüdischen Tradition

Élitisme ou généralité du savoir selon quelques commentateurs sefardis du traité Avot de la Michna, du XIIe au XVIe siècle

Jean-Pierre Rothschild (Paris)

I. Introduction

1. Le traité Avot et ses commentaires ibériques

Le recueil le plus ancien des normes du judaïsme post-biblique est la Michna (début du IIIe s.). Les enseignements moraux y sont concentrés dans le traité Avot, (Principes, ou: Pères ?[1]), ou Pirqe Avot (Chapitres des principes, ou: des Pères) qui thématise entre autres les rapports des maîtres et des disciples et, plus encore, adopte en partie la structure d'une chaîne de transmission de maître à disciple. Sa lecture a été inscrite, à quelque moment entre le IXe et le XIe siècle, dans la liturgie, ce qui lui a valu l'intérêt des commentateurs en Espagne, à partir du XIIIe siècle et, après l'expulsion de la Péninsule à la fin du XVe siècle, pendant au moins encore deux générations de la diaspora sefardi. Les tâches assignées au prédicateur-enseignant communautaire (*marbiẓ Torah*), en Espagne et dans les premières générations d'émigrés d'Espagne dans l'Empire Ottoman[2], expliquent l'abondance de la production de ses commentaires. Qu'il devînt une occasion majeure de la tension entre universalisme et élitisme était inévitablement appelé par le fait même que, quel qu'ait été son public d'origine, son programme ascétique et studieux exigeant se trouvait ainsi proposé à l'ensemble du peuple.

2. L'orientation éthique du judaïsme ibérique

Il existe plus d'une raison à un intérêt particulier du judaïsme ibérique pour ce traité : 1) un plus grand souci chez ses dirigeants que chez leurs homologues

---

1 A. Tropper, Wisdom, Politics, and Historiography. Tractate Avot in the Context of the Greco-Roman Near East, Oxford 2004, 185–188; J.-P. Rothschild, Au fondement de la notion de «pères»: pourquoi les rabbins ne sont pas les «pères» de la Synagogue, in : R. Berndt/M. Fédou (eds.), Les réceptions des Pères de l'Église au Moyen Âge. Le devenir de la tradition ecclésiale. Congrès du Centre Sèvres-Facultés jésuites de Paris, 11–14 juin 2008 (Archa Verbi. Subsidia 10), 2 vols., Münster 2013, vol. 1, 493–511, sur ce point, 498–500.

2 M. Benayahu, Marbiẓ Torah : semakhiutav, tafqidav ve-ḥelqo be-mosedot ha-qehillah bi-Sefarad, be-Turqiah u-be-'edot ha-Mizraḥ [Le 'Marbiẓ Torah' : son autorité, ses tâches et sa part dans les institutions communautaires en Espagne, en Turquie et dans les communautés d'Orient], Jérusa-

provençaux, italiens ou ashkénazes, de l'encadrement religieux et spirituel du public[3]. 2) L'intérêt pour la transmission de la Loi orale, sa chronologie et ses intermédiaires (illustré par le 'Sefer ha-qabbalah' ('Livre de la tradition') d'Abraham Ibn Daud, v. 1160[4]), ce qui recoupe une préoccupation essentielle, voire la structure même, du traité. 3) Les conversions consécutives aux événements sanglants de 1390–1391 en Aragon et Castille[5] et les risques que présentaient les disputes forcées (Barcelone, 1263; Tolède, 1336; Tortose, 1413–1414) et l'audition obligatoire de sermons chrétiens, créant le sentiment de la nécessité d'un réarmement moral du public[6]. 4) Un intérêt considérable au XVe siècle pour l''Éthique à Nicomaque' d'Aristote, perçue comme à la fois un enrichissement de la pensée éthique et un danger pour la spécificité juive[7].

3. Une longue confrontation entre Torah et philosophie

Du milieu du XIIIe au milieu du XVIe siècle, le judaïsme ibérique puis, après les expulsions de 1492 et 1497, sa continuation dans l'Empire Ottoman, connaissent un cadre intellectuel stable. Sur fond de popularisation ancienne, héritée non sans crises des disciples rationalistes de Maïmonide, de thèmes, de références et d'un vocabulaire philosophiques, s'opposent rationalistes (pour lesquels la doctrine de la Torah n'est autre que la philosophie) et «philosophes modérés» (qui admettent la grandeur de Maïmonide et reçoivent de lui un type d'argumentation, un vocabulaire et des références, mais qui maintiennent une spécificité de la Torah sur laquelle ils ne s'expriment ni clairement ni unanimement); sans compter des kabbalistes et des tenants de l'astrologie[8].

lem [5]713 [1952/3] [en hébreu]; J. Hacker, Patterns of the Intellectual Activity of Ottoman Jewry in the 16th and 17th Centuries, in: Tarbiẓ 53/4 (1984), 569–603, 584, n. 35 [en hébreu].

3 E. Kanarfogel, Jewish Education and Society in the High Middle Ages, Detroit 1992.

4 Abraham ben David ha-Levi Ibn Daud (1110?–1180?), The Book of Tradition (Sefer ha-Qabbalah). A Critical Edition with a Translation and Notes by D. C. Gerson, Philadelphie 1967.

5 W. Z. Harvey, Rabbi Hisdai Crescas, Jérusalem 2010, 22–30 [en hébreu], avance le nombre colossal de cent cinquante mille convertis de force.

6 J.-P. Rothschild, La philosophie dans la prédication du judaïsme espagnol du XIIIe au XVIe siècle, in: Revue des sciences philosophiques et théologiques 98/3 (2014), 497–541, ici 507–509 et 512–513.

7 Ibid., 512–513; 513–516; J.-P. Rothschild, La contestation des fins de la politique selon Aristote chez quelques auteurs juifs du moyen âge tardif en Espagne, in: V. Syros (ed.), Well Begun is only Half Done: Tracing Aristotle's Political Ideas in Medieval Arabic, Syriac, Byzantine, and Jewish Sources (Medieval Confluences Series 1), Tempe 2011, 189–223. L'importance considérable de la réception de l''Éthique' dans le contexte espagnol, à propos de laquelle il a été longtemps renvoyé à un unique article, A. R. D. Padgen, The Diffusion of Aristotle's Moral Philosophy in Spain, ca. 1400–ca. 1600, in: Traditio 31 (1975), 287–313, qui ne paraissait pas établir un phénomène massif, est à présent mise en lumière par les travaux de M. Jecker: voir URL: ⟨http://paris-sorbonne.academia.edu/M%C3%A9lanieJecker⟩ (consulté en août 2014), en particulier le «corpus».

8 C. Touati, La controverse de 1303–1306 autour des études philosophiques et scientifiques, in: Revue des études juives 127 (1968), 21–37 [repris in: id., Prophètes, talmudistes, philosophes (Patrimoines. Judaïsme 12), Paris 1990, 201–217]; M. Halbertal, Between Torah and Wisdom,

4. *Un genre littéraire*

Le commentaire de Maïmonide au traité Avot, partie de celui qu'il écrivit très jeune sur toute la Michna, n'est pas toujours une référence, même implicite, et parfois son influence se fait sentir à travers un autre auteur cité. Cependant, il a déterminé largement la ligne ultérieure des commentaires, et quant au choix des lieux textuels les plus importants, et quant à leur explication, et quant aux autorités invoquées. Chaque commentateur est conscient de participer d'une tradition. Les emprunts explicites ou non aux devanciers sont fréquents, de même que les allusions à des interprétations rejetées. Tel auteur tardif déclare s'abstenir de répéter ce qui a déjà été formulé avant lui, d'autres au contraire[9] sont explicitement récapitulatifs. On n'a pas affaire à une littérature savante, puisque le genre procède surtout d'homélies adressées au grand public, bien que la forme écrite qui nous est conservée et qui diffère, dans une mesure bien sûr inconnaissable pour nous, de l'enseignement oral soit probablement plus élaborée que ce dernier[10]. C'est pourquoi les enjeux doctrinaux, sans être neutralisés, passent au second plan d'un discours avant tout édifiant. Le genre est codifié : d'un commentateur à l'autre, ce sont les commentaires des mêmes passages textuels qui sont le mieux scrutés, chaque commentateur reparcourt les interprétations habituelles en s'efforçant de faire montre d'une ingénieuse originalité dans les preuves et d'apporter des autorités scripturaires ou rabbiniques supplémentaires. Des philosophes profanes apparaissent chez des auteurs tardifs. L'ensemble donne l'impression d'une sorte de jeu dont les éléments doctrinaux et les appuis textuels sont presque tous fournis d'avance, la liberté et l'habileté de chaque commentateur s'exprimant dans le choix et la disposition de ces éléments et dans son ingéniosité soit à les justifier par lui-même, soit à interpréter une autorité pour la transformer en une justification.

5. *Ce qu'il importe d'enseigner, et à qui, selon les commentateurs ibériques du traité Avot*

Les problématiques intellectuelles et sociales et les traditions de lecture qui viennent d'être rappelées convergent en des questions portant sur la nature du savoir et son mode de transmission, commun ou élitiste, voire ésotérique. Sur le fond d'une conception rabbinique ancienne ambivalente qui considère l'obli-

Jérusalem 2000, 152–180 [en hébreu]; id., Concealment and Revelation. Esotericism in Jewish Thought and its Philosophical Implications. Translated by J. Feldman, Princeton 2007, ici ch. 15 et 16.

9 Notamment ceux dont les commentaires n'ont pas été utilisés ici en raison même de leur caractère de compilations : Joseph al-Ashqar (actif à partir de 1529 à Tlemcen, dont le commentaire s'intitule 'Ma'arekhet ha-Elahut'), Samuel de Uçeda (né vers 1540, actif à Safed; auteur du commentaire 'Midrash Shemu'el').

10 La difficile question des rapports entre textes écrits et prêches oraux effectifs a été traitée pour l'hébreu par S. Regev, Oral and Written Sermons in the Middle Ages, Jérusalem 2010 [en hébreu].

gation de l'étude de la Loi comme, théoriquement, égale pour tous les membres masculins du peuple et comme, pratiquement, limitée aux sages et à leurs disciples dont l'autorité s'impose aux autres, s'opposent d'une part l'élitisme intellectualiste de Maïmonide et de ses disciples, pour lesquels la véritable approche de Dieu suppose l'étude préalable non seulement des textes traditionnels mais aussi des sciences, puis d'autre part le souci de formation pratique, religieuse, morale et spirituelle du grand nombre qui est celui des responsables communautaires, surtout après 1391. Naturellement, il est impossible qu'un même savoir soit enseigné dans des conditions et à des fins si différentes: les auteurs de l'époque se divisent sur la question de ce qui constitue l'essentiel de l'enseignement de la Torah. Vers 1400, l''Éthique à Nicomaque' a fourni un puissant moyen de renouveler la réflexion sur l'articulation de la haute pensée spéculative et du bien-être moral et spirituel de la collectivité.

6. *Méthode suivie dans la présente étude*

Entre dix-sept lieux textuels à propos desquels nous avons confronté quinze commentaires du traité[11], la brève étude proposée ici supposait une sélection stricte parmi des textes qui sont, à partir du XVe siècle, étonnamment prolixes. Les principaux lieux retenus sont[12]: Avot 1, 1 : «Moïse a reçu la Loi du Sinaï et

11 Commentateurs pris en compte et éditions utilisées: Maïmonide (Cordoue, puis Fès, puis Fostat, 1138–1204), Perush le-masekhet Avot [Commentaire du traité Avot]. Trad. et n. M. D. Rabbinowiẓ, Jérusalem [5]721 [1960/1] [Rambam la-'am 19]; Jonas de Gérone (v. 1200–1269), Sefer perushe ha-ri'shonim 'al masekhet Avot [Commentaires médiévaux au traité Avot], ed. B. N. Kohen, Jérusalem [5]758 ²[1997/8]; Bahye b. Asher (mi-XIIIe s.–1340), Kitve R. Behay [Œuvres de R. Behay], ed. H. D. Shewel [Chavel], Jérusalem 1969; Isaac b. Salomon ha-Yisra'eli de Tolède (comm. en 1367/8), Perush R. Yiẓḥak b. R. Shlomoh mi-Ṭoledo 'al masekhet Avot, edd. M. S. Kasher/Y. Y. Belcherowitz, Jérusalem 5743 [1982/3]; Joseph Ibn Shoshan (XIVe s.), Perushe Rabbenu Yosef ben Shoshan 'al masekhet Avot, edd. M. S. Kasher/Y. Y. Belcherowitz, Jérusalem [5]728 [1967/8]; Joseph Ibn Naḥmias (XIVe s.), Perush Pirqe Avot le-ha-Rav R. Yosef Naḥmias…, ed. M. A. Bamberger, Berlin 1907; Simon b. Ẓemaḥ Duran (né en Espagne, vécut au Maghreb, 1361–1444), Magen Avot we-hu' perush neḥmad we-yakkar me'od me'od 'al masekhet Avot… [Le bouclier des Pères, commentaire très précieux sur le traité Avot…], ed. Y. Wachs, Brooklyn 5707 [1946/7]); Shem Tov Ibn Shem Tov (ob. post 1391) sur le seul chapitre 6, Sefer Avot sheloshah u-vo sheloshah perushim le-rabbotenu ha-ri'shonim 'al masekhet Avot [Avot sheloshah. Trois commentaires médiévaux du traité Avot], ed. Y. S. Spiegel, Petaḥ Tikwah [5]371 [2010/1]; Mattithiyahu ha-Yiẓhari (flor. 1413), A Commentary on Tractate Avot by R. Mattitya Hayiẓhari, ed. Y. S. Spiegel, intr. D. Schwartz, Jérusalem 2006 [en hébreu]; Joseph Ḥayyun (Portugal), Mille de-Avot, écrit en 1469/70, Perushe ri'shonim le-masekhet Avot, edd. M. S. Kasher/Y. Y. Belcherowitz, Jérusalem [5]733 [1972/3]; Shem Tov b. Joseph Ibn Shem Tov (flor. v. 1470), Perush 'al masekhet Avot, in: Avot Sheloshah, ed. Spiegel; Joseph Ya'abeẓ (ob. 1507), Perush 'al masekhet Avot, Varsovie 1880; Isaac Abrabanel, Naḥalat Avot [L'héritage des Pères], achevé en 1496, Venise [5]305 [1544/5], réimpr. New York [5]713 [1952/3]; Moïse Almosnino (v. 1515–v. 1580), Pirqe Mosheh, ed. E. Baẓry, Jérusalem 5755 [1994/5]; Salomon le-veit ha-Levi, Lev Avot [Le cœur des Pères], Salonique ²[5]325 [1564/5].

12 Le découpage et donc la numérotation des mishnayot varient d'une édition à l'autre. Nous suivons Shishah sidre Mishnah. Seder Neziqin [Michna. Ordre des Dommages], ed. H. Albeck, Jérusalem–Tel Aviv 1977, ¹1959, 347–388.

l'a transmise à Josué, Josué aux Anciens, les Anciens aux Prophètes et ceux-ci l'ont transmise aux hommes de la Grande Assemblée»; ibid. : «Formez de nombreux disciples»; 1, 6 : «fais-toi un maître et acquiers un compagnon d'études»; 4, 1 : «Qui est sage ? Celui qui apprend de tout homme»; 4, 5 : «Celui qui apprend en vue d'enseigner [...] celui qui apprend en vue de faire [...]»; 6, 3 : «Celui qui apprend d'autrui une seule chose doit lui témoigner des marques d'honneur». L'analyse suivra les lignes suivantes : I. Les disciples et les maîtres : qui sont les disciples, qui sont les maîtres; spécificités du rapport maître-disciples dans le judaïsme (une configuration triangulaire qui inclut le compagnon d'études; rêve et réalité d'une épistémocratie). II. Conditions de la transmission : psycho-pédagogie, épistémologie, éthique et contrôle doctrinal. III. La nature du savoir véritable : origine et spécificité de la Torah (Loi écrite et Loi orale; degrés inégaux de la transmission); Torah et philosophie (l'autorité des sages; si le vrai savoir est intellectuel, ou si c'est la crainte et le service de Dieu; récapitulation [Avot 4, 1 selon Salomon ha-Lévi]); une doctrine de vie (l'assiduité auprès des maîtres; en vue de la pratique; ce que l'on apprend de tout homme; Salomon ha-Lévi à propos d'Avot 6, 5–6, «les quarante-huit vertus du disciple»). La conclusion évoquera, «en abyme», de quelle façon ces commentateurs, eux-mêmes disciples et maîtres, s'adressant à un public non savant, ont mis en scène leurs débats dans une forme atténuée et presque ritualisée, propre à renforcer les croyances communes et à sauvegarder la paix intérieure des communautés spirituellement en danger dont ils avaient la responsabilité.

Cette étude n'est pas diachronique, car les commentateurs examinés, du milieu du XIIIe siècle (et même du XIIe, Maïmonide étant indispensable à prendre en compte) jusqu'au milieu du XVIe siècle, ont inscrit leur discours dans le temps cumulatif de l'école où s'établit un dialogue intemporel avec les maîtres du passé. La fracture qui les partage, entre tenants de l'élitisme intellectualiste (Joseph Ḥayyun, Shem Tov b. Joseph, Moïse Almosnino, Salomon ha-Lévi) et partisans d'un enseignement religieux destiné à tous (Isaac de Tolède, Joseph Ibn Shoshan, Shem Tov Ibn Shem Tov, Isaac Abrabanel, Joseph Ya'abeẓ), a été le mieux formulée par l'un des derniers commentateurs, Abrabanel, indiquant dans son introduction que Maïmonide tenait le traité pour destiné à des juges, et que lui-même le tient pour s'adressant à tout le monde[13]. Il posait aussi la question du statut incertain de ces enseignements éthiques, non révélés au Sinaï et ne relevant pas des impératifs religieux positifs et qui pourtant ne peuvent être mis sur le même plan que l'éthique philosophique, fruit de la recherche humaine; il la résolvait, si l'on peut dire, en prenant acte de leur statut particulier d'«enseignements inspirés et tirés des paroles de la Torah et des prophètes»[14]. Entre temps, la large prise en compte de l''Éthique à Nicomaque', à la suite de sa traduction du latin en hébreu faite en Espagne vers 1400, avait profondément modifié la

---

13 Ed. cit. (nt. 11), «2e introduction», 32–33; trad. française Y. Lederman, Don Itsḥaq Abravanel. Du Sinaï à la Michna (Introduction au traité Avot), Jérusalem 1992, 114–116.

14 Ibid., 33–34/117–118.

réflexion, et Salomon ha-Lévi, au XVIe siècle, allait proposer en fin de compte de surmonter grâce à elle la contradiction en associant tous les membres de la cité, chacun en quelque mesure, aux fonctions pratiques, politiques et intelligibles.

II. Les disciples et les maîtres

1. *Qui sont les disciples*

L'enseignement de la Torah s'adresse à tous les garçons juifs dès la petite enfance et l'essentiel en a lieu avant l'âge du mariage. Un maître du nom de Juda b. Teyma' enseigne en Avot 5, 21 les aptitudes et obligations des âges de la vie : « à cinq ans l'Écriture, à dix ans la Michna, à treize ans[15] l[a pratique d]es préceptes, à quinze ans le Talmud, à dix-huit ans le mariage », etc., jusqu'à cent ans. Simon Duran[16] précise que l'enseignement débute avant cinq ans par les soins du père. – L'Écriture, c'est le Pentateuque, partie normative de la Bible; la Michna est le recueil, écrit au IIIe siècle, de la Loi orale. Le Talmud n'est pas encore le corpus qui porte ce titre, élaboré entre Ve et VIIIe siècle, mais présente déjà la même nature de discussion de la Loi orale, de recherche de ses rapports avec la Loi écrite et de vérification de ses applications aux cas particuliers. Théoriquement, l'enseignement s'adresse à tous et ce texte même, appartenant au corpus normatif, est une des sources[17] de son caractère d'obligation universelle (masculine), après l'injonction divine « Tu inculqueras [ces paroles] à tes fils » (Dt 6, 7). Si, dans la réalité sociale, ce programme était toujours réalisé, est une autre question, difficile; nous sommes, par exemple, mal renseignés sur l'illettrisme[18].

L'essentiel du temps d'étude doit avoir été accompli avant le mariage dont ensuite les soins et les soucis réduisent la disponibilité. Mais son obligation s'étend sur toute la vie. Moïse Almosnino[19] note qu'on étudie aux âges ultérieurs car le temps du perfectionnement s'étend de cinq à soixante ans; les caractères

---

15 Âge de la responsabilité religieuse.

16 Ed. cit. (nt. 11), 91v : « חמש שנים ראשונים עדיין הוא רך ואין מטילים עליו אימת הרב אלא אביו מלמדו בתוך ביתו » (« les cinq premières années, l'enfant est encore tendre et on ne lui impose pas la crainte du maître mais son père l'instruit à la maison »).

17 Bien que la Michna Avot ait cette particularité de n'être pas étroitement normative mais exhortative, puisqu'énonçant des principes moraux en termes généraux, et que ce « dit » en particulier puisse être considéré comme plus descriptif que normatif, d'après les indications plus vagues et les constatations désabusées qu'il comporte pour les âges ultérieurs, la littérature rabbinique s'y réfère d'ordinaire comme à un cadre obligatoire pour l'enseignement de l'enfance et de l'adolescence.

18 E. Kanarfogel, Levels of Literacy in Ashkenaz and Sepharad as Reflected by the Recitation of Biblical Verse Found in the Liturgy, in : J. R. Hacker/Y. Kaplan/B. Z. Kedar (eds.), From Sages to Savants. Studies Presented to Avraham Grossman, Jérusalem 2010, 187–211 [en hébreu].

19 Cf. ed. cit. (nt. 11), 285–287.

des âges suivants, laconiques dans le texte d'Avot (« à vingt ans : poursuivre; à trente ans : la force »), d'habitude rapportés à d'autres devoirs (« poursuivre » : gagner sa vie; ou encore, être responsable en justice), il les applique au domaine de l'étude : « poursuivre », c'est la lutte contre les désirs alors les plus forts et compromettant l'étude; « la force », le moment où ils sont vaincus. Almosnino est fidèle au programme intellectualiste d'après lequel la félicité dans le monde futur dépend des travaux de l'esprit pendant la vie terrestre : « C'est pourquoi, écrit-il, ce [sage] parfait a indiqué ces tranches d'âge, pour faire savoir à l'homme comment il lui convient de s'efforcer de se perfectionner afin d'arriver par là à la jouissance de la lumière de la vie éternelle. Car c'est selon ses efforts dans ce monde-ci qu'il aura du profit dans le monde futur ».

L'exigence d'universalité contredit celle d'un investissement total, en temps et en facultés, qui s'exprime aussi. Le modèle des disciples est Josué, digne que Moïse lui transmît la Loi et dont l'assiduité auprès de son maître (*shimmush*) combine, d'après Isaac de Tolède et Ibn Naḥmias, deux notions, la permanence (« il ne quittait pas la tente de Moïse », Ex 33, 11) et l'investissement dans un service personnel non autrement précisé[20]. Même tension entre un programme proposé – imposé – à tous et la haute perfection ou l'investissement total qu'il requiert, dans les formulations d'Avot 5, 14 et 15 (quatre vertus demandées aux étudiants) et 6, 5 (quarante-huit vertus nécessaires à l'acquisition de la Torah).

Une solution de la contradiction entre universalité de l'étude et exigence d'investissement corps et âme se trouve en Avot 1, 1 : « élevez de nombreux disciples ». Jonas de Gérone[21] évoque un texte repris sans cesse après lui sur la discussion entre l'École de Hillel et celle de Shammaï sur ce point. La seconde dit qu'il ne faut enseigner qu'aux élèves dignes; la première, qui l'emporte, dit qu'il faut enseigner à tous : en effet, parmi un grand nombre peut-être quelques-uns montreraient des capacités, et l'on ne sait d'avance qui se révèlera digne. Ibn Shoshan[22] enrichit le motif : de sélection en sélection, on mettrait la transmission même en danger; et d'ailleurs, qui étudie de façon désintéressée au départ[23] ? Ainsi, chez ces auteurs non rationalistes, l'enseignement de masse et l'élitisme seraient complémentaires : le grand nombre est le vivier de l'élite, un enseignement initial dispensé à tous est la condition d'une sélection sévère; il s'agit là de l'enseignement religieux universel, sans le savoir spécial des sciences profanes.

Autre solution, du côté philosophique cette fois : quoi qu'il en soit du fait que beaucoup sont inaptes à la formation scientifique et aux approfondissements de

20 Ibn Naḥmias encore, citant TB Berakhot 7b : « ses services sont plus grands que son étude » et Abrabanel (46), ajoutant la référence du prophète Élisée, qui fut qualifié pour succéder à Élie « parce qu'il lui versait de l'eau sur les mains » (II R 3, 11).

21 Cf. ed. cit. (nt. 11), 3, d'après Avot de-R. Nathan 2, 9.

22 Cf. ed. cit. (nt. 11), 5.

23 Se référant à la problématique courante (TB Nazir 23b) : « ןמשל אב ןמשל אלש ךותמש » (« en commençant de façon intéressée on en viendra au désintéressement [par la vertu même de ce qu'on aura appris] »).

la philosophie, ceux qui possèdent ce savoir nécessaire à la véritable félicité humaine ont le devoir d'en faire connaître aux autres les voies d'accès; les encyclopédies philosophiques ou introductions à la philosophie du type de l'anonyme 'Ruaḥ ḥen' ('Esprit de grâce') assurent cette vulgarisation[24], tout comme les sermons philosophiques ou les commentaires scripturaires.

2. *Qui sont les maîtres*

Une tension semblable s'observe à propos des maîtres. Laissons de côté la question pratique de leurs moyens d'existence, l'enseignement de la Torah devant être gratuit. Simon Duran[25] en traite exhaustivement en Avot 4, 5, « N'en faites pas [des paroles de la Torah] [...] une bêche pour fouir », autrement dit, un instrument pour gagner votre vie. Quant au statut social, théoriquement, l'enseignant ne faisant qu'obéir à un commandement[26], il n'a pas besoin de récompense et ne doit pas en recevoir[27]. Toutefois, des auteurs (plus proches des réalités ?) indiquent que la considération lui tient lieu de salaire : ainsi Ḥayyun[28] sur « Qui n'apprend d'autrui qu'une chose [...] doit l'honorer » : alors que ce « dit » paraît ne pas concerner les enseignants habituels, Ḥayyun, au contraire, le leur applique *a fortiori* : « On veut enseigner d'honorer le maître car, ne percevant pas d'argent, qu'est-ce qui le fera accepter d'enseigner ? Il faut donc l'honorer grandement, cet honneur lui tiendra lieu de salaire ». Le rationaliste Ḥayyun paraît par son insistance se faire l'écho d'une difficulté spécifique.

Considérations plus élevées touchant la responsabilité de l'enseignant : Avot 1, 11 « Sages, prenez garde à vos paroles, pour ne pas mériter l'exil et être exilés en pays de mauvaises eaux dont les disciples qui vous suivraient boiraient [...] » est en général interprété comme une mise en garde visant les ambiguïtés doctrinales (v. infra). Salomon ha-Lévi en fait l'occasion de récapituler d'autres fautes possibles[29] : négliger d'enseigner[30], ce qui pourrait faciliter le départ d'élèves vers des lieux de mort spirituelle; négliger de préparer les élèves à mourir pour la foi si nécessaire en cas d'exil[31] – il se souvient ici des violences de 1390–1391 et des expulsions de 1492 et 1496, ainsi que des nombreuses conversions

24 D. Lemler, Shem Tov Falaquera's Letter Regarding the Guide – Critical Edition, in : Zutot 9 (2012), 27–50, 36.

25 Ed. cit. (nt. 11), 62^{r}–63^{r}.

26 D'après Dt 6, 7, déjà cité, les sages ayant établi (Midrash Sifre ad loc.) que « 'tes enfants' veut dire : tes élèves ».

27 TB Kiddushin 39b : « שכר מצוה בהאי עלמא ליכא » (« il n'y a pas de récompense pour les commandements dans ce monde »).

28 Ed. cit. (nt. 11), 271–273; à propos d'Avot 6, 3.

29 Ed. cit. (nt. 11), 21^{r-v}.

30 Rappelons le point précédent, la non-rémunération de l'enseignement, la nécessité de gagner sa vie autrement et le besoin d'une reconnaissance de statut qui pourrait faire défaut.

31 « Pour ne pas mériter » est ici compris, comme c'est grammaticalement possible, de la sorte : « si vous méritiez ».

au christianisme qui s'en étaient suivies –; tenir des propos vains, l'esprit étant alors comme « exilé »; « à vos paroles » (*be-divrehem*) peut s'entendre : « à [tous] vos comportements »[32], le sage étant pris pour modèle à tous égards. Yiẓhari[33] évoque un autre danger, le manque de respect mutuel : « Les causes principales du manque de connaissance sont le défaut de soumission aux sages à la Torah et le fait qu'eux-mêmes ne s'honorent pas les uns les autres »; la dureté des sages et leurs rivalités sont attestées dans la tradition rabbinique ancienne[34], mais la notation d'un inconvénient social effectif est rare dans ce type de texte; le public pouvait avoir en mémoire, plutôt que de grandes controverses du passé[35], les désordres auxquels donnaient parfois lieu les sermons[36]. – Ajoutant l'humilité aux obligations du maître, Ya'abeẓ[37] introduit une distinction entre savoir religieux et profane. Il pose la question du destinataire de la maxime : « Qui est sage ? Celui qui apprend de tout homme »; ce ne saurait être l'élève, car on voit ailleurs qu'il doit apprendre d'un seul maître. Il s'agit donc du maître, avec une différence remarquable entre le maître de Torah et celui de sciences profanes : celui qui ne veut rien apprendre de moindre que lui par égard pour sa propre gloire manifeste ainsi qu'il n'est pas au service de Dieu mais de soi-même (c'est le maître profane); celui qui ne craint pas de s'instruire auprès de moindre que lui (l'homme de la Torah) témoigne qu'il sert Dieu et croit que sa connaissance lui vient de Dieu et non de ses facultés propres. À propos de « Celui qui apprend en vue d'enseigner recevra les moyens d'apprendre et d'enseigner [...] », Isaac de Tolède[38] indique que c'est un commandement positif que d'enseigner la Torah à tous : d'après Dt 6, 7, puisque les sages ont établi que « tes enfants, cela veut dire : tes élèves »; et de citer TB Sukkah 29b, « 'une Torah de bonté est sur ses lèvres' (Prv 31, 26) : y-a-t-il une Torah qui ne soit pas de bonté ? C'est l'enseigner qui se nomme ici bonté » et TB Sanhedrin 99a : « Qui l'étudie sans l'enseigner, on lui applique le verset (Nb 15, 31) 'car il a méprisé la parole de Dieu' » : nous avons affaire ici à l'esquisse de la vision idéale et grandiose d'un enseignement de tous à tous, fondée sur une obligation religieuse et faisant peut-être écho à l'évocation non moins grandiose par Maïmonide du premier enseignement de

---

32 Sur le plan logique, autant de « paroles », c'est-à-dire de signifiants; sur le plan lexical, « *davar* » signifie « parole » ou « chose », spécialement les actes dans l'expression « *Divre ha-yamim* », « les chroniques », « l'histoire ».

33 Ed. cit. (nt. 11), 298–300.

34 Avot 2, 10, recommandant de ne pas « s'approcher trop » des sages. Cf. aussi Bava Batra 21a : « קנאת סופרים תרבה חכמה » (« l'émulation entre les lettrés augmente la science ») et bien d'autres références.

35 Touati, La controverse de 1303–1306 (nt. 8).

36 Regev, Oral and Written Sermons (nt. 10), 146–154. Pour un exemple d'incident public dans une synagogue en Espagne, à la fin du XIVe s., voir : M. Saperstein, Jewish Preaching 1200–1800, New Haven 1989, 384–387.

37 Cf. ed. cit. (nt. 11), 82–83; à Avot 4, 1.

38 Cf. ed. cit. (nt. 11), 135–136; Avot 4, 5.

la Torah lors de sa révélation, au début de son commentaire sur la Michna[39]. À un degré supérieur, Ibn Shoshan[40] voit dans l'enseignement la forme parfaite de l'*imitatio Dei*[41] : enseigner la Torah n'est pas moins qu'imiter Dieu et sa générosité; c'est aussi remplir le commandement d'aimer son prochain (Lv 19, 18) puisqu'ainsi on lui fait don du plus grand bien; enfin, « en vue de, à condition (*'al menat*) d'enseigner » exclut la motivation par une satisfaction personnelle.

3. *Éléments spécifiques*

Deux points nous semblent particuliers à la situation juive : le rôle du compagnon d'études et le rêve déjà aperçu, projeté dans le passé et parfois maintenu pour l'avenir, d'une épistémocratie.

Avot 1, 6 recommande : « Fais-toi un maître et acquiers un compagnon ». Le compagnon d'étude est une figure essentielle de la relation d'enseignement, véritablement triangulaire. Il est aussi un ami vigilant qui pourra signaler les faiblesses dans la conduite et prodiguer des conseils en toutes circonstances. Maïmonide[42] a fourni le cadre dont se sont peu écartés après lui les commentateurs : il convient de « se faire » un maître, c'est-à-dire d'être prêt à regarder comme son maître, si les circonstances le demandent, même un égal, voire un homme de moindre science[43]; et d'« acquérir un compagnon » car il faut, à tout prix, posséder un ami pour améliorer sa conduite (« un ami ou la mort ! »[44]), dût-on le solliciter beaucoup et fallût-il se plier à son caractère. Maïmonide, encore, évoque Aristote ('Éthique à Nicomaque' 8, 3–4) sur les trois sortes d'amitié, celle qui vise le profit, celle qui vise l'agrément (qu'il divise en deux sous-genres : celui qui procède du plaisir, celui qui procède de la confiance) et celle qui vise la vertu. Il développe l'amitié de confiance, la sécurité qu'éprouve un homme à se savoir à l'abri de la tromperie, et plus encore l'amitié vertueuse, qui procède d'un amour commun du bien et d'un désir mutuel d'en rapprocher l'autre : c'est alors une amitié comparable à celle du maître pour l'élève et de l'élève pour le maître; l'amitié la plus haute, dans cette veine aristotélicienne, est ainsi l'enseignement mutuel de la sagesse. – Le caractère mutuel de l'enseignement est confirmé grâce à l'adage : « Qui est sage ? Celui qui apprend de tout

---

39 Rabbeynu Mosheh ben Maymon, Haqdamot le-perush ha-Mishnah [Introductions du commentaire de la Michna]. Trad. et comm. par M. D. Rabbinowiẓ, Jérusalem [5]721 [1960/1] (Rambam la-'am 18), 9–12.

40 Cf. ed. cit. (nt. 11), 108–109.

41 Concept fondamental de la vulgate maïmonidienne (d'après 'Sefer ha-miẓwot', commandement positif 8; 'Moreh nebukhim', III, 54); cf. H. Kreisel, *Imitatio Dei* in Maimonides' Guide of the Perplexed, in : AJS Review 19 (1994) 169–211.

42 Cf. ed. cit. (nt. 11), 12–14.

43 Il faut ici rappeler, pour expliquer cette hypothèse a priori surprenante, que Maïmonide estime que le traité Avot s'adresse non au commun des hommes mais à des juges, donc à des experts dans la Loi (cf. supra, introd.).

44 TB Ta'anit 23a.

homme»[45]; Ibn Shoshan[46], suivant un schéma psychologique, voit dans cette bonne attitude la capacité à dépasser le sensible et l'imagination (qui s'arrêtent à l'apparence sociale) pour atteindre l'intelligence qui limite l'imagination, cause de jalousie et d'orgueil. Chez Simon Duran[47] le caractère commutatif de l'enseignement est illustré par une métaphore: la Torah est classiquement comparée à l'eau (TB Baba Qamma 17a), que nul n'a honte de demander au premier venu. Yiẓhari[48], repris par Abrabanel[49], est plus explicite: on peut apprendre de plus petit que soi en âge, en sagesse et en niveau social. Moins morale et plus épistémologique, une notion de la diversité des esprits qui ne coïncide pas avec une simple hiérarchie inspire sa dernière remarque, qu'il est faux de croire que ce qu'on n'a pas compris, nul ne le pourra, «car l'un est disposé à un savoir et l'autre à un autre, parce que les tempéraments des hommes diffèrent», et le savoir se transmet de façon non hiérarchique, voire selon une hiérarchie inversée: il cite TB Ta'anit 7a, souvent invoqué, «de même qu'un petit bois en enflamme un grand, de même un petit disciple affûte l'esprit du maître», il y a ainsi commutativité de l'enseignement en dépit de la hiérarchisation des compétences magistrales. Ḥayyun, lui aussi[50], se place surtout sur le terrain épistémologique, d'abord avec l'idée d'un savoir progressif et donc collectif: ce que l'un a établi avec des preuves, un autre le détruit en les critiquant, on le voit dans le Talmud et en philosophie (ce commentateur rationaliste n'éprouve aucune gêne à établir un tel parallèle); d'autre part, un moindre savant peut trouver ce que n'a pas trouvé un plus grand: Rachi, d'une grandeur incomparable, fut contredit et réfuté par son petit-fils Rabbenu Tam, et Maïmonide, lumière d'Israël, a cependant suscité bien des désaccords [de moindres que lui]. Shem Tov b. Joseph[51] note aussi ce caractère collectif: le Philosophe a montré en 'Métaphysique' I (*sic*)[52] que la vérité est facile d'un côté et difficile de l'autre, facile en ce qu'elle se trouve tout entière parmi les hommes pris ensemble, difficile en ce qu'il n'en est pas un qui la possède toute: ainsi, sur certains sujets de droit rabbinique nous suivons telle autorité, et sur d'autres, telle autre (on constate encore l'assimilation des méthodes des savoirs religieux et profane, chez un

---

[45] Avot 4, 1. Premier de trois paradoxes dont les deux autres portent sur le vrai riche qui se contente de peu et le vrai puissant qui l'emporte sur soi-même; nous suivons pour notre propos ceux des commentateurs qui traitent celui-ci pour lui-même.

[46] Cf. ed. cit. (nt. 11), 97–98.

[47] Cf. ed. cit. (nt. 11), $56^{v}-57^{r}$.

[48] Cf. ed. cit. (nt. 11), 166–167.

[49] Cf. ed. cit. (nt. 11), 211 sqq.

[50] Cf. ed. cit. (nt. 11), 187–188.

[51] Cf. ed. cit. (nt. 11), 122–124.

[52] Aristote, Métaphysique, II (α), 1, début, trad. J. Tricot, Paris 1991, vol. 1, 59–60: «[993a 30] L'étude de la vérité est, en un sens, difficile, et, en un autre sens, facile. Ce qui le prouve, c'est que nul ne peut atteindre adéquatement la vérité, ni la manquer tout à fait. [993b 1] Chaque philosophe trouve à dire quelque chose sur la nature; en lui-même, cet apport n'est rien sans doute, ou il est peu de chose; mais l'ensemble de toutes les réflexions produit de féconds résultats, etc.»

auteur rationaliste[53]). Triangularité, commutativité, cumul et vérification de l'enseignement sont des caractères d'où résulte que l'enseignement ne se représente pas par un schéma unidirectionnel et univoque, mais par un maillage.

Dès lors, c'est la société tout entière qui est liée par le lien de l'étude et de l'enseignement mutuel; à propos encore de « Fais-toi un maître et acquiers un compagnon », Ibn Naḥmias[54] propose que le compagnon soit celui qui avait d'abord été le maître. Aussi bien la Torah n'a-t-elle été donnée aux Hébreux que lorsqu'ils furent tous amis[55]. Le disciple devient maître à son tour, première pierre d'une société où chacun est l'ami et le maître (en Torah et en mœurs) de chacun.

À cette première figure, idéale, de l'épistémocratie, dans laquelle le pouvoir serait exercé non par des détenteurs du savoir sur d'autres moins savants, mais par la science elle-même sur l'université des esprits, s'en oppose une autre, hiérarchique, que les commentateurs évoquent à propos de la chaîne de transmission d'un savoir principal qui fait autorité dans Avot 1, 1 (« Moïse […] transmit [la Loi] à Josué »). Isaac de Tolède et après lui Ibn Naḥmias, Duran, Ḥayyun et Shem Tov b. Joseph indiquent que, s'il est vrai que Moïse n'avait pas enseigné seulement à Josué, ce dernier est ici nommé en tant que dépositaire de la Loi par excellence parce qu'il était le chef politique, et de même après lui les Anciens, etc. Le maître, au plein sens du terme, est celui qui détient le pouvoir non seulement d'enseigner, mais encore de donner à son opinion de légiste une valeur obligatoire parmi les sages et une réalité exécutoire dans la pratique du public. Shem Tov s'étend sur ce point[56] : il faut un « chef et un prince » (*ro'sh we-śar*) pour exercer par le moyen de la crainte du châtiment la contrainte indispensable sur le grand nombre, qui n'agit pas par vertu (*mipney ha-ma'alah*) mais par crainte. Il en veut pour illustration la juxtaposition des versets « Moïse nous a prescrit la Torah […] » et « Il y eut un roi sur Yeshurun » (Dt 33, 4–5). Il avance une raison secondaire[57] : des circonstances exceptionnelles pouvant exiger un manquement aux règles habituelles (exégèse courante[58] de Ps 119, 126, qui peut se traduire : « Il est temps d'agir pour Dieu – on inverse ta Loi »), il faut alors un pouvoir centralisé et indiscuté tant pour prendre les mesures d'exception que pour revenir ensuite à la règle ordinaire. Penseur du politique, Abrabanel a trouvé là un précédent contre le pouvoir héréditaire[59] : Moïse n'a pas souhaité investir un de ses fils après lui, conscient de leur manque d'aptitude[60],

---

[53] Shem Tov b. Joseph est l'un des commentateurs fondamentaux qui figurent dans les éditions courantes de la traduction tibbonide du 'Guide des égarés'.

[54] Cf. ed. cit. (nt. 11), 4^{r-v}; Avot 1, 6.

[55] Exégèse d'Ex 19, 2 : « Israël campa [au singulier, bien qu'il s'agisse de la multitude du peuple, signe d'unité de cœur] à cet endroit ».

[56] Cf. ed. cit. (nt. 11), 54.

[57] Cf. ibid., 54–55.

[58] TB Yoma, 69a.

[59] Cf. ed. cit. (nt. 11), 45.

[60] La tradition rabbinique se montre assez sévère envers la descendance de Moïse, dont la femme était issue d'une famille idolâtre; voir par ex. TB Bava Batra 109b, Rachi ad Jg 18, 30, R. David Qimḥi ad loc. et ad 17, 7.

et s'en est remis à Dieu quant au choix de son successeur Josué, désigné pour ses capacités. Cette seconde figure de l'épistémocratie ne nous semble guère moins idéale que la première dans la mesure où le gouvernement par les sages n'est pas une réalité historique, ni à l'époque de l'indépendance politique des Hébreux, ni à celle de l'exil de Babylone où l'exilarque était un laïc, ni dans les communautés médiévales où le pouvoir est moins exercé par les rabbins que par les organisateurs matériels et administrateurs laïcs des communautés[61] : seuls Moïse et Josué cumulèrent le premier rang dans la Torah et l'autorité politique. Cette seconde figure se distingue pourtant de la première en ce qu'elle insiste sur une forte hiérarchisation qui repose sur l'inégalité tant des efforts (l'assiduité de Josué) que des aptitudes (l'insuffisance des fils de Moïse), dans les deux cas une inégalité dans le savoir lui-même. Il est notable que ce soient surtout des auteurs rationalistes (Duran, Ḥayyun, Shem Tov b. Joseph) qui insistent sur ce point.

III. Psycho-pédagogie, épistémologie, éthique et contrôle doctrinal

1. *Psycho-pédagogie et épistémologie*

Beaucoup d'auteurs, y compris hostiles au rationalisme, formulent les conditions psycho-pédagogiques de l'enseignement dans des termes qui sont ceux des philosophes. Maïmonide estimait que même un savant devait se donner un maître[62] : étudier seul est une bonne chose mais ce que l'on apprend d'un maître est à la fois « mieux établi » (*mitqayyem*, terme ambivalent, qui implique solidité et durée, capacité de résister tant aux objections qu'à l'oubli) et mieux expliqué, clarifié (*mevo'ar*). Ce double thème, pédagogique et épistémologique – le maître agit sur la mémoire, et avec son aide on établit mieux les raisons des enseignements –, se retrouve ensuite avec peu de variations : Isaac de Tolède[63] évoque la maxime « de la bouche des sages (scribes, *soferim*) et non des livres (*sefarim*) »[64] et introduit un nouvel argument, le bénéfice d'un cumul des efforts et des points

[61] S. Schwarzfuchs, Kahal. La communauté juive de l'Europe médiévale (Présence et mémoire juive 2), Paris 1986, 49–61. Dans la situation d'ambiguïté et de conflit structurel que comportait le statut des rabbins des communautés, salariés en même temps que chefs spirituels, les aspirations des commentateurs appartenant au même corps de lettrés sont aussi une manière pour celui-ci de revendiquer la première place.

[62] Cf. ed. cit. (nt. 11), 12–14; Avot 1, 6 : « Fais-toi un maître ».

[63] Cf. ed. cit. (nt. 11), 17–18.

[64] Il la présente comme rabbinique, de même Ibn Naḥmias, 43^{r} : « שהרי אמרו מפי סופרים ולא מפי ספרים ». Il en va de même pour la plus ancienne attestation, à savoir Juda ha-Levi, « Kuzari » : « כמאמר הידוע מפי סופרים ולא מפי ספרים » (traduction hébraïque de Juda Ibn Tibbon, II, 72); pourtant, nulle référence antérieure classique n'apparaît sous cette forme (ainsi Juda Hallevi, Le Kuzari. Apologie de la religion méprisée. Trad. de l'arabe et n. par C. Touati, Louvain–Paris 1994, 80, n. 332).

de vue : en étudiant avec autrui on tire parti non seulement de son propre esprit, mais aussi de ceux de l'autre et du maître de celui-ci. Ibn Shoshan développe le plus une théorie psychologique des bienfaits de l'enseignement oral; il met en œuvre une théorie des cinq sens et du sens commun à l'appui d'une physiologie de l'apprentissage, notable recours à une vulgate philosophique chez un auteur au demeurant kabbaliste[65]. Il insiste, et bien d'autres après lui, sur l'importance de l'étude à haute voix[66], évoque encore l'effet cumulatif des connaissances : il faudrait déployer beaucoup d'efforts, sans être sûr d'en voir le fruit, pour retrouver ce qui se trouve tout prêt chez le maître; et les arguments qu'on expose devant autrui sont d'une tout autre force que ceux que l'on déploie en tête-à-tête avec soi-même (explicitation de l'idée de Maïmonide, que le résultat de l'étude solitaire est moins « établi » que celui de l'étude en commun).

Quant à la méthode, un thème apparaît chez Duran[67] à propos de « Fais-toi un maître », au singulier : n'avoir qu'un maître, non en ce qui concerne les règles pratiques, pour lesquelles il convient au contraire de saisir toute occasion d'apprendre[68], mais dans la spéculation. Abrabanel poursuit l'analyse[69] : il faut n'apprendre que d'un maître, de même qu'on ne passe pas d'un livre à un autre, d'un aliment à un autre; certes, apprendre de tout homme, mais une seule discipline d'un seul homme : autrement dit, tenir compte de la méthode. Un exemple témoigne une fois de plus d'un va-et-vient entre Torah et science : on n'apprend pas de Ptolémée ce qu'on apprend avec Aristote ! Il poursuit avec la division du travail intellectuel, dont il est le seul à traiter : on ne peut tout produire de soi-même en matière de science, pas plus que l'homme qui a besoin de pain ne sera à la fois le semeur, le laboureur, etc.

Quant au caractère du maître, à propos d'Avot 2, 5 : « Le timide n'apprend pas et le vétilleux n'enseigne pas », Ibn Shoshan[70], suivant son système psychologique, donne sur le vétilleux[71] des précisions : c'est celui qui n'admet pas une diversité d'esprits (*de'ot*); or tous ne sont pas identiques. Cependant, Isaac de Tolède[72] et Ibn Naḥmias[73] insistent sur le respect à imposer en dépit de la bienveillance, et Yiẓhari[74] oppose à la liberté de questionner de l'élève un discernement du maître, qui doit enseigner le temps qu'il faut (avec patience), mais aussi à qui il faut et au moment qu'il faut.

---

65 Cf. ed. cit. (nt. 11), 12–13.

66 La référence communément invoquée sur ce point est l'exégèse de TB 'Eruvin 54a à Prv 4, 22 : « 'Car [ces enseignements] sont la vie pour ceux qui les trouvent' : ne lisez pas 'qui les trouvent' (*moẓ'ehem*) mais 'qui les prononcent' (*moẓihem*) ».

67 Cf. ed. cit. (nt. 11), 7v–8r.

68 Voir Avot 4, 1 : « Qui est sage ? », et commentaires.

69 Cf. ed. cit. (nt. 11), 65–66.

70 Cf. ed. cit. (nt. 11), 49.

71 *Qapdan* (vétilleux), que Maïmonide a défini : « celui qui se montre difficile sur tous les points (מקפיד על כל דבר) et coléreux ».

72 Cf. ed. cit. (nt. 11), 50–51.

73 Cf. ed. cit. (nt. 11), 16r–v.

74 Cf. ed. cit. (nt. 11), 108.

La mémorisation est capitale, et bien des auteurs sont conscients du rôle de la rhétorique pour la faciliter. À propos des aptitudes des élèves, Jonas de Gérone[75] énonce : si l'on ne peut en aider qu'un, qu'on aide plutôt celui qui apprend difficilement mais retient[76]. Isaac de Tolède précise[77] : que celui qui a des facilités néanmoins révise, car l'oubli est naturel à tout homme (*tiv'it be-khol adam*). La dictature de la mémoire n'est pourtant pas sans pitié : que celui qui n'a pas de dispositions ne désespère pas, il aura sa récompense[78]. Mais l'accent est mis sur l'effort et les résultats qu'on peut en attendre : « l'habitude en tout cas améliore les facultés [litt. : « son cœur »] »[79]; « la corde use le marbre », dit Ḥayyun[80]; de même Abrabanel[81], se réclamant de l''Éthique à Nicomaque' I (scil. II, 1 ?), avec d'autres exemples comme la pierre usée par l'eau[82]. Toutefois, on ne parlera pas ici de justes et d'injustes, car cela ne dépend pas de l'homme (malgré cette notion de l'effort fructueux ?). Il y a cependant, outre l'effort, une sagacité à exercer : Almosnino relie étrangement « Réchauffe-toi à la lumière des sages et garde-toi de te brûler à leurs braises car leur morsure est celle du renard, leur piqûre celle du scorpion et leur sifflement celui du serpent » au thème de la mémorisation[83]. « Prendre garde aux braises » veut dire se garder des approfondissements (prématurés ou hors de portée) et des subtilités : qui approfondit trop, risque de perdre la vraie intention. Il faut choisir un juste milieu, se chauffer au feu, pas trop loin, car alors il n'y a nul profit, mais sans y entrer (ce qui est la subtilité [*pilpul*]), car on ne peut y tenir et l'on en ressort aussitôt brûlé sans s'être chauffé. Salomon ha-Lévi[84] oppose de même l'acquisition de connaissances sans ornements à la subtilité et à l'aiguisement de l'esprit (*lefalpel*, *leḥadded*), insistant sur les dommages d'une compréhension fausse (les paroles des sages sont à cet égard des « braises » dangereuses; la « morsure du renard » est insidieuse car d'abord indolore; mortelle et sans remède, la « piqûre des scorpions »; et cela provient du sifflement des « serpents », contorsionnistes de l'esprit).

Cependant, droiture et simplicité d'intention ne suffisent pas à la réussite pédagogique : Ḥayyun[85] se sépare de l'acception courante du « vétilleux » (*qapdan*) et évoque Is 50, 2[86] où le Targum de Jonathan emploie la racine araméenne

---

75 Cf. ed. cit. (nt. 11), 88–89, sur Avot 5, 14.

76 De même Ibn Naḥmias, 58r et Ḥayyun, 245, qui le citent.

77 Cf. ed. cit. (nt. 11), 184–185.

78 Cf. M Menaḥot 13, 11 et Rachi sur Lv 1, 17 : « אחד מרבה ואחד ממעיט » (« l'un fait beaucoup, l'autre fait peu, [du moment qu'ils dirigent leur intention vers le Ciel] »).

79 « וההרגל על כל פנים יתקן את לבו ».

80 Cf. ed. cit. (nt. 11), 245–247.

81 Cf. ed. cit. (nt. 11), 351.

82 Et l'adage talmudique : « Si l'on vous dit : 'j'ai peiné et je n'ai pas trouvé', ne le croyez pas; [si l'on vous dit :] 'j'ai trouvé sans peine', ne le croyez pas; 'j'ai peiné et j'ai trouvé', croyez-le » (TB Megillah 6b).

83 Cf. ed. cit. (nt. 11), 60–61; Avot 2, 10.

84 Cf. ed. cit. (nt. 11), 36r.

85 Ed. cit. (nt. 11), 120–121; Avot 2, 5.

86 Cf. Is 50, 2 : « הקצור קצרה ידי מפדות », « ma main est-elle insuffisante à sauver ? », rendu par le Targum Jonathan : « האתקפדא אתקפדת גבורתי מלמפרק », dans un contexte où l'éloquence n'est pas en cause.

homophone au sens d'un manque de capacité : « [il s'agit de celui] qui manque de puissance pour parler et d'éloquence pour expliquer; car celui qui enseigne doit posséder une éloquence travaillée et une grande faculté pour comprendre et enseigner ». De même, à propos de la vertu nommée *talmud*, Isaac de Tolède[87] estime qu'il s'agit de l'étude avec un maître et la motive ainsi : l'élève sera aidé par le mouvement de ses mains et de ses yeux (l'action oratoire), puis par la précision des mots et la division des matières[88], outre les nombreuses fautes qui se trouvent dans les livres, que le maître connaît et corrige. À propos d'une autre vertu, *'arikhat sefatayyim*, il développe l'importance d'énoncer de sa bouche (en vue de la mémorisation)[89]. Deux autres vertus, la crainte et le respect (*emah we-yirah*), l'une, des maîtres, l'autre de Dieu, contribuent elles aussi à la mémorisation de ce que l'on a étudié[90]. Ces considérations sur les conditions, aptitudes et méthodes intellectuelles sont de caractère très général et relèvent aussi bien de la tradition philosophique que de toute autre tradition intellectuelle au moyen âge. Voici à présent des considérations morales plus spécifiques.

2. *Éthique*

L'éthique de l'étude fait l'objet d'allégories programmatiques : Ibn Naḥmias[91] donne une explication morale de la tournure étrange « Moïse reçut la Torah du Sinaï » : « Du Sinaï, et non de la bouche de la Puissance : il y a lieu d'expliquer que du donateur, le Saint, béni soit-il, l'humilité est notoire [c'est pourquoi l'on efface ici son nom], et que le receveur aussi était le plus humble des hommes (Nb 12, 3) [ce qu'indique ici la simplicité de la formulation, sans mention de Dieu] et que le lieu même du don était le plus modeste des reliefs du même type[92], afin d'enseigner que la Torah ne s'établit (*mitqayyemet*) que dans une humilité parfaite, comme il est dit (Dt 30, 12) : 'Elle n'est pas dans les cieux'. »

Ce thème de l'humilité, déjà rencontré, a probablement trois fonctions : distinguer l'humble étudiant de la Torah du philosophe, intellectuel fier de capacités dont il s'attribue le mérite. Lutter contre un fléau moral de l'époque, si nous en jugeons par le ton de certaines polémiques et les griefs allégués contre les prédicateurs[93]. Prévenir ce grand danger social de la séparation d'une élite étudiante, formée de philosophes comme en Espagne ou de talmudistes à la manière de la haute école des tossafistes français, de la masse du peuple, découragée

---

87 Cf. ed. cit. (nt. 11), 209–215; Avot 6, 6.

88 Ibid. : « וחתוך המלות ופסקת העניינים ».

89 De même Ibn Naḥmias, Ḥayyun et Yiẓhari.

90 Cf. : « שמתוך כך יתקיים למודו ». Même argument chez Ḥayyun.

91 Ed. cit. (nt. 11), 1^r-2^r; Avot 1, 1.

92 Targum sur les Ps 68, 16–17; TB Soṭah, 5a, etc.

93 Supra, nt. 36.

par l'inaccessibilité et la morgue des premiers, réduite à une routine négligente et exposée à tous les dangers extérieurs[94].

Ya'abeẓ s'arrête au terme de la passation de Moïse à Josué, « transmit » (*masrah*) : il n'est pas dit, après « Moïse reçut », « Josué reçut », mais « Moïse transmit à Josué », pour indiquer que le don (ou l'enseignement) de la Torah n'est pas un simple don (*matanah*) mais un don sous la condition que son bénéficiaire le retransmette à son tour, de façon intangible et perpétuelle[95]. Le même verbe, poursuit-il, est repris à propos de la dernière génération mentionnée (« les prophètes la transmirent aux hommes de la Grande Assemblée »), après une ellipse, pour indiquer que rien n'avait été altéré ni oublié. Il illustre ainsi deux thèmes : d'une part l'obligation de transmettre, faite aux pères en ce qui concerne les fils (Dt 6, 7 au sens obvie) et faite à tous, qui conduit au premier schéma d'épistémocratie indiqué plus haut, d'une société composée d'amis qui s'enseignent mutuellement. D'autre part, l'angoisse de l'altération de la tradition, source de la perte religieuse de justification devant Dieu aussi bien que de la désunion politique du peuple et de la vulnérabilité doctrinale à la critique des karaïtes, qui semble conjurée par le parcours des premières générations évoquées en Avot 1, 1 : « Moïse a reçu la Loi du Sinaï et l'a transmise à Josué, Josué aux Anciens, les Anciens aux Prophètes et ceux-ci l'ont transmise aux hommes de la Grande Assemblée ». De Moïse, prophète sans égal, à Josué, guide ordinaire, du singulier des deux premiers transmetteurs (Moïse, Josué) au pluriel des échelons suivants (Anciens, Prophètes, Grande Assemblée), des prophètes aux non-prophètes, la tradition est demeurée dans son intégralité malgré un parcours chaotique. Cela peut être considéré comme un gage de sa capacité à se maintenir[96] en dépit des tribulations de l'histoire et du déclin des générations, principe admis de la vision du monde rabbinique[97].

Au-delà des vertus efficaces et des fins vertueuses, on constate une valorisation de la souffrance à l'occasion de l'enseignement de Ben He-He « le salaire est fonction de la peine », que Maïmonide commente ainsi : « C'est selon la peine que tu prendras dans la Torah que sera ton salaire; [les sages] ont dit qu'il ne demeure de sagesse que ce qui a été appris avec effort, peine et crainte du maître, mais que la lecture plaisante et oisive n'a ni résultat durable ni utilité. Ils ont dit, pour expliquer le verset 'en même temps (*af*) ma sagesse m'est restée' (Eccl 2, 9) : 'la sagesse que j'ai apprise dans la colère (*af*) m'est restée'; c'est

---

[94] Rothschild, La philosophie dans la prédication (nt. 6), 524–525.

[95] Cf. ed. cit. (nt. 11), 4 : « שלא תחשבו כי היא נימוס לפי הדור אשר אתם בו אבל היא נצחית » (« Afin que vous ne pensiez pas qu'il s'agit d'une législation adaptée à la génération dans laquelle vous vous trouvez, mais bien qu'elle est éternelle à jamais »).

[96] Jonas de Gérone prend soin de préciser que la transmission s'est poursuivie de manière ininterrompue jusqu'à la mise par écrit de la Loi orale (Michna puis Talmud).

[97] Entre autres, TB Shabbat 112b : « אם ראשונים בני מלאכים אנחנו בני אנשים. ואם ראשונים בני אנשים אנו כחמורים », (« si nos devanciers étaient des anges, nous sommes des hommes; s'ils étaient des hommes, nous sommes comme des ânes »); TB 'Eruvin 53a : « l'entendement des premiers maîtres était pareil à un portail, celui des derniers à une porte, le nôtre est comparable au chas d'une aiguille ».

pourquoi ils ont prescrit de faire régner la peur sur les élèves, disant: 'jette la peur parmi les élèves' »[98].

Ce sévère programme fondé sur la mémoire, l'effort et la peur ne laisse aucune chance à des interprétations laxistes des lumières maïmonidiennes.

Cependant, des divergences sur le caractère inné ou acquis des vertus se manifestent à l'occasion d'Avot 2, 8, où R. Yohanan ben Zakkay caractérisait ainsi cinq disciples : l'un était comme une citerne cimentée qui ne perd pas une goutte; le second, heureuse celle qui l'a mis au monde; le troisième était un *ḥasid*; le quatrième craignait le péché; le cinquième était comme une source dont le débit augmente. Maïmonide distinguait là des vertus intellectuelles et des vertus morales, selon l''Éthique à Nicomaque' I, 13 et II, 1. Almosnino[99] en fait une opposition entre la spéculation et l'action. Pour Bahye[100], la référence à la mère (*yoladeto*) signifie la matière. Ibn Naḥmias[101] dit nettement que la plupart des vertus indiquent que la nature du fils est liée à celle de sa mère. Contre quoi Simon Duran[102] tient que la vertu est acquise : la mère, proclamée heureuse, de ce disciple plaçait son berceau dans la maison d'étude, de telle sorte qu'il n'entendit jamais autre chose que des paroles de la Torah; c'est là un déterminisme culturel et non plus naturel, moins absolu, où la liberté des parents (ici la mère) interfère. Yiẓhari, de son côté, place tout cela dans la dépendance du début de la Michna en question, qui était prescriptif (« attache-toi à [...] éloigne-toi de [...] »), pour conclure que le libre arbitre l'emporte sur le tempérament[103]. Ya'abeẓ est lui aussi du côté de l'acquisition[104], lisant dans cette suite d'éloges un programme progressif de vie : le premier (la « citerne étanche ») a acquis la connaissance avant son mariage; ensuite, il se montre un négociateur paisible (apprécié, d'où le macarisme); ayant des enfants, il doit se contrôler strictement (se faire *ḥasid*); quand ils grandiront il sera rempli de crainte (*yereh ḥet*) et les conduira sur les chemins de Dieu; après tout cela, il aura atteint sa propre perfection, « comme une source dont le débit augmente ». On n'est plus ici dans l'étude spéculative; le maître est davantage un maître de vie.

Dans le sens de l'acquisition des vertus vont aussi les interprétations d'Avot 4, 14 (« exile-toi en un lieu de Torah »), attentives aux déterminismes sociaux : Maïmonide : ne te fie pas à tes forces, tu as besoin de compagnons d'étude et

---

98 Ed. cit. (nt. 11), 216; Avot 5, 23 : « לפי מה שתצטער נטוח ועמל בתורה יהיה שכרה ואמרו שלא יתקיים מן החכמה אלא מה שתלמד בטורח ועמל ויראה מן המלמד אבל קריאת התענוג והמנוחה אין קיום לה ולא תועלת בה ואמרו בפירוש מאמרו אף חכמתי עמדה לי חכמה שלמדתי באף עמדה לי ומפני זה ציוו להטיל אימה על התלמידים ואמרו זרוק מורא בתלמידים ».

99 Cf. ed. cit. (nt. 11), 53.

100 Cf. ed. cit. (nt. 11), 563–564.

101 Cf. ed. cit. (nt. 11), 17^r–18^r.

102 Cf. ed. cit. (nt. 11), 29^r.

103 Ed. cit. (nt. 11), 113–115 : « הבחירה תמשול על המזג ».

104 Cf. ed. cit. (nt. 11), 37.

d'élèves; Yiẓhari[105] : «Ne te dis pas que la pensée suit la volonté […] s'il est vrai que le libre arbitre a été donné à l'homme, néanmoins 'tes amis la feront tenir dans tes mains', c'est-à-dire que bien des accidents menacent l'homme isolé», car il peut faiblir en mauvaise compagnie, rencontrer des difficultés insurmontables dans l'étude. Même thématique chez Almosnino: non [forcément] un lieu de sages, mais un lieu de Torah, orienté vers elle[106]. Cela s'adresse au débutant inclinant par nature aux plaisirs du corps; qu'il ne se fie pas à lui-même: la matière le détournera toujours de l'étude. Pour Salomon ha-Lévi[107] un «lieu de Torah» veut dire une communauté étudiante[108] : «Ne crois pas que le fait d'être en société (*mediniyut*) inclue toutes les perfections comme d'autres l'ont pensé avant toi, car peut-être en pensant cela ne voudras-tu pas t'exiler de ta terre, de ton pays où tu as des contemporains et des amis, 'ne crois pas que [la Torah] te suivra' grâce à la société». Chez lui, le grand appareil des vertus de l'étude se résout en une éthique du travail intellectuel qu'il développe à propos des sept qualités du sage sous la forme d'un petit manuel qui s'adresse successivement aux maîtres, aux compagnons d'étude et aux disciples[109].

3. Contrôle doctrinal

D'autres rappellent la nécessité d'un contrôle doctrinal étroit. De «Sages, prenez garde à vos paroles […]», Maïmonide a donné une explication constamment suivie: que les sages prennent garde à ce qu'ils diront devant le grand public (*hamon*); qu'ils se gardent de toute ambiguïté[110], de peur de la présence de renégats qui les expliqueraient selon leur foi[111], et de l'erreur (*minut*) des élèves croyant que telle était votre pensée[112]. Le processus est en deux temps: des hommes mal intentionnés tirent parti des ambiguïtés; puis leurs élèves, de bonne foi, croient que ces mauvais maîtres expliquent la doctrine authentique.

---

105 Cf. ed. cit. (nt. 11), 198–199.

106 Cf. ed. cit. (nt. 11), 161–162. Cette situation a priori étrange dans laquelle la bonne volonté suppléerait au manque de compétence dans l'étude peut être celle, contemporaine de l'auteur, d'expulsions suivies d'errances ou de retour au judaïsme de groupes de nouveaux-chrétiens dépourvus de livres et de connaissances.

107 Ed. cit. (nt. 11), 70ᵛ.

108 Sur une communauté d'étude au moyen âge, voir J. Celeyrette, La notion de communauté scientifique aux XIIIᵉ et XIVᵉ siècles, in: V. Jullien/E. Nicolaidis/M. Blay (eds.), Europe et sciences modernes. Histoire d'un engendrement mutuel (Dynamiques citoyennes en Europe 2), Berne e. a. 2012 , 11–28.

109 Cf. ed. cit. (nt. 11), 85ᵛ–86ʳ; Avot 5, 7.

110 Cf. ed. cit. (nt. 11), 20–21; Avot 1, 11 : «ולא יהיה בדבריהם מקום שיסבול פירוש אחר» («qu'il n'y ait pas un endroit de leurs propos qui souffre une autre explication»).

111 Cf. ibid. : «שאם יהיו שם אנשים כופרים יפרשו אותם כפי אמונתם».

112 Il fait allusion à l'exemple habituel, dans le prolongement d'Avot 1, 3 («qu'il ne convient pas de servir Dieu en vue d'un salaire») de deux disciples d'Antigone de Sokho, auteur de cet enseignement, qui en tirèrent parti pour justifier leur hérésie, Ẓaddoq (supposé l'inspirateur des Sadducéens) et Baïthus, d'après Avot de-R. Nathan, 5, 2.

Shem Tov b. Joseph[113] recommande purement et simplement de ne pas parler [devant un grand public] des sujets qu'il ne convient pas de divulguer, comme l'« œuvre de la création » et l'« œuvre du char »[114]. Abrabanel[115] y insiste : devant un public pervers, tout enseignement n'est-il pas périlleux ? Selon lui, l'attitude vis-à-vis des fausses doctrines intellectuelles et du plaisir d'une vaine recherche est encore un point de séparation entre hommes de Torah et philosophes. Ainsi à propos de « Qui est sage ? »[116] : le savoir, comme le feu, peut passer du petit au grand; mais « apprendre de tout homme » n'inclut pas d'apprendre des déviants et des athées, selon la méthode de la recherche rationaliste (*ḥaqirah*) et de la philosophie (*hitpalsuf*), bien que les voies de la spéculation et de la recherche impliquent douceur et plaisir intellectuels, comme l'a dit le Chercheur [par excellence – Aristote[117]]. Abrabanel formule ici une position contre la vaine curiosité que partagent les traditionalistes de tous les cultes.

IV. La nature du savoir véritable

Il n'est question bien entendu que de la Torah. Mais le débat de fond est, si l'essentiel de celle-ci consiste en l'observance pieuse des commandements, ou bien la connaissance intellectuelle de Dieu pour autant qu'elle est possible à l'homme (selon Maïmonide et la vulgate philosophique), ou bien l'amour de Dieu (Ḥasday Crescas), ou bien encore une doctrine kabbalistique, astrologique (Abraham Ibn Ezra et ses disciples) ou autre. Ce sont ici les deux premières positions qui s'expriment, la difficile doctrine d'*Or ha-Shem* de Crescas et l'ésotérisme ou semi-ésotérisme kabbalistique ou astrologique ne s'accommodant pas du genre homilétique des commentaires à Avot. À la fin de la période considérée, le débat s'infléchit : à l'opposition sur la question du salut par l'acquisition des intelligibles ou par les œuvres de piété succèdent, moyennant le recours à l''Éthique à Nicomaque', différentes formules pour penser l'articulation entre vie théorétique et vie pratique.

1. Origine et spécificité de la Torah

L'*incipit* du traité, « Moïse reçut la Torah du Sinaï [...] », est un lieu capital. Voici en bref cinq arguments avancés pour distinguer la doctrine mosaïque d'une législation quelconque : l'investissement corps et âme de Moïse, qui l'a reçue

113 Cf. ed. cit. (nt. 11), 77–78.
114 M et TB Ḥagiga, ch. 2; Maïmonide, Guide des égarés. Trad. française par S. Munk, Paris 1981, vol. 1, 9–10, qui identifie ces savoirs avec la physique et la métaphysique et recommande de ne les enseigner qu'à un public très réduit.
115 Cf. ed. cit. (nt. 11), 73.
116 Cf. ed. cit. (nt. 11), 216; Avot 4, 1.
117 Éthique à Nicomaque, 10, 7, 1177a12–18; 1178a5–8.

(Ibn Shoshan). Le fait que Moïse soit parvenu à l'intellection parfaite (Shem Tov). Son caractère de législation intemporelle (Ya'abeẓ). La manière surémimente dont Moïse y eut accès (Abrabanel) et la supériorité de celui-ci sur tout homme (Almosnino). Si le deuxième et les deux derniers de ces thèmes sont maïmonidiens, le premier et le troisième orientent différemment, l'un vers un idéal ascétique religieux, l'autre vers une disqualification des législations rationnelles ordinaires qui use adroitement du recours à l''Éthique à Nicomaque'[118].

La Torah se décompose en Loi écrite et Loi orale. Ce thème, que la lettre du passage commenté n'implique pas nécessairement d'introduire, est un élément de l'apologétique anti-karaïte illustrée par Abraham Ibn Daud, puis, sans le dire, croyons-nous (vu le caractère anachronique en Espagne après le XIIe siècle de la référence karaïte), anti-chrétienne; ou encore il répond dans le public juif à quelque scepticisme vis-à-vis de la Loi orale que la critique karaïte aurait durablement répandu. Tous les commentateurs conviennent donc que la Loi orale fut donnée au Sinaï en même temps que la Loi écrite. Leurs divergences portent sur le point de savoir si elle le fut tout entière dès le Sinaï ou si n'y fut donné que le moyen de la développer, à partir des principes et des lois de fonctionnement (comme une axiomatique), de telle sorte qu'elle ne fut que virtuellement donnée par Moïse. Thèmes secondaires: que la Loi écrite est hors d'atteinte sans la Loi orale (dont relèvent la vocalisation et la syntaxe mêmes du texte écrit ou l'exécution de commandements tels que ceux des *tefillin* et des *mezuzoth*); que la Loi orale s'est exprimée par la bouche des sages même sur des sujets accessibles à la raison naturelle, afin de tout soumettre à l'autorité de la Loi (Ibn Shoshan); et que ce qui est de l'ordre de la déduction à partir de la Loi écrite remonte entièrement à la prophétie de Moïse (mais d'aucun autre prophète), et que les compléments nécessaires à la Loi ne peuvent être donnés par voie prophétique (Isaac de Tolède).

2. « Qui est le sage? »

Le nœud de tous les débats est la question si le vrai savoir est intellectuel, ou si c'est la crainte et le service de Dieu. Nous trouvons chez Salomon ha-Lévi une confrontation d'ensemble des positions sur ce sujet: en Avot 4, 1 (« Qui est le sage? »), pratiquant son habituelle division ternaire des enseignements du traité (perfections spéculative, pratique et « politique », au sens large de ce qui relève des relations entre les membres d'une communauté humaine), il assigne[119] cette maxime à la perfection spéculative; tenant à montrer sa virtuosité, à mas-

---

118 Yosef Ya 'abeẓ, cf. ed. cit. (nt. 11), 3–4: le mot « reçut » indique que la Torah était préexistante, ne fut donc pas forgée au hasard des besoins du moment, comme les lois humaines; par suite, elle seule peut procurer la perfection de l'âme qui est, selon l''Éthique à Nicomaque', la fin ultime que s'assignent les législations.

119 Cf. ed. cit. (nt. 11), 60^{r-v}.

quer sa véritable pensée ou à être exhaustif[120], il en aligne dix explications: d'abord (1) on comprend que la vraie spéculation n'appartient pas à des spécialistes disciplinaires comme Aristote et ses pareils; elle porte sur la Torah, «laquelle commence là où l'homme et sa recherche finissent», et tel est le sens de cet enseignement: «qui est le sage? Celui qui apprend cette discipline plus haute que (le préfixe prépositionnel *m-* n'indiquant plus l'origine, mais la supériorité) tout homme, parce qu'elle est au-dessus de l'intellect». Ou encore (2), «celui qui apprend la discipline qui est la règle pour tous les types d'humanité, hommes et femmes, enfants, hommes d'âge et vieillards, sages ou sots»; on peut, en effet, apprendre de tous une science que tous pratiquent: il s'agit à présent de cet autre enseignement des philosophes «modérés», caractéristique du XVe siècle après le séisme moral de 1391, que la science la plus haute est aussi la plus commune (parmi les juifs), et non la plus rare comme le soutenaient les rationalistes élitistes. (3) Ha-Lévi revient ensuite à sa première interprétation de la particule *m-* («au-delà, plus que»): «que le savant ne se vante pas de sa science» (Jr 9, 22) humaine, issue de la recherche intellectuelle, mais de la spéculation qui vient de moi [Dieu] par grâce. – Ces trois premières interprétations ont visé à désigner un savoir d'origine divine, supérieur à celui des savants. La quatrième convoque un autre savoir, lui aussi non savant, mais marque un retour aux savoirs terrestres: (4) «pour le vrai sage il n'est pas de sage [trop] petit ou [trop] grand [pour lui] quand il en considère les pensées et les actions et qu'il étudie son naturel, son caractère et son activité tant pour faire le bien que pour éviter le mal et s'en sauver, etc.», savoir pratique et éthique qui provient de l'observation des autres, quels qu'ils soient, et non de leurs discours. Les explications (5) et (6) reprennent des thèmes, ou plutôt deux versions, théologique et morale, d'un thème connu: il convient de saisir toute occasion de s'instruire auprès de quiconque prononce une parole de la Torah et [d'origine] divine; puis il convient de ne pas craindre de s'adresser à moindre que soi. La lecture (7) de la formule n'en fait pas une injonction mais la constatation d'une capacité: le sage, «versé dans toutes les sciences et connaissant à fond la Torah», est en mesure de reconnaître et de capter partout les allusions à un savoir quelconque. *A contrario*, qui n'est pas sage ne le peut à moins qu'on ne lui présente la discipline en question dans un ordre méthodique. (8) Aristote, dans la 'Métaphysique'[121], a indiqué que la science était «facile en un sens et difficile en un autre» et que sa facilité venait de ce qu'elle est incluse dans la totalité de l'humanité[122]; ainsi, est donc sage celui qui emprunte à tous les esprits et non à un seul. (9) C'est

---

120 D. Boyarin, Sephardic Speculation: A Study in Methods, Jérusalem 1989 [en hébreu], a mis en lumière l'importance méthodologique attachée à la recherche de toutes les interprétations possibles par le talmudiste espagnol Isaac Canpanton (1360–1463!) et ses nombreux élèves.

121 Cf. supra, nt. 52.

122 Cela n'est pas sans évoquer l'utilisation d'un thème averroïste par Dante dans la 'Monarchia' (voir R. Imbach, Dante, la philosophie et les laïcs, Fribourg/Suisse 1996, 173–189). La question de possibles sources latines de Salomon ha-Lévi n'a jamais été posée; les quelques références latines que j'ai pour l'instant rencontrées chez lui se trouvaient déjà chez Abrabanel.

l'infinité du savoir qui justifie de s'instruire auprès de tous. (10) Retour à la discussion courante à laquelle donnent lieu le premier et le cinquième disciple de R. Yoḥanan b. Zakkay (Avot 2, 8 : « s'il vaut mieux être un puits de science ou un dialecticien brillant ») : dans le premier cas, « *ha-lomed mi-kol adam* » veut dire « le plus savant des hommes » (le préfixe *m-* introduisant le complément du comparatif), dans le second, cela signifie : « capable de former un enseignement à partir des objections de quiconque ». Parmi ces dix explications, traditionnelles ou ingénieuses, certaines sont neutres quant au rapport entre Torah et philosophie; les trois premières sont contraires à la philosophie, 4, 7 et 8 sont en sa faveur; l'ordre progressif à peine voilé exprime en principe les préférences de l'auteur, selon la manière habituelle des exégètes juifs.

3. Une doctrine de vie

Il faut, pour terminer, revenir aux fins de l'étude, en ne citant, *breviandi causa*, que deux commentateurs tardifs, nourris de tous leurs devanciers, qui orientent vers des programmes tout à la fois nouveaux pour leurs courants de pensée respectifs, et opposés. En Avot 4, 5 (« Celui qui apprend en vue d'enseigner [...], celui qui apprend pour faire [...] »), Abrabanel supprime la discussion et avance une interprétation toute en faveur de la vie spéculative[123] : proposant une lecture entièrement intellectualiste, il ne voit là que trois degrés de l'étude : étudier, enseigner et faire des livres. L'idée que le degré suprême dont on parle ici, le « faire », soit « faire des livres »[124] nous semble exprimer l'émerveillement, dans ce texte de vieillesse, d'un témoin (1437 – 1508) de la naissance, avec l'imprimerie, d'un nouveau moyen d'action en profondeur sur la société. Tout au contraire, ha-Lévi[125] retourne, au profit de la philosophie, un lieu commun de la critique religieuse de celle-ci : le Chercheur, dans l''Éthique à Nicomaque'[126], dit que « celui qui étudie l'éthique ne réussit pas s'il n'est intègre dans sa conduite (*ma'aseh*) comme dans sa pensée, car les élèves l'observeront et agiront comme lui (*mimmeno yir'u ha-talmidim ken ya'asu*). Ainsi ce qui a été dit, 'observer et faire', se rapporte au mot 'enseigner', car les autres apprennent [de l'enseignant] pour observer et faire »; autrement dit, la philosophie morale requiert un mode de vie en conformité avec la doctrine. Le mérite que se réservait la doctrine religieuse (d'englober non seulement la sphère de la spéculation, mais aussi celle de la vie morale) – nous en avons pris des exemples – est donc ici revendiqué pour la philosophie. Dans tout son commentaire, ha-Lévi a systématiquement opéré une recherche des conditions de la félicité aux trois niveaux spéculatif, pratique et

---

123 Cf. ed. cit. (nt. 11), 233.

124 Ibid. : « על מנת לעשות, כלומר לעשות ספרים ».

125 Cf. ed. cit. (nt. 11), 64^{r-v}.

126 Sans doute I, 6, 1098a15 sqq., le développement sur les élèves appartenant alors à Salomon ha-Lévi.

politique; à propos des quarante-huit vertus du disciple (Avot 6, 5–6), il expose que cet ultime chapitre démontre que la Torah inclut toutes les parties de la vie (et qu'ainsi toutes les vertus sont cumulées, ou intégrées). Les maîtres sont donc des *Lebemeister* et en traitant ce point Salomon ha-Lévi fournit à notre interrogation initiale, sur le caractère élitiste ou commun du savoir, son schéma de réponse : la Torah est grande notamment en ce qu'elle inclut toutes les perfections partielles et qu'elle s'adresse à tout homme en incluant tous les sujets; l'emboîtement des sphères d'activité humaine (spéculative, pratique et politique) les unes dans les autres fait que l'enseignement des maîtres ne saurait être seulement spéculatif. Les quarante-huit vertus se divisent selon ha-Lévi en trois groupes successifs qui correspondent aux trois sphères d'activité et néanmoins elles sont toutes nécessaires au même disciple, parce que le disciple des sages est tout homme selon ses capacités, impliqué dans tous les cas, à des degrés divers, dans les trois activités.

V. Conclusion

Les commentateurs étudiés se sont comportés en disciples engagés dans un rapport avec leurs devanciers et maîtres d'autant plus déférent que, maîtres à leur tour, s'exprimant dans le cadre d'un genre destiné au grand public, ils devaient en user avec la prudence et les ménagements appropriés, conformément à Avot 1, 11, déjà cité : « Sages, prenez garde à vos paroles ». Reprenant et prolongeant les mêmes enseignements, passant sous silence ceux qu'ils auraient dû désapprouver ou présentant (ainsi Simon Duran, Isaac Abrabanel et Salomon ha-Lévi) la synthèse de positions antérieures, ils ont construit un système d'interprétation du traité Avot non dépourvu de contradictions. Ils ne pouvaient dans ce cadre homilétique se livrer à des confrontations brutales et troublantes pour le tout-venant des esprits. On songe à quelque forme de combats simulés, à ces pas d'armes qui étaient en honneur dans la noblesse espagnole du XVe siècle[127], dans lesquels chacun faisait montre de sa valeur et se faisait connaître sous ses couleurs mais combattait avec des armes émoussées, sans effusion de sang, pour le plaisir savant des connaisseurs et l'encouragement du grand nombre à la pratique des vertus viriles. Le caractère éclaté des problématiques dans le commentaire au fil du texte, une tradition maîtrisée d'ambiguïté dans la littérature juive espagnole[128] et l'accord de tous regardant l'orthopraxie et la pratique des vertus auxquelles conviait ce traité permettaient de tenir à son propos un discours apparemment homogène. Sa position tardive et son ingéniosité aidant,

---

127 S. Nadot, Joutes, emprises et pas d'armes en Castille, Bourgogne et France. 1428–1470, thèse, EHESS, Paris 2009.

128 L. Strauss, La Persécution et l'art d'écrire. Trad. de l'anglais (États-Unis) par Olivier Sedeyn (Collection Tel 360), Paris ^{3}2009; D. Schwartz, Contradiction and Concealment in Medieval Jewish Thought, Ramat-Gan 2002 [en hébreu]; Halbertal, Concealment and Revelation (nt. 8).

il nous a paru commode de faire du rationaliste Salomon ha-Lévi le révélateur de tensions d'ordinaire peu avouées dans ce cadre. Aussi bien n'est-il pas sans signification de lui avoir laissé le dernier mot : il semble que le parti adverse des « philosophes modérés » ait péri avant celui des rationalistes, faute, comme nous croyons l'avoir montré ailleurs[129], d'avoir été en mesure de définir le savoir spécifique de la Torah auquel il se référait constamment.

[129] Rothschild, La philosophie dans la prédication (nt. 6), 527–540, spéc. 534–535.

Disciples and Masters in Late Medieval Jewish Philosophical Schools in Provence and Italy ($14^{th} - 15^{th}$ Centuries): The Cases of Levi Ben Gershom and Judah Messer Leon

MAURO ZONTA (Roma)

Among Jewish philosophers working in Provence and Italy in the Late Middle Ages, there are two philosophical schools: that of Levi ben Gershom (Gersonides, 1288–1344), probably the most important Medieval Jewish philosopher after Maimonides, and that of Judah Messer Leon (1425–1498 circa), not only a key philosopher but also one of the main and most active Jewish scholars in Humanistic Italy. Both cases have been studied in detail by some scholars in the last twenty years. In fact, these studies have pointed out that both these philosophers were apparently surrounded by a group of disciples, whose masters they were[1].

Concerning Levi ben Gershom, Ruth Glasner, in an article published in 1995[2], pointed to the existence of some Jewish authors who, in Provence between 1320 and 1340 circa, wrote a series of supercommentaries, i. e. commentaries on Averroes' Epitomes and Middle Commentaries on Aristotle's most important books on natural sciences: first of all the 'Physics', but also 'On the Heavens', 'On Generation and Corruption' and 'Meteorology'. These authors include, first of all, a well-known Provençal Jewish philosopher, Yeda'yah ha-Penini, who commented on Averroes' Epitome of Aristotle's 'Physics' and on his Middle Commentary on Aristotle's 'On the Heavens'. He was surely not a student of Levi ben Gershom, rather an independent scholar, who exchanged opinions about some passages of Averroes with the latter[3]. The above-mentioned authors also include more or less known Provençal Jewish philosophers of that period and milieu: an anonymous author, who wrote a supercommentary on Averroes' Middle Commentary on Porphyry's 'Isagoge'; a certain Rav S. ha-

---

1 About another kind of Jewish philosophical schools, in 15th-century Iberian kingdoms, see C. Sirat, Studia of Philosophy as Scribal Centers in Fifteenth-Century Iberia, in: J. del Barco (ed.), The Late Medieval Hebrew Book in the Western Mediterranean: Hebrew Manuscripts and Incunabula in Context (Études sur le judaïsme médiéval 65), Leiden–Boston 2015, 46–69.

2 R. Glasner, Levi ben Gershom and the Study of Ibn Rushd in the Fourteenth Century, in: The Jewish Quarterly Review 86 (1995), 51–90.

3 About this scholar and his philosophical works, cf. R. Glasner, Fourteenth Century Scientific Philosophic Controversy: Jedaiah Ha-Penini's Treatise on Opposite Motions and Book of Confutation, Jerusalem 1998 [in Hebrew].

Levi, who wrote a supercommentary on Averroes' Epitome of the 'Physics'; another anonymous author, apparently different from the former, who wrote a supercommentary on Averroes' Middle Commentary on the Aristotelian treatise 'On the Heavens'; Solomon of Urgul (an author who has been more recently studied in detail by Hagar Kahana-Smilansky)[4], who wrote supercommentaries on Averroes' Epitomes of two Aristotelian works, 'On Generation and Corruption' and 'Meteorology'. As has been pointed out by Glasner, all of the above-mentioned Averroian works were also, at the same time, commented on by Levi ben Gershom. These authors co-operated with each other and with Gersonides; in different ways, some of them can be described as his disciples[5]. Very recently[6], I have suggested the possibility that three Jewish scholars were in some way connected to Gersonides, who wrote a lost supercommentary on Aristotle's 'Metaphysics'. Those scholars lived and worked in Provence in the 14th century and wrote gloss comments on some passages of book 1, 2 and 9 of Averroes' Middle Commentary on Aristotle's 'Metaphysics', which are to be found in the unique MS Oxford, Bodleian Library, Opp. Add. 4° 10, 126r – 128r.

The above-mentioned gloss comments begin with the following statement, in Hebrew: "*be'urim še-maṣa'ti 'al Mah še-aḥar ha-ṭeva'*", "comments (literally, 'explications') which I found about the Metaphysics"; each comment begins with a corresponding passage of Averroes' Middle Commentary, taken from Qalonymos ben Qalonymos' Hebrew version (dating back to 1317). The acronyms, which are put at the end of many of these glosses, show that they were evidently written by some 14th-century Jewish scholars: a certain "*h"G*" (glosses nn. 18 – 19, 22, 26), a certain "*hR"Ḥ*" (glosses nn. 1 – 4, 6 – 7, 9 – 11, 13 – 14, 16 – 17, 20 – 21, 23 – 25), and an anonymous one (glosses nn. 5, 8, 12, 15, 27 – 29).

Who are these two authors, whose names the acronyms designate? It seems not too far-fetched to speculate that the first one, "*h"G*", was (Rav) Gershom, Gersonides' father. As was first pointed out by Gad Freudenthal and then, in

[4] H. Kahana-Smilansky, Solomon ben Moses Melguiri and the Transmission of Knowledge from Latin into Hebrew, in: G. Freudenthal (ed.), Science in Medieval Jewish Cultures, Cambridge 2012, 283 – 302.

[5] Let us quote Glasner's own statements: "Levi ben Gershom indeed had students who studied the writings of Ibn Rushd under his direction. [...] The evidence [...] is not of 'public teaching' of philosophy in a Jewish school, but of communication, through both correspondence and occasional personal meetings, between teacher and students. [...] It is possible that [...] there really was a circle of people who were following Levi ben Gershom's lead. [...] Debates on questions of interpretation of the writings of Ibn Rushd were frequent in 'the school of Levi'." (Glasner, Levi ben Gershom [nt. 2], 76 – 77).

[6] M. Zonta, The Reception of Gersonides' Interpretations of Aristotle's and Averroes' Metaphysics, read at the International Conference "Everyone Contested His Views, No One Denied His Importance". Gersonides Through the Ages (Geneva, February 17 – 20, 2014). A thoroughly revised and wider text of this communication should be published in a forthcoming issue of the journal Aleph. Historical Studies in Sciences and Judaism.

more detail, by Ruth Glasner[7], Gershom knew Arabic and even wrote six glosses ("*haggahot*") about some aspects of Aristotle's logic, which were collected by a student and are to be found in three manuscripts of Gersonides' supercommentaries on Averroes' Middle Commentaries on Aristotle's 'Categories' and 'De interpretatione'. In one of these manuscripts, the glosses are introduced as "*a*"*G*", i. e. "*amar Geršom*", "Gershom said" – a form which is really similar to the above-mentioned one: "*h*"*G*", which might be interpreted as "*haggahat Geršom*", "Gershom's gloss". Moreover, they apparently concern some literal contents of Averroes' commentaries, since, as has been observed by Glasner, they often deal with linguistic matters and explicitly show the knowledge of Arabic by Gersonides' father. So, we might also suggest that, if the author of the four glosses we have just found in the MS Oxford was Gersonides' father, he tried to interpret those passages of Qalonymos' Hebrew version of Averroes' Middle Commentary on Aristotle's 'Metaphysics' by comparing them with the original Arabic text.

As a matter of fact, the aforementioned suggestion is even more evident in the case of the glosses by the second author, "*R*"*Ḥ*". There is a Provençal Jewish philosophical author who was highly interested in the contents of a wide number of Arabic philosophical texts, which he often quoted in his own works: Rav Ḥizqiyyah bar Ḥalafta (*alias* Bonenfant de Millau), who was active in Provence around 1320 – thus being a contemporary of Gersonides, temporally as well as locally. Among the possible evidence that prove him being "*R*"*Ḥ*", we have his many quotations of Aristotle's 'Metaphysics', which are to be found in Ḥizqiyyah bar Ḥalafta's gloss commentary on Petrus Hispanus' 'Summulae Logicales' and which were probably taken from Averroes' Long and Middle Commentaries on it: as a matter of fact, the latter are sometimes explicitly quoted in his book[8]. The fact that Ḥizqiyyah bar Ḥalafta was able to read and examine Arabic texts in their original language, which has first been suggested elsewhere[9], would be further proved by the explicit references to some Arabic words or some particular aspects of the Arabic text of Averroes' Middle Commentary on the 'Metaphysics' (apparently lost); they are to be found in four of those eighteen glosses which can be ascribed to him.

The possible identification of the third, anonymous author of the above-mentioned seven glosses is more difficult, and the case should be carefully examined through a comparison with other similar cases. As a matter of fact, these glosses bear some apparent analogies to the methods and ways used in 13th- and 14th-century Latin Scholastic commentaries on Aristotle's 'Metaphys-

---

7 R. Glasner, On Gersonides' Knowledge of Languages, in: Aleph 2 (2002), 235–257, on 250–252.

8 M. Zonta, Structure and Sources of the Hebrew Commentary on Petrus Hispanus's *Summulae Logicales* by Hezekiah bar Halafta, *alias* Bonenfant de Millau, in: A. Schumann (ed.), Judaic Logic (Judaism in Context 8), Piscataway, NJ 2010, 77–116, on 109 and 113.

9 M. Zonta, Fonti antiche e medievali della logica ebraica nella Provenza del Trecento, in: Medioevo 23 (1997), 515–594, on 529–530, 577–594.

ics'. For example, both the anonymous author and Thomas Aquinas begin their commentaries on the general contents of book Beta of the 'Metaphysics' by comparing them to the main object of the previous book, book Alpha Elatton[10]. However, the anonymous author does not seem to reflect the structure and contents of Thomas Aquinas' work literally; he seems to be more original. The possible and indirect source of this gloss commentary, as it can be found in the MS Oxford, apparently seems to be the corresponding passage of Averroes' Long Commentary on the 'Metaphysics'.

Since the anonymous author of the above-mentioned seven glosses on Averroes' Middle Commentary on Aristotle's 'Metaphysics' seems to be someone who knew Gersonides and tried to apply his methods of interpretation, we might suggest that he was a member of the so-called Gersonides' school of philosophers, which commented on various Aristotelian works on logics, physics and natural sciences. This author, a still anonymous Jewish Provençal scholar who was active around 1320, collected the other twenty-two glosses by the two contemporary scholars (Gershom and Ḥizqiyyah bar Ḥalafta) and added his own interpretation of some particular passages of Aristotle's 'Metaphysics', as they were paraphrased in books 1, 2 and 9 of Averroes' Middle Commentary on that work, to them.

This fact seems to corroborate the hypothesis that Gersonides was a sort of director or, better, in a wider and probably more correct sense, connector of an indirect philosophical school or group, where the above-mentioned supercommentators (some of which were disciples of their master, i. e. Gersonides, while others were independent scholars) worked by exchanging their opinions on the same fields of study. Among these independent scholars, apart from Gersonides himself, the most relevant one was probably Yeda'yah ha-Penini from Béziers; but now we can also highlight the name of Ḥizqiyyah bar Ḥalafta.

As for Judah Messer Leon, Robert Bonfil[11] and Hava Tirosh-Samuelson[12] have pointed to the fact that, as I have stated elsewhere, "in the years around

---

[10] Cf. e.g. the gloss n. 15 of the MS Oxford, 126v, 26–29, which is put at the beginning of book 2 ("since, in the previous book, he [i. e. Averroes] says that it is necessary to study this science from the particular questions about it, here he apologizes about his study of those ones in a dialectical way, before having studied them in the demonstrative way, and he explains the necessary benefit of it and the benefit for which the dialectical way precedes the prove […]"), and the beginning of Thomas Aquinas' Commentary on 'Metaphysics', book 3 (corresponding to book 2 of Averroes' Middle Commentary), as follows: "*Postquam philosophus in secundo libro ostendit modum considerandae veritatis, hic procedit ad veritatis considerationem. Et primo procedit modo disputativo, ostendens ea quae sunt dubitabilia circa rerum veritatem. Secundo incipit determinare veritatem.* […] *Sunt autem huiusmodi dubitabilia propter duas rationes. Vel quia antiqui philosophi aliter susceperunt opinionem de eis quam rei veritas habeat, vel quia omnino praetermiserunt de his considerare*" (Thomas Aquinas, In duodecim libros Metaphysicorum Aristotelis expositio, III, 3, 1, n. 338, edd. M.-R. Cathala/ R. M. Spiazzi, Taurini–Romae [2]1971).

[11] Cf. Judah Messer Leon, Nofet Zufim. On Hebrew Rhetoric, ed. R. Bonfil, Jerusalem 1981, 22–32.

[12] Cf. H. Tirosh-Rothschild, Between Worlds. The Life and Works of David Messer Leon, New York 1991, 25–37.

1450 [and after] he [i. e. Messer Leon] directed a Jewish academy (*'yeshivah'*) in Ancona. In this academy, which was to follow him in his various places of residence [i. e. some places of northern Italy, like Padua, Bologna, Mantua], he lectured on Jewish traditional texts as well as on non-Jewish texts. He taught various subjects – especially Aristotelian logic and physics"[13]. This fact is proved not only by some big works of Messer Leon himself, like 'The Perfection of Beauty' ("*Miklal Yofi*") and the supercommentaries on Averroes' Long and Middle Commentaries on the first half of Aristotle's 'Physics' and on his main logical works (from the 'Categories' to 'Posterior Analytics'), but also by some anonymous texts, which I have examined in a book and in some articles: Hebrew summaries of Porphyry's 'Isagoge' and Aristotle's 'Categories', two different forms of Hebrew commentaries on book 1–4 of the 'Physics', a series of Hebrew philosophical definitions. There are clues that these texts were written in Italy in the second half of the 15th century, very probably either by Judah Messer Leon himself, or by some disciples of Messer Leon's philosophical school. As we have seen in the case of Gersonides, there is a disciple or, better, a cooperator of Messer Leon who stood out among his pupils: Abraham Farissol (died in 1504), who wrote a summary of Messer Leon's 'The Perfection of Beauty'[14].

The probably most relevant case among these anonymous texts, which probably came out of Messer Leon's school, is the short anonymous supercommentary on the contents of some passages of Aristotle's 'Physics', books 1–2 and 4, as can be found in a unique MS: Florence, Biblioteca Medicea Laurenziana, Pluteo I, n. 26, 143v–164r. As I suggested elsewhere[15], it seems that this supercommentary concerns two other works by Messer Leon or someone else of his school. The first is Messer Leon's bulky supercommentary on Averroes' Long and Middle Commentaries on Aristotle's 'Physics', books 1–4. The second, even more in the case of books 1–2, is an anonymous summary ("*qiṣṣur*") of books 1–4 and the beginning of book 5 of the same Aristotelian work, in form of Scholastic Latin conclusions as they were rendered in Hebrew. The above-mentioned summary is now to be found in a unique MS: Paris, Bibliothèque Nationale de France, hébreu 994, 116r–139v, which was copied by a North-Italian Jew, Pinḥas Marcaria, in 1488–1489[16]. Proof is given by the com-

13 M. Zonta, Hebrew Scholasticism in the Fifteenth Century. A History and Source Book (Amsterdam Studies in Jewish Thought 9), Dordrecht 2006, 209.

14 I have already studied some aspects of these works in two articles: M. Zonta, New Data on Yehudah Messer Leon's Commentaries on the Physics, in: Aleph 1 (2001), 307–323; and id., Scholastic Commentaries in Hebrew: Some Notes About Judah Messer Leon (Italy, 15th Century), in: G. Fioravanti/C. Leonardi/S. Perfetti (eds.), Il commento filosofico nell'Occidente latino (secoli XIII–XV) (Rencontres de philosophie médiévale 10), Turnhout 2002, 379–400.

15 I summarily examined its contents in Zonta, New Data (nt. 14), 317–321, but I have not yet re-examined it in more detail.

16 Marcaria was the name of a village of the Marquisate of Mantua, where the copyist or his family probably lived. Fifteen years before the copying of this MS (1473–1475), the itinerant academy of Judah Messer Leon was in Mantua, where the above-mentioned supercommentary on Averroes' Commentaries on Aristotle's 'Physics' was apparently written. Was Mantua the place where

parison of the English version of two short passages at the beginning of both works, as they can be found in the aforementioned unique manuscripts, which runs as follows[17]:

MS Paris, Bibliothèque Nationale de France, hébreu 994, 116^{r}, lines 26–29 (English version of book 1, chapter 1, conclusion 2)	MS Florence, Biblioteca Mediceo-Laurenziana, Pluteo I, n. 26, 144^{r}, lines 1–5 (English version)
"Second conclusion. In the science of nature it is appropriate to proceed from composed things	"'Composed things' are the created things which are perceived by us, (and) which are composed of the elements and the first matter.
to simple things.	The 'simple things' are the first matter and the elements, that is to say, the created things which are not perceived by us.
The proof	'The proof', that is, every demonstrative syllogism.
is that it is appropriate to proceed from what is better known to what is less well known. And composed things are better known than simple things.	'It is appropriate to proceed from what is better known to what is less well known. And composed things are better known than simple things', among us.
If so, it is correct.	'If so', it is appropriate to proceed from composed things to simple things".
The major premise is known *per se*; the minor premise is posed by Aristotle in the book, and it is an accepted discourse".	
MS Paris, Bibliothèque Nationale de France, hébreu 994, 116^{v}, lines 10–12	MS Florence, Biblioteca Mediceo-Laurenziana, Pluteo I, n. 26, 144^{v}, lines 10–17
"Third conclusion.	"'Third conclusion'. After having explained that it is appropriate to proceed from composed things to simple things, now, in this book, he says that

the text found in the MS Paris was written? Was Pinḥas Marcaria himself a fellow of Messer Leon's academy? These hypotheses, if proved to be true, would corroborate the suggestion we have given above.

17 For a more detailed comparison of both works, as found in the MSS Paris and Florence, see also below, in the appendix, the sections of the summary of book 1 of Aristotle's 'Physics' and the complete list of gloss comments on some passages of it.

In the science of nature	
it is appropriate to proceed from universal things to particular things.	'it is appropriate to proceed from universal things to particular things'.
	Commentary: from composed things which are more universal to composed things which are less universal.
	For example, (it is) like, if you see a man who is staying from a distance, and you do not understand what he is, but you think that he is a piece of wood or a tree, so that you say: 'It is a body'.
	Then, you go nearer to him and you see that he is moving, although you do not understand that he is a man, so that you say: 'It is an animal'.
	Then, you go nearer to him and you see that he is a man.
	Now, in the same way you perceive, first of all, the composed thing which is more general, and then the composed thing which is less general".
Know that, here, particular things are taken as less general things [...]".	

Some observations can be made from the comparison of both works. The MS Paris seems to give a summary of Aristotle's 'Physics' up to the beginning of book 5, which might have been written down by Judah Messer Leon himself. As a matter of fact, its structure is really very similar to the Summary and Questions on Porphyry's 'Isagoge', which I published and translated into English and which I tentatively ascribed to Messer Leon[18]. The MS Florence seems to be a commentary (better, a supercommentary) on the other one, as far as 'Physics' 1–2 are concerned, in the form of gloss comments – just as what we have observed in the case of Averroes' Middle Commentary on Aristotle's 'Metaphysics', books 1–2 and 9.

So, what happened at the school of Judah Messer Leon? Probably something similar to what had happened at the school of Gersonides, but in a partially different way. Gersonides was in touch with a number of Provençal Jewish philosophers: some of them were older than him or among his contemporaries and fellow countrymen; others, on the contrary, referred to him as "our master"

18 Zonta, Hebrew Scholasticism (nt. 13), 283–304 (English translation) and 52*–70* (Hebrew text).

(in Hebrew, "*morenu*"). However, all of them, in their more or less original works, also exchanged a number of ideas with him, in logics and metaphysics, and mostly in the field of natural sciences; but, as has been pointed out by Ruth Glasner, they were not part of a real academy, where Gersonides was a sort of real director. On the contrary, Judah Messer Leon was apparently the real teacher of a Jewish academy, which followed him to different parts of Central-Eastern and North-Eastern Italy (The Marches, Romagna, Veneto, Eastern Lombardy). Except for one case (that of Abraham Farissol), we have no precise data about them. Possibly, some of them copied and sometimes inserted into or added to their copies their own observations (in the form of gloss comments) – as, for example, the MS Florence shows, which contains a sort of supercommentary on a possible work by Messer Leon. This fact is probably one of the many evident traces of contemporary Italian Latin Scholastic philosophy on these Jewish scholars: the latter might have copied some teaching methods from the former.

To sum up, we are led to think that both philosophical schools, that of Gersonides and that of Messer Leon, were wide and historically relevant, and the thought of their masters, in Aristotelian physics in particular, apparently left some traces in the history of Jewish philosophy in the Late Middle Ages through the colleagues or, in the latter case, through the disciples – particularly some of them. Both of them, in different ways, seem to confirm the more or less strict relationship of Late Medieval Jewish philosophy, especially in Italy, with contemporary Scholastic Latin philosophy, not only in some aspects of its method and contents, but even more relevantly in its general structure (particularly in the case of Messer Leon). Let us hope that these observations might be useful for a better understanding and in-depth analysis of the relationship between masters and disciples during that time period and in that milieu.

Appendix

A Comparison of the Sections of the Summary of Book 1 of Aristotle's 'Physics' in the MS Paris, hébreu 994, and the Complete List of Gloss Comments on Some Passages and Words of it in the MS Florence, Pluteo I, n. 26

	MS Paris, book 1	MS Florence, book 1
First reasoning ("*toledah*") (of chapter ["*limmud*"] 1) of book 1	116^{r}, 1–26	143^{v}, 3–40
	116^{r}, 3	143^{v}, 3
	116^{r}, 3 (altered?)	143^{v}, 3
	116^{r}, 5	143^{v}, 4 (comment: "*We-hu' qeṣat be'ur*", "and it is part of a comment")
	116^{r}, 5	143^{v}, 5
	116^{r}, 6	143^{v}, 5
	116^{r}, 7	143^{v}, 6
	116^{r}, 8	143^{v}, 6
	116^{r}, 8	143^{v}, 7
	116^{r}, 11	143^{v}, 8
	116^{r}, 12	143^{v}, 10
	116^{r}, 13	143^{v}, 12
	116^{r}, 14	143^{v}, 14
	116^{r}, 15	143^{v}, 14–15
	116^{r}, 17	143^{v}, 15
	116^{r}, 19	143^{v}, 24
	116^{r}, 20	143^{v}, 24
	116^{r}, 21	143^{v}, 25
	116^{r}, 22	143^{v}, 26
	116^{r}, 23	143^{v}, 27
	116^{r}, 23–24	143^{v}, 29
	116^{r}, 26	143^{v}, 35[19]

[19] In the MS Florence, on fol. 143^{v}, lines 37–40, there is a sort of final comment, namely the following: "And this one is the perfect demonstration of the above-mentioned reasoning – i. e. the first one. Whoever wants to understand the sciences which have principles, causes and basic elements should begin with them; but the science of nature has principles, causes and basic elements; therefore, who wants to understand the science of nature should begin with them".

Second reasoning (of chapter 1) of book 1	116^{r}, 26 – 116^{v}, 10	144^{r}, 1 – 144^{v}, 10
	116^{r}, 27	144^{r}, 1
	116^{r}, 27	144^{r}, 2
	116^{r}, 27	144^{r}, 3
	116^{r}, 30	144^{r}, 5
	116^{r}, 30	144^{r}, 7 – 8
	116^{v}, 1	144^{r}, 11
	116^{v}, 4	144^{r}, 11
	116^{v}, 5	144^{r}, 23
	116^{v}, 8	144^{v}, 1
	116^{v}, 9	144^{v}, 6 – 7
Third reasoning (of chapter 1) of book 1	116^{v}, 10 – 20	144^{v}, 10 – 20
	116^{v}, 11	144^{v}, 11 – 12
	116^{v}, 14	144^{v}, 17 – 18
	116^{v}, 15	144^{v}, 19
	116^{v}, 17	114^{v}, 23
	116^{v}, 18	114^{v}, 24 and 145^{r}, 3
First reasoning (of chapter 2) of book 1	116^{v}, 20 – 29	145^{r}, 21 – 25
	116^{v}, 21	145^{r}, 21
	116^{v}, 23	145^{r}, 23
	116^{v}, 25	145^{r}, 25
Second reasoning (of chapter 2) of book 1	116^{v}, 29 – 117^{r}, 3	145^{r}, 25 – 145^{v}, 2
	116^{v}, 30	145^{r}, 25
	117^{r}, 1	145^{v}, 1
	117^{r}, 1	145^{v}, 1
Third reasoning (of chapter 2) of book 1	117^{r}, 3 – 8	145^{v}, 2 – 5
	117^{r}, 4	145^{v}, 2
	117^{r}, 4 – 5	145^{v}, 4
Fourth reasoning (of chapter 2) of book 1	117^{r}, 9 – 23	145^{v}, 5 – 11
	117^{r}, left margin	145^{v}, 8
Fifth reasoning (of chapter 2) of book 1	117^{r}, 23 – 27	

Sixth reasoning (of chapter 2) of book 1	117^{r}, 28–30	
First reasoning (of chapter 3) of book 1	117^{r}, 30–117^{v}, 14	145^{v}, 11–146^{r}, 23
	117^{v}, 2–3	145^{v}, 15
	117^{v}, 3	145^{v}, 18
	117^{v}, 5	145^{v}, 21
	117^{v}, 6	145^{v}, 22–23
	117^{v}, 7	146^{r}, 3
	117^{v}, 8	146^{r}, 4–5
	117^{v}, 8	146^{r}, 8
Second reasoning (of chapter 3) of book 1 (not signalled as such in the MS Florence; signalled as "third" in the MS Paris)	117^{v}, 14–18	146^{r}, 23–146^{v}, 1
	117^{v}, 14	146^{r}, 23
Third reasoning (of chapter 3) of book 1 (signalled as such in the MS Florence, as "fourth" in the MS Paris)	117^{v}, 18–24 (omitting the following passages and the beginning of the "fourth" in the MS Paris)	146^{v}, 1–5
	117^{v}, 23	146^{v}, 4
Fourth reasoning (of chapter 3) of book 1 (signalled as such in the MS Florence, probably as "fifth" in the copy from which the MS Paris was copied)	117^{v}, 24–118^{r}, 16	146^{v}, 5–147^{v}, 14
	(omitted)	146^{v}, 10
	117^{v}, 24	146^{v}, 15
	117^{v}, 26	146^{v}, 18
	117^{v}, 28	146^{v}, 23
	118^{r}, 1	147^{r}, 2
	118^{r}, 4	147^{r}, 5
	118^{r}, 7	147^{r}, 11
	118^{r}, 7	147^{r}, 12
	118^{r}, 7	147^{r}, 14
	118^{r}, 9–10	147^{r}, 20–21
	118^{r}, 11–12	147^{r}, 25
	118^{r}, 12	147^{v}, 2

First reasoning (of chapter 4) of book 1	118^r, 17–118^v, 15	147^v, 14–148^v, 13
	118^r, 17	147^v, 14
	118^r, 18	147^v, 17
	118^r, 20	148^r, 3
	118^r, 22	148^r, 11
	118^r, 26	148^r, 22
	118^r, 27	148^r, 24
	118^r, 30	148^v, 1
	118^v, 4	148^v, 5
	118^v, 5	148^v, 6
	118^v, 5	148^v, 7
	118^v, 10–11	148^v, 9
Second reasoning (of chapter 4) of book 1	118^v, 15–119^r, 1	148^v, 13–149^r, 22
	118^v, 15–16	148^v, 13–14
	118^v, 16–17	148^v, 15
	118^v, 18	148^v, 16
	118^v, 18–19	148^v, 18
	118^v, 21	148^v, 23
	118^v, 22–23	149^r, 1
	118^v, 23	149^r, 3
	118^v, 24	149^r, 6
	118^v, 25	149^r, 11
	118^v, 29–30	149^r, 16
	118^v, 30	149^r, 17
	119^r, 1	149^r, 18
Third reasoning (of chapter 4) of book 1	119^r, 1–12	149^r, 22–149^v, 11
	119^r, 3	149^r, 22
	119^r, 6	149^r, 26
	119^r, 6	149^v, 1
	119^r, 6	149^v, 1
	119^r, 7	149^v, 2
	119^r, 9	149^v, 8
	119^r, 10	149^v, 10
Fourth reasoning (of chapter 4) of book 1	119^r, 12–17	149^v, 11–18

	119^{r}, 12–13	149^{v}, 11
	119^{r}, 13	149^{v}, 12
	119^{r}, 14	149^{v}, 13
Another reasoning, which consists of some "acceptances" ("*segullot*")	119^{r}, 17–119^{v}, 13	149^{v}, 18–151^{r}, 4
	119^{r}, 18	149^{v}, 18
First acceptance	119^{r}, 19–20	149^{v}, 21–24
	119^{r}, 20	149^{v}, 21
Second acceptance	119^{r}, 20–23	149^{v}, 24–150^{r}, 1
	119^{r}, 22	149^{v}, 24
Third acceptance	119^{r}, 23–119^{v}, 1	150^{r}, 1–150^{v}, 4
	119^{r}, 24	150^{r}, 1
	119^{r}, 24–25	150^{r}, 2
	119^{r}, 25	150^{r}, 4
	119^{r}, 28	150^{r}, 9
	119^{r}, 29	150^{r}, 13
	119^{v}, 1	150^{r}, 18 (it includes an explicit quotation of "*Eygidiyo*", "Giles" [of Rome]: 150^{r}, 22)
Fourth acceptance	119^{v}, 2–13	150^{v}, 4–151^{r}, 4
	119^{v}, 2	150^{v}, 4
	119^{v}, 3	150^{v}, 5
	119^{v}, 4	150^{v}, 8
	119^{v}, 4	150^{v}, 9
	119^{v}, 5	150^{v}, 11
	119^{v}, 6	150^{v}, 18
	119^{v}, 6	150^{v}, 19
	119^{v}, 8	150^{v}, 23
	119^{v}, 8	150^{v}, 24
	119^{v}, 10	150^{v}, 25
	119^{v}, 11	151^{r}, 1
	119^{v}, 12	151^{r}, 2
First conclusion ("*qabalah*") (of the first section ["*pereq*"])	119^{v}, 13–14	151^{r}, 4
	119^{v}, 14	151^{r}, 4
Second conclusion	119^{v}, 15	

Third conclusion	119^v, 15–17	151^r, 4–6
	119^v, 16	151^r, 4
Fourth conclusion	119^v, 17–18	
First conclusion of the second section	119^v, 18–19	
Second conclusion	119^v, 19–20	151^r, 6–7
	119^v, 20	151^r, 6
Third conclusion	119^v, 20–21	151^r, 7–10
	119^v, 20	151^r, 7
	119^v, 21	151^r, 8
	119^v, 21	151^r, 8–9
Fourth conclusion	119^v, 22	151^r, 10–11
	119^v, 22	151^r, 10
Fifth conclusion	119^v, 22–23	151^r, 11–13
	119^v, 22–23	151^r, 11
Sixth conclusion	119^v, 24	
Seventh conclusion	119^v, 25–26	151^r, 13–15
	119^v, 25	151^r, 13
Eighth conclusion	119^v, 26–27	151^r, 15–21
	119^v, 26–27	151^r, 15–16
First conclusion of the third section	119^v, 28–29	151^r, 21–24
	119^v, 28	151^r, 21
Second conclusion	119^v, 29–30	
Third conclusion	119^v, 30–120^r, 2	151^r, 24–151^v, 1
	120^r, 1–2	151^r, 24
First conclusion of the fourth section	120^r, 3	
Second conclusion	120^r, 3–4	
Third conclusion	120^r, 4–5	151^v, 1–2
	120^r, 4–5	151^v, 1
Fourth conclusion	120^r, 5–7	151^v, 2–4
	120^r, 6	151^v, 2–3
Fifth conclusion	120^r, 7–8	151^v, 4
	120^r, 7	151^v, 4
First conclusion of the fifth section	120^r, 8–9	

Second conclusion	120^{r}, 9–10	151^{v}, 4–6
	120^{r}, 9	151^{v}, 4–5
Third conclusion	120^{r}, 10–11	
Fourth conclusion	120^{r}, 11–12	
	120^{r}, 11	151^{v}, 6–9
First conclusion of the sixth section	120^{r}, 12–13	151^{v}, 9–10
	120^{r}, 13	151^{v}, 9
Second conclusion	120^{r}, 13	151^{v}, 10–11
	120^{r}, 13	151^{v}, 10
Third conclusion	120^{r}, 13–16	151^{v}, 11–13
	120^{r}, 14	151^{v}, 11
	120^{r}, 14	151^{v}, 12
Fourth conclusion	120^{r}, 16	151^{v}, 13–14
	120^{r}, 16	151^{v}, 13–14
Fifth conclusion	120^{r}, 16–17	
Sixth conclusion	120^{r}, 17–18	151^{v}, 14–16
	120^{r}, 17	151^{v}, 14
A conclusion of the seventh section	120^{r}, 18–19	151^{v}, 16–19
	120^{r}, 18	151^{v}, 16
Another conclusion (of the seventh section)	120^{r}, 19–20	151^{v}, 19–22
	120^{r}, 19	151^{v}, 19

Imagined Classrooms?
Revisiting Hillel of Verona's Autobiographical Records

YOSSEF SCHWARTZ (Tel Aviv)

The title of this article suggests a micro-historical perspective of the overall inquiry discussed in this volume (Disciples and Masters). I address this subject with a case study – the career of a thirteenth-century Jewish Italian intellectual – which, beyond its unique merits, bears historical, methodological and historiographic significance. This study opens with an overview of our current understanding of Jewish higher education as an independent entity and in comparison with contemporaneous Muslim and Christian institutions. I then aim to demonstrate how Hillel ben Samuel's comments on his educational experiences shed light on the hybrid nature and openness of Jewish approaches to intellectual pursuits during his lifetime. Through this analysis, I seek to counter biases that have contributed to the negative assessment of Hillel that dominates modern scholarship.

I. Medieval Jews and Secular Professional Education

The field of intellectual history has undergone major shifts during recent decades by concentrating less on the establishment of "bodies of knowledge" and increasing the interest in the circulation of knowledge, with special attention to intellectual structures and the institutional aspects of knowledge[1]. While the phenomenon of a scientific oriented intellectual turning point within European Jewish and Christian circles during the twelfth and thirteenth century has become widely accepted, the fact that this shift barely affected the scientific paradigms of that period is no less apparent. It was a revolution of individual and communal attitudes toward knowledge, of its role in the lives of people, and of its absorption in both personal and collective realms. For Europeans, such knowledge was primarily associated with foreign sources, especially Greek and Arab cultures, which simultaneously represented classical, even ancient, forms of knowledge as well as tangible political structures.

---

[1] A. Ophir/S. Shapin, The Place of Knowledge: A Methodological Survey, in: Science in Context 4/1 (1991), 3–22; N. G. Siraisi, Medicine and the Italian Universities 1250–1600, Leiden–Boston–Köln 2001, 2; P. Burke, A Social History of Knowledge: From Gutenberg to Diderot, Cambridge 2000.

Despite the disparities between Christian and Jewish encounters with this medieval scientific revolution, the differences in these communities' institutional structures pertain not only to their history; they have a direct impact on current scholarship due to the asymmetry in archival documentation. Indeed, our ability to reconstruct the basic contours of the academic career of a thirteenth-century Christian intellectual results from the manifold extant documentation that relates to the structure and history of the institutions with which he might have been affiliated. With respect to his Jewish counterpart, whether a philosopher or physician (as distinct from a talmudic or halakhic scholar), the paucity of information is scandalous; this issue is especially frustrating given that such a Jewish intellectual would have resided in the same urban centers as the Christian peer, whom we are typically well informed of.

While a comprehensive account of secular professional education among medieval Jews goes beyond the scope of this study, it is essential to highlight several discrete points to situate this discussion in its precise geographic, social, and linguistic framework. First, it must be underscored that we are far better informed about Jewish elementary education than advanced studies. A wide range of documents – including private testimonies, wills, letters, legal discussions and poems – provide a detailed picture of basic education for boys (and sometimes for girls) within different Jewish cultures, at least in its standard, or perhaps idealized, form[2]. Our records of higher education, especially for Jews pursuing secular topics, stand in stark contrast to this relative abundance[3].

Second, against this lacuna regarding the study of medicine and the natural sciences, including different forms of "speculative theology", we have far more information on the transmission of traditional Jewish texts. Contemporary research on the pursuit of secular disciplines in medieval Jewish society lacks studies that compare with works by scholars such as Israel Ta-Shma, Ephraim Kanarfogel, Haym Soloveitchik and many others working on advanced education in specifically Jewish disciplines[4]. This gap can easily be explained: while rabbinical studies have a specific locus (namely the *yeshiva*), a well-defined hierarchy of teachers and students (*rav*, *ḥakham*, *ḥaver*), and an established position within the Jewish community, there was no parallel secular "place of knowledge"

2 For a rich collection of such documents, cf. S. Asaf, Mekorot le-Toldot ha-Ḥinukh be-Yisrael: A Source-Book for the History of Jewish Education from the Beginning of the Middle Ages to the Period of the Haskalah. A new edition edited and annotated by S. Glick, New York – Jerusalem 2001.

3 Amid the proliferation of scholarly literature, Güdemann's thorough description of the history of Jewish education still ranks as the most comprehensive, cf. M. Güdemann, Geschichte des Erziehungswesens und der Cultur der abendländischen Juden während des Mittelalters und der neueren Zeit, vol. 2: Geschichte des Erziehungswesens und der Cultur der Juden in Italien während des Mittelalters, Wien 1884; on Italian institutions of education in their social context, cf. R. Bonfil, Jewish Life in Renaissance Italy, Berkeley 1994, 101 – 144.

4 I. M. Ta-Shma, Studies in Medieval Rabbinic Literature, 4 vols., Jerusalem 2004 [in Hebrew]; E. Kanarfogel, The Intellectual History and Rabbinic Culture of Medieval Ashkenaz, Detroit 2012; H. Soloveitchik, Collected Essays, I, Oxford e. a. 2013.

that an ambitious medieval Jew could approach for his professional studies. Consequently, there are no institutional records that a modern scholar could turn to for data on curricula, regulation of studies, forms of censorship, and the like.

Lastly, with respect to geography, while the two great medieval cultural Jewish centers – the eastern, Arabic-oriented and the north-western Ashkenazi – have been studied intensely, materials from the comparatively newer Jewish intellectual centers in northern Spain, southern France and Italy do not support the type of "thick description" provided by the Genizah documents and Ashkenazi literature, respectively. This characterization is particularly applicable to the formative period of the Hebrew renaissance (twelfth-fourteenth century), when those less established centers were exposed to influences from the two dominant communities and developed their own hybrid intellectual forms. From that period, there are many studies about outstanding individuals but relatively few that address their institutional pedigrees. The figure of Gersonides provides a paradigmatic example of disproportionality between sources, with a wealth of evidence that attests to his mature intellectual activity (and similar productivity from scholars who have examined his oeuvre)[5], but a dearth of information on his socio-intellectual background[6].

This recurrent challenge may be summed up as follows: scholars of Jewish intellectual history know of numerous medieval Jews with high intellectual and professional profiles, most of who – not coincidentally – earned their living as physicians. Living under Christian dominion in territory technically referred to as "Europe", each presents a degree of Arabic-oriented erudition, while some also demonstrate familiarity with Christian Latin. And yet, time and again, we are ignorant of the fundamental elements of their educational biographies (e. g., how they were introduced to Latin) because sources are typically silent on these matters. On the rare occasions when texts mention methods of education, as with Judah Ibn Tibbon's testimony to his son Samuel[7] and Falaquera's 'Sefer ha-mevaqesh'[8], they commonly refer to studying with a tutor or autodidactic learning through reading accessible scientific texts. With all these factors in mind, let us now turn to the protagonist of this research.

---

[5] Cf. G. Freudenthal (ed.), Studies on Gersonides: A Fourteenth-Century Jewish Philosopher-Scientist, Leiden 1992; C. Sirat e. a. (eds.), Les méthodes de travail de Gersonide et le maniement du savoir chez les scholastiques, Paris 2003.

[6] Cf. the article by Zonta in this volume, which depicts Gersonides as one of the sole intellectuals to be documented as having headed a "school" (i.e., a circle of disciples who were drawn to a charismatic intellectual).

[7] Judah ibn Tibbon, A Father's Admonition, in: Hebrew Ethical Wills, ed. I. Abrahams, New York, NY 1926, 51–92.

[8] Shem Tov ben Yosef Falaquera, Sefer ha-Mevaqesh, Hagae 1778.

II. Hillel ben Samuel

Hillel ben Samuel stood at a unique chronological and cultural crossroads that might illuminate many of the issues raised above. The actual or projected map of his learning encompasses the most influential locales of the Hebrew scientific culture that was emerging, from the Iberian cities of Toledo, Barcelona, and Girona to Montpellier and points in northern and southern Italy, as well as Rome. His spiritual horizon integrated Ashkenazi, Italian and Spanish elements: in his translations and writings he combined Arabic, Hebrew and Latin learning and – albeit not in a systematic way – he described many aspects of his studies and scholarly encounters over the course of his lifetime. Those recollections have been called into question by modern scholars in terms of their significance as well as their veracity: a number of prominent historians (most notably Baer[9] and Sermoneta[10] in the mid-twentieth century) decried Hillel not only as an epigone but also a fraud who spread fictitious and manipulative autobiographical material. In the present study, I endeavor to counter these allegations by contextualizing them within a modernist mindset that is resistant to complexities that extend beyond expected polarities and dichotomies.

My aim here is to give an account of Hillel's "places of knowledge", according to the sociological dimension of intellectual history mentioned above[11]. Hillel's intellectual biography traverses the "Romanic belt", from Castile to southern Italy, the birthplace of Hebrew-Latin intellectual exchange. This geography is not coincidental but, following Cyril Aslanov's recent work, has linguistic as well as social logic, for the spoken vernacular in that region facilitated greater movement along the range between spoken and written vernacular and scholastic Latin. "Jews living in Romance-speaking areas benefited from the fact that in the context of medieval diglossia, Latin and the Vulgar were part of a continuum. In order to understand this continuum, the concept of *interlanguage* may be useful."[12] In these same regions, being less tightly controlled by clerics, knowledge developed into a civil good of the emerging cities[13] whose Jewish populations were relatively well integrated.

As much as neither medieval nor modern knowledge are limited to their secular forms, so is Hillel's intellectual map, which featured rabbinic legal studies along with his secular and professional pursuits. Rabbinic Hebrew has its own distinctive geography, extending from Baghdad through the Maghreb and al-Andalus up to northern France and the German Rhineland. Some Jews traveled from Ashkenaz to southern Europe to gain medical knowledge, while others

---

9 Y. Baer, A History of the Jews in Christian Spain, I, Philadelphia 1961, 401 sq.

10 Cf. my discussion below.

11 Above, n. I.

12 C. Aslanov, From Latin into Hebrew Through the Romance Vernaculars: The Creation of an Interlanguage Written in Hebrew Characters, in: R. Fontaine/G. Freudenthal (eds.), Latin-into-Hebrew: Texts and Studies, vol. 1: Studies, Leiden 2013, 69–84, here 72.

13 Burke, op. cit. (nt. 1), 21, 55 sq.

immigrated from the south to the Talmudic schools of northern France and the Rhineland to acquire rabbinic education. However, in the mid-thirteenth century many of these boundaries blurred as Ashkenazi authorities became active in southern France, Italy and northern Spain (not to mention the Maghreb and Egypt), while scholars of Arabic erudition like Shem Tov ben Yosef Falaquera (1225 – c. 1290) and Zeraḥyah ben Isaac ben Še'alti'el Ḥen (Gratian, d. after 1291), were active in Christian areas. This linguistic and cultural mobility provides a crucial background as we consider both the possible Ashkenazi orientation of Hillel's family and Ashkenazi components of his education.

As a student of Jewish law, natural philosophy and medicine at some of the central Jewish and Christian learning centers of his time, Hillel was a unique witness to the intellectual and cultural trends in which he was involved. The autobiographical notes that are interspersed throughout his scholarly writings attest to Hillel's awareness of the multifaceted nature of his own professional path. This range of experiences seems to have prompted him to provide an account – astonishing in its sincerity – of both his ingenuity and his excessive reliance on the earlier scholarship, which he faithfully summarizes. That is to say: in his philosophical writings and private correspondences alike, Hillel is unusually reflective with regard to his encounters in different learning environments. Moreover, he extensively recounts his exchanges with both Jewish and Christian scholars.

III. Hillel's Reflections on Maimonides as the Model for a Charismatic Educator

Our lack of resources on Jewish secular education can largely be attributed to the absence of Jewish institutions of secular learning. Given that occupations based on secular learning became central to Jewish society, we must assume that non-institutional forms of learning were most common for the training of these professionals[14]. Under such circumstances, the personality of Maimonides – the canonical authority in the fields of medicine, science and Jewish law – assumes enormous significance as a charismatic "virtual teacher"[15].

More than any other single author, Maimonides symbolizes the potentials and risks of the cultural turn that was imposed on European Jewry by their determined intellectual elite. His philosophical writings were promoted and popularized by a cadre of intellectuals, starting in Provence with the Lunel circle of R. Meshulam b. Jacob – who had direct contact with both Maimonides and

---

[14] On medical education, see J. Shatzmiller, Jews, Medicine, and Medieval Society, Berkeley 1994; and see further the article by Shatzmiller in this volume.

[15] On scholastic models of charisma and their relationship to modern sociological theories, cf. A. Even Ezra, The Conceptualization of Charisma in the Early Thirteenth Century, in: Viator 44/1 (2013), 151 – 168.

Samuel ibn Tibbon, the first to translate the 'Guide' into Hebrew – then continuing in southern Italy with Jacob Anatoli, Samuel's student and son-in-law[16]. By elevating the status of Maimonides and his philosophical ideals, these intellectuals were simultaneously promoting themselves as the qualified teachers and interpreters of this innovative material and, perhaps, even as an alternative leadership for the Jewish community, which scholars have termed the "secondary elite"[17].

Maimonides's 'Guide of the Perplexed' is often described as the most significant work of Judaeo-Arabic speculation, having become the premier work of Jewish philosophy and science in Christian Europe. Inaccessible to most European Jews in its original Judaeo-Arabic form, it was translated into Hebrew twice during the first two decades of the thirteenth century. The Hebrew version of the 'Guide' was then appended to the philosophical and scientific works that Maimonides composed in Hebrew, typically to the 'Sefer ha-madå', i.e., the first section of his great legal codex. From the beginning of the third decade, we begin to find evidence of Latin Christian familiarity with the 'Guide' and indirect knowledge of its content. By the early 1240s, a full Latin translation of the 'Guide' was being treated with great interest by Christian scholars[18].

Three textual sources from the 1280s, all related to Hillel – two written by his scholarly peers –, also provide highly significant evidence of the shaping of the Maimonidean educational paradigm during the second half of the thirteenth century. They are:

1. Abraham Abulafia's testimony in his book 'Oẓar eden ganuz', written in 1286, about studying the 'Guide' with Hillel in Capua during the 1260s and then teaching it in other locales to his own students.
2. The polemical correspondence between Hillel and Zeraḥyah, as reflected in the two letters that Zeraḥyah sent from Rome to Hillel in Ferrara (ca. 1289), which convey Zeraḥyah's responses to two letters (not preserved) from Hillel.

---

[16] C. Fraenkel, From Maimonides to Samuel ibn Tibbon: The Transformation of the Dalalat al-Ha'irin into the Moreh ha-Nevukhim, Jerusalem 2007 [in Hebrew]; id., From Maimonides to Samuel ibn Tibbon: Interpreting Judaism as a Philosophical Religion, in: id. (ed.), Traditions of Maimonideanism, Leiden 2009, 177–212; J. T. Robinson, The Ibn Tibbon Family: A Dynasty of Translators in Medieval "Provence", in: J. M. Harris (ed.), Be'erot Yitzhak: Studies in Memory of Isadore Twersky, Cambridge 2005, 193–224.

[17] M. Idel, Maimonides' *Guide of the Perplexed* and the Kabbalah, in: Jewish History 18 (2004), 197–226, here 216–218.

[18] For a general overview of the reception of Maimonides's 'Guide' in the Latin West, see J. Guttmann, Die Scholastik des dreizehnten Jahrhunderts in ihren Beziehungen zum Judenthum und zur jüdischen Literatur, Breslau 1902 [Reprint Hildesheim – New York 1970]; id., Der Einfluß der maimonidischen Philosophie auf das christliche Abendland, in: W. Bacher e. a. (eds.), Moses ben Maimon. Sein Leben, seine Werke und sein Einfluß, I, Leipzig 1908, 135–230. Guttmann's description has been thoroughly corrected and updated by G. K. Hasselhoff, Dicit Rabbi Moyses. Studien zum Bild von Moses Maimonides im lateinischen Westen vom 13. bis 15. Jahrhundert, Würzburg ^{2}2005.

3. Hillel's letters to Maestro Gaio ["Isaac the physician", the court physician to Pope Boniface VIII in Rome] (also ca. 1289), that refer to the Maimonidean controversies of both the 1230s and 1280s.

It is apparent that, after completing his rabbinical studies in Barcelona, Hillel moved to southern Italy where he spent the longest period of his professional career. Capua and Naples are representative of this region's multicultural centers of learning and intellectual transmission under the Hohenstaufen. In our first document, Abraham Abulafia, the famous kabbalist, recalls studying the 'Guide' with Hillel during the 1260s.

> "And while I was in the city of Capua, which is found at a distance of five days from Rome, I found there a noble man, wise and sagacious, a philosopher and an expert physician, by the name of R. Hillel (blessed be his memory). I joined him and studied from him a little bit of the science of philosophy, and it immediately became sweet to my mind, so I made an effort to acquire it with all my powers and wit, day and night, and my mind was not sated of this desire until I had studied many times the 'Guide of the Perplexed', and I also taught it in many places."[19]

Both Abulafia and Hillel combined Spanish–Provençal learning with Ashkenazi spirituality and language-oriented Maimonidean magical concepts. But what exactly was the relationship between Hillel and Abulafia? Abulafia seems to have been eager to document these studies as a means of establishing his own authority. This passage suggests that Hillel was the teacher who introduced Abulafia to philosophy, an initiation that served as a catalyst for intensive study that, according to Moshe Idel's description, continued for seven years and yielded the composition of three commentaries on the 'Guide'[20].

As I have noted elsewhere, one of Hillel's documented public activities, namely the belligerent debate with Zraḥyah ben Ša'alti'el Ḥen[21], should be interpreted as one component in the creation of a charismatic educational tradition that would come to rely on authoritative commentators and teachers. Our second source comes from that well-documented correspondence between these two key thirteenth-century Italian-Jewish intellectuals; it offers the modern reader an intriguing case, in which both correspondents – physicians with strong reputations, translators of medical and philosophical texts, authors of independent philosophical treatises – strive to establish themselves as pre-emi-

---

[19] Abulafia's original text has been edited by A. Jellinek, Bet ha-Midrash. Sammlung kleiner Midraschim und vermischter Abhandlungen aus der ältern jüdischen Literatur, vol. 3, Leipzig 1855 [Reprint Jerusalem 1967], XLI.

[20] Idel, Maimonides' Guide (nt. 17), 207 sq.

[21] Two letters by Zeraḥyah b. She'alti'el Ḥen (Gracián) to Hillel, in: I. Blumenfeld (ed.), Oẓar Neḥmad, vol. 2, Wien 1863, 124–142. For a detailed analysis of this debate, cf. Y. Schwartz, Cultural Identity in Transmission: Language, Science, and the Medical Profession in Thirteenth-Century Italy, in: E. Baumgarten/R. Mazo Karras/K. Mesler (eds.), Entangled Histories: Knowledge, Authority, and Transmission in Thirteenth-Century Jewish Cultures, Philadelphia (forthcoming).

nent commentators and interpreters of Moses Maimonides, the highest ranking scientific and theological authority among southern European Jewry, i.e., as esteemed teachers of philosophy.

While this competition between two aspiring Maimonidean authorities provides the historical context of this debate, it would be a mistake to reduce this to a conflict between ambitious personalities. Their hostility is rooted in their opposing approaches to the marker "Maimonides". Indeed, as Deleuze and Guattari have phrased it, a philosopher's name can easily become a "conceptual personae", i.e., a distinct philosophical concept[22]. Platonism, Aristotelianism and Spinozism exemplify cases[23] in which a thinker's name receives its own nominal value, as assigned by a specific follower (or opponent), that is nearly independent from the content of the philosopher's ideas. In our letters, this pair of protagonists is deeply committed to the nominal value attached to the name "Maimonides", although their core philosophies are derived from other sources: Zeraḥyah followed Arabic classic philosophy as formulated by Alfarabi and Averroes, whereas Hillel's approach was inspired by the Latin Aristotle and its Scholastic interpreters, from Dominicus Gundissalinus to Thomas Aquinas.

Based on their own assertions as well as on their literary production, it is clear that each participant in this debate viewed himself as an expert in matters related to the interpretation of Maimonides's philosophical writings. Both had written commentaries on Maimonides's 'Guide'[24]. Hillel ranked himself as an eminent expert on Maimonides's 'Guide' in our third source, a letter to his Roman friend Maestro Gaio.

> "And if you have any doubt or uncertainty concerning any statement he [Maimonides] made in his books, and especially concerning the 'Guide', send all of your questions to me in detail and I will answer each of them and explain every difficult passage to you because, thank God, I can say, and not in the manner of arrogance but simply by praising God who endowed me with all this, that there's no one today among the Israelites who knows the secrets of the 'Guide', its roots and branches better than me, and especially the second and third parts, which are the most important parts of the 'Guide'."[25]

Zeraḥyah makes a similar claim regarding himself in his response to Hillel's first letter[26], mentioning his status in the context of his broader correspondence

[22] G. Deleuze/F. Guattari, What is Philosophy? Translated by G. Burchell/H. Tomlinson, New York 1994, 61–84.

[23] Perhaps the most paradigmatic case would be Johann Franz Buddeus's 'Philosophic Dissertation on Spinozism before Spinoza' ('Dissertatio philosophica de Spinozismo ante Spinozam', 1701), cf. H. Mahlev, Der Spinozismus vor Spinoza: Johann Franz Buddes Erwiderung auf Johann Georg Wachters *Der Spinozismus im Jüdenthumb*, in: Scientia Poetica 15 (2011), 67–91.

[24] On Zeraḥyah's commentary, cf. M. Steinschneider, Die hebräischen Übersetzungen des Mittelalters und die Juden als Dolmetscher, Berlin 1893 [Reprint Graz 1956], 113.

[25] Hillel ben Samuel, First letter to Maestro Gaio, in: Z. H. Edelmann (ed.), Ḥemdah Genuzah, Königsberg 1856, 20^{a}.

[26] The correspondence from the year 1289–90 consists of four letters: two (unpreserved) letters from Hillel (in Ferrara) to Zeraḥyah (in Rome) which are quoted extensively by Zeraḥyah in his two (extant) responses to Hillel. Cf. Blumenfeld (ed.), Oẓar Neḥmad, II (nt. 21), 124–142.

with people who seek his guidance for reading Maimonides's 'Guide'. It seems plausible that Zeraḥyah may have interpreted Hillel's first letter to be a petition for reputable guidance, to which he responded in a firm but polite tone. However, Hillel's second letter made clear that he was not writing as a student addressing his master but as an independent scholar of equal standing who sought to engage in a critical dialogue. From that perspective, Zeraḥyah's aggressive response was apparently an attempt to put his interlocutor in his rightful place.

Our third document, Hillel's letters to Maestro Gaio, reveals another essential aspect of the struggle about Maimonides's heritage. Here, we encounter one of Hillel's best known and most controversial compositions, which is related to a very enigmatic event, namely the burning of Maimonides philosophical works by Christian authorities in Montpellier (in 1233) as the result of a Jewish initiative. Hillel was the first to draw a connection between that episode and the Talmud trial and burning in Paris during the early 1240s[27]. I am here referring to Hillel's assertion that Maimonides's 'Guide of the Perplexed' and 'Book of Knowledge' were burned in Paris immediately before the burning of the Talmud – taken to represent divine wrath being turned against the Talmudic scholars who had "rebelled" against Maimonides – which resulted in the ashes of both being mingled[28].

In this letter, Hillel reports of his studies in Barcelona at the academy of R. Jonah Girondi, a great pietist and teacher of Jewish law who spoke with northern French, Ashkenazi accent. It is worth noting that Hillel's rival, Zeraḥyah ben Ša'alti'el Ḥen was also educated in Barcelona. Modern scholars characterize the social tensions in Aragon at that time – and particularly in Barcelona – as a culmination of the conflict between an elite ruling group of rationalists and a revolutionary faction of pietists[29]. Considering the common scholarly origins of these correspondents, their famous Maimonidean controversy can be seen as emblematic of the broader conflict between the well-established secular Andalusian political leadership and a younger generation of religious pietists. Hillel was aligned with two leaders of the anti-elitist fraction, but he strove to reconcile them with Maimonides and distance them from the Maimonidean conflict of their generation. During his years in Barcelona, he studied law with

27 J. Cohen, The Friars and the Jews: The Evolution of Medieval Anti-Judaism, Ithaca, NY 1982, 59 sq.

28 Hillel ben Samuel, Letter to Maestro Gaio (nt. 25), 19^{a-b}. Most scholars tend to dismiss Hillel's testimony as highly manipulative (with polemical intent) or as a testimony written too late to be credible (having been composed some fifty years after these events took place). However, Hillel relies on information that his teacher Jonah Girondi shared with him in Barcelona during the 1250s.

29 Steinschneider has written about the Ḥen/Gratian family as members of the Barcelonan social elite (*nesiim*), cf. Blumenfeld (ed.), Ozar Nehmad, II (nt. 21), 232. Fritz Baer described the social tensions at work from 1210–1230 in Barcelona; later, Bernard Septimus elaborated on this same issue, cf. B. Septimus, Piety and Power in Thirteenth-Century Catalonia, in: I. Twersky (ed.), Studies in Medieval Jewish History and Literature, Cambridge 1979, 197–230.

Jonah Girondi, yet, as we shall see later, he recalls a classroom setting with a teacher in which he studied the natural sciences.

It is, therefore, unsurprising that, in his vehement refutation of Hillel, Zeraḥyah accuses him of being an Ashkenazi pietist. "You revealed yourself in those things [you have written] as one of the Germans who have never seen the heavenly light."[30] Hillel's "homeland" was the bookshelf of magical and mystical Ashkenazi literature and the rituals that it conveys. In the first letter, Zeraḥyah, rightly associates Hillel's ideas with the teaching of Nahmanides; in his own hand, Hillel proudly identifies himself as a direct disciple of Rabbi Jonah Girondi. Although Nahmanides and Jonah were central figures among the Aragonese Jews, that community remained within an Ashkenazi framework by heritage and cultural lineage[31], understanding Ashkenaz not as a geographic denominator but as a cultural entity.

Indeed Hillel, who came from an eminent rabbinic family, arrived in Barcelona after the pietists's revolt, in order to study at Rabbi Jonah's school. This being the mid-1240s[32], he found himself in the wake that followed the Paris Talmud trial and he was impressed by the Maimonideans' counter-attack against the anti-Maimonidean party (the latter group included his master Rabbi Jonah). In the narrative written during his later years, Hillel echoes this counter-attack but, contrary to the assertion by most historians that he was merely gleaning other scholars' sentiments, I would contend that his insistence on the connection between the Montpellier episode and the Paris Talmud trial along with his deliberate mention of Rabbi Jonah might be based on his experiences in Barcelona, capturing a moment of genuine regret following the dramatic events in Paris by scholars who had previously belonged to the anti-Maimonidean party.

---

30 Blumenfeld (ed.), Oẓar Neḥmad, II (nt. 21), 142. Accordingly, Zeraḥyah orders Hillel: "Return to your fathers land and call your *hasmalim* that deserves purification, and dwell in *talit* and in prayer, and read in the book of creation ['Sefer yeẓirah'] and 'Sefer ben Sira', and study 'Sefer Shiur koma' and 'Sefer ha-razim' and abandon the books of nature and the wisdom of (mathematical) arts."

31 For an interesting example of a Spanish blending of Sephardi and Ashkenazi heritages, cf. I. M. Ta-Shma, Ha-nigle she-ba-nistar. Le-heker shkie ha-halakha be-sefer ha-zohar, Tel Aviv 2001. According to Ta-Shma, the Zohar offers a unique combination of Sephardi legal formalism and Ashkenazi pietist customs.

32 The overwhelming majority of scholars have erroneously situated Hillel's studies with Jonah in Barcelona in the early 1260s. It is clear, however, that Jonah left Barcelona in the early 1250s (at the latest). Given this corrected timeframe, whatever Hillel learned from him would have been conveyed soon after the Paris event and might have reflected the initial shock and regret felt by some members of the Jewish leadership. For the dates of Jonah's residence in Barcelona, cf. Ta-Shma, Ha-nigle she-ba-nistar (nt. 31), 52; Y. D. Galinsky, The Four Turim and the Halakhik Literature of 14th Century Spain. Historical, Literary and Halakhic Aspects, unpublished doctoral dissertation, Bar Ilan University 1999, 18, nt. 18. The assertion that Hillel studied with Jonah in the 1260s is based on a misreading which conflates two elements in that letter: Hillel comments that he studied with Jonah in Barcelona until his master left for Toledo; Hillel then makes note of Jonah's death in Toledo. These consecutive statements have led many scholars to surmise that Jonah moved to Toledo immediately prior to his death (circa 1264). On that basis, it was theorized that Hillel would have lived in Barcelona during the early 1260s.

The burning of certain writings by Maimonides that were in the hands of the Inquisition is often mentioned in modern scholarship, yet exact details concerning this event are difficult to verify[33] which is mainly due to the absence of Christian records, in contrast to the documentation of the Talmud trial, the Barcelona disputation and later inquisitorial acts. Since the nineteenth century, scholars have drawn a through line that links the translation of the 'Guide' into Hebrew and Latin, the intra-Jewish controversy concerning the 'Guide', and an inquisitorial encounter with Maimonides's writings that allegedly led to the 'Guide' being burned in Montpellier in 1233 by Mendicant friars, Franciscans, or perhaps Dominicans. This narrative can no longer be taken seriously. Had Maimonides's writings been burned, this would imply the issuance of a verdict, probably by the papal legate Cardinal Romanus (de Sancto Angelo, d. 1243). Any such procedure would have necessitated not only documentation – certainly, documents are not fully preserved – but also a significant negative mark on Maimonides's works, one that the Christian scholars who read and quoted his writings intensively just a few years later would have needed to address, even if only to explain them away[34], and would likely have been evoked by subsequent Christian opponents, like the author of 'De errores philosophorum'[35]. The absence of any such Christian responses leads to one explanation, namely that, at least from a Christian point of view, an event of this nature simply did not occur. Instead, this is a Jewish fantasy that reveals a great deal about Jewish interpretations of both the Inquisition and Christian-Jewish relations when the

---

33 Two key studies are A. Shoḥat, Concerning the First Controversy on the Writings of Maimonides, in: Zion. A Quarterly for Research in Jewish Studies 36 (1971), 27–60 [in Hebrew]; J. Shatzmiller, Toward a Picture of the First Maimonidean Controversy, in: Zion. A Quarterly for Research in Jewish Studies 34 (1969), 126–144 [in Hebrew]. In my estimation, Jeremy Cohen's description of and annotated bibliographic references to the various scholarly opinions provide the finest overview of this controversy, cf. Cohen, The Friars and the Jews (nt. 27), 52–60.

34 Cf. J. Cohen, Scholarship and Intolerance in the Medieval Academy: The Study and Evaluation of Judaism in European Christendom, in: id. (ed.), Essential Papers on Judaism and Christianity in Conflict: From Late antiquity to the Reformation, New York–London 1991, 310–341, here 325: "The Jew Moses Maimonides thus commanded respect as a philosophical authority in the Christian academy [...] Nevertheless, this positive estimation of Maimonidean thought did not prevent Dominican inquisitors from burning the works of Maimonides as heretical [...]". Such a discrepancy would likely seem incongruous to a contemporary scholar of thirteenth-century scholastic literature and church history. Its allusion to Mendicant involvement is particularly difficult to reconcile. Franciscans and Dominicans alike had developed highly centralized organizations in that period and a Dominican (Albertus Magnus) and a Franciscan (Alexander of Hales) were numbered among the key figures who received the Latin 'Guide' less than a decade after its alleged burning.

35 On the authenticity of the attribution of 'De errores philosophorum' to Aegidius Romanus, see the introduction by Koch in Giles of Rome, Errores Philosophorum: Critical Text with Notes and Introduction, ed. J. Koch, Engl. Transl. by J. O. Riedl, Milwaukee, WI 1944, xxxiv–xxxvi; for the opposite claim, see Hasselhoff, Dicit Rabbi Moyses (nt. 18), 189–191. Hasselhoff suggests that its author was of Spanish origin.

Catholic Inquisition was in its nascent stage[36]. This Jewish claim transmits a compelling perspective on the expanding reach of Church jurisdiction to include Jews[37].

Thus, while a categorical denial of action by the mendicant orders against Maimonidean sources in Montpellier might go too far, so would the insistence that an official Christian ban or physical burning of Maimonides's writings took place there. It is highly unlikely that Maimonides's philosophical works were burned by the Inquisition in Montpellier, Paris, or elsewhere. The invention of such an occurrence by Jewish Maimonideans as early as the 1230s offers potent evidence of the impression that the Christian inquisitorial mechanism had already made on (at least some) Jews. This charge is especially noteworthy for having been posited by Jews in Christian and Muslim territories, representing both western and eastern Judaism. Abraham, the son of Maimonides, living in Cairo, was among the first to compose a lengthy description of the events that purportedly transpired in southern France.

The suspicion that behind a series of developed narratives hides an ongoing campaign of misinformation – be it the result of conscious manipulation or unwitting overreaction – is further supported by the fact that these accusations originated in the Maimonidean camp. Scholars have generally considered the latest of those early narratives, attributed to Hillel, as the least reliable due to his indirect knowledge of this incident and his reputation as a less than credible source. As mentioned above, in his report of the events that took place in the late 1280s, Hillel alone connects the actions in Montpellier in 1233 to the Talmud trial of the 1240s and states that two burnings took place in Paris within a forty-day period[38].

Hillel's notion of Paris as a tenable environment for the burning of both Maimonidean writings and the Talmud is surely associated with the famous trial of the Talmud and its first documented burning; however, it may also be related

---

[36] A parallel argument *ex silentio* might be offered from a Jewish angle as well. Joseph Shatzmiller edited and published a letter that was written by a southern French Maimonidean, Asher ben Gershom, to the rabbis of northern France. In this correspondence, Asher offers a detailed rebuke of the actions taken against Maimonides's writings, his translators and followers. Our otherwise well informed author would certainly not have remained silent had he been aware of any such event. Indeed, he does make brief mention of select threats, the type of rhetoric that may well have served as a catalyst for the unjustified rumors that were articulated subsequently. For Asher ben Gershom's letter, see J. Shatzmiller, Les Tossafistes et la premiere controverse maïmonidienne: le témoignage du rabbin Asher ben Gershom, in: G. Dahan e. a. (eds.), Rashi et la culture juive en France du Nord au moyen âge, Paris – Leuven 1997, 55 – 82.

[37] For a similar intra-Jewish controversy that involved a polemic written by Rashba in the early fourteenth century, see Y. Schwartz, Final Phases of Medieval Hebraism: Jews and Christians between Bible Exegesis, Talmud and Maimonidean Philosophy, in: A. Speer/D. Wirmer (eds.), 1308 (Miscellanea Mediaevalia 35), Berlin – New York 2010, 269 – 285, here 275 sq.

[38] See Cohen, The Friars and the Jews (nt. 27), 59 sq.; R. Leicht, Miracles for the sake of the master of reason: Hillel ben Samuel of Verona's Legendary Account of the Maimonidean Controversy, in: Micrologus 21 (2013), 579 – 598.

to his personal witnessing of anti-Averroistic acts in Paris during the 1270s, i.e., shortly before composing his letters. If this second link is valid, then Hillel observed structural similarities between the acts of censorship concerning the writings of Maimonides and those concerning Aristotle and his Arab interpreters as well as their common point of origin in Paris, the prime locus of thirteenth-century intellectual power.

This is an opportunity to underscore a clear distinction in symbolic values among intellectual geographies. If Dante's biographers invented a Parisian locus for the study of theology in order to elevate his legacy[39] and if the recognition of Parisian masters played a major role for a vernacular philosopher such as Ramon Lull[40], Hillel could be understood as exercising analogous resourcefulness by citing Paris as a center of prosecutorial might. Hillel selected Barcelona as the locus of his studies, a city without a Latin university but known for its centers of secular Jewish education and renowned rabbinic authorities; indeed, a setting where the tension between competing cultures and educational models would be most readily apparent in social and political realms.

IV. Hillel as Independent Author and Teacher of Philosophy

Giuseppe Sermoneta, who published the critical edition of Hillel's major philosophical work, has judged him harshly, condemning him for plagiarism. According to Sermoneta, while feigning innovation, Hillel in fact paraphrases many of the Jewish, Muslim and Christian authors whom he read in Hebrew and Latin, including Isaac Israeli, Dominicus Gundissalinus, Petrus Hispanus, Thomas Aquinas, Averroes, and perhaps other still unrecognized Latin sources. Sermoneta's critique is not only based on the fact that Hillel rarely referenced his sources – following common medieval standards –, but that he credited himself for insights that were not his own while exercising sophisticated measures to prevent readers from tracing the true sources.

Sermoneta's assessment of Hillel's personality and work gives an impression of mistrust, and perhaps even disappointment, on the part of a modern scholar toward the subject of his research. For example, Sermoneta insists that Hillel studied in Italy rather than Spain and that his departure from his homeland was merely imaginary[41]. Sermoneta also asserts that Hillel invented his Spanish pedigree to better conceal his intensive use of Christian sources to a readership that might respond unfavorably to their inclusion. Moreover, he reads Hillel's

---

39 L. Jacobowitz-Efron, Dante Alighieri the Secular Theologian: Reception, Authority and Subversion 1320–1483, unpublished doctoral dissertation, Tel Aviv 2010, 98–173.

40 R. Imbach, Der unmögliche Dialog. Lull und die Pariser Universitätsphilosophie 1209–1311, in: id., Laien in der Philosophie des Mittelalters: Hinweise und Anregungen zu einem vernachlässigten Thema (Bochumer Studien zur Philosophie 14), Amsterdam 1989, 102–131.

41 G. B. Sermoneta, Hillel ben Shemuel of Verona and his Philosophical Doctrine, unpublished doctoral dissertation, The Hebrew University of Jerusalem 1962, 5 [in Hebrew].

emphasis on his Spanish studies as a way to deflect from his philosophical unoriginality, in an attempt to distance his compositions from contemporary sources by transforming them into "ancient wisdom" imparted by Spanish masters.

As I have already indicated, I deem this judgment to be quite unfair, particularly since Hillel provides his readers with a relatively nuanced account of the relationship between tradition and innovation in his different arguments, as I hope the following examination of selections from his writings will demonstrate. Hillel opens his 'Sefer Tagmule ha-Nefesh' by stating that his primary goal is "to collect the scattered sayings to be found in the books of the philosophers that are of great length. And I organized them and interpret them shortly and clearly in order that the study of these topics would not be too difficult for those who seek this wisdom, so that they would not abandon them."[42] At first glance, this plan to draft a compilation appears somewhat lackluster, both for its seeming promise of unoriginality and fealty to convention; this impression is reinforced because of the fact that this introductory remark has been taken, almost verbatim, from the prologue of Gundissalinus's 'Tractatus de anima', a text from which Hillel drew extensively. This echoing language might also be read as a prompt intended to direct the reader's attention to the resemblance between these two scholars. Gundissalinus was a leader in the Toledean translation movement in the twelfth century who, unlike the majority of his colleagues (exemplified by Gerhard of Cremona), not only translated many philosophical works – the most important among them being Avicenna's 'al-Šifā' and Gabirol's 'Fons vitae' – but also authored philosophical treatises. His compositions resemble a mosaic of quotations and were of little interest to modern scholars, mainly due to their doubts regarding their authenticity. Even the most recent edition of his 'Tractatus de anima' is titled 'El Tractatus de anima atribuido a Dominicus Gundi[s]salinus'[43]. Gundissalinus and Hillel could be viewed as scholars positioned at an intersection where knowledge was being transferred across geographic and cultural boundaries. Each was committed to contributing not only to linguistic transmission of philosophical and scientific literature but also its more advanced levels of interpretation and absorption[44]. In such a trans-

---

42 Hillel's text is currently available in two editions and one modern (German) translation. See Hillel ben Shmuel ben Elazar aus Verona, Sefer tagmule ha-nefesh, ed. S. J. Halberstamm, Lyck 1874; Hillel ben Shemu'el of Verona, Sefer tagmule ha-nefesh (Book of the Rewards of the Soul). Critical Edition with Introduction and Commentary by J. Sermoneta, Jerusalem 1981; Hillel von Verona, Über die Vollendung der Seele [Sefer tagmule ha-nefesh]. Hebräisch–Deutsch. Eingeleitet und mit Anmerkungen herausgegeben von Y. Schwartz. Übersetzt von Y. Schwartz in Verbindung mit A. Fidora (Herders Bibliothek der Philosophie des Mittelalters 17), Freiburg 2009. All quotations here follow the Sermoneta edition.

43 C. Alonso del Real/M. J. Soto Bruna (eds.), El Tractatus De Anima atribuido a Dominicus Gundi[s]salinus. Estudio, Edición Critica y traducción Castellana, Pamplona 2009.

44 And cf. Gilson who, in his introduction to the Muckle edition of Gundissalinus's 'De Anima', offers a similar characterization of Gundissalinus as an author. E. Gilson, Introduction, in: J. T. Muckle (ed.), The Treatise *De Anima* of Dominicus Gundissalinus, in: Mediaeval Studies 2 (1941), 23–103, 23–27, here 24: "He [= Gundissalinus] consciously made what is actually a

formative phase, the definition of authenticity becomes fluid, depending on the content at hand.

Toward the end of the fifth chapter, Hillel articulates a most revealing idea:

> "And I shall return now to my main discussion, which is the interpretation of the three levels of the intellect according to Averroes and Alexander and Themistius, the commentators on Aristotle's works. Indeed, these matters are more comprehensible to us from the words of these men than from the original formulation of Aristotle, because they discussed them from all possible angles and studied them in the most precise manner, and understood the exact meaning of his words. And as long as it will seem sufficient to me to repeat their sayings about the matter, letter by letter as one who copies from one book to another, I shall do so, and when it seems insufficient to write their words letter by letter, I will add to them as much as necessary so that they would be more and more manifest to the reader until they will become evidently clear. And these additions of mine are also taken from the books of Aristotle or are derived from their strict meaning, not from my own heart, and it is not my purpose to praise myself with regard to a possession that is not mine."[45]

In this paragraph, Hillel makes his own methods of philosophizing explicit, while articulating his understanding of the various scholastic traditions as components in the enduring chain of transmission. At its core is each reader's direct encounter with the authoritative source, as mediated by a lineage of prior engagement with that same text. What Hillel promises his reader is nothing but an updated and streamlined revision of earlier works. At the same time, Hillel reveals a crucial element of his methodology, which seems to be purely textual. In this paragraph, Hillel offers neither teacher-pupil dialogues nor institutionally sanctioned instructional frameworks.

Hillel then moves from strict textual praxis to a pledge that:

> "I shall explain this matter to you precisely so you may understand it, because I have never found anyone that explains it the way that I do, and I deduced it by inferring one conclusion from another, from what I have studied in books of philosophy, i.e., different books that dealt with related topics."[46]

Here Hillel takes a step toward "mild inventiveness". Although his arguments cannot be deemed original since they have been derived from previous works, he has gathered and shaped these elements into a structure that may be considered novel. The originality of Hillel's arguments is derived from having further developed his sources and from a system of sub-categories that he initiated. Moreover, Hillel introduces himself once more as a "student of books" whose knowledge comes not from human masters but from texts. We shall soon see that this characterization contradicts his accounts of lively classroom experiences. These contrasting records might support the hypothesis that Hillel was

---

mosaic, composing his treatise from small fragments borrowed here and there and juxtaposed in such a way as to form a whole."

45 Tagmule ha-nefesh, I, 5, ed. Sermoneta (nt. 42), 72 sq., 208–216.

46 Ibid., I, 3, 35, 165–168.

an autodidact who depicted imagined classrooms for his readership. However, it must be acknowledged that Hillel seems to provide a chronological explanation for this discrepancy: the in-class episodes that he recounts are from his youth, whereas much of his solitary reading would have immediately preceded the composition of his own philosophical works, i. e., took place in his later years.

Hillel goes on to claim a role that involves greater agency, this time with oblique references to his activities as a teacher:

> "And you should know that those things are not to be found in any book known among us, and even the wise men of the gentiles have not been aware of them until I called them to their attention, but afterwards they confirmed my distinctions and copied from my work, praised be the wise lord."[47]

It is noteworthy that the medieval Hebrew verb "*le-ha'atik*" is applied equally to the work of copyists and translators. When Hillel mentions gentile scholars "who have copied" (*ve-he'etiqu*) his notes, he may in fact be describing those who translated his ideas. As mentioned above, Hillel describes himself as teacher of Maimonidean texts to a Jewish audience but, judging from Zeraḥyah's responses to Hillel's letters and the support that Zeraḥyah's case gained among Roman intellectuals, it seems that those efforts met with little success. The sole setting in which Hillel describes himself as having achieved scholarly success is among Christian scholars who embraced his ideas.

Where might Hillel have identified his innovations in this volume? Adopting his perspective, I would underline Hillel's discussion of potentiality as his most original philosophical contribution. The first section of Hillel's book is organized according to the psychological metaphysics of the Toledan School, i. e. according to Gundissalinus, Avicenna, Israeli, and Gabirol[48], but Hillel uses this as an opportunity to introduce a bit of Averoistic ontology into the discussion. Chapter Three includes an excursus that is related to the discussion based on Averroes in Chapter Six, where Hillel draws extensively on two short treatises on the intellects; in Jewish tradition, those works, which were translated from Arabic to Hebrew by Samuel ibn Tibbon, have both been attributed to Averroes[49]. Hillel brings these together with certain concepts from Alfarabi (which he accessed via the Hebrew translation by Moses ibn Tibbon) to develop an independent treatise whose Latin version would become popularized in early modern Europe, under the title 'De animae beatitudine'[50].

---

[47] Ibid., I, 3, 45, 305 – 307.

[48] More specifically, there is no indication that Hillel read Avicenna in the original; rather, he seems to have accessed this work through the paraphrase by Gundissalinus. Furthermore, Hillel read Israeli in the Hebrew translation and Gabirol's Hebrew writings, though he lacked direct acquaintance with 'Fons vitae' in its Arabic original or its Latin translation. It is yet highly significant that these three authors' works were translated from Arabic into Latin in Toledo.

[49] Averroes, Shloshah ma'amarim al ha-sekhel, in: Averroes (Vater und Sohn), Drei Abhandlungen über die Conjunction des separaten Intellects mit dem Menschen, ed. J. Hercz, Berlin 1869.

[50] Hillel, Tagmule ha-nefesh, I, 3 (nt. 42), 139 – 307. H. A. Davidson, Averrois Tractatus de Animae Beatitudine, in: R. Link-Salinger (ed.), A Straight Path: Studies in Medieval Philosophy and

Modern scholars have attempted to reconstruct the literature that was available to Hillel when composing this compilation. Sermoneta assumes that Hillel was working from a Latin tractate[51]. Herbert Davidson suggests the opposite, i.e., that Hillel (or a Jewish colleague capable of compiling these materials) produced the Hebrew text that was later translated into Latin as a separate tractate. Marc Geoffroy, in his introduction to the Latin edition of 'De animae beatitudine', presents four parallel hypotheses and is swayed by the two that favor Hillel as its compiler, while acknowledging that these arguments are persuasive but not conclusive[52]. Geoffroy states that Sermoneta's philological assessment – which posits that Hillel's use of Hebrew vocabulary clearly reflects certain Latinisms, thus a Latin Vorlage must be assumed – is not decisive, though he does not explain the reasoning behind this critique.

While I fully agree with Davidson, Geoffroy, and Steel in crediting Hillel for this compilation, I would suggest a fifth, rather complicated hypothesis which would locate Hillel in the tradition of mutual exchanges between Jewish and Christian scholars, as it existed in Italy between Ya'aqov Anatoli and Moses of Salerno and their Christian counterparts[53]. Indeed, Zeraḥyah blamed Hillel for being connected (*hitḥaber*) with some "wise man of the gentiles", from whom he adopted idle notions. Anatoli and Moses of Salerno used this same Hebrew verb when describing the intellectual bonds and dynamics that they shared with Christian peers. Applied to our case, Hillel would have read Ibn Tibbon's translation of Averroes's short treatises in an Italian-Latin intellectual environment, as reflected by the Latinisms included in Hillel's writings[54]. This led to the production of a Hebrew text that differs from both its Hebrew and Latin sources, which was then "copied" into the Latin as Hillel himself claims.

Culture. Essays in Honor of Arthur Hyman, Washington, DC 1988, 57–73; Averroes, De animae beatitudine / De perfectione naturali intellectus, in: M. Geoffroy/C. Steel (eds.), Averroès, La béatitude de l'âme, Paris 2001.

51 Sermoneta, Hillel ben Shemuel of Verona (nt. 41), 248–293; Sefer Tagmule ha-nefesh, ed. Sermoneta (nt. 42), 73 sq.

52 M. Geoffroy, À la recherché de la *Béatitude*, in: Geoffroy/Steel (eds.), op. cit. (nt. 50), 9–81, here 18–30; C. Steel, La tradition Latin du traité, ibid., 83–129, esp. 126–129.

53 On Anatoli's dialogue with Michael Scot, cf. M. Saperstein, Christians and Christianity in the sermons of Jacob Anatoli, in: Jewish History 6 (1992), 225–242; on Moses of Salerno's collaboration with Nicola da Giovinazo cf. C. Rigo, Per un'identificazione del "sapiente Cristiano" Nicola da Giovinazzo, collaboratore di Rabbi Mošeh ben Šelomoh da Salerno, in: Archivum Fratrum Praedicatorum 69 (1999), 61–146.

54 Although Hillel's near total reliance on Italian (rather than Latin) when using non-Hebrew technical terms could lead to the assumption that his knowledge of Latin sources came via vernacular oral transmission rather than engagement with original written sources, it should be emphasized that he indeed worked from Latin texts. The many textual similarities discussed in this paper – here Sermoneta's edition provides a most useful source – convincingly attest to Hillel's direct reading of Latin materials. Hillel's use of Italian terminology may be attributed to his activity not only as a reader but as a participant in an ongoing intellectual exchange that took place in Italian. Under such circumstances, the presence of the vernacular could be attributed to the emergence of an Italian lexicon for technical concepts that Hillel was familiar with.

In his treatise, Hillel probes the precise definitions of *potentia* (Hebr. *koaḥ*) and *possibilitas* (Hebr. *efshar*). The notion of possibility as a sub-category of potentiality, in which the realization of every potential component must be possible but not everything that is possible must refer to potentiality, is part of an ontological discourse that is closely related to the concept of a "possible intellect". Interpreted as such, the excursus in the third chapter lays the groundwork for the chapters, in which Hillel – referring to the refutation of Averroes by Aquinas – formulates his own position by introducing Toledean principles into a late thirteenth-century scholastic discussion.

Indeed, the philosophical analysis of potentiality and possibility is the most prevalent issue in Hillel's later writings: 'Sefer Tagmule ha-nefesh'[55], his commentary on Maimonides[56], the first of his scholastic disputations (on free will)[57], and finally, in his second letter to Maestro Gaio in which, in a detailed outline of his book's structure, he refers to this argument as having been embraced by scholars in Bologna[58].

Hillel takes great pride in his originality of thought. A close reading of his assessment of his own scholarly endeavors confirms that his innovative contributions did not emerge from an ability to pose arguments that had not previously been raised but from a unique position that equipped him to synthesize concepts in a manner that differed qualitatively from prior Jewish and Christian scholastic works. In this respect, he shared the basic opinion that was held by many Jewish encyclopedists of the thirteenth century: he counted himself among the ranks of intellectuals who were writing in Hebrew and attempting to convey a newly available wealth of knowledge in a comprehensive and accessible format.

Toward the end of his philosophical discussion, Hillel's narrative, which oscillates between depictions of the lone reader and the lively classroom, reaches its peak. Amid a discussion rooted in Aquinas's tractate, 'On the unity of the intellect against the Averroists (De unitate intellectus contra Averroistas)', while suggesting a fresh interpretation of Aristotle's text based on Themistius (that relies directly on Thomas), Hillel recalls an autobiographic scene:

> "And this is exactly what I claimed during my youth while I was studying in the school in Spain in front of the rabbi who taught me the natural sciences. And the other students argued against me for a long time and the Rabbi also refused to accept my opinion and he discussed it at great length, because in the commentaries of Averroes they could not find a satisfactory solution to that question. Until, by God's will, our Rabbi found an old tractate written in ancient script, that contains Themistius's commentary on all of Aristotle's works. And there he found that Themistius interprets this assertion in reference to the opinions of Plato and his followers and not as the opinion of Aristotle himself [i.e., Hillel's claim]. [...] Once all this was discovered by

55 Hillel, Tagmule ha-nefesh, I, 3, ed. Sermoneta (nt. 42), 38, 194–45, 307.

56 Hillel ben Samuel, Commentary on Maimonides' twenty-five propositions, in: Sefer tagmule ha-nefesh, ed. Halberstamm (nt. 42), 35^{a}.

57 Sefer tagmule ha-nefesh, ed. Halberstamm (nt. 42), 47^{a}–48^{b}.

58 Edelmann (ed.), Ḥemdah Genuzah (nt. 25), 21 sq.

the Rabbi in the commentaries of Themistius, then his spirit calmed and he accepted my interpretation. And I have rejoiced in my heart and have thanked God that my opinion was in accordance with the opinion of the Philosopher, because Themistius was the greatest commentator of Aristotle and all the rabbis depend on his words, as on the commentaries of Averroes and even more so."[59]

Hence in his philosophical work, Hillel tells of an experience at a Jewish academy (*bet midrash*) in Barcelona, with a teacher who instructed him in the natural sciences. In his letter to Maestro Gaio, Hillel reports (as discussed above) on his studies at the academy of R. Jonah Girondi in Barcelona. How might we understand these two reports? Sermoneta has already put forward one way to combine them: on the basis of the letter that mentions R. Jonah, he miscalculated the time of Hillel's stay in Barcelona – to the early 1260s – and used it to discredit this philosophical anecdote. Sermoneta contends that, since Hillel actually derives his solution from a work written by Aquinas during the 1270s, he could not have discovered those writings during his studies in Barcelona a decade earlier; thus, Hillel fabricated this personal anecdote in an attempt to conceal his scholastic sources. Yet, Hillel's story may well present an authentic memory that became mingled with his later reading of Aquinas[60]. Once again we see that Hillel's writings reflect two contrasting educational experiences, one with Jonah Girondi and the other with a teacher of the natural sciences. While Jonah was not a likely candidate for the role of a master of natural sciences, Barcelona had no lack of Jewish experts in Arabic science at that time. If Hillel's report about his years of study in Barcelona is reliable, it could reasonably be surmised that he studied in more than one setting during that period.

V. Conclusion

In sum, Hillel's unique position between Christians and Jews, Kabbalists and Maimonists, Averroists and Avicenneans cultivated his exceptional awareness to the communal and intercultural aspects of his assertions. His literary style of composing texts as a direct speech aimed at the reader – who takes the roles of a student, dialogue partner and, possibly, critical observer – enables Hillel to maintain a somewhat ironic stance vis-à-vis many of the positions that he cites, while achieving a balance between accommodating to his Christian environment and safeguarding his spiritual independence. By inhabiting peripheral seats of Jewish learning in freshly established centers of Italian Christian study, he was especially dependent on written correspondence when communicating with fellow Jewish intellectuals. Considering our weak knowledge of thirteenth-

[59] Tagmule ha-nefesh, I, 7, ed. Sermoneta (nt. 42), 133 sq., 534–551.

[60] Warren Harvey was one of the earliest scholars to raise doubts regarding Sermoneta's negative assessment of the reliability of Hillel's testimonies, see Harvey, Review article on Sermoneta's edition of 'Tagmule ha-nefesh', in: Tarbiẓ 52/3 (1983), 529–537, here 535.

century Jewish education, we cannot afford to ignore this unusual and rich testimony.

Might a more general conclusion be drawn from Hillel's real or invented educational experiences? In the opening lines of this article, I have expressed the frustrations of a historian who researched the haphazardly transmitted evidence of Jewish medieval intellectual history in comparison with the treasures of institutional records available for the study of Christian Latin scholasticism from the same period. But the historian might also recognize that those rich archives have their own power of concealment. They shed light on those fragments of reality that were meant to be made public while hiding, or at least leaving veiled, many other phenomena. Ramon Lull and Dante powerfully reveal a fact that should have been trivial: outside the official institutions of learning, there existed myriad channels through which knowledge became a common good in large communities. Within these multifaceted Christian European societies, Jews represented the most significant intellectual sub-culture. Jewish physicians, philosophers and scientists – without having studied in Christian institutions and without fluency in Latin – constructed a sophisticated, analogous intellectual system and successfully devised means for sharing their knowledge via non-official educational forms, despite having become alienated from both hegemonic Latin and Jewish traditional educational institutions. With due respect to the heroic enterprises of parallel European vernaculars, none of their ventures approached the scope and gravitas of this project. This reality provides one more reason to bring our gaze to this neglected chapter in European intellectual history.

Apprenticeship or Academic Education: The Making of Jewish Doctors[1]

JOSEPH SHATZMILLER (Durham)

The story of education has fascinated Jewish scholars since at least the nineteenth century and remains today of paramount interest to modern students of history. Immensely learned scholars, like Moritz Güdemann at the end of the nineteenth century, or Simha Assaf at the beginning of the twentieth century, assembled a host of many hundreds of eye-opening items. The two volumes of Professor Assaf's documentation were re-edited and augmented twofold in 2001 by Samuel Glick[2]. The vast majority of these documents concern theoretical teachings, some legalistic and theological on how to conduct life religiously and others concerning auxiliary sciences for the study of the medical profession. These documents reflect the importance of intellectual pursuits within the Jewish communities of the Middle Ages. However, in Iberia and in Northern Europe there existed Jewish professionals that gained their living as manual laborers such as silversmiths or bookbinders, painters (artists and artisans) or cloth dyeing decorators. Existing scholarship provides very little information about the way these laborers acquired the proficiency needed to handle their trades. Like non-Jewish artisans they presumably had to attach themselves to a master and spend years of apprenticeship before becoming independent tradesmen. Hebrew sources are not of much help in our quest for knowledge, and Latin documentation is rather sparse. As luck would have it, we have evidence from the city of Trapani on the Island of Sicily that is very valuable in this respect. Hundreds of documents attest to the fact that Jews were heavily involved as manual laborers in the coral industry. Several dozens of these Sicilian documents consist of contracts of apprenticeships between masters and the parents of an apprentice (in many cases the mothers of young teenagers). Once

---

1 Most of the data presented in the present paper, as well as some general statements, rely on some of my previous studies, notably J. Shatzmiller, Jews, Medicine and Medieval Society, Berkeley 1994 and my Cultural Exchange. Jews, Christians, and Art in the Medieval Marketplace, Princeton 2013. In order not to overload this text with notes and references, interested readers are referred to the bibliographies, indices and tables of content of these books, where they will easily find the indexes that they search for.

2 M. Güdemann, Geschichte des Erziehungwesens und der Cultur der abendländischen Juden während des Mittelalters und der neueren Zeit, 5 vols., Wien 1880–1891 [Reprint Amsterdam 1966–1968]. S. Assaf, Mekorot le-Toldot ha-Ḥinukh be-Yisrael (= A Sourcebook for the History of Jewish Education), ed. S. Glick, 4 vols., Jerusalem–New York 2001.

these Jewish youngsters became trained artisans, they fashioned many hundreds of "*Pater noster*" rosaries for the use of the local faithful as well as for exportation[3].

In Germany, Jewish professionals would bind books of Christian prayers and theology, while in Spain we see them producing – for the institutions of the "rival religion" – golden chalices, silver reliquaries and also, in at least one case, a standing cross. A Jewish painter of Saragossa was specialized in painting and producing altar tables (retables) in which episodes of the Sacred History of Christianity were illustrated. Little wonder, then, that Jewish doctors served not only their own community but offered their services to the larger society that surrounded them[4].

I.

During the centuries of the High and Late Middle Ages, medicine was a "Jewish profession" second in importance only to their involvement in the practice of money lending and of pawn broking. Every Jewish community of significance would count among its members one or two or several health care practitioners. This had to do with the general development of western society, which enjoyed a considerable growth in the economy during the eleventh century and, mostly, in the twelfth century. City dwellers and villagers alike grew accustomed to putting aside part of their income against the risk of incurring future medical expenses. Families would form private associations that would contract a doctor to assure his services when needed. City councils would hire a municipal doctor yearly, or several of them, whose task it was to treat all citizens of a locality. Hence historians today rightly refer to the "medicalization" of medieval society[5].

Medicinal treatments that were offered down to this period as part of Christian charity were now offered more and more by professionals who were remunerated for their services. The medical discipline itself changed course. Instead of relying on customs and local tradition, practitioners discovered the Greco-Roman scholarly literature (Hippocrates, Galen, etc.) that had been taught centuries before by the Arabs in their vast empires. Centers of learning emerged now in Spain and Southern Italy, where these classics were translated from the Arabic into Latin and also into Hebrew. Some Jewish translators were of help to their Christian colleagues, others devoted their time exclusively to the Hebrew lan-

---

3 Cf. N. Coulet, Autour d'un quinzaine des métiers de la communauté Juive d'Aix en 1437, in: Minorités, Techniques et Métiers, Aix-en-Provence 1980, as well as A. Sparti (ed.), Fonti per la storia del corallo nel Medievo mediterraneo, Trapani 1986 and S. Simonsohn, The Jews of Sicily, 18 vols., Leiden – New York 1997 – 2010, passim.

4 Cf. Shatzmiller, Cultural Exchange (nt. 1).

5 Of great importance are the studies of Professor Danielle Jacquart of Paris. See among others, hers and Françoise Micheau's La médicine arabe et l'Occident médiéval, Paris 1990, or La médicine médiévale dans le cadre parisien, XIVe – XVe siècle, Paris 1998.

guage[6]. An overwhelming number of practitioners that acquired their knowledge from this Greco-Roman source emerged quite rapidly; of no less significance was the handsome role that Jews played in this revival. While in the Early Middle Ages we notice here and there in Western Europe the existence of Jewish doctors, several of them distinguished and famous, our documentation now reveals a massive presence of Jewish doctors. As expected, it is on the borders of the Mediterranean and its islands where we identify most of them. However, their presence is noticed also in England, Northern France and Germany of today. Research in the archives of the city of Frankfurt can provide an example. We find that in this city a certain Ysaac *medicus judeorum* (or: Ysaac der *Juden Arzit*) functioned as early as the mid-thirteenth century. In the second half of the next century, the city council engaged two practitioners, both Jewish, as municipal doctors. Their task, as said, was to treat all inhabitants of the city. Treatments were differentially provided to the ailing according to their social status. Their names were Jacob von Straspurg der *Juden Arzt* and Salman Pletch. Salman is referred to as a *Wundarzt* (a surgeon). Added to the list should be the names of Zusschin Gerden *Arzt* who may have been Jewish and Vilfand or Vinllfand who was certainly a *Juden Arzt*. The names of other non-Jewish doctors surface in the documents of Frankfurt as well at this late period: They were *Meyster Hein(rich) der Arzt* and Meister Johan *der Arzit*. This may be a partial list only. The group of medics may have been more extended. Frankfurt, in other words, may have profited at least from the service of half a dozen health practitioners, three or four of them being Jewish[7].

The Church expressed its reservation as to these new developments in medicine and notably in surgery. This was its typical attitude, also to many other novel developments in society. Enraging its leaders in particular was the part that the Jews played in the medicalization of society. A doctor has authority over the patient: He orders what action is to be taken and what is to be avoided. Is it conceivable therefore that, in lands ruled by Christianity, the "child of the maidservant" (= the Jew) has power over the "son of the mistress"? Papal mandates and conciliar decrees tried to prevent the faithful from turning to the Jews, but had to admit (in an assembly of the year 1336 in Avignon) that such a prohibition was impossible to follow. Society could not function without the services of doctors even if they were Jewish[8].

---

6 Cf. M. T. D'Alverny, Avendauth?, in: Homenaje a Millás Vallicrosa, 2 vols., Barcelona 1954–56, vol. 1, 19–43, and also M. Steinschneider, Die hebräischen Übersetzungen des Mittelalters und die Juden als Dolmetscher, Berlin 1893 [Reprint Graz 1956].

7 Cf. I. Kracauer, Geschichte der Juden in Frankfurt a. M. (1150–1824), 2 vols., Frankfurt a. M. 1925–27, vol. 1, 283 and 410 (Ysaac), 315 et passim (Jacob), 199–200 (Salman), 718 (Zusschin) and 790 (Vilfand) – all Jews, as well as 698 (Johann?) and 516 (Heinrich). I thank the scholars of the Arye Maimon-Institut at the University of Trier and its director Professor Alfred Haverkamp for sharing this information with me.

8 Cf. my Jews, Medicine and Medieval Society (nt. 1), 90–93.

II.

Where and how were these Jewish doctors formed? The question is of crucial importance considering that as of 1250 and certainly around the year 1300 the medical profession was regulated by public authorities. Candidates were required to pass a formal examination before getting a *licentia practicandi.* A committee of established doctors, or a *proto medicus*, would decide whether to confirm or to fail the candidate or to award him a partial and conditional license[9]. The lost archives of Naples kept more than 3600 of such verdicts before their destruction; they were luckily copied before the outbreak of the Second World War by Dr. Raffaele Calvanico and published by him in Naples in 1962 when peace reigned once again. His precious book carries the title 'Fonti per la storia della medicina e della chirurgia per il regno di Napoli nel periodo angioino'.

Jews were certainly not exempted from this formality[10]. They had to demonstrate knowledge not only of classical medicine but also of the auxiliary sciences like logic, mathematics and physics, astronomy and even metaphysics. These subjects were studied at universities of the thirteenth and fourteenth centuries to which the Jews did not have access but had nevertheless to follow their curriculum. It is not that they did not wish to get in to these *studia.* As early as the mid-twelfth century, some German Jews had maintained an informal relationship with the *studium* of Salerno; a Hebrew document mentions a Master Maurus as the most famous Jewish attendee of the school at that time. Some two centuries later, in Bologna, the famous jurist Bartolo da Sassoferrato rejected the request of two Jews to obtain a university degree because of their religious affiliation. In the second half of the fourteenth century, the *studium* of Montpellier, another citadel of learning, attracted several Jewish young men as well. As this famous school was then in decline and its "*magister regens*" was well-disposed to them, at least two managed to attend lectures there. They did not, however, obtain the desired title of *magister in medecina.* One of these two, Joseph of Carcassonne, got the coveted title years later, after converting to Christianity[11].

III.

While many Rabbinic academies (Hebrew: *Yeshivot)* existed throughout the Medieval West, no medical *studium* was founded in any of the medieval Jewish communities. The practitioners got their education via a one-to-one relationship,

---

[9] Cf. L. García-Ballester e. a. , Medical Licensing and Learning in Fourteenth-Century Valencia (Transactions of the American Philosophical Society 79/6), Philadelphia 1989.

[10] See J. Shatzmiller, On Becoming a Jewish Doctor in the Middle Ages, in: Sefarad 43 (1983), 239–250.

[11] Cf. V. Colorni, Judaica minora. Saggi sulla storia dell'ebraismo italiano dall'antichità all'età moderna, Milano 1983, 477–478.

namely that of a master and student or, if you wish, through apprenticeship. The Jewish medical apprentice – so we can gather from the few documents in our arsenal – had to pay a yearly fee for their education. According to the satirist Kalonymos ben Kalonymos of Arles, writing in the first quarter of the fourteenth century, this was universally known. His (fictitious) practitioner, when insisting on remuneration, claims that "my master did not instruct me for free". This statement echoed current norms. Indeed, just three years after the release of his book in 1323, a contract from Marseille confirmed the authenticity of his words. A certain female medic, Sara of Saint Gilles accepted a contract in the year 1326 to guide and instruct a candidate by the name of Salvetus for the period of six months. As the man must have been quite advanced in his studies and even in practice, both sides agreed that all income that he generated during these six months would go to his instructor[12]. Also, in Marseille in 1443, four Jewish families hired the services of Master Salomon Gerundini to teach five youngsters. His salary for one year of teaching mounted to no less than forty-eight florins. With this group we come closest to a temporary Jewish *studium*. Relationships of master and apprentice existed among Jews, in which money did not play a role as they were based on family relationships. Thus, in a marriage contract recorded in Aix-en-Provence in November of 1432, master Crescas Creyssent who gave the hand of his daughter to a certain Bonjaquet Duran, promised simply to teach his son-in-law the profession. A year earlier, a similar agreement was recorded in Marseille. However, this master offered only two years of instruction, as he was not sure that the young man was interested in the profession at all. Family arrangements of this nature explain the emergence of medical dynasties within the Jewish society. A father would instruct his son and, in some instances, a husband his wife. An exemplary dynasty is the Catalan family Kaslary. They appear towards the last quarter of the thirteenth century in the city of Perpignan. One of them, Abraham, famous in his day as a Hebraist, moved up to Narbonne in southern France and stayed there (presumably) until the year 1306 when the Jews were expelled from the country. The family migrated back to Catalonia and established itself in Besalú, a small city in the orbit of Barcelona. A recent local scholar, the historian Manuel Grau I Monserrat, followed the history of the family in Besalú and found the descendants of Abraham Kaslari practicing medicine there until the mid-fifteenth century[13].

The Hebrew language played a primary role in this private education. The medical information that was found in the Bible, in the Talmud, and in other

[12] Kalonymos ben Kalonymos, Even Bohan (= Hebrew "Touchstone"), ed. A. M. Habermann, Tel Aviv 1955. L. Barthélemy, Les médecins de Marseille avant et pendant le moyen âge, Marseille 1883, 31.

[13] Cf. M. Grau I Montserrat, Metges Jueus del vell Comtat de Besalú, in: Gimbernat. Revista catalana d'història de la medicina i de la ciència 8 (1987), 81–90, in particular 85–87; id., Medicina in Besalú (s. XIV). Metges, apotecaris i manescals, in: Patronat d'Estudis Histories d'Olot i Comarca. Annals 1982–83, Olot 1984, 99–133.

rabbinic writings was no longer relevant to the practices that had become current in the Medieval West. The Jews, therefore, like the Christians, had to turn to Arabic, and later to Latin, and translate most if not all the works of classical knowledge that were required by the examining board into the Hebrew. Jewish civilization was thus flooded by secular culture as never before. A growing group of translators emerged, notably members of the Tibbon family, who spent a lifetime translating primarily from the Arabic into Hebrew. And when Latin works became prominent, as of the mid-thirteenth century, Jews (particularly in Italy) who were fluent in that language translated several of these works into Hebrew. The medical library in Hebrew was probably much more extensive in the Middle Ages than the one that is in use in Jerusalem today. Moritz Steinschneider, who has written the classic study about all these translators and their achievements, never found evidence of any payment that these translators asked for to reimburse their effort. Since the publication of his book, some Latin and Hebrew documents have surfaced in which remuneration is mentioned explicitly[14].

IV.

Up to the end of the fourteenth century, most Jews, even confirmed practitioners, did not have the right to carry the title "*magister in medicina*". Rather, many carried the title "*medicus physicus*", while others had to be satisfied with the title "*medicus sirurgicus*" which was considered to be of lesser distinction. This occurred even though they were quite successful in their treatments, perhaps even more so than the physicians. Be that as it may, what is astounding is the numbers of Jewish healthcare professionals that their system of private education produced. A metropolis like Marseille, harboring some twenty thousand men and women, must have had, at the second half of the fourteenth century, at least some 35 practitioners of which 19 were Jewish. A corresponding order of magnitude (67 out of 120) is suggested for the city of Perpignan in the two centuries of the Middle Ages. A much higher ratio is recorded for the island of Crete between 1365 and 1387: 20 out of 29 practitioners were Jewish. In the town of Manosque in Haute Provence (of some 4000 inhabitants) we are back to the normal ratio. The town could count on the services of sixteen practitioners, at least half of them Jewish. We also find a female Jewish doctor in Manosque, who was the wife of a doctor and mother of another[15].

V.

Women were quite prominent in the medical setting, even though, like Jews, they had no access to contemporary universities. Still, among the thousands of

[14] Steinschneider, Die hebräischen Übersetzungen (nt. 6).

[15] For more numbers see my Jews, Medicine and Medieval Society (nt. 1), 104–108.

licenses salvaged by Dr. Calvanico from the archives of Naples, there are several that were awarded to women who thus became "*magistra*". Each of these "feminine" licenses included an explanation, stating that the reasons for issuing the permission was due to women's preference to be treated by a doctor of their own gender. Some of these women got their license even though they were designated as "illiterate" or "ignorant". They were confirmed by the authorities because of their acquired experience not because of any formal education. Besides such confirmed doctors, medieval society included informally educated "wise women". They not only handled gynecological illnesses and complaints particular to women, but treated other ailments as well. At times, their male colleagues expressed resentment towards them, but quite often male doctors looked for their advice and help. So did male patients. Thus, during a trial of an unlicensed women practitioner in Paris, initiated against her by the masters of the university, the accused brought some of her patients to testify as to her dexterity and successful treatments. Half of them were male. The city of Seville, in the heart of Castile, kept four notarial agreements in its archives, which testify to a female ophthalmologist, all of whose patients were men. In Germany, the eye sickness of the young son of one of the most revered Rabbis, Asher ben Yehiel (d. 1327), was treated by a female Christian medic. Around this time, a Manosque Jewess helped her son in treating the genitals of a wounded man[16].

VI.

The notarial and court registers of that period reveal interesting information about the relations between practitioners and their colleagues and between them and their patients. Collegial collaboration was not a rare occurrence. Physicians worked with surgeons, laypersons with clerics and Christians with Jews. We notice also, as far as medical practice was concerned, that in many instances both parties established, at the office of the notary, their economic and legal relationship before medical intervention was initiated. Prices and modes of payments were agreed upon and a projected length of time for successful treatment was promised at times by the medic[17]. On the other hand, doctors in Italy and the Provence insured themselves against claims in case of failure. They asked for a notarized document which stated that, according to their assessment, the patient should be considered for all practical purposes as being dead ("*pro corpore*

---

16 Cf. M. Green, Documenting Medieval Women's Medical Practice, in: L. García-Ballester e. a. (eds.), Practical Medicine from Salerno to the Black Death, Cambridge 1994, 322–352. See also my Jews Medicine and Medieval Society (nt. 1), 100–119, in particular 108–112. For the woman tried in Paris in 1321 (her name was Jacqueline Felicia e Alamania) see P. Kibre, The Faculty of Medicine at Paris, Charlatanism and Unlicensed Medical Practices in the Later Middle Ages, in: Bulletin of the History of Medicine 17 (1953), 1–30.

17 Cf. A. Toaff, The Jews in Umbria, 3 vols., Leiden–New York 1993–94, vol. 1, 355 (No. 705), 375 (No. 709) et passim.

mortuo"), and that all they could do was attempt to reverse the inevitable. However, these precautions notwithstanding, we see doctors brought to court for failure and malpractice[18].

The status of Jewish doctors as experts to the courts deserves, finally, some attention. This matter is related to the fact that, concurrent with the introduction of classical medicine to the Medieval West, the old Roman law was revived and spread in the same regions. Doctors would thus be asked by the courts to offer the presiding judge a learned opinion about the status of people's wounds or the cause of their death. Lepers and persons who denied having been stricken by the sickness would be examined by a committee of specialists and their verdict, recorded by a notary, would be presented to the public authorities[19]. Similarly, a group of confirmed doctors would be asked whether a treatment given by one of their colleagues had been successful and the patient healed completely. This would help the practitioner who had only received part of his remuneration when starting his treatment to obtain the remainder of the sum that had been agreed upon[20]. In all these cases, Jewish doctors acted in full capacity, equal to their Christian counterparts. The legal system counted on their knowledge as did society as a whole.

---

18 Cf. N. Coulet, Document Aixois, in: Razo. Cahiers du centre d'études médiévales de Nice 4 (1984), 115–125.

19 Cf. C. Ferragud, Expert Examination of Wounds in the Criminal Court of Justice of Cocentaina (Kingdom of Valencia) during the Late Middle Ages, in: W. J. Turner/S. M. Butler (eds.), Medicine and the Law in the Middle Ages (Medieval law and its practice 17), Leiden 2014, 109–132 as well as Coulet, Documents Aixois (nt. 18) and Toaff, Jews in Umbria (nt. 17), vol. 1, 355 (No. 706).

20 Cf. E. Santschi, Médecine et justice en Crète vénitienne au XVe siècle, in: Thesaurismata 8 (1971), 17–48.

Der Meister als Schüler und der Schüler als Meister Zur Methodik des maimonidischen Kommentares zu den Aphorismen des Hippokrates

CARSTEN SCHLIWSKI (Köln)

I. Einleitung

Maimonides (1138–1204), der wohl wichtigste Repräsentant jüdischer Wissenschaften im Mittelalter, ist auch als Kommentator in Erscheinung getreten. Dabei fallen seine Kommentare in zwei Bereiche: Sein Mischnah-Kommentar stellt eine Interpretation des jüdischen Gesetzes dar und bewegt sich im Rahmen des theologischen Denkens[1], während sein Kommentar zu den Aphorismen des Hippokrates in den Bereich der weltlichen Wissenschaften gehört[2]. Es versteht sich als ein Merkmal der jüdischen Kultur im mittelalterlichen Islam von selbst, dass beide Bereiche auch Berührungspunkte zur Philosophie aufweisen. Dieser Artikel hat zum Ziel, den maimonidischen Kommentar zu den Aphorismen des Hippokrates in Hinsicht auf das Meister-Schüler-Verhältnis zu beleuchten, denn einerseits erweist sich Maimonides in diesem Werk als Schüler von Hippokrates und Galen, deren Gedanken er interpretiert, andererseits erweist er sich als Meister, der seinen eigenen Schülern diese Gedanken verständlich machen möchte.

II. Die Aphorismen des Hippokrates im medizinischen Schulbetrieb

1. Zur medizinischen Ausbildung

Wenn hier vom medizinischen Schulbetrieb die Rede ist, so muss man zunächst feststellen, dass es zwei Möglichkeiten gab, sich zum Arzt ausbilden zu lassen[3]: Zum einen konnte man bei einem Arzt das medizinische Handwerk

---

[1] Zum Kommentar zur Mischnah cf. J. L. Kraemer, Maimonides. The Life and Works of One of the Civilization's Greatest Minds, New York–London 2009, 164–186.

[2] Zur Einordnung der ärztlichen Tätigkeit des Maimonides in seine Zeit cf. ibid., 444–469 und S. Stroumsa, Maimonides in his World. Portrait of a Mediterranean Thinker, Princeton–Oxford 2009, 125–138.

[3] Cf. zur Ausbildung des Arztes F. R. Hau, Die Bildung des Arztes im islamischen Mittelalter, in: Clio Medica 13 (1978), 95–124, 175–200 und 14 (1979), 7–33.

lernen und die Bücher studieren, die in seinem Besitz waren, zum anderen konnte man in den großen Städten Lehrkrankenhäuser[4] besuchen und dort seine Ausbildung absolvieren. Natürlich war auch eine Kombination aus beiden Methoden denkbar.

Gerade im ersten Fall hing der Grad der Ausbildung vom Lehrer ab, oder auch von der Möglichkeit, diesen Lehrer zu wechseln, wenn man feststellte, dass seine Kompetenz an einem bestimmten Punkt erschöpft war. So gab es zwei Arten von Heilkundigen: den *mutaṭabbib*, also den rein praktischen Arzt, und den *ṭabīb*, den auch philosophisch und naturwissenschaftlich gebildeten Arzt.

Natürlich galt der in den Wissenschaften bewanderte Arzt mehr als der rein praktische, so bemerkt Ibn Riḍwān zum Verhältnis zwischen beiden Berufen[5]:

> „Ihr wisst, dass der exzellente Galen in einem Buch erklärt hat, dass der Arzt ein Mann ist, in dem alle herausragenden Qualitäten zur Perfektion geführt wurden; diese sind: (die Kenntnis der) mathematischen, Natur- und theologischen Wissenschaften; darüber hinaus (die Beherrschung der) Künste der Logik und Medizin, gute Handlungen und ein schöner Charakter. Weiterhin, dass derjenige, der in der Medizin vollkommen, aber in einer der anderen Zweige fehlerhaft ist, kein Arzt, sondern lediglich ein medizinischer Praktiker ist; und dass derjenige, der noch nicht vollkommen in der medizinischen Kunst ist, lediglich ein Schüler ist, der es noch nicht verdient hat, medizinischer Praktiker genannt zu werden. Deswegen haben sich unsere Scheichs (bescheiden) als *mutaṭabbib* bezeichnet, aber die Menschen waren in dieser Angelegenheit nachlässig, sodass sie jeden, der begonnen hatte, Medizin zu studieren, als *mutaṭabbib* bezeichneten, obwohl er diese Bezeichnung nicht verdient hatte. Wenn es sich so verhält, ist ein Mann, der sich selbst als *ṭabīb* bezeichnet, ohne die Vollkommenheit in der medizinischen Kunst zu besitzen, ein dreister Lügner."

Es gab offenbar noch kein allgemeines Curriculum, doch dürfte man davon ausgehen, dass zu den am meisten gelesenen Werken der ‚Qānūn fī l-ṭibb' des Ibn Sīnā und die ‚Summaria Alexandrinorum' (die sechzehn wichtigsten Schriften Galens[6]) gehörten. Welche Rolle die Aphorismen des Hippokrates – sei es mit oder ohne den Kommentar Galens – spielten, ist nicht völlig klar. Allem Anschein nach wurden sie in Nordpersien als Pflichtlektüre zu Beginn des Studiums angesehen[7]. ʿAlī ibn Riḍwān[8] empfiehlt, sie auswendig zu lernen[9]. Dieselbe

---

4 Zur Entwicklung der Krankenhäuser im Islam cf. S. Hamarneh, Development of Hospitals in Islam, in: Journal of the History of Medicine 17 (1962), 366–384; M. W. Dols, The Origins of the Islamic Hospital: Myth and Reality, in: Bulletin of the History of Medicine 61 (1987), 367–390; L. Conrad, Did al-Walid I Found the First Hospital?, in: Aram 6 (1994), 225–244.

5 Übersetzung aus J. Schacht/M. Meyerhof, The Medico-Philosophical Controversy Between Ibn Butlan of Baghdad and Ibn Ridwan of Cairo. A Contribution to the History of Greek Learning Among the Arabs (The Egyptian University. The Faculty of Arts 13), Kairo 1937, arabischer Teil 77 sq.

6 Aufgelistet z. B. bei F. Klein-Franke, Vorlesungen über die Medizin im Islam (Sudhoffs Archiv. Beiheft 23), Wiesbaden 1982, 76.

7 Cf. Hau, Bildung (nt. 3), 13 und 187.

8 Zu ʿAlī ibn Riḍwān im Allgemeinen cf. J. Schacht, Ibn Riḍwān, in: Encyclopedia of Islam, vol. 3, Leiden – London ^{2}1971, 906 sq.

9 Cf. A. Dietrich (ed.), ʿAlī ibn Riḍwān: Über den Weg zur Glückseligkeit durch den ärztlichen Beruf. Arabischer Text nebst kommentierter deutscher Übersetzung (Abhandlungen der Akade-

Empfehlung gibt auch Maimonides in seiner Einleitung zum Aphorismen-Kommentar, wobei er aber noch hinzufügt, dass die Aphorismen des Hippokrates bereits Teil des Curriculums in der Schule sind. Sie werden also schon von Kindern gelernt, um wieviel mehr ist es dann notwendig, dass ein Arzt diesen Teil der Allgemeinbildung gut kennt[10]:

> „Aber auch Nichtärzte sah ich diese den Kindern lehren, so daß derjenige, der kein Arzt ist, viele Aphorismen kennt wie die Kinder in der Schule."

So ist es auch nicht verwunderlich, dass sich Maimonides veranlasst sah, die Aphorismen zu kommentieren. Er folgte damit einer langen Tradition, die sich in zwei Richtungen manifestierte: Zum einen dienten die Aphorismen des Hippokrates einigen arabischen Autoren als Vorbild für isagogische Werke, in denen sie die Grundlagen der Medizin ebenfalls in Aphorismenform darstellten[11]: zu erwähnen wären hier das ‚Kitāb al-nawādir al-ṭibbiyya' des Yūḥannā ibn Māsawayh[12], das ‚Kitāb al-muršid' des al-Rāzī[13] und natürlich auch die Aphorismen des Maimonides[14], der in der Einleitung zu seiner Aphorismensammlung neben den beiden bereits genannten Autoren auch die Aphorismen des al-Sūsī erwähnt[15]. Zum anderen waren die Aphorismen des Hippokrates ein beliebtes Thema für Kommentare.

2. *Kommentare zu den Aphorismen des Hippokrates*

Bereits in der Antike wurden zahlreiche Kommentare zu den Aphorismen des Hippokrates verfasst[16], von denen in der arabischen Welt allerdings nur der des Galen in der Übersetzung des Ḥunayn ibn Isḥāq erhalten ist[17]. Diese

---

mie der Wissenschaften in Göttingen. Philologisch-historische Klasse. Dritte Folge 129), Göttingen 1982, 18 sq.

[10] C. Schliwski, Moses Ben Maimon: Šarḥ Fuṣūl Abuqrāṭ. Der Kommentar des Maimonides zu den Aphorismen des Hippokrates. Kritische Edition des arabischen Textes mit Einführung und Übersetzung, Köln 2007, 6 und 169.

[11] Cf. G. Endreß, Die wissenschaftliche Literatur, in: H. Gätje (ed.), Grundriß der arabischen Philologie, vol. 3, Wiesbaden 1992, 3–152, 126 sq.

[12] Edition: D. Jacquart/G. Troupeau, Yûḥannâ ibn Mâsawayh (Jean Mesue): Le livre des axiomes médicaux (Aphorismi), Genève 1980.

[13] Edition: A. Zaki Iskandar, Abū Bakr Muḥammad b. Zakariyyā al-Rāzī: Kitāb al-muršid aw al-fuṣūl, in: Revue de l'Institut des manuscripts arabes 7 (1961), 3–125.

[14] Edition: G. Bos, Maimonides: Medical Aphorisms, 5 vols., Provo 2004–2015.

[15] Cf. ibid., vol. 1, 2. Zu al-Sūsī cf. ibid., 96, nt. 6.

[16] Cf. die Auflistung bei F. Rosenthal, "Life is Short, the Art is Long": Arabic Commentaries on the First Hippocratic Aphorism, in: Bulletin of the History of Medicine 40 (1966), 226–245, 226.

[17] Zu den vorhandenen Handschriften cf. F. Sezgin, Geschichte des arabischen Schrifttums, vol. 3, Leiden 1970, 29 sq.; M. Ullmann, Die Medizin im Islam (Handbuch der Orientalistik I, Ergänzungsband 6/1), Leiden–Köln 1970, 50. Eine Edition steht noch aus. Zu anderen Übersetzern cf. G. Bergsträsser, Ḥunain b. Isḥāḳ über die syrischen und arabischen Galen-Übersetzungen, Leipzig 1925, 32 sq., arabischer Teil 40.

Übersetzung bildete nun wiederum die Grundlage einer Zusammenfassung und Bearbeitung durch Ibn Aqnīn im zwölften Jahrhundert[18]. Des Weiteren verfassten viele arabische Ärzte Kommentare[19], so im elften Jahrhundert Ibn al-Ṭayyib[20] und Ibn abī Ṣādiq, im zwölften Jahrhundert Muḥammad ibn ʿAbd al-Salām al-Miṣrī und Maimonides, im dreizehnten Jahrhundert ʿAbd al-Laṭīf al-Baġdādī[21], Ibn al-Quff und Ibn al-Nafīs[22], im vierzehnten Jahrhundert Ibn Qāsim al-Kīlānī und im fünfzehnten Jahrhundert Nafīs ibn ʿIwaḍ al-Kirmānī.

All diese Kommentare sind bislang nicht in kritischen Editionen herausgegeben und damit nur unter Schwierigkeiten verfügbar. Lediglich die Kommentare des Ibn al-Quff (in gekürzter Form)[23] und des Ibn al-Nafīs[24] liegen in gedruckten Ausgaben vor.

Was die Kommentare jüdischer Autoren zu den Aphorismen des Hippokrates in hebräischer Sprache betrifft, so sind uns zwei Werke aus dem 15. Jahrhundert überliefert: Zum einen gibt es den Kommentar des Moses da Rieti[25] (1388–nach 1460), der sich stark auf Maimonides stützt; zum anderen ist noch der Kommentar eines Jehudah (Astruc) ben Samuel Schalom[26] (um 1450) überliefert. Beide Kommentare liegen bislang nicht in kritischen Editionen vor. Ihnen gemeinsam ist, dass sie ebenso wie Maimonides die Weitschweifigkeit Galens betonen[27], und deswegen die Knappheit des maimonidischen Kommentares besonders hervorheben[28].

III. Der Kommentar des Maimonides

1. Der Zeitpunkt der Abfassung

Allem Anschein nach schrieb Maimonides seinen Kommentar zu den Aphorismen des Hippokrates um das Jahr 1195, also nach seinem Kompendium der Schriften Galens, das er in der Vorrede erwähnt[29], und nach seinen eigenen

---

[18] Cf. Y. T. Langermann, Some New Medical Manuscripts from Moscow, in: Korot 10 (1993/94), 63*–66*.

[19] Cf. Ullmann, Medizin (nt. 17), 28 sq.; Sezgin, Schrifttum (nt. 17), 29–31.

[20] Cf. J. Vernet, Ibn al-Ṭayyib, in: Encyclopedia of Islam, vol. 3 (nt. 8), 955.

[21] Cf. S. M. Stern, ʿAbd al-Laṭīf al-Baghdādī, in: Encyclopedia of Islam, vol. 1, Leiden–London ²1960, 74.

[22] Cf. M. Meyerhof/J. Schacht, Ibn al-Nafīs, in: Encyclopedia of Islam, vol. 3 (nt. 8), 897 sq.

[23] So die Information in Ullmann, Medizin (nt. 17), 177. Weitere Informationen sind nicht verfügbar.

[24] Ibn al-Nafīs, Šarḥ fuṣūl Abuqrāṭ, Teheran 1883. Eine moderne Edition der ersten drei Bücher bietet: M. Ali/Y. Zaydan, Ibn al-Nafīs: Kitāb Šarḥ fuṣūl Abuqrāṭ, Beirut 1988.

[25] Zu Moses da Rieti cf. Schliwski, Kommentar (nt. 10), XXIX.

[26] Cf. M. Steinschneider, Die hebräischen Übersetzungen des Mittelalters und die Juden als Dolmetscher, Berlin 1893 [Neudruck Graz 1956], 661.

[27] Cf. Schliwski, Kommentar (nt. 10), XXIV.

[28] Cf. Steinschneider, Übersetzungen (nt. 26), 661.

[29] Schliwski, Kommentar (nt. 10), 7 und 170.

Aphorismen, die er zwischen 1187 und 1190 verfasste und auf die er in einem Kommentar zum 33. Aphorismus im zweiten Buch hinweist[30], und vor seinem Traktat über Asthma, in dem er seinen Kommentar erwähnt (XIII, 19)[31].

Über die hohe Wertschätzung, die Maimonides den Aphorismen des Hippokrates entgegenbrachte und die letztlich auch seinen Entschluss zur Kommentierung rechtfertigte, gibt die Einleitung zu seinen eigenen Aphorismen Aufschluss[32]: Zwar dienten die Aphorismen nicht dazu, alles bis ins Detail zu erläutern, doch seien in ihnen die Grundlagen der medizinischen Wissenschaft verzeichnet, wobei die Form besonders gut dazu geeignet sei, den Inhalt auswendig zu lernen.

2. *Die Absicht des maimonidischen Kommentares*

Es existieren im Arabischen zwei Bezeichnungen für den Begriff „Kommentar": *tafsīr* und *šarḥ*. Diese Termini können synonym oder mit unterschiedlicher Nuancierung verwendet werden. Nach Gutas[33] handelt es sich bei *tafsīr* um einen Gattungsbegriff, der sich in der philosophischen Literatur in mehrere Unterarten unterteilt: *šarḥ* (dem Kommentar im eigentlichen Sinne), *muḫtaṣar* (der Kurzversion des Urtextes) und *ǧawāmiʿ* (Synopse). Die Verfasser solcher Bearbeitungen werden als *mufassirūn* bezeichnet.

Von den drei Kategorien Kommentar, Kurzversion und Synopse gilt der Kommentar als die längste, auch wenn sein Umfang variabel ist und von manchen Werken sowohl ein kurzer (*šarḥ ṣaġīr*) als auch ein langer Kommentar (*šarḥ kabīr*) existieren.

Methodisch zerfällt der Kommentar in zwei Unterarten: dem Kommentar ad litteram (*šarḥ ʿalā l-lafẓ*) und dem Kommentar ad sensum (*šarḥ ʿalā l-maʿnā*). Das Ziel des erstgenannten Kommentares ist es, den zu interpretierenden Text Wort für Wort zu erklären, während beim zweitgenannten eine interpretierende Paraphrasierung erfolgt.

Über das Ziel, das Maimonides mit seinem Kommentar verfolgte, gibt seine Vorrede Aufschluss: Zunächst nennt er die vier Gründe, die seiner Meinung nach im Allgemeinen dazu führen, ein Werk zu kommentieren[34]:

> „Der erste Grund ist die Vollkommenheit der (Wissens-)Stufe des Verfassers, der wegen seines guten Verständnisses über tiefe verborgene, schwer verständliche Dinge in knapper Sprache spricht, wobei sie ihm klar ist und er keinen Zusatz braucht. Und

---

30 Ibid., 43 und 199.

31 Cf. G. Bos, Maimonides: On Asthma, vol. 1, Provo 2002, 91.

32 Cf. Bos, Aphorisms (nt. 14), vol. 1, 1 sq.

33 D. Gutas, Aspects of Literary Form and Genre in Arabic Logical Works, in: C. Burnett (ed.), Glosses and Commentaries on Aristotelian Logical Texts. The Syriac, Arabic and Medieval Latin Traditions (Warburg Institute Suryeys and Texts XXIII), London 1993, 29–76, 32–35.

34 Schliwski, Kommentar (nt. 10), 1–3 und 165 sq.

wenn derjenige, der nach ihm kommt, diese Dinge aus jener knappen Sprache heraus verstehen wollte, fiele es ihm sehr schwer, und der Kommentator benötigte zusätzliche Worte in der Abhandlung, bis das Thema in der Abhandlung verstanden wird, das der frühere Verfasser verstanden hatte.

Der zweite Grund ist das Fehlen von Prämissen, die der Verfasser des Buches kannte, wenn der Verfasser manchmal ein zweifelhaftes Buch schreibt, wobei er denkt, daß derjenige, der sich dafür interessiert, bereits die Kenntnis der Prämissen hat, ohne die eine Sache nicht verstanden werden kann, und der Kommentator muß kurz jene Prämissen erwähnen und zu ihnen leiten. Aus diesem Grund wird der Kommentator ebenso eine Wissenschaft erklären, die der Verfasser nicht erwähnt hat.

Der dritte Grund sind die Charakteristika der Abhandlung, denn die meisten Abhandlungen in allen Sprachen lassen Erklärungen zu, so daß es möglich ist, aus jener Abhandlung unterschiedliche Dinge zu verstehen, ein Teil von ihnen ist sogar einander widersprechend, ja einander ausschließend. So entsteht eine Kontroverse unter den Betrachtern über diese Aussage, und der eine legt etwas aus und sagt, der Autor habe damit nur diese Bedeutung gemeint, während ein anderer es anders auslegt, so daß der Kommentator für diese Aussage einer der Auslegungen den Vorzug geben, ihre Richtigkeit nachweisen und die andere ausrupfen muß.

Der vierte Grund sind die Irrtümer, die dem Verfasser widerfahren, oder die Wiederholung oder etwas Unnützes, für das es absolut keine Grundlage gibt. So muß der Kommentator darauf hinweisen und über ihre Falschheit oder darüber, daß diese Rede unnütz oder wiederholt ist, unterrichten. Und man kann dies wirklich nicht einen Kommentar nennen, sondern eine Widerlegung und Belehrung. Aber die Gewohnheit beim Menschen führt dazu, daß er das Buch untersucht. Und wenn also das meiste von dem, was in ihm gesagt wird, richtig ist, so wird die Belehrung jenen wenigen Stellen des ganzen Kommentares zum Nachteil angerechnet, und es wird gesagt, ‚der Verfasser meint in seiner Rede das und das, die Wahrheit ist jedoch so und so‘, und ‚dieses muß er nicht erwähnen‘ oder ‚dieses ist eine Wiederholung‘, und all dieses ist klar. Wenn jedoch das meiste dessen, was in diesem Buch gesagt wird, ein Fehler ist, nennt man die letztere Schrift, die diese Fehler aufdeckt, Widerlegung, nicht Kommentar. Wenn in dem Buch der Widerlegung etwas von den korrekten Aussagen, die in der ersten Schrift gemacht wurden, erwähnt wird, sagt man, ‚was seine Aussage so und so angeht, so ist sie korrekt‘“.

Allgemeine Gründe für das Abfassen eines Kommentares sind also laut Maimonides folgende:

1. Der Autor der Vorlage hatte etwas geschrieben, was ihm selbst klar war, sodass er keine erklärenden Zusätze benötigte, die nun dem Leser fehlen.
2. Der Autor ging von bestimmten Prämissen aus, die er meinte, nicht noch einmal ausführlich darstellen zu müssen.
3. Die Aussagen des Autors sind mehrdeutig und lassen verschiedene Interpretationen zu.
4. Der Autor hat sich geirrt, sich wiederholt oder etwas Irrelevantes niedergeschrieben.

Auf die Werke des Hippokrates bezogen, stellte Maimonides fest, dass der zweite Grund weniger von Bedeutung sei, und kritisierte Galen dafür, dass er den vierten Grund nicht in Betracht gezogen habe, sondern sich im Gegenteil noch darum bemühe, Aussagen des Hippokrates, die offensichtlich falsch sind, dermaßen manipulativ zu interpretieren, dass sie hinterher als korrekt dastünden[35]:

> „Und alles an Aussagen, was in den Büchern des Hippokrates kommentiert wurde oder wird, wurde zum größten Teil aus dem ersten, dritten und vierten Grund kommentiert und zum geringeren Teil aus dem zweiten Grund. Aber Galen weist dieses zurück und nimmt in keinster Weise wahr, daß es in der Rede des Hippokrates eine irrige Ansicht gibt, sondern erklärt, was keiner Erklärung bedarf, und verfertigt einen Kommentar zur Aussage, worauf diese Aussage mit nichts hindeutet."

Was die Aphorismen des Hippokrates betrifft, so bemühte sich Maimonides um eine maßvolle Kommentierung, die nur die Aphorismen behandelt, die den vier oben angeführten Gründen nach in irgendeiner Weise problematisch sind. Sein Kommentar, der immer sehr kurz gehalten war, lehnte sich dann an den Kommentar Galens an, wenn Maimonides ihn für richtig erachtete, ansonsten korrigierte er ihn und führt Beispiele aus seiner eigenen ärztlichen Praxis an[36]:

> „Unter diesen Aphorismen des Hippokrates gibt es problematische Aphorismen, die eines Kommentares bedürfen, solche, die von selbst verständlich sind, solche, die sich wiederholen, solche, die für die Heilkunst nutzlos sind, und solche, die eine völlig irrige Ansicht präsentieren. Galen jedoch, wie du gelernt hast, leugnet diese Dinge und kommentiert also, wie er will. Was mich betrifft, so werde ich sie auf dem Wege der Billigkeit kommentieren. Ich werde nur das kommentieren, was eines Kommentares bedarf, wobei ich darin den Ansichten Galens folge, außer bei einigen Aphorismen, bei denen ich erwähnen werde, was mir (in meiner Praxis) passiert ist unter Bezugnahme auf mich selbst. Alles, was ich an Kommentar schlechthin erwähne, ist die Rede Galens, d. h. seinem Sinne nach, denn ich kümmerte mich nicht um seinen genauen Wortlaut, wie ich es in den Kompendien gemacht habe, weil ich in diesem Kommentar nur nach der Kürze strebte, damit der Sinn dieser Aphorismen, die eines Kommentares bedürfen, leicht erlernbar ist."

Einerseits strebte er eine Kürzung des von Galen erstellten Kommentars an, den er teilweise als zu lang und ausschweifend empfand, andererseits war es auch seine Absicht, Fehler in den Aphorismen des Hippokrates und im Kommentar Galens zu korrigieren.

Speziell das Unterfangen, Widersprüche und Fehler in den Schriften des Galen aufzuzeigen, verdient besondere Aufmerksamkeit, da man lange Zeit in der Forschung die Auffassung vertrat, dass ein solches Verhalten in der mittelalterlichen medizinischen Literatur der arabischen Welt eine Ausnahme darstelle[37]. Für die meisten Ärzte sei Galen eine dermaßen gewichtige Autorität gewesen, dass nur einige wenige Ärzte es gewagt hätten, ihn in Frage zu stellen, wobei

35 Ibid., 3 sq. und 167.

36 Ibid., 7 und 170.

37 Cf. J. C. Bürgel, Dogmatismus und Autonomie im wissenschaftlichen Denken des islamischen Mittelalters, in: Saeculum 23 (1972), 30–46, 39–46.

ihnen natürlich Widerspruch entgegen gebracht worden sei[38]. Heute geht man davon aus, dass es eine lange Tradition von Kritik an Galen sowohl in philosophischer als auch in medizinischer Hinsicht seit der Antike gibt, die sich bei den arabischen Ärzten des Mittelalters fortsetzt[39]. Von den bedeutenden Ärzten vor Maimonides waren es vor allem al-Rāzī (854–925/35)[40] in seinem Werk ‚Šukūk ʿalā Ǧālīnūs' und, wenn überhaupt, in weit geringerem Maße Ibn Riḍwān (998–1061)[41], außerdem der Philosoph al-Fārābī (gest. 950)[42]. Auch Ibn Rušd (1126–1198), ein Zeitgenosse des Maimonides, übte in seinem Werk ‚Kulliyyāt' ausführlich Kritik an Galen[43]. Diese Kritiken richteten sich mit Vorliebe, aber nicht ausschließlich gegen die Philosophie Galens. Ausschließlich medizinische Aussagen wurden nach Maimonides von ʿAbd al-Laṭīf al-Baġdādī und Ibn al-Nafīs durch anatomische Entdeckungen korrigiert, die allerdings lange Zeit keine Beachtung durch andere Autoren fanden[44].

Der Aphorismen-Kommentar war nicht das erste Werk des Maimonides, in dem er Kritik an Galen übte. Bereits in seinen eigenen Aphorismen hatte er ein ganzes Kapitel den Fehlern und Widersprüchen Galens gewidmet[45]. Zu Beginn dieses Kapitels stellte Maimonides klar, dass es ihm nicht darum ginge, Kritik an der Philosophie Galens zu üben, wie es al-Rāzī gemacht hatte, sondern sich ausschließlich auf die Korrektur medizinischer Aussagen zu konzentrieren.

Maimonides teilte die Widersprüchlichkeiten Galens in drei Arten: zum einen die Fehler, die aus der Übersetzung ins Arabische resultieren, dann die Fehler, die Galen unwissentlich gemacht hat, und schließlich die Stellen, deren Sinn Maimonides unverständlich sind.

Diese Systematik fehlt im Kommentar zu den Aphorismen; es erfolgt lediglich bei dem Aphorismus, der schon von vorneherein falsch ist oder den Galen nach

---

38 Zu Kritik an Galen cf. M. Meyerhof, Maimonides Criticizes Galen, in: Medical Leaves 3 (1940), 141–146, 140; J. C. Bürgel, Averroes „contra Galenum". Das Kapitel von der Atmung im Colliget des Averroes als ein Zeugnis mittelalterlich-islamischer Kritik an Galen, in: Nachrichten der Akademie der Wissenschaften in Göttingen. I. Philologisch-historische Klasse 9 (1967), 263–340, 276–290; Ullmann, Medizin (nt. 17), 67 sq.

39 Cf. dazu G. Bos/R. Fontaine, Medico-Philosophical Controversies in Nathan b. Yo'el Falaquera's *Sefer Ṣori ha-Guf*, in: Jewish Quarterly Review 90 (1999/2000), 27–60, 31–35. Gegen eine Überbetonung der Autoritätsgläubigkeit im arabischen wissenschaftlichen Schrifttum wendet sich auch Y. T. Langermann, Criticism of Authority in the Writings of Moses Maimonides and Fakhr al-Dīn al-Rāzī, in: Early Science and Medicine 7 (2002), 255–275, 255. Das Thema der Kritik an Galen behandelt auch G. Bos, Maimonides' Medical Works and their Contribution to his Medical Biography, in: A. Hyman/A. Ivry (eds.), Maimonidean Studies, vol. 5, New York 2008, 243–266, 261–266.

40 Zu al-Rāzī im Allgemeinen cf. L. E. Goodman, al-Rāzī, in: Encyclopedia of Islam, vol. 8, Leiden–London ²1995, 474–477, zu seiner Kritik an Galen 474.

41 Cf. dazu J. Schacht, Ibn Riḍwān (nt. 8), 906, der Ibn Riḍwān als zu abhängig von den griechischen Autoren kritisiert. Meyerhof, Maimonides (nt. 38), 140 rechnet ihn zu den Kritikern Galens, während Ullmann, Medizin (nt. 17), 68 ihn zu den Verteidigern Galens gegen al-Rāzī zählt.

42 Cf. R. Walzer, al-Fārābī, in: Encyclopedia of Islam, vol. 2, Leiden–London ²1965, 780.

43 Cf. Bürgel, Averroes (nt. 38), 290–301.

44 Cf. M. Ullmann, Islamic Medicine (Islamic Surveys 11), Edinburgh 1978, 68–71.

45 Cf. Bos, Contribution (nt. 39), 261–266.

der Ansicht des Maimonides falsch interpretiert, der entsprechende Hinweis auf die Unrichtigkeit und eventuell eine kurze Darstellung des richtigen Sachverhaltes.

3. Einige Charakteristika des maimonidischen Kommentares

Was zunächst auffällt, ist die Kürze des maimonidischen Kommentares. Wie er in seiner Vorrede angekündigt hat, beschränkte sich Maimonides auf das Wesentliche. Aphorismen, die seiner Ansicht nach keiner weiteren Erklärung bedurften, wurden auch nicht kommentiert[46], wenn er etwas erklärte, fasste er kurz Galens Kommentar zusammen, wenn nötig, korrigierte er ihn.

Maimonides berief sich auf keinen anderen Kommentator als Galen selbst, und wenn er ihn kritisierte, dann verwies er auf seine eigenen ärztlichen Erfahrungen und nicht auf andere Kommentatoren. Dazu kommt noch, dass er überaus selten Galens Aussagen korrigierte. Lediglich der Aphorismus I, 1 wurde von Maimonides ausführlich kommentiert, worauf er bereits in der Einleitung hinwies[47]. Dieser Kommentar geht sehr ins Detail und bringt weiterführende Gedanken, die Maimonides' Haltung in Bezug auf die ärztliche Kunst im Allgemeinen reflektieren. Man könnte diesen Teil als den philosophischen bezeichnen, da er hier den Leser dazu anregt, über seinen Beruf nachzudenken. Vor allem soll sich der Arzt der Tatsache bewusst werden, dass die Heilkunde eine Wissenschaft ist, die niemals vollständig gemeistert werden kann, da sie zu umfangreich ist. Gleichzeitig betont er die Wichtigkeit sowohl des theoretischen Studiums als auch der praktischen Arbeit am Patienten[48]:

> „Es ist bekannt, daß mit der Kenntnis all dieser sieben Teile und ihrem Auswendiglernen aus den Fachbüchern für jeden einzelnen Teilbereich davon nicht das Ziel der Arzttätigkeit erlangt wird und daß er kein vollständiges Wissen der Kunst erwerben wird, bis er in Kontakt mit den Einzelpersonen im Zustand ihrer Gesundheit und ihrer Krankheit kommt. Und er erwirbt sich ein Talent in der Unterscheidung der Symptome, durch die er Aufschluß erhält, wie er daraus schließen muß, und er erkennt mit Leichtigkeit den Mischungszustand dieser Person und den Mischungszustand eines jeden einzelnen seiner Organe, in welcher seiner Gesundheits- oder Krankheitsarten es sich befindet, und deswegen den Zustand der Funktion eines jeden der Organe dieses Menschen und den Zustand der Substanz seiner Organe, und ebenso erkennt er mit Leichtigkeit durch die lange Dauer des Kontaktes zu den Personen und durch jene Bilder, die sich seinem Verstand eingeprägt haben, wie er jene Hilfsmittel, ich

---

[46] Wobei sich Maimonides' Formulierung, dass ein Aphorismus klar und deutlich sei, nicht auf die Erklärung Galens, sondern auf den hippokratischen Aphorismus selbst bezieht. Anders deutet es Rosner, der die Klarheit auf den Kommentar Galens bezieht, was sich jedoch nicht aus dem Text entnehmen lässt (cf. F. Rosner, Maimonides' Medical Writings, vol. 2, Haifa 1987, 3).

[47] Schliwski, Kommentar (nt. 10), 7 und 170.

[48] Ibid., 10 und 173.

meine die Nahrungs- und die Heilmittel und die übrigen Werkzeuge, anwendet. Und dieses benötigt eine sehr lange Zeit."

Maimonides wandte sich mit dieser Aussage vor allem an denjenigen, der sich gerade erst in der Anfangsphase des medizinischen Studiums befindet, was sich daran zeigt, dass er die Methodik des Studiums mit den Elementen Theorie und Praxis aufzeigte. Diese Kenntnis dürfte jedoch beim ausgebildeten Arzt bereits vorhanden sein, sodass er sie nicht extra erwähnen müsste, zumal ja, wie bereits oben erwähnt, die Aphorismen des Hippokrates im Curriculum des Medizinstudiums vor allem für den Anfänger als Pflichtlektüre dienten, wenn er sie nicht schon in der Schule kennen gelernt hatte.

Letztendlich führt auch die ausführlichste und langandauernste Beschäftigung mit der Medizin nicht dazu, Vollkommenheit in dieser Disziplin zu erlangen, was Maimonides mit einem Galenzitat belegt[49]:

„Und Galen hatte in seinem Kommentar zum Buche Timaios gesagt, daß ein Mensch in der Heilkunst nicht vollkommen wissend sein kann."

Aus dieser Unmöglichkeit, in der Medizin zur Vollkommenheit zu gelangen, folgte für Maimonides vor allem eines: die Notwendigkeit allergrößter Vorsicht bei der Behandlung eines Patienten, denn gerade die Lückenhaftigkeit medizinischen Wissens kann zu Fehlern führen, die sogar das Leben des Patienten gefährden könnten[50]:

„Und bei der richtigen Behandlung sollst du wissen, daß jeder, der nicht darin vollkommen ist, mehr Schaden anrichtet, als daß er nützt, denn ob eine Person gesund oder krank ist, es ist geeigneter für ihn, überhaupt nicht nach dem Rat eines Arztes behandelt zu werden, als daß er nach dem Rat eines Arztes behandelt wird, der bei ihm einen Fehler macht, und entsprechend dem Mangel an Kenntnissen einer jeden Person wird sein Fehler sein, und wenn seine Behandlung Erfolg hat, so ist es zufällig."

Deswegen muss sich der Arzt der Lückenhaftigkeit seines Wissens bewusst sein, um nicht durch ein zu großes Selbstbewusstsein die Fehler geradezu herauszufordern. Diese Erkenntnis hat auch die medizinische Praxis des Maimonides bestimmt: Er war vorsichtig im eigenen Handeln und bevorzugte die Zusammenarbeit mit anderen Ärzten[51].

Aber nicht nur das Bewusstsein der eigenen Unzulänglichkeit spielt im Kommentar zum ersten Aphorismus eine wichtige Rolle, sondern auch ein anderer ethischer Aspekt[52], nämlich die Verpflichtung, als Arzt jedem zu helfen, ungeachtet seines Standes und seines Vermögens. So ist der Arzt nach Maimonides verpflichtet, auf die finanzielle Situation des Patienten Rücksicht zu nehmen und

---

49 Ibid., 10 und 174. Dieses Zitat ist nur an dieser Stelle Maimonides' überliefert, cf. Rosenthal, Commentaries (nt. 16), 236.

50 Schliwski, Kommentar (nt. 10), 10 sq. und 174.

51 Cf. dazu Bos, Asthma (nt. 31), vol. 1, xxix.

52 Zur medizinischen Ethik bei Hippokrates und Galen in der arabischen und jüdischen Tradition cf. A. R. Jonson, A Short History of Medical Ethics, New York 2000, 19–23.

nicht einfach ein Heilmittel zu verschreiben, ohne sich zu vergewissern, ob der Patient überhaupt in der Lage ist, dieses Heilmittel zu bezahlen. Dieses gilt auch für andere Dinge, die für das Wohlergehen des Patienten notwendig sind[53]:

> „Wenn der Kranke beispielsweise arm ist und sich an einem Ort befindet, der seine Krankheit verstärkt und er keine Möglichkeit zu einem anderen Ort hat, dann soll er ihn von einem Ort zum anderen versetzen. Und ebenso soll er ihm Nahrungs- und Heilmittel zuteilen, wenn er keine hat. Dieses und ähnliches sind die äußeren Dinge von dem, wozu der Arzt in Hinblick auf seine Kunst verpflichtet ist, jedoch sind sie für die Erreichung des Zieles, das der Arzt für diesen Kranken zu erreichen wünscht, nötig. Aber nur zu beschreiben, was man tun muß, und weggehen, das sollte er nicht tun, denn das erstrebte Ziel würde dadurch nicht eintreten."

Maimonides beabsichtigte mit der ausführlichen Kommentierung des ersten Aphorismus vor allem zwei Ziele: Er strebte danach, beim Leser ein Bewusstsein für die Schwierigkeit, in der Heilkunst Perfektion zu erlangen, zu wecken, und er bemühte sich darum, dem angehenden Arzt die ethischen Verpflichtungen, die sein Beruf mit sich bringt, klarzumachen[54].

Die übrigen Aphorismen wurden von Maimonides nur eher kurz oder sogar gar nicht kommentiert. Hier nimmt das Werk endgültig den Charakter eines Lehrbuches an, dessen Ziel es ist, dem Medizinstudenten das Auswendiglernen der Aphorismen zu erleichtern, indem der Kommentator nur das Allernotwendigste, was zum Verständnis der einzelnen Lehrsätze notwendig ist, hinzufügt.

IV. Zusammenfassung

Auch wenn bis heute die Frage, inwieweit Maimonides tatsächlich als medizinischer Lehrer tätig war, mangels entsprechender Quellen eine eher untergeordnete Rolle spielt[55], lässt sich sagen, dass er mit seinem Kommentar zu den Aphorismen des Hippokrates auch als Verfasser eines Lehrbuches in Erscheinung getreten ist, dessen Ziel es war, dem Lernenden den Sinn dieses hippokratischen Werkes nahezubringen und ihm somit eine bessere Memorierung zu ermöglichen.

Letztlich darf man wohl davon ausgehen, dass Maimonides seinen Kommentar als ein Lehrbuch für das selbstständige Studium eines angehenden Arztes verstand, der sich so in eigener Regie mit diesem grundlegenden Text auseinandersetzen konnte, ohne einen Lehrer dafür hinzuziehen zu müssen.

---

[53] Schliwski, Kommentar (nt. 10), 14 und 178.

[54] Über die Behandlung von armen Menschen cf. G. Bos, Ibn al-Jazzār on Medicine for the Poor and Destitude, in: Journal of the American Oriental Society 118 (1998), 365–375.

[55] So äußert sich Maimonides zwar in seinem berühmten Brief an seinen Schüler Joseph ben Judah ibn Schimon zu seinem täglichen Medizinstudium, das er auch als praktizierender Arzt weiterhin betreibt, gibt jedoch keinen Hinweis auf Schüler; cf. Bos, Contribution (nt. 39), 252.

VII. Lehren und Lernen im arabischen Kontext

Avicennas Taʿlīqāt: Textgenese und Schülertradition

Raphaela Veit (Köln)

Bei Fragen zu Avicenna und seinem gelehrten Umfeld ist die Handschrift Kairo, Dār al-Kutub (Ḥikma 6M) aus der Muṣṭafā Fāḍil Sammlung von besonderem Interesse. Die Handschrift datiert aus der ersten Hälfte des 6./12. Jahrhunderts und wurde wohl in Buḫārā geschrieben. Es handelt sich hier um das bislang einzige Manuskript mit einigen sonst nicht bekannten Werken von und aus dem Umkreis Avicennas und diente dementsprechend wiederholt als Vorlage für spätere Handschriften[1]. Als Schreiber dieses Kairoer Manuskripts signierte ʿAbd ar-Razzāq al-Ṣiġnāḫī (gestorben wohl Mitte 6./12. Jahrhundert), ein Avicenna-Schüler der dritten Generation, der offenbar – wenn man den biografischen Informationen von Ẓahīr al-Dīn al-Bayhaqī (gestorben 565/1169–70) folgt – die meisten Bücher des Avicenna in Gewahrsam und damit Zugang zu Manuskripten hatte, die sich ursprünglich in Avicennas Bibliothek in Buḫārā befanden[2]. Außerdem schildert al-Bayhaqī, ʿAbd ar-Razzāq sei zwar mit den Themen in Avicennas Werk vertraut gewesen, er habe sich aber nicht tiefer mit der Materie befasst, wie man das von anderen Gelehrten der Zeit kenne. ʿAbd ar-Razzāq war einer der Schüler des Abū l-ʿAbbās al-Lawkarī (gestorben nach 503/1109, wohl um 517/1123), einem Avicenna-Schüler der zweiten Generation[3]; als al-Lawkarīs Lehrer gilt Bahmanyār (gestorben 458/1066 oder [weniger wahrscheinlich] bereits 430/1038), der wohl bekannteste Student des Avicenna. Bah-

---

[1] Eine ausführliche Beschreibung des Manuskripts wurde vorgelegt von D. Gutas, Notes and Texts from Cairo Manuscripts, II: Texts of Avicenna's Library in a Copy by ʿAbd ar-Razzāq aṣ-Ṣiġnāḫī, in: Manuscripts of the Middle East 2 (1987), 8–17. Gutas verweist dabei auf Vergleichshandschriften wie auch auf Manuskripte, für die er diese Handschrift als Vorlage identifizieren konnte (10–14).

[2] Al-Bayhaqī, Tatimmat Ṣiwān al-ḥikma, ed. M. Shafīʿ, Lahore 1351/1935, 124–125 (= al-Bayhaqī, Taʾrīḫ ḥukamāʾ al-Islām, ed. M. Kurd ʿAlī, Damaskus 1365/1946, ²1396/1976); englische Übersetzung von M. Meyerhof, ʿAlī al-Bayhaqī's Tatimmat Ṣiwān al-Ḥikma: A Biographical Work on Learned Men of the Islam, in: Osiris 8 (1948), 122–217, 178. Zur Interpretation dieser Passage Gutas, Notes (nt. 1), 9.

[3] A. H. al-Rahim, Avicenna's Immediate Disciples: Their Lives and Works, in: Y. T. Langermann (ed.), Avicenna and His Legacy: A Golden Age of Science and Philosophy, Turnhout 2009, 1–25, 18–22 (dort auch zu den divergierenden Todesjahrangaben von al-Lawkarī). Cf. außerdem D. Gutas e. a., Avicenna, in: EIr III, URL: ⟨http://www.iranicaonline.org/articles/avicenna-index⟩, Originally Published: December 15, 1987, 66–110, 67–70 (Gutas, Avicenna ii. Biography).

manyārs Todesdatum ist nicht abschließend geklärt und – je nachdem für welches Datum man sich entscheidet – kann das Lehrer-Schüler-Verhältnis zwischen al-Lawkarī und Bahmanyār nur relativ kurz gewesen sein[4].

Im Hinblick auf den Inhalt der Kairoer Handschrift ist auf al-Bayhaqīs Angabe zurückzukommen, ʿAbd ar-Razzāq hätte die meisten Bücher des Avicenna in Verwahrung gehabt. Da sich die beiden Gelehrten al-Bayhaqī und ʿAbd ar-Razzāq persönlich kannten, ist diese Information sehr ernst zu nehmen. In ʿAbd al-Razzāqs Besitz befanden sich wohl demnach von Avicenna gelesene und benutzte Werke wie auch Handschriften mit seinem Œuvre – je nachdem versehen mit Varianten und Korrekturen; bei den ‚Randnoten zu De Anima' im Manuskript Kairo Ḥ6M (foll. 154^r–168^r) handelt es sich zum Beispiel um eine Transkription von Avicennas Kommentaren, die dieser auf den Rand seiner eigenen Handschrift von Aristoteles' ‚De Anima' angebracht hatte[5]. Auch vom Schrifttum der Schüler wird dadurch einiges für ʿAbd ar-Razzāq zugänglich gewesen sein, hat man doch Kenntnis von regelmäßig stattfindenden gemeinsamen Lektüreabenden mit Diskussionen sowie von Briefwechseln zwischen Avicenna und seinem studentischen Umfeld[6]. Im Kairoer Manuskript konnten schließlich Schülertexte mit Bezügen zu Avicennas umfangreicher philosophisch-naturwissenschaftlicher Enzyklopädie ‚Kitāb al-Šifāʾ' (‚Buch der Heilung') [7] identifiziert werden[8]. Darüber hinaus dürfte ʿAbd ar-Razzāq Zugang zu gelehrten Häusern in Buḫārā gehabt haben, für deren wohlhabende Besitzer Avicenna einst Abhandlungen verfasste – nicht selten, ohne eine Kopie für sich selbst anzufertigen. Al-Ǧūzǧānī (fl. 5./11. Jahrhundert)[9], ein weiterer Schüler des Avicenna, verweist in seiner Einleitung zu ‚al-Šifāʾ' auf den Umstand, dass sein Meister wohl nicht selten Schriften aus der Hand gab, ohne ein Exemplar für sich selbst zurückzubehalten[10].

---

[4] Je nachdem hat Bahmanyār seinen Meister um nur ein oder um knapp dreißig Jahre überlebt (cf. Gutas, Notes [nt. 1], 9). Zu Leben und Werk des Bahmanyār (neben al-Rahim, Avicenna's Immediate Disciples [nt. 3], 9–14) cf. vor allem D. C. Reisman, Bahmanyār b. al-Marzubān, in: ³EI, 2013, URL: ⟨http://referenceworks.brillonline.com/entries/encyclopaedia-of-islam-3/bahmanyar-b-al-marzuban-COM+22743⟩ und id., The Making of the Avicennan Tradition: The Transmission, Contents, and Structure of Ibn Sīnā's *al-Mubāḥatāt* (The Discussions), Leiden 2002, 185–195; cf. außerdem H. Daiber, Bahmanyār, Kīā, in: EIr III, URL: ⟨http://www.iranicaonline.org/articles/bahmanyar-kia-rais-abul-hasan-b⟩, Originally Published: December 15, 1988, 501–503 sowie Y. Michot, Une nouvelle œuvre du jeune Avicenne, in: Bulletin de philosophie médiévale 34 (1992), 138–154, 151–154 und id., La réponse d'Avicenne à Bahmanyār et al-Kirmānī, Présentation, traduction critique et lexique arabe-français de la Mubāḥatha III, in: Le Muséon 110/1–2 (1997), 143–221.

[5] Gutas, Notes (nt. 1), 9, 13 (Text 5).

[6] Dazu mehr unten nt. 39.

[7] Ibn Sīnā, al-Shifāʾ, edd. G. Anawati e. a. , 8 vols., Kairo 1952–83.

[8] Gutas, Notes (nt. 1), 9.

[9] Al-Rahim, Avicenna's Immediate Disciples (nt. 3), 4–8. A. Dhanani, Jūzjānī: Abū ʿUbayd ʿAbd al-Wāḥid ibn Muḥammad al-Jūzjānī, in: T. Hockey e. a. (eds.), The Biographical Encyclopedia of Astronomers, New York 2007, 604–605.

[10] Gutas, Notes (nt. 1), 9; zu al-Ǧūzǧānīs Text (mit englischer Übersetzung) id., Avicenna and the Aristotelian Tradition. Second, Revised and Enlarged Edition, Including an Inventory of Avicenna's Authentic Works, Leiden 2014, 29 sqq.

Als ersten Traktat (foll. $1^v - 68^r$) tradiert die Kairoer Handschrift Avicennas Taʿlīqāt (übersetzt ‚Notizen‘ oder ‚Glossen‘); die Bezeichnung ‚Taʿlīqāt‘ wird allerdings nur im Kolophon (fol. 68^r) zusammen mit dem Namen des Schreibers ʿAbd ar-Razzāq genannt, war aber fortan als Titel dieser Abhandlung eingeführt. Der Bezeichnung ‚Notizen‘ – ‚Glossen‘ entsprechend charakterisieren sich die Taʿlīqāt durch eine Aneinanderreihung von circa tausend Bemerkungen, Kommentaren oder Argumenten aus den thematischen Bereichen Logik, Naturphilosophie und Metaphysik. Dabei handelt es sich nicht um eine sorgfältig konzipierte, strukturierte und argumentativ in sich konsequent gedachte Abhandlung, vielmehr ist davon auszugehen, dass Avicenna – vermutlich parallel zur Abfassung von ‚al-Šifāʾ‘[11] – über Jahre hinweg bis zu seinem Tod mehr oder weniger kontinuierlich Ergänzungen oder Korrekturen hinzufügte. Denkbar ist auch, dass zumindest teilweise die Notizen im Gespräch mit Avicennas Schüler Ibn Zayla (gestorben 440/1049) entstanden und/oder von diesem notiert worden sind[12].

Bei einem weiteren, wohl dem ältesten Manuskript der Taʿlīqāt ergibt sich aus einer Notiz, dass diese meist sehr kurzen Texte nach Avicennas Tod offenbar von Bahmanyār redigiert und im Jahr 503/1109 von al-Lawkarī durchnummeriert sowie mit einem Inhaltsverzeichnis versehen wurden[13]. Es handelt sich hier um die heute in Istanbul aufbewahrte Handschrift Aya Sofya 2390 (datiert 521/1127)[14]. Je nach Zählung umfassen die Taʿlīqāt 990[15] oder 1013[16] Notizen. Der Umfang der einzelnen Taʿlīqāt variiert beträchtlich: Eine Taʿlīqa kann sich über eine oder mehrere Zeilen, aber auch über einige gedruckte Editionsseiten erstrecken, die meisten entsprechen circa einer halben Seite.

Als Zwischenfazit ist festzuhalten, dass bei den sogenannten Taʿlīqāt ein Traktat vorliegt, den in dieser geschlossenen Form Avicenna selbst nicht kompiliert

---

[11] So M. El-Khodeiri, Autour de deux opuscules d’Avicenne traduit en latin, in: MIDEO 2 (1955), 341–350, 343.

[12] So jüngst Gutas, Avicenna and the Aristotelian Tradition (nt. 10), 162 sq.; zu Ibn Zayla al-Rahim, Avicenna’s Immediate Disciples (nt. 3), 14 sqq.; außerdem Reisman, The Making (nt. 4), 195–203.

[13] Ibn Sīnā, al-Taʿlīqāt, Vorwort, ed. ʿA. Badawī, Kairo 1973, 9. Zu Bahmanyār als Kompilator der Taʿliqāt El-Khodeiri, Autour (nt. 11), 344 sowie J. Janssens, Les Taʿlīqāt d’Ibn Sīnā. Essai de structuration et de datation, in: A. Elamrani-Jamal/A. de Libera/A. Galonnier (eds.), Langages et philosophie. Hommage à Jean Jolivet (Études de philosophie médiévale 74), Paris 1997, 109–122, 110 nt. 4, 117 sq.

[14] Diese Informationen zu Bahmanyār und al-Lawkarī überliefert auch Ms. Istanbul, Ahmet III, 3204; zu den frühen Handschriften der Taʿlīqāt und ihren Besonderheiten El-Khodeiri, Autour (nt. 11), 346–348; die verschiedenen, auch deutlich späteren Handschriften-Rezensionen der Taʿlīqāt werden zusammengefasst von Gutas, Avicenna and the Aristotelian Tradition (nt. 10), 164.

[15] So in Ibn Sīnā, al-Taʿlīqāt, ed. Badawī (nt. 13).

[16] So in Ibn Sīnā, al-Taʿlīqāt, ed. S. H. Mousavian, Teheran 2013. Diese Textausgabe basiert auf fünf Manuskripten unter Hinzuziehung von sechs weiteren Handschriften und der von Badawī 1973 vorgelegten Edition (nt. 13); sie verfügt über einen soliden Variantenapparat und bietet darüber hinaus hilfreiche weiterführende Hintergrundinformationen zum Text, darauf ist zurückzukommen.

hat. Die Textgenese ist in engem Zusammenhang mit Avicennas Schülerumfeld zu sehen: Noch zu seinen Lebzeiten war möglicherweise Ibn Zayla an der Textzusammenstellung beteiligt; nach Avicennas Tod wurden die Taʿlīqāt offenbar von Bahmanyār redigiert – dies entspricht der Textversion, wie sie das Manuskript Kairo Ḥ6M tradiert. Der Schreiber dieser Handschrift war ein Avicenna-Schüler der dritten Generation, ʿAbd ar-Razzāq, der zeitgenössischen Quellen zufolge Zugang zu großen Teilen von Avicennas Bibliothek und Schrifttum hatte. Eine erste Überarbeitung oder Erweiterung der Taʿlīqāt im Hinblick auf eine bessere Lesbarkeit fällt in die Verantwortung von al-Lawkarī, einem Schüler des Bahmanyār und später Lehrer des ʿAbd ar-Razzāq – diesen Text überliefert das älteste Manuskript der Taʿlīqāt, die Handschrift Istanbul, Aya Sofya 2390.

Zum Leben der Schüler hat man nur wenig Kenntnis. Ibn Zayla stammte offenbar aus Iṣfahān, wurde mit zoroastrischen Kreisen in Verbindung gebracht, war aber anscheinend Muslim[17]. Bahmanyār, der wohl wichtigste Student des Avicenna, war zoroastrischen Ursprungs und hat seinen Lehrer während dessen Zeit in Hamadān (405/1015–415/1024) und Iṣfahān (415/1024–428/1037) begleitet, das heißt, er war über mehr als zwanzig Jahre sein Weggefährte[18]. Al-Ǧūzǧānī ist vor allem dadurch bekannt, dass er die von Avicenna begonnene Autobiografie fortführte – auf diesen Text ist zurückzukommen[19].

Fragen zur Zusammenstellung und Struktur der Taʿlīqāt werden dadurch erschwert, dass in die Taʿlīqāt des Avicenna nicht wenige Exzerpte aus den Taʿlīqāt des al-Fārābī Eingang gefunden haben – 115 zum Teil längere Einschübe aus dem Text von al-Fārābī konnten bislang identifiziert werden[20]. Diese im Text nicht eigens als von al-Fārābī gekennzeichneten Einschübe werden in den Handschriften als Bestandteil von Avicennas Schrift wiedergegeben; manchmal entsprechen sie einer geschlossenen, für sich nummerierten Notiz, in anderen Fällen wurden sie direkt in die Syntax von Avicennas Argument integriert[21]. Grundsätzlich stellt sich hier die Frage nach der Vereinbarkeit der Ansichten von al-Fārābī und Avicenna, wobei sich aber die Glossen des al-Fārābī entgegen der sonst von al-Fārābī vertretenen Meinungen inhaltlich an die von Avicenna vertretenen Ausführungen anpassen[22].

---

17 Cf. nt. 12.

18 Cf. nt. 4.

19 Cf. nt. 9; Zu Avicennas (Auto-)Biografie W. E. Gohlmann, The Life of Ibn Sīnā. A Critical Edition and Annotated Translation, Albany, NY 1974.

20 Al-Fārābī, al-Taʿlīqāt, ed. s. n., Ḥaidarābād 1927. Eine Neuedition des Textes wird von Mousavian vorbereitet (cf. Ibn Sīnā, al-Taʿlīqāt, ed. Mousavian (nt. 16), Introduction 5 nt. 2); zur Abhängigkeit der beiden Texte Mousavian (ibid., persische Einleitung 19–24). Konkordanztabellen finden sich bei El-Khodeiri, Autour (nt. 11), 346–348 sowie bei J. Michot, Tables de Correspondance des ‚Taʿlīqāt' d'al-Fārābī, des ‚Taʿlīqāt' d'Avicenne et du ‚Liber Aphorismorum' d'Andrea Alpago, in: MIDEO 15 (1982), 231–250, 234–244.

21 In der Edition Ibn Sīnā, al-Taʿlīqāt, ed. Mousavian (nt. 16) wurden die al-Fārābī zuzuordnenden Passagen nicht eigens gekennzeichnet, dafür aber im persischen Vorwort tabellarisch zusammengestellt (ibid., 23 sq.).

22 F. Rahman, Prophecy in Islam, London 1958 [Neudruck 2008], 65. Nach Gutas (Avicenna and the Aristotelian Tradition [nt. 10], 162, 164 nt. 16) gehen die unter al-Fārābīs Namen tradierten Taʿlīqāt nicht auf den ‚Zweiten Lehrer' zurück.

In der Forschung wurde die Urheberschaft dieser al-Fārābī-Einschübe in Avicennas Glossen bislang als unwissentliches Beiwerk von Bahmanyār gewertet[23]. Es hätten sich unter Avicennas Glossensammlung, vorstellbar als eine lose Zettelsammlung, eben auch Texte von al-Fārābī gefunden, die die Schüler bei der Ordnung des Nachlasses nicht als solche erkannten und somit auch diese Texte fälschlicherweise ihrem Meister zuschrieben. Doch so einfach scheint es nicht zu sein, denn wie gesagt: teilweise wurden die al-Fārābī-Exzerpte direkt in Avicennas Text integriert. Denkbar ist auch, dass diese Einschübe auf al-Lawkarī zurückzuführen sind. Im Vorwort zu seiner ‚Eisagoge' (‚al-Madḫal') schreibt al-Lawkarī, dass es doch (für einen Philosophen beziehungsweise für den Leser) genüge, das Schrifttum Avicennas und al-Fārābīs zu lesen, woraus sich wiederum zumindest eine große Wertschätzung für al-Fārābī ableiten lässt[24].

Viele Textpassagen der Taʿlīqāt zeigen Parallelen oder direkt Entsprechungen zu ‚al-Šifāʾ', wobei sich aber nicht bestätigen ließ, dass sich die Taʿlīqāt auf Randnotizen zu diesem Werk reduzieren lassen, wie das Mullā Ṣadrā (circa 1571/72–1640) noch vermutete[25]. Eine erste vorläufige Untersuchung hat ergeben, dass ungefähr sechzig von insgesamt 1013 Taʿlīqāt sich wörtlich oder in Paraphrase, ganz oder teilweise auf ‚al-Šifāʾ' zurückführen lassen, und zwar zumeist auf den Metaphysik-Teil[26].

Es finden sich nahezu wörtliche Entsprechungen, die ein ganzes Taʿlīqa[27] oder Teil einer längeren Taʿlīqa[28] bilden. Häufig werden die wörtlichen Zitate durch *qaulu-hu* („seine Rede") als Zitate des Lehrers gekennzeichnet, um mit *yaʿnī* („das heißt") fortzufahren[29]. In den untersuchten Passagen entsprechen die

---

23 El-Khodeiri, Autour (nt. 11), 345.

24 Ich danke Heidrun Eichner für diesen Hinweis. Für Details cf. al-Lawkarī, Bayān al-ḥaqq bi-ḍimān al-ṣidq: al-Manṭiq, al-Madḫal, ed. I. Dībājī, Teheran 1364Sh/1986. Zu diesem Werk cf. auch al-Rahim, Avicenna's Immediate Disciples (nt. 3), 20.

25 Ibn Sīnā, al-Taʿlīqāt, ed. Mousavian (nt. 16), Introduction 4.

26 In der Edition der Taʿlīqāt von Mousavian findet sich eine stichprobenartige Untersuchung zu Quellen- und Paralleltexten: Anhand von achtzig ausgewählten Taʿlīqāt (der insgesamt 1013) wird auf Bezüge der Taʿlīqāt zu anderen Schriften des Avicenna wie auch zu Traktaten aus seinem Schülerumfeld verwiesen, ohne jedoch Analysen über den Tatbestand der Textabhängigkeit oder -ähnlichkeit hinaus durchzuführen. Mousavian ist sich der Vorläufigkeit seiner diesbezüglichen Untersuchungen bewusst, indem er wiederholt auf „limitations of resources and time" bzw. auf Einschränkungen „within my time limit" verweist (Ibn Sīnā, al-Taʿlīqāt, ed. Mousavian [nt. 16], Introduction 5). T15 (ibid., 36, 595 sq.) oder T78 (ibid., 80 sq., 597 sq.) e. g. bestehen nur aus Zitaten; bei T3 (ibid., 11–19, 591 sqq.) hingegen sind die Zitate (darunter auch die aus al-Fārābī, der im Anhang der Edition nicht eigens als Quelle verzeichnet ist, cf. nt. 21) Teil einer komplexen Argumentation. Hier wie im Folgenden bezieht sich stets die erste Seitenzahlangabe auf den jeweiligen Taʿlīqa-Text und die folgende auf die zugehörige(n) Parallelpassage(n) im Anhang der Edition.

Zu den Bezügen zwischen ‚al-Šifāʾ' und den Taʿlīqāt cf. über die folgenden Ausführungen hinaus die Textbeispiele ibid., Anhang 587–614.

27 E.g. T299 (ibid., 197, 599).

28 E.g. T66 erstes Drittel (ibid., 74, 597), T282 die ersten beiden Zeilen, danach Paraphrase (ibid., 194, 599), T301 zweite Hälfte (ibid., 198, 300).

29 E.g. T67 (ibid., 75, 597) oder T126 (ibid., 102, 598).

Erklärungen denen aus ‚al-Šifāʾ', wobei jedoch der ‚al-Šifāʾ'-Text meistens gekürzt und auf das Wesentliche reduziert wurde in der Art, wie man Bücher unter einer gewissen Fragestellung exzerpiert – oder vielleicht auch wie man eine Mitschrift aus einer Unterweisung abfasst[30]. Zum Teil wurden für eine Taʿlīqa mehrere Zitate mit kurzen Erklärungen neu kombiniert[31]. Oft handelt es sich bei den Taʿlīqāt-Texten um Paraphrasen der Inhalte, wie sie sich auch in ‚al-Šifāʾ' finden[32], und solang man hierzu keine direkte Vorlage findet, muss die Frage erlaubt sein, ob bei diesen Passagen Notizen des Lehrers oder vielleicht der Schüler aus einem Unterrichtskontext vorliegen.

Eine Taʿlīqa weist Bezüge nicht nur zu ‚al-Šifāʾ', sondern auch zu Avicennas Schrift ‚al-Naǧāt' (dem ‚Buch der Erlösung')[33] auf[34], und wiederum eine andere Taʿlīqa zeigt Ähnlichkeiten nicht nur mit den beiden genannten Werken, sondern hier konnte als dritter Paralleltext Avicennas auf Persisch vorgelegte Einführung in die Philosophie – ‚Dāneš-Nāme'[35] – festgestellt werden[36]. Eine weitere Notiz lässt sich nur auf ‚al-Naǧāt' zurückführen[37], und bei zwei Taʿlīqāt-Stellen ergeben sich Bezüge sowohl zu ‚al-Šifāʾ' als auch zum ‚Dāneš-Nāme'[38].

Diese ersten Ergebnisse bedürfen in ihrer Komplexität weiterer tiefgehender Einzeluntersuchungen. Es lässt sich aber bereits Folgendes festhalten: Die Taʿlīqāt weisen Parallelen zu mehreren Texten aus Avicennas Schrifttum auf, vor allem zu ‚al-Šifāʾ' aber auch zu ‚al-Naǧāt' sowie zum persischen ‚Dāneš-Nāme'. Bei den arabischen Texten handelt es sich um wörtliche Entsprechungen, um leichte Abwandlungen oder auch Paraphrasen. Nicht selten wurden auch Exzerpte unterschiedlichen Ursprungs neu kombiniert – wie bereits anhand der in die Taʿlīqāt integrierten al-Fārābī-Passagen festgestellt wurde.

Dass den Schülern des Avicenna die Texte aus ‚al-Šifāʾ' nicht nur geläufig waren, sondern sie diese auch zusammen mit dem Meister lasen und diskutierten, ergibt sich aus einer Szene, die al-Ǧūzǧānī, in seiner Ergänzung zu Avicennas Autobiografie schildert: Nach seiner Flucht aus Buḫārā nahm Avicenna Zuflucht im Haus eines gelehrten Mannes in Gorgān und pflegte dort offenbar folgenden Tagesablauf:

> „Er [Avicenna] hatte bereits das erste Buch des ‚Qānūn' [d. h. seiner großen medizinischen Enzyklopädie] geschrieben, und jeden Abend versammelten sich Schüler in seinem Haus, wo im Wechsel ich [al-Jūzjānī] aus ‚al-Shifāʾ' und jemand anders aus ‚al-Qānūn' vorlasen. Wenn wir damit fertig waren, erschienen verschiedene Sänger, ein Trinkgelage mit allem Zubehör wurde angerichtet, und wir nahmen daran teil. Die

---

30 E.g. T48 (ibid., 60, 596 sq.), T51 (ibid., 62, 597).
31 E.g. T126 (ibid., 102, 598).
32 E.g. T65 (ibid., 74, 597), T83 (ibid., 85, 598), T267 (ibid., 181, 599), T300 (ibid., 198, 599 sq.).
33 Ibn Sīnā, Kitāb al-Najāt, ed. M. Fakhry, Beirut 1985.
34 T15 (Ibn Sīnā, al-Taʿlīqāt, ed. Mousavian [nt. 16], 35, 595 sq.).
35 Ibn Sīnā, Dānesh-Nāmeh, edd. M. Muʿin/M. Mishkāt, 3 vols., Teheran 1331 sh./1951.
36 T1 (Ibn Sīnā, al-Taʿlīqāt, ed. Mousavian [nt. 16], 3–10, 590 sq.).
37 T955 (ibid., 540–543, 611).
38 T3 (ibid., 11–19, 591 sqq.), T4 (ibid., 20–24, 593 sq.).

Unterweisung fand bei Nacht statt, aufgrund des Zeitmangels während des Tages wegen seines [Avicennas] Dienstes beim Amīr."[39]

Insofern ist es nicht verwunderlich, dass Texte aus ‚al-Šifāʾ' auch in ein anderes Werk Eingang gefunden haben, das häufig unter dem Namen des Avicenna kursiert, letztlich aber in mehrfacher Hinsicht in Verbindung zu seinen Schülern steht und auch Schülertexte beinhaltet. Es handelt sich hier um das ‚Kitāb al-Mubāḥaṯāt' oder ‚Buch der Diskussionen'[40]. Die Mubāḥaṯāt stellen kein in sich geschlossenes, organisiertes Ganzes dar, vielmehr wurde offenbar eine Reihe von Texten, im Wesentlichen Briefe des Avicenna als Antworten auf Anfragen aus seinem Schülerumfeld, zunächst wohl wiederum von Bahmanyār zusammengetragen und im Laufe der Zeit durch kürzere Texte, Zusammenfassungen und auch inhaltlich passende Anmerkungen ergänzt. Der größte Teil der Mubāḥaṯāt bezieht sich auf Avicennas Schriftwechsel mit Bahmanyār[41].

Auch bei den Mubāḥaṯāt lassen sich bislang vierzehn Bezüge zu den Taʿlīqāt herstellen, so zunächst zwei Passagen, die sich wörtlich auch in ‚al-Šifāʾ' finden und in gekürzter Form in die Taʿlīqāt Eingang gefunden haben[42]. Bei sechs weiteren Textstellen im Umfang von circa zwei bis vier Zeilen entsprechen sich die Texte in den Mubāḥaṯāt und in den Taʿlīqāt vollständig[43]. Zum Teil bilden die Mubāḥaṯāt-Exzerpte eine eigene Glosse[44], zum Teil wurden sie auch wieder in einen längeren Text integriert[45]. Für eine andere Taʿlīqāt-Passage wurden Teile aus den Mubāḥaṯāt teils wörtlich, teils in Paraphrase oder Kürzung übernommen – hier hat offenkundig eine Überarbeitung stattgefunden[46]. Bei den fünf noch ausstehenden Parallelstellen zwischen den Taʿlīqāt und den Mubāḥaṯāt handelt es sich um inhaltliche Paraphrasen[47]. Genaue inhaltliche Analysen zu den genannten Textpassagen stehen aus und dürften – in Anbetracht der sehr

---

39 Gohlman, The Life (nt. 19), 54–57. Die Beschreibung einer ähnlichen Szene findet sich bei al-Bayhaqī, Tatimmat (nt. 2), 49, cf. al-Rahim, Avicenna's Immediate Disciples (nt. 3), 2.

40 Ibn Sīnā [/Bahmanyār] (das Werk läuft unter Avicennas wie auch unter Bahmanyārs Namen), Kitāb al-mubāḥathāt, ed. M. Bīdārfar, Qum 1413/1992–93.

41 Zur komplexen Textgeschichte der Mubāḥaṯāt cf. Reisman, The Making (nt. 4), 105–165. Eine Zusammenfassung der Problematik bietet Gutas, Avicenna and the Aristotelian Tradition (nt. 10), 159 sq., 162 sq.

42 T27 (Ibn Sīnā, al-Taʿlīqāt, ed. Mousavian [nt. 16], 45, 596), T194 (ibid., 142, 598 sq.).

43 T140 (ibid., 109, 598), T334 (ibid., 214, 601), T336 (ibid., 214, 601), T357 (ibid., 223 sq., 601), T644 (ibid., 363, 605), T645 nur am Schluss leicht gekürzt (ibid., 364, 605).

44 T140 (ibid., 109, 598), T334 (ibid., 214, 601), T336 (ibid., 214, 601), T645 (ibid., 364, 605).

45 T357 (ibid., 223 sq., 601), T644 (ibid., 363, 605).

46 T455 Abweichen in den ersten beiden Dritteln, danach Text fast identisch (ibid., 267, kein Bezugstext ibid. im Anhang/cf. Ibn Sīnā [/Bahmanyār], al-Mubāḥathāt, ed. Bīdārfar [nt. 40], 253 [§ 739]); auf diese Textparallele verweist Janssens, Les Taʿlīqāt (nt. 13), 109–110 mit nt. 4.

47 T78 (Ibn Sīnā, al-Taʿlīqāt, ed. Mousavian [nt. 16], 80 sq., 597 sq.), T348 (ibid., 220, 601); T515 (ibid., 294 sq., kein Bezugstext ibid. im Anhang), T516 (ibid., 295, kein Bezugstext ibid. im Anhang), T517 (ibid., 295 sq., kein Bezugstext ibid. im Anhang); auf Parallelen (keine wörtlichen Entsprechungen) zwischen diesen drei Taʿlīqāt und Ibn Sīnā [/Bahmanyār], al-Mubāḥathāt, ed. Bīdārfar (nt. 40), 255–257 (§ 745–746) verweist Janssens, Les Taʿlīqāt (nt. 13), 109–110 mit nt. 4. Zu diesen Textstellen cf. Reisman, The Making (nt. 4), 247.

komplexen Textgeschichte von beiden Abhandlungen – nur unter Hinzuziehung von handschriftlichem Material Erfolg versprechend sein[48].

Bedenkt man die Rolle des Bahmanyār sowohl bei der Kompilation der Taʿlīqāt als auch bei den Mubāḥaṯāt, so würde man erwarten, dass auch Teile aus Bahmanyārs Hauptwerk, dem ‚Kitāb al-Taḥṣīl'[49] (‚Buch der Bestätigung') Eingang in die Taʿlīqāt gefunden haben. Es lassen sich in der Tat zwölf Stellen[50] – davon sieben in Kombination mit ‚al-Šifāʾ'[51] – identifizieren, die man als Parallelstellen werten kann, die aber keine wörtlichen Entsprechungen darstellen. Daraus ergibt sich die Frage, ob Bahmanyār sein Hauptwerk erst nach der Kompilation und Redaktion der Taʿlīqāt abgefasst hat; man geht davon aus, dass er sein ‚Kitāb al-Taḥṣīl' erst nach Avicennas Tod niederschrieb[52].

Die für die Mubāḥaṯāt zusammengestellten Texte sind auch in anderer Hinsicht für die Beziehungen zwischen dem Meister und seinen Schülern sowie für die Textgeschichte der Taʿlīqāt von Interesse. In seinen Briefen an Avicenna beklagt sich Bahmanyār wiederholt darüber, dass der Meister nicht auf seine Fragen eingehe, diese nicht in der von ihm präsentierten Ordnung oder sie nur teilweise beantworte. Avicenna wiederum verweist in seinen Antworten auf Schreiben, die anscheinend nicht oder nur unvollständig bei Bahmanyār angekommen sind[53]. Im Einzelnen ist es schwierig, diese Korrespondenz zu rekonstruieren, zumal offensichtlich manche Fragen und Antworten mehrfach versandt wurden, da es Schwierigkeiten und Verluste auf dem Transportweg gab. Als bei der Einnahme von Iṣfahān im Muḥarram 421/Januar 1030 Avicennas Gepäck geplündert wurde und dabei auch Manuskripte verloren gingen, erkundigte sich Bahmanyār besorgt über den Bücherverlust[54].

Dass Schriften des Avicenna nicht mehr in seinem Besitz waren oder verloren gingen, wird auch aus anderen Quellen berichtet. Wie bereits ausgeführt, hatte ʿAbd ar-Razzāq, der Schreiber des Manuskripts Kairo Ḥ6M, offenbar in Buḫārā Zugang zu Handschriften, die Avicenna ohne eigene Kopie für gelehrte und

---

48 Cf. zu dieser Problematik auch die Argumentationen von Reisman, The Making (nt. 4), 247 (knappe Diskussion zu denkbaren, aber bislang nicht belegbaren Zusammenhängen zwischen den Taʿlīqāt und Avicennas ‚al-Lawāḥiq' [‚Appendix' oder ‚Addenda'], einer bislang nicht identifizierten Schrift) sowie 259–263 (im Hinblick auf eine kritische Edition der Mubāḥaṯāt).

49 Bahmanyār ibn al-Marzubān, Kitāb al-taḥṣīl, ed. M. Muṭahharī, Teheran 1996.

50 T47 (Ibn Sīnā, al-Taʿlīqāt, ed. Mousavian [nt. 16], 59, 596), T329 (ibid., 211 sq., 601), T361 (ibid., 225, 602), T382 (ibid., 238, 602), T391 (ibid., 242, 602), T404 (ibid., 247 sq., 602), T528 (ibid., 302, 603 sq.), T548 (ibid., 310, 604), T751 (ibid., 420, 606), T919 (ibid., 502–505, 608), T998 (ibid., 573–576, 613), T1000 (ibid., 576 sq., 613).

51 T47 (ibid., 59, 596), T404 (ibid., 247 sq., 602), T528 (ibid., 302, 603 sq.), T548 (ibid., 310, 604), T751 (ibid., 420, 606), T919 (ibid., 502–505, 608), T998 (ibid., 573–576, 613).

52 J. Janssens, Bahmanyār ibn Marzubān. A Faithful Disciple of Ibn Sīnā?, in: D. C. Reisman (ed.), Before and After Avicenna. Proceedings of the First Conference of the Avicenna Study Group, Leiden 2003, 177–197, 178.

53 Reisman, The Making (nt. 4), 207 sqq., 212, 225 sqq., 232 sqq.; weitere Informationen zu Avicennas (verlorenem) Werk finden sich bei id., Stealing Avicenna's Books: A Study of the Historical Sources for the Life and Times of Avicenna, in: id., Before and After (nt. 52), 91–126.

54 Id., The Making (nt. 4), 232.

begüterte Auftraggeber abgefasst hatte[55]. Al-Ǧūzǧānī wiederum berichtet in seiner Fortsetzung von Avicennas Autobiografie, dass aus Avicennas ‚Qānūn' der praktische Teil, anscheinend mit medizinischen Erfahrungsberichten, verloren ging[56]. Al-Ǧūzǧānī war es auch, der in Avicennas persischer Einführung in die Philosophie – ‚Dāneš-Nāme' – den Teil zur Arithmetik ersetzte, da er nach eigenen Angaben das Original nicht mehr finden konnte; er tat dies, indem er den entsprechenden Teil aus ‚al-Šifāʾ' ins Persische übersetzte[57]. Auch in einem anderen Fall fand al-Ǧūzǧānī im mathematischen Bereich die Lösung für einen fehlenden Avicenna-Text: In seinem Vorwort zur Mathematik in ‚al-Naǧāt' erklärt er, dass Avicenna diesen Teil nicht in der von ihm versprochenen ausführlichen Weise hätte ausführen können. Deshalb habe nun er, al-Ǧūzǧānī, aus einigen kürzeren Texten des Avicenna zur Mathematik diesen Teil zusammengestellt und die Arithmetik-Kapitel wiederum aus ‚al-Šifāʾ' ergänzt. Auch an den Abschnitten zur Geometrie, Astronomie und Musik in ‚al-Naǧāt' war al-Ǧūzǧānī maßgeblich beteiligt[58].

Bei der Suche nach verlorenen oder nicht fertiggestellten Schriften des Avicenna wurde auch die Möglichkeit einer arabischen Vorlage für den persischen Traktat ‚Dāneš-Nāme' diskutiert[59]. Bislang konnten exemplarisch Bezüge zwischen den Taʿlīqāt und verschiedenen Schriften des Avicenna aufgezeigt werden, vor allem in Bezug auf ‚al-Šifāʾ' und hier besonders auf die Metaphysik. Auch auf die Einschübe von al-Fārābī wurde verwiesen. All diese Texte liegen auf Arabisch vor, ein Vergleich der sich entsprechenden Passagen ergab Entsprechungen und Ähnlichkeiten, die die ganze Spannbreite vom wörtlichen Zitat über kleinere Abweichungen bis hin zu einer anderen Formulierung als Paraphrase umfassten. Vergleicht man die persischen Texte aus dem ‚Dāneš-Nāme' mit den arabischen der Taʿlīqāt, so ergibt sich für mindestens zehn Stellen, von denen zwei[60] auch Parallelen mit ‚al-Šifāʾ' und eine[61] mit ‚al-Šifāʾ' sowie mit ‚al-Naǧāt' aufweisen, ein ähnliches Bild[62]: Manche – eher kurze Passagen – entsprechen sich wörtlich, an anderen Stellen liegen im Prinzip die gleichen Inhalte in anderer, mehr oder weniger ähnlicher Formulierung vor. Ein umfassender und detaillierter Vergleich der beiden Abhandlungen steht aus, aber aufgrund der bereits festgestellten Parallelen wurden arabische Vorarbeiten zu die-

55 Cf. oben nt. 10.

56 Gohlmann, The Life (nt. 19), 72–75.

57 Ibn Sīnā, Dānesh-Nāmeh, edd. Muʿin/Mishkāt (nt. 35).

58 Al-Rahim, Avicenna's Immediate Disciples (nt. 3), 7.

59 J. Janssens, Le Dānesh-Nāmeh d'Ibn Sīnā: un texte à revoir?, in: Bulletin de philosophie médiévale 28 (1986), 163–177, 163–166.

60 T3 (Ibn Sīnā, al-Taʿlīqāt, ed. Mousavian [nt. 16], 11–19, 591 sqq.), T4 (ibid., 20–24, 593 sq.).

61 T1 (ibid., 3–10, 590 sq.).

62 Bezüge nur zum ‚Dāneš-Nāme': T5 (ibid., 24–27, 594 sq.), T6 (ibid., 27 sq., 595), T944 (ibid., 524 sqq., 609 sq.), T950 (ibid., 530–537, 610 sq.), T961 (ibid., 545 sqq., 611), T994 (ibid., 566–569, 612 sq.), T1010 (ibid., 582 sqq., 613 sq.).

ser auf Persisch abgefassten philosophischen Einführung als Teil der Taʿlīqāt vermutet[63].

Während mit der Arithmetik wie ausgeführt der vierte und letzte Abschnitt des ‚Dāneš-Nāme' aus dem Arabischen ins Persische übersetzt wurde[64], ist diese Frage für die ersten drei Teile des Traktats nicht so einfach zu beantworten. Die Unterschiede im sprachlichen Stil zwischen den ersten drei Teilen und dem vierten Teil des Textes sind frappierend: Der von al-Ǧūzǧānī ins Persische übersetzte Text entspricht häufig der arabischen Syntax unter Verwendung der arabischen Terminologie; zur Erschließung des Sinns ist die parallele Lesung der arabischen Vorlage hilfreich. Anders die ersten drei Abschnitte: Hier findet der Leser einen schlüssigen persischen Text, auch Fachbegriffe wurden nach Möglichkeit auf Persisch wiedergegeben, selbst wenn ein eingeführtes arabisches Fremdwort zur Verfügung gestanden hätte[65]. Hier stellt sich die Frage, ob Avicenna die ersten drei Teile direkt auf Persisch niederschrieb oder – zumindest Ausschnitte davon – zunächst auf Arabisch redigierte.

Zur Klärung der genauen Zusammenhänge zwischen den beiden Traktaten empfiehlt sich die Hinzuziehung des Manuskripts Leiden, Universitätsbibliothek, Or. 184. Diese Handschrift tradiert sechzehn kurze Texte zu verschiedenen philosophischen Themen, deren genauer Inhalt bislang nicht vollständig identifiziert werden konnte[66]. Teils werden diese Schriften Avicenna, teils seinen Schülern (Bahmanyār und Ibn Zayla) zugeschrieben. Die Handschrift datiert größtenteils 514–515/1120–1122 und zählt damit zu den sehr frühen Überlieferungszeugen zum Werk des Meisters und seiner Schüler. Auch für die Logik-Texte in dieser Handschrift wurden Bezüge zum ‚Dāneš-Nāme' postuliert[67], ohne dass dies abschließend geklärt wäre; ein detaillierter Vergleich zwischen dem Logik-Teil des persischen Textes mit dem arabischen Wortlaut der Handschrift steht aus, sodass die Frage nach einem möglichen arabischen Entwurf der ersten drei Teile des ‚Dāneš-Nāme' nach wie vor offen ist.

Die bisherigen Ausführungen zu Avicennas Taʿlīqāt dürften verdeutlicht haben, dass eine Analyse dieser Notizensammlung mit dem ursprünglichen Charakter eines Zettelkastens das unmittelbare historische Szenarium von Avicennas Arbeit präsentiert. Indem die Schüler eine Ordnung dieser Notizen vornahmen, wird direkt die erste Rezeption fassbar. Konkret ermöglichen die Taʿlīqāt einen Einblick in die Arbeitsweisen, in die literarische Werkstatt des Avicenna, möglicherweise die Entdeckung früherer Versionen von Abhandlungen als Exzerpt

63 Janssens, Le Dānesh-Nāmeh (nt. 59), 164–165; id., Les Taʿlīqāt (nt. 13), 110 nt. 5 (dort Korrekturen zum erstgenannten Artikel).

64 Siehe oben nt. 57.

65 Zu einer stilistischen Analyse cf. auch die Ausführungen bei M. Achena/H. Massé, Avicenne. Le livre de science. II. Physique, Mathématiques, Paris 1958, Einleitung 7.

66 Zum Inhalt des Manuskripts J. J. Witkam, Inventory of the Oriental Manuscripts in Leiden University Library, Leiden 2006–2007, I (Or. 1 – Or. 1000), 79–80, URL: ⟨http://www.islamicmanuscripts.info/inventories/leiden/or01000.pdf⟩.

67 So Janssens, Les Taʿlīqāt (nt. 13), 110 mit nt. 6.

wie auch späterer Kommentare vom Meister selbst zu Passagen in bereits abgefassten Traktaten. Die Partizipation der Schüler an der Entstehung der Taʿlīqāt führt auch in den direkten Kontext von Avicennas Lehrtätigkeit. Im Hinblick auf die Schüler ist von Interesse, dass in den Rechtsstudien der Begriff „Taʿlīqāt" sowohl Unterrichtsaufzeichnungen der Studenten als auch eine Kombination aus Unterrichtsaufzeichnungen und Auszügen aus den Werken des Meisters umfasst, wie auch sogar eine erste unabhängige Publikation eines gelehrten oder sehr fortgeschrittenen Schülers[68]. All dies lässt sich ebenso für die Taʿlīqāt des Avicenna feststellen, auch wenn in der Philosophie bislang keine diesbezügliche Anwendung des Begriffs bekannt ist[69].

Der präzise Anteil der Schüler bei der Abfassung wie auch bei der ersten Rezeption der Taʿlīqāt muss durch weitere Untersuchungen geklärt werden. Einen Eindruck von der Komplexität dieser Fragestellungen vermitteln die Untersuchungen zu den Mubāḥaṯāt, einer Schrift, die – wie oben beschrieben – ähnlich schwer zu fassen ist wie die Taʿlīqāt und wörtliche Entsprechungen zu der Notizensammlung aufweist. Untersuchungen zu den Taʿlīqāt versprechen demnach Erkenntnisse sowohl über die Textgenese als auch über die sehr frühe Rezeption einer bislang kaum erforschten Textgattung und dadurch völlig neue Zugänge zu einem Erkenntnisgewinn abseits abstrakter Diskurse zu Avicennas Werk.

[68] Zum Begriff der „Taʿlīqāt" im islamischen Lehrbetrieb G. Makdisi, The Rise of Colleges. Institutions of Learning in Islam and in the West, Edinburgh 1981, 118–125.

[69] Dies ist auch das Argument von Janssens, Les Taʿlīqāt (nt. 13), 116–118, der in diesem Zusammenhang die Rolle des Bahmanyār hervorhebt.

Three Masters and One Disciple: Ibn Ṭumlūs's Critical Incorporation of al-Fārābī, al-Ġazālī, and Ibn Rušd[1]

Fouad Ben Ahmed (Rabat)

I. Introduction

In the eyes of a teacher such as myself, saying that a master can have many students or disciples is more acceptable than saying that a student can have many masters, even if the latter is in fact the case in modern education. Broadly speaking, in modern Arabic thought in which the intellectual borders between schools and traditions are made to seem clear and accurate, it is almost unusual to draw "rationalists" like Ibn Rušd (Averroes) (595/1198) closer to "spiritualists" like al-Ġazālī (505/1111)[2]. So, to relate Ibn Ṭumlūs, one of Averroes's disciples, to al-Ġazālī would mean to integrate him into a tradition that is in total disagreement with "the rationalist" tradition, in which Averroes is indisputably the master. Fortunately, some hard facts, like textual evidence, can sometimes help minimize such ideological and mutually exclusive readings[3]. Otherwise, we would keep saying that there is neither a common ground between Ibn Ṭumlūs (620/1223) and al-Ġazālī nor between Averroes and al-Ġazālī.

Ernest Renan's book 'Averroès et l'averroïsme' has put forth a dramatic thesis, namely that Averroes, the "rationalist" of Islamic civilization and the Great Commentator of Aristotle, had no students and no influence on the Islamic world in the centuries following his death[4]. Renan said this in a book that first appeared in 1852, a book that, surprisingly enough, is still being taught today.

---

[1] I would like to thank Professor Dr. Meryem Ouedghiri (University Mohammed V, Rabat) and Professor Dr. Robert Pasnau (University of Colorado, USA) for editing the present paper.

[2] Many thinkers in Morocco and in the Arab World uphold this idea. Among those one can mention the works of Mohamed ʿĀbid al-Ǧābirī from Morocco and ʿĀṭif al-ʿIrāqī from Egypt. Cf. e. g., ʿĀṭif al-ʿIrāqī, al-Nazʿa al-ʿAqliyya fī Falsafati Ibn Rušd, al-Ṭabʿa al-Rābiʿa, al-Qāhira 1984.

[3] The Arabic writings on Averroes were a subject of these mutually exclusive readings. From the eighties of the last century onwards, Taha ʿAbd-Rahman and Abd El-Maǧīd al-Ṣghiyar defended the position of al-Ġazālī against al-Ǧābirī who worked hard to highlight the rationalism of Averroes and to minimize the role of a thinker like al-Ġazālī. Cf. e. g., Mohammad ʿĀbid al-Ǧābirī, Fikr al-Ġazālī: Mukawwinātuh wa Tanāquḍātuh, in: al-Tturāṯ wa al-Ḥadāṯa, Dirāsāt wa Munāqašāt, Casablanca – Beirut 1991, 161 – 174; id., Al-Nnazʿa al-Burhāniyya fi al-Maġrib wa al-Andalus, op. cit., 201 – 215; T. ʿAbd-Rahman, Taǧdīd al-Manhaǧ fī Taqwīm al-Turāṯ, Casablanca – Beirut 1994.

[4] Cf. E. Renan, Averroès et l'averroïsme: essai historique, Paris ^{4}1882, 37.

With the appearance of Mohamed Ben Charifa's book 'Ibn Rušd al-Ḥafīd: Sīra Waṯā'iqiyya' ('Averroes the Grandson: a Documentary Biography')[5], it has become simply impossible to maintain Renan's thesis. Ben Charifa has counted about forty Muslim students of Averroes – from all genres of Islamic sciences – that constituted his field of interest[6]. The book records that Ibn Ṭumlūs was among the main and first students of Averroes[7].

Ibn Ṭumlūs's biographers introduced him as an "intellectual" whose wide-ranging education and scientific interests led him to encompass most of the disciplines of his time[8]. Ibn al-Abbār[9], one of his contemporaries, pointed to his mastery of the sciences of philosophy[10] (*kān mutaḥaqqiqan fī ʿulūm al-awā'il*) besides his ample knowledge in the literature and the linguistic sciences of Arabic[11]. What is more, Ibn Ṭumlūs's thorough knowledge and outstanding excellence in the art of medicine (*fāḍil fī ṣināʿat al-ṭibb*)[12] endowed him with the privilege to succeed Ibn Rušd as a physician in the Almohad court[13].

In reality, the fact that Ibn Ṭumlūs was a disciple of Ibn Rušd was never doubted in the beginning. The fact was witnessed early on by Ibn al-Abbār[14] and is today indisputably confirmed by the discovery of Ibn Ṭumlūs's Commen-

---

5 M. Ben Charifa, Ibn Rušd al-Ḥafīd: Sīra Waṯā'iqiyya, Casablanca 1999.

6 In addition to Averroes's sons, Ben Charifa mentioned many names like Abū al-Ḥasan Sahl b. Mālik al-Ġarnāṭī, Abū al-Qāsim Muḥammad b. Aḥmed al-Tuǧībī al-Mursī, Abū Bakr Benbundūd, Abū Ǧaʿfar Aḥmad b. Sābiq al-Qurṭubī and others as students of Averroes in secular sciences. The same list contains names like Abū Muḥammad b. Ḥawaṭ al-Llāh al-Mālaqī, Muhamed ʿAbd al-Kabīr al-Ġāfiqī, Abū al-Rabīʿ Sulaymān al-Klāʿī, Abū Bakr Muhamed b. Muhamed b. Ǧahūr al-Azdī al-Mursī and others as Averroes's students in religious sciences. For further details, cf. Ben Charifa, op. cit. (nt. 5), 147–152, 232–244.

7 Ben Charifa, op. cit. (nt. 5), 95–96, 309–310.

8 Among Ibn Ṭumlūs's biographers are names such as Ibn al-Abbār, Ibn Abī Uṣaybiʿa, al-Ḏahabī and others. His 'Commentary on Avicenna's Medical Poem on Medicine' ('Šarḥ Urǧūza Ibn Sīnā fī al-Ṭibb') shows his familiarity with the two famous approaches in medical writings: the method of philosophers and the method of physicians. On this point, see the final note in his 'Commentary on Avicenna's Medical Poem'. Also, his 'Book on Logic', made known by Miguel Asín Palacios as 'al-Madḫal li Ṣināʿat al-Manṭiq' (= 'Introducción al arte de la lógica'), shows his knowledge of the logical and juridical writings of his time.

9 Ibn al-Abbār, al-Takmila li Kitāb al-Ṣila, ed. ʿAbd al-Salām al-Harrās, Lubnān 1995, vol. 4, 222.

10 Ibn al-Abbār ([nt. 9], vol. 4, 222), Ibn Abī Uṣaybiʿa, 'Uyūn al-Anbā' fī Ṭabaqāt al-Aṭibbā', ed. N. Riḍā, Bayrūt, s. a. , vol. 1, 537; vol. 2, 8; Š. al-Ḏahabī, Tārīḫ al-Islām, ed. B. ʿAwwād, Bayrūt 2003, vol. 13, 624.

11 Ibn al-Abbār, al-Takmila li Kitāb al-Ṣila (nt. 9), vol. 4, 222; Ibn Abī Uṣaybiʿa ([nt. 10] vol. 1, 537); vol. 2, 8; and Al- Ḏahabī ([nt. 10] vol. 13, 624) point to Ibn Ṭumlūs's ample knowledge in the literature and the linguistic sciences of Arabic (*al-ādāb wa ʿulūm al-ʿArabiyya*), especially poetry and grammar (Ibn al-Abbār, al-Takmila li Kitāb al-Ṣila [nt. 9], vol. 4, 222).

12 Ibn Abī Uṣaybiʿa, op. cit. (nt. 10), vol. 1, 537.

13 Ibn Ṭumlūs served the caliph al-Nāṣir (610H/1213) as a physician ("*ḫadama al-Nāṣir bi al-ṭibb*") as is documented by Ibn Abī Uṣaybiʿa, op. cit. (nt. 10), vol. 1, 537.

14 Ibn al-Abbār has given precedence to the impact of Ibn Rušd on Ibn Ṭumlūs's work over that of his other masters. He said: "*Ṣaḥiba abā al-Walīd b. Rušd wa aḫaḏa ʿanhuʿ ilmahu.*" Op. cit. (nt. 9), 222.

tary on Avicenna's 'Medical Poem'[15] and his 'Book on Logic'[16]. However, despite the existence of such irrefutable evidence attesting to Ibn Ṭumlūs's discipleship to Ibn Rušd, it has still been contested by works such as those of Miguel Asín Palacios (1908–1916)[17] and Abdelali Elamrani-Jamal (1993)[18].

According to Palacios, Ibn Ṭumlūs was, to quote him, "the enthusiastic disciple"[19] of al-Ġazālī who exerted great influence on him compared to the dimness of his "Averroistic peripateticism"[20]. In his view, this dimness can be explained by the ordeal that afflicted Ibn Rušd's life at that time. Actually, the fact that Ibn Ṭumlūs was al-Ġazālī's disciple is what gave Palacios a reasonable ground for introducing him to European scholars[21]. 'Abdelmajid al-Ṣghiyar (1979–1996) has followed Palacios in this view[22]. He even goes further by taking Ibn Ṭumlūs's alignment with al-Ġazālī as a sign for the collapse of the impact of Averroism and the rise of that of Gazalianism in the Islamic occident[23].

Abdelali Elamrani-Jamal – despite his awareness, as demonstrated by his own words, of the fact that Ibn Ṭumlūs was Ibn Rušd's disciple – has opted for

15 Ibn Ṭumlūs begins his 'Commentary on Avicenna's Urǧūza' with an open acknowledgment of his great indebtedness to Ibn Rušd. See below, nt. 80.

16 The body of the 'Book of Logic' attests to Ibn Ṭumlūs's extensive knowledge of the logical works of Ibn Rušd. It is clear, too, that he knew Avicenna's and al-Fārābī's logical works (some parts of 'al-Šifā'' like 'Rhetoric' and 'Poetics', and al-Fārābī's 'Iḥṣā' al-ʿulūm' as well as his logical *compendia*: 'al-Maqūlāt', 'al-ʿIbāra', 'al-Taḥlīl', 'al-Qiyās', 'al-Ǧadal', 'al-Ḫaṭāba' and 'al-Šiʿr').

17 M.-A. Palacios, La logique d'Ibn Toumlous d'Alcira, in: La Revue Tunisienne 67 (1908–1909), 474–479; id., Introducción al Arte de la Lógica por Abentomlús de Alcira. Texto árabe y trad. española, Madrid 1916.

18 A. Elamrani-Jamal, Éléments nouveaux pour l'étude de l'Introduction à l'art de la logique d'Ibn Ṭumlūs (m. 620 H./1223), in: A. Hasnaoui/A. Elamrani-Jamal/M. Aouad (eds.), Perspectives arabes et médiévales sur la tradition scientifique et philosophique grecque. Actes du colloque de la SIHSPAI (Société internationale d'histoire des sciences et de la philosophie arabes et islamiques), Paris, 31 mars – 3 avril 1993, Leuven–Paris 1997, 465–483.

19 Palacios, La logique d'Ibn Toumlous (nt. 17), 475.

20 Palacios, La logique d'Ibn Toumlous (nt. 17), 474.

21 He said: "Cette dernière circonstance (qu'Ibn Toumloûs soit le disciple enthousiaste d'El Ghazzâli) est peut-être la raison qui a le plus contribué à ce que je lui consacre ce travail." (Ibid., 475.) Palacios's "travail" will take the form of a partial edition and translation into Spanish of Ibn Ṭumlūs's 'Book on Logic' entitling it 'Introducción al arte de la lógica' (1916).

22 ʿA. al-Ṣghiyar, Al-Manhaǧ al-Rušdī wa aṯaruhū fī al-Ḥukm ʿalā Ibn Rušd ladā maǧāribat al-Qarnayn al-Sādis wa-l-ṯāliṯʿašahr li-l-hiǧra (12 &19), in: Aʿmāl Nadwat Ibn Rušd wa-Madrasatihī fī al-Ġarb al-Islāmī bi Munāsabat murūr ṯamāniyat qurūn ʿalā wafāt Ibn Rušd, Al-Ribāt 1981, 314–349; id., Faṣl al-Maqāl fīmā bayna al-Manṭiq wa al-Šarīʿa min al-Ittiṣāl: al-Nazʿa al-Ġazāliyya fī al-Ġarb al-Islāmi, in: Maǧallat al-Munāẓarat 1 (1988), 23–36; id., Ḥawl al-Maḍmūn al-Ṯaqāfī li-l-Ġarb al-Islāmī min ḫilāl al-Madḫal li Ṣināʿat al-Manṭiq li-Ibn Ṭumlūs, in: Maǧallat Kulliyyat al-Ādāb wa-l-ʿUlūm al-Insāniyya bi-l-Rabāṭ 15 (1989–1990), 119–150; id., Iškāliyyat Istimrār al-Dars al-Falsafī al-Rušdī. Ḥawla Aṯar al-Ġazālī fī al-Madrasa al-Rušdiyya (= The Decline of the Averroist Lesson: the Impact of al-Ghazali on Maghrebi Averroism), in: F.-J. Ghazoul (ed.), Averroes and the Rational Legacy in the East and the West, in: Alif: Journal of Comparative Poetics 16 (1996), 77–88.

23 Al-Ṣghiyar, The Decline of the Averroist Lesson (nt. 22), 77–88.

putting the accent on Ibn Ṭumlūs's attachment to al-Fārābī's logical tradition[24]. This attachment, in his view, is the reason why Ibn Ṭumlūs downplayed his relationship with Ibn Rušd in his 'Book on Logic'. All three scholars, i.e., Palacios, al-Ṣghiyar and Elamrani-Jamal, have drawn Ibn Ṭumlūs close to either al-Ġazālī's or al-Fārābī's tradition, and thus distanced him from Ibn Rušd.

Thanks to the work of Maroun Aouad (2004–2006), based exclusively on Ibn Ṭumlūs's 'Book of Rhetoric' from his 'Book on Logic'[25], large quantities of textual evidence have been assembled to prove that Ibn Rušd was Ibn Ṭumlūs's main master[26].

Heirs of this scholarship, the scholars of today are still caught in the snares of this "created" issue, or what I called in other contexts "the Palacios question"[27]. In other words, their scholarship continues to be guided by the need to affiliate Ibn Ṭumlūs's thought exclusively with one or the other tradition and to assimilate his work to those of one or the other master. I think the time has come for us to get out of this scholarly dead-end and to channel our study of Ibn Ṭumlūs in another direction[28].

24 Elamrani-Jamal, Éléments nouveaux (nt. 18), 483.

25 M. Aouad, Le Livre de la Rhétorique du philosophe et du médecin Ibn Ṭumlūs (Alhagiag bin Thalmus). Introduction générale, édition critique du texte arabe, traduction française et tables par M. Aouad, Paris 2006. Ibn Ṭumlūs's 'Book of Rhetoric' covers the folios from 124^r to 157^v from his 'Book of Logic'.

26 The testimonies are so considerable that Aouad did not hesitate to claim that Ibn Ṭumlūs paraphrased Averroes's 'Middle Commentary' on Aristotle's 'Rhetoric' and 'Poetics' in his 'Book of Rhetoric' and 'Book of Poetics', the latter being two parts of his 'Book on Logic'. Cf. also, M. Aouad, Les sources du Livre de la Rhétorique d'Ibn Ṭumlūs, disciple d'Averroès, in: Mélanges de l'Université Saint Josef 56 (1999–2003), 57–105, 59. Aouad, Le Livre de la Rhétorique (nt. 25), IX, X.

27 F. Ben Ahmed, Ibn Ṭumlūs al-Faylasūf wa al-Ṭabīb: Biobibliografyā (forthcoming).

28 To do that, we need to start avoiding the pitfalls of a limited and limiting approach. Firstly, to continue evaluating the legacy of Ibn Ṭumlūs by comparing it with that of his masters can be a reductive approach. Looking at that legacy, be it only at the quantitative level, would amount to comparing the incomparable. Ibn Ṭumlūs obviously was not as prolific as al-Ġazālī or al-Fārābī, or Ibn Rušd. It is expected, accordingly, that his influence would be less commanding compared to that of the three authorities. In saying so, my point is not to belittle the value of his work (Palacios and al-Ṣghiyar have taken care of that). Rather, it is to avoid reducing the value of Ibn Ṭumlūs's work when read exclusively in the light of the influence of his "masters". Secondly, one could also avoid judging the merit of this philosopher on the basis of partial readings of his work. On the one hand, both Palacios's and al-Ṣghiar's conclusions were attained on the basis of a limited reading of the foreword of his 'Book on Logic' ('The Introduction to Art of Logic'). On the other hand, Amrani reached his conclusion on the basis of a partial comparison of Ibn Ṭumlūs's logical texts, namely 'Book of Categories' with that of al-Fārābī. As to Aouad, the groundwork of his argument was an exclusive reading of Ibn Ṭumlūs's 'Book of Rhetoric' from his 'Book on Logic'. It is true that these partial readings can be justified by the motivations and the concerns that (consciously or unconsciously) guided these scholars in their research. However, I believe that a close reading of the entirety of Ibn Ṭumlūs's work would open our eyes to a different reality. This approach would reveal that it is not merely a melting pot in which the influence of all his masters is conspicuous; rather, it is an accomplished corpus in which Ibn Ṭumlūs's intellectual authenticity is evident.

We can initiate such a reading by asking the following questions: How can a disciple make strategic use of the knowledge imparted to him by his masters? To what extent can a disciple substitute one master for another, not to say manipulate them, according to his own contextual needs and objectives? My paper sets for itself the task of demonstrating that all of the above-mentioned authorities (Averroes, al-Ġazālī, al-Fārābī[29]) were present – to different degrees and in variegated ways – in the texts of Ibn Ṭumlūs[30]. It is these multiple facets of the presence of Ibn Ṭumlūs's masters in his works that I propose to explore in the following parts.

II. Al-Ġazālī's Presence in the Works of Ibn Ṭumlūs: a Multi-Faceted One

Far from being simple, I believe that the presence of al-Ġazālī in Ibn Ṭumlūs's thought and texts is a multidimensional one. First of all, he was used by Ibn Ṭumlūs as a prototypic case to face the narrow-mindedness of the jurists (*al-fuqahā'*) of his time. Secondly, al-Ġazālī's logical works constituted a source of knowledge which introduced him to the art of logic, providing him with a non-negligible background that helped him understand al-Fārābī's more complex logical book. Thirdly, al-Ġazālī's style of writing in his logical books exerted an important influence on Ibn Ṭumlūs's thought and way of writing.

1. *Al-Ġazālī as a Means to Face the Jurists*

In his 'Book on Logic', Ibn Ṭumlūs describes al-Ġazālī as a thinker who is not only "controversial" but "gifted" and "sophisticated" as well[31]. Al-Ġazālī, Ibn Ṭumlūs reports, was the one who introduced to the Andalusian intellectual life new genres of writings such as those on controversies and sects (heresiography)[32]. His writings in the religious sciences were not well-received at the beginning by the jurists due to their strangeness and unorthodoxy[33]. Having been repelled by these works, the latter strived to spread this repulsion and eventually cause their burning. It is only years later, and only after the intervention of al-

[29] And Avicenna to some extent.

[30] The fact that they belonged to diverse traditions did not seem to pose a problem or constitute a contradiction for him.

[31] Book on Logic, Escorial, árabe, Ms 649, 3v, 4r.

[32] He said: "As the days stretched, Abū Ḥāmid al-Ġazālī's sophisticated books arrived to the island (Andalusia), they struck their hearings with things they were not accustomed to and did not know about, and by words taken out of their custom, such as the issues of the Sufi and others among the rest of the communities with whom the people of Andalusia are not accustomed to debate and dialogue." Book on Logic (nt. 31), 3v.

[33] Book on Logic (nt. 31), 3v, 7–8.

Mahdī Ibn Tūmart, the ideological founder of the Almohad dynasty, that people rediscovered al-Ġazālī's religious writings[34]. Once they perceived the agreement between al-Ġazālī and al-Mahdī's thought, people started to realize how well-ordered al-Ġazālī's writings were, how well-arranged and well-structured, and accordingly discharged them from accusations such as heresy and unorthodoxy[35].

In Ibn Ṭumlūs's work, al-Ġazālī is thus presented as a prototype of the impact of the confrontation between new ideas and old ones. The reaction to al-Ġazālī's works demonstrates to what extent the jurists resisted novelty and originality. After having shocked the reading audience with his highly skilled and sophisticated writings, and having been accordingly rejected, al-Ġazālī has been paradoxically hailed as a valuable thinker of his time. What is also interesting is that the writings of al-Ġazālī that were rejected were not his philosophical or logical writings, but rather his religious ones. This means that not only secular writings were subject to resistance at the time, but also any kind of writing that contained some sort of innovation. What Ibn Ṭumlūs draws from al-Ġazālī's case is that it is very difficult to rouse a change of mind once certain ideas are well-established and deeply anchored in people's mind. The power that these ideas acquire in the process very often hinders the possibility of deracinating them, and can be eradicated only by the emergence of another power, embodied, in al-Ġazālī's case, by al-Mahdī Ibn Tūmart. In other words, the fact that people were able to change their mind toward al-Ġazālī under the influence of Ibn Tūmart means that they could change their mind toward another innovator, or another authority[36]. Ibn Ṭumlūs remarks that this has characterized the destiny, at all times, of the logical works that carry a sense of novelty and strangeness[37].

Given that Ibn Ṭumlūs was intending to write a book on logic, and given his familiarity with the narrow-mindedness of the jurists of his time, he probably used al-Ġazālī's case to prepare the ground for the reception of his work. He explained that strangeness is but a manifestation of man's curious nature and a result of his drive to gratify his natural need for innovation and creativity. He writes: "And I see that the value of the excellence of mankind depends on what his talent produces and what his nature brings forth. Thus, I wanted to test myself through writing a book that would be, in comparison with what has been written, strange."[38]

---

34 Book on Logic (nt. 31), 3^{v}, 16–17.

35 Book on Logic (nt. 31), 3^{v}, 18–19.

36 According to Elamrani-Jamal, there is in Ibn Ṭumlūs's statements an implicit analogy between the case of al-Ġazālī (a known one) and the case of Averroes (an unknown one). The conclusion is that Averroes needed, like al-Ġazālī, an authority that could facilitate the acceptance for his writings. Cf. Elamrani-Jamal, Éléments nouveaux (nt. 18), 475.

37 Book on Logic (nt. 31), 3^{v}–4^{r}.

38 Book on Logic (nt. 31), 1^{v}.

2. *Al-Ġazālī as an Introducer to Logic*

The importance of Al-Ġazālī's for Ibn Ṭumlūs also manifests itself in the fact that his logical writings represented for Ibn Ṭumlūs an important introduction to the art of logic. As he himself admits, writings such as 'Miʿyār al-ʿIlm', 'Miḥaqq al-Naẓar', 'al-Qisṭāṣ al-Mustaqīm', 'Muqaddimat al-Mustaṣfā fi al-Fiqh' and 'Muqaddimat al-Maqāṣid' constituted his first access to this art[39]. Ibn Ṭumlūs was also attracted by his master's approach to writing in this field. He notes that al-Ġazālī had opted for not entitling his logical writings in the customary way, which means by using logical titles, and that he deliberately changed the terminology commonly used by the logicians, substituting their technical terms with terms that were more familiar and therefore less shocking to the jurists and theologians of his time. The approach adopted by al-Ġazālī, as Ibn Ṭumlūs understands it, was obviously not a random one. He did so to avoid meeting the same fate as that of the scientists that, before him, introduced odd and atypical ideas[40].

Describing his educational trajectory, Ibn Ṭumlūs states that there were three stages in his learning of the art of logic: the Gazalian stage, the Farabian one, and the Aristotelian one. His reading of al-Ġazālī's logical books allowed him to state that there is "nothing in them that can be denied in the religion"[41]. Those books provide us, he explains, with "intellectual rules that people use in their kinds of reasoning; rules that are similar to those provided by grammar to use in their talk"[42]. One should also note that in the Gazalian stage, Ibn Ṭumlūs did not need any mediating help to understand al-Ġazālī's books. This is a clear allusion to the propaedeutic nature of the latter's treatises, serving only as a preparatory stage in the process of his learning of the art of logic.

The above-mentioned are some avowed facets of al-Ġazālī's presence in Ibn Ṭumlūs's texts. However, less avowed is another aspect of his impact that goes beyond the open praises and the generous compliments the disciple showered his master with. In the following section, dealing with al-Fārābī's impact on Ibn Ṭumlūs, we will get the opportunity to observe al-Ġazālī's marked influence on Ibn Ṭumlūs's methodology in writing at the expense of his peripateticism.

III. Al-Fārābī's Presence in the Works of Ibn Ṭumlūs: a Determining One

This is not the place to talk about the importance of al-Fārābī in forging the logical tradition in Muslim Spain and North Africa[43]. His title as "The Second

---

39 Book on Logic (nt. 31), 4^r, 8–9.

40 Book on Logic (nt. 31), 4^r, 7.10–14.

41 Book on Logic (nt. 31), 4^r, 16–17.

42 Book on Logic (nt. 31), 4^r, 17–18.

43 This importance is confirmed by the considerable number of commentaries written on his books by well-known philosophers such as Ibn Baǧǧa (Avempace) (533/1138) and Averroes.

Teacher" attests to the fact that his impact competes with that of Aristotle, "The First Teacher". With regard to our subject here, we note that there are at least two faces to al-Fārābī's presence in Ibn Ṭumlūs's text: the al-Fārābī explicitly introduced in the foreword to the 'Book on Logic' as being a vital stage in his logical education, and the al-Fārābī implicitly present as a crucial source of Ibn Ṭumlūs's writings.

1. *Al-Fārābī as an Intermediary Stage in the Learning of Logic*

Al-Fārābī's book 'al-Muḫtaṣar al-Kabīr'[44] is mentioned in Ibn Ṭumlūs's 'Book on Logic' as a book that constituted an intermediate stage in his logical education. Unlike the introductory stage, this stage urged him not only to use his previous logical knowledge provided by his reading of al-Ġazālī's logical books, but also to resort to the help of an unnamed teacher. In this stage, Ibn Ṭumlūs was able to perform three intellectual acts: to judge al-Fārābī's work from a religious point of view, to evaluate al-Ġazālī's logical writings in the light of al-Fārābī's, and to make a comparison between al-Fārabī's style of writing and that of al-Ġazālī.

The act of comparing al-Fārābī's 'al-Muḫtaṣar al-Kabīr' and al-Ġazālī's logical books allowed Ibn Ṭumlūs to show the harmony between Islamic religion and al-Fārābī's book on logic. In this respect, he used al-Ġazālī as a well-known case to legitimate the Fārābīan logical writings. Given that there is nothing in the book of al-Ġazālī to be denied from the religious point of view, and given that the books of al-Ġazālī and al-Fārābī share the same logical knowledge and similar opinions (*muštarikān fī al-ra'ywa al-ʿilm*), the conclusion is that there is no reproach to be addressed to al-Fārābī's logical writings from the religious point of view[45].

Concerning Ibn Ṭumlūs's evaluation of al-Ġazālī's logical writings[46], he clearly states that they are "deficient" (*Qāṣira*)[47]. This statement is probably explained by the fact that al-Ġazālī did not abide by the logical vocabulary, and also most probably because Ibn Ṭumlūs had, by then, discovered the logical works of al-Fārābī. Without denying the role of al-Ġazālī's work in helping him understand the difficulties of al-Fārābī's text, he did not shy away from expressing his happiness at finding out that al-Fārābī's work fulfilled more of his needs

[44] Concerning the identity of 'al-Muḫtaṣar al-Kabīr', cf. Elamrani-Jamal, Éléments nouveaux (nt. 18), 476–477, 481.

[45] Book on Logic (nt. 31), 4^v, 19.

[46] Ibn Ṭumlūs's evaluation of al-Ġazāli's work was probably not possible before his discovery of al-Fārābi's logical text. However, this evaluation should not be interpreted as a denial of the value of al-Ġazālī's writings, since he acknowledges that the knowledge he had accumulated from his reading of al-Ġazālī's works on logic were very helpful in allowing him to understand al-Fārābī's book on the same art when he read it for the first time.

[47] Book on Logic (nt. 31), 4^v, 1–2.

in learning the art of logic[48]. It is surprising, to say the least, that this fact has been disregarded by Palacios and al-Ṣghiyar who, in their eagerness to make al-Ġazālī be Ibn Ṭumlūs's exclusive teacher, seem to have relied more on the open praises Ibn Ṭumlūs addressed to al-Ġazālī than they did on textual details. Their stand is even more surprising when one notices that there is no clear use of al-Ġazālī's logical or juridical texts in Ibn Ṭumlūs's 'Book on Logic'.

Concerning the comparison between al-Fārābī's style of writing and that of al-Ġazālī, Ibn Ṭumlūs makes the claim that even though both his masters "share the same opinion and knowledge" with regard to logic, al-Fārābī's approach is more daring[49]. The difference, in his view, resides in the expressions they used to transmit the logical meanings. He explains: "Abū Ḥāmid did not use the terms of the logicians (*alfāẓ ahl al-ṣināʿa*); rather, he used the juridical and theological terms and examples. In sum, he used what the people of his time were accustomed to and would not reject. In contrast, Abū Naṣr, unmindful of the people of his time, used in his book the terms of the logicians, and did not renounce them. This is why he was subject to accusations of heresy and infidelity, while al-Ġazālī was delivered from the charge."[50]

2. *Al-Fārābī as a Source of Ibn Ṭumlūs's Writings*

Unlike al-Ġazālī's presence, which is, in my view, more limited and pragmatic, the clear presence of al-Fārābī in Ibn Ṭumlūs's work resides in the wide use he made of his texts as attested to by the findings of many scholars. Thanks to Palacios and Palencia, the example that is mostly known among scholars is that of the Prologue to 'Book on Logic' in which Ibn Ṭumlūs literally reproduced a whole section from al-Fārābī's 'Enumeration of Sciences'[51]. In turn, Elamrani-Jamal fervently defended the overwhelming presence of al-Fārābī by demonstrating, through a close comparison between Ibn Ṭumlūs's 'Book of Categories' and

48 Book on Logic (nt. 31), 4ᵛ, 9–10.

49 Ibn Ṭumlūs says: "What I found in the book of al-Fārābī is more perfect than what I found in the Books of al-Ġazālī." Book on Logic (nt. 31), 4ᵛ, 9.

50 Book on Logic (nt. 31), 4ᵛ, 1–4. It is worth noting that even if al-Fārābī called in his texts for the use of terms and examples that are familiar to Arabic and Islamic audiences, he did not use them at the detriment of the logical vocabulary. He called for abandoning the examples and utterances used by Aristotle because they are inappropriate for the Arabo-Islamic context. He did not do so to satisfy the whims of the jurists, but rather to fulfill the requirements of the people who wanted to learn logic and philosophy. In contrast to al-Fārābī, al-Ġazālī was probably obliged to take the jurists into account because his aim was to introduce logic into the religious sciences, which was not al-Fārābī's concern. On the call to change the examples and expressions used by Aristotle, cf. al-Fārābī, Kitāb al-Qiyās al-Ṣaġīr, ed. R. al-ʿAǧam, in: al-Manṭiq ʿinda al-Fārābī, al-Ǧuzʾ al-ṯānī, Bayrūt 1986, 68–69; id., Kitāb al-Burhān, in: al-Manṭiqiyāt li al-Fārābī, ed. M. T. Daneshpazuh, 2 vols., Qum al-Muqaddasa 1408/1987, vol. 1, 336–337.

51 Cf. Palacios, Introducción al Arte de la Lógica (nt. 17), XXVI. He said also: "El joven y doctor arabista Dr. González Palencia prepara la edición y estudio de este precioso opúsculo de Alfarabi, y a él debemos la interesante noticia del plagio (jue Abentomlús hace en este pasaje)." Ibid., 27–28, nt. 17. Cf. also, G. Palencia, Historia de la literatura arábigo-española, Barcelona ²1945, 245.

al-Fārābī's book bearing the same title, that the disciple followed his master's steps very closely[52]. He also traced the numerous uses of al-Fārābī's texts such as the 'Book of Interpretation', 'Book of al-Taḥlīl', and 'Book of Demonstration'[53]. As to Maroun Aouad, he demonstrated that Ibn Ṭumlūs – in his 'Books of Rhetoric' and 'Poetics' – had resorted to al-Fārābī's 'short' 'Book on Rhetoric' and 'Poetics'[54]. When working on the edition of Ibn Ṭumlūs's 'Book of Dialectic', 'Book of Sophistical Topics', and a section of his 'Book of Prior Analytics', I have also found out that Ibn Ṭumlūs has made an extensive use of al-Fārābī's books[55].

However, Ibn Ṭumlūs's open recognition of al-Fārābī's status and impact on him, whether overt or not, did not hold him back from revealing the limits of al-Fārābī's work and expressing disagreement with his views and positions on some issues. I will very briefly state these limits.

Although Ibn Ṭumlūs expresses his delight about the more advanced logical knowledge he got from al-Fārābī's 'Book on Logic' compared to al-Ġazālī, he soon realized that it fell short of being fully satisfactory (*muqaṣṣir*)[56]. This might be because of the abridged nature of al-Fārābī's book. It might also be because of his discovery that the art of logic in its most 'complete' form (*al-ṣināʿa kāmilat*), to use his own words, is to be found in the books of Aristotle. In addition, it might most probably be due to that "unnamed" teacher he refers to and whom I am strongly inclined to think is Averroes. The latter has probably not only helped him understand the Farabian logical texts, but also served as a bridge, helping him to move on to the Aristotelian ones[57].

52 Cf. Elamrani-Jamal, Éléments nouveaux (nt. 18), 479–481.

53 Cf. Elamrani-Jamal, Éléments nouveaux (nt. 18), 482.

54 Cf. also, Aouad, Les sources du Livre de la Rhétorique (nt. 26), 57–105, 101; id., Le Livre de la Rhétorique (nt. 25), IX.

55 With regard to this, I will mention two examples. The first is that Ibn Ṭumlūs quoted the definition of position (*al-waḍʿ*) from al-Fārābī. Cf. Ibn Ṭumlūs, Kitāb al-Ǧadal, in: Book on Logic (nt. 31), 118ᵛ–117ʳ; see also, Ibn Ṭumlūs, A Treatise on Logic: Kitāb al-Ǧadal (Book of Dialectic) & Kitāb al-Amkina al-Muġalliṭa (Book of Sophistical Topics). Texts edited, presented (in Arabic and English), and annotated by F. Ben Ahmed, Beirūt-Rabat 2016, and al-Fārābī, Kitāb al-Ǧadal, ed. R. al-ʿAǧam, in: al-Manṭiq ʿinda al-Fārābī, al-Ǧuzʾ al-ṯāliṯ, Bayrūt 1986, 74. The name of al-Fārābī is explicitly quoted. The second example is that Ibn Ṭumlūs closely followed not only the structure of al-Fārābī's 'Book of Prior Analytics' ('Kitāb al-Qiyās') but also his approach in dealing with the juridical syllogisms. As a matter of fact, both divide the 'Juridical syllogisms' into four kinds: 1. the universal taken insofar as it is a universal; 2. the particular taken instead of the universal; 3. the universal that is taken instead of the particular; and 4. the example (1. *al-kullī al-mafrūḍ ʿalā annahu kullī*, 2. *al-ǧuzʾī allaḏī yuqāmu maqām al-kullī*, 3. *al-kullī allaḏī yuqāmu maqām al-ǧuzʾī al-maqṣūd*, 4. *al-miṯāl*; Kitāb al-Qiyās, in: Book on Logic (nt. 31), 61ᵛ; cf. al-Fārābī: 1. *al-kullī al-mafrūḍ ʿalā annahu kullī*, 2. *al-kullī al-laḏī ʾubdila badala al-ǧuzʾī*; 3. *al-ǧuzʾī al-mubaddal badala al-kullī*; 4. *al-miṯāl*; Kitāb al-Qiyās, ed. al-ʿAǧam [nt. 50], 54).

56 Book on Logic (nt. 31), 4ᵛ, 10. Palacios translated "*muqaṣṣir*" with "incompleto" (cf. Palacios, Introducción al Arte de la Lógica [nt. 17], 26), a translation that makes the book of al-Fārābī seem to be deficient, which was probably not the intention of Ibn Ṭumlūs. Many scholars that do not use the Arabic text of Ibn Ṭumlūs followed Palacios in this mistake. E. g., cf. M. Cruz Hernández, Historia del pensamiento en al-Ándalus, vol. 2, Granada 1985, 162.

57 Book on Logic (nt. 31), 4ᵛ, 10.

Also, even if Ibn Ṭumlūs evidently follows al-Fārābī in entitling the 'Book of al-Taḥlīl' as he does in many other places, he still does not conceal his disagreement with some of his master's positions, as in the case of his definition of topic. As he himself admits, while he used al-Fārābī's 'Kitāb al-Taḥlīl', he, at the same time, emphasized the distance between their definitions of the notion of topic[58]. He notes: "With respect to topic, Al-Fārābī said that it is a universal proposition the particulars of which are used as major premises in each syllogism." From the definition given by al-Fārābī, it appears that, as Ibn Ṭumlūs states, "it is not the same definition I have just given here"[59]. It goes without saying that Ibn Ṭumlūs's familiarity with the logical treatises, which deal with the notion of topic, that were available in his time and their comparison with al-Fārābī's has informed his disagreement with his master and, accordingly, his own position towards the definition of topic[60].

In the same way, even though Ibn Ṭumlūs abided by the logical vocabulary that was mainly used by al-Fārābī and Averroes throughout his 'Book on Logic', he still abandoned, in some circumstances, both the Rušdian and the Fārābian methodology in writing to adopt the Gazalian one. In fact, I realized that whenever Ibn Ṭumlūs confronted a sensitive subject that touches the field of Islamic religion, he resorts to al-Ġazālī's method of writing. For example, when dealing with the 'kinds of juridical reasoning', he avoids the use of the logical vocabulary that could bring their premises closer to the rhetorical ones, as al-Fārābī did, and instead draws his vocabulary closer to that used by al-Ġazālī. Right from the beginning of the section of the 'Kitāb al-Qiyās' devoted to juridical reasoning, al-Fārābī reminds us of the Aristotelian framework for this kind of reasoning as it appears in Aristotle's 'Prior Analytics'[61]. He emphasizes that those kinds of juridical reasoning are based on principles called "the received premises" (*al-maqbūlāt*)[62]. Even though Ibn Ṭumlūs says that these kinds of juridical reasoning have the same power (*quwwa*) as other syllogisms, he still removes the Aristote-

58 Elamrani-Jamal noted in his Éléments nouveaux (nt. 18), 482 that Ibn Ṭumlūs quoted al-Fārābī's definition of topic (*mawḍiʿ*), but he seems to have disregarded the disagreement between the two philosophers concerning this definition.

59 Ibn Ṭumlūs, Kitāb al-Taḥlīl, in: Book on Logic (nt. 31), 67^{v}.

60 For further details, see F. Ben Ahmed, Averroes and Ibn Ṭumlūs on Dialectical Reasoning: Values, Uses, and Limits, in: N. Germann/S. Harvey (eds.), The Origin and Nature of Language and Logic in Medieval Islamic, Jewish, and Christian Thought, XX Annual Colloquium of the SIEPM, Freiburg (Germany), August 20–23, 2014 (forthcoming).

61 Aristotle writes: "We must now state that not only dialectical and demonstrative deductions are formed by means of the aforesaid figures, but also rhetorical deductions and in general any form of persuasion, however it may be presented. For every belief comes either through deduction or from induction." Prior Analytics, 68b9–68b14; which we quote in the Arabic translation of the Prior Analytics (al-Qiyās), ed. A. Badawi, al-Kuwayt–Beirūt 1980, 306–307:
"وينبغي الآن أن نبين أنه ليس فقط المقاييس الجدلية والبرهانية تكون بالأشكال التي قيلت، ولكن أيضا والمقاييس الخطبية والفقهية والمشورية، وفي الجملة كل إيمان في كل صناعة فكرية فإنه بالأشكال التي قيلت يحدث، لأن تصديقنا بالأشياء كلها إما أن يكون بالقياس وإما بالاستقراء."

62 Al-Fārābī, Kitāb al-Qiyās, ed. R. al-ʿAǧam, in: al-Manṭiq ʿinda al-Fārābī, al-Ǧuzʾ al-ṯānī, Bayrūt 1986, 54, 55.

lian framework and totally avoids using that terminology in his analysis. Instead of 'received premises', he uses the term 'religious or legal premises' or 'legal premises announced by the religion' or 'derived from it'[63]. The juridical register that Ibn Ṭumlūs uses here shows his intent to avoid the establishment of any sort of link between the kinds of arguments and premises used in Islamic law by the jurists and the premises and kinds of reasoning used in rhetoric[64].

IV. Ibn Rušd's Presence in Ibn Ṭumlūs's Works: an Omnipresent One

In his biography, Ibn Al-Abbār gave an account of three elements of Ibn Ṭumlūs's intellectual life. The first concerned his education when he stressed the fact that, as we said earlier, he was a disciple of Averroes. The second was that Ibn Ṭumlūs was the last great physician in the East of al-Andalus, and the third was that he mastered the ancient sciences. Actually, both Ibn Ṭumlūs's logical and medical works confirm the testimony of Ibn Al-Abbār[65]. In what follows, I will attempt to trace the presence of Averroes in all of the logical, juridical and medical works of Ibn Ṭumlūs.

1. The Presence of Averroes's Logical Books in Ibn Ṭumlūs's Works

From the very onset of his 'Book on Logic', Ibn Ṭumlūs makes the claim that "a book of Aristotle written in the art of Logic" was in his hands[66]. Given that the 'Organon' in its "expanded" version includes ten books, he was not precise about which parts of the 'Organon' he referred to. Given Ibn Al-Abbār's emphasis on Ibn Ṭumlūs's discipleship of Averroes, I am more inclined to say that Ibn Ṭumlūs had access to these books through his master, especially because of the fact that there is no systematic indication in his 'Book on Logic' that he had direct access to the logical writings of Aristotle. It is true that in some parts of this work, namely in his 'Kitāb al-Qiyās' ('Prior Analytics'), he does quote Aristotle directly[67]. What is clear, though, is that in other parts he

63 *Al-muqaddimāt al-šarʿiyya; muqaddimāt naṭaqa bihā al-šarʾ aw mustanbaṭa mina al-šarʿ*. Cf. Ibn Ṭumlūs, Kitāb al-Qiyās, in: Book on Logic (nt. 31), 61ᵛ.

64 A link that was clearly made in al-Fārābī's Kitāb al-Qiyās, op. cit. (nt. 62), 54–64; and Šarh al-Qiyās, in: al-Manṭiqiyāt li al-Fārābī, ed. M. T. Daneshpazuh, 2 vols., Qum al-Muqaddasa 1408/1987, vol. 2, 511–513.

65 Cf. Ibn Al-Abbār, al-Takmila li Kitāb al-Ṣila, ed. al-Harrās (nt. 9), vol. 4, 222.

66 Book on Logic (nt. 31), 4ᵛ, 10.

67 Ibn Ṭumlūs wrote a short logical treatise on mixing existential propositions with necessary propositions. Cf. Alhagiag Binthalmus, De mistione propositionis de inesse et necessariae, in: Aristotelis opera cum Averrois commentariis, vol. 1, part. 2b–3, Venetiis 1562–74 [Reprint Frankfurt a. M. 1962], 124ʳB–E. The treatise is available only in a Latin translation from Hebrew. Steinschneider said that this treatise is probably an excerpt from Ibn Rušd's 'De mixione contingentis et necessarii' (Die hebräischen Übersetzungen des Mittelalters und die Juden als Dolmetscher, § 44, xxiii, Berlin 1893 [Reprint Graz 1956], 107). Based on Brockelmann's and

heavily relies on Averroes's commentaries[68]. Ibn Ṭumlūs states that one can find a sense of completeness in relation to this art in Aristotle's 'Book of Logic'[69]. Also, he admits that somebody, without naming him, helped him resolve the difficulties of the text so that he could comprehend it[70].

Concerning Ibn Ṭumlūs's 'Prior Analytics', and based on the similarities existing between many sections of this book and Aristotle's 'Prior Analytics', one may be tempted to say that he used the latter as a direct source to write his book. At the same time, one can claim that Ibn Ṭumlūs had access to Aristotle's statements through Averroes's work. This can be validated by the method Averroes follows in his 'Middle Commentary on Aristotle's Prior Analytics', which proceeds quoting the Stagirite before paraphrasing him, thus offering both the Aristotelian text and a commentary on it to Ibn Ṭumlūs. However, I believe that a close reading of Ibn Ṭumlūs's 'Prior Analytics' shows that he has used Aristotle's book directly in the same way he has used Averroes's 'Middle Commentary on Prior Analytics'[71]. Still, Ibn Rušd was indubitably his main authority

---

Steinschneider's works, Palacios quoted it in his edition of Ibn Ṭumlūs's 'Book on Logic' (cf. Introducción al Arte de la Lógica [nt. 17], XVIII, n. 1.) According to Elamrani-Jamal's Éléments nouveaux (nt. 18), 475, n. 35, it is the work that Ibn Ṭumlūs had promised to write (see Book on Logic [nt. 31], 46^{v}). A reading of this treatise may give its reader the impression that Ibn Ṭumlūs has made direct use of Aristotle's 'Prior Analytics', given what might seem to be direct quotes from Aristotle's book. However, on a close reading, it appears that what it does is sum up the long debate raised by Ibn Rušd in his 'Logical Treatises' and in his 'Middle Commentary on Aristotle's Prior Analytics' concerning the mixing of propositions.

68 I dealt with this issue in more detail in Ibn Ṭumlūs's Logic and Medicine: An Overview of the Current State of Scholarship, in: J.-B. Brenet/O. Lizzini (eds.), Studying Arabic Philosophy. Meaning, Limits and Challenges of a Modern Discipline (forthcoming).

69 Book on Logic (nt. 31), 4^{v}, 11.

70 Among the significant features of the 'Book on Logic' is Ibn Ṭumlūs's inclusion, following in the steps of al-Fārābī and Ibn Rušd, of the 'Books of Rhetoric' and 'Poetics'. In fact, he advocated what is known as the "Expanded Organon" as it was inherited by the Arabic and Islamic philosophers from the Alexandrians and other late antique commentators. The concept of an "Expanded Organon" can also be found in the position of Ibn Ṭumlūs towards the syllogism. In this regard, he adopts the typical position of the peripatetic *falāsifa*. Given that the difference between the kinds of arguments is not in their forms, Ibn Ṭumlūs consequently reduces all arguments to a unique form, namely that of the syllogism. In other words, the demonstrative, the dialectical, the sophistical statements, as well as the rhetorical and poetic ones, all fall under one syllogistic form. The difference between those arguments resides in their premises. The result, therefore, are five syllogistic arts, so that in the same way one can talk about a demonstrative syllogism, one can also talk about a poetic syllogism.

71 Ibn Ṭumlūs quotes Ibn Rušd verbatim and adopts his position on many occasions, such as in the case of the mixing of existential (*inesse*) and necessary propositions in the third figure. It is true that he resorts here directly to Aristotle's 'Prior Analytics' since he reproduces the words of Aristotle, but he adopts the position of Averroes after noticing the confusion of Aristotle's text and that of his commentators. Ibn Ṭumlūs writes in 'Kitāb al-Qiyās': "He (Aristotle) says that the conclusion that was in it (the kind of non-complete syllogism) is absolute, particular, and non-necessary. And, he does not show which term among them is the minor and which is the major. He only mentions the three terms and designates the middle one. There is a great disagreement and divergence among the commentators. I did not find any relevant sentence among what they said which I can adopt and prove. Moreover, it appears to me based on what

compared to Aristotle. As a matter of fact, Averroes's influence is so powerful that one can consider Ibn Ṭumlūs's 'Kitāb al-Qiyās' a paraphrase of Ibn Rušd's 'Talḫīṣ Kiṭāb al-Qiyās' ('Middle Commentary on Aristotle's 'Prior Analytics'). In fact, many instances attest to that. One can, for example, compare their definitions of induction, paradigm, the syllogism of physiognomy, and the syllogism of reduction [ad absurdum], among others[72].

Concerning Ibn Ṭumlūs's 'Kitāb al-Ǧadal' ('Book of Dialectic') and 'Kitāb al-Amkina al-Muġalliṭa' ('Book of Sophistical Topics'), and based on an edition of these works[73] and their comparison with Averroes's, al-Fārābī's and Avicenna's texts related to the art of dialectic, I came to the realization that Ibn Ṭumlūs did not rely on these arts in his writings on Aristotle's 'Topics' and 'Sophistical Refutations'. Rather, the main sources were Averroes's 'Middle Commentary on Aristotle's Topics' and 'Middle Commentary of Aristotle's Sophistical Refutations', in addition to al-Fārābī's 'Book of Dialectic' and 'Book of Sophistical Topics'.

Maroun Aouad has demonstrated that Ibn Ṭumlūs, in his 'Book of Rhetoric', did not make use of Aristotle's 'Rhetorica' (at least not in its available Arabic version). In his view, Ibn Ṭumlūs followed Ibn Rušd's 'Middle Commentary on Rhetoric' so closely that one can venture to say that he was paraphrasing Ibn Rušd's 'Middle Commentary on Aristotle's Rhetoric'[74]. Aouad has also demonstrated that Ibn Ṭumlūs in his 'Book of Poetics' followed Averroes's 'Middle Commentary on Aristotle's Poetics' very closely[75].

---

others (*ġayrī*) have said, and if it became clear to me, I would write it. In sum, this is a problematic subject. It appears in this mixed form that the conclusion follows the mode of the major premise. This was clear in the first figure, and that is the case for the second and the third only if we reduce them to the first figure. Then whatever the major is, so is the conclusion. What is more, it appears that the necessary conclusion follows from the necessary premises, and from a combination of the necessary and the absolute only if the major is the necessary. Furthermore, an absolute conclusion follows from absolute premises and from the mixture of the absolute and the necessary when the major is absolute." Kitāb al-Qiyās, in: Book on Logic (nt. 31), 46^{v}. This passage, which I deliberately quoted at length, is an indubitable reproduction of Ibn Rušd's own explanation in his 'Middle Commentary on Aristotle's Prior Analytics', Ibn Rušd, Talḫīṣ Kitāb al-Qiyās, edd. M. Qāsim e. a. , al-Qāhira 1983, 128–130.

[72] Ibn Rušd, Talḫīṣ Kitāb al-Qiyās (nt. 71), 363–366, 367–371, 377–379, 304–313 and Ibn Ṭumlūs's Kitāb al-Qiyās (nt. 71), 60^{r}–61^{r}, 61^{r-v}, 66^{r-v}, 59^{v}–60^{r}.

[73] Ibn Ṭumlūs, A Treatise on Logic: Kitāb al-Ǧadal (Book of Dialectic) & Kitāb al-Amkina al-Muġalliṭa (Book of Sophistical Topics), ed. Ben Ahmed (nt. 55).

[74] In addition to Ibn Rušd, Ibn Ṭumlūs resorted to other texts that were available in his time, such as Ibn Rušd's 'Short Commentary on Rhetoric', al-Fārābī's 'short' 'Book of Rhetoric', and Avicenna's 'Rhetoric'. Cf. Aouad, Les sources du Livre de la Rhétorique (nt. 26), 101, reproduced in: id., Le Livre de la Rhétorique (nt. 25), IX.

[75] M. Aouad, Le syllogisme poétique selon le Livre de la poétique d'Ibn Ṭumlūs, in: R. Arnzen/ J. Thielmann (eds.), Words, Texts and Concepts Cruising the Mediterranean Sea. Studies on the Sources, Contents and Influences of Islamic Civilization and Arabic Philosophy and Science, dedicated to Gerhard Endress on his sixty-fifth birthday, Leuven 2004, 270. It should be noted that Ibn Ṭumlūs also adds some Farabian and Avicennian elements to Averroes's approach (ibid., 270). In fact, Gregor Shoeler records some points where the position of Ibn Ṭumlūs is quite different from that of his teacher Averroes and closer to that of al-Fārābī. Cf. The 'Poetic

2. *The Juridical Work of Averroes*

Although Ibn Ṭumlūs follows in the steps of al-Fārābī with regard to both the principled position and the method to deal with the juridical syllogism, he still adds some details that highlight not only his wide juridical culture but also the substantial influence of his master Ibn Rušd, the jurist. In fact, in the section devoted to the juridical syllogisms mentioned above, the like of which cannot be found in Averroes's 'Middle Commentary on Aristotle's Prior Analytics', Ibn Ṭumlūs draws comparisons between the juridical schools known in his time in al-Andalus, such as *al-Mālikiyya*, *al-Šāfiʿiyya* and *al-Ḥanafīya*[76]. From a comparison of Ibn Rušd's 'Bidāyat al-Muǧtahid wa Nihāyat al-Muqtaṣid' and the section in Ibn Ṭumlūs's 'Kitāb al-Qiyās' regarding the issue of usury (*al-ribā*), it appears that Ibn Ṭumlūs quotes Averroes, whether by way of explaining the reason for which Islamic law prohibits usury, or because he thinks that the arguments given by the Ḥanafite School (*al-Ḥanafīya*) to justify this reason are more relevant and coherent than those of the Šafiʿītes[77].

3. *The Medical Works of Averroes*

In spite of the importance of Ibn Ṭumlūs's 'Commentary on Avicenna's Medical Poem' ('Šarḥ Urǧūza Ibn Sīnā fī al-Ṭibb'), and in spite of the attention Carl Brockelmann draws to the existence of this text in his 'Geschichte der arabischen Litteratur', it has remained unstudied until the nineties of the last century; and unedited to this day[78].

Syllogism' Revisited, in: Oriens 41 (2013), 1–26, 13. Based on an edition of this work (forthcoming), I realized that Averroes's 'Middle Commentary on Aristotle's Poetics' was the main source of Ibn Ṭumlūs.

76 This approach was not adopted explicitly by al-Fārābī. In addition, Ibn Ṭumlūs did not mention Aḥmad Ibn Ḥanbal in his 'Book on Logic' as one may understand from Elamrani-Jamal, Éléments nouveaux (nt. 18), 471.

77 Book on Logic (nt. 31), 4ᵛ, 11; and Ibn Rušd, Bidāyat al-Muǧtahid wa Nihāyat al-Muqtaṣid, Beirut [6]1982, 132.

78 Until today, we know of at least eight manuscripts of this work:

Ms. of Salā, Morocco (dated 1279/1863). H.-J. Renaud was the first to describe and use this manuscript. Based on this description, many indexes have quoted this manuscript, though it seems that no one, except Renaud, has used it. Cf. H.-J. Renaud, Trois études d'histoire de la médecine arabe en Occident (suite): III, Une suite à l'Urgūza d'Avicenne sur la médecine: le poème d'Ibn 'Azrūn et ses commentateurs, in: Hespéris 12 (1931), 204–228, 216, n. 2, 219.

Ms. of Royal Library, Rabat, Morocco, n° 1014 (101 foll.) (dated 1207/1792). In 1982, M. Al-ʿArbī al-Ḫaṭṭābī described this copy. In 1988, he edited for the first time the introduction together with some fragments from the text. This partial edition is important because it attests to the close relationship between its author, namely Ibn Ṭumlūs, and Ibn Rušd. Cf. M. al-ʿArbī al-Ḫaṭṭābī, Al-Ṭibb wa al-Aṭibbā' fī al-Andalus al-Islāmiyya, vol. 1, Bayrūt 1988, 424–441.

Ms. of Royal Library, Rabat, Morocco, n° 11348 (151 foll.), undated, and the names of the author and the copyist are not mentioned.

Ms. of Zaytūna's Library (Aḥmadiyya, 5355) (dated 1205/1790). In 1959, Ṣalah al-Dīn al-Munǧid mentioned the existence of this copy. It seems that Mahmūd Aroua used it. Cf.

The importance of this commentary for us in this context resides in the fact that it highlights the richness of Ibn Ṭumlūs's intellectual heritage, enabling him to have a critical reading of the works of his other master, Avicenna, as well as of his relationship with Ibn Rušd[79].

As opposed to earlier works in which Averroes's name is never mentioned although his works are evidently used, Ibn Ṭumlūs begins his 'Commentary on Avicenna's Medical Poem' with an open recognition of his great debt towards Ibn Rušd, whom he introduced in highly laudatory terms such as "the most outstanding philosopher", "the head of scientists", "the most notable jurist", "the judge abū al-Walīd Ibn Rušd, may God bless him"[80]. As a matter of fact, a reading of the body of the 'Commentary' gives evidence of his close familiarity with Ibn Rušd's medical works, especially 'al-Kulliyyāt fī l-Ṭibb'[81].

S. al-Munǧid, Nawādir al-Maḫṭūṭāt fī al-Maġrib, in: Maǧallat Maʿhad al-Maḫṭūṭāt al-ʿArabiyya, al-Muǧallad al-Ḫāmis, al-Ǧuz' al-Awwal 1959.

Ms. of al-Zāwiyya al-Ḥamziyya (= Zāwiyyat Sīdī Ḥamza) al-ʿIyāšiyya bi al-Rāšidiyya, Morocco, n° 121 (126 foll.) (transcribed in Fez 1140/1727). It seems that this is the oldest copy currently available. Brockelmann mentioned this Commentary (Geschichte der arabischen Litteratur, Erster Supplementband, Leiden 1937, 823) and Ben Charifa used this copy in his book mentioned earlier (nt. 5).

Ms. of al-Zāwiyya al-Ḥamziyya (= Zāwiyyat Sīdī Ḥamza) al-ʿIyāšiyya bi al-Rāšidiyya, Morocco, n° 172 (101 foll.).

Ms. of Ḫizānat al-Masǧid al-Aʿẓam bi Wazzān, Morocco, n° 1/1236 (133 foll.).

Ms. of ʿAbd al-Ḥay al-Kattānī's Library. Ṣ. al-Munaǧǧid said that this library contained a certain "*Šarḥ Yūsuf ibn Baṭlīmūs (?) ʿalā Urǧūzat Ibn Sīnā, allafahu li al-Amīr Abī Yaḥyā ibn Abī Yaʿqūb al-Muwaḥḥidī*" (Ṣ. al-Munǧid, Taqrīr ʿan al-Maḫṭūṭāt fi al-Maġrib, al-Muǧallad al-Ḫāmis, al-Ǧuz' al-Awwal [May 1959], 181). I did not find this manuscript in the National Library (B.N.R.M.), which contains the majority of the manuscripts that were in the Abd al-Ḥay al-Kattānī's Library, but it seems that Ibn Ṭumlūs's Commentary is in The Royal Palace of Marrakech.

Ms. of The Royal Palace of Marrakech, Morocco, n° 735 covers 179 foll. Thanks to the Director of the Royal Library (Rabat), I managed to get a copy of this manuscript.

Apart from the fragments that al-Ḫaṭṭābī, Elamrani-Jamal and Aroua have either edited or quoted, the full text remains, unfortunately, unedited.

79 The importance of Šarḥ Urǧūza Ibn Sīnā fī al-Ṭibb also resides in the fact that it sheds light on Ibn Ṭumlūs's position towards Ibn Tūmart and towards the Almohad dynasty. In fact, Ibn Ṭumlūs dedicated his Commentary to a certain Abū Yaḥyā Ibn Abī Yaʿqūb Yūsuf Ibn Sulaymān whose father was a member of "The Council of the Fifty". Unlike the beginning of his 'Book on Logic', he begins the Commentary with a prayer for Al-Mahdī Ibn Tūmart (Al-Mahdī al-maʿṣūm, al-'Imām al-maʿlūm), from which one can deduce that the Commentary was written earlier than the Introduction. For further details on this question, see Elamrani-Jamal, Éléments nouveaux (nt. 18), 466–470; Ben Charifa, Ibn Rušd (nt. 5), 96, n. 30, 310.

80 Ibn Ṭumluṣ refers to Ibn Rušd as "*Fāḍil al-ḥukamā' wa ra's al-ʿulamā' al-faqīh al-aǧal, al-qāḍī abū al-Walīd Ibn Rušd radya allahuʿanhu*". Ms. of Royal Library, Rabat, Morocco, n° 1014, 1ᵛ.

81 Ibn Ṭumlūs ends his 'Commentary on Ibn Sīnā's Medical Poem' (Ms. of Royal Library, Rabat, Morocco, n° 1014, 101ʳ) by articulating his view on what a commentary is, saying that the role of a commentary is to summarize and clarify meanings without any addition or subtraction, while still opening the possibility for the commentator to contribute an addition whenever he deems it necessary or useful for further clarification. That is, he says, the approach he has opted for in his commentary as can be shown through his interventions on numerous occasions and in his addition of new medical examples, drugs, and experiments. Cf. M. Aroua, Réflexions sur

Also, throughout his commentary on Avicenna's work, Ibn Ṭumlūs does not shy away from exposing its lacunas and deficiencies[82]. For instance, Ibn Ṭumlūs noted many times that Ibn Sīnā does not respect the requirements of scientific expression. Two cases can be mentioned in this respect: one relates to the substitution of words, and the other to the reduction of definitions[83]. Regarding the case of definitions, Ibn Ṭumlūs notes that Avicenna did not provide a complete definition of medicine. To make up for the lack of a full definition of this art, Ibn Ṭumlūs defines it as "an effective art based on true principles, used to protect the body of humans and cure disease as much as possible"[84]. After a comparison of this definition provided by Ibn Ṭumlūs to other definitions, I have realized that it is almost a literal reproduction of Ibn Rušd's definition to be found in his 'al-Kulliyāt fi al-Ṭibb'[85]. Ibn Ṭumlūs's recourse to Averroes's definition suggests that, after having compared the definitions of the art of medicine available in his time, he came to the conclusion, as he himself admits, that Averroes's definition is the most 'right' and the most appropriate, and therefore deserves to be upheld[86].

Since the presence of Averroes in Ibn Ṭumlūs's work is so clear and his impact is so evident, it is legitimate to wonder why Ibn Ṭumlūs has veiled his relationship to Averroes. What made him avoid mentioning the name of his master in his 'Book on Logic'? The question has puzzled many scholars who have tried to advance different interpretations. Palacios and others have justified this silentness with Ibn Ṭumlūs's desire to avoid provoking the fury of both the jurists and the Almohad ruler[87]. This reason is not convincing because the very fact that he quotes Averroes's texts is in itself an evidence of the direct relationship between the student and his master, and accordingly a strong reason to arouse the anger of those parties. At the same time, Elamrani-Jamal's claim that Ibn Ṭumlūs's attachment to al-Fārābī is behind his concealment of Averroes's

le commentaire au poème de la médecine d'Ibn Sīnā par Ibn Ṭumlūs, in: A. Hasnawi (éd.), Sciences et philosophies arabes. Méthodes, problèmes et cas, Carthago 2000.

82 Ibn Ṭumlūs also addresses some criticisms with respect to the value of some of Avicenna's explanations, or regarding the occasional confusion he creates between scientific disciplines, especially where the respect of the disciplinary limits of medicine is required. Cf. e.g., Ms. of Royal Library, Rabat, Morocco, n° 1014, 47ᵛ, 70ᵛ.

83 The two cases, from Ibn Ṭumlūs's point of view, violate the very rules of scientific writing, namely the use of univocal nouns and the need for a complete definition. Instead of using medical terminology to describe the kinds of temperaments in terms of their qualities "cold", "dry", "wet", and "hot", Avicenna qualifies these temperaments as "windy", "earthy", "watery", and "fiery". Ibn Ṭumlūs attributes Avicenna's violations of the rules to the requirements of rhyme and measure, thus forcing him to create his own terminology (*iṣṭalaḥa maʿa nafsihi*) (Ms. of Royal Library, Rabat, Morocco, n° 1014, 4ʳ). One may notice that Ibn Ṭumlūs criticized Avicenna for changing the terms used in medicine while, at the same time, he praised and followed al-Ġazālī in changing logical terms to use juridical and religious ones.

84 Ms. of Royal Library, Rabat, Morocco, n° 1014, 2ᵛ.

85 Ibn Rušd, al-Kulliyāt fi al-Ṭibb, ed. 'A. al-Ṭālbī' wa S. Šaybān, al-Qāhira 1989, 19.

86 Commentary on Ibn Sīnā's Medical Poem (nt. 84), 2ᵛ.

87 Palacios, Introducción al Arte de la Lógica (nt. 17), XVI–XVII.

impact on him has been proven wrong in the light of the considerable evidence attesting to the opposite[88]. Puig Montada's claim that Ibn Ṭumlūs's 'plagiarizing'[89] his master should not be surprising since this was a common practice in the Middle Ages is not persuasive, given that Ibn Ṭumlūs does not hesitate to name his other masters[90]. The mystery remains unresolved, especially in light of the fact that Ibn Ṭumlūs quotes his master's texts extensively and mentions his name in his 'Commentary on Avicenna's Medical Poem' where, as we said earlier, he praises him openly. I remain confident, however, that the future holds the promise of an answer.

V. Conclusion

To conclude, Ibn Ṭumlūs, in my view, fulfills the requirements that teachers like us aspire to find in a disciple. The breadth of his knowledge, his close familiarity with all the disciplines of his time as well as his acquaintance with all the writings relevant to his concerns, have all endowed him with the necessary skills not only to comprehend the materials at hand, but also to evaluate them and accordingly rely on them in developing his own position towards some issues.

What is remarkably interesting in Ibn Ṭumlūs is the fact that he uses each of his masters for different ends. In fact, a reading of the many-sided influence of these masters on Ibn Ṭumlūs's thought and work reveals that the disciple did not make a naïve, but rather a selective use of his masters' works. As seen above, he did not use al-Ġazālī as a master whose logical or juridical theories he espouses or whose texts he comments on, but rather as a prototypic case to face the jurists of his time as well as a source that helped introduce him to logic. Also, his use of al-Ġazālī, though limited, is pragmatic because he adopts his method of writing whenever he deems it suitable for his purposes. In my view, this is where the major influence exerted by al-Ġazālī on Ibn Ṭumlūs resides. As to al-Fārābī, who represented a further stage in the logical education of Ibn Ṭumlūs, he was used as an alternative every time there were no available Rušdian texts relevant to a given subject matter that Ibn Ṭumlūs wanted to deal with. With regard to Ibn Rušd, and as illustrated by his omnipresence in Ibn Ṭumlūs's texts, even if this was not always openly acknowledged, he was used by Ibn Ṭumlūs as a torchlight to elucidate materials difficult for him such as Aristotle's works, and as an authoritative source for his writings be they logical, juridical or medical. Bearing in mind these uses that Ibn Ṭumlūs makes of his masters'

88 Elamrani-Jamal, Éléments nouveaux (nt. 18), 483.

89 J. Puig Montada, Ibn Ṭumlūs, in: J.-L. Delgado/J.-M. Puerto (eds.), Biblioteca de al-Ándalus, vol. 5, Almería 2007, 504 – 507, 506.

90 There are many cases in which Ibn Ṭumlus does not hesitate to name the philosophers he quotes. Cf. e. g., Book on Logic (nt. 31), 47^{v}, 118^{v} – 117^{r}.

works, I think that the epistemological purposes were not the only criterion behind the disciple substituting one master with another. Another criterion is indubitably linked to the particularities of the historical and intellectual context Ibn Ṭumlūs lived in, leading him to espouse a pragmatic view vis-à-vis the intellectual and logical Islamic traditions of his time. In other words, these circumstances explain Ibn Ṭumlūs's strategic use of the knowledge conveyed to him by his masters, enabling him to make it serve his own purposes and express his own opinions and positions.

Besides, Ibn Ṭumlūs epitomizes the disciple who does not blindly take his masters' words for the holy truth. Rather, as we have seen in his relationship with his masters, he does not hesitate to point out the lacunas and deficiencies in their works. In other words, his critical spirit prevents him from merely parroting his masters and instead pushes him to openly express his disagreement with them and to present his own view. Engaging in a constructive dialogue with their texts, his work is not a mere exposé or a simple commentary on the Arabic 'Organon', but rather a commanding and valuable interpretation of this colossal work.

Putting these qualities together, Ibn Ṭumlūs qualifies as a *šayḫ* (master), a title used in the openings of his logical and medical books, referring to him as an authority[91]. This same status is what Ibn al-Abbār has indicated in his biography when he said that he had his own disciples[92]. The disciple becoming a master with his own voice and with disciples of his own is, beyond any doubt, what constitutes a part of Ibn Ṭumlūs's originality and the secret of his success in prolonging the life of philosophy in the Islamic occident. Actually, there exists a document attesting to the fact that Ibn Ṭumlūs's 'Book on Logic' was still taught in the sixteenth century along with other logical treatises of the prominent masters such as Ibn Rušd's 'al-Ḍarūrī fī al-Mantiq', Al-Ḫūnaǧī's 'al-Ǧumal', and Ibn ʿArafa's 'al-Muḫtaṣar al-Aṣlī'[93]. Adieu Renan's thesis!

---

91 Both his logical and medical writings open with the following expressions: "*Qāla al-šayḫ al-imām al-ʿālim al-fāḍil al-mutafannin Abū al-Ḥaǧǧaǧ Yūsuf b. Muhammad b. Ṭumlūs rahimahu al-lah.*" Book on Logic (nt. 31), 1^v. "*Qāla al-šayḫ al-ṭabīb al-māhir abū al-Haǧǧāǧ Yūsuf b. Muḥammad b. Ṭumlūs raḥimah al-lah waraḍāʿanhu.*" Commentary on Ibn Sīnā's Medical Poem, Manuscript of Royal Library, Rabat, n° 1014, 1^v.

92 "*Wa qad uḫiḍa ʿanhu*" (= "they took sciences from him [from Ibn Ṭumlūs]"), Ibn al-Abbār, op. cit. (nt. 9), vol. 4, 222.

93 Cf. Ṯabat Abī Ǧaʿfar Aḥmad b. ʿAlī al-Bilwī ʿĀšī (d. 938/1532), Dirāsa wa taḥqīq ʿAbd al-Llāh al-ʿAmrānī, Beirūt 1983, 189, 202.

The Teaching of Theoretical Astronomy in Pre-modern Islam: Looking Beyond Individual Initiatives

SALLY P. RAGEP (Montreal)[1]

There are thousands of extant copies of Islamic scientific works located in research libraries and various other repositories throughout the world, many of them teaching textbooks. This should not be surprising given what we know of the vibrant scientific activities that flourished, for example, in fifteenth-century Samarqand in Central Asia under the auspices of the Timurid ruler Ulugh Beg. The prominent role the mathematical sciences played at the Samarqand madrasa and observatory is described in detail by the Islamic astronomer and mathematician Ǧamšīd Ġiyāth al-Dīn al-Kāšī, who conveys student life in Samarqand in personal letters written home to his father in Kāšān, a province in Iran near Isfahan, about two years after his arrival circa 1423. Kāšī informs his father that in twelve places scattered throughout the city there are five hundred students who have begun studying mathematics (presumably including astronomy) out of more than twenty thousand students in the city, "engaged in learning and teaching"[2]. Kāšī's letters document the existence of a scientific community of scholars: scholars who undoubtedly wrote, read, and disseminated scientific materials. Furthermore, the Samarqand madrasa was just one of several madrasas

1 Many of the ideas within this essay were given in a keynote address with F. J. Ragep, entitled What's in a School? Maragha and its Historiographical Implications, at: Maragha and its Scholars: The Intellectual Culture of Medieval Maragha, ca. 1250–1550, a workshop held at the German Oriental Institute in Cihangir, Istanbul, Turkey, 6–8 Dec. 2013. See also S. P. Ragep, Maḥmūd ibn Muḥammad ibn ʿUmar al-Jaghmīnī's al-Mulakhkhaṣ fī ʿilm al-hayʾa al-basīṭa: An Edition, Translation, and Study, Ph.D. dissertation, McGill University, Montreal 2015 and ead., Fifteenth-Century Astronomy in the Islamic World, in: R. Feldhay/F. J. Ragep (eds.), Before Copernicus: The Cultures and Contexts of Scientific Learning in the Fifteenth Century (forthcoming).

2 See M. Bagheri, A Newly Found Letter of Al-Kāšī on Scientific Life in Samarkand, in: Historia Mathematica 24 (1997), 241–256, at 242–243. Kāšī wrote several letters to his father about Ulugh Beg's circle of scholars in Samarqand in which he depicts the city of Samarqand as having no parallel in the southern province of Fārs in Iran in the teaching and learning of mathematics. Also see E. S. Kennedy, A Letter of Jamshīd al-Kāshī to His Father: Scientific Research and Personalities at a Fifteenth Century Court, in: Orientalia 29 (1960), 191–213, at 198–199; and A. Sayılı, Uluğ Bey ve Semerkanddeki ilim faaliyeti hakkinda Giyasüddin-i Kâşî'nin mektubu (Ghiyâth al Dîn al Kâshî's Letter on Ulugh Bey and the Scientific Activity in Samarqand), Ankara 1960, 36. Sayılı's version coincidentally appeared the same year as Kennedy's; the two English translations vary slightly and Sayılı also provides the Persian text and a Turkish translation along with a commentary in both English and Turkish.

at the time. Ulugh Beg's grandfather Tīmūr (a.k.a. Tamberlane, the founder of the Timurid dynasty [1370 – 1507]) established many civil institutions and *külliyes* (which were complexes of buildings that surrounded mosques and could include libraries, hospices, and madrasas), particularly in his capital Samarqand, but also in other prominent centers like Herāt and Buḫārā, with some placing the number of madrasas built at sixty-nine, and this based only on available sources[3].

Kāšī's numbers are staggering[4], but his depiction of a Samarqand education is consistent with information contained in another account by the Samarqand student Fatḥallāh al-Širwānī (d. 1486)[5]. In his commentary on Naṣīr al-Dīn al-Ṭūsī's 'al-Taḏkira fī ʿilm al-hayʾa'[6], Širwānī informs us that he specifically traveled to Samarqand from his native Azerbaijan in pursuit of scientific studies after having read al-Sayyid al-Šarīf al-Ǧurǧānī's (d. 1413) commentary on the 'Taḏkira' with the Šīʿī scholar Sayyid Abū Ṭālib at the Shrine of Imām ʿAlī Riza in the city of Ṭūs[7]. He reports that he spent five years at the Samarqand madrasa studying yet another 'Taḏkira' commentary by the fourteenth-century scholar Niẓām al-Dīn al-Nīsābūrī[8] before receiving his diploma (*iǧāza*) in 1440 with

3 İ. Fazlıoğlu, The Samarqand Mathematical-Astronomical School: A Basis for Ottoman Philosophy and Science, in: Journal for the History of Arabic Science 14 (2008), 3 – 68, at 9 – 10. See also K. Eshenkulova, Timurlular Devri Medrese Eğitimi ve Ulum el-Evail (Matematik-Astronomi ve Tib), Master's thesis, Istanbul University (Social Sciences Institute, History of Science Department), Istanbul 2001; V. V. Barthold, Four Studies on the History of Central Asia, vol. 2: Ulugh-Beg. Translated from the Russian by V. and T. Minorsky, Leiden 1958, 119 – 128; and A. Sayılı, The Observatory in Islam, and Its Place in the General History of the Observatory, Ankara 1960, 260 – 289 (on the Samarqand Observatory), esp. 268.

4 Of course Kāšī could be exaggerating; he also claims that some five hundred people witnessed his success in mathematically providing a requested proof related to leveling the ground and determining the meridian at the site of the Samarqand observatory (see Kennedy, A Letter of Jamshīd al-Kāshī to His Father [nt. 2], 198 – 199).

5 For a detailed account of Širwānī's life and works, including a description of a lecture he attended at the Samarqand madrasa as well as the license/diploma he received in order to teach, see Fazlıoğlu, The Samarqand Mathematical-Astronomical School (nt. 3), 36 – 59 (Arabic text: 41 – 46; Engl. Transl.: 46 – 49) and id., Shirwānī, in: T. Hockey e. a. (eds.), The Biographical Encyclopedia of Astronomers [= BEA], 2 vols., New York 2007, vol. 2, 1055 – 1056. Širwānī is also the focus of a forthcoming Ph.D. dissertation by Scott G. Trigg, University of Wisconsin-Madison, Dept. of the History of Science.

6 Ṭūsī's 'Taḏkira' played a critical role in the teaching and dissemination of Islamic theoretical astronomy. Composed by the thirteenth-century polymath and director of the Marāġa observatory, who among other things was the trusted advisor to the Mongol ruler Hülugü, the work inspired at least 15 commentaries, super commentaries, and glosses. See F. J. Ragep, Naṣīr al-Dīn al-Ṭūsī's Memoir on Astronomy (al-Tadhkira fī ʿilm al-hayʾa), 2 vols., New York 1993.

7 Thus Širwānī provides us a nice example of how scientific learning crossed sectarian borders as well as physical terrain, i. e. Širwānī, a Sunnī student, was reading the astronomical text with a Šīʿī scholar at the shrine of the eighth Imām (see Fazlıoğlu, The Samarqand Mathematical-Astronomical School [nt. 3], 51, 55).

8 See R. G. Morrison, Islam and Science: The Intellectual Career of Niẓām al-Dīn al-Nīsābūrī, London 2007. It is worth pointing out that Širwānī eventually composed his own 'Taḏkira' commentary after having studied at least the two already mentioned ones, i. e. those of Ǧurǧānī

Qāḍīzāde al-Rūmī, the head-teacher at Samarqand, who was also Ulugh Beg's tutor. Qāḍīzāde originally hailed from Bursa and was connected with the renowned circle of Anatolian scholars referred to as the Fanārī school due to its association with the scholar Mullā Fanārī (d. 1431). The latter had been charged by Sultan Bayezid I with inviting the best and brightest intellectuals to collect and standardize scientific textbooks for the curricula of the burgeoning Ottoman madrasas. A significant consequence of Qāḍīzāde's Bursa connection with the Fanārī circle of scholars was that he brought the collective wealth of Anatolian scientific knowledge to Samarqand[9]. This highlights the fact that within Islamic societies scientific knowledge disseminated widely via these scholarly pipelines, in this case connecting the regions of Anatolia and Central Asia. Scholarly networks had been (and would continue to be) ongoing[10].

The detailed accounts of Samarqand student life put forth by both Kāšī and Širwānī indicate that the teaching of the mathematical sciences had become well-established, formalized, and integrated into at least some Islamic institutions by the fifteenth century[11]. Širwānī's personal account also underscores the point that a student sought out a prescribed program of study for a higher education; and, furthermore that obtaining a diploma could be a rather grueling process in which a student had to demonstrate subject proficiency through oral testing,

and Nīsābūrī, an indication that a scholar felt there was room for further elucidation on a given topic.

[9] See F. J. Ragep, Astronomy in the Fanārī-Circle: The Critical Background for Qāḍīzāde al-Rūmī and the Samarqand School, in: T. Yücedoğru/O. Koloğlu/U. M. Kılavuz/K. Gömbeyaz (eds.), Uluslararası Molla Fenârî Sempozyumu (4–6 Aralık 2009 Bursa) (International symposium on Molla Fanārī, 4–6 December 2009 Bursa), Bursa 2010, 165–176. See also F. J. Ragep, Ḳāḍīzāde Rūmī, in: Encyclopaedia of Islam, Leiden ^{2}2004, vol. 12, 502 and id., Qāḍīzāde al-Rūmī, in: BEA (nt. 5), vol. 2, 942.

[10] Two prominent examples in support of ongoing scholarly connections between the regions of Anatolia and Central Asia are: (1) Badr al-Dīn ʿAbd al-Wāğid (d. 1435), one of Qāḍīzāde's teachers at Bursa, traveled to Bursa from Ḫurāsān in Northeast Iran. He eventually settled in Kütahya in Anatolia and became a teacher at the eponymous Wāğidīya Madrasa there; and (2) the Ottoman Sultan Mehmet II invited ʿAlī Qušǧī in 1472 to the newly conquered city of Istanbul, where Qušǧī spent the final years of his life as head of the Ayasofya Madrasa. His writings, some of which were very likely known in Renaissance Europe, would influence countless scholars for generations in Islamic lands. See Ragep, Astronomy in the Fanārī-Circle (nt. 9), 165; H. Topdemir, ʿAbd al-Wājid, in: BEA (nt. 5), vol. 1, 5–6; and İ. Fazlıoğlu, Qūshjī in: BEA (nt. 5), vol. 2, 946–948; on Qušǧī's connection to European scholars, see F. J. Ragep, ʿAlī Qushjī and Regiomontanus: Eccentric Transformations and Copernican Revolutions, in: Journal for the History of Astronomy 36/4 (2005), 358–371.

[11] E. İhsanoğlu provides an overview of the "formal" teaching programs of the madrasas, what he calls "the most indigenous institutions of learning in Islam", in Institutionalisation of Science in the *Medreses* of Pre-Ottoman and Ottoman History, in: G. Irzik/G. Güzeldere (eds.), Turkish Studies in the History and Philosophy of Science, Dordrecht 2005, 265–283. For more sweeping surveys, see E. İhsanoğlu, Ottoman Educational and Scholarly Scientific Institutions, in: id. (ed.), History of the Ottoman State, Society & Civilisation, Istanbul 2002, vol. 2, 368–390 (Medreses), esp. 383–387 (Curricula in Ottoman Medreses); and C. İzgi, Osmanlı Medreselerinde İlim: Riyazī ilimler, 2 vols., Istanbul 1997.

listening, and reading. Indeed, Širwānī explicitly describes the slow and careful process involved in reading texts by examining subjects via detailed explanations and discussions, and establishing connections between texts and their sources. He also reports that specific scientific texts were designated for various levels of proficiency; and these designations are corroborated by historical sources. For example, both the fourteenth-century Egyptian encyclopaedist Ibn al-Akfānī (d. 1348) and the sixteenth-century Ottoman Ṭāškubrīzāde (1495–1561) list examples of treatises that students were required to master, classified as beginner (*muḫtaṣar*), intermediate (*mutawassiṭ*), and advanced (*mabsūṭ*)[12]. Taken together as a whole these treatises formed a corpus (in essence a curriculum) to progressively master topics. Thus with respect to the scientific discipline of theoretical astronomy (*ʿilm al-hayʾa*), readings consisted of works such as Ṭūsī's 'Taḏkira' and/or Ǧaġmīnī's 'Mulaḫḫaṣ fī ʿilm al-hayʾa' for beginners[13], the *hayʾa* work by Muʾayyad al-Dīn al-ʿUrḍī for intermediate students[14], and Quṭb al-Dīn al-Šīrāzī's 'Nihāyat al-idrāk fī dirāyat al-aflāk' and 'al-Tuḥfa al-šāhīya' for the most advanced students[15].

So given rather strong evidence of scholars studying the mathematical sciences by the fifteenth century, why have so many modern writers deemed the post-Ġazālī period as one of scientific stagnation (or demise) within Islamic lands, consequently depicting Samarqand as being an anomaly, a Brigadoon-like phenomenon[16], rather than a manifestation of a continuous process of Islamic scientific learning? And in conjunction with this, why has the post-classical period of scientific achievements so often been compared (unfavorably) to a so-called "golden age" exemplified by the stellar scientific achievements of the

---

[12] For Ibn al-Akfānī's 'Kitāb iršād al-qāṣid ilā asnā al-maqāṣid', see J. J. Witkam, De Egyptische Arts Ibn al-Akfānī, Leiden 1989, 57–58 ([408]–[407] Arabic); and also Ṭāškubrīzāde's Miftāḥ al-saʿāda wa-miṣbāḥ al-siyāda, 3 vols., Beirut 1985, 348–349. Cf. Fazlıoğlu, The Samarqand Mathematical-Astronomical School (nt. 3), 23.

[13] See Ragep, al-Jaghmīnī's al-Mulakhkhaṣ (nt. 1). Witkam concluded that Ṭāškubrīzāde had basically incorporated Ibn al-Akfānī's material into his own compilation (p. 22); however, the two sources do contain some differences worth noting. For example, Ṭāškubrīzāde lists Ǧaġmīnī's 'Mulaḫḫaṣ' along with four commentaries on it (by Faḍl Allāh al-ʿUbaydī, Kamāl al-Dīn al-Turkmānī, Sayyid al-Šarīf, and Qāḍīzāde al-Rūmī) under a separate category entitled "famous abridgements" (Miftāḥ [nt. 12], 349).

[14] G. Saliba has written extensively on 'Urḍī's astronomy, with several of his articles reprinted in A History of Arabic Astronomy: Planetary Theories during the Golden Age of Islam, New York 1994. For an overview, see P. G. Schmidl, ʿUrḍī, in: BEA (nt. 5), vol. 2, 1161–1162.

[15] Much has been written on Quṭb al-Dīn al-Šīrāzī. For an overview of his astronomy, see F. J. Ragep, Shīrāzī, in: BEA (nt. 5), vol. 2, 1054–1055. Also see K. F. Niazi, Quṭb al-Dīn Shīrāzī and the Configuration of the Heavens: A Comparison of Texts and Models, Dordrecht 2014; and F. J. Ragep, Shīrāzī's Nihāyat al-idrāk: Introduction and Conclusion, in: Tarikh-e Elm (Tehran, Iran) 11 (2013), 41–57.

[16] Brigadoon was the legendary Scottish village that appeared for only one day every hundred years.

three great eleventh-century Islamic scholars Ibn Sīnā, Ibn al-Hayṯam and al-Bīrūnī[17]?

Rather than try to answer these broadly-painted and complex questions directly, let me focus instead on how certain views of Islamic intellectual history have affected the way in which scientific pedagogy has been depicted. Indeed, the scientific activities of fifteenth-century Samarqand provide us an excellent example with which to examine a prominent narrative regarding the pedagogy of Islamic science, one that tends to promote its history as being composed of discrete episodes (i.e. Samarqand becomes a minimal part with neither a past nor a future) and dependent in the main on courtly patronage or individual initiatives, one outside the core of the main institutional structures of Islamic society. In other words a commonly held view is that the collective scientific activities in Samarqand were due to patronage, they being the brainchild of "one Timurid prince, i.e. Uluġ Beg"[18], and his personal bent for mathematics, and that it reached fruition only because he had the funds to see his vision implemented[19]. Downplayed are underlying factors such as where these scholars and students materialized from, and how such an alleged marginal enterprise, one that hung on an individual whim, survived, indeed thrived, for over a millennium. Complementing this courtly patronage portrayal is the prevailing assumption that in pre-modern Islam place and locations are relatively minor considerations for sustaining the teaching of the mathematical sciences. Islamic institu-

---

17 Al-Ġazālī especially has been vilified as instigating scientific decline in Islam due to his fears that the teaching of science and, especially, philosophy in the madrasas could lead to heresy. For example, Aydın Sayılı (quoting E. Sachau) stated that "But for Al Ash'arî and Al Ghazâlî the Arabs might have been a nation of Galileos, Keplers, and Newtons" (Sayılı, The Observatory in Islam [nt. 3], 408). See also F. Griffel, The Western Reception of al-Ghazālī's Cosmology from the Middle Ages to the 21st Century, in: Dîvân 16/30 (2011/1), 33–62 (esp. Renan's views on Ġazālī). However, numerous scholars have challenged this portrayal of Ġazālī with more favorable views of his role in promoting science; see F. Griffel, Al-Ghazālī's Philosophical Theology, Oxford 2009; F. J. Ragep, Freeing Astronomy from Philosophy: An Aspect of Islamic Influence on Science, in: Osiris 16 (2001), 49–71, at 53–55 and F. J. Ragep, Islamic Culture and the Natural Sciences, in: D. C. Lindberg/M. H. Shank (eds.), The Cambridge History of Science, vol. 2: Medieval Science, Cambridge 2013, 27–61, at 56–57. Also see F. J. Ragep, When Did Islamic Science Die (and Who Cares)?, in: Newsletter of the British Society for the History of Science 85 (2008), 1–3 (a rebuttal to Nobel Laureate Steven Weinberg's claim that after Ġazālī "there was no more science worth mentioning in Islamic countries").

18 See S. Brentjes (329) who advocates a methodological approach that focuses on "a specific time and locality" rather than one that emphasizes historical predecessors where one runs the risk of placing events in terms of "progress or decline across time", something she clearly wishes to avoid (The Mathematical Sciences in Safavid Iran: Questions and Perspective, in: D. Hermann/ F. Speziale [eds.], Muslim Cultures in the Indo-Iranian World during the Early-Modern and Modern Periods [Islamkundliche Untersuchungen 290/Bibliothèque Iranienne 69], Berlin 2010, 325–402, esp. 325–326, 328).

19 According to Aydın Sayılı, "[...] the fact that in Ulugh Bey's time there apparently was a large number of scientists representing various mathematical and astronomical fields on the staff of this Samarqand madrasa must have very likely been due to that patron's initiative and encouragement" (Sayılı, Uluğ Bey [nt. 2], 44).

tions, such as the madrasa, play a limited role, the idea here being that science in Islam had nothing to do with Islam (either the religion or the civilization) which was hostile to science and, more broadly, to rationality.

And although this account has been challenged by a number of intellectual historians with expertise in the fields of Islamic science, philosophy, and theology[20], the narrative that the Islamic world had turned its back on rational discourse, and especially on science from the twelfth century onward as a result of religious hostility, has been reiterated in various forms based on a few examples (that may or may not be representative), and generalizations from specific contexts that are used to account for over a millennium of Islamic intellectual history.

This sentiment was articulated rather explicitly in the works of both Ernest Renan[21] and Gustav von Grunebaum[22]. An underlying motif at play is that one rarely finds the pursuit of scientific knowledge in Islam valued for its own sake, either by the individual or by the society as a whole[23], what A. I. Sabra has

---

[20] For examples, see the works of: R. Wisnovsky, The Nature and Scope of Arabic Philosophical Commentary in Post-classical (ca. 1100–1900 AD) Islamic Intellectual History: Some Preliminary Observations, in: Bulletin of the Institute of Classical Studies 47 (2004), 149–191; A. S. Dallal, Islam, Science, and the Challenge of History, New Haven 2010; and G. Saliba, Islamic Science and the Making of the European Renaissance, Cambridge 2007. Also see the following works by S. Brentjes: On the Location of the Ancient or "Rational" Sciences in Muslim Education Landscapes (AH 500–1100), in: Bulletin of the Royal Institute for Inter-Faith Studies 4/1 (2002), 47–71; Reflections on the Role of the Exact Sciences in Islamic Culture and Education between the Twelfth and the Fifteenth Centuries, in: M. Abattouy (ed.), Études des sciences arabes, Casablanca 2007, 15–33; and The Mathematical Sciences in Safavid Iran (nt. 18).

[21] Renan claims that this hostility comes from "the inevitable narrow-mindedness of a true believer, of that kind of iron ring around his head, making it absolutely closed to science. [...] inspires him with a contempt for other religions that has little justification. Convinced that God determines wealth and power to whomever He sees fit, regardless of education or personal merit, the Muslim has the deepest contempt for education, for science [...]" (L'islamisme et la science: conférence faite à la Sorbonne le 29 Mars 1883, Paris 1883, 2–3. English translation by S. P. Ragep with the assistance of Prof. F. Wallis, Islam and Science: A Lecture presented at La Sorbonne 29 March 1883, 2nd ed. Licensed under a Creative Commons Attribution-Non-Commercial-NoDerivs 3.0 Unported License, copyright 2011 by S. P. Ragep, URL: ⟨http://www.mcgill.ca/islamicstudies/files/islamicstudies/renan+islamism+cversion.pdf⟩).

[22] According to G. von Grunebaum: "A modicum of astronomy and mathematics is required to determine the direction in which to turn at prayer, as well as to keep the sacred calendar under control; a certain amount of medical knowledge must be available to the community. But anything that goes beyond these manifest (and religiously justifiable) needs can, and in fact ought to, be dispensed with. No matter how important the contribution Muslim scholars were able to make to the natural sciences, and no matter how great the interest with which, at certain periods, the leading classes and the government itself followed and supported their researches, those sciences (and their technological application) had no root in the fundamental needs and aspirations of their civilization" (G. von Grunebaum, Muslim World View and Muslim Science, in: id., Islam. Essays in the Nature and Growth of a Cultural Tradition, London 1964, 111–126, at 114).

[23] This view flies in the face of Franz Rosenthal's contention that "the religion of Muḥammad stressed from the very beginning the role of knowledge (*ʿilm*) as the driving force in religion,

referred to as the marginality thesis[24]; and that any scientific advances came about due to the mitigating intervention of patrons[25].

Now let me emphasize that the importance of patronage for promoting science is not in question. Rather my contention is against the notion that scientific inquiry would have come to a virtual halt at any given period without patronage to guarantee its support. For connected with this marginality thesis of science that patronage entails is the assumption that there were few, if any, alternatives, i.e. that there was no underlying institutional infrastructure within Islamic society to sustain scientific inquiry.

In this narrative what matters for the transmission of scientific knowledge (diachronically and synchronically) is the personal student/teacher relationship, a relationship that is nurtured and culminates with the student continuing this pattern of mentoring by receiving a license to teach (*iǧāzat al-tadrīs*), the student's authorization to transmit a work or works studied with his master. At least theoretically, this is a strictly personal contract of sorts between master and disciple, one allegedly devoid of politics and the reach of the state. As George Makdisi has articulated this position, it is "the sole prerogative of the person bestowing it; no one could force him to give one"[26]. So for Makdisi, within an Islamic context this license would differ from the granting of the European *licentia docendi* whose authority might rest beyond the master, be it with the university, the local church, rulers, or the Pope.

A. I. Sabra also articulated the view that in medieval Islam a scientific education was "largely an individual affair in which individual students made special

---

and thereby, in all human life. [...] *ʿilm* never lost its wide and general significance. Thus the interest in knowledge for its own sake, in systematic learning *per se* and in the sciences as expressions of man's thirst for knowledge, was greatly and effectively stimulated" (F. Rosenthal, The Classical Heritage in Islam. Translated from the German by E. and J. Marmorstein, Berkeley–Los Angeles 1975, 5).

24 A. I. Sabra theorized that Islamic scientists managed to sustain their high levels of scientific achievement (some six hundred years after its initial launching in the eighth/ninth centuries with the translation movement) through a process of acceptance, assimilation, and ultimately "naturalization" of philosophical and scientific materials within mainstream Islam. However, according to Sabra, this came at a price that ultimately curbed the scientists' appetite for inquiry and creativity in favor of a more religiously-oriented palate, one geared for utilitarian (instrumentalist) ends; A. I. Sabra, The Appropriation and Subsequent Naturalization of Greek Science in Medieval Islam: A Preliminary Statement, in: History of Science 25 (1987), 223–243 [Reprint in: A. I. Sabra, Optics, Astronomy and Logic: Studies in Arabic Science and Philosophy (Variorum Collected Studies 444), Aldershot 1994, I; and in: F. J. Ragep/S. P. Ragep (eds.) with the assistance of S. Livesey, Tradition, Transmission, Transformation: Proceedings of Two Conferences on Premodern Science Held at the University of Oklahoma, Leiden 1996, 3–27].

25 Aydın Sayılı, in his seminal work on the observatory in Islam, viewed the rise and fall of observatories in terms of a series of temporal episodes dependent "on the patronage of rulers or rich people even when very large instruments were not constructed"; and he believed the frequent changes of political power handicapped the progress of science (Sayılı, The Observatory in Islam [nt. 3], 311, 427).

26 G. Makdisi, Madrasa and University in the Middle Ages, in: Studia Islamica 32 (1970), 255–264, at 260.

arrangements with individual teachers". And further: "insofar as the madrasas had anything like what we might call a curriculum, the study of the 'ancient sciences' was not part of it"[27].

A direct consequence of this view is the assumption that the fate of scientific knowledge rested on the initiatives of individuals who were condemned to resort to nonsystematic and/or unofficial channels to seek scientific knowledge. Assertions that a scientific education was an "individual affair" are still commonly held. Jonathan Berkey has repeatedly claimed that "An education was judged not on *loci* but on *personae*"[28]; and this personal component fostered networks that gave scholars the flexible option "to choose what to study, with whom, and where, as well as what to teach".[29] According to Berkey:

> "the institutions themselves seem to have had little or no impact on the character or the processes of the transmission of knowledge. [...] Indeed, medieval Muslims themselves seem to have been remarkably uninterested in *where* an individual studied. The only thing that mattered was with *whom* one had studied, a qualification certified not by an institutional degree but by a personal license (ijaza) issued by a teacher to his pupil. Whether lessons took place in a new madrasa, or in an older mosque, or for that matter in someone's living room, was a matter of supreme indifference"[30].

Berkey is not alone in espousing this sentiment. A. I. Sabra, for example, asserted that the great scientific achievements in both theoretical and practical aspects of astronomy of Ibn al-Šāṭir (d. *ca.* 1375), the renowned timekeeper (*muwaqqit*) and chief muezzin of the Damascus Ummayad Mosque, must be regarded as his accomplishments in and of themselves, regardless of their institutional setting[31]. Furthermore, as Michael Chamberlain puts it: "there is no evidence that students sought out prescribed programs of study, or enrolled in madrasas to master a specific body of knowledge. Rather they chose their subjects for themselves, and sought out shaykhs who could 'benefit' them"[32].

---

27 A. I. Sabra, Science, Islamic, in: J. Strayer (ed.), Dictionary of the Middle Ages, vol. 11, New York 1982, 81 – 89, at 85, 86. In addition, Aydın Sayılı devoted an entire section of his dissertation to discussing the "Exclusion of the Awāil sciences from the Madrasa"; his assertion was that the Greek sciences, "i.e. philosophy, mathematics, astronomy and the physical and natural sciences were not admitted into the curriculum" due to "theologians who had developed the madrasa system, [who] did not believe that the awāil were of any use to a Moslem in this world or in the next. Some theologians were even convinced that the awāil sciences were harmful and undesirable. Thus, the madrasas, which were the only institutions in Islam devoted to advanced teaching, did not contribute to the transmission and cultivation of the awāil sciences" (A. Sayılı, The Institutions of Science and Learning in the Moslem World, Ph.D. dissertation, Harvard University, Cambridge 1941, viii, 40 – 41, 44 – 64).

28 See J. Berkey, The Transmission of Knowledge in Medieval Cairo, Princeton 1992, 23.

29 See Brentjes, On the Location of the Ancient or "Rational" Sciences (nt. 20), 64.

30 J. Berkey, Madrasas Medieval and Modern: Politics, Education and the Problem of Muslim Identity, in: R. W. Hefner/M. Q. Zaman (eds.), Schooling Islam: The Culture and Politics of Modern Muslim Education, Princeton 2007, 40 – 61, at 43.

31 See A. I. Sabra, Situating Arabic Science: Locality Versus Essence, in: Isis 87/4 (1996), 654 – 670, at 668.

32 M. Chamberlain, Knowledge and Social Practice in Medieval Damascus, 1190 – 1350, Cambridge 1994, 87. Cf. Fazlıoğlu, The Samarqand Mathematical-Astronomical School (nt. 3).

These views tend to attribute any counter-examples, such as Širwānī traveling specifically to Samarqand in pursuit of furthering his astronomical studies, to being an "exception". Here one should question how many "exceptions" must accumulate to qualify as a scientific tradition. Furthermore, assertions depicting an Islamic education as being nonsystematic ignore the meticulous work of many scholars such as George Makdisi, who detailed (in 1981) how a legal education was an extremely structured and formal affair in his seminal book 'The Rise of Colleges'[33]. Makdisi not only traces the rise and spread of the madrasa and its importance for the transmission of knowledge but has argued that the scholastic method of teaching students and obtaining the license to teach that occurred within the Western university (consisting of the elements of *sic et non*, dialectic, and disputation) had Islamic antecedents[34].

In any event, one should keep in mind that scholars such as Berkey and Chamberlain regard "no institutional structure, no curriculum, no regular examinations, nothing approaching a formal hierarchy of degrees"[35] as a good thing; there were a lot of educational perks to the individualization of learning. It allowed for a higher degree of pedagogical flexibility, creativity, and inclusiveness in that: there were fewer restrictions on the range of subject matter one could teach, study, and read; scholars were not governed by specific restrictive stipulations regulating pedagogical issues of any given institution; and the student would be free to seek out the most reputable and morally upright teacher. According to Berkey, "the critical factor that a successful student considered was always the character, intellectual quality, and reputation of his instructor [...] it is important to select the most learned, the most pious and the most advanced in years"[36]. Individualization of learning also potentially allowed for social mobility, being inducted into the club of scholars known for their "nobility of learning"[37], something familial connections may not have been able to bestow.

33 G. Makdisi provides an extensive examination of the "Organization of Learning" (madrasa curriculum, class procedure, teaching days and holidays, the long years of study) in: The Rise of Colleges: Institutions of Learning in Islam and the West, Edinburgh 1981, 80–98. Makdisi also gives examples of madrasas in thirteenth-century Damascus designated specifically for the study of medicine (9, 313, nt. 38). See also Fazlıoğlu, The Samarqand Mathematical-Astronomical School (nt. 3).

34 G. Makdisi, Baghdad, Bologna, and Scholasticism, in: J. W. Drijvers/A. A. MacDonald (eds.), Centres of Learning: Learning and Location in Pre-Modern Europe and the Near East, Leiden 1995, 141–157.

35 See Berkey, Madrasas Medieval and Modern (nt. 30), 43. Berkey's attitude reflects similar assertions he made 15 years earlier, such as: "There is little suggestion in the sources that particular schools ever acquired any lasting identity or mission within the academic sphere distinct from that of the individuals who taught within them [...] the whole system remained, as it were, thoroughly nonsystematic" (Berkey, The Transmission of Knowledge [nt. 28], 44).

36 See Berkey, The Transmission of Knowledge (nt. 28), 22. This sentiment is reiterated in id., Enseigner et apprendre au temps des madrasas, in: É. Vallet/S. Aube/T. Kouamé (eds.), Lumières de la Sagesse: Écoles médiévales d'Orient et d'Occident, Paris 2013, 139–145.

37 See M. Chamberlain, The Production of Knowledge and the Reproduction of the Aʿyān in Medieval Damascus, in: N. Grandin/M. Gaborieau (eds.), Madrasa: la transmission du savoir dans le monde musulman, Paris 1997, 28–62.

I should add, though, that it was not uncommon for scholars to be members of a single family, and also for scholarly activities within families to extend over several generations.

A major drawback in the narrative promoting the benefits to be reaped by the individualization of learning is that it sentences the pursuit of a scientific education to being conducted in a relatively *ad hoc* manner with subject matter and level of proficiency highly dependent on the skill and bent of a particular scholar or teacher. The onus also rests with individual initiative; one has to become an advocate, be proactive in seeking out the best teachers, i.e. often hopping from teacher to teacher, place to place, accumulating *iǧāza*s along the way[38]. Moreover the individual has to fend for himself financially, unless he is lucky enough to find a patron or came from a family of means[39]. Furthermore, in this portrayal there was no recourse if this relationship between student and teacher broke down, the assumption being that the individual was not getting institutional or cultural support. And this narrative ties in nicely with the view that scientific topics were excluded from the madrasa; and the lack of a set curriculum contrasts sharply with what is often held to be the case for the university in the Latin West. It is not hard to see why these perceived problems of individualized learning would be seized upon by Eurocentric scholars such as Edward Grant or Toby Huff, who have contrasted Islamic learning – unfavorably – with the institutionalization of scientific and philosophical learning at universities in Europe[40].

But was the systematic study of science really "officially" excluded from Islamic institutions? Could science in Islam, or anywhere else for that matter, have been sustained for almost a millennium – over the course of 50 generations or so – on individual initiative alone? And even with individual initiative, how does one learn something as complicated and extensive as Ptolemy's 'Almagest',

38 For more on the *iǧāza* in Arabic manuscripts, see J. J. Witkam, The Human Element between Text and Reader: The Ijāza in Arabic Manuscripts, in: C. Gilliot (ed.), Education and Learning in the Early Islamic World (Formation of the classical Islamic world 43), Farnham 2012, 149–162.

39 Apparently common side jobs for young scholars in need of subsidies, according to G. Makdisi, were being guards and night watchmen (G. Makdisi, Muslim Institutions of Learning in Eleventh-Century Baghdad, in: Bulletin of the School of Oriental and African Studies 24/1 [1961], 1–56, at 52).

40 For examples, see E. Grant, The Fate of Ancient Greek Natural Philosophy in the Middle Ages: Islam and Western Christianity, in: Review of Metaphysics 61 (2008), 503–526, esp. 517–520; and the heated exchanges between George Saliba and Toby Huff: G. Saliba, Seeking the Origins of Modern Science? Review: Toby E. Huff's The Rise of Early Modern Science, Cambridge: Cambridge University Press, 1993, in: Bulletin of the Royal Institute for Inter-Faith Studies 1 (1999), 139–152; T. E. Huff, The Rise of Early Modern Science: A Reply to George Saliba, in: Bulletin of the Royal Institute for Inter-Faith Studies 4/2 (2002), 115–128; and G. Saliba, Flying Goats and Other Obsessions: A Response to Toby Huff's "Reply", in: Bulletin of the Royal Institute for Inter-Faith Studies 4 (2002), 129–141.

or Euclid's 'Elements', without teachers or vade mecums[41]? And who sustained the market for such books, allowing for copyists who had the technical ability to reproduce complicated texts with often arcane terminology as well as diagrams? At this point, we might well call upon that tried and true *deus ex machina*, the patron. But patrons may be able to pay for buildings, instruments and salaries, but they can't conjure scientists out of thin air.

The alternative scenario is that religious institutions did in fact play a vital role in sustaining scientific education in pre-modern Islam. And more so once the Ottoman madrasas appeared on the scene; official stipulations initiated by Mehmet II sanctioned the teaching of the rational sciences within Ottoman religious institutions that were dispersed throughout three continents from the fifteenth to the twentieth centuries. And evidence documenting the study and teaching of various astronomical subjects within institutions is contained within thousands of extant scientific manuscript witnesses located in repositories throughout the world today.

This is exemplified by the teaching of an extremely popular textbook on theoretical astronomy entitled 'al-Mulaḫḫaṣ fī al-hayʾa al-basīṭa' composed by Maḥmūd ibn Muḥammad ibn ʿUmar al-Ǧaġmīnī in the early thirteenth century under the auspices of the Ḫwārizm Šāhs in Central Asia. Ǧaġmīnī's 'Mulaḫḫaṣ' played a critical role in the teaching, dissemination, and institutional instruction of Islamic theoretical astronomy. Its study and use as a propaedeutic for more advanced teaching texts continued well into the nineteenth century; it inspired over sixty commentaries, super commentaries, glosses and translations (from its original Arabic into Persian, Turkish and Hebrew)[42]. It was still being taught in Bosnia in the twentieth century, which would make its study span well over seven centuries. Evidently its study, along with its commentary tradition, was still relevant even after "European science" came on the scene; there is evidence indicating that concerted efforts were made to seek teaching approaches that could accommodate the older Islamic scientific traditions such as that of the 'Mulaḫḫaṣ' along with new (*ǧadīd*) scientific developments[43]. So Ǧaġmīnī's ubiq-

---

[41] Toby Huff would have us believe that Muslim scholars used "memorization" and "repetition" to study ancient texts such as Ptolemy's 'Almagest' and Euclid's 'Elements' (The Rise of Early Modern Science: Islam, China, and the West, Cambridge 1995, 164). It would be interesting to see if he could find anyone, Muslim or otherwise, who could memorize Ptolemy's table of chords or his star chart that occupies 60 pages in a modern translation.

[42] See Ragep, al-Jaghmīnī's al-Mulakhkhaṣ (nt. 1), Appendix II (Commentaries and Supercommentaries on, and Translations of, Jaghmīnī's 'Mulakhkhaṣ').

[43] Ḥasan al-Ǧabartī's (d. 1774–75) circle of scholars provides us an excellent example of the 'Mulaḫḫaṣ' still being studied in eighteenth-century Cairo, and at the Azhar. According to his famous son, the historian ʿAbd al-Raḥmān al-Ǧabartī (d. 1825–26), his father Ḥasan was a member of the ʿulamāʾ and attracted students from all parts of the world; and his instruction included Ǧaġmīnī's 'Mulaḫḫaṣ' and Qāḍīzāde's 'Šarḥ' along with other *hayʾa* works (for Ǧabartī, see E. İhsanoğlu, – The Ottoman Scientific-Scholarly Literature, in: id. (ed.), History of the Ottoman State (nt. 11), vol. 2, 586–587; J. H. Murphy, Improving the Mind and Delighting the Spirit: Jabarti and the Sciences in Eighteenth-Century Ottoman Cairo, Ph.D. dissertation, Princeton University, Princeton 2006, 97–100; E. İhsanoğlu/R. Şeşen e. a. (eds.), Osmanlı Astronomi Literatürü Tarihi [History of Astronomy Literature during the Ottoman period],

uitous introductory textbook on theoretical astronomy provides us with a significant example with which to understand a vibrant, ongoing scientific educational tradition within Islam.[44]

Furthermore, the 'Mulaḫḫaṣ' was not the only scientific treatise Ǧaġmīnī authored. In addition to several compositions in mathematics, he composed an equally popular medical treatise 'al-Qānūnča', "the little 'Qānūn'", an abridgment of Ibn Sīnā's 'Qānūn fī al-ṭibb', that was said to be used in schools of medicine, and that "students were as familiar with it as with the midday sun"[45].

The fact that Ǧaġmīnī composed numerous scientific works in the late twelfth/early thirteenth centuries under the auspices of the Ḫwārizm Šāhs in Central Asia is significant. It directly challenges the prevalent view that this post-Ġazālī pre-Mongol period was one of stagnation and highlights that at least one scholar was composing multiple scientific textbooks. These textbooks and their commentaries also provide us strong evidence of a continuity of institutionalized scientific learning within Islamic lands. It also strongly suggests that the underlying demand for scientific works did not rest solely with individual initiatives but resulted from the society's need to promote a scientific education.

---

2 vols., Istanbul 1997, vol. 2, 479, no. 19; and İzgi, Osmanlı Medreselerinde İlim (nt. 11), vol. 1, 386, ç6. Almost a century after Ǧabartī, the Muslim Ottoman scholar al-Qūnawī (fl. 1857) presents another attempt to reconcile the traditional and *ǧadīd* science with a quite up-to-date version of the heliocentric system within the context of a traditional astronomical treatise for madrasa scholars (see R. Morrison, The Reception of Early Modern European Astronomy by Ottoman Religious Scholars, in: Archivum Ottomanicum 21 [2003], 187 – 195).

[44] For details on the 'Mulaḫḫaṣ' content, and to learn what constituted an introduction to Ptolemaic astronomy in Islamic lands, see S. P. Ragep, Jaghmīnī's Mulakhkhaṣ: An Islamic Introduction to Ptolemaic Astronomy (Sources and Studies in the History of Mathematics and Physical Sciences), New York 2016.

[45] See A. Z. Iskandar, A Catalogue of Arabic Manuscripts on Medicine and Science in the Wellcome Historical Medical Library, London 1967, 56 – 57. Due to ambiguity within the literature regarding exactly when Ǧaġmīnī flourished (and claims by some that there were two Ǧaġmīnī's, i. e. one in the thirteenth century who authored the 'Mulaḫḫaṣ', another in the fourteenth century who authored 'al-Qānūnča'), I devote an entire chapter to establishing Ǧaġmīnī's dates and arguing that he was the sole author of both popular treatises (Ragep, al-Jaghmīnī's al-Mulakhkhaṣ [nt. 1], Ch. One). See also Ragep, Jaghmīnī's Mulakhkhaṣ (nt. 44).

To Flog or Not to Flog?
On Instructive Uses of Violence in Muslim Pedagogy and Education

Atanas Shinikov (Sofia)

I.

Scholarly efforts invested into Muslim education hardly appear possible without consideration of the implications of the term "knowledge" (*ʿilm*)[1]. As it has been strikingly pointed out by Franz Rosenthal, "*ʿIlm* is Islam"[2], which indicates the centrality of a concept that, situated in the field of "theology and religious science"[3], could sharply differ from the Aristotelian ἐπιστήμη[4]. The difference shows through the texts of the Qur'ān[5] and the *ḥadīṯ* corpus[6], where *ʿilm* is to be construed as representing the divine revelation and its impact on the formation of an ethos of Muslim life. Such a perception of transcendentally guaranteed "knowledge" would find its reflection as well upon Muslim education, inasmuch the latter constitutes by definition a "transmission of knowledge"[7]. Notably,

---

1 I would like to thank Christopher Melchert for his helpful comments on a very early draft of the present paper. Unless otherwise specified, all translations of original Arabic source texts are mine.

2 F. Rosenthal, Knowledge Triumphant: The Concept of Knowledge in Medieval Islam. With an Introduction by D. Gutas (Brill Classics in Islam 2), Leiden – Boston 2007, 2.

3 Ibid., 70 – 154.

4 For a summary of the difference between *ʿilm* and Aristotelian ἐπιστήμη see A. Shinikov, Al-Ghazālī (d. 1111) Revisited: Classification of Sciences and Muslim Religious Education, in: Archiv für mittelalterliche Philosophie und Kultur 21 (2015), 171 – 206 [in Bulgarian].

5 According to Rosenthal, the Arabic *ʿ-l – m* root, related to knowledge, is found around 750 times in the text of the Qur'ān (Rosenthal, Knowledge Triumphant [nt. 2], 19 – 20). Besides, one of the most common attributes (*ṣifāt*) of Allah is the "Omniscient" (*ʿalīm*), enjoying 138 mentions. Knowledge is situated in the framework of the relations between Allah and man – Allah is the only one to possess knowledge (Qur'ān 2:216, 2:232, 16:74, 24:19), he reveals to man what man cannot know (2:239, 7:62), no part of divine knowledge can be revealed except by the will of Allah (2:255 – 256), or Qur'ānic portions (58:11) that provide us with information, scarce as it is, about the settings within the gatherings (*maǧālis*) during which transmission of the divine relation was said to take place.

6 Cf. e. g. the 'Book of Knowledge' ('Kitāb al-ʿilm') in al-Buḫārī's (d. 870) 'Ṣaḥīḥ' who allocates to it a third place at the beginning of his compilation, right after the books of 'Revelation' ('Waḥyi') and 'Faith' ('ʾĪmān') (al-Buḫārī, Al-Ǧāmiʿ al-ṣaḥīḥ, vol. 1, Cairo 1979, 37), or the 'Ṣaḥīḥ' of Muslim b. al-Ḥaǧǧāǧ (d. 875), which features a book of knowledge on its own (ʾAbū al-Ḥusayn Muslim, Ṣaḥīḥ Muslim, Riyadh 1998, 1070).

7 Here, the term is borrowed from J. Berkey, The Transmission of Knowledge in Medieval Cairo: A Social History of Islamic Education, Princeton 1992.

within this view on *ʿilm* that relates the postulates of the Qurʾān and the Ṣiḥāḥ to normative regulation of Muslim life, and its linkage to education, treatises on knowledge often resided in the domain of theological and legal discourse, such as al-Šāfiʿī's (d. 820) 'Ǧimāʿ al-ʿilm'[8] or the 'Kitāb al-ʿālim wa-l-mutaʿallim', ascribed to the circle around ʾAbū Ḥanīfa (d. 767)[9]. And just as much as early legal writings, like the 'Muwaṭṭaʾ' of Mālik b. Anas (d. 795), represent topical collections of *ḥadīṯ* considered relevant by their compilers, same can be said about early works on education, with ʾAbū Ḫayṯama's[10] (d. 849) 'Book of Knowledge' ('Kitāb al-ʿilm') being a good example. In this line of reasoning, it needs to be noted that the rise of Muslim educational institutions is only made meaningful within a religious context, as long as the preservation of *ʿilm* is a main objective of the religious scholars (*ʿulamāʾ*) in order to regulate the life of the *ʾumma* by the application of a religious norm embodied in the Šarīʿa through Muslim jurisprudence (*fiqh*). Muslim education, being focused on religious subjects, has required different external forms for a different content compared to antiquity, while the numerous similarities – among them the ethos of the teacher-pupil relationship – have been outlined as general and superficial[11].

Considering the abovementioned dimensions of perceptions of knowledge, the institutional aspects of Muslim education have enjoyed considerable academic attention, at least since the work of Ferdinand Wüstenfeld (d. 1899)[12]. The way in which relations for transmission of knowledge have emerged and developed, have been qualified as "spontaneous" and "without outside interference"[13]; it is stated that the original realization of these relations is not carried out in "institutions formally devoted to education, but in mosques, where reli-

---

8 Muḥammad b. ʾIdrīs al-Šāfiʿī, Ǧimāʿ al-ʿilm, Maktabat Ibn Taymīya, Cairo 1940. As Majid Khadduri has pointed out in his translation of al-Šāfiʿī's 'Risāla in fiqh', 'al-Ǧimāʿ' [referred to by him as 'al-Ǧumāʿ'], is actually the chapter within the 'Risāla' dedicated to the general topic of knowledge. Tellingly, *ʿilm* has been translated with the interpretative "[legal] knowledge", by which "knowledge" is not only situated in the field of the religious domain, but has also been narrowed down to the field of legal discourse (Al-Shāfiʿī's Risāla. Treatise on the Foundations of Islamic Jurisprudence. Translated by M. Khadduri, Baltimore 1961, 81).

9 ʾAbū Ḥanīfa [?], Kitab al-ʿālim wa-l-mutaʿallim, Maṭbaʿat al-ʾanwār, Cairo 1948.

10 ʾAbū Ḫayṯama, Kitāb al-ʿilm, Riyadh 2001.

11 F. Rosenthal, The Classical Heritage in Islam. Translated from the German by E. and J. Marmorstein (Arabic Thought and Culture), London – New York 1992, 53.

12 F. Wüstenfeld, Die Academien der Araber und ihre Lehrer, Göttingen 1837. Emblematic works in the field employing a variety of approaches are the already mentioned ones by Franz Rosenthal, G. Makdisi, The Rise of Colleges: Institutions of Learning in Islam and the West, Edinburgh 1981, then again G. Makdisi, Muslim Institutions of Learning in Eleventh-Century Baghdad, in: Bulletin of the School of Oriental and African Studies 24 (1961), 1 – 56, Berkey, op. cit. (nt. 7), D. Ephrat, A Learned Society in a Period of Transition: the Sunni 'Ulama' in Eleventh Century Baghdad, New York 2000, as well as O. Safi, The Politics of Knowledge in Premodern Islam: Negotiating Ideology and Religious Inquiry, Chapel Hill 2006.

13 G. Schoeler, The Oral and the Written in Early Islam. Translated by U. Vagelpohl. Edited by J. E. Montgomery (Routledge Studies in Middle Eastern Literatures 13), London – New York 2006, 48 ("Undoubtedly, the Islamic [religious] teaching system grew spontaneously, without outside interference, out of the need to teach the new religion").

gious scholars would seat in teaching circles (*ḥalqa*, *majlis*) with their students"[14]. We are being reminded to "look beyond the institutional structure of higher education to the informal world of personal instructional relationships that guided the transmission of Muslim knowledge"[15]. At the same time, other scholarly discourses that treat "institutional aspects of Muslim higher education", seem not to include space for the master-disciple relationship, detaching it from the scope of the institutional domain[16]. It is as if we observe a dichotomy between the realm of the "formal" – embodied by educational institutions such as the *madrasa* – as opposed to the "informal" transmission of knowledge within the master-disciple relationship, which opposes "institutional" dimensions and "personal" ones. Within the terms of such a scholarly talk, on the one hand, it is noted that the primary topos of Muslim education can be seen in the relation between a master and a disciple in the *ḥalqa*-s. On the other hand, "formal" educational institutions are considered to go beyond those relations, contradictory as they are. Thus, constructing precise definition of Muslim educational institutions might appear problematic, as long as they seem more "guided by an elastic custom rather than by a rigid theory"[17].

Hence, perceptions as the ones voiced above need to be carefully reproduced through the critical usage of the terminological framework, cautiously resorting to terms such as "formal", "informal", "personal", "institutional". The notion that the relation of transmission of knowledge within the scholarly circles (*ḥalaqāt*, *ǧalasāt*) built between a master and his disciples can be qualified as "informal" or "personal", could be subject to refinement. The origin of the master-disciple relationship, made necessary by the need to transmit *ʿilm*, the purpose of its transmission and application, formalized in the *fiqh* tradition, is difficult to describe as "spontaneous" or "informal", as it finds its solid grounding in the normative texts of the Qur'ān and the Sunna, which transcendentally regulate it. In addition, Muslim educational authorities dedicate efforts to substantiate not only the general need to transmit and apply "knowledge", but also the framework of relations between bearers of knowledge and its recipients. As even a lapidary look into a range of representative works reveals, the precise "institutional" environment in which Muslim education takes place does not enjoy abundant coverage, contrary to aspects that outline the ethos of the master-disciples relations. These dwell on topics such as praiseworthy or reproachable

14 Berkey, op. cit. (nt. 7), 7.

15 Ibid., 17.

16 J. Waardenburg, Some Institutional Aspects of Muslim Higher Education and Their Relation to Islam, in: Numen 12/2 (1965), 96–138.

17 A. L. Tibawi, Origin and Character of al-Madrasa, in: Bulletin of the School of Oriental and African Studies 25/2 (1962), 225–238, at 230. In a critique of the attempts of George Makdisi (Muslim Institutions [nt. 12]) to define descriptions and terminology of Muslim educational institutions, he notes that Muslim historians, including key authors as ʾAbū Ḥāmid al-Ġazālī (d. 1111), "are notorious for their inconsistency with what might be considered by modern scholars technical terms", providing *mudarris* or the *muʿallim* terms as examples (ibid.).

behavioral models, delegation of authority from parents to teachers, practical cases such as payments of teachers, daily activities of teaching and learning, or the foundations and principles of those relations[18]. Their codification and normative regulation would hardly be possible in case they do not go beyond the "informal" and "non-institutional" borders.

A look into the nature of the master-disciple relationship (*ṣuḥba*) as possessing a degree of institutionalization can be supported by studies such as those by Shlomo D. Goitein. In a short article on the topic of "formal friendship in the medieval Near East"[19], the "friendship" term has been described as a "social institution"[20]. *Ṣuḥba*, he goes on, "is the formal friendship", a "fixed, lasting and strongly emotional relationship"[21], which might acquire various dimensions: it is related to conversion to Islam, linguistically linked to the "friendship" which the companions (*ʾaṣḥāb*, stemming from the same *ṣ-ḥ-b* consonant root as *ṣuḥba*) build with the Prophet Muhammad, but could as well denote the relation between a master and his disciple, especially strong in Muslim mysticism, as long as truth could not be acquired from the books or through a change of the master[22]. Goitein points out that the terminology worked out in spheres such as religion, politics, or philosophy has been circulated in daily life, e. g. institutionalized in the form of trade relations[23]. Hence, this type of "friendship" starts and is subsequently terminated in a formal way, as could be exemplified by the master-disciple relations[24]. Their central role has led to the scholarly conclusions that even the Muslim educational institution par excellence – the *madrasa* – can be seen as an embodiment of the original relations between masters and disciples, defined arguably as no more than a "glorified *ḥalqa*"[25]. Without aiming at resolving the issue of definitions, the present paper would argue that the paradigmatic relations between a master and a disciple can be perceived as having institutional characteristics, around which much of the Muslim transmission of religious knowledge revolves. Hence, one might expect to see a degree of normative regulation of them, as well as mechanisms for their

[18] Good examples can be observed within the works of Ibn Saḥnūn (d. 870) and ʾAbū al-Ḥasan al-Qābisī (d. 1012) cited below. Same can be said about ʾAbū Ḥāmid al-Ġazālī who, in his lengthy exposition of the master-disciple relations (Al-Ġazālī, ʾIḥyāʾ ʿulūm al-dīn, vol. 1, Cairo s. a. , 82), does not appear to show interest in any other institutional environment. In spite of the great variety of educational institutions in 11th century Baghdad during al-Ġazālī's time (cf. Makdisi, Muslim Institutions [nt. 12]), they, including the *madrasa*, are not covered in the scope of his treatment of the topic.

[19] S. D. Goitein, Formal Friendship in the Medieval Near East, in: Proceedings of the American Philosophical Society 115/6 (1971), 484–489.

[20] Ibid., 484.

[21] Ibid.

[22] Ibid., 485–486, as the example provided by Goitein has been taken from the mystical treatise ('Risāla') of ʿAbd al-Karīm b. Ḥawāzin al-Qushayrī (d. 986) from Nishapur.

[23] Ibid.

[24] Ibid., 487.

[25] Ephrat, op. cit. (nt. 12), 78.

reproduction. This notion will be tested here by looking at one of the formalization aspects of the relation, which enables it and, as will be demonstrated below, which has enjoyed enduring attention in the works of Muslim educational theory and practice, namely the topic of disciplining punishment as a tool for preserving the *ṣuḥba.*

Muslim accounts of disciplining educational violence appear to pose a methodological challenge from the viewpoint of continuity and religious justification[26]. Could we infer theoretical and practical linkages from the various occurrences as part of a consistent historical approach to a Muslim educational norm to make disciplinary punishment necessary? What could the possible relation of motivation and the separate individual acts of violence within the educational sphere be? Are we able to judge the motivation of social agents within the Muslim educational sphere? And to what extent could the religious element be part of such a motivation? Can such practices be considered to be accidentally convergent on the basis of contextual historical and cultural localisms, whose grounding on a Muslim conceptual educational basis would seem rather coincidental? How could we avoid the danger of essentialism with its gross generalizations, on the one hand, and the traps of fragmentation of explored material to the degree of not being able to make conclusions beyond the scope of the immediately observable samples on the other?

II.

With all these questions in mind, we can explore the possible existence of a sustainable framework establishing the role of flogging as a religious sanction

[26] It would suffice here to mention three chronologically and geographically distanced accounts. The first one is taken from the collection of Ibn Taymīya's (d. 1328) authoritative *fatāwā*, elaborating on the idea of corruption of children by their masters. Dwelling on responsibility of custodians, he refers to a *ḥadīṯ* to command children the rulings of ritual prayer when they are seven years old, and beat them to it when they grow as old as ten (Ibn Taymīya, Fatāwā Ibn Taymīya, vol. 11, Mansoura 2005, 274). The second point here is made by the anthropologist of Islam Dale F. Eickelman. Looking at "the art of memory" within Islamic education in Morocco, he remarks that whenever a father handed his child over to a teacher, this was done with the formula that the child could be beaten at the teacher's own discretion. Punishments have been intended to induce a respect for accurate Qur'ānic recitation; besides, the teacher or the parent "was regarded as only the impersonal agency of the occasional punishments which, like the unchanging word of God itself, were merely transmitted by him" (D. F. Eickelman, The Art of Memory: Islamic Education and Its Social Reproduction, in: Comparative Studies in Society and History 20 [1978], 485–516, at 494). And finally, the third account is related to a contemporary online *fatwā* portal, where a certain inquirer in November 2005 posed a question on the legitimacy of educational violence. The answer was issued by a mufti from al-Quds University in Jerusalem and unfolded along several points: a teacher is forbidden to beat his student only for disagreeing with him or out of anger lest he lost control; he is allowed to apply disciplining violence whenever all other means have failed, following a prescription from Muḥammad to urge children to prayer when they are seven years old, and beat them to it, when they are as old as ten (cf. e.g. URL: ⟨http://www.onislam.net/arabic/ask-the-scholar/8308/8294/52285-2004-08-01%2017-37-04.html⟩ [last access on September 27, 2015]).

method to enforce behavioral patterns and support "right" attitudes between teachers and their students. This would not target the absolutization of the role of a fixed textual norm and its projection on historical Muslim educational practice. Such an approach, at least since the work of Edward Said and the academic controversies generated thereof[27], has proven to be a risky methodological enterprise. Here, we will rather seek to identify the potential of key normative material to provide a legitimizing impetus to educational theory and practices in general, and masters punishing their students in specific, and try to illuminate why the linkage of some vital practices and views to normative texts could be more clearly established than others. Tracing the thematic threads could be achieved through a critical inquiry into relevant parts of the authoritative texts of the Sunni mainstream as well as educational theory and practice[28]. From this chronological and narrative point of view, reversibly projecting modern Western views about education (e.g. those of John Dewy [d. 1952])[29] on the Muslim framework would not only be out of scope but also a vulnerable endeavor on the methodological plane.

It is a truism that one of the most common terms employed in Arabic sources to designate the use of violence is *ḍarb*, with the literal meaning of "beating". Here, an important distinction should be made. Islamic jurisprudence has built a regulatory framework for several cases of punishment by beating in case of transgressing the formal provisions of the Šarīʿa. All of those, however, rather refer to the category of legal punishment and limitations (*ḥadd*, pl. *ḥudūd*), while the only uses of *ḍarb* that fit the present scope are those related to the educational field and do no touch upon the categories of flogging as *ḥadd* of any kind[30].

The idea of applying violence to facilitate or reproach certain behavioral patterns in the broadest sense could be deduced from Qurʾānic verses such as 4:34:

> "Men are the managers of the affairs of women for that God has preferred in bounty one of them over another, and for that they have expended of their property. Righteous women are therefore obedient, guarding the secret for God's guarding. And

---

[27] E. Said, Orientalism, New York 1978, then a brief summary of the Saidian controversy in R. Irwin, For Lust of Knowing: The Orientalists and Their Enemies, London 2007, as well as M. Kramer, Edward Said's Splash, in: id., Ivory Towers on Sand: The Failure of Middle Eastern Studies in America, Washington, DC 2001, 27–43, and more recently in D. M. Varisco, Reading Orientalism. Said and the Unsaid, Seattle–London 2007.

[28] For a summary of the main sources of Muslim educational theory and practice, cf. e.g. A. Giladi, Islamic Educational Theories in the Middle Ages: Some Methodological Notes with Special Reference to al-Ghazali, in: Bulletin of British Society for Middle Eastern Studies 14 (1987), 3–10.

[29] E.g. J. Dewy, Democracy and Education: An Introduction to the Philosophy of Education, New York 1916.

[30] Works on the subject of legal punishment and types of punishment in Islam for further reference on *ḥadd* are R. Peters, Crime and Punishment in Islamic Law: Theory and Practice from the Sixteenth to the Twenty-first Century (Themes in Islamic Law 2), Cambridge 2005, and C. Lange, Justice, Punishment, and the Medieval Muslim Imagination, Cambridge 2008.

those you fear may be rebellious admonish; banish them to their couches, and beat them. If they then obey you, look not for any way against them; God is All-high, All-great."[31]

The verse can be perceived as providing a normative justification for the instructive use of punishment within the authoritative *tafāsīr.* Al-Ṭabarī (d. 923) situates this specific use of bodily punishment within the divinely established relations of obedience of the wife before her husband, whose duty, on the other hand, is to ensure obedience before Allah. The "men are the managers of the affairs of women" phrase would mean here that men are "managers" of women with reference to their "disciplining" (*ta'dīb*), a term which appears often in synonymous relation to *ḍarb*, as God "preferred in bounty one of them over another" in the sense of being recipients of the dowry (*muhūr*), expending their property for the women, by this being appointed "managers" (*qawwāmūn*, explained by the straightforward "commanders", *'umarā'*)[32]. Moreover, a man is responsible, as stated further by al-Ṭabarī, to "command her obedience to Allah" (*ya'muruhā bi-ṭā'ati l-lāh*), consequently being granted the right, in case that "she refuses, to beat her with beating which is not severe (*ġayr mubarriḥ*)"[33], then, according to another prescription, "discipline" her (indicative usage of *'addaba*)[34].

Dwelling at length on the topic of obedience, al-Ṭabarī summarizes that breaches of this divinely sanctioned order can be rectified through the justified use of "non-severe" (*ġayr mubarriḥ*) beating[35]. The formulation of the "non-severe" is abundantly emphasized and refined by "not breaking a bone of hers"[36]. Then, the "non-severe" expression is additionally clarified by answering a question, namely what is "non-severe beating"? The answer given is that it is one inflicted on the woman by the Muslim toothpick (*siwāk*)[37] or a similar object[38], as well as beating which does not leave any traces or bruises (*ġayr mu'aṯṯir*)[39]. The application of violence for disciplining purposes here cannot be perceived as having an allegorical value independent of and contradicting the literal meaning of the Qur'ānic text. Similarly, Ibn Kaṯīr (d. 1373), writing his

---

31 All portions of the Qur'ān have been cited according to The Koran Interpreted. A Translation by A. J. Arberry, 2 vols., London – New York 1955.

32 'Abū Ǧa'far Muḥammad b. Ǧarīr al-Ṭabarī, Tafsīr al-Ṭabarī, vol. 8, Cairo s. a. , 290.

33 Ibid.

34 Ibid., 291.

35 Ibid., 313.

36 Ibid., 314.

37 Associations with the modern accessory can be considered inappropriate in this aspect. The traditional Muslim *siwāk,* also known as *miswāk,* is rather a wooden twig used as a toothpick for hygiene purposes. It is often mentioned in the *ḥadīṯ* and is religiously connoted with mandatory prescriptions of Muḥammad to use it before performing the ritual prayer (*ṣalāt*), cf. A. J. Wensinck, Miswāk, in: P. Bearman e. a. (eds.), Encyclopaedia of Islam, Second Edition (= EI2), 12 vols., Leiden e. a. 1960 – 2004, vol. 7, 187.

38 Al-Ṭabarī, op. cit. (nt. 32), 314.

39 Ibid., 315.

tafsīr in a later historical period, states that the refinement of men being "managers" over women follows the meaning of "being appointed over her" (*ra'īsuhā, kabīruhā*), "ruling over her" (*ḥākim ʿalayhā*) and once more, disciplining her (*mu'addibuhā*) in case that she transgressed (*'iḏā 'aʿwaǧat*), being better than her (*ḫayr minhā*)[40].

Such authoritative Sunni perceptions of the Qur'ānic admonition occur within the specific field of marital relations. The prescription, however, fits into a more general area of disciplining violence by outlining several associative illuminative deductions. Instructive uses of flogging can be realized within a diversity of environments without resorting to the rulings on the types of punishment for disobedience to the provisions of the Šarīʿa. In this sense, suggesting a direct link between the occurrences of disciplinary flogging within the marital area, on the one hand, and the same measure on students in the educational field, on the other, might be seen as an arbitrary and risky leap in associative logics within a hastily constructed generalization. Yet, as it can be observed in the Muslim source texts cited above, the hierarchical relations of authority and the responsibility to enforce obedience to the divinely established order strike a similarity to the ones established later on and embodied in the relation of authority between a teacher and a student (*ṣuḥba*).

Thus the abovementioned Qur'ānic text and its later interpretations might impart an educative value to the term *ḍarb* by relating it to the enforced discipline (*'adab*). As later Muslim educational authors mention, it is *'adab* that denotes the practice of harsh treatment of students for their own good – we just need to invoke educational chapters such as "What is permitted as pertaining to disciplining punishment (*'adab*) and what is not"[41]. In this context, *'adab* is often employed to euphemistically veil the sterner meaning of beating. As Ibn Manẓūr (d. 1312) would point out in his famous dictionary of the Arabic language, it had been called *'adab* because "it cultivates, disciplines (*ya'dab*) people toward praiseworthy deeds and prevents them from misdoings (*maqābiḥ*)"[42].

The interpretations of the Qur'ānic text sampled hitherto can be complemented by the normative textual base of the *ḥadīṯ*. The most common tradition that underpins Muslim pedagogical framework is the one in which Muḥammad prescribes that Muslims should "Command [their] children to pray when they become seven years old, and beat them to it [that is, prayer, parenthesis mine, A. Sh.] when they become ten years old; and separate among them in the beds". This *ḥadīṯ* is found with minor variations within the compilations of at least Aḥmad b. Ḥanbal (d. 855) in his 'Musnad'[43], 'Abū Dāwud (d. 889)[44] and al-

[40] ʿImād al-Dīn 'Abū al-Fidā' Ismāʿīl b. Kaṯīr, Tafsīr al-Qur'ān al-ʿaẓīm, vol. 4, Cairo 2000, 20.

[41] Ibn Saḥnūn, 'Ādāb al-Muʿallimīn, in: Al-Tarbiya fī l-'Islām, Cairo 1968, 356.

[42] Ibn Manẓūr, Lisān al-ʿarab, vol. 1, Beirut s. a. , 206.

[43] 'Aḥmad b. Ḥanbal, Musnad, vol. 11, Beirut 1997, 284–285.

[44] 'Abū Dāwud, Kitāb al-ṣalāt (Book of Prayer), in: 'Abū Dāwud, Sunan, vol. 1, Beirut 1997, 237–239.

Tirmīḏī (d. 892)[45]. Variations in contents might be considered nominal. Seven to ten years appear to be the crucial age for enforcing obedience in one of Islam's pillars, with ten years being the permissible minimum age for the application of flogging to achieve the means thereof. The tradition is important because it gave rise to a richness of later generated contents that went beyond its literal connotation. Yet in no way they refute it, rather the opposite: by elaborating on the details of its application and the reasons of its validity, they actually reaffirm it and link it to a diversity of fields of Muslim normative practices within ritual life (the rule of prayer), legal punishment (*ḥadd*) and pedagogical discipline[46].

The recommendations of the *ḥadīṯ* that tie punishment to ritual prayer, and the postulate of childhood as a period in which the basics of religious behavior are to be taught, outline childhood – with the application of beating starting at the age of ten – as a transitional, borderline period before actual maturity occurs and legal accountability (*taklīf*) is imparted. Hence flogging emerges as a preventive measure and a warning sign, enforcing right attitudes to avoid reproachable misdoings, for which full responsibility would have to be borne by the individual at a later stage. Such implications are elaborated in similar spirit by other authoritative voices such as ʾĀbādī (d. 1329) in his copious 'ʿAwn al-maʿbūd fī šarḥ sunan ʾAbī Dāwud' to comment on ʾAbū Dāwud's Sunna. ʾĀbādī expounds some of the views of the major legal schools, the formation of which had already been brought to completion in that historical period. The *ḥadīṯ*, according to him, does not hold children responsible for ensuring adherence to its prescription; rather, the area of responsibility is shifted to the authority of the custodians (*ʾawlīyāʾ*)[47].

The exploitation of the *ḥadīṯ* on urging children to prayer through beating can also be found in later works on education. One of them is a work by the Ḥanbalī Ibn Qayyim al-Ǧawzīya (d. 1350), in which the theologian allocates some space to look at the traditions on ritual prayer in the life of children in the chapter entitled "On the Necessity of Disciplining Children, Teaching Them and Treating Them Justly" ("*fī wuǧūb taʾdīb al-ʾawlād wa-taʿlīmihim wa-l-ʿadl baynahum*")[48]. Ibn Qayyim al-Ǧawzīya exemplifies the continuity of the usage of this saying of the prophet Muḥammad. First, he links it back to the authority of ʾAḥmad b. Ḥanbal's compilation of *ḥadīṯ* ('Musnad'); then, citing it, he goes on explaining that there were three "rules of discipline" (*ʾādāb*) in it: commanding children to pray, beating them, and then, separating them in their beds.

The flogging of children is looked upon not as an isolated and optional contextual practice, but rather as a tool substantiated by the primary sources of

45 ʾAbū ʿĪsā Muḥammad b. ʿĪsā al-Tirmīḏī, Al-Ǧāmiʿ al-ṣaḥīḥ wa-huwwa sunan al-Tirmīḏī, vol. 2, Cairo 1977, 259.

46 Cf. e. g. ʾAbū Zakarīya Muḥyi al-Dīn Yaḥyā b. Šaraf al-Nawawī (d. 1278) and his Maǧmūʿ šarḥ al-muhaḏḏab, vol. 1, Jeddah s. a. , 50.

47 ʾAbū al-Ṭayyib Muḥammad Šams al-Ḥaqq al-ʿAzīm ʾĀbādī, ʿAwn al-maʿbūd fī šarḥ sunan ʾAbī Dāwud, vol. 2, Medina 1968, 161–164.

48 Ibn Qayyim al-Ǧawzīya, Tuḥfat al-mawdūd bi-ʾaḥkām al-mawlūd, Cairo s. a., 152.

Sunni doctrines. Thus, as stated within the body of interpretative tradition, adherence to the ruling of the *ṣalāt* can be construed as a primary religious motivational factor to justify violence in educational and pedagogical settings. Yet, it is not necessarily situated within specific institutionalized forms of transmission of knowledge, as the interpretations of the *ḥadīṯ* do not explicitly mention teachers and students and employ a looser language referring to a general topic of authority: anyone to whom the care of a child has been given, is responsible for adhering to this proper admonition, regardless of whether this person is a parent, custodian (*walī*) or a master (*ṣāḥib*) in the more general sense.

Flogging is applied in multiple instances of disobedience to the teacher in general, not only in cases of violation of directly stipulated Islamic rulings such as the mandatory nature of prayer. It would be a gross simplification of the historical development of Muslim theology and applied ethics to expect that during the timeframe of development of interpretations of the aforementioned *ḥadīṯ*, i. e., since 'Abū Dāwud and Ibn Ḥanbal until at least Ibn Qayyim al-Ǧawzīya, meaning in the course of more than four centuries, the Muslim educational tradition and practices solely leaned on a narrowed *ḥadīṯ* base, regardless of how influential it might have become. On the contrary, the large body of emblematic educational treatises generated within the same historical timeframe suggests that such a pedagogical approach had been further refined and applied as a broader expression of the penalty for the violation of the religiously sanctioned authority between a teacher and a student, in connection to the relations of delegation of the parent's rights to the teachers. Concerning this concept, two of the most famous Muslim educational works, namely those of Ibn Saḥnūn (d. 870) and 'Abū al-Ḥasan al-Qābisī (d. 1012), could be illuminating.

Ibn Saḥnūn, in his treatise 'Rules of Conduct for Teachers'[49], sheds some light on these points of educational concern, in a short chapter titled "On disciplining punishment (*'adab*), what is permitted and what is not"[50]. This

[49] The translation of the treatise's title follows the one suggested by Sebastian Günter (e. g. in S. Günter, Be Masters in That You Teach and Continue to Learn: Medieval Muslim Thinkers on Educational Theory, in: Comparative Education Review 50 [2006], 367 – 388, at 369).

[50] Ibn Saḥnūn, op. cit. (nt. 41), 356. It has to be brought to attention here that Ibn Saḥnūn frequently employs the term *'adab* throughout this chapter of his treatise. This poses a certain challenge to the translator and the scholar, as some of the authors that have treated the subject of education translate it according to its more general meaning of "ethics", similar as in the treatise's title (e. g. S. M. Ismail, Muhammad Ibn Sahnun: an Educationalist and a Faqih, in: Muslim Educational Quarterly 12 [1995], 37 – 54, at 44) who suggests the extended alternative of "Code of ethics, what is approved and disapproved of teaching and learning". Yet, the translation of *'adab* here, in the sense of "code of ethics", is not likely to convey the original text's message, as uses of *'adab* in the sense of "disciplinary punishment" have already been mentioned in the sources cited above. In addition to that, the chapter of Ibn Saḥnūn predominantly covers uses of beating, as demonstrated by its contents in the course of the present paper, whereas *'adab* has been consistently explained within the context of the plain *ḍarb* ["beating"]; hence "disciplinary punishment" would constitute a more precise rendering of the Arabic original.

meaningful paragraph opens with the story of a certain Saʿd al-Ḫaffāf, whose son had just been brought to tears after being beaten by his teacher. The event invokes the saying of the prophet Muḥammad that "[t]he evil ones of my *ʾumma* are the teachers of its young ones (*ṣibyān*) who are little of mercy to its orphans and cruel to its miserable ones". This short notice, however, should not be hastily taken for a general condemnation of the use of violence in education, but rather goes on to rebuke only the inappropriately inflicted punishment of al-Ḫaffāf's son, setting a restrictive limit for the acceptable degree of violence. As Ibn Saḥnūn goes on, this tradition targets reproachable cases, specifically when "he [the teacher] has beaten them out of anger and not for their benefit (*ʿalā manāfiʿihim*), as there is nothing bad (*lā baʾs*) to beat them for their benefit"[51]. The invocation of the "benefits" inevitably broadens the scope of permissible occasions; yet, having the broader religious context for the duties of the teacher in mind, it can be suggested that the avoidance of misdoings is again central.

Then, discussing the boundaries of the punishment itself, Ibn Saḥnūn advises that teachers should adhere to a maximum of three lashes, and that any disciplining measures exceeding this shall not occur without the explicit permission of the parent (*al-ʾab*)[52] as the primarily responsible individual for a child's welfare, for whom a teacher is only a delegate. Flogging would be applied in case of play (*laʿb*) or idleness (*biṭāla*); in general, beating should not exceed ten whips, while a special case should be taken into consideration: punishment due to (misdemeanor regarding) recitation of the Qur'ān shall not exceed three lashes. This has aroused the question of Ibn Saḥnūn's dialogical partner: what would be the rationale, then, for the fact that disciplinary punishment for general matters except the Qur'ān is limited to ten lashes at the utmost, while regarding misbehavior on reciting the Qur'ān it is not to exceed three? The answer, according to the author, lies in the fact that ten lashes is the utmost extent (*ġāya*) of legitimate punishment in general, based on the authoritative saying of Mālik[53] who has been heard to have said that no more than ten lashes shall be inflicted on anyone, except in cases of legal punishment (*ḥadd*). The same line of argument is extended by another prophetic tradition which stipulates that no man that believes in Allah and the Last Day should be flogged with more than ten lashes, except in cases of *ḥadd*. Controversial *ḥadīṯ* material is employed to express the divergence of prescriptions: according to some, the prophet Muḥammad himself has stated that the discipline (of punishment [*ʾadab*]) to be endured

51 Ibn Saḥnūn, op. cit. (nt. 41), 356.

52 Ibid.

53 This is most likely the eponymous Imam Mālik (d. 795) himself. The use of Mālikī citation as a specific argument here clearly was on the author's agenda and comes as no surprise, as Ibn Saḥnūn was not only a Mālikīte *faqīh*, but also son of Saḥnūn b. Saʿīd, the main protagonist in the establishment of the Mālikī school of law in North Africa, thus pushing back the influence of the Ḥanafism and Muʿtazilism at the time when Ḥanbalism prevailed in ʿAbbasid Baghdad, see G. Lecomte, Muḥammad b. Saḥnūn, in: EI2 (nt. 37), vol. 7, 409.

by the young ones is to be three whips, and anything exceeding this will be retaliated on Judgment Day, while the punishment inflicted on a Muslim in cases outside the boundaries of legal punishment (*ḥadd*), could be anything from ten to fifteen lashes. Whatever exceeds this limit up to twenty will bring beating with the respective number of lashes over the prescribed ones (*yuḍrab bihi*) as a counter measure of recompense on the Last Day. Then, Ibn Saḥnūn concludes the chapter, as if to make sure that religious argumentation for the cases posed by educational praxis is duly elaborated on by drawing a parallel to other relations of authority, including those within a family[54]:

> "Likewise, I deem that no one is to beat his slave with more than ten [lashes], for what exceeds this shall be retaliated on Judgment Day, unless in cases of *ḥadd* and in cases of the proliferation of his sins; there is nothing wrong to beat him with more than ten [lashes] in cases where he has not been virtuously abstaining from what he has previously done. The Prophet, peace be upon him, has also permitted that women be disciplined. It is narrated that Ibn ʿUmar, may Allah be content with him, beat his wife. Also, the Prophet, peace be upon him, has said 'If a man disciplines his child, this is better for him than to show mercy (*yataṣaddaq*)'. Some of the people of knowledge have also said that the displin[ing punishment] is according to the measure of the sin[55], and it is possible that the disciplining punishment exceeds the *ḥadd*; amongst them are Saʿīd b. al-Musayyib and others."

Ibn Saḥnūn appears to have authored the earliest educational, specialized text of this size that puts a special emphasis on the educational practice and provides helpful support to the attempts of reconstructing early Muslim views on the environment in which the transmission of knowledge used to take place. It would be an exercise in historical positivism to infer plainly from this text that this is the way "it has actually been" ("wie es eigentlich gewesen")[56], as the difference between prescriptive and descriptive sources is not always easy to delineate. Yet, on the basis of what Ibn Saḥnūn summarizes, we can at least catch a glimpse of the perceptions of the influential intellectual Sunni elite of the *ʿulamāʾ* with reference to the proper way that the instruction of children should be conducted. Some vital thematic threads can be outlined: in the first place, borders of permissible punishment are elaborated on. This does not only cover qualitative measures for legitimizing the disciplinary measure, or invalidating it (by contrasting the motivations "for their benefit" and "out of anger"), but also the quantitative criteria for that: the number of lashes, regardless of their exact number, which, if exceeded, would call for precise divine retaliation and render educational measure useless. A second point of the Mālikī theologian

---

54 Ibn Saḥnūn, op. cit. (nt. 41), 357.

55 Here "transgression" would probably be a better translation, although the original uses the plain "sin" (*ḏanb*). Yet, actions such as lack of children's discipline or children's play could hardly be classified under the category of "sins" in the sense of reproachable misdoings deserving severe legal punishment, such as adultery, wine drinking, or homosexual indulgence.

56 L. von Ranke, Geschichten der romanischen und germanischen Völker von 1494 bis 1514, Leipzig ^{3}1885, VII.

is also worth considering and something that would later on receive a more detailed treatment, namely the similarity between relations of authority and submission within different relational circles. A parallel is drawn between the connection of teacher and student, on the one hand, and the parental one, on the other – by implying an explicit parental license for more severe punishment. Both cases of hierarchic submission are compared, although the first is subordinated to the latter; in addition to this, other associative hints on connections of subordination are made by mentions of women, due to be disciplined, as well as slaves. This possibility of delegation of authority over children by parents or custodians (*walī ʾamr*) to teachers also enables those responsible for their education to exercise the rights of parents and custodians, such as those suggested by the prophetic tradition regarding prayer and, as has been later expanded by authors such as Ibn Saḥnūn, punishment. And last, by problematizing the points of contact between *ʾadab* and *ḥadd*, Ibn Saḥnūn has in fact invested effort in distinguishing between both, despite the variance of interpretations as to whether and how the measure of disciplinary punishment might or might not exceed the legal punishment of the *ḥadd*.

The conceptual framework built by Ibn Saḥnūn around the cases of *ʾadab* has been reused in the work of ʾAbū al-Ḥasan al-Qābisī. The continuity between this textual piece and earlier works in the field is traceable, as al-Qābisī, also a follower of the Mālikī jurisprudence, draws on Ibn Saḥnūn by relating to him[57]. The numerous mentions of Saḥnūn in his treatise, however, refer most likely not to Ibn Saḥnūn himself but rather to his father, Saḥnūn b. Saʿīd (d. 856), signatory of one of the most respected manuals of Mālikī law, the 'Mudawwana', as a part of the portions that al-Qābisī attributes to "Saḥnūn" in his 'Treatise' ('al-Risāla')[58] cannot be identified in the 'Rules of Conduct' of Ibn Saḥnūn.

The link between both Saḥnūns and al-Qābisī is also evident from the prescriptions of the author of 'al-Risāla'. In a much longer paragraph than the one dedicated to the topic of disciplinary punishment for children by Ibn Saḥnūn, the 'al-Risāla' offers a blend of several thematic fields under the title "A Mention of His Discourse on the Teachers' Disciplining Education (*siyāsa*) of Boys", covering a great variety of points. Among them we can find the exertion of authority and the supervision (*qiyāmuhu*) of a teacher over children, equal treatment of boys, his delegation of authority over another person, the organization of time to teach and study, how to wipe out tablets (also found in Ibn Saḥnūn[59]), the places and methods of teaching, how to handle the Qurʾānic copies, how to spend time idly and – clearly linked to scope of the present topic –, to what extent and how disciplinary punishment is to be applied (*ḥadd ʾadabihi ʾiyyāhum*)[60].

---

57 E. g. ʾAbū al-Ḥasan al-Qābisī, Al-Risāla al-mufaṣṣala, Tunis 1986, 131–132.

58 Ibid., 136.

59 Ibn Saḥnūn, op. cit. (nt. 41), 355.

60 Al-Qābisī, op. cit. (nt. 57), 126.

Al-Qābisī does not develop a standalone view focusing explicitly on educational discipline; rather, the context within which he situates flogging is hinting at the existence of an educational ethos underpinned by a structured practical framework of which punishment for transgression of the established boundaries constitutes an integral part. The excerpt starts with a brief treatment of the delegation of authority over the children by their custodians, linking the practicality of the hiring contract for a teacher's wage (*ʾiǧāra*) with the duty to instruct only to the sufficient extent ("*mā yanbaġī ʾan yuʿallimahu lahum mā fīhi l-kifāya*"). A teacher is supposed to use his own individual reasoning (*iǧtihād*) to take exactly those measures that the children need under his care, in accordance with the provisions of "those who have contracted his wage, and who have clarified what his duties are"[61], namely the children's custodians. Strengthening the same line of thought, the commission of authority to the holder of the prerogative to instruct is enforced by its binding to a divine imperative, listed among the "contracts (*ʿuqūd*) the loyal adherence to which has been ordered by Allah […] and falling under [the prescription of] what's been said by the Prophet, peace be upon him: 'All of you are guardians and responsible for your wards and the things under your care'"[62]. Al-Qābisī's point summarized above is just an example of his line of argumentation, clearly enforcing the mandatory duties of the teachers because of their responsibility stemming from both practical and divine orders.

The general topic of responsibility and authority is linked by the Mālikī theologian to the area of disciplining punishment through reasoning which is worth following. By fulfilling what is due to him, al-Qābisī extends his exposition: a teacher becomes a "well-doer" (*muḥsin*), being within the scope of the divine words that "[w]e leave not to waste the wage of him who does good works (*man aḥsana ʿamalan*)"[63]. And it is precisely by virtue of his "well-doing in his care for them" (*ḥusn riʿāyatihi lahum*) that a teacher has to be lenient and merciful

---

61 Ibid.

62 Ibid., 127. Al-Qābisī makes elliptical argumentative use of a *ḥadīṯ* found in al-Buḫārī's 'Ṣaḥīḥ', the 'Book of Friday Prayer', but does not mention the *ḥadīṯ* in its complete form as found originally. This tradition might be illuminative for understanding the mechanisms and relations of delegation of authority, as in the context of al-Qābisī's reasoning it is employed to draw a parallel between the connection along the "teacher–child" axis and other similar relations by exemplifying the main statement of the *ḥadīṯ* through the clarification in the 'Ṣaḥīḥ' that "'[…] The *imam* [i. e. ruler] is the guardian of his subjects and is responsible for them, and a man is the guardian of his family and is responsible for them. A woman is the guardian of her husband's house and is responsible for it. A servant is the guardian of his master's belongings and is responsible for them.' I thought that he also said, 'A man is the guardian of his father's property and is responsible for it. All of you are guardians and responsible for your wards and the things under your care'" (Ṣaḥīḥ Buḫārī, vol. 1, Cairo 1979 [1400 Hijri], 284–285, a shorter version lacking the elaboration thereof is also to be found in the 'Book of Funerals' ['Kitāb al-ǧanā'iz'], ibid., 395).

63 Qur'ān 18:30.

(*rafīq*, *raḥīm*), in accordance with a number of prophetic traditions[64]. But then, invigoratingly discoursing with his dialogical partner, al-Qābisī adds: given that the abovementioned prescriptions are also relevant to children, is it recommended (*mustaḥabb*) that the young ones be subject to "harsh treatment" (*tašdīd*) by the teacher, having in mind that one has to show mercy, and not be frowning (*ʿabūs*)[65]?

The dialogical suspense is resolved through a subtle elaboration within a nuanced paragraph. If a teacher is supposed to be a "well-doer" in his supervision (*aḥsana l-qiyām*), showing a diligent care, putting all things in their proper places, being charged with the responsibility of teaching and disciplining children in a moral way (*ʾadab*), supervising their abstinence from what is not beneficial for their good, and exercising a compulsion (*ʾikrāh*) to what is beneficial, then this would not position children outside the scope of a teacher's mercy, as "he is for them instead of their parents" ("*huwwa lahum ʿiwaḍa ʾābāʾihim*")[66]. Hence, al-Qābisī is presenting us with a straightforward view on the permissibility of "harsh treatment" whereas "mercy" is construed as a subordinate function of the necessity to guard ethical and religious normative behavior on the basis of the delegation of parental prerogatives. By having made this high-level transition through overlapping the conceptual fields of "mercy" and "good care" with those of "harsh treatment" and "compulsion", al-Qābisī opens the floor for drilling down on the topic of enforcing discipline within more practical recommendations.

Thus, a teacher is not to be constantly frowning, for this is described as an act of detestable rudeness (*faẓāẓa mamqūta*); besides, boys would get accustomed to it which might lead them to rebellious behavior towards the teacher (*fa-yaǧraʾūna ʿalayhi*). This is why, a teacher might frown only on occasions when discipline (*ʾadab*) is needed for their edification, avoiding in some cases the need of beating ("*ʾadab lahum fī baʿḍ al-ʾaḥāyīn dūna l-ḍarb*"). In other cases, however, beating is considered necessary, in accordance with what children deserve and in line with the extent of their transgression. Similar to Ibn Saḥnūn, it is considered inadmissible to be angry when meting out punishment; otherwise a teacher would lose the privilege of being listed among the "well-doers".

The measure of legitimate beating is treated by al-Qābisī in the same manner as by Ibn Saḥnūn: punishment shall vary from one to three lashes, as use of the aforementioned individual reasoning is recommended to avoid exceeding the degree of the necessary (*rutbat istiʾhāliha*). This type of disciplinary punishment, again designated by the term *ʾadab*, is due in a multitude of cases:

> "[…] in cases of his [i. e. the student's] excess, in cases that he is slothful in his reception of the teacher, being slow in his memorization (*ḥifẓ*), allowing for many

[64] E. g. Al-Buḫārī, op. cit. (nt. 62), 396: "[…] Allah is merciful only to those of His slaves who are merciful".

[65] Al-Qābisī, op. cit. (nt. 57), 129.

[66] Ibid.

> mistakes in [recitation of] his Qur'ānic portion (*ḥizb*), his writing on his tablet, defect in his letters, bad pronunciation, disfigured diacriticals, mistakes in putting the points [of the letters], then if he has been awakened time after time, and has been neglectful, if there have been no use to him to scorn and reproach with words of exhortation, without any curse or offense, as the sayings of ones who do not recognize any rights to the children of the believers and say: 'You freak (*misḫ*)!' or 'You, monkey (*qird*)!'. Thou shall not do this, neither any other hideous thing similar to this."[67]

The prescription to abstain from verbal obscenities towards the students is bound to the requirement of anger management, already hinted at by al-Qābisī, corresponding to Ibn Saḥnūn, and thereby receiving a more detailed treatment. Anger is the primary reason that could make "expressions of obscenity (*'alfāẓ qabīḥa*) flow out of the tongue of the pious", while "this is no place for anger" ("*hāḏā laysa makān al-ġaḍab*"). The exemplum set by the Prophet is indicated, as he had forbidden judges to make a judgment while in a state of anger. Moreover, according to a historical anecdote about the Umayyad caliph ʿUmar b. 'Abd al-ʿAzīz (d. 720), he ordered the flogging of a certain man. When the convict was about to suffer the disciplining measure, the caliph averted his intention and ordered that the man should be released. Asked about that, ʿUmar stated that the reason to change his mind was that "I found in myself anger, and deemed it detestable to beat him while I am in a state of anger"[68]. It might probably be interesting to trace whether the caliph resumed his intention, once his anger had subsided. Yet, al-Qābisī makes no mention of this, as this point is seemingly found irrelevant for the moral of his story, namely that any occurrence of anger would constitute an infringement of the principle of just punishment and would thus place it outside the borders of the permissible, regardless of the initial transgression.

To emphasize the validation of punishment through the avoidance of anger, the educational theorist advances his case: if a teacher has to impose the disciplining measure, and at the same time "there would be no healing from his anger, neither anything to alleviate his heart from his wrath – and if he beats the children of the Muslims only for his own relief (*rāḥat nafsihi*) – then this would constitute no justice (*wa hāḏā laysa min al-ʿadl*)". It might seem that the reasoning of al-Qābisī establishes a linkage between the acts of mercy and those of justice, subjecting the former to the latter. This is in no way a surprise within the larger context of the development of Muslim jurisprudence, for it reaffirms the supremacy of the concept of the enactment of "commanding right and forbidding wrong" ("*al-'amr bi-l-maʿrūf wa-n-nahyi ʿan al-munkar*") and the concept of justice (*ʿadl*), which have an emblematic place in Islamic theology and to which much scholarly effort has already been dedicated[69]. Within this historical

---

67 Ibid., 129.

68 Ibid.

69 E. g. E. Tyan, 'Adl, in: EI2 (nt. 37), vol. 1, 209–210, cf. also M. Cook, Commanding Right and Forbidding Wrong in Islamic Thought, Cambridge 2000.

and casuistical order of thinking, as al-Qābisī also argumentatively demonstrates, to render a just measure of lashes and abstain from being angry about the transgressor, would be nothing less than an act of "merciful justice" or a "just mercy" for the transgressor's own good.

There are indications of cases, however, where al-Qābisī points that the act of delegation of authority to the teacher does not have a universal scope: e. g. skipping school classes (*kuttāb*) or being prone to idleness (*idmān al-biṭāla*). In those cases, a teacher would be expected to consult with the parent or custodian – if the child is an orphan –, informing them that the transgressor deserves more than three lashes and request permission to inflict the lashes, between three and ten, upon him, yet again, "if the boy can bear it" ("*ʾiḏā kāna l-ṣabiy yuṭīqu ḏālika*"). Complimentarily to Ibn Saḥnūn, we have additional details here concerning the specifics of the punishment:

> "[...] the characteristics of beating should be such as to inflict pain, and the pain shall not exceed towards [having a] mutilating impact (*taʾṯīr mušniʿ*) or harmful effect (*wahn muḍirr*). And it might be that among the boys of a teacher there are such ones that approximate maturity, and are badly mannered (*sayyiʾ al-raʿīya*), their moral qualities are ungainly (*ġalīẓ al-aḫlāq*), and are not frightened by being beaten upon with ten lashes. Then a space is provided for exceeding it (*yurā li-l-ziyāda ʿalayhi makān*), which is a sound probability (*muḥtamal maʾmūn*) and there is nothing bad – if God wills! – to exceed the ten lashes – and God knows the corrupted one from the well-doer (*ʾAllāh yaʿlam al-mufsid min al-muṣliḥ*)"[70].

Al-Qābisī cites the aforementioned Saḥnūn, according to whom the duty of flogging is not to be easily delegated to anyone. The reasoning behind this admonition is practical: sometimes, boys are get carried away in raging conflicts which might result in exceeding the due measure of punishment. Hence, if a teacher delegates this prerogative to another person, it would be necessary to make sure that the limits are not transgressed. As a case where this might happen, al-Qābisī points to occurrences of competition in knowledge (*taḫāyur*) initiated by the teacher, when their mutual "disciplining each other" is considered legitimate ("*yubīḥu lahum ʾadab baʿḍihim baʿḍ*"). The character of this disciplining is clarified by the unambiguous statement that "it shall not exceed three [lashes]"[71]. In such an educative environment it is considered a responsibility of the teacher himself to ensure that boys do not hurt each other, carefully investigating complaints[72] if the rule is breached and taking proper disciplining measures, again according to the prescription of Saḥnūn ("*ʿalā l-muʿallim ʾan yuʾaddibahum ʾiḏā ʾaḏā baʿḍuhum baʿḍ*")[73] and within the boundaries of the already established rules: one to three lashes, with a possibility to exceed this limit if deemed appropriate.

70 Al-Qābisī, op. cit. (nt. 57), 130.

71 Ibid., 131.

72 This might happen in case the transgressor has been judged by many to have inflicted pain or if there has been a self-testimony ("*ʾin istaqāḍa ʿalā l-ʾīḏāʾ min ǧamāʿa minhum ʾaw kāna l-iʿtirāf*").

73 Al-Qābisī, op. cit. (nt. 57), 132.

With the same purpose of delineating the borders of legitimate punishment, flogging someone's face or head has to be avoided (*"li-yaǧtanib 'an yaḍrib ra's al-ṣabiyi 'aw waǧhahu"*). The instruction is in line with the saying attributed to Saḥnūn: beating these body parts is not permitted, as the damage resulting thereof might be evident (*"ḍarar al-ḍarb fīhimā bayyin"*), and injury of the brain or the eyes might follow as an effect, or "ugly tracks", scars, injuries, or other consequences might be caused (*"yu'attir 'aṯar qabīḥ"*). This is why flogging of the legs is seen as the safest approach (*"fa-l-ḍarb fī l-riǧlayn 'āmin"*), as they are considered to be most resilient to pain, bearing the lowest risk to lose their integrity (*"'aḥmal li-l-'alam fī salāma"*). Other cases of harsh treatment are also found within al-Qābisī's work in a variety of contexts. An example of this would be the "admonishment through the severity of punishment in case that he [the boy, A. Sh.] repeats, gradually increasing in order to avoid wrongdoing" (*"yatawā'ad bi-šiddat al-'uqūba 'alayhi 'in huwwa 'āwadahu li-yatadarraǧ 'ilā muǧānabat al-ḫaṭa'"*)[74], which is due in cases of illegitimate intra-school food barter among boys, looked upon as encouraging the condemned practice of usury (*ribā*)[75].

As demonstrated by our glance at the textual material provided by 'Abū al-Ḥasan, the high-level framework structured along the texts of the Qur'ān and the *ḥadīṯ* used by Ibn Saḥnūn has, in the course of time (i. e., a century and a half after him), descended to a more elaborate conceptual flow which is now focused on secondary normative religious texts to provide guidance for the practical daily life in primary religious schools. By borrowing from previous authoritative sources, al-Qābisī is following the same line and thematic points, being able to sustain the continuity of ideas and expand them.

In building the framework of regulating educational punishment, Ibn Saḥnūn and al-Qābisī appear indicative and not exceptional. Without claiming a thorough overview of all sources, some of them need to be listed to offer a diversity of approaches. 'Abū 'Alī Aḥmad b. Muḥammad b. Ya'qūb Miskawayh (d. 1030)[76] and 'Abū Ḥāmid al-Ġazālī[77] address the same topic, yet from a slightly different

74 Ibid., 133.

75 Ibid., 132–133.

76 Among the list of admonitions in Miskawayh's 'Treatise on Ethics' we observe that one shall not spit while in the educational circle (*maǧlis*), shall not cross his legs, shall not drum his chin with his hand, shall not lean his head on his hand, as this is a sign of laziness. Then: shall not lie nor swear an oath, be it truthfully or falsely, as this is only sometimes needed to be done by adults, while a young one is to avoid it, shall be accustomed not to speak much, shall keep silent before those older than him and speak only when answering (*"lā yatakallam 'illā ǧawāb"*). Then, he has to be forbidden malicious speech, as well as ambiguously weird ones (*"ḫabīṯ al-kalām wa-haǧīnuhu"*), swearing, cursing and idle talk. On the contrary, he shall be accustomed to the noble and beautiful way of verbal expression. Finally, Miskawayh states briefly that "the children of the rich and the high-standing are the neediest of this type of discipline. And if he gets beaten by his teacher, he shall not shout, neither seek intercession of another, for this is what slaves and the weak in character do." (Cf. Aḥmad b. Muḥammad b. Ya'qūb [Ibn] Miskawayh, Tahḏīb al-'aḫlāq, Beirut 1985, 52).

77 The greatest portion of texts dedicated by al-Ġazālī to practical issues of child rearing is the 'Book of Training of the Soul, Refinement of Character and Healing Diseases of the Heart' (Kitāb riyāḍat al-nafs wa-tahḏīb al-'aḫlāq wa-mu'ālaǧat 'amrāḍ al-qalb, in: 'Abū Ḥāmid al-Ġazālī,

angle, bearing the marks of influence of the Greek heritage of antiquity. In the field of the *adab* production, 'Abū al-Farağ ʿAbd al-Raḥmān b. ʿAli b. al-Ğawzī (d. 1201) covers the area in his 'Stories of the Fools and the Ignoramuses'[78], frequently referring to al-Ğāḥiẓ (d. 869–70) regarding "The Ignoramuses among Teachers" ("*ḏikr al-muġaffalīn min al-muʿallimīn*")[79].

And concluding, Ibn Ḫaldūn in his 'Prolegomena' ('Muqaddima')[80] dedicates a chapter to this topic as well. Cautious to prevent any unnecessary excess, he presents his thought under the title "Severity to students does them harm". According to him, "severe punishment in the course of instruction does harm to the student, especially to little children, because it belongs among [the things that make for a] bad habit". Inflicting punishment is paralleled with exercising tyrannical power, which has been the historical anti-ideal of Muslim governance. It tends to facilitate negative social patterns such as laziness and the tendency towards insincerity because of the fear of a tyrannical attitude, thus teaching them "deceit and trickery". The negative impact of a tyrannical attitude in individual relations is paralleled to that which was suffered collectively by "every nation that fell under the yoke of tyranny and learned through it the meaning of injustice" and exemplified in the "Jews and the bad character they have acquired, such that they are described in every region and period as having the quality of *ḫurğ* which, according to well-known technical terminology, means "insincerity and trickery"[81].

It might seem that Ibn Ḫaldūn's denial of "severe punishment" tends to create a negative image of beating in general by comparing it to the tyrannical attitude of rulers. Yet, we at least need to consider the mention of tyranny (here, *qahr*), as its opposition are the divinely sanctioned relations of justice (*ʿadl*). It is in this place that the previously mentioned al-Qābisī comes to mind, as he already makes a point in the direction that a non-tyrannical attitude, i. e., a just one, is not the one that avoids punishment at all costs, but rather one which is

Iḥyā' ʿulūm al-dīn, vol. 8, Cairo s. a. , 1426), which follows the structure of Miskawayh's paragraph, exhibiting a similar content on child punishment (ibid., 1468). 'Abū Ḥāmid points out that it is the responsibility of parents and teachers to prevent children from the "worldly fire" (*nār al-dunyā*), as if making an allusion to the Qur'ānic verse calling the believers to "[...] guard yourselves and your families against a Fire [...]" (Qur'ān 66:6). He follows the detailed prescription on practical behavior by Miskawayh almost verbatim, ultimately concluding that, if the boy gets beaten by the teacher, he "shall not cry a lot", shall not seek the intercedence of another but shall rather endure, as this is the way of the courageous, while shrieks would be considered the response of slaves or women; again, echoing Miskawayh's admonition (Al-Ġazālī, op. cit., 1471).

78 Ğamāl al-Dīn 'Abū al-Farağ ʿAbd al-Raḥmān b. ʿAlī b. al-Ğawzī, Aḫbār al-ḥamqā wa-l-muġaffalīn, Beirut 1990.

79 Ibid., 150.

80 ʿAbd al-Raḥmān b. Ḫaldūn, Al-Muqaddima, Beirut 2001, 743. The English translation of the cited parts follows the translation of Franz Rosenthal in Ibn Khaldun, The Muqaddimah: An Introduction to History, Princeton 1958, while references and mentions of Arabic terms are made in accordance with the Arabic edition.

81 Ibn Ḫaldūn, op. cit. (nt. 80), 743–744.

careful to inflict the exact measure of lashes. In confirmation of this nuance of interpretation, Ibn Ḫaldūn extends the details in this part on educational environment by clarifying what is considered a "non-severe" disciplinary punishment, referring again to the limitation of three lashes[82].

III.

This sample of Muslim educational sources, without intending it to be exhaustive, shows continuity within the Muslim sources on the role of beating as a substantial part of the regulation of the relation between masters and disciples. Flogging appears to be perceived as closely linked to divinely sanctioned concepts of authority and its delegation. The overlapping circles in which such a view on authority has been realized might not necessarily be identical (relations between man and woman within a family, then relations between parents or custodians and children, followed by relations between teachers and students). Nevertheless, in all of them flogging is perceived as a key means to delineate and enforce the permissible from a religious and ethical point of view, being a characteristic of the educational ethos to guarantee the enduring character of the *ṣuḥba*.

Not all disciplining punishment proves to be religiously motivated and legitimate. We cannot clearly judge on the cause-effect relationship between the normative framework and the acts of the social agents. We are not able to say whether the normative sources were the primary motivator for a certain act of educational violence or have been exploited only post factum to justify subjective preferences of a pedagogical approach [i. e., beating] over a softer one. Yet, in both cases, what we can observe is that the theoretical framework not only provides us with argumentation to justify possible occurrences of religiously motivated violence within the educational sphere, but carries it a bit further. Flogging is hardly considered optional, but its proper application is considered to be bound to a divinely established model of the practice of justice. Despite this general consensus and consistency on the necessity of beating as a disciplining measure, however, what emerges is the subjectivity of application. Truly, the sources present us with several detailed prescriptions on the "how" of a punishment with educational purpose. They, however, might be considered insufficient for an in-depth universal regulation of the area, also bearing in mind that it is frequently left to the judgment of the teacher how to exert his "religious duty". Another dimension which has to be considered in this respect is that the realization of the educational relations occurs within the narrow circle of interface between the teacher and students, regardless of the surrounding institutional contexts in which this interface operates. This would rather allow for a

---

82 Ibid., 744.

broad, fluid area of practice, whereas abuse is defined by discretion of the teacher, as the divinely sanctioned authority able to distinguish between necessity and excess to guarantee proper transmission of *ʿilm*.

And finally, this part of Muslim educational theory has been underpinned by religious implications that have developed over time in detail but do not contradict each other. In case a framework of Muslim educational relations between masters and disciples is to be substantiated with a consistent fundament, we are to consider these historical source perceptions on this to formalize them. Hence, if re-formulation of approaches to discipline and authority within Muslim educational reality is found to be necessary, one would have to venture on an attempt to bypass the conceptual continuity, explaining what has already been confirmed within the historical authoritative discourses of Sunni establishment, and depriving Sunni mainstream of a tool to guard the borders of the religious norm.

VIII. Autodidaktik

Lernen ohne Meister
Gedächtnislehren als autodidaktische Dokumente in Traktaten um 1500

Angelika Kemper (Klagenfurt)

I. Autodidaktische Aneignung von Wissen

Das Lernen von einem Meister ist ein elementares Muster der mittelalterlichen Vermittlung von Wissen und Legitimation. Mit personalen Lehrbeziehungen kann jedoch, bei näherer Betrachtung, nur ein Ausschnitt der mittelalterlichen oder spätmittelalterlichen Bildungsgeschichte erfasst werden. Offenkundig spielt auch die generationenübergreifende Traditionsanbindung, die Kette der Meister und Schüler, eine beträchtliche Rolle. Ebenso ist die räumliche Trennung in vormoderner Zeit ein allgegenwärtiges störendes Hindernis, das sich nur durch briefliche Fernkommunikation umgehen lässt[1]. Nicht zuletzt sind autodidaktische Bemühungen zu bemerken, die den Lehrer oder Meister entbehrlich machen, eher unterhalb der Ebene institutioneller Ausbildung ansetzen und eine eigenständige Aneignung oder Strukturierung von Wissen implizieren. Diese Faktoren erschüttern die Vorstellung eines idealtypischen Schüler-Meister-Verhältnisses als einer räumlich, zeitlich und persönlich nahen Beziehung, die in einen (wie auch immer gearteten) institutionellen Rahmen eingebettet ist.

Die folgenden Ausführungen werden sich nicht mit allen genannten Aspekten befassen, sondern nur mit letzterem, der Autodidaktik und ihren Anforderungen in der Zeit um 1500. Als Grundlage lassen sich didaktisch angelegte Gebrauchsschriften heranziehen, also die Kompilationen, Exzerpte und Traktate, in denen Personen ihre Bemühungen festhielten oder selektiv verfahrend das Bewahrenswerte sicherten – wohl an Lehrmeistern oder Autoritäten orientiert, aber dennoch in selbsttätiger Organisation und geleitet von eigenen Interessen. Nicht notwendigerweise geschieht dies immer außerhalb eines institutionellen Rahmens. Die von der Person des Lehrers abstrahierende, selbständige Wissensaneignung tritt in verschiedenen Kontexten auf, im Umfeld der Universitäten und Klöster, und sie ist erforderlich schon allein aufgrund der Expansion der

[1] Zum Komplex der Lehrer-Schüler-Beziehung, mit frühmittelalterlichem Schwerpunkt, cf. S. Steckel, Kulturen des Lehrens im Früh- und Hochmittelalter. Autorität, Wissenskonzepte und Netzwerke von Gelehrten (Norm und Struktur 39), Köln – Weimar – Wien 2011, 234 sqq.; zu Briefkorpora als geeignetem Quellenmaterial cf. 38 sq.

Kenntnisse und Wissensbestände des Spätmittelalters. Die Autodidaktik besteht gewissermaßen am Rand der Ausbildung, sie signalisiert jedoch keinesfalls einen defizitären Bildungsverlauf oder Dilettantismus; sie bürgt auch nicht für Ignoranz gegenüber den in der schulischen, universitären oder monastischen Ausbildung üblichen Lehrtraditionen bzw. Autoritäten[2].

Für die Bildungswirklichkeit des Spätmittelalters sollte dabei der Begriff der ‚Autodidaktik' nicht allzu eng ausgelegt werden[3]. Während nach Herbert Asselmeyer aus Sicht der modernen Pädagogik als wesentliches Kriterium der ‚Autodidaktik' ein „[...] individuell organisiertes Lernen außerhalb von Bildungsinstitutionen [...]" gelten kann, das die Fähigkeit zur Nutzung verfügbarer methodisch-didaktischer Handreichungen einschließt[4], sind Bildungseinrichtungen in vormoderner Zeit nicht ebenso klar abgrenzbar wie heute. Denn das für den modernen Blick elementare Merkmal der Institution steht in dieser Zeit zahlreichen Bildungsinitiativen gegenüber, die einen mehr oder weniger institutionellen Charakter tragen können: neben städtischen Schulformen gab es zum Beispiel die Generalstudien der Orden sowie die Universitäten, wo die Aneignung von Wissen auch im Grenzbereich von Institutionen realisierbar war, wie der bursale Unterricht erkennen lässt.

Im ausgehenden Mittelalter sind die Möglichkeiten des Wissenserwerbs vielfältiger, die Texte verfügbarer, die Notwendigkeiten einer selbstorganisierten Wissenserweiterung und -systematisierung unvermeidlicher als in vorangegangenen Zeiten[5]. Von einem erhöhten Bedarf an autodidaktischen Strategien kann ausgegangen werden. Daher soll auch der auswählende, ordnende und reflektierende Umgang mit Texten bzw. Wissensbeständen dem autodidaktischen Vorgehen zugeschlagen werden, wenn sich (abseits einer interpersonalen didaktischen

---

2 Als Autoritäten fungieren zitierte, maßgebliche Texte; cf. G. Bernt, Auctoritas, in: Lexikon des Mittelalters, vol. 1, München 2002, 1190.

3 Cf. H. Asselmeyer, Autodidaktik, in: Pädagogische Grundbegriffe, vol. 1, ed. D. Lenzen, Reinbek bei Hamburg 1989, 130–135, bes. 132. Asselmeyer verweist auf die unterschiedliche Wertschätzung der Autodidaktik bei Denkern des Mittelalters und der Frühneuzeit; cf. Thomas von Aquin, Quaestiones disputatae de veritate, q. 11, a. 2, ed. Commissio Leonina (Opera omnia 22/2), Romae 1970, 354–356; die Frage „*Secundo quaeritur utrum aliquis possit dici magister sui ipsius*" wird negativ beschieden: „[...] *non autem potest esse ut aliquis actu habeat scientiam et non habeat ut sic possit a se ipso doceri*" (ibid., 354, 356).

4 Cf. Asselmeyer, Autodidaktik (nt. 3), 130 sqq., mit Verweis auf M. Simmen, Autodidakt, Autodidaxie, in: Lexikon der Pädagogik, ed. H. Kleinert, vol. 1, Bern 1950, 118 sq., und G. R. Schmidt, Autodidakt, in: Pädagogisches Lexikon, edd. W. Horney/J. P. Ruppert/W. Schultze, vol. 1, Gütersloh 1970, 236 sq., die gleichfalls ein Lernen ohne Lehrperson vorsehen und das Nutzen von Lehrmaterialien und fremden stofflichen oder methodischen Vorstrukturierungen der Autodidaktik zuschlagen; eine enge Definition der Autodidaktik schlösse dagegen jede fremde Vorstrukturierung aus (Asselmeyer, ibid., 130). Die Kriterien einer fehlenden Lehrperson und einer eigenständigen Wahl von Lerngegenstand, Lernziel und Lernmethode benennt das Lexikon Pädagogik, edd. H.-E. Tenorth/R. Tippelt, Weinheim – Basel 2007, 51.

5 Ein Bildungserwerb mittels Medien oder Büchern kann aus Sicht der Pädagogik auch als „selbsttätiges Lernen" definiert werden, ohne als autodidaktischer Vorgang zu gelten; Asselmeyer, Autodidaktik (nt. 3), 132.

Konstellation) eine selbstunterrichtende Zielsetzung und eine entsprechende Eignung der Inhalte abzeichnen[6].

Die folgende Untersuchung will also beleuchten, wie sich unter der Voraussetzung einer fehlenden personalen Schüler-Meister-Beziehung[7] die Wissensvermittlung gestaltet, welche Modifikationen im Umgang mit Autoritäten auftreten und welche Merkmale autodidaktischer Praxis vorliegen. Man darf annehmen, dass sich in einem solchen Fall der Anschluss an die Tradition in einem Spielraum bewegt zwischen dogmatischer Verhärtung und einer gebrauchsfunktional gestalteten Adaption, die individuellen oder institutionellen Interessen Rechnung trägt.

Freilich sind im Folgenden auch der Zeithorizont und die einschlägigen Bemühungen um Reform und Bildung zu berücksichtigen. Veränderungen treten etwa im universitären Bildungswesen auf, wie der spätmittelalterliche Aufschwung der Universitäten erweist[8], die Zunahme der Studentenzahlen und die ersten frühhumanistischen Einflüsse[9] neben dem traditionellen Unterricht. Im Bereich der Orden und des Klerus wird im 15. Jahrhundert das Predigtwesen aktiviert, was sich in der Etablierung von städtischen Prädikaturen und einer ansteigenden Verschriftlichung dokumentiert[10]. Dazu kommen die Bemühungen um die Hebung des geistlichen und intellektuellen Niveaus in reformwilligen Klöstern, die dem Ordensmitglied den Weg zu geistlicher Vervollkommnung ebnen sollen. Das monastische Dasein verlangt durch die traditionelle Lektürepraxis, nicht erst im Spätmittelalter, Übungen im Lesen und Meditieren, wozu der Einzelne eine Fülle internalisierter Texte und Bilder benötigt, die als Grundlage der Meditation dienen können[11]. Ein wohlgefüllter Gedächtnisspeicher und

---

6 Die konkrete Anwendung mnemotechnischer Lehren durch historische Rezipienten ist freilich, wie auch im Fall anderer Gebrauchshandschriften, schwierig zu eruieren, wenn die Überlieferungsträger selbst keine Informationen enthalten und flankierendes Quellenmaterial fehlt.

7 Zur dichotomischen Teilung in Meister-Jünger- und Lehrer-Schüler-Verhältnisse cf. A.-B. Renger, Der ‚Meister': Begriff, Akteur, Narrativ. Grenzgänge zwischen Religion, Kunst und Wissenschaft, in: ead. (ed.), Meister und Schüler in Geschichte und Gegenwart. Von Religionen der Antike bis zur modernen Esoterik, Göttingen 2012, 19–49, bes. 20 sq. Zu Schwierigkeiten der Definition cf. ibid., 21, zur Etablierung der Meister-Begrifflichkeit im Kontext der *artes*-Studien 35. – Die in Rengers Beitrag umrissene Heuristik des Meister-Begriffs ist für die vorliegende Untersuchung nur begrenzt tauglich, da Renger ein breites kulturelles Spektrum berücksichtigt und für die Meister-Begrifflichkeit eine Semantik der Autorität präferiert (cf. 19, 28).

8 Cf. auch die Schulbildungen, die im 15. Jahrhundert bei den Anhängern der realistischen *via antiqua* und der nominalistischen *via moderna* auftreten.

9 Die hierbei bevorzugten *studia humanitatis* umfassen Grammatik, Rhetorik, Poetik, Moralphilosophie und Geschichte; zu dem von Coluccio Salutati zuerst formulierten Fächerkanon cf. N. Hammerstein (ed.), Handbuch der deutschen Bildungsgeschichte, vol. 1: 15. bis 17. Jahrhundert. Von der Renaissance und der Reformation bis zum Ende der Glaubenskämpfe, München 1996, 12 sq.

10 H.-J. Schiewer, Predigt, in: Lexikon des Mittelalters, vol. 7, München 2002, 171–183, bes. 176.

11 Die traditionelle monastische Methode des Lesens besteht aus *lectio* und *meditatio*, cf. ‚Didascalicon' und ‚De archa Noe' von Hugo von Sankt Viktor (hierzu M. Carruthers, The Book of Memory. A Study of Memory in Medieval Culture [Cambridge Studies in Medieval Literature 70], Cambridge ^{2}2008, 202–212).

ein sicheres Mittel seiner Nutzung sind also zugleich die Voraussetzungen eines gelingenden Ordenslebens. Auch an Universitäten ist die erfolgreiche Absolvierung der Disputationen, der gängigen scholastischen Lehr- und Prüfungsform, an eine geschwinde Orientierung in Wissensbeständen gebunden. Auch hier sind zur Bewältigung der Aufgabe die Techniken des Memorierens und Ordnens, der Speicherung und Rekonfiguration essentiell. Auf sie sind Lernende des 15. Jahrhunderts also angewiesen, und eine regelgeleitete Strukturierung oder eine im Vorfeld eingeübte Methodik erleichtern die Aufgabe. Eine solche Technik kann in der Gedächtniskunst gesehen werden, die demgemäß sowohl von Ordensmitgliedern wie von Universitätsangehörigen erprobt wird.

II. Mnemotechnik

Verbreitung finden diese Lehren in den Ars-memorativa-Traktaten, wie sie im 15. Jahrhundert aufkommen. Als didaktisch ausgerichteter Texttyp beschreiben solche Traktate die Gedächtniskunst, formulieren konkrete Anwendungsziele und haben mitunter wissenschaftlichen Anspruch. Diese Lehren enthalten aber letztlich kein festgeschriebenes und unveränderliches Set von Anleitungen, zumal schon die römischen Quellentexte keine elaborierte Lehre überliefert hatten[12]. Die Mnemotechniker raten etwa zum Finden eigener Beispiele und zur individuellen Anpassung von mentalen Gedächtnisräumen; so legen die Autoren den Lesern und Anwendern der Gedächtniskunst einige Exempla vor, die zum Weitergestalten, zur Umakzentuierung oder Ersetzung einladen. Die Kunst bleibt so in einem gewissen Sinne immer individuell[13]. Der Texttyp scheint daher für eine Analyse eines eigenständigen ‚meisterlosen' Lernens gut geeignet zu sein.

Die Mnemotechnik selbst ist im 5. Jahrhundert v. Chr. entstanden und wird seit der Antike als Teil der Rhetorik überliefert, denn sie soll dem antiken Redner in erster Linie das Memorieren seines Vortrags erleichtern. Maßgebliche Texte aus der Antike sind so auch rhetorische Werke, die Cicero zugeschriebene ‚Rhetorica ad Herennium', die Schrift ‚De oratore' Ciceros und Quintilians ‚Institutio oratoria'. Sie enthalten Hinweise unter anderem zur Generierung mentaler Örter

---

[12] Cf. S. Seelbach, Ars und scientia. Genese, Überlieferung und Funktionen der mnemotechnischen Traktatliteratur im 15. Jahrhundert. Mit Edition und Untersuchung dreier deutscher Traktate und ihrer lateinischen Vorlagen (Frühe Neuzeit 58), Tübingen 2000. Sabine Seelbach konstatiert für die Traktate des 15. Jahrhunderts Übereinstimmungen in den systematischen Grundkomponenten, wohingegen die Anwendungsvorschläge stark differierten (ibid., 373).

[13] Cf. L. Doležalová, Ordnen des Gedächtnisses: Das Verzeichnis als Raum des Wissens in der Vormoderne, in: G. Mierke/C. Fasbender (eds.), Wissenspaläste. Räume des Wissens in der Vormoderne (ΕΥΡΟΣ | EUROS. Chemnitzer Arbeiten zur Literaturwissenschaft 2/2013), Würzburg 2013, 42–57, bes. 43.

und Bilder[14], etwa eines Hauses mit verschiedenen Zimmern, in denen sich visualisierte Gedächtnisinhalte abspeichern und wieder aufrufen lassen, wenn der Erinnernde die Räume in seiner Vorstellung abschreitet. Die Popularität der Ars memorativa gestaltet sich während des Mittelalters[15] durchaus wechselhaft, doch im 15. Jahrhundert erfährt sie einen erstaunlichen Aufschwung, was sich in einem raschen Anstieg mnemotechnischen Schrifttums manifestiert[16]. Wirkungsmächtige Texte entstehen zunächst in Italien (Bologna, Vicenza, Padua) und werden in Abschriften und Exzerpten im europäischen Raum verbreitet. Die Mnemotechniker greifen in dieser Zeit die bekannten antiken, aber auch mittelalterlichen Autoritäten auf wie Aristoteles, den als ‚Tullius' bezeichneten Autor der Herennius-Rhetorik und Thomas von Aquin[17].

III. Gedächtnislehren aus Ebersberg und Wittenberg

1. Anonymus: ‚Attendentes nonnulli'

Zwei Gedächtnislehren, die die unterschiedlichen Entwicklungsmöglichkeiten und Phänotypen der Ars memorativa im besprochenen Zeitraum aufzeigen können, liegen in Texten aus dem bayerischen Kloster Ebersberg und der Universität Wittenberg vor. Zunächst wird die Mnemotechnik aus dem bayerischen Benediktinerkloster im Fokus stehen, bevor sie dem Wittenberger Traktat gegenübergestellt wird.

---

14 Zu Veränderungen der Örter- und Bilderlehre zwischen Cicero und Quintilian cf. H. Hajdu, Das mnemotechnische Schrifttum des Mittelalters, Leipzig 1936 [Neudruck Amsterdam 1967], 26 sq. Quintilian relativiert den Nutzen der Örter- und Bilderlehre und benennt auditive und motorische Aspekte.

15 Als ersten Überblick – mit einer Tendenz zur Überbewertung der Herennius-Rhetorik – cf. Hajdu, Das mnemotechnische Schrifttum (nt. 14), 34–84; F. A. Yates, Gedächtnis und Erinnern. Mnemonik von Aristoteles bis Shakespeare (Acta humaniora. Schriften zur Kunstgeschichte und Philosophie), Berlin ³1994.

16 Für das Phänomen der sprunghaften Rezeption werden in der Forschung verschiedene Faktoren diskutiert, etwa das Wachsen der Universitäten und der Aufschwung des Predigtwesens. Cf. Doležalová, Ordnen des Gedächtnisses (nt. 13), 42. Aber auch die Wertschätzung der *memoria* durch den Aquinaten oder Anregungen byzantinischer Gelehrter sind mögliche Faktoren. Erhellend hierzu jüngst R. Wójcik, Masters, Pupils, Friends, and Thieves. A Fashion of Ars memorativa in the Environment of the Early German Humanists, in: Daphnis 41/2 (2012), 399–418; cf. bes. 404. Wójcik hebt die Hochschätzung der *memoria* bei Thomas hervor, insofern dieser sie mit der Tugend der *prudentia* verknüpfe, cf. Summa theologiae, II–II, q. 47, a. 3, ad 3, ed. Commissio Leonina (Opera omnia 8), Romae 1895, 351.

17 Auch Humanisten beschäftigen sich am Ende des Jahrhunderts mit Gedächtnistraktaten, so Konrad Celtis (1459–1508) und Hermann von dem Busche (1468–1534); mit diesen Anleitungen ließen sich offenbar zusätzliche, für wandernde Gelehrte vorteilhafte Einnahmen erzielen. Cf. S. Seelbach, Sibutus, Georg (Daripinus), in: F. J. Worstbrock (ed.), Deutscher Humanismus 1480–1520. Verfasserlexikon, vol. 2, Berlin–Boston 2013, 884–896, bes. 892 sq. Cf. Wójcik, Masters (nt. 16), 399.

Die Ebersberger Bibliothek verfügte im 15. Jahrhundert über einen breit überlieferten Ars-memorativa-Traktat mit dem Incipit ‚Attendentes nonnulli'. Es handelt sich dabei um einen anonymen Großtraktat. Zwei Redaktionen des Texts waren in Ebersberg vorhanden, die in Clm 5964 und Clm 6017 der BSB München tradiert sind[18]; im Folgenden wird vor allem der Text des Clm 6017 als Grundlage der Ausführungen dienen.

In das Kloster Ebersberg hatte die Melker Bewegung nach 1446 Einzug erhalten, wo sich im Zuge der Reform eine Stärkung der Bildungsbemühungen und eine gesteigerte Buchproduktion ergaben[19]. Eine Schreibschule existierte, die Bibliothek erhielt einen Neubau, und junge Mönche wurden zur Ausbildung an Universitäten gesandt, seit den siebziger Jahren bevorzugt nach Ingolstadt oder Wien[20]. Die Überlieferung der ‚Attendentes nonnulli' stammte aus den Jahren zwischen 1445 und 1450 und fiel also gerade in die Zeit der Reformierung des Klosters.

Der Inhalt des Traktats umfasst nach einer langen Einführung, grob gegliedert, die Örter- und Bilderlehre sowie verschiedene Methoden und Anwendungsmöglichkeiten der Kunst. Der Text ist dabei merklich von der Hochscholastik und ihren Autoritäten geprägt, er greift das Instrumentarium der Logik auf und beweist ein Interesse an erkenntnistheoretischen Fragen – etwa am Gedächtnis als sensitiver Potenz, an den Vorgängen des Erfassens und Einprägens. Er kann hierbei an die aristotelische Gedächtnispsychologie anschließen mit ihrer Darstellung psycho-physischer Affektionen[21]. Zusätzlich zu der wis-

---

18 Cf. Clm 5964 (foll. 86^{r}–95^{r}) und Clm 6017 (foll. 34^{r}–44^{v}) der Bayerischen Staatsbibliothek München. Zu diesem Traktat bes. Seelbach, Ars und scientia (nt. 12), 46–50; Hajdu, Das mnemotechnische Schrifttum (nt. 14), 90 sq. – Die beiden Redaktionen differieren lediglich nach Umfang und Anordnung, nicht nach dem Inhalt. Zu beiden Redaktionen sind jeweils Kurzfassungen überliefert; cf. Seelbach, op. cit., 47.

19 In Ebersberg befand sich seit dem 10. Jahrhundert zunächst ein Chorherrenstift, im Jahr 1013 übernahmen die Benediktiner das Stift. Eine erste Visitation im Jahr 1427, an der auch der Reformer Petrus von Rosenheim teilnahm – der damalige Abt war wegen seines Lebensstils und seiner miserablen Amtsführung in Verruf geraten –, brachte nicht den erwünschten Erfolg. Zur Amtszeit Abt Eckhards (1446–1472) wurde sodann die Reform nach Melker Vorbild durchgeführt. Cf. J. Hemmerle, Die Benediktinerklöster in Bayern (Germania Benedictina 2), Augsburg 1970, 79. Zur Verbesserung der Bildungssituation cf. H. U. Ziegler, Die mittelalterliche Schreibstube des Klosters Ebersberg zur Bücherfertigung im Dienste von Bildung und Wissenschaft, in: B. Schäfer (ed.), Kloster Ebersberg. Prägekraft christlich-abendländischer Kultur im Herzen Altbayerns, Haar bei München 2002, 185–195, bes. 192. Zur im 15. Jahrhundert entstandenen Bildchronik ibid., 193.

20 Dies ist bezeugt für die Amtszeit des Abts Sebastian Häfele (1472–1500); cf. G. Mayr, Die Geschichte des Klosters Ebersberg – eine Darstellung seiner historischen Entwicklung im Überblick, in: Schäfer (ed.), Kloster Ebersberg (nt. 19), 13–50, bes. 35.

21 Das Einwirken von Eindrücken behandelt vor allem Clm 6017, 38^{r}. Den Texten der Traktatgruppe ist gemeinsam, dass sie das Gedächtnis als eine sensitive Potenz auffassen, cf. S. Seelbach, Konzeptualisierungen von Mnemotechnik im Mittelalter, in: U. Ernst/K. Ridder (eds.), Kunst und Erinnerung. Memoriale Konzepte in der Erzählliteratur des Mittelalters, Köln–Weimar–Wien 2003, 3–29, bes. 19. Cf. Aristoteles, De memoria et reminiscentia, I, 449b.

senschaftlich-scholastischen Ausrichtung[22] besitzt der Traktat jedoch auch eine geistliche Orientierung; kein Zufall ist es wohl, dass Clm 6017 als eine der Sammelhandschriften, in denen der Traktat überliefert ist, auch Auszüge aus einem Werk Johannes Gersons[23] und andere Erbauungsliteratur enthält. Die Anregungen zu ‚Attendentes nonnulli' und wohl auch der Ursprung dieser Lehre stammen, vereinzelten Überlieferungshinweisen nach, aus dem Umfeld der Pariser Universität[24]. Der Beginn des Texts deutet auf ein universitäres Ursprungsmilieu:

„*Attendentes nonnulli philosophie professores veritatis studio suspensi memorie* [...] *humane igitur satagentes impericie ac eruditati, quibus presidium conferre quoddam breve opus in hac arte multum potenter prelaboratum de arte memorativa intitulatum* [...], *dilucidanda quadam brevitate decrevimus propalare.*"[25]

Es bestanden also Schwierigkeiten, die in Paris oder durch Pariser Lehrende erstellte Ausarbeitung ohne eine vermittelnde Instanz verstehen zu können, sodass eine veränderte und fasslichere Version erstellt wurde[26]. Die Pariser Vermittler sind nicht identifizierbar, doch beruht ihre Lehre auf bewährten Quellen; die Kernpunkte entstammen autoritativen Texten. Die Einflechtung der Lehrtraditionen, die sich ja in der Zusammenstellung maßgeblicher Aussagen und Zitate dokumentiert, ist dabei auf den ersten Blick recht konventionell. Der Traktat zeigt, was antike Autoritäten betrifft, eine Berufung vor allem auf Textstellen bei Aristoteles und ‚Tullius' (Cicero) als vermeintlichem Autor der ‚Rhetorica ad Herennium'. Ganz richtig ist dem Anonymus die Rhetorik als ursprünglicher Kontext der Mnemotechnik geläufig und er definiert die *memoria* folglich als vierten Redeteil[27]. Die für die Mnemotechnik einschlägige ‚Rhetorica ad Herennium' wird aufgeführt und teils zitiert, und sie steht auch später Pate, als der anonyme Autor bei der Entwicklung der Örterlehre die Beschaffenheit der Örter darlegt (also die Fünfzahl der anzuordnenden Merkinhalte, den Abstand, die Beleuchtung der Örter etc.)[28]. Ebenso bezieht sich der Traktat wiederholt auf

---

22 Cf. Seelbach, Ars und scientia (nt. 12), 254–259.

23 Cf. Clm 6017, 58^{r}: „*Particio quinta per soliloquium* [...] *magistri Johannis gerson Cancellarij parisiensis* [...] *super Cantico marie virginis* [...]"; das Werk befasst sich mit dem Text des ‚Magnificat' (Lc. 1, 46–55).

24 Cf. Seelbach, Ars und scientia (nt. 12), 49 sq.; Hajdu, Das mnemotechnische Schrifttum (nt. 14), 91. – Es ist bislang nicht möglich, einen Pariser Lehrer oder eine Schule als Urheber zu identifizieren. Der Traktat trägt in Clm 5964 den Titel ‚De arte memorativa secundum Parisienses'; auch Clm 16226, eine aus Passau stammende Handschrift, weist einen solchen Zusatz auf. Cf. einen Nürnberger Druck des Jahres 1473 (‚Ars et modus contemplative vite', Nürnberg: Friedrich Creussner, 1473), der ebenfalls auf das Pariser Umfeld deutet.

25 Clm 6017, 34^{r}; Zitate aus dieser Handschrift erfolgen mit gelegentlichen Anpassungen der Schreibung und Interpunktion.

26 Die Aussagen des Prologs weisen auf einen kurzen Ausgangstraktat; cf. Seelbach, Ars und scientia (nt. 12), 49.

27 Cf. Rhetorica ad Herennium, III, 16, 28–III, 24, 40.

28 Cf. Seelbach, Ars und scientia (nt. 12), 48. Der Rhetoriker Quintilian dagegen fehlt im Kreis der antiken Vorbilder. Der komplette Text der ‚Institutio oratoria' wurde erst 1415/1416 in St. Gallen wiederentdeckt. Cf. M. von Albrecht, Geschichte der römischen Literatur von Androni-

‚De memoria et reminiscentia' des Aristoteles, um die Beschaffenheit der Sinneseindrücke zu erläutern, die Oberflächlichkeit der Eindrücke zu beschreiben und den mnemotechnischen Nutzen der *sensibilia* hervorzuheben; die Ars memorativa ist folglich der *pars sensitiva* zugeordnet[29]. Immer wieder führt der Text das aus Aristoteles gezogene und als elementar geltende Ordnungs- und Wiederholungsgebot an, das eine sichere Gedächtnisleistung bewirken soll[30]. An Aristoteles und seine scholastische Popularität angelehnt sind ferner Passagen, die Memorierprozesse mittels der Einteilung in Substanzen und Akzidentien abhandeln[31] und das Lernen logischer Schlüsse darlegen. Wie bei anderen Traktaten, die auf Pariser Quellen zurückgehen, werden auch hier die Erinnerungsinhalte in ein Schema aus Substanzen und Akzidentien, Propositionen und Argumenten eingeteilt[32]. Zwei Auszüge sollen diese Vorgehensweise illustrieren, welche ganz offensichtlich auf die bildhaften *imagines agentes*[33] rekurriert, also die affektevozierenden komischen, skurrilen oder abstoßenden Gedächtnisfiguren der antiken Tradition:

„*Si vis memorari substancias, pone ipsas realiter vel tuam imaginacionem* [...] *in loco aliquid mirabile agere ad denominationem loci vel aliquid pati ab eodem mirabili et ridiculoso. Et quantum fuerit mirabilior tanto de tanto memoria recentior.*"[34]

„*Si vis memorari accidencia,* [...] *talia non habent propriam noticiam, sed eorum noticia a substancia dependet, pro memoria eorum agendum est et eodem modo quo agunt rethores, qui numquam vel raro rem nominant proprio nomine, Sed nomine subiecti sui* [...]."[35]

Demgemäß sei, wie der Anonymus weiter ausführt, etwas Kleines durch einen Zwerg zu visualisieren, damit die akzidentielle Eigenschaft, die Kleinheit, einer Substanz zugeordnet werden könne[36]. Wie die Akzidentien sollen auch die genannten Propositionen (Sätze oder Themen) und die Argumente (Beweisführun-

---

cus bis Boëthius. Mit Berücksichtigung ihrer Bedeutung für die Neuzeit, vol. 2, München ^{2}1997, 1001.

29 „[...] *et sic ars memorativa ponitur in parte sensitiva, quia inducit hominem in sensum et cogitacionem nature.*" Empfohlen wird auch das Generieren von *similitudines corporales.* Cf. Clm 6017, 38^{r}.

30 Clm 6017, 44^{r}: „*Memoriam autem duo salvant scilicet posicio sub ordine et frequens meditacio.*" Cf. Aristoteles, De memoria et reminiscentia, I, 451a13–II, 452a7.

31 Cf. die Inhaltsangabe (Clm 6017, 38^{v}), die die Örterwahl und Bilder für Substanzen, Akzidentien, Propositionen, Argumente, *Collaciones* (exegetische Vorträge) und unbekannte Begriffe zu behandeln verspricht.

32 Cf. Seelbach, Ars und scientia (nt. 12), 497, 500.

33 Cf. Rhetorica ad Herennium, III, 22, 37: „*Imagines igitur nos in eo genere constituere oportebit quod genus in memoria diutissime potest haerere.* [...] *si non multas nec vagas, sed aliquid agentes imagines ponemus; si egregiam pulcritudinem aut unicam turpitudinem eis adtribuemus; si aliquas exornabimus* [...]; *aut si qua re deformabimus* [...] *aut ridiculas res aliquas imaginibus adtribuamus, nam ea res quoque faciet ut facilius meminisse valeamus.*" Zitiert nach: Rhetorica ad Herennium. With an English Translation by H. Caplan (Loeb Classical Library 403), Cambridge, MA–London 1954 [Neudruck 1964], 220; cf. Cicero, De oratore, II, 358; Quintilian, Institutio oratoria, XI, 2.

34 Clm 6017, 40^{v}.

35 Clm 6017, 43^{r}.

36 Clm 6017, 43^{r}.

gen) visualisiert werden, indem Handlungen und Figuren, materielle Gegenstände und Bilder gewählt und an den Gedächtnisort platziert werden; die Sonderbarkeit der Erfindungen erleichtere wie im vorliegenden Beispiel das Erinnern.

Auch Thomas von Aquin nimmt im Traktat mit seiner ‚Summa theologiae' eine prominente Position ein, der das Gedächtnis behandelnde Textausschnitt wird genannt und erläutert (‚Summa theologiae', II – II, q. 49, a. 1). Der Anonymus verrät Kenntnisse der vier Prinzipien der Gedächtnisförderung aus der ‚Summa' – also die Herstellung von Ähnlichkeiten, die Anwendung von Ordnung, Sorgfalt, Wiederholung –, ohne die Quelle zu benennen[37].

Der Text der ‚Attendentes nonnulli' betont darüber hinaus die Bedeutung der Ars memorativa für Meditationszwecke[38], denn gerade Geistliche beschäftigten sich mit Meditation, hätten aber häufig ein unzureichendes Rüstzeug: „*Magna eciam pars servorum dei de hac labilitate memorie lamentatur, et inter multos pauci meditari reperiuntur, quia non habent modum stabiliendi memoriam* [...]."[39] Die Pflege des Gedächtnisses und der Meditation dagegen stärke die Weisheit und steigere die Tugenden[40]. Den Wert der kontemplativen Versenkung durch die Gedächtniskunst belegt der Traktat anhand Bernhards von Clairvaux ‚De consideratione libri quinque': Das Gedächtnis diene der *memoria beneficiorum dei* und wirke daher heilsfördernd[41].

Mit diesen Beobachtungen an ‚Attendentes nonnulli' lässt sich ein meisterloses Lernen anhand dreier Punkte weiter eruieren. Zunächst sind die Abläufe der Wissensvermittlung und weiter die Pole zu prüfen, zwischen denen sich eine

---

37 Cf. Summa theologiae, II – II, q. 49, a. 1, ad 2, ed. Commissio Leonina (nt. 16), 367. Clm 6017 bietet nicht die vollständige Reihe, durch die anderweitige Überlieferung der ‚Attendentes nonnulli' lässt sie sich jedoch ergänzen. – Thomas schließt seinerseits an Aristoteles an, ohne die Auffassung des Gedächtnisses als sensitiver Potenz zu teilen, da er zu der Ansicht tendiert, dass das Gedächtnis im Verstand (*prudentia*) zu verorten sei.

38 Der Begriff der *meditacio* wird zahlreich in der Bedeutung einer wiederholenden Übung verwendet, an einigen Stellen jedoch eindeutig im Sinn religiöser Praxis. Cf. Clm 6017, 35^{v}: „[...] *mediante ergo gracia artificium memorie ad meditacionem devotam et bonam, multiplex est adiutorium.*"

39 Clm 6017, 35^{v}.

40 Cf. Clm 6017, 35^{r}: „*Psalmus enim dicit: In meditacione mea exardescit ignis. In meditacione bona ignis sapiencie virtutum animam inflammans et confortans*", cf. Ps. 38, 4. In diesem Zusammenhang folgt mit leichter Abwandlung eine Berufung auf die augustinischen Seelenpotenzen (*intellectus, voluntas, memoria*; cf. De trinitate, X); zu ihrem Erscheinen in weiteren Gedächtnistraktaten Seelbach, Ars und scientia (nt. 12), 60, 118.

41 Clm 6017, 35^{r}; cf. Bernhard von Clairvaux, De consideratione libri quinque, V, 14, ed. J. P. Migne (Patrologia cursus completus. Series Latina 182), Paris 1859, 806; Ps.-Bernhard von Clairvaux, Tractatus de interiori domo seu de conscientia aedificanda, 3, ed. J. P. Migne (Patrologia cursus completus. Series Latina 184), Paris 1862, 511. Cf. K. A. Rivers, Preaching the Memory of Virtue and Vice. Memory, Images, and Preaching in the Late Middle Ages (Sermo: Studies on Patristic, Medieval, and Reformation Sermons and Preaching 4), Turnhout 2010, bes. Kap. I, 3; cf. F. G. Kiss, Performing from Memory and Experiencing the Senses in Late Medieval Meditative Practice. The Treatises ‚Memoria fecunda', ‚Nota hanc figuram', and ‚Alphabetum Trinitatis', in: Daphnis 41/2 (2012), 419 – 452.

Vermittlung ergeben kann; dabei wird, in einem metonymischen Sinn, die Handschrift des Autors oder Kompilators sichtbarer als die des Rezipienten. Also ist erstens die Rolle zu berücksichtigen, die der anonyme Autor oder Kompilator des Textes gegenüber potentiellen Lesern oder Adressaten einnimmt, um die Wissensvermittlung und -organisation zu leisten. Zweitens wird darzulegen sein, soweit der Traktat hierzu Aufschluss gibt, wie sich der Umgang mit Autoritäten in Kommentar und Zitation gestaltet. Drittens ist zu untersuchen, in welcher Weise die Gedächtniskunst als ein autodidaktischer Vorgang funktionieren kann, der im Folgenden hypothetisch skizziert werden soll.

Einen Autortext zu bestimmen ist generell für spätmittelalterliche Traktate und Sammelhandschriften – vom textkritischen Standpunkt aus – ein schwieriges Unterfangen, da mehrere Vermittlungsstufen anzunehmen sind, sofern ein konziser Ausgangstext überhaupt jemals vorhanden war. Möglicherweise fungierten eine oder mehrere Personen als Urheber oder Bearbeiter des Ebersberger Traktats und waren für die Gestalt des Texts verantwortlich. Hervorstechend ist zunächst die didaktische Aufbereitung, mit der die Lehrinhalte dargestellt werden. Der Traktat neigt zu einer gewissen didaktisch motivierten Redundanz und zu einer anschaulichen Auffächerung des Materials, welche auf Beispielen und einer numerischen Binnengliederung beruht[42]. Zugleich betont der kompilierend gestaltete Traktat die Anleitungsbedürftigkeit der anvisierten Schüler, denn einmal fasst er diese als *iuvenibus personis* ins Auge, an anderer Stelle fokussiert er die artistischen Fakultäten mit ihrem Grundlagenunterricht[43]. Damit unterstreicht der Text die Erklärungskompetenz der unterweisenden Person(en), gemäß welcher die Leser durch den Traktat gelotst und an markanten Stellen Autoritäten eingebracht werden. Explizite Angaben über die angewandte Bearbeitungstendenz fehlen jedoch, denn zur Art und Weise der Zusätze, Erklärungen oder Kürzungen werden kaum Auskünfte geboten[44].

Der Autor oder Kompilator[45] trägt, wie bereits angeführt, eine wissensvermittelnde Funktion und nimmt insofern eine didaktisch ordnende Zwischen- oder Vermittlungsrolle ein zwischen der angeblichen Urhebergruppe der Ars, den

---

42 Clm 6017, 38^{v}.

43 Clm 6017, 40^{v}; 41^{r}.

44 Auch wird das Zielpublikum des Traktats eher allgemein benannt; entsprechend den verschiedenen Anwendungsbereichen der Mnemotechnik werden Theologen, Juristen, Prediger, Beichtväter und Logiker aufgeführt. Cf. Clm 6017, 35^{r}: „[...] *applicabile et cuilibet eius capaci conveniens religioso et seculari et omnibus artificibus sicud philosophis, theologis, iuristis, confessoribus et predicatoribus.*"

45 Die Autorschaft besitzt im Mittelalter fließende Grenzen. Der Kompilatorbegriff umfasst die Urheberschaft von neuen Traktaten, aber auch die Verfasserschaft von bloßen Zusammenstellungen aus fremden Werken. Cf. K. Rivers, Creating the Memory of God in a Medieval Miscellany: Melk MS 1075, Jean de Hesdin (fl. 1350–1370), and Late Medieval Monastic Reform, in: L. Doležalová/K. Rivers (eds.), Medieval Manuscript Miscellanies: Composition, Authorship, Use (Medium Aevum Quotidianum, Sonderband 31), Krems 2013, 112–137, bes. 112. Individuell zusammengestellte Kompilationen lassen ohnehin auktoriale Eingriffe in verschiedenen Graden zu (cf. Introduction, 8 sq., mit Informationen zur neueren mediävistischen Autorschaftsforschung).

genannten *professores*, und den Adressaten als potentiellen Nutzern der Kunst. So tritt eine dem Text eingeschriebene Autorinstanz hervor, eine abstrakte Textinstanz, die Strategien vorgibt und mit dem Leser interagiert, der ihr Wirken dem Text entnehmen kann[46]. Der Text- und Autorbegriff ist schließlich bei mnemotechnischen Traktaten den textuellen Gegebenheiten anzupassen, da die Kriterien der inhaltlichen Kohärenz und der sprachlichen Kohäsion[47] sowie der Sinnherstellung und einer nachvollziehbaren Intentionalität in den teils stichwortartig verdichteten Traktaten, die mitunter individuelle Gedächtnisprozesse protokollieren, nicht immer tragfähig sind. Dabei eignet Anleitungen dieser Art – trotz der teils deskriptiven Darlegung des Lehrinhalts – zugleich ein hoher Grad an Interaktivität und Prozessualität, sodass ihre Anschlussfähigkeit sie im Sinne des Weiterschreibens und -praktizierens zu einem Paradebeispiel eines rezipientenorientierten Texttyps macht[48]. Ein idealtypisches Modell des Verhältnisses zwischen Meister und Schüler ist für die vertextete Lehrsituation dabei zwar noch leitend, wird aber dadurch eingeschränkt, dass die Konstellation in keinem empirischen personalen Verhältnis fundiert ist und dass die Rolle des ‚Meisters' objektivierend behandelt und an Autoritäten delegiert werden kann. Lediglich die Autoritäten sind in der Position der meisterhaften Kompetenz verankert, die Gruppe der Pariser Lehrenden sowie der Vermittler haben nur indirekt Anteil an ihr.

Der Umgang mit Autoritäten und autoritativen Sätzen gestaltet sich so, dass die Autorinstanz, ohne einen engen dogmatischen Anschluss an die referierten Inhalte zu suchen, die Vorzüge der mnemotechnischen Methoden gegeneinander abwägt und kommentiert. So kann sie auch, als sie die Fünferteilung der Örter behandelt, eine Empfehlung gegen die Autorität eines ‚Tullius' aussprechen[49]. Die Kompilation des Ars-memorativa-Traktats zeigt, was den formalen Umgang mit Autoritäten betrifft, eine Adaptierung in stark abbreviierender und formelhafter Weise[50]. Eine Anpassung und Relativierung der Autorität durch den Vermittler ist also zulässig, der stellvertretend für seine Adressaten Kritik und Synthese leistet.

---

[46] Diese Instanz könnte als Traktat-Ich bezeichnet werden; somit befindet sich die Instanz in der Randzone des Erzählerkonzepts der Narratologie; cf. R. Zeller, Erzähler, in: Reallexikon der deutschen Literaturwissenschaft, ed. K. Weimar, vol. 1, Berlin–New York 2007, 502–505.

[47] Zu Kohärenz als „[s]emantisch-kognitive[m] Sinnzusammenhang" cf. H. Lauffer, Kohärenz, in: Lexikon der Sprachwissenschaft, ed. H. Bußmann, Stuttgart [3]2002, 351 sq., bes. 351; zu Kohäsion, die durch sprachliche Mittel hervorgerufen wird und dem Ausdruck von Kohärenz dient, cf. W. Thiele, Textualität, in: Metzler Lexikon Literatur- und Kulturtheorie. Ansätze – Personen – Grundbegriffe, ed. A. Nünning, Stuttgart–Weimar [2]2001, 630.

[48] Cf. S. Horstmann, Text, in: Reallexikon der deutschen Literaturwissenschaft, ed. J.-D. Müller, vol. 3, Berlin–New York 2007, 594–597, bes. 596.

[49] Cf. Clm 6017, 39[v]. Autoritative Texte als auslegungsbedürftig zu erkennen, ist zugleich ein Leitgedanke der scholastischen Theologie. Cf. R. Schönberger, Scholastik, in: Lexikon des Mittelalters, vol. 7, München 2002, 1521–1526, bes. 1523.

[50] Cf. die Angabe zu den fünf Redeteilen (fol. 36[r]).

Erwägt man nun die hypothetisch gesetzte Funktion eines solchen Traktats als autodidaktischer Schrift, dann ist sowohl für die Produktions- als auch für die Rezeptionsseite ein autodidaktisches Praktizieren der Kunst denkbar. Freilich wird eine fremde Strukturierung des Wissens verwendet (die Vorlage aus gelehrter Hand), doch trifft der Autor oder Kompilator wichtige didaktische Entscheidungen, eröffnet methodische Präferenzen und ermöglicht solches auch dem Leser; was und wie zu lernen ist, liegt im Ermessen dieser Größen. Zwar sind bei dieser liberalen Auslegung des Autodidaktik-Begriffs auch Sammelhandschriften oder anderweitige kompilatorische Traktate, sofern sie didaktische Erträge dokumentieren, im Verdacht, in einem weiten Sinn autodidaktische Zeugnisse zu sein, doch legen die über eine Vermittlung gedächtnisstrukturierender Techniken hinausgehende Anwendungsbezogenheit des Traktats sowie seine individuell anzupassende Methodik und Didaktik – eben *ad libitum imaginantis*[51] – auch sein autodidaktisches Potential offen. Der Text der ‚Attendentes nonnulli' bietet folglich beide Möglichkeiten, die einer Fremdbelehrung, welche zugleich im breiteren Traditionsfeld Orientierung liefert[52], und die eines zur Nachahmung anregenden autodidaktischen Dokuments.

2. *Georg Sibutus: ‚Ars memorativa'*

Ein vergleichender Blick auf einen Traktat aus humanistischem Umfeld soll die autodidaktischen Möglichkeiten der Gedächtnislehren schärfer konturieren. Als Beispiel dient die Gedächtnislehre des in Wittenberg tätigen Humanisten und Celtis-Schülers Georg Sibutus Daripinus (1475/1480 – nach 1528). Sibutus, dessen Werdegang die Stationen Wien, Nürnberg und Köln umfasste und der 1505 zum ‚Poeta laureatus' gekrönt wurde, lässt sich seit WS 1505/1506 an der neugegründeten Universität Wittenberg[53] als *ordinarius lector* in den *humaniores litterae* nachweisen. Nach Zwischenspielen an der Universität Rostock und in der Stadt Brünn[54] blieb er bis zum Ende seines Lebens in Wittenberg, wo durch den Einfluss des italienischen Humanismus eine lebhafte humanistische Bewegung entstanden war[55]. Sibutus trat vor allem als Autor von Panegyrica und Städtelob

---

51 Clm 6017, 40r. Performative Aspekte, hinsichtlich meditativer Zwecke, betonen Kiss, Performing from Memory (nt. 41), 420, und Doležalová, Ordnen des Gedächtnisses (nt. 13), 53 sq.

52 Schließlich ist eine Addierung der Elemente antiker und mittelalterlicher Mnemotechnik zu beobachten (Bilder-, Örterlehre, Körperlozierung).

53 Die Universität war 1502 gegründet worden und zog viele humanistisch Interessierte an; seit der Reformation besaß sie zudem einen theologischen Schwerpunkt. Cf. M. Grossmann, Humanism in Wittenberg 1485 – 1517, Nieuwkoop 1975, 38 – 54, 76 sq. Cf. E. Kleineidam, Universitas Studii Erffordensis. Teil II: 1460 – 1521 (Erfurter theologische Studien 22), Leipzig 1969, 173.

54 In Rostock immatrikulierte sich Sibutus im Juli 1520, als Arzt war er 1526/1527 in Brünn zu finden. Nach 1528 kehrte er nach Wittenberg zurück. Cf. Seelbach, Sibutus, Georg (Daripinus) (nt. 17), 886 sq.

55 Wichtige Vermittler waren Petrus Ravennas und Christoph Scheurl; cf. Seelbach, Sibutus, Georg (Daripinus) (nt. 17), 885. Zu Sibutus cf. Grossmann, Humanism (nt. 53), 65.

hervor, dazu verfasste er einige Gelegenheitsgedichte[56]. Seine ‚Ars memorativa' wurde 1505 und 1506 in Köln und 1507 in Lübeck gedruckt[57]. Diese Gedächtnislehre[58] ist keine glänzende Synthese aus dem Überlieferungsbestand, sondern wirkt wie eine rasch zusammengestellte Auflistung, der es an Ausgewogenheit und an einer schlüssigen Darstellung ihres Gegenstands mangelt[59]. Gehäuft zeigen sich zwar Berufungen auf die antiken Kerntexte der Disziplin, auf Quintilians ‚Institutio oratoria' und auf die noch als Werk Ciceros behandelte Herennius-Rhetorik, doch Sibutus referiert die zentralen Prinzipien der antiken Örter- und Bilderlehre nur in Auszügen. Er benennt zum Beispiel in kursorischer Weise die Eigenschaften künstlicher Gedächtnisräume nach den römischen Quellentexten, also etwa den Abstand zwischen ihnen und die Markierung jedes fünften Ortes, meidet jedoch eine methodische Vertiefung[60]. Die Erörterung der Bilder und der *imagines agentes* hält Sibutus noch knapper als die genannten Prinzipien der Örterlehre. Zusätzlich zu diesen Versatzstücken erwähnt der Humanist noch Methoden, wie Buchstaben und Wörter zur Erinnerung zu nutzen seien[61]. Gleichwohl tendiert Sibutus, wie auch andere humanistische Mnemotechniker, zu einem loci-communes-System[62]. Solche *loci* oder Topoi ermöglichen eine jederzeit verfügbare Auffindung von Inhalten[63]. Die Mnemotechnik wird von Sibutus also als effektive Methode zur Sammlung von Topoi empfohlen[64] und steht damit zweifellos im Kontext des humanistischen Interesses an der Rheto-

---

56 Er verfasst als Panegyrica ‚De divi Maximiliani Caesaris adventu in Coloniam' (1505) und ‚Ad potentissimum atque invictissimum Ferdinandum panegyricus' (1528) – mitsamt einem Lobpreis auf das Haus Habsburg –, als Städtelob ‚Silvula in Albiorim illustratam', ein Gedicht auf Wittenberg (um 1505). Cf. Seelbach, Sibutus, Georg (Daripinus) (nt. 17), 887–891.

57 Die beteiligten Drucker waren Heinrich Quentell (Köln) und Georg Richolff (Lübeck).

58 Ars memorativa Gerogij [sic] Sibuti daripini concionatoribus et iurisperitis multum vtilis & fructuosa, Coloniae 1505 (zitiert nach einem Exemplar der Bayerischen Staatsbibliothek München, 4 H.eccl. 169#Beibd.6 [inkonsequente Blattzählung]; im Folgenden zitiert als Sibutus, Ars memorativa).

59 Cf. das Urteil Seelbachs, Sibutus, Georg (Daripinus) (nt. 17), 892.

60 Sibutus, Ars memorativa (nt. 58), A_2^v: „*Si amplitudine, altitudine, luciditate et distantia debita locorum ordinatio visa fuerit, scilicet quinque vel sex pedum in quibus si locus realis deerit ad lubitum imaginarium sumatur, quinto quoque loco diligenter notato, alijs rebus in medio obmissis. Hanc itaque locorum comparationem Fabius Quintilianus in vndecimo institutionum oratoriarum, et Cicero in tercio ad Herennium* […] *exornauerunt* […]." Die Erörterung der *imagines* fällt äußerst knapp aus (bes. fol. B_1^v).

61 Cf. Sibutus, Ars memorativa (nt. 58), A_3^r.

62 Ein solches loci-communes-System erscheint e. g. auch in der ‚Ars memorativa' des Jacobus Publicius. Cf. Seelbach, Ars und scientia (nt. 12), 468. – In höchst missverständlicher Weise behauptet die Widmungsanrede, die *localis memoria* tilgen zu wollen, eine paradoxe Ankündigung angesichts der Anpreisung von deren Vorzügen: „*Sed ego non temulentam illorum* [i. e. Lästerer der Ars] *ignauiam aut mordacitatem curans omnem localis memorie vim dignitati tue radicitus extirpare decrevi* […]." (fol. A_2^v) Hätte diese Bemerkung Gültigkeit, wäre der gesamte Text als Parodie einer Örter und Bilder vermittelnden Mnemotechnik aufzufassen, doch die Textsignale und die Darstellungsweise widersprechen einer solchen Intention.

63 Zu Topoi als ‚Fundorten' in einem räumlich vorgestellten Gedächtnis cf. H. Lausberg, Elemente der literarischen Rhetorik, München ^{2}1963, § 40.

64 Cf. Seelbach, Ars und scientia (nt. 12), 121.

rik. Die mnemonischen und topischen Örter sollen in einer solchen Weise assoziiert werden, dass musterhafte Zitate zu einem loci-System verknüpft werden können[65]. Sibutus exemplifiziert dies an einer Reihe überwiegend literarischer Ortsbeschreibungen und stellt den Nutzen fiktiver Örter heraus. Ein erstes Beispiel ist allerdings aus dem Alten Testament genommen, wo im Buch Jesaja die Schätze und Besitztümer des Ezechias erwähnt werden, der Gesandte aus Babylon in seine Schatzhäuser führt. Diese sind angefüllt mit Silber, Gold, Gewürzen und Salben und bilden offenbar das Beispiel eines ausgestatteten Gedächtnisraums[66]. Sibutus geht rasch darüber hinweg, denn *ingeniosius* sei dies von anderer Seite geschehen, und lässt ein Vergil-Zitat aus der ‚Aeneis' folgen. Seiner gegenständlicheren Ausführung wegen erhält es den Vorzug und wird vom Autor wörtlich zitiert:

„*Multaque preterea sacris in postibus arma*
Captiui pendent currus curueque secures
Et Criste capitum et portarum ingentia claustra
Spiculaque clipeique ereptaque monstra carinis."[67]

Es handelt sich um die Beschreibung des Tempels, in dem König Latinus thront, als er die Trojaner empfängt; zugleich entwirft der klassische *locus* einen angefüllten Gedächtnisraum.

Vor allem in diesem Örterteil zitiert oder erwähnt Sibutus weiter zahlreiche Werke römischer Autoren – unter anderem sind dies Vergil (‚Aeneis', ‚Georgica'[68]), Horaz (‚Sermones', ‚Epistulae' I, ‚Ars poetica'), Ovid (‚Metamorphoses', ‚Epistulae heroidum', ‚Remedia amoris')[69], Lukan (‚Pharsalia'). Auch diverse griechische Autoren, darunter Philosophen und Historiker, werden genannt, nicht jedoch zitiert (Plutarch, Diodor). Die Örterlehre ist zugleich Anlass, reisende Gestalten der antiken Mythologie zu beleuchten wie Odysseus, Herkules, Jason und Aeneas. Sibutus empfiehlt, die mentalen Örter durch die Anlage entsprechender *digressus* auszuweiten[70]. Auch die antike Geografie und Kosmografie sei dem Nutzer der Ars memorativa dienlich, wenn er die dort beschriebenen Örter für sich adaptiere; der Humanist nennt als Beispiele die Welt- und Länder-

---

65 Cf. das Schema bei Jacobus Publicius; Seelbach, Ars und scientia (nt. 12), 504.

66 Is. 39, 2.

67 Cf. Sibutus, Ars memorativa (nt. 58), A_3^r. Cf. Vergil, Aeneis, VII, 183–186.

68 Der Benutzer eines Drucks, der nun in der Bayerischen Staatsbibliothek München aufbewahrt wird (Signatur Rar. 1464#Beibd.4), ergänzt marginal ein Zitat aus dem pseudo-vergilischen ‚Moretum' (cf. fol. A_3^r); offenbar ist es ein Versuch, die erläuterte Methode nachzuvollziehen.

69 Einmal wird fälschlicherweise ein Zitat den ‚Fasti' Ovids zugesprochen, es handelt sich jedoch um ein Zitat aus den ‚Metamorphosen' (siehe Sibutus, Ars memorativa [nt. 58], B_2^r). An anderer Stelle (fol. A_4^v) wird ein angebliches Sappho-Zitat eingefügt, das sich jedoch als falsch deklarierter Ausschnitt aus den Heroidenbriefen Ovids entpuppt (Epistulae heroidum, XV).

70 Die Empfehlung, Reiserouten als mnemonische Örterreihe zu nutzen, war bei Quintilian vorgeprägt; cf. Institutio oratoria, XI, 2, 21, ed. D. A. Russell (Loeb Classical Library 494), Cambridge, MA – London 2001, 68: „*Quod de domo dixi, et in operibus publicis et in itinere longo et urbium ambitu et picturis fieri potest. Etiam fingere sibi has regiones licet.*"

beschreibungen von Claudius Ptolemaeus, Strabo, Dionysius von Alexandria und Plinius dem Älteren. Obwohl diese Namen als prunkendes Bildungsgut aufgezählt werden, beschränkt sich Sibutus dann darauf, Stellen mit poetischen Ortsbeschreibungen aus den ‚Metamorphosen' und der ‚Aeneis' zu zitieren. Es sind *descriptiones* im Stil von: „*Est locus italie* [...]" oder „*Est iter in siluis* [...]"[71].

Unter den Autoritäten, die Sibutus einbezieht, sind neben den antiken Größen auffallend viele biblische und patristische Texte: In bunter Reihe erscheinen so gemeinsam mit Horaz, Vergil und Lukan die Bücher Exodus und Leviticus, Jesaja, das Johannesevangelium, das Buch der Könige und das Buch Numeri, Hieronymus, die Apokalypse und das Buch Genesis.

Nach diesem ersten Überblick sind wiederum drei Punkte näher zu beleuchten, welche die Unterschiede zur Ebersberger Überlieferung konturieren können: Zunächst richtet sich der Blick auf das Verhältnis zwischen Autor oder Kompilator und potentiellen Lesern oder Adressaten, dann auf den Umgang mit Autoritäten und schließlich auf die Möglichkeit einer autodidaktischen Praxis. Die eben erwähnten Zitate und Autoritäten bieten die Gelegenheit, die Handhabung solcher Größen in Sibutus' Text an erster Stelle zu betrachten. Der Umgang mit biblischen, poetischen und rhetorischen Autoritäten, den der Humanist an den Tag legt, zeigt eine breite Streuung über mnemotechnische Zwecke hinaus. Die Auswahl ist also nur zum Teil – in einem engeren Sinn – gebrauchsfunktional angelegt, indem sie Exempla präsentiert und pragmatisch an Lehrzwecken ausrichtet, zum Teil aber auch als eine Parade prestigefördernder Kenntnisnachweise gestaltet. Eine Neigung zu dogmatischer Bewahrung der eigentlichen mnemotechnischen Quellen ist wegen ihrer sehr kursorischen Behandlung nicht absehbar; die poetischen Texte stehen ihrer Zitationsdichte nach im Mittelpunkt[72].

Vergleicht man die Beobachtung biblischer Bezüge bei Sibutus mit der Ebersberger Redaktion in Clm 6017, zeigt sich eine deutliche Veränderung in den autoritativ gebrauchten Texten. Das Interesse verschiebt sich von einem theologisch-geistlichen Impetus zu einem historisch-poetischen, schließlich ist der Humanist stärker an den historischen und erzählenden Büchern des Alten Testaments interessiert als an kontemplativ nutzbaren Texten. Einschlägige Autoritäten aus der mittelalterlichen Tradition (Aristoteles, Bernhard von Clairvaux, Thomas von Aquin) sind, von der mnemotechnischen Bezugsgröße der Herennius-Rhetorik abgesehen, bei Sibutus gegenüber dem Ebersberger Traktat getilgt; Logik als potentieller Anwendungsbereich der Gedächtniskunst spielt keine Rolle mehr. Auch bezieht der Wittenberger Dozent *religiosi* als Leser nur marginal in seine Überlegungen ein, denen er dazu rät, Örter und Bilder aus der

---

71 Sibutus, Ars memorativa (nt. 58), A_4^v. Cf. Aeneis, VII, 563 und Aeneis, VI, 271.

72 Die Berufungen auf die antike Mnemotechnik (Quintilian, Herennius-Rhetorik) dienen vor allem der Legitimation durch diese Autoritäten. Cf. Seelbach, Sibutus, Georg (Daripinus) (nt. 17), 892.

Apokalypse zu wählen[73]. Gleichwohl werden biblische Beispielstellen weiter herangezogen – doch sie sind offenbar vor allem als literarisches Spiel adaptiert, denn die Sorge um das Seelenheil, eine wesentliche Antriebskraft mittelalterlicher Mnemotechniker, scheint geschwunden. Die Bibel dient so vornehmlich als Bildungsgut. Bezeichnend für die humanistisch geprägte Herangehensweise des Autors ist zudem das Einstreuen von Gedichten, durch die er einen poetischen Raum entwirft, ein Netz von Freundschaftsbeziehungen markiert und sich als Dichter inszeniert.

Eine Aussage über das im Text angelegte Verhältnis zwischen dem Autor und den Lesern sowie deren Stellvertretern auf der Ebene der Textinstanzen ist nur schwer möglich, da diese Größen schwächer markiert sind als im zuvor behandelten Traktat. Eine dem Text eingeschriebene, didaktisch argumentierende Vermittlungsinstanz, wie sie ‚Attendentes nonnulli' aufwies, tritt nur partiell in Erscheinung[74]. Auch in diesem prosimetrischen Traktat erscheint das idealtypische Verhältnis zwischen Schüler und Meister, das stillschweigend als Modell der Darstellung fungiert, durch das Medium der Schrift abstrahiert und dem Situationsschema einer personalen Konstellation entzogen, deutlicher noch als im vorigen Beispiel.

Als autodidaktisches Dokument scheint der Text, ungeachtet seiner Knappheit in den konkreten Ausführungen über die Gedächtnistechniken, durchaus tauglich zu sein. Sibutus wählt und strukturiert die Inhalte seinen wissenschaftlichen und poetischen Interessen und Anlagen entsprechend[75]. Für einen Nicht-Eingeweihten ist das Verständnis nicht immer einfach, etwa bei der Umformung der *loci communes* zu Gedächtnisräumen, die nur ansatzweise nachvollziehbar ist[76]. Die wiedergegebenen Textausschnitte antiker Autoren – nur solche werden wörtlich in längeren Passagen zitiert – wirken dabei wie ein individuelles Gedächtnisprotokoll, das Topoi festhält, eine mentale Kette von *loci* abbildet und somit einen individuellen Nutzen ausweist; die recht kleine Auswahl an gedächtnisfördernden Techniken deutet auf eher beschränkte Nutzungszwecke. Fraglich erscheint vor diesem Hintergrund ein institutionelles Interesse an Sibutus' Mnemotechnik, da die humanistische Lehre mit ihren poetischen bzw. poetologischen Schwerpunkten an Universitäten kurz nach 1500 kaum eine feste institutionelle Anbindung besitzt. Selbst in Wittenberg, wo die Humanisten innerhalb

73 Es wird diesen alternativ empfohlen, eine alphabetische Grundordnung zu nutzen (*asinus*, *bos*, *camelus* etc.), cf. Ars memorativa (nt. 58), B_1^r. Die im Traktat unmittelbar zuvor erläuterte Erinnerungsmethode hatte Örter lasziven Charakters vorgeschlagen, die leicht zu affizieren vermöchten und somit erinnerungsfördernd seien; die Wendung an geistliche Adressaten scheint somit Gegenvorschläge anzubieten, wenn die erste Methode ungeeignet erscheint (fol. A_4^{r-v}).

74 Cf. das explizite Rekurrieren auf den Erfahrungshorizont des Lernenden; Sibutus, Ars memorativa (nt. 58), B_1^r.

75 So erörtert Sibutus etwa die *memoria verborum*, die laut Quintilian für rhetorische Zwecke untauglich sei; cf. Ars memorativa (nt. 58), B_1^v.

76 Cf. Seelbach, Sibutus, Georg (Daripinus) (nt. 17), 892.

der Artistenfakultät durch das Wirken des Gründungsrektors Martin Pollich von Mellerstadt vergleichsweise günstige Bedingungen vorfanden, verbessert sich die Lage für die humanistischen Studien erst seit 1507 deutlich[77].

IV. Kontexte ‚Universität' und ‚Kloster'

Ein letzter Untersuchungsschritt widmet sich dem Stellenwert der Kontexte ‚Universität' und ‚Kloster', da diese offenbar die Anwendungsziele und die Wahl der mnemotechnischen Methodik in beiden Traktaten beeinflussten. Die Mnemotechnik der ‚Attendentes nonnulli' verbindet wissenschaftliche und geistliche Interessen und war vielleicht gerade deshalb bei monastischen Nutzern verbreitet[78]. Der Traktat zielt insgesamt wohl auf ein universitär gebildetes oder interessiertes monastisches Publikum. Er ist abgestimmt auf die Bedürfnisse der Nutzer der Lehre, in deren Umfeld artistische und logische sowie mystisch-theologische Interessen anzunehmen sind. Der Text schreibt ein älteres, mutmaßlich universitäres Residuum aus und steht, was den Verwendungshorizont und die anvisierte Rezipientengruppe betrifft, zwischen beiden Kontexten ‚Universität' und ‚Kloster'. Die inhaltliche Schwerpunktsetzung der mnemotechnischen Anleitung legt dabei eine gebrauchsfunktionale Herangehensweise nahe, in welcher sich institutionelle und individuelle Interessen überschneiden. Die Ebersberger Überlieferung besitzt ein ausgeprägtes Methodenbewusstsein[79] und zeigt eine größere Nähe zu den konventionellen akademischen Lehrinhalten, wobei der Traktat unter anderem für den Klosternachwuchs[80] konzipiert scheint und hierbei der Einübung in Logik und Meditation dienen kann. Die Förderung der Praxis des Lernens, Schreibens und Lesens in den reformwilligen Benediktinerklöstern und ihr enger Kontakt mit Universitäten konvergieren erkennbar mit dem intellektuellen und geistlichen Zuschnitt des Traktats. Er gewährt zugleich einen Einblick in den Bildungsalltag eines zwar bestrebten, aber nicht als gelehr-

---

77 Eine erste humanistische Dozentur gab es zwar schon 1502, sie hatte jedoch nur einige Monate Bestand. Der erste Dozent war Hermann von dem Busche. Erst seit 1507 nahm der humanistische Einfluss an der Universität spürbar zu, der sich unter anderem in einer Lehrplanänderung manifestierte; cf. Grossmann, Humanism (nt. 53), 46 sqq. und 49 sq.; Seelbach, Sibutus, Georg (Daripinus) (nt. 17), 885.

78 Cf. A. Kemper, The treatises ‚Attendentes nonnulli' in Ebersberg. Hypotheses on Ars Memorativa in Scientific and Scholastic Contexts (Bavarian State Library Munich: Clm 5964, Clm 6017), in: Daphnis 41/2 (2012), 383–398, bes. 397.

79 Cf. auf grundsätzlicher Ebene das Reflektieren über den Status der *artes* sowie die Vorstellung einzelner methodischer Vorschläge, etwa die Hinweise zur Körperlozierung und zum Wortgedächtnis.

80 Zur Novizenausbildung im Melker Kontext liegen wenige Informationen vor, sie war zudem nicht einheitlich geregelt. Meist sollte wohl die Universitätsausbildung vor dem Ordenseintritt erfolgen. Cf. H. Müller, Habit und Habitus. Mönche und Humanisten im Dialog (Spätmittelalter und Reformation. Neue Reihe 32), Tübingen 2006, 92 sq.

tes Zentrum bekannten Reformkonvents, als welcher Ebersberg um 1450 zu bezeichnen ist.

Obwohl die ‚Ars memorativa' des Georg Sibutus Daripinus dagegen die Arbeit eines Dozenten darstellt und sich an humanistische Poeten richten dürfte, ist die institutionelle Verknüpfung zum universitären Umfeld und der Kontakt zu gängigen akademischen Lehrinhalten – etwa Logik und Grammatik – schwach ausgeprägt. Sibutus' Lehre entsteht zweifellos in Kontakt mit den humanistischen Entwicklungen um 1500, doch ist der Text noch von der spätmittelalterlichen Bildungsrealität beeinflusst, wie die nach wie vor hohe legitimatorische Bedeutung biblischer Autoritäten beweist[81]. Die Mnemotechnik erweist sich insofern wohl als Gegenstand anspruchsvoller Unterhaltung in einem humanistisch orientierten Umfeld.

V. Resümee

Ein ‚Lernen ohne Meister' im Sinne einer autodidaktischen Herangehensweise ist für beide Traktate durchaus denkbar, wie nach der Überprüfung der beiden Gedächtnislehren konstatiert werden darf. Die Traktate dokumentieren solche Praktiken in ihrer textlichen Ausformung, in ihrer Beispiellastigkeit und den Verknappungen, und lassen den Leser teilhaben, wenn er sich nachahmend und nachvollziehend mit der Lehre befasst und das ‚meisterlose Lernen' aufs Neue realisiert. Die Merkmale eines solchen Prozesses wären, um beide Traktate zusammenfassend in den Blick zu nehmen, die Anschlussfähigkeit der Texte, das Meiden einer dogmatischen Annahme von Lehrinhalten, die Relativierbarkeit von Autorität bzw. Autoritäten und die gegebenenfalls protokollierende Textgestalt. Das Verhältnis zwischen Schüler und Meister wird dabei nur eingeschränkt inszeniert, selbst wenn das Ich des Traktats einen lehrenden Habitus annimmt, und hat bei Sibutus weitgehend den Status eines textorganisierenden Modells verloren.

Die Transferierung von Wissen und Methodik, die mittels der beiden Gedächtnistraktate vollzogen wird, macht Praktiken der Gelehrsamkeit transparent, die für Ordensmitglieder, Scholastiker und Humanisten adaptierbar sind. Sie werden von sich überschneidenden Personenkreisen getragen, welche das affektive und assoziative Potential der menschlichen Imagination[82] schätzen und es gemäß ihren alltäglichen Erfordernissen einsetzen; freilich spielt die strikte Einhaltung von Ordnung und die Befolgung von logischen Differenzierungen im

---

[81] Eine Hochschätzung der Kirchenväter ist für deutsche Frühhumanisten vielfach bezeichnend, cf. C. Dietl, Die Organisation neuen und alten Wissens in Memorialbildern: Gregor Reischs ‚Margarita philosophica', in: Mierke/Fasbender (eds.), Wissenspaläste (nt. 13), 78–100, bes. 84.

[82] Diese Gruppen greifen bewusst auf einen mnemonischen Material- und Bilderfundus mit emotional oder sinnlich affizierenden Möglichkeiten zurück. Cf. die klösterliche Meditationssituation oder die Eignung entsprechender Bilder und Örter für die kreative Aneignung von Merkinhalten, wie bei Sibutus skizziert.

scholastischen Kontext eine größere Rolle als im humanistischen. Die genannten Personenkreise greifen dabei jeweils auf schriftlich basierte, autodidaktische Verfahren zurück. Es kündigt sich schließlich für die Bildungsbewegungen der Zeit ein epochaler Medienwechsel an, der die unmittelbare Mündlichkeit als dominierendes Mittel der Didaxe und Wissensvermittlung allmählich zurückdrängt[83]; vielleicht steigt damit das autodidaktische Potential lehrhaften Schrifttums, wie es in Kompilationen und Sammlungen zusammengetragen wird.

[83] Zu Gattungs- und Medienfragen in Scholastik und Humanismus cf. A. Traninger, Disputation, Deklamation, Dialog. Medien und Gattungen europäischer Wissensverhandlungen zwischen Scholastik und Humanismus (Text und Kontext 33), Stuttgart 2012, 15 sq.

Learning by Oneself: 'Ḥayy ibn Yaqẓān', Autodidactism, and the Autonomy of Reason*

Nadja Germann (Freiburg im Breisgau)

I. Introduction: Autodidactism and Early Islamic Culture

The focus of this paper will be on the problem of acquiring knowledge autodidactically as addressed by medieval Islamic sources. Now, in view of this topic, one may arrive at the conclusion that, indeed, there is hardly a period or cultural sphere – except, of course, our contemporary times and our Western world! – equally well-suited for a study of autodidactism as the Islamic Middle Ages. For, as a matter of fact, it was no later than the 12th century and in al-Andalus, in Islamic Spain, that Ibn Ṭufayl invented his Robinsonade 'Ḥayy ibn Yaqẓān', the 'Philosophus Autodidactus'[1]. In the Latin West, this novel remained unparalleled for ages[2]. However, with its emphasis on empirical inquiry and the autonomous use of reason, along with its (alleged or actual) reduction of religion to a kind of simplified instruction of the masses, the book attracted great attention during the early Enlightenment[3].

---

* I would like to thank John T. Slotemaker and K. Meredith Ziebart who took the trouble to correct the English of this paper.

1 The critical edition of Ibn Ṭufayl's philosophical novel is Hayy ben Yaqdhân: roman philosophique d'Ibn Thofaïl. Texte arabe et traduction française par L. Gauthier, Beirut ²1936. For references and quotes, I shall use the English translation by Goodman: Ibn Tufayl's Hayy ibn Yaqzān: A Philosophical Tale. Translated, with an Introduction and Notes by L. E. Goodman, updated edition, Chicago–London 2009, quoted as Ibn Ṭufayl, Ḥayy ibn Yaqẓān throughout this paper.

2 'Ḥayy ibn Yaqẓān' was translated into Latin for the first time during the late 15th century, probably on the initiative of Pico della Mirandola (1463–1494). The novel had its breakthrough, however, due to the bilingual Arabic-Latin edition prepared by father and son Edward Pococke in 1671, published under the title alluded to above: Philosophus Autodidactus sive Epistola Abi Jaafar Ebn Tophail de Hai ebn Yokdhan In qua ostenditur quomodo ex Inferiorum contemplatione ad Superiorum notitiam Ratio humana ascendere possit; cf. L. I. Conrad, Research Resources on Ibn Ṭufayl and Ḥayy ibn Yaqẓān, in: id. (ed.), The World of Ibn Ṭufayl: Interdisciplinary Perspectives on Ḥayy ibn Yaqẓān, Leiden e. a. 1996, 268–285, on the manuscripts, prints, and translations.

3 On the reception of the 'Philosophus Autodidactus' in 17th/18th-century Europe, see H. Daiber, The Reception of Islamic Philosophy at Oxford in the 17th Century: The Pococks' (Father and Son) Contribution to the Understanding of Islamic Philosophy in Europe, in: C. E. Butterworth/B. A. Kessel (eds.), The Introduction of Arabic Philosophy into Europe, Leiden e. a. 1994, 65–82; S. Ekhtiar, Hayy ibn Yaqzan: The Eighteenth-Century Reception of an Oriental Self-Taught Philosopher, in: Studies on Voltaire and the Eighteenth Century 302 (1992), 217–245.

The essentials of the novel can briefly be summarized as follows[4]. As the only human inhabitant, Ḥayy ibn Yaqẓān, the protagonist, grows up on an otherwise perfectly tempered and fertile island[5]. Without the model of another human being and by virtue of his inborn intelligence alone – depicted, however, as exceptionally high – he acquires all imaginable proficiencies and skills and apprehends all the theoretical sciences[6]. In this manner, he proceeds until he discovers the loftiest metaphysical principles: the existence of God, the afterlife, and happiness. As he finds out that the latter consists in the mystical vision or awareness of God, Ḥayy deduces the practical implication that his entire conduct of life must be geared towards the attainment of precisely this goal. To him, this entails his devotion, as exclusively as possible, to the contemplation of God[7]. With these features, Ḥayy turns out to be a textbook example of autodidactism: an example of learning literally everything by oneself.

In light of contemporary research on autodidactism, we are tempted to describe Ḥayy ibn Yaqẓān as an extreme case of autodidactic learning[8]. For, as

4 For a general survey of the novel, embracing also those aspects which I leave out here (such as the encounters with Absāl and the inhabitants of the neighboring island), see D. Mallet, Ibn Ṭufayl, Abū Bakr (Abubacer), in: H. Lagerlund (ed.), Encyclopedia of Medieval Philosophy: Philosophy Between 500 and 1500, Dordrecht e. a. 2011, 531–533; P. O. Schaerer, Einleitung, in: Abū Bakr Ibn Ṭufail, Der Philosoph als Autodidakt: Ḥayy ibn Yaqẓān: Ein philosophischer Inselroman. Übersetzt, mit einer Einleitung und Anmerkungen herausgegeben von P. O. Schaerer, Hamburg 2004, xiv–xviii.

5 In the introduction to the novel, Ibn Ṭufayl relates two different (fictitious) accounts of Ḥayy's origin: a Moses-like story of a baby put into a basket by his mother (in order to save him), left to the waters of the sea, and washed upon the shores of the island; and a rather prosaic version, namely, spontaneous generation *in situ*; see Ibn Ṭufayl, Ḥayy ibn Yaqẓān (nt. 1), 103–109. On the problem of spontaneous generation, see L. Richter-Bernburg, Medicina Ancilla Philosophiae: Ibn Ṭufayl's Ḥayy ibn Yaqẓān, in: Conrad, The World of Ibn Ṭufayl (nt. 2), 90–113, particularly 97–99; D. N. Hasse, Spontaneous Generation and the Ontology of Forms in Greek, Arabic, and Medieval Latin Sources, in: P. Adamson (ed.), Classical Arabic Philosophy: Sources and Reception, London–Turin 2007, 150–175.

6 It is interesting to note that Ḥayy's intellectual development neatly corresponds to, first, Aristotle's model of humanity's evolution from experience through craftsmanship to science and, second, the late-ancient curriculum of the sciences (physics, mathematics, metaphysics); we will return to this peculiarity. For an analysis of Ḥayy's intellectual development, see my Philosophizing without Philosophy? On the Concept of Philosophy in Ibn Ṭufayl's Ḥayy ibn Yaqẓān, in: Recherches de Théologie et Philosophie Médiévales 75 (2008), 97–127.

7 For this 'practical turn', cf. the last section of the novel which is still devoted to Ḥayy's personal development and directly precedes his encounter with Absāl; see, for instance, Ibn Ṭufayl, Ḥayy ibn Yaqẓān (nt. 1), 138: "Seeing that self-realization and happiness meant constant actual experience of the Necessarily Existent [i. e., of God], turning away not for an instant so that when death came it would find him [sc. Ḥayy] rapt in ecstasy and the continuity of his delight would remain unbroken by pain, Hayy considered how he might maintain continuous, actual awareness without distraction." I discussed the practical implications of the novel in more detail in my Natural and Revealed Religion, in: L. X. López-Farjeat/R. C. Taylor (eds.), The Routledge Companion to Islamic Philosophy, London–New York 2016, 346–359. For the mystical connotations of this aspect, see below, the last section of this paper.

8 Notably, autodidactism as such does not seem to be a particularly popular topic in current research. An exception to this rule is the collected studies volume J. Solomon (ed.), The Passion

recent studies evince, autodidactism is nowadays a fairly flexible concept; in effect, any kind of autonomous use of reason can be subsumed under this notion. Accordingly, not only someone who, like Ḥayy, acquires knowledge entirely on her own is considered an autodidact; rather, whoever seeks knowledge independently of traditional forms of schools with their typical features and elements, such as teachers and curricula, learns autodidactically. In this connection, it does not even matter if this process of knowledge acquisition is based on books or on the World Wide Web, and thus on resources assembling data which content-wise correspond exactly to those subjects taught at schools in one way or another. In current discussions, the decisive criteria rather seem to be, first, the aspect of inquiring on one's own initiative: autodidacts desire to figure something out, they are looking for something[9]. Thus impelled, they set out, second, to disclose a way, invent a method, or try out a certain procedure in order to achieve their goal. Ironically, this way, method, or procedure can consist precisely in participating in courses or in taking lessons and, thus, in subjecting themselves to traditional forms of classroom teaching – if this is the method they consider most effective and choose for themselves. And third, autodidacts pursue a specific objective: their aim does not reside in the accumulation of mere facts, in learning by rote, but in piercing and truly comprehending things. Notably, these three factors – the impulse to find something out, the independence and creativity concerning the method of inquiry, and the desire to actually understand what one is looking for – are today unanimously accepted principles of general school pedagogy[10].

With regard to Ḥayy ibn Yaqẓān, this would seem to suggest that Ibn Ṭufayl's hero is meant to display a particularly high degree of, at once, personal initiative, methodological autonomy, and genuine comprehension. But this is not the end of the story. Not only does Ḥayy acquire knowledge without a teacher, but also without books, let alone the WWW. Furthermore, he lacks even the most rudimentary means and auxiliary tools, such as human language or the possibility to take notes and commit acquired insights to media other than his own unaided memory. And nevertheless, according to the novel, he grasps the most complex features of reality – from immediately perceptible physical givens, through mathematical abstractions, to the metaphysical principles of the world. From an

to Learn: An Inquiry into Autodidactism, London – New York 2011. However, autodidactism is clearly a core issue in the frame of general pedagogy, where it is usually addressed in the context of learning (disposition of students, methods of learning, etc.); cf., for instance, F. W. Kron/E. Jürgens/J. Standop, Grundwissen Didaktik, München – Basel ^{6}2014, especially 4.0 Lerntheorien und -modelle im Kontext von Lehren, 149 – 189.

[9] For these aspects, see J. Solomon, Theories of Learning and the Range of Autodidactism, in: ead., The Passion to Learn (nt. 8), 3 – 23, here particularly 3 – 5.

[10] See, for instance, Kron/Jürgens/Standorp, Grundwissen Didaktik (nt. 8), 176 – 182 (on the constructivist model of learning and teaching, highlighting the necessity of eliciting the students' own initiative and creativity for successful studying). Cf. also the notion of doing research (e. g., as a university professor) as a form of autodidactism, explored by J. Ziman, The Scientist as Autodidact, in: Solomon, The Passion to Learn (nt. 8), 97 – 105.

anthropological point of view, this is disproportionate. For what Ibn Ṭufayl depicts here clearly transcends any measure of humanly accessible intellectual powers and propensity to learn by oneself. Assuming that our author was well aware of the unrealistic nature of this setting and that he styled his hero in this manner for a specific reason, this feature of the novel calls for scrutiny, as do two further peculiarities. First, upon closer inspection it turns out that the sequence in which Ḥayy proceeds on his self-designed path towards all-embracing knowledge corresponds exactly to the traditional school curriculum defended by the Arabic Peripatetics (e. g., al-Fārābī and Avicenna) in the vein of the late-ancient commentators[11]. And second, the culmination point of the portrayed track of education, namely the *visio mystica* of God, somehow does not really seem to fit the paean of praise for the autonomy and capacity of human reason apparently intoned by the rest of the novel. As the last section of our paper will reveal, particularly this last point, the 'mystical turn', is key to an appropriate understanding of Ibn Ṭufayl.

This leads us to the question and procedure pursued in this paper. My aim is to kill two birds with one stone: for one, I intend to look into the history of the concept of learning by oneself against the background of the strong notion of autodidactism developed in Ibn Ṭufayl's philosophical novel. More precisely, I wish to examine the attitude vis-à-vis autodidactic learning in early Islamic culture. Did this form of knowledge acquisition already play a role in the period prior to Ibn Ṭufayl, i. e., before the 12th century; and if so, what were its characteristics and how was it appraised? Second, and as it were counterpart to this inquiry, I envision a re-evaluation of the novel itself. More specifically, I aim to assess the esteem in which it actually holds human natural reason, particularly in view of the results obtained in the first part of the paper, i. e., in connection with the history of the concept of autodidactism. In order to approach these two issues, we must first have a brief look at the attitude of the emerging Islamic culture (approximately 7th to 9th centuries) towards the problem of knowledge and its acquisition in general, as well as towards the role of education and instruction in particular. In a next step, we need to investigate core epistemological and educational positions developed by Islamic scholars with respect to the principles of teaching and studying. For only at this meta-level can the question be raised of whether and, if so, what forms of autodidactism certain positions allow for or perhaps explicitly set forth. This part of our study will lead us to the 10th through 11th centuries and hence to the period immediately preceding Ḥayy ibn Yaqẓān. It will thus prepare the ground for our final step, the proposed reassessment of Ibn Ṭufayl's specific concepts of human natural reason and of learning by oneself. Due to the explorative character of this study – the concept of autodidactism in early Islamic thought has hardly attracted any attention so far[12] – and the limited space offered by the article format, our investigation will have to focus on selected mainstream positions within early Islamic thought.

---

[11] For this curriculum and its role in the novel, see nt. 6 above.

[12] It is interesting to note that, for instance, Ḥayy ibn Yaqẓān is usually described or denoted as an autodidact; however, what 'autodidactism' exactly means remains unexplored. Symptomatic

II. Background: Knowledge and Education in the Emerging Islamic Culture

From the outset, the Islamic culture exhibits a strong general esteem concerning knowledge and its acquisition. Already in the Qur'ān there are numerous passages which early Islamic scholars understood to convey God's admonition of humanity to pursue knowledge[13]. This interpretation of the respective Qur'ānic sections is supported by the prophetic tradition (*ḥadīṯ*)[14], according to which the prophet Muḥammad explicitly summoned his followers, i.e., the Muslims, to seek knowledge[15]. As a consequence, the acquisition of knowledge is considered 'obligatory' – a legal category which unambiguously conveys that whoever possesses the relevant capacities has the religious duty to strive for knowledge[16]. With this juridical background, therefore, it does not come as a surprise that some traditions (*aḥādīṯ*, the plural of *ḥadīṯ*) rank erudition even higher than simple service and worship, topped in order of priority only by prophecy[17].

---

in this regard is A. Ben-Zaken, Reading Ḥayy Ibn-Yaqẓān: A Cross-Cultural History of Autodidacticism, Baltimore 2011, which does not contain as much as a single chapter dedicated to a clarification of the presupposed concept of autodidactism. Likewise silent with respect to our concept is, despite the promising title, A. Giladi, Individualism and Conformity in Medieval Islamic Educational Thought: Some Notes with Special Reference to Elementary Education, in: Al-Qanṭara 26 (2005), 99–121.

13 Thus, for example, in order to defend the "excellence of knowledge", al-Ġazālī in his 'Book of Knowledge' argues as follows (The Book of Knowledge: Being a Translation with Notes of The Kitāb al-'Ilm of al-Ghazzālī's Iḥyā' 'Ulūm al-Dīn. Translated by N. A. Faris, Lahore ²1974, 10): "The evidence of the excellence of knowledge in the Qur'ān [is manifest] in the words of God, 'God bears witness that there is no god but He, and the angels, and men endued with knowledge, established in righteousness' [Q 3.16]. See, then, how God has mentioned Himself first, the angels second, and men endowed with knowledge third. […] And, again, God said, 'God will raise in rank those of you who believe as well as those who are given knowledge' [Q 58.12]." Unless they occur within other (translated) quotations (like here), Qur'ānic citations are taken from The Koran Interpreted. A Translation by A. J. Arberry, 2 vols., London–New York 1955.

14 On *ḥadīṯ*, see J. Robson, Ḥadīth, in: P. Bearman e. a. (eds.), Encyclopaedia of Islam, Second Edition (= EI2), Brill Online, URL: ⟨http://referenceworks.brillonline.com/entries/encyclopaedia-of-islam-2/hadith-COM+0248⟩ (accessed on September 3, 2015).

15 Thus, the abovementioned al-Ġazālī in his Book of Knowledge (nt. 13), 11, maintains: "As to [the evidence of the value of knowledge in] tradition (*al-akhbār*) the Apostle of God said, 'Whom God doth love, He giveth knowledge of religion and guideth him into the straight path'; and, again, 'The learned men are the heirs of the prophets.'" According to Faris, the translator of the 'Book of Knowledge', both reports can be traced back to Ibn Māǧah, Sunan al-Muṣṭafa.

16 On this legal issue, al-Ġazālī is quite explicit, see the Introduction of his Book of Knowledge (nt. 13), 3: "I have begun the work with the Book of Knowledge because it is of the utmost importance to determine first of all the knowledge which God has, through His Apostle, ordered the elite to seek. This is shown by the words of the Apostle of God when he said, 'Seeking knowledge is an ordinance obligatory upon every Muslim.'" According to Faris, the translator, this latter quotation derives from Ibn Māǧah.

17 On this subject, al-Ġazālī is, once again, fairly outspoken, see his Book of Knowledge (nt. 13), 13: "Concerning the superiority of knowledge to worship and martyrdom, the Prophet said, 'The superior rank the learned man holds in relation to the worshipper is like the superior rank

For our purposes, however, it is important to draw attention to a peculiarity which goes beyond the just mentioned aspects: even though the respective sources speak of "knowledge" (*ʿilm*, *ḥikma*, etc.) in general, early Islamic scholars usually understood this to refer to 'Qurʾānic knowledge' or 'knowledge concerning the revealed Scripture', i. e., specifically the acquaintance with and comprehension of the message which God had sent down by means of His prophet and had helped to explain through Muḥammad himself, by virtue of this latter's conduct of life and sayings – in short, by virtue of those practical examples and theoretical instructions which already shortly after the prophet's death were assembled in the *ḥadīṯ* corpus, the collection of the prophetic traditions to which I referred above. In this vein, for instance, Ibn Saḥnūn, a Mālikite scholar of the 9th century[18], quotes Muḥammad with the following words: "[…] the Messenger of God – God bless him and grant him peace – said: 'The best of you is the one who learns the Quran and teaches it.' [… and:] 'You must [occupy yourselves with and continually] make use of the Quran, for it eliminates hypocrisy in the same way that fire eliminates rust from iron.'"[19]

Thus, while 'knowledge' at first was primarily identified with 'religious knowledge', there is substantial evidence that already at an early stage the duty to acquire knowledge was assiduously implemented. This is corroborated, first, by the foundation of institutions dedicated to the transmission of knowledge, i. e., schools, some of which can apparently be traced back to the 7th century, the era of the prophet and the first caliphs[20]. In increasingly differentiated forms,

I hold in relation to the least of men'. See how he placed knowledge on an equal footing with prophecy and belittled the value of practice without knowledge, […]. The Prophet also said, 'The superior rank the learned man holds over the worshipper is similar to the superiority of the moon when it is full over the other stars.'" As references, Faris gives al-Baġawī, Maṣābīḥ al-Sunna for the first quote and Ibn Māǧah for the second.

18 On Ibn Saḥnūn, see S. Günther, Advice for Teachers: The 9th Century Muslim Scholars Ibn Saḥnūn and al-Jāḥiẓ on Pedagogy and Didactics, in: id. (ed.), Ideas, Images, and Methods of Portrayal: Insights into Classical Arabic Literature and Islam, Leiden – Boston 2005, 89 – 128 (with further literature), particularly 92 – 110 (with large sections of Ibn Saḥnūn's 'Ādāb' translated into English; we will return to the 'Ādāb' and use Günther's translation in what follows); G. Lécomte, Le livre des 'règles de conduite des Maîtres d'École' par Ibn Saḥnūn, in: Revue des études islamiques 21 (1953), 77 – 105, embracing a short introduction and a French translation of the 'Ādāb'.

19 Ibn Saḥnūn, Ādāb (nt. 18), 101. In this connection, it is important to note that 'to have knowledge', in the sense this term is employed by the Qurʾān itself, refers to "becoming aware of the true nature of the universe as God's creation", of "truly fear[ing] God", see P. E. Walker, Knowledge and Learning, in: J. D. McAuliffe (ed.), Encyclopaedia of the Qurʾān (= EQ), Brill Online, URL: 〈http://referenceworks.brillonline.com/entries/encyclopaedia-of-the-quran/knowledge-and-learning-EQSIM+00251〉 (accessed on September 3, 2015). Cf. ibid. on the idea of God Himself and the prophet (particularly, Muḥammad, but in principle all the Old Testament prophets as well) as teachers of humanity.

20 There is plenty of literature on early Islamic education, teaching, schools, and related issues; however, the reliability of much of what has been published, particularly concerning the origins of school teaching prior to the emergence of Islam, is at least questionable. Thus, C. M. Stanton, Higher Learning in Islam: The Classical Period, A.D. 700 – 1300, Savage, MD 1990, 14, laconically maintains that "[i]n the century prior to the revelations dictated by Mohammed to scribes,

these schools characterized the sphere of Islamic education until far into Modernity[21]. Second, the development of more or less fixed curricula and certain literary genres must be mentioned[22]. It comes as no surprise that these sources reflect, among other things, the abovementioned concentration on religious knowledge and on its auxiliaries or propedeutics, such as mastering the Arabic language and its grammar[23]. And third, since approximately the 9th century, there emerged a particular body of literature, likewise cultivated until far into Modernity, addressing pedagogical questions as well as issues related to the theory of education. The two earliest instances we currently know of are the 'Ādāb al-muʿallimīn' ('Rules of Conduct for Teachers') of the previously men-

structured schools had appeared in the larger settlements in the Arabian peninsula, particularly at Mecca". The only source, however, which he indicates, is A. Shalaby, History of Muslim Education, Beirut 1954, 16, who, for this point, seems to rely on al-Balāḏurī, Futūḥ al-Buldān. For a recent critical review of statements such as this as well as the currently available literature on this topic in general (and its partially "apologetic mindset"), see C. Gilliot, Introduction: Education and Learning in the Early Islamic World, in: id. (ed.), Education and Learning in the Early Islamic World, Farnham, UK – Burlington, VT 2012, xiii – xc, here particularly xxix – xlii (the "apologetic mindset" is on page xxx).

21 On elementary education and the different types of institutions of learning, see for instance J. M. Landau, Kuttāb, in: EI2 (nt. 14), URL: 〈http://referenceworks.brillonline.com/entries/encyclopaedia-of-islam-2/kuttab-SIM+4594〉 (accessed on September 3, 2015); J. Pedersen, Masdjid, in: M. T. Houtsma e. a. (eds.), Encyclopaedia of Islam, First Edition, Brill Online, URL: 〈http://referenceworks.brillonline.com/entries/encyclopaedia-of-islam-1/masdjid-COM+0155〉 (accessed on September 3, 2015); cf. also J. Pedersen and G. Makdisi, Madrasa: I. The Institution in the Arabic, Persian and Turkish Lands, in: EI2 (nt. 14), URL: 〈http://referenceworks.brillonline.com/entries/encyclopaedia-of-islam-2/madrasa-COM+0610〉 (accessed on September 3, 2015); Giladi, Individualism and Conformity (nt. 12).

22 As the typical elementary school curriculum "from the eighth century onward" Stanton, Higher Learning (nt. 20), 15, quotes "reading, writing, arithmetic, and the Quran as a primary text". According to Shalaby, Muslim Education (nt. 20), 16 – 23, there are two types of *kuttāb* ('elementary school') with different topics and, hence, curricula, namely one kind exclusively dedicated to the training of reading and writing, and another sort reserved for the teaching of the Qur'ān and further topics (including, among other things, the study of grammar and poetry). This distinction, however, does not seem to be generally accepted (cf., for instance, Landau, Kuttāb [nt. 21] who remains silent about this issue). For the range of subjects taught, cf. also the encyclopedic literature, reflecting the respective author's classification of the sciences; see, for example, al-Ġazālī's exposition and discussion of a broad range of sciences in his Book of Knowledge (nt. 13), section 2 ("On praiseworthy and objectionable branches of knowledge [...]", 30 – 72). Cf. also G. Endress (ed.), Organizing Knowledge: Encyclopaedic Activities in the Pre-Eighteenth Century Islamic World, Leiden 2006.

23 The abovementioned Ibn Saḥnūn, for instance, describes the following proficiencies as obligatory on the elementary school level: the firm acquaintance with or rather mastery of the correct Qur'ānic recitation and its memorization; reading, writing, and grammatical competencies; familiarity with the ritual duties (worship); and good manners. Additionally, he recommends instruction in several further fields, such as the basic principles of Arabic language and linguistics; arithmetic; calligraphy; letter writing; poetry; wisdom literature; historical reports; sermons; cf. the summary in Günther, Advice for Teachers (nt. 18), 99 – 100.

tioned Mālikite scholar Ibn Saḥnūn and the almost contemporary 'Kitāb al-muʿallimīn' ('Book of Teachers') of the Muʿtazilite polymath al-Ǧāḥiẓ[24].

With regard to the notion of autodidactism, however, the following observations should be made at this stage. If one has a closer look at the historical evidence of the first Islamic centuries, it is noteworthy that knowledge transmission was cast into a specific form, as though this latter was self-evident: it took place as a teacher-student instruction, first in the frame of rather loose circles, then increasingly at the abovementioned institutions which were especially created for these purposes and based on more or less firmly established curricula. Essential elements of teaching, as to the available sources, were the development of proficiencies, such as writing, and the memorization of texts, specifically the Qur'ān[25]. Hence, teaching was based on practices which, with respect to the envisaged goal, appear fairly plausible, given that these schools were meant to foster primarily learning by way of a clearly defined, historically transmitted text corpus: of the Qur'ān and the prophetic tradition (*ḥadīṯ*). This, in turn, did not require specific room for elements of autodidactism, such as taking one's own initiative, methodological autonomy, and the intellectual piercing of the object. In view of these peculiarities, Ḥayy ibn Yaqẓān's extreme model of autodidactism comes across as somewhat outlandish. Was the novel meant to propose a provocative counter-example and thus to criticize the pedagogical paradigm prevailing in early Islamic culture?

In order to approach this question, let us look more closely into some of the available, rather theoretical sources. As mentioned previously, Islamic scholars increasingly reflected upon the principles of knowledge transmission as well as problems concerning the theory of education. The earliest pieces of evidence

---

24 On al-Ǧāḥiẓ, see for instance A. Heinemann (ed.), Al-Jāḥiẓ: A Muslim Humanist for our Time, Würzburg 2009. For an analysis of the pedagogical principles developed in his 'Kitāb al-muʿallimīn', see Günther, Advice for Teachers (nt. 18), 110–125.

25 Thus, for instance, Landau, Kuttāb (nt. 21), summarizes: "At first, when books were very difficult to acquire, the teacher used to dictate the material [...]. Afterwards, the pupils read the material aloud, with the teacher correcting their errors [...]. Emphasis was generally laid on memorising. Since independent thinking was frowned upon, as liable to lead to the weakening of belief and disobedience, learning by rote was customary." Cf. however, by contrast, S. Günther, Be Masters in That You Teach and Continue to Learn: Medieval Muslim Thinkers on Educational Theory, in: Comparative Education Review 50 (2006), 367–388, who highlights, for example, Ibn Saḥnūn's emphasis on "modesty, patience, and passion for working with children [as] indispensable qualifications for teachers" (370–371) as well as his advice "to encourage pupils to study individually and with others but also to create situations to challenge their minds" (371); similar ideas about creating an intellectually stimulating atmosphere in correspondence with the individual students' actual capacities and needs are developed by al-Ǧāḥiẓ (ibid. 373) and al-Fārābī (ibid. 375–376), to stick to the early period (9th/10th centuries). From this, we may conclude that, indeed, there was a general emphasis on memorization and certain (limited) practical proficiencies; however, we cannot overlook the existence, already early on, of tendencies towards pedagogical principles which to some extent remind of contemporary theories and practices of education. See, in this connection, Günther's Conclusion in: op. cit., 385–388, with comparisons, for instance, to Comenius and Dewey (387–388).

still extant today, Ibn Saḥnūn's and al-Ǧāḥiẓ's abovementioned treatises, date back to the 9th century[26]. Meanwhile, it is precisely in the course of the 9th century that a new actor enters the stage of erudition; an actor who claimed for herself expansive competencies *in puncto* epistemology and the theory of knowledge: philosophy (*falsafa*)[27]. Accordingly, we need to scrutinize the following two traces: on the one hand, chief epistemological features defended by scholars working in the field of philosophy, inasmuch as they have a bearing on our topic; on the other hand, positions concerning the theory of education as endorsed by adherents of what one might call the traditional sciences, i. e., primarily, theology (*kalām*). For it is only on this basis that we will be in a position to identify and appreciate the predominant viewpoints regarding the nature of knowledge and the possibilities of acquiring knowledge autonomously. For chronological reasons, I will first discuss the *falāsifa*, the philosophers.

III. From a Philosophical Point of View: al-Fārābī and Avicenna

A core topic of classical Islamic philosophy is the theory of cognition. With their subtle blending of Aristotelian and Neoplatonic elements, Arabic-Islamic philosophers developed positions which, particularly in this field, had a tremendous impact on the history of philosophy not only in the Islamic world, but even in the Latin Middle Ages. Notably, in this connection, Arabic-Islamic philosophers did not restrict themselves to thinking about the foundations of cognition and science in an abstract fashion; they also explored the specific 'how-to' of learning. A particularly striking example of this is al-Fārābī (d. 950) who, perhaps also for this reason, is often referred to as the 'second teacher' – in reference to Aristotle, the 'first teacher'[28].

In contrast to his early Islamic predecessors, al-Fārābī has a much broader notion of what knowledge (*ʿilm*) embraces. Accordingly, it is not limited to the truths of religion, rather, knowledge can be had of any given object, particularly, of things belonging to physical reality and their metaphysical principles. Just like Aristotle, al-Fārābī is convinced that human beings can discover and understand

---

[26] Cf. the studies quoted in nt. 20 above, with their references to further literature; particularly helpful for a first orientation is Gilliot, Introduction (ibid.), offering not only an up-to-date overview of existing scholarship, but also a critical assessment.

[27] In the meantime, the literature dedicated to the emergence of philosophy (*falsafa*) in the Islamic world is as vast as the number of studies available on early Islamic schools, education, etc., mentioned above, and requires the same caveats. The most substantial recent introduction into this field, with a comprehensive and thorough overview of extant scholarship and sources, is U. Rudolph (ed.), Philosophie in der islamischen Welt, vol. 1: 8.–10. Jahrhundert, Basel 2012.

[28] There is plenty of literature on al-Fārābī, even though quite some of it must be treated with caution. Probably the most reliable current overview, with a close to comprehensive survey of his works as well as existing scholarship, is U. Rudolph, Abū Naṣr al-Fārābī, in: id., Philosophie in der islamischen Welt (nt. 27), 363–457. Also, still see with benefit D. L. Black, Al-Fārābī, in: S. H. Nasr/O. Leaman (eds.), History of Islamic Philosophy, vol. 1, London e. a. 1996.

the essential forms and natural laws underlying and molding reality. The two factors warranting the correspondence between human cognition and reality are, according to him, first, the rational and unchangeable structure of reality and, second, the human intellect providing access to these ontological and formal principles of reality. Humanity, therefore, is in a position to cognize reality and its principles through its own powers, i.e., by means of natural reason. In this manner, human beings can, for instance, recognize that the world derives from a first efficient cause, i.e., God, and that humanity's final end, its *causa finalis*, consists in happiness[29].

Thus, on the epistemological level, al-Fārābī defends the essential preconditions required in order to account for autodidactic learning: first, a realm of objects which exist and are attainable by human reason entirely independent of any kind of revelation or divine inspiration; and second, human reason itself which is capable of autonomously exploring and comprehending these objects. Nonetheless, as his writings evince, al-Fārābī does not display the slightest interest in the question of autodidactism. The reason for this disregard is not difficult to find: his principal concern is located in the exact opposite direction; it consists in the problem of teaching and learning – activities which, due to humanity's final end, constitute a human necessity, as al-Fārābī believes. Thus, in his 'Madīna l-fāḍila' ('The Perfect State')[30] he maintains that human beings, in order to achieve perfection, depend on the cooperation with other human beings:

> "In order to preserve himself and to attain his highest perfections every human being is by his very nature in need of people who each supply him with some particular need of his. [...]. Therefore man cannot attain the perfection, for the sake of which his inborn nature has been given to him, unless many (societies of) people who co-operate come together [...]."[31]

---

[29] Al-Fārābī's most important texts concerning his theory of cognition are his 'Risāla fī l-ʿaql' ('On the Intellect') and the anthropological chapters (particularly, 10, 13, and 14) of his 'Madīna l-fāḍila' ('The Perfect State'; see the following note). To my knowledge, there is no comprehensive (monographic) study of his theory of cognition; for core aspects, however, see D. L. Black, Knowledge (ʿilm) and Certitude (yaqīn) in al-Fārābī's Epistemology, in: Arabic Sciences and Philosophy 16 (2006), 11–45; ead., Al-Fārābī on Meno's Paradox, in: P. Adamson (ed.), In the Age of al-Fārābī: Arabic Philosophy in the Fourth/Tenth Century, London–Turin 2008, 15–34; T.-A. Druart, Al-Fārābī, Ethics, and First Intelligibles, in: Documenti e studi sulla tradizione filosofica medievale 8 (1997), 403–423; P. Vallat, Du possible au nécessaire: La connaissance de l'universel selon Farabi, in: Documenti e studi sulla tradizione filosofica medievale 19 (2008), 89–121. Note that al-Fārābī's idea of natural religion (embracing the theoretical insight into the makeup of the world, including the discovery of happiness and the afterlife, and the practical entailments of this insight) is at the basis of Ibn Ṭufayl's concept as briefly depicted in the introduction of this paper; for more details, see my Natural and Revealed Religion (nt. 7).

[30] The 'Madīna l-fāḍila' is one of al-Fārābī's chef d'oeuvres; it is edited with a facing English translation as al-Fārābī, On the Perfect State: Abū Naṣr al-Fārābī's Mabādiʾ ārāʾ ahl al-madīna al-fāḍila. A Revised Text with Introduction, Translation, and Commentary by R. Walzer, Oxford–New York 1985 [Reprint 1998].

[31] Al-Fārābī, Perfect State, 15, 1 (nt. 30), 229. This notion of humanity's need to cooperate does not remain unique; see, for example, Averroes who in his 'Faṣl al-maqāl' ('Decisive Treatise') defends a similar idea (Averroes, On the Harmony of Religion and Philosophy. A Translation, with Introduc-

By "perfection" al-Fārābī means, first and foremost and once again in accordance with Aristotle, the perfection of human nature consisting in the ideal use of reason, which is to say, in the acquisition, as complete and reliable as possible, of knowledge. Knowledge acquisition, however, does not come about in isolation, by virtue of empirical studies of reality, but cooperatively, by means of instruction. The justification for this initially somewhat surprising view is preserved in al-Fārābī's 'Kitāb al-ḥurūf' ('Book of Letters')[32], where he maintains with respect to humanity's cognitive and scientific evolution throughout history, that with Aristotle knowledge not only has arrived at its epistemic pinnacle, but also come to an end. Whatever can be known has been explored, to the effect that there is no more need for scientific inquiry in the previous sense, i.e., based on empirical studies. Instead, philosophy now is an art which is only learned and taught[33]. Therefore, even though his theory of cognition would be suited to serve as the theoretical framework for developing a concept of autodidactism, al-Fārābī insists, for the reasons just mentioned, on the traditional form of teacher-student instruction as the pedagogical norm. For him, this is the necessary precondition for attaining happiness, humanity's final goal.

Al-Fārābī's emphasis on teaching as the only and indispensable method of knowledge acquisition, however, did not remain unquestioned. It was none other than Avicenna (d. 1037)[34] who, perhaps for the first time in the history of

---

tion and Notes by G. F. Hourani, E-text version, URL: ⟨http://www.muslimphilosophy.com/ir/fasl.htm⟩ [accessed on September 1, 2015], between nt. 40 and 42): "And again it is clear that in the study of beings this aim [i.e., the acquisition of comprehensive knowledge] can be fulfilled by us perfectly only through successive examinations of them by one man after another, the later ones seeking the help of the earlier [...]. For if [...] a single person wanted to ascertain by himself [for instance] the sizes of the heavenly bodies, their shapes, and their distances from each other, that would not be possible for him, [...] even though he were the most intelligent of men by nature, unless by a revelation or something resembling revelation."

32 So far, there is no extant English translation of the 'Kitāb al-ḥurūf', however, C. E. Butterworth is preparing one and generously shared his draft version with me. While my translations of the 'Kitāb al-ḥurūf' in what follows are based on Butterworth's draft, eventual mistakes or misunderstandings are my own responsibility. The edition still in use is al-Fārābī, Alfarabi's Book of Letters (Kitāb al-Ḥurūf): Commentary on Aristotle's Metaphysics, ed. M. Mahdi, Beirut 1969 [Reprint 1990].

33 Al-Fārābī, Kitāb al-ḥurūf, II, 143 (nt. 32), 151, 18–152, 2: "[...] scientific speculation will then [i.e., with Aristotle] culminate, all the methods will be distinguished, and theoretical as well as general practical philosophy will be perfected, with no room left in it for investigation. Hence, it will become an art that is only learned and taught". It should be noted that, as such, there is nothing peculiar about the conviction that there is a finite body of knowledge which can be acquired by humankind once and for all. Basically, this is the consequence of accepting the Aristotelian theory that the 'things' we actually understand are the forms of things which are, first, numerically limited and, second, ontologically eternal (with no new forms emerging). Important for our purposes, now, is al-Fārābī's thesis that, historically speaking, this stage of a comprehensive understanding of reality has been reached with Aristotle, to the effect that henceforth humanity's duty consists exclusively in the preservation and faithful transmission of this treasure.

34 Much like al-Fārābī, or even more so, Avicenna is a popular object of inquiry. While there are numerous studies available on various aspects of his thought and oeuvre, probably the most

philosophy, explicitly addressed and toyed with the notion of 'learning by oneself' (*taʿallum bi-nafsihi*), most programmatically in his 'Autobiography'[35]. Referring to his youth and education, he relates that his father had employed a private tutor. However, the precocious Avicenna soon outwitted his teacher. Thus, while the tutor was able only to superficially introduce his student to the various disciplines, young Avicenna took it upon himself (*ʿalā nafsihi*, *bi-nafsihi*) to work over the relevant books in their entirety and open them up for himself:

> "Then I began to study the Eisagoge with an-Nātilī [i.e., his private teacher], […] until I finished a literal reading of [it] with him; as for its minute implications, though, he had no notion of them. Then I began to study the books [of the Organon] by myself (*ʿalā nafsī*) and consult the commentaries until I had mastered Logic. […] As for [… the Elements] of Euclid, I studied the first five or six figures with [an-Nātilī], and thereafter undertook on my own (*bi-nafsī*) to solve the entire remainder of the book. […]"[36]

In perfect harmony with our current 21st-century notion of autodidactism, yet in contrast to Ḥayy ibn Yaqẓān, Avicenna in this passage presents himself as someone who arrived at his insights not by virtue of consistent empirical studies, but by means of reading books. These books, however, he read on his own initiative and, furthermore, according to methods he had designed by himself[37]. Among other things, Avicenna describes how he systematically applied a certain pattern of logical analyses in order to disclose the causal relations underlying his objects of study, and thus to verify or falsify the accounts he encountered in the books he read:

> "The next year and a half I devoted myself entirely to reading Philosophy: […] I put together in front of me [sheaves of] scratch paper, and for each argument that I examined, I recorded the syllogistic premisses it contained, the way in which they were composed, and the conclusions which they might yield, and I would also take

---

thorough and profound up-to-date investigation is D. Gutas, Avicenna and the Aristotelian Tradition: Introduction to Reading Avicenna's Philosophical Works, Leiden – Boston ^{2}2014.

35 The 'Autobiography' is edited with a facing English translation by W. E. Gohlman, The Life of Ibn Sina, Albany, NY 1974, 16 – 42; in what follows, however, I will cite Gutas' translation in his Avicenna (nt. 34), 11 – 19.

36 Avicenna, Autobiography, 5 – 6 (nt. 34), 14 – 15 (Gutas' capitalization, here and throughout; the Arabic expressions are my additions). In a similar fashion, Avicenna studied Ptolemy's 'Almagest', all of physics, and metaphysics (*ilāhiyyāt*), op. cit., 6, 15 – 16. He thus summarizes (p. 16): "[…] and the gates of the Philosophical Sciences began opening for me". Notably, upon a short interlude during which Avicenna devoted himself to medicine and jurisprudence (op. cit., 7, 16), he returned to the philosophical sciences and read "all the parts of philosophy once again" (op. cit., 8, 16). On this, at first sight perplexing repetition, see Gutas, Avicenna (nt. 34), 173 – 178, who, in this connection, distinguishes between Avicenna's 'secondary education' and his 'undergraduate education'.

37 Avicenna's various methods of learning are analyzed in detail by Gutas, Avicenna (nt. 34), 201 – 220.

into account the conditions of its premisses [i.e. their modalities] until I had Ascertained that particular problem."[38]

Several features of this concept of autodidactism are noteworthy for our purposes. Thus, it is remarkable that Avicenna's notion of knowledge (*ʿilm*) is slightly but significantly modified in comparison to al-Fārābī's account: while Avicenna, just like his predecessor, is convinced that cognition is directed towards the essential forms and structures of reality, he argues, in contrast to al-Fārābī, that true knowledge (*ʿilm*) does occur if and only if the causal relations are revealed, which is to say, if the seeker of knowledge can explain why x is the case[39]. And this is precisely the challenge any serious student even nowadays faces: regardless of whether by virtue of empirical studies, reading books, or instruction through a teacher, this decisive moment of comprehending, of actually penetrating and grasping something – this moment is and remains the conundrum as well as the achievement of the seeker of knowledge herself. This has the consequence that for Avicenna, in neat analogy with the contemporary concept of autodidactism, eventually any true grasping or understanding, beyond mere repetition and memorization, depends on some sort of autodidactic impetus or impulse on the part of the student[40].

---

[38] Avicenna, Autobiography, 8 (nt. 34), 16–17. This procedure characterizes Avicenna's 'undergraduate education' in the philosophical sciences. Once again, he begins with logic (i.e., the Organon), probably studies the mathematical disciplines and natural philosophy (this time, he does not explicitly mention these fields), and finally dedicates himself to metaphysics, op. cit., 8–9, 16–18.

[39] Cf., by contrast, al-Fārābī who distinguishes three kinds of knowledge: first, the pure concept or mental image of a thing (i.e., its *taṣawwur*); second, the knowledge that x is the case; and third, why x is the case. See, for instance, Kitāb al-ḥurūf, III, 162 (nt. 32), 164, 5–7, where al-Fārābī introduces his notion of scientific discourse: "The knowledge that is demanded [...] is either (1) that a particular thing be imagined, conceived, its meaning (*maʿnāhu*) set forth in the soul; or, (2) that its existence (*wuǧūduhu*) be believed; or, (3) its existence along with the reason for its existence. There is no knowledge other than these three." For Avicenna, stages (1) and (2) of this quote are preliminary to true knowledge; this latter occurs only if the mind is lead, by means of the middle term(s) of the relevant syllogism(s), to stage (3), i.e., if it learns something hitherto unknown by virtue of (i.e., through deduction from) already known principles; cf., for example, his 'Madḫal' ('Isagoge') of the 'Kitāb al-shifāʾ' ('The Healing'), particularly chapter 3, on the benefit of logic.

[40] Cf., in this connection, Avicenna's famous concept of 'hitting the middle term' (*ḥads*); see Gutas, Avicenna (nt. 34), 179–201. In the summary of this passage, Gutas speaks of a "dual access to [...] Knowledge" (op. cit., 200), namely "book learning" and "Guessing Correctly the middle term" (l.c.; "guessing correctly" is Gutas' technical term for 'hitting upon; intuiting'); however, it should be noted that, ultimately, these accesses boil down to one and the same avenue, for also those students who require book learning (or, in the same vein, instruction by teachers) will not learn and understand, unless they finally grasp the missing middle terms. The distinction between these two methods, hence, consists in the ease with which one hits upon these terms – basically by oneself, or only by virtue of tedious explanations and exemplifications (books, teachers). Cf. also P. Adamson, Non-Discursive Thought in Avicenna's Commentary on the Theology of Aristotle, in: J. McGinnis (ed.), Interpreting Avicenna: Science and Philosophy in Medieval Islam, Leiden–Boston 2004, 87–111.

Moreover, it is notable that, on Avicenna's account, there is a totality of what can be known (*ʿilm*)[41]. This body of knowledge, or so he believes as a result of his own studies and logical analyses, is assembled and structured in its most accurate form, i.e., in almost perfect harmony with the true nature and structure of reality, in the *curriculum aristotelicum.* However, despite this general acceptance of the Aristotelian tradition as the most precise representation of all there is, Avicenna's attitude vis-à-vis this tradition differs in a certain manner from al-Fārābī's. For one, Avicenna leaves no doubt whatsoever that his approval is based on an objective reason, namely on independent, strictly logical verification of the contents of the books belonging to this tradition[42]. And second, even though he subscribes to the same hylomorphic worldview, he insists, much more boldly than al-Fārābī, that there is room for scientific progress. While his method of consistent verification corroborated the correspondence, by and large, between the Aristotelian tradition and the makeup of reality, it moreover revealed certain inaccuracies as well as still existing gaps of knowledge. It is with reference to these inaccuracies and gaps that in his various philosophical *summae*, Avicenna will partially reshape the structure of the curriculum and partially push further specific topics which, in his view, Aristotle and his successors had left undeveloped[43]. It must be understood in light of this background, when Avicenna maintains that, after his second rehearsal of the philosophical sciences, he did not learn anything new:

> "So […] I had completed my study in all these Philosophical Sciences. At that time my retention of Knowledge was better, but today my grasp of it is more mature; otherwise the Knowledge is the same, nothing new having come to me since."[44]

Hence, regardless of whether one attends classes in the Aristotelian tradition, reads the respective books, or employs other methods such as, for instance, empirical studies, the result will end up being the same, provided one does not make a mistake. This notion has significant implications for the concept of

---

[41] Cf. Gutas' analysis of this term as it is employed in the 'Autobiography' (but also elsewhere), Gutas, Avicenna (nt. 34), 169–179. Accordingly, "Avicenna uses the word [i.e., *ʿilm*], with the definite article, to refer to the Philosophical Sciences, thereby equating scientific knowledge with Knowledge/Philosophy as classified in the Aristotelian tradition" (op. cit., 179). Hence, regarding this point, we can note that Avicenna agrees with his predecessor, al-Fārābī, for whom the Aristotelian curriculum – in terms of both structure and content – epitomized in an ideal fashion all that can be known, see above nt. 33.

[42] Accordingly, while al-Fārābī posits quasi 'dogmatically' Aristotle's correctness and completeness, Avicenna, through the device of his 'Autobiography', indicates that he actually demonstrated the accuracy of Aristotle's philosophy or, rather, of something which essentially corresponds to its contents and accidentally can be described as 'Aristotelian'.

[43] Cf., for instance, the following passage (section 2) from the Prologue of Avicenna's 'The Healing' (translated in Gutas, Avicenna [nt. 34], 43): "There is nothing of account to be found in the books of the ancients which we did not include in this book of ours; if it is not found in the place where it is Customary to record it, then it will be found in another place which I thought more appropriate for it. To this I added some of the things which I perceived through my own reflection and whose Validity I Determined through my own theoretical analysis […]."

[44] Avicenna, Autobiography, 11 (nt. 34), 18.

autodidactism, at least in the frame of a by-and-large Aristotelian universe[45]: whether one counts as an autodidact is not only a matter of the occurrence of the three factors proposed in the introduction of this paper, i.e., personal initiative, methodological autonomy, and actual understanding; it is also a matter of hitting upon a certain result. For only she who, through learning by herself, arrives at the contents and structure of the Aristotelian curriculum is an autodidact; whoever does not, however resourceful and inventive she may be, is a fool[46].

With regard to the question pursued in this paper, Ibn Ṭufayl's proximity to Avicenna becomes particularly clear at this point. As we have seen above, Ḥayy, by following his natural inborn instinct, attains Avicennian *'ilm*, the comprehensive knowledge of the causes of all there is; by applying reason alone, he 'discovers', discipline by discipline, the Aristotelian curriculum. Yet, in contrast to Avicenna, the precocious pupil, Ḥayy does not read books and does not build on the achievements of his predecessors; instead, he acquires knowledge exclusively in an empirical fashion and all by himself[47]. Thus, overall, it appears that Ibn Ṭufayl is deeply inspired by his predecessors and most particularly by Avicenna. However, he pushes the concept of autodidactism even a little further by depicting Ḥayy as someone who is entirely, in any respect whatsoever, guided by reason and inventiveness, without the slightest contact to tradition and prior achievements. Is Ibn Ṭufayl, with these features, a radical Aristotelian defending a concept of autodidactism which, even in the frame of the philosophical tradition, turns out to be a little over the top[48]? And how can his novel be assessed

[45] This is to say, a finite universe as described above, nt. 33. To discover and understand the true nature of all there is in such a universe means to discover and understand all the forms and their actual relations. Obviously, this concept of science differs considerably from our contemporary understanding and, hence, affects the notion of autodidactism in a fashion our current understanding does not; for, in a contemporary framework, the autodidactic invention of something new (and thus of something which cannot [yet] be measured by means of 'normal science') would actually constitute successful research and by no means foolishness (for this, see the following with nt. 46). Cf. Ziman, The Scientist as Autodidact (nt. 10).

[46] From this it is also clear that Avicenna's – much like al-Fārābī's – primary interest does not actually reside in developing a concept of autodidactism. Its unique purpose is to serve Avicenna as a device suited to corroborate (by and large) the accuracy of the Aristotelian tradition. Additionally, it is meant to drive home the point that true knowledge can only be acquired by virtue of rational (i.e., logical) investigation and not by virtue of parroting authorities (books or teachers), which would boil down to mere *taqlīd* (for this notion see N. Calder, Taḳlīd, in: EI2 [nt. 14], URL: ⟨http://referenceworks.brillonline.com/entries/encyclopaedia-of-islam-2/taklid-SIM_7343⟩ [accessed on September 3, 2015]).

[47] Note that on this point Avicenna would probably contest the possibility that such a human being existed (unless she were a prophet, see below, nt. 61, and the final section of this paper). Even for someone gifted with *ḥads* ('hitting the middle term', see above nt. 40) in an exceptionally high manner, like Avicenna himself, it is, as his 'Autobiography' suggests, indispensable to build on her predecessors; after all, it is by studying their books (and verifying them), not by unaided experiments, that Avicenna conducted his studies.

[48] Cf., in this connection, the position of Ibn Ṭufayl's immediate successor, Averroes, quoted above in nt. 31, who, in al-Fārābī's vein, insists on the necessity of falling back on the discoveries by previous scholars as well as on collaboration.

with regard to the intellectual mainstream of Islamic culture, the religious sphere?

IV. From a Theological Point of View: al-Ġazālī

The philosophical debate concerning the foundation and reach of human cognition had its counterpart in contemporary theology. While the details are beyond the focus of this paper, for our understanding it is important to briefly mention that particularly from the 9th through 11th centuries, i.e., the age of al-Fārābī and Avicenna, fierce controversies were waged between the various theological schools. At their center was the problem of God's theodicy and human free will. One of these theological groups, the so-called Muʿtazila (to which the abovementioned al-Ǧāḥiẓ belonged) maintained that human beings can act autonomously and on their own personal responsibility. Their adversaries, by contrast, among others the Ashʿarites, denied this freedom[49]. Hence, while the Muʿtazilites convened with the philosophers in the conviction that individual cognition is possible, even with regard to some fundamental religious truths[50], the Ashʿarites set off by rejecting this notion and postulating humanity's absolute dependence on God's revelation and His (direct or implicit) commands and prohibitions[51]. Hence, given that since approximately the 11th century the Ashʿarites increasingly represented the mainstream within premodern Sunnite Islam, the intriguing question arises of what principles of education they actually defended.

---

49 For a first introduction into the Muʿtazila and the Ashʿariyya, see D. Gimaret, Muʿtazila, in: EI2 (nt. 14), URL: ⟨http://referenceworks.brillonline.com/entries/encyclopaedia-of-islam-2/mutazila-COM_0822⟩, and W. M. Watt, Ashʿariyya, ibid., URL: ⟨http://referenceworks.brillonline.com/entries/encyclopaedia-of-islam-2/ashariyya-COM_0067⟩. For the abovementioned debates about freedom of will versus determinism, see L. Gardet, Ikhtiyār, ibid., URL: ⟨http://referenceworks.brillonline.com/entries/encyclopaedia-of-islam-2/ikhtiyar-SIM_3516⟩, and al-Ḳaḍāʾ Wa ʾl-Ḳadar, URL: ⟨http://referenceworks.brillonline.com/entries/encyclopaedia-of-islam-2/al-kada-wa-l-kadar-COM_0407⟩ (all accessed on September 3, 2015).

50 This is due to their conviction that (a) reality is an objective given, including – beyond essences of things – properties and values; that (b) human beings are equipped (by their very nature, i.e., through creation) with the means (sc. reason) to understand reality and its implications; and (c) that human beings can act autonomously, which is, according to the Muʿtazilites, the precondition for being judged and receiving either reward or punishment as recompense. Note that, as mentioned above in connection with al-Fārābī, the possibility of individual and autonomous cognition is a precondition for any form of autodidactism.

51 Let me emphasize that, as we will see below, this was not the Ashʿariyya's final word on this matter. For a thorough introduction into knowledge and epistemology during the classical period, see F. Rosenthal, Knowledge Triumphant: The Concept of Knowledge in Medieval Islam, Boston – Leiden 2007. Cf. also O. Leaman, The Developed Kalām Tradition, Part I: Sunnism, in: T. J. Winter (ed.), The Cambridge Companion to Classical Islamic Theology, Cambridge – New York 2008, 77 – 90.

At first sight, it appears hardly likely that Ashʿarites would display serious interest in aspects related to the theory of education. To them, God is the only being capable of autonomous agency. Human beings, by contrast, are entirely contingent upon God, on their account, both ontologically and epistemologically[52]. As a consequence, it is interesting to note that the historical situation is quite different. As numerous classical as well as post-classical Ashʿarite handbooks on pedagogy reveal, their authors carefully pondered the question of how knowledge can be transmitted most efficiently[53]. Among other things, they recommend that students not simply learn by heart, but rather seek to understand whatever is treated in class. For this purpose, specific teaching techniques are recommended allowing the students to disclose particular givens on their own, the idea being that only in this way will students eventually grasp and take in what is taught, while they will fail to do so if they are merely expected to rehearse their lessons[54].

As these few indications already disclose, contrary to what one might suspect at first glance, even in an Ashʿarite context, teachers are encouraged to mobilize elements of autonomous and autodidactic learning which are also common in current pedagogy. This, however, raises the question of how the intellectual creativity demanded in these handbooks matches the previously discussed dependence of humanity on God; of how it is compatible with a contingency unmasking freedom of will and autonomy of action as mere chimeras. The reply to this puzzle can *in nuce* be fathomed in the pedagogical works of al-Ġazālī (d. 1111), an Ashʿarite thinker whose principles of education continued to be discussed by such divergent thinkers as Naṣīr al-Dīn al-Ṭūsī (13th century) and al-ʿAlmawī (16th century)[55]. In his 'Mīzān al-ʿamal' ('Criterion of Action')[56], al-

52 For these issues, see the introductory articles referred to above, nt. 49. Cf. also R. Frank, Moral Obligation in Classical Muslim Theology, in: The Journal of Religious Ethics 11 (1983), 204–223, which basically focuses on the problem of human agency.

53 Given that al-Ashʿarī, the founder of Ashʿarite Sunnism, lived only in the 10th century, it is of course impossible here to adduce pedagogical treatises written by Ashʿarites dating back as early as the abovementioned Ibn Saḥnūn and al-Ǧāḥiẓ. However, already our next chief thinker in line, al-Ġazālī, is probably the most important example in early Ashʿarism of the kind of pedagogy we are currently interested in. For more details, see S. Günther, The Principles of Instruction are the Grounds of Our Knowledge: Al-Fārābī's Philosophical and al-Ġazālī's Spiritual Approaches to Learning, in: O. Abi-Mershed (ed.), Trajectories of Education in the Arab World: Legacies and Challenges, London–New York 2010, 15–35, on al-Ġazālī particularly 20–29. For further literature, cf. the references in Gilliot, Introduction (nt. 20).

54 Cf., for example, Günther, Be Masters (nt. 25), who, on pages 383–385, summarizes specific rules which al-Ġazālī recommends serving, on the one hand, as guidelines for students, on the other, as rules of conduct for teachers. Just like the ideas of his forerunners, Ibn Saḥnūn and al-Ǧāḥiẓ, al-Ġazālī's recommendations are not far from contemporary tendencies to integrate and explore autodidactic elements in ordinary classroom teaching (cf. above, section II of this paper).

55 Cf. the references given by Günther, Be Masters (nt. 25), 385. Naṣīr al-Dīn al-Ṭūsī (d. 1274) was a famous Shiʿite thinker; ʿAbd al-Bāsiṭ al-ʿAlmawī (d. 1573) was a Shāfiʿite scholar who was active in Damascus.

56 In what follows, I used the edition al-Ġazālī, Mīzān al-ʿamal, ed. S. Dunyā, Miṣr 1964. To my knowledge, there is no English translation available.

Ġazālī summarizes his position as follows. According to him, human reason (*ʿaql*) is distinguished by the peculiarity that it is the source of knowledge (*ʿilm*) and wisdom (*ḥikma*). For knowledge and wisdom, on his account, are implanted in human reason by God in the form of humanity's natural disposition (*fiṭra*):

"Know that the excellence of human reason is due to its being the place where knowledge and wisdom [...] are most likely to be found. For, the human soul is the source of knowledge and wisdom and their fountainhead, while they are embedded in her in potentiality, as [her] initial natural disposition (*fī awwali l-fiṭra*), and not in actuality"[57].

Therefore, with some effort, knowledge and wisdom can be 'unearthed' again. On very rare occasions, this can happen completely without instruction by another human being, namely in the case of prophets; in other instances, by virtue of some effort, as with highly intelligent children; usually, however, this process of recollection demands a great deal of patience and labor, and this concerns the majority of people[58]. Yet, even in these latter two cases, al-Ġazālī insists that instruction does not actually convey something new, but rather assists the student in disclosing knowledge that is already present in her reason due to humanity's *fiṭra*:

"Therefore, meticulous thinkers maintain: 'Instruction does not equip human beings with anything from the outside; rather, it uncovers what already resides in their souls by virtue of their natural disposition (*fiṭra*)'"[59].

As our findings so far exhibit, al-Ġazālī aspires to square the circle: on the one hand, as an Ashʿarite, he insists on the notion of God as the only true agent and on humanity's categorical dependence on Him, a notion he forcefully de-

---

[57] Al-Ġazālī, Mīzān (nt. 56), 334, 4–7. The term *fiṭra*, which al-Ġazālī employs here, is a key theological term, ultimately deriving from the Qurʾān (30:29). Its basic meaning is "a kind of way of creating or of being created [by God]", however, there were lively controversies about its precise connotations in early Islam (and beyond). For more details see D. B. Macdonald, Fiṭra, in: EI2 (nt. 14), URL: 〈http://referenceworks.brillonline.com/entries/encyclopaedia-of-islam-2/fitra-SIM_2391〉 (accessed on September 3, 2015).

[58] Al-Ġazālī, Mīzān (nt. 56), 334, 11–335, 1: "It is indispensable to make an effort in order to bring them (i.e., knowledge and wisdom) out in actuality, [...]. Rarely, they pass from potentiality into actuality without human instruction, like in the case of prophets; [...]. Sometimes, however, they require protracted efforts, like in the case of the majority of people; [...]. And occasionally, only little effort suffices, like in the case of sharp-witted kids." Notably, according to al-Ġazālī, belief in God is one of those pieces of knowledge which human beings possess already implicitly, by virtue of their natural disposition (*fiṭra*), see op. cit., 335, 13: "Thus, every human being possesses belief [in God] by virtue of their natural disposition (*fiṭra*), [...]." In a way, he thus reintroduces Muʿtazilite tenets into Ashʿarite doctrine. Moreover, he clearly sides with Avicenna in acknowledging that complete independence from 'classical' instruction (books, teachers, etc.) is possible only for prophets. Finally, it is obvious that he gives back to the notion of knowledge its previous religious twist: once again, knowledge ultimately consists in (justified true) belief in God and only secondarily in (scientific) knowledge about the physical world.

[59] Al-Ġazālī, Mīzān (nt. 56), 336, 12–14.

fends in other works as well[60]. Accordingly, human freedom of will and individual, autonomous cognition end up being illusions. On the other hand, however, al-Ġazālī falls back on the Platonic theory of anamnesis, translates it into the religious terminology of human *fiṭra*, and links it with the philosophical theory of degrees of intelligence, with the prophet at the peak, the intellectual geniuses immediately next in rank, and the great bulk of people at the base of this scale[61].

This balancing act enables al-Ġazālī to do two things: first, in this fashion he can save the phenomena, in our case, the experience which mostly everyone already made on several occasions, namely of actually learning something new, undergoing an increase of knowledge, or understanding suddenly, as though out of the blue, something vainly brooded over for ages. Second, he can keep to the premise of God's absolute omnipotence and humanity's radical contingency, since from God's point of view, we do not actually learn anything 'new', but simply uncover something which God already planted in our *fiṭra*[62]. The seemingly intransigent gap between God's omnipotence and human acquisition of knowledge is bridged by al-Ġazālī's theory of recollection: consequently, in accordance with their individual skills, human beings can learn something 'new', either on their own account or only by virtue of varying degrees of effort and through instruction[63]. The peculiarity of this theory consists in al-Ġazālī's conviction, irreconcilable with the philosophers' accounts, that whatever human beings divulge, seemingly autodidactically, entirely depends on God's will. If God so willed, the world would be, from one moment to the next, completely different and, hence, any hitherto acquired knowledge about it would be suddenly obsolete.

Meanwhile, in view of our topic, we can conclude that since approximately the 11th/12th century even Ashʿarite thinkers such as al-Ġazālī defended episte-

---

60 See, for instance, the Seventeenth Discussion of his 'Tahāfut al-falāsifa' ('Incoherence of the Philosophers'). Cf., on this issue, F. Griffel, Al-Ghazālī's Philosophical Theology, Oxford–New York 2009, 147–173.

61 This tripartite distinction of humanity according to degrees of intelligence is a familiar motif in early Islamic thought. It was formulated as an anthropological theory by al-Fārābī and generally accepted by his successors, one of whom is al-Ġazālī. Already al-Fārābī based his educational thoughts on this model, to the effect that he carefully discriminates instructional principles: certain methods can only be applied in the classroom if the students are highly gifted, some should be used when the students are intellectually weaker. Prophets, of course, do not need instruction, since they are able to intelligize on their own and even to apprehend future contingents. Remarkably, at this point, al-Ġazālī would transcend the philosophers' theory and insist that indeed prophets do not need instruction – instruction, that is, by a human teacher: they are taught immediately by God Himself.

62 It is highly probable that al-Ġazālī thought primarily of principles of knowledge as those notions already embedded in our souls; i.e., principles such as belief in God, as mentioned above, in nt. 58, which can serve as starting points of inquiry aiming to deduce further pieces of knowledge (e.g., the moral obligations entailed by this principle).

63 Thus, tacitly al-Ġazālī accepts Avicenna's theory of knowledge acquisition; while the frame has changed – the starting points (principles) are directly implanted by God – the core task for any student still consists in hitting upon the middle terms which, in function of the students' intellectual skills, will happen faster or more slowly.

mological principles which, with some qualifications, allow for a notion of autodidactism; with the restriction, to wit, of a conditional autonomy of human reason. Yet, what does this finally entail for our interpretation of Ibn Ṭufayl's philosophical novel 'Ḥayy ibn Yaqẓān'?

V. Reassessment: Ibn Ṭufayl, Autodidactism, and the Autonomy of Reason

As our brief study suggests, Ibn Ṭufayl's notion of autodidactism primarily derives from the philosophers, specifically from the Avicennian tradition[64]. In agreement with the latter's concept of learning by oneself (*taʿallum bi-nafsihi*), Ibn Ṭufayl has his hero, Ḥayy ibn Yaqẓān, acquire knowledge about all there is, including causes and reasons[65]. Just like Avicenna's independent readings, Ḥayy's studies turn out to be in neat accordance with the Aristotelian curriculum, with regard to both content and structure[66]. However, much more radical than Avicenna, who studied by means of books whose contents he 'simply' verified on his own, Ḥayy conducted his investigations in an exclusively empirical fashion, based on observation and experiments[67]. Yet, while this discrepancy, at first glance, comes across as a fairly natural crescendo – one author building on another and pushing his predecessor's thought even further at some stage – there remains the peculiarity already observed in the introduction to this paper; a peculiarity which neither meshes with this first impression of pushing the concept of autodidactism even further, nor with the novel's early modern assessment as a proto-enlightened praise of empirical research and the autonomy of reason. For Ibn Ṭufayl does not terminate his story at the point where Ḥayy masters Aristotelian metaphysics, the traditional apex of the theoretical disciplines. Rather, he has his hero, the extreme autodidact, experience mystical

---

[64] Given that Ibn Ṭufayl avowedly seeks to expand on Avicenna's alleged eastern philosophy, it is not unlikely that Avicenna is his actual source of inspiration for his concept of autodidactism.

[65] From the outset, Ḥayy's studies and experiments are driven by his desire to find out about the causes and reasons. Thus, for instance, already the first investigation depicted in the novel is motivated by Ḥayy's intention to identify the reason for the sudden "standstill" of his foster mother's, the doe's, "movements and bodily functions" (Ibn Ṭufayl, Ḥayy ibn Yaqẓān [nt. 1], 111) upon her death.

[66] For this feature, see above with nt. 6. Notably, the results of Ḥayy's studies not only accord with the Aristotelian curriculum, but also with the prophetic revelation of his future friend's, Absāl's, religion which is strongly reminiscent of Islam.

[67] Hence, just like Avicenna, Ḥayy's practice of philosophy is 'inquisitive' (i.e., based on his own studies and rational analyses) rather than 'repetitive' (i.e., just following an authoritative course of studies). Given, however, that he arrives at exactly the same result, namely the Aristotelian curriculum which Avicenna already 'autonomously' proved to be in accordance with the true nature of reality, any reader of the novel will immediately recognize him as a successful autodidact rather than a fool. Cf. above with nt. 46. Notably, as a result of its conformity with revelation (cf. nt. 66), Ḥayy's autodidactism, in contrast to Avicenna's, is not only legitimized by the Aristotelian, but also by the prophetic tradition regulating life within Absāl's society.

awareness of God and recognize this state of rapture as humanity's *causa finalis*. How does this mystical turn fit into the picture? In order to finally venture an answer to this question, let us briefly examine Ibn Ṭufayl's concept of cognition and, in particular, his epistemological principles.

In this connection, several peculiarities stand out. The first concerns the principal actor in the process of cognition, the human soul, one of the chief topics of Ḥayy ibn Yaqẓān. Already early on, triggered by the death of his foster mother, a doe, Ḥayy discovers the existence of a "being" which is at once the source of life of animate beings and that which constitutes their proper selves[68]. Throughout the novel, this "being" is variously referred to as "vital spirit", "animal spirit", "soul", and even just as "form" or "nature" as well as "self" – this latter particularly in the part where Ḥayy's mystical awareness of God is described[69]. As Ḥayy moreover finds out, the numerous forms and souls of things must have a single, "non-corporeal Cause", to the effect that "the whole universe [… is] in reality one great being"[70]. This immaterial cause, now, structures and determines the things belonging to physical reality in such a way that it must be considered not only their first efficient cause, but also the author of all their activities:

> "Clearly the acts emerging from forms did not really arise in them, but all the actions attributed to them were brought about through them by another Being."[71]

As these few indications already reveal, Ibn Ṭufayl's psychology as well as his ontology are conspicuously at odds with our philosophers' thoughts. While al-

---

68 Ibn Ṭufayl, Ḥayy ibn Yaqẓān (nt. 1), 114–115: There, Ḥayy concludes "that what I was searching for was here [i.e., in the empty chamber of his foster mother's heart which he had just dissected] but left, leaving the chamber empty and the body without sensation or motion, completely unable to function". Upon further reflection he realizes "[…] that whatever had lived in that [empty] chamber [of the heart] had left while its house was intact […]. The body now seemed something low and worthless compared to the being he was convinced had lived in it for a time and then departed. […]. He soon dropped the body and thought no more of it, knowing that the mother who had nursed him and showed him so much kindness could only be that being which had departed. […]. The whole body was simply a tool of this being […] that was its master and mover."

69 For this last point, the identification of one's self with the "spirit" or "soul", see already Ibn Ṭufayl, Ḥayy ibn Yaqẓān (nt. 1), 119: "This spirit itself was one, and it was this which was his real self, all other organs serving as its tools." This is a crucial element in Ḥayy's reasoning, since it is at the basis of his insight that all there is ultimately is pervaded by this one spirit or being; cf., for example, op. cit., 120: "Hayy reasoned that the spirit present throughout the species must be a single entity, undifferentiated except through its division among numerous hearts." As becomes clear a little later on in the story, even inanimate things are permeated by this unique being; in their case, however, it does not possess the function of a vital power but of their nature or form (minimally consisting in heaviness and lightness and thus in their 'drive' upward or downward, cf. op. cit., 122–123).

70 Ibn Ṭufayl, Ḥayy ibn Yaqẓān (nt. 1), 130. Cf., for instance, ibid.: "Having reached this point, Hayy understood that the heavens and all that is in them are, as it were, one being whose parts are all interconnected. All the bodies he had known before such as earth, water, air, plants and animals were enclosed within this being and never left it."

71 Ibn Ṭufayl, Ḥayy ibn Yaqẓān (nt. 1), 127.

Fārābī and Avicenna would agree that there is indeed a single first efficient cause of everything, they would reject Ibn Ṭufayl's notion that all the individual actions of beings, including those of human beings equipped with volition, are likewise the immediate effects of this first efficient cause. Moreover, the formulation employed by Ibn Ṭufayl, according to which actions are brought about by the first cause through the individual things, as though these latter were merely tools of the first, is by no means innocent. It is borrowed from theology, more precisely, from the theological doctrine of acquisition (*kasb* or *iktisāb*). On this account, human beings are not at all agents, they only seem to act. The true agent, by contrast, is God. Human beings cannot help but perform these actions; however, only if their actual willing coincides with their doing, they 'acquire' these actions and can, hence, be made accountable for them[72].

The implications of this peculiar ontology for Ibn Ṭufayl's psychology and theory of cognition are far-reaching. For human beings in general and highly gifted individuals such as Ḥayy in particular thus turn out to be determined in a twofold fashion. First, ontologically speaking, their natural dispositions are the direct result of God's creative activity as everything's efficient cause. Second, epistemologically speaking, a seeker of knowledge can attain only the degree of knowledge which her disposition allows. These two points require further elaboration. Concerning the first aspect, it is notable that Ibn Ṭufayl is very clear about his conviction, in neat harmony with Ashʿarites like al-Ġazālī, that God himself continuously brings things into existence, sustains, and guides them[73]. Therefore, we must conclude that Ḥayy's extraordinary intellectual gifts, his *fiṭra* – corresponding to the rank of a prophet in al-Ġazālī's tripartite model of human intelligence –, are the direct result of God having created him like this[74]. And precisely here lurks the link to the second aspect, epistemology. For

[72] On the theory of *kasb* (or *iktisāb*), see Frank, Moral Obligation (nt. 52); D. Gimaret, Théories de l'acte humain en théologie musulmane, Paris 1980.

[73] See, for instance, Ibn Ṭufayl, Ḥayy ibn Yaqẓān (nt. 1), 107: "For it should be clear that this spirit emanates continuously from God"; l. c.: "The same holds for the spirit which flows eternally from God's word to all that is"; op. cit., 133: "The whole Universe, then, and all that is in it – heaven and earth and all that lies above, beneath and between – is His work and creation, [...]"; op. cit., 154–155 (on the celestial bodies): "Their [i.e., the celestial bodies'] sole bond is to the One, the Truth, the Necessarily Existent, Who is the first of them, their origin and cause, the ground of their existence, Who gives them being, allows them to endure and even to be eternal"; for an example of God's unmediated intervention with actual events, see op. cit., 150: "This specious thinking might well have taken root in his [i.e., Ḥayy's] soul, had not God in His mercy caught hold of him and guided him back to the truth." For the Qur'ānic (and, hence, Islamic) notion of creation as an eternal process, see D. C. Peterson, Creation, in: EQ (nt. 19), URL: ⟨http://referenceworks.brillonline.com/entries/encyclopaedia-of-the-quran/creation-EQCOM_00045⟩ (accessed on September 3, 2015).

[74] Cf., in this connection, the beginning of the novel (Ibn Ṭufayl, Ḥayy ibn Yaqẓān [nt. 1], 107), where Ibn Ṭufayl relates the version of Ḥayy's spontaneous generation which presupposes the most perfect equilibrium of all antagonistic forces inherent in matter, for only in this case "the spirit which flows eternally from God's word" can most perfectly unfold: "In the same way with animals, the one that best takes on the spirit in himself and is formed and modelled in its pattern is man. There is reference to this in the words of the Prophet [...] 'God created Adam

it is on the basis of his *fiṭra*, his inborn intelligence, that Ḥayy advances, across the Aristotelian sciences, towards cognition of God Himself, the "Necessarily Existent Being"[75]. Thus, by consistently applying his 'own' mental capacities, his 'natural logic' as well as his natural drive to find out and know, he comes to understand that his own self is identical with God. The result of becoming aware of this identity culminates in exactly the abovementioned vision or awareness of God, described as follows:

> "[This] is attainment of the pure beatific experience, submersion, concentration on Him alone Whose existence is necessary. In this experience the self vanishes; it is extinguished, obliterated – and so are all other subjectivities. All that remains is the One, True identity, the Necessarily Existent – glory, exaltation, and honor to Him."[76]

It is important to briefly remain with the identity Ḥayy discovered between his own self and God, an identity which furnishes the basis of the mystical experience. What enables Ḥayy and thus, theoretically, every human being to intuit God is the very constitution of this self, i.e., the soul: it is by virtue of his own true self that Ḥayy becomes aware of God[77]. Apprehending or experiencing, in this sense, consists in the unity of knower, known, and the activity of knowing[78]. Notably, the soul itself, by virtue of her *fiṭra*, already 'contains' (ontology) the premises leading to this 'conclusion' (epistemology), i.e., the awareness of God and the identity of one's self with God, a 'conclusion' which, once it comes about, annihilates the distinction between knowledge and being:

> "[...] thus realizing that His self-awareness was not distinct from Himself, but His identity was Self-consciousness and His Self-knowledge was Himself, Hayy understood that if he himself could learn to know Him, then his knowledge of Him too would not be distinct from His essence, but would be identical with Him. Thus Hayy

---

in His own image'. If this image grows so strong in a man that its reality eclipses all other forms, the splendor of its light setting afire all it apprehends so that it alone remains, then it is like the mirror reflecting on itself, burning everything else. This happens only to prophets, [...]. But all this will be made clear in due course." This last remark is an obvious allusion to Ḥayy and the kind of human being he is supposed to represent.

75 Ibn Ṭufayl, Ḥayy ibn Yaqẓān (nt. 1), 143, and more often. This expression derives from Avicenna; however, in the age of Ibn Ṭufayl it is also accepted and employed by theologians (e.g., by al-Ġazālī). On the role of Ḥayy's *fiṭra* in the process of his knowledge acquisition, see, for example, op. cit., 128: "The problem perplexed him more than a little, but ultimately his inborn talent and brilliance led him to realize that an infinite body is something spurious which can neither be nor be conceived. This conclusion was bolstered in his mind by a number of arguments that he reached quite independently in the course of his reflections."

76 Ibn Ṭufayl, Ḥayy ibn Yaqẓān (nt. 1), 143.

77 See, for instance, Ibn Ṭufayl, Ḥayy ibn Yaqẓān (nt. 1), 135: "Hayy had also realized that what had brought him his awareness of this Being would be his true self, [...] this self [...], by which he had come to know Him"; op. cit., 136: "[...] his true identity was that by which he had apprehended the Necessarily Existent".

78 For this see Ibn Ṭufayl, Ḥayy ibn Yaqẓān (nt. 1), 141–142: "[His soul] was [...] at once the knower, the known and knowing, the subject and object of consciousness, and consciousness itself." Just like the Aristotelian *nous*, the soul thus is knowing, i.e., its existence consists in knowing.

learned that to become like Him in His positive attributes is simply to know Him […]"[79].

On Ibn Ṭufayl's account, God turns out to be, first of all, the one and true cause of everything there is – not indirectly, through secondary causality as the philosophers maintain, but immediately, "since forms can be brought into being only by this Creator"[80]; likewise, God is the only true agent, just as al-Ġazālī and the Ashʿarites insisted, meaning that actions attributed to things in physical reality are caused by God, employing physical actors like tools[81]. In the same vein, it is God who is the ultimate source of human knowledge, for it is by virtue of her God given "talent and brilliance"[82], i.e., by virtue of her *fiṭra*, that a seeker of knowledge is led to the true state of affairs.

With these findings, we are now in a position to reassess Ḥayy ibn Yaqẓān from the perspective of our topic. Just like the philosophers and al-Ġazālī, Ibn Ṭufayl believes that occasionally there are human beings who acquire knowledge as though by themselves, without serious effort, seemingly by virtue of 'ingenious' ideas. Our protagonist Ḥayy ibn Yaqẓān is styled precisely as such an anomaly[83]. However, in contrast to the philosophers but still in unison with al-Ġazālī, Ibn Ṭufayl leads us to understand that his hero's exceptional capacities are due to his *fiṭra*, in the sense just discussed, and thus to God's immediate assistance. As a consequence, his apparently 'radical' autodidact, Ḥayy, turns out to be just as conditionally autonomous as al-Ġazālī's student craving for knowledge; except, in lieu of al-Ġazālī's Platonically inspired theory of recollection, Ibn Ṭufayl sets a philosophically rather vague, but religiously charged notion of hitting upon the truth and becoming aware by means of applying one's inborn intelligence or natural capacity to reason and to intuit. The ultimate consequences of this theory remain basically the same as with al-Ġazālī: on the one hand, and in function of her individual skills, a seeker of knowledge will make her discoveries either faster and without assistance by teachers and books, or

[79] Ibn Ṭufayl, Ḥayy ibn Yaqẓān (nt. 1), 147–148. Cf. also op. cit., 142–143: "It was his obligation to become like the Necessarily Existent, because he was (and to the extent that he was) himself, that is to the extent of his identity with that self which brought him his awareness of the Necessarily Existent Being."

[80] Ibn Ṭufayl, Ḥayy ibn Yaqẓān (nt. 1), 133. It is remarkable that in this connection Ibn Ṭufayl quotes the famous Qur'ānic verse 34:3 ("Not so much as the weight of an ant in heaven and earth escapes from Him, […]"; notably, modern translations usually translate "atom" instead of "ant"), op. cit., 134.

[81] Cf. above, nt. 68. The suggested link to the theory of ***kasb/iktisāb*** is corroborated by the *ḥadīṯ* quote which follows (not identified by Goodman, the translator of our novel), Ibn Ṭufayl, Ḥayy ibn Yaqẓān (nt. 1), 127: "'I am the ears He hears by and the sight He sees by.'"

[82] Ibn Ṭufayl, Ḥayy ibn Yaqẓān (nt. 1), 128. The reference here is to Ḥayy, as seen above at nt. 75; however, even though he is particularly gifted, he possesses basically the same constitution as every other human being; therefore, it appears justified to generalize the notion of *fiṭra* and interpret it as the natural disposition of humanity at large.

[83] As a consequence, Ḥayy corresponds to the group of the prophets referred to by al-Ġazālī in his 'Mīzān' (nt. 56), see above with nt. 61 and 74.

more slowly and with greater labor, but never without at least a spark of her own initiative. On the other hand, these discoveries are entirely contingent upon God.

In sum, we must conclude that Ḥayy ibn Yaqẓān does not represent a totally exceptional instance of autodidactism and autonomous use of reason in comparison with the prevailing philosophical and theological currents of its time. Rather, as we have seen, essential features of our modern understanding of autodidactic learning as well as of teaching principles relying on the students' own initiative, constitute common properties of classical Islamic educational theories, across the various schools and traditions. In this regard, early Islamic culture is much richer with respect to our topic than one might expect, and it certainly deserves closer scrutiny. A somewhat unexpected result of our inquiry, by contrast, may consist in the observation that the seemingly 'free thinker' Ibn Ṭufayl inscribes his concept of autodidactism in a chillingly conservative framework. Just like for his Ash'arite colleague al-Ġazālī, humanity's success in the acquisition of knowledge, according to his novel, utterly depends on God. Thus, in accordance with the Qur'ān, the prophetic tradition (*ḥadīṯ*), and early Islamic culture in general, any human effort to acquire knowledge, be it autodidactically or otherwise, turns out to be in need of instruction – by God Himself, the ultimate teacher:

> "Recite: In the Name of thy Lord who created [...]. [...] thy Lord is the Most Generous, who [...] taught Man that [which] he knew not."[84]

[84] The Koran (nt. 13), 96, 1–5. On these and related verses, cf. Walker, Knowledge and Learning (nt. 19). On the notion of God as the (ultimate) teacher of humankind, see above, nt. 18. Interestingly, Ibn Ṭufayl himself explicitly evokes this idea, see Ibn Ṭufayl, Ḥayy ibn Yaqẓān (nt. 1), 134: "Ḥayy considered how the Creator had given each sort of animal its makeup and showed how these [*sic*!] were to be used – for if He did not teach animals to use their parts for their intended purposes, they would do the animals no more good than if they did not have them."

IX. Literarische Konstruktion von Meisterschaften

Charisma and Expertise
Constructing Sacralized Mastership in Northern and Western Europe, c. 800–1150*

Sita Steckel (Münster)

I. Concepts of 'Religious' and 'Charismatic' Teaching in Recent Research

Traditionally, the intellectual culture of Latin Christianity before the universities, largely dependent on ecclesiastical and monastic centers in the north and west of Europe, has not been a favorite subject with intellectual historians. For much of the nineteenth and twentieth centuries, the history of education and the histories of particular disciplines such as theology and philosophy were shaped by grand narratives of the emergence of modern, secular culture. They traced the origins of institutions upholding modern values, such as the universities with their highly regulated, formalized teaching practices, and the emergence of secular intellectual culture, for example in medieval adaptions and extensions of ancient scientific thought.

The cultural assumptions shaping early and high medieval learning are not only rather different from these patterns, but can almost be said to represent their 'other': We know of many famous masters in northern and western Europe during the eighth to twelfth centuries, and their close ties to students are described elaborately in some types of sources. But it is religion and not intellectuality which lies at the core of this period's culture of knowledge[1]. Whereas the traditional system of *paideia* was continued in Byzantium, where private teachers and schools provided fairly standardized and formalized training, Latin-based higher learning in western Europe could soon only be acquired in churches and

* I wish to thank Professor Margaret MacCurtain for linguistic and conceptual corrections, and Sabine Schratz for her helpful communications. Remaining errors are due to my own last-minute editing of the text.

[1] For the concept of knowledge cultures, see e. g. W. Detel/C. Zittel, Introduction: Ideals and Cultures of Knowledge in Early Modern Europe, in: iid. (eds.), Wissensideale und Wissenskulturen in der Frühen Neuzeit. Ideals and Cultures of Knowledge in Early Modern Europe (Wissenskultur und gesellschaftlicher Wandel 2), Berlin 2002, 7–21; C. Zittel, Wissenskulturen, Wissensgeschichte und historische Epistemologie, in: H. J. Sandkühler (ed.), Wissen: Wissenskulturen und die Kontextualität des Wissens (Philosophie und Geschichte der Wissenschaften 77), Frankfurt a. M. 2014, 91–109.

monasteries[2]. These developed many variations of teaching and learning, which irrevocably amalgamated spiritual, moral and intellectual formation[3].

Yet today, this religious dimension need no longer make the subject less attractive. The opposition of 'religion' and 'science' which rose to hegemony with Western high modernity has long been questioned, and many instances of productive cross-fertilization between these two closely entangled social fields throughout pre-modern and modern history have been identified[4]. While religion is being more energetically historicized today, it is also seen as a dynamic and often creative force within history – not only by scholars writing from a confessional point of view, but also by secular-minded ones[5]. Yet, so far this perspective has not had a strong influence on the study of medieval intellectual traditions, which builds on a heritage shaped by older paradigms of modernization and secularization[6].

A clearer focus on the role of religion[7] therefore seems promising. It might not only provide us with a new perspective on the historical transformations

---

2 For Byzantium, see the overview in A. Markopoulos, Teachers and Textbooks in Byzantium, Ninth to Eleventh Centuries, in: S. Steckel/N. Gaul/M. Grünbart (eds.), Networks of Learning: Perspectives on Scholars in Byzantine East and Latin West, c. 1000–1200 (Byzantinistische Studien und Texte 6), Münster 2014, 3–16. For the survival of ancient traditions of education in different European regions and the role of monastic centers, see P. Riché, Education and Culture in the Barbarian West: From the Sixth Through the Eighth Century, Columbia 1976; P. Gemeinhardt, Das lateinische Christentum und die antike pagane Bildung (Studien und Texte zu Antike und Christentum 41), Tübingen 2007; and the references in C. Giliberto/L. Teresi (eds.), Limits to Learning: The Transfer of Encyclopaedic Knowledge in the Early Middle Ages (Mediaevalia Groningana. New Series 19), Leuven 2013. For the role of Italy, which is not treated here, see recently R. G. Witt, The Two Latin Cultures and the Foundation of Renaissance Humanism in Medieval Italy, Cambridge 2012.

3 See esp. D. Illmer, Formen der Erziehung und Wissensvermittlung im frühen Mittelalter: Quellenstudien zur Frage der Kontinuität des abendländischen Erziehungswesens (Münchener Beiträge zur Mediävistik und Renaissance-Forschung 7), München 1970.

4 See T. Dixon, Science and Religion: New Historical Perspectives, Cambridge 2010 and with further literature R. Feldhay, Religion, in: K. Park/R. Porter/L. Daston (eds.), The Cambridge History of Science, vol. 3: Early Modern Science, Cambridge 2006, 727–755; M. A. Finocchiaro, Science, Religion, and the Historiography of the Galileo Affair: On the Undesirability of Oversimplification, in: Osiris. 2nd ser. 16 (2001), 114–132.

5 See the discussion and references in U. Willems/D. Pollack/H. Basu/T. Gutmann/U. Spohn (eds.), Moderne und Religion: Kontroversen um Modernität und Säkularisierung, Bielefeld 2012; K. Gabriel/C. Gärtner/D. Pollack (eds.), Umstrittene Säkularisierung: Soziologische und historische Analysen zur Differenzierung von Religion und Politik, Berlin [2]2014.

6 See the references in S. Steckel, Säkularisierung, Desakralisierung und Resakralisierung: Transformation hoch- und spätmittelalterlichen gelehrten Wissens als Ausdifferenzierung von Religion und Politik, in: Gabriel/Gärtner/Pollack (eds.), Umstrittene Säkularisierung (nt. 5), 134–175, at 134–140.

7 Throughout this contribution, the term 'religion' is understood in a sociological and historical sense, i.e. as a contested concept subject to repeated 'boundary work' throughout history. See the operationalization in A. Reuter, Religion in der verrechtlichten Gesellschaft: Rechtskonflikte und öffentliche Kontroversen um Religion als Grenzarbeiten am religiösen Feld (Critical Studies in Religion 5), Göttingen 2014, 17–33; ead., Charting the Boundaries of the Religious Field:

visible in early and high medieval Latin Europe. More compellingly, the geographical framework currently replacing older, Euro-centric views demands that we develop a more conscious approach to regional and cultural specifics. With horizons broadening to include not only Western Europe, but the whole Euro-Mediterranean continuum, medievalists from many fields have successfully endeavored to turn the study of intellectual culture into a genuinely transcultural field[8]. But while the closely related intellectual traditions exchanged between scholars working within Latin, Greek, Arabic, Hebrew, Syriac or Armenian traditions are studied intensively, comparative research on the institutional networks supporting them is lagging somewhat behind. Though first attempts are being made, as yet there is no genuinely comparative or connected history of the institutional and cultural basis of education encompassing the different political, religious and linguistic cultures of the Euro-Mediterranean area[9].

As some parallels and analogues are clearly visible, this opens up intriguing possibilities: Besides the growing role of philosophy as an intercultural 'language' of thought across the Euro-Mediterranean area, we can observe that Byzantine Greek, Arabic and Latin courts all encouraged rhetorical and artistic expertise, often in forms which lent themselves to public performances establishing or strengthening the social status of the speaker. Even more intriguingly, Jewish, Christian and Muslim religious cultures all relied heavily on groups of experts specializing in the interpretation of sacred laws and scriptures[10]. If a comparative history of such scholarly elites across the Euro-Mediterranean area were attempted, the amalgamation of intellectual teaching and religious orientation vis-

---

Legal Conflicts over Religion as Struggles over Blurring Borders, in: Journal of Religion in Europe 2 (2009), 1–20.

8 Among recent examples, see e. g. A. Speer/L. Wegener (eds.), Wissen über Grenzen: Arabisches Wissen und lateinisches Mittelalter (Miscellanea Mediaevalia 33), Berlin–New York 2006; J. D. McAuliffe/B. D. Walfish/J. W. Goering (eds.), With Reverence for the Word: Medieval Scriptural Exegesis in Judaism, Christianity, and Islam, Oxford 2010; L. Bianchi (ed.), Christian Readings of Aristotle from the Middle Ages to the Renaissance (Studia Artistarum 29), Turnhout 2011; L. Honnefelder, Albertus Magnus und der Ursprung der Universitätsidee: Die Begegnung der Wissenschaftskulturen im 13. Jahrhundert und die Entdeckung des Konzepts der Bildung durch Wissenschaft, Berlin 2011; A. Speer/P. Steinkrüger (eds.), Knotenpunkt Byzanz: Wissensformen und kulturelle Wechselbeziehungen (Miscellanea Mediaevalia 36), Berlin 2012.

9 Beginnings have been made, but must so far reassemble disparate research without being able to synthesize it comprehensively, see e. g. E. Vallet/S. Aubé/T. Kouamé (eds.), Lumières de la Sagesse: Écoles Médiévales d'Orient et d'Occident, Paris 2013. The point is argued in S. Steckel, Introduction: Towards a Connected History of Learning in Byzantium and the Latin West, in: Steckel/Gaul/Grünbart (eds.), Networks of Learning (nt. 2), ix–xxxv.

10 For rhetorical/artistic expertise, see e. g. N. Gaul, Rising Elites and Institutionalization – Ethos/Mores – 'Debts' and Drafts. Three Concluding Steps Towards Comparing Networks of Learning in Byzantium and the 'Latin' West, c. 1000–1200, in: Steckel/Gaul/Grünbart (eds.), Networks of Learning (nt. 2), 235–280, at 259–269; S. M. Ali, Arabic Literary Salons in the Islamic Middle Ages: Poetry, Public Performance, and the Presentation of the Past, Notre Dame, IN 2010; for exegetical cultures cf. McAuliffe/Walfish/Goering (eds.), With Reverence for the Word (nt. 8).

ible in early and high medieval ecclesiastical centers should emerge as a highly significant factor.

But how can one compare different scholarly communities with each other? The social constellations hiding behind our ideas of 'scholars', 'schools' or 'theology' encompass an astonishing range of diverse arrangements. Even more importantly, how can we evaluate complex historical forms of authority, which cannot be classified neatly by the application of modern categories like 'scientific' or 'religious'? The basic observation that various medieval cultures recognized 'masters' specializing in the interpretation of religious tradition also hides marked contrasts and developments over time. Within the Latin west, we encounter 'masters' who today hardly seem to belong to the same social group – such as the learned cleric and teacher Alcuin of York († 804), the politically active bishop Bruno of Cologne († 965) or an intellectual expert such as Peter Lombard († 1160). To establish any kind of connected perspective, we need to evaluate their status and activity in detail – and to develop shared approaches, terms and research concepts. Such a task can only be begun by specifying comparable themes and terminologies. A close engagement with the source material should eventually enable us to operationalize anachronistic and culturally specific notions through "heuristic anachronism"[11].

To date, we do not even possess a shared terminology for the study of scholarly culture within the Latin Europe, though the central role of concepts of mastership and studentship (or discipleship[12]) has been underlined[13]. For the Early and High Middle Ages, however, there is a possible point of departure: Several recent views emphasize that early and high medieval intellectual cultures were pervaded by a form of 'charismatic' teaching. The term 'charisma' and

---

11 For the term 'heuristic anachronism', see P. von Moos, Einleitung. Persönliche Identität und Identifikation vor der Moderne. Zum Wechselspiel von sozialer Zuschreibung und Selbstbeschreibung, in: id. (ed.), Unverwechselbarkeit. Persönliche Identität und Identifikation in der vormodernen Gesellschaft (Norm und Struktur 23), Köln–Weimar–Wien 2004, 1–42, at 2. For the problem of culturally specific terminologies, see A. Flüchter, Einleitung: Der transkulturelle Vergleich zwischen Komparatistik und Transkulturalität, in: W. Drews/A. Flüchter (eds.), Eliten – Sakralisierung – Gedenken. Vormoderne monarchische Herrschaftsformen im transkulturellen Vergleich (forthcoming); M. Pernau, Transkulturelle Geschichte und das Problem der universalen Begriffe. Muslimische Bürger im Delhi des 19. Jahrhunderts, in: B. Schäbler (ed.), Area Studies und die Welt. Weltregionen und neue Globalgeschichte, Wien 2007, 117–149.

12 The distinction of student- and discipleship is relevant for medieval sources, as a religious concept of discipleship, implying both the vocation of the disciples and their voluntary submission to the master, is strongly present in Christian traditions. Cf. E. Neuhäusler, Jünger, Jüngerschaft, in: Lexikon für Theologie und Kirche, vol. 5, Freiburg–Basel–Rom–Wien ^{2}1986, 1208–1209. The term 'student' is used here in a more neutral sense.

13 The importance of master-student relationships has been pointed out within Medieval studies, see especially the literature below at nt. 15, 16, 18, 19. Diverse views on masters and students are also assembled in A.-B. Renger (ed.), Meister und Schüler in Geschichte und Gegenwart: Von Religionen der Antike bis zur modernen Esoterik, Göttingen 2012, though the range of contributions is rather broad.

related concepts, such as scholarly 'virtuosity', have been employed in different senses in these works, though they are all based on the typologies proposed by Max Weber – his famous typology of sources of legitimate power, or, more rarely, his typology of forms of education[14]. An analysis which hopes to gain a clearer view of the role of religion in early and high medieval ecclesiastical knowledge cultures can build on these approaches.

Most importantly, C. Stephen Jaeger's pioneer studies on the cultural ideals of high medieval cathedral schools have illuminated a culture of learning in which political, religious and intellectual values formed a highly intriguing whole[15]. He also directs attention towards the physical presence and performance of the individual rather than towards intellectual systems of propositions, broadening the approach from an intellectual towards a cultural history of education. In her studies of "Masters and Paragons" between the ninth and thirteenth centuries, Mia Münster-Swendsen has presented detailed analyses of cultural and social patterns of teaching and learning, highlighting both the social constructedness of cultural ideals and the very gradual nature of transformations over time[16]. On a slightly different trajectory, other studies of medieval education have emphasized the religious connotations of the term 'charisma' more strongly – an important direction, as to Christian authors, the concept of the Pauline *charismata* would come most readily to mind[17]. Besides Detlef Illmer's

14 For the former, see D. L. D'Avray, Rationalities in History: A Weberian Essay in Comparison, Cambridge – New York 2010 and id., Medieval Religious Rationalities: A Weberian Analysis, Cambridge 2010; for the latter, cf. N. Bulle, Sociology and Education: Issues in Sociology of Education, Bern 2008, 243 – 245.

15 See C. S. Jaeger, The Envy of Angels: Cathedral Schools and Social Ideals in Medieval Europe, 950 – 1200 (Middle Ages Series), Philadelphia, PA 1994; id., Scholars and Courtiers: Intellectuals and Society in the Medieval West (Variorum Collected Studies Series 753), Aldershot 2002; id., Ennobling Love: In Search of a Lost Sensibility, Philadelphia, PA 2011, 59 – 81; id., Enchantment: On Charisma and the Sublime in the Arts of the West, Philadelphia, PA 2012.

16 See M. Münster-Swendsen, Masters and Paragons. Learning, Power, and the Formation of a European Academic Culture, unpubl. Ph.D. dissertation, Copenhagen 2004; ead., The Model of Scholastic Mastery in Northern Europe, c. 970 – 1200, in: S. N. Vaughn/J. Rubenstein (eds.), Teaching and Learning in Northern Europe, 1000 – 1200 (Studies in the Early Middle Ages 8), Turnhout 2006, 306 – 342; ead., Medieval 'Virtuosity' – Classroom Practice and the Transfer of Charismatic Power in European Scholarly Culture, c. 870 – 1200, in: M. B. Bruun/S. A. Glaser (eds.), Negotiating Heritage. Memories of the Middle Ages (Ritus et Artes 2), Turnhout 2008, 43 – 63; ead., Regimens of Schooling, in: R. Hexter/D. Townsend (eds.), The Oxford Handbook of Medieval Latin Literature, New York 2011, 403 – 422.

17 For the application of the modern concept of 'charisma' to medieval ideals, see the contributions in P. Rychterová/S. Seit/R. Veit (eds.), Das Charisma – Funktionen und symbolische Repräsentationen: Historische, philosophische, islamwissenschaftliche, soziologische und theologische Perspektiven, München 2008; G. Melville/G. Andenna (eds.), Charisma und religiöse Gemeinschaften im Mittelalter: Akten des Kongresses [...] (Dresden, 10. – 12. Juni 2004) (Vita Regularis. Ordnungen und Deutungen religiosen Lebens im Mittelalter. Abhandlungen 26), Münster 2005; and C. H. Ratschow, Charisma I. Zum Begriff in der Religionswissenschaft, in: Theologische Realenzyklopädie, vol. 7, Berlin – New York 1981, 681 – 682. For the historical understanding of *charismata* in connection with education see esp. M. Dreyer, Dona et virtutes

important study of early medieval monastic education[18], this is also the case in my own work on religious aspects of teaching in the early and high medieval church, which nevertheless received many impulses from Jaeger's and Münster-Swendsen's work and continues to build on it in the present contribution[19].

The following analysis draws on these works to give an overview of the most important dimensions and historical transformations characterizing religious mastership in the early and high medieval Latin church – not so much to criticize extant research as to evaluate its components with an eye to future comparative research. In the chosen source examples, the focus is on the authority of masters and the way students helped to construct it. Contemporary concepts of knowledge and knowledge acquisition and (to a smaller degree) forms of interaction between masters and students are also discussed. Besides this thematic focus, the contribution also hopes to reach methodological and theoretical clarifications: To evaluate the rather widely diverging approaches to 'charismatic' forms of teaching and learning, the present contribution engages successively with extant studies and their understanding of 'charismatic teaching'. In juxtaposing several historical transformations, its concluding sections attempt to describe the changeable impact of religious values on intellectual culture.

As a consequence of this rather general outlook, only some aspects of the relationship between masters and their students are treated. As the emphasis lies on cultural and social frameworks, there can be no study of manuscripts or teaching manuals, which tell us much about the content and techniques of early and high medieval scholarship[20]. As we mostly lack treatises and even theoretical reflection on pedagogy, education or cognition for the eighth to eleventh century, details must moreover be drawn from materials which may at first glance hardly seem relevant to historians of education or of philosophy – mainly, the contribution draws on poetry and biography.

---

im Früh- und Hochmittelalter: Erkenntnis als Gnadengabe oder dianoetische Tugend, in: Rychterová/Seit/Veit (eds.), Das Charisma, 255–273.

18 Illmer, Formen der Erziehung (nt. 3).

19 Cf. S. Steckel, Kulturen des Lehrens im Früh- und Hochmittelalter. Autorität, Wissenskonzepte und Netzwerke von Gelehrten (Norm und Struktur 39), Köln–Weimar–Wien 2011. This study also contains a more in-depth engagement with the important work of C. Stephen Jaeger and Mia Münster-Swendsen, whose findings I integrate into my chronological and thematic framework in the present contribution.

20 There is renewed interest in the study of scholars' manuscripts recently; see e. g. M. Teeuwen/S. O'Sullivan (eds.), Carolingian Scholarship and Martianus Capella: Ninth-Century Commentary Traditions on 'De Nuptiis' in Context (Cultural Encounters in Late Antiquity and the Middle Ages 12), Turnhout 2012; M. Teeuwen, Marginal Scholarship: Rethinking the Function of Latin Glosses in Early Medieval Manuscripts, in: P. Lendinara/L. Lazzari/C. Di Sciacca (eds.), Rethinking and Recontextualizing Glosses. New Perspectives in the Study of Late Anglo-Saxon Glossography (FIDEM Textes et Études Du Moyen Age 54), Porto 2011, 19–37; T. Snijders, Manuscript Communication: Visual and Textual Mechanics of Communication in Hagiographical Texts from the Southern Low Countries 900–1200 (Utrecht Studies in Medieval Literacy 32), Turnhout 2015.

II. *Doctrina* vs. *pedagogia*: The Use of Educational Concepts in Early Medieval Ecclesiastical Contexts

To historicize forms of knowledge, learning, or mastership, it is essential to look beyond modern connotations and concepts. In the context of the present contribution, the broad variety of ecclesiastical appropriations of ancient theories and terminologies of education needs to be acknowledged. To provide a minimal characterization of early medieval concepts of 'teaching' and to address typical methodical difficulties, a late eighth-century text forms a convenient point of departure.

The 'Vita Sturmi', written just before 800 by abbot Eigil of Fulda (†822), mainly documents the foundation of the monastery of Fulda[21]. But it also briefly mentions the education and masters of the founder, Abbot Sturmi († c. 779). As the 'Vita' has it, the noble boy Sturmi was entrusted to the priest Wigbert to be educated, and this teacher did all he could for him. Yet Wigbert's role is minimal, as Sturmi is depicted as doing all the work: "With all diligence, the holy priest strove to instruct the boy Sturmi for the service of the omnipotent God. After he had committed the psalms to his retentive memory, and confirmed his many readings through continuous memorizing, the boy began to understand Christ's scripture in its spiritual sense. He took the greatest care to learn the mysteries of the four gospels of Christ, and strove as hard as he could to hoard the New and the Old Testament in the treasure-house of his heart through assiduous reading. Just as it is written, he 'meditated on the law of the lord day and night' [Ps. 1, 2], and he was of deep understanding, wise in thought, clever in speaking, beautiful to look upon. Through his measured gait, honest manner, immaculate life, charity, humility, mildness and alacrity, he attracted everyone's love."[22]

As Jaeger has pointed out with some chagrin, this passage not only keeps silent on pedagogical technique or shared activities of master and disciple. It hardly describes processes of intellectual understanding at all – instead, it em-

---

[21] P. Engelbert, Die Vita Sturmi des Eigil von Fulda. Literaturkritisch-historische Untersuchung und Edition (Veröffentlichungen der Historischen Kommission für Hessen und Waldeck 29), Marburg 1968, esp. 16–39. See also J. Raaijmakers, The Making of the Monastic Community of Fulda, c. 744–c. 900 (Cambridge Studies in Medieval Life and Thought. Fourth Series 83), Cambridge 2012, 55–58 and 150–163.

[22] Eigil of Fulda, Vita Sturmi, 2, ed. Engelbert (nt. 21), 132–133: "*nobilem puerum suo cuidam presbytero nomine Wigberto sanctus commendavit episcopus. Adhibita tunc omni diligentia presbyter sanctus puerum Sturmen ad Dei omnipotentis servitium instruere studuit. Psalmis tenaci memoriae traditis, lectionibusque quam plurimis perenni commemoratione firmatis, sacram coepit Christi puer scripturam spiritali intelligere sensu, quatuor evangeliorum Christi mysteria studiosissime curavit addiscere, novum quoque ac vetus testamentum, in quantum sufficiebat, lectionis assiduitate in cordis sui thesauro recondere curavit. Erat quippe, ut scriptum est, meditatio eius in lege domini die ac nocte; profundus in sensu, sagax in cogitatione, prudens in sermone, pulcher aspectu, gressu composito, honestis moribus, vita immaculata, caritate, humilitate, mansuetudine, alacritate, omnium in se traxit amorem*". All following translations are made by the author, except for biblical verses and expressions, which are based on the Revised Standard Version accessible at URL: ⟨http://quod.lib.umich.edu/r/rsv/browse.html⟩ (accessed 28 Dec. 2014).

phasizes Sturmi's great effort, which seems at first glance to be the only mechanism of attaining understanding[23]. For the study of medieval mastership, the passage thus seems to be something of a disappointment.

If we take the religious dimensions of early medieval teaching into account, however, Sturmi's peculiar self-teaching turns out to have a clear frame of reference in concepts of divine illumination: The depiction of his extreme effort in reading, memorizing and meditating scripture is clearly meant to show him engaged in an intellectual form of ascesis. This continued ascesis is rewarded by a knowledge understood as a divine gift – having fashioned himself into a vessel for the Holy Ghost, the 'Vita' continues, divine "*charismata*" eventually allowed Sturmi to manifest supernatural abilities[24].

The process of education described in the 'Vita Sturmi' thus develops Augustinian and Neoplatonic ideals: The acquisition of knowledge is explained by divine operation upon the human mind[25], typically framed as divine 'inspiration' in the earlier Middle Ages and beyond[26]. As is well known, this basic concept remained influential for various contexts throughout the medieval centuries, even though it was greatly modified within the later schools and universities, where the turn towards Aristotelian epistemology resulted in something Ludwig Hödl has called a "de-divinization of the intellect"[27].

In marked contrast, the early medieval example shows not only the intellect, but the whole person as being shaped by divine grace: The historical forms of 'knowledge' attained by Sturmi are not imagined as consisting of a system of propositions, or even of merely intellectual information, but rather comprise all aspects of the learner's thoughts, words and actions. Besides providing Sturmi with scriptural understanding, wisdom, and clever speech, for example, his particular God-given grace also becomes manifest in his outward beauty, composed bearing and personal virtues.

---

23 Jaeger, Envy of Angels (nt. 15), 22.

24 Eigil of Fulda, Vita Sturmi, 3, ed. Engelbert (nt. 21), 133: "*Sacrae etiam virtutes per divina sancti spiritus charismata fiebant ab eo plurimae.*"

25 See especially Augustine, De Magistro liber unus, XII, 40, ed. K.-D. Daur (Corpus Christianorum. Series Latina 29), Turnhout 1970, 198 and cf. L. Schumacher, Divine Illumination: The History and Future of Augustine's Theory of Knowledge (Challenges in Contemporary Theology), Chichester – Malden, MA 2011.

26 The concept remains somewhat under-researched for the eighth to eleventh centuries, but see K. Thraede, Inspiration, in: Reallexikon für Antike und Christentum, vol. 18, Stuttgart 1998, 329 – 364; G. R. Evans, Getting it Wrong. The Medieval Epistemology of Error (Studien und Texte zur Geistesgeschichte des Mittelalters 63), Leiden – Boston 1998, 66 – 77.

27 Cf. L. Hödl, Die "Entdivinisierung" des menschlichen Intellekts in der mittelalterlichen Philosophie und Theologie, in: J. O. Fichte e. a. (eds.), Zusammenhänge, Einflüsse, Wirkungen. Kongressakten zum ersten Symposium des Mediävistenverbandes in Tübingen 1984, Berlin 1986, 57 – 70; for an in-depth case study of theoretical approaches to teaching and learning in the thirteenth century, see D. Rohling, *Omne scibile est discibile.* Eine Untersuchung zur Struktur und Genese des Lehrens und Lernens bei Thomas von Aquin (Beiträge zur Geschichte der Philosophie und Theologie des Mittelalters. N.F. 77), Münster 2012.

A master necessarily played a subordinate role within this framework. Yet, read closely, the 'Vita Sturmi' still showcases mastership as an essential aspect of religious life: Sturmi had a very important and influential master, whose relationship to his disciple was portrayed in great detail – but this was not the priest Wigbert, whose role was that of a mere pedagogue teaching Sturmi the rudiments of reading and grammar. Wigbert in fact appears as a 'master' only – and misleadingly – if modern standards are applied.

The 'Vita''s attention is elsewhere – on the archbishop, saint and martyr Boniface († 754), who is depicted as Sturmi's true and actual *magister*, and Fulda's founder by proxy. Throughout the course of the foundation of Fulda recounted by the 'Vita Sturmi', Boniface remains present as Sturmi's superior and spiritual father – even after Sturmi's training is complete. Boniface is depicted as supporting his disciple after the latter's conversion to eremitic life, recalling and consoling Sturmi when difficulties arose. Boniface's 'teaching', however, hardly conforms to modern expectations of pedagogy or intellectual training. The archbishop boosted Sturmi's spirit by a *dulce colloquium* filled with consolatory scriptural passages before sending him out into the harsh world again[28]. Once the foundation of Fulda had been accomplished, Boniface acted as *magister* of the new foundation by admonishing the inmates. He continued to instruct Abbot Sturmi as well – this time, in the finer points of the spiritual government of a monastery and, an interesting detail, by means of secret conversations[29].

This description of a master-disciple-relationship tells little about intellectual skills. Yet it says a lot about a historical form of teaching – in this case, obviously a highly charged form of religious and spiritual formation, which contains only brief references to the intellectual skill-set undergirding it. The prime intention of the text is not to describe scholarly training at Fulda – rather, the 'Vita' is a foundational document, establishing the identity of Fulda as a religious community. Still – if we hope to understand the historical amalgam of religious, intellectual and social qualifications presented in the text, this intention provides the only key to interpretation: We may surmise that Sturmi's own divine gifts and accomplishments were meant to introduce him as a worthy founder – but at the same time, his life and education were imagined as a channel for the superior grace of Boniface, the martyr and saint, whose remains were venerated at Fulda itself. Emphasizing their bond as master and disciple based the identity of Fulda on an example of a successful institutionalization of charisma, as it were: Sturmi's religious suitability (in the sense of *idoneitas*) is underlined by his humble submission to his saintly master, even after reaching abbatial status.

[28] Eigil of Fulda, Vita Sturmi, 5, ed. Engelbert (nt. 21), 135 (Version W): "*vir sanctus Bonifatius archiepiscopus* [...] *eremitam suum omni caritatis affectu suscepit secumque habitare aliquantisper imperavit. Post colloquium autem dulce quod habuit cum magistro et uberes scripturarum consolationes episcopus taliter locutus est* [...]".

[29] Eigil of Fulda, Vita Sturmi, 13, ed. Engelbert (nt. 21), 145: "*secrete habito cum Sturme colloquio quo eum qualiter praeesse ceteris deberet docuit et post uberrima documenta et monita quibus fratribus qualiter oboedire et subesse deberent imbuit, salutatis ipsis Christoque eis commendatis inde profectus est* [*Bonifatius*]".

Boniface's obvious respect for his student (which makes him refrain from instructing his former subordinate in public) in turn documents Sturmi's full realization of his potential, and thus confirms the social and religious authority of the emerging spiritual tradition of Fulda.

In its use of a concept of 'teaching' for a highly political and religious purpose, the 'Vita Sturmi' is no isolated example. Rather, many texts from the Earlier and High Middle Ages almost habitually connect education with the realms of doctrine (*doctrina*), spiritual life and ecclesiastical tradition – and, more importantly, harness them to construct individual or collective identity.

To avoid misinterpretations of such passages, it is important to take the text's intention into consideration – and to note that the 'Vita''s description of the spiritual master Boniface rather than the intellectual teacher Wigbert as *magister* is no mere metaphor. It reflects the social situatedness of the vocabulary of teaching in the Early Middle Ages. Though we know too little about this process as yet, it is clear that the Latin vocabulary of intellectual formation was largely re-appropriated to describe religious guidance between the fifth and eighth centuries – drawing, as we must suppose, on the biblical constellation of Christ and the disciples as an idealized pattern for ecclesiastical government, and on monastic literature likening religious life to a 'school'[30]. During the lifetime of Eigil of Fulda, the author of the 'Vita Sturmi', the terms *doctor* and *magister/magistra*, *disciplina* and *doctrina* were used regularly to describe the authority and spiritual practice of abbots, abbesses[31] and bishops.

Rather than disappointing us completely, the 'Vita Sturmi' thus provides some insights: It dispels the assumptions that ancient learning was simply incorporated into early medieval monastic and ecclesiastical centers. Instead, it highlights the shift towards a religiously charged epistemology and elucidates the social con-

---

[30] See e. g. the brief outlines in H. Wagner, Lehre, kirchliche, in: Lexikon für Theologie und Kirche, vol. 6, Freiburg – Basel – Rom – Wien ³1997, 756; U. Neymeyr, Lehrer, Lehrerin. II. Historisch-theologisch, ibid., 757 – 758 as well as Y. Congar, Bref historique des formes du 'magistère' et de ses relations avec les docteurs, in: id., Droit ancien et structures ecclésiales (Variorum Collected Studies Series 159), London 1982, 99 – 112 and D. von der Nahmer, 'Dominici scola servitii'. Über Schultermini in Klosterregeln, in: Regulae Benedicti Studia. Annuarium Internationale 12 (1983), 143 – 185.

[31] There is no room to discuss gender-specific concepts of mastership here, though female mastership corresponds to male patterns to a high degree in the Early Middle Ages. Some early medieval examples of female mastership are discussed in Steckel, Kulturen des Lehrens (nt. 19), esp. 158 and 211 – 212. For female scholarly activity in the period under consideration, see otherwise K. Bodarwé, Sanctimoniales litteratae: Schriftlichkeit und Bildung in den ottonischen Frauenkommunitäten Gandersheim, Essen und Quedlinburg (Quellen und Studien 10), Münster 2004; A. I. Beach, Women as Scribes. Book production and Monastic Reform in Twelfth-Century Bavaria, Cambridge 2004; C. Lutter, Geschlecht & Wissen, Norm & Praxis, Lesen & Schreiben. Monastische Reformgemeinschaften im zwölften Jahrhundert, Wien 2005; F. J. Griffiths, The Garden of Delights. Reform and Renaissance for Women in the Twelfth Century (The Middle Ages Series), Philadelphia, PA 2007; K. U. Mersch, Soziale Dimensionen visueller Kommunikation in hoch- und spätmittelalterlichen Frauenkommunitäten: Stifte, Chorfrauenstifte und Klöster im Vergleich, Göttingen 2012.

stellations of teaching in ecclesiastical and monastic contexts. With its brief references to the holistic nature of divinely gifted knowledge – in Sturmi's case embodied physically, but also connected to personal virtues and intellectual acumen – the passage also suggests that teaching and learning aimed at a broad range of faculties encompassing the intellect, religious virtue, behavior, social skills and physical performance. The 'Vita Sturmi' is therefore only disappointing if we contrast it to later cultures of learning.

III. Genealogies of Authority: Adaptations of Religious Mastership in the Ninth to Eleventh Centuries

How was this form of religious mastership related to intellectual culture in the Early and High Middle Ages – and how did patterns change over time? Extant overviews of educational history tell us that there were three types of schools in the Early Middle Ages, namely monastic, episcopal and parish schools[32]. If we search for contemporary concepts of *doctrina* and *disciplina* rather than intellectual education, however, teaching in early medieval cathedrals or monasteries (and occasionally in the vicinity of royal or princely courts) can be situated in a three-tiered social network instead: Bishops, abbots and abbesses were seen as primary 'teachers' (*magistri*, *magistrae*, *doctores*) of their flocks, not least of those clerical or religious subordinates which were themselves given a higher education. How ecclesiastical superiors fulfilled their responsibilities towards their diverse 'spiritual children' depended on the latter's social status and intellectual capacity. A bishop's 'teaching' could range from instruction in basic Christian tenets – transmitted to the laypeople through sermons and other forms of catechetical instruction – to specialized training in the scriptures. The latter could be provided to his own clerical subordinates or to men and women in religious communities. It could take the form of regular or occasional lessons, though these would hardly have taken place in a formalized school setting. Where advanced young subordinates were concerned, forms of episcopal or abbatial patronage, informal advice and counseling might also appear as 'teaching' (as may have been the case where parish priests gave instruction and advice to laypeople).

As expertise in the Latin Christian tradition necessarily needed an intellectual grounding, however, a network of schools and instruction practices for the religious elite was encouraged or installed from the eighth century onwards – for example in the educational reforms of Carolingian Francia, but also in other regional and cultural contexts[33]. As a result, a second group of professional, often life-long masters (described as *magister/magistra*, *institutor*, *caput scholae* and

[32] See P. Riché, Écoles et Enseignement dans le Haut Moyen Âge. Fin du Ve siècle – milieu du XIe siècle, Paris ^{3}1999, 189–200.

[33] See the literature cited above, nt. 2.

eventually *scholasticus/a*[34]) attached to larger churches and monasteries gradually emerged from the mid-eighth century onwards. Their tasks seem to have been supported by a third, indistinctly visible and heterogeneous group of supervisors and teachers for children, among whom parish priests may also have played a role[35].

While the third group shall not be treated in this contribution, the second, newly emerging group of 'middling' masters is of primary interest. Like ecclesiastical superiors, this group appears to have provided both intellectual and religious instruction, though with diverging emphases. The new masters mainly seem to have taught Latin, grammar, and other skills necessary for the interpretation of scripture and for ecclesiastical administration, intertwined with moral and spiritual instruction. Though the canon of the *artes liberales* is mentioned frequently, it is doubtful whether any formalized, comparable curriculum existed across early medieval schools. Rather, various centers within northern and western Europe seem to have followed different traditions and emphases. This means that the intellectual range of the new professional masters teaching in ecclesiastical and monastic centers could vary greatly – while some individuals seem to have taught no more than basic grammar and reading skills, or given moral instruction, some instructed future rural priests and yet others could have been highly specialized experts, entrusted with the teaching, interpretation and preaching of scripture and the solution of legal problems in lieu of the bishop, abbot or abbess. This overlap of duties seems highly significant if we ask how such masters defined their own authority and status – or how they were seen from outside, and how these perceptions changed between the eighth and the eleventh centuries. Regarding the intertwining of intellectual and religious authority, recurring institutional and cultural shifts can be traced in northern and western Latin European ecclesiastical networks of learning.

The emergence of the new status group of professional 'master', visible from the eighth century onwards, appears to have prompted one such shift in the perception of teaching and mastership. This materialized in a gradual, often tentative search for clearer definitions and descriptions of their role – the few explicit passages we possess are often indirect ascriptions rather than assertive claims to elevated status and power. As the role of 'masters' partly coincided with that of ecclesiastical superiors, however, links to the status of these office-holders are to be expected.

One relevant passage is the superficially innocuous analysis of the term '*magister*' in the Commentary on the Rule of Benedict written by the Benedictine

[34] During the Earlier Middle Ages, the term *scholasticus* still referred to students – cf. M. de Jong, In Samuel's Image. Child Oblation in the Early Medieval West (Brill's Studies in Intellectual History 12), Leiden – New York – Köln 1996, 232 – 245. The term becomes more firmly attached to an appointment as schoolmaster in the eleventh century.

[35] Cf. the observations in Riché, Écoles (nt. 32), 195 – 214.

Smaragdus of St. Mihiel († c. 830) in the wake of the 816/17 monastic reforms[36]. Following Jerome's commentary on Matthew, Smaragdus debated whether human teachers could be called '*magistri*' at all – as he put it, "it is wrong to call many people 'master' [...] as by nature there is one God who is master and father"[37]. But the stark exclusivity of this pronouncement was immediately nuanced: Smaragdus continued with the reassurance that human teachers could still be called *magister* if they "conformed" or "kept to" the true master Christ: "*Magister vero ex consortio veri magistri veraciter dici potest.*"[38]

Reading between the lines, it appears that Smaragdus envisaged masters to participate in the authority of Christ himself – an authority we rather expect to be ascribed to the abbot in monastic contexts. As the Rule of Benedict declared in a strikingly similar link between the terminology and symbolic meaning of a spiritual office, the term '*abba*', 'father', was the one calling to memory that the abbot acted as the representative of Christ within the monastery[39]. Smaragdus seems to assert that the status of the 'master' towards his disciples was characterized by a comparable authority. Significantly, he also explained the way an abbot had to 'teach': The Rule of Benedict demanded that the abbot was to teach and lead his community in word and example – a precept usually summarized as *docere verbo et exemplo*[40]. In explaining this passage, however, Smaragdus expanded that not only the abbot's but "all teaching consists of two modes, namely, by words and deeds"[41]. From these glimpses, it could be inferred that Smaragdus would have accorded a highly sacralized form of authority even to mere schoolmasters and would have understood their teaching as a holistic formation of mind, body and soul. That Smaragdus had occupied a position of schoolmaster before becoming abbot of St. Mihiel makes his description more relevant.

---

36 Smaragdi Abbatis Expositio in Regulam S. Benedicti, edd. A. Spannagel/P. Engelbert (Corpus consuetudinum monasticarum 8), Siegburg 1974. On Smaragdus, see F. Rädle, Studien zu Smaragd von Saint-Mihiel (Medium Aevum. Philologische Studien 29), München 1974; M. D. Ponesse, Standing Distant from the Fathers: Smaragdus of Saint-Mihiel and the Reception of Early Medieval Learning, in: Traditio 67 (2012), 71–99.

37 Smaragdi Abbatis Expositio, edd. Spannagel/Engelbert (nt. 36), 8: "*abusive plures vocentur magistri* [...] *unus tamen per naturam est deus, magister et pater*".

38 Ibid., with an almost verbatim correspondence to Hieronymus, In Mathevm, IV, 23, 10, edd. D. Hurst/M. Adriaen (Corpus Christianorum. Series Latina 77), Turnhout 1969, 213: "*Magister quoque dicitur ex consortio ueri magistri.*"

39 La Règle de Saint Benoît, 2, edd. A. de Vogüé/J. Neufville (Sources chrétiennes 181–186), 7 vols., Paris 1972–79, vol. 2, 440–442: "[*Abbas*] *Christi enim agere vices in monasterio creditvr, quando ipsius vocatvr pronomine, dicente apostolo: 'Accepistis spiritvm adoptionis filiorvm, in quo clamamvs: abba, pater'.*"

40 La Règle de Saint Benoît, 2, edd. de Vogüé/Neufville (nt. 39), 444: "*Ergo, cvm aliqvis svscipit nomen abbatis, dvplici debet doctrina svis praeesse discipvlis, id est omnia bona et sancta factis amplivs quam verbis ostendat* [...]." On *docere verbo et exemplo*, see also C. W. Bynum, Docere Verbo et Exemplo: An Aspect of Twelfth-Century Spirituality (Harvard Theological Studies 31), Missoula, MO 1979.

41 Smaragdi Abbatis Expositio, edd. Spannagel/Engelbert (nt. 36), 62: "*Omnis enim doctrina duobus modis consistit, verbis videlicet et exemplis.*"

The analogy between concepts of ecclesiastical office and indirect claims to a master's authority is even stronger in a second relevant passage, written by one of the first – and possibly the best-documented – 'new master' of early medieval Europe, the Northumbrian scholar Alcuin of York († 804)[42]. He served as master of the cathedral school of York for many years before attaining a position as favored court scholar and abbot of St. Martin after his move to Carolingian Francia, probably in the 790s. Alcuin left many expressive reflections on his role of master and teacher in his letters, dating mostly from his Frankish period. More importantly, his poetic history of the "Bishops, Kings and Saints of York", dating to his tenure as master at York, also preserves a passage which can be read as a claim to sacralized status – if again a rather indirect one.

Alcuin seems to have established his own authority in a maneuver which was soon to become classic: Rather than speaking about himself, he wrote at length about his own master, the deceased Aelberht, Archbishop of York († 780), from whose authority he derived his own. Alcuin's historiographical poem introduced Aelberht as an intellectual grandchild of the famous scholar Bede († 735). According to a lengthy *catalogus virtutum*, Aelberht embodied all the spiritual, social and intellectual qualifications perfectly[43]. More importantly for the construction of mastership, Aelberht is explicitly said to unite the roles of ecclesiastical superior and teacher, as he preserved his zeal for scriptural reading and teaching even after being appointed to the archiepiscopal see. As Alcuin summarizes, he was "made both: wise doctor and pious priest"[44].

Yet this double role is divided up again in the next few lines, in which Alcuin came to talk about Aelberht's 'heritage' – and, implicitly, without naming himself, asserted his own status. As the poem describes, the aging Aelberht divided his heritage among his two favored disciples:

"the prelate, perfect in his merits and full of days,
gave happily to his beloved disciple Eanbald
the pontifical ornaments [...]
To the other son, he gave the treasures dear above others,
the books – to the one who always clove to the father,
and thirsting for teaching, used to drink from his stream. [...]
He divided his riches according to their fates: to this one,
the rule over the church, the funds, lands and coins;

[42] On Alcuin, see D. A. Bullough, Alcuin. Achievement and Reputation. Being Part of the Ford Lectures Delivered in Oxford in Hilary Term 1980 (Education and Society in the Middle Ages and Renaissance 16), Leiden – Boston 2004; L. A. J. R. Houwen/A. A. MacDonald (eds.), Alcuin of York. Scholar at the Carolingian Court. Proceedings of the Third Germania Latina Conference held at the University of Groningen May 1995 (Germania Latina 3), Groningen 1998; for further literature, see Steckel, Kulturen des Lehrens (nt. 19), 148 – 149.

[43] Cf. Alcuin of York, The Bishops, Kings and Saints of York, ed. P. Godman, Oxford 1982, ll. 1398 – 1407.

[44] Alcuin, The Bishops, ed. Godman (nt. 43), ll. 1479 – 1483: "*neque decrevit, curarum pondera propter,/ Scriptura fervens industria prisca legendi,/ factus utrumque: sagax doctor pius atque sacerdos,/ sensibus hos augens, illos et moribus ornans* [...]".

to that one, the specimen of wisdom, the study, seat and the books,
which the famous master had collected from everywhere,
and now gathered as egregious treasure under one roof."[45]

Unsurprisingly, the second, unnamed disciple is no one else than Alcuin himself. As Eigil of Fulda did in the 'Vita Sturmi', the Northumbrian scholar thus constructed a piece of foundational 'genealogy' bolstering the spiritual and intellectual authority of his community – here, Alcuin's own community of the church of York, at which he presided over the sizable library and growing school[46].

Read closely, the combination of intellectual and religious authority is more complex in Alcuin's text because of its less localized scope. Though the renowned scholar Bede – and thus the intellectual landscape of Anglo-Saxon Northumbria – serves as a point of origin for the intellectual genealogy, Alcuin introduces a separate legitimation for the sacralized status of his mastership. His authority is not just that of a pedagogue like the priest Wigbert, who remained subordinate to a bishop: Rather, Alcuin stepped into a master's office and chair through an instance of orderly succession to the spiritual *magisterium* of a bishop. While Alcuin's task differed in function from that of the bishop – the master fulfills but a part of the prelate's broader range of duties – it is identical in its religious legitimation and dignity.

Altogether, this remarkable passage illustrates both the cultural shift described above and the way contemporaries perceived this transformation: Modern research understands the ongoing specialization dividing intellectual from religious 'teaching' activity as a form of societal differentiation, based on the necessity for a new social group of experts. To achieve the re-definition of authority made necessary by this shift, however, contemporary authors took recourse to established concepts of authority. Rather than describing himself as a mere teacher, a Christian intellectual such as Alcuin assimilated his own role to that of the bishop, transferring the idea of apostolic succession to define his own, all-too-new institutional role. This genealogical appropriation of an ultimately episcopal authority for his own office sacralized the status of master. It created a new, culturally hybrid form of mastership, amalgamating elements of intellectual expertise and religious authority.

As emerges from remarks made in his letters, Alcuin of York was well aware of certain boundaries between different roles. Yet he seems to have ascribed equivalent religious dignity to them, as he viewed them as 'talents' ultimately

---

[45] Ibid., ll. 1522–1535: "*praesul perfectus meritis plenus atque dierum,/ tradidit Eanbaldo dilecto laetus alumno/ pontificale decus* [...]/ *Tradidit ast alio caras super omnia gazas/ librorum nato, patri qui semper adhaesit,/ doctrinae sitiens haurire fluenta suetus.* [...]/ *His divisit opes diversis sortibus: illi/ ecclesiae regimen, thesauros, rura, talenta;/ huic sophiae specimen, studium sedemque librosque,/ undique quos clarus collegerat ante magister/ egregias condens uno sub culmine gazas*".

[46] On the library of York, see M. Garrison, The Library of Alcuin's York, in: R. Gameson (ed.), The Cambridge History of the Book in Britain, vol. 1: c. 400–c. 1100, Cambridge 2012, 633–664.

deriving from God: "God did not only give his funds to the bishops or priests to multiply. Rather, all dignities and ranks are given the talents of good works: One receives the talent of preaching from God, the other that of wisdom, yet another that of riches, and another one the talent for some work of administration, or maybe for a craft."[47] Evidently, his own talent was that of being able to teach.

As Alcuin's letters moreover document, the authority of a 'master' remained very close to that of an ecclesiastical superior. The relationship between master and disciples was routinely described as that of a 'spiritual father' towards his 'beloved sons' (and occasionally 'beloved daughters')[48]. In letters to Frankish and Anglo-Saxon communities, Alcuin many times expressed his views on the necessity of intellectual, moral and spiritual teaching, making frequent use of images of an ecclesiastical tradition which again call to mind the principle of apostolic succession. As he wrote in similar terms to Bishop Aedilberht of Hexham and to the monks of the Frankish monastery Murbach, the adolescents of a community had to be taught well in order to become worthy successors. Only through continuous teaching could the salvation of a community be guaranteed. Not least, the next generation would pray to God for the deceased, providing the intercession that all individual members of the community needed to find divine mercy after death[49]. In a letter to Archbishop Peter of Milan, Alcuin again spoke of "a long series of ecclesiastical erudition" (*longa series ecclesiasticae eruditionis*), evidently imagining a chain of spiritual and intellectual support linking masters and disciples. As he promised, Peter's glory in heaven would be eternally augmented through this chain – as long as new links were added in the future[50].

Alcuin's letters to his many students also show that his teaching practice amalgamated spiritual, moral and intellectual teaching. It remained 'charismatic' in the way depicted by Eigil in the 'Vita Sturmi': On the one hand, Alcuin understood a student's 'gifts' to be God-given, not as merely learned or intellectually acquired. On the other hand, he taught a broad range of disciplines and insisted on the necessity of having a teacher. As he put it in a passage of his 'De grammatica': "The light of knowledge is natural to human minds. But it remains latent like a spark inside the flint if it isn't struck by the frequent

---

47 Alcuin, Epistolae, 111, ed. E. Dümmler (Monumenta Germaniae Historica. Epistolae 4), Berlin 1894, 160: "*Non enim solis episcopis vel presbyteris pecuniam suam tradidit Dominus ad multiplicandum, sed omni dignitati et gradui talenta bonae operationis tradidit* [...]. *Alius est, qui talentum praedicationis accipit; alius sapientiae; alius divitiarum; alius cuiuslibet amministrationis, quidam forte alicuius artificii donum a Deo.*"

48 For the following, see also the documentation assembled in Steckel, Kulturen des Lehrens (nt. 19), 148–195.

49 Cf. the letter to Hexham in Alcuin, Epistolae, 31, ed. Dümmler (nt. 47), 73; to the community of Murbach no. 271, ibid., 430: "*Atque erudite pueros et adolescentulos vestros cum omni diligentia, in castitate et sanctitate, et disciplina ecclesiastica, ut digni habeantur vestrum post vos tenere locum, et pro vobis sanctis orationibus Deoque acceptabilibus assidua consuetudine intercedere.*"

50 Alcuin, Epistolae, 83, ed. Dümmler (nt. 47), 126.

demands of the master."[51] The same position characterized his attitude to the moral and spiritual formation of his disciples – in his comprehensive 'regimen of schooling' (Münster-Swendsen)[52], he never tired of admonishing and exhorting them to lead a perfect Christian life, and he identified himself with the successes and mishaps of his 'beloved sons'. To an apparently very satisfactory disciple, he summarized the process of education in terms reminiscent of the Pauline epistles, in which the apostle described himself as not only a pedagogue, but a father. As Alcuin put it: "Once I begat, nourished and raised you, and by the gift of God guided you to perfect manhood, studiously learned in the arts, illuminated by the sun of wisdom, and well decorated by manners."[53] We thus encounter a type of sacralized mastership in which the process of teaching is understood as a necessary framework or 'discipline' – it allows the disciples to develop the God-given gifts on which the community is built. As Illmer pointed out, this corresponds partly to the type of 'charismatic education' envisaged by Weber – the disciplinarian framework of teaching facilitates the 'awakening' of special gifts within the student[54].

Yet the authority claimed by a master like Alcuin would have remained rather precarious. Not least, it remained almost dangerously close to that of the bishops and abbots of the ninth, tenth and eleventh centuries, who were frequently well educated. A glance at larger and smaller intellectual and ecclesiastical controversies in Carolingian Francia shows that scholars were taking very cautious stances to avoid open confrontations or clashes with political and ecclesiastical authorities[55]. The ways in which the new masters could claim religious or intellectual authority thus remained indirect.

IV. Bishops and Teachers as Masters: Ascribing Prestige and Status in the Tenth and Eleventh Centuries

If we ask how cultural patterns changed over time, the precarious basis of masters' sacralized authority, the rather marked regional divergences and other,

[51] Alcuin, De grammatica, ed. J.-P. Migne (Patrologia cursus completus. Series Latina 101), Paris 1869, 849–902, at 850: "*Naturale itaque est mentibus humanis scientiae lumen, sed nisi crebra doctoris intentione excutiatur, in se quasi scintilla in silice latet.*"

[52] For this useful term and concept, see Münster-Swendsen, Regimens (nt. 16).

[53] Alcuin, Epistolae, 294, ed. Dümmler (nt. 47), 451: "*Olim te genui, nutrivi, alui, et ad perfectum virum usque Deo donante perduxi, artibus studiose eruditum, sapientiae sole inluminatum, moribus adprime ornatum* [...]." For the New Testament background, see 1 Cor. 3, 1–3; Hebr. 5, 12–14; 1 Petr. 2, 2.

[54] Cf. Illmer, Formen (nt. 3), 181: "das Wissen [...] konnte nicht vermittelt, sondern nur durch gemeinsame Übung 'geweckt' werden"; it also remained "an das Charisma der Gemeinschaft gebunden". Weber's own description of charismatic education can be found in M. Weber, The Chinese Literati, in: H. H. Gerth/C. Wright Mills (eds.), From Max Weber: Essays in Sociology, New York 1946, 416–444, at 426–427.

[55] Cf. S. Steckel, Between Censorship and Patronage: Interaction between Bishops and Scholars in Carolingian Book Dedications, in: S. Danielson/E. A. Gatti (eds.), Envisioning the Bishop: Images and the Episcopacy in the Middle Ages (Medieval Church Studies 29), Turnhout 2014, 103–126.

even more important situational factors need to be taken into account: The exact terms describing a master's authority remained highly dependent on the textual genre and the situation, and even more clearly on the intention and status of the person who wrote.

This becomes evident in any attempt to systematize descriptions of 'teachers' extant from the tenth and eleventh centuries, which remain fairly heterogeneous. Up to the earlier eleventh century, we still encounter many descriptions of bishops acting as teachers. Mostly, these references seem to describe a pastoral role, couched in terms of *doctrina* to highlight the participation of prelates in older intellectual and spiritual traditions. The most prominent example of this is Archbishop Bruno of Cologne († 965), brother to Otto I the Great, and depicted as a high-profile political figure in the Empire by his biographer Ruotger[56].

However, Ruotger's 'Vita Brunonis' first documents carefully that the noble Bruno was humble enough to submit himself to a thorough education as a young man – in fact, he was ready to acknowledge the authority of many teachers[57]. Later on, however, Bruno's own 'teaching' coincides with his pastoral and political activity, which partly consisted in the supervision and careful selection of suitable candidates for high ecclesiastical offices in the Imperial Church. In Ruotger's prologue, the concept of an intellectual and ecclesiastical 'genealogy' is used again: As Ruotger states, "like his memory, all kinds of studies and eloquence still flourish throughout many places thanks to his disciples [...]. We have known so many and such men among his students who have become bishops, and so many who have proved worthy in the discipline of any kind of ecclesiastical position, who knew him closely and could give testimony to the famous deeds of his life."[58] Here, the mention of a continuing 'heritage' allows Ruotger to portray Bruno not only as a politician, but as a wise and productive spiritual prince through a glimpse at his students.

Other bishops are described as involved in the actual schoolroom – though the brief mentions in historiographical and biographical material show that their role mainly amounted to occasional visits with the students, who where taught by masters of the bishop's choosing[59]. If any students were regularly taught by

56 On the 'Vita Brunonis', see F. Lotter, Die Vita Brunonis, ihre historiographische und ideengeschichtliche Stellung, Bonn 1958. On Bruno of Cologne, see also Jaeger, Envy of Angels (nt. 15), 36–46.

57 Cf. Ruotger, Lebensbeschreibung des Erzbischofs Bruno von Köln, 5–7, ed. I. Ott (Monumenta Germaniae Historica. Scriptores rerum Germanicarum. N.S. 10), Weimar 1951, 7.

58 Ruotger, Lebensbeschreibung, Prologus, ed. Ott (nt. 57), 2: "[...] *in solis eius discipulis omne studiorum et eloquentiæ genus adhuc recenti eius memoria ita per multa terrarum loca floreat* [...]. *Quot quantosque de alumnis tanti viri episcopos, quantos in quacumque æcclesiasticæ professionis disciplina probatissimos novimus, qui eum et familiarius noverunt et perfectius illustribus monumentis vitam eius declarare potuerunt.*"

59 Cf. the description of Bishop Evraclius of Liège investing time in the schools, Anselm, Gesta Episcoporum Leodiensium, 24, ed. R. Koepke (Monumenta Germaniae Historica. Scriptores 7), Hannover 1846, 201: "*ille scolas per claustra stabilire curavit; quas ipse vicissim non indignum duxit frequentare, lectiones maiusculis tradere, si quid minus in lectione intelligerent, benignissime identidem inculcare* [...]".

an eleventh-century bishop, we must assume that such 'teaching' implied informal lessons for the most advanced students. A well-documented example for the latter is available in the case of the exceptionally learned Bishop Fulbert of Chartres († 1028), who taught students at Chartres even though there was also a formally appointed *scholasticus* – a position which Fulbert reserved for his own favorite disciples[60]. Fulbert's students seem to have been young clerics and occasionally monks in their late teens or early twenties, at least partly of noble status and sometimes coming to Chartres from rather far away[61].

A look at further eleventh-century biographical and poetical sources shows that bishops occasionally continued to be described as masters because of their roles as supervisors and patrons for younger clerics. But we also increasingly find descriptions of professional teachers in schools. The 'Vita' of Bishop Burchard of Worms († 1025), for example, still describes Burchard's first patron and ecclesiastical superior Archbishop Willigis of Mayence († 1011) as his master, even though Burchard's education at various schools is also mentioned in passing[62]. Yet the 'Vita' of Bernward of Hildesheim († 1022), written at about the same time, gives much room to the description of the *scholasticus* Thangmar as Bernward's master. While it is quite possible that Willigis of Mayence may in fact have instructed young Burchard, the higher emphasis on the schoolmaster in the relevant passages of the 'Vita Bernwardi' must be due to the fact that they seem to have been written by none other than Thangmar himself[63]. This provides us with an instance of a master building his own reputation through a description of his successful student.

In a slightly different context, we encounter students defending and celebrating the status of a professional teacher as master. In the 1030s, a well-known conflict broke out between the schools of Worms and Würzburg when a poetical competition escalated and Pernolf, master of the cathedral school at Würzburg, was insulted by the students from Worms[64]. Intriguingly, the Würzburgers' poetical defense made use of several elements usually attributed to ecclesiastical superiors – Pernolf is described as "wielding the scepter of mastership by Christ's command", and as being gifted with understanding and eloquence by

60 See the introductory material in Fulbert of Chartres, The Letters and Poems of Fulbert of Chartres, ed. F. Behrends, Oxford 1976, xxi and xxxiv – v.

61 See the references in Steckel, Kulturen des Lehrens (nt. 19), 747 sq.

62 Cf. Vita Burchardi Episcopi, 1 and 8, ed. G. Waitz (Monumenta Germaniae Historica. Scriptores 4), Hannover 1841, 832.

63 The most relevant passages are in the Vita Bernwardi episcopi Hildesheimensis auctore Thangmaro, 1 – 2, ed. G. Waitz (Monumenta Germaniae Historica. Scriptores 4), Hannover 1841, 758 sq. As authorship of the 'Vita' is debated, see also M. Stumpf, Zum Quellenwert von Thangmars Vita Bernwardi, in: Deutsches Archiv 53 (1997), 461 – 496.

64 On this conflict, see B. P. McGuire, Friendship and Scholarship in Medieval Germany, in: N. van Deusen (ed.), Medieval Germany: Associations and Delineations (Claremont cultural Studies/ Wissenschaftliche Abhandlungen/Musicological Studies 62/5), Ottawa 2000, 29 – 48; C. S. Jaeger, Friendship and Conflict at the Early Cathedral Schools: The Dispute between Worms and Würzburg, ibid., 49 – 62.

God, so that a "river of doctrine" flows from his breast[65]. Even more intriguing is a poetic anticipation of Pernolf's students supporting him in the Last Judgement, which recalls the words of Alcuin of York about educating worthy successors and future intercessors, as well as the celebratory description of the many bishops educated by Bruno of Cologne: "When the Savior of the world and ruler of heaven will break the bindings of death everywhere [...] and command the people to come before his throne, he [Pernolf] will shine like the sun because of his merits and the ornament of his doctrine. He will gladly lead all the disciples formed by his mastership. As the highest pontiffs will then follow among his students, he will shine like the stars [Dan. 12, 3] and find peace, rejoicing over the five talents once entrusted to him by God and now returned with such increase [Matt. 25, 14–30]."[66]

Even though Pernolf was no high ecclesiastical dignitary – and probably taught the *artes liberales* rather than the bible – his students claimed an exalted religious authority based on divine gifts for him. The fact that he seems to have taught a number of future bishops emphasizes his elevated social status and hints at a good political network – yet it is also embedded in a religiously charged ideal of ecclesiastical succession: The master's well-taught students, representing the multiplication of his own God-given 'talent', document that the requirements for divine favor had successfully been transmitted to the next generation, assuring the future of the apostolic succession at Würzburg.

While the ideals visible in these passages seem comparable to those envisaged by Alcuin, they also illustrate the mechanisms underlying the social perception and construction of authority. As Münster-Swendsen has emphasized in her study of comparable documents, they show a close connection between the exchange of knowledge and the ascription of social status. She therefore describes the reciprocal literary celebrations and exchanges of masters and students as a "transfer of charismatic power"[67]. Notably, however, Münster-Swendsen's definition of 'charisma', following Weber, separates a form of social charisma (in the sense of a special force emanating from an individual embodying extraordinary power or *virtus*[68]) from 'mystical' or religious charisma[69]. By pointing out

---

[65] Die ältere Wormser Briefsammlung, ed. W. Bulst (Monumenta Germaniae Historica. Briefe der deutschen Kaiserzeit 3), Weimar 1949, 120, 24–30: "*Imperio Christi moderando sceptra magistri/ Praeter scripturae studium nihil est sibi curae,/ Cultor virtutis manet aeternaeque salutis,/ Vim talem mentis tenet dono omnipotentis./ Doctrinae rivus fluit eius pectore vivus,/ Eternum numen sermonum dat sibi flumen* [...]".

[66] Die ältere Wormser Briefsammlung, ed. Bulst (nt. 65), 121, 72–82: "*Mundi salvator seu caeli cum dominator/ Omnibus in portis rumpet retinacula mortis* [...]/ *Ante suam sedem mandans procedere plebem,/ Pro meritis vitae tunc doctrinis † decorate,/ Hic* [*Pernolf*] *ceu sol lucet seu secum gaudia ducet/ Discipulos cunctos eius moderamine functos./ Pontifices summi quem tunc sectantur alumni,/ Pro quis lucescit stellis par ac requiescit./ Talibus augmentis gaudens de quinque talentis/ Nunc commendatis sibi tunc dominoque relatis.*"

[67] Cf. Münster-Swendsen, Medieval 'Virtuosity' (nt. 16), esp. 43 with the description of "a transfer of knowledge of learning, and hence of power and authority, perceived as an exchange of gifts in a relationship based on the principle of reciprocity".

[68] Ibid., 43 and 60.

[69] Ibid., 45.

that social charisma, unlike divine gifts, can be manipulated by human interaction, she clarifies that the masters and students engaged in ascribing an elevated status to each other actively constructed their own authority and power. As she also argues, the written medium added specific dimensions to the exchange, as it allowed authors to preserve the physical presence of masters and students even in death and absence, and to elaborate on the symbolic meaning they read into it[70].

This argument, in itself quite convincing, can be developed and substantialized if further observations about the construction of religious authority are added: Though early and high medieval authors would also have situated divine favor beyond the realm of direct human manipulation, their exchanges not only confirmed the worldly status of the participants, but also ascribed God-given and thus sacred qualities. Typically, they mentioned qualities linked to specific, religiously meaningful concepts of *idoneitas*, such as the humility necessary to receive divine inspiration, which was demonstrated by the young Bruno of Cologne[71]. In Weberian terminology, the latter's education is described according to a social logic or 'rationality' clearly separate from the demands of secular politics, even though it took place in the court of his brother, Otto I. A secular context generally demanded that individuals upheld and defended their own qualification, conceived as 'honor'. Yet, if Ruotger underlined that young Bruno humbly submitted to teachers wherever he could, the intention must have been to emphasize Bruno's additional religious qualification, rather than to question his secular honor.

It is also noteworthy that many passages discussed so far do not only speak about specially gifted individuals 'rising above' the merely ordinary – typically, the authors of biographies, historiographies, letters and poems also constructed authoritative traditions and collective identities. Frequently, they celebrated their extraordinary masters (and occasionally students) specifically as ecclesiastical leaders, whose extraordinary virtues not only enhanced their person, but at the same time upheld the authority of the legitimate religious elite. Whereas Weber's understanding of charisma highlighted its disruptive, sometimes even revolutionary potential, the medieval versions discussed so far mostly harnessed concepts of special virtuosity to affirm institutional structures. In claiming such "routinized charisma", as Weber would call it[72], medieval authors at the same time demarcated the boundary between a spiritual elite and mere ordinary humans, and established their own identity firmly within the elite circle.

---

70 Cf. Münster-Swendsen, Model of Scholastic Mastery (nt. 16), 334–338.

71 Münster-Swendsen, Medieval 'Virtuosity' (nt. 16), 61, acknowledges these mechanisms in passing, but does not connect them to the concept of religion or 'mystical' charisma.

72 Cf. M. Weber, The Meaning of Discipline, in: Gerth/Wright Mills (eds.), From Max Weber (nt. 54), 262.

V. Divine Inspiration Naturalized: Changing Concepts of Giftedness and Natural Talent in the Eleventh Century

During the increasingly dynamic late eleventh and twelfth centuries, the intellectual landscapes of northern and western Europe witnessed a large-scale diversification in practices of teaching and concepts of mastership. As most extant studies analyzed single strands of these complex transformations, they tended to emphasize specific shifts, for example from old to new models of education, or from 'monastic' to 'scholastic' learning in the field now increasingly described as 'theology'. More comprehensive studies have emphasized gradual processes of change[73], which could be summarized as a slow, but thorough societal differentiation and diversification.

In northern and western Europe, the close proximity and practical amalgamation of religious and intellectual education in ecclesiastical networks had ensured a broad diffusion of the highly sacralized concept of mastership discussed so far. Though some differences between various monastic and clerical types of education (as well as gender-related variations) may have existed, the networks and 'regimens of schooling' for advanced students in ecclesiastical contexts seem to have overlapped greatly. From the tenth and eleventh centuries onwards, however, we observe a gradual divergence of different cultures of learning, driven by different adaptations of older cultural concepts in new contexts. Secular as well as ecclesiastical political networks increasingly relied on well-educated experts to handle political and diplomatic missions or to regulate legal and doctrinal problems on a local level. The emergence of new or reformed religious orders and observances of regular canons led to an exponentially growing interest in spiritual and moral teaching and the scholarly instruction providing access to it. In the growing cities, schooling in profane disciplines was also in high demand. In fact, an important shift in educational culture is clearly linked to the growing density of local government from the eleventh century onwards, though it is situated outside the scope of the present contribution and can only be mentioned in passing: Especially in Italy, a growing interest in law and notarial skills encouraged the supply of private or city-regulated schooling and ultimately provided important impulses for the appropriation of ancient scholarly traditions in new urban, lay or semi-lay intellectual milieus[74]. To describe how the religious dimensions of concepts of mastership developed, however, the changing interrelation of religious and intellectual forms of expertise will remain the focus of the following study.

A renewed shift in the construction of sacralized mastership – documented mostly in Germany north of the Alps, the Rhineland and in France – becomes

[73] See e.g. Münster-Swendsen, Medieval 'Virtuosity' (nt. 16), 61.

[74] See especially the discussion in F. Hartmann, Ars dictaminis. Briefsteller und verbale Kommunikation in den italienischen Stadtkommunen des 11. bis 13. Jahrhunderts, Ostfildern 2013; Witt, The Two Latin Cultures (nt. 2).

visible in the mid-eleventh century, though its roots reach further back: As Jaeger's important study on the cathedral school milieu shows, high medieval educational networks were deeply affected by the growing interrelation of church and secular politics[75]. Especially in the Imperial Church, the cathedral schools controlled by bishops in the mold of Bruno of Cologne increasingly saw to the education of the scions of noble families intended for the highest ecclesiastical offices. While the schools technically continued to teach an older canon of *artes liberales* and *auctores* – and still aimed at the formation of morals and personal virtue as well as intellectual skills – a closer analysis shows that teaching practices were adjusted to new values. A growing emphasis on rhetoric, practical training for administrative tasks and political ethics led to a new appreciation of relevant works by ancient authors such as Cicero[76]. More importantly, the outer bearing and social performance of students were subjected to closer scrutiny and invested with meaning. The early medieval holistic model of *docere verbo et exemplo* thus gradually merged into a new curriculum of *litterae et mores*.

The link to political contexts is not only underscored by Jaeger's case studies: After all, a graceful bearing, well-developed voice and polished manners – as well as situational *savoir-faire* and a good knowledge of the 'rules of the game'[77] – were key qualifications for anyone hoping for a career in or near a court. Comparable tendencies seem visible across several cultures, for example the Byzantine Empire[78]. Yet within Latin Europe, the social context of the German cathedral schools, with their social profile of education for a predominantly noble clientele, can be shown to generate specific transformations[79].

Early medieval concepts of teaching emphasized the acquisition of religious virtues such as humility and piety, which were understood as prerequisites enabling the student to attain divine inspiration, and hence to understand scripture. But the presence of divine inspiration was imagined as momentary, or at least as contingent – it could not be learned or acquired as a permanent skill. Inspiration thus depended on a scholar's continued humble submission to Christian norms and values. Of course, such ideas had to go against the grain of a culture fundamentally based on noble birth and status. As Jaeger points out: "For the apostle, all gifts are given, and the man without them is dust. For the aristocracy such a democratizing of privilege is absurd; merits must be inborn and course in the blood, and the elect of noble birth develops them by discipline."[80] Extant

---

[75] The following paragraphs draw on Jaeger, Envy of Angels (nt. 15), where the relevant arguments are elaborated, but see also id., The Origins of Courtliness: Civilizing Trends and the Formation of Courtly Ideals, 939–1210, Philadelphia, PA 1985; id., Scholars and Courtiers (nt. 15).

[76] See Jaeger, Envy of Angels (nt. 15), 118–180.

[77] Cf. Steckel, Kulturen des Lehrens (nt. 19), 836 sq., with references to G. Althoff, Spielregeln der Politik im Mittelalter: Kommunikation in Frieden und Fehde, Darmstadt 1997.

[78] See the literature cited above, nt. 10.

[79] For the following paragraphs, cf. Jaeger, Envy of Angels (nt. 15), 36–75.

[80] Ibid., 40.

concepts explaining the acquisition of knowledge and virtue thus had to be made compatible with this ideal.

A central concept enabling adaptations was the idea of 'talent', already mentioned several times above. As Jaeger observes, this now turned into 'natural talent'[81]. This shift still held to the assumption that an individual received his or her potential by divine gift – but the stronger reference to a concept of nature, and of God as the *auctor naturae*, brought new implications for the realization and characteristic of such 'giftedness'. Mainly, the ideas of inborn talent and natural potential bridged the old dichotomy between the human and divine realms in a new way. A master's task now was to enable the student to realize his or her full potential, which was to be 'cultivated' – another Weberian concept[82] – for the student to develop his full 'humanity'. If this succeeded, divine grace became embodied and formed a permanent part of an individual's *habitus*. In slight contrast, early medieval concepts of mastership envisaged that the disciplining framework of the community and strict supervision by a master were necessary for the student to overcome his humanity and – at least momentarily – turn into a vessel of grace.

This naturalization and humanization of processes of divine operation also seems to be responsible for the fact that both 'natural talent' and a *habitus* of developed virtuosity were now increasingly described as visible and physical. The idea that outer, physical beauty could reflect inner grace is of course much older than the eleventh century – it was, for example, briefly alluded to in the 'Vita Sturmi' discussed above. Yet, eleventh-century sources discussing education mention physical attributes much more prominently. An intriguing passage is contained in a letter written to a student by one of the most prominent masters of the eleventh-century German cathedral school network, Meinhard of Bamberg († 1088)[83]. Instead of exhorting his disciple to emulate the saints or the fathers, Meinhard admonished this student to show himself worthy of his own forebears and especially his own father. According to Meinhard, the latter's fully realized potential, described as his *lepor humanitatis*, was not only apparent in his manners (*mores*), but literally shone out in the blitheness of his eyes. As Meinhard added, the son also possessed "ornaments of the soul" (*ornamenta animi*) and showed a similar "ocular grace" (*ocularis gratia*)[84]. Close imitation of

81 Ibid., 40–43, 92–94, 96–103. For changing concepts of 'nature' in this period, cf. with further references A. Speer, Die entdeckte Natur: Untersuchungen zu Begründungsversuchen einer Scientia Naturalis im 12. Jahrhundert (Studien und Texte zur Geistesgeschichte des Mittelalters 45), Leiden–New York–Köln 1995.

82 See below at nt. 130.

83 On Meinhard, see Jaeger, Envy of Angels (nt. 15), 96–103 and Steckel, Kulturen des Lehrens (nt. 19), 787–812.

84 See the whole passage in Weitere Briefe Meinhards, 1, in: Briefsammlungen der Zeit Heinrichs IV., ed. C. Erdmann (Monumenta Germaniae Historica. Briefe der deutschen Kaiserzeit 5), Weimar 1950, 192–248, 193: "*Est enim vir ille omni genere virtutis instructus, omni lepore humanitatis mirifice conditus, quae in eo non solum flagrantia morum latissime redolet, sed ex ipsa oculorum hilaritate gratiosissime renidet. Atque sic in te animi ornamenta redundent, ut illa ocularis gratia relucet.*"

good examples and fruitful reading were recommended to enable the student to do justice to himself and his family[85]. Obviously, this idea of giftedness is somewhat removed from concepts of inspiration. Moreover, it constructs something like 'dynastic charisma' rather than linking the student's identity to an ecclesiastical tradition.

Descriptions of teaching and learning processes in this milieu seem to mirror these epistemological changes. In some cases, the high status of German students apparently created tensions when confronted with ideals of humility and strict obedience to a master – which had been typical for early medieval texts and were still present in the tenth-century description of Bruno of Cologne. As a consequence, masters and disciples themselves often seem to have cultivated terminologies of friendship, not least those found in ancient literature[86]. But even biographical descriptions accommodated the social realities by adapting older concepts of teaching to fit the high nobility. An example in point is the 'Vita' of Bishop Dietrich of Metz († 984), written in the third quarter of the eleventh century by Sigebert of Gembloux († 1112). It describes the education of the noble youth Dietrich under the no less noble bishop Bruno of Cologne, mentioned above[87]. In the relevant passage, Sigebert does not use the common motif that Dietrich learned through exhortation by a master – he rather states that Dietrich and Bruno edified themselves by mutual emulation, "such as one knife is sharpened on the other", as each had qualities which the other could admire[88]. Read closely, Dietrich is not even described as a genuine student – rather, he "assumed the form of discipleship"[89]. This seems to imply that he fulfilled requirements even though they were hardly necessary in his case. Altogether, the passage stands in marked contrast to Ruotger's tenth-century description of the humility of the young Bruno of Cologne. While Ruotger was at pains to demonstrate that the royally born Bruno behaved as an exemplary student and was not too proud to truly humble himself to reach a status of grace, Sigebert of Gembloux emphasized that Dietrich already possessed the necessary qualities, which became increasingly visible in his education with the like-minded Bruno.

As an aside, we can note that the concept of education as 'sharpening', a popular metaphor typically linked to Horace's 'Ars poetica', also underwent an adaptation when compared to earlier texts. Horace had recommended his own manual as a *cos*, 'grindstone', an image which represented a position in a debate

---

85 Ibid., 193 – 194.

86 Cf. B. P. McGuire, Friendship and Community: The Monastic Experience, 350 – 1250 (Cistercian Studies Series 95), Kalamazoo, MI 1988, 184 – 194.

87 Vita Deoderici episcopi Mettensis auctore Sigeberto, ed. G. Waitz (Monumenta Germaniae Historica. Scriptores 4), Hannover 1841, 461 – 483; cf. Jaeger, Envy of Angels (nt. 15), 37 – 43.

88 Vita Deoderici, ed. Waitz (nt. 87), 464 – 465: "*Erat in utroque, quod uterque in alterutro amplecterentur; et sicut ferrum ferro acuitur, sic alter alterius bona aemulatione aedificabatur.*"

89 Ibid.: "*Verum ubi gemma episcoporum Bruno pontificale ascendit solium, hic assumpta forma discipuli se eius individuum agebat socium.*"

about the nature of poetry[90]. Horace saw it as a skill (*ars*) rather than an expression of divine inspiration or gifts. Early medieval adaptations had partly subverted this image to reconcile it with concepts of inspiration. In his sermons, the ninth-century exegete Heiric of Auxerre († 875/6) asserted that "in teaching, a human does not give understanding to another human, but only exercises him through admonishment. Teaching (*doctrina*) only has the function of a grindstone, which does not create, but sharpens the iron"[91]. While this passage underlined that knowledge does not ultimately derive from the human intellect alone, the adaptation penned by Sigebert of Gembloux draws not only on Horace, but on the biblical passage Proverbs 27, 17, which discusses human friendship. Though Sigebert does not preclude divine agency, a process of mutual encouragement and engagement among friendly equals is thus seen as the main content of a master-disciple relationship.

Outlining the characteristics of this culture of learning, Jaeger emphasizes both its more secular nature and its reliance on 'charisma'[92]. His use of the latter term also detaches it from an exclusive understanding in the religious sense of *charismata* as divine gifts – but this is not central for his argument. Rather, Jaeger discusses the dynamic relationship of "charismatic" and "intellectual" cultures, and finds the central dimension of the term in the personal and physical embodiment of force or virtue[93]. This is close to one aspect of Weber's understanding of 'charismatic domination', which also emphasized the immediate, physical impact of the charismatic individual, who is able to convince his or her audience to follow even where there is no external tradition or rational-legal foundation. The passages discussed here show that a turn towards the physical and performative are indeed visible in the sources: Older concepts of momentary, hard-to-grasp inspiration were to a large degree superseded by ideas of inborn, natural talent, which was imagined as physically visible – even, as with Meinhard of Bamberg's student, in cases where it had not been fully developed and embodied yet. Moreover, the extraordinary grace or virtuosity imputed to the best masters and students was no longer exclusively related to their status as an ecclesiastical elite. Rather, ideas of giftedness now merged ecclesiastical authority and dynastic identity, creating another form of charisma affirming rather than opposing tradition.

---

90 Horace, Satires, Epistles and Ars Poetica. With an English Translation by H. R. Fairclough (Loeb Classical Library), London – Cambridge, MA 1926, 474.

91 Heiric of Auxerre, Homiliae per circvlvm anni, II, 39, ed. R. Quadri (Corpus Christianorum. Continuatio Mediaevalis 116B), Turnhout 1994, 383 – 384: "*Homo enim non praestat homini intellectum docendo, sed tantummodo illum exercet ammonendo; doctrina namque cotis habet officium, quae ferrum non facit sed acuit.*"

92 Cf. Jaeger, Envy of Angels (nt. 15), 42.

93 Besides Jaeger, Envy of Angels (nt. 15), 4 – 12, see id., Charismatic Body – Charismatic Text, in: Exemplaria 9 (1997), 117 – 137; id., Enchantment (nt. 15), 11 – 48; id., Aura and Charisma: Two Useful Concepts in Critical Theory, in: New German Critique 38 (2011), 17 – 34, esp. 18, 21 – 22.

In this sense, as well as in the growing emphasis on natural human development, it is possible to speak of a more secular outlook of cultures of learning. Yet, speaking of a trend towards the profane falls short in some respects: Paradoxically, the new secularizing trends visible in the cathedral school milieu were explained and legitimized through recourse to religious meaning. Practices of teaching like rhetorical training and concepts of nobility or kinship which had partly been allocated to a profane realm – indeed sometimes opposed to the genuine, 'spiritual' nobility of divinely gifted ascetics[94] – were now imbued with religious significance. A process of sacralization of intellectual activity, which had been initiated by early medieval masters like Alcuin, was complemented by a process of sacralization of the body – both forms of 'migration of the holy', as we could say[95]. This led to new hybrid forms of intellectual and religious authority – which were, as Jaeger shows, in turn developed and re-adapted in various contexts, for example in courtly milieus, but also within some twelfth-century religious orders such as the early Cistercians and the regular canons of St. Victor[96]. As we lack detailed comparative studies, however, we do not at present know how evenly the outlined culture of learning may have been distributed within northern and western Europe – and how far the networks studied here might compare to other communities of learning with strong links between courtly and religious communities, inside or outside Latin Europe[97].

---

[94] On this contrast, see e. g. K. Schreiner, Vom adligen Hauskloster zum 'Spital des Adels'. Gesellschaftliche Verflechtungen oberschwäbischer Benediktinerkonvente im Mittelalter und in der frühen Neuzeit, in: id., Gemeinsam leben. Spiritualität, Lebens- und Verfassungsformen klösterlicher Gemeinschaften in Kirche und Gesellschaft des Mittelalters, edd. M. Breitenstein/ G. Melville (Vita Regularis. Ordnungen und Deutungen religiosen Lebens. Abhandlungen 53), Münster 2013, 291–333, at 299–303.

[95] On processes of sacralization/de-sacralization and 'migrations of the holy', see A. Walsham, Migrations of the Holy: Explaining Religious Change in Medieval and Early Modern Europe, in: Journal of Medieval and Early Modern Studies 44 (2014), 241–280. From a sociological point of view cf. N. J. Demerath III, Secularization and Sacralization Deconstructed and Reconstructed, in: J. A. Beckford/N. J. Demerath III (eds.), The SAGE Handbook of the Sociology of Religion, London 2007, 57–80.

[96] See Jaeger, Envy of Angels (nt. 15), 239–324.

[97] As mentioned above, a comparison with Byzantine cultures of teaching and learning as suggested in Steckel, Introduction (nt. 9) seems desirable. A closer look shows that there is also little genuinely comparative research on different regions within Latin Europe – especially anglophone works have a tendency to assume rather than prove the comparability of high medieval cultures of learning deriving from early medieval substrata. While this seems convincing in some cases, as for example in many instances Jaeger draws from German and Northern French milieus, German research has been extremely conscious of the 'delayed' modernity of the German intellectual landscapes and tends to emphasize differences (see e. g. J. Ehlers, Die Reform der Christenheit. Studium, Bildung und Wissenschaft als bestimmende Kräfte bei der Entstehung des mittelalterlichen Europa, in: id. [ed.], Deutschland und der Westen Europas im Mittelalter [Vorträge und Forschungen 56], Stuttgart 2002, 177–209; Steckel, Kulturen des Lehrens [nt. 19], 1185–1191).

VI. Divine Inspiration Intellectualized: Changing Concepts of Giftedness and Intellectual Expertise in the Twelfth Century

A separate, much better-known cultural shift clearly visible from the late eleventh century onwards consists in the formation of a new type of expertise for doctrinal and scriptural matters, based on specific skills of linguistic and conceptual analysis, today commonly labeled 'scholastic theology'. Like the trends described in the paragraphs above, this is a development with a specific regional basis – though the mid-twelfth-century centrality of Northern France developed gradually, religious reform networks stretching from England to Germany played a role throughout[98].

As recent studies emphasize, one key issue demanding new solutions in the handling of biblical and patristic authorities consisted in the acknowledgement of the intermediary role of language for the definition of truth and faith[99]. This, in turn, had much to do with the emergence and intensification of communication structures, especially those revolving around the papacy as a new ecclesiastical center within Latin Europe: As became clear in inter-regional controversies such as the mid-eleventh-century conflict about the Eucharist between the Norman and Angevin scholars Lanfranc of Bec († 1089) and Berengar of Tours († 1088), extant methods of explaining the wording of certain passages in scripture often failed to establish consensus[100]. Debates conducted between the papacy and Byzantine ecclesiastical authorities brought to mind that different languages such as Latin and Greek implied different ways of grasping religious truths, such as the 'persons' of the trinity and their 'substance'[101]. While a methodical toolkit for the interpretation of scripture and patristic authorities had been present since antiquity in the form of grammatical and dialectical analytic techniques transmitted in ancient texts, a supra-regional consensus on how to apply the relevant terms to Christian teaching only emerged towards the

---

98 Cf. C. M. Radding, The Geography of Learning in Early Eleventh-Century Europe: Lanfranc of Bec and Berengar of Tours Revisited, in: Bullettino dell'Istituto Storico Italiano per il Medio Evo e Archivio Muratoriano 98 (1992), 145–172; S. Steckel, Deuten, ordnen, aneignen. Mechanismen der Innovation in der Erstellung hochmittelalterlicher Wissenskompendien, in: G. Melville/B. Schneidmüller/S. Weinfurter (eds.), Innovationen durch Deuten und Gestalten: Klöster im Mittelalter zwischen Jenseits und Welt (Klöster als Innovationslabore 1), Regensburg 2014, 209–251.

99 See C. J. Mews, Nominalism and Theology before Abaelard: New Light on Roscelin of Compiègne, in: id., Reason and Belief in the Age of Roscelin and Abelard (Variorum Collected Studies Series 730), Aldershot–Burlington, VT 2002, 4–34 (first published 1992); F. Bezner, Vela Veritatis. Hermeneutik, Wissen und Sprache in der Intellectual History des 12. Jahrhunderts (Studien und Texte zur Geistesgeschichte des Mittelalters 85), Leiden–Boston 2005; I. Rosier-Catach (ed.), Arts du langage et théologie aux confins des XIe–XIIe siècles: Textes, maîtres, débats (Studia Artistarum 26), Turnhout 2011.

100 Cf. C. M. Radding/F. Newton, Theology, Rhetoric, and Politics in the Eucharistic Controversy, 1078–1079. Alberic of Monte Cassino Against Berengar of Tours, New York 2003.

101 See e.g. Anselm of Canterbury, Monologion, Prologue, ed. F. S. Schmitt (Opera Omnia 1), Edinburgh 1938, 8.

end of the twelfth century, after a period of prolonged debates and controversies[102].

Many cultural transfers and conceptual realignments were necessary to hammer out a terminology for the new (and newly uniform) doctrinal language of 'theology', and some of them represented grave breaks with extant cultural assumptions. The contention that the human mind could only reach understanding of divine truth through the medium of language was to prove one of the most controversial contentions raised in the growing schools. For professional masters, it revisited the precarious balance of intellectual skill and religious qualification: Peter Abaelard († 1142) was one of the first scholars to problematize this explicitly – in a defensive stance, meant to document his humility. As he put it, his *theologia* (a term quickly gaining new popularity[103]) did not contain the actual truth, as this was inaccessible to the human mind, but "a shadow, not the truth, and a quasi-likeness, not the thing itself"[104]. Alternatively, he spoke of faith as an estimate, an "*existimatio rerum non apparentium*"[105]. Other theologians also readjusted their understanding of human knowledge, frequently making use of the ancient division of *fides*, *scientia* and *opinio*[106]. In contrast, earlier texts had frequently juxtaposed divine truth and human error – and assumed that extraordinarily gifted humans were indeed able to understand divine truth.

The latter assumption was promptly revived, with a vengeance, by some critics of Abaelard's theology. The Benedictine-turned-Cistercian William of St. Thierry († c. 1148) observed that "the academics hold to the judgment of believing nothing, knowing nothing, and instead make estimates about everything". To him, this suggested that even where faith was concerned, "it was licit for everyone to estimate at will". As William railed, "far be it that Christian faith

---

[102] See most recently C. Monagle, Orthodoxy and Controversy in Twelfth-Century Religious Discourse. Peter Lombard's Sentences and the Development of Theology (Europa Sacra 8), Turnhout 2013.

[103] Cf. M. Enders, Zur Bedeutung des Ausdrucks *theologia* im 12. Jahrhundert und seinen antiken Quellen, in: M. Olszewski (ed.), What is 'Theology' in the Middle Ages? Religious Cultures of Europe (11th – 15th Centuries) as Reflected in Their Self-Understanding (Archa Verbi Subsidia 1), Münster 2007, 19 – 38.

[104] Cf. Peter Abaelard, Theologia 'Summi boni', II, 26 – 27, in: Petri Abaelardi Opera Theologica, vol. 3, edd. E. M. Buytaert/C. J. Mews (Corpus Christianorum. Continuatio Mediaevalis 13), Turnhout 1987, 83 – 201, at 123: "*nos docere ueritatem non promittimus, quam neque nos neque aliquem mortalium scire constat, sed saltem aliquid uerisimile atque humane rationi uicinum nec sacre scripture contrarium proponere* […] *quicquid itaque de hac altissima philosophia disseremus, umbram, non ueritatem esse profitemur, et quasi similitudinem quandam, non rem. Quid uerum sit, nouerit dominus; quid uerisimile sit ac maxime philosophicis consentaneum rationibus quibus impetimur, dicturum me arbitror.*"

[105] Peter Abaelard, Theologia Scholarium, I, 1, in: Opera Theologica, vol. 3, edd. Buytaert/Mews (nt. 104), 313 – 549, at 318. For contemporary debates on this passage, see the observations in M. L. Colish, 'Discipline' and 'Science' in Peter Lombard, in: R. Berndt/M. Lutz-Bachmann/R. M. W. Stammberger (eds.), 'Scientia' und 'disciplina': Wissenstheorie und Wissenschaftspraxis im 12. und 13. Jahrhundert (Erudiri Sapientia 3), Berlin 2002, 175 – 186, at 183 sq.

[106] See esp. Bezner, Vela Veritatis (nt. 99), 171 – 179.

is defined by such boundaries"[107]. Apparently, he viewed Abaelard's analytical approach to the authorities as a form of trespass upon forbidden ground – a profanation of something he considered sacred.

Such struggles for conceptual clarity in the practice of religious and intellectual teaching and learning necessarily had to generate a fair amount of controversy and renewed cultural adaptions. In the case of the eleventh-century German cathedral schools, depictions of mastership had changed because the religious requirement of humility was not easily reconciled with noble status. In the twelfth-century French schools, religious humility now clashed with the idea of intellectual expertise. The mastery of scientific terminology, which had long been a part of the curriculum in disciplines like dialectic, was, after all, considered more or less profane. Unlike scriptural exegesis, it was thought to be a learnable skill. A new balance thus had to be reached.

But as we know, the resulting adaptions of mastership and of concepts of biblical study were far from homogeneous across Latin Europe. For example, the flourishing cathedral school network of the German lands, which habitually sent students to schools in France, failed to import some of the emerging forms of theology and to encourage urban theological schools[108]. This leads to the question why, in which personal and regional constellations, new concepts of learning were accepted. More importantly, did established concepts of mastership play a role?

Though many factors contributed to twelfth-century intellectual developments, established forms of communication between masters and students indeed appear to be a significant element. Older research tended to emphasize that the patterns of teaching and even the relationship between masters and students had changed with the twelfth century, typically citing Abaelard's falling-out with most of his teachers, and linking the new social freedom of mobile, independent students to intellectual freedom[109]. But scrutinized closely, experi-

---

[107] William of Saint-Thierry, Disputatio adversus Petrum Abaelardum, 1, in: Guillelmi a Sancto Theodorico Opera Omnia, vol. 5: Opuscula adversus Petrum Abaelardum et De Fide, ed. P. Verdeyen (Corpus Christianorum. Continuatio Mediaevalis 89A), Turnhout 2007, 17–60, at 17: "*In primo limine Theologiae suae fidem diffiniuit aestimationem rerum non apparentium nec sensibus corporis subiacentium, aestimans fortasse, uel communem fidem nostram aestimationem esse, uel licitum esse, in ea quodlibet cuilibet ad libitum aestimare.* [...] *Absit enim ut hos fines habeat christiana fides, aestimationes scilicet siue opiniones academicorum sint aestimationes istae, quorum sententia est nichil credere, nichil scire, sed omnia aestimare.*"

[108] See the literature above at nt. 97–98. That the intellectual landscapes of Germany were far from inactive is well known; see the classic studies P. Classen, Zur Geschichte der Frühscholastik in Österreich und Bayern, in: J. Fleckenstein/C. J. Classen/J. Fried (eds.), Peter Classen. Ausgewählte Aufsätze (Vorträge und Forschungen 28), Sigmaringen 1983, 279–306 (first published 1959); V. J. Flint, The 'School of Laon': A Reconsideration, in: Révue de Théologie Ancienne et Médiévale 48 (1976), 89–110.

[109] See the discussion in F. Rexroth, Monastischer und scholastischer Habitus. Beobachtungen zum Verhältnis zwischen zwei Lebensformen des 12. Jahrhunderts, in: Melville/Schneidmüller/Weinfurter (eds.), Innovationen durch Deuten und Gestalten (nt. 98), 317–336 and J. Leclercq, Lo sviluppo dell'atteggiamento critico degli allievi verso i maestri dal X al XIII secolo, in: Università e società nei secoli XII–XVI. Atti del IX Convegno Internazionale di Studi

ments with new intellectual methods seem to have been accepted much more easily where they were embedded in older, strongly sacralized cultural patterns of teaching and learning – and where well-functioning social networks among masters, students and ecclesiastical superiors generated enough support for innovation. The example coming most readily to mind is that of the Benedictine monk Anselm of Bec († 1109), the later Archbishop of Canterbury, who famously wrote highly innovative theological treatises relying exclusively on dialectical argumentation[110]. Far from deviating from old models in his scholarly practice, however, Anselm was an exemplary monastic master. He had studied with Lanfranc of Bec, one of the best masters, was exceedingly ascetic, learned and humble. He moreover geared his dialectical reasoning strictly towards the religious goal of helping students and friends to achieve durable faith. Upon publication of an early treatise, Anselm managed to gain the approval (or at least to avoid the censure) of his master Lanfranc – something he had to work for actively, as Lanfranc was by no means happy about his student's novelties[111].

Other examples confirm this somewhat paradoxical pattern of innovation. Due to its emphasis on textual analysis, training in the emerging discipline of theology eventually aimed at a much narrower range of qualities and skills than older 'regimens of schooling'. Whereas early medieval ecclesiastical education had encompassed the whole human being and typically combined spiritual, moral, social and intellectual formation, twelfth-century masters began to teach specific intellectual disciplines – a reduction viewed with great pessimism by most contemporaries[112]. During the first half of the century, however, the new masters of theology were still evaluated within older cultural and epistemological frameworks. The fame and authority of a key figure like Anselm of Laon († 1117), 'master of famous masters'[113] rather than master of many bishops, was not only linked to intellectual skill by contemporaries. Rather, they also celebrated his religious life and his morals, in fact even his chastity, referencing the qualities which were thought to further divine inspiration. As Marbod of Rennes formulated in a poem composed upon the master's death, God had given Anselm the gift of solving the obscurities in law, gospel or psalms[114]. Just like his

---

(Pistoia – Montecatini Terme, 20–25 settembre 1979) (Centro Italiano di Studi di Storia e d'Arte – Pistoia. Atti 9), Pistoia 1982, 401–428.

110 On Anselm of Bec, cf. S. N. Vaughn, Archbishop Anselm 1093–1109. Bec Missionary, Canterbury Primate, Patriarch of Another World, Farnham 2012; R. W. Southern, Saint Anselm. A Portrait in a Landscape, Cambridge 1990.

111 See Anselm of Canterbury, Monologion, Prologue, ed. Schmitt (nt. 101), 5–8.

112 Cf. C. S. Jaeger, Pessimism in the Twelfth-Century 'Renaissance', in: Speculum 78 (2003), 1151–1183.

113 See this epitheton in The Letters of John of Salisbury, 201, edd. W. J. Millor/H. E. Butler/C. N. L. Brooke, 2 vols., London e. a. 1955–79, vol. 2, 292. On Anselm himself, see C. Giraud, Per verba magistri: Anselme de Laon et son école au XIIe siècle (Bibliothèque d'histoire culturelle du Moyen Âge 8), Turnhout 2010.

114 Marbod of Rennes, Carmina varia, ed. J.-P. Migne (Patrologia cursus completus. Series Latina 171), Paris 1854, 1722: "*Princeps doctorum, flos cleri, gloria vatum,/ Transiit Anselmus per inevitabile fatum./ Hujus honestatis decus ex castissima vita/* [...] *Lex, Evangelium, psalmus, seu nube voluta,/*

namesake Anselm of Bec, Anselm of Laon thus conformed perfectly to the pattern of an inspired master.

The importance of traditional concepts is even more apparent in a comparison of Anselm of Laon's two students Peter Abaelard and Gilbert of Poitiers († 1154), drawn for example by the German historiographer Bishop Otto of Freising († 1158). Otto wrote at length about the quarrels in the French schools, which he had attended himself, and commented on the outcome of the heresy trials against Peter Abaelard (in 1141) and Gilbert of Poitiers (in 1147/8). Intriguingly, he linked the respective fates of the two scholars to their qualifications: Gilbert, whose theology Otto admired greatly, was not condemned outright, and Otto saw this as justified: Contrary to Abaelard, Gilbert had submitted himself to the discipline of important masters and gave due weight to their authority. Drawing serious lessons from their teaching, he persevered in his education. His private life did not deviate from the knowledge he thus acquired, and both his knowledge and his behavior were serious and profound[115]. Abaelard was depicted in a markedly different way: Trusting only in his own *ingenium*, he spurned to submit himself humbly to the masters, whose teaching was too weighty for him[116]. According to Otto, his falling into error was more or less predetermined by his lack of moral qualities and hence genuine preparation, which precluded him from attaining divine grace. In Otto's depiction, the permanence of older concepts of a master enabling the student to reach divine inspiration – by inculcating its necessary prerequisites of spiritual and moral formation – is thus clearly visible.

Though the details of Otto's views may not have been known widely or especially popular, other sources also document that the intellectual task of interpreting scripture and patristic authorities remained linked to religious concepts of *idoneitas*. The theologian Gilbert of Poitiers appears as a key transitional figure in this context, just like his master Anselm of Laon: Gilbert's writings

---

Anselmo mediante, Deus dedit esse soluta." On this text and its parallels, see Giraud, Per verba magistri (nt. 113), 69–75.

115 Ottonis et Rahewini Gesta Friderici I. Imperatoris, I, 53, edd. G. Waitz/B. von Simson (Monumenta Germaniae Historica. Scriptores Rerum Germanicarum in usum scholarum separatim editi 46), Hannover–Leipzig ^{3}1912, 236: "*Sed nec eadem causa nec similis erat materia. Iste* [*Gilbertus*] *enim ab adolescentia magnorum virorum discipline se subiciens magisque illorum ponderi quam suo credens ingenio, qualis primo fuit Hilarius Pictaviensis, post Bernhardus Carnotensis, ad ultimum Anselmus et Radulfus Laudunenses, germani fratres, non levem ab eis, sed gravem doctrinam hauserat, manu non subito ferule subducta, a scientia haut censura morum viteque gravitate discordante, non iocis vel ludicris, sed seriis rebus mentem applicarat. Hinc erat, ut tam gestu quam voce pondus servans, sicut in factis, sic in dictis se ostenderet difficilem, ut numquam puerilibus, vix autem eruditis et exercitatis que ab eo dicebantur paterent animis.*"

116 Ottonis et Rahewini Gesta, I, 50, edd. Waitz/von Simson (nt. 115), 224–226: "[*Abailardus*] *litterarum studiis aliisque facetiis ab ineunte etate deditus fuit, sed tam arrogans suoque tantum ingenio confidens, ut vix ad audiendos magistros ab altitudine mentis sue humiliatus descenderet.* […] *ad gravissimos viros, Anselmum Laudunensem, Guillelmum Campellensem Catalaunensem episcopum migrans ipsorumque dictorum pondus tanquam subtilitatis acumine vacuum iudicans non diu sustinuit. Inde magistrum induens Parisius venit* […]."

reveal both a strikingly innovative approach to the scientific character of theological enquiry and a surprisingly old-fashioned view of the divine inspiration necessary to succeed in it[117]. Like Abaelard's, Gilbert's understanding of inspiration as a necessary prerequisite for the interpretation of scripture was fairly traditional – but unlike Abaelard, he explicated more clearly in what sense theologians partook of divine grace. Where Abaelard seemed to consign the whole discipline of theology to a human plane, Gilbert located it on an intermediate level, remaining accessible to the human intellect but referring to superhuman truth. According to Gilbert, the necessary combination of divine grace and sophisticated intellectual training was only present in a small group of *spirituales* or *perfecti*. Their enhanced *intellectus* allowed them a deeper insight into the workings of theology as a specific discipline, with its own rules and terminology, and made them able to recognize the gravity of the issues caused by the application of human terms to divine phenomena[118].

These ideas, derived mainly from Boethius, provided a decidedly intellectual framework for theological reasoning. But it has already been remarked that this was not accomplished through a more profane approach to the study of scripture. On the contrary: we observe a "sacralization of hermeneutics" (Frank Bezner[119]), that is, a renewed shift or continuation of the sacralization of intellectual activity formerly considered profane. Rather than a radical move from an old to a new model, we thus witness another instance of innovation by hybridization: Much like eleventh-century authors had amalgamated noble identity and divine grace by postulating a concept of 'natural talent', Gilbert's version of theological expertise postulated a combination of divine giftedness and scientific orientation.

On the other hand, the new elite of theologians did insist on the necessity of transmitting intellectual skills besides moral qualities. It was emphasized that divine grace alone could not effect intellectual mastery by itself, though it might be necessary for the theological interpretation of scripture. Nor could knowledge be reached by a humble and virtuous lifestyle. As Peter of Vienna (†after 1180), a student of Gilbert of Poitiers put it, "innocence is a great good – but

117 On Gilbert, see L. O. Nielsen, Theology and Philosophy in the Twelfth Century: A Study of Gilbert Porreta's Thinking and the Theological Expositions of the Doctrine of the Incarnation during the Period 1130–1180 (Acta Theologica Danica 15), Leiden 1982; J. Jolivet/A. de Libera (eds.), Gilbert de Poitiers et ses contemporains: aux origines de la *logica modernorum*. Actes du septième symposium européen d'histoire de la logique et de la semantique médiévales (History of logic 5), Napoli 1987; further references in Steckel, Kulturen des Lehrens (nt. 19), 1098–1125, esp. 1098–1100.

118 Gilbert of Poitiers, The Commentaries on Boethius, ed. N. M. Häring (Studies and Texts 13), Toronto 1966, 184: "*illi pauci ea vi mentis, que 'intellectus' vocatur, diu multumque in omni rerum genere – videlicet et in naturalibus et in mathematicis et maxime in theologicis – intuentes mirantur eius rationes ab aliorum rationibus esse diversas nec, quibus explicari possint, cognatos esse sermones et, si quando proportione rationis alicuius ad eam ab aliis contingat immo necesse sit verba transsumi, inextricabiles admodum questiones prestare.*"

119 Cf. Bezner, Vela Veritatis (nt. 99), 163–171.

even if it is present, without a master it does not confer an understanding of obscure things"[120]. As a consequence, concepts of teaching and mastership were adapted significantly: As Peter of Vienna continued in his explanation of the requirements for theological success, it was the teaching itself as well as the continued submission to it that had a positive impact on human nature. Therefore, training was especially necessary in some disciplines, in which it was in fact "impious to teach before having received teaching"[121]. In Weberian terminology, this implies a shift from 'charismatic' to 'expert' education, with a focus on training and skill, as well as on the skillset rather than the person of a master[122]. This shift was facilitated by another instance of sacralization, in Peter's case visible in the emphasis on the religious necessity of training. Rather than the master's status, the process of learning and the rules of the discipline themselves were now sacralized.

The underlying idea of intellectual activity as a religiously meritorious practice had already gained popularity earlier in the twelfth century. Abaelard, for example, expressed it in the prologue to his 'Sic et non' (adapting a line by Augustine): As he put it, a combination of praying and asking (intellectual) questions would lead to answers, as promised in the biblical "Ask, and it will be given you; seek, and you will find; knock, and it will be opened to you" (Luke 11, 9)[123]. The idea of study as a form of ascesis, enabling the inquiring scholar to approach the divine, was to remain popular – for example in the words famously ascribed to Bernard of Chartres, to the effect that textual understanding was furthered by "a humble mind, studious questioning, a quiet life, tacit scrutiny, poverty and exile"[124]. Similarly, Gilbert of Poitiers underlined the ascetic nature of study by shrouding his theological work in a quasi-sacral aura of secrecy and inaccessible difficulty[125].

Viewed with an eye to religious authority, therefore, the intellectualization of theological learning may have lessened the master's sacralized status – yet the religious charge was not dissolved, but reassigned to a different aspect – the teaching process rather than the master's own access to the divine sphere. The somewhat weaker emphasis on the master's status may also have something to

120 Cf. H. Weisweiler, Das wiedergefundene Gutachten des Magister Petrus über die Verherrlichung des Gottessohnes gegen Gerhoh von Reichersberg, in: Scholastik 13 (1938), 225–246, at 237: "*Magnum siquidem bonum est innocentia, nec tamen, cum presto fuerit, occultorum confert sine preceptore intelligentiam.*"

121 Ibid., 238: "*Preceptio itaque et consequens preceptionis usus in omnibus adiuvat nature inbecillitatem et eiusdem velocitatem moderatur et precipue in illarum rerum investigatione, in quibus impium est ante susceptam doctrinam docere.*"

122 Cf. Weber, The Chinese Literati (n. 54), 246–248.

123 Cf. Peter Abaelard, Sic et non. A Critical Edition, edd. B. B. Boyer/R. McKeon, Chicago–London 1976, 117: "*Petite orando, quaerite disputando, pulsate rogando* […]."

124 The verses "*mens humilis, studium quaerendi, vita quieta, / scrutinium tacitum, paupertas, terra aliena:/ haec reserare solent multis obscura legendo*" are reported by (among others) Hugh of St. Victor, Didascalicon de studio legendi, III, 12, ed. C. H. Buttimer, Washington, DC 1939, 61.

125 Cf. Bezner, Vela Veritatis (nt. 99), 225.

do with the fact that many twelfth-century texts were theoretical in nature, and not interested in constructing individual 'genealogies' of the older kind. Though distinct, twelfth-century concepts thus still show a certain kinship to the first form of 'charismatic teaching' discussed here, the education of Sturmi of Fulda: Where Sturmi's educational ascesis had consisted in the repeated memorization and meditation of scripture, early scholastic practice would have had the student poring over contemporary sentence collections and ancient philosophy as well. Earlier students had documented their humility by entrusting themselves to an exemplary master, whom they submitted to as voluntary followers and 'disciples'. Twelfth-century *scholares* demonstrated their humility by their reverential acquisition of a set of methods and a body of textual norms. While they still submitted to a master, the long-term view suggests that they were no longer only viewed as students of this individual, but adherents of a discipline, which was as important to establish their authority as their specific intellectual genealogy. As it appears, later quasi-'genealogical' ascriptions of authority typically took the form of associating individuals with one or more intellectual schools rather than an apostolic or dynastic succession. The elite status claimed by the fully qualified, virtuoso alumnus of a course of study was now seen to underlie his membership in a scholarly elite rather than a noble or ecclesiastical one.

VII. Conclusions: Social, Intellectual and Religious Dimensions of 'Teaching'

Before stating conclusions, it should be emphasized that the picture of diverging cultural patterns of intellectual and religious teaching and mastership painted here is far from complete. On one side, the Early and High Middle Ages knew a variety of experts whose authority largely rested on their profane skills, and whose self-descriptions deviated strongly from the typical patterns of sacralized teaching. Jurists, for example, could unabashedly defend their expertise without recourse to religious norms of humility. Interestingly enough, some of them were still celebrated in terminology borrowed from the realm of religious teaching, such as Irnerius (†c. 1130), the "lucerna iuris" of early Bologna[126]. On the other side, the variations of mastership discussed above remain very close to contemporary descriptions of something we could also call 'charismatic authority' or 'sacralized authorship'. Especially in the context of eleventh- and twelfth-century monastic and canonical reforms, authors like Otloh of St. Emmeram (†after 1070), Peter Damian (†c. 1072/3), Rupert of Deutz (†1129), William of St. Thierry or Gerhoh of Reichersberg (†1169) claimed forms of highly sacralized authority in religious and intellectual questions which were pointedly opposed to the developments in court-oriented cathedral schools and scholarly

126 On light metaphors describing sacralized forms of teaching, see Steckel, Kulturen des Lehrens (n. 19), 217–221.

networks. If we look to the aspect of charisma most highlighted in Weber's own formulation of the ideal types of legitimate domination – that of charisma as a revolutionary force, a quality enabling a leader to convince his followers to go against tradition or broad consent by sheer force of personality –, it is these religious innovators which come closest to the ideal.

The scholarly-minded Benedictine Rupert of Deutz, for example, followed the debates of early scholastic theology with close interest and developed highly innovative forms of exegesis himself[127]. When these brought him into conflict with the emerging new consensus about theological methods, however, he chose to emphasize the God-given quality of his own writings rather than their (not inconsiderable) intellectual underpinning. Legitimizing his own status as author (*scriptor*) against critics who adhered to the teaching of Anselm of Laon, he claimed the status of a visionary. More importantly, he pointedly abstained from a defense of his intellectual approach looking to his teachers or intellectual 'fathers'. As he wrote: "While I have had some 'fathers' in the school disciplines, and have spent my time engaging in the study of the books of liberal arts without sloth, I confess that the visitation of the Most High means more to me than ten 'fathers' of that sort [...]"[128].

In this assertion, we again encounter a hybrid form of religious and intellectual authority: Rupert would not only have understood his own writings as intellectually sound, but claimed a strong form of religious authorization for them. Much like William of St. Thierry, however, Rupert pitched his claim to authority against that of the French schools. While William of St. Thierry saw Abaelard's theology as a total profanation, Rupert would probably have claimed that the school of Laon could not hope to reach the level of truth granted to himself through a visionary authorization. It is easy to reduce these complex battles for intellectual and religious hegemony to a clash of opposing camps of 'scholastic' and 'monastic' theology, or religious and intellectual authority. Read closely, however, most positions on the embattled field of doctrinal expertise made reference to both religious and intellectual qualifications, producing highly complex and rather volatile cultural dynamics in the process.

If we attempt to summarize the long-term development of cultural ideals of teaching, the passages discussed above show recurring dynamics. The term

---

127 On Rupert of Deutz cf. (with further references) C. Meier, Ruperts von Deutz Befreiung von den Vätern. Schrifthermeneutik zwischen Autoritäten und intellektueller Kreativität, in: Recherches de Théologie et Philosophie médiévales 73/2 (2006), 257–289; J. van Engen, Wrestling with the Word. Rupert's Quest for Exegetical Understanding, in: H. Finger/H. Horst/R. Klotz (eds.), Rupert von Deutz – Ein Denker zwischen den Zeiten? Internationales Symposium 20. bis 22. September 2007. Tagungsband (Libelli Rhenani 31), Köln 2009, 185–199.

128 Cf. Rupert of Deutz, De gloria et honore Filii hominis super Matthaeum, ed. H. Haacke (Corpus Christianorum. Continuatio Mediaevalis 29), Turnhout 1979, 385, 866 – 386, 871: "*Confiteantur ergo 'sapientes' illi quantum uolunt, nec abscondant 'patres suos, quibus solis', ut aiunt, 'data est terra', id est Scripturarum artiumque liberalium scientia. Ego, quamuis et ipse nonnullos in disciplinis scholaribus patres habuerim et in libris artium liberalium non segniter studiosus exstiterim, hoc profiteor, quia uisitatio ab altissimo melior mihi est quam decem patres eiusmodi* [...]." (Emphases in original.)

'charisma' has been used in research to highlight several of them – but so far, the rather ambiguous use of the concept has made it difficult to reach a comprehensive view. For further comparative research, it may therefore be more useful to clarify the various dimensions of teaching and learning. As it appears, at least three separate issues have been associated with the term 'charisma'.

A first issue concerns the anthropological basis of learning processes: It should be acknowledged that Latin early and high medieval regimens of teaching and learning aimed at more than intellectual expertise. They variously encompassed the formation and training of physical responses and bearing, of emotions and social behavior, of moral values, of intellectual and finally also spiritual qualities and traditions. It is mostly Jaeger's research which needs to be credited with pointing out this broad range of medieval education, though the insistence on 'charisma' in the sense of 'force of personality' is also prominent in other approaches. In future comparative research, however, Jaeger's contrast between 'charismatic' and 'intellectual' culture should not be misunderstood as a ready-made typology. As Jaeger himself states, the opposition is a heuristic tool[129]. It goes back to Weber, who specifically used a contrast of 'charisma' and 'expertise' to denote opposing goals of education – either to awaken 'gifted', inalienable powers or to transmit learnable skills[130].

Notably, Weber goes on to argue that these poles can be used to elucidate a broad range of educational cultures mixing elements of both, and typically catering to specific social elites – types of 'cultivated' education which "attempt [...] to *educate* a cultivated type of man, whose nature depends on the decisive stratum's respective ideal of cultivation. And this means to educate a man for a certain internal and external deportment in life"[131].

This idea of a range of similar yet related forms of education seems apt to describe a second issue connected to the notion of 'charismatic' teaching: Within very similar frameworks of teaching and learning in the Early and High Middle Ages, specific expectations towards masters and students changed. Charting these changes, we observe the emergence of specific "pedagogies of cultivation" (Weber[132]), which can, in most cases, be tied closely to institutional developments and accompanying cultural shifts. Generally, early and high medieval concepts of mastership underlined the master's role because he was an embodiment or guardian of transcendent qualities. Yet, such 'transcendent', supra-individual qualifications could vary in nature – and the term 'charisma' again leads to confusion, as we encounter a range of combinations of religious, social and intellectual authority. In the early medieval Latin church, masters with and without ecclesiastical office were seen as representatives of a divinely instituted ecclesiastical hierarchy. Their God-given wisdom and intellectual skill was perceived

129 See Jaeger, Envy of Angels (nt. 15), 4–5.
130 Weber, The Chinese Literati (nt. 54), 426.
131 Ibid., 426–427 (emphasis in original).
132 Ibid., 426.

as a gift (in the sense of the Pauline *charismata*) given because of their religious virtue. In eleventh-century courtly circles, masters were thought to enable extraordinary young students to develop all aspects of the 'natural talent' allotted to their noble dynasty by God. In the early twelfth-century schools, students mastered a sacred 'discipline' like theology by submitting to a combination of religious and intellectual ascesis, leaning on the guidance of a pious knowledgeable master as well as processes of cognition supported by divine illumination. Put into modern terminology, the concept of mastership remained linked to the social fields of religion, scholarship and political power. As these remained in constant tension, their boundaries were re-negotiated repeatedly to assign diverging combinations of religious and intellectual authority (or religious and dynastic prestige) to individual masters and students[133].

A third issue concerns our approach to the source material and the many regional and institutional transformations visible in it: As Münster-Swendsen rightly emphasizes, a person's 'charisma' must be understood as socially ascribed. Within a framework of cultural history, 'force of personality' cannot be understood as a measurable or essential quality, which we can reconstruct to an exact degree. Rather, the biographical and hagiographical celebrations of certain individuals and the many letters, poems and treatises documenting processes of education must be analyzed as culturally productive media in their own right: They contributed to the social construction of a person's 'charisma' in the sense of social impact or reputation. At the same time, they contributed to the reformulation of norms and values: By measuring individuals against social ideals, specific texts reproduced existing norms. Where authors adapted them to fit a specific situation, a transformation ensued – and this, in turn, might or might not be taken up and reproduced, eventually leading to larger changes affecting a whole community's outlook on ideal forms of mastership. As education in the centuries before the universities lacked a unified normative and cultural framework, most early and high medieval transformations affected small-scale communities and networks of learning, producing large-scale shifts and transformations only where underlying societal changes exerted considerable force.

Future transcultural comparisons will need to take these separate levels and issues into account – definitely not an easy task, although the widespread applicability of Weberian concepts and terminologies in the study of the Latin Middle Ages already suggests that certain categories and concepts possess considerable analytic value. Here, their application also led to a new appreciation of the role of religious norms in some parts of Latin Christianity: As was to be expected, religious norms and values loom large in the educational culture of early and

---

133 For the notion of 'boundary work' between social fields, see the theoretical reworking of Bourdieu's field theory by Reuter, Religion in der verrechtlichten Gesellschaft (nt. 7), 53–57 and recently the series of case studies M. Mulsow/F. Rexroth (eds.), Was als wissenschaftlich gelten darf: Praktiken der Grenzziehung in Gelehrtenmilieus der Vormoderne (Campus Historische Studien 70), Frankfurt a. M. 2014.

high medieval ecclesiastical and monastic networks. It also remains correct to say that societal differentiation led to the emergence of new groups of intellectual experts during this period, and that this in turn resulted in a clearer demarcation between the intellectual tasks of professional teachers and scholars and the religious authority of prelates (or, as the case might be, visionary religious authors). As new groups of scholars emerged from the eighth century onwards, however, it is problematic to date this development to the Central Middle Ages, as is typically done. Nor is the development exclusively one in which intellectuals emancipated themselves from the religious hierarchy. Rather, concepts amalgamating religious and intellectual authority were adapted several times to legitimate or stabilize innovations. In the eighth century, processes of sacralization of learning enabled a new group of scholars to claim quasi-apostolic authority and to establish a new, highly charged concept of mastership. In the eleventh and twelfth centuries, further sacralizations of 'noble nature' or of scientific acumen underpinned new elite pedagogies and paved the way for significant innovations.

Though this ultimately led to a de-sacralization of mastership and a stronger separation of intellectual and religious qualification, it should not be overlooked that the new cultural formations of the twelfth-century transitional period were to a large degree facilitated by a complementary sacralization of the intellectual aspects of teaching and learning. The process of cultural hybridization is primarily visible in a number of 'transitional' authority figures of the twelfth century: Scholars like Anselm of Bec, Anselm of Laon or Gilbert of Poitiers, whose behavior conformed fully to older religious ideals, were able to introduce intellectual innovations into a culture which understood some forms of 'knowledge' as divinely gifted and therefore unchanging. Once the rise of early scholasticism was accomplished, some concepts of sacralized teaching were, in turn, intellectualized again. After all, thirteenth-century theories of teaching and learning were to revisit the grounds discussed since the earliest Middle Ages, and elaborated both more explicit and complex theories[134]. Even so, the rising expert figure of the 'theologian' remained poised between religion and scholarship – a boundary which was to remain dynamic and productive throughout the Middle Ages.

---

[134] See e. g. Rohling, Omne scibile (nt. 27); Hödl, Die "Entdivinisierung" (nt. 27); E. Marmursztejn, L'autorité des maîtres: Scolastique, normes et société au XIIIe siècle, Paris 2007.

Transpersonale Meisterschaft
Zu einem diskursiven und gattungsgeschichtlich relevanten Prinzip spätmittelalterlicher Sangspruchüberlieferung

FRANZISKA WENZEL (Köln)

In Frauenlobs Zugweise:
„Ich Regenbogn, war tet ich mine sinne?“
Kolmarer Liederhandschrift k, cgm 4997, 237^r

I. Basiskriterien und Prämissen der Sangspruchforschung – Autor und Ton

Die Sangspruchdichtung hat seit der zweiten Hälfte des 12. Jahrhunderts ihren Platz im mittelalterlichen Gattungssystem. Sie ist lyrische, strophige Dichtung, doch bei der Abgrenzung zur Liedlyrik hat es immer Schwierigkeiten gegeben. Der Grund dafür sind zum einen thematische und zum anderen formale Überschneidungen. Man hat versucht, Sangspruchdichtung als einstrophige Dichtung von der Liedlyrik als mehrstrophiger Dichtung abzugrenzen. Doch dieses formale Kriterium ist heute nicht mehr haltbar[1]. Bereits in der frühen Sangspruchdichtung wurden mehrstrophige Einheiten gebildet, und seit dem 13. Jahrhundert setzt sich Mehrstrophigkeit nach und nach durch, bis sie in die regelhafte Barbildung im Meistersang ab dem 15. Jahrhundert mündet[2]. Dennoch hält sich das Diktum der Einstrophigkeit im Rahmen der Forschungsarbeiten hartnäckig: Ediert und analysiert werden auch weiterhin Einzelstrophen eines Autors unabhängig vom überlieferten Strophengefüge[3]. Doch die Autoren sind nicht nur Text-, sondern auch Tonautoren, und sie können sich der Töne

---

[1] Zu dieser Debatte H. Tervooren, Spruch und Lied, in: H. Moser (ed.), Mittelhochdeutsche Spruchdichtung, Darmstadt 1972, 1–15; cf. seinen Artikel Spruchdichtung, mittelhochdeutsche, in: Reallexikon der deutschen Literaturgeschichte, vol. 4, Berlin–New York ²2001, 160–169 und sein Überblick in: H. Tervooren, Sangspruchdichtung, Stuttgart–Weimar 2001, 83–92.

[2] Cf. M. Baldzuhn, Vom Sangspruch zum Meisterlied. Untersuchungen zu einem literarischen Traditionszusammenhang auf der Grundlage der Kolmarer Liederhandschrift (Münchener Texte und Untersuchungen 120), Tübingen 2002.

[3] Cf. die noch junge Arbeit zu Edition und Kommentar der Sangspruchdichtung Bruder Wernhers: U. Zuckschwerdt, Bruder Wernher: Sangsprüche. Transliteriert, normalisiert, übersetzt und kommentiert (Hermaea 134), Berlin–Boston 2014.

anderer bedienen, was im 15. Jahrhundert zur Regel wird. Die Überlieferung zeigt deutlich, dass schon im 14. Jahrhundert Strophen und Strophengruppen zusammenstehen, weil weithin nach Tönen bzw. Tonautoren gesammelt wurde, nicht aber nach Textautoren. Was damit noch zu wenig beachtet wird in der Forschung, sind die Strophenfügungen eines Tones. Denn es ist gerade der Ton als das Zusammenspiel von Metrik, Melodie und Reimschema, der das Gattungsbild der Sangspruchdichtung durch die Jahrhunderte hindurch bestimmt.

In der älteren Sangspruchphilologie wurden die Töne durch reimgrammatische Untersuchungen der entsprechenden Strophen einem Autor zugewiesen. Der Autor war damit zugleich der Tonautor. Wichen die verwendeten Reime der Strophen in einem Ton vom typischen Reimgebrauch ab, wurden diese Töne als unechte Töne markiert[4]. Sie gehören Nachahmern, die die alten Meister verehrten und ihnen Töne untergeschoben haben. Aber auch die sogenannten echten Töne der alten Meister, zu denen Regenbogen und Frauenlob gehörten, wurden bis in die Neuzeit hinein vielfach weitergenutzt[5]. In den späteren Sammlungen des 15. und 16. Jahrhunderts sind vor allem Strophen der Nachahmer in echten und unechten Tönen der alten Meister vereint. Strophenautor und Tonautor treten in diesen Sammlungen auseinander. Da nun die Anordnung der Strophen in den späten Handschriften nach Tönen erfolgt, haben wir keine Kenntnis von den Namen der Strophenautoren. Die Nachahmer bleiben damit in der Regel unbekannt, weshalb späte Sammlungen immer noch stiefmütterlich behandelt werden[6].

Ob Meister oder Nachahmer, die Sangspruchdichtung verhandelt „vorrangig didaktische, religiöse und politische Themen (Gnomik) sowie Herrscherlob und -kritik, daneben die eigene dichterische Qualität und Gelehrsamkeit“[7]. Der Anspruch auf Kunstfertigkeit, ja Meisterschaft wird immer wieder im Kontrast zu

---

4 Die editorischen Vorarbeiten zur Edition der Sangspruchdichtung Heinrichs von Meißen von Helmuth Thomas zeigen eindrücklich, wie sehr Thomas um den sogenannten echten Frauenlob bemüht war. Cf. H. Thomas, Untersuchungen zur Überlieferung der Spruchdichtung Frauenlobs (Palaestra 217), Leipzig 1939.

5 H. Brunner, Die alten Meister. Studien zur Überlieferung und Rezeption der mittelhochdeutschen Sangspruchdichter (Münchener Texte und Untersuchungen 54), München 1975.

6 Das größte Lob gebührt den Bearbeitern des Repertoriums der Sangspruchdichtung, die es sich zum Verdienst gemacht haben, die gesamte Überlieferung zu sondieren, zu systematisieren und formal-inhaltlich zu erfassen, sodass auf der Grundlage einer solchen Aufbereitung Forschungen auch zu jenen Strophengefügen möglich werden, die namenlos auf uns gekommen sind. Cf. H. Brunner/B. Wachinger (eds.), Repertorium der Sangsprüche und Meisterlieder des 12. bis 18. Jahrhunderts, 16 vols., Tübingen 1986–2009.

7 H. Runow/F. Wenzel, Spruch, Spruchdichtung, in: Enzyklopädie des Märchens, vol. 12, Berlin–New York 2007, 1116–1123, hier 1119. Die genetische Nähe von Sangvers und Spruch begründet möglicherweise das Diktum von der Einstrophigkeit der Sangspruchdichtung, insofern der Spruch eine von der Alltagsrede abgehobene, selbstständige Form mündlicher Rede ist, die auch literarisiert sein kann. Bekannte biblische Sprüche wie „Hoffart kommt vor dem Sturz,/und Hochmut kommt vor dem Fall“ (Spr. 16, 18) verdeutlichen, dass der Spruch in der Regel eine gewusste Erfahrung wiedergibt, die als allgemeingültig und richtig erkannt wurde und die oftmals mahnenden und lehrhaften Charakter hat, ibid. 1118.

anderen Sängern formuliert. Literarischer Ausdruck des Gegeneinanders von traditionellen Wissensinhalten und davon abweichenden Meinungen ist der Sängerkrieg[8]. Ein solcher Sängerkrieg ist im sogenannten ‚Wartburgkrieg' wohl am namhaftesten geworden, ist aber auch in anderen Konstellation wie dem Streit zwischen Rumelant und Singûf oder Frauenlob und Regenbogen zu finden[9].

Interessanterweise sind es diese Streitsituationen, die ein vermehrtes Interesse an einem laikalen Meisterschaftskonzept inszenieren. Was daran irritiert, ist die Tatsache, dass der Meisterschaftsentwurf nicht grundsätzlich an einen bestimmten Autor gekoppelt ist. Das gilt bereits für das ‚Fürstenlob'[10] des ‚Wartburgkrieg'-Komplexes[11]. Ich referiere knapp den Inhalt: Am Hof des Landgrafen Hermann von Thüringen wird um das Lob des besten Fürsten gestritten. Heinrich von Ofterdingen fordert die Kontrahenten zum Lobwettstreit auf Leben und Tod heraus. Walther von der Vogelweide, der Tugendhafte Schreiber, Bite-

---

[8] Den kulturgeschichtlichen Hintergrund sehen Hannes Kästner und Klaus Grubmüller in der sozialen Position der Sangspruchdichter als Berufsdichter ohne feste Bindung und in der Konkurrenz zu den Wanderpredigern. H. Kästner, „Sermo vulgaris" oder „Hövischer Sanc": der Wettstreit zwischen Mendikantenpredigern und Wanderdichtern um die Gunst des Laienpublikums und seine Folgen für die mittelhochdeutsche Sangspruchdichtung des 13. Jahrhunderts (am Beispiel Bertholds von Regensburg und Friedrichs von Sonneburg), in: P. Schilling/P. Strohschneider (eds.), Wechselspiele. Kommunikationsformen und Gattungsinterferenzen mittelhochdeutscher Lyrik, Heidelberg 2009, 209–243; K. Grubmüller, Autorität und *meisterschaft.* Zur Fundierung geistlicher Rede in der deutschen Spruchdichtung des 13. Jahrhunderts, in: P. Strohschneider (ed.), Literarische und religiöse Kommunikation in Mittelalter und Früher Neuzeit, Berlin e. a. 2009, 659–711. Als Berufsdichter sind Sangspruchdichter seit dem 12. Jahrhundert ohne feste Bindung unterwegs, und sie ermöglichen es einem interessierten, in der Regel aber lateinunkundigen Publikum, Anteil an religiösem, heilsgeschichtlichem, naturkundlichem und einem allseits anerkannten Alltagswissen zu haben. Solange die Dichter Grundwahrheiten und fundamentale Glaubensinhalte vermitteln und unermüdlich zu richtigem Verhalten ermahnen, müssen sie ihr Tun nicht weiter rechtfertigen. Tritt ein eigener Erkenntnisanspruch hinzu, muss er legitimiert werden. Grubmüller, ibid., 707 sq. Legitimiert wird der Anspruch gerade in der und durch die Konkurrenz zu den anderen Meistern und deren Abwertung. Dazu auch: B. Wachinger, Wissen und Wissenschaft als Faszinosum für Laien im Mittelalter, in: C. Dietl/ D. Helschinger (eds.), Ars und Scientia im Mittelalter und in der Frühen Neuzeit. Ergebnisse interdisziplinärer Forschung. Georg Wieland zum 65. Geburtstag, Tübingen–Basel 2002, 13–29.

[9] B. Wachinger, Sängerkrieg. Untersuchungen zur Spruchdichtung des 13. Jahrhunderts (Münchener Texte und Untersuchungen 42), München 1973.

[10] Hauptüberlieferungszeugen sind im 14. Jahrhundert die Manessische Liederhandschrift C und die Jenaer Liederhandschrift J und im 15. Jahrhundert die Meisterliederhandschrift k. Cf. zum ‚Fürstenlob' T. Tomasek, Zur Sinnstruktur des ‚Fürstenlobs' im ‚Wartburgkrieg', in: Beiträge zur Geschichte der deutschen Sprache und Literatur 115 (1993), 421–442.

[11] Cf. zu diesem Textfeld den Lexikonartikel von B. Wachinger, Der Wartburgkrieg, in: Verfasserlexikon, vol. 10, Berlin–New York ^{2}1999, 740–766; B. Kellner/P. Strohschneider, Die Geltung des Sanges. Überlegungen zum ‚Wartburgkrieg' C, in: Wolfram-Studien 15 (1998), 143–167 und B. Kellner/P. Strohschneider, Poetik des Krieges. Eine Skizze zum ‚Wartburgkrieg'-Komplex, in: M. Braun/C. Young (eds.), Das fremde Schöne. Dimensionen des Ästhetischen in der Literatur des Mittelalters (Trends in Medieval Philology 12), Berlin–New York 2007, 335–346.

rolf und die Schiedsrichter Wolfram von Eschenbach und Reinmar von Zweter parieren die Herausforderungen auf immer neue kunstfertige Weise. Heinrich von Ofterdingen gerät zuletzt in eine Metaphernfalle, die ihm der Meister Walther stellt, und er verliert, weil sein Fürst nur der Sonne gleicht, der Walthers aber dem Tag. Heinrich von Ofterdingen möchte Klingsor aus Ungarn als seinen Vertreter herbeischaffen, um den Streit fortzusetzen[12]. Das in diesem Streit inszenierte Meisterschaftsgefälle zwischen Heinrich von Ofterdingen und Walther basiert auf einem Ausspielen kosmologischen und heilsgeschichtlichen Wissens, insofern die Sonne zwar das höchste der Gestirne ist, doch wurde sie erst am vierten Tag und damit nach dem Tag selbst von Gott geschaffen[13].

Die Manessische Liederhandschrift C bietet diesen Text nun unter der Autorsigle „Klingsor von Ungerlant“ (fol. 219^{r}). Der zweite Überlieferungszeuge, die Jenaer Liederhandschrift J, ordnet nach Tonautoren und grenzt das ‚Fürstenlob‘ von den vorangehenden Strophen ab durch eingeschobenes „Der von Ofterdingen“ (fol. 123^{v}). Die Kolmarer Meisterliederhandschrift k rubriziert nach Tönen oder Tonautoren und bietet das ‚Fürstenlob‘ unter der Überschrift „In dem gekauften oder in dem Fürstenton Heinrichs von Ofterdingen“ (fol. 755^{r}). Ginge man für diesen Überlieferungsfall davon aus, dass der Text einem bestimmten Autor gehört, würde sich folgendes Bild ergeben: Das ‚Fürstenlob‘ müsste von einem Autor Klingsor von Ungerland stammen, der es im Fürstenton des Tonautors Heinrich von Ofterdingen verfasst hat. Schaut man auf die Eingangsstrophe des Streits in C wird das Zuordnungsgefüge komplizierter: Es heißt dort, dass Heinrich von Ofterdingen vor dem Landgrafen von Thüringen im Fürstenton zu singen beginnt: „*Das erste singen nu hie tuot / Heinrich von Oftertingen in des edeln fürsten don / von Düringen lant*“ (Vers 1 – 3). Heinrich von Ofterdingen trägt demnach als erster der Kontrahenten seine Argumente im Fürstenton vor. So steht dieser Name wie später auch der Name Klingsor zusätzlich für eine Sängerrolle im inszenierten Sängerstreit. In der Manessischen Liederhandschrift ist Klingsor als einer literarischen Figur, die ihrerseits die Erfindung eines

12 Klingsor ist im sich anschließenden ‚Rätselspiel‘ in der Rolle eines Meisterpfaffen als Gegner des Laien Wolfram von Eschenbach dargestellt.

13 Cf. Gen. 1, 3 und 14. Dass Walther in der im ‚Fürstenlob‘ literarisierten Streitsituation nicht nur über ein breiteres Wissen verfügt, sondern darüber hinaus in der Lage ist, die Facetten des Wissens strategisch klug einzusetzen, scheint mir Reflex bekannter universitärer *disputatio*-Formen zu sein: Walther bietet Heinrich von Ofterdingen ein Argument für die Hierarchisierung der Fürsten im Bereich der Kosmologie an und Heinrich von Ofterdingen antwortet in diesem Sinne: Er vergleicht seinen Fürsten der Sonne als dem höchsten der Gestirne. Walther setzt daraufhin seinen Fürsten dem Tag gleich. Er erweitert die Argumentationsmöglichkeiten geschickt um den Bereich der Heilsgeschichte und widerlegt mit der Verschiebung das Argument des Gegners. Dass es in diesem Streit zu keiner *conclusio* kommt (der Streit wird zwischen dem ursprünglich benannten Schiedsrichter Wolfram und Klingsor fortgesetzt), markiert eine der Eigenarten des literarischen Meinungsstreits. Es geht nicht in erster Instanz um den Sieg im Streiten oder die Wahrheit des Arguments, weil die kunstfertige Darstellung, das Wie der Argumentation, bestimmend ist.

literarischen Autors ist[14], die Autorschaft des Streits zugewiesen. Den Zeitgenossen der Brüder Manesse könnte Klingsor als real existierender Autor gegolten haben. Doch das sogenannte Autorenbild, das dem Textcorpus vorangestellt ist, zeigt eben jene Streitsituation der Sänger vor dem thüringischen Fürstenpaar[15]. Illustriert wird damit gerade kein konkreter Autor und auch keine bestimmte Autorvorstellung[16]. Ins Bild gebracht ist der fiktive Sängerkrieg und mit ihm Klingsor als einer der streitenden Sänger. Nicht zuletzt weist die der Doppelminiatur integrierte Bildüberschrift auf die Sängerrolle hin, wenn es heißt: „*Hie kriegent mit sange herr Walther von der Vogelweide, Wolfram von Eschenbach* [...] *und Klingesor von Ungerlant*“ (fol. 219^{r}).

Bereits das ‚Fürstenlob‘ in seinen verschiedenen handschriftlichen Überlieferungen dokumentiert, dass Namen wie Klingsor und Heinrich von Ofterdingen unterschiedlichen textexternen und textinternen Instanzen zugeordnet werden können und dass die Bindung des Sangspruchtextes an einen konkreten Autor eine untergeordnete Rolle gespielt hat. Durch die Jahrhunderte hindurch verweist das ‚Fürstenlob‘ im textinternen und -externen Hinweis auf seinen Ton. Insofern ist es der Ton, der die Integrität dieses Textes garantiert, nicht aber der Autor. Der Meisterschaftsstreit des ‚Fürstenlobs‘ steht damit in keinem expliziten Zusammenhang mit dem Autor als dem Meister hinter dem Text.

II. Meisterschaft und klassisches Autor-Werk-Verständnis[17]

Die Göttinger Frauenlobausgabe (GA), die dem Autor Heinrich von Meißen ein konkretes Textcorpus aus Leich- und Lieddichtung sowie Strophen in neun Tönen zuordnet[18], ist für die Sangspruchforschung ein unentbehrliches For-

---

14 Klingsor ist eine Figur Wolframs von Eschenbach aus dem ‚Parzival‘.

15 Die Doppelminiatur findet sich am Ende des Beitrages.

16 In der Heidelberger Liederhandschrift, die die Corpora nach Autornamen ordnet, ist es gerade die Vielfalt der Illustrationen, die irritiert, weil keine der Darstellungen typisch ist im Blick auf bildkünstlerische Autordarstellungen. Schreibszene, Dedikation, Belehrung, Herrscherdarstellung, sujethafte Illuminationen rufen keine Autorvorstellung auf. Es gibt keinen schreibenden Autor, der mit der Feder in der Hand inspiriert am Tisch säße. Die Namen wurden immer auf eine Ordnung der Handschrift nach Ständen gedeutet, doch sind sie wohl zuerst Indikator mittelalterlicher Repräsentationsbestrebungen. Die Miniaturen sind am ehesten Ausdruck einer von der Person gelösten *auctoritas*, die auf das Produkt zielt. *Auctoritas* ist vom Urheber gelöst und meint die Vorbildwirkung, welche mit den Namen, den Figurationen der Macht, des Glaubens, der Lehre und Unterweisung, der Minne und des Rittertums aufgerufen wird.

17 Die folgenden Überlegungen folgen den methodischen Prämissen meines Sangspruchbuches: F. Wenzel, Meisterschaft im Prozess. Frauenlobs Langer Ton – Texte und Studien (Deutsche Literatur. Quellen und Studien 10), Berlin 2012, 13–52.

18 K. Stackmann/K. Bertau (eds.), Frauenlob (Heinrich von Meissen). Leichs, Sangsprüche, Lieder, vol. 1: Einleitung, Texte, vol. 2: Apparate, Erläuterungen (Abhandlungen der Akademie der Wissenschaften in Göttingen, Philologisch-Historische Klasse, dritte Folge 119), Göttingen 1981. In der Ausgabe finden sich Strophen aus der Großen Heidelberger oder Manessischen Liederhandschrift C, aus der Jenaer Liederhandschrift J und der Weimarer Liederhandschrift F. Lediglich vierzehn Strophen sind aus anderen Handschriften aufgenommen worden. Keine der sogenannten echten Strophen gehört allein der Kolmarer Meisterliederhandschrift k.

schungsinstrument. Insofern muss ich mich erklären, wenn ich den Meisterschaftsentwurf im Langen Ton und im dort inszenierten Frauenlob-Regenbogen-Streit von der Bindung an den Autor entkopple. Die Überlieferung des Strophenmaterials in einer Fülle von Handschriften und über mehrere Jahrhunderte hinweg zeigt deutlich, dass die Töne produktiv genutzt wurden. Im Rahmen der Überlieferung ist nun nicht immer klar, welches die Strophen des Meisters und welches die seiner Schüler sind[19]. Die editorischen Schwierigkeiten sind den Herausgebern der Frauenlobausgabe durchaus bewusst, wenn sie bekennen, dass sich die Ablösung eines originären Meisters Heinrich Frauenlob von seinen Schülern und Nachahmern in der Überlieferung nicht exakt bestimmen lässt.

Die Vorstellung vom Autor Frauenlob in seiner Besonderheit wird damit immer mit historisch Uneinholbarem konfrontiert bleiben. Das, was man unter mittelalterlicher Autorschaft versteht, muss in seiner Alterität erfasst werden, weil moderne Charakteristika wie Urheberschaft und Verfügungsgewalt keine relevanten Parameter sind. Horst Brunner wies bereits vor mehr als dreißig Jahren darauf hin, dass nicht die Autoren, sondern die Töne, in einer die Zeit überdauernden Form relevant waren. Die literarische Tradition wird für Brunner im Wiedergebrauch des Tons bewahrt. Was damit geschieht, ist ein Verwischen der „Geschichtlichkeit der alten Meister" und ein Lösen der Töne von konkreten, realhistorisch greifbaren Meistern[20]. Eine grundlegende Verschiebung scheint mir deshalb notwendig, um dem Dilemma der Identifizierung von Strophengefüge (Ton) und Autor (Meister) zu entkommen. Ich ziele mit der Relation von Ton und Meisterschaft in eine andere Richtung. Meisterschaft ist als ein künstlerisches und handwerkliches Konzept der Sangspruchdichter bestimmt worden[21]. Zugleich ist Meisterschaft aber auch ein innerliterarisches Phänomen. Gerade in den poetischen Verdichtungen des Wettstreitens ist das künstlerische Vermögen in seiner Bandbreite immer wieder Thema der Gattung. Es sind nun diese Entwürfe von Meisterschaft, die mich in ihrem konzeptionellen und strukturellen Kern interessieren.

---

[19] Man nimmt beispielsweise an, dass das Frauenlobcorpus der Weimarer Meisterliederhandschrift F aus dem 15. Jh. Abschrift einer kurz nach Frauenlobs Tod konzipierten Sammlung seiner Schüler ist, die Texte des Meisters mit solchen seiner Nachahmer verbindet; cf. G. Kornrumpf, Weimarer Liederhandschrift, in: Verfasserlexikon, vol. 10 (nt. 11), 803–807. Die Strophen von F sind für den Langen Ton nun aber beinahe vollständig in die Ausgabe aufgenommen worden.

[20] Brunner, Die alten Meister (nt. 5), 32. Wenn Brunner im Weitergebrauch der Töne bis in die Neuzeit ein unkritisches und ahistorisches Moment sieht, betont er implizit, dass die Koppelung an den Meister noch kaum wichtig gewesen ist für die Tonnutzer, ibid.

[21] Klaus Grubmüller markierte, soweit ich sehe, zuletzt, dass die Spruchdichter aus der Konkurrenz mit den unterweisenden Klerikern heraus das „Konzept der *meisterschaft*" entwickelten. Grubmüller bestimmt dieses Konzept im Blick auf die rezente Forschung als Summe aus Wissen und Fertigkeiten, wobei Letztere vor allem im Bereich des künstlerischen Gestaltens zu sehen seien; cf. Grubmüller, Autorität (nt. 8), 690.

Ich gehe damit hinter die klassische Autor-Text-Bindung zurück und arbeite mit Strophengruppen, die durch den Ton zusammengefügt sind. Solche Strophengefüge nehme ich als Text wahr und damit auch als Aussagezusammenhang im Blick auf das Konzept der Meisterschaft, ungeachtet der Bestimmbarkeit von Echtheit oder Unechtheit einzelner Strophen. So gesehen lässt sich ein inszenierter Streit als kommunikative Einheit von Frage und Antwort, Meinung und Gegenmeinung erfassen, entsprechend der überlieferten Reihenfolge der Strophen. Dass damit konsequenterweise die Strophen des Meisters und die der Schüler bzw. Nachahmer viel näher zusammenrücken, liegt auf der Hand.

In den literarischen Inszenierungen des Streits steht Meisterschaft, wie gesagt, als ein handwerkliches Vermögen der Dichtkunst im Vordergrund. Es geht um sprachlich-rhetorische und poetologische Kompetenzen und um Wissensbehauptungen, die an die Namen der alten Meister gebunden sind. Die Konturen der Meisterschaft werden im Modus des Streitens, im Modus von Rede und Widerrede, Rätselfrage und Rätselantwort, Allegorie und Allegorese genau gezogen. Der lehrhafte Impetus, der die Sangspruchdichtung weithin bestimmt, richtet sich nicht auf einen Schüler, vielmehr sind es die anderen Meister, die berichtigt, belehrt oder überboten werden. Wie das konkret geschieht, möchte ich am Frauenlob-Regenbogen-Streit zeigen.

III. Frauenlob-Regenbogen-Streit in C und k

In der Manessischen Liederhandschrift C, deren Strophenfolge für meine Analyse maßgeblich ist, ist die Reihenfolge der 17 Strophen eine andere als in der Ausgabe; das zeigt die folgende Übersicht.

C (J, k)	GA	Inhalt	Gliederung
C 31 (F 111, k 61)	V, 2	Mariengebet	
C 32	V, 115	(erste) sogenannte Selbstrühmung Frauenlobs, Erhebung über die alten Meister	C 32–39: Streit um die Meisterschaft und das richtige Lob der Frauen, Frauenlob und Regenbogen zugewiesen
C 33	V, 116	*„Dis ist der Regenbog“* (Beischrift): Regenbogens Verteidigung der alten Meister	
C 34 (J 2)	V, 19	„Meister“ (Beischrift von jüngerer Hand): *vanitas*-Exempel von Alexander und dem Paradiesstein	
C 35	V, 117	„Regenbog“ (Beischrift): Polemik gegen Frauenlob	
C 36 (k 25)	–	„Meister“ (Beischrift von jüngerer Hand): Rätsel von der Vision des Johannes	
C 37 (k 26)	–	„Regenbog“ (Beischrift): Deutung des Rätsels	
C 38 (J 10)	V, 106	„Meister“ (Beischrift von jüngerer Hand): Lob der *vrouwen*	
C 39	V, 110	„Regenbog“ (Beischrift): *wip*-Lob	

C (J, k)	GA	Inhalt	Gliederung
C 40 (F 127, k 144) C 41 (F 132) C 42 C 43 C 44 (J 39) C 45 (J 45) C 46	V, 49 V, 54 V, 46 V, 47 V, 31 V, 37 V, 48	„Meister" (Beischrift von jüngerer Hand)	C 40–47: Reflexion über Besitz und Rat zu richtigem höfischen Verhalten, dem Meister zugewiesen
C 47	V, 118	Sängerschelte, zweite Selbstrühmung	

Thematisch bündelt eine erste Strophengruppe (C 32–39) einen Streit um die Meisterschaft im Singen und das richtige Lob der Frauen. Bereits zeitnahe und spätere Nutzer der Handschrift haben die Strophenfolge des Streits als alternierende Rede zwischen dem Meister Frauenlob und Regenbogen verstanden, das unterstreichen die regelmäßigen Beischriften „Regenbog" und „Meister" durch jüngere Hand[22]. Eine zweite Strophengruppe, C 40–47, summiert dann monologische Überlegungen des Meisters zum richtigen höfischen Verhalten. Insofern sich der Monolog als Rat entpuppt, scheint mir der Anspruch auf Unterweisung Teil der inszenierten Meisterschaft zu sein[23].

Die beiden Strophen C 36 und 37 werden Frauenlob seit den Vorarbeiten zur Göttinger Ausgabe aberkannt[24]. Man vermutet, dass es sich um Strophen eines Nachahmers oder Schülers von Frauenlob handelt, der in seinem Ton und in seiner Art dichtete und den Stil der Selbstrühmung nachahmte. Es lässt sich nun aber auf diese Weise allenfalls ein mimetisches Verhältnis zwischen Meister-

---

22 Wie die Zuweisung „Meister" ist auch die Sprecherzuweisung „Regenbog" zweimal im Textblock und zweimal als marginale Beischrift von anderer Hand ausgeführt, doch ist in diesen Fällen das Argument des fehlenden Platzes in der vorangehenden Zeile als Begründung für diese sekundär erscheinenden Einträge angebracht. Die Beischrift „Meister" aus dem 17. Jahrhundert könnte vom ersten philologisch interessierten Nutzer, dem Humanisten Melchior Goldast, stammen. Von seiner Hand sind auch die Nachträge im Inhaltsverzeichnis (fol. 5[rv]) oder Kopfzeileneinträge, wie der zu Walther von Breisach (Meister Walther von Prisach, fol. 295[r]). Cf. ausführlich W. Werner, Die Handschrift und ihre Geschichte, in: W. Koschorrek/W. Werner (eds.), Codex Manesse. Die Große Heidelberger Liederhandschrift. Kommentar zum Faksimile des Codex Palatinus Germanicus 848 der Universitätsbibliothek Heidelberg, Kassel 1981, 13–39, hier 21.

23 Thematisch sind es immer Strophenpaare, die fest zusammengefügt erscheinen: C 32 und 33 bieten die Selbstrühmung Frauenlobs und dessen Diffamierung. C 36 und 37 sind als Rätsel und Deutung inhaltlich verbunden. C 38 und 39 treten als Argument und Gegenargument zusammen mit dem Lob der *vrouwe* und dagegengesetztem Lob der *wîp*. C 34 und 35 sind mit dem *vanitas*-Exempel und der Polemik gegen Frauenlob zwar nicht thematisch verbunden, wohl aber durch einen ungewöhnlichen Reim („*sims*": „*bims*"), der in der Folgestrophe polemisch aufgegriffen wird.

24 Thomas, Untersuchungen (nt. 4), 34–37.

und Schülerstrophen ausmachen. Die reimgrammatischen und inhaltlichen Abweichungen sind nicht so gravierend, dass sich auf der Ebene der Autorschaft Eindeutiges über das Verhältnis von Meister und Schüler sagen ließe[25]. Anhand des Strophengefüges von C kann gezeigt werden, dass die beiden sogenannten Schülerstrophen unbedingt zur Diskussion eines ganz konkreten Meisterschaftskonzepts dazugehören. Strophenfortlaufend, so die These, lässt sich ein Meinungsstreit im Sinne eines Streitgesprächs verfolgen, dessen Prinzip der Widerspruch ist.

Ich möchte dem nun nachgehen[26]: Die Debatte um den Vorrang der Meisterschaft wird mit der sogenannten Selbstrühmung Frauenlobs eröffnet (C 32), in der Frauenlob behauptet, dass er die kleidsame Kunst der alten Meister Reinmar, Wolfram von Eschenbach und Walther von der Vogelweide vergolden werde: „*ich, Vrouwenlob, vergult ir sang*“ (Vers 5)[27]. Er ist derjenige, der sich über die toten und die lebenden Sänger erhebt. Sein Anspruch geht von einer Kunst aus, die vom Grund des Kessels kommt, die sich auf kunstreicher Straße bewegt, die grünt und die Verstandeskunst ist[28]. Im Gegensatz dazu hätten die alten Meister die Bindung zum Fundament gekappt und ihr Augenmerk mehr auf den „*feim*“ (Vers 6) gelegt, auf eine Kunst der Oberfläche, auf etwas, das sich abschöpfen lässt und das Eigentliche bedeckt. Der Auftakt des Streits stellt damit zwei Modi der Meisterschaft kontrastiv nebeneinander, die Oberflächenkunst der alten Meister und die substantielle Verstandeskunst des Meisters Frauenlob. Wenn das Eigenlob dabei auf die Niederlage einerseits und Sieg bzw. Krönung andererseits zielt, kann man wohl davon ausgehen, dass der inszenierte Meinungsstreit strukturell in der Tradition der *disputatio* gedacht wurde. Doch gerungen wird nicht,

---

[25] Ibid. Das Argument gegen eine Autorschaft Frauenlobs bezogen auf diese beiden Strophen wird aus dem Nomen „*hoffart*“/„*hochvart*“ (Vers 37, 1/7) und seiner Bedeutung abgeleitet. Das Wort werde hier negativ, als Pendant zu *superbia*, nicht aber für Hochstimmung, genutzt. Die Bedeutung Hochstimmung binde Frauenlob sonst immer an den *hôhen muot*. Ein solches Argument trägt aber nur, wenn man die Aussage der Strophe mit dem Inhalt aller anderen, dem Autor zugewiesenen Strophen abgleicht. Veranschlagt man an dieser Stelle hingegen einen inszenierten Sängerstreit, geht das *superbia*-Argument an Regenbogen und damit würde gerade eine inhaltlich-semantische Differenz zwischen dem Meister und seinem Gegner stark gemacht sein.

[26] Am Ende des Beitrages sind zum Abgleich die sechs Strophen des Frauenlob-Regenbogen-Streits abgedruckt, so wie sie die Manessische Liederhandschrift C überliefert.

[27] Bei Wachinger, Sängerkrieg (nt. 9), 249, eine Zusammenstellung mittelhochdeutscher Selbstnennungen in lyrischen und epischen Texten. Cf. auch die Literaturhinweise zu Formen des Dichterstolzes, ibid., 252, nt. 23.

[28] S. Obermaier, Von Nachtigallen und Handwerkern: „Dichtung über Dichtung“ in Minnesang und Sangspruchdichtung (Hermaea 75), Tübingen 1995, 237–240, sieht durch die Bilder von Grund und Straße die Kunst der alten Meister vertieft und verbreitert, wobei sie das Vertiefen semantisch denkt und sie die Ausweitung auf rhetorischer Ebene angesiedelt wissen möchte. Einen an Obermaier anschließenden Kommentar zu dieser Strophe bietet P. Harant, Poeta Faber. Der Handwerks-Dichter bei Frauenlob. Texte, Übersetzungen, Textkritik, Kommentar und Metapherninterpretation (Erlanger Studien 110), Erlangen–Jena 1997, 92–101.

wie das zu erwarten wäre, um philosophische oder theologische Fragen, sondern um die Art und Weise der Traditionsanbindung. Es geht um verschiedene Formen der Meisterschaft und deren Für und Wider im Zugriff auf vorausliegendes künstlerisches Vermögen[29]. Deutlich wird das wertungsfreie Für und Wider durch das breite, metaphorisierte Eingangsangebot, das sich zwischen Überhöhen[30] und Durchgründen[31] bewegt, zwischen Einkleiden und Vergolden, zwi-

[29] An diesem Punkt wird der Horizont traditioneller Meisterschaft über die Namen Reinmar, Wolfram und Walther konkretisiert. Aufgerufen ist der Sängerstreit des ‚Fürstenlobs' aus dem ‚Wartburgkrieg'-Komplex (s. o.), der in vergleichbarer Weise ein Gegeneinander der Sänger und ihrer Meisterschaftsansprüche inszeniert. Vor dieser Folie wird sichtbar, dass es in erster Instanz um die Art und Weise der Demonstration und Diskussion varianter Meisterschaftsformen geht, weniger um die Besserung vorgegebener Kunstansprüche. Mit dem Modus des Streits ist eine rhetorische Form gewählt, die auch kontradiktorische Bezugnahmen erlaubt, sodass es eher um die Relationierung gegensätzlicher Meinungen geht, um den Übergang zwischen den Phänomenen. F. Löser, Mein liebster Feind. Zur Rolle des literarischen Gegners in der Sangspruchdichtung am Beispiel Rumelants, in: M. Meyer (ed.), Literarisches Leben. Rollenentwürfe in der Literatur des Hoch- und Spätmittelalters. Festschrift für V. Mertens zum 65. Geburtstag, Tübingen 2002, 507–533, ibid. 513 sq., beschreibt die Rolle des Gegners auf dreifache Weise, 1. in ihrer Bedeutung für eine poetologische Auseinandersetzung mit einer Idee, 2. in ihrer strukturellen Funktion für den Handlungsgang und 3. in der Bedeutung für die textuelle Konstitution der Ich-Rolle. Für die C-Strophe gelten vor allem der erste und zweite Punkt, insofern Gegnerschaft ein Mittel der forcierten Darstellung der Meisterschaftsdebatte in ihrem Für und Wider ist. Und genau das Für und Wider repräsentiert das darstellerische Anliegen im Frauenlob-Regenbogen-Streit von C. Es geht dabei gerade nicht um die Vorrangstellung einer und nur einer bestimmten wahren Aussage.

[30] Das eigene dichterische Können metaphorisch in einem Raum zwischen Überhöhen und Vertiefen des Gegenstandes auszuspannen, ist als Darstellungsmodus bereits bei Konrad von Würzburg in der ‚Goldenen Schmiede' vorgeprägt. Konrad erfasst sein Verhältnis zur Gottesmutter Maria zwischen einer möglichen Höhe und einer möglichen Tiefe, was im Blick auf den heiligen Gegenstand zum einen die enorme Spannweite meisterschaftlichen Könnens umreißt. Doch wenn Konrad seinem Gegenstand nicht gerecht werden kann, weist das zum anderen auf die Inkommensurabilität „von (geblümter) Rede und (heiligem) Gegenstand" hin, wie Jan-Dirk Müller bemerkt: J.-D. Müller, *schîn* und Verwandtes. Zum Problem der Ästhetisierung in Konrads von Würzburg ‚Trojanerkrieg' (Mit einem Nachwort zu Terminologie-Problemen der Mediävistik), in: G. Dicke/M. Eikelmann/B. Hasebrink (eds.), Im Wortfeld des Textes. Worthistorische Beiträge zu den Bezeichnungen von Rede und Schrift im Mittelalter (Trends in Medieval Philology 10), Berlin–New York 2006, 287–310, hier 292. Für den Meister Frauenlob und die anderen Meister ist die Kunst selbst erhabener Gegenstand, und damit steht der Umgang mit dem Vorausliegenden und das Wie des Bearbeitens zwischen Höhen und Vertiefen im Vordergrund der Darstellung.

[31] Das Stichwort „*ioch*" (Vers 17) ist im Bildbereich des Ackerbaus zu erschließen: Der Verstand des Sprecher-Ichs ist wie ein Balken, der den Ochsen in ein Joch zwingt. Sicherlich ist der Meister seinen Gedanken unterworfen. Im Bildfeld von Joch, Ackerbau und Grund wird diese Deutung um einiges anschaulicher: Wenn der Meister seinem Verstand wie einem Joch unterworfen ist, bearbeitet er dadurch den Boden, das Vorgegebene, für die Saat, seinen Text. Im Bildempfängerbereich des Dichtens ist der Verstand damit der Ermöglichungsrahmen und die Richtlinie für die Kunst, die aus dem Grund herauswachsen kann. Der Meister steht also im Dienste der *ratio*. Sie ermöglicht die künstlerische Entwicklung in spezifischer Weise und im Sinne eines natürlichen Wachsens.

schen Abschöpfen und Kochen: Als Koch ist der Meister in der Lage, traditionelle und zeitgenössische Kunst zu verarbeiten. Im Durchgründen erschließt er sich das Vorausliegende durch entsprechendes rationales Vermögen. Als Vergolder überhöht er den traditionellen Gesang und übersteigt ihn dabei auch im Bereich der Sinnstiftung[32]. Mir scheint, dass damit die Möglichkeiten der literarischen Bearbeitungen des Vorausliegenden gemeint sind, genauer das handwerkliche Vermögen der Verarbeitung und der Bearbeitung des Vorgegebenen, der *materia*[33].

Über die genannten drei alten Meister Reinmar, Wolfram und Walther sind die Streitstrategien des Intertextes, des ‚Fürstenlobs' aus dem ‚Wartburgkrieg'-Komplex, erinnert, von dem bereits die Rede war. Die komplexe Metaphorik der Selbstrühmungsstrophe rekurriert auf die rhetorische und wissensgeschichtliche Kompetenz Walthers, die ja gerade in der Metaphernfalle für Heinrich von Ofterdingen zum Ausdruck kommt. Walthers Argumentation lief so, dass er die Sonne als höchstes Gestirn dem von Gott zuerst geschaffenen Tag nachordnen konnte. In Analogie dazu wird für den Anspruch Frauenlobs klar, dass das meisterliche Vermögen nicht in dem liegt, was offensichtlich zu finden ist, metaphorisiert durch die Sonne, sondern in der tieferreichenden Erkenntnis der göttlichen Schöpfung, verbildlicht durch den Tag, dem die Sonne nachgeordnet ist. Das, was klar auf der Hand liegt, steht dem gegenüber, was ergründet und erkannt werden muss.

Regenbogen, der ausgewiesene Gegner im Meinungsstreit, reagiert nun als Traditionswahrer in der Nachfolge der alten Meister. Er ist ihr „*kempfe*[*n*]" (Vers

---

32 Bezogen auf den Bereich der Sprache ist es naheliegend, den Vorgang des Vergoldens auch auf den formalen, den sprachlich-rhetorischen Vorgang des Blümens und auf die rhetorischen Fertigkeiten des Meisters zu beziehen. Müller, *schîn* (nt. 30), 295–297, wies zuletzt darauf hin, dass der Vorgang des Blümens in der Regel zugleich *ornatus* und Sinnbildung (Semantisierung) betrifft. „Mit der Metapher *grund* wird auf einen Erkenntnisprozeß angespielt, der in die tiefsten Zusammenhänge eindringt und so das Ungeformte formt." „Die Rede soll strahlend sein, aber gerade nicht beim Glanz der Oberfläche verharren, vielmehr zu dem gelangen, was sich unter der Oberfläche verbirgt", ibid., 297. In der Anbindung an das Vorausliegende, den Grund, und in der Bearbeitung durch den Verstand, tritt der Glanz des künstlerischen Vermögens zutage, der das Vergolden des Eingekleideten als poetologisches Vermögen, als tiefgreifenden Erkenntnisgewinn markiert. Ausführlich zu diesem Gegenstandsbereich G. Hübner, Lobblumen: Studien zur Genese und Funktion der „Geblümten Rede" (Bibliotheca Germanica 41), Tübingen–Basel 2000, 7–32.

33 Die Bedeutung von *materia* ist zwischen einem stofflich Vorgegebenen und einem Fundus an rhetorischem Vermögen, das sich auf die Gestaltung des Stoffes bezieht, zu suchen. Man hat es mit einem Reflex der antiken Poetiken und der lateinischen Poetiken des 12. und 13. Jahrhunderts zu tun, ist es doch gerade die Bearbeitung der *materia*, die als Weg zur sich davon abhebenden Meisterschaft kenntlich wird. J. Bumke, Retextualisierungen in der mittelalterlichen Literatur, besonders in der höfischen Epik, in: J. Bumke/U. Peters (eds.), Retextualisierung in der mittelalterlichen Literatur (Zeitschrift für deutsche Philologie, Sonderheft 124), Berlin 2005, 6–46, zur Bearbeitung der *materia* in der Poetik und zur Spannweite des Vorgegebenen (*materia*), ibid., 10–13.

7)[34] und Schildträger und als solcher diffamiert er seinen Gegner, der nur vergolden wolle: Maulaufreißer und Narren haben kein Recht über die Kunst der Toten zu urteilen, denn deren Meisterschaft ist stabil und natürlich, weil sie und die jetzt wirkenden Meister ihre Kunst seit jeher einem naturgegebenen Vorrat entnehmen können: „*die uf der künstheide / gebrochen hant und brechent noch vil roser spechen fünde*“ (Vers 6). Hier wird der Kunst des Meisters Frauenlob ein Anspruch entgegengestellt, der autoritativ Gesichertes aufgreift und in neuem Arrangement auf Dauer stellt. In der Sache zeigt sich damit eine Abhängigkeit von den alten Meistern, aber formal ist die gefundene künstlerische Form selbstständig. In diesem Sinn setzt der Regenbogen zugeordnete Kunstanspruch die Kunst der alten Meister linear fort, indem er Beständigkeit gegen alle Veränderung repräsentiert. Im Meisterschaftsanspruch Frauenlobs ragt die eigene Kunst aus der Tradition heraus, weil das Vorausliegende in seiner Spezifik erkannt werden muss, damit es neu erarbeitet und überhöht werden kann. Der andere Meister steht in der Reihe der Traditionalisten. Und damit macht er einen qualitativen Unterschied zwischen gewesener guter und jetziger schlechter Kunst. Sein Anspruch auf Meisterschaft rührt aus eben dieser Vertreter- und *imitatio*-Rolle[35].

Die Argumentation um das meisterliche Kunstverständnis und den Umgang mit der Tradition entfaltet sich weiter mit einem *vanitas*-Exempel, das von jüngerer Hand dem Meister zugeschrieben wurde (Strophe C 34). Erzählt wird verknappt die Geschichte Alexanders, der alle Länder bis hin zum Paradies erobert. Dort bekommt er einen kleinen Edelstein, dessen Wert er auf einer Waage messen soll: „*der stein, der wart geleit uf einer wage sims, / mit lastes bims / muost man in widermangen*“ (Vers 7–9) Doch keine Last vermag den Stein aufzuwiegen. Erst ein Weiser wirft etwas Erde auf den Stein und bricht damit dessen Kraft. Die Deutung beläuft sich darauf, dass die Kraft des Helden wie die des Steines mit nichts aufzuwiegen ist, solange er lebt. Doch sobald er stirbt, werden Kraft und Macht belanglos[36].

---

[34] Zur Bedeutung von *kempfe* cf. P. Strohschneider, Fürst und Sänger. Zur Institutionalisierung höfischer Kunst, anläßlich von Walthers Thüringer Sangspruch 9,V [L 20,4], in: E. Hellgardt/ S. Müller/P. Strohschneider (eds.), Literatur und Macht im mittelalterlichen Thüringen, Köln e. a. 2002, 85–107, genauer 95 sq. und nt. 32 sq.

[35] Wenn er beispielsweise die gegnerische Metapher des Kessels aufgreift, nicht aber deren Semantik bzw. die mit ihr konnotierte Raumvorstellung, dann weil er anders an das Vorausliegende anbindet, weil er die gute alte, sich linear fortschreibende Kunst vertritt: „*min kunst dir dur den kessel spilt*“ (Vers 18). Der Verteidiger der Tradition beansprucht mühelos, den Raum des Gegners durchqueren zu können, weil sein Kunstverständnis sich vor dem Hintergrund etablierter Autoritäten linear fortschreibt. Frauenlob hingegen strebt, sich von den alten Meistern absetzend, mit einem eigenen Anspruch empor, doch auch das auf der Basis vorausliegenden Materials.

[36] Alexander als eine der zentralen Exempelfiguren der Profangeschichte wird mit seinen Lastern und Tugenden nicht nur im Rahmen der Sangspruchdichtung allegorisch gedeutet. Dazu J. Haustein, Zu Form und Funktion stofflicher Konventionalität in Sangspruchdichtung und Meistergesang, in: E. C. Lutz/J. Thali/R. Wetzel (eds.), Literatur und Wandmalerei II. Konventionalität und Konversation, Tübingen 2005, 85–94, hier 88–90. Mit dem Referenzfeld der Alexanderepik wird das *vanitas*-Motiv erweitert um den Weg Alexanders als Eroberer und damit wird

Das *memento mori* selbst ist weder eine passende Reaktion auf die Diffamierungen noch auch eine passende Verteidigung des Kunstanspruchs, das ist offensichtlich. Doch die dahinterstehende Bildhaftigkeit des Exempels ist bei genauerem Hinsehen analog zu den beiden Kunstansprüchen konstruiert: Der siegesgewisse Held Alexander vollzieht eine lineare Bewegung bis an die Grenzen der irdischen Welt, die er nicht überwindet. Erst durch die Handlungen des Weisen wird der Linearität die ethisch besetzte Vertikalität der Deutung zur Seite gestellt, wenn er „*ein tach von erden uf den stein*" (Vers 12) wirft. Am Ende der horizontalen Bewegung gibt es nur deren Deutung, die in der vertikalen Bewegung des Steines und der darauf geworfenen Erde bildhaft umgesetzt ist.

Diese forcierte Bildhaftigkeit horizontaler und vertikaler Bewegung unterstreicht die Darstellung der kontrastierenden Kunstkonzepte Frauenlobs und Regenbogens und erlaubt selber eine Deutung: Wie das Ausschreiten an die Grenzen der Welt durch die vertikale Bewegung des Weisen gedeutet wird, so erfahren die beiden Kunstansprüche analog dazu eine Deutung: Die Vollendung spruchdichterischer Meisterschaft zeigt sich nicht in der fortschreitenden *imitatio* meisterlicher Vorbilder, sondern sie liegt in der Erkenntnis des Vorausliegenden und deren Deutung im Sinne produktiver literarischer Umsetzung[37].

Regenbogen als Gegner im Meinungsstreit (C 35) widerspricht der Notwendigkeit des Deutens nicht. Dennoch greift er die Vorgabe formal, mit dem Reim „*sims*": „*bims*", auf, und er greift sie inhaltlich auf, wenn er den Gedanken des Wägens auf Stil und Sprache des Herausforderers überträgt und wenn er beides wertet: „*Der wage sims, der künste bims, nims und gims!*" (Vers 1). Es sei ein unverständliches Deutsch, für das ein Übersetzer nötig wäre, eine Kunst, die in den Wolken herumfahre und die fadenscheinig sei. Diesem in der Summe gewichtslosen künstlerischen Vermögen steht die traditionelle Kunst der großen alten Meister Walther von der Vogelweide, Reinmar der Alte, Reinmar von Zweter und Wolfram von Eschenbach gegenüber: „*der künste stam / mit sange noch uss in*

---

das Ausschreiten bis an die Grenzen der Welt im Kontext des Frauenlob-Regenbogen-Streits zum Stichwortgeber für die lineare Bewegung der traditionellen Kunst.

37 Intertextualität und Dialogizität im Sinne Michail Bachtins sind hier miteinander verschränkt – M. Bachtin, Die Ästhetik des Wortes (Edition Suhrkamp 967, Nachdruck), Frankfurt a. M. 2005, 169–218. Der bei Bachtin metaphorisch weitsinnig belassene Vorgang des schon immer ‚besprochen Seins' der Wörter wird mit dem Alexanderexempel in konkrete, aufeinanderfolgende, referentielle Akte zerlegt: Das erinnerte Wissen vom Eroberer Alexander bringt als fremdes Wissen eine bestimmte Bedeutung des *vanitas*-Motivs als ‚fremder Rede' in den Text ein. Diese eingespeiste Bedeutung korreliert im intratextuellen Referenzraum der Strophe mit einer nächsten Bedeutung, sodass es zu einem Dialog der Bedeutungen kommt und dann zur Bearbeitung des zweifach Vorgegebenen (Alexander-*vanitas*-Motiv, Meisterschaftsvorstellungen), um letztlich zu einer poetologischen Aussage zu gelangen. Der intertextuelle Bezug erweitert die Semantisierung des Meisterschaftsdiskurses zusätzlich, insofern der abwesende Sprachzusammenhang der Intertexte (Alexanderepen) in einer Kurzerzählung vergegenwärtigt wird, wobei zwei sprachliche Zeichenzusammenhänge referentiell verknüpft sind.

loubet“ (Vers 7–9)[38]. Die alten Meister bilden in diesem Bild die Wurzeln des Kunststamms, der noch immer laubt und Lob erwirbt. Die Kunst, die verwurzelt ist, wird höher gewertet als jene Kunst, die durch die Wolken fährt. Damit bekommt der Anspruch des Traditionalisten eine Basis zugesprochen, die ihm in der Selbstrühmungsstrophe gerade abgesprochen worden war.

Im Vergleich der beiden Möglichkeiten meisterlicher Traditionsanbindung stehen sich die Metapher vom Grund und die Metapher von den Wurzeln des Baumes gegenüber. Mit der Kunstfertigkeit, die aus dem Grund herauskommt, ist ein Erkenntnisprozess gemeint, der in die tiefsten Tiefen reicht und so das ungeformte Material zu formen vermag. Die Wurzelkraft dagegen ist mit Walther, den Reinmaren und Wolfram an namhafte Autoritäten gebunden, sodass die Linearität dieses Kunstanspruchs auch in der Vertikalen gerade betont bleibt. Und so liegt auch hier auf der Hand, dass der Anspruch Regenbogens nicht ein Übersteigen, sondern ein Fortsetzen der Tradition meint.

Der Herausforderer spinnt daraufhin den Gedanken des rational fundierten Deutens traditionellen Wissens fort (C 36). Mit der Verrätselung der Johannesvision vom Tier mit den sieben Häuptern und zehn Hörnern zieht er eine weitere Sinndimension des Deutens aus, so die These: Johannes, so heißt es, sieht ein Tier vom Grunde des Meeres heraufsteigen, das die Christen vernichtet und sich von Gott lossagt[39]. Der Meister fordert den Gegner heraus, den Grund mit seinem Verstand zu berühren und damit an dem von ihm vorgegebenen Erkenntnisprozess teilzuhaben: „*nu rüer den grunt / mit dines sinnes füessen!*“ (Vers 8 sq.). Doch er behauptet zugleich mit dieser Herausforderung, bevor irgendein lebender Dichter das Rätsel lösen könne, würde er ein Meer voller Galle süßen (Vers 12). Kein Sänger sei in der Lage, das, was er gesät habe, entsprechend zu beurteilen (Verse 17–19). Wenn kein Sänger lebt, der das im Rätsel aufgegriffene Offenbarungswissen angemessen zu deuten vermag, dann ist der Anspruch auf die Meisterschaft im Umgang mit dem traditionellen Wissen nie forcierter

---

[38] Diese Kunstform beansprucht Stabilität mit der Metapher vom Kunstbaum, die auf die traditionelle scholastische Baummetapher als einer Wissensorganisationsmetapher verweist. Sie findet sich gleichermaßen im ‚Tristan‘ Gottfrieds von Straßburg; cf. J. H. Winkelman, Die Baummetapher im literarischen Exkurs Gottfrieds von Straßburg, in: Amsterdamer Beiträge zur älteren Germanistik 8 (1975), 85–112.

[39] Stichworthaft wird hier apokalyptisches Wissen des Visionärs Johannes referiert (Offb. 13, 17): Die Literarisierung ist stark verkürzt, insofern die Rätselfrage nur drei Details der Vision nennt: 1. Johannes sieht ein Tier mit sieben Köpfen und zehn Hörnern aus dem Meer steigen. 2. Das Tier ist ungehorsam wider Gott (Verse 1–6). 3. Eine Frau wird es gebären, wie der Sprecher weiß (Vers 7). Cf. Offb. 13, 1: „*et vidi de mare bestiam ascendentem habentem capita septem et cornua decem et super cornua eius decem diademata et super capita eius nomina blasphemiae*“. Dass das Tier eine Frau gebiert, ist so nicht formuliert im Offenbarungstext; dort heißt es: Offb. 17, 3: „*et abstulit me in desertum in spiritu et vidi mulierem sedentem super bestiam coccineam plenam nominibus blasphemiae habentem capita septem et cornua decem*“; Offb. 17, 8: „*bestiam quam vidisti fuit et non est et ascensura est de abysso et in interitum ibit et mirabuntur inhabitantes terram quorum non sunt scripta nomina in libro vitae a constitutione mundi videntes bestiam quia erat et non est*“.

gewesen. Es existiert, so ist zu schlussfolgern, keine Lösung, die sich einsinnig aus dem aufgegriffenen Wissen ergibt.

Regenbogen verschiebt seine Antwort (C 37) auf die Ebene religiöser Praxis und führt die Vorgabe dann linear fort: Er deutet Tier, Köpfe und Hörner als Ausdruck der *superbia*, als Teufel, Höllenhunde und Todsünden, die die Christen verführen, sodass sie die Gebote Gottes übertreten. Der formulierte Gewinnanspruch: „*sich, meisterli, mich dunket wol, din kunst, dü muos sich neigen*" (Vers 12), scheint einen Sieg Regenbogens zu unterstreichen. Regenbogen hat die Vorgaben des Rätsels (Vernichtung der Christen, Aufbegehren wider Gott) auf den Glauben bezogen und damit eine in diesem Bereich eindeutige Lösung formuliert.

Doch lohnt es sich, genauer auf das Verhältnis von vorausliegendem, aufgegriffenem Wissen und dessen Umformung im Rätsel zu schauen: Das biblische Offenbarungswissen um das Tier mit den sieben Häuptern, so wie es Offb. 13 und 17 bieten, ist selbst bildhaft und die Allegorese des Tieres ist im Sinne eines Rätsels formuliert, wenn der Zahlenwert des Tiers mit 666 benannt wird und man Kenntnis und Verstand bräuchte, um hier weiterzukommen[40]. Das scheint mir ein klares intertextuelles Signal zu sein. Analog zum Offenbarungstext müssen auch die Wissensfacetten im Rätsel des Meisters einem tieferreichenden rationalen Prozess unterzogen werden. Durch die Analogisierung biblischer und spruchmeisterlicher Darstellung wird die Behauptung des Herausforderers dahingehend aufgeladen, dass eine richtige, geradlinige Deutung nicht möglich ist. Wenn der Gegner mit seiner religiösen Lösung die Kunst des Herausforderers zu stürzen meint, behauptet er implizit die Rechtmäßigkeit einer einzigen und die Unrechtmäßigkeit aller anderen Deutungen und er schließt Frömmigkeitspraxis und die Praxis der literarischen Auslegung (unzulässig) kurz.

Für den Meister gilt, dass der Knoten nicht einsinnig gelöst werden kann. Das wiederum muss heißen, dass die Zweifel am vorgegebenen Wissen notwendig sind, um unter die Oberfläche vorzudringen. Solch ein Streben nach Erkenntnis ist nicht abschließbar, was der wiederholte Einsatz bekannten Wissens durch den Meister deutlich zeigt, zuerst mit dem Alexanderexempel und dann mit der Johannesoffenbarung.

Über mehrere Jahrhunderte hinweg ist nun der Meinungsstreit, vor allem als Rätsel und Lösung, nicht aus der Meisterschaftsdiskussion wegzudenken. Zeigen lässt sich das gerade an den beiden Strophen des Offenbarungsrätsels, die von einem Nachahmer in der 150 Jahre späteren Kolmarer Meisterliederhandschrift

---

[40] Wer Verstand hat, berechne den Zahlenwert des Tieres. Denn es ist die Zahl eines Menschennamens; seine Zahl ist sechshundertsechsundsechzig: Offb. 13, 18: „*hic sapientia est qui habet intellectum conputet numerum bestiae numerus enim hominis est et numerus eius est sescenti sexaginta sex*". Und eine weitere Stelle, die auf den Einsatz des Verstandes hinweist, cf. Offb. 17, 9: „*et hic est sensus qui habet sapientiam septem capita septem montes sunt super quos mulier sedet et reges septem sunt*".

aufgegriffen und neu kontextualisiert wurden. Das Rätsel vom Tier mit den sieben Häuptern und den zehn Hörnern ist in k von einem weiteren Rätsel zur Johannesoffenbarung und von einem Schmiederätsel gerahmt. Durch Rubrizierung sind die drei Rätsel in ihrer Sonderheit markiert und abgesetzt voneinander, sodass alternierende Sprecher nicht mit Sicherheit festgeschrieben werden können. Da aber die Deutungsstrophe des Offenbarungsrätsels eine eingeschobene Selbstnennung zu Beginn aufweist: „*Ich Regenbog*" (k 26, 1), wird mindestens für diese beiden Strophen der alte Frauenlob-Regenbogen-Streit nachgeahmt, Frauenlob stellt das Rätsel und Regenbogen, nun auch als selbstsicher auftretender Sänger inszeniert, deutet das präsentierte Wissen heilsgeschichtlich.

Interessant bei dieser Nachahmung ist die semantische Verschiebung im Blick auf den Umgang mit dem vorausliegenden Wissen. Das biblische Wissen der Johannesvision wird anders als in C als eigene Vision des Rätselstellers präsentiert: „*Ich sach*" (k 25, 1), verbunden mit der Behauptung, kein lebender Dichter könne das Rätsel lösen. Das meisterliche Ich, in der Rolle Frauenlobs, behauptet auch hier die Unmöglichkeit einer Auflösung des verrätselten Wissens. Doch das ist nun legitimiert, weil sein Wissen visionäres, authentisches und insofern auch wahres Wissen ist. Und es ist zugleich auratisches Wissen: Nur der, der gesehen hat, weiß. Insofern sind dem Rätsellöser Regenbogen alle Entgegnungsmöglichkeiten genommen. Ihm bleibt im Angesicht dieser Zugangsbeschränkung für seine Antwort nichts anderes übrig als der Ebenenwechsel. Sein Widerwort speist sich deshalb aus dem Bereich der Frömmigkeit. In diesem Bereich moralischer Wertungen verheißt er dem Rätselsteller ein Leben ohne die Güte Gottes: „*nu wisse das: / die gottes gut din ie vergass*" (k 26, 16 sq.).

Aufschlussreich an diesem Umbau des Rätsels ist das klare Nebeneinander zweier Umgangsformen mit dem Wissen: Ist biblisches Wissen visionäres Wissen, dann legitimiert es denjenigen, der vorgibt, darüber zu verfügen. Wird das biblische Wissen zur Glaubensangelegenheit, kann der Anspruch, über arkanes Wissen zu verfügen, aberkannt werden. Religiöse und moralische Aspekte bestimmen dann die Wertung des Wissens: Der Anspruch Frauenlobs ist selbst *hoffart*, also Anmaßung. Und damit ist eines deutlich, dass mit dem Wechsel von der Ebene arkanen Wissens zur gelebten Frömmigkeit eine Abwertung des präsentierten Wissens im Sinne sündhaften Wissens einhergeht: Die Antwort Regenbogens ist durch den christlichen Glauben geprägt, der Zweifel und Sünde am Anfang der Schöpfung weiß. Der Umbau, der in der Kolmarer Liederhandschrift erfolgt, verschiebt also das Meisterschaftskonzept durch heilsgeschichtliche und frömmigkeitspraktische Referentialisierung. Und die Stärkung dieser Referenz scheint konzeptionell zu sein, wie das dreistrophige Folgerätsel verdeutlicht: Der Spruchmeister fragt ohne genaue Adresse nach einer Schmiede und ihrem Meister, der besser als er selber sei. Die Lösung des Rätsels liegt in Gott, dem Ursprung und Ziel aller Meisterschaft. Im Assoziationsraum der Schmiedemetapher werden (spruch-)meisterliche und göttliche Schöpfung im Begriff des Meisters enggeführt. Meisterschaft ist damit *imitatio* göttlicher Schöpfungskraft. Da es keinen explizit genannten Gegner mehr gibt und auch die Antwort allgemein die klugen Leute adressiert: „*nu merckent, wyse lute*“ (k 28, 10), sind Fragender und Antwortender möglicherweise identisch. Gegnerschaft spielt keine namhafte Rolle mehr. Das Ziel ist nunmehr die Ermahnung des Sünders: „*sunder, des solt im nacht und dagk dancken mit richem schallen*“ (k 29, 19). So entpuppt sich der Streit der Meister in der modifizierten Adaption der Kolmarer Liederhandschrift final als Unterweisung zum heilssichernden Leben und zugleich zeigt sich diese Form der Heilssicherung als meisterliches Gotteslob[41].

IV. Resümee zur transpersonalen Meisterschaft

Ich fasse zusammen: Der Traditionalist Regenbogen hat in C die Position eines Schülers inne, insofern er die Vorgaben der alten Meister und das angebotene, gesicherte Gedankengut aufgreift und fortschreibt. Doch das Gegeneinander der Meinungen zeigt, dass der inszenierte Frauenlob-Regenbogen-Streit zwei Meisterschaftsansprüche nebeneinanderstellt. Ein eindeutiger Sieg lässt sich nicht ausmachen und so muss für die *disputatio* im Langen Ton von C die Wahrheitsfrage zurückgestellt werden. Das meisterliche Vermögen bestimmt sich nicht über Wahrheit oder Unwahrheit der adversativen Meinungen, es bestimmt sich über das Aufwerfen immer neuer Facetten hinsichtlich des Umgangs mit bekanntem Wissen. Neben dem traditionellen Meisterschaftsverständnis, vertreten durch Regenbogen, konturiert sich eine prozessuale Form der Meisterschaft, die die Deutungsoptionen zum Kern der Dichtung als einer Form der Erkenntnis erhebt. Deuten erweist sich dabei als ein Ringen um Oberfläche und Grund[42].

Wem die beiden umstrittenen Strophen C 36 und C 37 letztlich gehören, ob Frauenlob, Regenbogen oder einem Nachahmer, ist dabei unerheblich. Das Strophengefüge demonstriert jedenfalls, dass Meisterschaftskonzeption und Traditionsbezug unabhängig vom konkreten Einzelnen als Gegeneinander von Meinungen entwickelt werden.

---

[41] Das Ziel der Ermahnung des Sünders liegt nicht nur in der Unterweisung, sondern zugleich in der Projektion des meisterlichen Gotteslobs auf den eigenen Kunstanspruch, wird doch im Lob des ersten Meisters die eigene Meisterschaft gelobt: „*den selben meinster rich*“ (k 29, 1) „*solt loben*“ (k 29, 13). Das Nomen Meister ist doppelt referentialisiert; gemeint ist der meisterliche Sprecher und Gott als Meister aller Meister.

[42] Und es sind bei Frauenlob oftmals pseudoetymologische Versuche, Begriffsbedeutungen genauer zu konturieren, sodass sich die Bedeutung unter der Oberfläche des Wortes findet und dann eben auch neben traditionelle Wortbedeutungen treten kann, wie es etwa für die Bedeutung des Nomens *hochvart* der Fall ist. In der Jenaer Liederhandschrift J 46–49 = GA V, 38–41 wird dem Substantiv *hochvart* mit der Bedeutung /Hochmut/ die Bedeutung /Hochstimmung/ zugewiesen, hergeleitet aus den Wortbestandteilen *hoch* und *vart.* Diese pseudoetymologische Herleitung stellt der traditionellen Bedeutung eine zweite zur Seite, die, und das ist Bestandteil der Reflexion, die *art* des Wortes unter der Oberfläche zu erkennen gibt.

Der zentrale Gedanke der Traditionsanbindung im Übertreffen (*aemulatio* durch Frauenlob) oder im Fortsetzen (*imitatio* durch Regenbogen) ist mit der Art und Weise der Wissensverarbeitung verknüpft. Das Auflesen und Zusammenfügen vorausliegenden Wissens durch Regenbogen zeichnet ihn in der Rolle des Schülers und Verteidigers der alten Meister aus. Die auf seiner Seite inszenierte Frömmigkeit findet dann in die Fortsetzungen des Frauenlob-Regenbogen-Streits in der Kolmarer Liederhandschrift Eingang. Der Gedanke des Verarbeitens verschiedenster Wissensfacetten und des Übertreffens umreißt den mit dem Namen Frauenlob verbundenen Meisterschaftsanspruch in C. Meisterschaft ist als handwerkliche Fertigkeit inszeniert, die mit Hilfe von Werkzeugen, insbesondere des Verstandes, erbracht werden kann. Doch ein solcher Erkenntnisanspruch, der in der Inszenierung allein aus dem menschlichen Vermögen resultiert, ist anfechtbar und dem Vorwurf des Hochmuts ausgesetzt. In der Nachahmung dieses Konzepts in k wird die Unterstützung durch den Schöpfergott legitimierend herangezogen, und zwar auf beiden Seiten. Der Streit ist nicht mehr durchgehend namhaft und die inszenierten gegnerischen Meisterrollen nähern sich an. Verstärkend kommt hinzu, dass die Lösungen der Rätsel mehr und mehr für die Vermittlung zentraler Glaubensfragen geöffnet werden. Das Augenmerk verschiebt sich von den Wissensfragen auf Glauben und Heilssicherung[43].

Im Blick auf den Wandel des Meisterschaftskonzepts von C zu k ist letztlich die Annahme berechtigt, von einer fortlaufenden und sich wandelnden Konzeption zu sprechen. Es ist dann folgerichtig, den Begriff des Meisters nicht an eine konkrete Person zu binden, sondern an einen Typus. Meisterschaft erweist sich als eine gottgegebene Form- und Kompositionsfertigkeit. Sie zeichnet sich aus durch inszenierte Gelehrtheit, Verstandeskraft, einen moralischen Duktus und durch das Aufgreifen, Bearbeiten sowie Überbieten vorausgehender Meisterschaft. Die Ausdrucksform bleibt der fiktive Sängerstreit, dessen prominenter Vertreter der Regenbogen-Frauenlob-Streit ist. Im Übrigen gibt es diesen Streit auch in späten Strophen Regenbogens, in denen dann die Position der Selbstrühmung für die Regenbogenrolle erprobt wird[44]. Meisterschaft erweist sich aus dieser Perspektive erst recht als ein transpersonales Phänomen.

---

[43] Der Effekt dieser Verschiebung liegt in der jetzt gestaltbaren Engführung von Gotteslob, Lob der Meisterschaft und Heilssicherung: Im Gotteslob wird die Meisterschaft des Schöpfens gelobt und dahinter die eigene literarische Meisterschaft, und dieses Gotteslob ist zugleich auch Ausdruck der Heilssicherung.

[44] Wachinger, Sängerkrieg (nt. 9), 284 sq. und 296–298. Burghart Wachinger führt zwei Regenbogen zugeschriebene Strophen auf, die verdeutlichen, dass der Frauenlob-Regenbogen-Streit bis ins 17. Jahrhundert tradiert wurde. Die Position der Selbstrühmung wird nicht an einen realen Meister Heinrich von Meißen gebunden; es ist eine frei verfügbare Position, die in beiden späten Strophen Regenbogen zugewiesen wurde. Da, wo in der Kolmarer Meisterliederhandschrift im Nomen Meister des Rätsels Lösung in meisterliches Gotteslob und dahinter in ein Eigenlob umschlug, nivelliert sich personengebundene Meisterschaft in der von Wachinger aufgeführten Meistersingerhandschrift des 17. Jahrhunderts durch den Wunsch des inszenierten Meisters Regenbogen, mit Frauenlob gemeinsam zum Gotteslob anzutreten.

Der Frauenlob-Regenbogen Streit
nach der Großen Heidelberger oder Manessischen Liederhandschrift C[45]

C 32
V, 115

Was ie gesang Reinmar und der von Eschilbach,
was ie gesprach
der von der Vogelweide
mit [ ] vergoltem kleide,
ich, Vrouwenlob, vergult ir sang, als ich üch bescheide.
sü hant gesungen von d*e*m feim, den grunt hant sü verlassen.

us kessels grunt gat min kunst, so giht min munt.
ich tuon üch kunt
mit worten und mit tönen
gar ane sunderhönen:
noch sölte man mins sanges schrin gar rilichen krönen.
si hant gevarn den smalen stig bi künstenrichen strassen.

wer ie gesang und singet noch
(bi grüenem holtz ein fules bloch),
so bin ichs doch
ir meister noch.
der sinne trag ich ouch e*i*n ioch,
dar zuo bin ich der künst ein koch.
min wort, min döne getraten nie us rechter sinne sassen.

---

4 mit vergoltem] mit zover goltem | 6 dem] düm | 17 ein] ein *radiert*, en *wohl am Rande der Zeile nachgetragen*

Was jemals Reinmar, der von Eschenbach und Walther von der Vogelweide mit vergoldetem Kleid gedichtet haben, ich, Frauenlob, vergolde ihren Gesang, wie ich es euch darlege. Sie haben den Grund verlassen und von Schaum gesun-

---

[45] Für die Lesbarkeit der Strophen wurden Strophen und Verse abgesetzt und handschriftliche Abkürzungen aufgelöst. Bei der Getrennt- und Zusammenschreibung habe ich mich in Zweifelsfällen für die Zusammenschreibung entschieden. Diakritische Zeichen ohne Lautwert sind gestrichen; eindeutige Supraskripta aufgelöst; u/v und i/j wurden nach dem Lautwert geregelt; Schaft-s ist durch Rund-s ersetzt. Ein mit einem i überschriebenes u, das mittelhochdeutsch langes und kurzes /ü/ bzw. /iu/ bezeichnet, wird als ü wiedergegeben, da die Handschrift für den Laut /ü/ keine Unterscheidung nach Quantitäten kennt. Das gleiche gilt für mit e überschriebenes o. Interpunktion wurde eingeführt, wobei die Göttinger Ausgabe als Orientierung diente. Am Strophenanfang und bei Eigennamen erfolgt Großschreibung. Verbesserungen gegenüber der Handschrift sind kursiviert und für das Verständnis notwendige Ergänzungen zusätzlich durch spitze Klammern ⟨ ⟩ hervorgehoben. Auslassungen gegenüber dem handschriftlichen Text sind durch eckige Klammern markiert [ ]. Die Bezugsgröße für die Strophenzählung ist das von der Handschrift definierte Autorcorpus. Den Strophennummern geht die Handschriftensigle voraus und der Strophenzähler steht am linken Rand jeder Strophe, ergänzt durch den Strophenzähler der Göttinger Ausgabe.

gen. Meine Kunst kommt vom Grunde des Kessels. Ich verkünde euch ernsthaft in Wort und Ton, dass man meinen Gesang reichlich krönen wird. Sie haben den schmalen Steig anstelle der kunstreichen Straße beschritten. Ich bin der Meister derer, die früher sangen und die jetzt noch singen (ganz gleich ob es sich dabei um einen grünen Zweig oder ein faules Brett handelt). Ich trage ein Joch des Verstandes und bin ein Koch der Künste. Meine Worte und Töne sind nie aus den Fugen des Verstandes geraten.

C 33 Dis ist der Regenbog
V, 116

Gum, giemolf, narre, dore, geswig der toten kunst!
min munt, min gunst,
die widersag*en* dir beide!
gichst von vergultem kleide.
vergultist du der meister sang, die uf der künstheide
gebrochen hant und brechent noch vil roser spechen fünde?

der kempfe wil [ ] ich aller sin: din kunst muos snaben,
ich wil durgraben
dir dines sinnes kessel.
din kunst ist mir ein nessel
gen violricher meisterschaft. sitz ab der künste sessel,
daruf si sassen! des wil ich wol sin ir aller urkünde.

ob du des nicht gelouben wilt:
wol har, ich füer ir aller schilt.
min sang [ ] dir gilt
gar unverzilt.
di*n*s güdens mich gar sere bevilt.
min kunst dir dur den kessel spilt.
lat tot und leben dich vri, slüs uf min eisgebünde.

---

3 widersagen] wider sagt | 7 aller *unterpungiert, wurde gestrichen* | 15 *ein* der gilt *ist unterpungiert, wurde gestrichen* | 17 dins] dis

Schreihals, Maulaufreißer, Narr, Tor, schweig von der Kunst der Toten. Ich widerspreche dir! Du sprichst von vergoldetem Kleid. Meinst du, dass du den Gesang der alten und heutigen Meister vergoldest, die auf der Kunstheide ihre kunstfertigen Sprüche finden? Ich werde ihr Verteidiger sein: Deine Kunst strauchelt. Ich werde dir den Kessel deines Verstandes durchgraben. Deine Kunst verhält sich zu wahrer Meisterschaft wie die Nessel zum Veilchen. Du hast kein Recht auf den Thron der alten Meister! Das kann ich bezeugen. Auch wenn du es nicht glauben willst, ich führe ihr aller Schild. Mein Gesang gilt nur dir. Dein Prahlen verdrießt mich sehr. Meine Kunst gleitet leicht durch deinen Kessel. Auch wenn Tod und Leben dich freilassen, mein schreckliches Band musst du erst lösen.

C 34
V, 19

Der künig Alexander mit volkome*ne*r macht
die lant ervacht
bis an das paradyse.
in so hoher wise
wart im gegeben ein edel stein, klein und wol ze prise.
*m*an hies den künig, das er den stein mit laste widerwüege.

der stein, der wart geleit uf einer wage sims,
mit lastes bims
muost man in widermangen.
was man möcht erlangen,
das lestlich was, das enwag da nicht gegen des steines spangen.
ein wiser warf [ ] ein tach von erden uf den stein gefüege;

do was sin starke kraft gelegen.
dis merka, hoch gelopter degen:
kein widerwegen
mag din gepflegen,
die wile du hast des heiles segen;
wirt aber ein tach von ert dich stegen,
so wi*n*t din kraft, din hohü macht, ein milw*e* es übertrüege.

---

1 volkomener] volkomen der | 6 man] wan | 12 warf ein tach] warf ein van tach | 19 wint] wirt; milwe] milwü

Der König Alexander erkämpfte sich machtvoll die Länder bis hin zum Paradies. Dort wurde ihm ein zierlicher und lobenswerter Edelstein gegeben, den er aufwiegen sollte. Der Stein wurde auf eine Waagschale gelegt. Doch was immer man an Gewicht dagegensetzte, der Stein war schwerer. Als aber ein Weiser den Stein mit etwas Erde bedeckte, verlor der Stein seine Kraft. Achte darauf, hochgelobter Held: Kein Widerstand kann dir etwas anhaben, solange du Glück hast. Wirst du aber begraben, enden deine Kraft und deine Macht. Eine Milbe würde sie dann übertreffen.

C 35
V, 117

Regenbog

Der wage sims, der künste bims, nims und gims!
tolmetsch vernims!
wilt du uns tü*ts*ch verdol*k*en,
schenk uns nit sures molken!
die sprüchen din nim *i*ch für win, sü varent durch ein wolken.
din lichte kunst nu schouwen lat, was ie die meister sungen.
her Walther und zwein Reinmar, ein Wolfran,
der künste sta*m*
mit sange noch uss in loubet.

ja sam mir min houbet,
ir wurzelkraft hat lob bejagt. wer sie des berobet,
der geb mir zil, ich entwürt ims. hie wirt dü rede betwungen,
das er ein teil sin branggen lat,
der also vil gewolkert hat.
sin sang, der sta*t*
recht als dü wat,
dü ni niender kein g*e*lenk*e* hat,
da vedm*e*n usgrinent dür die wat.
la, tumber man, din rümen varn. louf spilen mit den jungen.

3 tütsch verdolken] tuffsch verdolchen | 5 nim ich] nim mich | 8 stam] stan | 15 stat] statz | 17 gelenke] gülenkü | 18] vedmen] vedmün

Die Waagschale, das Federgewicht der Kunst, nimm es und gib es! Dolmetscher vernimm es! Willst du uns das Deutsche übersetzen, so schenke uns nichts Saures ein! Deine trunkenen Sprüche fahren durch die Wolken. Deine leichte Kunst lässt die der Meister hervortreten. Walther, die beiden Reinmare und Wolfram sind der Stamm der Künste, der noch immer laubt. Wahrlich, ihre Wurzelkraft hat Lob erworben. Wer ihnen das rauben will, der gebe mir die Gelegenheit, ich antworte ihm darauf. Ich bezwinge den, der so viel Wolken gemacht hat. Dann unterlässt er sein Prahlen. Sein Gesang ist wie ein fadenscheiniges Kleid ohne Nähte. Lass dein Prahlen sein, dummer Mann. Geh mit den Kindern spielen.

C 36

Johannes sach ein tier us meres grunde gan,
daruffe stan
zehen horn und siben houb*e*t.
das tier hat betoubet
d*ie* meist*e* menigi der kristenheit, wer nu daran geloubet.
das tier, das widersaget got und al die zuo z'im pflichtent.
das tier, das sol gebern ein wip, ist mir wol kunt.
nu rüer den grunt
mit dines sinnes füessen!
e wolt ich gebüessen,
obs meres [ ] flus were galle gar, mit hong es übersüessen,
e mir ieman lost uf den strik, die nu *mi*t leben tichtent.
hört wie des tieres meinung gat,
das siben houbet uf im hat,
(der künste mat,
hab ich gesat)
ich wene, das ieman lebent stat,

der singe*n*s pflege und mir das [ ] pfat,
die siben houbet und dü horn, kun eben usgerichten.

3 houbet] houbt | 5 die meiste] der meisten | 11 *ein* grunt *ist unterpungiert, wurde gestrichen* | 12 mit] aht | 18 singens] singes, *ein* stat *ist unterpungiert, wurde gestrichen*

Johannes sah ein Tier mit zehn Hörnern und sieben Häuptern aus dem Meer steigen. Das Tier verführte viele Christen; wer nur daran glaubt. Das Tier sagt sich von Gott los und von allen die an ihn glauben. Mir ist bekannt, dass das Tier ein Weib gebären wird. Nun berühre den Grund mit den Füßen deines Verstandes! Eher würde ich ein Meer voller Galle mit Honig versüßen, bevor mir irgendein lebender Dichter den Knoten lösen könnte. Hört die Bedeutung des Tieres mit den sieben Häuptern (die Ernte habe ich gesät), ich glaube, dass kein lebender Sänger diesen Pfad, die sieben Häupter und die Hörner, in eine richtige Ordnung bringen kann.

C 37 Regenbog

Dis tier hoffart tütet, also gicht min list.
den endekrist
betütet uns sin meinen.
wem es sich wil vereinen?
secht, keisern, küngen, graven, vrien dienstman erscheinen,
des tieres houbet und sin horn, secht; die wil ich dir *z*eigen:

tötlicher sünden siben hochfart uf i*r* hatte
in sündes statte,
als dir wirt hie betütet,
darin wirt gebrütet
ein tier, verschamt und gar unreine, das Krist widerbütet.
sich, meisterli, mich dunket wol, din kunst, dü muos sich neigen.
dü horn betütent, höra was,
den hellehunt, ⟨*der*⟩ dur sin has
git widersas
dem gottes mas.
dü zehen gebot, dü werdent las
der kristenheit dur sinen gras.
das sind dü horn, houbet und das tier; sich, nu din kunst muos feigen.

6 zeigen] erzeigen, er- *unterpungiert, wurde gestrichen* | 7 ir] im | 14 der dur] dur

Das Tier ist der Hochmut, das sagt meine Klugheit. Es ist der Antichrist. Wem gesellt es sich zu? Seht, Kaisern, Königen, Grafen und Dienstleuten erscheinen die Häupter und Hörner des Tieres; seht, die will ich dir zeigen: Der Hochmut trug sieben Todsünden, wie es dir hier gedeutet wird, und in der Sünde wird ein schamloses, unreines Tier ausgebrütet, das gegen Christus kämpft. Schau, Meisterlein, mir scheint, deine Kunst muss einknicken. Höre, die Hörner bedeuten den Höllenhund, der durch seine Feindseligkeit gegen Gottes Gebot steht. Wegen seiner Anmaßung werden die zehn Gebote den Christen unwichtig. Das sind Hörner, Häupter und Tier; sieh, nun wird dein Kunstanspruch vernichtet.

Miniatur zu ‚Klingsor von Ungerlant‘

Große Heidelberger oder Manessische Liederhandschrift C, 219^{r}: Autorsigle „Klingsor von Ungerlant“, URL: 〈http://digi.ub.uni-heidelberg. de/diglit/cpg848/0434〉

Der ‚Dialogus' Ockhams als Fiktion eines Lehrgesprächs zwischen Lehrer und Schüler

Jürgen Miethke (Heidelberg)

Über die Hälfte seines erwachsenen Lebens lang war Wilhelm von Ockham mit dem ‚Dialogus' beschäftigt. Noch in den letzten Jahren der Regierungszeit Papst Johannes' XXII. (1316–1334) muss er das Konzept entwickelt haben. Noch vor dem Tod des Papstes (am 4. Dezember 1334) hat er den ersten Teil, die voluminöse Abhandlung ‚De haereticis' (d. h. ‚Die Ketzer') abgeschlossen. Im heute meist benutzen Druck[1] umfasst der Text nicht weniger als 440 dicht bedruckte Seiten im Folioformat. Dieses „Zwiegespräch" zwischen einem *magister* und einem *discipulus* will ich im Rahmen hier kurz beleuchten.

Ein zweiter Teil mit dem vorgesehenen Titel ‚De dogmatibus Iohannis XXII' (‚Die Lehren Papst Johannes' XXII.') ist heute noch in sämtlichen Druckausgaben (so auch jetzt in der kritischen Ausgabe von Ockhams Opera politica, vol. VIII) enthalten. Diese Fassung des Textes ist jedoch nicht als „Zwiegespräch" formuliert[2]. Wir werden uns hier mit der sogenannten ‚Secunda pars'

---

1 Monarchia sacri Romani imperii sive tractatus de iurisdictione imperiali seu regia, ed. M. Goldast, vol. 2, Francofordiae 1614 [Neudruck Graz 1960], 398–739 [nicht ohne Paginierungsfehler!]. In der in Oxford vorbereiteten modernen Edition wird sie etwa fünf Bände im Oktavformat umfassen (Opera politica, vols. V bis IX). Hier verwende ich zum Nachweis nur diesen Druck, wo moderne kritische Editionen fehlen, auch wenn der Text dort im Wesentlichen aus der Inkunabel des Johannes Trechsel, Lyon 1494 stammt, die 1962 in London eine Reprint-Ausgabe erlebte und deswegen leicht erreichbar ist. Naturgemäß ist der Inkunabeldruck aber wegen der Abkürzungen und anderer handschriftlicher Traditionen schwieriger lesbar als der Druck des 17. Jahrhunderts.

2 Wilhelm von Ockham, Dialogus. Part 2. Part 3. Tract 1, edd. J. Kilcullen/J. Scott/J. Ballweg/V. Leppin (Opera politica [künftig: ‚OPol'] VIII), Oxford 2011, 17–73; bzw. 77–102. Dazu die dortige ‚Introduction' durch John Kilcullen, 3–15. (Eine ausführlich kommentierte, breiter auf Varianten gestützte Ausgabe durch V. Leppin/J. Ballweg e. a. ist angekündigt, aber noch nicht erschienen.) Zusammenfassend J. Kilcullen, Introduction zu II Dialogus in: OPol VIII, 8–11. Die moderne kritische Ausgabe hat – aus zweifelhaften Gründen, aber insgesamt doch verständlich – den beiden Traktaten neu erfundene umständliche (und sicherlich nicht zu Ockham passende) Titel gegeben (‚De revocatione ficta Iohannis 22^{i}' sowie ‚Responsiones ad quasdam raciones sophisticas adductas ad muniendum errorem Iohannis 22^{i} de visione animarum sanctarum in celo'). Es ist einer Gruppe von universitären Ockhamlesern im Paris des späteren 14. Jahrhunderts (also etwa eine Generation nach Ockhams Tod, aber noch vor 1476) zu verdanken, dass heute noch ein nichtdialogischer Text als ‚Secunda pars' präsentiert wird, indem zwei thematisch mit dem ursprünglichen Plan verwandte frühe Streitschriften Ockhams ersatzweise in den Gesamtaufriss des ‚Dialogus' eingestellt wurden.

nicht weiter beschäftigen. Für eine ‚Tertia pars' des ‚Dialogus'[3], war ursprünglich der Titel vorgesehen ‚Die Geschichte derer, die um den rechten Glauben streiten' (‚De gestis circa fidem altercancium orthodoxam'). Die Abhandlung war offenbar dazu bestimmt, die einzelnen Protagonisten im Armutstreit jeweils in Gesprächsform vorzustellen, deren Positionen in nicht weniger als sieben ausführlichen Diskursen entwickelt werden sollten. Das betraf nach den Angaben im Prolog alle Hauptbeteiligten, die Päpste Johannes XXII. und Benedikt XII. sowie Kaiser Ludwig den Bayern, die beiden Franziskanergeneräle der beiden Ordensparteien Michael von Cesena und Geraldus Odonis, und auch Ockham selbst. Schließlich sollte generell berichtet werden

> „über all das, was andere Christen taten, Könige, Fürsten, Prälaten und einfache Gläubige, Laien und Kleriker, Weltpriester und Ordensleute, Minderbrüder und andere, die einem oder einigen der oben genannten Personen anhängen, ihnen Gehorsam leisten, ihnen beistimmen, mit ihnen Gemeinschaft halten, ihnen Vorschub tun oder irgend Hilfe und Rat zukommen lassen oder vielmehr einen oder mehrere von ihnen verfolgen, bekämpfen, ihnen lästig fallen oder auch sie für tadelnswert halten"[4].

Es ist schwer vorstellbar, wie sich das alles in einem „Dialog" hätte spiegeln können. Doch ist Ockham niemals in die Nähe einer Realisierung seines derart formulierten Vorhabens gelangt. Er hat nach Abschluss der ‚Prima pars' und einer Pause, die mit zahlreichen anderen Überlegungen und Schriften ausgefüllt war, am Ende der 30er Jahre (allerspätestens Anfang der 40er Jahre noch vor dem Tod Benedikts XII., also vor 1342) seine Arbeit an der ‚Tertia pars' des

---

[3] Monarchia, II, ed. Goldast (nt. 1), 771–976. Der I. Traktat der ‚Tertia pars' (III.1 Dialogus) liegt jetzt in moderner Edition vor: Wilhelm von Ockham, Dialogus, edd. Kilcullen/Scott/Ballweg/Leppin (nt. 2), 103–371 (eine lateinisch-deutsche Ausgabe nach dieser kritischen Edition: Wilhelm von Ockham, Die Amtsvollmacht von Papst und Klerus, III.1 Dialogus, lateinisch und deutsch, übersetzt von Jürgen Miethke [Herders Bibliothek der Philosophie des Mittelalters, 36/I-II], Freiburg i. Br. – Rom – Barcelona 2015); III.2 Dialogus ist dagegen vorläufig noch nach den alten Drucken zu benutzen, etwa bei Goldast (nt. 1), 889[statt richtig 868]–957, d. h. ca. 90 Folioseiten (das wird also einen relativ schmalen Band im Format der OPol IX ergeben, eine vorläufige Edition steht bereits im Internet, URL: ⟨http://www.britac.ac.uk/pubs/dialogus/w32d1atx.html⟩ [Stand: 20.8.2014]; eine verbesserte ‚2nd draft edition' stellte mir freundlich der Hauptherausgeber Semih Heinen [Köln] zur Verfügung; sie ist auf der Homepage der British Academy veröffentlicht worden).

[4] III.1 Dialogus, Prolog (OPol VIII), 115, 17–116, 32: „*(Tractatus) tercius de gestis Ioannis 22i, quem nonnulli putant propter hereticam pravitatem diu antequam de hoc mundo migraret omni dignitate ecclesiastica fuisse privatum, alii ipsum fuisse catholicum et in vero papatu finisse dies suos existimant; quartus de gestis domini Ludowici de Bavaria, quem aliqui verum imperatorem non reputant, alii contrarium arbitrantur; quintus de gestis Benedicti 12i, quem multi, sed non omnes, tamquam verum summum pontificem venerantur; sextus de gestis fratris Michaelis de Cesena, septimus de gestis et doctrina fratris Giraldi Othonis, quorum unum quidam, alii alium, verum generalem ordinis fratrum minorum affirmant; octavus de gestis fratris Willelmi de Ockham; nonus de gestis aliorum Christianorum – regum, principum et prelatorum ac subditorum, laicorum ac clericorum, secularium et religiosorum, fratrum minorum et aliorum – qui alicui vel aliquibus de prenominatis personis adherent, obediunt, consenciunt, communicant, favent vel quomodolibet prebere consilium aut auxilium dinoscuntur, vel ipsos (aut eorum aliquem) persequuntur, impugnant, molestant vel reprehensibilem aut reprehensibiles arbitrantur.*"

‚Dialogus' wieder aufgenommen[5]. Bis zu seinem Tod (1347 oder 1348), also fast ein Jahrzehnt lang, hat er anscheinend daran gearbeitet, ohne an sein geplantes Ende gelangen zu können. Freilich hatte er bei der Neuaufnahme der Niederschrift den alten Plan nicht unerheblich verändert. Ursprünglich vorgesehen war ein Dialog über die Geschichte des Armutstreits. Ockham hat aber diesen nur geplanten dialogischen „Memoiren" zwei neu konzipierte Traktate vorgeschaltet, von ihm selbst als *preparatorii et preambuli ad sequentes*[6] bezeichnet, die er ‚Die Amtsvollmacht von Papst und Klerus' sowie ‚Die Rechte des Römischen Reichs' nennen wollte. Auch diese geplanten systematischen Abhandlungen zur Politiktheorie, an denen Ockham wohl etwa gleichzeitig gearbeitet hat, konnte er jedoch vor seinem Tod nicht mehr fertigstellen. Beide Texte brechen unvollendet ab, der erste Traktat mit dem abrupten Ende eines ungewöhnlich kurzen Kapitels, der zweite in drei verschiedenen Handschriftenfamilien an drei unterschiedlichen Stellen, jeweils gewissermaßen mitten in einem Absatz[7].

Der Umfang all dessen, was fragmentarisch von dem literarischen Großprojekt erhalten blieb, kann heute gewiss mögliche Leser abschrecken. Im Spätmittelalter dagegen ist die Zahl der Handschriften der verschiedenen Teile insgesamt bemerkenswert[8]: Kein einziger Teil muss sich mit einem einzigen Überlieferungsträger begnügen, und die umfängliche ‚Prima pars', der ich mich jetzt zuwende, erreicht mit 34 erhaltenen Manuskripte die Spitzengruppe der politi-

---

[5] Nur angedeutet im III.1 Dialogus, Prolog (OPol VIII), 115, 7–12: „*Proinde ad terciam partem nostri dialogi, quam ab inicio ‚De gestis circa fidem altercancium orthodoxam' volui appellari, nostram intencionem vertamus, quantum nostre occupaciones et studia presentis congruant temporis qualitati (quia, ut beatus asserit Augustinus ad Bonifacium comitem, et habetur 23ª, q. 4 ª, c. ‚Si ecclesia', omnia debent suis temporibus convenire)* [...]" (Es ist deutlich, dass dies eher zu Beginn der Arbeit als nach deren Abschluss formuliert wurde: *intencionem vertamus!* – zumal beide handschriftlich überlieferten Traktate der ‚Tertia pars' Fragment geblieben sind, cf. unten nt. 8.)

[6] III.1 Dialogus, Prolog (OPol VIII), 115, 12–116, 17: „[...] *quam in novem tractatus volo secari, quorum unumquemque in diversos libros censeo dividendum. Primi autem duo erunt preparatorii et preambuli ad sequentes, in quibus de gestis diversorum Christianorum scrutabimur: primus quidem disputando de potestate pape et cleri; secundus de potestate et iuribus Romani imperii, in quo quamplurima de iuribus regum ac principum ac eciam laicorum aliquorum tractabimus* [...]." Ebenso in III.2 Dialogus, ed. Heinen (nt. 3), 3: „*Proinde post tractatum de potestate papae et cleri tractatus de iuribus Romani imperii, quae nonnulli literati ex literis sacris nituntur elicere, subnectatur: praesertim cum occasione Romani imperii quidam – quorum gesta, sicut et multorum aliorum, in tractatibus secuturis, ad quos isti duo primi tertie partis nostri dialogi sunt preparatorii et preambuli, nitemur discutere – de fide altercari ceperint orthodoxa* [...]."

[7] Das geschieht allerdings maximal eine Foliodruckseite des Goldastdruckes auseinanderliegend, also nicht allzu weit gestreut. Allerdings repräsentieren (nach den Ergebnissen der Kölner Arbeitsstelle, wie mir freundlich Semih Heinen mitteilte) die drei Handschriftenfamilien auch drei unterscheidbare Redaktionen. Der fragmentarische Charakter von III.2 Dialogus ist damit evident. Dass auch III.1 Dialogus Fragment geblieben ist, hat John Kilcullen in seiner Edition (nt. 3) plausibel gemacht, cf. auch OPol VIII, 113.

[8] Nach der Auskunft der Editoren der ‚Opera politica', URL: ⟨http://www.britac.ac.uk/pubS/dialogus/sigla.html#whichCodices⟩ (Stand: 23.7.2014) ist I Dialogus in 34 Manuskripten in fünf Familien überliefert, III.1 Dialogus in drei Überlieferungsträgern (Manuskripte und Frühdruck), III.2 Dialogus in zwanzig Manuskripten (in 3 Versionen, die Ausgabe wird durchgängig sieben Manuskripte berücksichtigen – diese Information verdanke ich Semih Heinen).

schen Traktate des Spätmittelalters[9]. Das Zwiegespräch beginnt ohne epischen Vorbericht, stellt also nicht eigens die Gesprächssituation oder die Dialogpartner vor. Ein „Lehrer" springt mit seiner Antwort an einen „Schüler" vielmehr *medias in res.* Durch „unverschämtes Drängen" hatte, so erklärt er, der Gesprächspartner vom ihm gefordert, eine Unterhaltung zu beginnen „über die zur heutigen Zeit unter den Christen geführte Auseinandersetzung über den katholischen Glauben und vieles, was damit zusammenhängt". Der Lehrer sollte darüber, so heißt es, „eine (systematische) Summe" verfassen[10]. Das war nach den großen ‚Summen' des 13. Jahrhunderts, nicht zuletzt nach den beiden damals wie heute vielgerühmten ‚Summen' des Thomas von Aquin ein durchaus gewichtiger Anspruch[11]. Im gleichen Atemzug präzisiert der Lehrer, dass der Schüler darüber

---

[9] Cf. die Aufstellungen bei J. Miethke, De potestate papae, Tübingen 2000, 306–318. Zur Rezeptionsgeschichte Ockhams H. S. Offler, The 'Influence' of Ockham's Political Thinking, The First Century, in: W. Vossenkuhl/R. Schönberger (eds.), Die Gegenwart Ockhams, Weinheim 1990, 338–365; J. Miethke, Marsilius und Ockham. Publikum und Leser ihrer politischen Schriften im späteren Mittelalter, in: Medioevo 6 (1980), 534–558. Cf. auch J. Miethke, Marsilius von Padua, Wilhelm von Ockham und der Konziliarismus, in: S. Lepsius/R. Schulze/B. Kannowski (eds.), Rechts- und Verfassungsgeschichte im deutsch-italienischen Diskurs. Festschrift für Gerhard Dilcher zum 80. Geburtstag (Abhandlungen zur rechtswissenschaftlichen Grundlagenforschung, Münchener Universitätsschriften, Juristische Fakultät 95), Berlin 2014, 169–192.

[10] I Dialogus, Prolog beginnt, ohne dass auch nur der „Magister" ausdrücklich eingeführt würde, mit einer Äußerung des Lehrers, der jedoch nicht als solcher bezeichnet wird, sondern schlicht mit dem Text beginnt: „*In omnibus curiosus existis, nec me desinis infestare. Quamvis enim ob multos editos laboriose tractatus scias me non modicum fatigatum, quoddam tamen opus insolitum fieri postulas importune. Nam ut de controversia que super fide catholica et multis incidentalibus inter Christianos nunc vertitur nescio quam summam tibi componam impudenter exposcis, et audacter formam procedendi modumque loquendi michi, ut dicis, intendis imponere. Sane cum tuam fuerim importunitatem frequenter expertus, non eo quod amicus meus es sed propter importunitatem tuam voluntati tue parere conabor. Quale ergo opus et quomodo edi desideras manifesta.*" Das Zitat folgt hier der vorläufigen Edition, die auf der Homepage der British Academy im Internet greifbar ist, URL: ⟨http://www.britac.ac.uk/pubs/dialogus/t1d1.html⟩ (Stand: 19.8.2014). Sie unterscheidet sich hier freilich nur minimal und nirgends sinnändernd von dem Text der alten Drucke.

[11] Kurz zuvor (wenig nach 1320) hatte der Augustinereremit Augustinus von Ancona dem Papst Johannes XXII. eine ‚Summa de ecclesiastica potestate' eingesandt, die ganz dem methodischen Vorbild der ‚Summa theologiae' des Thomas von Aquin (bis zur Gliederung in Artikel und Quaestionen) verpflichtet war. Zu ihm cf. zusammenfassend J. Miethke, Politiktheorie im Mittelalter. Von Thomas von Aquin bis Wilhelm von Ockham (UTB 3059), Tübingen ^{2}2008, 170–177. Davon jedoch hat Ockham zu Beginn (allerdings mit einem Exordialtopos) seiner Arbeit offenbar nichts gewusst, meint er doch, niemand habe sich bisher zu diesen Fragen geäußert (z. B. hier in nt. 10: *opus insolitum*). In dem später niedergeschriebenen III.2 Dialogus freilich könnte sich Ockham sogar auf Augustinus von Ancona unter Nennung seines Namens bezogen haben: Er nennt ihn dort in I.21, ed. Goldast (nt. 1), 891, 27–29, aber schlicht „Augustinus": „*Pro eadem opinione allegatur Augustinus sic: Ab illo habet imperator Romanum imperium, a quo postquam electus est, examinatur, confirmatur et inungitur, consecratur et coronatur, et cui iurat* [...]." Das kann sich unmöglich auf Augustinus beziehen, wie bereits im 14. Jahrhundert evident war. Doch ist die Überlieferung dieser Passage nach Ausweis der ‚2nd draft edition' (nt. 3) kompliziert. Die Ausgabe liest (S. 83, Zeile 3): „*Pro eadem opinione allegatur aliter* [bzw. *argumentum*]"; nur eine Pariser Handschrift aus St. Victor aus der Vorbereitungsphase der Edition (sowie auch der Inkunabeldruck Lyon 1494) lesen ‚Augustinus'. Das heißt, dass der Name (wohl zu Recht) den Editionsbe-

hinaus auch die Methode der Gesprächsführung (und damit der Problemdarstellung) vorweg bestimmen wollte: Die Fragen würde er stellen, der Lehrer sollte darauf antworten.

Noch bevor er seine Abhandlung beginnt, gibt Ockham Rechenschaft über Absicht und Methode seiner Schrift. Das geschah – seiner Zeit entsprechend – bereits im Prolog, d. h. in den Handschriften gleich mit den ersten Zeilen. Hier konnte einem Leser früh klar werden, was die Schrift erwarten ließ[12]. Auch in allen später entstandenen *partes* der Schrift, die nacheinander der Öffentlichkeit zur Abschrift übergeben und damit „publiziert" wurden, verkündet Ockham im jeweiligen Prolog erneut seine Absichten, wiederholt hier, welche Fragen er in welcher Form behandeln wolle. Offenbar rechnete er von vorneherein damit, dass einzelne Teile der Schrift in selbstständigem Umlauf kursieren würden. Sie mussten also auch je für sich lesbar bleiben.

In den ersten Zeilen der ‚Prima pars' hatte er festgelegt, dass sein ‚Dialogus' kein Streitgespräch sein würde. Nicht die beiden Seiten einer strittigen Erörterung sollten hier durch je einen Sprecher formuliert werden und einander direkt gegenüberstehen. So waren in seiner Zeit mehrfach andere dialogische Schriften vorgegangen. Dort wurden durch verschiedene Sprecher kontroverse Argumente produziert, und schließlich hatte ein (meist in einer vorgeschalteten Rahmenerzählung vorgestellter) Gerichtshof, ein König, der Papst oder eine Phantasiefigur die Entscheidung darüber zu treffen, bei welcher Position die ‚besseren' Argumente und das größere bzw. bessere Recht zu finden sei[13].

Ockham dagegen wollte sicherstellen, wie er sagt, dass in seinem Traktat „viele Wahrheiten aufgespürt und einzeln erörtert"[14] würden. Es geht also um

mühungen in Paris zuzuschreiben ist, aus Ockhams Text aber zu streichen ist – was freilich das Zitat selbst nicht auslöscht. Cf. unten nt. 42.

12 Auch die „akademischen Schriften" Ockhams haben in aller Regel ein elaboriertes Proömium, wie man sich in den 17 Bänden seiner Opera philosophica et theologica, St. Bonaventure, NY 1967–1988 (künftig OPh bzw. OTh) überzeugen kann (zu diesem editorischen Großunternehmen zusammenfassend J. Miethke, Der Abschluss der kritischen Ausgabe von Ockhams akademischen Schriften, in: Deutsches Archiv 47 [1991], 175–185).

13 Zur Typologie der Dialoge eingehend die „literarhistorische Studie" von C. Cardelle de Hartmann, Lateinische Dialoge 1200–1400. Literaturhistorische Studie und Repertorium (Mittellateinische Studien und Texte 37), Leiden–Boston 2007, 229–282, zusammenfassend 270.277. Für ein „Streitgespräch" ist etwa die kleine ‚Disputacio inter clericum et militem' aus der lebhaften Kontroverse zwischen Papst Bonifaz VIII. und König Philipp dem Schönen von Frankreich ein sprechendes Exempel; in der „vorläufigen" Liste von nicht weniger als 167 Nummern für mittelalterliche „Dialoge", die M. von Perger, Vorläufiges Repertorium philosophischer und theologischer Prosa-Dialoge des lateinischen Mittelalters, in: K. Jacobi (ed.), Gespräche lesen. Philosophische Dialoge im Mittelalter (ScriptOralia 115), Tübingen 1999, 435–494, angeboten hat, trägt dieser Text die Nr. 95, S. 467; die Liste (mit ca. 100 Dialogen) von Carmen Cardelle de Hartmann (Nr. R 37, S. 484–488), ist chronologisch zwar stärker beschränkt, liefert aber wesentlich genauere Beobachtungen. Cf. auch als ein sehr viel breiter ausgeführtes Beispiel eines „Streitgesprächs", das zudem die ‚Disputacio' auch voll übernommen hat, Évrart de Trémaugon, Le Songe du Vergier (von Perger: Nr. 104, S. 469; Cardelle de Hartmann: R 64, S. 629–632).

14 I Dialogus, Prolog (nt. 10): „*Teneo ergo firmissime, quod opus futurum occasionem inveniendi veritates quamplurimas toti christianitati perutiles ministrabit.*" Noch elaborierter in III.2 Dialogus, Prologus (wie unten nt. 19). Noch in III.1 Dialogus, II.15 (OPol VIII), 187, 2–188, 3, fordert der Schüler:

ein geradezu enzyklopädisches Vorhaben, nicht nur um eine Streitfrage. „Das ganze Werk soll“, so verkündet der Schüler sogleich, „‚Dialogus‘ heißen, denn ich will, dass es in Frage und Antwort voranschreite. Ich will dich fragen und du sollst mir antworten.“[15] Schon mit dieser Vorgabe wird deutlich, dass der Text sich nicht einen Gerichtsprozess zum Vorbild nimmt. Er möchte vielmehr einen umfassenden Problemaufriss bieten und hält sich an gestellte „Fragen“, das aber heißt an die auf Universitäten und hohen Ordensschulen damals überall kunstvoll inszenierten Quaestionen, wie sie bei Disputationen, bei Quodlibetveranstaltungen geübt und in den großen ‚Summen‘ des 13. Jahrhunderts literarisch imitiert und immer erneut erprobt worden sind[16].

Erinnern wir uns an das Schema dieser scholastischen Quaestionen: Zu Beginn der Veranstaltung legte der Leiter der Disputation – in aller Regel also der Magister – eine Frage vor und gab (meist) eine erste Antwort darauf, indem er nach eigener Wahl Autoritäten und Argumente zugunsten einer künftigen Antwort und vielleicht auch einige Einwände vorstellte. Dann war ein zuvor ausgesuchter Schüler aus dem Publikum bzw. der Reihe nach mehrere von ihnen jeweils als „*opponens*“ an der Reihe. Mit von Autoritäten bewehrten Argumenten hatten diese „Opponenten“ gegen die thesenartigen ersten Antworten des Magisters aufzutreten. Auf sie wiederum musste ein weiterer Rollenträger, „*respondens*“ genannt, nun ‚antworten‘. Doch war damit das Spiel nicht zu Ende. Nach einer Pause, in aller Regel am nächsten Tag nahm der Diskussionsleiter seine magistrale Verantwortung wahr, indem er von seiner *cathedra,* dem geachteten Lehrstuhl aus die richtige und wahrheitsentsprechende, verantwortlich geprüfte Antwort auf die „Frage“ verkündete bzw. das Problem löste, wobei er mehr oder minder summarisch noch auf die wichtigsten Argumente *pro* und *contra* eingehen konnte.

Die für das gesamte Verfahren erforderliche und in ihm geübte Kunst bestand also darin, die richtigen „Fragen“ zu stellen, die dann durch die Reihung der sie betreffenden Autoritäten und Argumente wie im traditionellen und also erprobten akademischen Unterricht in einzelnen Schritten abgearbeitet wurden: die

---

„*Ut michi et aliis detur occasio inveniendi circa predicta clarius veritatem, ad omnia que pro assercionibus contrariis sunt adducta responsiones aliquas studeas recitare.*“

[15] I Dialogus, Prolog (nt. 10), in unmittelbarem Anschluss an nt. 14: „*Quod* [*scil. opus futurum*] *opto in tres distingui tractatus, quorum primum ‚De hereticis‘, secundum ‚De dogmatibus Iohannis vicessimisecundi‘, tertium ‚De gestis circa fidem altercantium orthodoxam‘ volo vocari. Totum vero opus ‚Dialogum‘ censeo appellandum. Peto enim ut per interrogationem et responsionem fiat; volo namque te interrogare et tu michi respondebis. Persona autem mea nomine ‚Discipuli‘, tua vero nomine ‚Magistri‘ notetur, in quo personam recitantis assumas. Nec tantum unam sed plures quando tibi videbitur ad eandem interrogationem narra sententias.*“ (Fortsetzung unten, nt. 21.)

[16] Zusammengefasst etwa bei O. Weijers, Terminologie des universités au XIIIe siècle (Lessico Intellectuale Europeo 39), Roma 1987, insbes. 339 sq., 347–350; jetzt spezieller für die Quodlibeta auch J. Hamesse, Theological *Quaestiones quodlibetales*, in: C. Schabel (ed.), Theological Quodlibeta in the Middle Ages. The Thirteenth Century (Brill's Companions to the Christian Tadition 1), Leiden–Boston 2006, 17–48, bes. 30–35. Eingehend O. Weijers, In Search of the Truth. A History of Disputation Techniques from Antiquity to Early Modern Times, Turnhout 2014.

Schüler waren an diesem Verfahren ihrer jeweiligen Kenntnis entsprechend angemessen beteiligt und sollten im Wettstreit untereinander lernen, die richtigen Argumente in einer angemessenen Form vorzulegen. Die Verantwortung des Lehrers für eine „richtige" (d. h. wahre, der Wahrheit entsprechende) Beantwortung der Frage blieb von dieser Rollenverteilung unberührt, seine abschließende Entscheidung am Ende des Durchgangs in magistraler Verantwortung blieb eine gediegene Sicherung davor, dass die Debatte aus dem Ruder lief. Die magistrale Entscheidung wurde – nicht zufällig, so scheint mir – eine „*determinatio*" genannt, was sich als „Begrenzung" oder richtiger als „Feststellung" und „Entscheidung" (einer der Wahrheit entsprechenden Antwort auf die gestellte Frage) übersetzen lässt[17].

In Ockhams ‚Dialogus' jedoch sollte nach den Vorstellungen des Schülers von diesem Schema deutlich abgewichen werden. Die Fragen, so war festgelegt, hatte der Schüler zu formulieren, die Antworten sollte der Lehrer geben. Allerdings verpflichtete der Schüler (wie es heißt) seinen Lehrer „unverschämt (*impudenter*)"[18] dazu, auf keinen Fall bekanntzumachen, was seine eigene Meinung zu den gestellten Fragen sei[19]. Damit musste der Lehrer auf seine abschließende

---

[17] J. F. Niermeyer/C. van de Kieft (eds.), Mediae Latinitatis Lexicon minus, édition remaniée par J. W. J. Burgers, Leiden – Boston 2002, vol. 1, 428^{b} – 429^{a}: Hier erhält *determinatio* u. a. die deutschen Gleichungen: Urteil, Entscheidung des Magisters in einer akademischen Disputation, Erlass, Gesetzliche Bestimmung (usw.), das sind jeweils wahrheitssichernde bzw. der Wahrheit verpflichtete Akte.

[18] Cf. oben, nt. 15, und unten, nt. 21.

[19] Dieser Teil der Abmachung war Ockham so wichtig, dass er ihn in sämtlichen Prologen zu einzelnen Teilen des Dialogus nacheinander immer wieder einschärfte: cf. etwa den ‚versprengten Prolog' zum Gesamtwerk, der in zwei Manuskripten überliefert ist: Weimar, Anna Amalie-Bibliothek, Ms. Q 23 [ca. 1335/1338], 1^{r}; Frankfurt a. M., StUB, Ms. lat. quart.4 [XV s. in], 12vb – aus dem Frankfurter Manuskript ed. J. Miethke in: A. Hudson/M. Wilks (eds.), From Ockham to Wyclif, Oxford 1987, 28 sq.; nach beiden Manuskripten edd. J. Kilcullen/J. Scott, URL: 〈http://www.britac.ac.uk/pubs/dialogus/tpref.htmlwww.britac.ac.uk/pubs/dialogus/pref.html〉 (Stand: 10.7.2014): „*Nichil enim in persona mea sed aliorum hic dico. Quid autem de omnibus sencio in quodam alio opere intendo concedente domino explicare.*" Auch III.1 Dialogus, Prolog (OPol VIII), 116, 47 – 53: „*Cum igitur contra potestatem pape neque asserendo neque dubitando aliquid sis dicturus, sed solummodo recitando, sicut pro toto isto dialogo peractum est inter nos a principio, de potestate pape et omnibus aliis que commemoravi tractanda nullatenus metuas indagare, presertim cum sciam te paratum omnem veritatem de potestate pape, et aliam quam teneris explicite credere, opportunis loco et tempore, quando erit expediens, occulte et publice confiteri.*" III.2 Dialogus, Prolog, ed. Goldast (nt. 1), 870 sq.; ed. Heinen (nt. 3), 5, 45 – 6, 54: „*In hoc enim tractatu sicut et in toto isto dialogo nihil nisi recitando dicemus, propter quod circa querenda sentencias seu opiniones veras et falsas, solidas et fantasticas recitabis, quas fortius munire coneris. Non solum enim verorum assertio et declaratio, verum etiam pro falsis et fantasticis sententiis allegaciones apparentes, licet sophistice, ad manifestationem divulgationem et exaltacionem sepe occasionaliter conferunt veritatis, quia et per eas studiosorum exercitantur ingenia et ex ipsarum irrationabilitate veritas contraria clarius elucescit: cum opposita iuxta se posita magis appareant et veritas exagitata magis splendescat in lucem, ac querendo opponendo disputando et ad allegationes contrarias respondendo veritas lucidetur.*" Knapper formuliert Ockham denselben Gedanken in: Octo Quaestiones, Prolog, ed. H. S. Offler (OPol I^{2}), Manchester 1974, 15, 20 sq.: „[…] *ut pro utraque parte allegationibus intellectis sincerus veritatis amator purae rationis acumine verum a falso occasionem habeat discernendi*". Cf. nt. 45.

„determinatio" verzichten.[20] Er konnte deswegen allenfalls die Gewähr für die Korrektheit seiner Antworten, nicht für die Wahrheit der jeweils vorgestellten Auffassung übernehmen. Begründet wird diese Abweichung von dem Üblichen im Prolog mit einem Doppelargument, wie folgt:

> „Du sollst dabei – so sagt der Schüler – die Rolle eines Berichterstatters übernehmen und nicht nur eine, sondern, wenn es dir gut scheint, mehrere Meinungen zu meinen Fragen anführen. Was du aber selbst [...] denkst, sollst du mir keinesfalls anzeigen. Obgleich ich möchte, dass du dort, wo du verschiedene und auch gegensätzliche Antworten erörterst, die deinige nicht auslassen darfst, sollst du doch auf keinen Fall deutlich machen, welches deine Meinung ist. Zu dieser Bitte fühle ich mich aus zwei Gründen bewogen: Einmal fühle ich mich von einer großen Wertschätzung deiner Gelehrsamkeit so befangen, dass ich mich wegen der Meinung, die ich wirklich als die deine erkennte, gezwungen sähe, meine eigene Einsicht in Zaum zu nehmen. Aber bei dem Thema, das ich jetzt untersuchen möchte, möchte ich mich nicht durch deine Wertschätzung bestimmen lassen, sondern erfahren, was Vernunftgründe und Autoritäten, die du anführen wirst, und was eigenes Nachdenken bei mir vermögen."[21]

Der Verfasser nutzt also die Gelegenheit, sich auch hier selbst in kräftigem Eigenlob auf die Schultern zu klopfen (was Ockham durchaus auch in seinen Universitätsschriften der ersten Lebenshälfte nicht unterlassen hatte[22]). Doch bezeugt der Schüler außerdem Ockhams (und nicht allein des Lehrers!) Interesse an einer publizistischen Wirkung, wenn es weiter heißt:

> „Weil aber zweitens Liebe und Hass, Stolz, Zorn und Missgunst und einige andere Leidenschaften das menschliche Urteil bei der Suche nach der Wahrheit behindern, ja es verkehren, werden, wenn du deine eigene Meinung und auch deinen Namen verbirgst, weder Freunde die künftige Schrift mehr als billig begrüßen noch auch die Gegner sie mehr als nötig verschmähen. Vielmehr werden beide nicht darauf achten müssen, wer eine bestimmte Meinung vertritt, sondern was gesagt wird. Und sie werden mit richtigeren Augen allein auf das schauen, was da geschrieben steht, und ernsthafter darauf bedacht sein, die Wahrheit zu erforschen."[23]

---

[20] Dazu eingehend bereits D. Lüddecke, *Veritas exagitata.* Überlegungen zu Ockhams politischer Lehre und ihrer Darbietung im ‚Dialogus', in: Jacobi (ed.), Gespräche lesen (nt. 13), 323–347.

[21] I Dialogus, Prolog (nt. 10): *„Sed quid tua sapientia sentit michi velis nullatenus indicare. Quamvis enim velim omnino ut cum diversas et adversas assertiones fueris discussurus, tuam quoque minime pretermittas, que tamen sit tua nullatenus manifestes. Ad quod petendum moveor ex duobus. Primum est quia tantam de tua doctrina estimationem obtineo quod propter sententiam quam te omnino scirem asserere intellectum proprium cogerer captivare. In hiis autem que modo gestio indagare tua nolo auctoritate moveri, sed quid in me possint rationes et auctoritates quas adduces ac meditatio propria experiri."*

[22] Dazu cf. nur den Prolog zu Summula philosophiae naturalis, ed. S. Brown (OPh 6), St. Bonaventure, NY 1984, 137 (hier sagt Ockham, er folge mit der Niederschrift der Bitte zahlreicher *litterati*, die [von seinen Vorlesungen her] *„asserunt complacere et arbitrantur sufficere"*); auch das (m. E. authentische) ‚Elementarium logicae' aus der Münchner Zeit, edd. E. M. Buytaert/ G. Gál/J. Geremek (OPh 7), St. Bonaventure, NY 1988, 61, öffnet mit sehr weitgehenden Verheißungen an Leser und Nutzer des Textes; sehr zurückhaltend bleibt dagegen die Summa Logicae, Prolog, edd. P. Boehner/G. Gál/S. Brown (OPh 1), St. Bonaventure, NY 1974, 5–6.

[23] I Dialogus, Prologus (nt. 10), im Anschluss an das oben in nt. 21 Zitierte: *„Secundum est quia, cum amor et odium, superbia, ira et invidia ac nonnulle alie anime passiones in inquisitione veritatis humanum impediant, ymmo pervertant, iudicium, si sententiam tuam et etiam nomen occultare volueris, nec amici opus futurum plus quam debeant amplectentur, nec plus quam oporteat despicient inimici, sed hii et illi, non quis*

Ockham sagt es unverblümt, es soll hier nicht auf sein eigenes Urteil ankommen, wenngleich der Lehrer erklärt, durchaus eigene Überzeugungen zu haben. Seine Hoffnung ist, dass wenn alle Argumente auf dem Tisch liegen, jedermann die richtigen Schlüsse ziehen kann und wird. Am Ende des (fertiggestellten) ‚Ersten Teils' des ‚Dialogus'[24] wird der Schüler diesen Gedanken noch einmal bekräftigen:

> „Deinem freundlichen Entgegenkommen bin ich dankbar, weil Du auf meinen Wunsch hin die Rolle eines Berichterstatters angenommen hast [...] und einmal zusammenfassend, ein andermal über falsche Urteile berichtend und zu ihren Gunsten kräftig argumentierend, ein andermal auf nur wahrscheinliche Gründe antwortend, wiederum ein andermal selbst sophistische Argumente nicht widerlegend, dann wieder Wahrheiten ohne eine genauere Begründung referierend und überhaupt Dich in allen Dingen meinen Wünschen anzubequemen bemüht hast. Dieses Vorgehen hielt ich für nützlich, weil so weder zum Erweis noch zur Widerlegung irgendeiner angeführten Behauptung Liebe oder Hass gegen Deine Person irgendjemanden bewegen kann, sondern allen Lesern des Textes Stoff zum Nachdenken gegeben wird. [...]"[25]

---

alicuius sententie fuerit auctor, sed quid dicitur attendentes, rectioribus oculis scribenda respicient et insistent sincerius indagini veritatis." Fast genau umgekehrt hatte Heinrich von Gent 1183 für Äußerungen eines Theologiemagisters (sofern er sich *sedens in cathedra* äußerte) in Anspruch genommen, dass seine Aussagen wie vom Heiligen Geist selber geschehen zu akzeptieren seien. Deswegen sei in diesem Fall zu beachten nicht was von ihm gesagt werde, sondern wer es ist, der das sagt: „[...] *quasi nihil esset quod dixerat, et quasi magister theologiae ex hoc quod est magister et sedens in cathedra nullam omnino haberet auctoritatem, et non esset ei ex hoc credendum in aliquo quod est magister et sedens in cathedra, quod non est verum.* [...] *Unde et si aliquando magister dicat aliquid quod nec auctoritate alia nec ratione confirmat, bene tamen quoquo modo ei ex sola auctoritate propria magisterii credendum est, et si nihil obstet, tenendum est quod illud pertineat ad cathedram et quod Spiritus sanctus illud tamquam verum loquatur in ipso. Non enim solum spectat ad cathedram quod expressum est in lege divina et per sanctos expositum, sed etiam illud quod usque in finem mundi per veridicos doctores certa ratione restat explicandum. Et sic in magistro theologiae attendendum est non tam quid dicat, sed quis dicat* [...]" (Heinrich von Gent, Tractatus super facto praelatorum et fratrum, edd. L. Hödl/M. Haverals [Opera omnia 17], Leuven 1989, 131). Auf diesen Text machte mich Catherine König-Pralong aufmerksam; cf. ihren Beitrag in diesem Band.

24 Dieser Text wurde abgeschlossen vor dem Tod Johannes' XXII. († 4.12.1334) bzw. bevor Ockham davon erfahren konnte, d. h. spätestens im Sommer 1335.

25 I Dialogus, VII.73 (in den letzten Worten des letzten Kapitels der ‚Prima pars') heißt es, hier zitiert nach der ‚draft edition' durch George Knysh, URL: ⟨http://www.britac.ac.uk/pubs/dialogus/1d765to73.pdf⟩ (Stand: 7.3.2012) (die Fassung Trechsels [nt. 1], 164vb, und Goldasts [nt. 1], 739, 47–59, weicht nur minimal ab): „*Discipulus:* [...] *Tue autem benevolentie gratias ago quod personam induens recitantis votis meis, nunc abbreviando, nunc falsas sententias recitando et pro eis fortiter allegando, nunc ad rationes probabiles respondendo, nunc argumentationes sophisticas non solvendo, nunc veritates absque probationibus referendo et quantum ad omnia alia condescendere studuisti. Istum autem modum utilem reputavi, quia sic nec ad probandum, nec ad reprobandum aliquod prescriptorum amor vel odium persone tue quemcumque movebit, sed omnibus legentibus materia datur cogitandi. Puto enim quod cum ista fuerint divulgata, tum propter raritatem, tum propter utilitatem viri litterati et intelligentes, zelum veritatis et boni communis habentes, que vera sunt rationibus manifestis et testimoniis scripturarum apertis satagent confirmare et que falsa sunt reprobare studebunt. Tum etiam, ut estimo, cum mentem tuam ceperis aperire de predictis, opera facies manifesta et preclara, plana veritate referta, ad omnium utilitatem fidelium et dei omnipotentis honorem, cui sit gloria, laus et imperium in secula seculorum. Amen.*" Auch etwa in III.1 Dialogus, II.14 (OPol VIII), 187, 2–4 bestätigt der Schüler, dass ihm die Ausführungen des Meisters eine *occasio cogitandi* gegeben haben: „*Ex racionibus istis michi dedisti occasionem cogitandi quamplura tam pro conclusione ad quam*

Es ist freilich fraglich, ob damit dies so eingehend gelobte Verfahren eine bis zur Feindschaft gesteigerte Fremdheit im Gegensatz von Lehrer und Schüler voraussetzt, wie es angenommen wurde[26]. Gewiss, der Lehrer erklärt in einem ‚versprengten Prolog', der offenbar erst längere Zeit nach der Beendigung des ‚Ersten Teils' und nach einer offenbar längeren Arbeitsunterbrechung bei der Wiederaufnahme der Arbeiten geschrieben wurde, er habe

> „in der Rolle des Schülers häufig Worte gebraucht, aus denen anscheinend entnommen werden konnte, dass dieser Schüler der mir gänzlich entgegengesetzten Partei zugehört und mit mir Gemeinschaft zu halten ganz und gar nicht wagen könnte, so sehr, dass ich mich dem Glauben hingeben konnte, meine Urheberschaft an dem folgenden Werk könne allen, mit Ausnahme vielleicht von zwei oder drei Personen, verborgen bleiben, was ich mir sehr wünschte"[27].

Bereits im ersten Prolog findet sich auch das Bekenntnis des Schülers, er bitte den Lehrer nicht etwa allein deswegen um die Beteiligung an seinem ehrgeizigen Vorhaben,

> „[...] weil ich dich vor anderen für gelehrt halte, sondern auch darum, weil ich dich in besonderer Weise mit allem beschäftigt sehe, was diesen Streit betrifft: Alle Streitschriften und Bücher der Gegner des Herrn Papstes sammelst du eifrig und studierst in ihnen ohne Unterlass, sodass ich bisweilen schon den Verdacht hegen möchte, in deinem Herzen keime ein Zweifel über den Papst und seine Lehre. Wenn du aber vor mir, der ich, wie du weißt, mit allergrößtem Eifer ein Anhänger des Herrn Papstes bin und seine Gegner und deren Spießgesellen zutiefst verabscheue, nichts von alledem verbergen wirst, gibst du mir Anlass zur Annahme, dass du all diese Schriften seiner Feinde nur sammelst, um sie zu gelegener Zeit zu widerlegen. Aus den oben genannten Gründen sollst du mir jedoch das Innere deiner Gedanken vor der Vollendung der vorliegenden Schrift keineswegs offenbaren und brauchst nicht zu glauben, darin irgendwie schuldig zu werden."[28]

---

inducuntur quam contra, necnon eciam circa totam materiam quam in principio huius secundi cepimus pertractare." III.1 Dialogus, III.5 (OPol VIII), 243, 2–5 erklärt er wiederum: „*Quod recitasti* [...], *apparenciam videtur michi habere, ex quo plura cogitandi est michi data occasio.*" Und III.1 Dialogus, III.4 (OPol VIII), 241, 2–3 heißt es ähnlich: „*Si est aliqua opinio que omnibus obviet supradictis, ipsam audire desidero, ut michi detur occasio intelligendi profundius veritatem.*" (Cf. auch den oben, nt. 15, zitierten Text.)

26 Lüddecke, Veritas (nt. 20), bes. 332–335.

27 Versprengter Prolog (nt. 19): „[...] *duas personas, discipuli scilicet et magistri finxi seu suscepi, inter quas sequens dialogus verteretur, in persona discipuli verbis utens quam pluribus, ex quibus posse colligi videretur quod idem discipulus de parte esset omnino mihi contraria mecumque communionem habere penitus non auderet, tali modo quod ego sequentis operis essem auctor omnibus hominibus duobus exceptis putans et gestiens occultare.*"

28 I Dialogus, Prologus (nt. 10): „*A te autem specialiter hoc opus efflagito non solum quia te reputo pre aliis eruditum, sed etiam quia te video circa contingentia controversiam prefatam singulariter occupatum. Omnes enim libellos et opera adversariorum contra dominum summum pontificem niteris congregare, in quibus sine intermissione studes, ita ut aliquando occasionem habeam suspicandi quod aliqua dubitatio in corde tuo de summo pontifice eiusque doctrina nascatur. Quia tamen a me – quem scis eiusdem domini summi pontificis sincerissimum zelatorem, et quod adversarios complicesque eorum valde detestor – de predictis nichil abscondis, michi prebes materiam opinandi quod ad reprobandum tempore opportuno omnia opera colligis emulorum. Verumtamen propter motiva prescripta ante huius operis consummationem michi mentem tuam minime pandas, nec propter hoc putes te culpam aliquam incursurum.*"

Im Verlauf des Gespräches wird diese Ausgangsposition nicht völlig verlassen, wenngleich der Schüler sich mit seinen Einwänden bisweilen und wohl auch zunehmend auf Positionen des Lehrers einlässt. Er erweist sich aber davon abgesehen durchwegs als Anhänger einer dem Papste und den kurialistischen Theorien freundlichen Position. Das jedoch bedeutet nicht, dass ihn die Zugehörigkeit zur gegnerischen Kirchenpartei persönlich zum Feind des Lehrers machte. Vielmehr kann der Lehrer den Schüler ausdrücklich „meinen Freund" nennen und ihn auch so behandeln[29]. Diese Freundschaft zwischen beiden Gesprächspartnern hebt die Gegensätze in der Parteiendiskussion nicht auf. Vielmehr macht das Rollenspiel im Lehrgespräch die unterschiedliche Parteinahme ebenso wie die persönliche Freundschaft beider Gesprächspartner trotz der gegensätzlichen Ausgangsvorstellungen immer wieder sichtbar. Diese Differenz lässt aber niemals das Gespräch abbrechen. Indem nur Argumente vorgelegt werden, ohne sofort die wertenden Schlussfolgerungen daraus zu ziehen, kann der fiktive persönliche Gegensatz beider Partner[30] beim Leser eine korrekte Auflösung nicht stören: Der Leser kann also selber die motivierende Kraft von Argumenten und eigenem Nachdenken ohne Rücksicht auf die Autorität des Lehrers erfahren, wie sie der Schüler erhofft hat[31].

Im ‚Dialogus' Ockhams wird somit kräftig von der klassischen Rollenzuweisung der universitären Quaestio abgewichen. Der Schüler motiviert diese Abkehr mit der ausdrücklichen Verweigerung einer blinden Autoritätsgläubigkeit und parteilichen Befangenheit. Wenn menschliche Leidenschaften bei der Suche nach Wahrheit (selbst bei formal korrekter Methode) die Vernunft in die Irre leiten können, so muss die Wahrheit, auf die doch alles ankommt, dennoch weiterhin gesucht werden. Mit „richtigeren Augen"[32] sollen die Leser des ‚Dialogus' auf die Erörterungen blicken. Sie dürfen nicht auf den Autor eines Arguments achten[33], sondern sollen sich weder durch die Autorität des Lehrers – und damit auch den Ruf des Verfassers, also Ockhams[34], noch auch durch Parteien-Eifer

---

[29] Gleich zu Beginn sagt der Lehrer: „*non eo quod amicus meus es* [!], *sed propter importunitatem tuam voluntati tue parere conabor*". Und der Schüler rühmt Autorität und Kompetenz des Magisters überschwänglich (nt. 14 und 21).

[30] Das vermerkt der ‚versprengte Prolog' (nt. 19) ausdrücklich, cf. oben nt. 27.

[31] Cf. nt. 21.

[32] Cf. oben, nt. 23. – Einige Handschriften und der wichtigste alte Druck präsentieren hier die Lesart: *remotis zeli oculis* („ohne Eiferaugen", auch bei Goldast, 398, 36), doch ist die Überlieferung an dieser Stelle (nach Ausweis der ‚draft edition' im Internet) sehr problematisch. Diese späte Lesart leitet sich vielleicht (um eine Vermutung zu äußern) aus einer vorangegangenen Verschreibung des *rectioribus oculis* zu *remotioribus oculis* ab, woraufhin dann, diese unverständliche Qualifikation verbessernd, der hübsche Ausdruck hineinkorrigiert werden konnte.

[33] Diese besondere Ausrichtung der Erkenntnistheorie Ockhams kam in den „akademischen Schriften" des jungen Universitätsdozenten Wilhelm von Ockham noch nicht vor, cf. dazu etwa J. Miethke, Ockhams Weg zur Sozialphilosophie, Berlin 1969; M. M. Adams, William Ockham, Notre Dame, IN 1987, hier vol. 1.

[34] Auf ihn wird der Gedanke dann anscheinend bezogen im ‚versprengten Prolog' (nt. 19).

für oder gegen eine bestimmte Position verführen lassen[35]. Damit sollen sie gewissermaßen im Selbstversuch erproben können, „was Vernunftgründe und Autoritäten oder was eigenes Nachdenken bei (ihnen) vermögen."

Was aber kann der Sinn eines derartigen Vorgehens sein? Ockham verlässt im ‚Dialogus' die äußere Form der Quaestio, und damit die beruhigende zuverlässige autoritative Auflösung aller Zweifelsfragen nicht nur oberflächlich[36]. Die vom Lehrer nacheinander vorgestellten teilweise extrem widersprüchlichen Thesen führt er dadurch geradezu ins Unbestimmte. Ein Blick auf die historiografische Wiedergabe der ihm zuschreibbaren Aussagen könnte das, so meine ich, zur Genüge belegen. Dass Ockham zudem den enzyklopädisch gedachten ‚Dialogus' nur fragmentarisch hinterlassen hat, könnte diesen Einwand noch unterstreichen und bedeuten, dass er selber nicht alle Probleme zu seiner eigenen Zufriedenheit hat lösen können. Die Tatsache jedoch, dass er auch Streitschriften mit klaren persönlichen Stellungnahmen unvollendet abgebrochen hat[37], zeigt auf der anderen Seite, dass sein Zutrauen in die selbstläufige Evidenz der von ihm präsentierten Elemente jeder Wahrheitsfindung erheblich gewesen sein muss. Die optimistische Erkenntnistheorie Ockhams, die in der *cognitio intuitiva* alle Gegenstände prinzipiell erschlossen weiß[38], spricht doch für diese wohlwollende Interpretation. Ockhams Texte dürfen allesamt so gelesen werden, wie er das Zwiegespräch im ‚Dialogus' angelegt hat: allesamt führen sie unermüdlich ein diskursives Gespräch, das, geschult an der scholastisch universitären Quaestio Argumente mit Argumenten und Autoritäten mit Autoritäten konfrontiert, um damit ein Ergebnis eklatant und evident werden zu lassen.

---

35 In den „akademischen Schriften" Ockhams tritt dieser Gesichtspunkt nicht allzu deutlich hervor, allerdings findet sich in der späten (wohl in Deutschland geschriebenen) kurzen Einführung in die Wissenschaft von der Logik eine Äußerung, die eben diesen Gesichtspunkt unterstreicht: Elementarium Logicae, VI.20, edd. (als *dubium*) E. M. Buytaert/G. Gál/J. Giermek (OPh 7), 186: „*Alius locus ponitur ab auctoritate. Et ille locus debilis est, nisi arguatur ab auctoritate illius qui fallere et falli non potest.* [...] *Propter quod non est necesse credere cuilibet qui putatur expertus in arte vel scientia sua. Quia in multis artibus et scientiis nullus potest esse perfectus, sed quilibet errare potest.* [...] *Verumtamen expertis* [...] *ista est reverentia exhibenda, ut dicta eorum non spernantur nec reprobentur nec negentur antequam constiterit quod sunt dissona veritati, sed suspensa teneatur sententia, sive sint dicta antiquorum vel modernorum, ut nec propter novitatem vilipendantur nec propter vetustatem teneantur. Sed veritas in omnibus extollatur.*" In III.1 Dialogus, III.3–4 (OPol VIII), 240–243 stehen ausführliche Erwägungen in gleichem Sinn zur Glaubwürdigkeit theologischer Doktoren in strittigen Glaubensfragen.

36 In einer ähnlichen Richtung, jedoch mit unterschiedlichen literarischen Mitteln unterwegs waren in der Renaissance die humanistischen Verfasser von ‚Dialogen', dazu (interessant, wenngleich einseitig und unter Vernachlässigung der Entwicklungen in der Scholastik) A. Traninger, Disputation, Deklamation, Dialog. Medien und Gattungen europäischer Wissensverhandlungen zwischen Scholastik und Humanismus (Text und Kontext 33), Stuttgart 2012.

37 Die Zahl wichtiger Schriften, die nicht vollendet wurden, ist auch unter seinen persönlich Stellung beziehenden Streitschriften – im Laufe der Zeit anscheinend zunehmend – ungewöhnlich hoch, man denke nur an ‚An princeps Anglie', das ‚Breviloquium', oder ‚De imperatorum et pontificum potestate'. Hinzu kommen noch die beiden Abhandlungen III.1 und III.2 Dialogus, die beide unvollendet abbrechen.

38 Dazu bereits Miethke, Ockhams Weg (nt. 33), 188–194, 245 sqq.

Das pädagogisch methodische Ziel universitärer Quaestionen war es, einen sicheren Weg zu einer wahrheitsgemäßen Antwort auf sich stellende Fragen zu weisen. Dieses Ziel wird von dem Franziskanertheologen auch im erbitterten Glaubensstreit um die franziskanische Armut nicht aufgegeben, wenn Ockham seine unzweifelhafte franziskanische Überzeugung in seiner ersten großen Schrift zur Politiktheorie, dem ‚Opus nonaginta dierum' in weitläufigen Referaten verschiedener Gruppenmeinungen gewissermaßen neutralisiert hatte[39]. Der ‚Dialogus' versucht, dasselbe Ziel einer Überzeugung seiner Leser unter Zurückhaltung seines persönlichen Engagements umso sicherer erreichen zu können. Die geduldige Aufarbeitung von Einzelfragen, die der Schüler jeweils in literarisch fingierter Spontaneität vorstellt[40], werden vom Lehrer mit bisweilen endlos scheinenden Ketten von Belegen und Gegenbelegen behandelt, nur ab und an „der Kürze halber" – so heißt es dann mehrfach dezidiert – selektiv vorgeführt. In aller Regel beginnen die einzelnen von Ockham selbst abgeteilten Kapitel der Schrift mit einer knappen und meist eher technischen Leitfrage des Schülers, woraufhin der Lehrer lange Argumentationsreihen mit zahlreichen Einzelbelegen in seiner Antwort anführt, denen er dann – auf entsprechende Aufforderung – sofort oder in einigem Abstand Gegenargumente aneinandergereiht folgen lässt, die freilich immer noch Einwänden offen stehen, Einwänden, die dann durch den Schüler oder den Lehrer auch formuliert werden können.

Der Schüler behält die Führung im Wechsel der Themen und Positionen. Manche Reihen bricht er ab, fragt nach Gegenmeinungen und deren Begründung. Der Lehrer antwortet immer geduldig und niemals gegen den Abbruch eines Themas durch den Schüler protestierend auf alle diese Anweisungen. Anordnungen des Schülers entscheiden über den Gesprächsverlauf. Ockham moduliert freilich als Autor insgeheim dennoch die angeblich spontane Fragelust des Schülers, indem er den Gang der Untersuchung im Gespräch gemäß dem formalen Vorbild einer Quaestio anordnet.

Für jeden eigenen Einspruch gegen Argumente des Lehrers stützt sich der Schüler seinerseits entweder auf vorgebrachte Autoritäten oder Gründe, oder er wertet die vom Lehrer zuvor angeführten Gründe neu und anders. Oder er fragt nach weiteren Begründungen oder Gegenargumenten anderer Positionen, die allerdings der im Prolog bezogenen methodischen Vorgabe entsprechend konsequent anonym bleiben und als *quidam*, *aliqui*, *tenentes sentenciam contrariam* (u. dgl.), auch sogar nur dem geschriebenen Text (!) entsprechend als *priores* bzw. als *opinio precedens*[41] angeführt werden. Dieses umständlich anonymisierte Verfahren, das

[39] Miethke, Ockhams Weg (nt. 33), 433.

[40] So erklärt der Schüler gleich anfangs von III.1 Dialogus, I.1 (OPol VIII), 119, 15–18: „[…] *forte* [!] *ex sentenciis et opinionibus circa ipsam quas recitare studebis, dabitur michi occasio de singulis in speciali querendi* […]".

[41] Damit beziehen sie sich und den Leser auf die Reihung der Probleme im verschriftlichten ‚Dialogus'. Das beweist das ohnedies Selbstverständliche, dass das ‚mündliche' Gespräch der Partner eine Fiktion des Verfassers ist. Das ist auch zu seinen sorgsamen Bemühungen zu sagen, seine eigenen Positionen von denen des Lehrers unterschieden zu halten.

eine Orientierung im unübersichtlichen Gelände des Gesamttextes nicht gerade erleichtert, entspricht freilich seinerseits dem allgemeinen Brauch mittelalterlicher Hörsäle, der heute noch die Rekonstruktion konkreter Debatten der Scholastik immer wieder schwierig macht.

Ockham behält diese Anonymität der Vertreter bestimmter Meinungen konsequent bei[42]. Er erschwert die Identifikation der von ihm gemeinten Gesprächspartner noch zusätzlich dadurch, dass er immer wieder neben mehr oder minder genau identifizierbaren Positionen Vorschläge konsequent zu Ende denkt und nur mögliche, nicht wirklich vorgegebene Überlegungen ernsthaft erörtert. Das machte seinen Text aber für spätere Nutzung nur umso interessanter[43]. Denn er erörtert im Zuge geradezu kasuistischer Überlegungen, was alles möglicherweise getan werden könne, wenn in einem noch nie dagewesenen Einzelfall Notwendigkeit oder Nutzen solche möglichen Entscheidungen im Rahmen der allgemeinen sozialen und kulturellen Rechtsordnung rechtfertigt.

So hat er schon mehr als eine volle Generation vor dem Ausbruch des Großen Abendländischen Schisma in seiner ‚Tertia pars' die Möglichkeit diskutiert, ausnahmsweise, wenn wichtige Teile der Christenheit einen bestimmten Papst nicht anerkennen wollten, auch für eine Zeit lang mehrere Päpste nebeneinander einzusetzen, die miteinander das Amt verwalten könnten, ohne sich der Zertrennung der kirchlichen Einheit schuldig zu machen. Andererseits hat er ohne Scheu erklärt, dass Konzile in Glaubensfragen keineswegs irrtumslos unfehlbare Entscheidungen treffen und getroffen haben: Konzilien können irren und haben geirrt[44]. Gott wird gemäß seiner Verheißung seiner Kirche auch außerhalb von Konzilien beistehen und kann dafür sorgen, dass jeder Ketzerei begegnet wird. Gottes Heil ist nicht durch Institutionen garantiert, sondern allein durch Gottes Willen.

Verfolgen wir solch kühne Gedanken nicht weiter: Der ‚Dialogus' macht sich die Ziele der universitären Quaestionen, wie wir gesehen haben, gerade dadurch zu eigen, dass er ihre äußere Gestalt verlässt. Eine *materia cogitandi* („Stoff zum Nachdenken") ohne endgültige Entscheidung wird dabei nicht nur in den Rahmentexten des ‚Dialogus' versprochen, im Text bestätigt der Schüler dem Lehrer immer wieder, dass er jetzt genauer nachdenken könne und werde[45]. Ein in dieser Schrift und in zahlreichen anderen Texten Ockhams mit Vorliebe zitierter Satz aus Gratians Dekret, beweist, dass Ockham das ganz bewusst eingesetzt hat. „Die Wahrheit kommt, wenn sie häufig genug hin und her gewendet wird,

---

42 Ockham zitiert ausführlicher vor allem Marsilius von Padua oder Lupold von Bebenburg, ohne diese freilich zu nennen. Zum Einzelfall Augustinus von Ancona oben nt. 11.

43 Dazu etwa zuletzt Miethke, Marsilius von Padua, Wilhelm von Ockham und der Konziliarismus (nt. 9).

44 Dazu cf. etwa die Erörterung von Schüler und Lehrer (in Diskussion mit Marsilius von Padua) in: III.1 Dialogus, III.4–13 (OPol VIII), 241–265.

45 Etwa I Dialogus, II.5, ed. Goldast (nt. 1), 415, bestätigt der Schüler dem Lehrer: „*Ex verbis istis que narrasti, magnam occasionem cogitandi mihi dedisti* […]".

nur umso deutlicher ans Licht" („*veritas sepius agitata magis splendescit in lucem*")[46]. Dieser Satz hatte bei Gratian zur Überprüfung und Revision von Gerichtsurteilen sämtlicher kirchlicher Instanzen (darunter sogar selbst päpstlicher Urteile) durch den Apostolischen Stuhl gedient. Während bereits die frühen Kanonisten diesen Satz auf die Rechtsfindung im Prozess verallgemeinert bezogen hatten[47], nutzt Ockham ihn als Aussage über Ziel und Methoden einer (wissenschaftlichen) Untersuchung überhaupt[48]. Es geht ihm dabei zu allererst um die durch die Untersuchung bei den Lesern und Hörern erzeugte Einsicht. Wahrheit muss durch aufgebotene Autoritäten, Argumente und eigenes Nachdenken „hin- und hergewendet werden", damit sie „eklatant ans Licht tritt" (*splendescit in lucem*). Nicht zuletzt damit wollte ja der Schüler „erfahren, was Vernunftgründe und Autoritäten [...] oder was eigenes Nachdenken bei mir vermögen"[49].

Die Abkehr vom gleichwohl wirksamen methodischen Vorbild der scholastischen Disputation hilft zur Unterscheidung wahrer und begründeter von bloß scheinbar zutreffenden Argumenten. Die klare Erkenntnis wohl begründeter Zusammenhänge kann eine Verhaltenssicherheit vermitteln, wie es nur die Er-

---

46 C. 35 q. 9 c. 7 (8) (Brief Papst Innozenz' I. aus dem Jahr 414, in: Corpus Juris Canonici, ed. E. Friedberg, 2 vols., Leipzig 1879–1881, hier vol. 1, 1286 – in den alten Drucken des Dekrets steht am Ende „*in luce*"). Von Ockham zitiert auch etwa in Opus nonaginta dierum, Prolog, ed. H. S. Offler (OPol I^2), 292, 10; I Dialogus, V.4, edd. J. Kilcullen/J. Scott, URL: ⟨http://www.britac.ac.uk/pubs/dialogus/1d1to4.pdf⟩ (Stand: 6.3.2012) bzw. ed. Goldast (nt. 1), 473, 51 sq.; Breviloquium, I.5 oder II.13, ed. H. S. Offler (OPol IV), Oxford 1998, 103, 14 sq.; 137, 45. Dazu cf. III.2 Dialogus, Prolog, ed. Goldast (nt. 1), 871, 5–11; ed. Heinen (nt. 3), 5 sq. (zitiert oben, nt. 19). Ein anonymer Kompilator einer *tabula* (Inhaltsübersicht) zu I Dialogus (Ms. Avignon, Bibl. municip. 324 [XV. saec.]) hält sich (in objektiver Formulierung) offenbar getreulich, doch einseitig an diese Aussagen: „[*S*]*ciant omnes presentem tabulam inspecturi quod licet plurima non sub forma questionis, sed ac si actor operis* [!], *super quod tabula facta est, ipsa assereret, sunt notata, omnia tamen quecumque in dicto opere inseruntur, dicta sunt solummodo recitando, quorum quedam actor operis in consciencia sua arbitratur catholica, nonnulla vero existimat inter erronea computanda, sicut ipse quoad aliqua in operibus quibusdam expressit et quoad alia intendit in aliis explicare. Dyalogum enim tantummodo fecit, ut magistros et peritos ad cogitandum et scribendum de hiis que tractantur in ipso moveret, ut exagitata veritas in lucem splendescat.*" (John Kilcullen verdanke ich eine Kopie dieser Handschrift.) Als eine Anwendung des Prinzips kann III.1 Dialogus, II.15 (OPol VIII), 187, 2–188, 4 gelten: „*Ut michi et aliis detur occasio inveniendi circa predicta clarius veritatem, ad omnia que pro assercionibus contrariis sunt adducta responsiones aliquas studeas recitare.*"

47 Nirgends wird hier die allgemeine Frage der Wahrheitsfindung aufgegriffen. Cf. dazu bereits die ‚Glossa ordinaria' des Johannes Teutonicus (ca. 1215) z. St., s. v. *quia veritas*: „*Optima allegatio est contra judices, qui nolunt audire advocatos, supra* [d. p. C. 30 q. 5 c. 11], *non enim potest ad veritatem perveniri, nisi respiciatur ad causam, et* [C. 23 q. 8 c. 14]" (hier zitiert nach dem Druck Venetiis 1591, 1742^b]. Ausführlich geht auf die Befragung der *testes* dann unter Berücksichtigung des *Liber Extra* ein etwa Ockhams Zeitgenosse Guido de Baysio, Rosarium Decreti, z. St. (hier benutzt nach dem – unfoliierten – Druck Venetiis 1480; durch Raynaldus de Novimagio), ⟨782⟩.

48 Ab wann Ockham das ‚Decretum Gratiani' gekannt und zitiert hat, ist schwer zu ermitteln. Spätestens seit er seine Traktate ‚De sacramento altaris' (wahrscheinlich in den letzten Jahren seines Aufenthaltes in England oder während seines Prozesses in Avignon) niederschrieb, begann er, sich dort mit passenden Zitaten zu versorgen, wobei ihm in Avignon und München wohl vor allem von Bonagratia von Bergamo gehörig geholfen wurde.

49 Cf. oben nt. 21.

kenntnis der Wahrheit vermag. Das wird deutlich ausgesprochen im Prolog zu III.2 ‚Dialogus', wo der Nutzen genannt wird, den das künftige „derart notwendige" Werk für alle Welt haben wird. Der Schüler erklärt darüber hinaus:

> „dass aus unserer künftigen Erörterung diejenigen, die sich eifrig um die Wahrheit, die Gerechtigkeit und das Gemeinwesen bemühen, in aller Klarheit erkennen werden, dass zum Schaden des gemeinen Wohls jetzt noch sehr viele Wahrheiten über diese Fragen vor denen verborgen sind, die andere lenken, indem sie über sie herrschen, ihnen raten oder sie unterrichten. Experten, die sich unermüdlich für das Gerechte und Zuträgliche einsetzen, werden dann zu all diesen Problemen auserlesene Schriften schreiben und all das Falsche, was wir hier wiedergeben, wirksam widerlegen. Das Wahre aber, das wir anführen, können sie mit Vernunftgründen und unwiderleglichen Autoritäten stützen."[50]

Der künftige Nutzen des ‚Dialogus' wird also nach diesen Worten darin liegen, dass die wissenschaftlichen Experten der Politik, kommen sie nun aus der Schule des Aristoteles oder anderswoher, in aufgeklärter Erkenntnis der Sachlage und in souveräner Übersicht über alle vorgebrachten (und so ist in Ockhams Sinn zu ergänzen, auch aller denkbaren und möglichen) Argumente, imstande sein werden, den Praktikern der Politik die in der Situation allein richtigen Schlüsse vorzustellen. Sie werden die Möglichkeiten ausloten können, die sich politischem Handeln eröffnen und es zum Erfolg führen. Es fällt auf, dass die auf uns gekommenen Handschriften anscheinend zeigen, dass exakt diese Gruppe der Experten in der Mehrzahl der auf uns gekommenen Manuskripte als Besitzer, Auftraggeber oder Benutzer der großen Texte Ockhams nachzuweisen sind. Ockham, der Autor des ‚Dialogus' – und nicht allein der von ihm als Rollenträger erfundene Lehrer – hat eben diese Experten, die Intellektuellen, die *periti* seiner Zeit zu seinen eigentlichen Schülern machen wollen, als er den ‚Dialogus' für sie schrieb.

[50] III.2 Dialogus, Prologus, ed. Goldast (nt. 1), 870; ed. Heinen (nt. 3), 5, 35–45: „[…] *quia tamen de materia tam necessaria, ut pote que totum tangit genus humanum, opus speciale ut estimo est nullatenus ab aliis attemptatum, utile erit penitus non silere, ut alios copiam librorum habentes ad facienda perfecta opera provocemus. Puto enim quod ex disputacione nostra futura veritatis et iusticie rei publice zelatores advertent aperte veritates quamplurimas circa premissa in detrimentum communis boni latere illos qui alios regendo, consulendo vel informando seu erudiendo gubernant, animabunturque periti qui eorum que iusta sunt et utilia fuerint amatores de prefatis opera facere exquisita, falsa que recitabimus efficaciter reprobando et vera que narrabimus rationibus ac auctoritatibus irrefragabilibus fulciendo.*"

X. Lernen durch Erfahrung

Gesellen und Meister im Handwerk

Sabine von Heusinger (Köln)

Im November 1407 schickte der höchst alarmierte Rat der Stadt Basel einen Brief ins benachbarte Straßburg: Aus Colmar habe man erfahren, dass die dortigen Schuhmachergesellen einen Ritter zu ihrem Anführer gewählt hätten und eine weitere Versammlung in Rufach planten[1]. Im schlimmsten Fall könnten sich dort über viertausend Schuhmachergesellen sowie weitere Gesellen zusam-

---

[1] Die betreffenden Stücke befinden sich inzwischen in Archives de la ville et de la communauté urbaine de Strasbourg (= AVCUS), III 14, Nr. 7, und nicht, wie bei K. Schulz, Handwerksgesellen und Lohnarbeiter. Untersuchungen zur oberrheinischen und oberdeutschen Stadtgeschichte des 14. bis 17. Jahrhunderts, Sigmaringen 1985, 74, nt. 49, noch angegeben, in AVCUS, III 13; die Verwechslung beruht vielleicht darauf, dass sich III 13 und III 14, Nr. 1–28, im Archiv in einer gemeinsamen Kiste befinden und auch die Angaben bei J. Fritz, Der Ausstand der oberrheinischen Schuhmachergesellen im Jahre 1407, in: Zeitschrift für die Geschichte des Oberrheins 45 (1891), 132–140, etwas unklar sind; zum Streik siehe Schulz, Handwerksgesellen, 73–78.

Cf. AVCUS, III 14, Nr. 7: 1407 Nov. 9: Basel an Straßburg über den beabsichtigten Maientag der Schustergesellen, Überschrift Hand des 19. Jahrhunderts: *Schurmacherzunft*: „*Unser willig fruntlich dienst vor und alles guot, besundern lieben fründ und Eigen* [?], *wir lassend úch wissen, das die meister der schuohemacher by uns drie briefe vúr uns braht hant und gelassen horen, die der zunftmeister und die zunft gemeinlich schuohemacher antwerckes ze Colmar, inen geschicket hant, der wir úch abgeschrifft, in disem beslossen sendent, in der ir wol werdent hören, wie die schuohemacher knehte, die do sind zwuschent uwer stat Strazburg und Rynfelde einen meyen meinent ze machende gen Rufach, und wie die herren Wernher Burggrafen zuo eim heren erwelt hant, und sie der in sinen schirm genomen hat, das uns ein heftig ernstlich sach duncket sin und eine grosse notdurfft zuo under stonde, das der meige nit gemaht danne gewendet werde, und unser schuohemacher meister meinet, wurde der selben knehte meyge nit zerstört, das me danne by vier dusent zesomen kemend, die villihte solich sachen antragen und sich vereinbern wurden do von grosser schade und kumber den stetten und dem lande uferston wurde* […] *So ist zu besorgende dz Snider und ander antwerck knechte dasselb oder des glich ouch underston und heren über ihr meister wurden.*“

Am 11. Juli 1407 entscheidet Werner Burggraf als Vogt zu Rufach im Streit zwischen dem Edelknecht Götzmann von Hergheim und dem Rufacher Priester Heinrich Schiferstein, dazu T. Walter (ed.), Urkundenbuch der Pfarrei Rufach nebst einem Anhange: Kurze Pfarrchronik von Westhalten (Beiträge zur Geschichte der Stadt Rufach 1), Rufach 1900, 36, n. 45. Am 8. Februar 1412 erlässt Werner Burggraf eine Rebleuteordnung, in der sowohl das Anheuern der Rebleute als auch ihr Lohn festgehalten werden, siehe T. Walter (ed.), Urkunden und Regesten der Stadt und Vogtei Rufach (1350–1500) (Beiträge zur Geschichte der Stadt Rufach 3), Rufach 1913, 51, n. 136. Zu Rufach siehe jüngst G. Zeilinger, Eine Stadt zwischen Gebot und Gemeindefreiheit. Rufach als Interaktionsraum von Bischof und Bewohnern vom 12. Jahrhundert bis zur Mitte des 14. Jahrhunderts, in: H. von Seggern/G. Zeilinger (eds.), „Es geht um Menschen". Beiträge zur Wirtschafts- und Sozialgeschichte des Mittelalters für Gerhard Fouquet zum 60. Geburtstag, Frankfurt a. M. 2012, 245–262.

menrotten, die sich anmaßten, Herren über die Meister zu werden („*heren über ihr meister wurden*"). In diesem Brief werden eine ganze Reihe von Ängsten deutlich: Die Schuhmachermeister fürchteten erstens eine Horde von aufrührerischen Gesellen, auch wenn die genannte Zahl viertausend übertrieben sein dürfte. Zweitens ängstigte sie die Vorstellung, weitere Handwerke könnten sich dem Protest anschließen – besonders gefürchtet waren gesellenstarke Handwerke wie die Schneider. Die folgenden Ereignisse zeigten, dass tatsächlich die Basler Sattler- und Spenglergesellen kurze Zeit später planten, einen eigenen Gesellentag in Hagenau abzuhalten – die Sorge der Meister war also nicht unbegründet[2]. Am allermeisten fürchteten aber die Meister, dass das Schüler-Meister-Verhältnis genau ins Gegenteil verkehrt werden könnte und sich die Gesellen über die Meister erheben und damit eine verkehrte Welt schaffen könnten! Besorgt hielten die im Aufruf der Gesellen genannten Städte im folgenden Jahr einen Städtetag in Schlettstadt ab, an dem Gesandte aus Basel, Straßburg, Worms, Speyer und des Markgrafen teilnahmen. Bei den Vorgängen um 1407 und 1408 geht es also weder um ein marginales noch lokales Problem, sondern das gesamte Gebiet des Ober- und Mittelrheins einschließlich des Elsasses war betroffen und die Grundsätze der sozialen Hierarchie wurden infrage gestellt.

Vermutlich reichten die Spannungen zwischen Meistern und Gesellen bei den Straßburger Schuhmachern bis in das Jahr 1360 zurück, als in der Schuhmacherordnung festgehalten worden war, dass Meistersöhne und -schwiegersöhne nur ein Drittel der Summe für den Zunftkauf bezahlen sollten, der für reguläre Gesellen fällig wurde, wenn sie in die Zunft eintraten[3]. Zudem wurden die Gesellen vom Besuch der Zunft-Trinkstube ausgeschlossen, was ein singulärer Fall war. Danach müssen sich die Schuhmachergesellen organisiert und sogar eine eigene Gerichtsbarkeit aufgebaut haben, wie das Verbot aus dem Jahr 1399 belegt, das vom vorderösterreichischen Landvogt, den oberrheinischen Städten unter Führung von Basel, Colmar und Freiburg sowie den betroffenen Territorialherren beschlossen wurde[4]. Die Schuhmachergesellen wählten daraufhin, wie schon eingangs erwähnt, einen Ritter, Werner Burggraf, der Vogt zu Rufach war, zu ihrem Anführer. Im Oktober 1407, also einen Monat vor dem Brief der Basler an die Nachbarstädte, hatte Werner Burggraf die Wahl zum Anführer der Schuhmachergesellen angenommen. In einem Brief hielt er fest, dass ihn die Gesellen des Ober- und Unterelsasses zu ihrem „*Rehten Herren*" gewählt hatten, er sie unter seinen Schutz genommen und befohlen habe, dass sie bis Pfingsten vor ihm zu einem gemeinschaftlichen Treffen erscheinen sollten[5].

---

[2] Fritz, Der Ausstand (nt. 1), 132–140.

[3] Urkundenbuch der Stadt Straßburg, edd. W. Wiegand e. a., 7 vols. (Urkunden und Akten der Stadt Straßburg. Abt. 1), Straßburg 1879–1900 (= UBS), vol. 5, 514, 1360 Juni 23.

[4] G. Schanz, Zur Geschichte der deutschen Gesellen-Verbände mit 55 bisher unveröffentlichten Documenten aus der Zeit des 14.–17. Jahrhunderts, Leipzig 1877 [Neudruck Glashütten 1973], 157–169 (n. 24).

[5] Ediert von Walter, Urkunden und Regesten (nt. 1), 44 sq., n. 120 (vom 22. Oktober 1407); die Straßburger erhalten eine Abschrift dieses Schreibens aus Basel, siehe AVCUS (nt. 1), III 14, Nr. 7 (am linken Rand die alte Signatur G.U.P. 14 n. 16, am rechten Rand das Datum „1407 Oct. 22", beide Einträge von späterer Hand).

Die Intervention der Städte hatte in den folgenden Monaten dieses Treffen verhindert. In einem gemeinsamen Beschluss sprachen die Städte im Februar 1408 ein allgemeines Verbot der Gesellenvereinigungen am Oberrhein aus, das aber die Auseinandersetzungen nicht beenden konnte. Zwei Jahre später, 1410, wandten sich die Städte Konstanz und Schaffhausen aus Angst vor weiteren Aktionen der Schneidergesellen an Straßburg[6]. Aus diesem Kontext stammt vermutlich das Schreiben der Straßburger Schneidergesellen, in dem sie sich über Sanktionen vonseiten der Meister beklagten[7]. Im selben Jahr wandte sich auch der Rat von Kaysersberg an Straßburg und berichtete, dass ihre Schuhmacher- und Schneidergesellen einen eigenen Schultheiß und Vogt gewählt hatten und damit die städtische Obrigkeit ignorierten[8]. Die Straßburger Gerbergesellen hatten wiederum einen Bund gegen ihre Meister geschlossen, den sie im Jahr 1414 aufzulösen versprachen[9].

I. Das Ideal von Gesellen und Meistern

Der mittelalterlichen Zunft gehörten Meister und Meisterinnen als vollberechtigte, Gesellen, Lehrjungen und Lehrtöchter sowie Lohnarbeiter als minderberechtigte Mitglieder an[10]. Den Lohnarbeitern fehlte eine Ausbildung – sie waren also gerade keine „Schüler". Weibliche Gesellen fehlen in den Quellen, aber es muss auch für Frauen einen Qualifikationsweg von der Lehrtochter zur Meisterin gegeben haben, der aber in den Quellen anscheinend nicht überliefert wurde. In meinen weiteren Ausführungen stehen die Männer im Mittelpunkt, da sich aufgrund der Überlieferungslage nur hier das Spannungsverhältnis zwischen

[6] AVCUS (nt. 1), III 12, 20.

[7] AVCUS (nt. 1), III 12, 19: schmales Heft mit dem Titel „*Dis ist die antwort der schnider knecht uff der meister anbringen*".

[8] AVCUS (nt. 1), III 12, 20; cf. auch M. Alioth, Gruppen an der Macht. Zünfte und Patriziat in Straßburg im 14. und 15. Jahrhundert. Untersuchungen zu Verfassung, Wirtschaftsgefüge und Sozialstruktur, 2 vols., Basel 1988, hier vol. 1, 376, nt. 6; abweichend Fritz, Der Ausstand (nt. 1), 73–78.

[9] AVCUS (nt. 1), III 12, 24, ed. Schanz, Zur Geschichte (nt. 4), 185 (n. 36).

[10] Dazu siehe Schulz, Handwerksgesellen (nt. 1), zum Oberrhein und Oberdeutschland, hier 47–57; und id., Die Stellung der Gesellen in der spätmittelalterlichen Stadt, in: A. Haverkamp (ed.), Haus und Familie in der spätmittelalterlichen Stadt (Städteforschung. Reihe A, Darstellungen 18), Köln–Wien 1984, 304–326, hier 310 sq.; W. Reininghaus, Die Entstehung der Gesellengilden im Spätmittelalter (Vierteljahrschrift für Sozial- und Wirtschaftsgeschichte. Beihefte 71), Stuttgart 1981; K. Wesoly, Lehrlinge und Handwerksgesellen am Mittelrhein. Ihre soziale Lage und ihre Organisation vom 14. bis ins 17. Jahrhundert, Frankfurt a. M. 1985; und jüngst zusammenfassend zum Oberrhein M. Debus Kehr, Travailler, prier, se révolter. Les compagnons de métier dans la société urbaine et leur relation au pouvoir. Rhin supérieur au XVe siècle, Strasbourg 2007. Zu den Lohnarbeitern siehe W. von Hippel, Armut, Unterschichten, Randgruppen in der Neuzeit (Enzyklopädie deutscher Geschichte 34), München 1995, 21 sq.; D. Rippmann, „Sein Brot verdienen": Die Beköstigung von Arbeitskräften im Spätmittelalter, in: Medium Aevum Quotidianum 34 (1996), 91–113.

Schüler und Meister untersuchen lässt und sie zudem die Mehrheit der Zunftgenossen ausmachten.

Die Stellung von Lehrjungen und Gesellen, in den Quellen häufig „Knechte" genannt, wurde in den Zunftordnungen festgelegt: Diese regelten die Höhe des Lehrgeldes und des späteren Zunftkaufs, die Dauer von Ausbildung und Gesellenzeit bis hin zu einzelnen Rechten und Pflichten. Viele Vorschriften variierten in unterschiedlichen Zünften, Regionen und Zeiträumen, beispielsweise die Forderung nach ehelicher Geburt oder Erwerb des Bürgerrechts[11]. Lehrlinge mussten eine Lehrzeit absolvieren, deren Ausbildungswege erst allmählich formalisiert und vereinheitlicht wurden[12]. Zwischen dem 14. und 18. Lebensjahr begannen die Lehrlinge ihre Ausbildung, die ungefähr zwei bis drei Jahre dauerte. Zwischen Eltern und Meister wurde Lehrzeit, Lehrgeld, Unterkunft und Verpflegung vereinbart, häufig ergänzt um Absprachen, was mit einem weggelaufenen Lehrjungen geschehen solle – anscheinend ein häufiges Phänomen im Mittelalter. Am Ende der Lehrzeit wurde der Lehrling freigesprochen und feierlich in den Kreis der Gesellen aufgenommen. Zwischen Meister und Geselle galt eine gegenseitige Treuepflicht, sie lebten nicht nur oft in einer Arbeits- und Werkstattgemeinschaft, sondern meistens auch in einer Haus- und Lebensgemeinschaft zusammen, da die Gesellen in der Regel unverheiratet waren[13].

---

11 Zum Folgenden siehe S. von Heusinger, Die Zunft im Mittelalter. Zur Verflechtung von Politik, Wirtschaft und Gesellschaft in Straßburg (Vierteljahrschrift für Sozial- und Wirtschaftsgeschichte. Beihefte 206), Stuttgart 2009, 56–84 mit weiterführender Literatur. Immer noch von Interesse sind Schulz, Die Stellung der Gesellen (nt. 10), 304–326, hier 307 sq., wo er für den Oberrhein von einem Drittel bis zur Hälfte der Betriebe ausgeht, die keinen Mitarbeiter beschäftigten; Wesoly, Lehrlinge (nt. 10), bes. 50–262; Reininghaus, Die Entstehung der Gesellengilden (nt. 10), bes. 61–70. Siehe auch J.-R. Zimmermann, Les compagnons de métiers à Strasbourg du début du XIVe siècle à la Réformation, Straßburg 1971, 101–105, behandelt vor allem das Ende des 15. und den Beginn des 16. Jahrhunderts; seine Studie ist sehr unübersichtlich und er gibt Quellenzitate nur in französischer Übersetzung an. Trotz des vielversprechenden Titels bietet der von Almut-Barbara Renger herausgegebene Sammelband nichts zu vorliegender Thematik, siehe: Meister und Schüler in Geschichte und Gegenwart. Von Religionen der Antike bis zur modernen Esoterik, Göttingen 2012; Gleiches gilt auch für ihren eigenen Beitrag: Der „Meister": Begriff, Akteur, Narrativ. Grenzgänge zwischen Religion, Kunst und Wissenschaft, ibid., 19–49.

12 Zum Folgenden Wesoly, Lehrlinge (nt. 10), 62–72; id., Berufsausbildung von Handwerkslehrlingen und Elementarbildung vornehmlich am Mittelrhein bis ins 17. Jahrhundert, in: A. Hanschmidt/H.-U. Musolff (eds.), Elementarbildung und Berufsausbildung 1450–1750 (Beiträge zur historischen Bildungsforschung 31), Köln 2005, 109–124; Schulz, Handwerksgesellen (nt. 1), 54–57, und 248–265; einen Überblick für die Frühe Neuzeit bietet R. Reith, Arbeitsmarkt und Gesellenstreik vom 15. bis ins 19. Jahrhundert, in: A. Westermann/E. Westermann (eds.), Streik im Revier: Unruhe, Protest und Ausstand vom 8. bis 20. Jahrhundert, St. Katharinen 2007, 177–219.

13 Wesoly, Lehrlinge (nt. 10), 119–133; K. Simon-Muscheid, Frauenarbeit und Männerehre. Der Geschlechterdiskurs im Handwerk, in: ead. (ed.), „Was nützt die Schusterin dem Schmied?" Frauen und Handwerk vor der Industrialisierung, Frankfurt a. M. 1998, 13–33, hier 21 sq., wies auf die Probleme hin, die mit dem Anstieg der Zahl verheirateter Gesellen im 16. Jahrhundert entstanden.

Gegen Ende des Mittelalters waren die Gesellen zunehmend von einem sozialen Abstieg bedroht. Bis zum zweiten Drittel des 15. Jahrhunderts war es für die Gesellen noch möglich, in eine Zunft einzutreten, auch wenn sie die Zunftaufnahmegebühren nur in Raten bezahlen konnten. Danach erwarben die meisten ein eingeschränktes Zunftrecht, es gab aber auch Fälle, in denen sie das ganze Zunftrecht kauften. Eine Liste der Straßburger Bader um 1470 belegt, dass von 31 Gesellen bereits drei das volle Zunftrecht erworben hatten, um später eine eigene Badestube betreiben zu können, ganz wie die Meister[14]. Weitere sieben Gesellen hatten nur das Trinkstubenrecht gekauft und konnten diese Ausgabe später beim Kauf des Zunftrechts anrechnen lassen.

Um sich als Meister niederzulassen, gab es zwei zentrale Voraussetzungen: Erstens eine abgeschlossene Lehre mit Berufserfahrung und zweitens eine selbstständige wirtschaftliche Existenz, die den Besitz von Haus und Werkstatt, Arbeitsgeräten und Rohstoffen erlaubte. In den Zunftordnungen wurde häufig die maximale Zahl der Gesellen und Lehrlinge pro Meister festgelegt. Sie schwankte stark von Zunft zu Zunft und konnte von einem bis zu sechs Lehrlingen reichen. Ein Großteil der Meisterbetriebe war jedoch so klein, dass sie gar keinen Gesellen oder Lehrling beschäftigten. Im 14. Jahrhundert war die Unterscheidung zwischen Meister und Geselle noch nicht immer zweifelsfrei möglich; im 15. Jahrhundert kam es zu einem deutlichen Ausdifferenzierungsprozess, der im 16. Jahrhundert seinen endgültigen Abschluss fand[15]. Zudem gab es Gewerbe, bei denen diese Unterscheidung fehlte: Im Baugewerbe gab es beispielsweise das ganze Mittelalter über selbstständige Gesellen, die sich nur dadurch von einem Meister unterschieden, dass sie kein volles, sondern nur ein eingeschränktes Zunftrecht erwarben.

Die Meister als vollberechtigte Mitglieder trafen sich regelmäßig zur Zunftversammlung, je nach Region auch Ding oder Morgensprache genannt[16]. Dabei

---

14 AVCUS (nt. 1), III 11, Nr. 4: „*Das sint die knecht die ir ganz recht hant: Item an dissen j und drissig knechten sint drige, die ir gantz recht und antwercks hant wie die obgemelten meister und daz erkoufft und bezahlt habent, ob si yemer ein batstuob gewunnen, das sie daz antwerck nume kouffen dürfften und daz wol triben mochten als die obgemelten meister. Dis sint die knecht, die ir stuben recht hant: Item ouch so sint in den j und* [gestrichen: *dis*] *drissig obgemeltig knechten, nemlich siben, die ir stuben recht an unserem antwerck erkouffet hant, ittelicher umb funfzehen schillig ob sy ernoch begerten unser antwerck fur vol zuo kouffen, so gont in solich funfzehen schillig ab noch der ordenu*[*n*]*g besag.*“

15 In den städtischen Abrechnungen in Osnabrück kann zum Beispiel Ilse Eberhardt für das 15. Jahrhundert nur einmal die Trennung von „*mester*“ und „*geselle*“ nachweisen, damit sind zwei Zimmerleute gemeint, die jedoch den gleichen Lohn erhielten, dazu ead., Arbeit, Lohn und Lebenshaltungskosten von Bauhandwerkern im spätmittelalterlichen Osnabrück, in: Osnabrücker Mitteilungen 103 (1998), 11–42, hier 26. Grundlegend zu Lehrlingen auch Kathryn E. Reyerson am Beispiel von Montpellier, eine kurze Zusammenfassung bei ead., The Adolescent Apprentice/Worker in Medieval Montpellier, in: Journal of Family History 17 (1992), 353–370 (= ead., Society, Law, and Trade in Medieval Montpellier, London 1995, Kap. III); und der Sammelband von S. Kaplan/B. de Munck/H. Soly (eds.), Learning on the Shop Floor: Historical Perspectives on Apprenticeship, Oxford 2007.

16 Zum Folgenden siehe nt. 11; und R. Schmidt-Wiegand, Genossenschaftliche Organisation im Spiegel historischer Bezeichnungen. Hanse, Gilde, Morgensprache, in: J. Nils/D. Kattinger/H. Wernicke (eds.), Genossenschaftliche Strukturen in der Hanse, Köln 1999, 1–12.

wurde Gericht gehalten und die wichtigen Entscheidungen beschlossen. Die Versammlung wählte, sofern kein eigenes Wahlgremium bestand, den Zunftvorstand auf eine begrenzte Zeit, meistens für ein Jahr. Vorstand war entweder der Zunftmeister oder ein Kollegium von Meistern, er wurde vom Rat bestätigt. Der Zunftmeister oder Vorstand führte das Zunftbanner, die Kasse, das Siegel der Zunft und organisierte in vielen Städten sowohl das militärische Aufgebot als auch die Wachdienste.

Im 14. und frühen 15. Jahrhundert war das Bürgerrecht noch keine Voraussetzung für eine Zunftmitgliedschaft[17]. Da die Städte ein großes Interesse an dem Zuzug neuer Gesellen hatten – die Bevölkerungszahlen waren im 15. Jahrhundert rückläufig –, bremsten sie immer wieder die Zünfte, wenn diese zu hohe Aufnahmehürden für einen Zunftbeitritt einführen wollten. Die Gesellen waren außerdem die einflussreichste Gruppe der wirtschaftlich Unselbstständigen und neben Fernhändlern, Pilgern, Klerikern und Studenten wichtige mobile Elemente der mittelalterlichen Gesellschaft[18]. Für fremde Gesellen wurde es am Ende des Mittelalters immer schwieriger, direkt in eine Zunft in der Stadt ihrer Wahl einzutreten. Der Bedarf an Gesellen führte noch im ausgehenden 15. Jahrhundert zu dem Verbot, diese von einem anderen Meister abzuwerben, so beispielsweise bei den Straßburger Goldschmieden im Jahr 1457[19]. Bei den Neuzugängen machten die Meistersöhne im 15. Jahrhundert nur 20–30 % aus, der Rest waren einfache Gesellen. Diese Zahlen veränderten sich im 16. Jahrhundert grundlegend: Fremde Gesellen wurden nur noch selten in eine Zunft aufgenommen[20].

Erst im Laufe des 15. Jahrhunderts wurden drei Hauptanforderungen für die Annahme als Geselle und für die Aufnahme ins Handwerk allmählich zur Norm: die eheliche Geburt, die ehrliche Herkunft und Unbescholtenheit[21]. Dieser Pro-

---

17 W. Ehbrecht, Zu Ordnung und Selbstverständnis städtischer Gesellschaft im späten Mittelalter, in: Blätter für deutsche Landesgeschichte 110 (1974), 83–103, thematisierte schon 1974 grundsätzlich die Probleme, Gruppen ohne Bürgerrecht zu erfassen, etwa Fremde, Mitglieder von Sondergemeinden, Juden, steuerfreie Kleriker, Frauen, Kinder usf. G. Dilcher, Bürgerrecht und Bürgereid als städtische Verfassungsstruktur, in: R. C. Schwinges (ed.), Neubürger im späten Mittelalter. Migration und Austausch in der Städtelandschaft des Alten Reiches (1250–1550), Berlin 2002, 83–97, hier 84, beklagt bereits 2002, dass es immer noch keine Monografie zum Bürgerrecht gibt.

18 Schulz, Die Stellung der Gesellen (nt. 10), 307, setzt für Straßburg und Freiburg den Anteil der Gesellen an der Bevölkerung um die Mitte des 15. Jahrhunderts mit 25 % und für Nürnberg mit 28 % an; ebenso id., Handwerksgesellen (nt. 1), 37–46.

19 H. Meyer, Die Strassburger Goldschmiedezunft von ihrem Entstehen bis 1681, Leipzig 1881, n. 12, § 36: „*Es sol ouch nyeman dem anderen underston, sin knecht abe zuo dingen.*“

20 Nach der Reformation spielte auch die Konfession eine Rolle; ihren Einfluss untersuchte exemplarisch am Beispiel der Straßburger Zimmer- und Schiffleute für das 18. Jahrhundert H. Sonkajärvi, From German-Speaking Catholics to French Carpenters: Strasbourg Guilds and the Role of Confessional Boundaries in the Inclusion and Exclusion of Foreigners in the Eighteenth Century, in: Urban History 35/2 (2008), 202–215.

21 Wesoly, Lehrlinge (nt. 10), 246–262. Cf. auch A. von Dirke, Die Rechtsverhältnisse der Handwerkslehrlinge und Gesellen nach den deutschen Stadtrechten und Zunftstatuten des Mittelalters, Diss. iur., Berlin 1914, 8–14.

zess ging nur langsam vor sich, wobei es große räumliche und zeitliche Unterschiede sowie das Nord-Süd-Gefälle mit großen Unterschieden zwischen einzelnen Gewerben gab. Zu einer Verschärfung der Aufnahmebedingungen kam es im Hanseraum schon um 1400, während sich diese Neuerungen am Oberrhein erst im 16. Jahrhundert allgemein durchsetzten[22]. So mussten in Straßburg bei den Goldschmieden beispielsweise noch 1472 nur diejenigen Meister, die nach Ämtern strebten, ihre eheliche Geburt nachweisen[23]. Im 16. Jahrhundert mussten die Gesellen außerdem eine abgeschlossene Lehre absolviert haben und über zusätzliche Berufserfahrung verfügen, um überhaupt in die Zunft aufgenommen zu werden. Die Wanderpflicht als Teil der Gesellenzeit wurde verbindlich eingeführt und von den Handwerksmeistern wurde nun ein Meisterstück verlangt[24]. Die immer weiter steigenden Anforderungen an Handwerker in der Frühen Neuzeit betrafen also nicht nur „Schüler", sondern auch Meister.

II. Konfliktfelder

Wie der eingangs erwähnte Streit um die Schuhmachergesellen gezeigt hat, gab es am Ende des 14. und Anfang des 15. Jahrhunderts eine ganze Reihe von Konfliktfeldern zwischen Gesellen und Meistern. Ich möchte die drei wichtigsten näher untersuchen.

1. *Forderung nach eigenen Trinkstuben*

Immer wieder findet sich in den Quellen die Forderung der Gesellen nach eigenen Trinkstuben, die regelmäßig von den Zünften abgelehnt wurden. Worum ging es in dieser strittigen Frage? Die Zünfte unterhielten Zunft-Trinkstuben, auf denen Meister, Gesellen, Familienangehörige und sogar Zunftfremde verkehren durften. Auf der Trinkstube tagte das Zunftgericht und der Ratsherr wurde gewählt, hier wurden Taufen, Hochzeiten und Beerdigungen gefeiert. Kurzum: Trinkstuben waren wichtige Kommunikationszentren der vormoder-

---

22 Zum Folgenden vor allem K. Schulz, Die Norm der Ehelichkeit im Zunft- und Bürgerrecht spätmittelalterlicher Städte, in: L. Schmugge (ed.), Illegitimität im Spätmittelalter, München 1993, 67–83; und id., Zunft, -wesen, -recht, A. Westen, I. Allgemein und deutscher Bereich, in: Lexikon des Mittelalters, vol. 9, München–Zürich 1998, 686–691, bes. 690.

23 Meyer, Die Strassburger Goldschmiedezunft (nt. 19), n. 15, § 2.

24 Schulz, Handwerksgesellen (nt. 1), 296–311. Das Meisterstück legte beispielsweise die Straßburger Maler-Zunft 1516 detailliert fest; es bestand aus drei Werken, zwei Marienbildern und einem Kruzifix, mit genauer Vorgabe des Dargestellten und der Produktionsbedingungen, siehe A. Schricker, Ordnungen der Strassburger Malerzunft, in: Jahrbuch für Geschichte, Sprache und Litteratur Elsass-Lothringens 3 (1887), 99–105, 99 sq.

nen Stadt[25]. Seit den 1380er Jahren strebten die Gesellen nach eigenen Versammlungsräumen – vor allem die gesellenstarken Handwerke der Schuhmacher, Schneider und Schmiede versuchten, eigenständig Räume oder ganze Häuser zu mieten, um sich dort eine eigene Stube einzurichten[26]. Zuvor hatten sie sich in ihrer Freizeit im Meisterhaushalt aufgehalten und auf öffentlichen Plätzen getroffen, zum Beispiel auf dem Kirchplatz, oder waren in die Zunftstube gegangen, wo auch die Meister verkehrten. Nun gingen sie auf Distanz zu den Zünften. Hatten zu den Zunfttrinkstuben ganz unterschiedliche Bevölkerungsgruppen Zugang, so sollten in den Gesellentrinkstuben nur Handwerksknechte, Lehrjungen und Lohnarbeiter verkehren. Frauen oder Klerikern war der Zutritt verboten, selbst die Anwesenheit der Handwerksmeister war unerwünscht. Die Gesellentrinkstuben wurden zu einem wichtigen Element im Emanzipationsprozess der nichtselbstständigen Handwerker, da den Stuben ein hohes Identifikations- und Abgrenzungspotential innewohnte, weshalb sie wiederholt verboten wurden. In Konstanz wurden beispielsweise die Gesellenstuben 1390, 1423 und 1441 verboten[27]. Die Städte Frankfurt, Mainz, Worms und Speyer erließen 1421 ein gemeinsames Verbot von Gesellentrinkstuben, von dem sie sich eine größere Wirksamkeit erhofften[28]. Im Jahr 1436 einigten sich die Rheinischen Städte un-

---

[25] In der 2. Hälfte des 15. Jahrhunderts gibt es in Straßburg das Phänomen, dass Zunftgenossen dafür bezahlten, nur noch ein eingeschränktes Stubenrecht zu erhalten, um von Pflichten wie dem Wachdienst befreit zu werden, aber gleichzeitig weiterhin auf der Stube verkehren wollten, um nicht vom Informationsfluss abgeschnitten zu sein, siehe dazu von Heusinger, Die Zunft (nt. 11), 139–142; zu den Trinkstuben im weiteren Sinn siehe ibid., 90–102, 136–142. In Winterthur wurde am Ende der 1980er Jahre eine Gesellentrinkstube aus dem 15. Jahrhundert archäologisch untersucht, die faszinierende Auswertung der Funde sowie deren Einordnung bei P. Niederhäuser/W. Wild, Zerbrochene Gläser, Zechprellerei und Nachtruhestörung. Eine Gesellentrinkstube im spätmittelalterlichen Winterthur, in: Winterthurer Jahrbuch 1998, 138–151.

[26] Zum Folgenden cf. nt. 11; von Heusinger, Die Zunft (nt. 11), bes. 61–68. Schulz, Handwerksgesellen (nt. 1), 58–97, hier 61, datiert die Anfänge der Konflikte bis ins 14. Jahrhundert zurück, als es 1333 in Hagenau zu einem Streit zwischen Wollschlägern und Webern kam; W. Reininghaus, Das „ganze Haus" und die Gesellengilden. Über die Beziehungen zwischen Meistern und Gesellen im Spätmittelalter, in: R. S. Elkar (ed.), Deutsches Handwerk in Spätmittelalter und Früher Neuzeit. Sozialgeschichte – Volkskunde – Literaturgeschichte (Göttinger Beiträge zur Wirtschafts- und Sozialgeschichte 9), Göttingen 1983, 55–70, hier 57, geht ebenfalls davon aus, dass diese Gruppen am Hoch-, Ober- und Mittelrhein als erste den Weg für eine allgemeine Gesellenbewegung ebneten. W. Reininghaus, Frühformen der Gesellengilden in Augsburg im 14. Jahrhundert, in: Zeitschrift des Historischen Vereins für Schwaben 77 (1983), 68–89, wertete das Augsburger Achtbuch in Bezug auf die Gesellen aus und hielt die Autonomiebestrebungen der Gesellen für den Grund der Konflikte zwischen Gesellen und Handwerksmeistern. Siehe auch S. Fröhlich, Die soziale Sicherung bei Zünften und Gesellenverbänden. Darstellung, Analyse, Vergleich, Berlin 1976, 31–37 und 115–172.

[27] F. J. Mone, Zunftorganisation vom 13. bis 16. Jahrhundert in der Schweiz, Baden, Elsaß, Bayern und Hessen, in: Zeitschrift für die Geschichte des Oberrheins 15 (1863), 1–57, 277–294; 16 (1864), 151–188, 327–341; 17 (1865), 30–68; 18 (1865), 12–33, im Folgenden 17 (1865), n. 80; Schanz, Zur Geschichte (nt. 4), n. 21.

[28] B. Schmidt (ed.), Frankfurter Zunfturkunden bis zum Jahre 1612, 2 vols., Frankfurt a. M. 1914–1915, vol. 1, 4 sq.

ter der Führung von Straßburg und Basel in der sogenannten „Rheinischen Knechteordnung“ auf ein gemeinsames Reglement, um der Gesellen wieder Herr zu werden; dazu gehörte auch das Verbot von Versammlungen in Trinkstuben, gemieteten Häusern, Gärten sowie allgemein die Bildung von „Gesellschaften“[29]. Diese Vorschrift scheint wenig bewirkt zu haben, wie eine Quelle aus Straßburg aus dem Jahr 1473 belegt, in der dieses Verbot in identischer Formulierung wiederholt wurde[30]. Die Gesellen wichen daraufhin in öffentliche Wirtshäuser als Versammlungsorte aus, aber auch dies wurde ihnen verboten, so explizit in Freiburg im Jahr 1500[31].

Traditionell bestand ein Teil des Gesellenlohnes aus Kost und Logis im Haushalt des Meisters – nun forderten die Gesellen, dass ihnen die Mahlzeiten in ihre Trinkstuben gebracht werden sollten. Sie wollten nicht auf diesen Teil der Entlohnung verzichten und zudem im Kreis ihrer Mit-Gesellen essen und trinken. Indem den Meistern der Zutritt zur Gesellentrinkstube verwehrt wurde, entzogen sich die Gesellen einer direkten Kontrolle. So beschlossen beispielsweise die Straßburger Schuhmachermeister im Jahr 1387, ihren Knechten kein Essen mehr auf die Stube zu senden[32], und zehn Jahre später weigerten sich auch die Schmiedemeister, Essen anzuliefern[33]. In Mainz vereinbarten zu Beginn des 15. Jahrhunderts die Schneidermeister ebenfalls, kein Essen für die Gesellen außer Haus zu schicken[34].

Seit dem 14. Jahrhundert gab es vereinzelt Gesellen, die auf Wanderschaft gingen und von Meister zu Meister zogen[35]. Das Wandern war für die jungen

---

[29] Der Text wurde mehrfach abgedruckt, jedoch mit der richtigen Datierung nur in Aargauer Urkunden, ed. Historische Gesellschaft des Kantons Aargau, 15 vols., Aarau 1930–1965, hier vol. 3: Die Urkunden des Stadtarchivs Rheinfelden, n. 189; auch bei Schanz, Zur Geschichte (nt. 4), n. 57, mit falscher Datierung 1465, aber korrektem Text, hier 199: Alle Handwerksknechte und andere dienende Knechte sollen *„furter kein trinkstube oder gedingete hauser, garten, noch kein gemein gesellschaft ine haben, dar jnne zusamen gont, es sy zeren oder sust in keinen weg vngeverlich“*. Cf. auch W. Reininghaus, Die Straßburger „Knechteordnung“ von 1436, in: Zeitschrift für die Geschichte des Oberrheins 126 (1978), 131–143; ihm folgt Schulz, Handwerksgesellen (nt. 1), 81–97; noch mit falscher Datierung (1407/08) Zimmermann, Les compagnons de métiers (nt. 11), 124; allgemein zu den Verboten Wesoly, Lehrlinge (nt. 10), 347–390.

[30] AVCUS (nt. 1), 1MR 2, 83^{v} (= 163): *„hynnanfurder kein tringstube oder gedingete hüser, garten, noch kein gemeine gesellschafft me haben darinne sü zu sammen gont, es sy zeren oder sust in keinen weg ungeverlich“*.

[31] Mone, Zunftorganisation (nt. 27), n. 4, § 9.

[32] UBS (nt. 3), vol. 6, 368 (= Mone, Zunftorganisation [nt. 27], n. 79).

[33] Schanz, Zur Geschichte (nt. 4), n. 25a.

[34] Mone, Zunftorganisation (nt. 27), n. 70.

[35] Cf. zum Folgenden W. Reininghaus, Die Migration der Handwerksgesellen in der Zeit der Entstehung ihrer Gilden (14./15. Jahrhundert), in: Vierteljahrsschrift für Sozial- und Wirtschaftsgeschichte 68 (1981), 1–21; und id., Entstehung der Gesellengilden (nt. 10), bes. 46–49; Wesoly, Lehrlinge (nt. 10), 263–305; S. R. Epstein, Labour Mobility, Journeyman Organisations and Markets in Skilled Labour in Europe, 14th–18th Centuries, in: M. Arnoux/P. Monnet (eds.), Le technicien dans la cité en Europe occidentale, 1250–1650, Rome 2004, 251–269; siehe auch den Überblick bei H. Ammann, Gesellenwanderungen am Oberrhein im späten Mittelalter, in: F. J. Arthen (ed.), Probleme der Geschichte und Landeskunde am linken Oberrhein, Bonn 1966, 100–104, mit Zusammenfassung der älteren Literatur. Zur Gesellenwanderung in der Neuzeit

Männer noch keine Verpflichtung – erst am Übergang vom 16. zum 17. Jahrhundert kann davon die Rede sein. Die wandernden Gesellen kamen in Gesellentrinkstuben unter, die häufig in Gesellenherbergen umgewandelt wurden. Nicht gern gesehen waren wandernde Gesellen ohne Arbeitsstelle. Der Straßburger Rat beschloss deshalb 1484, dass wandernde Knechte nur eine einzige Nacht in einer Wirtschaft unterkommen durften, um vor Ort eine neue Arbeit zu suchen; wurden sie länger beherbergt, so drohte dem Wirt oder der Wirtin ein empfindliches Bußgeld[36].

Die Entstehung der Gesellen-Trinkstuben im 15. Jahrhundert war ein Politikum: Die Stuben waren nicht nur Ausdruck eines neuen Selbstverständnisses der Gesellen[37]. Die neue Form der Gesellenorganisation wurde auch als Konkurrenz zu den Zünften verstanden, die einen Kontrollverlust der Meister über die Gesellen mit sich brachte. Zudem entstanden in der Stadt Räume, an denen sich junge Männer trafen und die von Ratsseite überhaupt nicht mehr kontrolliert werden konnten. Dies musste Ängste auslösen, die nicht unbegründet waren: Im 14. Jahrhundert kam es in vielen Städten am Oberrhein mehrfach zu Putschen gegen das Stadtregiment oder mindestens zu Machtwechseln – in Straßburg beispielsweise 1308, 1332/33, 1349, 1362 und 1385[38].

2. *Eigene Gerichtsbarkeit und überregionale Organisation*

Der zweite Konfliktpunkt zwischen Gesellen und Meistern war die Forderung der Gesellen nach einer eigenen Gerichtsbarkeit – parallel zur Zunftgerichtsbar-

---

siehe auch jüngst S. Wadauer, Die Tour der Gesellen. Mobilität und Biographie im Handwerk vom 18. bis zum 20. Jahrhundert, Frankfurt a. M. 2005, bes. 21–45.

Am Beispiel der Kürschnergesellen in Straßburg konnte Knut Schulz exemplarisch zeigen, wie sich deren Herkunftsradius kontinuierlich vergrößerte, dazu id., Handwerksgesellen (nt. 1), 265–296, bes. die Karte auf 279: Im Jahr 1404 stammten die Gesellen noch aus einem Umkreis von maximal 200 Kilometern; dies hatte sich bis 1444 nicht wesentlich geändert. Im Untersuchungsjahr 1470 hatte sich der Entfernungsradius aber bis auf 800 km in östlicher Richtung vergrößert, und es gab sogar Straßburger Kürschnergesellen, die aus Ofen (Budapest), Krakau, Breslau oder Liegnitz stammten. Durch die Wanderschaft konnten die Gesellen neue Handwerkstechniken erlernen und hatten gleichzeitig einen maßgeblichen Anteil an der Verbreitung von Innovationen. Siehe auch K. Schulz, Handwerkerwanderungen und Neubürger im Spätmittelalter, in: Schwinges (ed.), Neubürger im späten Mittelalter (nt. 17), 445–477.

36 AVCUS (nt. 1), 1MR 2, 117^{v} (= 229): „*Von der louffenden füßkneht wegen: Unser heren meister und rat und die xxj habent erkant von der frömden louffenden knehte wegen, die daraffter ziehent, sich in stetten und dorffern uffhaltent und nit arbeitent, das do dehein wirt, würtin noch sust nyemans anders deheinen sollichen kneht herbergen oder enthalen sol, lenger dann ein naht, und wer das darüber tete, der sol bessern XXX ß. d. Und wil man ouch zu dem oder den selben knehten griffen und sie in den turn leigen und noch irem wesen und handel frogen als sich gebürt, und ouch ernstlich hut setzten daruff war zunemmen das darinne nyemand übersehen werde.*“ Ohne Überschrift und Datierung die Anordnung des Rates, dass städtische Knechte in den Wirtshäusern überprüfen sollten, ob sich Gesellen darin aufhielten, die länger als eine Nacht geblieben waren, cf. AVCUS, 1MR 2, 119^{r} (= 232).

37 Zum Folgenden cf. K. Simon-Muscheid, Gewalt und Ehre im spätmittelalterlichen Handwerk am Beispiel Basels, in: Zeitschrift für historische Forschung 18 (1991), 1–31, bes. 9; Wesoly, Lehrlinge (nt. 10), 335–346; Reininghaus, Entstehung der Gesellengilden (nt. 10), 188–200.

38 Siehe von Heusinger, Die Zunft (nt. 11), 169–211.

keit. Dies stieß gleichfalls auf strikte Ablehnung vonseiten der Zünfte und der Städte. Hier lohnt ein Blick auf das Vorspiel der Auseinandersetzungen mit den Schuhmachergesellen zu Beginn des 15. Jahrhunderts am Oberrhein: Schon am Ende des 14. Jahrhunderts hatten die Schuhmachergesellen eine eigene Gerichtsbarkeit gefordert, die 1399 vom vorderösterreichischen Landvogt, den oberrheinischen Städte sowie den zuständigen Territorialherren untersagt worden war. In ihrem Verbot verwiesen sie auf die alleinige Zuständigkeit der Zunftgerichte[39]. In den 1430er Jahren wurden die Verbote noch weiter ausgedehnt: In der „Rheinischen Knechteordnung" von 1436 sollten alle Gesellen zur Anerkennung der städtischen Gerichte gezwungen werden[40]. Die Angst vor Gesellen, die sich unerlaubt versammelten und eine autonome Gerichtsbarkeit forderten, verschwand auch in den folgenden Jahrhunderten nicht[41].

Ihr neues Gruppenbewusstsein wollten die Gesellen auch durch einheitliche Kleidung und Abzeichen zur Schau stellen, was eine deutliche Abgrenzung zu ihren Meistern implizierte. In Straßburg untersagte der Rat bereits 1387 den Mitgliedern der Gesellentrinkstube der Schuhmacher uniforme Bekleidung[42]. Die Schuhmachergesellen in Freiburg im Breisgau begannen um 1430, einheitlich rot und weiß gefärbte Schuhe zu tragen; die dortigen Schneider griffen die Idee auf, was umgehend von der städtischen Obrigkeit für alle verboten wurde. Darauf drohten die Schuhmacher, an Weihnachten geschlossen die Stadt zu verlassen und dafür zu sorgen, dass keine Gesellen mehr nach Freiburg kämen, wenn das Verbot nicht aufgehoben würde[43]. Das Verbot von einheitlicher Klei-

---

[39] Cf. nt. 3. Ich gehe im Folgenden nicht näher auf die sogenannten „Königreiche" der Gesellen ein; siehe dazu K. Simon-Muscheid, Les rois des compagnons de métiers, in: T. Hiltmann (ed.), Les 'autres' rois. Études sur la royauté comme notion hiérarchique dans la société au bas Moyen Âge et au début de l'époque moderne, München 2010, 95–112, mit einem Schwerpunkt auf dem Südwesten des Reiches. Zu den konkurrierenden Gerichten in der Stadt siehe F.-J. Arlinghaus, Genossenschaft, Gericht und Kommunikationsstruktur. Zum Zusammenhang von Vergesellschaftung und Kommunikation vor Gericht, in: id. e. a. (eds.), Praxis der Gerichtsbarkeit in europäischen Städten des Spätmittelalters (Rechtsprechung 23), Frankfurt a. M. 2006, 155–186.

[40] Cf. nt. 29; hier Schanz, Zur Geschichte (nt. 4), n. 57, 199, mit falscher Datierung 1465 aber korrektem Text: „*das sü darvmb recht geben vnd nemen söllent vnd wellent vor meister und Rat, oder do sü das hinwisent, vnd niergent anders wo, und was jnen doselbs gesprochen vnd erkant würt, sol sü wolbenügen und das halten vnd vollezieben vngeuerlich*". Cf. zur angestrebten Gerichtsbarkeit Reininghaus, Entstehung der Gesellengilden (nt. 10), 89–108.

[41] Im Jahr 1836, also 26 Jahre (!) nach der Einführung der Gewerbefreiheit in Preußen im Jahr 1810, wurden im Entwurf zur preußischen Polizeigewerbeordnung in §§ 106–109 Gegenmaßnahmen, etwa durch Gottesdienstbesuch, formuliert, siehe dazu J. Brand, Zur Rechtsfunktion des Gelages im Alten Handwerk, in: Zeitschrift der Savigny-Stiftung für Rechtsgeschichte. Germanistische Abteilung 108 (1991), 297–322, hier 297.

[42] C. Hegel (ed.), Die Chroniken der oberrheinischen Städte, 2 vols. (Die Chroniken der deutschen Städte vom 14. bis ins 16. Jahrhundert 8–9), Straßburg 1870–71, hier vol. 2, 1023. Siehe allgemein zur Funktion von Kleidung zur „äußeren Kenntlichmachung" der Zugehörigkeit zu einem Stand, einer Schicht oder einer Gruppe G. Jaritz, Kleidung und Prestige-Konkurrenz. Unterschiedliche Identitäten in der städtischen Gesellschaft unter Normierungszwängen, in: Saeculum 44 (1993), 8–31, bes. 8–10.

[43] Schulz, Handwerksgesellen (nt. 1), 231, nt. 32.

dung samt Schuhen war für die Städte so wichtig, dass sie dieses ebenfalls in die „Rheinische Knechteordnung“ aufnahmen[44]. 20 Jahre später wurde in Frankfurt 1456 den Gesellen erneut verboten, gleichfarbige Schuhe zu tragen[45].

Im Mittelalter lösten sich die Gesellenverbände immer weiter aus dem Sozialgefüge der einzelnen Städte und hielten nicht mehr nur eigene Versammlungen ab, sondern organisierten sogar Arbeitsverbote und Boykotte. Besonders spektakulär war der sogenannte „Colmarer Bäckerstreit“: Zehn Jahre lang, von 1495–1505, streikten die Brotbäckergesellen und schafften es, dass auch auswärtige Bäcker-Gesellen aus Solidarität nicht nach Colmar zum Arbeiten kamen[46]. Zu diesem Zeitpunkt hatten die Meister schon sehr lange nicht mehr selbst in der Backstube gestanden, sondern die gesamte Arbeit an ihre Gesellen delegiert. Die Käufer beschwerten sich über die mangelhaften Backwaren und kauften lieber bei fremden Brotbäckern ein, die aus dem Umland mit transportablen Öfen nach Colmar kamen, um die Nachfrage vor Ort zu befriedigen. Im Falle eines Boykotts verschob sich also das Machtverhältnis zwischen Gesellen und Meistern – und im Colmarer Fall wurde offenbar, dass die Meister nicht länger über die grundlegenden Fähigkeiten ihres Handwerks verfügten.

3. Gesellen-Bruderschaften

Der Emanzipationsprozess der Gesellen von den Meistern manifestierte sich nicht nur im Streben nach eigenen Trinkstuben, sondern auch nach eigenen Bruderschaften. In vielen Punkten waren die Bruderschaftsordnungen vergleichbar, unabhängig davon, ob die Bruderschaft allen Zunftgenossen oder nur den Gesellen offenstand und zu welchem Handwerk sie gehörte: Die Ordnungen regelten den genossenschaftlichen Aufbau, religiös-kultische Fragen sowie weitere sozial-karitative Aufgaben[47]. Die Bruderschaften waren immer mit einer

---

44 Ediert von Schanz, Zur Geschichte (nt. 4), n. 57: „*Es sollent ouch nit über drije dienstknechte noch antwerckknechte ein glich kugelhut, röcke, hosen noch ander zeichen mit einander tragen vngeverlich.*“

45 Schmidt (ed.), Frankfurter Zunfturkunden (nt. 28), 14 sq.

46 Zum Colmarer Bäckerstreit siehe Schanz, Zur Geschichte (nt. 4), 78–92; und immer noch P. A. Merklen, Les boulangers de Colmar 1495–1513. Episode inédit de l'histoire des coalitions ouvrières en Alsace au Moyen Âge, Colmar 1871; sowie von Heusinger, „Cruzgang“ und „umblauf“ – Symbolische Kommunikation im Stadtraum am Beispiel von Prozessionen, in: J. Oberste (ed.), Kommunikation in mittelalterlichen Städten (Forum Mittelalter 3), Regensburg 2007, 141–156, hier 141 sq.; und zuletzt die Zusammenfassung von M. Debus Kehr, Contestation et société: la révolte des compagnons boulangers de Colmar 1495–1505, in: Chantiers historiques en Alsace 5 (2002), 33–44.

47 Zu den Zunftbruderschaften immer noch L. Pfleger, Kirchengeschichte der Stadt Straßburg im Mittelalter, Colmar 1941, 185–191; von Heusinger, The Topography of Sacred Space and the Representation of Social Groups – Confraternities in Strasbourg, in: C. Ocker e. a. (eds.), Politics and Reformations: Communities, Polities, Nations, and Empires, 2 vols., Leiden 2007, hier vol. 2, 67–83, bes. 69–73; zum Begriff an sich sowie anderen Regionen siehe L. Remling, Bruderschaften in Franken. Kirchen- und sozialgeschichtliche Untersuchungen zum spätmittelalterlichen und frühneuzeitlichen Bruderschaftswesen, Würzburg 1986, 45–53, und K. Militzer, Quellen zur Geschichte der Kölner Laienbruderschaften vom 12. Jahrhundert bis 1562/63, 4

kirchlichen Einrichtung institutionell verbunden, die ihr spirituelles Zentrum war. Häufig waren dies Pfarrkirchen, aber auch Klöster und Konvente konnten dieser Bezugspunkt sein. In der jeweiligen Kirche wurde gemeinsam die Messe gefeiert, und meist wurden die Mitglieder auch auf dem jeweiligen Kirchhof begraben, beispielsweise die Schlosser- und Sporerknechte in Straßburg bei St. Martin[48].

Die Mitgliedschaft in einer Bruderschaft war mit vielfältigen finanziellen Verpflichtungen verbunden: Zu Beginn war ein Eintrittsgeld fällig, danach gab es wöchentlich oder vierzehntägig zu entrichtende Beiträge und weitere Zahlungen an den vier jährlichen Fronfastenterminen[49]. Obwohl es sich durchgehend um Pfennigbeträge handelte, summierten sich diese relativ kleinen Beträge, vor allem wenn man bedenkt, wie gering die Einkünfte der Gesellen waren. Georg Schanz hat exemplarisch die fälligen Bruderschafts-Beiträge der Kupfer- und Hufschmiedgesellen in Freiburg aus dem Jahr 1481 in Bezug zu ihrem Tagelohn gesetzt, den er mit 1 Schilling ansetzte: Als Eintrittsgeld war demnach ein halber, jede Fronfasten ein sechstel und jede Woche ein vierundzwanzigstel Tagelohn fällig; in einem Jahr kommt Schanz damit auf den Lohn von über drei Arbeitstagen, der an die Bruderschaft zu entrichten war[50]. Neben den regelmäßig fälligen Gebühren konnten außerdem Bußgelder fällig werden, entweder in Form von Geld oder Wachs. Verstöße, die mit einer Buße belegt waren, konnte man

---

vols. (Publikationen der Gesellschaft für Rheinische Geschichtskunde 71), Düsseldorf 1997–2000, hier vol. 1, XII–XVI. Leider ohne Angabe der benutzten Quellen und Literatur M. Debus Kehr, Les confréries des compagnons de métier dans les villes du Rhin supérieur au XVe siècle, in: J. Theurot/N. Brocard (eds.), La ville et l'Église du XIIIe siècle à la veille du Concile de Trente. Regards croisés entre Comté de Bourgogne et autres principautés. Actes du colloque de Besançon organisé par le Laboratoire des Sciences historiques, 18 et 19 novembre 2005 (Annales Littéraires de l'Université de Besançon 825), Besançon 2008, 209–218.

48 Die Bruderschaftsordnung der Schlosser- und Sporerknechte ediert bei Schanz, Zur Geschichte (nt. 4), n. 74; siehe auch von Heusinger, Die Zunft (nt. 11) 85–90; J. Rott, La confrérie des serruriers strasbourgeois et son retable à l'église Saint-Martin, œuvre inconnue du sculpteur Nicolas Hagnower (1516), in: Cahiers alsaciens d'archéologie, d'art et d'histoire 11 (1967), 285–298; Schulz, Handwerksgesellen (nt. 1), 184–195; und F. Rapp, Les confréries d'artisans dans le diocèse de Strasbourg à la fin du moyen âge, in: Société académique du Bas-Rhin 93–94 (1971–1972), 10–28.

49 Fronfasten (oder Quatemberfasten) sind die dreitägigen Fastentage, die das Kirchenjahr in vier Jahreszeiten teilen; zur Verbreitung des Terminus ‚Fronfasten', der auf Süd- und Ostdeutschland beschränkt blieb, siehe O. Ludwig, Bezeichnungen für „Zunftversammlung" in Mittelalter und Neuzeit, in: Zeitschrift für Mundartforschung 17 (1941), 167–214, hier 174 sq., 197 sq.

50 Schanz, Zur Geschichte (nt. 4), 73 sq. Cf. auch Reininghaus, Entstehung der Gesellengilden (nt. 10), Anhang 7: Die Belastung der Geselleneinkommen durch Beiträge in die Gilde; Anhang 8: Gesamtjahresbeiträge der Gesellengilden. Zu den Löhnen von Handwerksgesellen siehe auch U. Dirlmeier, Untersuchungen zu Einkommensverhältnissen und Lebenshaltungskosten in oberdeutschen Städten des Spätmittelalters (Mitte 14. bis Anfang 16. Jahrhundert) (Abhandlungen der Heidelberger Akademie der Wissenschaften. Philosophisch-Historische Klasse 1978/1), Heidelberg 1978, 121–128, sowie die kritische Rezension dieses grundlegenden Werkes durch K. Schulz, Löhne und Lebenshaltung im deutschen Spätmittelalter, in: Zeitschrift für historische Forschung 6 (1979), 345–356.

leicht begehen: Wer zu spät seine Gebühren einbezahlte oder zu spät zu den Bruderschaftstreffen kam, wer fluchte, Karten oder Würfel spielte oder wer andere Mitglieder schlug oder das Messer zückte, musste zahlen.

Im Laufe der Jahrzehnte wurde die Mitgliedschaft in einer Bruderschaft für die Gesellen immer mehr zu einer Vorbedingung, um überhaupt noch Arbeit zu finden und soziale Fürsorge zu erfahren – damit erhielt sie den Charakter einer Zwangsverpflichtung[51]. Fremden Gesellen wurde beispielsweise in Straßburg nur noch bei der Arbeitssuche geholfen, wenn sie in die Bruderschaft eintraten. War ihnen ohne Mitgliedschaft ein anderer Geselle bei der Arbeitssuche behilflich, musste dieser mit einer Strafe rechnen und sie selbst durften nur noch wenige Tage arbeiten bis sie wieder entlassen wurden. Wer den wöchentlichen Beitrag in die Bruderschaftskasse nicht bezahlte, konnte ganz von der Arbeit ausgeschlossen werden und sogar das Verbot, mit Nicht-Mitgliedern Kontakt zu haben, wurde ausgesprochen.

Wie bedrohlich die Meister die Entwicklung der autonomen Gesellen-Bruderschaften empfanden, zeigt sehr eindrücklich das Beispiel der Bruderschaft der Kürschner-Gesellen in Straßburg. Ihre Stiftung fand im Jahr 1404 statt und wurde in einer großformatigen Urkunde festgehalten[52]. Die Urkunde beginnt mit einer langen Liste von namentlich genannten Handwerksgesellen als Aussteller, zentral ist die Aussage: „Wir haben uns selbst eine Ordnung gegeben" („[wir] *hant ein ordenungen under uns selber gemaht*"). Es folgen sehr detailliert die einzelnen Bestimmungen, zum Beispiel dass die Bruderschaft sich den Dominikanern in Straßburg anschloss. Zunftmeister und weitere Meister genehmigten diese Ordnung. Auf der Rückseite trägt die Urkunde von 1404 den späteren Vermerk, dass die Bruderschaft der Gesellen am 1. Mai 1426 aufgelöst und ihr Vermögen zu einer Hälfte dem städtischen Almosen, zur anderen Hälfte dem Blatternhaus übergeben wurde[53].

Zusätzlich wurde ein Transfix-Brief aus dem Jahr 1428 angehängt, aus dem wir erfahren, dass um 1426 nicht nur die Kürschnerbruderschaft, sondern auch andere Straßburger Gesellenbruderschaften aufgelöst worden waren. Um 1428 war dann eine Neugründung möglich, für die sich jedoch jede Bruderschaft einzeln an Meister und Rat wenden musste. Zuvor waren die Kürschner-Meister

---

51 Zum Folgenden Schanz, Zur Geschichte (nt. 4), n. 28, und nt. 17; n. 71, 72, 74 (= J.-C. Brucker, Strassburger Zunft- und Polizeiverordnungen des 14. und 15. Jahrhunderts, Straßburg 1889, 442 sq.). AVCUS (nt. 1), III, 12, 11, n. 4 [ohne Datum, Ende 15. Jahrhundert]; auf der Rückseite ein späterer Vermerk „Schlosserbruderschaft GUP 13", was darauf hinweist, dass das Stück ursprünglich aus dem gleichen Bestand (Gewölbe unter der Pfalz, Lade 13) wie Schanz, Zur Geschichte (nt. 4), n. 74, stammte.

52 AVCUS (nt. 1), U 2969, 1404 Sept. 27, Transfix 1428 Mai 28, ediert bei Schanz, Zur Geschichte (nt. 4), n. 28, 29, 44. Schulz, Handwerksgesellen (nt. 1), 166, vermutet, dass es auch 1407/08 während des Aufstandes der oberrheinischen Schuhmachergesellen zu einem Verbot der Gesellenbruderschaften kam.

53 AVCUS (nt. 1), U 2969, 1404 Sept. 27, Transfix 1428 Mai 28, der Rückvermerk lautet: „*Ordenung der kursenerbruderschaft, so sy sampt irer hab halb ins platerhus und das ander halb in das gemein almusen geben uf mitwuch post Cantate anno 1426.*"

von der Bruderschaft ausgeschlossen gewesen; nun wurde ihnen der Beitritt erlaubt und war in bestimmten Situationen sogar verpflichtend. Die Bruderschaft durfte nur noch Gericht halten und Urteile sprechen, wenn zwei Kürschnermeister anwesend waren. Besiegelt wurde diese Urkunde von der Kürschnerzunft, da die Gesellen kein eigenes Siegel führen durften – die Siegelführung war übrigens auch immer wieder ein Streitpunkt.

Den Zünften war es also 1428 in Straßburg gelungen, die Kontrolle über die Gesellenbruderschaften zurückzugewinnen. Zu diesem Vorgehen passt auch, dass sie in der zweiten Hälfte des 15. Jahrhunderts die Verwendung der in den Bruderschaftskassen vorhandenen Gelder kontrollierten: Explizit durften die Gesellen diese Finanzmittel nicht dafür verwenden, um gegen die Zunftmeister vor Gericht zu ziehen[54]. Die zunehmende Kontrolle des Bruderschaftswesens durch Meister und Rat kann auch im benachbarten Zürich beobachtet werden[55]. Für die Meister waren also nicht nur die autonomen Trinkstuben der Gesellen eine Bedrohung, sondern auch unabhängige Gesellen-Bruderschaften. Beide Institutionen wurden mit Verboten belegt, um die Gesellen wieder in die bestehende Zunft-Struktur integrieren und damit kontrollieren zu können.

III. Wandel am Ende des Mittelalters

1. *Machtverlust*

Der Wandel im Schüler-Meister-Verhältnis in Form eines neuen Selbstbewusstseins der Gesellen in Verbindung mit der Ausbildung unabhängiger Strukturen – sei es in Form von Gesellentrinkstuben, Bruderschaften oder eigener Gerichtsbarkeit – wurde von Meistern, Zünften und Städten auf breiter Front abgelehnt. Die Meister wollten weiterhin die Kontrolle über die Gesellen in ihrer Werkstatt oder am Verkaufsstand behalten. In diesen Kontext gehören die Klagen über Müßiggang: So wurde am Ende des 15. Jahrhunderts in Straßburg einem Schuhmachergesellen, der länger als einen Tag müßig ging, ein Schilling vom Lohn abgezogen[56]. Den Schmiedegesellen drohte im Jahr 1400 der Abzug von sechs Pfennig bei Müßiggang an Werktagen und im folgenden Jahr verurteilte der Rat prinzipiell den Müßiggang und hob namentlich die Gesellen der Brotbäcker, Müller, Schneider und Kürschner hervor[57].

---

54 Schanz, Zur Geschichte (nt. 4), n. 72, 74; Brucker, Strassburger Zunft- und Polizeiverordnungen (nt. 51), 82–85; AVCUS (nt. 1), III, 12, 11, n. 6. Siehe auch Zimmermann, Les compagnons de métiers (nt. 11), 83–86.

55 Dazu G. Dörner, Kirche, Klerus und kirchliches Leben in Zürich von der Brunschen Revolution (1336) bis zur Reformation (1523) (Studien zur Literatur- und Kulturgeschichte 10), Würzburg 1996, 254.

56 UBS (nt. 3), vol. 6, 368 (= Mone, Zunftorganisation [nt. 27], Zeitschrift für die Geschichte des Oberrheins 17, n. 79).

57 Schanz, Zur Geschichte (nt. 4), n. 25a; Hegel (ed.), Die Chroniken (nt. 42), 1029; cf. zum Folgenden auch Reininghaus, Entstehung der Gesellengilden (nt. 10), 152–161; Schulz, Die Stellung der Gesellen (nt. 10), 314–317.

Müßiggang bedeutete in Bezug auf die Gesellen nicht faulenzen oder untätig sein, sondern das Fernbleiben vom Arbeitsplatz, weil ein fremder Geselle neu in die Stadt gekommen war. Zuvor war es üblich gewesen, dass sich fremde Gesellen bei ihrer Zunft gemeldet und dort nach einer freien Arbeitsstelle gefragt hatten. Nun gingen sie direkt zur Gesellentrinkstube, wo sie ein Geselle in Empfang nahm und gemeinsam gingen sie dann auf Arbeitssuche. Damit zogen die Gesellen die Arbeitsvermittlung an sich und konnten einen unbeliebten Meister relativ leicht isolieren, indem sie ihm keine neuen Arbeitskräfte vorstellten. Das gemeinsame Essen und Trinken bei Ankunft oder Abreise von wandernden Gesellen sowie die Arbeitssuche für neu angekommene Gesellen nahm immer mehr Zeit in Anspruch. Deshalb forderten die Gesellen einen guten oder blauen Montag, also einen weiteren freien Tag neben dem Sonntag[58]. Um Aufgaben für Mit-Gesellen zu erledigen, fehlten sie immer öfter an ihrem Arbeitsplatz und die Meister geißelten dies als Müßiggang, den es zu unterbinden galt.

Die Zünfte lehnten das Entstehen einer Parallelstruktur bei den Gesellen ab, da ihre eigenen Institutionen infrage gestellt wurden, beispielsweise ihre Gerichtsbarkeit oder das traditionelle gemeinsame Totengedenken durch die Bruderschaft. Außerdem hatten sich viele Zünfte für den Kauf einer eigenen Trinkstube hoch verschuldet und waren deshalb auf die Beitragszahlungen möglichst vieler Trinkstubengenossen angewiesen – eine Konkurrenz durch Gesellentrinkstuben verschärfte dieses Problem noch[59].

Der Rat der Stadt hatte seinerseits Angst, dass sich eine bedeutende Gruppe von Bewohnern primär mit ihrem Handwerk und nur sekundär mit ihrer Stadt identifizieren könnte, was für den Kriegsfall dramatische Konsequenzen haben könnte. Bei den Gesellen handelt es sich nicht nur um einen wichtigen Teil der arbeitsfähigen männlichen Bevölkerung – sondern auch um einen maßgeblichen Teil unter den wehrtüchtigen Bewohnern der Stadt. Im Kriegsfall stellten die Zünfte, wie alle städtischen Gruppen, bis ins 15. Jahrhundert hinein große Kontingente zur Verteidigung der Stadt. Außerdem wirkten sie wesentlich bei

---

[58] Cf. Schulz, Handwerksgesellen (nt. 1), 445 sq.; Zimmermann, Les compagnons de métiers (nt. 11), 36–40. Reith, Arbeitsmarkt und Gesellenstreik (nt. 12), 190, betont den direkten Zusammenhang zwischen einer „erhöhten Mobilität der Gesellen" seit dem 14. Jahrhundert und einer „Ausbildung der Vereinigungen" für sie. Markus Gneiß hat das Wiener Handwerksordnungsbuch von 1430 in seiner Magisterarbeit ausgewertet; dort fand er ebenfalls Klagen der Meister über Gesellen, die zu lange von ihrem Arbeitsplatz fernblieben, da sie anderen Gesellen bei der Arbeitsplatzsuche (der sogenannten Umschau) halfen sowie die Forderung nach dem „blauen" Montag, siehe id., Kleine Mitteilungen. Das Wiener Handwerksordnungsbuch als Zeugnis für Konflikte zwischen Meistern und Gesellen in der ersten Hälfte des 15. Jahrhunderts, in: Mitteilungen des Instituts für Österreichische Geschichtsforschung 122 (2014), 410–417, hier 413 sq. Streit um den „blauen" Montag gab es sogar in Krakau, siehe M. Starzyński, Das mittelalterliche Krakau. Der Stadtrat im Herrschaftsgefüge der polnischen Metropole (Städteforschung. Reihe A, Darstellungen 92), Köln 2015, 96.

[59] Auf dieses Problem hat bereits Alioth, Gruppen (nt. 8), vol. 1, 338 sq. aufmerksam gemacht. Zudem hatten viele Zünfte mehrere Trinkstuben und konkurrierten untereinander um Mitglieder, dazu auch von Heusinger, Die Zunft (nt. 11), 136–142.

den nächtlichen Wachdiensten mit, um Feuer oder Aufruhr rechtzeitig zu melden. In allen diesen Bereichen war man auf die Partizipation der Gesellen angewiesen[60]. Diese wichtige Gruppe innerhalb der arbeitsfähigen und wehrtüchtigen Bewohner der Stadt entglitt seit dem ausgehenden 14. Jahrhundert immer mehr dem Einfluss des Rates und verfolgte stattdessen zunehmend eigene Interessen. Es wird deutlich, dass durch die Ausbildung eines spezifischen Gruppenbewusstseins der Gesellen das Verhältnis zwischen ihnen, den Meistern, den Zünften und dem Ratsregiment zunehmend von Spannungen und Konkurrenz geprägt war.

2. *Abschließungstendenzen*

Bis ins 15. Jahrhundert gab es weder einen umfassenden Zunftzwang noch eine absolute Trennung von Meister und Gesellen[61]. Am Beispiel von Straßburg kann aber beobachtet werden, wie Zünfte und Ratsregiment im 15. Jahrhundert eine schrittweise Vereinheitlichung der Zunftrechte durchsetzen konnten. Diese Entwicklung hatte für die Gesellen weitreichende Konsequenzen[62]. Als Erstes drängten die gewerblichen Zünfte darauf, den Beitritt zu einer Zunft nur noch für diejenigen zu erlauben, die auch das Bürgerrecht erworben hatten. Voraussetzung für das Bürgerrecht war der Nachweis von Vermögen, beispielsweise in Form von Immobilienbesitz. In den folgenden Jahrzehnten fanden die Rechtsformen des Schultheißenbürgers oder Ausbürgers mit eingeschränktem Bürgerrecht – und folglich geringeren Gebühren – Verbreitung. Dennoch verteuerte sich der Zunftkauf für Gesellen durch diese Anordnung dramatisch – auch wenn es bis in die zweite Hälfte des Jahrhunderts immer wieder Klagen gab, dass Einzelpersonen oder ganze Zünfte diese Neuerung nicht umsetzten.

---

60 Zur Bedeutung der Zünfte für Verteidigung und Schutz siehe von Heusinger, Die Zunft (nt. 11), 102–113, 160–163; und 291 sq. zu Zürich; 312 sq. zu Nürnberg, 329–331 zu Frankfurt. Welche finanziellen Lasten die Beteiligung an der Verteidigung für die Gesellen mit sich brachte, wird in einer Anfrage der Schuhmacher, Flickschuster und Gerber an den Rat deutlich, die sich 1382 in einem Streit um den Kauf des Harnischs an diesen wandten. Die Schuhmacher wollten durchsetzen, dass ein zukünftiger Zunftgenosse vor dem Eintritt in die Zunft einen halben oder ganzen Harnisch erwerben sollte. Diese Regelung traf vor allem Gesellen, die das Zunftrecht neu erwerben wollten und noch nicht über die nötigen finanziellen Mittel verfügten. Der Rat entschied, dass erst nach Erlangung ausreichender Finanzmittel der Harnisch gestellt werden musste, ein Geselle aber schon zuvor das Zunftrecht erwerben durfte. Siehe UBS (nt. 3), vol. 6, 116 [1382 Dez. 18].

61 Zum angeblichen Zunftzwang siehe S. von Heusinger, Mobilität und Dynamik statt Monopol und Zunftzwang – Die mittelalterlichen Zünfte in Zürich, in: H. R. Schmidt/L. Tissot/M. Müller (eds.), Regulierte Märkte: Zünfte und Kartelle (Schweizerisches Jahrbuch für Wirtschafts- und Sozialgeschichte 26), Zürich 2011, 27–41.

62 Sehr viel ausführlicher habe ich diese Veränderungen, vor allem mit Blick auf die Zünfte, diskutiert in von Heusinger, Die Zunft (nt. 11), 57–61; siehe auch Alioth, Gruppen (nt. 8), vol. 1, 409–411; wichtig ist der Befund, dass auch in anderen Städten das Bürgerrecht im 15. Jahrhundert längst nicht umfassend umgesetzt worden war, dazu von Heusinger, Mobilität (nt. 61), 43.

Als Zweites wurden 1437 für alle Straßburger Zünfte einheitliche Aufnahmegebühren für gewerbliche Zunft und Trinkstube festgesetzt. Diese Regelung wurde 1464 von städtischer Seite wieder aufgehoben; die Begründung offenbart, welche neuen Probleme für die Gesellen entstanden waren: Nach 1437 hatten sich zahlreiche Gesellen als Meister niedergelassen und eine Vollmitgliedschaft erworben. Kurze Zeit später waren sie jedoch so hoch verschuldet, dass sie in die Armut absanken. Deshalb sollten die Aufnahmegebühren wieder angehoben werden, um finanzschwache Gesellen vor dem Schritt in die Selbstständigkeit zu schützen. Als Meister mussten sie selbst für eine Werkstatt, die notwendigen Werkzeuge sowie die Rohstoffe aufkommen – ohne Eigenkapital konnten sie in kurzer Zeit in die Überschuldung geraten.

Der dritte Schritt erfolgte 1466, als der Rat die Finanzhoheit über die Zünfte an sich zog: Sie durften nur noch mit Genehmigung des Rates neue Abgaben erheben oder neue Kredite aufnehmen. Damit hatte der Rat die Zunftrechte vereinheitlicht und die Finanzhoheit an sich gebracht. Gleichzeitig kann eine zunehmende Spezialisierung der Handwerke beobachtet werden, die mit wachsenden Ansprüchen aufseiten der Käufer einhergingen. Innerhalb der Zünfte wurden Söhne von Zunftmitgliedern massiv bevorzugt, zum Beispiel durch ermäßigte Eintrittsgebühren, was auf Kosten der fremden Gesellen und der Frauen ging. Dadurch wurden seit dem 16. Jahrhundert vermehrt Handwerker aus den Zünften gedrängt und die Gesellen waren vom sozialen Abstieg bedroht. Bis ins 14. Jahrhundert war für die Gesellen sozialer Aufstieg zur Meisterwürde noch die Regel gewesen, da das Gesellentum nur ein Durchgangsstadium auf ihrem Lebensweg war. Die Lebensbedingungen für Gesellen verschlechterten sich am Ende des Mittelalters aber nicht nur durch die Abschließungstendenzen der Meister in ihren Zünften, sondern auch durch die rapide Ausbreitung des Verlagswesens.

3. Neue Wirtschaftsformen – der Verlag

Zum Schluss möchte ich eine Beziehung herstellen zwischen dem sich wandelnden Schüler-Meister-Verhältnis und der sich wandelnden städtischen Wirtschaft am Übergang seit dem 15. Jahrhundert, die vor allem im Textilgewerbe zur Herausbildung des Verlagswesens führte[63]. Bei den Leinenwebern und Woll-

[63] Zum mittelalterlichen Verlagssystem, neben Manufaktur und Industrie, ist immer noch R. Holbach, Frühformen von Verlag und Großbetrieb in der gewerblichen Produktion (13.–16. Jahrhundert) (Vierteljahrschrift für Sozial- und Wirtschaftsgeschichte. Beihefte 110), Stuttgart 1994, grundlegend, zum Textilgewerbe 47–208; auf 30 sq. unterscheidet er zwischen (1) einer weiten Verwendung des Begriffs Verlag, der „das Dazwischentreten des Händlers zwischen Produzenten und Konsumenten als entscheidend ansieht und auch das so genannte Kaufsystem (neben dem Lohnsystem)" dazu zählt und (2) einem engeren Begriff, zu dem „Übernahme sowohl der Rohstoffversorgung bzw. Finanzierung (Vorschußleistung) und Absatzfunktion durch den Verleger" gehören. Zu Straßburg sowie weiterführenden Literaturhinweisen siehe von Heusinger, Die Zunft (nt. 11), 68–71. Die Konflikte zwischen den Zünften und den Verlegern im 18. Jahrhundert am Beispiel von Aachen untersuchte Dietrich Ebeling, eine Zusammenfassung

webern arbeiteten die Meister immer öfter für Tucher, welche die Funktion von Verlegern übernahmen, und gerieten damit in Abhängigkeit. Die Meister produzierten nur noch selten direkt für den Markt. Der Verleger als Auftraggeber bezahlte pro Stück einen Anteil des Lohnes an den Gesellen für das Weben, den anderen Teil an den Meister, der für die Bereitstellung der Arbeitsgeräte entlohnt wurde. Die Tätigkeit des Wolleschlagens, früher von unqualifizierten Kräften ausgeführt, wurde nun zunehmend von armen Wollschläger-Meistern ausgeführt, die sich keinen Webstuhl mehr leisten konnten. Ebenso arbeiteten immer öfter arme Weber-Meister, die Webstühle besaßen, als Lohnarbeiter für die Tucher.

Welche sozialen Umbrüche die Innovationen des Verlags im Textilbereich mit sich brachten, zeigt ein Ratsurteil aus dem Jahre 1381 aus Straßburg[64]. Die Wollschlägergesellen hatten vor dem Rat gegen die Zunft der Tucher und Wollschläger geklagt, weil ihnen ihr altes Recht, Tuch für den Eigenbedarf zu weben, abgesprochen worden war. Der Rat bestimmte, dass die Gesellen weder für sich und ihre Frauen und Kinder noch zum Verkauf an Dritte Tuch herstellen durften. Dies war ein überraschendes Urteil, da es das ganze Mittelalter üblich war, Tuch für den Eigenbedarf zu weben. Mit dem Urteil durften die Gesellen (mit der Unterstützung ihrer Frauen und Kinder) nur noch Wolle schlagen, reinigen und spinnen, das heißt sie durften die Wolle ausschließlich zur Weiterverarbeitung vorbereiten. Als Begründung wurde genannt, die Gefahr des Missbrauchs sei zu groß, wenn die Wolle in ihre Häuser zur Verarbeitung käme und sie auch noch weben würden. Wollten sie die Wolle auch verweben, so müssten sie das Zunftrecht der Tucherzunft erwerben, das für Söhne und Schwiegersöhne von Tuchern nur vier Pfennig kosten sollte; alle anderen sollten es aber zum vollen (ungenannten) Preis erwerben. Damit sanken Söhne von Tuchermeistern, die das Tucherrecht nicht mehr selbst erwarben, zu Lohnarbeitern ab, die nur noch

---

bei id., Markt und Institutionen. Bemerkungen zur Bedeutung von Verlag und Zunft in der Aachener Protoindustrie, in: F. Irsigler (ed.), Zwischen Maas und Rhein. Beziehungen, Begegnungen und Konflikte in einem europäischen Kernraum von der Spätantike bis zum 19. Jahrhundert (Trierer historische Forschungen 61), Trier 2006, 435–457, hier 449–456. In eine globale Sicht ordnete jüngst Rudolf Holbach den Verlag ein und benannte wichtige Forschungsfragen, in: Organisationsformen gewerblicher Produktion und die Diskussion um Europas Aufstieg. Zunft, Verlag und Großbetrieb in globaler Sicht, in: T. Ertl (ed.), Europas Aufstieg. Eine Spurensuche im späten Mittelalter, Wien 2013, 174–200.

64 G. Schmoller, Die Straßburger Tucher- und Weberzunft. Urkunden und Darstellung nebst Regesten und Glossar, Straßburg 1879, n. 13 und 418–422. Cf. auch Schulz, Die Stellung der Gesellen (nt. 10), 312 sq. An Beispielen, die primär aus dem italienischen Raum stammen, zeigt Rudolf Holbach, wie die Handwerker im Verlagswesen durch Kreditabhängigkeit in Armut geraten konnten; er betont, wie anfällig „ein System war, bei dem Kredit, Einkünfte, und Ausgaben, Existenznotwendiges und Lebensstandard in ein angemessenes Verhältnis gebracht werden mussten, bei dem keine Seite überfordert und auch die Wettbewerbssituation nicht zuungunsten bestimmter Stadtbewohner allzu sehr verändert werden durfte" (96), siehe id., Kredit gegen Arbeit. Prekäre Ökonomien und die Chancen und Probleme der Organisationsform ‚Verlag' im vormodernen Gewerbe, in: G. Signori (ed.), Prekäre Ökonomien. Schulden in Spätmittelalter und Früher Neuzeit (Spätmittelalterstudien 4), Konstanz 2014, 71–102.

im Auftrag der reicheren Tucher die Wolle schlugen und vom lukrativen Geschäft des Webens und des Tuchhandels ausgeschlossen wurden. Im Umfeld des Textilgewerbes ist übrigens der Ketzerprozess anzusiedeln, der im Jahr 1400 in Straßburg in der Verbannung von 27 Waldensern gipfelte[65]. Weber, Tuchscherer, Wollschläger und Schneider stellten die größte Gruppe an Angeklagten. Georg Modestin konnte die Verfolgung der Waldenser in Straßburg in einem gesamteuropäischen Kontext verorten, der sich am Ende des 14. und zu Beginn des 15. Jahrhunderts vom Rhein bis in die deutschen Siedlungsgebiete im ungarischen Königreich erstreckte.

Eine weitere grundsätzliche Änderung kann in der Wollschlägerordnung von 1434 beobachtet werden: Jetzt wurde sowohl Meistern als auch Gesellen erlaubt, Lehrlinge anzulernen, deren Lehrzeit auf sechs Wochen geschrumpft war[66]. Jeder Geselle durfte jetzt in seinem Haus einen Schlagtisch für Wolle aufstellen, wenn er dafür eine Abgabe an die Tucherzunft bezahlte; er war nur noch zum Gehorsam gegenüber der Zunft und gegebenenfalls zum Kriegsdienst verpflichtet und brauchte das Zunftrecht nicht mehr zu erwerben. Die Wollschläger waren damit endgültig die Lohnarbeiter der Tucher geworden. Eine vergleichbare Entwicklung im Textilgewerbe konnte Gustav Schmoller auch für Speyer, Freiburg im Breisgau und Konstanz nachweisen[67]. Zumindest im Textilbereich hatte also das Verlagswesen die Unterscheidung von Geselle, Lehrling und Meister obsolet gemacht – damit hatte sich das Schüler-Meister-Verhältnis komplett aufgelöst[68].

IV. Fazit

Am Beispiel des Aufstandes der Schuhmachergesellen im Südwesten des Reiches im Jahr 1407 wurde ein Gruppenbildungsprozess fassbar, bei dem aus den Gesellen in Abgrenzung zu den Meistern eine zunehmend autonome soziale Gruppe wurde. Die Zeitgenossen fürchteten, die Gesellen könnten sich über die Meister erheben – und damit eine verkehrte Welt schaffen. Dieser Prozess

---

[65] Zum Folgenden siehe G. Modestin, Ketzer in der Stadt. Der Prozess gegen die Straßburger Waldenser von 1400 (Monumenta Germaniae Historica. Studien und Texte 41), Hannover 2007, der eine Rekonstruktion des Prozessverlaufs sowie eine Sozialstudie zu den straßburgischen Waldensern bietet, sowie die Edition der Prozessakten in id., Quellen zur Geschichte der Waldenser von Straßburg (1400–1401) (Monumenta Germaniae Historica. Quellen zur Geistesgeschichte des Mittelalters 22), Hannover 2007; und M. Tönsing, Johannes Malkaw aus Preußen (ca. 1360–1416), ein Kleriker im Spannungsfeld von Kanzel, Ketzerprozess und Kirchenspaltung, Warendorf 2004, 20–123, zum zehn Jahre zuvor stattgefundenen Ketzerprozess gegen Malkaw in der Zeit von 1390 bis 1394.

[66] Schmoller, Straßburger Tucher- und Weberzunft (nt. 64), 420 (ohne Quellenedition); Schulz, Die Stellung der Gesellen (nt. 10), 312.

[67] Schmoller, Straßburger Tucher- und Weberzunft (nt. 64), 421 sq.

[68] Schulz, Die Stellung der Gesellen (nt. 10), 326, warnt zu Recht davor, diese Beobachtungen auf andere Gewerbebereiche zu übertragen.

begann in den 1380er Jahren und zog sich bis zum Ende des 15. Jahrhunderts hin. Die Konflikte entzündeten sich an drei zentralen Forderungen: erstens nach einer reinen Gesellen-Trinkstube, die mit der immer verbreiteteren Gesellenwanderung an Bedeutung gewann. Eine Gesellen-Trinkstube bedeutete eine Loslösung aus dem Meisterhaushalt, eine Konkurrenz zur Zunfttrinkstube und sie stand für ein neues Selbstverständnis der Gesellen, die sich nicht länger ausschließlich mit einer Zunft oder einer Stadt identifizierten.

Zweitens forderten die Gesellen eine eigene Gerichtsbarkeit außerhalb der Zunftgerichte – häufig lehnten sie sogar die städtischen Gerichte ab. Zudem bildeten sie überregionale Verbände, die sogar Boykotte durchsetzen konnten. Beim Colmarer Bäckerstreit wurde deutlich, wie sich die Machtverhältnisse zwischen Gesellen und Meistern am Ende des 15. Jahrhunderts bereits verschoben hatten. Drittens führte die Forderung nach reinen Gesellen-Bruderschaften zu Konflikten, da der Zwang zur Mitgliedschaft für den einzelnen Gesellen stetig wuchs und damit eine umfassende Sozialkontrolle außerhalb der Zünfte entstand. Auf Zunftseite versuchten die Meister, die Gesellenbruderschaften wieder unter ihre Kontrolle zu bringen – was ihnen auch wiederholt gelang.

Ein Wandel im Schüler-Meister-Verhältnis wurde von den Meistern, den Zünften und den Städten abgelehnt. Gesamtgesellschaftlich war diese Entwicklung so bedrohlich, da es sich bei den Gesellen nicht nur um die größte Gruppe an arbeitsfähigen, sondern auch um die wehrtüchtigen jungen Männer handelte. Die Zünfte und Städte setzten deshalb alles daran, zum alten Gleichgewicht zurückzukehren: Am exemplarischen Beispiel der Straßburger Kürschnerbruderschaft wurde deutlich, wie eine Gesellenvereinigung zuerst aufgelöst und nach 20 Jahren neu gegründet wurde – und zwar nach der alten Rangordnung von Meister und Geselle. Die alte Hierarchie wurde aber durch die Verbreitung des Verlagswesens im 15. Jahrhundert für einen großen Bereich der städtischen Wirtschaft hinfällig: Sowohl Meister als auch Gesellen durften nun Lehrlinge beschäftigen und im Extremfall wurden verarmte Meister in die Position von Lohnarbeitern gedrängt! Die schrittweise Vereinheitlichung der Zunftrechte im 15. Jahrhundert brachte für viele Gesellen eine Verschlechterung ihrer Arbeits- und Lebensbedingungen mit sich: Durch den frühzeitigen Erwerb von Bürgerrecht oder gar Meisterwürde wurde eine Überschuldung möglich, die sie in die Armut trieb. Durch die Abschließungstendenzen innerhalb der Zünfte wurden Gesellen im 16. Jahrhundert häufig ganz aus der Zunft gedrängt.

Das ursprünglich hierarchische Verhältnis zwischen Schüler und Meister wurde am Ende des Mittelalters immer öfter infrage gestellt: Zum einen bekämpften die Gesellen das Machtgefälle gegenüber den Meistern und entwickelten eine autonome Gruppen-Identität. Zum anderen wurde das vormals hierarchische Verhältnis durch innovative Wirtschaftsformen obsolet: Im Verlagswesen gab es keine Schüler-Meister-Ordnung mehr. Das sich wandelnde Verhältnis zwischen Schüler und Meister kann in diesem Kontext als Chiffre für konkurrierende Interessen in der spätmittelalterlichen städtischen Gesellschaft gedeutet werden. Der gesellschaftliche Konsens geriet unter Druck – und sollte am Ende des 15. Jahrhunderts durch grundlegende Ereignisse wie die Entdeckung der neuen Welt oder dem Aufkommen von Konfessionen grundsätzlich infrage gestellt werden. Erste Zeichen für einen Wandel lassen sich schon über hundert Jahre früher im Wandel der Schüler-Meister-Beziehungen im Kontext der Zünfte fassen.

Der Architekt ohne Ausbildung als Normalfall in der italienischen Renaissance

Hubertus Günther (München)

I. Gesellschaftliche Bedeutung des Architekten

Zunächst sei mit einigen Beispielen daran erinnert, wie wichtig für die Gesellschaft zu Beginn der Neuzeit die Arbeit derjenigen war, die große Bauprojekte betreuten, wie groß ihre Verantwortung war und wie notwendig es war, dass sie über hohe Qualitäten verfügten, um ihre Aufgaben zu meistern.

Die Renaissance der Architektur setzte in Florenz ein, damals zusammen mit Venedig und Mailand eine der größten und reichsten Städte des Abendlands. Der Dom hat fast die Ausdehnung einer kleinen mittelalterlichen Stadt, er überragt weit die übrigen Bauten um ihn herum, zudem besteht er aus kostbarem Material. Ein ganzes Quartier musste abgebrochen werden, um Platz für den neuen Chor zu schaffen. Insgesamt dürfte der Dom ungefähr so viel Geld gekostet haben wie damals alle Häuser in Florenz zusammen. Im Jahr 1296 war der Bau begonnen worden. Als der Tambour über der Vierung fertiggestellt war, stockten die Arbeiten lange Zeit. Man wusste nicht, wie die geplante Kuppel realisiert werden sollte[1]. So etwas wie sie hatte es noch nie gegeben. Die aufwendigste Kuppel aller Zeiten sollte entstehen, im Durchmesser so weit wie diejenige des Pantheons, aber in der luftigen Höhe von rund 50 Meter ansetzend. 1418 nahm die Dombauhütte endlich das Problem in Angriff. Sie rief Architekten aus dem ganzen Abendland zusammen um zu beraten, wie der Bau zu bewältigen war. Auch von diesen Experten wusste keiner, wie man vorgehen sollte. Man stelle sich nur vor, wie schmählich es für die aufstrebende Finanzmetropole gewesen wäre, wenn der Koloss ein Torso geblieben wäre. Da präsentierte Filippo Brunelleschi auf einmal ganz neue Ideen für eine Lösung. Er wurde daraufhin zum Dombaumeister berufen, und er rechtfertigte das in ihn gesetzte Vertrauen. Unter seiner Leitung gelang das Werk. Dieser Vorgang, sagt man allgemein, bezeichnet den Beginn der Neuzeit in der Architektur.

Im Jahr 1450 kam Francesco Sforza an die Macht über Mailand und beschloss sogleich, sein Herzogtum im neuen Geist der Renaissance zu reformieren. Er stellte sich als idealer Fürst dar, um seine Herrschaft, die nicht allseits anerkannt

[1] H. Saalmann, Filippo Brunelleschi: The Cupola of Santa Maria del Fiore, London 1980. Hier und in den folgenden Anmerkungen ist die Angabe von Literatur auf das beschränkt, was für den Beitrag grundlegend ist.

war, zu festigen. Ein wesentlicher Teil seiner Politik bestand darin, die vielen verstreuten sozialen Einrichtungen der Lombardei zur Steigerung der Effizienz in einer Institution zusammenzuführen. Dafür sollte ein zentrales Hospiz in Mailand entstehen[2]. Er bat Piero de' Medici, einen Architekten aus Florenz für die Realisierung seiner Absicht zu nennen. Piero empfahl Antonio Averlino gen. il Filarete, und der begann dann das Hospiz zu errichten, das heute als Ospedale Maggiore bekannt ist. Hospize – Heime für Bedürftige aller Art, für Kranke, Waisen, Mittellose, Reisende etc. – bildeten überall Markenzeichen für Wohlstand und Gemeinsinn einer Stadt. Aber Francescos Projekt überbot bei Weitem alles der Art, was es bisher gegeben hatte. Es sollte sich auszeichnen durch riesige Dimensionen und schöne Gestaltung, Effizienz und Komfort. Es schloss Werkstätten und Industrieanlagen mit vielen innovativen technischen Einrichtungen ein. Es lag an einem Kanal, der ebenso zur Müllentsorgung wie zum Antreiben von Maschinen durch Wasserkraft diente. Dahinter stand die originäre Idee, dass die Hilfsbedürftigen nicht einfach dahinvegetierten, sondern, so weit wie möglich, arbeiteten, damit sich das Hospiz finanziell selbst tragen konnte. Das Hospiz war ein Monument für den avantgardistischen Regierungsstil des neuen Herzogs. So half Filarete, die Politik zu verwirklichen. Er führte sich auch als politischer Ratgeber seines Herrn auf. Er erteilte ihm Ratschläge für weitere neuartige Einrichtungen: für eine Strafrechtsreform, bei der die Todesstrafe durch Arbeit in einem Gefängnis ersetzt werden sollte, dessen Funktion in mancher Hinsicht dem Hospiz nahe kam, und für eine Schule, in der alle Formen von Ausbildung gebündelt sein sollten.

Das Exil in Avignon, das Schisma und anderes hatten die Kirche zu Beginn der Renaissance gründlich zerrüttet (1309–1417). Allmählich bahnten sich protestantische Bewegungen an. Die Christen im Osten verloren ihre Selbstständigkeit, als die Osmanen Konstantinopel eroberten (1453). Das prominenteste Gotteshaus der Christenheit, die Basilika über dem Begräbnisort des Apostelfürsten im Vatikan, spiegelte den desolaten Zustand der Kirche wider[3]. Sie war heruntergekommen, tektonisch unsicher, beschädigt, verschmutzt. Ihre Architektur galt inzwischen als schlecht, kunstlos, achtlos aus Spolien zusammengesetzt. Der Bau war recht schäbig gegenüber manchen neuen Domen oder im Vergleich mit der Hagia Sophia, der christlichen Hauptkirche im Osten, die Mehmet der Eroberer zu allem Unglück auch noch in eine Moschee umwandelte. Als Papst Nikolaus V. 1451 begann, die Peterskirche zu erneuern, musste er sich gegen den Vorwurf verteidigen, dass in der Zeit der höchsten Not das Geld nicht

2 H. Günther, Society in Filarete's „Libro architettonico" between Realism, Ideal, Science Fiction and Utopia, in: Arte Lombarda. Nuova Serie 155/1 (2009), 56–80. Id., Italian Hospitals of the Early Renaissance, in: K. Ottenheym/K. De Jonge/M. Chatenet (eds.), Public Buildings in Early Modern Europe (Architectura Moderna 9), Turnhout 2010, 385–396.

3 F. Graf Wolff Metternich/C. Thoenes, Die frühen St.-Peter-Entwürfe 1505–1514 (Römische Forschungen der Bibliotheca Hertziana 25), Tübingen 1987. H. Günther, „Als wäre die Peterskirche mutwillig in Flammen gesetzt". Zeitgenössische Kommentare zum Neubau der Peterskirche und ihre Maßstäbe, in: Münchner Jahrbuch der bildenden Kunst 47 (1997), 165–210.

für äußerliche Repräsentation verschwendet werden dürfte. Er legte daraufhin ausführlich dar, wie wichtig eine solche Maßnahme gerade in der Notzeit war, um die Achtung vor der Kirche und den Glauben der Christenheit zu festigen. Trotzdem kamen die Arbeiten nach dem Tod Nikolaus' V. ein halbes Jahrhundert lang kaum voran und stagnierten schließlich ganz. 1505 begann ein völliger Neubau. Um endgültig durchzusetzen, dass er vollendet wird, wurde der Abbruch der alten Basilika ohne lange Rücksicht auf ehrwürdige Monumente durchgezogen und die ersten Teile des Neubaus in fliegender Eile aufgeführt. Wieder erhob sich ein Sturm der Empörung, so heftig, wird berichtet, als wenn die Kirche „mutwillig in Flammen gesetzt worden wäre". Die Ablassgelder, mit denen die immensen Kosten für den Neubau in ganz Europa eingetrieben wurden, führten nördlich der Alpen zu breiten Protesten. Sie trugen wesentlich dazu bei, dass sich die Kirche bis auf den heutigen Tag spaltete. In dem Fall war der leitende Architekt, Donato Bramante, nicht nur für die Planung und Durchführung der Baumaßnahmen verantwortlich, man gab ihm sogar die Schuld an der Zerstörung der Konstantinischen Basilika. Es hieß, er sei es gewesen, der den Neubau überhaupt angeregt habe. So hoch wurde sein Einfluss auf die Kurie eingeschätzt.

Natürlich nahmen die Architekten, die für die großen Projekte verantwortlich waren, eine führende gesellschaftliche Stellung ein[4]. Die Stadt Florenz setzte Brunelleschi ein Denkmal im Dom neben den großen Feldherren, die ihr gedient hatten. Der Humanist Antonio Manetti schrieb seinen Lebenslauf nieder[5]. Filarete, Bramante und andere ließen sich wie vornehme Herrschaften eigene Medaillen prägen. Manche Architekten, wie Raffael oder Gian Cristoforo Romano und andere, verkehrten mit prominenten Wissenschaftlern und Literaten[6]. Sie arbeiteten sogar manchmal eng miteinander zusammen, so etwa Filarete mit dem Gräzisten Francesco Filelfo und anderen; der König von Neapel ließ für Francesco di Giorgio eigens Vitruv vom Lateinischen ins Italienische übersetzen. Manche Architekten, wie Antonio da Sangallo, Raffaels Nachfolger an der Bauhütte von St. Peter, häuften große Vermögen an, zwar teilweise anscheinend durch Immobilienhandel, aber der konnte sich eben auch aus ihrem Beruf ergeben. Die fürstlichen Architekten gehörten zur engen Umgebung ihrer Herren. Filarete beriet Francesco Sforza nicht nur, sondern führte auch den Erbprinzen in die Architektur ein. Wie hoch man den Einfluss Bramantes auf den Papst einschätzte, wurde eben erwähnt. Als Bramante dem Herzog von Mailand diente, konnte er es sich leisten, für einige Zeit einfach zu verschwinden, ohne

---

4 Im Folgenden stütze ich mich auf meine Beiträge über Beruf und Ausbildung des Architekten in der Renaissance in: R. Johannes (ed.), Entwerfen. Architektenausbildung in Europa von Vitruv bis Mitte des 20. Jahrhunderts. Geschichte, Theorie, Praxis, Hamburg 2009, 215–275, 743–768, und in: W. Nerdinger, Der Architekt. Geschichte und Gegenwart eines Berufsstandes, München–London–New York 2012, vol. 1, 59–80.

5 A. Manetti, Vita di Filippo Brunelleschi, edd. D. de Robertis/G. Tanturlis, Milano 1976.

6 H. Günther, Das Studium der antiken Architektur in den Zeichnungen der Hochrenaissance, Tübingen 1988.

entlassen zu werden; der Herzog bemühte sich vielmehr, ihn in Rom und Florenz zu suchen. Raffael, Bramantes Nachfolger als Architekt der Peterskirche, hat selbst berichtet, dass er jeden Tag mit dem Papst den Neubau der Peterskirche besprach[7]. Als Michelangelo, Antonio da Sangallos Nachfolger als Architekt der Peterskirche, gestorben war, ließ der Herzog von Florenz seinen Leichnam in einer Nacht- und Nebelaktion aus Rom rauben und veranlasste, ihm ein pompöses Begräbnis wie einem Fürsten auszurichten.

II. Aufgaben des Architekten

In der einschlägigen Literatur der Renaissance wird derjenige als Architekt bezeichnet, der einen Bau konzipiert und die Bauarbeiten gewöhnlich leitet. Die Arbeiten führten Bauhandwerker verschiedener Sparten aus. Wir halten uns hier an diese Unterscheidung, weil sie zutrifft für die Architekten, die berühmt geworden sind und die Kunstgeschichte hauptsächlich beschäftigen. In der Praxis wurde allerdings sprachlich nicht so klar zwischen den beiden Berufsständen geschieden. Die Baudokumente gebrauchen die Begriffe „Architekt“, „Ingenieur“, „Steinmetz“ etc. oft synonym, und in jedem Einzelfall ist fraglich, was einer, der so angesprochen wurde, wirklich leistete.

Ruhm und Glanz des Architektenberufs verbanden sich mit dem Entwurf und der künstlerischen Idee. Aber die Architekten kümmerten sich keineswegs nur um die formale Gestaltung. Sie waren auch verantwortlich für die praktische Seite des Baubetriebs. Nur ist dieser Aspekt nicht so spektakulär, und deshalb gibt es wenige Zeugnisse dafür. Auch wenn die Leiter eines Baus nicht die praktischen Aufgaben selbst erledigten, mussten sie wenigstens kontrollieren können, was geschah.

Im Vorfeld der Planung war es oft nötig, Vermessungen durchzuführen. Geräte dafür, Lehrbücher und Skizzen zur ersten Fixierung der Ergebnisse sind aus der Renaissance erhalten. Dann musste das Baumaterial ausgesucht, seine Menge berechnet und schließlich die Kosten veranschlagt werden. Auch solche Kostenvoranschläge sind erhalten. Filarete oder Vincenzo Scamozzi haben beschrieben, wie eine solche Kalkulation aussehen soll[8]. Für den Neubau der Stadt Pienza berichtet der Bauherr, Papst Pius II., selbst ausdrücklich, dass ihm der Architekt den Kostenvoranschlag vorgelegt hatte[9]. In dem Fall war, wie es auch jetzt noch gelegentlich geschieht, der Aufwand viel zu niedrig angesetzt worden.

[7] J. Shearman, Raphael in Early Modern Sources (1483–1602), 2 vols., New Haven–London 2003, vol. 1, 180–183.

[8] A. Averlino detto il Filarete, Trattato di architettura, 4. Buch, edd. A. M. Finoli/L. Grassi, Milano 1972, 90–120. Vincenzo Scamozzi, L'idea della architettura universale, Venetiis 1615, 77–83.

[9] Pius II., Commentarii rerum memorabilium, ed. A. van Heck, 2 vols., Città del Vaticano 1984, vol. 2, 533. I commentarii, 9, 25, ed. G. Bernetti, 5 vols., Siena 1972–76, vol. 3, 227.

Dann bestimmten die Architekten, wie die Fundamente angelegt werden sollten. Für Gian Lorenzo Bernini beispielsweise ist belegt, dass er sich persönlich um die sachgerechte Ausführung kümmerte: Er stieg in die Baugrube, die für die neue Stadtfront des Louvre ausgehoben war, um die Arbeiter zu belehren, wie sie die Fundamente mauern sollten[10]. Damit handelte er sich freilich nur den Widerwillen der Handwerker ein, denn er wollte ihnen beibringen, was er aus Italien her gewohnt war, während sie sich an das hielten, was in Paris üblich war.

Selbstverständlich wurde vorausgesetzt, dass der Architekt für die Tektonik der Bauten zuständig ist. Wenn Mängel in der Tektonik von Bauten auftraten, wurde er dafür verantwortlich gemacht. Beispielsweise gab man Bramante die Schuld daran, dass Risse in den Vierungspfeilern der Peterskirche auftraten, oder der Senat von Venedig warf den Stadtbaumeister Jacopo Sansovino ins Gefängnis zur Strafe dafür, dass unter seiner Bauleitung die Gewölbe der Biblioteca Marciana gegenüber dem Dogenpalast zusammenbrachen[11], etc.

Der Bau der Kuppel des Florentiner Doms bildet ein Paradigma für die technischen Leistungen des leitenden Architekten. Die Form stand bereits seit mehr als einem halben Jahrhundert im Wesentlichen fest. Nur die Ausführung stellte technische und logistische Anforderungen von bisher ungekanntem Ausmaß. Brunelleschi hatte vor allem die Probleme zu lösen, welche Mauertechniken und Armierungen geeignet waren, den Halt des Riesenwerks zu sichern, mit welchen Gerüsten und Baumaschinen man in der luftigen Höhe arbeiten konnte, mit welchen Kränen Material und Bauleute hochbefördert werden sollten. Auf dem Grabmal, das ihm die Stadt Florenz setzte, wird die Erfindung der Maschinen als seine großartigste Leistung hingestellt. Francesco di Giorgio, Leonardo da Vinci und andere haben viele Zeichnungen von Maschinen verschiedenster Art hinterlassen, besonders solcher zum Heben von schweren Gegenständen und von Wasser. Filarete entwickelte für das zentrale Hospiz von Mailand selbst die modernen technischen Einrichtungen. Federico da Montefeltre ließ am Herzogspalast von Urbino eine Serie von Reliefs anbringen, die Maschinen darstellen. Offenbar hielt er die Konstruktion solcher Geräte nicht für niedrige Arbeit, sondern schätzte ebenso wie die Stadt Florenz die intellektuelle Kapazität, die dahinter stand.

Die obersten Architekten eines Herrschers, einer Kommune oder des Papstes sollten sich nicht nur um die Repräsentationsbauten kümmern. Sie waren auch zuständig für Stadtplanung oder die Anlage von Straßen und den Bau von Brücken, für Wasserbau wie die Anlage von Kanälen, Schleusen, Dämmen, Leitungen, Zisternen oder Brunnen, ebenso für öffentliche Nutzbauten wie Hospitäler,

[10] P. Fréart de Chantelou, Journal de voyage du Cavalier Bernin en France, ed. M. Stanic, Paris 2001, 158.

[11] D. Howard, Jacopo Sansovino. Architecture and Patronage in Renaissance Venice, New Haven – London ^{2}1987, 20sq.

Schulen oder Gefängnisse[12]. Antonio da Sangallo hat den großen Brunnen der Stadt Orvieto errichtet; vom Sieneser Architekten Baldassare Peruzzi ist eine Serie sorgfältig angelegter und kommentierter Zeichnungen für die Anlage eines Staudamms der Bruna erhalten[13]. Zur Stadtplanung gehörten auch die Parzellierung von Grundstücken, die Kalkulation von Straßensteuern etc. Wenn auch nur sporadisch, so gibt es zumindest in Rom doch Zeugnisse genug dafür, dass sich die obersten Architekten auch um minimale Belange, die mit der Stadtplanung verbunden waren, kümmerten[14].

Die obersten Architekten mussten sich auch um Stadtmauern, Festungen und Kriegsmaschinen kümmern. Das war ein wesentliches Gebiet. Als sich Leonardo da Vinci beim Herzog von Mailand um eine Anstellung bewarb, stellte er eine Liste seiner Fähigkeiten auf (um 1480). Sie beginnt mit der Konstruktion von Kampfmaschinen. Eine essentielle Aufgabe der Architekten bestand zu Beginn der Neuzeit darin, für die Befestigungen Formen zu entwickeln, die der neuerdings aufkommenden Artillerie und dem damit zusammenhängenden Wandel der Kriegsstrategie gewachsen waren. Man hatte zu berücksichtigen, wie eine Wehrmauer beschaffen sein muss, um den Druck von Kanonenkugeln auszuhalten, wie Kasematten angelegt sein sollten, wie man das Vorfeld der Mauern unter den neuen Bedingungen deckt, wie man eine Batterie effizient aufstellt etc. Der Florentiner Architekt Giuliano da Sangallo entwickelte die modernen Bastionen, die im Prinzip bis zum 18. Jahrhundert maßgeblich für den Wehrbau blieben. Dabei mögen ihn Militärexperten unterstützt haben, aber Vasari schreibt ausdrücklich ihm selbst die Erfindung einer besonderen Methode zur Dämpfung des Rückstoßes von Geschützen zu[15].

III. Anforderungsprofil des Architekten

Der Architekt sollte also ein weites Spektrum an praktischen Fähigkeiten mitbringen. Er brauchte sachliches Wissen über Baumaterialien, Mauertechniken etc.; unabdingbar waren gute mathematische Kenntnisse für die Planung, für das Einmessen von Grund und Boden und von Bauteilen, für die Berechnung

---

12 H. Günther, Das Trivium vor Ponte S. Angelo. Ein Beitrag zur Urbanistik der Renaissance in Rom, in: Römisches Jahrbuch für Kunstgeschichte 21 (1984), 165–251, 197–207 (Die Verantwortlichen für die Stadtplanung der Renaissance in Rom und die Architekten von St. Peter).

13 H. Wurm, Baldassarre Peruzzi. Architekturzeichnungen, Tübingen 1984, 295–300. S. di Pasquale, Riflessioni e note sui progetti di Baldassarre Peruzzi per la formazione di un lago artificiale nel territorio di Siena, in: M. Forlani Conti (ed.), Rilievi di Fabbriche attribuite a Baldassarre Peruzzi, Ausstellungskatalog, Siena 1982, 71–88.

14 H. Günther, Antonio da Sangallo progetta una via a Roma: La sistemazione della via Agonale presso piazza Navona, in: G. Alisio (ed.), I Disegni d'Archivio negli Studi di Storia dell'Architettura, Napoli 1994, 20–30.

15 G. Vasari, Le vite de' piu eccellenti pittori scultori ed architettori, ed. G. Milanesi, 9 vols., Firenze 1878–1885, vol. 4, 269.

von Materialbedarf oder die Kalkulation von Baukosten. Es gibt genügend Zeugnisse dafür, dass die Architekten die Erwartungen im Allgemeinen erfüllten.

Für den Bauentwurf waren nicht nur künstlerisches Ingenium und die Fähigkeit zum Planzeichnen nötig. Weil die Architektur damals als Wissenschaft bewertet wurde, erwartete man zudem die Beherrschung einer formalen Theorie, eine enzyklopädische Allgemeinbildung, gewisse literarische und rhetorische Qualitäten. Ein guter Architekt musste sich in der antiken Architektur auskennen und in der Lage sein, daraus Gesetzmäßigkeiten für seine eigene Planung abzuleiten. Das erforderte hohes intellektuelles Niveau. Man konnte sich noch nicht wie heute einfach auf Lehrbücher verlassen. Die antiquarischen Forschungen standen ganz am Anfang. Man musste selbst die Ruinen untersuchen und die einschlägigen antiken Schriften deuten. Es sind viele Studien von Architekten aus der Renaissance überliefert, die von der Erforschung der Ruinen und dem Bemühen zeugen, Vitruvs Architekturtraktat, das einzige erhaltene Architekturtraktat aus der Antike, zu verstehen[16]. Einige Architekten haben selbst Traktate über ihr Fach verfasst, andere haben sich als Dichter profiliert, so etwa Bramante. Wie nützlich eine gute Rhetorik für den Architekten sein konnte, um Aufträge zu erhalten und um seine Vorstellungen durchzusetzen, führt Manetti in seinem Bericht darüber vor Augen, wie Brunelleschi mit der Florentiner Domopera umging[17].

Im Ganzen gingen die erwarteten Qualitäten über direkten praktischen Nutzen hinaus. Aber sie waren auch als Zeugnisse einer Grundlage für ein vernünftiges Urteilsvermögen gedacht, und sie wirkten letztlich als Werbung für den Architekten. Zum Abschluss sei noch ein Beispiel dafür angeführt, wie ein Architekt seinen weiten geistigen Horizont zur Schau stellte: Der Präfekt der Bauten des Herzogs von Mantua, Giovanni Battista Bertani baute sich beim Hafen von Mantua ein Haus mit einem rückwerten Hof, der an den Hafen grenzte. Auf dem Hof richtete er eine Ziegelei ein, in der alle Arten von tönernen Bauelementen wie Ziegel, Dachschindeln, Leitungen etc. produziert wurden. Mit den Produkten handelte er. An der Straßenfassade seines Hauses brachte er Modelle an, die mit Inschriften von lateinischen Fachausdrücken und Texten erklären, wie Vitruvs Beschreibung der ionischen Säulenordnungen zu verstehen ist; er publizierte dazu auch eine geschlossene Abhandlung im Druck, und die verkaufte er in seinem Haus[18].

IV. Ausbildung des Architekten

Nach all dem sollte man denken, dass die Architekten eine gediegene Ausbildung für ihren Beruf erhielten. Aber so war es nicht.

---

[16] Günther, Studium (nt. 6). P. N. Pagliara, Vitruvio da testo a canone, in: S. Settis (ed.), Memoria dell'Antico nell'Arte italiana, 3 vols., Torino 1984–1986, vol. 3, 5–85.

[17] Manetti, Vita di Filippo Brunelleschi, edd. de Robertis/Tanturlis (nt. 5), 77–88.

[18] H. Günther, Künstlerhäuser seit der Renaissance 1470–1800, in: M. T. Brandlhuber/M. Buhrs (eds.), Im Tempel des Ich. Das Künstlerhaus als Gesamtkunstwerk. Europa und Amerika 1800–1948, Ausstellungskatalog, München 2013, 16–29.

Brunelleschi, der die Lösung dafür fand, wie man die Kuppel des Florentiner Doms ausführen konnte, war von Beruf Goldschmied und hatte keine nennenswerte Erfahrung im Bauen, als er zum Dombaumeister berufen wurde. Der Domopera kamen dann doch Bedenken, ob er die schwierige Aufgabe allein bewältigen könne, und sie stellte ihm einen zweiten Architekten zur Seite: Das war Lorenzo Ghiberti, auch ein Goldschmied, gerade berühmt geworden durch die vergoldete Bronzetür im Hauptportal des Florentiner Baptisterium, die sogenannte Paradiestür. Aber mit Architektur hatte er bisher nichts zu tun.

Filarete, der das Ospedale Maggiore mit seinen innovativen technischen Einrichtungen baute, hatte ebenfalls keine Erfahrung im Baubetrieb, als ihn Piero de' Medici nach Mailand empfahl. Auch er war als Goldschmied ausgebildet. Er war, ähnlich wie Ghiberti, soeben dadurch berühmt geworden, dass er die versilberten Türflügel im Hauptportal der Peterskirche in Rom geschaffen hatte. Wir können noch die anderen Architekten durchgehen, die erwähnt wurden, und kommen zu ähnlichen Ergebnissen: Bramante und natürlich Raffael begannen ihre Karriere als Maler; Michelangelo und Bernini waren bekanntlich als Bildhauer ausgebildet; ebenso Jacopo Sansovino, der Stadtbaumeister der Republik Venedig, oder Bernardo Rossellino, der für Papst Pius II. Pienza baute.

Die Idee, die Dombaumeister von außerhalb des Baubetriebs zu berufen, hatte in Italien Tradition: Dem Bau des Florentiner Doms stand anfangs der Bildhauer Arnolfo di Cambio vor; 1334 wurde der Maler Giotto zur Bauleitung berufen, nach ihm der Bildhauer Andrea Pisano. Keiner von ihnen hatte Erfahrungen als Architekt. Als Begründung für die Anstellung des fast siebzigjährigen Giotto hieß es einfach, er sei mehr als irgendein anderer auf der Welt geeignet, und man hoffe, er werde sich in Florenz niederlassen, damit viele von der Kunst des hochberühmten Meisters lernen könnten[19]. Die Stadt Siena berief um die gleiche Zeit (1339) den Goldschmied Lando di Pietro zum Leiter ihrer Dombauhütte, obwohl er vordem ebenfalls nicht als Architekt tätig gewesen war.

Sogar Humanisten und Schriftsteller wurden als Architekten angestellt, so Leon Battista Alberti oder Fra Giocondo. Alberti verfasste auch ein enorm gelehrtes Architekturtraktat (1485 posthum erschienen), Fra Giocondo publizierte die für die Renaissance maßgebliche Vitruv-Edition (1511). Fra Giocondo baute in Paris und im Veneto Brücken, kümmerte sich für die Republik Venedig um Hafenanlagen und Verteidigungswerke und wurde nach Bramantes Tod zusammen mit Raffael zum Architekten der Peterskirche berufen. Übrigens waren viele von den Humanisten auch für die literarische Tätigkeit, die ihren Ruhm ausmachte, nicht ausgebildet. Alberti, der auch mehrere Traktate über soziale Themen und Bühnenwerke verfasste, hatte wie viele Humanisten Jura studiert. Auch Fürsten entwarfen eigenständig Bauten. So ist es für Kaiser Maximilian I. oder König Franz I. von Frankreich belegt[20]. Die ersten einschlägigen Traktate

---

19 Saalmann, Filippo Brunelleschi (nt. 1), 178 sq.

20 Cf. die Beiträge von M. Chatenet und H. Günther in: A. Calzona (ed.), Il principe architetto, Firenze 2002, 533–544, 493–516.

über Architektur und Kriegskunst (dazu gehörten auch Konstruktion von Kriegsmaschinen und Wehrbau), die im Druck erschienen, waren in lateinischer Sprache verfasst (Alberti und Roberto Valturio[21]); sie richteten sich demnach wohl mehr an gelehrte Auftraggeber als an Künstler.

Eine spezielle Architektenausbildung war in Italien zu Beginn der Neuzeit überhaupt nicht vorgesehen. Es gab eine Ausbildung für Bauhandwerker wie Maurer, Steinmetze oder Zimmerleute. Aber aus diesen Handwerken gingen gewöhnlich nicht die Architekten großer Bauunternehmungen hervor. Sie waren als bildende Künstler und meistens als Goldschmiede ausgebildet. Die Künstler hatten mit Architekten gemein, dass sie künstlerische Begabung mitbrachten und Zeichnen gelernt hatten; man konnte nach damaligen Maximen auch einige theoretische Verbindungen zwischen Malerei und Architektur schlagen. So hebt Cennino Cennini in seinem Kunsttraktat (um 1400) hervor, dass die Architektur und ihre Glieder schöne Elemente der Malerei seien, und Alberti erwartet in seinem Architekturtraktat, dass die Behandlung der Säulenordnungen in erster Linie die Maler interessieren würde[22]; warum das so sein soll, bleibt im Dunkeln. Aber solche Gedanken reichen längst nicht aus um zu erklären, warum man bildende Künstler als Architekten einstellte. Noch weniger begründen sie, warum man für diese Aufgabe ausgerechnet Goldschmiede bevorzugte.

Die Ausbildung der großen Architekten in den Künstlerwerkstätten hing offenbar mit der sozialen Herkunft und der Organisation der Berufsverbände zusammen.

Die Architekten bzw. bildenden Künstler, die zu Ruhm gelangten, stammten auffällig oft aus gutbürgerlichen Familien: Beispielsweise die Väter von Brunelleschi, Leonardo oder Michelangelo oder Ghibertis Großvater waren Notare. Viele von den Künstlern, die zu Ruhm gelangten, sollten ursprünglich gehobene Berufe ergreifen: Brunelleschi und andere sollten Jura studieren, Jacopo Sansovino war für den Beruf des Kaufmanns bestimmt etc. Es gibt eine Ausnahme, die zu berühmt ist, um hier ganz übergangen zu werden: Andrea Palladio, der einzige Architekt, der einer ganzen Stilrichtung den Namen gegeben hat: dem Palladianismus. Aber die Ausnahme bestätigt nur die Regel. Palladios Aufstieg fand unter einzigartigen Bedingungen statt. Ein großer Schriftsteller, der Graf Giangiorgio Trissino, entdeckte den jungen Steinmetzen, sorgte für seine Bildung, reiste mit ihm viermal nach Rom, damit er die Antike studieren und anschließend sogar Rom-Führer verfassen konnte, und reichte ihn dann im venetischen Hochadel herum, sodass er Bauaufträge erhielt.

Die sozialen Bedingungen der Herkunft wirkten sich auf die Qualität der Ausbildung aus. Welche Grundausbildung die Künstler als Kinder erhielten, ist kaum je individuell überliefert. Aber wahrscheinlich war sie so gut, wie es dem

21 L. B. Alberti, De re aedificatoria, Florentiae 1485; R. Valturio, De re militari, Veronae 1472.

22 C. Cennini, Il libro dell'arte, cap. 87, ed. F. Brunello, Vicenza 1971, 96. L. B. Alberti, L'Architettura (De re aedificatoria). Testo latino e traduzione a cura di G. Orlandi (Trattati di architettura 1), Milano 1966, 529 (Anfang 7. Buch).

sozialen Stand ihrer Familien, den intellektuellen Ansprüchen der für sie vorgesehenen Berufe und der Qualität der Werkstätten entsprach, in die sie danach eintreten sollten. Über die gutbürgerliche Grundausbildung generell gibt es genügend Nachrichten.

Der Aufstieg von Wissenschaft und Bildung in der Renaissance war von einem sprunghaften Ausbau des Schulwesens begleitet. Italien stand an der Spitze der Entwicklung. Es gab gewöhnlich drei Arten von Schulen: Elementarschulen, in denen Kinder Lesen und Schreiben übten; Abakusschulen, die Rechnen und geometrische Grundregeln beibrachten; Grammatikschulen, die Latein als internationales Verständigungsmittel lehrten und über die antiken Schriften historische Kenntnisse und allgemein geistige Bildung vermittelten. Von Brunelleschi berichtet Antonio Manetti: Er erhielt in der Jugend Unterricht im Lesen, Schreiben und Rechnen[23]. So sei es üblich für die „*huomini da bene*" in Florenz. Überdies habe er „*qualche lettere*" gelernt, er besuchte also eine Grammatikschule. Sonst sei es unüblich, „*lettere*" zu lernen, wenn man nicht dazu bestimmt sei, Arzt, Jurist oder Priester zu werden.

Anscheinend wurde in manchen Schulen auch Zeichnen gelehrt. Über die musische Ausbildung konnte zudem die Architektur in die Grundausbildung einbezogen werden. Matteo Palmieri schreibt in seinem Traktat über das gesellschaftliche Leben (1465): Die Kinder sollten an alle Wissenschaften herangeführt werden und einige Kunstfertigkeiten üben, zusätzlich zu Musizieren, Malen und Schnitzen auch „gute Bauten erfinden" („*imaginare degni edifici*")[24].

Die Handwerker traten durchschnittlich mit vierzehn Jahren für vier Jahre als Lehrling in eine Werkstatt ein. Die Auswahl der Werkstatt war nicht nur von der Branche, sondern auch von sozialen Bedingungen geleitet, und diese waren in Italien mit dem Zunftwesen verbunden.

Bildende Künstler und Bauhandwerker gehörten zu Zünften unterschiedlichen Standes. In Florenz waren die Zünfte in zwei Klassen geteilt: die oberen, die Arti maggiori, und die niederen, die Arti minori. Die Arti maggiori repräsentierten allein die Bürgerschaft im Stadtrat, die Arti minori hatten dort keine Stimme. Die Bauhandwerker gehörten zu den Arti minori. Sie bildeten eine eigene Zunft: die Arte dei Maestri di Pietra e Legname. Maler und Goldschmiede gehörten dagegen zu den Arti maggiori. Die Maler waren der Zunft der Medici e Speciali, der Ärzte und Apotheker, angeschlossen. Die Goldschmiede waren am besten gestellt. Sie waren mit reichen Fabrikanten und Kaufleuten zusammengeschlossen. Aus sozialer Warte ist leicht einzusehen, warum die Goldschmiede die höchste gesellschaftliche Stellung unter den Künstlern einnahmen. Sie verarbeiteten kostbares Material, Edelmetalle und Edelsteine, und handelten damit. Bei ihnen kam das meiste Geld zusammen. Sie brauchten besonders gute Eigenschaften: viel Sachkenntnis, um ihr Material zu beurteilen, viel Verstand, um gut zu kalkulieren, gute Umgangsformen, um ihre wohl situierte Klientel

---

[23] Manetti, Vita di Filippo Brunelleschi, edd. de Robertis/Tanturlis (nt. 5), 39.

[24] M. Palmieri, La vita civile, ed. G. Belloni, Firenze 1982, 39.

seriös zu bedienen. Daher war das Gewerbe schon im Mittelalter hoch angesehen. Von ihm ging lange vor der Renaissance der Brauch aus, Kunstwerke zu signieren. Das gilt besonders für aufwendige Bronzeportale. Anscheinend weil sie so kostbar waren, brachten die Künstler an ihnen ihr Firmenzeichen an.

Die Wahl der Zunft war nicht an Berufssparten gebunden. Maler konnten bei den Goldschmieden eingeschrieben sein und umgekehrt. Auch Bürger, die kein Handwerk ausübten, durften einer Zunft beitreten. Nur auf diese Weise konnten sie in den Stadtrat kommen. So finden sich in den höheren Zünften von Florenz illustre Humanisten oder Literaten wie Dante (bei den Ärzten). Wegen des hohen sozialen Ansehens gaben Väter aus gutgestellten Familien ihre Söhne, wenn sie Künstler werden wollten, gern zu Goldschmieden in die Lehre. Die Entscheidung hing weniger davon ab, in welcher Kunstgattung die Jungen später hauptsächlich hervortraten. Giorgio Vasari stellt in der ‚Vita' des berühmten Malers Sandro Botticelli fest: „Damals bestand eine enge Vertrautheit und eine geradezu beständige Verbindung zwischen Goldschmieden und Malern"[25].

Die Zünfte achteten hauptsächlich auf den Geschäftsverkehr. Ihre Statuten waren rein wirtschaftlich ausgerichtet.

In vielen italienischen Städten, so auch in Florenz, kannten die Zünfte keine klare Abgrenzung zwischen Lehrling, Geselle und Meister nach Ausbildungsstand. Der Meister zeichnete sich einfach dadurch aus, dass er eine eigene Werkstatt führte. Um sich selbständig zu machen, brauchte er nur das nötige Kapital, eine Klientel und Erfahrung. Es war nicht nötig und nicht einmal möglich, dafür eine Prüfung zu absolvieren. Es gab auch keine Gesellenprüfung. Lehrlinge und Gesellen hatten beide den Status bezahlter Arbeiter.

Die guten Meister achteten offenbar von sich aus auf das Ansehen ihrer Werkstatt und die Qualität ihrer Arbeit. Es gab keine Normen dafür, was der Meister lehren sollte. Es wird auch kaum etwas konkret darüber berichtet, was in den Künstlerwerkstätten gelehrt wurde und wie die Ausbildung ablief[26]. Im Kunsttraktat des Cennino Cennini ist ein Absatz der Ausbildung der Maler gewidmet[27]. Dort heißt es, Lehrlinge sollen die praktischen Vorarbeiten lernen, die für die Malerei nötig sind, wie Farben mischen, Leim bereiten, grundieren etc. Dann sollen Lehrlinge und Gesellen unablässig zeichnen. Am Beginn des Zeichnens stand das Kopieren von Werken des eigenen Meisters oder älterer Meister. Davon zeugen etwa Michelangelos Kopien nach Giotto, Masaccio und Schongauer. Erst als Geselle sollte man beginnen, selbst mit Farben zu malen. Aus der ganzen einschlägigen theoretischen Literatur der Renaissance geht nicht wesentlich mehr zu dem Thema hervor.

Die weitere Ausbildung wird von der Qualität und vom Wirkungsfeld des Meisters abgehangen haben. Mit der Wahl der Werkstatt war wohl oft der spätere

---

[25] Vasari, Le vite, ed. Milanesi (nt. 15), vol. 3, 310.

[26] F. Ames-Lewis, The Intellectual Life of the Early Renaissance Artist, New Haven – London 2002, 17 – 60.

[27] Cennini, Il libro dell'arte, cap. 104, ed. Brunello (nt. 22), 109 sq.

Weg des Lehrlings vorbestimmt. Davon hing ab, welcher geistige Horizont sich ihm eröffnete. Die Qualität des Meisters schlug sich bei den geeigneten Schülern nieder. Umgekehrt werden die exquisiten Meister von ihren besseren Lehrlingen eine gediegene Schulausbildung erwartet haben, damit sie präpariert waren, das Lehrangebot aufzunehmen, das ihnen geboten wurde. In einer Werkstatt wie etwa derjenigen Giovanni Bellinis, die viele später berühmte Maler hervorbrachte, werden die Schüler zudem durch Konkurrenz untereinander gereift sein. Eine Statistik dürfte ergeben, dass die berühmt gewordenen Architekten und bildenden Künstler der Renaissance mehrheitlich in Werkstätten berühmter Künstler ausgebildet wurden, so etwa Leonardo, Raffael, Tizian oder Michelangelo. Michelangelo trat, obwohl er Bildhauer werden wollte, in die Werkstatt des Domenico Ghirlandaio ein, der zwar Maler war, aber die größten Aufträge für Fresken in Florenz erhielt.

Die Lernprozesse, die über das Lehrangebot hinausgingen, beruhten auf Eigeninitiative. Nach dem, was die wenigen Quellen dazu – Benvenuto Cellini über sich selbst oder Ascanio Condivi und Giorgio Vasari über Michelangelo – berichten, begannen die Jungen schon während ihrer Lehrzeit, sich selbstständig auszubilden[28]. Besonders die bildenden Künstler, die sich für Architektur interessierten, mussten sich wohl eigenständig fortbilden. Ebenso eigenständig bilden mussten sich Leute aus anderen Berufen, die es in die gleiche Richtung drängte. Für das Studium der antiken Bauten, das zur eigenständigen Ausbildung gehörte, übersiedelten etliche junge Künstler sogar für einige Jahre nach Rom. Da schlugen sie sich dann als Hilfskräfte durch, wie es etwa für Cronaca oder Vignola überliefert ist, andere wie Vincenzo Scamozzi oder Palladio erhielten von ihrem Elternhaus oder einem begüterten Mäzen finanzielle Unterstützung.

Die Erfahrung eigenständig zu lernen, blieb auch für Fortgeschrittene bestimmend. Davon zeugen die zahllosen Neuerungen, die in der Renaissance aufkamen, wie Brunelleschis Experiment zur Perspektiv-Konstruktion oder Paolo Uccellos Kampf mit der Perspektive und natürlich besonders Leonardos wegweisende Studien in viele Richtungen. Leonardo, Michelangelo, Cellini und andere haben betont, wie viel sie im Alleingang lernten.

Die meisten Architekten gelangten wohl im Lauf ihrer Tätigkeit durch den Rat von Handwerksmeistern zu einem Einblick in die Baupraxis. Zur eigenen Fortbildung gehörte eben auch, auf Erfahrenere zu hören. Darüber wird sehr wenig konkret berichtet. Raffael bezeugt selbst, dass der Papst ihm Fra Giocondo als Architekt der Peterskirche an die Seite stellte, damit er von ihm lernen könne[29]. Cellini scheibt generell: „Es ist immer lehrreich, aus der Erfahrung anderer Nutzen zu ziehen", und schildert sehr anschaulich, wie er auf den Rat von Handwerkern angewiesen war, als er erstmals einen großen Bronzeguss

[28] B. Cellini, La vita, ed. M. Gorra, Torino 1954, 13. A. Condivi, Vita di Michelagnolo Buonarroti, ed. G. Nencioni, Firenze 1998, 9. Vasari, Le vite, ed. Milanesi (nt. 15), vol. 7, 13 sq.

[29] Shearman, Raphael in Early Modern Sources (nt. 7), vol. 1, 180–183.

ausführen wollte[30]. Am Ende war er nach seiner eigenen Darstellung trotzdem der Klügere. Er rette den Guss, den seine Helfer fast zunichte gemacht hätten. Die alten Meister lobten ihn dafür. Abschließend kommt Cellini zu dem Fazit: „Ich wusste wohl, dass ich den größten Teil dessen, was sie an mir lobten, von ihnen gelernt hatte. Sie folgten einer ununterbrochenen Tradition, ich aber lernte aus ihrer Erfahrung und leitete daraus die ihr zugrunde liegenden Gesetzmäßigkeiten ab". Deshalb war er am Ende der Klügere.

Insgesamt, sollte sich abzeichnen, war die Ausbildung der Künstler zu Beginn der Neuzeit in Italien kaum geregelt, und ausgerechnet für die verantwortungsvollste Sparte, die Architektur, gab es überhaupt keine spezielle Ausbildung. Diese Situation wirkt geradezu, als hätten damals Blinde den Baubetrieb geleitet. Jesus hat das Sprichwort geprägt: „Wenn ein Blinder den anderen führt, dann fallen sie beide in die Grube" (Mat. 15, 14). Pieter Brueghel hat das in einem Bild dargestellt (1568). Aber diese Binsenweisheit galt offenbar nicht für italienische Architekten. Die italienische Architektur erreichte ja in der Renaissance höchstes Niveau und wurde zum Vorbild für viele andere Länder, wie Deutschland und Frankreich, wo die architektonische Ausbildung sauber geregelt war mit festem Pensum, Prüfungen etc. Im Lauf der Renaissance verbreitete sich sogar die italienische Praktik, Architekten ohne einschlägige Ausbildung anzustellen. In Italien bemerkte man die Diskrepanz zwischen mangelnder fachlicher Ausbildung und hohem fachlichen Anspruch in diversen Gebieten, nicht nur in der Architektur. Obwohl Alberti keinerlei handwerkliche Ausbildung hatte, verfasste er auch ein Traktat über die ‚Elemente der Malerei' (wohl um 1435). Es ist die erste Schrift ihrer Art in der Renaissance. Er leitet sie mit der Frage ein: „Hast du je einen Blinden gesehen, der einem Sehenden den Weg gewiesen hätte? Mit diesen kurzen Aufzeichnungen, die wir Elemente nennen, wirst du dich bei uns überzeugen, dass einer, der selbst vielleicht nicht zeichnen kann, doch das wahre Verfahren aufzeigt, um ein vollkommener Zeichner zu werden"[31].

Damit kommen wir zu dem, was die Qualifikation der Architekten zu Beginn der Neuzeit eigentlich ausmachte. Manetti fasst zusammen, was Brunelleschi trotz seiner geringen Erfahrung im Bauwesen dafür qualifizierte, den Bau der Kuppel des Florentiner Doms erfolgreich durchzuführen: So eine großartige Leistung könne nicht mit dem bekannten Sachwissen gemeistert werden, schreibt er. Dazu brauche es Persönlichkeiten von hohem geistigen Niveau, voll von Umsicht und von guten Ideen, frei von Dummheit, Schwachheit und Dünkel. Die Voraussetzung dafür, dass sich Brunelleschi überhaupt für den Bau der Kuppel engagierte, sei sein Vertrauen darein gewesen, sagt Manetti, dass es „auf irgendeine Weise" gelingen werde, das zu vollenden, was nötig war[32].

---

30 B. Cellini, I trattati dell'oreficeria e della scultura, 3 (Trattato della scultura), ed. L. De-Mauri, Milano 1927, 203, 210.

31 L. B. Alberti, Das Standbild. Die Malkunst. Grundlagen der Malerei, edd. O. Bätschmann/ C. Schäublin, Darmstadt 2000, 367, cf. 336 sq.

32 Manetti, Vita di Filippo Brunelleschi, edd. de Robertis/Tanturlis (nt. 5), 57.

Brunelleschi trat durch eben das hervor, was seinerzeit in der Erziehung und Ausbildung neben der Lehre des reinen Sachwissens gefördert werden sollte: Weitblick, Kreativität und Eigeninitiative, Risikobereitschaft und Mut zum „Learning by doing", wie man neudeutsch sagt. Aufgrund dieser Qualitäten schaffte er es nicht nur „auf irgendeine Weise", die Domkuppel zu realisieren, sondern darüber hinaus die neuzeitliche Architektur zu begründen.

Was die herausragenden Architekten der Renaissance generell auszeichnete, war die geistige Wendigkeit und der Mut, Neues zu kreieren. Das hatten sie den Handwerkern voraus, die ihre Anweisungen ausführten. Die Handwerker folgten dem, was durch Gewohnheit erprobt war, wie Cellini, Scamozzi[33] und andere schreiben. Gleich zu Beginn der Renaissance erfasste der Sieneser Ingenieur Mariano Taccola generell für sein Gewerbe, was Cellini beim Bronzeguss angeblich real erlebte: nämlich dass der Architekt über Wendigkeit und Tatkraft verfügen sollte. Nur so, nicht durch tradiertes Wissen, sei er in der Lage, die vielen unvorhergesehenen Dinge zu bewältigen, die geschähen[34]. Manetti meint, mit angelerntem Wissen könne man nicht zur wahren Meisterschaft gelangen. Natürliches Talent und persönlicher Einsatz seien nötig, um neue „Erfindungen" („*invenzioni*") zu machen. Leonardo da Vinci hat die Methode seiner Studien durch die Gegenüberstellung von tradiertem Wissen bzw. dem üblichen Glauben und selbstständiger Erfahrung auch im Wissenschaftsbetrieb charakterisiert:

> „Viele glauben mir vorwerfen zu können, dass meine Beweisführung der Autorität von hochverehrten Leuten entgegensteht [...], aber sie bedenken nicht, dass meine Sachen hervorgegangen sind aus der einfachen und reinen Erfahrung, die die wahre Meisterin ist. Auf diese Weise kann man das Wahre vom Falschen unterscheiden, und so nimmt man sich mit Bescheidenheit vor, was möglich ist, statt in Ignoranz gehüllt an dem zu scheitern, was ineffizient ist." [35]

So dachten damals viele. Der eigenständige innovative Geist, der da kultiviert wurde, unterschied die avantgardistischen Architekten von den üblichen Bauhandwerkern, die nur das fortsetzten, was durch Erfahrung bekannt war. Er bildete zusammen mit dem futuristischen Glauben an die Zukunft den Motor für den schnellen Fortschritt an der Wende zur Neuzeit. Hier, wie damals meist, lag das Geheimnis des Erfolgs, die Kraft, die die gesamte Bewegung der Renaissance antrieb, in Eigeninitiative und Kreativität statt in Reglementierung.

Auch die von Manetti oder Leonardo herausgestellte Freiheit von Dünkel oder Bescheidenheit war wichtig. Sie wirkte sich darin aus, dass die Architekten offen waren für Experimente und für Rat. Sie ermöglichte, was oben für Architekten kurz angesprochen wurde, dass Wissenschaftler und Handwerker mit dem Willen zum Experimentieren neuerdings aufeinander zugingen, und dieses Phänomen trug wesentlich zum Erfolg der Renaissance im Ganzen bei. Die

---

33 Scamozzi, Idea (nt. 8), 86–88.

34 M. Taccola and his Book „De ingeniis", edd. F. D. Prager/G. Scaglia, Cambridge, MA–London 1972, 98.

35 Leonardo da Vinci, Milano, Biblioteca Ambrosiana, Codex Atlanticus, 119^{v}.

Geisteshaltung, die dahinter stand, zeichnete sich auch im Schulwesen ab. Ein reales Beispiel dafür bildet die Eliteschule des Vittorino da Feltre in Mantua, in der fürstlicher Nachwuchs zusammen mit Kindern aus einfachen Verhältnissen erzogen wurde. Ein theoretisches Beispiel bildet die Gesamtschule, die Filarete zusammen mit einem Höfling seines Herzogs entworfen hat[36]. Hier sollten alle Arten von Ausbildung, von der Grundschule über Werkstätten bis hin zur akademischen Qualifikation, unter einem Dach vereinigt sein, und die Jugendlichen durften im Lauf der Ausbildung je nach Talent und Neigung entscheiden, welche Laufbahn sie einschlagen wollten.

[36] Filarete, Trattato di architettura, edd. Finoli/Grassi (nt. 8), 493–528. H. Günther, Utopische Elemente in Filaretes Idealstadt Plusiapolis, in: A. Dietl/W. Schöller/D. Steuernagel (eds.), Utopie, Fiktion, Planung. Stadtentwürfe zwischen Antike und früher Neuzeit, Regensburg 2014, 197–220.

Circa artis experientiam laborare
Spätmittelalterliche Musikunterweisung zwischen Wissenschaft und Handwerkslehre

Felix Diergarten (Basel)

Wer sich mit mittelalterlicher „Musik" und ihrer Lehre beschäftigt, steht vor einem bekannten Problem: Hält man sich an den Begriff, *musica*, so trifft man vielfach auf Phänomene und Diskussionen, die nichts mit dem zu tun haben, was man heute als „Musik" selbst im weiteren Sinne bezeichnen würde, nämlich nichts mit einer irgendwie klingenden Darbietung oder zumindest mit einer für eine klingende Darbietung gedachten Notation; hält man sich jedoch umgekehrt an Phänomene, die wir heute als „Musik" bezeichnen, so findet man die entsprechenden mittelalterlichen Diskussion und Beschreibungen nicht (oder nicht nur) unter dem Stichwort *musica*, sondern auch unter Begriffen wie *cantus*, *discantus* oder *contrapunctus*[1]. Diese beiden Aspekte mittelalterlicher „Musik" haben auch je andere Orte und Formen der Lehre, andere Bücher, andere Autoritäten, andere Begriffe von Erfahrung. Da ist zum einen die Unterweisung in der quadrivialen *musica*, einer Disziplin, in der man nach Boethius auch schlichtweg die Lehre von der Proportion, dem Verhältnis von Mengen zueinander, sehen konnte[2]. Ihr sozialer Ort im späten Mittelalter war vornehmlich (wenngleich nicht ausschließlich) die Artistenfakultät, ihre Kommunikationsform die kommentierende Vorlesung aus Autoritäten, insbesondere aus der ‚Institutio musica' des Boethius[3]. „Erfahrung" spielte in dieser Ausbildungstradition lange Zeit kaum eine

---

1 Cf. C. T. Leitmeir, Sine auctoritate nulla disciplina est perfecta. Medieval Music Theory in Search for Normative Foundations, in: S. Müller/C. Schweiger (eds.), Between Creativity and Norm-Making. Tensions in the Medieval and Early Modern Eras (Studies in Medieval and Reformation Traditions 156), Leiden 2012, 31–60, 31 sq. Dieses Problem betrifft ganz allgemein auch das Begriffspaar „Kunst"/„Künstler", das eben nicht einfach mit dem mittelalterlichen „*ars*"/„*artifex*" gleichzusetzen ist, cf. A. Speer, Vom Verstehen mittelalterlicher Kunst, in: G. Binding/A. Speer (eds.), Mittelalterliches Kunsterleben nach Quellen des 11. bis 13. Jahrhunderts, Stuttgart–Bad Cannstatt 1993, 13–52.

2 Die Arithmetik behandelt demnach die Mengen, die Musik das Verhältnis, die Geometrie das Verhältnis unbeweglicher Größen, die Astronomie das Verhältnis beweglicher Größen (M. Haas, Musikalisches Denken im Mittelalter. Eine Einführung, Bern 2005, 61).

3 Zu den wenigen Dokumenten, die Aufschluss darüber geben cf. F. Hentschel, Sinnlichkeit und Vernunft in der mittelalterlichen Musiktheorie. Strategien der Konsonanzwertung und der Gegenstand der „Musica sonora" um 1300 (Beihefte zum Archiv für Musikwissenschaft 47), Stuttgart 2000, 16–18.

Rolle, vielmehr hatte sich ja schon die Autorität Boethius skeptisch gegenüber dem Vermögen der Ohren gezeigt[4]. Inwiefern man bei einem solchen Gegenstand tatsächlich von einer *ars* sprechen kann und ob nicht vielmehr von einer *scientia* die Rede sein müsse, wurde folglich im Mittelalter auch immer wieder diskutiert[5].

Da ist zum anderen aber auch die Unterweisung in praktischer Musikausübung, also in der musikalischen Notation und in der Ausführung des ein- und mehrstimmigen Gesangs. Den sozialen Ort dieser Lehre hat man in den Curricula der Kathedral- und Klosterschulen, vor allem aber auch in freien Musikschulen im städtischen Umfeld zu suchen, offenbar (und entgegen einer älteren Forschungsmeinung) jedoch nicht in den elementaren Curricula der universitären Elementarschulen und Kollegien, geschweige denn in den Veranstaltungen der Artistenfakultät[6]. Wenngleich über Unterrichtsformen der „praktischen" Musik im Einzelnen wenig Konkretes bekannt ist, so muss es sich doch (weil es um Unterricht in Musik als einer Herstellungs- bzw. Handlungskunst geht) zumindest teilweise um gemeinsames Singen, Erproben und Erfahren gehandelt haben. Gegenüber der quadrivialen *musica* und ihrer mathematischen Orientierung spielten hier auch Rhetorik und Grammatik eine Rolle als Leitdisziplinen[7].

Diese beiden (vorerst nur ganz grob umrissenen) Aspekte mittelalterlicher „Musik" lassen sich allerdings nicht paradigmatisch gegeneinander ausspielen, im Gegenteil: Einige der im Folgenden zitierten Beispiele zeigen gerade die Verbindung der beiden Bereiche, oder doch zumindest Versuche einer solchen Verbindung. Trotzdem ist es sinnvoll, sich als Ausgangspunkt der Diskussion beide Bereiche zunächst auch getrennt und als voneinander unabhängig vorzustellen, zumal in der außermusikwissenschaftlichen Wahrnehmung der mittelalterlichen Musiklehre noch immer eine starke Fokussierung auf die quadriviale *musica* vorherrscht, während der handwerklich-praktische und sprachlich-rhetorische Aspekt eher Spezialstudien vorbehalten bleibt. Dies alles illustriert der folgende Beitrag an drei Beispielen aus dem 14. Jahrhundert, einem Jahrhundert,

---

[4] Ibid., 241.

[5] So etwa Franchinus Gaffurius in einer Glosse zu einem Text von Johannes de Muris, wo er über die quadrivialen *artes* sagt: „*Sunt proprie et vere scientiae*" (Gaffurius, Glossemata super nonnullis partibus primae partis theoricae musicae Ioannis de Muris, wiedergegeben in: A. Gallo, Lo Studio della *Musica speculativa* di Iohannes de muris in Polonia e in Italia. Le glosse dell'Università di Cracovia e i *Glossemata* di Franchino Gaffurio, in: Primo incontro con la musica italiana in Polonia dal Rinascimento al Barocco [Miscellanee Saggi Convegni 7], Bologna 1974, 48–54). Zu dieser Frage auch Speer, Verstehen (nt. 1), 25.

[6] Die ältere These von Max Haas, nach der die universitären Elementarschulen der Ort praktischer Musiklehre waren (Haas, Musikalisches Denken [nt. 2], 120), wurde inzwischen angezweifelt (G. Rico, Music in the Arts Faculty of Paris in the Thirteenth and Early Fourteenth Centuries, Diss. University of Oxford 2005).

[7] F. Reckow, *Vitium* oder *color rhetoricus*? Thesen zur Bedeutung der Modelldisziplinen grammatica, rhetorica und poetica für das Musikverständnis, in: W. Arlt (ed.), Aktuelle Fragen der musikbezogenen Mittelalterforschung. Texte zu einem Basler Kolloquium des Jahres 1975 (Forum musicologicum 3), Winterthur 1982, 307–321.

in dem die Frage nach dem Ort der Musik im Fächerkanon zum Problem und zum Diskussionsgegenstand wurde: nämlich einerseits durch jene für eine *scientia media* charakteristische Stellung zwischen physikalischem Gegenstand und mathematischer Betrachtung[8], andererseits aber auch durch die im 14. Jahrhundert zunehmende Bedeutung sinnlicher Erfahrung[9] und schließlich auch durch die epistemologische Aufwertung der kontingenten Regeln einer Handlungs- bzw. Herstellungskunst.

Der rote Faden durch dieses Problemfeld ist im Folgenden Johannes de Muris, einer der wichtigsten Musikschriftsteller des 14. Jahrhunderts. Kein anderer Musiktheoretiker zwischen 1200 und 1500 fand in ganz Europa solche Verbreitung[10]. Geboren vermutlich in den 1290er-Jahren in der Normandie, wurde er ein Student der Pariser Artistenfakultät, offensichtlich als Angehöriger des berühmten Collège de Sorbonne. 1321 wurde er selbst Magister der Pariser Universität. Den Rest seines Lebens verbrachte er wohl als ein freischaffender Forscher, er taucht jedenfalls immer wieder in den Akten französischer Höfe und Städte auf. Ein Großteil seiner Werke widmet sich nicht der Musik, sondern der Astronomie und Mathematik. Ein auffälliger Zug seiner astronomischen Werke ist dabei die Rolle experimenteller Beobachtung, etwa die Überprüfung von berechneten Sonnenfinsternissen oder Planetenkonjunktionen durch sorgfältige Beobachtung mithilfe optischer Instrumente[11]. Was die ihm zahlreich zugeschriebenen musikalischen Schriften anbetrifft, so werden Johannes de Muris heute gewöhnlich nur noch drei Abhandlungen gesichert zugeschrieben, die sogenannte ‚Notitia artis musicae' (Paris 1321), eine konzentrierte Umarbeitung derselben als ‚Compendium musicae practicae' (Paris 1322) und die sogenannte ‚Musica speculativa' (Paris 1323)[12]. Die folgenden drei Lektüren wenden sich zunächst

8 Cf. M. Haas, Musik zwischen Mathematik und Physik. Zur Bedeutung der Notation in den „Notitia artis musicae" des Johannes de Muris, in: C. Dahlhaus/H. Oesch (eds.), Festschrift für Arno Volk, Köln 1974, 31–46.

9 Cf. Hentschel, Sinnlichkeit (nt. 3).

10 Cf. L. Gushee, Johannes de Muris, in: S. Sadie (ed.), The New Grove Dictionary of Music and Musicians, vol. 9, London 1980, 587–590; F. Hentschel, Johannes de Muris, in: L. Finscher (ed.), Die Musik in Geschichte und Gegenwart, zweite, völlig neu bearbeitete Ausgabe, vol. 9, Kassel–Stuttgart 2003, 1101–1107.

11 Zur Kontextualisierung der Schriften des Johannes de Muris in einem breiteren intellektuellen Kontext cf. D. Tanay, Music in the Age of Ockham, Diss. University of California, Berkeley 1989; ead., Noting Music, Marking Culture. The Intellectual Context of Rhythmic Notation 1250–1400 (Musicological Studies and Documents 46), Holzgerlingen 1999; ead., Jehan de Meur's Musical Theory and the Mathematics of the Fourteenth Century, in: Tractrix. Yearbook for the History of Science, Medicine, Technology, and Mathematics 5 (1993), 17–43; Haas, Musik zwischen Mathematik und Physik (nt. 8); A. Gallo, Die Notationslehre im 14. und 15. Jahrhundert, in: H. H. Eggebrecht/F. A. Gallo/M. Haas/K.-J. Sachs (eds.), Die mittelalterliche Lehre von der Mehrstimmigkeit (Geschichte der Musiktheorie 5), Darmstadt 1984, 257–356.

12 Den besten Ausgangspunkt zu den Muris-Schriften und ihrer Überlieferungsproblematik bietet noch immer eine Arbeit von Ulrich Michels aus dem Jahre 1970 (U. Michels, Die Musiktraktate des Johannes de Muris [Beihefte zum Archiv für Musikwissenschaft 8], Wiesbaden 1970).

der ‚Musica speculativa' zu (an der sich Aspekte der Vermittlung der „theoretischen" Musiklehre zeigen lassen), dann der ‚Notitia' (in der das Verhältnis von „Theorie" und „Praxis" problematisiert wird) und schließlich dem Kontrapunkttrakt ‚Cum notum sit', der früher als Teil einer größeren ‚Ars contrapuncti secundum Johannem de Muris' betrachtet wurde, heute aber nicht mehr de Muris zugeschrieben wird: Wenngleich dieser Traktat also vermutlich zeitlich und räumlich von Johannes de Muris wegführt, so eignet er sich doch ausgezeichnet, um einen spezifischen Aspekt spätmittelalterlicher Vermittlung praktischer Musikausübung zu veranschaulichen.

I. Johannes de Muris, ‚Musica speculativa' (1323)

Bei der sogenannten ‚Musica speculativa' handelt es sich um einen überarbeiteten und kommentierten Extrakt aus der ‚Institutio musica' des Boethius[13]. Das Explizit in einer der über 40 Handschriften, die eine der Fassungen der ‚Musica speculativa' überliefern, lautet vollständig: „*Musica speculativa secundum Boethium per magistrum Johannem de Muris abbreviata parisius in sorbona anno domini 1323*". Zentraler Gegenstand sind die Proportionen der musikalischen Konsonanzen und die Teilung des Monochords. Die ‚Musica speculativa' wurde vielfach zu einem Standardlehrbuch an den Universitäten des 14. und 15. Jahrhunderts. Hier haben wir also auch den vornehmlichen sozialen Ort dieser Art von Musiklehre zu suchen. Ihre Kommunikationsform war die Vorlesung, wie sie in Abb. 1 zu sehen ist: Es handelt sich um einen Holzschnitt aus Franchinus Gaffurius' ‚De harmonia musicorum instrumentorum opus' aus dem Jahre 1518, einer deutlich später entstandenen Schrift also, in der aber die Schriften des Johannes de Muris noch immer als Autorität präsent sind[14]. Der zentrale Gegenstand der quadrivialen *musica*, nämlich die Proportionen und ihre Bedeutung für die Tonhöhen, wird hier verbildlicht durch unterschiedlich lange Orgelpfeifen und Saiten (Monochordlinien) in den Proportionen 3 : 4 : 6, womit die Konsonanzen Quarte, Quinte und Oktave dargestellt sind. Die Frage, ob es sich bei diesen Gegenständen um realistische Darstellungen eines Unterrichtszimmers handelt oder aber um symbolische Darstellung des vermittelten Gegenstandes, führt zu der Frage, welche Rolle „Erfahrung" für diese Art der Musiklehre spielte. Johannes de Muris fügt zu Beginn seines Boethius-Extrakts vier Thesen ein, die sich dieser Frage widmen und die ganz offensichtlich nicht von Boethius stammen[15]:

---

[13] Zur Überlieferungssituation, den verschiedenen Fassungen und der Titel-Problematik cf. C. Falkenroth, Die Musica speculativa des Johannes de Muris. Kommentar zur Überlieferung und kritische Edition (Beihefte zum Archiv für Musikwissenschaft 34), Stuttgart 1992.

[14] Eine frühere bildliche Darstellung einer solchen Vorlesungssituation, in der ausdrücklich *musica* gelehrt wird, ist mir nicht bekannt. Cf. J. Smits van Wasbaerghe, Musikerziehung. Lehre und Theorie der Musik im Mittelalter (Musikgeschichte in Bildern 3/3), Leipzig 1986.

[15] Zu diesen *suppositiones* im Einzelnen Hentschel, Sinnlichkeit (nt. 3), 239 sqq.

(1) „*Omnem doctrinam et omnem disciplinam ex praeexistenti cognitione fieri.*"
(2) „*Ante cognitionem sensitivam non aliam inveniri.*"
(3) „*Experientiae multiplici, ut in termino status acquiescere.*"
(4) „*Experientiam circa res sensibiles artem facere.*"[16]

Es ist unschwer zu erkennen, worum es hier geht, zitiert doch die erste These wörtlich den ersten Satz der ‚Zweiten Analytik' des Aristoteles[17]. Was Johannes de Muris hier in groben Zügen exponiert, ist ein Aspekt der aristotelischen Wissenschaftstheorie, wie er in der ‚Zweiten Analytik' und einigen Passagen der ‚Metaphysica' entfaltet wird[18]. Aristoteles exponiert dort ein vierstufiges Modell der Generierung von Prinzipienwissen[19]. Nach diesem Modell steht am Anfang die „Wahrnehmung" des Einzelnen. Durch „Erinnerung" wird aus der Fülle von einzelnen Wahrnehmungen eine „Erfahrung" (*experimentum/experientia*). Erst wenn zu dieser Erfahrung auch das Prinzipienwissen, das Wissen des Allgemeinen hinzutritt, das in der Seele „zur Ruhe kommt", ist die Rede von Kunstfertigkeit (*ars*) und Wissenschaft (*scientia*). Die betreffenden Passagen wurden im späten Mittelalter vielfach im Sinne eines empiristischen Programms gelesen und angeführt: Wissenschaften sollen sich, nach dieser Lesart, den Sinnesdingen und der Erfahrungen öffnen, um aus diesen ihre Prinzipien zu gewinnen[20]. Der Gesamtkontext seiner Schriften kann keinen Zweifel daran lassen, dass sich auch Johannes de Muris einem solchen Programm anzuschließen zumindest vorgab. Allerdings hat der zu Beginn der ‚Musica speculativa' gesetzte aristotelische Rahmen auf den tatsächlichen Argumentationsgang des weiteren Buchs praktisch keinerlei Einfluss. Johannes de Muris setzt diesen Rahmen offenbar vor allem, um die schon bei Boethius überlieferte Pythagoraslegende vor dem Hintergrund der relativ neuen aristotelischen Erkenntnistheorie zu lesen: Pythagoras hörte bekanntlich nach dieser Legende in der Schmiede die Hämmer (sinnliche Erfahrung), experimentierte daraufhin mit anderen Instrumenten (Vervielfältigung der Erfahrung) und bildete schließlich aus diesen Erfahrungen eine allgemeine Theorie der musikalischen Intervalle. Wenn Johannes de Muris Pythagoras, Boethius und Aristoteles zusammenbringt[21], dann dient ihm sinnliche Erfahrung

16 Text nach Falkenroth, Musica speculativa (nt. 13), 90.

17 Johannes de Muris hat ihn vermutlich, wie Frank Hentschel gezeigt hat, einem Florilegium mit Aristoteles-Sentenzen entnommen. Zu den Propositiones im Einzelnen Hentschel, Sinnlichkeit (nt. 3), 239 sqq.

18 Es handelt sich vor allem um das Schlusskapitel der ‚Analytica Posteriora' (II, 19) und das erste Kapitel der ‚Metaphysica' (I, 1).

19 Hierzu die Anmerkungen von Wolfgang Detel in: Aristoteles, Analytica Posteriora, ed. W. Detel (Werke in deutscher Übersetzung 3/II), Berlin 1993, zweiter Halbband, 831 sqq.

20 Inwiefern diese Lesart der komplexen aristotelischen Wissenschaftstheorie in ihrer Ganzheit gerecht wird, steht auf einem anderen Blatt und hier nicht zur Debatte (op. cit., erster Halbband, Kap. 6; Aristoteles, Zweite Analytik, ed. W. Detel, Hamburg 2011, lxii–lxviii; W. Detel, Wissenschaft, in: C. Rapp/K. Corcilius [eds.], Aristoteles-Handbuch. Leben, Werk, Wirkung, Stuttgart 2011, 393–397).

21 Diese Zusammenschau ist für das intellektuelle Umfeld der Pariser Universität durchaus typisch, cf. Rico, Music (nt. 6).

Abb. 1: Franchinus Gaffurius, ‚De harmonia musicorum instrumentorum opus' (1518)

nur als epistemologischer Rahmen für einen Ursprungsmythos der Musik. Die Pythagoraslegende, gelesen vor dem Hintergrund der neu entdeckten aristotelischen Erkenntnistheorie, dient der Rechtfertigung der Grundlagen der quadrivialen *musica*: Diese wurden einmal durch Erfahrung gewonnen.

Nun ist es durchaus denkbar, dass diese Grundlagen in den Vorlesungen zur Musik auch jedes Mal aufs Neue an Instrumenten demonstriert wurden, dass also die in der späteren Darstellung (Abb. 1) abgebildeten Instrumente nicht nur symbolischen Charakter haben, sondern tatsächlich zum Beweis der Proportionslehre durch sinnliche Erfahrung eingesetzt wurden, was insbesondere auf die Saiten des Monochords zutrifft, dem Schulinstrument mittelalterlicher Musiklehre schlechthin[22] Worum es in diesem Kontext universitärer *musica* jedenfalls nicht geht, ist „Erfahrung" in dem Sinne, dass Vertrautsein mit bestimmten musikalischen Praktiken und Phänomenen die Theoreme der *musica*

[22] Eine Abbildung des 12. Jahrhunderts zeigt Guido von Arezzo, der Bischof Theobald in der *musica* mithilfe eines Monochords unterrichtet, zahlreiche mittelalterliche Musiktraktate beginnen mit der Darstellung des Monochords (cf. Smits van Wasbaerghe, Musikerziehung [nt. 14], 83).

infrage stellen könnten. Darum muss es hier aber auch überhaupt nicht gehen, denn die praktische Musikausübung, selbst im weitesten Sinne, steht in der ‚Musica speculativa' überhaupt nicht zur Debatte: Eine Diskussion von Fragen „praktischer" Musik (also Fragen des Rhythmus und der Notation), geschweige denn eine Unterweisung in Musikausübung lässt sich etwa für die Pariser Artistenfakultät bis heute nicht nachweisen[23].

II. Johannes de Muris, ‚Notitia artis musicae' (1319 – 1321)

Die sogenannte ‚Notitia artis musicae' entstand in den Jahren 1319 bis 1321, in der Zeit, als Johannes de Muris Magister an der Pariser Universität wurde[24]. Sie besteht aus zwei Büchern. Das erste beschäftigt sich mit genau jenen Aspekten, die auch in der ‚Musica speculativa' abgehandelt werden, so wird etwa die Pythagoraslegende auch hier berichtet. Das zweite Buch jedoch wendet sich der *musica practica* zu. Hier werden Fragen der Notation und des Rhythmus abgehandelt. Auch hier stellt Johannes de Muris dem Gesamtwerk einen Prolog voraus, der hier noch extensiver die aristotelische Wissenschaftstheorie und den Aspekt der „Erfahrung" thematisiert, jedoch mit einer etwas anderen argumentativen Richtung. Der Prolog des Johannes de Muris ist eine kommentierte Paraphrase des ersten Kapitels der sogenannten ‚Metaphysica' des Aristoteles (cf. die Gegenüberstellung beider Texte im Anhang). Muris verwendete dabei ganz offensichtlich die Übersetzung des Wilhelm von Moerbeke, die teilweise wörtlich wiedergegeben ist. De Muris kehrt allerdings (wie die Zeilennummerierung des Aristoteles-Textes im Anhang deutlich macht) in seinem Prolog die Reihenfolge der Zitate aus Aristoteles frei um, was teilweise zu Sprüngen und Lücken in der Argumentation führt, und rahmt mit einem minimalen Eingang und einer kurzen, auf seinen Gegenstand bezogenen Schlussfolgerung ein. Dabei fällt Johannes de Muris gleichsam mit der Tür ins Haus und exponiert das, was bei Aristoteles die Schlussfolgerung war (die Wissenschaftler können dank ihres Ursachenwissens lehren, die bloß Erfahrenen nicht), direkt als Ausgangshypothese, die er dann zu beweisen sucht. Die einzelnen Schritte in diesem Beweisgang bedienen sich frei der Passagen aus dem Anfang der ‚Metaphysica' und skizzie-

---

[23] Dies hat Gilles Rico in Abgrenzung von älterer Forschung nochmals deutlich hervorgehoben (cf. nt. 6).

[24] Der Titel findet sich in keinem der Manuskripte, hat sich aber seit den Arbeiten von Heinrich Besseler und Ulrich Michels eingebürgert. Er geht zurück auf eine von de Muris erstellte Liste eigener Werke aus dem Jahr 1321. Muris erwähnt hier eine in diesem Jahr fertiggestellte ‚Notitia artis musicae', die Besseler mit einem im Explizit eines anderen Manuskripts als ‚Ars novae musicae' bezeichneten Traktat identifizierte, der dort (allerdings in der Mitte) mit 1319 datiert ist. Das Incipit dieses Traktats (*princeps philosophorum*) erwähnte Muris selbst später in einer Liste verliehener Bücher, dort allerdings unter dem Titel ‚Summa musicae' (cf. J. de Muris, Notitia artis musicae et Compendium musicae practicae, ed. U. Michels [Corpus scriptorum de musica 17], Roma 1972; Michels, Musiktraktate [nt. 12]).

ren erneut das Modell des Wissenserwerbs, wie es oben bereits zitiert wurde: Die nur Erfahrenen wissen „dass“, aber nicht „warum“ („*experti enim ipsum quia sciunt, sed propter quid nesciunt*“); die nur Erfahrenen betreiben keine *scientia*, weil sie sich wie brennendes Feuer verhalten, das brennt, ohne zu wissen, dass und warum es brennt („*non autem scientia faciunt, quae faciunt ut ignis exurit*“); „Wissen“ und „Einsicht“ werden deswegen für die höhere Form der *ars* gehalten als die bloße Erfahrung („*intellegere et scire circa unamquamque artem magis arte quam experimento esse arbitramur*“), ein *artifex* wird für weiser gehalten als ein Mensch bloßer Erfahrung („*artifices expertis sapientiores esse opinamur*“) und eine so verstandene *ars* ist näher an einer *scientia* als bloße Erfahrung („*et ob hoc artem magis experimento scientiam esse existimamus*“). Nun kommt Johannes de Muris auf die anfängliche Hypothese zurück: Nur diejenigen, die auch Ursachen- und Prinzipienwissen haben, können lehren, die anderen nicht („*possunt enim hii, hii autem docere non possunt*“).

Dies alles ist wohlbekannt. De Muris rekapituliert auch hier das aristotelische Modell des Wissenserwerbs, wobei gegenüber der ‚Musica speculativa‘ hier aber ein interessanter Unterschied zu beobachten ist: Während dort von sinnlicher Erkenntnis gegenüber theoretischer Erkenntnis die Rede war, wird der Gegensatz hier personalisiert: „Theoretiker“ werden den „Praktikern“ gegenübergestellt, zwei Begriffe, die de Muris selbst einführt („*in qualibet autem arte theorici docere possunt, practici vero non*“). Nun ist also nicht mehr die Rede von einzelnen und notwendigen Stadien im Erkenntnisprozess, sondern von unterschiedlichen sozialen Gruppen, die unterschiedliche Ausbildungen genossen haben. Hier versteht de Muris diese Begriffe zunächst offensichtlich so, dass die „*practici*“ den „bloß Erfahrenen“ entsprechen, die „*theorici*“ jedoch denen, die (auch) Prinzipienkenntnis haben. Die Bewertung dieser beiden sozialen Gruppen durch Johannes de Muris kann dabei erst einmal kaum überraschen: Theoretisches Wissen wird höher bewertet als bloße Praxis. Dies ist ein wohlbekannter Topos, der z. B. als Unterschied zwischen dem bloß ausübenden *cantor* und dem wissenden *musicus*[25] die mittelalterliche Musikliteratur durchzieht. Doch an dieser Stelle nimmt die Argumentation von Johannes de Muris eine interessante Wendung. Zunächst folgt de Muris noch wörtlich dem Vorbild des Aristoteles: *Ars* ist die Kenntnis des Allgemeinen, Erfahrung die Kenntnis des Besonderen („*ars est universalium, experimentum vero singularium*“). Dann expliziert de Muris mit seinen eigenen Worten, dass das Allgemeine das Besondere voraussetzt, und dass deswegen jede *ars* Erfahrung voraussetzt („*universalia praesupponunt singularia, igitur ars experientiam praesupponit*“). Dies lässt sich noch immer im oben skizzierten Sinne der Pythagoraslegende verstehen, dass die Grundsätze der *musica* ein für allemal durch sinnliche Erfahrung, nämlich durch die sinnliche Erfahrung des Pythagoras, gewonnen wurden. Doch nun fügt Johannes de Muris zwei Aristote-

---

[25] Zur Unterscheidung von *musicus* und *cantor* cf. C. Bower, The Transmission of Ancient Music Theory into the Middle Ages, in: T. Christensen (ed.), The Cambridge History of Western Music Theory, Cambridge 2002, 136 – 167, 152 und 163.

les-Zitate hinzu, die in eine andere Richtung weisen: „Erfahrung hat also die *ars* hervorgebracht, und wir sehen häufig, dass Menschen, die nur Erfahrung haben, mehr Erfolg in einer *ars* haben als die Menschen, die nur Verstand ohne Erfahrung haben" („*experientia quidem fecit artem et expertos magis proficere videmus rationem sine experientia habentibus*"). In einer für mittelalterliche Musiktraktate bemerkenswerten Wendung werden hier nun also auf einmal die Praktiker über die Theoretiker gestellt. Die hier aufgestellte Behauptung, dass der bloß erfahrene *artifex* erfolgreicher sei als derjenige, der bloß Prinzipienkenntnis ohne Erfahrung hat, ist nur dann sinnvoll, wenn die *ars musica* eben nicht als eine quadriviale Wissenschaft im oben skizzierten Sinne aufgefasst wird, also nicht als die Theorie und die Lehre vom Verhältnis verschiedener Mengen zueinander, sondern als eine Kunstfertigkeit, als eine Tätigkeit des Handelns oder Hervorbringens. Und während sich für eine quadriviale *ars* im ersten Sinne eine Unterrichtsform eignet, die Johannes de Muris selbst in seinem Prolog durchführt, nämlich die kommentierende Lektüre einer Autorität, müssen für die praktische Unterweisung in einer Herstellungskunst andere Lehrformen verwendet werden, die für die Versorgung mit Erfahrung in anderer Weise garantieren.

Einen Versuch der Verbindung zu diesem Bereich der praktischen Musiklehre zeigen die letzten beiden Sätze aus dem Prolog der ‚Notitia', die nun die Aristoteles-Paraphrase hinter sich lassen und eine Konklusion samt Übergang ins Folgende versuchen, zwei Sätze, die auf den ersten Blick einen Widerspruch zu formulieren scheinen: Zunächst wird empfohlen, bei der Musikausbildung zunächst Theorie zu lehren, eine Theorie jedoch, die dem praktischen Wissen nachfolgt: „Deswegen ist es in jeder *ars* notwendig, zunächst theoretisches Wissen zu haben, das dem praktischen Wissen angemessen ist, sodass man das Allgemeinwissen auf das Besondere anwenden kann" („*igitur necessarium est in unaquaque arte habere primo* [*scientiam*] *theoricam, practicam convenienter, ut illud, quod scitum est in universali, ad singulare valeat applicari*"). Nun wird allerdings im Folgesatz die Ausbildungsreihenfolge genau umgekehrt: „Da aber jede *ars* auf Erfahrungen beruht, geziemt es jedem *artifex*, sich zuerst Erfahrungen mit der *ars* zu erarbeiten" („*sed cum omnis ars ex experimentis dependeat, oportet unumquemque artificem primo circa artis experientiam laborare*"). Soll der angehende Musiker nun also erst eine Theorie haben, um sie dann in der Praxis anzuwenden, oder soll er erst Erfahrungen sammeln, um dann Theorien zu entwerfen? Der vermeintliche Widerspruch lässt sich in zweierlei Hinsicht auflösen: Zum einen könnte man anführen, dass das theoretische Wissen, das zuerst erworben werden soll, gemäß Johannes de Muris dem praktischen Wissen „nachfolgen" soll[26], sodass also jedem theoretischen Wissen eine praktische Erfahrung vorausgeht (was wieder

[26] Anstelle von *convenienter* findet sich in einer der acht handschriftlichen Überlieferungen dieser Passage der Begriff *consequenter* (cf. J. de Muris, Notitia [nt. 24], 48): Während es einmal um Theorie geht, die mit Praxis „zusammenkommt", wird hier noch deutlicher, dass Theorie der praktischen Erkenntnis „nachfolgt", wobei es zu den unterschiedlichen Begriffen auch durch unterschiedliche Auflösung lateinischer Abbreviaturen gekommen sein mag.

auf die aristotelisch gelesene Pythagoraslegende zurückführen würde). Nun schreibt Johannes de Muris hier aber ausdrücklich, dass es „jedem" Artifex gebühre, „zuerst" Erfahrungen in seiner *ars* zu sammeln, was doch eher in eine andere Argumentationsrichtung verweist. Wie oben skizziert, zitiert Johannes de Muris in für seine Zeit üblicher Weise Aristoteles im Dienste eines empiristischen Programms. Nun ist die aristotelische Wissenschafts- und Erkenntnistheorie bekanntlich alles andere als ein naiver Empirismus, und auch im Mittelalter war die empiristische Lesart keineswegs die einzige[27]. Womöglich versucht Johannes de Muris hier das komplexe Verhältnis von Erfahrung und Vorwissen, wie es bei Aristoteles entfaltet wird, als ein Paradox des Lernens und Lehrens auf seinen eigenen Fachbereich einer Kunstfertigkeit herunterzubrechen: Allgemeine Theorien erwachsen aus Erfahrungen; Erfahrungen und ihre Erinnerung müssen aber durch vorgängige Konzepte strukturiert und geformt sein, um überhaupt zur Erinnerung und Theorie aufsteigen zu können. Ein angehender Musicus soll Erfahrungen in der *ars musica* als einer Herstellungs- bzw. Handlungskunst sammeln, braucht aber theoretische Konzepte, um diese Erfahrungen überhaupt zu bewerkstelligen[28]. Sowenig man dies aus epistemologischer Sicht bestreiten möchte und sosehr man aus pädagogischer und historischer Sicht heute auch auf diese notwendige Einbindung von „Theorie" und Reflexion auch in die vermeintlich „praktische" Musiklehre pochen sollte: es ist fraglich, ob das, was bei Johannes de Muris als *musica theorica* verstanden wird, tatsächlich in einem derart sinnvollen und notwendigen Verhältnis zur *musica practica* steht, wie de Muris es durch seinen aristotelischen Prolog zu demonstrieren sucht. Ganz offensichtlich versucht Johannes de Muris mit seiner aristotelischen Argumentation vor allem, die *musica theorica* in eine Zeit hinüberzuretten, in der die großen intellektuellen und praktischen Entwicklungen auf dem Gebiet der *musica practica* stattfanden, nämlich auf dem Gebiet von Rhythmus, Notation und Kontrapunkt, während Boethius offenbar vielerorts überhaupt nicht mehr gelesen wurde: „*Istis diebus libri antiquorum philosophorum nedum de musica, sed et de ceteris mathematicis non leguntur*", lautet Johannes' Begründung für seinen eigenen Boethius-Extrakt[29]. Johannes de Muris versucht die spekulative *musica* zu retten in einer Zeit, die er als Augenblick ihres Sturzes erlebt. In der ‚Notitia artis musicae' macht Johannes de Muris aus seiner von Jugend an gehegten, großen Bewunde-

[27] Zentrale Passagen der aristotelischen Erkenntnistheorie sind bekanntlich „janusköpfig", wie Jonathan Barnes einmal formuliert hat, weil sie „einerseits in die Richtung des Empirismus schauen, andererseits in die Richtung des Rationalismus": Deswegen war es immer „a classic problem in Aristotelian scholarship to explain or reconcile these two apparently opposing aspects of Aristotle's thought" (Aristoteles, Posterior Analytics, ed. J. Barnes, Oxford 1975, 248 sq.). Hierzu auch Aristoteles, Zweite Analytik, ed. Detel (nt. 20), lxii – lxviii.

[28] Tatsächlich rechtfertigt Johannes de Muris mit seinem langen aristotelischen Prolog vor allem auch den Aufbau seines eigenen Buches, das tatsächlich nach dem ausdrücklichen Plan *primo theoricam, secundo practicam* aufgebaut ist.

[29] J. de Muris, Musica speculativa (nt. 13), 74. Über die Frage, zu welchem Zeitpunkt an welchen Universitäten überhaupt die *musica* gelesen wurde, herrscht weiterhin Uneinigkeit.

rung für die praktischen Musiker keinen Hehl[30]. Diesen Musikern versucht er als Wissenschaftler und Nicht-Musiker „seine" Theorie schmackhaft zu machen und ihre Rolle zu behaupten, wobei er sich teilweise mit erstaunlicher Zurückhaltung und Vorsicht äußert: Es sei, so de Muris, „nicht unangebracht", bestimmte Aspekte der *musica practica* „irgendwie" mit der *musica theorica* zu verbinden: „*Primo theoricam, secundo practicam, cui non est inconveniens, quodammodo quamdam theoricam implicari*"[31].

III. Anonymus, ‚Cum notum sit'

Im anonymen Traktat ‚Cum notum sit', der an zweiter Stelle einer Traktatsammlung steht, die früher auch als ‚Ars contrapuncti secundum Johannem de Muris' bezeichnet wurde[32], heißt es: „Wer über dem Choral eine zweite Stimme singen will, der sollte vieles dazu griffbereit haben, damit er seinen Gesang wohlgefällig hervorbringen kann" („*Qui supra planam musicam voluerit discantare, eum oportet multa pre manibus habere ad hoc ut suum cantum possit placibiliter proferre*")[33]. Den Hintergrund für diese Beschreibung bildet ein zentraler Aspekt mehrstimmiger mittelalterlicher Musikpraxis: Polyfonie im Mittelalter beruht bekanntlich zu einem großen Teil auf einstimmigen Choralmelodien. In den frühen Organa und Motetten werden einem rhythmisch eingerichteten Choral-Ausschnitt in einer der Stimmen eine oder mehrere Stimmen, meist Oberstimmen, hinzugefügt. Der Hintergrund für die Formulierung „*supra planam musicam discantare*" ist also aus der Kompositionsgeschichte bestens bekannt. Nun spricht der hier diskutierte Text-Ausschnitt allerdings ausdrücklich von „singen" und „hervorbringen", nicht jedoch von „schreiben". Die Tatsache, dass Musikgeschichte häufig auf die Geschichte von Komponisten und ihren überlieferten, notierten Werken beschränkt wird, verstellt den Blick dafür, dass Kom-ponieren, wörtlich: das Zusammen-Fügen von Tönen, über Jahrhunderte zu einem Großteil eine Praxis mehrstimmig-improvisierten Singens oder Spielens war. Die überlieferten spätmittelalterlichen Dokumente lassen keinen Zweifel daran, dass die Tätigkeit eines Sänger-Komponisten vor allem darin bestand, die besagten Oberstimmen über dem Choral aus dem Stegreif zu singen, eine Tätigkeit, die auch als *cantare super librum*, als „Singen über dem Buche" bezeichnet wurde, wobei mit dem „Buch" die einstimmigen liturgischen Choralbücher gemeint sind.

30 Im Schlusswort der ‚Notitia' wendet de Muris sich ausdrücklich an die *venerabilis musici, quos a tota dileximus iuventute ratione musicae* (J. de Muris, Notitia [nt. 24], 106).

31 Op. cit., 48.

32 Zur Überlieferung und Zuschreibungsproblematik cf. K.-J. Sachs, Der Contrapunctus im 14. und 15. Jahrhundert. Untersuchungen zum Terminus, zur Lehre und zu den Quellen (Beihefte zum Archiv für Musikwissenschaft 13), Wiesbaden 1974, 181–185; Michels, Musiktraktate (nt. 12), 40–42.

33 J. de Muris, Ars contrapuncti, in: E. de Coussemaker (ed.), Scriptorum de musica medii aevi nova series a Gerbertina altera, vol. 3, Paris 1869 [Neudruck Hildesheim 1988], 59–68, 60.

Wie hat man sich die Ausbildung in solchen Praktiken vorzustellen? Welche Kompetenzen waren also notwendig, um diesen mehrstimmigen Gesang über dem Buche auszuführen? Das Zitat aus ‚Cum notum sit' enthält einen interessanten Hinweis. Die Idee, der Sänger müsse „viel zur Hand haben" („*multa pre manibus habere ad hoc*"), verweist auf eine Strategie der klassischen Rhetorik-Schulung. So heißt es etwa bei Quintilian, der Redner solle „ausreichend Rüstzeug zur Hand haben" („*haec arma habere ad manum*")[34], genauer gesagt: „einen reichen Schatz von Beispielen" (*exemplorum copia*)[35]. Mit Blick auf die Ausbildung des Redners unterscheidet Quintilian ausdrücklich zwischen Elementen, die man durch das Lernen von Kunstregeln erwerben kann (*ex arte*) und solchen, die man nur durch Übung erlangt (*ex studio*)[36]. Quintilian kommt dann auch auf einen damit zusammenhängenden Aspekt zu sprechen, den wir schon bei Johannes de Muris und Aristoteles gesehen haben, wenn er ausdrücklich sagt, dass in der Rhetorik-Ausbildung Regel-Wissen weniger nützlich ist als Erfahrung: „*In omnibus fere minus valent praecepta quam experimenta*"[37].

Die Ausbildung des mittelalterlichen Sänger-Komponisten hat man sich ganz in diesem Sinne vorzustellen. Denn wenn wir den erhaltenen Quellen Glauben schenken dürfen, verlief eine Ausbildung im mehrstimmigen Singen wie folgt: Zunächst lernte der Sänger ein einfaches Regelwerk, wie gegen den gegebenen Choral eine einfache Gegenstimme gesungen werden konnte, und zwar eine Note in der Oberstimme gegen eine Note des Chorals, also Note gegen Note gegen Note, *punctus contra punctum*, daher der Name „Kontrapunkt". In einem zweiten Schritt lernte der Sänger-Komponist ein großes Repertoire an Floskeln und Versatzstücken in schneller gesungenen Zwischennoten, mit denen die langen Noten der Oberstimme verziert wurden. Während also Kontrapunkt im wörtlichen Sinne, Note gegen Note, durch ein klares Regelsystem gelehrt wurde, lernte der angehende Sänger-Komponist den florierenden Kontrapunkt durch Aneignung einer Fülle von Beispielen, die er dann in der praktischen Ausübung innerhalb eines gesetzten Rahmens, aber durchaus auch mit einem gewissen Grad an Freiheit einsetzen, variieren und weiterentwickeln konnte. Mehrstimmiges Singen-Komponieren ist das geschickte Agieren mit Versatzstücken in Echtzeit, das Agieren mit „patterns" und „standards", um das Vokabular eines Jazzmusikers zu verwenden. Befähigung zu dieser Praxis beruht auf Erfahrung im Sinne der

[34] Das ganze Zitate lautet: „*Haec sunt quae me redditurum promiseram instrumenta, non artis, ut quidam putauerunt, sed ipsius oratoris: haec arma habere ad manum, horum scientia debet esse succinctus, accedente uerborum figurarumque facili copia et inuentionis ratione et disponendi usu et memoriae firmitate et actionis gratia*" (M. F. Quintilianus, Institutionis Oratoriae libri XII, ed. H. Rahn, 2 vols., Darmstadt 1972, vol. 2, 726). Inwiefern Quintilian Johannes de Muris tatsächlich im Wortlaut bekannt gewesen sein kann, steht hier nicht zur Diskussion (cf. J. A. Murphy, Rhetoric in the Middle Ages. A History of Rhetorical Theory from St. Augustine to the Renaissance, Berkeley 1974, 125). Die hier zitierten pädagogischen Aspekte der Rhetorik-Ausbildung betreffen grundsätzliche Aspekte, die auch über andere Traditionen zu Johannes de Muris gelangt sein können.

[35] Op. cit., vol. 2, 724.

[36] Op. cit., vol. 2, 530.

[37] Op. cit., vol. 1, 196.

antiken Rhetorik-Schulung, auf praktischem Erfahren-Sein mit bestimmten, dem zeitlichen Wandel unterworfenen musikalischen Idiomen und ihren besonderen Herausforderungen[38].

Es ist diese Art von handwerklicher Erfahrung, die Johannes de Muris meinte, wenn er über das Verhältnis von Theorie und Praxis, von Reflexion und Erfahrung sprach. Das kontingente Erfahrungswissen einer Kunstfertigkeit erfährt bei Johannes de Muris offensichtlich eine epistemologische Aufwertung gegenüber dem theoretischen Wissen der spekulativen Wissenschaft. Das wird an einer Stelle der ‚Notitia artis musicae' sehr deutlich. Johannes beschreibt hier das Erfahren-Sein in einer *ars* und das Reflektieren der theoretischen Bedingungen einer *ars* in einer wechselseitigen Abhängigkeit: „*Omne enim, quod profertur, debet figurari, et quod figuratur, licet de difficili, debet proferri*": „Alles was hervorgebracht (d. h. gesungen) werden kann, muss man auch schreiben (d. h. musiktheoretisch erfassen) können; alles was man schreiben kann, muss man auch singen können, selbst wenn es schwierig ist."[39] Johannes de Muris stellt hier eine bemerkenswerte Forderung auf: Praxis und Theorie der Musik sollen offenbar beide in der Lage sein, sich von der jeweils anderen inspirieren und korrigieren zu lassen. Jede der beiden Wissenskulturen, so könnte man sagen, reißt Lücken in die Kontingenz der anderen. Und Johannes de Muris folgte dieser anspruchsvollen Maxime selbst: Er führte in seinen Schriften neue musikalische Zeichen ein, um neue musikalische Praktiken wiederzugeben; gleichzeitig reizte er das theoretische Zeichensystem spekulativ aus, um bisher unerprobte musikalische Praktiken zu suggerieren[40]. Es ist also nicht nur die Empirik, die der Theorie auf die Sprünge hilft; es ist umgekehrt auch die Kontemplation, die die schiere Praxis aus ihrer Befangenheit befreit.

Damit kehren wir zusammenfassend zum Anfang zurück: Wer sich mit spätmittelalterlicher „Musik" beschäftigt, sieht sich zunächst einmal unterschiedlichen Gegenstandsbereichen gegenüber. Besonders deutlich wird dies an der Musiklehre und an den völlig unterschiedlichen Rollen, die Meister und Schüler dabei spielen, an den unterschiedlichen Bedeutungen, die Autoritäten und der Begriff der „Erfahrung" jeweils dabei einnehmen. Da ist zum einen die *ars musica*, bei der man, wie einige Kommentatoren im Mittelalter betonen, eigentlich von einer *scientia* sprechen müsste, ein geschlossenes System von durch

---

[38] Das gewaltige Gebiet des florierenden Kontrapunkts, der Dissonanzbehandlung, des drei- und vierstimmigen Satzes, die so wichtig für die Praxis sind, wird nicht durch Regeln gelehrt, sondern durch *experimentum*, was auf einen der interessantesten Aspekte auch der komponierten Musik dieser Zeit verweist: Späterer Kontrapunkt ist in viel stärkerem Maße durch Regeln in einem engeren Sinne bestimmt, cf. P. Memelsdorff, Ars Modernior. Le avanguardie musicali italiane del primo quattrocento, in: M. Ruffini/G. Wolf (eds.), Musica e Arte figurative. Rinascimento e Novecento, Venezia 2008, 59–73.

[39] J. de Muris, Notitia (nt. 24), 96. De Muris paraphrasiert hier womöglich eine berühmte Aussage des Guido von Arezzo: „*Perpende igitur quia sicut scribitur omne quod dicitur, ita ad cantum redigitur omne quod scribitur. Canitur igitur omne quod dicitur, scriptura autem litteris figuratur*" (J. Smits van Waesberghe [ed.], Guidonis Aretini Micrologus, Roma 1955, 187).

[40] Cf. Tanay, Jehan de Meur's Musical Theory (nt. 11).

Autoritäten überlieferten Sätzen, deren Grundlagen aber im Sinne der aristotelischen Erkenntnistheorie aufgewertet werden konnten, weil sie (nach der Pythagoraslegende) einmal aus sinnlicher Erfahrung gewonnen wurden. Da ist zum anderen aber die Musik als eine reflektierte Herstellungs- oder Handlungskunst, eine *peritia* (Fähigkeit), wie Isidor von Sevilla im 7. Jahrhundert geschrieben hatte.

Die Aristoteles-Rezeption hatte dabei für die unterschiedlichen Gegenstandsbereiche der Musik ganz unterschiedliche Konsequenzen. Zum einen eine spezifische Art der Verwissenschaftlichung als *scientia media* unter Berufung auf bestimmte Aspekte der Physik und Wissenschaftstheorie, zum anderen aber eben auch eine epistemologische Nobilitierung der Kunstfertigkeit Musik, die sich auf andere Passagen bei Aristoteles berufen konnte. Die daran direkt anknüpfende Frage, in welchem Sinne diese Kunstfertigkeit Musik nun tatsächlich eher eine herstellende Kunstfertigkeit ist, eine *ars factiva* (oder ein *habitus factivus*), die ein *opus manens*, ein bleibendes Werk hinterlässt, oder aber eine Handlungskunst, eine *ars operativa*, die Aufführungen als Handlungen motiviert[41], ist eine Debatte, die die Musikphilosophie bis auf den heutigen Tag durchzieht[42]. Aus der Vertiefung in die mittelalterlichen und antiken Debatten könnte die heutige Diskussion lernen, wie wenig zielführend hier das Operieren mit schlichten Gegensätzen ist. Eine im Mittelalter verbreitete (und vor allem an Kommentaren zur ‚Nikomachischen Ethik' geschulte) Meinung lautete, dass die Musik (bei Aristoteles beispielhaft vertreten durch den Kithara-Spieler) eben kein solches „bleibendes Werk" hinterlasse[43], während ihr aber ein „Werk" im Sinne einer verrichteten Tat durchaus zugesprochen wird (und schon bei Aristoteles findet sich diese weite Auffassung von „etwas herstellen", die nicht zwingend an ein tatsächlich materiales Produkt geknüpft ist[44]). Wie würde aber erst die Beurteilung ausfallen, wenn als Exempel der Kunstfertigkeit „Musik" nicht ein Kithara-Spieler, sondern ein Verfasser musikalischer Kompositionen betrachtet würde? Guillaume de Machaut etwa, Zeitgenosse von Johannes de Muris, bezeichnete ein unter seiner Aufsicht erstelltes Manuskript, in dem seine Dichtungen und Kompositionen gesammelt und festgehalten wurden, als „livre ou je mets toutes mes choses". Wenn diese „choses" im Traktat ‚Ars practica mensurabilis cantus secundum Iohannem de Muris' musiktheoretisch diskutiert werden, wenn diese „choses" wiederum Sänger und Kithara-Spieler zu musikalischen Aufführungen motivierten, sind sie zweifellos zumindest in gewisser Hinsicht zu *opera manentia* geworden, ohne dadurch von einer Geschichte ihrer Aufführungen und Inter-

---

41 Zum Begriff *habitus factivus* cf. Aristoteles Latinus, vol. 26.1–3, ed. R. A. Gauthier, Leiden 1973, 481; M. Haas, Die Musiklehre im 13. Jahrhundert von Johannes de Garlandia bis Franco, in: Eggebrecht/Gallo/Haas/Sachs (eds.), Die mittelalterliche Lehre (nt. 11), 89–159, 117.

42 Cf. etwa die lange nachhallende Diskussion um Lydia Goehrs Buch The Imaginary Museum of Musical Works (Oxford 1992) oder die Zusammenfassung einiger leidiger musikwissenschaftlicher „Werk"-Diskussionen bei Haas, Musikalisches Denken (nt. 2), 169 sqq.

43 So etwa bei Robert Kilwardby (cf. op. cit., 132).

44 T. Ebert, Praxis und Poiesis. Zu einer handlungstheoretischen Unterscheidung des Aristoteles, in: Zeitschrift für philosophische Forschung 30 (1976), 12–30.

preten ganz abgetrennt zu sein: Musik als Klang konnte bis zum Eintritt in das Zeitalter ihrer technischen Reproduzierbarkeit nur in einer Hinsicht ein bleibendes Werk hinterlassen, nämlich durch Einwirken auf die Seele ihrer Zuhörer: „*Nisi enim ab homine memoria teneantur soni, pereunt, quia scribi non possunt*“[45]. Entscheidend für diesen ganzen Themenkreis ist letztlich, dass schon bei Aristoteles die Unterscheidung zwischen „handelnden“ und „herstellenden“ Praktiken und ihren je unterschiedlichen „Werken“ nicht auf einander kategorisch ausschließende Tätigkeitsklassen und Werkklassen abzielt, sondern auf unterschiedliche Aspekte menschlicher Tätigkeiten, die im Einzelfall ganz unterschiedlich zueinander in Konstellation stehen können[46]. Musiklehre zwischen Handwerk, Kunst und Wissenschaft, Musikbetrieb zwischen Meisterwerk, Ereignis und Improvisation: Hier würde vielleicht etwas mehr Gelassenheit und Klarheit in die heutigen Diskussionen einziehen, wenn wir uns vor Augen halten, welch unterschiedliche und immer wieder anders miteinander verknüpfbaren Gegenstandsbereiche auch der heutige Begriff „Musik“ und damit auch der heutige Musikbetrieb und der heutige Musikunterricht idealerweise einschließen sollte und könnte: Eine *ars factiva*, eine *ars operativa* und eine *ars speculativa*.

[45] Isidoris hispalensis episcopi etymologiarum sive originum, III, xv, 2, ed. W. M. Lindsay, Oxford 1911.

[46] Ebert, Praxis und Poiesis (nt. 44).

Anhang: Vergleich des Prologs der ‚Notitia' des Johannes de Muris mit dem Anfang der ‚Metaphysica'.

Aristoteles	Johannes de Muris
	„*Princeps philosophorum Aristoteles ait in prooemio Metaphysicae suae:*
„*Et omnino scientis signum est posse docere.*" (l. 56)	*Omnino scientis signum est posse docere.* *In qualibet autem arte theorici docere possunt, practici vero non.*
„*Experti quidem enim ipsum quia sciunt, sed propter quid nesciunt.*" (l. 46)	*Experti enim ipsum quia sciunt, sed propter quid nesciunt.*
„*Non scientia autem faciunt que faciunt ut ignis exurit.*" (l. 48)	*Non autem scientia faciunt, quae faciunt ut ignis exurit.*
„*Sed tamen scire et intelligere magis arte quam experimento esse arbitramur* […]"	*Sed intellegere et scire circa unamquamque artem magis arte quam experimento esse arbitramur.*
„[…] *et artifices expertis sapientiores esse opinamur.*" (l. 42)	*Ideoque artifices expertis sapientiores esse opinamur.*
„*Et ob hoc artem magis experimento scientiam esse existimamus.*"	*Et ob hoc artem magis experimento scientiam esse existimamus.*
„*Possunt enim hii, hii autem docere non possunt.*" (l. 56)	*Possunt enim hii, hii autem docere non possunt.*
„*Causa autem est quia experientia quidem singularium est cognitio, ars vero universalium* […]" (l. 34)	*Quoniam tamen ars est universalium, experimentum vero singularium,* *universalia praesupponunt singularia, igitur ars experientiam praesupponit.*
„*Experientia quidem enim artem fecit.* (l. 19) […] *et expertos magis proficere videmus sine experientia rationem habentibus.*" (l. 32)	*Experientia quidem fecit artem et expertos magis proficere videmus rationem sine experientia habentibus.* *Igitur necessarium est in unaquaque arte habere primo* [*scientiam*] *theoricam, practicam convenienter* [oder: *consequenter*], *ut illud, quod scitum est in universali, ad singulare valeat applicari.* *Sed cum omnis ars ex experimentis dependeat, oportet unumquemque artificem primo circa artis experientiam laborare.*"
Aristoteles, Metaphysica, recensio et translatio Guilelmi de Moerbeka = Aristoteles Latinus vol. 25.3, ed. G. Vuillemin-Diem, Leiden 1995, 11 sqq.	J. de Muris, Notitia artis musicae, ed. Michels (nt. 24), 47 sq.

XI. Herrschaftsdidaktik

Lerne zu regieren
Anweisungen von König Alfons X. von Kastilien an seinen Nachfolger

HANS-JOACHIM SCHMIDT (Freiburg)

Wo sich Meister und Schüler begegneten, entstand Gelehrsamkeit. Ihr Ort war nicht an eine bestimmte Institution gebunden. Genauso wenig gab es eine eindeutig definierte Textgattung, die das Wissen des Meisters an den Schüler vermittelte. Belehrung in einem juristischen Text darzustellen, war möglich und setzte ein Lehrer-Schüler-Verhältnis voraus, das mehr als einer charismatischen Autorität verhaftet war, vielmehr eine rechtliche Verbindlichkeit verlangte, die Lernen an Gehorsam anband. Der Gehorsam war umso mehr verlangt, als unterschiedliche normative Ordnungen beteiligt waren, die Autoritäten begründeten: diejenige des Königs, die des erfahrenen Meisters und diejenige des Vaters bzw. Großvaters. Wenn der kastilische König Alfons X. sowohl die Befolgung der Pflichten einfordert als auch den Nachvollzug von Argumenten verlangt und aus der schriftlich festgehaltenen Reflexion eine Norm ableitet, zeigen sich Besonderheiten einer Belehrung, die die Bereiche von Schule und Philosophie verlassen, ihnen aber doch insofern verbunden bleiben, als auf sie Bezug genommen wird, indem Argumentationsweisen und Intentionen einer intellektuellen Formung übernommen werden. Die Geltung des Gehorsams an einen juristischen Text zu koppeln, der zugleich belehrend ist, erhöht eine hierarchische Distanz, die zwischen dem Sender und dem Empfänger der Unterweisung besteht. Insofern soll hier also ein Sonderfall des Verhältnisses zwischen Meister und Schüler vorgestellt werden.

Die folgenden Überlegungen zielen auf die Kombination einer Ausbildung sowohl am Herrscherhof als auch in der Familie. Lehren und Lernen waren an soziale Rollen gebunden, die sich nicht in diejenigen von Meistern und Schülern erschöpften, diese aber durchaus einschlossen. Dass Gelehrsamkeit, und das meint ja wohl das Resultat der Anstrengungen von Meistern und Schülern, am Hof und in der Familie existierte, ist aber jüngst bezweifelt worden. Die Ausbildung einer Gelehrtenkultur habe im lateinischen Okzident außerhalb der Familie stattgefunden. Sie sei vielmehr von den Universitäten getragen worden. Diese Auffassung trug kürzlich Bernhard Jussen in apodiktischer Weise vor und erachtete den institutionellen Ort der Gelehrtenkultur als distinktives Merkmal des Okzidents. Ja, so meinte er, dieser Sachverhalt sei für einen westeuropäischen Historiker so selbstverständlich, dass allein schon dessen Erwähnung befremdlich erscheint[1]. Ich will mich gleichwohl der Aufgabe widmen, in den folgenden Ausführungen eine anscheinend befremdliche Auffassung zu vertreten und zu begründen. Die Unterscheidung von Familie und Verwandtschaft einerseits und von institutioneller außerfamiliärer Wissensvermittlung und Gelehrtentum andererseits ist keineswegs so apodiktisch konträr, wie Jussen voraussetzte.

I.

Die Verbindung von Hof und Gelehrtentum sei aber doch eine Ausnahme, wie Barbara Schlieben kürzlich ausführte, die den Hof des kastilischen Königs Alfons' X. als eine solche Ausnahme ansieht, ihn als Wissenszentrum charakterisiert und diesen in eine Symbiose mit dem politisch-juristischen Bereich stellt, ohne dass eine Ausdifferenzierung differenter Funktionen erfolgt wäre. Dies habe daran gelegen, so Schlieben weiter, dass Universitäten auf der iberischen Halbinsel mit Verspätung entstanden seien und nicht dieselbe Bedeutung wie etwa Paris und Bologna erlangt hätten, da in Palencia und Salamanca nur rudimentäre Formen von Universitäten und überdies ohne lange Dauer während des Mittelalters in Erscheinung getreten seien[2]. Die Integration von Bildung und Politik am Hof, und damit in einen familiären Kontext, sei dagegen in Kastilien verwirklicht worden und habe eine normative Grundlegung erfahren, insofern in dem von König Alfons X. veranlassten, offiziell sogar von ihm verfassten Gesetzgebungswerk der ‚Siete Partidas' die Belehrung, die Bewahrung von Wissen, dessen Erweiterung und dessen diskursive, analytische Gestaltung als Aufgaben des Hofes vorgesehen seien, sodass Unterricht und Höfigkeit, *enseñanza* und *cortésia*, eine Einheit bildeten. Der Hof als Ort des Wissens habe aus dem gesamten Königreich die Söhne der Großen angezogen, die dadurch als loyale Untertanen gewonnen und als Experten der Rechtsprechung und der Administration vorbereitet worden seien. Die Gelehrsamkeit habe auf die Ausgießung vorhandenen Wissens, auf die Hinwendung zu einem tradierten Kenntnisstand und auf die Etablierung einer durch Autoritäten gesicherten Einsicht gezielt[3].

Alfons X. gilt als Autor einer Vielzahl von historiografischen, naturkundlichen, logischen, spieltheoretischen, politischen, juristischen und devotionalen Schriften und verwirklichte das Ideal eines *rex eruditus*, dessen Gelehrsamkeit seinen Ruhm mehren sollte und ihm schon unter seinen Zeitgenossen den Beinamen des Weisen eintrug. Die Texte, als deren Autor der König selbst sich präsentierte, die aber realiter als das Ergebnis einer kollektiven, dem König verbundenen Autorschaft nachgewiesen sind, zielten auf eine ethische Perfektio-

1 B. Jussen, Erbe und Verwandtschaft. Kulturen der Übertragung im Mittelalter, in: id. e. a. (eds.), Erbe. Übertragungskonzepte zwischen Natur und Kultur, Frankfurt a. M. 2013, 37 – 64, 60.

2 B. Schlieben, Verspielte Macht. Politik und Wissen am Hof Alfons' X. (1252 – 1284) (Wissenskultur und gesellschaftlicher Wandel 32), Berlin 2009, 134 sq.

3 Siete Partidas, Sec. part. IX, 27, Madrid 1807, 99 sq.

nierung von Herrschaft und suchten zeitgenössische Themen der Gelehrsamkeit für die politische Praxis anzuwenden[4]. Es ist erstaunlich, dass die Geschichtswissenschaft die vornehmlich rezeptive, wenig originelle Leistung des Hofes von Alfons herausstellte, hingegen die an den intellektuellen Gehalt hohe Ansprüche stellende Philosophiegeschichte die Bedeutung des Hofes von Alfons nicht allein als Stätte der Gelehrsamkeit, sondern auch des Nachdenkens, Argumentierens, kurz der Philosophie, anerkennt, ja Thomas Ricklin mit Bezug auf Ruedi Imbach den Begriff der „höfischen Philosophieproduktion" prägte und damit den Charakter einer Wissensmehrung hervorhob, die er neben die Vermittlung eines schon bestehenden Wissens stellte. Was Imbach als Beteiligung von Laien in der Philosophie bezeichnete, sah Ricklin als Manifestation von originellen Überlegungen an, die er in erster Linie am Beispiel der Deutung von Weltgeschichte und spanischer Geschichte am Hofe von Alfons X. ausführte, sodass letztlich der Begriff „Laie" keine Berechtigung mehr besitzt, insofern Sachverstand, methodisches Auswerten von Belegen und deren analytische Bewertung, ja auch die Anreicherung bestehenden Wissens und Innovationen in den Kenntnissen vorhanden waren. Den Universitäten Gelehrtentum zu reservieren, den übrigen Beteiligten an der Wissenskultur den Status von Laien zuzuweisen, lässt sich als Schlussfolgerung der Überlegungen von Imbach und Ricklin nicht rechtfertigen, sofern nicht das Schreiben in der Vulgarsprache, so wie am kastilischen Hof in der zweiten Hälfte des 13. Jahrhunderts praktiziert, von vornherein Gelehrtentum ausschließt, was eine nicht haltbare Annahme oder letztlich nur eine definitorische Tautologie wäre[5].

Es geht mir aber nicht darum, die Außenwirkung des Hofes als Vehikel der gelehrten Erörterung und der Sammlung von Kenntnissen hier zu behandeln, vielmehr darum, dass auch im innersten Kreis der Familie sich Alfons X. der Aufgabe widmete, Wissen zu lehren, sodass der Transfer von Wissen, seine praktische Anwendung, seine theoretische Reflexion und seine innovative Umformung in einer Intimität enger personeller Beziehungen sich entfalteten, die

4 L. Dissouva, Natura, Natural, Naturaleza. Analyse des éléments d'une conceptualisation politique dans les „Siete Partidas" d'Alphonse X dit le Savant, Paris 1997; T. Ricklin, Alfonso X „el sabio" e la filosofia in castigliano. Le dimensioni di un progetto culturale reale-immaginario, in: N. Bray/L. Sturlese (eds.), Filosofia in volgare nel medioevo. Atti del convegno della Società italiana per lo studio del pensiero medievale, Lecce 27–29 sett. 2002, Louvain-la-Neuve 2003, 207–245; E. S. Procter, The Scientific Work of the Court of Alfonso X of Castile. The King and His Collaborators, in: Modern Language Review 40 (1945), 12–29; Schlieben, Verspielte Macht (nt. 2), 116–165; M. A. Rodríguez de la Peña, Rex strenuus valde litteratus. Strength and Wisdom as Royal Virtues in Medieval Spain (1085–1284), in: I. P. Bejczy/C. J. Nederman (eds.), Princely Virtues in the Middle Ages 1200–1500 (Disputatio 9), Turnhout 2007, 33–50, 47.

5 T. Ricklin, Alfonso X. von Kastilien und Léon. Die mythologische Schöpfung des Königs als „Sabio", in: C. Arcelli (ed.), I saperi nelle corti (Micrologus 16), Firenze 2008, 487–514, 487 sq.; R. Imbach, Laien in der Philosophie des Mittelalters. Hinweise und Anregungen zu einem vernachlässigten Thema (Bochumer Studien zur Philosophie 14), Amsterdam 1989; H. Grundmann, Litteratus – illiteratus. Der Wandel einer Bildungsnorm vom Altertum zum Mittelalter, in: Archiv für Kulturgeschichte 40 (1958), 1–65.

genealogisch begründet war und ebenso auch ökonomische und, im Falle der herrscherlichen Dynastie, politische Intentionalität einschloss, sodass das Erbe nicht allein biologisch in der Abfolge familiärer Abstammung und nicht allein institutionell in der Übertragung des königlichen Amtes und in der Ausstattung mit Apanagen weitergegeben wurde, sondern auch dank der Weitergabe von Kenntnissen weitergeleitet wurde. Mit dem Begriff der Gelehrsamkeit, so unscharf er auch sein mag, verbindet sich offensichtlich die Belehrung, also die Herstellung eines Verhältnisses von Belehrendem und Belehrten, welches in eine Kontinuität überführt werden soll, damit ein Bestand des Gelehrten und Erlernten entstehen sollte, welcher der transgenerationellen Vermittlung bedurfte. Die Verbindung von Meister und Schüler sollte in die Familie eingeführt werden, die somit zum institutionellen Ort der Wissensvermittlung wurde, in der sowohl Imitation als auch Kontinuität von Kenntnissen, aber auch neue Anwendungsstrategien produziert werden sollten. Dies war ausdrücklich in den ‚Siete Partidas' festgehalten und wurde zur Norm erhoben. Mit der juristischen Behandlung der Gelehrsamkeit, die jeden König auszeichnen müsse, war nicht allein ein Ideal beschrieben, nicht allein ein Modell, dem zu folgen war, nicht nur eine literarische Figur und auch nicht bloß ein Verweis auf einen enzyklopädischen Wissensbestand, dessen Hort König und Hof waren[6], sondern war die unumgängliche Voraussetzung des guten Regierens eingefordert und sollte es werden, dessen Garant der aktuelle König selbst war, dem die Aufgabe zufiel, für die gelehrte Amtsführung seines Nachfolgers zu sorgen, um die Pflicht zu erfüllen, die Perpetuierung dynastischer und zugleich institutionell-staatlicher Herrschaft zu garantieren[7]. Indem die Gesetzgebung die Belehrung in das Recht einbezog, war diese einerseits aus dem Bereich familiärer Bindungen herausgehoben und in einen staatlichen und institutionellen Regulierungszusammenhang eingebunden, aber andererseits doch auch weiterhin in der Familie vorgesehen, die dadurch eine öffentliche Aufgabe wahrnahm, in die die königliche Gesetzgebung einwirkte. Der harsche Antagonismus zwischen familiär-höfischer und universitär-staatlicher Gelehrsamkeit, wie oben vorgestellt, löst sich in einem kooperativ umfassenden kulturellen Handlungskomplex auf, der Familie als Agens staatlichen Handelns vorsieht. Die Kombination von philosophischer Belehrung und juristischer Kodifizierung, die das Werk ‚Siete Partidas' kennzeichnet[8], setzt sich in den Regularien fort, die eine solche Verbindung fortzusetzen befehlen, wodurch der einmalige Akt der rechtlich verbindlichen Gelehrsamkeit in ein Perpe-

---

[6] E. C. Lutz, Schreiben. Bildung und Gespräch. Mediale Absichten bei Baudri de Bourgueil, Gervasius von Tilbury und Ulrich von Lichtenstein (Scrinium Friburgense 31), Berlin – Boston 2013, 163 – 168.

[7] F. Martinez Marina, Ensayo histórico-critico sobre la antigua legislación y principales cuerpos legales de los reynos de León y Castilla, especialmente sobre el código de D. Alonso el Sabio, conocido con el nombre de las Siete Partidas, Madrid 1966; A. Garcia Gallo, Nuevas observaciones sobre la obra legislativa de Alfonso X, in: Anuario de historia de derecho español 46 (1976), 609 – 670; M. González Jiménez, Alfonso X el Sabio 1252 – 1284, Palencia 1993, 260 – 273.

[8] Schlieben, Verspielte Macht (nt. 2), 133.

tuum überführt wird. Indem der König sich selbst als Gelehrter ausgab, ein Autor von Schriften zu sein behauptete und daraus sein Prestige ableitete, war ein Vorbild geschaffen, was aber offensichtlich als nicht hinreichend erachtet wurde, um das Gelehrtensein zu schaffen, weswegen die juristische Norm Zwang ausüben sollte, um die Erfüllung der Norm nicht persönlichen Tugenden und gar nur Vorlieben zu überlassen.

Im neunten Kapitel des sechsten Teils behandelt die Gesetzessammlung die Abfassung von Testamenten, mit denen auch die Weitergabe von Wissen vorzusehen ist. Neben der Sorge um das Seelenheil ist jedem Testator aufgetragen, Gutes zu tun für diejenigen, die durch Liebe oder durch Verwandtschaft mit ihm verbunden sind. Das Gute erfasst auch immaterielle Werte, die der Testator den Erben hinterlässt[9]. Ausdrücklich auf die Belehrung eingehend, die alle Eltern ihren Kindern schulden, behandelt das siebente Kapitel des zweiten Teils die Pflicht zur Erziehung, wozu auch die Mitteilung von Kenntnissen gehört: „*enseñar a los fijos*". In diesem Abschnitt geht es des Weiteren nicht nur allgemein um die Beziehung von Eltern zu Kindern, sondern im Besonderen um die des Königs zu seinen Kindern, die in Spanien, so der Text des Gesetzwerkes, als „*infantes*" bezeichnet und die mit der Attribuierung dieses Titels auf die zukünftigen Aufgaben und auf die gegenwärtigen Vorbereitungen für sie hingewiesen werden[10]. Auf die familiäre Beziehung wölbt sich eine institutionelle, die die Kontinuität der Herrschaft garantieren soll. Der König hat die Pflicht, seine Kinder zu lieben. Dies allein schon deswegen, weil sie Teil haben an dem Adel der beiden Eltern. Sie sind weiterhin zu lieben, weil sie aus dem Körper des Königs entspringen und weil sie nach dem Tod des Königs dessen Werk fortsetzen[11]. Die Erziehung der kleinen Kinder, auch am Königshof, ist vornehmlich Aufgabe der Mutter, die vor allem dafür Sorge trägt, dass die Gesundheit des Körpers gefördert wird, um die Voraussetzung für einen klaren Verstand zu legen. Die königlichen Eltern setzen Lehrmeister für ihre Kinder ein, deren Auswahl ein schwieriges und wichtiges Geschäft darstellt, ohne dass sie aber selbst von der Belehrung der Kinder enthoben wären. Die unmündigen Kinder seien wie Wachs, leicht zu formen. Das früh Gelernte bleibe am besten in Erinnerung. Daher die Notwendigkeit, die Belehrung rasch zu beginnen. Liebe und Furcht sollen die Antriebskräfte der Erziehung sein, weil jeder Mensch von ihnen gelenkt wird, aber auch weil die Kinder der königlichen Familie mehr als die anderen Menschen von ihnen angeleitet werden sollen. Inhalt der Belehrung ist die Liebe zu Gott, genauso aber auch das gute Verhalten, um im Diesseits nichts gegen die Gesetze zu unternehmen. Voraussetzung dazu ist, dass die Kinder des Königs ihre Eltern und ihre Geschwister lieben, dann auch die anderen Verwandten, dann die Lehnsmannen, stets auf die jedem zukommende

---

[9] Siete Partidas, Sesta Partida, Salmanticae 1555, 56^{r}; Übersetzung: Alfonso X el Sabio, Las Siete Partidas, ed. J. Sánchez-Arcilla Bernal, Madrid 2004, 841.

[10] Siete Partidas, Secunda Partida (nt. 9), 17^{r}.

[11] Siete Partidas, II, 7 (nt. 9), 17^{r-v}.

Weise. Die königlichen Infanten müssen in Lesen und Schreiben unterrichtet werden; denn so werden sie in die Lage versetzt, sich das Wissen von vielen Dingen anzueignen, aber auch, Geheimnisse zu bewahren, die im Verborgenen allein schriftlich behütet werden können. Voraussetzungen des politischen Handelns sind einzuüben. Das Wissen erstreckt sich darauf, wie die Menschen beschaffen sind, wie mit ihnen zu sprechen und wie sie zu behandeln sind. Dann geht es darum, sich im Gebrauch der Waffen zu üben und Spiele zu lernen. Die Kombination beider Fertigkeiten zeigt den militärischen Nutzen des Spielens. Die detaillierte Darstellung der Kombinatorik von Würfelspielen, Backgammon und Schach hat Alfons in einem Traktat ausführlich dargelegt und dabei die Spiele, vor allem das mehrdimensionale Schach, als Übung zum Erwerb des Weltwissens eingeführt, sodass ein Zugang zur Kosmologie und zur Ordnung aller Dinge eröffnet wird[12]. Im letzten *ley* des *titulo* behandelt der Text ausführlich die Belehrung, die der Vater seinem Sohn und seinem Nachfolger gewähren muss. Dabei handelt es sich ausdrücklich um weltliche Dinge, die das Erbe betreffen, also das materielle Gut und die Herrschaft, die auf den Nachfolger übergehen sollen. Wie in Frieden und wie im Krieg der Nachfolger zu handeln habe, ist Gegenstand der Belehrung, die der Text mitunter auch als Beratung darstellt. In jedem Fall aber ist der Nachfolger gehalten, den Weisungen zu folgen; falls nicht, werden Strafen angedroht[13]. Rigide rechtliche Bindung, die den Belehrten dem Belehrenden unterwerfen soll, sind verknüpft mit politischer und familiärer Autorität und verlangen die Befolgung dessen, was gelernt wird, das damit nicht allein Lernstoff, sondern auch noch Inhalt eines Befehls darstellt. Die Autorität von Vater und König oktroyiert einen Willen, der verpflichtend gemacht wird. Lernen beschränkt sich nicht auf die Aneignung von Wissen, sondern enthält auch dessen Anwendung; beide unterliegen einer Pflicht, die das Gesetz reglementiert. Die Aufgabe des Königs ist darüber hinaus religiös fundamentiert, denn er handelt in Stellvertretung Gottes, wenn er das Recht durchsetzt, um Frieden und Liebe zwischen den Untertanen zu verwirklichen[14].

In dem Buch ‚Setenario', einer Zusammenstellung von Weisheitslehren, stellt Alfons X. dar, wie er selbst durch seinen Vater Belehrung erfahren hatte. Deswegen, nicht allein wegen der edlen Abstammung, liebe er ihn. Insbesondere habe sein Vater ihn gelehrt, wie er mit den Vasallen zu verfahren habe, damit sie ihm treu dienen, ja dass er ihnen Wege weise, um ihm noch zusätzlichen Nutzen zu erbringen. Die Güter gut und verdienstvoll zu gebrauchen, habe Alfons von seinem Vater erfahren, wie auch die Abfassung des gesamten Werkes als Vollzug des väterlichen Willens vorgestellt ist, den Ferdinand kurz vor seinem Tod seinem Sohn Alfred mitgeteilt habe. Redaktion und Intention des Werkes verbinden sich mit einer in der Familie gepflegten Wissenskultur, in der der Wissende als Vater, der Lernende als Sohn vorgestellt ist. „*Ffaziéndos entender las cosas*" –

---

12 U. Schädler, Alfons X. der „Weise". Das Buch der Spiele, Wien – Berlin 2009, 13 – 52, 313 – 322.

13 Siete Partidas, II, 7, leyes 4 – 13 (nt. 9), 17^{v} – 20^{v}.

14 Siete Partidas, II, 1, ley 7 (nt. 9), 5^{r-v}.

ist die Formulierung im ‚Setenario' für die väterliche Unterrichtung. Sie sei die Voraussetzung, den Weg fortzusetzen, den der Vater und Vorgänger König Ferdinand eingeschlagen habe. Herrschaft und ihre Organisation, auch wenn sie im Buch ‚Setenario' nicht detailliert beschrieben werden, seien, so Alfons, Gegenstand der Belehrung. Auch ohne die Präzisierung der Lerninhalte beharrt Alfons darauf, dass Herrschaft ohne Wissen nicht erfolgreich sein kann, dass der König ein Experte sein muss, dass er lernen muss. Quelle des Wissens sei der Vater gewesen. Sein *ordenamiento* sei die Voraussetzung des Erfolgs und zugleich der Tugenden[15]. Das Wissen, wie Herrschaft gestaltet werden solle, nicht allein wie das Seelenheil befördert werden könne, ist Gegenstand der Belehrung und muss auch für die folgende Generation gesichert werden.

II.

So wichtig die Belehrung auch vorgestellt ist, eine inhaltliche Präzisierung verweigern sowohl der juristische Text der ‚Siete Partidas' und der ‚Devotionale des Cetenario'. Deutlicher wird hier die Sammlung von knappen Weisheitslehren, der ‚Libro de los cien capítulos', der am Hof König Alfons' X. entstanden ist, ja als von ihm abgefasst vorgestellt wurde[16] und sowohl moralische als auch politische Gelehrsamkeit in kurzen Kapiteln zusammenfasst[17]. Das neunzehnte Kapitel behandelt das Lehren und Lernen in einer Weise, dass sie eine organische und zugleich politische Grundlegung erfahren. Sie sind für das Gehirn das, was die Regierung für das Schwert ist. Ein Gehirn ohne Lernen ist wie ein Baum ohne Früchte. Die Analogien sind deswegen interessant, weil sie zeigen sollen, wie die geordnete Strukturierung erst die Funktionsfähigkeit des materiellen Substrats hervorbringt und die intellektuelle Gestaltung die Potentialität, die in den Personen enthalten ist, aktiviert. Die Physiologie animiert die Anatomie. Der Verstand, der dem Menschen dank seiner Natur zur Verfügung steht, erhält seine Formung durch das Lernen. Die Gelehrsamkeit verleiht der höfischen Existenz erst ihre Bedeutung: „*El enseñamento es significación de la cortésia*". Damit verweist der Text auf ein spezifisches Milieu, das als durch gemeinsame Werte gekennzeichnet erscheint, die erworben werden müssen und nicht institutionell oder gar familiär vorhanden sind. Gelehrsamkeit ist wichtiger als Abstammung, weil nur jene anleitet, gut zu handeln. Selbst wenn die Vorzüge der Abstammung

---

15 Alfonso el Sabio, Setenario, ed. K. H. Vanderford, Barcelona 1984, 9–11; J. F. Craddock, El Setenario. Ultima e inconclusa refundación alfonsina de la primera Partida, in: Anuario de historia de derecho español 56 (1986), 441–466.

16 A. G. Solalinde, Intervención de Alfonso X en la redacción de sus obras, in: Revista de Filología Española 2 (1915), 282–288.

17 W. Mettmann, Spruchweisheit und Spruchdichtung in der spanischen und katalanischen Literatur des Mittelalters, in: Zeitschrift für Romanische Philologie 76 (1970), 94–117; H. O. Bizzarri, Un testimonio más para tres capitulos del Libro de los cien capítulos, in: Incipit 15 (1995), 45–63.

verlorengehen, kann es gelingen, durch die Anstrengungen des Lernens Gewinn zu erzielen. Der Dienst für Gott ist von jedem zu lernen. Für den König ist es wichtig zu wissen, wie er sich selbst und seinem Volk ein gutes Leben bereitet. Die Gelehrsamkeit soll den politischen Verband regieren, so die Forderung in diesem Kapitel. Die Aufgabe der Könige besteht nicht allein darin, zu lernen, sondern auch zu lehren, weswegen sie auch als Erben der Propheten bezeichnet sind, das heißt als Wissende, von Gott Gesandte und zur Verkündigung Auserwählte. Ihre Belehrung ist religiös begründet und religiös intendiert, ohne dass damit die diesseitig-politische Thematik gemindert wäre, die vielmehr eine Sanktionierung erfährt, die die Notwendigkeit der Informationsweitergabe noch erhöht. Erst wenn die Weisheit die Könige lenkt und sie von ihnen ausstrahlt, können sie selbst die Welt lenken. Das Streben nach Gelehrsamkeit wird als eine Pilgerschaft bezeichnet, auf der die Könige wandeln, und wird zum Gottesdienst. Zugleich erhebt das Wissen den Wissenden zur Herrschaft, die dazu bestimmt sein soll, von den Untertanen Schaden abzuwenden, was aber nur gelingen kann, wenn die Weisen die Macht innehaben und das Volk ihrer Macht unterworfen ist[18]. Die Themen des Lernens werden vorgestellt: Zunächst sollen sprachliche Kenntnisse und Fertigkeiten erworben werden. Ein eigenes Kapitel ist der Rhetorik gewidmet, die ermöglicht, richtig zu denken und das Gedachte richtig auszusprechen[19]. Andere Sujets folgen: herausgegriffen sei die Geduld, gerade auch hinsichtlich der Fehler der Getreuen, und der geschickte Umgang mit ihnen. Die Tugenden, wie die Demut, sind zu erlernen und müssen gelehrt werden, sind also einer charakterlichen Fixierung enthoben[20].

Die Belehrung des Vaters für den Sohn und Nachfolger ist auch in der ‚Crónica general de España' ausgeführt, diesmal also als Vorbild vorgestellt, dem aber nicht minder normative Gültigkeit zukam, insofern der historisch verbürgte und erfahrbare Erfolg eine Voraussetzung besaß, die in der Zukunft nachzuahmen geboten war. Deswegen war die ‚Crónica', als deren Autor sich Alfons ausgab, für seinen ältesten Sohn Ferdinand bestimmt. Er habe, so wird im Prolog ausgeführt, den Anweisungen seines Vaters, der sich hier als *thesaurus philosophie* titulierte, zu folgen, so wie Alfons nunmehr selbst seine Lehre ganz Spanien mitteile: *Dogma dat hyspanis*[21]. Der König galt als die Quelle der Weisheit, die in der Familie und im Königreich ihre Ströme lenkte.

So etabliert und fundamentiert auch der Anspruch von Alfons war, zu belehren und die richtigen Wege für den Sohn und Nachfolger zu weisen, damit er wisse, wie er zu regieren habe, so schwierig gestaltete sich die Verwirklichung, als der sterbende König sein Erbe regelte. Der ursprünglich vorgesehene Thronfolger war der älteste Sohn, Ferdinand, der indes im Jahre 1275 starb, also neun

---

18 Libro de los cien capítulos (Dichos de sabios en palabras breves e complidas), ed. M. Haro Cortés (Medievalia Hispanica 5), Madrid 1998, 110–116.

19 Libro (nt. 18), 117.

20 Libro (nt. 18), 124–133.

21 Primera Crónica general de España, ed. R. Menéndez Pidal, Madrid 1955, 2.

Jahre vor dem Tod von Alfons. Damit stellte sich die Frage der Nachfolge. Das Gesetzeswerk der ‚Siete Partidas' hatte abweichend vom bisherigen Recht und der bisherigen Gewohnheit in diesem Fall vorgesehen, dass der älteste Sohn des verstorbenen Erstgeborenen die Thronanwartschaft besitze, also nicht dessen jüngerer Bruder[22]. Somit sollte die Herrschaft von Alfons auf den Enkel, Alfons de la Cerda, und nicht auf den überlebenden Sohn, Sancho, übergehen. Es kann hier nicht darum gehen, die verwickelten Kämpfe, die die letzten Jahre der Königsherrschaft Alfons' belasteten, nachzuzeichnen. Verwickelt waren sie allein schon deswegen, weil sich König Alfons gegenüber dem französischen König Philipp III. verpflichtet hatte, in jedem Fall Ferdinand selbst und nach dessen eventuellem Tod dessen ältestem Sohn die Erbfolge zu reservieren. Dies war offenbar die Bedingung, die vereinbart worden war, als Ferdinand mit der jüngeren Schwester Philipps die Ehe einging; freilich fehlen hierzu eindeutige Quellenhinweise, geschweige denn Urkunden, was nur zu verständlich ist, da während der Königsherrschaft, die Sancho später tatsächlich ausüben sollte, Spuren einer alternativen Erbfolgeregelung zerstört worden sein dürften. Immerhin weiß der katalanische Chronist Bernat Desclot zu berichten, dass mit der Heirat die künftigen Söhne erbberechtigt sein sollten, was dann großen Streit – Desclot schreibt von *grand tiempo* – im Königreich hervorgerufen habe[23]. Indessen traf Alfons X. die Entscheidung, gleichwohl seinen ältesten überlebenden Sohn, also Sancho, als Erben einzusetzen, und ließ diese Regelung auf den Cortes in Segovia im April 1278 verkünden. Sancho begann, in Stellvertretung des Königs zu handeln. Der Grund für diese Festlegung dürfte offensichtlich daran gelegen haben, dass die Brüder von Alfons, unter ihnen vor allem Don Juan Manuel, auf der Beachtung der traditionellen Erbfolge bestanden, wohl nicht zuletzt aufgrund eigener Interessen, insofern sie nicht definitiv als Nachfolger ausgeschlossen werden wollten[24]. Die Zuweisung einer Apanage in Jaén, die Alfons X. zugunsten seines Enkels Alfonso de Cerda verfügte – vermutlich auf Druck des französischen Königs Philipp III., mit dem sich Alfons in Bayonne am 15. August 1280 getroffen hatte – rief dann aber den Widerstand von Sancho hervor, der zum Zerwürfnis zwischen ihm und seinem Vater Alfons X. führte und letztlich zum Krieg und schließlich zur grundsätzlichen wechselseitigen Negation der Legitimität. Sancho verfügte am 21. April 1282 die feierliche Absetzung seines Vaters Alfons X., worauf dieser ihn von der Thronfolge ausschloss, ihn als Verräter verurteilte und alle Bewohner des Königreiches aufforderte, ihm jeglichen Gehorsam zu verweigern. Bis zum Tod von König Alfons X. am 4. April 1284 blieb der Konflikt unentschieden[25].

---

22 Siete Partidas, II, tit. 15, ley 2 (nt. 9), 44^r-48^r, sowie 880^r.

23 Bernat Desclot, Crònica del rei en Père, in: Les quatre grans cròniques, ed. F. Soldevila, Barcelona 1971, 403–588, 454.

24 González Jiménez, Alfonso (nt. 7), 124 sq.

25 González Jiménez, Alfonso (nt. 7), 126–145, 297–300, 331; J. F. O'Callaghan, The Learned King. The Reign of Alfonso X of Castil, Philadelphia 1993, 252–269.352.347; H. S. Martínez, Alfonso X, el Sabio. Una biografía, Madrid 2003, 393–402, 425–428, 454–458, 466–496, 542–544, 753–756.

III.

Kurz vor seinem Tod verfasste Alfons X. zwei Testamente. Die ungelöste Nachfolge stellte ihn dabei vor erhebliche Probleme, forderte sie ihn doch heraus, die Zuweisung des Erbes zu begründen und zu rechtfertigen, vor allem aber galt es zu klären, wie die Aufgabe des Königs, seinen Nachfolger zu belehren, ausgeführt werden konnte. In der Tat war dies nicht einfach, haben doch beide Testamente vermieden, eindeutig Stellung zu beziehen, wer als künftiger König anzuerkennen sei, gleichwohl aber nicht verzichtet, sehr detaillierte Vorgaben zu formulieren, wie die künftige Politik zu gestalten sei und damit das zu verwirklichen, was die ‚Siete Partidas' von einem König verlangten. Die Texte sind sowohl in lateinischer als auch kastilischer Sprache überliefert.

Das erste Testament datiert vom 8. November 1283. Es bietet eine ausführliche Begründung für die Entscheidung, den ältesten überlebenden Sohn Sancho von der Erbfolge auszuschließen und entfaltet dabei – für ein Testament unüblich – eine Debatte, in der Argumente gegeneinandergestellt und abgewogen werden. Der Text des Testaments beginnt mit einem Glaubensbekenntnis, das neben der göttlichen Trinität die Gottesmutterschaft Mariens besonders herausstellt, wohl nicht zuletzt in Opposition zum weiterhin stark präsenten Islam im Königreich Kastilien[26]. Die Bitte um göttliche Gnade bei dem endgültigen göttlichen Richterspruch verbindet der Testator mit dem Eingeständnis der vielen Sünden, die er während seines Lebens begangen habe. Der Gnade Gottes und Mariens empfiehlt er alle seine Kinder und Vasallen, soweit sie ihm Gehorsam leisten und gegen alle diejenigen Widerstand leisten, die sich seiner Autorität widersetzen. Der Gnade empfiehlt er weiterhin seine Herrschaftsgebiete und Königreiche; Gott möge sie weiterhin beschützen, so wie er es bisher für alle Vorgänger in legitimer Erbfolge – *in recta linea parentele* – getan habe. Auch wenn nunmehr die weitere dynastische Kontinuität und das künftige Geschick der Herrschaft, des Gebietes und der Bewohner vorgestellt sind, verweigert Alfons X. eine eindeutige namentliche Festlegung, wer der kommende berechtigte Thronfolger sein wird; sehr vage formuliert das Testament an einer Stelle lediglich, dass derjenige die Herrschaft ausüben solle, dem sie rechtmäßig geschuldet sei. Eine andere Passage präzisiert dann doch insoweit, als dass die Nachfahren von Fernando de Cerda und unter ihnen der älteste Sohn die Nachfolge im Königreich erben sollen: Es handelt sich also um Alfonso de Cerda. Sein Name wird aber nirgends im Testament genannt[27].

---

[26] M. A. Ladero Quesada (ed.), Cristianos y Musulmanes en la Peninsuila Iberica: La guerra, la frontera y la convivencia. XI Congreso de Estudios Medievales, Avila 2009, bes. F. García Fitz, El Islam visto por Alfonso X; M. González Jimenéz, Las cruzadas de Alfonso X contra el Islam occidental, in: id., Estudios alfonsies, Granada 2009, 125–138.

[27] Les testaments d'Alphonse X le Savant, ed. G. Daumet, in: Bibliothèque de l'Ecoles des Chartes 47 (1906), 70–99; Martínez, Alfonso (nt. 25), 529–561, 753–756.

Statt einer namentlichen positiven Festlegung gibt es – für ein Testament, auch eines Herrschers[28], ungewöhnlich – eine lange Erörterung über die Erbansprüche des ältesten überlebenden Sohnes, von Sancho. Alfons räumt ein, dass gemäß der Tradition, dem natürlichen Recht und ebenso dem verfassten Gesetz Spaniens, der älteste Sohn die Königreiche und die Herrschaft des Vaters erben müsse, sodass Ferdinand de Cerda in die Nachfolge eintreten würde. Nach seinem frühen Tod könnten dessen Söhne als Erbberechtigte angesehen werden; jedoch verwirft Alfons vorläufig diese Option und bringt die Berechtigung seines zweitältesten Sohnes Sancho ins Spiel, der in rechtmäßiger Linie ihm näher stehe als seine Enkel, die Söhne Ferdinands. Ihn also, Sancho, habe Alfons als Thronfolger auserkoren und anerkannt gemäß der natürlichen Vernunft, also der Vernunft, die jedem Menschen zugewiesen ist und die jeden Menschen zur Anerkennung seiner Pflichten anweist. Das Konzept der *naturaleza*, in den ‚Siete Partidas' so häufig vorgestellt, bindet Herrscher und Untertanen, begründet Pflichten und sorgt für das allgemeine Wohl und die Beständigkeit der Königsherrschaft[29]. Aber nicht allein Norm, sondern auch stärkste Liebe verlange die Weitergabe der Herrschaft an Sancho. Mit der Liebe ist ein gegenseitiges Verhältnis vorgestellt, das gestört werden kann und hier nun tatsächlich gestört ist, da Sancho selbst keine Liebe zu seinem Vater erweist, sodass die Liebe, die geschuldet ist sowohl vom Vater als auch vom Sohn und daher der rechtlichen Ordnung angehört, in diesem Fall nicht besteht und daher auch keine rechtlichen Folgen hervorbringen kann. Obwohl es ausdrücklich sein Wille gewesen sei, so beteuert Alfons, Sancho als Erben vorzusehen, so unmöglich sei dies ihm nun wegen dessen Verrats und dessen Rebellion. Grausam sei Sancho gegen ihn vorgegangen, wie dies niemals zuvor in der Geschichte Spaniens geschehen sei; er habe ihn vom Thron zu stürzen und ihn zu erniedrigen versucht. Das Urteil, das ihn ereile, habe er verdient: er wird von der Erbfolge ausgeschlossen. Damit ist die eigentlich vorgesehene rechtliche Regelung außer Kraft gesetzt. Die diskursive Erörterung über die Thronfolge operiert mit Argumenten, Gegenargumenten und einer Schlussfolgerung, die aber zunächst allein negativ festgelegt ist: Nach Recht und Gesetz der Welt sei nicht Sancho Erbe, genauso wenig wie dessen Nachfahren. Die Macht, die er bislang errungen habe, müsse ihm entrissen werden[30]. Auch seine anderen Söhne schließt Alfons von der Erbfolge aus, weil sie die Rebellion unterstützt hätten.

Da das Testament die Erbfolgeregelung allein durch Ausschluss definiert und eine positive Bestimmung mit namentlicher Nennung des Thronfolgers fehlt, gibt es auch keine ausdrückliche Adressierung der nachfolgenden Anweisungen.

---

[28] D. Klippel, Herrschaft, Testament und Familie. Rechtsgeschichtliche Koordinaten von Herrscher- und Fürstentestamenten, in: B. Kasten (ed.), Herrscher- und Fürstentestamente im westeuropäischen Mittelalter, Köln e. a. 2008, 1–14.

[29] G. Martin, Le concept « naturalité » (naturaleza) dans les Sept Parties d'Alphonse X le Sage, in: e-Spania 5 (2008), 2–11, URL: ⟨http://e-spania.revues.org/10753⟩ (Stand: 04.11.2015).

[30] Testaments (nt. 27), 77–79.

Vielmehr ergeht sich Alfons in die Klage, dass sein gesamtes Geschlecht und alle seine Vasallen sich gegen ihn erhoben hätten. Jedoch ist aus dem argumentativen Diskurs offensichtlich, dass die Nachfahren des verstorbenen Ferdinand als einzig verbliebene Erben anzusehen seien und daher der älteste Sohn, Alfonso de Cerda, als künftiger König anerkannt werden solle[31]. Gleichwohl ist das Testament von der mangelnden Sicherheit der Erbfolge belastet, sodass die von Alfons selbst gestellte und in juristischen und ethischen Texten zugrunde gelegte Pflicht, den Nachfolger mit Anweisungen und Belehrungen auszustatten, nur schwer zu erfüllen ist. Das argumentative Arrangement, das der Testator anbietet, ist ein Hinweis auf das Dilemma zwischen der Norm zur Belehrung und dem fehlenden Adressaten. Das Dilemma wird auch nicht aufgehoben durch eine Einsetzung von Testamentsexekutoren. Sie sind im ersten Testament nicht vorgesehen. Als Bewahrer des letzten Willens von Alfons setzt dieser die römische Kirche ein, ohne indessen rechtliche Vorgaben zu formulieren, wie sie zu handeln habe.

Das Testament bietet eine Erzählung der zurückliegenden Ereignisse. Alfons berichtet über die Kämpfe gegen seine Söhne, verweist auf die Könige, an die er sich vergeblich gewandt habe, um sich der Rebellion entgegenzustellen, erwähnt die Suche nach Verbündeten, bis hin zum Emir von Marokko. Die Vergeblichkeit der Bemühungen soll eine Lehre sein für den künftigen Nachfolger, sodass nicht allein eine rückwärtsgewandte Betrachtung und Erzählung, sondern eine künftige politische Perspektive vorgestellt ist. Die Könige von Portugal, von Aragón und von England seien als Verbündete ausgefallen trotz der engen familiären Bindungen. Dass auch der König von Frankreich Philipp III. zunächst die Unterstützung verweigert habe, sei aber aus nachvollziehbaren Gründen erfolgt, die Alfons angibt, wobei er auch eigenes Verschulden einräumt. Erstens habe er versäumt, bereits früher Philipp als beständigen Verbündeten zu gewinnen, zweitens habe dieser über den Streit mit Sancho nichts gewusst und drittens habe er, Alfons, versäumt, die bewährte Freundschaft mit den französischen Königen fortzusetzen. Dies zu tun, ist dem Nachfolger aufgetragen, genauso wie er dafür sorgen muss, gute Beziehungen zu den Päpsten herzustellen, damit sie nicht wie bisher grausam gegen den kastilischen König vorgehen würden. Zu Lebzeiten das Verhältnis zu den Päpsten zu verbessern, sei Alfons verwehrt gewesen; als Sterbender trage er dafür Sorge. Seine eigene Schuld solle nicht den Nachfolger belasten, dem durch eine Konfliktbereinigung mit den Päpsten Vorteile erwachsen würden. Als einzigem Verbündeten blieb, so klagt Alfons, der sich in die Wüste versetzt sieht, von allen verlassen, nur der Emir von Marokko, Abu Yusuf, der mit ihm in Freundschaft verbunden sei und ihm zur Hilfe eile. Der König von Frankreich unterstütze nunmehr aber ebenfalls Alfons, dringe auf die Erbberechtigung des verstorbenen Ferdinand und seiner Nachfahren, also von Alfonso de Cerda. König Alfons X. hält in seinem Testa-

[31] D. E. Masnata y de Quesada, La casa real de la Cerda, in: Estudios Genealógicos y Heráldicos 1 (1985), 169–229.

ment fest, dass es ihm doch gelungen sei, Frankreich und den Papst zur künftigen Unterstützung desjenigen zu gewinnen, den er als Thronerben auswählt; aber auch hier folgt keine explizite Festlegung auf eine namentlich genannte Person[32].

Es folgt vielmehr eine Reihe von Belehrungen, wie der nicht genannte Nachfolger regieren soll. Am Anfang steht die Aufforderung, Gott und seiner Kirche zu dienen, diese zu beschützen und sie nicht allein innerhalb des Königreiches, sondern in der gesamten *christianitas* zu befördern. Daraus leitet Alfons die Empfehlung ab, auch für dieses Vorhaben stets mit dem Königreich Frankreich eng zu kooperieren, denn nur dank des Bündnisses der beiden Königreiche gelinge es, die Christenheit zu stärken. Die langfristige Zusammenarbeit basiere, so Alfons, auf komplementären Tugenden, die die Völker Frankreichs und Spaniens auszeichneten: Sind die Franzosen reich, friedlich gestimmt, weitsichtig, ehrenhaft, so die Spanier tapfer, fähig im Waffengebrauch und kriegstüchtig, sodass in der Kombination der Tugenden beider Völker sie befähigt seien, gegen alle Feinde des christlichen Glaubens, auch im Heiligen Land – *in ultramari* – vorzugehen. Das ferne Ziel der Wiedergewinnung Jerusalems hat Alfons vorgezeichnet[33]. Zwei Pioniervölker, Franzosen und Spanier, müssen das Vorhaben verwirklichen. Sie müssen in Liebe verbunden sein, sie müssen eine Einheit bilden. Das allgemeine Wohl, so insistiert Alfons, betreffe nicht allein das Königreich seines Nachfolgers und dessen Bewohner, sondern das der gesamten Christenheit. Die Entstaatlichung des allgemeinen Wohls und seine räumliche Expansion erfordern ein Handeln, das die Nützlichkeit nicht auf ein einzelnes Herrschaftsgebiet begrenzt. Es ist ein kontra-intuitives Handeln, das Alfons vorsieht, einer einzig an Machtvermehrung intendierten Politik entgegensteht und gerade deswegen im Ergebnis die Macht und das Ansehen des kastilischen Königshauses mehre und deswegen der Anweisung und des Rates des erfahrenen Herrschers bedürfe[34]. Im Inneren des Königreiches Kastilien soll der Nachfolger mit den Söhnen und Töchtern Alfons', die bisher gegen ihn gehandelt hätten, einen Ausgleich suchen, sofern sie sich ihrem Vater unterwerfen würden – mit Ausnahme allerdings von Sancho, der von einer künftigen Friedensordnung ausgeschlossen sein müsse. Angesichts der Unerfahrenheit der Nachfahren von Alfons und angesichts dessen, dass die Völker arm seien und einen schlechten Verstand hätten, rät Alfons erneut, die Hilfe des französischen Königs zu suchen und anzunehmen. Ihm hat Alfons sogar aufgetragen, die gute Belehrung über seinen Tod hinaus auszuüben. Ja, er soll Erbe des Königreiches von Kastilien werden, falls alle Nachfahren der möglichen Thronerben ohne eigene Kinder sterben würden, sodass dann Kastilien und Frankreich einen einzigen König hätten. Die Personalunion ist eindeutiger formuliert als eventuelle leibliche Erbfolgen, gleichwohl aber nur als subsidiäre Lösung gedacht[35].

---

32 Testaments (nt. 27), 82–84.

33 N. Housley, The Later Crusades 1274–1580. From Lyons to Alcazar, Oxford 1992.

34 Testaments (nt. 27), 84 sq.

35 Testaments (nt. 27), 85 sq.

Am 10. Januar 1284 verfasste Alfons X. ein zweites Testament. In ihm sind weitere Bestimmungen enthalten, die sowohl juristische Regelungen als auch didaktische Hinweise vorsehen. Der Testator positioniert sich hier noch eindeutig als derjenige, der berät, der Wissen bereithält, es ausbreitet und dessen Lehre zu gehorchen ist. Nicht allein kraft seiner Autorität als König des Reiches und Haupt der Familie, sondern auch als Meister, der belehrt, formuliert Alfons seine Anweisungen. So wie ein Vater dem guten Sohn, so wie ein Lehnsherr seinem Vasallen und ein guter Freund seinem Freund Rat erteilt, so tut dies nun hier der König seinem Nachfolger. Viele Menschen seien arm, weil sie des Rates entbehrten. Dies müsse verhindert werden, so schon im ersten Testament gefordert[36]. Wiederholt verwenden beide Testamente die Formulierung, dass Alfons berät und lehrt, und stellen sie neben die Formulierung des Befehlens.

Auch in diesem Testament fehlt eine eindeutige Bestimmung zur Person des Nachfolgers. Er wird vage als derjenige bezeichnet, der „*de iure successor fuerit*" oder an anderer Stelle: „*qui iuste et pro nobis Castellam et Legionem heredare contingerit*"[37]. Anders als zuvor sind diesmal Testamentsexekutoren vorgesehen, die teils Mitglieder der Familie, insbesondere sein jüngerer Sohn Juan, und weitere geistliche und weltliche Mitglieder des Hofes sind. Die Mischung von Anweisung und Belehrung richtet sich also wenigstens teilweise an einen definierten Personenkreis, sodass der nicht genannte Nachfolger Anweisungen und Belehrungen auch nach dem Tod von Alfons X. erhalten kann. Es ist auch im zweiten Testament offensichtlich, zumindest nach dem Verfahren des Ausschlusses der ansonsten Erbansprüche anmeldenden Familienmitglieder, dass Alfonso de Cerda der Thronfolger sein solle. Jedenfalls ist die Enterbung des Sohnes Sancho erneut ausgesprochen[38].

Alfons behandelt die Regelungen der Schulden, die er hinterlassen würde. Erstens sind den Kaufleuten innerhalb und außerhalb des Königreiches die Kredite zurückzuzahlen, umso mehr als sie Nutzen für das Königreich erbracht hätten und nunmehr belohnt werden müssten. Auch in Zukunft müsse deren Mitwirkung gesichert sein. Zweitens hat der Nachfolger die ausstehenden Soldzahlungen für die Vasallen und für die königlichen Beamten, sowohl geistlichen als auch weltlichen, zu bezahlen. Deren Loyalität sei zu bewahren. Drittens ordnet Alfons an, dass zur Ehre Gottes gehandelt werden müsse, wozu auch die Abtragung aller bisherigen Verbindlichkeiten dazugehöre. Geld, Schulden und Schuld gingen eine enge Verbindung ein und wurden gar religiös überhöht. Ein ethisch geordnetes und zugleich kirchlich vorgeschriebenes Handeln war dem Nachfolger aufgetragen. Nur so können die Grundlagen der Herrschaft stabil gehalten werden. Ausstehende Verbindlichkeiten zu begleichen, erfordert aber eben nicht allein die Gerechtigkeit, sondern auch die auf die Zukunft bezogene Opportunität. Die Hälfte der Einkünfte aus den Ausfuhrsteuern, den *almoxerifu-*

36 Testaments (nt. 27), 85, 94.
37 Testaments (nt. 27), 91 sq.
38 Testaments (nt. 27), 87–99.

gas, sollte der Rückzahlung der Schulden gewidmet werden. Primär aber soll der Nachfolger darauf achten, das Königreich militärisch zu verteidigen, weswegen es ihm offensteht, den Anteil, der für die Schuldentilgung vorgesehen ist, zu vermindern und ihn der Finanzierung von Rüstungen und Anwerbung von Vasallen zuzuführen.

Als künftige Hauptstadt hat Alfons Murcia vorgesehen, wo er auch bestattet werden solle, solange noch nicht alle testamentarischen Bestimmungen ausgeführt würden. Alfons hat damit eine auch räumliche Nähe zur bisherigen und fortzusetzenden Reconquista festgelegt. Aber die künftigen Projekte sind noch weiter ausgedehnt: Die Eroberung von Jerusalem ist angeordnet. Sobald sie vollbracht sein würde, solle der Leichnam von Alfons in der dortigen Grabeskirche beigesetzt werden. Als Statthalter der ersehnten künftigen Herrschaft im Heiligen Land soll der Nachfolger den Landmeister der Templer von Kastilien einsetzen. Für das Projekt der Wiedergewinnung christlicher Herrschaft in Jerusalem sah Alfons die Summe von 10 000 Goldmark vor. Den Kampf gegen die Muslime sollte der Nachfolger aber auch gegen Afrika richten, schließlich sei dieses Gebiet einst von Christen beherrscht, den Vorfahren der Könige von Kastilien unterworfen gewesen und nun ihnen wegen deren Sünden entrissen worden. Afrika soll, so die Anweisung, wieder der legitimen Herrschaft des Nachfolgers von Alfons unterstellt werden[39]. Erneut mahnte Alfons seinen Nachfolger zu einem engen Bündnis mit der französischen Königsdynastie, diesmal mit der Begründung, dass sich die Könige niemals gegen die römische Kirche erhoben hätten. Mit den Königen Frankreichs müssten diejenigen Kastiliens in Liebe verbunden sein. Alfons sieht sich als derjenige König, der erstmals in Kastilien den Vasallen Geld für ihren Kriegsdienst gab und ihnen auch bei ihrer Verheiratung Unterstützung gewährte, was auch künftig beibehalten werden soll[40].

Trotz der Präzisierungen künftigen Handelns räumt Alfons in dem zweiten Testament ein, dass der Nachfolger von den Anweisungen und Beratungen des Testaments abweichen könne, wenn die Umstände sich ändern sollten und soweit neue Überlegungen nötig würden, jedoch derart, dass alles Angeordnete, soweit es möglich ist, ausgeführt werde. Die Flexibilität des künftigen Handelns zeigt an, dass das Testament sich nicht auf eine Nachlassregelung reduzieren lässt, nicht allein eine Anweisung, gar Fixierung des Regierungshandelns ist und sich nicht auf die Etablierung von Normen beschränkt, sondern einen Text darstellt, der Beratung enthält und diese Beratung in eine hierarchische Distanz stellt, die zwischen König und Nachfolger, zwischen Großvater und Enkel, zwischen dem Erfahrenen und dem Unerfahrenen, und diese Distanz in Analogie zu der zwischen Meister und Schüler stellt[41].

---

[39] Testaments (nt. 27), 90, 93 sq.; González Jiménez, Las cruzadas (nt. 26), 130–138.

[40] Testaments (nt. 27), 94.

[41] Testaments (nt. 27), 94.

IV.

Die familiäre und herrschaftliche Rolle dieses Meister-Schüler-Verhältnisses zeichnete mehrere Besonderheiten aus. Die Funktionen waren in eine genealogische Relation eingebunden, setzten gleichwohl eine formalisierte und schriftlich fixierte Lehre voraus. Es gab einen eindeutig benannten Belehrenden, aber keinen expliziten Empfänger des Wissenstransfers. Die Einbindung in einen normativen Gehalt, wie es ein Testament vorsieht, verlangte Gehorsam; die Beratung, die das Testament von Alfons ausdrücklich benennt, beließ Freiheit zur Abweichung, so wie dies das Testament explizit einräumte.

Auch Familie und Hof waren institutionelle Orte des Belehrens, die reguliert waren. Sie aus dem Ensemble der Institutionen, die im Okzident auch des späten Mittelalters der Wissensvermittlung dienten, auszuschließen, ist nicht gerechtfertigt. Dies ist nicht neu, gerade auch die Philologien haben in ihren Forschungen zum Hof und zur Belehrung am Hof vielfach darauf hingewiesen und den didaktischen Gebrauch von fiktionalen Texten vorgestellt, die der Information dienten und Leitvorstellungen formulierten, damit auf der Grundlage von Fakten und von Normen Handelskompetenz erworben werden könne[42]. In diesem Beitrag ging es mir darum zu zeigen, dass, wie normativ vorgesehen, auch ein normativer Text einer Wissensvermittlung dient, die sich nicht auf die Befolgung der rechtlichen Befehle reduziert, sondern argumentativ operiert, Erörterungen einfügt und ein Verhältnis vertrauensvoller, gar liebender Zuwendung vorsieht, damit Lehren und Lernen gelingen können. Die Quelle, aus der der Belehrende schöpft, ist seine Erfahrung, also sein Wissen, das aus der Vergangenheit gespeist wird und selbst wiederum sich einer früheren Belehrung verdankt. Das Ziel der Belehrung, das ja ein praktisches, politisch zu gestaltendes Handlungsprogramm vorsieht, bezieht sich auf die Zukunft, ist also nicht allein rezeptiv, sondern verlangt aktives Eingreifen. Damit ist das Risiko verbunden, dass das Erlernte sich als unbrauchbar, weil aktuell nicht anwendbar herausstellt. Die Autorität des Meisters ist nicht allein bedroht, sie kann sich als Hindernis für adaptiv korrektes Verhalten herausstellen. Obgleich Alfons X. diese Gefahr erkannte und benannte, blieb seine Anweisung doch einer Regelbefolgung verhaftet, die umso inkongruenter zu sein drohte, je mehr die zwingende Gewalt Alfons' geschwächt war und dies bereits vor seinem Tod. Dennoch gab es das Bestreben, Wissen weiterzugeben, die Herrschaftspraxis durch Anleitungen zu gestalten, den Nachfolger zur Nachahmung der Anweisungen und Belehrungen anzuhalten.

Kastilien war keine Ausnahme. Seit dem 13. Jahrhundert präsentierten sich Herrscher als Quelle der Weisheit, die sie ihren Söhnen und unter ihnen vor allem ihrem Nachfolger spendeten. Genannt seien hier nur Kaiser Friedrich II., die aragonesischen Könige, König Ludwig IX. von Frankreich und seine Nach-

---

[42] Lutz, Schreiben (nt. 6), 15–21.

folger oder Kaiser Karl IV. Das Verhältnis von Meister und Schüler war in die Familie gestellt, erhielt dadurch einerseits eine Steigerung durch die Bündelung von Autoritätsansprüchen, andererseits eine Schwächung, insofern divergierende Interessen hineinspielten und es nicht allein um Gelehrsamkeit, sondern um die Behauptung von Macht ging und vor allem da die Anwendung des Gelernten der Kontrolle des Lehrenden entglitt, weil sie erst nach dessen Tod verwirklicht werden sollte. Weil das gelehrte Wissen praktisch sein sollte, unterlag es der Gefahr, hinsichtlich der Handlungsumstände als obsolet oder inadäquat eingeschätzt zu werden. Die Gefahr war umso größer, wenn, wie bei Alfons X., die Anweisung konkret, der Adressat hingegen vage vorgestellt war, und überdies in diesem Fall die Autorität des Meisters grundsätzlich infrage gestellt wurde. Es war schließlich Sancho, der tatsächlich die Nachfolge antrat. Das Ideal des belehrenden Königs war aber intakt; es brachte eine Wissenskultur hervor, die am Herrscherhof und in der Herrscherfamilie gedieh. Den Herrscherhof als Hort des Wissens und der praktischen Lebenslehre zu konzipieren, ist nicht erst seit dem Werk von Norbert Elias über die sozialdisziplinierende Intention und Wirkung der Höfe bekannt und seitdem exemplifiziert worden. Die Tätigkeit des Herrschers selbst, der nicht allein als eine des Rates bedürftige Person auftritt oder dessen Tätigkeit sich in der Patronage von Schriftlichkeit und Gelehrsamkeit erschöpft, sondern selbst als Quelle der Belehrung, gilt es indes deutlicher, als dies bisher geleistet wurde, hervorzuheben. Seit dem 13. Jahrhundert entsteht das Ideal des Herrschers, der die Belehrung selbst gestaltet, sich selbst als der Wissende präsentiert und anderen seine Kenntnisse mitteilt. Die höfische Geselligkeit, die den Nährboden für eine Wissenskultur darstellt, erhält somit eine hierarchische Spitzenposition, die mit der politischen zusammenfällt[43].

V.

Das Verhältnis zwischen Meister und Schüler war indes fragil, wenn nicht gar kontra-effizient, wenn die Belehrung die Macht des belehrten künftigen Königs zu beschneiden drohte. Der Tod des Königs sollte ja erst die Belehrung in Handlung überführen, aber er beendete zugleich die Kontrolle über die Anwendung des Gelehrten. Alfons hat dies durchaus in Betracht gezogen. Vielleicht stand ihm das Illusionäre seines Vorhabens angesichts der Endlichkeit jeder Macht und besonders durch die Rebellion seines Sohnes deutlich vor Augen.

---

43 N. Elias, Über den Prozeß der Zivilisation, Frankfurt a. M. 1976; id., Die höfische Gesellschaft, Frankfurt a. M. 2002; J. Bunke, Mäzene im Mittelalter. Die Gönner und Auftraggeber der höfischen Literatur in Deutschland 1150–1300, München 1979; C. S. Jaeger, The Origins of Courtliness. Civilizing Trends and the Formation of Courtly Ideals 939–1210, Philadelphia 1985; J. Fleckenstein (ed.), Curialitas. Studien zu Grundfragen der höfisch-ritterlichen Kultur (Veröffentlichungen des Max-Planck-Instituts für Geschichte 100), Göttingen 1990; G. Deutschländer, Dienen lernen, um zu herrschen. Höfische Erziehung im ausgehenden Mittelalter (Hallische Beiträge zur Geschichte des Mittelalters und der Frühen Neuzeit 6), Berlin 2012.

Nichtsdestoweniger ging es Alfons offensichtlich darum, seine Rolle als Hort und als Spender der Weisheit bis zu seinem Tod und darüber hinaus dank eines Textes, der seine Gültigkeit bewahren sollte, kundzutun. Die Stilisierung des Herrschers als Quelle des Wissens und als Lehrer, auch innerhalb der Familie, war vordringlich und erforderte die Etablierung eines Meister-Schüler-Verhältnisses, das in einem juristischen Text eingekleidet war, zugleich aber die Inhalte eines Wissenserwerbs vorsah. Das Lernen sollte zum Handeln befähigen, das Verstehen sollte die Praxis leiten. Aber nicht ein die Tätigkeit begleitendes Erlernen, sondern eine theoretisch abgestützte Gelehrsamkeit war vorgegeben. Die gebündelte Autorität des Familienoberhauptes, des Königs und des Wissenden, war gewiss übermächtig, die diffuse Diffusion des Lerninhaltes war aber, ohne namentlich genannten Adressaten und ohne gesicherten Thronfolger und vor allem ohne garantierte Sanktionierungsgewalt nicht gegeben, sodass die rechtlich schwächste Autoritätsform, die des Meisters, als die wirksamste angesehen war, was im Falle von Alfons X. einen bedeutenden argumentativen Aufwand nach sich zog. Dass die Autorität des Meisters sich aber auch in diesem Fall als schädlich herausstellen konnte, dass sie Innovationen, ja selbst Adaptionen an geänderte Situationen behinderte, weil sie Abweichungen von der Belehrung des Meisters nur ausnahmsweise duldete, und dass die Freiheit desjenigen, der belehrt werden sollte, durch den Tod des Meisters umso mehr wuchs, je mehr sie sich auch rechtlicher Sicherungen bediente, allein dies machte die Belehrung durch König Alfons X. so wenig folgenreich. Die Regierung von Sancho, dem es gelang, die Nachfolge anzutreten, wahrte zwar das Prestige von Alfons, löste sich aber von dessen Anweisungen, Beratungen und Belehrungen. Ein Ende der belehrenden politischen Texte, verfasst im Umfeld des königlichen Hofes in Kastilien, war damit aber nicht eingetreten; vielmehr wurden sie weiterhin von Akteuren der Macht verfasst und ihr widmeten sich auch Angehörige der Königsdynastie, nicht zuletzt Don Juan Manuel, der Neffe von Alfons X., und König Sancho IV. selbst[44]. Insofern war Alfons X. dann doch erfolgreich: Er schuf ein Modell des belehrenden Königs. Meister und Schüler waren in der königlichen Familie etabliert.

[44] Don Juan Manuel, Libro infinido con los pasajes del «Libro de los estadas» a los que remite, ed. C. Mota, Madrid 2003; H. O. Bizzarri, La estructura de lols Castigos e Documentos del rey don Sancho IV, in: Incipit 17 (1997), 83–138; M. Haro Cortés, La imagen del poder real a través de los compendios de castigos castellanos del siglo XIII, London 1996, 49–51; G. Fournès, L'idéalité royale en Castille au 13e siècle. Des Sept Parties aux Castigos del rey don Sancho IV., in: Cahiers de linguistique et de civilisation hispanique médiévales 27 (2004), 293–310.

Geistlicher und Herrscher
Die Rolle des chronistisch-didaktischen *exemplum* in der Gestaltung des mittelalterlichen *regnum*

Václav Drška (Praha)

I.

Die Entstehung des mittelalterlichen *regnum* im Milieu der weströmischen Gesellschaft vollzog sich in einem komplizierten Prozess der Umgestaltung der traditionellen Stammesstrukturen, die dem Einfluss der spätantiken kulturellen und politischen Tradition und der christlichen Ideologie unterlagen. Die Rolle, welche die römischen Eliten dabei einnahmen, ist unbestritten und wurde schon mehrfach untersucht[1]. In Mitteleuropa, wo – wenn überhaupt – nur ein geringer direkter Einfluss imperialer Strukturen zu verzeichnen ist, stellt sich diese Situation jedoch etwas komplexer dar[2].

---

[1] In der klassischen Sichtweise verbleibt in dieser Hinsicht R. Wenskus, Stammesbildung und Verfassung. Das Werden der frühmittelalterlichen gentes, Köln – Graz 1961. Zur Übernahme des Kulturerbes G. Halshall, Barbarian Migrations and the Roman West 376 – 568 (Cambridge Medieval Textbooks), Cambridge 2007; P. Haether, Invasion der Barbaren. Die Entstehung Europas im ersten Jahrtausend nach Christus. Aus dem Englischen von B. Jendricke/R. Seuß/T. Wollermann, Stuttgart 2011; B. Bleckmann, Die Germanen. Von Ariovist zu den Wikingern, München 2009 bzw. C. Lutter/H. Reimitz (eds.), Römer und Barbaren. Ein Lesebuch zur deutschen Geschichte von der Spätantike bis 800 (Beck'sche Reihe 1234), München 1997. Im Fall der Franken: E. Ewig, Die Merowinger und das Frankenreich, Stuttgart 1993, 12 – 18; H. J. Hummer, Franks and Alamanni: A Discontinuous Ethnogenesis, in: I. N. Wood (ed.), Franks and Alamanni in the Merovingian Period: An Ethnographic Perspective (Studies in historical archaeoethnology 3), Woodbridge e. a. 1998, 9 – 32, v. a. 11 – 14 oder U. Nonn, Die Franken (Urban-Taschenbücher 579), Stuttgart 2010; P. J. Geary, Die Merowinger. Europa vor Karl dem Großen. Aus dem Englischen von U. Scholz, München 1996, 84 – 121. Zusammenfassend R. van Dam, Merovingian Gaul and the Frankish Conquests, in: P. Fouracre (ed.), The New Cambridge Medieval History, vol. 1: C. 500 – 700, Cambridge 2008, 193 – 231. Zu Chlodwigs „Aufbau des Staates" M. Becher, Chlodwig I. Der Aufstieg der Merowinger und das Ende der antiken Welt, München 2011. Cf. weiterhin R. Le Jan, La sacralité de la royauté mérovingienne, in: Annales 58 (2003), 1217 – 1242. Für die königliche Epoche M. de Jong, Sacrum palatium et ecclesia. L'autorité religieuse royale sous les Carolingiens (790 – 840), in: Annales 58 (2003), 1243 – 1270.

[2] Für das bisher gültige Paradigma steht das folgende Werk: D. Třeštík, Počátky Přemyslovců. Vstup Čechů do dějin (530 – 935), Praha 1997 und v. a. id., Vznik Velké Moravy. Moravané, Čechové a střední Evropa v letech 791 – 871, Praha 2001. Zu Polen: P. Wiszewski, *Domus Bolezlai* W poszukiwaniu tradycji dynastyczej Piastow (do okolo 1138), Wrocław 2008.

Grundsätzlich unterscheiden sich West- und Mitteleuropa hinsichtlich der Beziehung zwischen *stirps regia* einerseits und den Repräsentanten des christlichen Kultus und der christlichen Kultur andererseits. Die Hilfe der Letzteren war bei den Franken zur Durchsetzung von Chlodwigs Königreich von entscheidender Bedeutung und zugleich schien die Konstituierung der neuen christlichen Macht in Gallien auch für das gallo-römische Episkopat von Vorteil zu sein[3]. Im Fall der Formierung des frühprzemyslidischen Staates haben wir es dagegen mit einer verhältnismäßig langen heidnischen Ära zu tun, und die Taufe des Herrschers ist vor allem das Ergebnis des langfristigen Drucks von außen. Sie ist eher als pragmatische Lösung[4] zu bewerten, also auch als das Ergebnis eines beiderseitigen Kompromisses.

Ein wichtiger Bestandteil dieses Prozesses war die Herausbildung einer offiziellen Sicht auf die Vergangenheit, die auch eine didaktische Funktion hatte. Die dominante Rolle spielte dabei die Auslegung der Initiation der neuen dynastischen Herrschaft über das Volk sowie dessen ideale Regierungsweise, die für die Aufrechterhaltung der traditionellen Werte des christlichen *regnum* als notwendige Voraussetzung einer dauerhaften künftigen Prosperität sorgen sollte[5]. In dieser Hinsicht spielte die narrative Produktion, die den mittelalterlichen Historien und Chroniken zufiel, die Hauptrolle. Im fränkischen und böhmischen Milieu sind zwei Werke hervorzuheben: die ‚Libri historiarum X' Bischof Gregors von Tours und die ‚Chronica Bohemorum' des Domherrn der Prager St. Veits-Kirche Cosmas von Prag[6].

Schon die Titel beider Werke weisen darauf hin, dass sie unterschiedlichen Genretypen angehören könnten. Betrachtet man diese Werke etwas genauer, offenbaren sich sogar noch komplexere Zusammenhänge. Noch Jean Verdon, der Gregors moderne Biografie verfasst hat, charakterisierte den Gegenstand der ‚Libri historiarum X' zwar als „Weltgeschichte", fügte jedoch hinzu, dass es

---

[3] Eine Zusammenfassung der Problematik aus moderner Sicht findet sich in M. Rouche (ed.), Clovis. Histoire et mémoire, Paris 1997. Cf. weiterhin z. B. Y. Hen, Clovis, Gregory of Tours, and Pro-Merovingian Propaganda, in: Revue belge de philologie et d'histoire 71/2 (1993), 271–276.

[4] Třeštík, Počátky (nt. 2), 176–195; P. Charvát, Zrod českého státu 568–1055, Praha 2007, 136–150.

[5] Der Beziehung zwischen dem charismatischen und dem legalen Herrschen im Mittelalter widmete sich schon F. Graus, Volk, Herrscher und Heiliger im Reich der Merowinger. Studien zur Hagiographie der Merowingerzeit, 2 vols., Praha 1965. Eine neuere Arbeit zum Konzept des Herrschens im Mittelalter ist A. Bühler, Herrschaft im Mittelalter (Reclams Universal-Bibliothek 17072), Ditzingen 2013; zum Frühmittelalter M. Sot, Hérédité royale et pouvoir sacré avant 987, in: Annales 43 (1988), 705–733. Zur zeitgenössischen Vorstellung des idealen Herrschens cf. den Standpunkt des Pariser Konzils in 829 in: Concilia aevi Karolini [742–842], ed. A. Werminghoff (Monumenta Germaniae Historica. Concilia 2/2), Hannover–Leipzig 1908, No. 50, 649 sqq.

[6] Gregor von Tours, Libri historiarum X, edd. B. Krusch/W. Levison (Monumenta Germaniae Historica. Scriptores rerum Merovingicarum 1/1), Hannover 1956; Cosmas von Prag, Die Chronik der Böhmen, edd. W. Weinberger/B. Bretholz (Monumenta Germaniae Historica. Scriptores rerum Germanicarum. N.S. 2), Berlin 1923.

sich faktisch um die „Geschichte der Franken" („L'histoire des Francs")[7] handle. Aus seiner Sicht ging es genau genommen um eine staatliche, vom Geist des merowingischen Legitimismus durchdrungene Chronik, die allerdings ebenfalls starke moralisierende Elemente enthielt[8]. Diese klassische Bewertung von Gregors Werk wurde im Zuge der Forschung der letzten Jahrhunderte bedeutend verschoben. Vor allem Woods und Goffarts Analysen betonen nicht die fränkische, sondern die kirchengeschichtliche Dimension und Absicht des Werkes des Bischofs von Tours. Sie machen auch auf seinen didaktischen Plan aufmerksam, dem der Chronist sowohl die Auswahl des Materials als auch dessen Präsentationsweise unterwarf[9]. Trotzdem bin ich der Meinung, dass Gregors Werk auch als paradigmatische Auslegung der Geschichte des auserwählten Volkes, wenn schon nicht konzipiert war, so doch zumindest als solche verstanden und benutzt werden konnte. In diesem Sinne ist es möglich, dem Werk nicht nur didaktische Merkmale zu attestieren, sondern auch die Züge einer staatlichen Chronik zuzugestehen.

Bei dem Werk des Cosmas handelt es sich ebenfalls um eine quasistaatliche Niederschrift[10]. Mit Gregors ‚Libri historiarum X' verbindet dieses Werk noch dazu die beabsichtigte Form. Auch der Prager Domherr plante ursprünglich eine ‚Historia' zu schreiben, und zwar die Geschichte seines Stammes. Ihm ist

---

7 J. Verdon, Grégoire de Tours, «le père de l'Histoire de France», Le Coteau 1989, 77.

8 Ibid., 115 sqq.

9 Man muss jedoch daran erinnern, dass die Möglichkeit einer veränderten Einschätzung bereits angedeutet wurde in G. de Nie, Roses in January: Discontinuity and Coherence in the 'Histories', in: ead., Views From a Many-windowed Tower: Studies of Imagination in the Works of Gregory of Tours (Studies in classical Antiquity 7), Amsterdam 1987, 27–70. Zudem W. Goffart, From Historiae to Historia Francorum and Back Again: Aspects of the Textual History of Gregory of Tours, in: T. F. X. Noble/J. J. Contreni (eds.), Religion, Culture, and Society in the Early Middle Ages: Studies in Honor of R. E. Sullivan (Studies in medieval culture 23), Kalamazoo, MI 1987, 55–76 und id., The Narrators of Barbarian History (A.D. 550–800): Jordanes, Gregory of Tours, Bede, and Paul the Deacon, Princeton 1988; I. N. Wood, Gregory of Tours: Headstart History Papers, Oxford 1994; A. H. B. Breukelaar, Historiography and Episcopal Authority in Sixth-Century Gaul: The Histories of Gregory of Tours Interpreted in their Historical Context (Forschungen zur Kirchen- und Dogmengeschichte 57), Göttingen 1994; M. Heinzelmann, Gregor von Tours (538–594). „Zehn Bücher Geschichte". Historiographie und Gesellschaftskonzept im 6. Jahrhundert, Darmstadt 1994; K. Mitchell/I. Wood (eds.), The World of Gregory of Tours (Cultures, beliefs and traditions 8), Leiden–Boston–Köln 2002.

10 Cf. M. Bláhová, Die Anfänge des böhmischen Staates in der mittelalterlichen Geschichtsschreibung, in: F.-R. Erkens/H. Wolff (eds.), Von sacerdotium und regnum. Geistliche und weltliche Gewalt im frühen und hohen Mittelalter. Festschrift für Egon Boshof zum 65. Geburtstag (Passauer historische Forschungen 12), Köln–Weimar–Wien 2002, 67–76, 67–68. N. Kersken, Die Anfänge nationaler Geschichtsschreibung im Hochmittelalter: Widukind von Corvey, Gallus Anonymus, Cosmas von Prag, Gesta Hungarorum, in: A. Wieczorek/H. Hinz (eds.), Europas Mitte um 1000. Beiträge zur Geschichte, Kunst und Archäologie, vol. 2: Handbuch zur Ausstellung (Europarat-Ausstellung 27), Stuttgart 2000, 863–867. P. Hilsch, Herzog, Bischof und Kaiser bei Cosmas von Prag, in: K. Hauck/H. Mordek (eds.), Geschichtsschreibung und geistiges Leben im Mittelalter. Festschrift für Heinz Löwe zum 65. Geburtstag, Köln 1978, 356–372.

es jedoch nicht gelungen, die Form einzuhalten[11], und so entstand ein komplexes Werk, das die Merkmale beider Gattungen trägt[12]. Zum Ausgangspunkt für einen weiteren Vergleich können also die beiden folgenden Thesen dienen: Während Gregor vor allem eine kirchliche Geschichte schrieb, in die er die Geschichte des auserwählten Volkes und seiner Könige einwob, schilderte Cosmas die Geschichte seines Volkes und seiner Herrscher, in die er das Schicksal der Kirche auf dem Territorium des sich formierenden böhmischen Fürstentums einband (1). In beiden Fällen hat diese Beziehung (neben der historischen Dimension) auch eine stark didaktische Funktion (2), deren Untersuchung zum Gegenstand der folgenden Überlegungen wird.

Gregor von Tours führte die Franken in seine Erzählung mit der Feststellung ein, dass es nicht klar sei, wer ihr erster König gewesen sei. Er stellte sogar in Frage, ob sie in ihren Anfängen überhaupt einen König gehabt hätten[13]. Schon Reinhard Wenskus[14] fasste diese Feststellung als Eingeständnis eines Schwachpunktes auf, und man kann ihm darin ohne Weiteres folgen. In der weiteren Beschreibung der fränkischen Anfänge verwandte der Bischof von Tours nämlich viel Mühe darauf, dass man aus seinen Quellen schließen möge, dass die Franken trotzdem Könige gehabt haben müssten, auch wenn deren Bezeichnung (*regales*, *subreguli*) selbst bei ihm Unsicherheit bezüglich ihrer tatsächlichen Stellung hervorrief. Cosmas zeigte im Gegenteil keine derartige Zurückhaltung. Sein Volk brachte einfach „*senior, quem alii quasi dominum comitabantur*" in das Land, dessen Name *Boemus* später zur Bezeichnung des besetzten Territoriums (*Boemia*) wurde[15]. Die Übereinstimmung liegt darin, dass beide Verfasser ihren *gentes* keine Exklusivität zusprachen, was ihren Ursprung betrifft.

Eine Legendenbildung im Hinblick auf die Exklusivität beider Völker lag also zu der Zeit, als sie schrieben, nicht in der Absicht beider Verfasser. Bei Gregor verdient jedoch das Kapitel XXIII des zweiten Buches unsere Aufmerksamkeit, auf das auch I. Wood bereits hingewiesen hat[16]. Darin schildert er das Unrecht, welches Sidonius, Bischof von Clermont, von seinen beiden Priestern erlitten hatte, dessen Tod und die Vorhersage seines Nachfolgers, seines Bruders Aprunculus. Der *terror Francorum*[17], der den Umzug des Bischofs Aprunculus von Langres nach Clermont verursachte, bildet hier das didaktische Konzept einer Initiationswende: Durch seine Taten wurde die Exklusivität des fränki-

---

[11] D. Třeštík, Kosmas a Regino. Ke kritice Kosmovy kroniky, in: Československý časopis historický 8 (1960), 564–587.

[12] Zu Cosmas' Chronik schon D. Třeštík, Kosmova Kronika. Studie k počátkům českého dějepisectví a politického myšlení, Praha 1968. Ebenso id., Kosmas, Praha 1972; O. Králík, Kosmova kronika a předchozí tradice, Praha 1976.

[13] Gregor, Libri, II, 9, edd. Krusch/Levison (nt. 6), 52: „[...] *non tamen regem eorum ullatinus nominat, sed duces eos habuisse dicit*".

[14] Wenskus, Stammesbildung (nt. 1), 531.

[15] Cosmas von Prag, Chronik, I, 2, edd. Weinberger/Bretholz (nt. 6), 7.

[16] Wood, Gregory (nt. 9), 22–23.

[17] Gregor, Libri, II, 23, edd. Krusch/Levison (nt. 6), 69.

schen Volkes bestätigt, Gallien sowohl in weltlicher als auch in geistlicher, das heißt christlicher Hinsicht neu zu organisieren. Die gleiche Funktion hat Cosmas' Vision der Ankunft des neuen Volkes im Land der Verheißung (*terra promissa*, *terra fatalis*[18]), die offensichtlich an das alttestamentarische Konzept der Wanderung des jüdischen Volkes unter Führung Moses erinnern soll.

II.

In beiden Fällen musste der christliche Intellektuelle mit zwei Grundproblemen fertig werden: nämlich die vorkönigliche Ära seines Volkes zu erklären und es mit seiner heidnischen Vergangenheit zu versöhnen. Dazu war es nötig, so vorzugehen, dass das Ergebnis auch in der königlichen und christlichen Gegenwart akzeptabel und anwendbar war. Es ging um die Durchsetzung der neuen historischen und gleichzeitig didaktischen Tradition, bei der dem Herrscher in der kommenden Zeit die entscheidende Rolle bei der Bewältigung der zweifachen Aufgabe, seine Macht durchzusetzen und sein Volk zu bekehren, vorbehalten bleiben sollte.

Die Priorität sah Cosmas jedoch nicht in der Christianisierung und Bildung der Kirchenorganisation, sondern in der Festigung der Macht des Herrschers. Obwohl es natürlich um heidnische Macht ging, gestand der Chronist ihr trotzdem eine konstruktive Rolle zu. D. Třeštík[19] hat bereits darauf aufmerksam gemacht, dass sich der Prager Dekan wieder auf das alttestamentarische Vorbild stützte, das er als didaktisches *exemplum* verwendet. Er stellte die Festigung der Macht in zwei Phasen dar: Der Richter Crocco (Krok) stellt die Analogie zu der Zeit der Richter der israelitischen Stämme her. Darum charakterisierte ihn der Verfasser als einen sehr charismatischen[20] Mann, der nur über seine persönliche Autorität zum Ziel kam und sich nicht auf eine formalisierte Macht stützte. Der entscheidende und unwiderlegbare Augenblick der Entstehung der tatsächlichen *potestas* ist erst die Berufung Przemysls zum Fürsten. Sie wird mit der Rede seiner künftigen Gattin und Croccos Tochter Libussa eingeleitet, die – aus unserer Sicht – zwei Schlüsselaussagen enthält: Erstens geht es um die Feststellung, dass die Bestimmung eines Herrschers, der über eigene Rechte (*iura ducis*) verfügen wird, mit dem bisherigen Zustand der Freiheit unvereinbar ist. Zweitens handelt es sich um die Warnung, dass die Macht des Fürsten praktisch unwiderruflich ist und dass der Fürst der absolute Herr über das Leben und Vermögen aller Angehörigen des Stammes sein wird[21].

---

18 Cosmas von Prag, Chronik, I, 2, edd. Weinberger/Bretholz (nt. 6), 7.

19 Třeštík, Kosmova Kronika (nt. 12), 177–180.

20 Cosmas von Prag, Chronik, I, 3, edd. Weinberger/Bretholz (nt. 6), 9.

21 Ibid., 5, 14: „*O plebs miseranda nimis, que libera vivere nescit, et quam nemo bonus nisi cum vita amitit, illam vos non inviti libertatem fugitis et insuete servituti colla sponte submittitis.* […] *facile est ducem ponere, sed difficile est positum deponere; nam qui modo est sub vestra potestate, utrum eum constituatis ducem an non, postquam vero constitutus fuerit, vos et omnia vestra erunt eius in potestate.*" Cf. dazu Bláhová, Die Anfänge (nt. 10), 69.

Die Inspiration der Prophezeiung von Libussa durch das erste Buch der Könige oder das Buch der Richter ist schon lange bekannt, genauso wie das Faktum, dass auch manche Dokumente des Reformpapstums das Konzept des Cosmas von der Konstituierung der weltlichen Herrschaft über das Volk als eine Art Strafe für dessen vorhergehenden Hochmut enthielten[22]. Cosmas arbeitete möglicherweise zugleich noch mit einem anderen Vorbild. Przemysls Weg vom Pflug zur Herrschaft erinnert auffällig an die ähnliche Laufbahn des Lucius Quinctius Cincinnatus in das Amt des römischen Diktators, und die Charakteristik der fürstlichen Regierung lässt sich mit den Gefühlen der Römer unter der ersten Diktatur des Titus Larcius – wie bei Titus Livius zu lesen ist[23] – vergleichen. Zudem legte der Chronist den böhmischen Anführern, die sich ihrem künftigen Herrn beugen, die folgenden Worte in den Mund: „*Omnia nostra et nos ipsi in tua manu sumus, te ducem, te iudicem, te rectorem, te protectorem, te solum nobis dominum eligimus.*“[24] Er beabsichtigte also unbestreitbar, die neu konstituierte Regierung als Macht darzustellen, die aus bis zu diesem Zeitpunkt abgetrennten Komponenten bestand und daher nun in diesem Sinne vollkommen geworden war. Darum ist sie nun in der Lage, das Interesse des Volkes, welches auf seine Freiheit verzichtete, unter allen Umständen sicherzustellen. Der Sinn und die Funktion der ganzen Geschichte liegt in der Konstruktion der neuen Vergangenheit durch die didaktisierenden Textteile, die die souveräne Macht des Fürsten nicht im Konflikt mit dem Stamm präsentieren, sondern im Gegenteil als Mittel zu dessen innerer Harmonisierung[25], wenn auch dieser Zustand nur durch autoritative Einführung der Rechtsnormen erreicht wurde[26].

Die zweite Phase in Cosmas' Konzept des Aufbaus der weltlichen Macht stellt die Bekehrung zum Christentum dar. Die Art und Weise, wie der böhmische Chronist darüber informiert, ist bemerkenswert[27]. Die Beschreibung der Taufe des Fürsten Borivoj ist ungewöhnlich kurz, und unmittelbar danach folgt die umfangreiche heidnische Sage. Doch dann kehrt Cosmas zu Borivoj zurück,

---

22 Třeštík, Kosmova Kronika (nt. 12), 177.

23 Titus Livius, Ab urbe condita, II, 18, 88, und III, 26, 166.

24 Cosmas von Prag, Chronik, I, 6, edd. Weinberger/Bretholz (nt. 6), 16.

25 Abweichend davon, aber sachlich begründend J. Žemlička, Te ducem, te iudicem, te rectorem (Sněmovní shromáždění v časně středověkých Čechách – kontinuita či diskontinuita), in: Český časopis historický 91 (1993), 369–383. Bláhová, Die Anfänge (nt. 10), 71, weist außerdem auf Sallust als eine andere mögliche Inspirationsquelle des böhmischen Chronisten hin. Zu den Vorstellungen über die Beziehung zwischen Freiheit und Fürstenmacht cf. ead., Die Freiheitsvorstellungen der böhmischen Intelligenz des frühen 12. Jahrhunderts (Der Begriff *libertas* bei Cosmas von Prag), in: D. Gobbi (ed.), Florentissima proles Ecclesiae. Miscellanea hagiografica, historica et liturgica Reginaldo Grégoire O.S.B. XII lustra complenti oblata, Trento 1996, 31–39.

26 Cosmas von Prag, Chronik, I, 8, edd. Weinberger/Bretholz (nt. 6), 18: „*Hic vir, qui vere ex virtutis merito dicendus est vir, hanc efferam gentem legibus frenavit et indomitum populum imperio domuit et servituti, qua nunc premitur, subiugavit* [...].“

27 Diskussion und Zusammenfassung der ganzen Problematik bei D. Třeštík, Bořivojův křest v historiografii, in: J. Žemlička (ed.), Sborník k šedesátinám PhDr. Josefa Janáčka, DrSc., vedoucího vědeckého pracovníka Ústavu československých a světových dějin Československé akademie věd (Folia Historica Bohemica 10), Praha 1986, 41–59 und id., Počátky (nt. 2), 312 sq.

allerdings nur, um die vorherigen Angaben zu wiederholen[28]. Man muss daraus nicht ableiten, dass der Chronist dem Akt der Taufe kein Gewicht beimaß; möglicherweise wollte er eher die Vorstellung vermitteln, dass die Annahme des neuen Glaubens reibungslos erfolgte, ohne dass die Basis des von Przemysl aufgebauten Staates zerstört wurde. Jedenfalls ist es interessant, dass das von Cosmas errichtete historische Gedächtnis die Vorstellung einer kontinuierlichen Entwicklung des Stammes vermittelte, und zwar sowohl in Bezug auf die Durchsetzung der heidnischen Fürstenmacht als auch in Bezug auf die Annahme des neuen Glaubens – auch wenn dies der Vorstellung einiger tschechischer Historiker etwas widersprechen mag[29].

Cosmas teilte Borivoj eher die Rolle des Vollenders von Przemysls Werk zu. Keinesfalls sieht er in der Christianisierung des Landes eine Neugründung der fürstlichen Macht. Sie ist erst das Werk der Fürsten Boleslav I. und Bretislav I. Was Boleslav I. betrifft, sah der Prager Domherr den Bruch nicht im Zusammenhang mit der Ermordung des Bruders Wenzel, sondern in einem Ereignis, zu dem es erst später kam. Der Fürst entschied, eine ganz neue Residenz nach römischer Art (*Romano opere*) bauen zu lassen und befahl seinen Magnaten, diese zu errichten. Die Magnaten aber lehnten das Anliegen mit dem Hinweis ab, dass keinerlei Verpflichtung dazu bestünde. Damit erzürnten sie ihren Herrn so sehr, dass er einen der Anführer enthaupten ließ[30]. Cosmas leitet diese Geschichte mit der Feststellung ein, dass es sich um „eine mutige und merkwürdige Tat" handle, und betont, dass er uns von diesem grausamen Mann danach nicht weiter berichten wird. Er beendet diese Erzählung mit dem Satz: „Als die anderen es sahen und späte Reue äußerten, fielen sie dem Fürsten zu Füßen und baten ihn weinend um Verzeihung: Herr, […] jetzt werden wir den Befehlen gehorchen, jetzt werden wir freiwillig alles machen, was du willst […]."

Die ganze Geschichte hielt der Verfasser also für außerordentlich wichtig, und der didaktische Sinn, den er ihr gab, ist offensichtlich und zeigt sich auf dreifache Weise: Erstens stellte erst diese Gewalttat den wirklichen Bruch mit der alten Tradition der Stammesgesellschaft dar, denn nur durch diesen Gewaltakt entfaltete sich die Macht der Przemysliden[31]. Zweitens demonstrierte Boleslav durch die Gründung des neuen Amtssitzes auch die Durchsetzung der neuen Verhältnisse. Und drittens entbehrte die von Cosmas konzipierte Bildung des Staates bis zu diesem Moment jegliche bedeutende Kooperation der Przemysliden mit der Kirche.

Die Kirche fand erst unter der Regierung Boleslavs II. Erwähnung. Mit der Gründung des Bistums in Prag begann der Chronist, die Schicksale sowohl seiner Fürsten als auch seiner Kirche in größerem Maße zu verfolgen. Die Kapitel, die diesem Herrscher gewidmet sind, kann man vor allem als Beschreibung

---

[28] Cosmas von Prag, Chronik, I, 10–14, edd. Weinberger/Bretholz (nt. 6), 22–32.
[29] Cf. Třeštík, Počátky (nt. 2), 297–300.
[30] Cosmas von Prag, Chronik, I, 19, ed. Weinberger/Bretholz (nt. 6), 38–39.
[31] Cf. Bláhová, Die Freiheitsvorstellungen (nt. 25), 34–35.

einer idealen Weise christlichen Herrschens lesen, die in der Form einer Belehrung zusammengefasst ist, die der Sterbende seinem Sohn erteilt[32]. Den Höhepunkt in dieser Narrativstruktur stellt dann die Verkündung der neuen Gesetze durch Bretislav I. vor der Ausgrabung der sterblichen Überreste des heiligen Adalbert in Gnesen dar[33]. An dieser Stelle wählte Cosmas wieder die didaktische Erzählweise: Der Zugang zum Grab war den Kämpfern zunächst von Gott verweigert worden. Erst als sie Buße taten und die neuen Gesetze annahmen, wurde es ihnen ermöglicht, die Überführung der Reliquie vorzunehmen. Die Art und Weise, wie der Fürst, den der Chronist einige Seiten vorher mit den tapfersten antiken Helden und Persönlichkeiten Israels, wie Simson, Josua oder Salomon, verglich, präsentiert wird, verdient unsere Aufmerksamkeit. Bretislav, der imaginär zwischen dem heiligen Adalbert und dem Bischof Severus steht – das heißt zwischen dem Bischof, der himmlischer Fürsprecher ist, und jenem Bischof, der als irdischer geistlicher Verwalter des przemyslidischen Fürstentums fungiert –, verkündet in enger Zusammenarbeit mit der kirchlichen Macht die christlichen Gesetze. Die „alten“ Gesetze Przemysls verloren zwar nicht ihre Gültigkeit, sie wurden jedoch um die „neuen“ Bestimmungen ergänzt, mit denen sich die Umwandlung der alten Stammesgemeinschaft in die neue Ordnung vollzog.

III.

Wenden wir jetzt unsere Aufmerksamkeit Gregor von Tours zu. Auch er hielt die Überwindung der unsicheren Periode ohne ordentliche Herrscher für wichtig[34]. Trotzdem bemühte er sich – ähnlich wie Cosmas –, seine Sichtweise an die Traditionen seines Volkes anzupassen[35]. Er baute sein didaktisches Vorbild auf den Geschichten der gallischen Bischöfe auf, die ihm als musterhafte moralische Exempel dienten, und verband sie mit den Schilderungen der Schlüsselmomente der fränkischen Geschichte, denen er besondere Bedeutung für die Festigung der königlichen Macht gegenüber der Stammesstruktur beimaß. Das erste Lehrbeispiel ist der Bericht von der Vertreibung des Königs Childerich, der ein liederliches Leben führte und Mädchen, die den freien Franken entstammten, missbrauchte[36]. Gregor stützte die Verurteilung des fränkischen Herrschers scheinbar auf die Immoralität seines Handelns, doch tatsächlich erfasste er rückblickend die Methode, die der Herrscher zum Überwinden der Stammestradition benutzte. Die Geschichte trägt Spuren des klassischen *locus*

---

[32] Cosmas von Prag, Chronik, I, 21–33, ed. Weinberger/Bretholz (nt. 6), 41–60.

[33] Ibid., II, 3–4, 84–90.

[34] Gregor, Libri, II, 9–10, edd. Krusch/Levison (nt. 6), 58–60. Cf. allgemein dazu Sot, Hérédité (nt. 5), passim oder aus der älteren Literatur J. M. Wallace-Hadrill, The Long-haired Kings and Other Studies in Frankish History, London 1962; Graus, Herrscher (nt. 5), passim.

[35] Cf. Verdon, Grégoire (nt. 7), 115 sqq.

[36] Gregor, Libri, II, 12, edd. Krusch/Levison (nt. 6), 61–62.

communis, weil sie an den Streit zwischen Agamemnon und Achill um die Tochter Brises' erinnert. Darum ist anzunehmen, dass die Ursache der negativen Haltung der Franken nicht in Childerichs hemmungsloser Lebensweise lag, sondern in der Tatsache zu suchen ist, dass sich der Herrscher ihrer Töchter ohne vorherige Vereinbarung mit ihnen bemächtigt und auf diese Weise das Stammesrecht verletzt und ihnen großen moralischen und materiellen Schaden zugefügt hatte[37]. Es geht um die Didaktisierung des Konflikts zwischen den königlichen Rechten und der Freiheit des Stammes, in dem der Herrscher mit seiner voreiligen Gewalttätigkeit scheiterte.

Die endgültige Versöhnung zwischen der christlichen Mehrheit und den Franken (wenn auch immer noch auf heidnischer Basis) wurde erst durch Childerichs Sohn Chlodwig herbeigeführt. Er vereinigte die Franken, und obwohl der Bischof von Tours seine Brutalität und Hinterlistigkeit ausführlich beschreibt, bewertet er dessen Verhalten im Grunde genommen positiv. Gregor von Tours brachte dies offen im Prolog zum fünften Buch zum Ausdruck, als er Chlodwigs Vorgehen als Kontrast zum *bellum civile* bewertet, den seine Enkel später gegeneinander führten[38]. Für Gregor stand das Endergebnis der Taten Chlodwigs sowie die gleichzeitige Stärkung der Position des Königs im Vordergrund, der in der Folge dazu befähigt war, sein Volk zum Christentum zu bekehren. Diesen doppelten Plan demonstrierte Gregor an dem Konflikt zwischen Chlodwig und seinen Kämpfern um den Krug in Soisson[39]. Das Kapitel trägt den bezeichnenden Titel „*Quod Chlodovechus regnum accepit*" und enthält einige wichtige Aspekte. Am Beginn steht die Feststellung, dass die Franken Heiden waren und deshalb auch Kirchen ausraubten. Das Gefäß, das ihnen bei dieser Gelegenheit in die Hände fiel, stellt jedoch gleichzeitig den Gegenstand dar, der Chlodwigs Umkehr zum rechten Glauben symbolisiert. Dazu kam es in Zusammenarbeit mit dem Bischof, der die Rückgabe des seltenen und heiligen Gegenstandes verlangte. Auf die Bitte des Geistlichen hin forderte der König seine Mitkämpfer auf, ihm nun den Krug *extra partem* (das heißt außerhalb des üblichen Teilens der Beute) herauszugeben. Alle stimmten mit den Worten „*Omnia, gloriose rex, quae cernimus, tua sunt, sed et nos ipsi tuo sumus dominio subiugati*" zu. Nur ein einziger Mann war dagegen. Daraufhin sah Chlodwig von seinem Verlangen ab, weil er wusste, dass sein Wunsch den traditionellen Stammesgewohnheiten widersprach. Während der folgenden Militärversammlung wagte der König aber nicht, den widerspenstigen Kämpfer zu töten. Gregor beschrieb die Auswirkung dieser Vorgehensweise so: Der König befahl allen auseinanderzugehen, „*magnum sibi hanc causam timorem statuens*". In der Geschichte finden sich offensichtliche Parallelen zu Cos-

[37] Cf. den Ersatz für die Unzucht mit einem Mädchen in Pactus legis Salicae, 15, 1 und 15, 2, ed. K. A. Eckhardt (Monumenta Germaniae Historica. Leges nationum Germanicarum 4/1), Hannover 1962, 70–71 und auch V. Drška, Divisiones regni Francorum. Královská moc a říšské elity franské říše do vzniku císařství (Acta Universitatis Purkyniae, Facultatis Philosophicae. Studia historica 11), Ústí nad Labem 2010, 23–26.

[38] Gregor, Libri, II, 40–42, edd. Krusch/Levison (nt. 6), 89–93 und V, Incipit, ibid., 193–194.

[39] Ibid., II, 27, 71–73.

mas' Verbindung zwischen der Berufung Przemysls des Pflügers auf den Fürstenstuhl und Boleslavs' Konflikt mit den Magnaten. Es ging wieder um ein Exempel, das die Art und Weise demonstriert, wie die Macht des Herrschers ein formales *regnum* über den Stamm herstellte. Es hat immer noch die heidnische Form, das Wesen des Konflikts verweist jedoch auf die weitere Entwicklung. Zugleich kann man es als Begründung dafür begreifen, warum – in Gregors Augen – Chlodwig im Unterschied zu seinem Vater Erfolg hatte.

Chlodwigs „Weg zum Taufbecken" wurde schon oft analysiert[40]. Trotzdem bin ich der Meinung, dass sowohl in Cosmas als auch in Gregors Konzept die Taufe keinen Impuls zur Bildung einer neuen Herrschermacht darstellt, sondern „nur" ihre unumgängliche Überführung in die wünschenswerte Form ist. Der König ist in diesem Augenblick kein Held, sondern eher ein passiver, ungebildeter Mann von barbarischer Mentalität, den seine viel kultiviertere burgundische Gemahlin geduldig zu diesem entscheidenden Schritt überredet hat und an den sich danach der Bischof von Reims, Remigius, mit seinem autoritativen Befehl „*adora quod incendisti, incende quod adorasti*" wendet[41].

Die Vollendung der neuen königlichen Macht und die wirkliche Sternstunde des fränkischen Königs ist erst die Übernahme des Konsulats von Kaiser Anastasius[42]. Dieser Bericht erfolgt erst nach jenen über die Konversion zum Christentum, über die Vereinigungskriege und über die Niederlage der Goten. Er enthält die klare didaktische Botschaft, die schließlich als offizielle geschichtliche Tradition dienen soll. Der Sieger-König, der Einiger-König und der König als Verteidiger des Glaubens übernahm jetzt auch das Kontinuum der römischen Ära. Auf römische Weise gekleidet und mit dem Diadem auf dem Kopf zeigte er nicht nur seine Souveränität über das Volk und das Land, er demonstrierte zugleich auch den Anfang einer neuen Ära. Und obwohl er ursprünglich Herrscher von Tournai war, wählte er jetzt Paris zu seiner neuen Residenz – eine Maßnahme, über die der böhmische Fürst 450 Jahre später auf der entfernten Burg Boleslav zumindest ebenfalls nachdenken wird.

---

[40] Aus der neueren Literatur sei erwähnt: G. Tessier, Le Baptême de Clovis, Paris 1964; R. Weiss, Chlodwigs Taufe: Reims 508. Versuch einer neuen Chronologie für die Regierungszeit des ersten christlichen Frankenkönigs unter Berücksichtigung der politischen und kirchlich-dogmatischen Probleme seiner Zeit, Bern – Frankfurt a. M. 1971; I. N. Wood, Gregory of Tours and Clovis, in: Revue belge de philologie et d'histoire 63/2 (1985), 249 – 272; P. Périn, Clovis et la naissance de la France (L'Histoire de France 2), Paris 1990; P. Chaunu/E. Mension-Rigau, Baptême de Clovis, baptême de la France. De la religion d'État à la laïcité d'État, Paris 1996; M. Rouche, Clovis. Suivi de vingt et un documents traduits et commentés, Paris 1996; B. Fauvarque, Le baptême de Clovis, ouverture du millénaire des saints, in: M. Rouche (ed.), Clovis, histoire et mémoire. Actes du Colloque International d'Histoire de Reims, du 19 au 25 septembre 1996, 2 vols., Paris 1997, vol. 1, 272 – 286; L. Theis, Clovis, de l'histoire au mythe, Bruxelles 1996.

[41] Gregor, Libri, II, 28 – 31, edd. Krusch/Levison (nt. 6), 73 – 78.

[42] Ibid., 38, 88 – 89.

IV.

Trotz unterschiedlicher historischer Bedingungen kann man bei beiden Chronisten analoge Strategien ausmachen, wie die Genese legaler christlicher Macht des Herrschers konstruiert wird. Für das Bild der Vergangenheit, das beide entwerfen, ist didaktisch nicht die *origo gentis* entscheidend, sondern es sind die *gesta*. Die Aufmerksamkeit konzentrierte sich dementsprechend auf den Herrscher bzw. auf die Herrscher. Dabei war es notwendig, auf jene ältere Tradition des Volkes Rücksicht zu nehmen, die die Freiheit jedes Stammesangehörigen als Grundwert betonte. Beide Verfasser stellten *libertas gentium* zwar nicht direkt in Frage, behaupteten aber, dass dieser Zustand nur ein vorübergehender sein konnte. Cosmas begründete dies mit der natürlichen menschlichen Unvollkommenheit. Er baute die Genese der heidnischen *potestas ducis* auf der Analogie der historischen Geschichte des jüdischen Volkes auf und verlieh ihr damit auch eine bedingte Legitimität. Für den Bischof von Tours, der sein Werk unter anderen Bedingungen schrieb, war hingegen ein solches Vorgehen nicht möglich. Den Stamm ohne König präsentierte er darum als eine unvollständige Einheit. Erst mit der Wahl des Königs war die Grundbedingung für eine erfolgreiche Zukunft geschaffen.

Beiden Verfassern ist das didaktische Konzept gemeinsam, welches auf der durch die Geschichte bewiesenen These aufsetzte, dass die Bestimmung der Herrscher freiwillig und dabei notwendig sei, und im Interesse des Stammes geschehe. Auch Gregor hielt diese heidnische Macht für legal, doch im Unterschied zu Cosmas musste er sich mit der Tatsache beschäftigen, dass diese in einem überwiegend christlichen Milieu immer noch fortdauerte. Das tat er auf doppelte Weise: Zum einen kritisierte er offen ihre moralische Ungenügendheit und stellte ihr die *gesta* der Bischöfe von Gallien als lobenswertes Exempel entgegen. Zum anderen betonte er zugleich, dass diese heidnische Macht einen zwar zunächst notwendigen, doch letztlich nur vorübergehenden geschichtlichen Zustand auf dem Weg der Franken zum Christentum darstelle: „*Haec autem generatio Francorum non intellexit primum; intellexerunt autem postea, sicut sequens historia narrat.*“[43]

Was die Christianisierung des Volkes betrifft, beruht die Übereinstimmung zwischen dem böhmischen und dem fränkischen Chronisten auf dem historisch-didaktischen Grundkonzept, wonach die Bekehrung zum Christentum nicht als Umsturz, sondern als logische Vollendung der vorigen Entwicklung gewertet wird. Der Unterschied zwischen den Werken wird lediglich von den unterschiedlichen Bedingungen erzeugt, unter denen ihre beiden Verfasser sie erarbeiteten. Bei Gregor wird erst Chlodwig zum wirklichen Schöpfer des fränkischen Königreichs, wobei der Chronist den Akt der Reichsgründung auf das Exempel der Gewaltanwendung durch den Fürst gründete. Ähnlich ging auch Cosmas vor,

---

[43] Ibid., 10, 60.

nur mit dem Unterschied, dass er diesen Akt drei Fürsten – Przemysl dem Pflüger, Boleslav I. und Bretislav I. – zuschrieb.

Übereinstimmung herrscht auch in Bezug auf zwei weitere Umstände: Zum einen ist die Macht des Herrschers selbstverständlich absolut und unwiderruflich (1), und zum anderen verlief ihre Einführung außerhalb des Prozesses der Christianisierung, ist also nicht das Werk der Kirche, sondern das Werk des Herrschers (2).

Bei der Konstruktion des Konzepts, wie eine legale Regierung des Herrschers entsteht, hielten sich beide Geistliche an dieselbe Tradition, die auf den Kenntnissen der Heiligen Schrift, auf einigen antiken *loci communes* und auf dem übermittelten Vermächtnis der christlichen Autoritäten, wie Augustinus, Gelasius I. oder Isidor von Sevilla, beruhte. Ihre Einstellung zur Vergangenheit war selektiv und die Nutzung der Quellen war von ihren didaktischen Absichten geleitet. Die Funktion so einer Einstellung ist in den von uns verfolgten Zusammenhängen ganz offensichtlich: Als Schöpfer der Vergangenheit seiner gegenwärtigen Herrscher half der Geistliche einerseits ihre entstehende Macht zu stabilisieren, andererseits lenkte er deren ursprüngliche (und vielleicht natürliche) Neigung zu einem exzessiven Gebrauch ihrer Macht auf eine ausgewogene Anwendung der erst vor Kurzem gewonnenen Rechte.

Der König als Lehrmeister
Untersuchungen zu den ‚Enseignements à Philippe' Ludwigs IX.

BRIGITTE STARK (Bonn)

I. Tod und Vermächtnis Ludwigs IX.

König Ludwig IX. von Frankreich starb am 25. August 1270 an den Folgen einer Epidemie. Er befand sich auf seinem zweiten Kreuzzug vor den Toren der Stadt Tunis, die er erobern wollte, um die Position der Christen in Nordafrika zu stärken. Von dort aus wollte er weiter ins Heilige Land ziehen und Jerusalem zurückerobern. Noch bevor die Kämpfe begonnen hatten, war diese Expedition gescheitert, da ein großer Teil des Heeres an hohem Fieber litt und von der Ruhr befallen war. Unmittelbar nach dem Tode Ludwigs wurde die Nachfolge seines Sohns Philipp, der ihn auf diesem Feldzug begleitet hatte, anerkannt[1]. Dieser kehrte als König Philipp III. mit den sterblichen Überresten seines Vaters in die Heimat zurück.

In seinem Gepäck befand sich auch ein Vermächtnis mit 31 Lehren, welches ihm der Vater gewidmet und kurz vor seinem Tod überreicht hatte. Schon zu diesem Zeitpunkt genoss Ludwig IX. weit über die Grenzen seines Landes hinaus die höchste Verehrung[2]. Das wenig rühmliche Ende des Feldzugs wurde als Martyrium für das Christentum gedeutet und tat seinem Ansehen keinen Abbruch. Im Gegenteil: sein Ruhm wuchs auch nach seinem Tode weiter bis zu seiner Heiligsprechung im Jahr 1297 und bis in die moderne Zeit. Noch heute gilt er als einer der größten Könige seines Landes[3].

---

[1] Ernst Kantorowicz bemerkt, dass Philipp nach dem Tod seines Vaters sofort die volle Königsmacht mit allen Rechten und Befugnissen übernehmen konnte und nicht den Tag der Krönung abwarten musste. In Frankreich wurde hier zum ersten Mal die Lehre der Juristen umgesetzt, wonach die volle Regierung am Tag der Thronbesteigung begann (Die zwei Körper des Königs, Stuttgart 1992, 336).

[2] Der Franziskaner Wilhelm von Rubruck berichtet von einer Audienz bei Sartach, dem Großkhan der Mongolei am 1. August 1253, der Ludwig IX. für den größten unter den europäischen Herrschern hielt. Wilhelm von Rubruck, Voyage dans l'Empire mongol (1253–1255). Traduction et commentaire de Claude et René Kappler, Paris 1985, 117–118.

[3] Wie lebendig das Andenken an diesen König im Bewusstsein vieler Franzosen fortbesteht, zeigte sich anlässlich seines 800. Geburtstags. Von Oktober 2014 bis Januar 2015 fanden in Paris, Saint-Denis, Vincennes, Angers, Aigues-Mortes und im Schloss Castelnau-Bretenoux Ausstellungen statt, die die politische und kulturelle Bedeutung Ludwigs IX. dokumentierten. Im Vorwort zum Katalog der Pariser Ausstellung hat J. LeGoff seine Forschungen in einer prägnanten Charakteristik zusammengefasst (J. LeGoff, Et le rire du roi…, in: Saint Louis. Éd. du Patrimoine. Centre des monuments nationaux, Paris 2014 [Ausstellungskatalog], 17–18).

II. *Rex et doctor sanctitatis*

Ludwig IX. hatte 43 Jahre regiert. Er hinterließ ein großes Reich in Wohlstand und geordneten Verhältnissen. Kultur und Wissenschaft standen in hoher Blüte. Er hatte Frieden mit den Fürsten der benachbarten Länder geschlossen und Kriege nur geführt, wenn sie ihm unvermeidbar erschienen. Mit der Unterstützung zahlreicher Ratgeber aus Adel und Bürgertum, die er in einem „*parlement*“ um sich zu versammeln pflegte, hatte er die Verwaltung des Landes neu organisiert und Reformen eingeführt, die allen Untertanen, namentlich den Armen, zugute kamen.

Der Gerechtigkeitssinn des Königs und sein unbestechliches Urteil wurden vielfach bewundert und gerühmt.

Ein Chronist aus Limoges würdigt Ludwig (posthum) mit folgenden Worten: „*Ludovicus rex Franciae, bonus, justus, pius, humilis, custos caritatis, doctor sanctitatis, rector humilitatis, asilum pietatis, lorica paupertatis, de quo dicebatur publice quod in mundo, ipso vivente, princeps non erat melior*“[4].

Bereits zu Lebzeiten und lange vor seiner offiziellen Kanonisierung (die erst im Jahr 1297 erfolgte) wurde er von vielen Menschen wie ein Heiliger verehrt, denn es war offensichtlich, dass er sich bei politischen und privaten Entscheidungen von den Geboten des Alten und Neuen Testaments leiten ließ und den Glauben an Gott über alles stellte. Von Jugend an führte er ein asketisches Leben und hielt sich streng an die Regeln und Lehren der römischen Kirche.

Aufgrund seiner Lebensweise, seines Auftretens und seiner politischen Ziele sahen die Zeitgenossen in ihrem König einen Nachfolger Jesu Christi.

> „Die meisten wunderten sich und gewisse Leute, die ihm nicht wohl wollten, murrten auch darüber, dass ein einziger Mann, der so bescheiden und ruhig und weder körperlich robust noch hart in seiner Handlungsweise war, so friedfertig über ein so großes Reich und so viele Fürsten und so viele Mächtige herrschen konnte. [...] Aber das ist nicht weltlicher, sondern göttlicher Kraft zuzuschreiben, nicht harter Tyrannei, sondern königlicher Milde und Nächstenliebe und der Treue des einfachen, ergebenen Volkes.“

Wie der Chronist Wilhelm von Chartres[5] in dieser kurzen Charakteristik betont, ruft der Gegensatz zwischen innerer Stärke und Autorität und einem unscheinbaren Äußeren – ähnlich wie bei der irdischen Erscheinung Jesu – Verwunderung und Irritation hervor.

Auch bei anderen Biografen Ludwigs findet man vergleichbare Aussagen. Ihnen allen ist die Intention gemeinsam, die Kanonisierung des verehrten Königs zu unterstützen[6].

---

[4] J.-D. Guigniaut/N. de Wailly (eds.), Recueil des Historiens des Gaules et de la France (= RHGF), vol. 21, Paris 1855, 776–777.

[5] P.-C.-F. Daunou/J. Naudet (eds.), RHGF, vol. 20, Paris 1840, 34–35.

[6] Die wichtigsten Biografien über Ludwig IX. sind

- ‚Vita et sancta conversatio piae memoriae Ludovici quondam regis Francorum' des Dominikaners Gottfried von Beaulieu (entstanden 1272–75);
- ‚De Vita et actibus S. Ludovici' des Dominikaners Wilhelm von Chartres (vor 1281);

III. Lehrer und Vermittler des Glaubens

Ludwig studierte intensiv die Bibel, die Werke von Kirchenvätern und antiken Autoren und las nicht nur französische, sondern auch lateinische Texte mit großer Leichtigkeit. Aus seinen Studien schöpfte er die Prinzipien seines Handelns und ein reiches Wissen, das er seinen Kindern, Freunden und allen Menschen, für die er sich verantwortlich fühlte, mitteilte. So wie er selbst von Jugend an wissbegierig gewesen war und die Lehren seiner Mutter und seiner Erzieher beherzigte, hatte er das Bedürfnis, seine Kenntnisse weiterzugeben, und fühlte sich verpflichtet, seine Untergebenen zu informieren und zu überzeugen. Dabei ging es ihm in erster Linie um Überzeugung von den christlichen Dogmen und von moralischen Grundsätzen, die daraus folgen. Jean de Joinville, der Seneschall, mit dem Ludwig 1251 während der gemeinsamen Gefangenschaft eine enge Freundschaft schloss, schreibt in seinen Erinnerungen: „Der heilige König bemühte sich mit all seiner Kraft, mich im Glauben an das christliche Gesetz zu stärken, das Gott uns gegeben hat.“[7]

Geistliche Berater, Gesprächspartner, die er bevorzugte, und besonders Prediger, die er hoch schätzte, waren Angehörige der Bettelorden. Der Dominikaner Gottfried von Beaulieu beispielsweise war sein Beichtvater, der ihn 20 Jahre lang begleitete, an den beiden Kreuzzügen teilnahm und ihm in seiner Todesstunde beistand.

Der Chronist Wilhelm von Saint-Pathus verwendet das Verb *(r)enformer* („immer wieder informieren/belehren“), um Ludwigs Anliegen zu beschreiben:

> „Und dazu informierte der heilige König nicht nur seine Kinder und seine Brüder immer wieder liebevoll, gut zu handeln [...]; auch informierte er die anderen über alles Gute; daher ließ er die Geistlichen und Prälaten den Rittern und dem Volk das Wort Gottes zu ihrer Erbauung predigen. Wenn er hörte, dass es einen Konflikt zwischen Edelleuten außerhalb seines Reiches gab, schickte er offizielle Gesandtschaften, um Frieden zu stiften – und das mit großem Aufwand.“[8]

In vielen Aktivitäten und Entscheidungen Ludwigs erkannten die Zeitgenossen ein Zeichen seiner Ähnlichkeit mit Jesus Christus: in seiner unermüdlichen Tätigkeit als Friedensstifter, als Lehrer und nicht zuletzt in seinen Leiden und seiner Opferbereitschaft während des zweiten Kreuzzugs.

Zweimal folgte Ludwig bei der Entscheidung für einen Kreuzzug der inneren Überzeugung, dass er als französischer König zum Gefolgsmann Christi und zur Verteidigung und Ausbreitung des Christentums bestimmt sei. Die beiden

---

– ‚Gesta Ludovici IX‘ des Wilhelm von Nangis (vor 1300);
– ‚La Vie et les miracles de saint Louis‘ des Franziskaners Wilhelm von Saint-Pathus (1302–1303);
– ‚Le Livre des saintes paroles et des bons faiz nostre saint roy Looys‘ des Seneschalls Jean de Joinville (1309).

[7] Jean de Joinville, Vie de saint Louis, ed. J. Monfrin, Paris 1995, 20 sqq.

[8] Daunou/Naudet (eds.), RHGF, vol. 20 (nt. 5), 88.

militärischen Expeditionen, die er in den Jahren 1248 bis 1254 nach Palästina und Ägypten und 1270 nach Nordafrika unternahm, wurden von den übrigen europäischen Herrschern nur halbherzig unterstützt und waren zum Scheitern verurteilt.

IV. Schriftliche Zeugnisse Ludwigs IX.

Nach der Niederlage des ersten Kreuzzugs schrieb Ludwig einen offenen Brief an die Untertanen: er klärte sie über die politische und militärische Situation auf und legte die Gründe für die Verlängerung seines Aufenthalts in Palästina dar[9].

Sobald er im Jahre 1254 nach Frankreich zurückgekehrt war, sorgte er für eine grundlegende Wende in der Innenpolitik und in seinem persönlichen Lebensstil. Da er den unglücklichen Verlauf seines Krieges als ein Zeichen Gottes deutete, sah er sich zur Buße verpflichtet und beschloss, alles Unrecht wiedergutzumachen, das in den Jahrhunderten, in denen seine Dynastie geherrscht hatte, geschehen war. Ebenso wollte er sich bemühen, einen Ausgleich für Unrechtmäßiges zu schaffen, das sich ohne sein Wissen während seiner eigenen Regierungszeit ereignet hatte. Folglich rüstete er sein Land zum Kampf gegen innere Feinde, wie Ungerechtigkeit und Amtsmissbrauch, gegen Ketzerei und gegen jede Art von Sünde und Unmoral.

Unterstützt von bedeutenden Juristen[10] führte er Maßnahmen gegen Korruption ein und erließ Gesetze gegen unmoralisches Verhalten – wie das Verbot von Glücksspielen, Freudenhäusern und Blasphemie. Im gesamten Territorium der Francia wurden Beamte eingesetzt, die für die Durchführung der Reformen und die Kontrolle der Administration verantwortlich waren.

Eine Reihe von Verordnungen, die im Jahr 1254 unter dem Titel ‚La Grande Ordonnance' veröffentlicht wurden[11], informierte die Untertanen über die neuen Maßnahmen und Gesetze. Diese Textsammlung beruht auf den Erkenntnissen über Missstände, die Ludwig mithilfe seiner Mitarbeiter in den Provinzen aufgedeckt hatte. Sie ist auch das Ergebnis von Beobachtungen, die der König in seiner etwa 30-jährigen Regierungszeit gemacht hat, und sie beruht auf seinen

---

[9] Lettre à ses sujets sur sa captivité et sa délivrance (1250), in: D. O'Connell, Les propos de saint Louis, Paris 1974, ^{2}2013, 213–225.

[10] Die ‚Ordonnances' (oder ‚Établissements') sind in den ‚Grandes Chroniques de France' veröffentlicht (J. Viard [ed.], Les Grandes Chroniques de France, vol. 7, Paris 1932, 183–186). Der Text wurde von David O'Connell ins Neufranzösische übertragen (nt. 9), 226–232. Einen hervorragenden Beitrag bei der Umsetzung der Reformen leisteten der Ritter Jean de Maisons und der Jurist Gui Foucois. Cf. L. Carolus-Barré, La Grande ordonnance de 1254 sur la réforme de l'administration et la police du royaume, in: id. (ed.), Septième centenaire de la mort de saint Louis. Actes des colloques de Royaumont et de Paris (21–27 mai 1970), Paris 1976, 85–96, 92–93.

[11] Carolus-Barré, La Grande ordonnance (nt. 10), 85 sqq.

Reflexionen in der Leidenszeit und der Gefangenschaft seines ersten Kreuzzugs. Die ‚Ordonnances' richten sich an alle Bewohner des Reiches und verpflichten sie zu korrektem Verhalten und zu einen gottgefälligen Leben.

In seinem Brief aus dem Heiligen Land und in der ‚Grande Ordonnance' schreibt Ludwig IX. an alle Untertanen in der Absicht, die Allgemeinheit an seinen Gedanken und Einsichten teilnehmen zu lassen.

In seinem letzten Vermächtnis dagegen wendet er sich ausschließlich an seinen Sohn, den Thronfolger Philipp. Im Hinblick auf die Todesgefahren, denen er sich in seinem zweiten Kreuzzug aussetzen wird, verfasst er für seinen Nachfolger einen relativ kurzen Text, der seine persönlichen Glaubensvorstellungen und wesentliche Grundsätze seiner Regierungskunst zusammenfasst.

Dieses Werk entstand spätestens 1270 vor dem Aufbruch zum zweiten Kreuzzug[12]. Aufgrund seines didaktischen Charakters und der häufigen Wiederholung der Formel „Je t'enseigne" beziehungsweise „*Te doceo*" wird es unter dem Titel ‚Enseignements à Philippe' überliefert.

Da der Adressat der künftige König ist, wird es häufig zur Gattung der Fürstenspiegel (Miroirs du Prince) gezählt[13]. Ob diese Zuordnung in allen Punkten zutrifft, wird am Schluss dieses Aufsatzes untersucht.

V. Die ‚Enseignements au Prince Philippe'

1. *Überlieferung des Textes*

Ludwigs Vermächtnis ist in sieben kurzen Versionen (fünf französischen und zwei lateinischen) überliefert, dazu kommen drei lange Versionen (zwei französische und eine lateinische) und zwei interpolierte französische Fassungen. Das Original des Textes für Philipp, den Ludwig IX. – nach Auskunft seiner Biografen – eigenhändig in französischer Sprache niedergeschrieben hat, ist nachweislich nicht erhalten[14].

Ein stellenweise sehr ähnlicher Text mit Lehren, die Ludwig für seine Tochter Isabelle, die Gemahlin des Königs von Navarra, verfasst hat, macht die Textlage

[12] Zur Datierung cf. D. O'Connell, The Teachings of Saint Louis. A Critical Text (Studies in the Romance languages and literatures 116), Chapel Hill 1972, 46 sqq.

[13] Im Lexikon des Mittelalters wird Ludwig IX. unter den Verfassern volkssprachlicher Fürstenspiegel erwähnt (cf. den Artikel von G. Berger in vol. 4, col. 1049). Auch Jacques Le Goff (Héros du Moyen Age. Le saint et le roi, Paris 2004, 529) bezeichnet die ‚Enseignements' ausdrücklich als einen „Miroir des Princes". Le Goff betont, dass nur selten ein König (zum Beispiel Stefan I. von Ungarn) einen Fürstenspiegel für den Sohn geschrieben habe. In diesem Zusammenhang verweist er auf eine Abhandlung von Robert Folz, in der Ludwigs ‚Enseignements' mit dem Vermächtnis Stefans I. von Ungarn verglichen werden (ibid.). Nähere Angaben zu diesem Aufsatz habe ich bisher nicht gefunden.

[14] C.-V. Langlois, La vie spirituelle. Enseignements, méditations et controverses, Genève 1970, 23 und 33.

noch unübersichtlicher. Eine sprachliche Untersuchung der ‚Enseignements' ist daher nur mit großem Vorbehalt möglich[15].

Bei der Frage, welche der überlieferten Versionen der vorliegenden Arbeit zugrunde gelegt werden soll, schien es mir zunächst naheliegend, die früheste Version, die man in der ‚Vita' Ludwigs des Gottfried von Beaulieu findet, als die zuverlässigste anzusehen, weil sie schon zwei Jahre nach Ludwigs Tod entstand und weil der Autor ein enger Vertrauter des Königs war. Doch die Tatsache, dass Gottfried im Auftrag von Gregor X. seine Biografie Ludwigs für den Kanonisierungsprozess schrieb und dass er die ‚Enseignements' gekürzt und ins Lateinische übersetzt hat, zeigt, dass es sich nicht um den Originaltext handeln kann.

Das Manuskript ‚Noster' (BnF 12814) gilt nach heutigem Forschungsstand als dasjenige, das dem Original am nächsten kommt. Es dient daher als Grundlage für den Versuch einer Rekonstruktion, den David O'Connell im Jahr 1972 veröffentlicht hat[16].

Für das Ziel dieser Arbeit – die Prinzipien Ludwigs IX. zu beschreiben und gegebenenfalls ihren Einfluss auf den Sohn und auch ihre Herkunft zu ermitteln – ist der ursprüngliche Wortlaut des Textes weniger bedeutend als der Sinn der Lehren. Ich habe daher nach einer Ausgabe des Manuskripts ‚Noster' gesucht und die Übertragung ins Neufranzösische von C.-V. Langlois als eine – wie mir schien – sinnvolle Arbeitsgrundlage gewählt[17].

2. *Die 31 Lehren: Inhalt und Aufbau*

Der Text umfasst 31 Artikel, die mit einer namentlichen und persönlichen Widmung an den Sohn Philipp beginnen.

Im Folgenden werden die ‚Enseignements à Philippe' nach der Übersetzung des Manuskripts ‚Noster' von C.-V. Langlois paraphrasiert: Mit Gewissheit geht Ludwig IX. davon aus, dass der Sohn die Lehren von seinem Vater eher als von einem anderen akzeptieren werde. Das Vertrauensverhältnis zwischen Vater und Sohn wird allerdings nicht als „Liebe" bezeichnet. Dieser Begriff wird im zweiten Artikel allein auf die Beziehung zu Gott verwendet: „Lieber Sohn, als erstes lehre ich dich, Gott von ganzem Herzen und mit aller Macht zu lieben, denn ohne das kann niemand etwas bewirken". Dieses Gebot ist nahezu wörtlich dem 5. Buch Mose entnommen: „*Diliges Dominum Deum tuum ex toto corde tuo, et ex tota anima tua, et ex tota fortitudine tua*" (Deut. 6, 5). Es ist die höchste aller Lehren,

[15] Die ‚Enseignements à Isabelle' sind in der Vita Ludwigs IX. von Wilhelm von Saint-Pathus überliefert. Daunou/Naudet (eds.), RHGF, vol. 20 (nt. 5), 82–83. Eine Übertragung ins Neufranzösische hat C.-V. Langlois veröffentlicht (nt. 14), 42–46. Diese ‚Enseignements à Isabelle' werden hier nicht berücksichtigt. Der Inhalt des Textes ist zum Teil den Lehren für Philipp sehr ähnlich, politische und juristische Fragen werden allerdings ganz ausgespart.

[16] O'Connell, The Teachings of Saint Louis (nt. 12), 55–60.

[17] Langlois, La vie spirituelle (nt. 14), 35–46.

die der König dem Sohn mitgibt, sie erinnert ihn an den frühen Bund, den Gott mit seinem Volk schloss und dem sich die Könige Frankreichs in der Nachfolge der alttestamentlichen Könige verpflichtet fühlen.

Die nun folgenden Lehren in den Artikeln 3–13 ergeben sich in einer gewissen Logik aus diesem höchsten Gebot:

1. der Sohn soll aus Liebe zu Gott alles vermeiden, was diesem missfällt. Er soll lieber ein grausames Martyrium auf sich nehmen, als bewusst eine Todsünde zu begehen, die ihn auf ewig von Gott trennen würde (Artikel 3). Aus Liebe zu Gott soll er für glückliche Ereignisse Dankbarkeit ohne Hochmut empfinden und Schicksalsschläge in Demut ertragen (Artikel 4 und 5).
2. In der Heiligen Kirche soll der Sohn den Raum finden, in dem er seinen Glauben entfalten kann, und die Menschen, die ihn dabei unterstützen. Er soll seinen Glauben beweisen durch regelmäßiges Beichten (Artikel 6 und 9), regelmäßige Teilnahme an der Messe und konzentrierte Gebete (Artikel 7), Almosenspenden (Artikel 8), häufige Gespräche mit Welt- und Ordensgeistlichen, das Hören von Predigten und das Kaufen von Ablässen (Artikel 10).
3. Der Sohn soll das Gute lieben und das Böse hassen (Artikel 11). Er soll dafür sorgen, dass niemand zur Sünde verleitet wird, und nicht auf üble Nachrede achten (Artikel 12); für Blasphemie soll er Rache nehmen oder eine harte Strafe veranlassen (Artikel 13).

Mit dem Aufruf zu strenger Bestrafung, ja zu Rache an allen, die Gott, die Jungfrau Maria oder die Heiligen lästern, leitet Ludwig von allgemeinen, für alle Gläubigen gültigen Geboten[18], zu den Lehren über, die speziell für den zukünftigen König bestimmt sind. Die meisten der nun folgenden Artikel sind umfangreicher. In einigen werden persönliche Erfahrungen und Begründungen für die Gebote angeführt.

Einige Themen werden ein zweites Mal genannt; bei diesen Wiederholungen bezieht sich Ludwig konkret auf die zukünftige Königswürde seines Sohnes. So soll der Sohn dankbar für die Gaben Gottes sein (Artikel 9) und sich dadurch würdig erweisen für die Gnade und Ehre der rituellen Salbung, die ihn erwartet (Artikel 14).

Sein Königsamt soll er mit Aufrichtigkeit und Geradlinigkeit ausüben und „nicht vom geraden Weg abweichen“. Bei einem Rechtsstreit soll er den Armen mehr als den Reichen unterstützen, bevor er die Wahrheit ergründet hat (Artikel 15).

Bei einem Rechtsstreit, in den er selbst verwickelt ist, soll er die Gegenseite unterstützen, um seine Berater zur Neutralität zu ermutigen (Artikel 16).

Besitz, den der König oder seine Vorfahren unrechtmäßig erworben haben – sei es Geld oder Land –, soll dem rechtmäßigen Besitzer zurückerstattet werden (Artikel 17).

---

[18] J. Le Goff kommentiert die ‚Enseignements‘ unter dem Gesichtspunkt der theologischen Kenntnisse Ludwigs und ihrer Umsetzung in die religiöse Praxis. Le Goff, Héros du Moyen Age (nt. 13), 529 sqq.

Unter dem besonderen Schutz des Königs sollen die Angehörigen der heiligen Kirche stehen, damit sie ihren Dienst in Frieden ausüben können. Ludwig beruft sich dabei auf die Tradition seiner Vorfahren und zitiert einen Ausspruch seines Großvaters Philipp August, der – trotz einiger Konflikte mit der Kirche – dieser aus Dankbarkeit gegen Gott immer Beistand gewährte.

Der Autor empfiehlt, vor allem diejenigen Geistlichen, die sich im Dienst an Gott auszeichnen, zu ehren und zu unterstützen (Artikel 18 und 19).

Die beiden folgenden Artikel sind den Verwandten des zukünftigen Königs gewidmet: der Sohn soll die Mutter lieben und ehren und ihre Lehren und Ratschläge beachten.

Die Brüder soll er lieben und ehren und wie ein Vater belehren und fördern, doch sei er auch dafür verantwortlich, dass sie nicht vom rechten Weg abweichen (Artikel 20 und 21).

Der König und seine Berater sollen bei der Verteilung von Pfründen an die Kirche sorgfältig abwägen, welche Männer besonders würdig und bedürftig sind (Artikel 22).

Kriege und alle Sünden, die ein Krieg mit sich bringt, soll der König seinen Untertanen ersparen, indem er sorgfältig Kriegsgründe überprüft und nach Alternativen sucht. Ludwig betont, dass dies nur für Kriege gegen Christen gelten kann.

Bei Kriegen und Fehden innerhalb des Landes empfiehlt Ludwig, nach dem Vorbild des heiligen Martin Frieden zu schaffen (Artikel 23 und 24).

Der zukünftige König soll seine Beamten und Vögte (*baillis et prévôts*)[19] mit Sorgfalt auswählen und kontrollieren, damit sie in ihrem Amt weder Unrecht begehen noch dulden können. Vor allem die Mitglieder des königlichen Hofes sollen sich korrekt verhalten, denn der Hass auf das Böse erfordert, dass man es bei Menschen, die einem nahestehen, besonders konsequent aufdeckt (Artikel 25).

Noch einmal wird dem Sohn der Respekt vor der Kirche ans Herz gelegt, insbesondere vor dem Papst als seinem spirituellen Vater (Artikel 26).

Geeigneten Menschen sollen Machtbefugnisse übertragen werden, damit Schwüre und andere Sünden wie Unzucht, Würfelspiele und dazu die Wirtshäuser ausgerottet werden. Das Land soll von bösen Menschen, zum Beispiel von Ketzern, gereinigt werden (Artikel 27). In einigen Versionen wird ausdrücklich die Vertreibung der Juden gefordert[20].

---

[19] Ein „*bailli*" war ursprünglich ein Beamter, der im Auftrag des Feudalherrn das Steuerwesen verwaltete und über Justiz-und Polizeigewalt verfügte. Seit der Zeit Ludwigs IX. (zwischen 1230 und 1260) wurde der „*bailliage*" vom König vergeben. Im Zweifelsfall musste der Beamte den Willen des Königs gegen den des regionalen Herrn durchsetzen. In Südfrankreich wurde das gleiche Amt „*sénéchal*" genannt. Der *bailli* (oder auch *sénéchal*) war gegenüber dem „*prévôt*", einem subalternen Justizbeamten, weisungsberechtigt. Cf. G. Sivéry, Philippe III le Hardi, Paris 2003, 207 sqq.

[20] Cf. Langlois, La vie spirituelle (nt. 14), 41, nt. 2.

Das Gute dagegen möge der Sohn auf jede Weise fördern; die Dankbarkeit gegen Gottes Wohltaten (siehe Artikel 5 und 18) soll ihn dazu motivieren (Artikel 28).

Der korrekte Umgang mit Geld soll sowohl bei der Erhebung von Steuern als auch bei den Ausgaben für die Hofhaltung und die persönlichen Bedürfnisse beachtet werden (Artikel 29).

In den beiden letzten Artikeln nimmt Ludwig die Zeit nach seinem Tod voraus: er bittet um Totengebete und Messen im ganzen Königreich, und er hofft, dass er an allem Guten, das der Sohn mithilfe Gottes, der Heiligen und Engel bewirken wird, teilhaben kann, sodass sie beide im Angesicht Gottes auf ewig vereint sein werden (Artikel 30 und 31).

Die Vorstellung der himmlischen Hierarchie, mit der Ludwig seinen Text abschließt, zeigt dem Sohn das Ziel aller irdischen Herrschaft: sie soll nach dem Vorbild der himmlischen Hierarchie gegliedert und gestaltet sein.

3. Die Intention der Lehren. Religiöse und politische Ziele Ludwigs IX.

Die ‚Enseignements' bestehen aus einer langen Reihe kurzgefasster Ratschläge und Warnungen, vielfach Warnungen vor der Todsünde, die der Sohn bei sich selbst und bei allen seinen Untertanen bekämpfen soll. Stellenweise liest sich der Text wie eine Aufzählung von Lastern, denen vor allem die Mächtigen ausgesetzt sind: *superbia*, *avaritia* und *ira* (beispielsweise bei einer Kriegserklärung). Er weist aber auch mehrfach auf Tugenden hin, die Könige auszeichnen sollen: *fides*, *misericordia* und *patientia* (zum Beispiel Fragen der Rechtsprechung). Vollständig ist dieser Katalog nicht, denn es fehlen *castitas* und *sobrietas*.

Den feierlichen Charakter seines Vermächtnisses hebt Ludwig zusätzlich durch das *Amen* am Ende hervor, das an ein Gebet oder Glaubensbekenntnis erinnert. Sinngemäß übernimmt Ludwig eine Reihe von Bitten aus dem ‚Pater noster'. Artikel 4 und 5 sind beispielsweise eine *amplificatio* der Bitte „*Fiat voluntas tua*", und alle Artikel über das Vermeiden von Krieg, Sünde und Todsünde beziehen sich auf die beiden letzten Bitten: „*Et ne nos inducas in tentationem. Sed libera nos a malo*" (Matth. 6, 10.12.13). Einigen Passagen liegt die Bitte um das Kommen des Gottesreiches zugrunde.

Anfang und Ende der ‚Enseignements' machen die Affinität des Textes zu einem Gebet oder einem ‚Credo' deutlich: zuerst das Bekenntnis zur Gottesliebe und das Gedenken an den alttestamentlichen Bund und schließlich der Ausblick auf die Vereinigung von Vater und Sohn im Angesicht Gottes.

Die Rollen des Autors und des Adressaten als Vater und Sohn bilden ebenfalls Eckpunkte des Textes zu Beginn und am Schluss; in der Anrede vor jedem einzelnen Artikel „Cher fils/*Care fili*" werden sie zusätzlich hervorgehoben. Ludwig und Philipp erscheinen in ihrem vertrauten Verhältnis wie ein irdisches Abbild des göttlichen Vaters und seines Sohnes.

Ludwig beschreibt und empfiehlt Rituale und Verhaltensweisen, die sich in seinem persönlichen Leben bewährt haben, und er stellt eine politische Entwicklung vor, die er selbst gefördert und in ihrer Bedeutung für die Zukunft der Francia und das Königtum erkannt hat. In seiner Person und Biografie verbindet er die Bereiche des Privaten und des Öffentlichen.

In seinen Lehren stellt er das Bild einer Gesellschaft dar, die einerseits in christlichen Glaubensüberzeugungen und Traditionen verwurzelt und vom jahrhundertelangen Einfluss der römischen Kirche geprägt ist; andererseits aber in ihrer konsequent durchgeführten Neuordnung von Administration und Rechtsprechung dem König neue Möglichkeiten der Machtausübung und den Weg zu einem zentral regierten Staat eröffnet. Im „Hass auf das Böse" – wie es in allen Versionen der ‚Enseignements' mehrfach abstrakt formuliert, aber auch durch Beispiele konkretisiert wird – treffen sich die religiösen und politischen Ziele Ludwigs IX., von denen er seinen Sohn überzeugen will. Diese Einstellung erklärt die drakonischen Maßnahmen und archaischen Strafen[21], welche der fried- und gerechtigkeitsliebende König zuweilen verhängt.

Die Befürchtung, dass sich der Sohn nicht nur von privaten Problemen, sondern auch von der Bürde seines Amtes bedrückt fühlen wird, kommt in Artikel 9 zum Ausdruck: „Lieber Sohn, wenn etwas dein Herz bedrückt, sage es deinem Beichtvater oder jemandem, von dem du glaubst, er sei zuverlässig und kann dein Geheimnis bewahren, damit du es eher in Frieden ertragen kannst, wenn es etwas ist, was du sagen kannst"[22].

In der Absicht, den Sohn für die große Verantwortung zu stärken, rät er ihm nicht allein, auf Gottes Hilfe zu vertrauen, sondern auch zuverlässige Berater und geeignete Mitarbeiter zu suchen, vorzugsweise unter Geistlichen und Ordensleuten.

4. *Selbstdarstellung und Selbstreflexion*

Die Vorausschau auf die Königsherrschaft des Nachfolgers ist zugleich ein Rückblick auf eigene Erfahrungen. Diese doppelte Perspektive kann man in den ‚Enseignements' mehrmals nachweisen: Indem der Vater ein Gebot oder eine Empfehlung für den Sohn aufschreibt, macht er deutlich, dass dies etwas Bewährtes ist. So lassen sich die Lehren zugleich als ein Rechenschaftsbericht des Autors über die eigene Regierungszeit lesen.

---

[21] Wilhelm von Nangis berichtet, dass Ludwig einem Pariser Bürger, der Gott gelästert hatte, mit einem glühenden Eisen die Lippen verbrennen ließ, um ihn dauerhaft an seine Sünde zu erinnern (Daunou/Naudet [eds.], RHGF, vol. 20 [nt. 5], 398 und 399). Als viele daraufhin protestierten, rechtfertigte er diese Anwendung des *ius talionis* mit einem (beinahe wörtlichen) Zitat aus der Bergpredigt: „*Beati eritis cùm maledixerint vobis homines*". Cf. Matth. 5, 11 und auch – in vergleichbarer Formulierung – Luk. 6, 22.

[22] Über die Bedeutung der Ohrenbeichte seit dem vierten Lateran-Konzil (1215) und die Rolle des *confesseur royal* cf. Le Goff, Héros du Moyen Age (nt. 13), 532.

Der Ton des Textes – vor allem die häufige Verwendung des Imperativs – lässt keinen Zweifel, dass der Autor mit Bestimmtheit erwartet, sein Sohn werde das Werk in seinem Sinne fortsetzen: die Macht der Dynastie, der Umfang des Territoriums und das Ansehen der Francia sollen erhalten und – wenn möglich – noch vergrößert werden.

Für die notwendigen Bedingungen hat Ludwig durch eine neue Struktur der Verwaltung und Rechtsprechung und mit der Besetzung der Ämter durch hervorragende Männer gesorgt. Einige dieser Beamten werden noch lange nach Ludwigs Tod für die Kontinuität seiner Politik einstehen, an erster Stelle Matthias von Vendôme, der Abt von Saint-Denis, und der Ritter Simon von Nesle, die Ludwig beim Aufbruch zu seinem zweiten Kreuzzug 1270 als Statthalter einsetzt. Sie führen an seiner Stelle alle Amtsgeschäfte des Königs. Da sie auch das Vertrauen Philipps III. genießen und dieser sich als wenig engagiert und durchsetzungsfähig erweist, bleiben sie bis zu ihrem Tod 1286 auf den Posten, die Ludwig IX. ihnen zugewiesen hat.

Einen persönlichen Berater für den Nachfolger hatte Ludwig schon früh gesucht und in seinem Kämmerer Pierre de Brosse gefunden. Im Laufe der Regierungszeit Philipps III. wird sich zeigen, dass das große Vertrauen, das in diesen Mann gesetzt wurde, nicht gerechtfertigt war[23].

In einem Rückblick auf die Geschichte der Dynastie zitiert Ludwig als *exempla* zwei Männer, die er selbst als große Vorbilder betrachtet: seinen Großvater Philipp August, den er persönlich gekannt hatte – was in den Königshäusern der Zeit sehr selten vorkam – und der großen Einfluss auf die Erziehung des Enkels nahm. Nachdem Ludwig VIII., der Vater Ludwigs IX., früh im Kampf gegen die ketzerischen Albigenser gefallen war, wurde Ludwig IX. als 12-jähriges Kind von seiner Mutter und von seinem Großvater auf sein Amt vorbereitet.

Ludwig sieht in seinem Großvater das Beispiel für einen Herrscher, der – aus Dankbarkeit gegen Gott und trotz der Differenzen zwischen weltlicher und geistlicher Herrschaft – der Kirche zuverlässigen Schutz garantierte. Er erhielt den Beinamen „Philippe Dieudonné" („gottgegeben"), weil er als junger König mit der Waffe einige Kirchen gegen räuberische Feudalherren verteidigt hatte[24].

---

23 Pierre de Brosse, ein zuverlässiger Hofbeamter aus dem niedrigen Adel, wurde von Ludwig IX. zum Mentor Philipps ernannt, da er einen günstigen Einfluss auf den schwierigen Thronfolger hatte. Nach dem Tod Ludwigs nutzte Pierre das Vertrauen und die Passivität des jungen Königs, um wichtige Staatsgeschäfte an sich zu reißen und sich und seine Familie maßlos zu bereichern. Der Konflikt mit den übrigen Adelsfamilien brach aus, als Philipps ältester Sohn aus erster Ehe plötzlich starb und Pierre de Brosse den Verdacht äußerte, Philipps zweite Frau, Maria von Brabant, habe den Prinzen vergiftet, um ihren eigenen Kindern die Thronfolge zu sichern. Mit großem Aufwand versuchte Philipp, die Wahrheit zu ergründen. Das Ergebnis seiner kriminalistischen Untersuchungen ist bis heute unklar, doch kam er zu dem Schluss, dass die Königin unschuldig sei. Erst nach langem Zögern ließ der König seinen Günstling verhaften, der (zum Entsetzen der Pariser Bevölkerung) nach kurzem Prozess im Jahr 1278 gehenkt wurde. Cf. Daunou/Naudet (eds.), RHGF, vol. 20 (nt. 5), 510–511. Eine ausführliche Darstellung des rätselhaften Falls findet man bei Sivéry, Philippe III (nt. 19), 139–199.

24 J. Viard (ed.), Les Grandes Chroniques de France, vol. 6, Paris 1930, 99 sqq.

Philipp August, an den Ludwig IX. eine lebendige Erinnerung bewahrt, wird stellvertretend für alle übrigen königlichen Vorfahren genannt, die in Harmonie und gutem Einvernehmen mit der römischen Kirche lebten.

Als zweites Vorbild und als Friedenstifter wird der Heilige Martin von Tours genannt. Er war der Schutzheilige der Kapetinger-Dynastie und hatte es verstanden, Streitigkeiten zwischen verfeindeten Feudalherren und Kirchenfürsten zu schlichten[25]. Dass dies dem Heiligen noch kurz vor seinem Tode gelang, scheint für Ludwig – vielleicht im Hinblick auf den bevorstehenden risikoreichen Kreuzzug – eine besondere Bedeutung zu haben.

In der Retrospektive auf die Vergangenheit liegt auch eine Lektion zur Tugend der *humilitas*: der Vater zeigt dem Sohn, dass jeder König als Glied in der langen Reihe von Generationen für die Tradition einer gerechten Regierung verantwortlich ist.

VI. Philipp der Kühne, der Adressat der ‚Enseignements'

Aus der Regierungszeit Philipps III., der den Beinamen „der Kühne" erhielt, sind zahllose Dokumente erhalten[26], doch über den König selbst erfährt man in den Chroniken vergleichsweise wenig. Sein Bild erscheint blass neben der glanzvollen Gestalt seines Vaters Ludwig IX. und der streitbaren und machtbewussten Erscheinung seines Sohnes Philipp IV., „des Schönen".

Im folgenden Abschnitt werden aus den Chroniken kurze Charakteristiken Philipps des Kühnen zitiert, und es wird die Frage gestellt, ob der Einfluss des Vaters auf das Verhalten oder die Entscheidungen des Sohnes zu erkennen ist.

Philipp rückte mit etwa 15 Jahren nach dem Tod seines älteren Bruders Ludwig an die Stelle des Thronfolgers. Von diesem Zeitpunkt an steht er weit mehr als bisher im Mittelpunkt des öffentlichen Interesses, und die Aufmerksamkeit der Eltern konzentriert sich in besonderem Maße auf seine sorgfältige Ausbildung und die Entwicklung seiner Persönlichkeit.

Zu Beginn der ‚Enseignements' erfährt man (zumindest in den meisten Versionen), dass Philipp bereitwillig auf den Vater zu hören pflegte: „Lieber Sohn, weil ich von ganzem Herzen wünsche, dass du in allen Dingen gut unterrichtet wirst, denke ich, dass ich dir einige Lehren aufschreibe, denn ich habe dich manchmal sagen hören, dass du immer wieder mehr auf mich als auf andere Personen hörst." So lautet der Text bei Wilhelm von Saint-Pathus[27].

---

25 Sulpicius Severus, De Vita beati Martini, ed. J. P. Migne (Patrologia cursus completus. Series Latina 20), Paris 1845, 159–183.

26 Allein in den Recueils des Historiens (nt. 4 und 5) sind zahlreiche Abrechnungen veröffentlicht (beispielsweise eine kurze Aufstellung der Ausgaben Philipps III. und seiner Kampfgenossen während des Feldzugs nach Aragon. Guigniaut/de Wailly [eds.], RHGF, vol. 21 [nt. 4], 515–517).

27 Daunou/Naudet (eds.), RHGF, vol. 20 (nt. 5), 84.

Der Chronist Wilhelm von Nangis vermerkt anlässlich der Thronbesteigung Philipps in einer kurzen Würdigung: „*patris sui non immemor praeceptorum quibus illum in extremis laborans imbuerat*“[28].

Dass das Vermächtnis des Vaters eine hervorragende Bedeutung für den Sohn hat, zeigt auch die Tatsache, dass er es bei den Verhandlungen zum Kanonisierungsprozess anstelle einer persönlichen Aussage niederlegt[29]. Eine innige Verbindung mit dem Glauben und der Kirche sieht er ganz im Sinn seines Vaters als Pflicht des christlichen Herrschers an. In den ‚Gesta Philippi Regis Franciae‘ schreibt Wilhelm von Nangis über ihn: „*totus* [...] *in fide catholicus et erga Dei cultores extitit benevolus ac devotus*“[30].

Diese Aussage wird allerdings mit einem *tamen* eingeleitet. Der Historiograf nennt den jungen König „einen Edelstein, der aus dem höchsten Adelsgeschlecht der Franken hervorgegangen ist“. Philipp sei wahrhaftig mit Lobessprüchen zu verehren. „Denn wenn er auch ungebildet war und manchmal zu weltlichem Handeln neigte, so war er dennoch und ganz ein treuer Katholik und wohlwollend und fromm gegen die Diener Gottes.“[31]

Das Lob gilt der positiven Einstellung zur Kirche und ihren Vertretern; dies scheint nach Ansicht des Chronisten den Mangel an Bildung ein wenig auszugleichen. Dennoch wiegt der Vorwurf *illiteratus* zu sein schwer, seitdem Johannes von Salisbury in seiner Schrift ‚Policraticus‘ einen ungebildeten Herrscher einen „gekrönten Esel“ genannt hat[32]. Anders als sein Vater und sein älterer Bruder hatte sich Philipp trotz aller pädagogischen Bemühungen seines Lehrers Simon, eines Mönchs von Saint-Denis, als ein schwieriger und unbegabter Schüler erwiesen.

Ludwig erwähnt den Aspekt der Bildung in den ‚Enseignements‘ überhaupt nicht – vielleicht aus Resignation oder um ein peinliches Thema zu vermeiden, bestimmt aber weil ihm andere Probleme wie der Kampf für das Gute und den rechten Glauben noch mehr am Herzen lagen.

Weitere Schwächen des jungen Königs benennt Wilhelm von Saint-Pathus mit großer Deutlichkeit. Nach dem Tod des Vaters scheint der 26-jährige Philipp der Situation zunächst kaum gewachsen zu sein: er sei ein in der Kriegsführung unerfahrener *adolescens* gewesen, geschwächt durch eine Krankheit. (Es handelt sich um dieselbe Krankheit, an der der Vater verstorben ist. Diesen Hinweis kann man als mildernden Umstand für das ansehen, was Saint-Pathus als *corporis imbecillitas* bezeichnet.) In dieser verzweifelten Situation und bei einer so großen Verantwortung sei die Unzulänglichkeit des neuen Herrschers eine Bedrohung gewesen.

---

28 Ibid., 490.

29 L. Carolus-Barré, Le procès de canonisation de Saint Louis (1272–1297). Essai de reconstitution, Rome 1994, 61.

30 Daunou/Naudet (eds.), RHGF, vol. 20 (nt. 5), 466.

31 Ibid.

32 „*Rex illiteratus quasi asinus coronatus*“ zitiert bei Le Goff, Héros du Moyen Age (nt. 13), 519.

Als den Retter aus der Notlage stellt der Chronist zu Recht den König von Sizilien, Ludwigs Bruder Karl von Anjou dar. Dessen Ankunft bringt die dringend benötigte militärische Hilfe für seinen Neffen Philipp und die notwendige Unterstützung bei den Friedensverhandlungen mit dem Emir von Tunis.

Der Bericht des Wilhelm von Saint-Pathus wurde auch ins Französische übertragen. Die kritische Bemerkung „*actui seculari fuerit aliquando deditus*" hat der Übersetzer ersetzt durch: „*biaux estoit il*" („er war schön") und damit den Sinn grundlegend verändert; die Schwäche Philipps beim Tod des Vaters erwähnt er nicht[33].

In den Berichten über Philipp III. findet man auch einige Passagen, die ausdrücklich betonen, dass er die Lehren seines Vaters beherzigt hat. Ob diese Einzelbeobachtungen verlässlich sind, ist kaum zu beweisen.

Sicher haben die Chronisten versucht, Spuren des väterlichen Einflusses zu entdecken. So schreibt ein anonymer Autor, nachdem er Philipps siegreichen Krieg gegen den aufständischen Grafen von Foix erwähnt hat: „Die übrige Zeit seiner Herrschaft regierte er friedlich (*pacifice*), bis er im Krieg gegen Aragon sein Leben beschloss." (Hier folgen die Namen der beiden Ehefrauen Philipps, Isabella von Aragon und Maria von Brabant, und ihrer Kinder.) Der Text endet mit der Bemerkung: „Dieser Herrscher regierte, obgleich er sehr edel und mächtig und sehr tüchtig im Gebrauch der Waffen war, dennoch in bewundernswerter Milde (*mansuetudo*) und ohne hochmütigen Luxus. Er lebte immer in großer Mäßigkeit, Enthaltsamkeit und Selbstbeherrschung."[34] Hier wird zunächst die Friedfertigkeit Philipps hervorgehoben. Außer *mansuetudo* werden ihm auch *castitas* und *sobrietas* zugeschrieben, zwei Tugenden, die Ludwig in den ‚Enseignements' nicht erwähnt.

Philipp erreichte ein Alter von 41 Jahren. Wie sein Vater erlag er einer Krankheit während eines Kriegszuges[35]. Anlässlich seines Todes schrieb ein anonymer Chronist: „[…] es war schade, dass er so früh hinüberging, an dem Punkt als er auf wunderbare Weise begann, für sein Alter ein tüchtiger Mann (*preudom*) zu werden, er führte ein gutes anständiges Leben. Er war nur 41 Jahre alt. Seine Leute beweinten ihn sehr, ebenso alle Ritter und das Heer, die ihn ins Herz geschlossen hatten wegen der guten Eigenschaften, die sie an ihm sahen"[36].

In dieser Lobrede, die beim Todesfall eines Herrschers fast unumgänglich ist, teilt der Chronist – vielleicht unbewusst – auch die kritische Beobachtung mit, dass Philipp sich erst mit etwa 40 Jahren wie ein Erwachsener verhält.

---

[33] Daunou/Naudet (eds.), RHGF, vol. 20 (nt. 5), 467.

[34] Guigniaut/de Wailly (eds.), RHGF, vol. 21 (nt. 4), 201.

[35] Philipp III. befand sich auf dem Rückzug von einer militärischen Expedition nach Kastilien, die er begonnen hatte, um die Rechte seiner Schwester Bianca von Frankreich, der Witwe Fernandos von Kastilien, und seiner Neffen zu verteidigen. Er starb am 5. Oktober 1285 an einer Epidemie, die große Teile des Heers befallen hatte. Cf. Carolus-Barré, Le procès de canonisation (nt. 29), 146–151.

[36] Guigniaut/de Wailly (eds.), RHGF, vol. 21 (nt. 4), 102.

Die Sorge der Eltern und Erzieher scheint durchaus begründet gewesen zu sein, wie Philipps Beiname, „*le Hardi*“ („der Kühne“) erahnen lässt. Dieser Name hebt seinen kriegerischen Mut hervor, er deutet aber auch an, dass er wilde Jagdtouren und tollkühne Manöver bei den Turnieren bevorzugte[37].

Unselbstständigkeit und passive Kritiklosigkeit zeigt sich auch in der Entwicklung, die Philipps Beziehung zu seinem Mentor Pierre de Brosse nahm[38].

VII. Vorbilder für die ‚Enseignements‘

1. *Fürstenspiegel am Hof Ludwigs IX.*

Schriften, in denen ein christlicher Herrscher an die moralischen Pflichten der Mächtigen erinnert und zu korrektem Verhalten ermahnt wird, haben im Mittelalter eine lange Tradition, die sich bis zu den Kirchenvätern zurückverfolgen lässt. Ein bekanntes Beispiel aus der Karolingerzeit ist die ‚Via regia‘ des Benediktinermönchs Smaragd von Saint-Mihiel[39].

Diese Textgattung, zu der oft auch Anweisungen für die theoretische und praktische Ausbildung eines Thronfolgers gehören, wurde in einem erhabenen Stil für Leser an Königs- und Fürstenhöfen verfasst. Daneben gab es populäre Erzählungen über gute und schlechte Kaiser und Könige und ihr Schicksal, pseudohistorische *exempla*, die für ein größeres Publikum gesammelt und in vielen Fällen mündlich weitergegeben wurden[40]. Vermutlich gehörten zu dieser Literaturgattung die Geschichten, die Ludwig IX. seinen Kindern abends zu erzählen pflegte[41].

In der Sorge um die moralische und intellektuelle Entwicklung jedes seiner zehn Kinder, um ihre Vorbereitung auf eine fürstliche oder geistliche Karriere gab Ludwig IX. seinen geistlichen Beratern den Auftrag, in theoretischen Abhandlungen die Aufgaben eines Herrschers und die Erziehung seiner Kinder zu erläutern.

Innerhalb weniger Jahre erschienen mehrere bedeutende Schriften: in den Jahren 1247 bis 1250 schrieb der Dominikaner Vinzenz von Beauvais ‚De eruditione filiorum nobilium‘, ein Buch, das er der Gemahlin des Königs, Marguerite de Provence widmete[42]. 1260 bis 1262 folgte ‚De morali principis institutione‘, das Vinzenz im Auftrag Ludwigs IX. und seines Schwiegersohns Thibaut de

---

37 Cf. Sivéry, Philippe III (nt. 19), 19–22.

38 Cf. nt. 23.

39 O. Eberhardt untersucht eingehend die Frage nach der Literaturgattung (O. Eberhardt, Via regia. Der Fürstenspiegel Smaragds von Saint-Mihiel und seine literarische Gattung, München 1977).

40 P. Bourgain, Miroir des princes, in: C. Gauvard/A. de Libera/M. Zink (eds.), Dictionnaire du Moyen Âge, Paris 2002, 931–932, hier 931.

41 De Joinville, Vie de saint Louis (nt. 7), 344 und Bourgain, Miroir des princes (nt. 40), 931–932.

42 Vinzenz von Beauvais, De eruditione filiorum nobilium, ed. A. Steiner, Cambridge, MA 1938.

Champagne verfasste[43]. Im Oktober 1259 schloss der gelehrte Franziskaner Gilbert von Tournai (Guibert de Tournai) sein Werk ‚Eruditio regum et principum' ab[44].

Alle diese Werke sind vor 1270 entstanden, daher liegt die Frage nahe, ob und wieweit Ludwig IX. darin Anregungen für die ‚Enseignements' gefunden hat. Der Einfluss der beiden Autoren ist sehr wahrscheinlich, da sie Ludwig als Berater zur Verfügung standen.

Vinzenz von Beauvais erwähnt beispielsweise im Prolog von ‚De morali principis institutione', dass er den König und seine Familie im Kloster Royaumont unterrichtet habe[45]. Andererseits ist es auch denkbar, dass das Bild des idealen Herrschers in den Fürstenspiegeln von der eindrucksvollen Persönlichkeit Ludwigs beeinflusst wurde[46].

Bei Vinzenz und Gilbert findet man eine vergleichbare Auffassung von der Königsherrschaft und ihrer Legitimierung. Beide betonen die Notwendigkeit der weltlichen Herrschaft und führen zum Beweis die Metapher vom menschlichen Körper an, der eines überlegenen Hauptes bedarf. Gleichzeitig verwenden beide auch andere Metaphern: so wird der König in seinem Amt des Regenten als ein Abbild des Schöpfers und Weltenlenkers angesehen.

Ludwig IX. nimmt diese Bilder nicht in den ‚Enseignements' auf. Er scheint sie vorauszusetzen, wenn er die Aufrechterhaltung beziehungsweise die Wiederherstellung von Ordnung und Harmonie in seinen Geboten unter den verschiedensten Gesichtspunkten thematisiert.

2. *Die ‚Eruditio regum et principum' des Gilbert von Tournai*

Ein detaillierter Vergleich der ‚Enseignements' mit den genannten zeitgenössischen Fürstenspiegeln überschreitet den Umfang dieser Arbeit.

Ich beschränke mich darauf, aus der besonders ideenreichen und ausführlichen ‚Eruditio' Gilberts einige Themen und Motive zu zitieren, die auch in Ludwigs Lehren behandelt werden.

Die ‚Eruditio' besteht aus drei Briefen von unterschiedlicher Länge, in denen sich der Autor persönlich an Ludwig IX. wendet. In 50 Kapiteln entwickelt er seine Theorien zum Auftrag des weltlichen Herrschers. Über den Nachwuchs und seine Erziehung spricht er nur andeutungsweise – zum Beispiel in der Feststellung, dass die Kinder der Adligen häufig kein gutes Vorbild haben[47]. Wesentlich sei das Ergebnis der Bildung und Ausbildung: die Ehrfurcht vor

[43] Vinzenz von Beauvais, De morali principis institutione, ed. R. J. Schneider (Corpus Christianorum. Continuatio Mediaevalis 137), Turnhout 1995.

[44] Gilbert von Tournai, Eruditio regum et principum, ed. A. de Poorter (Philosophes Belges. Textes et Études 9), Louvain 1914.

[45] Vinzenz von Beauvais, De morali principis institutione, ed. Schneider (nt. 43), 3.

[46] Gilbert von Tournai, Eruditio regum et principum, ed. de Poorter (nt. 44), XIV–XV.

[47] Gilbert von Tournai, Eruditio regum et principum, ed. de Poorter (nt. 44), 13.

Gott, das Sorgen für sich selbst, der siegreiche Kampf gegen das Böse und der liebevolle Schutz für die Untertanen. Das sind die großen Themen der drei *epistolae.*

In den einzelnen Kapiteln werden Beispiele und Argumente in einer logisch nachvollziehbaren Ordnung dargestellt. Wie in den ‚Enseignements' ist der von Herrscher und Kirche gemeinsam geführte Kampf gegen das Böse ein Leitmotiv der ‚Eruditio'. Der Herrscher unterstützt die Kirche, die sich selbst die geistliche Gewalt vorbehält und ihm die weltliche Gewalt verleiht: „*manu ecclesiae princeps gladium accipit*"[48]. Der Herrscher muss als oberster Richter mit größter Härte vorgehen, um den Sieg über das Böse davonzutragen.

Diese Passage hat Ludwig vielleicht als Vorbild für die Artikel 12, 13 und 27 der ‚Enseignements' gedient, in denen er strengste Strafen bei moralischen Verfehlungen fordert.

Im Gegensatz zu Ludwig erklärt Gilbert aber auch, dass der Herrscher zur Milde verpflichtet sei – aufgrund der Liebe (*affectus*) der Untertanen und zu den Untertanen[49].

Die Liebe als Grundlage und Garantie der Herrschaft wird in der ‚Eruditio' sehr oft behandelt, in den ‚Enseignements' dagegen ist sie Gott, der Kirche und der Geistlichkeit, der königlichen Familie und allgemein dem „Guten" vorbehalten. Mit diesen Aussagen bekennt sich Ludwig IX. zu einem Weltbild, das abstrakt in Gut und Böse aufgeteilt ist und der Lehre des Manichäismus entspricht.

Gilbert hingegen argumentiert differenzierter: er preist einerseits „*pulchritudinem et rigorem ecclesiasticae disciplinae*"[50]; andererseits versichert er, dass der *affectus clementiae* die Macht der Gerechtigkeit nicht entkräftet[51]. So vertritt Gilbert Gerechtigkeit und Gnade als ein komplementäres Ziel der Herrschaft. Die Entscheidungen des Herrschers entsprechen dem Richterspruch des strafenden und verzeihenden Gottes.

Wie in einer Vision stellt Gilbert die gesamte weltliche Ordnung als ein Abbild der himmlischen Hierarchie dar[52]. Die Passagen, in denen er das Wirken geistiger Kräfte beschreibt, gehören zu den schönsten des Buches und sind im eigentlichen Sinn erhebend. Beispielsweise versichert er, dass Menschen, die großzügig Almosen geben „durch die Hand des Armen in die Region der Geister getragen werden"[53].

Im letzten Brief (Kapitel 2) bezieht sich Gilbert auf eine Textstelle des Pseudo-Dionysius Areopagita, die ihn zu einer Vision von der Synergie der weltlichen Mächte im Heilsplan Gottes inspiriert hat: wie die seligen Geister, die Seraphim genannt werden, seien die Herrscher und Geistlichen dazu einge-

48 Ibid., 41.
49 Ibid., 83 sqq.
50 Ibid., 44.
51 Ibid., 86.
52 Ibid., 45–46; 84; 85; passim.
53 Ibid., 20.

setzt, die Untertanen zu Gott zurückzuführen. In ekstatischen Worten spricht Gilbert von der endgültigen *adhaesio* des Liebenden mit dem Geliebten[54].

Die Sehnsucht nach der Vereinigung mit Gott bringt auch Ludwig IX. im letzten Artikel der ‚Enseignements' zum Ausdruck, doch wählt er sehr viel einfachere Worte und Bilder.

3. ‚Enseignements' und Fürstenspiegel

Was den Inhalt der ‚Enseignements' betrifft, so weisen sie eine Verwandtschaft mit der Gattung der Fürstenspiegel auf, da sie den künftigen König über gesellschaftspolitische Themen und Fragen der Glaubenspraxis unterrichten. Dies entspricht weitgehend der Definition von Otto Eberhardt: „Ein Fürstenspiegel ist ein in sich geschlossenes Werk, das mit dem Zweck der grundsätzlichen Wissensvermittlung oder Ermahnung möglichst vollständig das rechte Verhalten des Herrschers im Blick auf seine besondere Stellung erörtert; dabei liegt meist eine persönliche Beziehung zum Herrscher zugrunde"[55].

Diese Kriterien erfüllt der Text Ludwigs IX. – es stellt sich indes die Frage, ob man wegen der Kürze der ‚Enseignements' von einem „Werk" sprechen sollte. Eher handelt es sich um ein *opusculum*, einen Ratgeber in Briefform. Diese Zuordnung passt zu der Einleitung jedes Artikels mit „cher fils"/„*mi fili*", wird durch das *Amen* am Schluss jedoch wieder infrage gestellt.

Die Form der Anrede prägt den Charakter des Textes und damit seine Gattungszugehörigkeit: Zwischen „*Domine mi rex Francorum*"[56] oder „*Vestra Serenitas*"/„*Serenitas regia*"[57] in den Fürstenspiegeln und „*mi fili*" in den ‚Enseignements' liegt eine ganze Welt. Im „du" der zweiten Person ist das „ich" der ersten Person präsent, und die Gebote sind wesentlich direkter und dringlicher als im distanzierten „er" der dritten Person, wie es in den Fürstenspiegeln gebräuchlich ist.

VIII. Die Originalität Ludwigs IX.

Im Vergleich zu den Texten der beiden gelehrten Geistlichen wird die Eigenart der ‚Enseignements' erkennbar – soweit dies im Spiegel der erhaltenen Kopien möglich ist. Der König schreibt in der Volkssprache, die in seiner Regierungszeit hoffähig wurde. Namentlich in den französischen Versionen findet man spontane Formulierungen, die man eher in der alltäglichen Sprache als in

[54] Pseudo-Dionysius Areopagita, cap. VII, zitiert von Gilbert von Tournai, Eruditio regum et principum, ed. de Poorter (nt. 44), 84.
[55] Eberhardt, Via regia (nt. 39), 280.
[56] Vinzenz von Beauvais, De morali principis institutione, ed. Schneider (nt. 43), 3.
[57] Gilbert von Tournai, Eruditio regum et principum (nt. 44), 6 und 43.

einem feierlichen Vermächtnis erwartet. Viele Sätze könnten so, wie sie aufgeschrieben sind, mündlich an den Sohn gerichtet sein, beispielsweise: „Lieber Sohn, ich lehre dich, dass du gern die Messe hörst; und wenn du in der Kirche bist, gib acht, dass du nicht umhergaffst und nichts Überflüssiges redest; sprich in Ruhe deine Gebete, laut oder nur in deinen Gedanken [...]“[58].

Dieses Gebot zeigt nicht nur, wie gut dem Vater die Schwächen des Sohnes vertraut sind, sondern auch dass Ludwig zu theologischen Fragen seiner Zeit Stellung nimmt: in diesem Fall zu den beiden Möglichkeiten, still oder in der Gemeinschaft zu beten.

Ludwig IX. gibt den Geboten eine überaus prägnante Form, und er verzichtet – bis auf den längeren Exkurs über seinen Großvater – auf Beispiele aus der Geschichte und der geistlichen Literatur. Aus der Fülle seiner Kenntnisse und Erfahrungen macht er einen praktischen Ratgeber, eine Art ‚Vademecum‘ für seinen Sohn. Die Lehren sind sozusagen auf den kürzesten Nenner gebracht, was sich vermutlich aus der Situation vor dem Aufbruch in den Krieg erklärt. Trotz ihrer Kürze behandeln sie alle für den Autor und für den Adressaten wesentlichen Themen.

Ursprünglich nur für einen Prinzen (und vielleicht für dessen Brüder) aufgeschrieben, werden die ‚Enseignements‘ seit acht Jahrhunderten von Lesern geschätzt, die Saint Louis verehren und sich mit seinen Gedanken und Prinzipien auseinandersetzen. Erst seit dem 19. Jahrhundert bemüht man sich um eine Wiederherstellung der ursprünglichen Fassung; doch bis heute müssen sich Historiker, Philologen und interessierte Leser mit einer Annäherung an das Original zufriedengeben.

58 Daunou/Naudet (eds.), RHGF, vol. 20 (nt. 5), 84.

Schüler und Meister und Meister und Schüler in der frühen böhmisch-tschechischen Reformation

IVAN HLAVÁČEK (Praha)

I.

Dass es sich bei diesem Titel nicht nur um ein mehr oder weniger schönes Wortspiel handelt, soll durch eine weitere Sentenz verdeutlicht werden, die in gewissem Sinne den Weg der folgenden Ausführungen aufzeigt: „Man vergilt seinem Lehrer/Meister schlecht, wenn man nur ein Schüler bleibt." Weder soll an dieser Stelle eine angemessene Reflexion über dieses Zitat angestellt werden noch will ich im Folgenden eine detaillierte Chronologie der Ereignisse der frühen böhmisch-tschechischen Reformation geben, da sie schon vielfach sowohl knapp als auch detailreich beschrieben und analysiert worden sind[1]. Vielmehr besteht mein Vorhaben darin, das Strukturelle knapp darzubieten, auch wenn mit mehreren ‚missing links' zu rechnen ist. Dabei kann und will ich nicht verhehlen, dass es sich bei den folgenden Personen nicht um Meister und Schüler im geläufigen Sinn des „akademischen Betriebes" oder benachbarter Institutionen handelt, sondern eher, ja manchmal „nur" um Vorläufer und ihre gewollten bzw. ungewollten Fortführer, ja um Vollstrecker im wahrsten Sinne des Wortes. Dass dabei deshalb noch lange nicht alle Beziehungen aufgedeckt werden, ja überhaupt aufdeckbar sind, versteht sich von selbst. Ebenso gilt auch, dass manches bisher Vorausgesetzte nicht mehr gelten muss. Der wahre Grund dafür ist die denkbar schlechte Quellenlage (die zuständige Chronistik berücksichtigt diese Phänomene kaum). Es ist anderseits zu hoffen, dass in dem kaum oder wenigstens nicht immer vollständig durchgearbeiteten handschriftlichen Material verschiedenes Neues verborgen ist. Neuerdings werden allmählich die entsprechenden Voraussetzungen geschaffen[2], diese ‚Schätze' zu heben; und, was be-

---

[1] Aus der unüberschaubaren Fülle an Literatur seien im Folgenden nur einige neuere Arbeiten erwähnt. Schon die Tatsache, dass es sich nicht nur um Werke in tschechischer Sprache handelt, zeigt das große Echo, das diese Entwicklung nicht nur im zeitgenössischen Europa, sondern auch in der modernen Historiografie gefunden hat; man kann wohl vermuten, dass das auch für die Zukunft gelten wird. Denn nicht nur, dass allzu viel Material noch in den alten Kodizes verborgen liegt, es werden vor allem auch neue Fragestellungen formuliert und neue Antworten gegeben.

[2] Drei bedeutende Unternehmungen sind hier zu erwähnen. Es handelt sich erstens um F. Šmahel, Verzeichnis der Quellen zum Prager Universalienstreit 1348–1500, in: Philosophica mediaevalia Polonorum 25 (1980), zweitens um P. Spunar, Repertorium auctorum bohemorum provectum idearum post universitatem Pragensem conditam illustrans, 2 vols., Wrocław e. a. 1985/

sonders erfreulich ist: dieser Kärrnerarbeit widmet sich insbesondere die jüngere Forschergeneration[3].

Die böhmisch-tschechische Reformation im Mittelalter entstand und wuchs in einem Land, dessen geistiges, geistliches, kulturelles, politisches sowie wirtschaftliches Zentrum von alters her Prag war. Dessen Rolle exponenzierte sich ab Mitte des 14. Jahrhunderts vornehmlich dank vier Phänomenen. Diese waren 1) die Erhöhung des Prager Bistums zum Erzbistum (1344), 2) Karls IV. Erlangung der Würde des römischen Königs (seit 1346) und kurz danach des Kaisers (seit 1355) – ein Ereignis, das aus Prag die Hauptresidenz des Römischen Reiches gemacht hat, 3) die Gründung der Universität im Jahre 1348, die aus Prag das unangefochtene kulturelle Zentrum mit überregionaler Bedeutung machte. 4) entstand schließlich parallel zur Gründung der Universität die Prager Neustadt, um allen diesen Würden Rechnung zu tragen und um damit die entsprechenden materiellen Bedingungen für die reibungslose und dynamische Entfaltung zu schaffen. Alle diese Phänomene überschritten freilich in ihrer Bedeutung deutlich die engen Grenzen des Landes. Damit hing auch das bedeutende Wachstum der Stadtbevölkerung dieser vier Städte (zwei am rechten und zwei am linken Ufer der Moldau) zusammen, unter denen die beiden ersten, d. h. Neustadt und besonders die Altstadt eine dominante Stellung innehatten, freilich nicht ohne entsprechende Schattenseiten. Die Bevölkerungszahl erreichte also im Zeitraum unserer Überlegungen für Jahrhunderte ihren Höhepunkt. Sie betrug knapp vierzig- bis fünfzigtausend Leute, womit sie als größte Ansiedlung Mitteleuropas (wohl mit Ausnahme Kölns) galt. Obwohl vornehmlich von Leuten tschechischer und deutscher Sprache bewohnt, sind hier auch jüdische und romanische Anwohner nicht unbedeutend vertreten gewesen, ganz zu schweigen von der internationalen Zusammensetzung der Prager Universität. Unter solchen Umständen ist es kein Wunder, dass hier alle menschlichen Laster und Unsitten vertreten waren, ebenso jedoch auch das Bemühen, sie zu bekämpfen. Dabei spielten die kirchlichen Sünden, wie besonders die Simonie, die Pfründenhäufung sowie ein deutlich gestiegener Ablassverkauf eine unübersehbare Rolle.

Warszawa–Praha 1996, bei dem jedoch die Gegenseite nicht genug zu Wort kam; drittens um den neuerlichen „Zensus" des handschriftlichen Schatzes der Tschechischen Republik unter der Redaktion von Marie Tošnerová: Guide to Manuscript Collections in the Czech Republik, Prague 2011. Auch das Interesse an den böhmischen Quellen im Ausland steigt stetig. Derzeit werden die vatikanischen Bestände untersucht. Des Weiteren sind wichtig: V. Herold/I. Müller/A. Havlíček (eds.), Politické myšlení pozdního středověku a reformace (Dějiny politického myšlení 2/2), Praha 2011, insbesondere die Arbeiten von František Šmahel, Vilém Herold und Jaroslav Boubín (zu Ersterem cf. unten, nt. 6). Es müssen auch zwei parallel erschienene Monografien über das Predigtgut des vornehmen hussitischen Theologen Jakobell von Mies erwähnt werden: J. Marek, Jakoubek ze Stříbra a počátky utrakvistického kazatelství v českých zemích, Praha 2011 und P. Soukup, Reformní kazatelství a Jakoubek ze Stříbra, Praha 2011. Aus der älteren tschechischen Literatur bleiben, trotz der allzu pointierten Darstellung, wichtig: V. Novotný, Náboženské hnutí české ve 14. a 15. stol. I. Do Husa, Praha [1915]; J. B. Schneyer, Geschichte der katholischen Predigt, Freiburg 1968; auf den Seiten 192 sq. und 208 sq. konnte er allerdings die Problematik nur registrieren.

[3] Insbesondere Sermones und Predigtgut werden in diesem Rahmen analysiert.

Auch die sozialen bzw. nationalen Spannungen begannen verstärkt aufzutreten. Deshalb wurden die allgemeinen Klagen darüber immer lauter: sowohl von den oberen als auch von den unteren Bevölkerungsschichten. Diese Stimmen wurden jedoch anfangs kaum gehört.

Zugleich setzte sich hier „Theorie mit Praxis" durch, oder anders gesagt, die konkreten Versuche, die Dinge zu ändern, wurden einerseits durch Predigttätigkeit unternommen und andererseits durch theoretische Überlegungen abgesichert. Die zuerst nicht national motivierten Anstöße erfuhren aber im Laufe kurzer Zeit größere Dynamik, und so kam es bald zu mehreren Strömungen, die sich verschiedentlich beeinflussten und durchdrangen; schließlich haben sich zwei herauskristallisiert. Die erste war die theoretisch-gelehrte Kritik, die nicht nur heute, sondern auch schon damals nur in lateinischen Folianten schriftlich vorlag. Die zweite legte besonderen Nachdruck auf das gesprochene Wort, das heißt auf die Predigt, über die wir heute auch nur durch ihre, zuerst eher zufällige, nachträgliche schriftliche Fassung informiert sind. Grob gesagt kann man die erste als die universitär-theoretische bezeichnen, die meist, besonders am Anfang, von der deutschsprachigen Professorenschaft getragen wurde, die zweite schließlich mündete oft auf verschlungenen Wegen in die böhmisch-tschechische Reformation ein. Dieser soll im Folgenden die knappe Skizze gelten, wobei die gelehrte „kirchenorthodoxe" Kritik nicht näher beachtet werden kann[4].

In der tschechisch-böhmischen Reformation kann man, freilich nur sehr schematisch, vier Phasen unterscheiden, die jedoch chronologisch nicht immer streng voneinander getrennt werden können. Die erste bilden die sogenannten Vorläufer der Reformation zur Zeit Karls IV. (1348–1378) und in der ersten Hälfte der Regierung Wenzels IV. (1378–ca. 1400), die zweite dann die beiden ersten Jahrzehnte des 15. Jahrhunderts bis zum Ausbruch der hussitischen Revolution (1419), also die zweite Hälfte der Regierung Wenzels. Die dritte füllt die Zeit der eigentlichen Revolution aus. Schließlich gilt als vierte Phase das nachrevolutionäre Zeitalter (ab 1437). Im Folgenden interessieren mich nur die ersten beiden genannten Phasen, in denen die Auseinandersetzung mit der Gegenseite noch nicht kriegerische, aber gelegentlich schon sehr scharfe Züge angenommen hatte.

In der dritten Periode der böhmischen Reformation, also nach dem Tode Wenzels IV. (16. August 1419), mündete bekanntlich der „ideologische Kampf", also die sich stetig zuspitzende Polemik beider Parteien, in eine machtpolitische Auseinandersetzung, die in den antihussitischen Kreuzzügen gipfelte. Sie wurde zwar von der militärischen Konfrontation überschattet, jedoch wurde auch der ideologische Streit fortgeführt. Den Reformatoren bzw. ihren praxisnahen Anhängern sind die Waffen von ihren Widersachern buchstäblich in die Hände gedrückt worden. Diese Periode bleibt freilich außerhalb unseres Horizonts, da

---

[4] Nur illustrativ sei auf das wichtige und in der Literatur ausgiebig analysierte Werk des Matthäus von Krakau, ‚De squaloribus curie Romane', hingewiesen.

sich dort die machtpolitische Entwicklung anders darstellte und sie überdies neuerdings verschiedentlich sehr aufschlussreich geschildert wird[5].

Die im Titel benutzte Doppelstruktur der tschechisch-böhmischen Reformation hat ihren guten, und wie ich hoffe, tieferen Sinn. So jedenfalls hat es Hussens Gefährte Hieronymus von Prag formuliert, der ausdrücklich die tschechische Nation für die eigentlich reinste Vertreterin des christlichen Glaubens gehalten hatte[6]. Der Weg zu diesem *dictum* war lang und verschlungen, und es ist im Vorhinein klar, dass Hieronymus' christliche Umwelt mit diesem Spruch kaum einverstanden sein konnte. So haben im Laufe der Zeit nicht wenige Tschechen davon Abstand genommen, ganz zu schweigen von den Deutschen (mit wenigen Ausnahmen). Diese gehörten meist zu den Befürwortern der bestehenden Verhältnisse, obwohl auch sie nicht selten um Besserung der Sitten rangen, jedoch, wie gesagt, im Rahmen der bestehenden Verhältnisse.

Jedenfalls spannt sich der Bogen der geistigen Auseinandersetzungen, von denen einige Grundaspekte im Folgenden sehr knapp skizziert werden sollen, über ein Dreivierteljahrhundert. Die Ereignisse begannen zunächst unauffällig und in ihren Anfängen wichen sie zuerst von denen vorhergehender Jahre nicht allzu sehr ab. Die Generation der ganz wenigen „Väter", die nur als Einzelgänger wirkten, konnte weder wissen noch ahnen, dass sie so viele und eifrige Nachfolger und zum Teil auch indirekte Schüler hervorbringen würden und dass der Samen der Gesellschaftskritik und des Anprangerns der zeitgenössischen Missstände, den sie eingesät hatten, landesweite, in ihren Konsequenzen sogar gesamteuropäische Folgen mit sich bringen würde. Sind diese *animae candidae* Urväter, Meister und Lehrer der kommenden Generationen gewesen, die sie meist persönlich nicht gekannt haben, da die zeitliche Kluft zwischen ihnen allzu groß war, oder nicht? Ich bin überzeugt, dass man hier eine direkte Verbindungslinie ziehen kann.

Es versteht sich von selbst, dass die zweite Generation der Reformer ihre Inspiration auch anderswo suchte und fand, vornehmlich wenn es sich um gelehrte Impulse handelte, die mit ihren Vorstellungen harmonierten, wobei sie auch einen Meister-Lehrer aus der Ferne akzeptierten, nämlich John Wyclif aus Oxford († 1384)[7]. Niemand von ihnen hat ihn persönlich gekannt, seine Werke

---

[5] Als richtungsweisend kann hier die Monografie František Šmahels gelten: Die Hussitische Revolution, vols. 1 – 3 (Schriften der Monumenta Germaniae Historica 43/1 – 3), Hannover 2002.

[6] Cf. F. Šmahel, Život a dílo Jeronýma Pražského, Praha 2010, 40 und id., Idea národa, Praha ²2000, 49 sq.

[7] Damit ist vornehmlich die Lehre des englischen Reformers John Wyclif gemeint, dessen Werke das Denken Hussens und seiner Kommilitonen stark beeinflusst haben. Dieses Thema, das besonders Johann Loserth im 19. Jahrhundert in der Forschung stark machte, wurde von der älteren tschechischen Forschung ebenso heftig abgelehnt oder es wurde von ihr wenigstens zu marginalisieren versucht. Erst die heutige Forschung hat einen historisch adäquaten Weg gefunden, der die Theorie mit der Praxis der Zeit in Einklang zu bringen imstande ist (zu der oben in nt. 2 angeführten Literatur sei noch ergänzt V. Herold, Pražská univerzita a Wyclif, Praha 1985 und besonders F. Šmahel, Jan Hus. Život a dílo, Praha 2013). Einen wichtigen Beitrag zum Thema hat im anglo-amerikanischen Sprachraum Anne Hudson mit vielen ihrer zentralen Publikationen beigesteuert, insbesondere aber mit: Studies in the Transmission of Wyclif's Writ-

jedoch galten als wegweisend. Die Motive der Nachfolgergeneration dürfen aber nicht in Oxford oder anderswo gesucht werden, sondern sie erwuchsen aus dem heimischen Umfeld. Neben Jan Hus und insbesondere nach dessen Tod war Jakobellus von Mies federführend; er galt als Hussens ‚Vollstrecker', insofern er einerseits dessen Nachfolger als Prediger an der Bethlehemskapelle wurde und andererseits insofern er als zentrale Autorität im Rahmen der zweiten hussitischen Generation und in gewisser Übertreibung als erster Theologe der Reformation bis zu seinem Tod im Jahre 1429 fungierte[8]. Die Epoche der eigentlichen hussitischen Revolution befindet sich aber, wie schon angedeutet, außerhalb des Horizonts dieser Zeilen, obwohl sie in der Gestalt Petr Chelčickýs wohl den wichtigsten Philosophen der Zeit überhaupt „generierte"[9], dessen Tätigkeit noch in die vierte, nachrevolutionäre Ära des hussitischen Denkens hineinreicht.

II.

Die Bühne, auf der sich das Drama abzuspielen begann, das zuerst ein Kammerspiel mit deutlichem Abschluss nach dem Tod seiner Akteure zu sein schien, war also das Prag der beginnenden zweiten Hälfte des 14. Jahrhunderts. Am Ende kam es jedoch völlig anders. Diese Bühne blieb also mehrere Jahrzehnte nur auf Prag und dessen nächste Umgebung und auf einzelne Protagonisten beschränkt. Doch diese Bühne, oder besser dieses beginnende Drama, das zunächst als eingeschränkte volkstümliche bzw. lokale und kurzfristige akademische Angelegenheit wahrgenommen werden konnte, gewann Breite und Tiefe. Vom bescheidenen Anfang entwickelte es sich zu einem erstaunlich lebensfähigen Phänomen, das sich im Laufe der Zeit ein festes Fundament geschaffen hat. Ausgehend von einem begrenzten Auditorium über die Ausdehnung hin zu breiteren Schichten erreichte es allmählich so gut wie das ganze Land, ja zum Teil auch dessen Umland. Dabei haben sich die einzelnen Zuhörer allmählich zu Mitspielern mit großem Einsatz verwandelt, auch mit dem Ziel, die übrigen Zuschauer einzubeziehen. In diesem Zusammenhang entwickelte sich die theoretische theologisch-philosophische Auseinandersetzung, die schließlich zum politischen Machtkampf wurde, ebenfalls fort.

Dieser scheinbar lokale Einakter verlief von Anfang an auf zwei parallelen Ebenen, die zuerst unabhängig voneinander bestanden. Sie sind, kurz und knapp

ings, Aldershot 2008; hierin zeigt sie auf, wieviel die Kenntnis von Wyclifs Vermächtnis der böhmischen Überlieferung schuldig ist. Cf. auch W. R. Thomson, The Latin Writings of John Wyclyf, Toronto 1983.

8 Über ihn bis heute richtungsweisend P. de Vooght, Jacobellus de Stříbro († 1429), premier théologien du hussitisme, Louvain 1972.

9 Die neueste Biografie bietet J. Boubín, Petr Chelčický. Myslitel a reformátor, Praha 2005 und id., Petr Chelčický a jeho doba, in: Herold/Müller/Havlíček (eds.), Politické myšlení středověku a reformace (nt. 2), 321 – 372; Boubín gilt auch als Autor mehrerer wichtiger Aufsätze und Editionen zu diesem Themenbereich. Die neueste CD-ROM-Bibliografie zur böhmischen Geschichte des letzten Jahrhundertviertels bringt nicht weniger als 56 diesbezügliche Titel.

formuliert, als ‚Tat' und ‚Geist', oder als ‚völkisches', freilich von einem *movens* initiiertes, bzw. ‚elitäres' Tun zu bezeichnen. Dabei hat sich gezeigt, dass nicht nur das gesprochene, sondern im Laufe der Zeit auch das geschriebene Wort zum Fanal wurde, dessen Kraft zuerst nicht richtig eingeschätzt werden konnte. Die Kanzel und die Universität sind dabei die *primi moventes*, ihre Impulse haben eine Tragweite gehabt, die ihren ursprünglichen Sprengel weit überschritten hat.

Um zum Konkreten zu kommen, müssen wir die böhmischen reformerischen und (proto-)reformatorischen Aktivitäten der Regierungszeiten Karls IV. als böhmischer König in den Blick nehmen. Seine Kompetenz als römischer König bzw. ab 1355 römischer Kaiser wird dabei allerdings in diesem Kontext nur am Rande thematisiert werden. Die Rolle Prags ist oben bereits charakterisiert worden, es sei jedoch noch einmal ihre Rolle als eine der ganz wenigen Großstädte Mitteleuropas zu damaliger Zeit und Hauptresidenz des römischen Herrschers betont, die sich besonderen Glanzes rühmen konnte[10]. Dass aus der Sicht der Reichsherrschaft Nürnberg als Karls „Zentrale im Reich" insgesamt ebenfalls eine wichtige Rolle im Reich spielte, steht freilich außer Zweifel[11]; eine vollständige Vergleichbarkeit mit Prag ist allerdings nicht möglich[12].

Die Einmaligkeit Prags zu dieser Zeit, zumindest mit Blick auf den gesamtmitteleuropäischen Raum, hat die Literatur mehrfach betont, sodass man sie als „gegeben" akzeptieren kann. Zur ausführlicheren Illustration sei Folgendes konstatiert. Als offene oder versteckte Gründe für Spannungen lassen sich folgende Komponenten ausmachen: der Hof des Königs/Kaisers, der Handel mit seinen internationalen Beziehungen[13], die Kirche mit rund 40 Pfarreien, 25 Klöstern und mehreren Kapiteln mit vielen Hunderten von Geistlichen[14], und natürlich besonders die Universität, die viele Hunderte von Lehrern und Studierenden von nah und fern umfasste[15], sowie ganz allgemein das Zusammenleben

[10] Eine moderne Stadtgeschichte zu Prag im Mittelalter gibt es nicht, jedoch mehrere Aufsätze, die besonders dem Aspekt Prags als Residenzstadt und ihrer zentralen Rolle gewidmet sind. Erwähnt sei nur J. Mezník, Cesta Prahy k husitské revoluci, Praha 1990 und zuletzt E. Schlotheuber, Der Ausbau Prags zur Residenzstadt und die Herrschaftskonzeption Karls IV., in: M. Jarošová/J. Kuthan/S. Scholz (eds.), Prag und die großen Kulturzentren Europas in der Zeit der Luxemburger (1310–1437). Internationale Konferenz aus Anlaß des 660. Jubiläums der Gründung der Karlsuniversität in Prag, 31. März – 5. April 2008, Praha 2008, 601–621, wobei auch die dort zitierten Studien von František Graus, Peter Moraw, František Kavka und Franz Machilek hinzuzuziehen sind. Cf. auch nt. 14.

[11] Es genügt auf die Darstellung bei W. Eberhard, Herrschaft und Raum. Zum Itinerar Karls IV., in: F. Seibt (ed.), Kaiser Karl IV. Staatsmann und Mäzen, München 1978, 101–108 und 443 sq. hinzuweisen.

[12] Cf. illustrativ e. g. G. Pfeiffer (ed.), Nürnberg – Geschichte einer europäischen Stadt, München 1971, 73 sqq.

[13] M. Dvořák, Císař Karel IV. a pražský zahraniční obchod, in: Pražský sborník historický 34 (2006), 7–91, cf. auch oben nt.11.

[14] Neben der schon angeführten Literatur cf. neuerdings Z. Hledíková, Svět české středověké církve, Praha 2013, cf. auch nt. 17.

[15] Peter Moraws Ansicht, dass die Gründung der Prager Universität irgendwie unangemessen oder mindestens verfrüht geschehen sei, ist inakzeptabel. Für eine detailliertere Diskussion ist hier kein Platz, deshalb sei auf zwei großangelegte und zusammenfassende Bücher hingewiesen: P.

der tschechischen und deutschen Bevölkerungsteile, die mitunter große soziale Unterschiede aufwiesen. Das allmähliche Wachstum der tschechischen Bevölkerung hat dabei freilich auch eine nicht unwichtige Rolle gespielt.

Wenn man *ab ovo* beginnt, stehen am Anfang zwei Individuen ersten Ranges, die auf „ihrem Gebiet" Meister waren. Diese waren natürlich Karl IV.[16] selbst und sein großer Helfer und *alter ego*, der erste Prager Erzbischof Ernst von Pardubitz[17]. Etwas überspitzt, aber doch zutreffend, kann man sagen, dass von ihnen die ganze künftige Entwicklung oder besser der Fortgang der Geschehnisse ausgeht, die schließlich in eine nie geahnte und freilich auch nie gewollte Richtung führten.

Doch sollten diese zwei „großen Meister", die nach den ersten Impulsen, die sie gegeben haben, keine richtigen Schüler und Nachfolger „generierten", marginal bleiben. Oder eher: nach ihrem ersten Anstoß nahm die Entwicklung andere Wege und daher können sie im Folgenden unberücksichtigt bleiben. Deshalb sind sie keine eigentlichen Väter der tschechischen Reformation gewesen, denn ihre Vorstellungen und Gedankenwege gingen zuallerletzt andere, man könnte sagen völlig andere Wege. Es war eher die akademische, formelle Reformbewegung, die ihnen nahestand. Allerdings sind ihre Verdienste nicht zu leugnen, denn sie haben zweifellos den Boden für künftige Entwicklungen bzw. Entfaltungen vorbereitet. Und was ihre genuinen Nachfolger, Wenzel IV. und die Erzbischöfe seiner Zeit betrifft, kann man ihnen dieses *epitheton ornans* auch nicht zuschreiben, obwohl sie sich eine Zeit lang gegenüber der zweiten Generation der tschechischen Reformatoren entgegenkommend zeigten.

III.

Eine kurze Rekapitulation der konkreten Verhältnisse im Böhmen der Zeit Karls IV., also die Lage des Königreichs Böhmen um ungefähr die Mitte des

---

Moraw, Gesammelte Beiträge zur deutschen und europäischen Universitätsgeschichte. Strukturen, Personen, Entwicklungen, Leiden – Boston 2008 und F. Šmahel, Die Prager Universität im Mittelalter. Gesammelte Aufsätze, Leiden – Boston 2007 sowie auf den ersten Band der Prager Universitätsgeschichte M. Svatoš (ed.), Velké dějiny Karlovy univerzity, vol. 1, Praha 1995; eine kürzere englische Fassung bietet I. Čornejová/M. Svatoš/P. Svobodný (eds.), A History of Charles University, vol. 1: 1348 – 1802, Praha 2001.

16 Als eine autoritative Biografie aus der Schar der modernen wissenschaftlichen Biografien, die meist anlässlich seines Jubiläums (1378) erschienen sind, kann man wohl das Buch von Ferdinand Seibt anführen: Karl IV. Ein Kaiser in Europa, 1346 – 1378, München 1978 (mit mehreren Neuauflagen). Als weitere Standardbiografien gelten J. Spěváček, Karel IV. Život a dílo (1316 – 1378), Praha 1979 und H. Stoob, Kaiser Karl IV. und seine Zeit, Graz – Wien – Köln 1990. Soeben ist erschienen J. Kuthan/J. Royt, Karel IV. – císař a český král. Vizionář a zakladatel, Praha 2016. Weitere Literatur wird an den entsprechenden Stellen angeführt.

17 Eine moderne Biografie bietet Z. Hledíková, Arnošt z Pardubic. Arcibiskup, zakladatel, rádce, Praha 2008.

14. Jahrhunderts in ein paar Worten zu skizzieren, scheint mir unvermeidlich zu sein.

Nach mehr oder weniger turbulenten Zeiten nach dem Aussterben der Přemysliden und der folgenden ruhelosen Epoche Johanns von Luxemburg, als es fast zum Zerfall der königlichen Macht gekommen war, gelang es Karl IV., beginnend mit seinen späten mährisch-markgräflichen Jahren, das Land langsam zur Ruhe und Ordnung zu bringen. Jedenfalls gemäß den damaligen Maßstäben. Die Spannung in der Gesellschaft blieb jedoch vorhanden. Wirtschaftlicher und sozialer Austausch, die Pestwelle (die aber in Böhmen um die Mitte des 14. Jahrhundert kaum zu bemerken war, dafür umso mehr rund dreißig Jahre später dort wütete), Judenhass und soziale Probleme sowie die immer merklichere Verweltlichung der Kirche, der Ernst von Pardubitz entgegentrat, und die Pfründenhäufung im Besonderen, galten als Nährboden für latente Unruhen in der Gesellschaft. In der Zeit Wenzels IV. haben sich diese und andere Spannungen noch vervielfacht. Dagegen richteten sich zwar sicher manche Prediger, indem sie verschiedene Unsitten brandmarkten, Prediger, die jedoch im Geschichtsgedächtnis keine Spur hinterließen, da ihre Tätigkeit kaum breitere Kreise angesprochen hat. Und wie es scheint, haben sie auch keine nennenswerten literarischen Zeugnisse hinterlassen. Deshalb wurden sie weder von der zeitgenössischen Historiografie noch von einer anderen Überlieferung, die sonst solche Unsitten und ihre Bekämpfung vermerkte, kaum erwähnt, obwohl es genug Gelegenheiten gegeben hat. Es reicht *pars pro toto* auf die skandalösen Scharmützel zwischen dem weltlichen und dem Ordensklerus hinzuweisen, wie sie zum Beispiel im südböhmischen Schüttenhofen, aber auch in der Prager Altstadt stattfanden[18]. Das sollte sich aber bald ändern, da die „Altprager Kanzel"[19] zwei besonders profilierte Persönlichkeiten betraten, die in der Geschichte und der geschichtlichen Memoria massive Spuren hinterließen, und zwar nicht nur in der Zeit, in der sie lebten, sondern auch darüber hinaus.

Als erste namentlich bekannte Predigerpersönlichkeit tauchte in Prag ein Augustinerchorherr, Konrad von Waldhausen (ca. 1326 – 8. Dezember 1369), auf[20],

---

18 Dazu A. Neumann, Prameny k dějinám duchovenstva v době předhusitské a Husově, Olomouc 1926, 19 sq.

19 Freilich standen in Prag Dutzende von Kanzeln sowohl in den Pfarr- als auch Klosterkirchen zur Verfügung. Eine Kapellenkanzel, nämlich diejenige in der Bethlehemskapelle, wird später berühmt werden und es wird ihr große Aufmerksamkeit zuteil.

20 Über ihn existiert eine alte Biografie von F. Loskot, Konrád Waldhauser, řeholní kanovník řádu svatého Augustina, předchůdce mistra Jana Husa, Praha 1909; ansonsten findet er sich erwähnt in jeder ausführlicheren Arbeit über die Regierungszeit Karls IV. Dazu auch F. M. Bartoš, Konrád Waldhauser a ohlas jeho díla u nás, in: Knihy a zápasy 383 (1948), 40 – 44; 211 und neuerdings P. Čornej zusammenfassend in: Lexikon české literatury: osobnosti, díla, instituce, vol. 4/2, Praha 2008, 1567. Dass seine Werke großes und zeitgenössisches Echo hervorriefen, dokumentiert auch B. Vydra, Polská středověká literatura kazatelská a její vztahy ke kazatelské literatuře české, in: Věstník Královské české společnosti nauk, třída filosoficko-historicko-jazykozpytná 2 (1927), 78 und 87. Zur Sache allgemein cf. jüngst noch M. Van Dussen/P. Soukup (eds.), Religious Controversy in Europe, 1378 – 1536. Textual Transmission and Networks of Readership, Turnhout 2013.

eigentlich ein Wanderprediger, der wohl von Karl IV. im Jahre 1363 nach Prag eingeladen wurde, um zu predigen und um die öffentlichen Laster zu brandmarken. Er predigte zwar zeitweise auch auf dem Lande (bezeugt ist er in der nordböhmischen Stadt Leitmeritz), jedoch fand er Heimat in Prag, wo er in der altehrwürdigen Galluskirche der Prager Altstadt auch als Pfarrer tätig war. Er predigte zwar auf Deutsch, doch wurden seine Predigten, die die Simonie und viele andere Unsitten – vornehmlich diejenigen der Bettelorden – anprangerten, sicher auch ins Tschechische übersetzt. Das Echo in der breiten Öffentlichkeit war für damalige Verhältnisse enorm. Dabei war besonders wichtig, dass seine Predigten bald auch schriftlich verbreitet wurden und dass sie sich an die ‚internationale' Studentenschaft der Prager Universität richteten. Kein Wunder also, dass sie bald auch ins Tschechische übertragen wurden, da sich das tschechische Milieu dafür empfänglicher als andere zeigte. Die Existenz der tschechischen Fassung von Waldhausens ‚Postilla studencium Pragensium – Postila studentů pražské univerzity'[21], zeugt am deutlichsten davon, obwohl sie bis heute nur singulär erhalten geblieben ist[22]. Sie enthält 73 Predigten, wurde jedoch bald beliebtes Hilfsmittel auch außerhalb der Kreise, an die sie ursprünglich adressiert war[23].

Waldhausens Beispiel war inspirierend und den Staffelstab übernahm bald ein unerwarteter Nachfolger, nämlich ein gut betuchtes Mitglied der Hofkanzlei Karls IV. mit ausgezeichneter Aussicht auf höhere kirchliche Würden und ein bequemes Leben: Milíč von Kremsier[24]. Er wurde zum eigentlichen Urvater, ja Begründer der böhmischen Reformation. Seine vorhersagbar steile Karriere in den hofnahen, ja eigentlich direkt in den engeren Hofkreisen verkehrte sich in ihren Gegensatz. Denn Milíč entsagte bald allem weltlichen Glanz und Ruhm. Dabei blieb es aber nicht. Milíčs reformerischer Eifer erschöpfte sich nicht in der Kritik am Klerus, am reichen Bürgertum sowie am Adel, sondern er kritisierte auch die Unsitten der einfachen Leute. Mehr noch: als ein echter Schwärmer, dessen Mut freilich imponierte, griff er die Unsitten auch der höchsten Kreise der damaligen Gesellschaft an, sodass er in einer seiner Predigten sogar den anwesenden Kaiser direkt als Antichrist bezeichnet hat. Der betroffene Kai-

---

[21] F. Šimek (ed.), Staročeské zpracování Postily studentů svaté university pražské Konráda Waldhausera, Praha 1947.

[22] Die Handschrift ist zwar jünger, jedoch zeigt schon das allein, dass sie (wohl mehrere) Vorfahren gehabt haben musste.

[23] Hier sei auf meine Studie Bohemikale Literatur in den mittelalterlichen Bibliotheken des Auslandes, in: Historica 13 (1966), 113–155, verwiesen.

[24] Beide Biografien über ihn können heute als überholt gelten, bleiben jedoch weiterhin Ausgangspunkt einer Beschäftigung mit ihm. Es sind dies: F. Loskot, Milíč z Kroměříže, otec české reformace, Praha 1911 und M. Kaňák, Milíč z Kroměříže, Praha 1975. Zu nennen ist überdies P. C. A. Morée, Preaching in Fourteenth-Century Bohemia. The Life and Ideas of Milicius de Chremsir (+1374) and His Significance in the Historiography of Bohemia, Heršpice 1999. Alle größeren Schilderungen der böhmischen Geschichte sollten seine Geschicke reflektiert haben. Knapp und anschaulich dazu J. Kolár, in: Lexikon české literatury: osobnosti, díla, instituce, vol. 3/1, Praha 2000, 274–276.

ser hat daraufhin keine Konsequenzen gezogen, vielmehr wurde Milíč wiederholt als Prediger zu den Prager Diözesansynoden eingeladen. Allerdings hat ihn der Prager Pfarrklerus, wohl vornehmlich der deutsche, beim Papst der Ketzerei beschuldigt, sodass er zunächst durch den Nachfolger Ernsts von Pardubitz, den zweiten Prager Erzbischof Johann Očko von Vlašim, sogar für kurze Zeit eingekerkert wurde[25]. Doch wurden seine Predigten von einer Kommission, in der seine Anhänger saßen, als untadelig befunden und er selbst wurde bald freigesprochen. In seinem Inneren fühlte er sich jedoch stark erschüttert und wollte deshalb in Rom bei Urban V., der aus Avignon dorthin zurückkehren sollte, um Verständnis und Belehrung ersuchen. Die Rückkehr des Papstes in die Ewige Stadt 1367 verzögerte sich aber und Milíč wurde auch in Rom angeklagt und im Kloster ‚Ara Coeli' kurzfristig eingekerkert. Doch nach der päpstlichen Audienz wurde er im Anschluss an eine Belehrung frei gelassen und kehrte nach Prag zurück. Seine erneuten intensiven karitativen Bemühungen und seine Predigertätigkeit haben seine Feinde und Freunde sowie Anhänger-Schüler weiter polarisiert. Die Ersteren haben ihn erneut beschuldigt, jedoch ohne Erfolg. Aber auch Milíč, der nochmals Rom aufsuchte, um den Papst zur Reform zu bewegen[26], kam ohne konkrete Ergebnisse zurück und wandte sich wieder dem Predigen zu („*quinquies in uno die predicare puta semel in latino sermone, semel in theutunico, et ter in boemico, et hoc publice et in communi, cum clamore et zelo valido*"[27]). Der Hass der Bettelorden hat ihn aber erneut bewogen, im Papst, diesmal schon in Gregor XI. in Avignon, einen Verfechter zu suchen und zu finden. Nach seiner Absolution kehrte er nicht mehr nach Böhmen zurück, da er am 29. Juni 1374 an der Kurie verstarb.

Ein verlässliches und äußerst interessantes Zeugnis über Milíčs Einfluss zu Hause hat uns jedoch sein hingebungsvoller Schüler Matthias von Janov in seinem *opus magnum* ‚De regulis Veteris et Novi Testamenti' überliefert. Es macht deutlich, dass er nicht nur über ein breites Publikum verfügte, sondern gibt auch direkt über seine Schüler Auskunft. Die Passage *in extenso* zu zitieren lohnt sich:

> „[...] *pro magna hospitalitate, ut presbiter, et cum sermocinacionibus taliter indefessis, continue magnos libros comportabat et propria manu conscribebat, eosdem multitudini clericorum vel ducentis vel trecentis continue exportans ad scribendum et hoc sic, quod hodie conscribebat, hoc mox in crastino totum scriptores copiebant et ita omni die, puta pro omni crastino colligere scribendum bene ducentis clericis oportebat*."[28]

---

[25] „*Propter quod carceres et vincula diutive est perpessus.*" So jedenfalls Matthias von Janov in seiner ‚Narracio de Milicio', in seinen ‚Regulae': cf. die Edition Matěje z Janova mistra Pařížského Regulae Veteris et Novi Testamenti, vol. 1–4, ed. V. Kybal, Innsbruck 1908–13, vol. 5, edd. V. Kybal/O. Odložilík, Praha 1926, vol. 6, edd. J. Nechutová/H. Krmíčková (Veröffentlichungen des Collegium Carolinum 69), München 1993, hier vol. 3, 361.

[26] Leider finden wir diese Episode bei L. Vones, Urban V. (1362–1370). Kirchenreform zwischen Kardinalkollegium, Kurie und Klientel (Päpste und Papsttum 28), Stuttgart 1998, nicht.

[27] Matthias von Janov, Regulae, ed. Kybal (nt. 25), vol. 3, 363.

[28] Matthias von Janov, Regulae, ed. Kybal (nt. 25), vol. 3, 363 sq. Abgedruckt auch bei Morée, Preaching in Fourteenth-Century Bohemia (nt. 24), 39 sq., mit englischer Übersetzung. In seiner Biografie M. Matěj z Janova. Jeho život, spisy a učení, Praha 1905 [Neudruck Brno 2000] trägt Kybal viel zur Kenntnis auch der Gedanken eines Meisters bei, den er sehr schätzte. E. Valasek,

Diese Aussage ist freilich kaum wörtlich zu nehmen, sondern sie ist sicher zugespitzt, um das mitgeteilte Faktum hervorzuheben. Dennoch bezeugt sie, dass das geschriebene Wort schon in den Anfängen der tschechischen Reformation nicht im Hintergrund stand. Diese *scriptores* sind sicher keine gleichgültigen Lohnschreiber gewesen; die zu bezahlen, hätte er auch keine Mittel gehabt. Stattdessen ist es so gut wie sicher, dass diese *clerici* zum guten Teil Mitglieder der böhmischen Nation an der Prager Universität waren.

Diese schriftliche Ausbreitung der Werke Milíčs (leider sind sie uns nur zum kleinen Teil erhalten geblieben) war zwar der wichtigste und dauerhafteste Weg, durch den sich Milíčs Gedanken auch über die Grenzen persönlicher Kontakte hinaus verbreiten konnten, doch als das *primum movens* galten die lebendige Predigt und sonstige direkte Kommunikation[29].

Es genügt allein, sich die Reste der handschriftlichen Überlieferung seines literarischen Vermächtnisses und ihre bibliothekarische Diffusion vor Augen zu führen, um über die umfangreiche Verbreitung dieser Predigtreihen, über die uns Matthias von Janov so eindringlich informiert, eine deutliche Vorstellung zu erhalten[30].

Milíčs Betonung der Bibel als Hauptautorität, das Wert Legen auf ein ordentliches Leben, seine Empfehlung der häufigen Kommunion und die unbedingte Forderung nach einer armen Kirche, waren das Hauptvermächtnis an seine Schüler, unter denen in erster Generation der bereits erwähnte Matthias von Janov dominierte. Neben ihm gehörten dieser Generation noch etliche weitere Leute tschechischer Herkunft an; ihr Einfluss blieb jedoch aus verschiedenen Gründen beschränkt, obwohl sie sich sicher untereinander gut kannten. Nur zwei herausragende Schüler seien angeführt: Adalbert Ranconis de Ericinio und besonders der Laie Thomas von Štítné, dessen auf Tschechisch verfasste erbauliche Werke eher privat-familiären Charakter aufwiesen und deshalb nur beschränktes Echo fanden. Dies bezeugt auch ihre Überlieferung, die aber nicht immer ein überzeugender Beweis zu sein braucht.

IV.

Die nachfolgende und wesentlich wirkmächtigere Generation, die sich aus den universitären Kreisen der böhmischen Nation rekrutierte, hat zwar Milíč nicht mehr unmittelbar erlebt, sie hat jedoch seine leicht verständlichen und

Das Verständnis des Prager Magisters Matthias von Janow (1350/55–1393). Ein Beitrag zur Geistesgeschichte Böhmens im 14. Jahrhundert, Roma 1971, fügt hingegen Kybals Werk kaum etwas Neues hinzu.

29 Hier sei besonders auf seine Aktivität und Sorge um ehemalige Prostituierte hingewiesen, für die er ein Hospiz, Jerusalem genannt, gegründet hat (Regulae, ed. Kybal [nt. 25], vol. 3, 362).

30 Cf. die Beilage unten, 845 sqq. Tatsächlich ist bis heute diese Überlieferung relativ breit gestreut. Cf. die Handschriftenevidenz bei Spunar, Repertorium auctorum bohemorum (nt. 2), vol. 1, 171–192. Trotz allem ist diese Nachricht nicht wörtlich zu nehmen.

fortwährenden Ideen übernommen und im Laufe der Zeit vertieft und weiter verbreitet[31]. Dazu waren immer noch die Kanzel (die nicht immer mit einer Kirche verbunden sein musste) und die auf ihr stattfindende Predigt unvermeidlich. Nur sie konnte die, nach wie vor notwendige Kritik an der bestehenden, ja weiter zunehmenden Simonie und der immer tiefer gehenden Verweltlichung des Klerus einem breiteren Zuhörerkreis nachdrücklich vermitteln, freilich in einer vereinfachten Form. Nur so konnte sich das gelehrte Schrifttum, seien es Traktate, Sermones, Quodlibeta sowie andere Formen spätmittelalterlicher theologischer oder philosophischer Produktion, die sonst verborgen geblieben wären, in einer, wenn auch vereinfachten Form durchsetzen.

Parallel dazu sind jedoch fremde Einflüsse, man könnte auch sagen theoretische bzw. wissenschaftliche Impulse zu verzeichnen, die besonders dank des Auslandsstudiums der reformfreudigen tschechischen Scholaren nach Böhmen gebracht worden sind; vornehmlich gilt das natürlich für die Lehre John Wyclifs[32]. Daran hat sich sehr intensiv der ehemalige Gönner Milíčs, nämlich Adalbert Ranconis de Ericinio, beteiligt[33]. Er, der in den fünfziger Jahren Rektor der Pariser Sorbonne war, stiftete nämlich ein Stipendium für gebürtige tschechische Scholaren in Oxford und hat damit wohl die Kenntnis und Verankerung von Wyclifs Lehre in Böhmen besonders beschleunigt. Man hatte zwar schon während Wyclifs Lebens († 1384) etliche seiner Werke gekannt, jedoch wurden seine theologischen Schlüsselwerke, dem heutigem Stand der Forschung nach, erst um die Jahrhundertwende reflektiert. Man kann jedenfalls ohne Übertreibung sagen, dass Wyclifs theologisch-philosophisches Gedankengut sich zum heimischen erst im Laufe der Zeit gesellte, dann aber eine wichtige Quelle der reformationslustigen tschechischen Universitätsangehörigen wurde. Deshalb ist Wyclif – mit vollem Recht – zu den jüngeren Lehrern und Inspiratoren der ersten tschechisch-reformatorischen Generation zu zählen. Doch ist andererseits ebenso zu konstatieren, dass Wyclif schon zu Beginn seiner Rezeption in Böhmen auf Ablehnung der konservativen Tschechen stieß – von den drei fremden Universitätsnationen gar nicht zu reden. Dass zu ihnen auch der dritte Prager Erzbischof Johann von Jenstein (Erzbischof bis 1397, † 1400)[34] und später besonders

31 Das beweisen, zwar nicht vollständig, aber doch ansatzweise die sonst nur spärlich erhaltenen Bücherverzeichnisse der Kollegienbibliotheken der Prager Universität; cf. die Beilage unten, nt. 63 und 64.

32 Es gab eine lang anhaltende Diskussion, inwieweit Wyclif das Denken und die Werke besonders von Jan Hus beeinflusst hat. Sie kann hier weder erörtert noch fortgesetzt werden. Wyclifs Einfluss ist freilich nicht zu verleugnen, man darf jedoch nie vergessen, dass das Mittelalter von Originalität eine andere Auffassung hatte als die moderne Zeit. Cf. zumindest Herold, Pražská univerzita (nt. 7) und Šmahel, Jan Hus (nt. 7).

33 Seine Biografie samt Edition seiner erhaltenen Werke ist Jaroslav Kadlec zu verdanken, der das brachliegende Manuskript der Autoren Rudolf Holinka und Jan Vilikovský gerettet hat: J. Kadlec, Leben und Schriften des Prager Magisters Adalbert Rankonis de Ericinio. Aus dem Nachlass von R. Holinka/J. Vilikovský (Beiträge zur Geschichte der Philosophie und Theologie des Mittelalters. N.F. 4), Münster 1971.

34 Johann von Jenstein bezeichnet Wyclif als „*heresiarcha nephandissimus*"; cf. Herold, Pražská univerzita (nt. 7), 148.

sein Nachfolger Zbynko Zajíc (Hase) von Hasenburg (1402–1411)[35] gehörten, kann nicht wirklich überraschen.

Es stellt sich jetzt die Frage, wie sich die erste Generation von der zweiten, die Lehrer von den Schülern unterschied. Diese Unterschiede waren freilich mehrere, drangen verschiedentlich durch und sind auch von unterschiedlicher Quantität und Qualität. Wie ist das zu verstehen? Zuerst zur Qualität der Persönlichkeit, die von ihrer Integrität abhängig war: Einerseits offenbart sie sich auf den ersten Blick, kann jedoch auch auf lange Sicht wirken. Mit anderen Worten ist es die Lebensweise, die die Angesprochenen direkt beurteilen konnten und die mit dem gepredigten Wort in Einklang stehen musste. Das hat höchstwahrscheinlich Waldhausen, mit Sicherheit jedoch Milíč geschafft. Dabei konnte man durch Predigt kurzfristig breitere Schichten an konkreten Orten ansprechen; ohne ergebene Schüler ist diese Wirkungsart allerdings stets zeitlich beschränkt. Der Meister/Lehrer steht am Anfang einer imaginären Wirkungskette meist allein. Das galt auch im Falle Waldhausens und Milíčs. Die Schüler aber haben sich vornehmlich um den Letztgenannten geschart, wobei der Erfolg der ‚Mission' des Meisters von ihrer Treue abhing. Sowohl Waldhausen als auch besonders Milíč haben dieses Glück gehabt. Es war vor allem ihre literarische Tätigkeit, die es ihnen erlaubte, das gesprochene Wort in Sermones- bzw. Postillengattung den Nachfolgern ziemlich deutlich zu vermitteln, wovon uns eben Matthias von Janov, wie oben gesehen, Zeugnis gibt. Und diese erste Schülergeneration konnte die zwei Dezennien zwischen den Meistern und der zweiten Generation leicht überbrücken.

Allerdings sollte sich die Situation bald ändern, denn Milíčs direkter Schüler und wohl auch Freund seiner letzten Jahre, Matthias von Janov[36], der später in Paris studierte (wo er zum Magister der ‚Freien Künste' promoviert wurde, sich aber auch der Theologie widmete), kehrte nach Prag zurück. Dort begann er einerseits, seine Universitätskarriere fortzuführen, anderseits sich in den Prager kirchlichen Strukturen zu etablieren, jedoch mit nur mäßigem Erfolg. Er gilt auch als Autor mehrerer theologischer Schriften; die kleineren gelten zwar meist als verloren, doch sein *opus magnum*, die ‚Regulae Veteris et Novi Testamenti', ist in bescheidener Überlieferung erhalten geblieben[37]. Matthias hat darin aus der Bibel etliche Grundprinzipien abgeleitet, die apostolische Kirche als Vorbild deklariert und an viele Gedanken Joachims von Fiore angeknüpft. Seinem Meister ist er zwar nicht in der Lebensweise gefolgt, doch hat er Milíčs Gedanken weiterentwickelt, sodass er in eine Auseinandersetzung mit dem Prager Erzbischof geriet. Der Exkommunikationsgefahr konnte er vorläufig dank der Spannungen zwischen dem Königshof und dem Erzbischof Johann von Jenstein

35 Cf. dazu T. Werner, Den Irrtum liquidieren. Bücherverbrennungen im Mittelalter (Veröffentlichungen des Max-Planck-Instituts für Geschichte 225), Göttingen 2007, 577.

36 Über die in nt. 28 zitierte Literatur hinaus cf. die Übersicht von Jan Lehár in: Lexikon české literatury, vol. 2/1, Praha 1993, 459–461.

37 Zu den Bänden cf. oben nt. 25.

entgehen, ein definitives Ende seiner Causa brachte erst sein früher Tod am Ende des Jahres 1393. Da aber trat schon die neue Generation der tschechischen Universitätstheologen an. Ihr Weg wird im Folgenden knapp nachgezeichnet werden, wobei andere Strömungen, wenn überhaupt, nur angedeutet werden können.

Eine Schlüsselstellung kam freilich der Universität zu, an der sich sowohl die einheimischen als auch die ausländischen Meister profilierten, und zwar im praktischen Leben, das heißt im Kampf um Präbenden und im fachlichen Diskurs. Diese Verhältnisse kann man grob folgendermaßen charakterisieren: die Tschechen vertraten größtenteils den philosophischen Realismus, die Fremden (Deutschen) den Nominalismus[38]. Diese theoretisch-theologischen Streitigkeiten bildeten eine Linie, die sich im Laufe der Zeit weiter zuspitzte und auch Eingang in praktisch-kirchenpolitische Fragen fand. Damit nicht genug. Eine Reihe der konservativeren tschechischen Universitätstheologen wurde durch diese sich verschärfende Eskalation wachgerüttelt, sodass sie allmählich den Parteiwechsel wählten, ja während Hussens Schlusskampfes auf dem Konstanzer Konzil zu seinen initiativreichsten Gegnern wurden.

Zum ersten Mal taucht der Name Jan Hussens (um 1370–1415) im Jahre 1401 auf. Er sollte sich zunehmend zur Schlüsselfigur des künftigen schicksalhaften Wettstreites europäischen Ausmaßes, nämlich der sogenannten „Ersten europäischen Reformation" profilieren. Wenn man konkreten Beziehungen zwischen ihm und seinen Kommilitonen zur Generation der „Meister" nachgeht, kommt es zu gewissen Überraschungen. Denn Hussens literarisches Œuvre knüpft formell weder an Waldhausen noch Milíč bzw. Matthias von Janov an[39]. Dieses Beziehungsdreieck hat mehreren Forschern schon Probleme gemacht. Denn die einen glauben, die direkte Verbindung zwischen dem Trio Waldhausen, Milíč und Janov in ihren Mitstreitern (namentlich Thomas von Štítné und Adalbert Ranconis) sowie Hus und seinen Kommilitonen sehen zu müssen. Andere hingegen verneinen genau das entweder völlig oder stellen es wenigstens in Frage und akzentuieren, ja verabsolutieren andere, fremde Quellen der beginnenden Bewegung (Wyclif). Jüngst hat darauf nachdrücklich František Šmahel hingewiesen in einem kleinen Exkurs seines Buches mit dem bezeichnenden Titel „Hussens ‚Vorläufer' ein Mythos?"[40]. Erwähnt sei auch die These von Pavel Soukup, der zufolge der Hussitismus zwar zu den europäischen Reformationen gehört, jedoch erst ab der Generation Hussens und seiner Genossen[41].

---

38 Neben der bereits zitierten Literatur cf. die Zusammenfassung bei Lehár, op. cit. (nt. 36), 459–461.

39 Freilich liegt sein umfangreiches Œuvre noch lange nicht in kritischer Edition vor. Es ist jedoch schon soweit bekannt, dass man sagen kann, dass es kaum zu größeren Überraschungen kommen wird.

40 Cf. Šmahel, Jan Hus (nt. 7), 262 sq. Ausführlicher vor ihm vornehmlich Soukup, Reformní kazatelství (nt. 2); cf. das Register unter ‚Konrad Waldhauser', ‚Matěj z Janova' und ‚Milíč z Kroměříže'.

41 P. Soukup, Jan Hus. Leben und Tod eines Predigers, Stuttgart 2015.

Diese Frage wurde aus verschiedenen Blickwinkeln in der bisherigen sowohl tschechischen als auch deutschen Literatur, manchmal sogar recht heftig erörtert. In dieser Literatur finden wir zwei zugespitzte Auffassungen davon, wie Hus, seine Ansichten, Wirkung und seine Gefährten in den historischen Kontext einzuordnen sind. Die eine Auffassung geht davon aus, dass sie im Rahmen der heimischen (vor-)reformatorischen Strömungen zu erklären, ja aus ihnen mehr oder weniger abzuleiten sind[42], die andere hingegen betont Hussens (philosophische und theologische) Abhängigkeit von dem Gedankengut Wyclifs, wobei sie Hus zu einem bloßen Epigonen Wyclifs macht[43]. Solch zugespitzte Formulierungen dieser Frage, erklärbar freilich aus der damaligen politischen Lage, sind allerdings unhistorisch. Weder die erste noch die zweite Auffassung sind in ihrer Absolutheit und Ausschließlichkeit akzeptabel; vielmehr hat wohl beides Einfluss auf Hussens Persönlichkeit, seinen Kreis und schließlich auf die ganze Bewegung ausgeübt, wenn auch der jeweilige Anteil nicht immer genau zu bestimmen ist.

Um das Jahr 1400 war Hus zunächst einer von mehreren Universitätsmagistern der böhmischen Nation, wurde aber allmählich „Erster unter Gleichen", bis er schließlich zum Sprecher und Anführer der ganzen Reformpartei aufstieg. Sein Märtyrertod machte ihn unausweichlich und mit Recht zu einer Ikone der ganzen Bewegung, wobei seine theologischen Ansichten nur eine untergeordnete Rolle gespielt haben. Das heißt, dass Hussens Vermächtnis aus zwei Komponenten bestand: Es gab erstens die wissenschaftliche Komponente, die im engeren Kreis der Intellektuellen weiterlebte und dort entfaltet wurde, dann die zweite, volkstümliche, die in der Inspiration und Erziehung seiner einfachen Anhänger bestand. Die erste spielte sich also während mehrerer Jahre im wissenschaftlichen Diskurs an der Universität bzw. in den kirchlichen Kreisen ab, wobei die theologischen Konsequenzen erst allmählich offenbar wurden, bis sie in Hussens Reise nach Konstanz mündeten. Die zweite Komponente ist seine Tätigkeit als Prediger und Sittenrichter, die ihn zum Anführer der tschechischen Volksbewegung machte und in der ursprünglich die theologischen und philosophischen Feinheiten keine große Rolle spielten.

Zuerst waren Hussens Möglichkeiten im tschechischen Sprachraum ziemlich begrenzt. Das änderte sich aber allmählich nach der Errichtung der Bethlehemskapelle[44] in der Prager Altstadt. Dort fand die tschechische Partei ihre Zuflucht

---

[42] So besonders Novotný, Náboženské hnutí (nt. 2), passim.

[43] J. Loserth, Hus und Wyclif. Zur Genesis der hussitischen Lehre, Leipzig 1884, München – Berlin [2]1925, jedoch unter Auslassung etlicher Beilagen. Cf. auch oben nt. 7.

[44] Dieser Kapelle als der Wiege der eigentlichen hussitischen Reformation widmen alle Arbeiten zur Geschichte der Zeit, auch wenn sie nur Übersichtscharakter haben, besondere Aufmerksamkeit, um so mehr natürlich, wenn sie die Universitätsgeschichte behandeln. Daneben ist ein älterer Sammelband zu erwähnen, aus dem insbesondere der Aufsatz von František M. Bartoš hervorsticht: Betlémská kaple, Praha 1922. Soeben ist erschienen H. G. Walther, „Von Jerusalem nach Bethlehem". Zu den Beziehungen von Predigt und Reform im prähussitischen Prag, in: S. Flemming/H. G. Walther (eds.), Probleme der spätmittelalterlichen Frömmigkeit in Stadt und Universität. Zum Forschungsstand aus deutscher, polnischer und tschechischer Sicht (Abhand-

und sie konnte so, oder besser: ab 1402 konnte besonders Jan Hus selbst seinen Gedanken und reformatorischen Ansichten Verbreitung sichern. Aus seinem Predigtgut[45] sind besonders die Sermones vom Anfang des zweiten Dezenniums des 15. Jahrhunderts erhalten, leider jedoch nicht in authentischer Form, da es sich um sehr fragmentarische Aufzeichnungen eines Hörers handelt. In ihnen wird das Trio Waldhausen, Milíč und Janov nur je einmal erwähnt, was freilich nicht bedeuten muss, dass sie Hus unbekannt waren. Denn in den erhaltenen Dokumenten gibt es nur spärliche Hinweise auf konkrete Personen und Autoritäten überhaupt, freilich mit Ausnahme von Hussens polemischen Werken, in denen stets seine zeitgenössischen Gegner genannt werden[46]. Dasselbe ist *mutatis mutandis* auch über Hussens Mitstreiter anzunehmen. So ist über Hus und seine Generation ohne allzu große Übertreibung zu sagen, dass sie die allgemeinen moralischen bzw. moralistischen Ansichten teilten, die sie im theologischen Diskurs unter dem Einfluss der Lehre Wyclifs gegen dessen Gegner vornehmlich an der Prager Universität verteidigten. Die Schar ihrer Widersacher verbreitete sich allmählich auch in nichtuniversitären Kreisen im Lande. Wenig später schalteten sich in diese immer schärfer werdende Polemik auch fremde Theologen ein. Das alles ist aber schon der folgende Akt des vorhussitischen und hussitischen Dramas, in dem die Schüler der „Urlehrer" zu den Lehrern der zweiten Schülergeneration wurden.

Man kann sich also ohne Weiteres vorstellen, dass Milíčs Wirken und wohl ebenfalls, wenn auch in geringerem Maße, dasjenige Waldhausens bei den jungen tschechischen Universitätsangehörigen im Prag der neunziger Jahre lebendig sein musste, auch wenn es sich kaum in ihrer literarischen Tätigkeit widerspiegelt. Das gilt umso mehr, als die Missstände aus der Zeit Milíčs fortbestanden, ja sich sogar vertieften und durch neu hinzutretende gesellschaftliche Probleme exponenziert wurden. Damit hingen auch die zuerst latenten universitären Spannungen zusammen, die sich zwischen der heimischen tschechischen Nation und den fremden, eigentlich der „dreinationalen" deutschen vertieften; dies betraf

---

lungen der Sächsischen Akademie der Wissenschaften zu Leipzig, Phil.-hist. Klasse 84/2), Leipzig – Stuttgart 2016, 29 – 43.

45 Die handschriftliche Überlieferung des Werkes von Hus in der Weise, wie ich sie unten für Milíčs Werk biete, hoffe ich in nächster Zukunft vorlegen zu können.

46 Cf. die groß angelegte Edition von Václav Flajšhans: M. Io. Hus Sermones in capella Bethlehem, die ab 1938 in ‚Věstník Královské české společnosti nauk, třída filosoficko-historicko-filologická' publiziert wurde. Register erschienen ibid. 1947 (für das Jahr 1945), 74, 86 und 88. Leider sind unsere Kenntnisse über Hussens private Bibliothek sowie über diejenige der Bethlehemskapelle sehr beschränkt. Cf. I. Hlaváček, Hussens Bücher. Einige Überlegungen zu Hussens Bibliothek und Bücherbenutzung, in: F. Seibt (ed.), Jan Hus zwischen Zeiten, Völkern, Konfessionen, München 1997, 113 – 119; zu den Büchern in der Bethlehemskapelle Marek, Jakoubek ze Stříbra (nt. 2), 62 sq. Es wäre eine lohnenswerte Aufgabe, den Gesamtbereich der Autorenzitate in Hussens Werken zu erforschen, obwohl das vor dem Abschluss der Herausgabe seiner ‚Opera omnia' kaum zu erwarten ist.

auch die philosophischen Ausgangspunkte und Stellungnahmen[47]. Das hat natürlich auch in der breiteren Öffentlichkeit einen gewissen und stetig zunehmenden Widerhall gefunden, der zeitweise auch vom Königshof unterstützt wurde.

V.

Aus dem oben Gesagten lässt sich folgendes Fazit ziehen. Wie alle solche abschließenden Bewertungen, muss auch unsere vereinfachend sein. Hussens und seiner Gefährten Meister wiesen einerseits eine Distanz zu ihren einheimischen Vorläufern auf, anderseits übte auf sie der Realismus, vornehmlich derjenige Wyclifs, großen Einfluss aus. Da war Hus ein Schüler, der aber über seine Meister durch seinen prägenden und tiefen Einfluss im Lande hinausgewachsen und zu einem Meister der nachfolgenden Generation geworden ist. Zuerst Meister von Dutzenden von Schülern fand er allmählich Hunderte, ja Tausende von Schülern und Schülerinnen. Was diese aus seinem Vermächtnis gemacht haben, ist schon ein anderes Kapitel.

VI. Beilage: Kodikologische, geografische und chronologische Bemerkungen zur handschriftlichen Überlieferung der Werke Milíčs von Kremsier

Die oben im Text und auch sonst oft zitierte Stelle aus den ‚Regulae Veteris et Novi Testamenti' des Matthias von Janov über die Art der Vervielfältigung der Werke Milíčs kann verschiedene Bedenken hervorrufen. Sie betreffen allerdings nicht den Grund, sondern nur die angeführten Zahlen an Abschreibern bzw. an nach Diktat Abschreibenden. Deshalb halte ich es für sinnvoll, die Angaben, die Pavel Spunar in jahrelanger mühevoller Arbeit zusammengetragen hat[48], aus unserer, das heißt aus kodikologischer und bibliothekarischer Sicht wenigstens knapp auszuwerten. Da von Milíč bekannt ist, dass er so gut wie täglich seine eben vorgetragenen Predigten verschriftlicht hat, wundert man sich nicht, dass die Handschriftenevidenz bei Spunar 22 Seiten (171 – 192) umfasst[49].

---

[47] Neben den oben angeführten Arbeiten ist neuerdings auf folgende zwei hinzuweisen: M. Nodl, Dekret kutnohorský, Praha 2010 und J. Stočes, Pražské univerzitní národy do roku 1409, Praha 2010.

[48] Cf. oben nt. 2. Was das weitere Schicksale einzelner Bücher anbetrifft, also vornehmlich ihre Bibliotheksherkunft, sollte man stets den Index in Spunars Werk (417 sqq.) konsultieren, der bisher eigentlich kaum ausgewertet worden ist.

[49] Es muss jedoch noch darauf aufmerksam gemacht werden, dass Spunar die bibliotheksgeschichtlichen Angaben nicht systematisch im Text zur Verfügung stellt, sondern sie manchmal erst am Schluss des Buches mitteilt, sodass man stets das Verzeichnis konsultieren muss (417 sqq.), was eine Übersicht natürlich erschwert.

Es ist jedenfalls zu Beginn Folgendes zu konstatieren. Die Ergebnisse hier können nur als mehr oder weniger symptomatisch angesehen werden, da manche Handschriften nicht genau zu datieren sind, von einer genauen Lokalisierbarkeit der überwiegenden Zahl an Handschriften ganz zu schweigen. Aber auch wenn eine ganze Reihe der erhaltenen Handschriften in größerer oder geringerer zeitlicher Distanz zu der Entstehung der jeweiligen Werke steht, so sind sie, wenn nicht textlich, so doch wenigstens in überlieferungsgeschichtlicher Hinsicht von Bedeutung. Denn jeder dieser Zeugen erlaubt es, nicht nur eine, sondern oft wohl auch mehrere Vor- und Vorvorlagen zu vermuten. Dabei ist freilich auch – zumindest bei der mitteleuropäischen – Diffusion der Handschriften das breite Echo von Milíčs Werken mit zu berücksichtigen. Zudem muss man sich der Tatsache bewusst sein, dass die Handschriften eine unterschiedliche Verbreitung aufwiesen, insbesondere dann, wenn sie nicht mehr als lebendiges Kulturgut wahrgenommen, sondern, wie in der Neuzeit nach der Druckerfindung, zu Sammelobjekten wurden. Wenn also die einzelne Handschrift, zum Beispiel weil sie kein Kolophon aufweist, kaum etwas über sich selbst auszusagen imstande ist, aber mehrere andere Zeugnisse zur Verfügung stehen, so kann man die gezogenen Schlüsse wenigstens als symptomatisch bezeichnen.

Jetzt aber konkret zu dem von Spunar zusammengetragenen Gut, das seinen eigenen Angaben zufolge sicher nicht komplett ist[50].

Aus Milíčs Predigtsammlungen seien im Folgenden nur Handschriften der zwei markantesten näher untersucht. Es handelt sich um die Sammlungen ‚Abortivus' und ‚Gratiae Dei'. Bei der ersten (für meine Zwecke braucht man nicht zwischen dem Sommer- und Winterteil derselben unterscheiden) sieht es folgendermaßen aus. Insgesamt kennen wir 33 Handschriften (zwei davon gelten aber als Kriegsverlust) in 14 Bibliotheken, mit Alba Julia in Rumänien (eine Handschrift, die im slowakischen Käsmark 1433 vom dortigen Kaplan abgeschrieben wurde) beginnend, über Krakau, Gnesen, die österreichischen Klosterbibliotheken Kremsmünster, Lambach, St. Florian, Wiener Schotten (als Schreiber gilt ein gewisser *Petrus Wiczzing de Leubs* im Jahre 1402) bis Zwettl. In der Bayerischen Staatsbibliothek in München sind es drei; eine wurde 1451 von *Nikolaus Czwertengrüner de curia Regnitz, Pastor ecclesiae S. Petri in Waldnewkirchen super Stiriam*, also bei Steyer in Oberösterreich, geschrieben. Von fünf Handschriften der Wiener Nationalbibliothek sind drei datiert: von einem anonymen Schreiber 1411, von einem anderen 1415 und schließlich 1370 von einem ebenfalls unbekannten Schreiber, und zwar im westböhmischen Tachau, was auf eine frühe Verbreitung hinweist. Von den heute ausländischen Bibliotheken sei noch die Universitätsbi-

50 Seine Arbeit entstand nämlich in den Zeiten, in denen die Kontakt- und Reisemöglichkeiten, inbesondere im Bereich der Geisteswissenschaften vonseiten der tschechoslowakischen Regierung stark eingeschränkt waren. Darüber hinaus sind in den letzten dreißig Jahren verstärkt Handschriftenkataloge erschienen, die sicherlich verschiedene neue Belege ans Tageslicht gebracht haben. Cf. dazu auch Vydra, Polská středověká literatura (nt. 20), 78 sq. und 87.

bliothek in Breslau genannt; die dort verwahrte Handschrift datiert auf das Jahr 1385, wobei eine weitere, undatierte Handschrift den Schreibernamen anführt: *Zdenko in Novo Tyczein*, also Neu-Titschein (Nový Jičín) in Nordmähren.

Auch fünf Bibliotheken in Tschechien sind darunter, leider meist ohne nähere Provenienz- bzw. genauere chronologische Angaben. Eine Handschrift allerdings führt ein ziemlich frühes Datum des Abschreibens, 1392, an, leider ohne eine Provenienz anzugeben. Eine andere wird 1442 datiert und führt auch die Provenienz an. Jedoch handelt es sich um ein nicht zu identifizierendes Dorf namens *Bueticz*, das vermutlich irgendwo in Böhmen lag.

Das Bild der ‚Gratiae Dei'-Sammlung sieht ähnlich aus. Sie ist in rund 50 Handschriften erhalten, wobei die geografische Diffusion auch ziemlich groß ist. Es beginnt wieder mit Alba Julia (aber mit einer anderen Handschrift als bei ‚Abortivus'), geht über Berlin, Budapest, Kielce, Krakau (hier handelt es sich um drei Bibliotheken), Merseburg, München bis nach Uppsala, Wien[51] und Breslau (Wrocław)[52]. Aus österreichischen Klöstern sind es Admont (jetzt in Prag), Lambach, Wilhering und Zwettl (drei Handschriften). Aus Tschechien sind es zweimal die Olmützer Universitätsbibliothek, aus Prag steuern die drei dortigen wichtigsten Bibliotheken (Nationalbibliothek[53], die des Prager Kapitels und die des Nationalmuseums) weitere Texte bei. Für besonders wichtig erachte ich die ehemals Admonter Handschrift, aus dem Jahr 1372, die sich jetzt in der Prager Nationalbibliothek befindet. Ihr Milíč-Kolophon lautet: „*Anno Domini Millesimo trecentesimo septuagesimo secundo in domo Clementis, civis Maioris Civitatis Pragensis*". Ich finde zwar keinen solchen Bürger in der Prager Altstadt, den ich mit diesem Namen identifizieren könnte (die Angabe ist auch zu wortkarg)[54], es scheint aber so gut wie sicher zu sein, dass es sich um ein Haus handelte, in dem sich wohl eine Studentenburse befand und in dem es zum systematischen Abschreiben von Milíčs Werken, etwa im Sinne des oben angeführten Zitats von Janov, gekommen ist.

Insgesamt sind aus den erhalten gebliebenen Handschriften sieben datiert oder führen den Schreibernamen an bzw. weisen beide Informationen auf. Der Chronologie nach handelt es sich neben dem oben angeführten Kolophon aus dem Jahr 1372 um folgende Jahre:

---

[51] Dort lagern Handschriften alter Provenienz aus mehreren österreichischen Klöstern. So gehörten die Signaturen 1684 und 4403 den Aggsbacher Kartäusern, die zweite Handschrift gar als ein Geschenk der Herren von Maissau, Signatur 3762 sicher und zwei andere wahrscheinlich dem oberösterreichischen Benediktinerkloster Mondsee und 4288 der Wiener Universität.

[52] Die Handschrift I F 303 gehörte den Chorherren von Sagan, eine weitere, I F 490 bezeugt, dass sie nach Schlesien aus Wittingau in Südböhmen kam. Übrigens besaß Wittingau mehrere von Milíčs Werken, cf. e. g. die Handschrift der Nationalbibliothek in Prag, Signatur XII D 1, die dem Kloster seine Stifter, die Rosenberger, spendeten; cf. Spunar, Repertorium auctorum bohemorum (nt. 2), vol. 1, 449.

[53] Hier e. g. Signatur XXIII D 201, die dem Peterskloster in Erfurt gehörte.

[54] Cf. W. W. Tomek, Základy starého místopisu pražského, 5 vols., Praha 1865–75.

a) 1375 – „*scripte in civitate Pragensi per me Conradum Voszag de Homberg, rectorem parrochialis ecclesie in Woeringhusen*“[55];

b–c) 1388 und 1390 geben nur das Jahr an;

d) „*anno Domini 1393 finita est hec pars estivalis postille Milliczii*“, wobei sich im Jahr danach der Schreiber konkret vorstellt: „*per manus Nicolai sacerdotis de Bor in Radonicz*“; das war wohl ein westböhmisches Dorf (in der Nähe der Ortschaft Bor), wenn es auch mehrere Dörfer dieses Namens in Böhmen gab;

e) 1400: „*comparata per dominum de Nowossedl et finita per Raczkonem* [Spunar fügt „?“ bei] *de Lutycz*“[56];

f) 1403: „*per manus Petri dictum Strasz de Wisoka*“, der im Rahmen des Königreiches Böhmen geografisch nicht eindeutig zuzuordnen ist.

Nur selten hat Spunar anderssprachige, also nichtlateinische Marginalien verzeichnen können; dass die meisten von ihnen dann auf Tschechisch verfasst sind, kann kaum überraschen. Auch bei ausländischen Handschriften, wie zum Beispiel bei denen der ‚Gratiae Dei‘ in Krakau, deuten die Marginalien darauf hin, dass der Besitzer Tscheche war. Freilich ist nicht zu entscheiden, ob die entsprechenden Handschriften in Böhmen entstanden sind und dann Böhmen verließen oder ob der tschechische Inhaber Exulant war.

Ein ähnliches Bild erhält man, wenn man auch das übrige durch Spunar zugänglich gemachte Material betrachtet. So schrieb Peter von Pulkau im Jahr 1411 Milíčs ‚Quadragesimale‘ ab[57]. In einer Herzogenburger Handschrift mit Milíčs Sermones lesen wir sogar: „*dominus Urbanus, plebanus in Herzogenburga tunc temporis* [das heißt 1428] *multum laboravit in hoc libello*“[58]. Im Jahr 1400 findet sich als Schreiber ein gewisser *Petrus Iudicis de Polsnicz* im meißnischen Kunzenstadt und ebenfalls ein *dominus Stephanus Wirrenberg, prior in Haynowia* als Kopist („*liber compilatus est*“)[59]. Aber auch in Polen wurden Milíčs Werke kopiert, wie der Vermerk zu 1407 ausweist: „*Explicit postilla Milici* […] *per manus Iohannis presbyteri de Crosna*.“[60]

Damit wird deutlich, dass Milíčs Werke sich wirklich über Generationen hindurch großer Beliebtheit erfreuten – nicht nur im ersten Jahrhundertviertel

55 Man würde meinen, dass es sich sehr wahrscheinlich um das Mitglied der Prager Universität handeln müsste; überraschenderweise gelang es jedoch nicht, diesen Konrad zu identifizieren; cf. J. Tříška, Životopisný slovník předhusitské pražské univerzity 1348–1409, Praha 1981. Dasselbe gilt auch von der Pfarrei, von der er seine Pfründe erhielt. Auch der Herkunftszusatz hilft nicht weiter, da es allzu viele Hombergs in Deutschland gab.

56 Obwohl die beiden ersten Ortsnamen in Böhmen mehrmals belegt sind, können sie in Kombination mit der Nennung von Luditz (Žlutice) nach Westböhmen situiert werden.

57 Spunar, Repertorium auctorum bohemorum (nt. 2), vol. 1, 177. Cf. auch D. Girgensohn, Peter von Pulkau und die Wiedereinführung des Laienkelches. Leben und Wirken eines Wiener Theologen in der Zeit des großen Schismas (Veröffentlichungen des Max-Planck-Instituts für Geschichte 12), Göttingen 1964, 139 sqq., der aber diesen Kolophon nicht kennt.

58 Spunar, Repertorium auctorum bohemorum (nt. 2), vol. 1, 177.

59 Ibid. Weder im Meißnischen noch sonst irgendwo habe ich eine Ortschaft dieses Namens gefunden, allerdings mehrere Kunzendorfe. *Haynovia* ist zweifellos Haynau (Chojnów) bei Liegnitz/Schlesien.

60 Spunar, Repertorium auctorum bohemorum (nt. 2), vol. 1, 179. Wohl Krosno bei Łódź.

nach ihrem „Erscheinen", sondern auch später noch, und nicht nur im engen Rahmen Böhmens, sondern auch außerhalb des Landes. Wenn man darüber hinaus noch in Rechnung stellt, dass es zu den auf uns gekommen Exemplaren ‚Vorlagen' und ‚Vorlagen der Vorlagen' gegeben hat, beziehungsweise die vereinzelten Belege in den mittelalterlichen Bibliothekskatalogen[61] hinzuzieht, darf man wohl von vielen Dutzenden (wenn nicht Hunderten) von Abschriften dieser Werke ausgehen. Dass jedoch Milíčs Sermones auch einzeln belegt sind, versteht sich von selbst[62].

Ein eigenständiges Kapitel bilden die Prager universitären Kollegienbibliotheken, obwohl sie im Laufe der Zeit die schweren, ja schwersten Schäden erlitten. Deshalb können hier nur ihre Bibliotheksverzeichnisse hinzugezogen werden. Aus einem knappen Dutzend von mittelalterlichen Kollegien haben sich Bücherverzeichnisse nur bei drei von ihnen erhalten. Die Bücherevidenz des ältesten unter ihnen, nämlich des Karlskollegs, stammt aus den 70er Jahren des 14. Jahrhunderts, die des ebenfalls vorhussitischen Kollegs ‚Nacionis' und des 1438 von Johann Reček gegründeten stammen aus der Mitte des 15. Jahrhunderts[63]. Der Katalog des Karlskollegs ist zu alt, um das uns interessierende Buchgut zu besitzen. In den beiden anderen Katalogen treffen wir jedoch sowohl Waldhausen als auch Milíč an. Den ersten mit drei, den zweiten mit gar sechs Belegen[64]. Das heißt eindeutig, dass das Vermächtnis beider „Meister" den Prager Scholaren ohne Weiteres zur Verfügung stand und dass sie sich mit Recht als ihre Schüler über Generationen hinweg bezeichnen konnten.

---

61 Cf. I. Hlaváček, Bohemikale Literatur in den mittelalterlichen Bibliotheken des Auslandes (Nach den mittelalterlichen Bibliotheksverzeichnissen), in: Historica 13 (1966), 113–155, 131 sq. Nach 1966 erschienene Editionen dieser Art wurden nicht gemustert.

62 Spunar, Repertorium auctorum bohemorum (nt. 2), vol. 1, 178 sqq.

63 Evidenz bei: I. Hlaváček, Středověké soupisy knih a knihoven v českých zemích, Praha 1965, s. v. Praha – Univerzita.

64 Cf. das Register der entsprechenden Edition: Z. Silagiová/F. Šmahel (eds.), Catalogi librorum vetustissimi Universitatis Pragensis (Corpus Christianorum. Continuatio Mediaevalis 271), Turnhout 2015, 188 und 234.

Summaries

I. Lernen – Erkenntnis – Bildung

WOUTER GORIS (Amsterdam)

The Empirical and the Transcendental – Stoic, Arabic, and Latin Medieval Accounts of 'Our' Common Knowledge

If Kant, in a famous passage in the first 'Critique' (A166–7), refers to Epicurus to connect his anticipation of perception with the latter's notion of πρόληψις, this πρόληψις, meanwhile comfortably embedded in the opposition between the empirical and the transcendental, is defined in contradistinction to one of its main characteristics in Epicureanism and the Early Stoa: its empirical character. Between Epicurus and Kant, the history of the a priori is enacted. In this contribution, we present some stages of this history. Instead of analyzing a continuity, however, we set out to describe the way different epistemic constellations were put into operation like formal structures. In the Early Stoa, in Arabic Philosophy, and in Medieval Latin Philosophy, we encounter the idea of natural conceptions common to all mankind. In each of these traditions, this idea is put forward to provide an answer to the Meno paradox. And in each of these traditions, finally, we can observe a specific tension between the empirical and the transcendental dimensions of these natural conceptions. Judged from the history of philosophy, we are confronted here with the question of reason, the inalienable associate of human nature, and the need to allow for anthropological constants. Judged from the variety of epistemic constellation, however, the question is rather how these discourses create the illusion of continuity.

MARTIN PICKAVÉ (Toronto)

Some Later Medieval Responses to the Paradox of Learning

Usually, when philosophers, and especially historians of philosophy, think of the paradox of learning they immediately think of the famous paradox in Plato's 'Meno'. But in later medieval philosophy, the phenomenon of learning seems to have led to many different puzzles drawing towards the conclusion that learning in the proper sense is something impossible. The first two parts of this contribution describe five different puzzles that were of particular interest to medieval philosophers, including Meno's paradox and a related paradox about signs from Augustine's 'On the Teacher'. Each of the remaining chapters then focuses on one paradigmatic response to this set of puzzles: Bonaventure's account of teaching and learning through illumination, Thomas Aquinas's view of the primacy of self-learning, and James of Viterbo's innatism.

Catherine König-Pralong (Freiburg im Breisgau)
Rhetorik gegen Spekulation. Ein Antagonismus der scholastischen Bildungsgeschichte
Rhetoric against Speculative Philosophy. An Antagonism in the History of Scholasticism

In his PhD thesis ('The Classical Trivium', 1943), the philosopher of communication theory Marshall McLuhan addressed the Western rhetorical tradition over the longue durée. He claimed that, instead of being "reborn" in the Renaissance, rhetoric was a lasting feature of medieval scholarship. Drawing on this research, I present, by contrast, the scholasticism of the 13th century as an anti-rhetorical moment and, thus, as a parenthesis in the history of medieval philosophy. I address the rejection of eloquence and rhetoric in the 13th century by investigating three of its cultural conditions: the strategic role played by recently established universities, the imperialist dominance of literate culture within the field of philosophy, and the hierarchical dogma of scholastic Latin as the scientific language par excellence.

II. Schüler-Meister-Verhältnisse

Ruedi Imbach (Paris)
Dante als Schüler und Lehrer
Dante as Disciple and Master

This article examines, first, the relationship of the poet to certain masters (Brunetto Latini, Aristotle and Virgil). Then, the study analyzes how Dante himself takes the position of the master in the 'Comedy'. The interpreter defends the thesis that Dante follows the thought of Thomas Aquinas, who says that the noblest task of a master consists in helping the scholar to find its own way. Beatrice expresses this idea very well in 'Paradiso' II: "Observe well how I pass along this way/to the truth you seek, so that in time/you may know how to ford the stream alone."

Ueli Zahnd (Basel)
Der Dank an die Meister. Anmerkungen zu einigen *gratiarum actiones* spätmittelalterlicher Sentenzenlesungen
Thanksgiving to the Masters. Comments on Certain *gratiarum actiones* of Late Medieval 'Sentences Lectures'

Late medieval 'Sentences principia', the formal disputations future masters of theology had to give when beginning their lectures on a new book of the Lombard, were accompanied by a solemn act of thanksgiving. These so-called *gratiarum actiones* of students thanking both their real and intellectual masters, are noteworthy in two regards: on the one hand, they elucidate the status of university masters and students and the relationship between them; on the other, they testify to the broader intellectual network a student was (or tried to be) involved in. The paper analyzes three Parisian *gratiarum actiones* from the first decades of the 15th century (by Gilles Charlier, Lambertus de Monte, and William of Vaurouillon), showing how these students tried to present themselves both as masters and as members of well distinguished, but not polemically separated intellectual traditions.

SILVIA NEGRI (Freiburg im Breisgau)
Zur Demut beim Lehren und Lernen
On Humility in Teaching and Learning

Medieval representations of humility follow recognizable patterns that can be traced back to common theological, anthropological and ethical *topoi.* In this article, I investigate Latin characterizations of being humble as a necessary requirement for both pupils and masters. To this end, I take into account different pedagogical contexts, to wit, monastery, 12th-century school and university. Further, I scrutinize some of their representative works, namely the 'Regula Magistri' and the 'Regula Benedicti' as well as two works of Hugh of Saint Victor, the anonymous 'De disciplina scolarium', some passages by Roger Bacon, Thomas Aquinas, Henry of Ghent and Godfrey of Fontaines and finally late medieval university statutes. Through this investigation, I aim to show the interplay of medieval conceptions of humility and their role in establishing the practices of knowledge acquisition and transmission.

ISABELLE MANDRELLA (München)
Meisterinnen ohne Schüler: Philosophierende Frauen im Mittelalter
Masters without Disciples: Female Philosophers in the Middle Ages

Were there female philosophers in the Middle Ages? Most histories of medieval philosophy are completely silent on this topic – or at best mention individual women, but categorize their thought as unphilosophical. An obvious rationale is that women were not able to study at medieval universities. But did their exclusion from the academic world really mean that women could not be philosophers? In my article I deal with this question by examining other medieval movements like lay philosophy and mysticism, which presented themselves as distinctive forms of wisdom and intellectual endeavor, open not only to (even illiterate) men, but also to untaught women, with no presupposition of academic education or function. The texts of authors like Hildegard of Bingen, Mechthild of Magdeburg or Margarete Porete reveal how these women understood themselves as veritable masters.

III. Dominikanische Schüler und Meister

HENRYK ANZULEWICZ (Bonn)
Albertus Magnus und seine Schüler. Versuch einer Verhältnisbestimmung
Albert the Great and his Disciples. An Attempt at Determining their Relation

From the late 1230s until the mid-1270s, Albert the Great was at the service of science in a variety of places – at the Dominican study houses in the province of Teutonia, the University of Paris, and the Dominican *studium generale* in Cologne. Belonging to the scientific elite of his time, he trained a large number of students in all three locations. Yet only a handful of his students are still known to us, either by name or only by work. The principal purpose of this paper is to shed more light on Albert's master-student relations. In particular, its aim is to clarify in greater detail Albert's view of a perfect student, portray his historically traceable master-student relationships, and revisit the interpersonal as well as scientific relationship between Albert and his two most famous students, Thomas Aquinas and Ulrich of Strasbourg. In an appendix to the paper, a provisional list of Albert's students together with a brief characterization of each of them is provided.

ALESSANDRO PALAZZO (Trento)
Ulrich of Strasbourg's Philosophical Theology. Textual and Doctrinal Remarks on 'De summo bono'

Written probably around the end of the 60s of the 13th century, Ulrich's 'De summo bono' can be rightly defined as a work of philosophical theology, for it deliberately conciliates philosophical rationality with theological wisdom and mixes philosophical and theological subjects. Aside from all the specific conceptual and doctrinal disagreements, it is this conception of the relationship between philosophy and theology that demarcates the radical difference between him and his master Albert.

Yet, the great originality of Ulrich's only surviving work does not stop there. Paradoxically, the constant recourse to Albert's writings is by no means a sign of Ulrich's total dependence on his master, but only the epiphenomenon of a new intellectual undertaking. The passages taken from Albert's writings are freely adapted, combined, managed, interpreted, and manipulated. In other words, Ulrich's summa is not an anthology of texts slavishly copied, but a complex work that offers two interrelated levels of understanding.

At the doctrinal level, it is the work of an *auctor* that puts forth not only incidental personal views, but a comprehensive and coherent conception of the world and a theory of the epistemological status and relationship of the branches of knowledge. The doctrine of fate, which is part of this general system of thought, provides a clear example of Ulrich's relevance as an autonomous thinker. His views on providence, celestial causality and contingency were indeed an original contribution to the debates on fate and related issues which were taking place in the second half of the 13th century.

Given the textual relationship with Albert's texts, 'De summo bono' also has an undeniable hermeneutical value, for it is a key to understanding Albert's works. In this regard, Ulrich develops a multifaceted exegetical approach by reorganizing, reinterpreting and correcting Albert's texts. The cases that have been examined (i. e., the substitution of Empedocles with Antiphon and the complex strategy regarding angelic apparitions) are representative of what can be called a 'manipulative' interpretation.

ANDREA A. ROBIGLIO (Leuven)
Wenn ein ‚weiser Meister' ein Heiliger wird: Die Figur des Thomas von Aquin und das Lehren und Studieren im 14. Jahrhundert
When a 'Wise Master' Becomes a Saint: The Character of Thomas Aquinas and Learning and Studying in the 14th Century

The view that Thomas Aquinas had been seen by his contemporaries as a saint already during his life and immediately after his death, despite being a commonplace in literature, does not seem attested by the sources. This note, being grounded on previous research, makes such a point and, in doing so, it also suggests a distinct historical perspective to better evaluate the impact of Thomas as a theological authority. The revised appreciation of the pre-canonization testimonies (and of their textual transmission) implies a nuanced understanding of Aquinas's reputation before and after 1323. The image of Aquinas before his canonization is not that of a 'saint' but rather that of a 'wise master': it is a distinctively magisterial reputation. Such a recognition, furthermore, may have had consequences concerning the evolution of the image of Thomas as a magister or doctor. Giordano da Pisa's 'Sermons' read against the oldest biography of Thomas by Bartholomew of Capua (contained in the minutes of the canonization inquiry, 1319) are succinctly presented and analyzed as paradigmatic source documents.

FREIMUT LÖSER (Augsburg)
Meister Eckhart und seine Schüler. Lebemeister oder Lesemeister?
Meister Eckhart and his Disciples. Master of Life or Master of Learning?

The article deals with the well-known and often quoted opposition between 'Lebemeister' ('master of life') and 'Lesemeister' ('master of learning') as related to the German Dominican Meister Eckhart. There are mainly four questions: 1. What are the concepts of learning and teaching Meister Eckhart used? 2. How did his 'disciples' (such as Heinrich Seuse and Johannes Tauler) react to his teaching? 3. How did Eckhart himself think about the role and position of a 'master'? 4. Which concepts of a 'master' did his 'disciples' have and what were their ideas about 'Meister' Eckhart? The article also tries to analyze the text, in which the famous 'Lebemeister-Lesemeister' opposition is mentioned.

Walter Senner OP (Roma)
Meister Eckhart und Heinrich Seuse: Lese- oder Lebemeister – Student oder geistlicher Jünger?
Meister Eckhart, Master of Learning or Master of Life – Henry Suso his Academic Student or his Spiritual Disciple?

One of the most explicit master-pupil relations during the Middle Ages was that between Eckhart and Suso. Although we have no explicit sources from the master's side, Suso mentions him repeatedly not only with respect but also gratefulness for having him, as his spiritual counselling liberated him out of the desperation about his salvation. Henry's German works all have been redacted by himself in the mid-1360s, but we can assume that the 'Little Book on Truth' originated shortly after Eckhart's posthumous censure in 1329. It is a defense of the Meister – for a big part against imputations claiming he would hold opinions of the "Free Spirit" – by interpreting him in an orthodox way, using texts by Thomas Aquinas.

Suso composed his only Latin work 'Horologium sapientiae' in 1333 to 1334. It reflects the conflicts in the German Dominican province Teutonia, especially in its *studia* – not only between different scholastic orientations, like Thomists and Anti-Thomists, but even more concerning the *regularis observantia*, the degree of strictness in following the rules and spirituality of the order. Henry strongly denounces those who use studies just for a personal career, praises Thomas Aquinas as a "rose without thornes", and assumes to find remedy in a return to the spirituality of the desert fathers, especially Arsenius.

Henry Suso adopts central elements of Meister Eckhart's spirituality; besides, in the course of time, he develops a Christocentric passion-mystics, which we do not find with the master. Master of learning or Master of life and academic student or spiritual disciple is no alternative in the relation between Eckhart and Suso, it is complementary.

IV. Pariser Schulen im 14. Jahrhundert

William O. Duba (Nijmegen)
Masters and Bachelors at Paris in 1319: The *lectio finalis* of Landolfo Caracciolo, OFM
Appendix: Landolfo Caracciolo, 'In tertium librum Sententiarum', d. 40, q. unica, edd. Chris Schabel/William O. Duba

In June 1319, Landolfo Caracciolo, OFM, gave his lecture on book III, d. 40 of Peter Lombard's 'Sentences' (edited in an appendix), and with it, he concluded his year-long reading of the 'Sentences'. In the written version of this lecture, Landolfo mentions many theologians by name and criticizes their doctrine. Combining an analysis of Caracciolo's criticisms with his comments elsewhere in his commentary, as well as in contemporary discussions, the following picture emerges: Landolfo criticizes Benedetto da Asnago, the OP's application of syllogistics to the Trinity, which is the same topic Benedetto engaged in debating with Landolfo's successor, Francis of Marchia, and on the basis of which he would later, as master of theology, be censored. Similarly, Landolfo attacks Master Matteo Orsini, OP, for his criticism of the formal distinction, a criticism for which Matteo was famous. Landolfo likewise refuted the Trinitarian doctrine of Giovanni Cacantius da Roma, OESA, identifying his position on the relation of the Persons and the divine essence with Praepositinianism, a charge which, if true, would attest that this Augustinian hermit tradition preceded Gregory of Rimini by a generation. Caracciolo also ridicules Annibaldo di Ceccano together with his master Thomas Wylton for their position on the eternity of the world, revealing the importance of Wylton's circle as the most vocal opponent of Landolfo's doctrine of simultaneous contradictories. Finally, he criticizes a doctrine identifying generation with alteration without naming its proponent; that proponent is Peter Auriol, OFM, then the regent master of the Franciscan school. Landolfo's final lecture provides not only a window on the doctrinal debates and positions taken at the University of Paris ca. 1319, but also on how such doctrinal debates interacted with social and patronage networks. Landolfo's debate reveals how Thomas Wylton, Annibaldo de Ceccano, John of Jandun, and others were not merely all clients of the same patron, Annibaldo's uncle, Cardinal Stefaneschi, but that they also explicitly sought to defend a common doctrine. In addition, with the exception of Wylton, all of the named participants were Italian aristocrats, and they shared a common future in the Angevin Court at Naples and the Papal Court at Avignon. Landolfo's final lecture, therefore, appears itself to be half a reprise of his major philosophical and theological achievements and half an aristocratic mockery of his fellow countrymen, bachelors and masters, who may have attended his final lecture.

Marek Gensler (Łódź)

Secutus sum doctrinam Scoti. Antonius Andreae's Interpretation of Duns Scotus

The 'Quaestiones ordinariae de tribus principiis naturae' is Antonius Andreae's most original work. It does not imitate any work of the Subtle Doctor, but places his ideas, taken from various sources, in an individually planned framework of thirteen questions devoted to matter, form, privation and the composite. It is surprising to see how much coincidence there is between his choice and that of Richard Cross, who wrote a study devoted to 'The Physics of Duns Scotus'. Both authors, medieval and modern, identify the problem of matter and its separate existence, *rationes seminales*, and various issues concerning form as important: plurality of substantial forms, individuals, elemental forms, degrees of accidental forms. In the majority of his questions, Antonius Andreae tries to present the pure teaching of Duns Scotus, usually distilled from more than one of his works. We found only three discrepancies between his opinion and that of his master. If it was caused by a misinterpretation of Scotus, caused by his inconsistent comments, he may be excused for his preference to be close to the *communis opinio doctorum.*

V. Lehrer und Schüler in Byzanz

JOHANNES NIEHOFF-PANAGIOTIDIS (Berlin)
Le système éducatif à Byzance ou « pourquoi les Byzantins n'ont pas développé une formation universitaire comme en Occident »?
The Educational System in Byzantium or "Why did the Byzantines Not Develop a University Education Similar to the Western One?"

This paper attempts to understand the genesis of a unique system of higher education: the European University as it took shape in the 13th century. In order to accomplish this, a comparison will be made with the Byzantine system of higher education, which was inherited from Late Antiquity. As a reminder, both systems had their roots in Late Antiquity and we have the founding charter for the University of Constantinople (by Theodosios II); it proves the installation of chairs for Latin as well as for Greek. The later development in the East, however, remains obscure and we can only trace the history of the Patriarchal school with little certainty. The article aims at a systematic institutional investigation of the differences and commonalities between both developments during the Later Middle Ages. For the East, we are best informed about the refoundation of the law school and the chair for philosophy, whose incumbent was M. Psellos. In the end, though, a university like the one in Paris was not chosen in the Byzantine Empire. Finally, a tentative answer is ventured, answering the question as to why the East and West developed in such different ways. A Western university, as a matter of fact, was not founded in the region until the establishment of the University of Athens, after the foundation of the Modern Greek state.

GEORGI KAPRIEV (Sofia)
Lehrer und Schüler in der geistlichen und geistigen Kultursituation von Byzanz
Masters and Disciples in the Spiritual and Intellectual Situation of Byzantium

The article examines the nature of the master-disciple relation in the spiritual and intellectual spheres of Byzantine culture. In view of the distinction between formation and education, the text traces differing essential characteristics in terms of: the scope and the nature of what is taught and acquired; the accordingly cultivated forms of personal and social existence; the types of interpersonal connections, as well as the stability and the duration of the latter; various forms of succession and tradition. In the course of the analysis, borderline cases are interpreted, in which the spiritual and the intellectual teacher is one and the same person. The repercussions between the two positions, the disparity of their authority and the effects thereof are studied.

SMILEN MARKOV (Veliko Turnovo)
Symbolic Theology as Didactic (The Concept of Theophanes of Nicaea)

Through his concept of the symbol, Theophanes of Nicaea († 1380/81) demonstrates that the manifestation of the uncreated divine energy in the created world represents a didactic structure of divine knowledge, which guarantees methodical correspondence between noetic knowledge and human experience. The epistemic basis of the didactic method at stake is the illumination of the correspondence between the form of human phantasies and passions, on the one hand, and the structures of classifying and defining beings, on the other. These forms are reintegrated in the concept of being through natural, hypostatic and multi-hypostatic symbols of divine energy. Criticizing the apophatic Christological personalism of some anti-Palamites, Theophanes shows that neither the apophatic nor the cataphatic method is capable of conceptualizing divine illumination. A model of intersubjectivity is used instead.

VI. Schüler und Meister in der jüdischen Tradition

Jean-Pierre Rothschild (Paris)

Élitisme ou généralité du savoir selon quelques commentateurs sefardis du traité Avot de la Michna, du XIIe au XVIe siècle

Masters and Disciples in Jewish Law, According to Some Sefaradi Commentators of Michna Avot (12th to 16th Century)

The tractate Avot of the Michna (beginning of the 3rd cent. C.E.) is largely a chain of teachings from sages for their disciples, as well as a set of rulings regarding learning and teaching. It was frequently commented on in Jewish Medieval Spain for several reasons, among which are a communal concern for spiritual guidance of the people and the keen interest in the 'Nicomachean Ethics', seen as challenging traditional rabbinic ethics. In a confrontation of seventeen passages from fifteen commentaries of MAvot, the following points are discussed: 1) Concerning disciples and masters, it is asked: Which disciples? And which masters? Also, a few peculiarities of their relationship within Judaism are discussed. 2) Psycho-pedagogy, ethics, and doctrinal control. 3) The nature of true science: Origin and specificity of the Torah; written and oral Law; Torah and philosophy; "a Torah of life". In chronological order, the commentators discussed are: 12th century: Maimonides; 13th – 14th century: Yona of Gerona, Bahye b. Asher, Isaac b. Solomon ha-Israeli/Israel ha-Israeli of Toledo, Joseph ibn Shoshan, Joseph ibn Nahmias; 15th century: Simon b. Ẓemah Duran (born in Spain, active in the Maghreb), Shem Tov ibn Shem Tov, Mattitiyahu ha-Yiẓhari, Joseph Hayyun, Shem Tov b. Joseph ibn Shem Tov, Joseph Ya'abeẓ, Isaac Abrabanel; 16th century: Moses Almosnino, Solomon le-veit ha-Levi.

Mauro Zonta (Roma)

Disciples and Masters in Late Medieval Jewish Philosophical Schools in Provence and Italy (14th – 15th Centuries): The Cases of Levi Ben Gershom and Judah Messer Leon

Among Jewish philosophers working in Provence and Italy in the Late Middle Ages, there are at least two philosophical schools: that of Levi ben Gershom, probably the most important Medieval Jewish philosopher after Maimonides, and that of Judah Messer Leon, not only a key philosopher but also one of the main and most active Jewish scholars in Humanistic Italy. Both cases have been studied in detail by some scholars in the last twenty years. In fact, these studies have pointed out that both philosophers were apparently surrounded by a group of disciples, whose masters they were. Gersonides was a sort of director or, better, in a wider and probably more correct sense, connector of an indirect philosophical school or group, where the above-mentioned supercommentators (some of which were disciples of their master, while others were independent scholars) worked by exchanging their opinions on the same fields of study. On the contrary, Judah Messer Leon was apparently the real teacher of a Jewish academy, which followed him to different parts of Central-Eastern and North-Eastern Italy (The Marches, Romagna, Veneto, Eastern Lombardy). Except for one case, we have no precise data about them. Possibly, some of them copied and sometimes inserted into or added to their copies their own observations (in the form of gloss comments). This fact is probably one of the many evident traces of contemporary Italian Latin Scholastic philosophy on these Jewish scholars: the latter might have copied some teaching methods from the former.

Yossef Schwartz (Tel Aviv)
Imagined Classrooms? Revisiting Hillel of Verona's Autobiographical Records

The paper engages with the question of medieval Jewish higher education through a concrete case study – the career of Hillel ben Samuel ben Elazar of Verona, a thirteenth-century Jewish Italian Physician, Philosopher and Translator, as reflected in the autobiographic remarks scattered in his works. As I would like to claim, beyond its unique merits, Hillel's intellectual biography bears historical, methodological and historiographical significance. His scattered reflections on his own educational experiences shed light on the nature of late medieval Jewish European approaches to intellectual pursuits. The analysis offered here seeks to counter biases that have contributed to the negative assessment of Hillel's testimonies, one that dominates modern scholarship, and hence to reconfirm its value as important documentation of the multi-cultural and global nature of thirteenth century Jewish European education.

Joseph Shatzmiller (Durham)
Apprenticeship or Academic Education: The Making of Jewish Doctors

Europe of the High and late middle Ages (c. 1200–1450) was going through a process of medicalization. More and more people of all social classes wished to get access to the services of "scientific" medicine. Jews in great numbers joined the healing profession and were solicited often by municipal authorities to settle in their cities. The few universities that existed at the time did not accept Jewish students. Candidates had therefore to become apprentices to masters (often relying on members of their own families) or to find ways to pay for their tuition. Once the apprenticeship was completed, they had to appear before a committee of specialists and were examined. If successful, they would get their "License to Practice".

Carsten Schliwski (Köln)
Der Meister als Schüler und der Schüler als Meister. Zur Methodik des maimonidischen Kommentares zu den Aphorismen des Hippokrates
The Master as Disciple, the Disciple as a Master. On the Methodology of Maimonidean Commentaries on the Aphorisms of Hippocrates

Although there are, until now – due to the lack of reliable sources –, many questions concerning Maimonides as a medical practitioner or teacher, one can say that Maimonides, with his commentary on the Aphorisms of Hippocrates, provides a useful tool that enables the student to understand the text through the commentary and, by this, to memorize it.

It seems that Maimonides intended his commentary to be a textbook for private studies of future physicians without having to consult a teacher for its understanding.

VII. Lehren und Lernen im arabischen Kontext

Raphaela Veit (Köln)
Avicennas Taʿlīqāt: Textgenese und Schülertradition
Avicenna's Taʿlīqāt: Genesis of the Text and the Tradition of Disciples

The focus of this article lies on Avicenna's Taʿlīqāt (or glosses), a collection of 1013 texts varying in length, comprising the themes of logic, natural philosophy and metaphysics. Quite a few of these passages can be found – sometimes in variants – in Avicenna's philosophical writing, thus suggesting that here we have to deal with notes or preliminary versions for Avicenna's major works. Other glosses, in turn, can be traced to his students' work. Furthermore, it has to be stressed that the Taʿlīqāt – a more or less random collection of quotations assembled at the time of Avicenna's death – were systematized and compiled only by his students in several stages. Starting from the genesis of the Taʿlīqāt, this paper aims to show the relationship of the master to his students in an exemplary way. This includes also studies on intertextual dependencies to their writings.

Fouad Ben Ahmed (Rabat)
Three Masters and One Disciple: Ibn Ṭumlūs's Critical Incorporation of al-Fārābī, al-Ġazālī, and Ibn Rušd

My paper seeks to demonstrate that al-Ġazālī's, al-Fārābī's, and Ibn Rušd's ideas are present, to varying degrees and in multi-faceted ways, in Ibn Ṭumlūs's writings. An account of this many-sided influence reveals that epistemological purposes are not the only criteria by which the disciple, Ibn Ṭumlūs, uses the formulations and ideas of one or the other of these masters. Rather, it is the particularities of the historical context in which Ibn Ṭumlūs lived that led him to espouse a pragmatic view vis-à-vis the intellectual and logical Islamic traditions of his time. Al-Ġazālī is used by Ibn Ṭumlūs not as a master whose theories he adopts or whose texts he comments on, but rather as an authority confronting the Jurists (*Fuqahā'*) of his time. Al-Ġazālī is also used as a source which introduced him generally to logic. As for al-Fārābī, he represents, for Ibn Ṭumlūs, a further stage in his logical education and al-Fārābī is the master to whom he resorts every time there are no relevant Rušdian texts available concerning a given subject matter. Though not openly named, Ibn Rušd's thought is ubiquitously present in all of Ibn Ṭumlūs's works on logic, even when the disciple needed to voice his disagreement with his master.

Sally P. Ragep (Montreal)
The Teaching of Theoretical Astronomy in Pre-modern Islam: Looking Beyond Individual Initiatives

This article provides an alternative depiction of how individual scholars engaged with studying and teaching scientific texts in pre-modern Islam by challenging prevailing assumptions that claim courtly patronage and individual initiatives alone explain this long-lived scientific tradition, and that religious institutions played a limited role in sustaining a scientific education. It reveals a more structured pedagogy over both time and geographical expanse. The focus is Maḥmūd al-Ǧaġmīnī's 'al-Mulaḫḫaṣ fī al-hay'a al-basīṭa', an extremely popular elementary astronomical work on Ptolemaic astronomy. Composed in Arabic in the early thirteenth century under the auspices of the Ḫwārizm Šāhs in the region of Ḫwārizm in Central Asia, Ǧaġmīnī's 'Mulaḫḫaṣ' played a critical role in the teaching, dissemination, and institutional instruction of Islamic theoretical astronomy. Its use both as a way to provide a general picture of God's creation and as a propaedeutic for more advanced astronomical study continued well into the nineteenth century. It inspired over sixty commentaries, super commentaries, glosses, and translations (into Persian, Turkish and Hebrew). The influence of Ǧaġmīnī's 'Mulaḫḫaṣ' and ensuing commentaries provides strong evidence of a continuity of scientific learning within Islamic societies, and shows that even after "European science" came on the scene, Islamic scholars were attempting to seek approaches that could accommodate the older Islamic scientific traditions along with new (*ǧadīd*) scientific developments.

Atanas Shinikov (Sofia)
To Flog or Not to Flog? On Instructive Uses of Violence in Muslim Pedagogy and Education

A look into Sunni educational and religious sources poses the question of how the relation (*ṣuḥba*) between a master and a disciple is institutionalized. Arguably, disciplining punishment (*'adab*, *ta'dīb*, *ḍarb*) appears as a mechanism to formalize it. Flogging can be considered a permissible method to enforce legitimate behavioral patterns, being perceived as linked to divinely sanctioned concepts of authority and its delegation. This notion is tested by an inquiry into a thread of mainstream texts, among which are the Qur'ān, the *ḥadīṯ* texts, the late *tafāsīr* of al-Ṭabarī (d. 923) and Ibn Kaṯīr (d. 1373), *ḥadīṯ* commentaries by al-Nawawī (d. 1278) and 'Ābādī (d. 1329), works on knowledge by Miskawayh (d. 1030) and al-Ġazālī (d. 1111), pieces of *'adab* by al-Ǧāḥiẓ (d. 869–70) referred to by Ibn al-Ǧawzī (d. 1201), Ibn Qayyim al-Ǧawzīya (d. 1350) and, finally, the 'Prolegomena' of Ibn Ḫaldūn (d. 1406). Main emphasis has been laid upon key educational treatises such as those authored by Ibn Saḥnūn (d. 870) and al-Qābisī (d. 1012).

VIII. Autodidaktik

Angelika Kemper (Klagenfurt)
Lernen ohne Meister. Gedächtnislehren als autodidaktische Dokumente in Traktaten um 1500
Learning without Master. Mnemonic Doctrines as Autodidactic Documents in Treatises around 1500

Learners of the 15th century were reliant on techniques of memorization and organization, in universities as well as in religious orders. Such a technique can be seen in the art of memory, which was exercised by both members of monastic orders and members of universities. The study submits two mnemonic doctrines that arise from the Bavarian monastery of Ebersberg (Anonymous: 'Attendentes nonnulli' [~1450]) and the milieu of the University of Wittenberg (Georg Sibutus Daripinus: 'Ars memorativa', Cologne 1505), in order to outline the developmental possibilities of the art of memory and its autodidactic means. The article considers the roles of compilers, authors and readers, the approach towards authorities, and the possibility of autodidactic practice.

Nadja Germann (Freiburg im Breisgau)
Learning by Oneself: 'Ḥayy ibn Yaqẓān', Autodidactism, and the Autonomy of Reason

The focus of this paper will be on 'Ḥayy ibn Yaqẓān', the famous philosophical novel authored by Ibn Ṭufayl in the 12th century and centered on the "self-taught philosopher" Ḥayy who, at first glance, seems to represent a textbook example of autodidactism: an example of learning literally everything by oneself. However, is this first impression in fact justified? And what was the prevailing view of medieval Islamic thinkers on knowledge acquisition and, in this connection, the autonomy of human reason? The aim of the paper, in short, consists in addressing these two issues. Accordingly, it will examine, first, the history of the concept of learning by oneself in the period prior to Ibn Ṭufayl; second, with this background, it envisions a reevaluation of the novel itself and, particularly, of the esteem in which it actually holds autodidactism and the autonomy of human reason.

IX. Literarische Konstruktion von Meisterschaften

Sita Steckel (Münster)
Charisma and Expertise. Constructing Sacralized Mastership in Northern and Western Europe, c. 800 – 1150

Different studies have adapted the Weberian concept of 'charisma' to describe how teachers and students in the early and high Middle Ages engaged in a form of training, largely resting on imitation and shared exercise, often aiming to inculcate bodily discipline, virtues and moral qualities besides intellectual knowledge. To enable comparisons with later periods and other cultural settings, the chapter discusses several recent approaches and source examples. It argues that early medieval sources typically viewed master-student relationships as a means to acquire virtue and religious truth. Within the noble milieu of the eleventh-century Empire, the focus shifted to the development of innate qualities of noble youths. In twelfth-century schools, the productive nature of a teaching relationship was tied more strongly to the acquisition of intellectual knowledge, so that the ideal of the 'master' as a living exemplar was eventually reshaped.

Franziska Wenzel (Köln)
Transpersonale Meisterschaft. Zu einem diskursiven und gattungsgeschichtlich relevanten Prinzip spätmittelalterlicher Sangspruchüberlieferung
Transpersonal Mastership. On a Discursive and Historically Relevant Principle of Late Medieval Song Manuscript Tradition

During the dispute between Frauenlob and Rainbow in Frauenlobs oeuvre of the Heidelberger song manuscript C, the traditionalist Rainbow holds the position of a scholar as he picks up and continues the presettings of the old masters. But in the contest between Rainbow and Frauenlob there is no clear winner. Two claims of mastery are standing side by side. The masterful ability is determined neither by truth nor untruth. Mastery is characterized by picking up, working on and outbidding previous opinions. The term master is consequently not to be linked to a single figure, but rather relates to a type. It is not relevant which author has produced the controversial stanzas C36 and C37, whether it was Frauenlob, Rainbow or an imitator. The verse structure in C shows that the master's conception and the reference to tradition are developed as antithetic opinions independent of specific individuals.

Jürgen Miethke (Heidelberg)
Der ‚Dialogus' Ockhams als Fiktion eines Lehrgesprächs zwischen Lehrer und Schüler
Ockham's 'Dialogus' as a Fictional Conversation between Master and Disciple

William Ockham's 'Dialogus' is written by its author as a fictive "dialogue" between a master and a student. It is not a contentious struggle between two opposite positions before a court of justice, as many medieval dialogues are, but is intended as a *summa* (i. e. "compendium"), aiming at an encyclopedic treatment of all thinkable and debated problems and arguments in a certain field of studies, built up in accordance with university questions, but with some structural revisions: The "master" is refusing especially the customary *determinacio*, which in scholasticism is delivering the "true" answer to the questions proposed for the disputation. Any claim of preemptive authority of the "master" therewith is denied in order to open the mind of the reader to insights into the logical consequences and the force of the arguments taken into consideration. The 'Dialogus', therefore, is using the relationship between "master" and "student" to address an audience of political experts at the courts of secular and clerical rulers of the time, who were only in part acquainted with the didactical procedures of the contemporary universities, but were all "experts" (*periti*) in the political struggle of the 14th century.

X. Lernen durch Erfahrung

Sabine von Heusinger (Köln)
Gesellen und Meister im Handwerk
Apprentices and Masters in Crafts

At the end of the Middle Ages, guild structures represented an increasingly significant challenge to the traditionally hierarchical relations between apprentices and masters. While apprentices revolted against power imbalances and developed autonomous group identities, innovative economic forms such as the putting-out system rendered the long-standing separation of trained and untrained employees obsolete. As is well-established, gradual pressures on social consensus during the later Middle Ages led, at the end of the 15th century, to dramatic transformations, including the discovery of the New World and the development of new denominations. However, changing relationships between apprentices and masters mirrored emerging shifts and competing interests within late medieval urban society as a whole. Guilds and their structural shifts in relationships between apprentices and masters thus offer some of the earliest historical indications of the transformations to come a hundred years later.

Hubertus Günther (München)
Der Architekt ohne Ausbildung als Normalfall in der italienischen Renaissance
The Architect without Professional Training as the Norm in the Italian Renaissance

The contribution treats the fact that the great architects of the Italian Renaissance, in contrast to their counterparts beyond the Alps, usually did not receive relevant training. They even distanced themselves decidedly from construction workers. They usually came from the studios of fine artists or were men of letters, and yet they were able to cope masterfully with construction tasks of all kinds and with the most difficult technical problems. This situation is demonstrated in particularly prominent examples and some material is cited to explain them which leads to the quintessence that spirit of innovation and creativity were the professional secret of the architect.

Felix Diergarten (Basel)
Circa artis experientiam laborare. Spätmittelalterliche Musikunterweisung zwischen Wissenschaft und Handwerkslehre
Circa artis experientiam laborare. Late Medieval Musical Schooling between Science and Crafts

Dealing with late medieval instruction in "music", we are confronted with two completely different subject areas that are not necessarily related to one another. On the one hand, there is instruction in the quadrivial *musica*, located at the artist's faculty and taught through commented lectures from traditional authors, especially Boethius's 'Institutio musica'. On the other hand, there is tuition in practical music, i. e., tuition in notation and in the performance of both monophonic and polyphonic chant. The social locations of the latter were probably the curricula of schools at cathedrals and monasteries and their environment. This paper looks at several aspects of this field. The points of departure are different writings from the environment of Johannes de Muris, and the question of what role "experience" (*experimentum/experientia*) played in the different contexts.

XI. Herrschaftsdidaktik

Hans-Joachim Schmidt (Freiburg)
Lerne zu regieren. Anweisungen von König Alfons X. von Kastilien an seinen Nachfolger
Learning to Reign. Instructions of King Alphonso X of Castille to his Successor

The relation between masters and scholars were also present in the royal courts and involved even the king himself. The case of Alphonso X, king of Castille, was certainly special due to his substantial intellectual activity in writing and collecting texts. But he was also symptomatic of a new era in the 13th century when the rulers had to prove their prestige by learning and teaching. Alphonso explained this obligation in some texts he wrote. He assumed the function of teacher at the royal court, for his family, for his son and his successor and for all subjects of the realm. This obligation was expressed especially in the legal book whose authorship Alphonso claimed, the 'Siete partidas'. The king was presented in it as a figure analoguous to the prophets of the Old Testament. The king should be a master who instructs.

VÁCLAV DRŠKA (Praha)
Geistlicher und Herrscher. Die Rolle des chronistisch-didaktischen *exemplum* in der Gestaltung des mittelalterlichen *regnum*
Cleric and Ruler. The Role of the Chronistic-Didactic *exemplum* in the Organization of the Medieval *regnum*

The establishment of the early medieval state is always linked to the problem of integrating a pagan ruler and his value structures into a Christian cultural environment. The role of the clergy was always fundamental and the literature of the time reflects this. As such, this paper endeavors, through a comparative analysis of two chronicles, namely Gregory of Tours' 'Libri historiarum' and Cosmas of Prague's 'Chronica Bohemorum', to determine the principal educational strategies used by both authors, attempting to explain this transformation as beneficial and functional both for the ruler and his people.

The fundamental approach in both cases is the same, despite the different environments both were created in: the exclusivity of the people defined by their future mission (1); constituting a Christian sovereign power as a free and beneficial tribal decision (2); presenting an acceptance of Christianity not as a turning point, but rather as fulfilling the logical historical development (3); stressing the educational importance of deeds (*gesta*), rather than myths of tribal origins (*origo gentis*) (4).

It can thus be supposed that the general features of this strategy were the same, something which is also suggested by the similar use of the ancient *loci communes*, and ancient and medieval Patristics.

BRIGITTE STARK (Bonn)
Der König als Lehrmeister. Untersuchungen zu den ‚Enseignements à Philippe' Ludwigs IX.
The Advice of King Louis IX of France in His 'Enseignements à Philippe'

The 'Enseignements' of Louis IX for his son, the future King Philip III, originate from the time shortly before a second crusade in the year 1270. They are a legacy, as they recommend the principles of a just government and a conduct of integrity in personal life. At the same time, they are an account of the father's life.

In contrast to the Latin 'Fürstenspiegel' (manuals of statecraft), dealing with a related subject, formulated at the suggestion of Louis by authors such as Vincent of Beauvais and Gilbert of Tournai, which influenced the 'Enseignements' in parts, the king speaks personally to his recipient and uses the vernacular language.

Beside pragmatic rules for the future of the kingdom, a comprehensive vision of the legitimation and tasks of a royal dynasty can be recognized: the absolute orientation to the first commandment of Moses, and the structuring of the worldly society according to the example of the heavenly hierarchy, as described by Denys the Areopagite. Louis, aware of a tradition which dates back to the Kings of the Old Testament and their covenant with God, ensured the renewal of his country.

The fact that the son cannot always live up to the expectations of his father is evident in the chronicles which have been passed on to us.

IVAN HLAVÁČEK (Praha)

Schüler und Meister und Meister und Schüler in der frühen böhmisch-tschechischen Reformation

Disciples and Masters and Masters and their Disciples in the Early Bohemian/ Czech Reformation

The paper studies the complicated and in the medieval chronicle sources not quite clearly documented link between the first generation of the (pre)reformed preachers (so-called precursors of the Bohemian/Czech Reformation) of the era of Charles IV († 1378) and the Czech University masters of the subsequent generation. Konrad Waldhauser († 1369) and Milíč of Kroměříž/Kremsier († 1374) and their influence on the generation of Jan Hus and his friends was and is discussed. However, the interpretation of the codicological tradition of some main works of Milíč and Konrad Waldhauser demonstrates their great manuscript tradition ("Überlieferung"). This means that they – with some distance – influenced and actuated (on the other side, there were the ideas of Wyclif) the powerful reform group of Czech University teachers, who were their scholars sui generis. Yet, some years later, already in the first decade of the 15th century, these seemingly mere disciples/scholars of Konrad and Milíč became the powerful group of the masters' generation for their followers/disciples, not only at the university. The Hussite revolution came.

Verzeichnis der Handschriften

Wrocław, Biblioteka Uniwersytecka
I F 303: 847
I F 489: 847
I F 490: 847
I F 492: 847
I F 593: 847
Milich II 117: 847

Zāwiyyat Sīdī Ḥamza, Maktabat Abī Sālim al-ʿIyāšī
121: 552
172: 552

Zaytūna, al-Maktaba al-Aḥmadiyya
5355: 551

Verzeichnis der Frühdrucke

Antwerpen 1621
Petrus de Prussia, Vita beati Alberti doctoris magni ex Ordine Praedicatorum: 160, 161, 183, 184, 190

Barcelona 1607
Humbertus de Romanis, De eruditione praedicatorum: 57

Basel 1510
Guilelmus de Valle Rouillonis, Super quattuor libros Sententiarum: 95–98

Basel 1532
Giovanni Boccaccio, Genealogia deorum gentilium: 58

Douai 1627
Thomas de Cantiprato, Bonum universale de apibus: 183, 199

Firenze 1485
Leon Battista Alberti, De re aedificatoria: 753

Frankfurt 1614
Monarchia sacri Romani imperii sive tractatus de iurisdictione imperiali seu regia, ed. M. Goldast: 705–708, 711, 713, 715, 718–720

Hague 1778
Shem Tov ben Yosef Falaquera, Sefer ha-Mevaqesh: 485

Jena ^{2}1719
Adam Tribbechow, Liber de doctoribus scholasticis: 47

Köln 1505
Georg Sibutus, Ars memorativa Gerogij [sic] Sibuti daripini concionatoribus et iurisperitis multum vtilis & fructuosa: 605–608

Köln 1625
Vincentius Iustiniani, Compendiosa vitae descriptio [...] et Apotheosis eiusdem beati Alberti: 161

Leipzig ^{2}1766–67
Jacob Brucker, Historica Critica Philosophiae: 47

Lyon 1494
Guilelmus de Ockham, Dialogus magistri Guellermi de Ockam doctoris famosissimi, ed. J. Trechsel: 705, 708, 713

Lyon 1518
Johannes de Friburgo, Prologus in priorem libellum quaestionum casualium: 205

Nürnberg 1473
Ars et modus contemplative vite, ed. F. Creussner: 599

Oxford 1671
Ibn Ṭufayl, Philosophus Autodidactus sive Epistola Abi Jaafar Ebn Tophail de Hai ebn Yokdhan In qua ostenditur quomodo ex Inferiorum contemplatione ad Superiorum notitiam Ratio humana ascendere possit, ed. E. Pococke: 613

Paris 1520
Henricus Gandavensis, Summa quaestionum ordinariarum, ed. I. Badius: 127, 128

Roma 1605
Petrus Aureoli, In IV Sententiarum: 325, 326, 340

Roma 1656
Aegidius Romanus, De regimine Principum: 51

Salamanca 1555
Siete Partidas: 783, 784, 787

Thessalonikē ²1564/65
Salomon le-veit ha-Lévi, Lev Avot: 444, 445, 448, 459, 461, 463

Venezia 1480
Guido de Baisio, Rosarium Decreti, ed. Raynaldus de Novimago: 719

Venezia 1480
Landulfus Caracciolus, In II Sententiarum: 340, 341, 344, 345

Venezia 1489
Antonius Andreae, Quaestiones de tribus principiis rerum naturalium: 372, 374–386

Venezia 1493
Ptolemaeus, Ps., Centiloquium: 234

Venezia 1505
Johannes de Ianduno, Quaestiones super Metaphysica: 349, 352–355

Venezia 1508
Avicenna, Sufficientia: 234

Venezia 1515
Aegidius Romanus, Rhetorica Aristotelis cum fundatissimi arcium et theologiae doctoris Egidii de Roma luculentissimis commentariis: 51

Venezia 1544/45
Isaac Abrabanel, Naḥalat Avot: 444, 445, 451, 452, 455, 460, 463

Venezia 1562
Alhagiag Binthalmus, De mistione propositionis de incesse et necessariae: 548

Venezia 1562
Averroes, Aristotelis opera cum Averrois commentariis: 24, 210, 367

Venezia 1591
Johannes Teutonicus, Glossa ordinaria: 719

Venezia 1615
Vincenzo Scamozzi, L'idea della architettura universale: 748, 758

Verona 1472
Roberto Valturio, De re militari: 753

Namenregister